전문가를
위한
C

전문가를 위한 C

동시성, OOP부터 최신 C, 고급 기능까지! 극한의 C를 마주하려는 여행자를 위한 가이드북

초판 1쇄 발행 2022년 10월 12일

지은이 캄란 아미니 / **옮긴이** 박지윤 / **펴낸이** 김태헌
펴낸곳 한빛미디어(주) / **주소** 서울시 서대문구 연희로2길 62 한빛미디어(주) IT출판부
전화 02-325-5544 / **팩스** 02-336-7124
등록 1999년 6월 24일 제25100-2017-000058호 / **ISBN** 979-11-6921-034-8   93000

총괄 전정아 / **책임편집** 서현 / **기획 · 편집** 정지수 / **교정** 박지영
베타리더 강수연, 권성민, 박수빈, 사지원, 손승하, 이승표
디자인 표지 최연희 내지 박정화 / **전산편집** 이경숙
영업 김형진, 김진불, 조유미 / **마케팅** 박상용, 송경석, 한종진, 이행은, 고광일, 성화정 / **제작** 박성우, 김정우

이 책에 대한 의견이나 오탈자 및 잘못된 내용에 대한 수정 정보는 한빛미디어(주)의 홈페이지나 아래 이메일로
알려주십시오. 잘못된 책은 구입하신 서점에서 교환해드립니다. 책값은 뒤표지에 표시되어 있습니다.
한빛미디어 홈페이지 www.hanbit.co.kr / 이메일 ask@hanbit.co.kr

지금 하지 않으면 할 수 없는 일이 있습니다.
책으로 펴내고 싶은 아이디어나 원고를 메일(writer@hanbit.co.kr)로 보내주세요.
한빛미디어(주)는 여러분의 소중한 경험과 지식을 기다리고 있습니다.

동시성, OOP부터 최신 C, 고급 기능까지!
극한의 C를 마주하려는 여행자를 위한 가이드북

전문가를
위한
C

캄란 아미니 지음
박지윤 옮김

Packt> ⅡB 한빛미디어
Hanbit Media, Inc.

베타리더 후기

실무만으로 채울 수 없는 부분을 채워주는 책. 주니어에게 너무 좋은 책입니다.

강수연, 임베디드 소프트웨어 개발자

C 언어를 오랫동안 사용한 개발자라도 이 책에서 다루는 다양한 지식을 익숙하게 사용하거나 모든 내용을 사용해본 개발자는 많지 않을 겁니다. 단순히 C 언어의 기능을 나열하는 것이 아닌, 실행 파일부터 메모리 구조, 테스트에 이르기까지 C 언어를 다루는 시니어 개발자에게 필요한 내용을 담았습니다. 그만큼 이 책은 전문성도 갖추고, 가독성도 훌륭한 완벽한 책입니다. 이 책은 C 언어 초중급 개발자를 전문가 수준으로 끌어올릴 수 있는 내용으로 가득 차 있습니다. 탄탄한 예제와 상세한 설명, 다양하지만 꼭 필요한 내용을 담아 C 언어 시니어 개발자가 될 수 있는 훌륭한 이정표 역할을 합니다. 지금까지 읽어본 많은 C 언어 도서 중 꼭 읽어야 할 필독서로 추천합니다.

손승하, 삼성전자

C++11만 사용하다가 이 책을 접하며 C 언어도 C11을 시작으로 모던modern C로 변화가 이루어지고 있다는 사실을 알게 되었습니다. 이 책을 읽으며 인상적이었던 부분은 C11 이후의 변화뿐만 아니라 C 언어의 특성과 활용을 좀 더 깊이 있게 다룬다는 점이었습니다. 예를 들면 C 언어를 C++과 비슷하게 사용하려면 어떻게 표현할 수 있는지, 소스 코드가 최종적으로 플랫폼에서 실행되기까지의 과정을 상세하게 설명합니다. C 언어는 다른 언어와 통합하기 쉬운 언어인데 이와 관련된 내용도 다루며 C 언어로 작성한 라이브러리를 다른 언어와 연동해보는 연습도 매우 유용했습니다. 모던 C뿐만 아니라 C 언어가 실행 파일로 변환되는 과정과 C++ 언어와의 비교 및 유사하게 사용하는 방법 그리고 표준 C 언어 등 다양한 주제를 생각해볼 수 있는 책이라 읽는 내내 도움이 많이 되었습니다.

이승표, 게임 서버 프로그래머

C의 기본 문법을 익힌 후에 C로 어떤 것을 할 수 있는지, 코드가 어떤 방식으로 작동하는지 자세히 안내하는 책입니다. 업무에 즉각적으로 도움이 되는 설명으로 가득 차 있습니다. 자세한 설명과 예제를 직접 실행해보며 코드가 작동 가능한 실행 파일로 생성되는 과정을 이해할 수 있었습니다. 특히 동시성을 다루는 5부에서는 단계별 작업을 코드 박스를 통해 세세하게 설명하고, 헷갈리는 용어와 개념도 자세히 설명해 명확하게 내용을 정리할 수 있었습니다. 또한 빌드 시스템에 대해서도 간략히 소개하며, 그 덕분에 실제로 프로젝트에 포함된 파일들이 어떤 역할을 하는지도 알 수 있었습니다. C 언어의 기본 문법을 익힌 후, 좀 더 빨리 이 책을 접했더라면 실력이 더 빨리 늘었을 거라 생각합니다.

권성민, 스마트레이더시스템 선임연구원

절차지향 프로그래밍 언어인 C 언어를 이용해 객체지향 프로그래밍을 시도하는 부분이 매우 흥미로웠습니다. C 언어는 객체지향이 될 수 없다는 것을 인정하고 시작하지만, 그럼에도 불구하고 이를 구현하기 위해 객체지향의 특성에서부터 세심하게 접근합니다. 그 결과 각 특성을 C 언어로 최대한 유사하게 구현했으며, 저 스스로도 객체지향 프로그래밍의 본질을 깊이 들여다볼 수 있는 기회였습니다. 그 외에도 C 언어를 이용해 심도 있는 다양한 주제를 제시하고 설명함으로써, 많은 C 언어 개발자에게 도전의 기회를 제공하는 책입니다.

박수빈, 엔씨소프트 개발자

C 프로그래밍 언어에 대한 매우 자세한 설명과 고급 활용법뿐만 아니라 컴파일 언어의 특징(컴파일러), 그리고 프로그램이 작성되는 운영체제를 포함해 광범위한 내용을 다루는 책입니다. 이 책에서 설명하는 내용은 다른 프로그래밍 언어를 사용할 때도 충분히 도움 되는 내용이며, 특히 C++을 주로 사용하고 있다면 반드시 읽어야 합니다.

사지원, 카카오모빌리티

지은이·옮긴이 소개

지은이 **캄란 아미니** Kamran Amini

임베디드 및 커널 전문 개발자. 이란의 여러 유명 회사에서 시니어 엔지니어, 아키텍트, 컨설턴트, CTO로 근무했습니다. 2017년에는 유럽으로 건너가 제퍼슨Jeppesen, 아데코Adecco, 톰톰TomTom, 액티브비디오 네트웍스ActiveVideo Networks와 같은 명망 높은 회사에서 시니어 아키텍트 겸 엔지니어로 근무했습니다. 암스테르담에 머무르는 동안 이 책을 집필했으며 주된 관심 분야는 컴퓨터 이론, 분산 시스템, 머신러닝, 정보 이론, 양자 컴퓨터입니다. 직업적 커리어를 쌓으면서 천문학과 행성학도 공부합니다. 우주의 초기 발생, 블랙홀의 기하학, 양자장론, 끈 이론 분야에 학술적 관심을 두고 있습니다.

옮긴이 **박지윤** jyp0293@gmail.com

판교의 한 프런트엔드 개발자. C 언어에 관심이 있는 프런트엔드 개발자라니, 하나만 잘하기에도 벅찬 인생이지만 이 책의 저자만큼이나 관심사가 넓은 편입니다. 언젠가 웹 공간에 원하는 비주얼과 사운드를 펼쳐 놓을 수 있기를 희망하며 관련 공부를 하고 있습니다. C 언어에 대한 관심은 사운드/오디오 개발에서 비롯했습니다. 우주에 대해 캄란 아미니만큼 학술적 관심이 있지는 않지만, 블랙홀에 대한 최신 소식이 나오면 찾아보거나, 물리학자 카를로 로벨리Carlo Rovelli의 신간이 나오면 사서 읽어보곤 합니다.

리뷰어 소개

리뷰어 **알리악바르 아바시** Aliakbar Abbasi

여러 기술과 프로그래밍 언어를 사용하며 6년 이상의 개발 경험이 있는 소프트웨어 개발자이자 OOP, C/C++, 파이썬 전문가. 기술 서적으로 주로 학습하며 소프트웨어 개발에 대한 지식을 넓히고 있습니다. 요즘은 암스테르담에서 아내와 함께 지내며 톰톰TomTom에서 시니어 소프트 엔지니어로 근무합니다.

리뷰어 **로힛 탈워커** Rohit Talwalkar

C, C++, 자바 분야의 아주 숙련된 소프트웨어 개발자. 유료 RTOS(실시간 운영체제), 윈도우, 윈도우 모바일 장치 그리고 안드로이드 플랫폼에서 애플리케이션, 드라이버 및 서비스를 개발합니다. 뭄바이의 명망 있는 인도 공과대학교에서 기술 학사를 취득했으며 컴퓨터 과학 석사 학위가 있습니다. 모토로라와 블랙베리에서 근무했으며, 지금은 혼합현실(MR) 안경을 만들고 공간 컴퓨팅을 전문으로 하는 매직 리프 Magic Leap에서 애플리케이션 개발 리드 엔지니어로 일합니다. 브라이언 오버랜드Brian Overland의 『C++ for the Impatient(참을성 없는 사람을 위한 C++)』의 리뷰에 참여하기도 했습니다.

옮긴이의 말

C 언어라는 만만치 않은 주제에 원서 제목에는 '익스트림(Extreme)'까지 붙은 데다, 원서 기준 무려 800여 페이지에 달하는 책이 첫 번역서라니! 작업을 시작할 때는 부담감이 컸지만, 페이지를 넘길수록 반드시 넘어보고 싶은 산이 되었습니다. 이 책은 C 개발자가 아니더라도 한 번은 읽어보면 좋을 내용으로 가득했습니다.

저자는 이 책의 대상 독자를 C 언어 전문가가 되고자 하는 사람으로 보았지만, 저는 초보자가 시니어가 될 때까지 옆에 두고 계속 보아도 좋은 책이라고 생각합니다. C 언어 그 자체뿐만 아니라 C 언어와 컴퓨터의 역사, 객체지향, 커널, 스레드, 프로세스, 다른 언어와의 통합에 이르기까지 그야말로 여러 주제를 폭넓게 다룹니다. 그만큼 C 언어가 IT 기술에 미치는 영향이 방대하다는 증거이며, C 언어가 아직도 건재한 이유겠지요. C 언어를 전문으로 다루지 않는 사람이라도 여러 개념과 역사를 훑고 싶다면 이 책은 유용하리라고 봅니다.

역자는 한 사람이지만 번역하는 과정에서 결코 혼자 하는 일이라 생각지 않았습니다. 사실 어떤 일이든 혼자 할 수 있는 일은 거의 없을 겁니다. 본업인 개발도 그렇고요. 여러분이 혼자 이 책을 읽게 되더라도, 이를 매개로 많은 사람과 연결될 수 있기를 바라고, 이를 통해 더 좋은 일, 더 재미있는 일을 하실 수 있기를 바랍니다.

책을 작업하는 동안 편집자님들의 수고가 컸는데 옮긴이만 혼자 글을 남기려니 머쓱하네요. 정지수 편집자님, 박지영 실장님, 이 지면을 빌려 감사의 인사를 전합니다. 그리고 작업을 끝까지 믿고 맡겨주신 서현 팀장님, 한빛미디어 측에도 감사드립니다.

박지윤

이 책에 대하여

현대 사회에서 우리는 매일 놀라운 기술과 마주합니다. 기술의 발전으로 불과 수십 년 전에는 상상할 수도 없었던 호사와 행복을 누리고 있습니다. 자율주행이 현실이 되는 시대를 살고 있으며 물리학 및 기타 과학 분야가 진보하면서 현실을 인식하는 방식도 변하고 있습니다. 양자 컴퓨터가 이제 막 걸음마를 시작했다는 뉴스, 블록체인 기술과 암호화폐에 관한 소식, 다른 행성을 개척한다는 뉴스를 접합니다. 놀랍게도 이런 다양한 혁신의 뿌리는 단 몇 가지 핵심 기술에 있습니다. 이 책은 핵심 기술 중 하나인 C를 다룹니다.

필자는 고등학교 1학년 때 C++로 프로그래밍을 시작했습니다. 당시 학교에서 2학년 대상의 2D 축구 시뮬레이션 팀에 가입하면서 C++에 이어 리눅스와 C를 알게 되었습니다. 그때는 C와 유닉스의 중요성을 잘 몰랐습니다. 하지만 점차 여러 프로젝트를 통해 C와 유닉스에 대한 경험을 쌓았고, 관련 교육을 들으며 C와 유닉스의 중요한 역할과 위치를 이해했습니다. C에 대해 알면 알수록 C의 매력에 빠지게 되었고, 마침내 필자의 관심을 사로잡았던 이 언어의 전문가가 되기로 결심했습니다. 또한 지식을 널리 전파하고 사람들에게 C의 중요성을 알리는 지지자가 되기로 했습니다. 이 책은 그러한 결심의 결과물입니다.

C는 죽은 언어라는 오해와 일부 기술 전문가들의 무시에도 불구하고, 티오베^{TIOBE}에서 확인할 수 있는 티오베 지수[1]는 이를 반증합니다. C는 자바와 함께 지난 15년간 가장 인기 있는 언어였습니다. 그리고 최근 몇 년 동안 인기가 더 높아지고 있습니다.

필자는 여러 BSD 유닉스 계열과 리눅스, 윈도우를 포함한 다양한 플랫폼에서 C, C++, 고^{Go}, 자바, 파이썬을 사용해 수년간 개발 및 설계 경험을 쌓았고, 그 결과 이 책을 쓰게 되었습니다. 이 책의 주요 목표는 독자의 스킬을 한 단계 높이는 것입니다. C를 사용할 때 한 단계 더 나아갈 수 있도록 하고, 애써 경험한 내용을 실용적으로 적용하기 위함입니다. 쉬운 여정은 아닐 것입니다. 그래서 이 책의 원서 제목을 『Extreme C』라고 지었습니다. C로 향하는 여정이 이 책의 핵심 주제이므로 다른 프로그래밍 언어에 관해 논쟁하지는 않겠습니다. 실용적인 책이 되기를 바라지만, 실제 적용과 관련된 핵심 이론도 꽤 많이 설명해야 합니다. 이 책에는 실제 시스템에

---

[1] https://www.tiobe.com/tiobe-index

서 마주할 상황을 대처하는 방식을 다루는 예제가 가득합니다.

이런 무거운 주제를 다룰 수 있게 되어 매우 영광입니다. 이토록 의미 있는 주제로 집필하게 된 것도 정말 큰 기쁨입니다. 이 기쁨과 놀라움은 첫 책을 쓸 수 있도록 격려해준 앤드루 왈드 론Andrew Waldron 덕분입니다.

또한 이 여정을 한 장 한 장 함께한 개발 편집자 이언 휴Ian Hough에게도 깊은 감사를 전합니다. 지치지 않고 피드백해준 동료 알리아크바르 아바시Aliakbar Abbasi, 키쇼어 리트Kishor Rit, 가라프 가바스Gaurav Gavas, 베로니카 파이스Veronica Pais 그리고 이 책을 준비하고 출판하는 데 최선의 노력을 기울여준 소중한 분들에게 감사를 전합니다.

여러분을 이 긴 여정에 함께 할 동반자로 초대합니다. 이 책을 읽으면서 변화가 증명되기를, 여러분이 C를 새로운 시선으로 볼 수 있기를, 그리고 이 과정을 거쳐 더 나은 개발자가 될 수 있기를 바랍니다.

대상 독자

C와 C++ 개발에 관해 최소한의 지식을 가진 독자를 위해 썼습니다. C/C++ 주니어와 중급 엔지니어가 주요 독자입니다. 이 정도 지식이라면 이 책을 최대한 활용할 수 있으며 자신의 전문 지식도 최대한 사용할 수 있습니다. 책을 읽고 나서 시니어 엔지니어로 거듭날 수 있기를 바랍니다. 더불어 도전 의식을 북돋우고, 더 높은 연봉과 훨씬 더 유의미한 직무를 맡을 수 있기를 바랍니다. 일부 주제는 시니어 C/C++ 엔지니어에게도 유용합니다. 하지만 시니어 엔지니어라면 대부분의 주제는 익히 알고 있을 것이며 몇 가지 세부 사항 정도가 유용할 것입니다.

이 책은 학생과 연구자에게도 유용한 내용을 다룹니다. 컴퓨터 과학, 소프트웨어 엔지니어링, 인공지능, 사물 인터넷(IoT), 천문학, 입자 물리학, 우주학과 같은 과학이나 공학 분야의 학사, 석사, 박사 과정을 밟는 학생뿐만 아니라 해당 분야의 연구자라면 이 책을 통해 C/C++, 유닉스 계열 운영체제, 관련 프로그래밍 스킬을 향상할 수 있습니다. 이 책은 복잡한 원격 제어 장치, 시뮬레이션, 빅데이터 처리, 머신러닝, 딥러닝 등을 수행하거나, 멀티스레드 또는 멀티프로세스 시스템에서 작업하는 엔지니어와 과학자에게도 유용합니다.

다루는 내용

이 책은 7부part로 구성됩니다. 각 부에서는 C 프로그래밍의 특정 측면을 다룹니다. 1부에서는 C 프로젝트를 빌드하는 방법, 2부에서는 메모리, 3부에서는 객체지향에 초점을 맞춰 설명하고, 4부에서는 주로 유닉스와 C의 관계를 살펴봅니다. 5부에서는 동시성을, 6부에서는 프로세스 간 통신을 다루며, 마지막으로 7부에서는 테스트 및 유지 보수에 관해 다룹니다. 다음은 총 23개 장의 핵심 주제를 요약한 내용입니다.

1부 C 프로젝트 빌드

- **1장 필수 요소**: C에서 찾아볼 수 있는 필수 요소를 소개합니다. 이 요소들은 C를 사용하는 방식에 중대한 영향을 미칩니다. 이 책 전반에 걸쳐 이러한 기능을 자주 사용할 예정입니다. 주요 주제는 전처리 및 매크로를 정의하는 지시자, 변수와 함수 포인터, 함수 호출 메커니즘 그리고 구조체입니다.

- **2장 소스 코드에서 이진 파일로**: C 프로젝트를 빌드하는 방법에 관해 설명합니다. 전체 파이프라인 및 개별 파이프라인 구성 요소의 관점에서 컴파일 파이프라인을 상세히 배워봅니다.

- **3장 목적 파일**: 컴파일 파이프라인을 사용해 빌드한 이후의 C 프로젝트 결과물을 살펴봅니다. 목적 파일과 그 다양한 종류를 소개합니다. 또한 목적 파일 내부를 들여다보고 어떤 정보를 추출할 수 있는지 알아봅니다.

2부 메모리

- **4장 프로세스 메모리 구조**: 프로세스 메모리 레이아웃을 들여다봅니다. 메모리 레이아웃에 어떤 세그먼트가 있는지, 그리고 정적 메모리 레이아웃과 동적 메모리 레이아웃이 뜻하는 바가 무엇인지도 살펴봅니다.

- **5장 스택과 힙**: 스택과 힙 세그먼트를 구체적으로 다룹니다. 스택과 힙 변수를 설명한 뒤 그 수명을 C에서 관리하는 방법을 이야기합니다. 힙 변수에 관한 모범 사례를 알아보고 힙 변수를 관리하는 방법도 살펴봅니다.

3부 객체지향

- **6장 OOP와 캡슐화**: C의 객체지향을 다루는 네 개 장 중 첫 번째 장입니다. 6장에서는 객체지향의 배경 이론을 살펴보고, 관련 자료에서 자주 사용하는 용어의 중요한 정의를 짚어봅니다.

- **7장 합성과 집합**: 합성과 합성의 특수한 형태인 집합에 초점을 맞춥니다. 합성과 집합의 차이를 살펴보고 이들의 차이를 확인할 수 있는 예제를 제공합니다.

- **8장 상속과 다형성**: 상속은 **객체지향 프로그래밍**에서 가장 중요한 주제입니다. 8장에서는 두 클래스 사이에서 상속 관계를 만드는 방법과 C에서 이를 어떻게 수행하는지 알아봅니다. 중요한 논제인 다형성에 대해서도 살펴봅니다.

- **9장 추상화와 C++의 OOP**: 추상화에 관해 설명합니다. 구체적으로는 추상화의 자료형 및 C에서 구현하는 방법을 논의합니다. C++의 내부를 살펴보고 객체지향이라는 개념을 C++에서 어떻게 구현하는지 예제로 알아봅니다.

4부 유닉스

- **10장 유닉스의 역사와 아키텍처**: C와 유닉스는 서로 뗄 수 없는 관계입니다. 10장에서는 왜 C와 유닉스가 서로 강하게 연결되어 있는지, 그리고 서로가 살아남을 수 있도록 어떻게 도왔는지 설명합니다. 유닉스의 아키텍처도 학습하며, 운영체제가 제공하는 기능을 프로그램이 어떻게 사용하는지도 배워봅니다.

- **11장 시스템 호출과 커널**: 유닉스 아키텍처의 커널 링을 중점적으로 살펴봅니다. 시스템 호출을 자세히 살펴보고, 리눅스에 새로운 시스템 호출을 추가해봅니다. 커널의 다양한 유형을 살펴보고, 커널 모듈이 작동하는 방식을 알아보기 위해 리눅스에 새로운 간단한 커널 모듈을 작성해봅니다.

- **12장 최신 C**: 최신 버전의 C 표준인 C18에 관해 알아봅니다. 이전 버전인 C11과 얼마나 다른지 살펴봅니다. 또한 C99와 비교해 새로 추가된 몇몇 특성의 예를 알아봅니다.

5부 동시성

- **13장 동시성**: 동시성 개념을 살펴보고, 동시 환경 및 인터리빙과 같은 다양한 속성을 소개합니다. 이러한 시스템이 비결정론적인 이유와 경쟁 상태와 같은 동시성 문제가 어떻게 발생하는지 알아봅니다.

- **14장 동기화**: 동시 환경에 대한 논의를 계속합니다. 동시 시스템에서 관찰할 수 있는 다양한 문제 유형에 관해서도 논의합니다. 여러 문제 유형 중 이 책에서는 경쟁 상태, 데이터 경쟁 및 교착 상태를 다룹니다. 이러한 문제 해결 방법과 세마포어, 뮤텍스, 조건 변수를 설명합니다.

- **15장 스레드 실행**: 여러 스레드를 실행하고 관리하는 방법을 예제와 함께 살펴봅니다. 또한 14장에서 논의한 동시성 문제에 관한 실제 C 예제도 제공합니다.

- **16장 스레드 동기화**: 여러 스레드를 동기화할 수 있는 기법을 알아봅니다. 중요한 주제인 세마포어, 뮤텍스 및 조건 변수를 예제와 함께 살펴봅니다.

6부 프로세스 간 통신

- **17장 프로세스 실행**: 새로운 프로세스를 생성 및 스폰할 수 있는 방법을 설명합니다. 또한 여러 프로세스 사이에서 상태를 공유하는 푸시, 풀 기반 기법에 관해 논의해보고 14장에서 다뤘던 동시성 문제를 실제 C 사례로 살펴봅니다.

- **18장 프로세스 동기화**: 동일한 머신에 탑재된 여러 프로세스를 동기화할 때 이용할 수 있는 메커니즘을 다룹니다. 프로세스-공유 세마포어, 프로세스-공유 뮤텍스, 프로세스-공유 조건 변수 기법을 살펴봅니다.

- **19장 싱글 호스트 IPC와 소켓**: 푸시 기반 프로세스 간 통신 기법을 다룹니다. 동일한 머신에 탑재된 프로세스에서 사용할 수 있는 기법에 주로 초점을 맞춥니다. 소켓 프로그래밍을 소개하고, 네트워크에 있는 서로 다른 노드에 탑재된 프로세스 사이에 채널을 설정할 때 필요한 배경도 소개합니다.

- **20장 소켓 프로그래밍**: 예제를 통해 소켓 프로그래밍을 살펴봅니다. 여러 다양한 종류의 소켓을 지원하는 예제를 살펴보며 논의를 지속해봅니다. 스트림 또는 데이터그램 채널에서 작동하는 유닉스 도메인 소켓, TCP, UDP 소켓을 설명합니다.

- **21장 다른 언어와의 통합**: 공유 목적 파일로 빌드된 C 라이브러리가 로드되는 방식과 C++, 자바, 파이썬, 고로 작성한 프로그램에서 해당 라이브러리가 사용되는 방식을 설명합니다.

7부 테스트와 유지 보수

- **22장 유닛 테스트와 디버깅**: 테스트와 디버깅을 설명합니다. 여러 수준의 테스트를 소개하며, 특히 C
  의 유닛 테스트 중심으로 설명합니다. C에서 테스트 스위트를 작성할 때 사용할 수 있는 라이브러리인
  CMocka와 구글 테스트를 소개합니다. 디버깅의 개념과 다양한 버그를 디버깅할 때 사용할 수 있는 여
  러 도구도 살펴봅니다.

- **23장 빌드 시스템**: 빌드 시스템 및 빌드 스크립트 생성기에 관해 설명합니다. 메이크^{Make}, 닌자^{Ninja}, 바
  젤^{Bazel} 빌드 시스템과 빌드 스크립트 생성기인 CMake를 소개합니다.

활용 방법

앞서 설명한 대로 이 책을 읽으려면 컴퓨터 프로그래밍과 관련한 최소한의 지식과 기술이 필요
합니다. 최소한의 요구 사항은 다음과 같습니다.

- **컴퓨터 아키텍처 지식**: 메모리, CPU, 주변 장치와 그 특성을 알아야 합니다. 그리고 프로그램이 컴퓨터
  시스템에서 이러한 요소와 어떻게 상호작용하는지도 알아야 합니다.

- **프로그래밍 기초 지식**: 알고리듬이 무엇인지, 알고리듬의 실행을 어떻게 추적하는지, 소스 코드란 무엇
  인지, 이진수는 무엇인지, 이와 관련된 수학 개념을 알아야 합니다.

- **터미널과 셸 명령어 사용법**: 리눅스나 macOS 같은 유닉스 계열 운영체제의 **터미널**과 기초 **셸 명령어**
  에 익숙해야 합니다.

- **프로그래밍 중급 지식**: 최소한 하나의 프로그래밍 언어에서 사용하는 조건문, 여러 종류의 루프, 구조체
  또는 클래스, C나 C++의 포인터, 함수 등과 같은 프로그래밍 주제에 대한 중급 지식이 필요합니다.

- **객체지향 프로그래밍 기초 지식**: 객체지향 프로그래밍에 관해서는 이 책에서 상세히 다룰 예정이니 필
  수는 아닙니다. 하지만 기초 지식을 알고 있다면 이 책의 3부 **객체지향**을 읽을 때 더 잘 이해할 수 있습
  니다.

예제 사용 규칙

이 책에서는 코드 박스와 셸 박스를 사용합니다. 코드 박스는 C 코드 또는 의사코드[pseudo-code]를 담고 있습니다. 코드 박스의 내용을 코드 파일에서 가져올 때는 코드 파일의 이름이 박스 위에 적혀 있습니다. 코드 박스 예제는 다음과 같습니다.

코드 박스 17-1 fork API로 자식 프로세스 생성하기(ExtremeC_examples_chapter17_1.c)

```c
#include <stdio.h>
#include <unistd.h>

int main(int argc, char** argv) {
  printf("This is the parent process with process ID: %d\n",
          getpid());
  printf("Before calling fork() ...\n");
  pid_t ret = fork();
  if (ret) {
    printf("The child process is spawned with PID: %d\n", ret);
  } else {
    printf("This is the child process with PID: %d\n", getpid());
  }
  printf("Type CTRL+C to exit ...\n");
```

----

2 옮긴이_ 역자의 실행 환경은 우분투 18.04.6 LTS, 설치된 gcc 버전은 7.5.0입니다. 우분투는 Virtual Box에 설치했습니다. 2022년 8월 현재, 이 버전의 우분투에서 gcc 설치 시 7.5.0 버전이 선택됩니다. 필자는 gcc 7.3.0으로 실행한 결과를 제시했으나, 우분투 18.04 LTS 환경에서 gcc 7.3.0 설치를 시도하면 7.5.0 이상 버전 설치가 필요하다는 경고가 나옵니다. 따라서 필자와 완벽히 동일한 실행 환경을 구성하기 어려운 점을 감안해 역자의 실행 환경은 현재 대부분의 독자가 설정에 큰 어려움이 없을 gcc 7.5.0으로 택했습니다.

```
    while (1);
    return 0;
}
```

이 코드는 ExtremeC_examples_chapter17_1.c 파일에 있습니다. 앞서 소개한 깃허브에서 코드 묶음을 다운로드한 뒤 **ch17-process-execution** 디렉터리를 살펴보면 해당 코드가 있습니다.

만약 코드 박스에 파일명이 없다면, 코드 묶음에서 찾을 수 없는 의사코드나 C 코드입니다. 아래 예제를 봅시다.

코드 박스 13-1 다섯 개 명령어가 있는 간단한 작업

```
작업 P {
    1. num = 5
    2. num++
    3. num = num – 2
    4. x = 10
    5. num = num + x
}
```

코드 박스 안에는 가끔 밑줄을 치거나 굵은 글자로 표시한 것이 있습니다. 이러한 밑줄은 코드 박스 이전에 다뤘거나 이후에 다룰 코드 행입니다. 여러분의 편의를 위해 굵게 표시했습니다.

셸 박스는 여러 셸 명령어를 실행하는 동안 터미널에서 출력된 결과를 확인할 수 있습니다. 명령어는 주로 굵은 글자로 표시되며 결과는 일반 폰트로 표시합니다. 아래 예제를 봅시다.

셸 박스 17-6 [예제 17-4]에서 생성한 공유 메모리 객체를 읽고 마지막으로 제거하기

```
$ ls /dev/shm
shm0
$ gcc ExtremeC_examples_chapter17_5.c -lrt -o ex17_5.out
$ ./ex17_5.out
Shared memory is opened with fd: 3
The contents of the shared memory object: ABC
$ ls /dev/shm
$
```

명령어는 $ 또는 #로 시작합니다. $로 시작하는 명령어는 일반 사용자 권한으로 실행하고 #로 시작하는 명령어는 슈퍼유저로 실행합니다.

셸 박스의 작업 디렉터리는 대부분 해당 장의 디렉터리와 동일합니다. 작업 디렉터리에서 특정 디렉터리를 찾을 때는 필요한 정보를 함께 제공하니 걱정하지 마세요.

감사의 말

어머니 이터람^{Ehteram}에게 감사를 전합니다. 어머니께서는 헌신적으로 저와 형제 아슈칸^{Ashkan}을 키우셨습니다. 어머니는 언제나 저를 응원하고 계신다고 확신합니다. 그리고 제 아름답고 사랑스러운 아내 아프사네^{Afsaneh}에게도 고마움을 선합니다. 아내는 이 책을 작업하는 내내 저를 지원해주었습니다. 아내의 인내와 격려가 없었다면 여기까지 해내지 못했을 겁니다.

캄란 아미니

CONTENTS

PART **C 프로젝트 빌드**

CHAPTER **1 필수 요소**

CONTENTS

CHAPTER **2 소스 코드에서 이진 파일로**

CHAPTER **3 목적 파일**

PART **II 메모리**

CHAPTER **4 프로세스 메모리 구조**

CONTENTS

CONTENTS

PART **IV 유닉스**

CONTENTS

CHAPTER 15 스레드 실행

CHAPTER 16 스레드 동기화

CONTENTS

CHAPTER 19 싱글 호스트 IPC와 소켓

CONTENTS

PART **VII** 테스트와 유지 보수

CHAPTER **22** 유닛 테스트와 디버깅

CONTENTS

CHAPTER **23 빌드 시스템**

C 프로젝트 빌드

1장 필수 요소: C에서 찾아볼 수 있는 필수 요소를 소개합니다. 이 요소들은 C를 사용하는 방식에 중대한 영향을 미칩니다. 이 책 전반에 걸쳐 이러한 기능을 자주 사용할 예정입니다. 주요 주제는 전처리 및 매크로를 정의하는 지시자, 변수와 함수 포인터, 함수 호출 메커니즘 그리고 구조체입니다.

2장 소스 코드에서 이진 파일로: C 프로젝트를 빌드하는 방법에 관해 설명합니다. 전체 파이프라인 및 개별 파이프라인 구성 요소의 관점에서 컴파일 파이프라인을 상세히 배워봅니다.

3장 목적 파일: 컴파일 파이프라인을 사용해 빌드한 이후의 C 프로젝트 결과물을 살펴봅니다. 목적 파일과 그 다양한 종류를 소개합니다. 또한 목적 파일 내부를 들여다보고 어떤 정보를 추출할 수 있는지 알아봅니다.

Part I

C 프로젝트 빌드

## CHAPTER 1

필수 요소

이 책은 C를 이용하는 애플리케이션의 개발과 유지 보수에 필요한 기초와 고급 지식을 모두 다룹니다. 일반적으로 프로그래밍 언어의 문법만 안다고 해서 성공적인 프로그램을 작성하기란 어렵습니다. C는 다른 언어에 비해 이 점이 더 중요합니다. 이 책에서는 대규모 소프트웨어를 C로 작성하는 데 필요한 모든 개념을 살펴봅니다. 간단한 단일 프로세스 프로그램부터 복잡한 멀티프로세스 시스템에 이르기까지 말입니다.

첫 번째 장은 C 프로그램을 작성할 때 매우 유용한 C의 특정 요소를 주로 다룹니다. 이 요소는 C로 작성할 때 자주 마주치게 될 상황과 관련됩니다. C의 모든 것을 상세히 설명하고 문법의 거의 모든 측면을 다루는 좋은 책과 튜토리얼은 많지만, 우리가 C를 더 깊게 들여다보기 전에 몇 가지 주요 특성을 먼저 알아보는 편이 더 좋습니다.

이러한 구성 요소에는 전처리기 지시자, 포인터 변수, 함수 포인터, 구조체가 포함됩니다. 이는 당연히 C보다 더 현대적인 프로그래밍 언어인 자바, C#, 파이썬 등에서도 흔히 볼 수 있는 요소입니다. 예를 들어 자바의 **참조**reference는 C의 포인터 변수와 유사합니다. 이러한 요소 및 관련 개념은 매우 기초적이며, 이런 요소가 없다면 그 어떠한 소프트웨어도 실행될 수 없습니다. **함수 포인터**를 사용해야 하는 여러 공유 라이브러리를 로딩하지 않고서는 단순한 'hello world' 프로그램조차도 실행할 수 없습니다.

따라서 신호등, 자동차의 중앙 컴퓨터(CPU), 주방의 전자레인지, 스마트폰의 운영체제, 별생각 없이 봤던 다른 장치 모두 C로 작성된 소프트웨어를 사용합니다.

오늘날 우리의 삶은 C로부터 큰 영향을 받고 있으며 C가 없다면 세상은 지금과 매우 다를 겁니다.

1장은 전문적인 C 코드를 작성하기 위한 필수 요소와 관련 개념에 초점을 맞춥니다. 그리고 심도 있는 학습을 위해 엄선한 요소도 함께 다룹니다.

- **전처리기 지시자, 매크로, 조건부 컴파일**: 전처리는 다른 프로그래밍 언어에서 쉽게 찾아볼 수 없는 C의 특성 중 하나입니다. 전처리에는 많은 이점이 있습니다. **매크로**와 **조건부 지시자**를 포함한 흥미로운 활용법을 살펴봅시다.
- **포인터 변수**: 1.2절에서는 **포인터 변수**와 사용법을 알아봅니다. 포인터 변수를 잘못 사용해서 생기는 몇 가지 문제를 해결할 때 도움이 될 만한 지식을 얻을 수 있습니다.
- **함수**: 1.3절에서는 문법 수준을 넘어 함수에 관한 모든 부분을 자세히 살펴봅니다. 문법은 사실 쉬운 부분입니다! 이 절에서 함수를 **절차적**procedural 코드를 작성하기 위한 구성 요소로 간주합니다. 여기서는 또한 **함수 호출 메커니즘**과 함수가 호출자 함수the caller function로부터 인수argument를 받는 방식에 관해서도 설명합니다.
- **함수 포인터**: 함수 포인터는 C의 중요한 특성 중 하나입니다. 함수 포인터는 변수 대신 기존의 함수를 가리키는 포인터입니다. 기존의 로직에 포인터를 저장하는 능력은 알고리듬 설계에서 매우 중요합니다. 따라서 한 절을 할애해 함수 포인터를 살펴봅니다. 함수 포인터는 동적 라이브러리 로딩부터 **다형성**polymorphism에 이르기까지 매우 다양하게 활용됩니다. 훨씬 더 많은 함수 포인터에 관해서는 다음 몇 장에 걸쳐 알아봅니다.
- **구조체**: C 구조체는 문법이 단순하며, 간단한 아이디어를 표현할 수 있습니다. 하지만 **잘 조직된 객체지향 코드**를 작성하기 위한 핵심 구성 요소이기도 합니다. 함수 포인터와 더불어 구조체의 중요성도 강조하지 않을 수 없습니다. 이 장의 마지막 절에서 C의 구조체에 관해 알아야 할 모든 것과 구조체와 관련된 요령을 다시 살펴보겠습니다.

C의 필수 요소와 개념은 유닉스 생태계에서 중요한 역할을 합니다. C는 오래되고 문법이 까다로운데도 불구하고, 이러한 이유로 인해 여전히 중요하고 영향력이 있습니다. C와 유닉스가 서로 주고받은 영향에 관해서는 다음 장에서 이야기합니다. 우선 전처리기 지시자를 살펴보는 걸로 시작해봅시다.

1.1 전처리기 지시자

전처리 preprocessing는 C의 강력한 구성 요소입니다. **2장**에서 전처리를 충분히 살펴볼 예정이니 지금은 컴파일러로 보내기 전 소스 코드를 만들고 수정할 수 있도록 하는 과정을 전처리라고 정의하겠습니다. 이는 C의 컴파일 파이프라인이 다른 언어에 비해 최소 한 단계 이상을 더 갖는다는 뜻입니다. 다른 프로그래밍 언어에서는 컴파일러로 소스 코드가 바로 전달되지만 C와 C++에서는 먼저 전처리를 해야 합니다.

전처리라는 추가 단계는 컴파일러로 소스 코드를 보내기 전 C 개발자가 효과적으로 소스 코드를 바꿀 수 있다는 점에서 C(그리고 C++)를 독특한 프로그래밍 언어로 만들었습니다. 전처리 요소는 대부분의 고급 프로그래밍 언어에는 존재하지 않습니다.

전처리의 목적은 전처리 지시자를 제거하고 이 지시자를 C 코드에 의해 생성된 동일한 내용으로 바꾸는 것입니다. 또한 컴파일러로 보낼 준비가 된 최종 소스 파일을 준비하려는 목적도 있습니다.

C 전처리기의 수행은 일련의 **지시자**directive를 사용해 통제하고 영향을 줄 수 있습니다. C 지시자는 헤더와 소스 파일 모두에서 # 문자로 시작하는 코드입니다. 이 코드는 C 전처리기에만 의미가 있을 뿐 C 컴파일러에는 의미가 없습니다. C에는 다양한 지시자가 있는데, 그중에서도 특히 매크로를 정의할 때 사용되는 지시자와 조건부 컴파일에 사용되는 지시자가 매우 중요합니다.

다음 절에서 매크로를 알아보고, 매크로가 다양하게 사용되는 예제를 살펴봅니다. 또한 매크로를 분석해 매크로의 장단점을 알아봅니다.

1.1.1 매크로

많이들 C 매크로를 오해하고 있습니다. 누군가는 매크로로 인해 소스 코드가 너무 복잡해져 가독성이 떨어진다고 주장하고, 또 다른 누군가는 코드에 매크로를 사용할 경우 응용프로그램을 디버깅할 때 문제가 생긴다고 이야기합니다. 아마 이런 이야기를 직접 들어본 적도 있을 것입니다. 하지만 어디까지가 맞는 말일까요? 매크로는 피해야 할 악일까요? 아니라면 프로젝트에 도움이 되는 이점이 있을까요?

잘 알려진 C 프로젝트라면 어느 것이든 매크로를 찾아볼 수 있다는 게 현실입니다. 그 증거로 아파치 HTTP 서버와 같은 유명한 C 프로젝트를 다운받은 뒤 grep[1]으로 #define을 검색해보세요. 매크로가 사용된 파일의 목록이 보입니다. C 개발자로서 매크로에서 벗어날 방법은 없습니다. 여러분이 매크로를 사용하지 않더라도 다른 사람의 코드에서 발견하게 될 것입니다. 그러므로 매크로가 무엇이고 이를 어떻게 다루는지 알아야 합니다.

> **NOTE_** grep 명령어는 문자열에서 패턴을 검색하는 유닉스 계열의 표준 셸 유틸리티 프로그램과 관련이 있습니다. 이 명령어는 해당 경로에서 모든 파일 내용의 문자열 또는 패턴을 검색할 때 사용합니다.

매크로는 다음과 같이 다양하게 활용할 수 있습니다.

- 상수 정의하기
- C 함수를 작성하지 않고 함수로 사용하기

---

1 옮긴이_ 유닉스/리눅스 문자열 검색 명령어

- 루프 풀기|loop unrolling

- 헤더 가드|header guard

- 코드 생성

- 조건부 컴파일

매크로는 더 다양하게 활용할 수 있지만, 다음 절에서는 이 항목들을 주로 살펴보겠습니다.

매크로 정의하기

매크로는 #define 지시자를 이용해 정의합니다. 각 매크로는 이름과 사용 가능한 매개변수|parameter 리스트를 갖습니다. 또한 값|value을 가지며, 이 값은 **매크로 확장**이라는 단계를 통해 전처리 단계에서 매크로의 이름으로 대체될 수 있습니다. 매크로는 #undef 지시자로 매크로의 **정의를 제거**할 수 있습니다. 간단한 예제인 [예제 1-1]부터 시작해봅시다.

코드 박스 1-1 [예제 1-1] 매크로 정의하기(ExtremeC_examples_chapter1_1.c)[2]

```
#define ABC 5

int main(int argc, char** argv) {
  int x = 2;
  int y = ABC;
  int z = x + y;
  return 0;
}
```

이 [코드 박스 1-1]에서 **ABC**는 정숫값이나 정수 상수|integer constant를 담는 변수가 아닙니다. 이는 **ABC**라는 매크로이며 해당하는 값은 5입니다. 매크로 확장 단계 이후 C 컴파일러로 보낸 코드의 결과물은 다음과 같습니다.

코드 박스 1-2 매크로 확장 단계 이후 [예제 1-1]에서 생성된 코드

```
int main(int argc, char** argv) {
  int x = 2;
  int y = 5;
```

2 옮긴이_ 번역 시점에는 깃허브에서 받은 코드 내 주석에 examples가 exampels로 잘못 기재되어 있습니다. ch01부터 ch04까지 이 현상이 존재하니 실습 시 참고해주세요.

```
    int z = x + y;
    return 0;
}
```

[코드 박스 1-2]의 코드는 유효한 C언어 문법이므로 컴파일러에서 코드를 계속 컴파일할 수 있습니다. 앞의 예제에서 전처리기는 매크로 확장을 수행해 매크로의 이름을 값으로 간단히 바꾸었습니다. 또한 시작하는 줄의 주석도 삭제했습니다.

이제 다른 예제인 [예제 1-2]를 봅시다.

코드 박스 1-3 [예제 1-2] 유사 함수 매크로 정의하기(ExtremeC_examples_chapter1_2.c)

```
#define ADD(a, b) a + b

int main(int argc, char** argv) {
  int x = 2;
  int y = 3;
  int z = ADD(x, y);
  return 0;
}
```

[코드 박스 1-3]은 [예제 1-1]과 비슷하지만 이 코드에서 **ADD**는 함수가 아닙니다. 이는 인수^{argument}를 받는 **유사 함수 매크로**^{function-like macro}입니다. 전처리 이후의 코드 결과는 다음과 같습니다.

코드 박스 1-4 전처리와 매크로 확장 이후 코드

```
int main(int argc, char** argv) {
  int x = 2;
  int y = 3;
  int z = x + y;
  return 0;
}
```

이 코드 박스에서 볼 수 있듯이 매크로 확장이 이루어지는 방식은 다음과 같습니다. 매개변수 a로 사용된 인수^{argument} x는 매크로 값에 있는 a의 인스턴스로 모두 바뀌었습니다. 매개변수 b도 마찬가지이며 b에 해당하는 y 인수에서도 그렇습니다. 모두 변환된 이후 전처리된 코드에

서는 ADD(a, b) 대신 x + y를 얻습니다.

유사 함수 매크로는 입력 인수를 받을 수 있기 때문에 C 함수를 모방할 수 있습니다. 즉, 자주 사용되는 로직을 C 함수에 넣는 것 대신, 이 로직을 유사 함수 매크로로 명명해 사용할 수 있습니다.

이처럼 전처리 단계에서 매크로는 자주 사용되는 로직으로 대체되며, C 함수를 새로 작성할 필요가 없게 됩니다. 이를 더 자세히 알아보고 다음 두 가지 접근 방식을 비교해보겠습니다.

매크로는 컴파일 단계 이전에만 존재합니다. 즉, 컴파일러가 이론적으로는 매크로에 관해 아무 것도 모른다는 의미입니다. 매크로를 함수 대신 사용하려면 이 내용을 꼭 기억해야 합니다. 컴파일러는 함수의 모든 것을 알고 있습니다. 함수는 C 문법의 일부이며 파스 트리parse tree 내에서 함수가 분석되기 때문입니다. 그러나 매크로는 전처리기 자체에 관해서만 알고 있는, C의 전처리기 지시자에 불과합니다.

매크로는 컴파일 이전에 코드를 **생성**generate할 수 있도록 합니다. 자바와 같은 다른 프로그래밍 언어에서 이 과정을 처리하기 위해서는 **코드 생성기**code generator가 필요합니다. 이런 매크로 적용에 관해서는 예제를 살펴봅시다.

현대의 C 컴파일러는 C 전처리기 지시자를 인지하고 있습니다. 전처리 단계에 관해 컴파일러가 아무것도 모른다고 흔히 알고 있지만, 컴파일러는 사실 전처리 단계를 알고 있습니다. 현대의 C 컴파일러는 전처리 단계에 들어가기 이전의 소스 코드를 알고 있습니다. 다음 코드를 보시죠.

코드 박스 1-5 선언되지 않은 식별자 오류가 발생하는 매크로 정의(example.c)

```
#include <stdio.h>

#define CODE \
printf("%d\n", i);

int main(int argc, char** argv) {
  CODE
  return 0;
}
```

만약 이 코드를 macOS에서 클랭^{clang}을 이용해 컴파일한다면 결과는 다음과 같습니다.

셀 박스 1-1 매크로 정의를 나타내는 컴파일 출력

```
$ clang example.c
code.c:7:3: error: use of undeclared identifier 'i'
CODE
^
code.c:4:16: note: expanded from macro 'CODE'
printf("%d\n", i);
^
1 error generated.
$
```

컴파일러는 매크로가 정의된 바로 그 줄에 오류 메시지를 생성합니다.

참고로 대부분의 현대 컴파일러는 컴파일 직전에 전처리 결과를 볼 수 있습니다. 예를 들어 gcc나 clang을 사용할 경우 전처리 이후 코드를 덤프^{dump}하기 위해 -E 옵션을 사용할 수 있습니다. 다음 [셀 박스 1-2]는 -E 옵션의 사용법을 나타냅니다. 결괏값을 모두 싣지는 않았다는 점을 참고해주세요.

셀 박스 1-2 전처리 단계 이후의 example.c 코드

```
$ clang -E example.c
# 1 "sample.c"# 1 "<built-in>" 1
# 1 "<built-in>" 3
# 361 "<built-in>" 3
...
# 412 "/Library/Developer/CommandLineTools/SDKs/MacOSX10.14.sdk/
usr/include/stdio.h" 2 3 4
# 2 "sample.c" 2
...
int main(int argc, char** argv) {
  printf("%d\n", i);
  return 0;
}
$
```

이제 중요한 정의에 다다랐습니다. **변환 단위**^{translation unit} (혹은 **컴파일 단위**^{compilation unit})는 컴파

일러로 전달될 준비가 된, 전처리된 C 코드입니다. 변환 단위에서는 모든 지시자가 포함inclusion 되거나 매크로 확장으로 대체되며 단 한 줄의 긴 C 코드가 만들어집니다.

매크로에 관해 자세히 알아봤으니 조금 더 어려운 예제를 살펴보겠습니다. 이 예제는 매크로의 위력과 위험을 보여줍니다. 제 생각에는 위험하고 섬세한 것을 능숙하게 다루는 것이 극한의 개발이며, 이것이 바로 C입니다.

흥미로운 다음 예제를 확인해봅시다. 루프를 생성하는 시퀀스에서 매크로가 어떻게 사용되는 지 주목해보세요.

코드 박스 1-6 [예제 1-3] 루프를 생성하는 매크로 사용하기(ExtremeC_examples_chapter1_3.c)

```c
#include <stdio.h>

#define PRINT(a) printf("%d\n", a);
#define LOOP(v, s, e) for (int v = s; v <= e; v++) {
#define ENDLOOP }

int main(int argc, char** argv) {
  LOOP(counter, 1, 10)
    PRINT(counter)
  ENDLOOP
  return 0;
}
```

이 코드 박스에서 볼 수 있듯이 main 함수 안의 코드는 잘못된 C 코드입니다. 그러나 전처리 이후, 올바른 C 소스 코드를 얻게 되며 문제없이 컴파일됩니다. 다음은 전처리된 결과입니다.

코드 박스 1-7 전처리 단계 이후의 [예제 1-3]

```c
...
... content of stdio.h ...
...
int main(int argc, char** argv) {
  for (int counter = 1; counter <= 10; counter++) {
    printf("%d\n", counter);
  }
  return 0;
}
```

[코드 박스 1-6]의 **main** 함수에서는 알고리듬을 작성하기 위해 C처럼 보이지 않는 명령어를 사용했습니다. 전처리 이후 [코드 박스 1-7]에서는 잘 작동되는 올바른 C 프로그램을 얻었습니다. 이는 **도메인 특화 언어** domain specific language **(DSL)**를 정의하고 DSL을 이용해 코드를 작성하는 매크로의 중요한 활용법입니다.

DSL은 프로젝트의 다른 파트에서 매우 유용합니다. 예를 들어 구글 테스트 Google Test 프레임워크(gtest)와 같은 곳에서 아주 많이 사용되며 이러한 테스트 프레임워크에서 DSL은 단언 assertion, 기댓값 expectation 테스트 시나리오를 작성하는 데에 사용됩니다.

최종 전처리된 코드에는 C 지시자가 전혀 없다는 사실을 눈여겨봐야 합니다. 이는 [코드 박스 1-6]의 **#include** 지시자가 자신이 가리키는 파일의 내용으로 대체되었다는 뜻입니다. 이런 이유로 [코드 박스 1-7]에서 **main** 함수 앞에 **stdio.h** 헤더 파일(점으로 생략한 부분)의 내용을 살펴봐야 합니다.

다음 [예제 1-4]에서는 매크로 매개변수에 관한 새로운 두 가지 연산자를 소개합니다. **#**과 **##** 연산자입니다.

코드 박스 1-8 [예제 1-4] 매크로에서 #과 ## 연산자 사용하기(ExtremeC_examples_chapter1_4.c)

```
#include <stdio.h>
#include <string.h>

#define CMD(NAME) \
  char NAME ## _cmd[256] = ""; \
  strcpy(NAME ## _cmd, #NAME);

int main(int argc, char** argv) {

  CMD(copy)
  CMD(paste)
  CMD(cut)

  char cmd[256];
  scanf("%s", cmd);

  if (strcmp(cmd, copy_cmd) == 0) {
    // ...
  }
  if (strcmp(cmd, paste_cmd) == 0) {
```

```
    // ...
  }
  if (strcmp(cmd, cut_cmd) == 0) {
    // ...
  }
  return 0;
}
```

매크로를 확장할 때 # 연산자는 매개변수를 한 쌍의 따옴표로 둘러싼 문자 형태로 변환합니다. 예를 들어 앞의 코드에서 NAME 매개변수 앞에 쓰인 # 연산자는 전처리된 코드에서 NAME을 "copy"로 변환합니다.

연산자는 다른 의미가 있습니다. 이 연산자는 매크로 정의에서 매개변수와 다른 요소를 문자열로 결합해 변수 이름을 만듭니다. 다음은 [예제 1-4]를 최종적으로 전처리한 소스 파일입니다.

코드 박스 1-9 전처리 단계 이후의 [예제 1-4]

```
...
... content of stdio.h ...
...
... content of string.h ...
...
int main(int argc, char** argv) {
  char copy_cmd[256] = ""; strcpy(copy_cmd, "copy");
  char paste_cmd[256] = ""; strcpy(paste_cmd, "paste");
  char cut_cmd[256] = ""; strcpy(cut_cmd, "cut");
  char cmd[256];
  scanf("%s", cmd);
  if (strcmp(cmd, copy_cmd) == 0) {
  }
  if (strcmp(cmd, paste_cmd) == 0) {
  }
  if (strcmp(cmd, cut_cmd) == 0) {
  }
  return 0;
}
```

전처리 전후의 소스 코드를 비교해 보면 #과 ## 연산자가 매크로 인수에 적용되는 방식을 이해할 수 있습니다. 전처리된 최종 코드에서 같은 매크로 정의로부터 확장된 모든 행은 같은 행에 위치한다는 점을 기억해두세요.

> **NOTE_** 긴 매크로를 복수의 행으로 나누는 것도 좋습니다. 하지만 \(역슬래시 한 개)를 사용하는 걸 잊지 마세요. 역슬래시는 다음 행에서도 동일한 매크로 정의가 계속 이어진다는 것을 전처리기에 알립니다. \가 새 줄 문자[3]로 대체될 수 없다는 것도 주의하세요.

자, 이제 다른 유형의 매크로를 알아봅시다. 다음 절은 **가변 인자 매크로**^{variadic macro}에 관한 것으로 가변 인자 매크로는 가변 인수^{variable argument}를 받을 수 있습니다.

가변 인자 매크로

다음 [예제 1-5]는 가변 인자 매크로를 나타냅니다. 가변 인자 매크로는 입력 인수에 관한 변수를 받을 수 있습니다. 동일한 가변 인자 매크로가 때로는 2개, 또는 4개, 7개의 가변 인수를 받기도 합니다. 동일한 매크로를 다른 용도로 사용하는 경우, 인수의 개수를 정확히 모른다면 가변 인자 매크로가 매우 유용합니다. 다음의 간단한 예제를 봅시다.

코드 박스 1-10 [예제 1-5] 가변 인자 매크로의 정의와 사용(ExtremeC_examples_chapter1_5.c)

```c
#include <stdio.h>
#include <stdlib.h>
#include <string.h>

#define VERSION "2.3.4"

#define LOG_ERROR(format, ...) \
  fprintf(stderr, format, __VA_ARGS__)

int main(int argc, char** argv) {

  if (argc < 3) {
    LOG_ERROR("Invalid number of arguments for version %s\n.", VERSION);
    exit(1);
  }
```

---

3 옮긴이_ 개행 문자, 줄 바꿈 문자

```
    if (strcmp(argv[1], "-n") != 0) {
      LOG_ERROR("%s is a wrong param at index %d for version %s.", argv[1], 1, VERSION);
      exit(1);
    }
    // ...
    return 0;
  }
```

이 코드 박스에 새로운 식별자인 __VA_ARGS__가 보입니다. 이 식별자는 아직 매개변수에 할당되지 않은 나머지 입력 인수로 모두 교체하도록 전처리기로 지시합니다.

앞의 예제에서 두 번째로 사용된 LOG_ERROR를 보면, 매크로 정의에 따라 인수 argv[1], 1, VERSION은 어느 매개변수로도 할당되지 않은 입력 인수입니다. 그러므로 이들은 매크로 확장 시 __VA_ARGS__를 대신합니다.

추가로 fprintf 함수는 **파일 서술자**^{file descriptor}를 작성합니다. [예제 1-5]에서 파일 서술자는 stderr이며, 이는 프로세스의 **오류 스트림**^{error stream}입니다. LOG_ERROR를 사용할 때마다 각각 세미콜론을 마지막에 붙여야 한다는 것도 참고하세요. 매크로 정의에서 세미콜론을 붙여주지 않으므로 개발자가 **반드시** 붙여야 합니다. 그래야 전처리된 최종 코드가 문법적으로 올바르게 됩니다.

다음 코드는 C 전처리기를 통과한 이후의 최종 출력입니다.

코드 박스 1-11 전처리 단계 이후의 [예제 1-5]

```
...
... content of stdio.h ...
...
... content of stdlib.h ...
...
... content of string.h ...
...
int main(int argc, char** argv) {
  if (argc < 3) {
  fprintf(stderr, "Invalid number of arguments for version %s\n.", "2.3.4");
  exit(1);
  }
  if (strcmp(argv[1], "-n") != 0) {
    fprintf(stderr, "%s is a wrong param at index %d for version %s.", argv[1],
```

```
            1, "2.3.4");
    exit(1);
  }
  // ...
  return 0;
}
```

다음 [예제 1-6]은 가변 인자 매크로를 단계별로 사용해 루프를 모방한 예제입니다. 이와 관련한 유명한 예제도 있습니다. C++에서 foreach를 쓰기 전에, Boost 프레임워크는 다수의 매크로를 사용하는 방법으로 foreach를 제공했습니다(그리고 지금도요).

다음 링크[4]에서 BOOST_FOREACH 매크로가 헤더 파일의 마지막 부분으로 정의되는 방식을 볼 수 있습니다. 이 매크로는 Boost 모음collection을 반복하는 데에 사용되는데, 이는 사실 유사 함수 매크로입니다.

[예제 1-6]은 단순한 루프 하나에 관한 것으로, Boost의 foreach와 비할 바는 전혀 못 됩니다. 하지만 다수의 명령어를 반복하기 위해 가변 인자 매크로를 어떻게 사용하는지 이해하는 데 도움이 됩니다.

코드 박스 1-12 [예제 1-6] 루프를 모방한 가변 인자 매크로 사용하기(ExtremeC_examples_chapter1_6.c)

```
#include <stdio.h>

#define LOOP_3(X, ...) \
  printf("%s\n", #X);

#define LOOP_2(X, ...) \
  printf("%s\n", #X); \
  LOOP_3(__VA_ARGS__)

#define LOOP_1(X, ...) \
  printf("%s\n", #X); \
  LOOP_2(__VA_ARGS__)

#define LOOP(...) \
  LOOP_1(__VA_ARGS__)
```

---

4 https://www.boost.org/doc/libs/1_35_0/boost/foreach.hpp

```
int main(int argc, char** argv) {

  LOOP(copy paste cut)
  LOOP(copy, paste, cut)
  LOOP(copy, paste, cut, select)

  return 0;
}
```

예제를 설명하기에 앞서 전처리 이후의 최종 코드를 먼저 살펴보고 어떤 일이 발생했는지 알아
봅시다.

코드 박스 1-13 전처리 단계 이후의 [예제 1-6]

```
...
... content of stdio.h ...
...

int main(int argc, char** argv) {

  printf("%s\n", "copy paste cut"); printf("%s\n", "");
  printf("%s\n", "");
  printf("%s\n", "copy"); printf("%s\n", "paste"); printf("%s\n", "cut");
  printf("%s\n", "copy"); printf("%s\n", "paste"); printf("%s\n", "cut");

  return 0;
}
```

전처리된 코드를 주의 깊게 살펴보면, LOOP 매크로가 for나 while 같은 루프 명령어 대신 여
러 개의 printf 지시어로 확장되었다는 것을 알 수 있습니다. 이는 확실히 전처리기가 C 코드
를 똑똑하게 작성하지 않았기 때문입니다. 이 부분의 매크로는 우리가 작성한 명령어로 대체해
야 합니다.

매크로로 루프를 만드는 유일한 방법은 반복 명령어를 차례로 몇 개의 개별 명령어로 넣는 것
입니다. 이는 1,000개의 반복이 있는 하나의 단순한 매크로 루프가 C에서 1,000개의 명령어
로 대체됨을 의미하며, 최종 코드에는 어떠한 C 루프도 존재하지 않게 됩니다.

이러한 방식은 이진 파일 크기가 커지므로 단점이라고 볼 수 있지만, 명령어를 루프에 넣지

않고 하나하나 두는 것은 **루프 풀기**loop unrolling라고도 알려져 있습니다. 루프 풀기는 제한된 환경에서 고성능을 요하는 경우에 나름의 용도가 있습니다. 지금까지 설명한 바에 따르면, 매크로를 이용한 루프 풀기는 이진 파일의 크기와 성능을 트레이드오프합니다. 이에 관해서는 다른 절에서 더 이야기하겠습니다.

앞의 예제에 한 가지 참고할 사항이 더 있습니다. `main` 함수에서 `LOOP` 매크로를 다르게 사용하면 결과도 달랐습니다. 첫 번째 `LOOP` 매크로에서는 단어 사이에 쉼표를 넣지 않고 `copy paste cut`을 통과시켰습니다. 전처리기는 이를 하나의 입력으로 받아들였고 모방된 루프는 한 번만 반복되었습니다.

두 번째로 `copy`, `paste`, `cut`이라는 입력값은 통과된 뒤 쉼표에 의해 단어가 분리되었습니다. 전처리기는 이들을 3개의 다른 인수로 처리했습니다. 따라서 모방된 루프는 세 번 반복됩니다. 다음의 [셸 박스 1-3]을 보면 더 명확합니다.

세 번째로 `copy`, `paste`, `cut`, `select`라는 4개의 값을 통과시켰습니다. 하지만 이들 중 3개만이 처리되었습니다. 전처리된 코드는 두 번째와 정확히 같습니다. 이 루프 매크로는 리스트의 요소를 세 개까지만 처리할 수 있기 때문입니다. 세 번째 이후의 요소부터는 무시됩니다.

우리의 매크로는 처리할 수 있는 요소의 수가 한정되어 있으나, 최종 C 코드에는 틀린 것이 없기 때문에 컴파일 오류가 발생하지 않는다는 점에 주의하세요.

셸 박스 1-3 [예제 1-6]의 컴파일과 그 결과

```
$ gcc ExtremeC_examples_chapter1_6.c
$ ./a.out
copy paste cut

copy
paste
cut
copy
paste
cut
```

매크로의 장점과 단점

소프트웨어 설계에 관한 이야기부터 시작해봅시다. 매크로를 정의하고 합치는 것은 일종의

예술이며 때로는 중독성까지 있습니다! 여러분은 매크로를 정의하기도 전에, 마음속으로 예상되는 전처리된 코드를 빌드하기 시작합니다. 코드를 복제하고 실행하는 것은 쉬우므로 과하게 사용할 수 있습니다. 매크로를 남발하더라도 여러분에게는 큰 문제가 되지 않지만 동료에게는 문제가 될 수 있습니다. 왜 그럴까요?

매크로에는 중요한 특성이 있습니다. 매크로에 무언가를 작성할 경우, 매크로에 쓰인 것은 컴파일 단계 이전에 다른 코드로 교체됩니다. 그리고 컴파일을 거치고 나면 모듈성^{modularity}을 전혀 갖지 않는, 단 한 줄로 된 긴 코드를 얻게 됩니다. 여러분은 당연히 모듈성을 고려했을 테고 매크로에도 그렇게 썼겠지만, 최종 이진 파일에는 존재하지 않게 됩니다. 이 부분이 바로 매크로 사용 시 설계 문제가 생기는 지점입니다.

소프트웨어 설계에서는 유사한 알고리듬과 개념을 관리 및 재사용이 가능한 **모듈**로 패키징하려 노력합니다. 하지만 매크로는 모든 것을 한 줄로 만들어버립니다. 그러니 소프트웨어 설계 시 로직의 구성 요소로 매크로를 사용하게 되면, 최종 변환 단위의 일환인 전처리 단계 이후에 매크로와 관련된 정보를 잃어버릴 수 있습니다. 따라서 소프트웨어 아키텍트와 디자이너가 매크로에 관해서는 경험에 기반한 결정을 해야 합니다.

만약 매크로가 C 함수로 사용될 수 있다면, 매크로 대신에 C 함수로 반드시 작성해야 합니다!

디버깅의 관점에서도 매크로는 사악하다고 평가됩니다. 개발자는 **문법 오류**가 발생한 곳을 찾기 위해 일상적으로 컴파일 오류를 이용합니다. 또한 버그를 찾아서 수정하기 위해 **로그**^{log}와 **컴파일 경고**^{compilation warning}도 사용합니다. 컴파일 오류와 경고는 버그 분석에 유용하며, 둘 다 컴파일러에 의해 생성됩니다.

특히 이전의 C 컴파일러의 경우, 컴파일러는 매크로에 관해 전혀 알지 못했으며 컴파일 대상이 되는 소스 코드(변환 단위)를 한 줄로 된 긴 코드로 처리했습니다. 그러니 매크로를 가지고 실제 C 코드를 보는 개발자와 매크로 없이 전처리된 코드를 보는 컴파일러에 있어서는 서로 다른 두 세상이 존재했습니다. 따라서 개발자는 컴파일러가 보고하는 내용을 쉽게 이해할 수 없었습니다.

다행히 오늘날의 C 컴파일러 덕분에 이 문제는 더 이상 심각한 이슈가 아닙니다. 요즘은 gcc 나 clang 같은 유명한 C 컴파일러가 전처리 단계를 더 잘 알고 있으며, 개발자가 보는 소스 코드에 따라서 코드를 유지하고, 사용하고, 보고합니다. 그렇지 않다면 매크로에 관련된 문제는

#include 지시자와 더불어 반복되는데, 파일을 모두 포함inclusion하고 나서야 변환 단위의 주요 내용을 알 수 있기 때문입니다. 결론적으로 디버깅 문제는 앞선 문단에서 설명한 소프트웨어 설계와 관련된 문제보다는 덜 심각합니다.

기억하실지 모르겠습니다만, [예제 1-6]을 설명하는 동안 생각할 거리를 하나 제시했습니다. 이진 파일 크기와 성능 간의 트레이드오프에 관한 것이었습니다. 일반적으로는 크기가 큰 단일 이진 파일과 다수의 작은 이진 파일 사이에서 무엇을 선택할지 트레이드오프를 하게 됩니다. 모두 기능은 같지만 크기가 큰 단일 이진 파일 쪽이 성능이 더 낫습니다.

특히 프로젝트가 클 때, 프로젝트에 사용된 이진 파일의 수는 **모듈화**modularization의 정도와 설계에 들어간 노력에 거의 비례합니다. 예를 들면 60개의 라이브러리(공유 또는 정적 라이브러리)와 하나의 실행 파일을 갖는 하나의 프로젝트는 종속성dependency을 다수의 라이브러리로 나누어 하나의 메인 실행 파일에서 사용하려는 소프트웨어 계획에 따라 개발되는 것처럼 보입니다.

즉, 프로젝트가 소프트웨어 설계 원칙에 따르고 최선을 다해 개발될 때, 이진 파일의 수와 크기는 세심한 방식으로 다루어지게 되고, 적용 가능한 최소 크기를 갖는 다수의 가벼운 이진 파일로 구성됩니다. 하나의 큰 이진 파일 대신 말이죠.

소프트웨어 설계에서는 소프트웨어 구성 요소를 선형적인 순서로 두기보다는 거대한 계층에서 각각 적합한 위치에 두고자 합니다. 이 방식이 성능에 미치는 영향은 대체로 미미하지만 본질적으로는 성능을 저하시킵니다.

따라서 설계와 성능 사이의 트레이드오프에 관한 [예제 1-6]의 논의를 결론 내릴 수 있습니다. 성능이 필요할 경우, 설계를 희생해서 선형적으로 구성 요소를 두어야 할 때가 있습니다. 예를 들면 루프를 피해서 **루프 풀기**를 대신 사용할 수 있습니다.

다른 관점에서 보면 성능이란 설계 단계에서 정의된 문제를 위한 적절한 알고리듬을 선택하는 것부터 출발합니다. 다음 단계는 소위 **성능 최적화**optimization (또는 **성능 조정**performance tuning)라는 단계입니다. 이 단계에서 성능 향상이란 CPU가 코드 사이를 오가는 것이 아니라 선형적이고 순차적인 방식으로 계산하도록 하는 것입니다. 기존에 사용한 알고리듬을 수정하거나, 성능에 부합하는 알고리듬 혹은 더 복잡한 알고리듬으로 교체함으로써 성능을 향상할 수 있습니다. 이 단계는 설계 철학philosophy과 충돌할 수 있습니다. 앞서 언급했듯이 설계는 요소를 계층적으로 두어 비선형적으로 만드는 것입니다. 하지만 CPU는 구성 요소가 선형적으로 이미 놓여져 처리할 준비가 되기를 기대합니다. 따라서 반드시 각각의 문제를 별도로 고려해 균형을 맞춰야 합니다.

루프 풀기에 관해 조금 더 설명하자면 임베디드 개발과 제한된 처리 능력 문제를 겪는 환경에서 이 기술을 주로 사용합니다. 루프 풀기 기술은 루프를 제거하고 루프를 선형적으로 만들어 성능을 향상시킵니다. 그리고 반복이 실행되는 동안 루프 오버헤드overhead를 피하도록 합니다.

정확히 같은 과정을 [예제 1-6]에서 수행했습니다. 예제에서는 매크로로 루프를 모방해 명령어를 선형으로 만들었습니다. 임베디드 개발이나 명령어가 실행되는 방식을 약간만 바꾸어도 성능이 크게 향상되는 환경에서는 성능 향상을 위해 이런 식으로 매크로를 사용할 수 있습니다. 더욱이 매크로는 코드의 가독성을 높이며 반복되는 명령어를 걷어낼 수 있습니다.

앞서 매크로가 그에 해당하는 C 함수로 대체되어야 한다고 했던 이유는 설계 때문이었습니다. 그러므로 다른 맥락에서는 이 말을 무시할 수도 있습니다. 성능을 향상하는 것이 핵심 조건일 때는 성능을 더 좋게 만드는 일련의 선형적인 명령어가 필요할지도 모릅니다.

코드 생성은 매크로의 또 다른 활용법입니다. DSL을 프로젝트에 도입할 때 매크로를 이용할 수 있습니다. **마이크로소프트 MFC, Qt, 리눅스 커널, wxWidgets**는 각자의 DSL을 정의하기 위해 매크로를 사용하는 수천 개의 프로젝트 중 몇 개에 지나지 않습니다. 이들 대부분은 C++ 프로젝트이지만, API를 지원하도록 C의 특징인 매크로를 사용하고 있습니다.

결론적으로 C 매크로는 전처리된 형태의 영향을 잘 알고 있다면 장점을 갖습니다. 만약 팀 내에서 프로젝트를 작업한다면, 매크로 사용에 관해 여러분이 결정한 사항을 언제나 공유해야 하고 팀 내에서 결정한 사항에 여러분을 맞춰야 합니다.

1.1.2 조건부 컴파일

조건부 컴파일conditional compilation은 C의 또 다른 고유한 특성입니다. 조건부 컴파일을 거치면 서로 다른 조건에 기반해 서로 다른 전처리된 소스 코드를 갖게 됩니다. 비록 조건부라는 이름이 붙기는 하지만, 컴파일러는 조건적으로 무언가를 하지 않습니다. 컴파일러에 전달되어 전처리된 코드는 특정 조건에 따라서는 달라질 수 있습니다. 전처리된 코드를 준비하는 동안 전처리기는 조건을 판단합니다. 다음은 조건부 컴파일에 관한 지시자 목록입니다.

- #ifdef

- #ifndef

- #else

- #elif

- #endif

다음 [예제 1-7]은 이러한 지시자를 사용하는 매우 기조적인 예입니다.

코드 박스 1-14 [예제 1-7] 조건부 컴파일 예(ExtremeC_examples_chapter1_7.c)

```
#define CONDITION

int main(int argc, char** argv) {
#ifdef CONDITION
  int i = 0;
  i++;
#endif
  int j= 0;
  return 0;
}
```

이 코드를 전처리하는 동안 전처리기는 CONDITION 매크로의 정의를 보고 정의된 대로 표시합니다. CONDITION 매크로가 지정하는 값은 없으며 이는 물론 유효하다는 점을 참고하세요. 그 다음으로 전처리기는 #ifdef 문에 도달할 때까지 계속 내려갑니다. CONDITION 매크로가 이미 정의되었으므로 #ifdef와 #endif 사이의 모든 줄은 최종 소스 코드에 복제됩니다.

전처리된 코드는 다음 코드 박스에서 볼 수 있습니다.

코드 박스 1-15 전처리 단계 이후의 [예제 1-7][5]

```
int main(int argc, char** argv) {
  int i = 0;
  i++;

  int j= 0;
```

---

5 옮긴이_ gcc -DCONDITION -E ExtremeC_examples_chapter1_7.c를 실행한 결과입니다.

```
    return 0;
  }
```

만약 매크로가 정의되지 않았다면 **#ifdef**와 **#endif** 지시자는 교체되지 않는다는 것을 알 수 있습니다. 그러므로 전처리된 코드는 다음과 같습니다.

코드 박스 1-16 CONDITON 매크로가 정의되지 않았다고 가정한 전처리 단계 이후의 [예제 1-7][6]

```
  int main(int argc, char** argv) {


    int j= 0;
    return 0;
  }
```

[코드 박스 1-15]와 [코드 박스 1-16]에서 전처리기가 판단한 값으로 **#ifdef~#endif** 부분이 대체된 이후에도 남아 있는 빈 줄에 유의하세요.

NOTE_ 매크로는 컴파일 명령어에 전달되는 **-D** 옵션을 사용해 정의될 수 있습니다. 앞의 예제에 관해 **CONDITION** 매크로를 다음과 같이 정의할 수 있습니다.

```
  $ gcc -DCONDITION -E main.c
```

이는 소스 코드 바깥에서 매크로를 정의할 수 있기 때문에 훌륭한 기능입니다. 하나의 소스 코드를 가지고 다른 아키텍처에서 컴파일할 때 특히 도움이 됩니다. 가령 리눅스나 macOS 같은 서로 다른 기본 매크로 정의와 라이브러리를 갖는 아키텍처일 때 유용합니다.

#ifndef는 헤더 가드 구문으로도 흔히 사용합니다. 이 구문statement은 전처리 단계에서 헤더 파일이 두 번 포함되는 것을 방지합니다. 거의 모든 프로젝트에서 C와 C++의 헤더 파일은 첫 명령어로 **#ifndef** 문을 갖습니다.

다음 [예제 1-8]은 헤더 가드 구문을 사용하는 방법에 관한 예제입니다. 이 예제가 헤더 파일의 내용이라고 가정하고 우연히 이 부분이 컴파일 단위에서 두 번 포함될 수 있다고 해봅시다.

---

6 옮긴이_ gcc -E ExtremeC_examples_chapter1_7.c를 실행한 결과입니다.

참고로 [예제 1-8]은 헤더 파일 하나일 뿐이며 컴파일해서는 안 됩니다.

코드 박스 1-17 [예제 1-8] 헤더 가드의 예(ExtremeC_examples_chapter1_8.h)

```
#ifndef EXAMPLE_1_8_H
#define EXAMPLE_1_8_H

void say_hello();
int read_age();

#endif
```

모든 변수와 함수의 선언은 #ifndef와 #endif 쌍 안에 놓여있으며 #ifndef와 #endif 매크로는 포함이 중복되는 것을 방지합니다. 다음 단락에서 이 방법을 설명하겠습니다.

첫 번째로 헤더 파일이 포함될 때, EXAMPLE_1_8_H 매크로는 아직 정의되지 않았으므로 전처리기는 계속해 #ifndef~#endif 블록으로 진입합니다. 그다음 구문에서는 EXAMPLE_1_8_H 매크로를 정의하며 전처리기는 #endif 지시자에 도달할 때까지 전처리된 코드 전부를 복사합니다. 헤더를 두 번째로 포함하게 되면, EXAMPLE_1_8_H 매크로가 이미 정의되었기 때문에 전처리기는 #ifndef~#endif 부분의 내용을 모두 건너뜁니다. 그리고 그다음에 뭔가 더 있다면, #endif 다음 구문으로 이동합니다.

일반적으로 헤더 파일의 전체 내용은 #ifndef~#endif 쌍 사이에 두고 주석만 바깥에 남겨둡니다.

이 절에서 마지막으로 참고할 사항은 헤더 파일의 **이중 포함**double inclusion을 막기 위해 한 쌍의 #ifndef~#endif 지시자를 두기보다 #pragma once를 사용할 수 있다는 점입니다. #pragma once 지시자를 거의 모든 C 전처리기가 지원하는데도 이것이 C 표준이 아니라는 것이 조건부 지시자와 #pragma once 사이의 차이입니다. 하지만 코드의 **이식성**portability이 필요할 때는 사용하지 않는 편이 좋습니다.

다음 코드 박스는 [예제 1-8]에서 #ifndef~#endif 지시자 대신 #pragma once를 사용하는 방법을 나타냅니다.

코드 박스 1-18 [예제 1-8]에서 #pragma once 사용하기

```
#pragma once

void say_hello();
int read_age();
```

여기까지 전처리기 지시자의 흥미로운 특성과 다양한 활용법을 살펴봤습니다. 다음 절은 포인터 변수에 관한 내용이며 C의 또 다른 중요한 특성이기도 합니다.

1.2 포인터 변수

포인터 변수는 C에서 가장 기본적인 개념입니다. 대부분의 고급 프로그래밍 언어에서는 포인터의 직접적인 흔적을 거의 찾아볼 수 없습니다. 실은 자바의 **참조** reference와 같이 포인터와 쌍을 이루는 개념으로 대체되었습니다. 포인터는 포인터가 가리키는 주소를 하드웨어가 직접 사용할 수 있다는 점에서 독특합니다. 하지만 고급 언어에서 포인터와 쌍둥이 개념인 참조는 그렇지 않습니다.

숙련된 C 개발자가 되기 위해서는 포인터 개념과 작동 방식을 깊이 이해하고 있어야 합니다. 포인터는 메모리 관리의 필수적인 개념 중 하나이며, 문법이 단순한데도 잘못 사용하면 큰 문제를 일으킬 수도 있습니다. 메모리 관리와 관련된 주제는 **4장과 5장**에서 다루겠습니다. 이번 절에서는 포인터와 관련된 모든 것을 설명합니다. 포인터에 관한 기초 용어와 개념을 잘 알고 있다면 건너뛰어도 좋습니다.

1.2.1 문법

어떤 종류의 포인터라도 개념은 단순합니다. **메모리 주소**를 저장하는 단순한 변수일 뿐입니다. 포인터에 대해 가장 먼저 떠올릴 것은 별표(*)입니다. 별표는 C에서 포인터를 선언하기 위해 사용됩니다. 다음 코드 박스의 [예제 1-9]는 포인터 변수의 선언 및 사용법을 담고 있습니다.

```
int main(int argc, char** argv) {
    int var = 100;
    int* ptr = 0;
    ptr = &var;
    *ptr = 200;
    return 0;
}
```

이 예제는 포인터 문법에 관해 알아야 할 모든 것을 담고 있습니다. main 함수의 첫 번째 줄에서는 **스택 세그먼트**stack segment의 맨 위에 놓일 var 변수를 선언합니다. 두 번째 줄은 초깃값이 0인 포인터 ptr을 선언합니다. 0의 값을 갖는 포인터는 **널 포인터**null pointer라고 합니다. ptr 포인터의 값이 0인 한, 널 포인터로 간주합니다. 선언 시 유효한 주소를 저장하지 않는 경우 포인터를 **널로 만드는 것**이 중요합니다.

[코드 박스 1-19]를 보면 헤더 파일이 포함되지 않았습니다. 포인터는 C 언어의 일부이며 포인터를 사용하기 위해 따로 포함해야 할 것은 없습니다. 사실 헤더 파일을 전혀 포함하지 않는 C 프로그램도 있습니다.

> **NOTE_** 다음은 모두 C에서 유효한 선언입니다.
> - int* ptr = 0;
> - int * ptr = 0;
> - int *ptr = 0;

main 함수의 세 번째 줄은 & 연산자를 사용했는데, 이를 **참조 연산자**reference operator라고 합니다. 참조 연산자는 옆에 있는 변수의 주소를 반환합니다. 참조 연산자가 변수의 주소를 가져올 수 있도록 해야 합니다. 그렇지 않으면 유효한 주솟값을 가진 포인터로 초기화할 수 없습니다.

반환된 주소는 같은 줄에서 ptr 포인터에 저장됩니다. 이제 ptr 포인터는 더 이상 널 포인터가 아니게 됩니다. 네 번째 줄의 포인터 앞에 다른 연산자가 보이는데, 이는 **역참조 연산자**dereference pointer라고 하며 *로 표시합니다. 역참조 연산자는 ptr 포인터가 가리키는 메모리 셀에 간접적인 접근을 허용합니다. 즉, 포인터가 가리키는 것을 통해 변수 var를 읽고 수정할 수 있습니다.

네 번째 줄은 var = 200; 구문에 해당합니다.

널 포인터는 유효한 메모리 주소를 가리키지 않습니다. 그러므로 **절대로** 널 포인터를 역참조하면 안 됩니다. **정의되지 않은 동작**으로 간주되기 때문이며 대개 충돌로 이어집니다.

앞의 예제에서 마지막으로 참고할 사항은 일반적으로 기본 매크로 NULL이 존재한다는 것이며, 이 매크로는 0의 값을 갖도록 정의되어 있습니다. NULL 매크로는 선언할 때 포인터를 널로 만드는 데 사용됩니다. NULL 매크로를 사용하면 변수와 포인터를 더 쉽게 구분할 수 있어 직접 0을 쓰는 대신 이 매크로를 사용하는 편이 좋습니다.

코드 박스 1-20 포인터를 널로 만드는 NULL 매크로의 사용

```
char* ptr = NULL;
```

C++의 포인터는 C와 정확히 동일합니다. 포인터는 0이나 NULL을 저장함으로써 널이 되어야 하는데, C++에서는 포인터를 초기화하는 새로운 키워드를 갖고 있습니다. NULL과 같은 매크로도 아니고 0과 같은 정수도 아닙니다. 이 키워드는 nullptr이며 포인터를 널로 만들거나, 포인터가 널인지 아닌지 확인할 때 사용됩니다. 다음 예제는 C++11에서 사용하는 방식을 나타냅니다.

코드 박스 1-21 C++11에서 포인터를 널로 만드는 nullptr의 사용

```
char* ptr = nullptr;
```

> **NOTE_** 선언 시 포인터가 **반드시** 초기화되어야 한다는 점을 꼭 기억하세요. 만약 선언할 때 유효한 메모리 주소를 저장하고 싶지 않더라도, 초기화되지 않은 채로 포인터를 남겨두지 마세요. **0 또는 NULL을 할당해야 합니다!** 그렇지 않으면 치명적인 오류가 날 겁니다.

대부분의 현대 컴파일러에서는 초기화되지 않은 포인터는 언제나 널로 설정되어 있습니다. 이는 초기화되지 않은 모든 포인터의 초깃값이 0이라는 것을 의미합니다. 하지만 그렇다고 해서 포인터를 제대로 초기화하지 않은 채 선언하면 안 됩니다. 여러분이 구형이든 신형이든 각양각색의 아키텍처를 위한 코드를 작성한다는 점과, 초기화되지 않은 포인터 때문에 레거시 시스템

에서 문제가 생길 수도 있다는 점을 명심하세요. 게다가 대부분의 **메모리 프로파일러**에서 이러한 류의 초기화되지 않은 포인터는 오류와 경고 목록을 띄웁니다. 메모리 프로파일러는 **4장과 5장**에서 자세히 설명하겠습니다.

1.2.2 포인터 변수의 산술연산

메모리를 가장 단순한 그림으로 나타낸다면 아주 긴 1차원 바이트 배열입니다. 이 그림을 마음 속으로 상상해보세요. 한 바이트 위에 서서 오로지 배열의 앞뒤로만 움직일 수 있고, 다른 방향으로는 움직일 수 없다고 가정합시다. 메모리에서 서로 다른 바이트의 주소를 담은 포인터도 이와 마찬가지입니다. 포인터를 증가시키면 포인터가 앞으로 가고, 감소시키면 뒤로 갑니다. 포인터에 대해 다른 연산은 불가능합니다.

앞서 말한 대로 포인터에 대한 연산은 바이트 배열에서의 움직임과 유사합니다. 이러한 특징을 통해 새로운 개념인 **산술연산 간격**arithmetic step size을 소개하려 합니다. 포인터를 1만큼 증가시키면, 메모리에서 1바이트 이상 앞으로 나아가게 되기 때문에 이 새로운 개념이 필요합니다. 각각의 포인터는 산술연산 간격을 갖는데, 이는 포인터가 1씩 증가하거나 감소할 때 움직이는 바이트의 숫자를 나타냅니다. 이러한 산술연산 간격은 포인터의 C **자료형**data type에 의해 결정됩니다.

모든 플랫폼에서 메모리는 하나의 단일한 단위를 가지며, 모든 포인터는 메모리 내부의 주소를 저장합니다. 그러므로 포인터는 바이트 관점에서 모두 같은 크기를 가져야 합니다. 그러나 모든 포인터가 같은 산술연산 간격을 갖는다는 뜻은 아닙니다. 앞서 언급했듯이 포인터의 산술연산 간격은 C 자료형에 의해 결정됩니다.

예를 들면 int 포인터는 char 포인터와 크기가 같습니다. 하지만 산술연산 간격은 서로 다릅니다. int*는 4바이트의 연산 간격을 갖지만 char*는 1바이트입니다. 그러므로 정수 포인터를 증가시키면 메모리에서 4바이트만큼 앞으로 가게 됩니다(현재 주소에서 4바이트를 더합니다). 그리고 문자열 포인터를 증가시키면 메모리에서 단 1바이트만 앞으로 움직입니다. 다음 [예제 1-10]은 서로 다른 자료형을 갖는 두 포인터의 산술연산 간격을 나타냅니다.

```
#include <stdio.h>

int main(int argc, char** argv) {
  int var = 1;

  int* int_ptr = NULL; // 포인터를 널로 만들기
  int_ptr = &var;

  char* char_ptr = NULL;
  char_ptr = (char*)&var;

  printf("Before arithmetic: int_ptr: %u, char_ptr: %u\n",
    (unsigned int)int_ptr, (unsigned int)char_ptr);

  int_ptr++;  // 일반적으로 산술연산 간격은 4바이트
  char_ptr++; // 1바이트의 산술연산 간격

  printf("After arithmetic: int_ptr: %u, char_ptr: %u\n",
    (unsigned int)int_ptr, (unsigned int)char_ptr);

  return 0;
}
```

다음 [셸 박스 1-4]는 [예제 1-10]의 결과입니다. 출력된 주소는 동일한 머신에서 두 번 연속 실행할 때 다를 수 있다는 점을 참고하세요. 그러니 플랫폼이 달라지면 출력 결과에서 서로 다른 주소가 나타납니다.

셸 박스 1-4 [예제 1-10]을 처음 실행한 결과

```
$ gcc ExtremeC_examples_chapter1_10.c
$ ./a.out
Before arithmetic: int_ptr: 3932338348, char_ptr: 3932338348
After arithmetic: int_ptr: 3932338352, char_ptr: 3932338349
$
```

산술연산 전후로 주솟값을 비교해보면 정수 포인터의 연산 간격은 4바이트, 문자열 포인터는 1바이트입니다. 예제를 다시 실행해보면 포인터는 아마 다른 주소를 가리킬 테지만 산술연산 간격은 동일합니다.

셸 박스 1-5 [예제 1-10]을 두 번 실행한 결과

```
$ ./a.out
Before arithmetic: int_ptr: 4009638060, char_ptr: 4009638060
After arithmetic: int_ptr: 4009638064, char_ptr: 4009638061
$
```

이제 산술연산 간격을 알게 되었으니 메모리 영역에서 **반복**^iterate하는 포인터를 사용하는 고전적인 예제에 관해 이야기할 수 있겠네요. [예제 1-11]과 [예제 1-12]에서는 성수 배열의 모든 원소를 출력하려고 합니다. 포인터를 사용하지 않은 것이 [예제 1-11]이고, 포인터 연산에 기반한 답은 [예제 1-12]에 있습니다.

다음 코드 박스는 [예제 1-11]의 코드입니다.

코드 박스 1-23 [예제 1-11] 포인터 연산을 사용하지 않고 배열 반복하기(ExtremeC_examples_chapter1_11.c)

```c
#include <stdio.h>

#define SIZE 5

int main(int argc, char** argv) {
  int arr[SIZE];
  arr[0] = 9;
  arr[1] = 22;
  arr[2] = 30;
  arr[3] = 23;
  arr[4] = 18;

  for (int i = 0; i < SIZE; i++) {
    printf("%d\n", arr[i]);
  }

  return 0;
}
```

[코드 박스 1-23]에 있는 코드는 아마 익숙할 겁니다. 이 코드는 배열의 특정 인덱스를 참조해 그 내용을 읽도록 하는 **루프 카운터**^loop counter만 사용합니다. 하지만 **인덱서**^indexer 문법([와] 사이에 있는 정수)을 이용해 원소에 접근하는 대신 포인터를 사용하려면 다른 방식으로 접근해야 합니다. 다음 코드는 배열 경계^array boundary에서 반복하는 포인터를 사용하는 방법입니다.

```c
#include <stdio.h>

#define SIZE 5

int main(int argc, char** argv) {
  int arr[SIZE];
  arr[0] = 9;
  arr[1] = 22;
  arr[2] = 30;
  arr[3] = 23;
  arr[4] = 18;

  int* ptr = &arr[0];
  for (;;) {
    printf("%d\n", *ptr);
    if (ptr == &arr[SIZE - 1]) {
      break;
    }
    ptr++;
  }

  return 0;
}
```

[코드 박스 1-24]에서 제시한 두 번째 접근법은 무한 루프를 사용합니다. 이 루프는 `ptr` 포인터의 주소와 배열의 마지막 원소가 같을 때 멈춥니다.

배열은 메모리 내부의 인접 변수^{adjacent variable}이며, 원소를 가리키는 포인터를 증감시키면 포인터는 배열 내부에서 앞뒤로 움직이며 다른 원소를 가리키게 됩니다.

앞의 코드에서 명확히 알 수 있듯이 `ptr` 포인터는 `int*` 자료형을 갖습니다. 배열의 각 원소가 `int` 자료형이므로 정수를 가리킬 수 있어야 하기 때문입니다. 배열의 원소는 모두 같은 자료형이므로 모두 동일한 크기를 갖는다는 점을 알아두세요. 따라서 `ptr` 포인터를 증가시키면 포인터는 배열 내부의 다음 원소를 가리키게 됩니다. 보다시피 `for` 루프 이전에 `ptr` 포인터는 배열의 첫 번째 원소를 가리킵니다. 그리고 더 증가시키면 포인터는 배열의 메모리 지역을 따라 앞으로 이동합니다. 이는 매우 고전적인 포인터 연산 사용법입니다.

C에서 배열이란 실제로는 자신의 첫 번째 원소를 가리키는 포인터입니다. 따라서 예제에서

arr의 실제 자료형은 int*입니다. 그러므로 코드는 int* ptr = &arr[0]; 대신 int* ptr = arr;로 작성해야 합니다.

1.2.3 제네릭 포인터

void* 자료형의 포인터는 **제네릭 포인터**generic pointer라고 합니다. 다른 모든 포인터와 마찬가지로 제네릭 포인터도 주소를 가리킬 수 있지만, 실제 자료형은 알 수 없습니다. 그러므로 산술연산 간격도 알 수 없습니다. 제네릭 포인터는 다른 포인터의 내용을 담기 위해 주로 사용됩니다. 하지만 다른 포인터의 실제 자료형은 담지 않습니다. 따라서 제네릭 포인터는 역참조될 수 없으며, 제네릭 포인터의 자료형을 알 수 없기 때문에 산술연산도 할 수 없습니다. 다음 [예제 1-13]은 제네릭 포인터를 역참조하는 것이 불가능하다는 점을 보여줍니다.

코드 박스 1-25 [예제 1-13] 제네릭 포인터를 역참조하면 컴파일 오류가 생성됨(ExtremeC_examples_chapter1_13.c)

```
#include <stdio.h>

int main(int argc, char** argv) {
  int var = 9;
  int* ptr = &var;
  void* gptr = ptr;
  printf("%d\n", *gptr);
  return 0;
}
```

이 코드를 리눅스에서 gcc를 이용해 컴파일한다면 다음과 같은 오류가 발생합니다.

셸 박스 1-6 리눅스에서 [예제 1-13] 컴파일하기

```
$ gcc ExtremeC_examples_chapter1_13.c
In function 'main':
warning: dereferencing 'void *' pointer
  printf("%d\n", *gptr);
                 ^~~~~
error: invalid use of void expression
  printf("%d\n", *gptr);
$
```

macOS에서 **clang**을 이용해 컴파일하면 오류 메시지는 다르지만 같은 문제가 발생합니다.

셸 박스 1-7 macOS에서 [예제 1-13] 컴파일하기

```
$ clang ExtremeC_examples_chapter1_13.c
error: argument type 'void' is incomplete
  printf("%d\n", *gptr);
                  ^
1 error generated.
$
```

두 컴파일러 모두 제네릭 포인터를 역참조하도록 승인하지 않습니다. 사실 제네릭 포인터를 역참조하는 것은 무의미합니다. 그렇다면 어디에 좋다는 걸까요? 제네릭 포인터를 이용하면 여러 가지 포인터를 입력 인수input argument로 받을 수 있는 **제네릭 함수**generic function를 매우 편리하게 정의할 수 있습니다. 다음 [예제 1-14]는 제네릭 함수에 관한 상세한 내용을 보여줍니다.

코드 박스 1-26 [예제 1-14] 제네릭 함수의 예(ExtremeC_examples_chapter1_14.c)

```c
#include <stdio.h>

void print_bytes(void* data, size_t length) {
  char delim = ' ';
  unsigned char* ptr = data;

  for (size_t i = 0; i < length; i++) {
    printf("%c 0x%x", delim, *ptr);
    delim = ',';
    ptr++;
  }
  printf("\n");
}

int main(int argc, char** argv) {
  int a = 9;
  double b = 18.9;
  print_bytes(&a, sizeof(int));
  print_bytes(&b, sizeof(double));

  return 0;
}
```

이 코드 박스에서 print_bytes 함수는 void* 포인터로 주솟값을 받으며, 주소의 길이를 나타내는 정숫값을 받습니다. 이러한 인수를 이용해서 함수는 주어진 주솟값에서 주소의 길이까지 모든 바이트를 출력합니다. 함수는 제네릭 포인터를 받고, 이 포인터는 사용자가 원하는 어떠한 포인터든 함수로 넘길 수 있도록 합니다. **void 포인터**(제네릭 포인터)를 할당할 때 명시적 형 변환explicit cast이 **꼭 필요하지는 않다**는 점을 명심하세요. 따라서 이 코드에서도 a와 b의 주소를 명시적으로 형 변환하지 않고 전달했습니다.

print_bytes 함수 안에서는 메모리 내부에서 움직일 수 있도록 unsigned char 포인터를 사용해야 합니다. 사용하지 않을 경우, void 포인터의 매개변수인 data를 직접 연산할 수 없습니다. 알고 있겠지만, char* 또는 unsigned char*의 산술연산 간격은 1바이트입니다. 한 번에 1바이트씩 메모리 주소 범위에서 반복하고 모든 바이트를 하나씩 처리하니, 제네릭 포인터는 최고의 포인터지요.

예제에 관해 마지막으로 알아두어야 할 사항은 size_t가 C에서 크기를 저장하기 위해 주로 사용되는 표준 자료형이자 부호가 없는 자료형unsigned data type이라는 것입니다.

> **NOTE_** size_t는 ISO/ICE 9899:TC3 표준의 6.5.3.4절에서 정의합니다. 이 ISO 표준은 2007년에 개정된 잘 알려진 C99 사양입니다. 이 표준은 현재까지도 모든 C 구현의 토대가 되고 있습니다. ISO/ICE 9899:TC3(2007)의 링크는 http://www.open-std.org/jtc1/sc22/wg14/www/docs/n1256.pdf입니다.

1.2.4 포인터 크기

만약 구글에서 C의 **포인터 크기**를 검색한다면, 정확한 답을 찾을 수 없을 겁니다. 여러 가지 답이 있지만 서로 다른 아키텍처에서 포인터의 고정된 크기를 정의할 수 없다는 것은 명백합니다. 포인터의 크기는 C의 특정한 개념이어서가 아니라, 아키텍처에 따라 다릅니다. C는 하드웨어와 관련된 세부 사항을 크게 신경 쓰지 않으므로 포인터나 다른 프로그래밍 개념에 관해서는 포괄적인 방식을 제공하려고 합니다. 이러한 이유로 C는 표준으로 여겨집니다. C에서는 포인터와 포인터의 연산이 중요합니다.

포인터의 크기를 알려면 항상 **sizeof** 함수를 사용해야 합니다. 대상 아키텍처^{target architecture}에서 **sizeof(char*)**의 결괏값을 확인하면 포인터의 크기를 알 수 있습니다. 경험상 32비트 아키텍처에서는 포인터의 크기가 4바이트이며 64비트 아키텍처에서는 8바이트입니다. 하지만 다른 아키텍처에서는 포인터의 크기가 다릅니다. 작성한 코드가 포인터의 크기에 대한 특정값에 의존하면 안 된다는 점을 명심하세요. 또한 그에 관해 어떠한 어림짐작도 하지 말아야 합니다. 그렇지 않으면 다른 아키텍처로 코드를 복사하려고 할 때 문제가 생길 겁니다.

1.2.5 허상 포인터

포인터를 잘못 사용해서 생기는 문제는 많이 알려져 있습니다. 허상 포인터^{dangling pointer}에 관한 문제도 유명합니다. 포인터는 대개 변수가 할당된 지점의 주소를 가리킵니다. 변수가 저장되지 않은 곳의 주소를 읽거나 수정하는 일은 큰 실수이며, 충돌 또는 **세그멘테이션 오류**^{segmentation fault}를 발생시킵니다. 세그멘테이션 오류는 모든 C/C++ 개발자가 코드를 작성하는 동안 적어도 한 번은 봤을 매우 두려운 오류입니다. 이 오류는 주로 포인터를 잘못 사용할 때 발생합니다. 여러분이 허용되지 않은 메모리에 접근한다고 합시다. 이전에는 그곳에 변수를 저장했지만, 지금은 해제한 상태입니다.

다음의 [예제 1-15]에서 이 상황을 구현해봅시다.

코드 박스 1-27 [예제 1-15] 세그멘테이션 오류 상황 만들기(ExtremeC_examples_chapter1_15.c)

```
#include <stdio.h>

int* create_an_integer(int default_value) {
  int var = default_value;
  return &var;
}

int main() {
  int* ptr = NULL;
```

```
    ptr = create_an_integer(10);
    printf("%d\n", *ptr);
    return 0;
}
```

이 예제에서 정수를 만들기 위해 create_an_integer 함수를 사용합니다. 이 함수는 초깃값을 가진 정수를 선언하며 호출하는 쪽의 함수에 정수의 주솟값을 반환합니다. main 함수에서는 생성된 정수의 주소를 var에 받고 ptr 포인터에 저장합니다. 그다음 ptr 포인터는 역참조되어 var 변수에 저장되었던 값이 출력됩니다.

하지만 그렇게 쉬운 일은 아닙니다. 리눅스에서 gcc 컴파일러로 이 코드를 컴파일하려고 하면 다음과 같은 경고가 나옵니다. 그러나 컴파일은 성공적으로 종료되고 최종 실행 파일을 얻게 됩니다.

셀 박스 1-8 리눅스에서 [예제 1-15] 컴파일하기

```
$ gcc ExtremeC_examples_chapter1_15.c
In function 'create_an_integer':
warning: function returns address of local variable [-Wreturnlocal-addr]
    return &var;
           ^~~~
$
```

이 메시지는 개발자가 쉽게 놓치고 잊어버리지만 사실 중요한 경고 메시지입니다. 이에 관해서는 나중에 **5장**에서 더 설명하겠습니다. 만약 이대로 실행 파일을 실행하면 무슨 일이 일어나는지 봅시다.

[예제 1-15]를 실행하면 세그멘테이션 오류가 발생하며 프로그램은 즉시 충돌을 일으킵니다.

셀 박스 1-19 [예제 1-15]를 실행했을 때의 세그멘테이션 오류

```
$ ./a.out
Segmentation fault (core dumped)
$
```

자, 무엇이 잘못되었을까요? ptr 포인터는 이미 메모리에서 할당이 해제된 부분을 가리키고

있습니다. 할당이 해제된 곳은 변수 **var**의 메모리 영역이었던 곳입니다.

var 변수는 **create_an_integer** 함수의 지역 변수local variable이며, 함수를 떠나면 할당이 해제됩니다. 하지만 이 변수의 주솟값은 함수로 반환될 수 있습니다. 그래서 **main** 함수에서 **ptr**에 반환된 주소를 복사하고 나면, **ptr**은 메모리의 유효하지 않은 값을 가리키는 허상 포인터가 됩니다. 이때 포인터를 역참조하면 심각한 문제와 프로그램 충돌을 야기하게 됩니다.

컴파일러가 생성한 경고를 다시 보면 문제를 명확하게 서술하고 있습니다. 이 경고는 **지역 변수의 주소를 반환한다**고 알려주는데, 함수로부터 주소가 반환된 이후에는 메모리 할당이 해제됩니다. 컴파일러가 참 똑똑하지요! 이 경고를 심각하게 받아들인다면, 무서운 버그는 마주하지 않을 겁니다.

하지만 예제를 다시 작성하려면 어떤 방법이 더 적절할까요? 바로 **힙 메모리**heap memory를 사용하는 것입니다. 힙 메모리에 관해서는 **4장과 5장**에서 자세히 다룹니다. 지금은 힙 할당을 이용해 예제를 다시 작성하며 스택 대신 힙을 사용하는 이점을 알아봅니다.

다음의 [예제 1-16]은 힙 메모리의 사용법을 보여줍니다. 힙 메모리는 변수를 할당하기 위해, 그리고 그 어떠한 문제도 없이 함수 사이에 주소를 전달하기 위해 사용합니다.

코드 박스 1-28 [예제 1-16] 힙 메모리를 사용해 [예제 1-15] 다시 작성하기(ExtremeC_examples_chapter1_16.c)

```
#include <stdio.h>
#include <stdlib.h>

int* create_an_integer(int default_value) {
  int* var_ptr = (int*)malloc(sizeof(int));
  *var_ptr = default_value;
  return var_ptr;
}

int main() {
  int* ptr = NULL;
  ptr = create_an_integer(10);
  printf("%d\n", *ptr);
  free(ptr);
  return 0;
}
```

이 코드 박스에서 볼 수 있듯이 `stdlib.h`라는 새 헤더 파일을 포함했습니다. 이제 `malloc`과 `free`라는 두 가지 새로운 함수를 사용합니다. 간단히 설명하자면 `create_an_integer` 함수의 내부에서 생성된 정수형 변수는 더 이상 지역 변수가 아닙니다. 이 변수는 힙 메모리로부터 할당되었으며 변수의 수명이 함수의 선언에 제한되지 않습니다. 그러므로 (외부에서) 호출하는 함수도 이 변수에 접근할 수 있습니다. 이 변수를 가리키는 포인터는 더 이상 허상 포인터가 아니며, 변수가 존재하는 한 그리고 비워지지 않는 한 역참조될 수 있습니다. 이 변수는 `free` 함수기 호출함으로써 해제되며, 마침내 수명이 끝나게 됩니다. 더 이상 필요하지 않을 때 힙 변수를 반드시 해제해야 한다는 점을 기억하세요.

이번 절에서는 포인터 변수에 관한 모든 필수 사항을 살펴봤습니다. 다음 절에서는 C의 함수와 그 구조를 알아보겠습니다.

1.3 함수

C는 **절차적**procedural 프로그래밍 언어입니다. C에서 함수는 절차로 작용하며, C 프로그램의 구성 요소에 해당합니다. 그러므로 함수가 무엇이고 어떻게 행동하는지, 함수에 들어가고 나갈 때 어떤 일이 발생하는지 알아야 합니다. 일반적으로 함수(혹은 절차)는 값 대신 알고리듬을 저장하는 변수와 유사합니다. 새로운 자료형에 변수와 함수를 함께 넣음으로써, 서로 관련 있는 변수와 알고리듬을 같은 개념 안에 저장할 수 있습니다. 이것이 바로 **객체지향 프로그래밍**object-oriented programming에서 하는 일이며 이 책의 **3부**에서 더 자세히 다룹니다. 이번 절에서는 C의 함수와 그 속성을 살펴봅니다.

1.3.1 함수의 구조

이 절에서는 C의 함수에 관한 모든 것을 다시 살펴봅니다. 익숙한 내용이라면 이번 절을 건너뛰어도 좋습니다.

함수는 이름과 입력 매개변수의 목록, 출력 결과의 목록을 가진 논리 상자box of logic입니다. C와 C의 영향을 받은 다른 많은 프로그래밍 언어에서 함수는 단 하나의 값만을 반환합니다. C++ 이나 자바 같은 객체지향 언어의 함수(주로 **메서드**method라고 합니다)는 예외적으로 값을 두 개 이상 반환하는 경우도 있지만, C는 그렇지 않습니다. 함수는 함수 호출에 의해 불러오며, 로직을 실행하는 함수의 이름을 사용하기만 하면 함수가 실행됩니다. 함수를 올바르게 호출하려면 함수에 필요한 모든 입력 인수를 전달하고 실행을 기다려야 합니다. C에서 함수는 언제나 **블로킹**blocking **함수**여야 한다는 점을 기억하세요. 호출자 함수the caller function는 호출된 함수the called function가 종료되기를 기다려야만 호출된 함수가 반환하는 값을 받을 수 있다는 뜻입니다.

블로킹 함수와 반대로 **논블로킹**non-blocking **함수**가 있습니다. 논블로킹 함수를 호출하면, 호출하는 쪽의 함수는 호출 대상이 되는 함수가 종료될 때까지 기다리지 않고 실행을 계속할 수 있습니다. 논블로킹 도식 가운데에는 **콜백**callback **메커니즘**이 존재합니다. 콜백 메커니즘은 호출된 함수the called 또는 callee가 종료될 때 트리거됩니다. 논블로킹 함수는 **비동기 함수**asynchronous function 또는 async function라고도 합니다. C에는 비동기 함수가 없기 때문에, 멀티스레딩 솔루션을 이용해 이를 실행해야 합니다. 이에 관해서는 **5부**에서 더 자세히 설명하겠습니다.

덧붙이자면 요즘은 블로킹 함수보다 논블로킹 함수에 관한 관심이 늘어나고 있다는 점이 흥미롭습니다. 논블로킹 함수는 **사건 기반 프로그래밍**event-oriented programming **(EDP)** 접근법의 중심이며, 사건 기반 프로그래밍에서 작성된 함수 대다수는 논블로킹입니다.

사건 기반 프로그래밍에서 함수의 호출은 실제로 이벤트 루프 내부에서 발생합니다. 그리고 이벤트의 발생에 따라 알맞은 콜백이 트리거됩니다. `libuv`나 `libev`와 같은 프레임워크는 이러한 방식의 코딩을 촉진시켰으며, 이들은 하나 또는 몇 개 정도의 이벤트 루프로 소프트웨어를 설계할 수 있도록 돕습니다.

1.3.2 설계의 중요성

함수는 절차적 프로그래밍에서 핵심 요소입니다. 프로그래밍 언어가 함수를 공식적으로 지원한 이래로 함수는 코드를 작성하는 방식에 지대한 영향을 미쳤습니다. 함수를 사용함으로써 준변수 개체semi-variable entity에 로직을 저장할 수 있으며 필요할 때마다 언제 어디서든 불러올 수 있습니다. 또한 함수로 구체적인 로직을 한 번만 작성한 뒤 다양한 곳에서 여러 번 사용할 수도 있습니다.

게다가 함수는 기존의 다른 로직으로부터 일부를 숨길 수도 있습니다. 즉, 함수는 다양한 논리 구성 요소 사이에서 추상화를 도입합니다. 예를 들어 입력 배열의 평균값을 계산하는 avg 함수가 있다고 가정해봅시다. 그리고 avg 함수를 호출하는 다른 함수인 main도 생각해봅시다. avg 함수 내에 있는 로직은 main 함수 안에 있는 로직에서 보이지 않게 숨겨져 있습니다.

그러므로 avg 내부 로직을 변경할 때 main 내부 로직을 변경할 필요는 없습니다. main 함수는 오직 avg 함수의 이름과 가용성에만 의존하기 때문입니다. 이는 적어도 프로그램을 작성하고 실행하기 위해 천공카드를 사용해야만 했던 때에 비하면 엄청난 발전이죠!

C 혹은 고급 프로그래밍 언어에 해당하는 C++나 자바로 작성된 설계 라이브러리에서도 여전히 이러한 특성을 이용할 수 있습니다.

1.3.3 스택 관리

유닉스 계열 운영체제에서 실행되는 프로세스의 메모리 레이아웃을 살펴본다면, 모든 프로세스가 비슷한 레이아웃을 공유합니다. 이러한 레이아웃에 관해서는 **4장**에서 더 상세히 다룹니다. 여기서는 세그먼트 하나만 소개합니다. 바로 스택 세그먼트입니다. 스택 세그먼트는 모든 지역 변수, 배열, 구조체가 할당되는 기본 메모리의 위치입니다. 함수에서 지역 변수를 선언할 때마다 지역 변수는 스택 세그먼트에 할당됩니다. 그리고 할당은 언제나 스택의 제일 윗부분에서 일어납니다.

스택이라는 용어를 주목해봅시다. 세그먼트가 쌓이는 것처럼 stack 행동한다는 의미입니다. 변수와 배열은 언제나 스택의 가장 위에 할당되며, 맨 위에 있는 첫 번째 변수가 가장 먼저 제거됩니다. 스택 개념에 관해서는 이 비유를 기억해두세요. 다음 단락에서 다시 다루겠습니다.

스택 세그먼트는 함수 호출에도 사용됩니다. 함수를 호출하면 반환 주소와 모든 전달 인수를 포함한 **스택 프레임**이 스택 세그먼트의 가장 위에 놓이고 나서야 함수 로직이 실행됩니다. 함수 호출이 끝난 뒤 스택 프레임은 제거되며, 반환 주소가 지정된 명령어가 실행되고, 직전 호출 함수로 계속 이어집니다.

함수 몸체function body에서 선언되는 모든 지역 변수는 스택 세그먼트의 가장 위에 놓입니다. 그러므로 함수에서 떠날 때 모든 스택 변수는 비워집니다. 이를 **지역 변수**라고 부르며, 다른 함수에서 접근하지 못합니다. 또한 함수에 진입하기 전이나 함수를 떠난 뒤 지역 변수가 정의될 수 없는 이유도 이 메커니즘으로 설명됩니다.

스택 세그먼트와 그 작동하는 방식을 이해하는 것은 정확하고 의미 있는 코드를 작성하기 위해 필수적이며 흔한 메모리 버그가 발생하지 않도록 합니다. 스택에 원하는 크기대로 아무 변수나 생성할 수는 없다는 점을 알아두세요. 스택은 메모리에서 한정된 일부분이며, 이를 다 채우게 되면 **스택 오버플로**stack overflow 오류가 발생합니다. 이 오류는 함수 호출을 너무 많이 실행해 스택 프레임의 모든 스택 세그먼트를 다 써버린 경우에 발생합니다. 재귀 함수를 다룰 때 흔히 발생하는데, 브레이크 조건이나 한계가 설정되지 않은 채 함수가 자기 자신을 호출하는 경우 이 오류가 발생합니다.

1.3.4 값에 의한 전달 vs 참조에 의한 전달

대부분의 컴퓨터 프로그래밍 책에서는 함수로 전달되는 인수와 관련해 값에 의한 전달과 참조에 의한 전달에 관한 부분을 다룹니다. 다행이든 아니든 C에서는 값에 의한 전달만 존재합니다.

C에는 참조가 없습니다. 그러므로 참조에 의한 전달도 존재하지 않습니다. 모든 것은 함수의 지역 변수에 복사되며 함수를 떠나면 지역 변수를 읽거나 수정할 수 없습니다.

참조에 의한 전달을 수행하는 함수 호출을 설명하는 듯한 예제는 많지만, C에서 참조에 의한 전달은 착각입니다. 이 절의 나머지 부분에서 이러한 오해를 밝히고, 참조에 의한 전달처럼 보이는 예제가 실제로는 값에 의한 전달이라는 점을 증명하려 합니다. 다음 [예제 1-17]을 살펴봅시다.

코드 박스 1-29 [예제 1-17] 값에 의한 전달 함수 호출의 예(ExtremeC_examples_chapter1_17.c)

```
#include <stdio.h>

void func(int a) {
  a = 5;
}

int main(int argc, char** argv) {
  int x = 3;
  printf("Before function call: %d\n", x);
  func(x);
  printf("After function call: %d\n", x);
```

```
    return 0;
  }
```

결과는 쉽게 예측할 수 있습니다. 값에 의한 전달이기 때문에 x 변수에는 아무 일도 일어나지 않습니다. 다음 [셀 박스 1-10]은 [예제 1-17]의 결과이며 예측과 일치합니다.

셀 박스 1-10 [예제 1-17]의 결과

```
$ gcc ExtremeC_examples_chapter1_17.c
$ ./a.out
Before function call: 3
After function call: 3
$
```

다음 [예제 1-18]은 참조에 의한 전달이 C에는 존재하지 않는다는 것을 보여줍니다.

코드 박스 1-30 [예제 1-18] 참조에 의한 전달이 아닌 포인터에 의한 함수 호출의 예(ExtremeC_examples_chapter_1_18.c)

```c
#include <stdio.h>

void func(int* a) {
  int b = 9;
  *a = 5;
  a = &b;
}

int main(int argc, char** argv) {
  int x = 3;
  int* xptr = &x;
  printf("Value before call: %d\n", x);
  printf("Pointer before function call: %p\n", (void*)xptr);
  func(xptr);
  printf("Value after call: %d\n", x);
  printf("Pointer after function call: %p\n", (void*)xptr);
  return 0;
}
```

그 결과는 다음과 같습니다.

셀 박스 1-11 [예제 1-18]의 결과

```
$ gcc ExtremeC_examples_chapter1_18.c
$ ./a.out
The value before the call: 3
Pointer before function call: 0x7ffee99a88ec
The value after the call: 5
Pointer after function call: 0x7ffee99a88ec
$
```

포인터의 값은 함수 호출 이후에도 변하지 않았습니다. 이는 포인터가 값에 의한 전달 인수로 전달되었음을 의미합니다. `func` 함수 내부에서 포인터를 역참조하면 포인터가 가리키는 변수에 접근할 수 있습니다. 하지만 함수 내부의 포인터 매개변숫값을 변경해도 호출하는 함수에서 해당하는 인수는 바뀌지 않습니다. C에서 함수를 호출하는 동안 모든 인수는 값에 의해 전달되며, 포인터를 역참조하면 호출하는 쪽의 함수의 변수를 수정할 수 있도록 합니다.

앞의 예제가 포인터에 의한 전달의 예제라는 점을 덧붙이는 편이 좋겠네요. 직접 포인터를 전달하기보다는 포인터를 변수로 전달하는 것이 포인터에 의한 전달입니다. 함수에 큰 객체를 전달하는 것 대신 인수로 포인터를 사용하는 편을 주로 권장합니다. 왜 그럴까요? 답은 쉽습니다. 8바이트짜리 포인터 인수를 복사하는 것이 수백 바이트의 큰 객체를 복사하는 것보다 훨씬 더 효율적입니다.

놀랍게도 앞의 예제에서 포인터를 전달하는 것이 그리 효율적이지는 않습니다. `int`형은 4바이트이므로 8바이트인 포인터를 복제하는 것보다 이를 복제하는 편이 더 효율적입니다. 하지만 구조체나 배열은 이러한 경우에 해당하지 않습니다. 구조체나 배열의 복제는 바이트 단위로 이루어지며, 구조체나 배열의 모든 바이트는 하나씩 복제가 되어야 하므로 포인터를 전달하는 편이 낫습니다.

C의 함수에 관해 자세히 다뤘으니 함수 포인터에 관해 이야기해봅시다.

1.4 함수 포인터

함수 포인터를 갖는다는 것은 C 프로그래밍 언어의 아주 멋진 또 다른 특성입니다. 앞의 두 절은 포인터 변수와 함수에 관한 내용이었습니다. 이번 절에서는 둘을 결합한 더 흥미로운 주제로 넘어갑니다. 바로 함수 포인터입니다.

함수 포인터의 활용법은 많지만 큰 이진 파일을 작은 이진 파일로 나누고 이를 다른 작은 실행 파일에 다시 넣는 것이 가장 중요합니다. 이로 인해 **모듈화**와 소프트웨어 설계가 가능해졌습니다. 함수 포인터는 C++에서 다형성의 실행을 위한 구성 요소이며 함수 포인터 덕분에 기존의 로직을 확장할 수 있습니다. 이번 절에서 함수 포인터를 다루고 이후 장에서 살펴볼 고급 주제를 준비해봅니다.

변수의 주소를 저장하는 포인터 변수처럼 함수 포인터도 함수의 주소를 저장하며 함수를 간접적으로 호출할 수 있도록 구현합니다. 다음의 [예제 1-19]로 이 주제를 시작해보는 게 좋겠네요.

코드 박스 1-31 [예제 1-19] 다른 함수 여러 개를 호출하는 하나의 함수 포인터 예(Extreme C_examples_chapter1_19.c)

```c
#include <stdio.h>

int sum(int a, int b) {
  return a + b;
}

int subtract(int a, int b) {
  return a - b;
}

int main() {
  int (*func_ptr)(int, int);
  func_ptr = NULL;

  func_ptr = &sum;
  int result = func_ptr(5, 4);
  printf("Sum: %d\n", result);

  func_ptr = &subtract;
  result = func_ptr(5, 4);
```

```
    printf("Subtract: %d\n", result);

    return 0;
}
```

이 코드 박스에서 func_ptr은 함수 포인터이며 자신의 시그니처^{signature}와 맞는 특정 함수만을 가리킵니다. 이 시그니처는 포인터가 2개의 정수 인수를 받고, 정수 결괏값을 반환하는 함수만을 가리키도록 제한합니다.

보다시피 sum과 subtract라는 2개의 함수를 정의해 func_ptr 포인터의 시그니처와 매칭했습니다. 앞의 예제에서는 func_ptr 함수 포인터가 sum과 subtract 함수를 각각 가리키도록한 다음, 이들을 같은 인수로 호출해 결괏값을 비교했습니다. 예제의 결과는 다음과 같습니다.

셸 박스 1-12 [예제 1-19]의 결과

```
$ gcc ExtremeC_examples_chapter1_19.c
$ ./a.out
Sum: 9
Subtract: 1
$
```

[예제 1-19]에서 볼 수 있듯이 하나의 함수 포인터를 이용해 같은 인수 목록으로 다른 함수를 호출할 수 있습니다. 이는 중요한 특징입니다. 만약 객체지향 프로그래밍에 익숙하다면 **다형성**과 **가상 함수**^{virtual function}가 가장 먼저 떠오를 겁니다. 사실 이 방식은 C에서 다형성을 지원하거나 C++의 가상 함수를 모방하는 유일한 방법입니다. 이 책의 **3부**에서 이를 살펴봅니다.

포인터 변수처럼 함수 포인터도 제대로 초기화해야 합니다. 선언할 때 즉시 초기화하지 않은 함수 포인터는 반드시 null로 두어야 합니다. 함수 포인터를 null로 두는 것은 이전의 예제에서 설명한 바 있으며, 이는 포인터 변수와 상당히 유사합니다.

일반적으로 함수 포인터에 대해 **타입 별칭**^{type alias}을 정의하도록 권장합니다. 다음 [예제 1-20]에서 타입 별칭을 정의해야 하는 이유를 보여줍니다.

```c
#include <stdio.h>

typedef int bool_t;
typedef bool_t (*less_than_func_t)(int, int);

bool_t less_than(int a, int b) {
  return a < b ? 1 : 0;
}

bool_t less_than_modular(int a, int b) {
  return (a % 5) < (b % 5) ? 1 : 0;
}

int main(int argc, char** argv) {
  less_than_func_t func_ptr = NULL;

  func_ptr = &less_than;
  bool_t result = func_ptr(3, 7);
  printf("%d\n", result);

  func_ptr = &less_than_modular;
  result = func_ptr(3, 7);
  printf("%d\n", result);
  return 0;
}
```

typedef 키워드는 이미 정의된 타입을 위해 별칭을 정의합니다. 앞의 예제에서 새 별칭은 2개였습니다. bool_t는 int형의 별칭이었고, less_than_func_t형은 함수 포인터형인 bool_t(*)(int, int)의 별칭이었습니다. 이러한 별칭은 코드에 가독성을 부여하고 길고 복잡한 자료형에서 더 짧은 이름을 고를 수 있도록 합니다. C에서 새 타입은 주로 _t로 끝난다는 규칙이 있는데, size_t나 time_t와 같은 다른 표준 타입 별칭에서도 이를 찾아볼 수 있습니다.

1.5 구조체

설계 관점에서 구조체는 C의 핵심 개념입니다. 오늘날 구조체는 C만 갖는 독특한 특성은 아니며, 거의 모든 현대 프로그래밍 언어에서 구조체의 쌍둥이 개념을 찾아볼 수 있습니다.

하지만 구조체 같은 개념을 제공하는 다른 프로그래밍 언어가 없던 시기의 계산computation의 역사를 기준으로 구조체에 관해 논해야 합니다. 기계 수준machine-level 프로그래밍 언어에서 벗어나기 위한 수많은 노력 중, 구조체를 도입한 덕분에 프로그래밍 언어가 **캡슐화**encapsulation라는 위대한 단계로 나아갈 수 있었습니다. 수천 년 동안 인간의 사고방식은 크게 바뀌지 않았으며 캡슐화는 논리적 추론의 중심 수단이었습니다.

우리가 프로그래밍 언어라는 몇 가지 도구를 갖게 된 것은 바로 C의 등장 직후입니다. 프로그래밍 언어는 인간의 사고방식을 이해할 수 있었으며, 사고의 구성 요소를 저장하고 처리할 수 있었습니다. 그리고 구조체가 등장하자 마침내 우리의 생각을 닮은 언어를 갖게 되었습니다. C의 구조체는 현대 프로그래밍 언어의 캡슐화 메커니즘에 비하면 완벽하지는 않았습니다. 하지만 구조체는 훌륭한 도구를 만들 플랫폼을 구축하기에는 충분했습니다.

1.5.1 왜 구조체인가?

모든 프로그래밍 언어는 **원시 자료형**primitive data type **(PDT)**을 갖는다고 알고 있을 겁니다. 원시 자료형을 사용하면 자료구조를 설계할 수 있고 이 구조를 중심으로 알고리듬을 작성할 수 있습니다. 원시 자료형은 프로그래밍 언어의 한 부분이며 변경하거나 제거할 수 없습니다. 예를 들면 `int`와 `double`이라는 원시 자료형 없이는 C도 존재하지 못합니다.

자신이 직접 정의한 자료형이 필요할 때 그리고 프로그래밍 언어의 자료형만으로는 충분하지 않을 때, 구조체를 도입합니다. **사용자 정의 자료형**user-defined type **(UDT)**은 사용자가 만든 자료형이며 프로그래밍 언어에 속하지는 않습니다.

사용자 정의 자료형은 `typedef`를 사용해서 정의할 수 있는 자료형과는 다르다는 점을 기억하세요. `typedef` 키워드는 실제로 새 자료형을 만들지는 않습니다. 오히려 기존에 정의된 타입의 별칭이나 동의어를 정의합니다. 하지만 구조체는 완전히 새로운 사용자 정의 자료형을 프로그램에 넣을 수 있도록 합니다.

다른 프로그래밍 언어에도 구조체와 같은 개념이 있습니다. 예를 들면 C++와 자바의 클래스나 펄Perl의 패키지가 이에 해당합니다. 클래스나 패키지는 이러한 언어에서 **타입 메이커**type-maker로 간주됩니다.

1.5.2 왜 사용자 정의 자료형인가?

그렇다면 프로그램에서 새 자료형을 만들어야 하는 이유가 뭘까요? 이 질문에 대한 답은 소프트웨어의 설계 원칙과 일상적인 소프트웨어 개발에 우리가 사용하는 방법에서 찾을 수 있습니다. 우리는 일상적인 분석에서 두뇌를 이용해 매일매일 이 원칙과 방법으로 새로운 자료형을 만듭니다.

우리는 주변을 정수나 실수, 또는 문자열로 간주하지는 않습니다. 우리는 같은 대상에 서로 연관된 속성을 그룹으로 묶는 법을 익혀왔습니다. 주변 환경을 분석하는 방식은 **6장**에서 더 살펴보겠습니다. 하지만 처음의 질문에 대한 답으로, 우리는 더 고수준의 로직, 인간 수준의 로직과 충분히 비슷하게 문제를 분석하려면 새로운 자료형이 필요합니다.

여기서 **비즈니스 로직**business logic이라는 용어에 익숙해질 필요가 있습니다. 비즈니스 로직은 비즈니스상의 일련의 모든 개체entity와 규칙입니다. 예를 들어 은행 시스템의 비즈니스 로직에서는 고객, 계좌, 잔고, 돈, 현금, 지불 등과 같은 다양한 개념을 마주하게 됩니다. 그리고 이런 개념은 돈을 인출하는 것과 같은 작업을 가능하게 하고 의미 있게 만듭니다.

순수한 정수, 부동소수점, 또는 문자열로만 은행 로직을 설명해야 한다고 가정해봅시다. 거의 불가능합니다. 개발자에게는 가능하더라도 비즈니스 분석가에게는 거의 무의미합니다. 잘 정의된 비즈니스 로직을 갖는 현실의 소프트웨어 개발 환경에서 개발자와 비즈니스 분석가는 면밀히 협력해야 하기에 전문용어와 용어집, 유형, 작업, 규칙, 로직 등을 공유해야 합니다.

요즘은 **타입 시스템**type system 안에서 새로운 자료형을 지원하지 않는 프로그래밍 언어는 죽은 언어로 간주합니다. 이러한 이유로 많은 사람들이 C를 죽은 언어로 볼지도 모르겠습니다. C에서는 새 자료형을 정의하기가 쉽지 않고, C++나 자바와 같은 고급 언어로 옮겨가는 걸 선호할지도 모르겠습니다. 네, C에서 좋은 타입 시스템을 만드는 일은 그리 쉽지 않습니다. 하지만 여러분에게 필요한 모든 것이 여기에 있습니다.

심지어 오늘날에도 C를 프로젝트의 메인 언어로 선택하고, 좋은 타입 시스템을 만들고 유지하기 위해 노력을 쏟는 데에는 많은 이유가 있습니다. 아직도 다수의 회사가 C를 채택하며 이런 노력을 합니다.

소프트웨어를 일상적으로 분석하려면 새 자료형이 필요하지만, CPU는 새 자료형을 이해하지 못합니다. CPU는 원시 자료형과 빠른 계산을 고수합니다. 왜냐하면 그렇게 설계되었기 때문입니다. 그러므로 만약 고급 언어로 프로그램을 작성한다면, 이는 CPU 수준의 명령어로 번역되어야만 하므로 더 많은 시간과 자원이 필요합니다.

이러한 점에서 다행히 C는 CPU 수준의 로직과 그리 멀지 않으며 쉽게 번역될 수 있는 타입 시스템을 가집니다. C는 저급 또는 하드웨어 수준의 프로그래밍 언어라는 점을 들어본 적이 있을 것입니다. 이것이 몇몇 회사나 조직에서 핵심 프레임워크를 아직도 C로 작성하고 유지하려는 이유입니다.

1.5.3 구조체의 역할

구조체는 하나의 통합된 타입single unified type 아래 관련된 값을 캡슐화합니다. 구조체의 첫 예제로 red, green, blue의 값을 color_t라는 새로운 자료형 하나로 묶습니다. 새 자료형인 color_t는 이미지 편집 응용프로그램과 같은 다양한 프로그램에서 RGB 컬러를 나타냅니다. 이에 해당하는 C 구조체를 다음과 같이 정의합니다.

코드 박스 1-33 RGB 컬러를 나타내는 C 구조체

```
struct color_t {
  int red;
  int green;
  int blue;
};
```

앞서 말했듯 구조체는 캡슐화를 수행합니다. 캡슐화는 소프트웨어 설계에서 가장 핵심적인 개념입니다. 이는 새로운 자료형 아래에 서로 관련이 있는 필드를 그룹으로 묶고 캡슐화합니다. 그리고 나서 필요한 변수를 정의할 때 이 새로운 자료형을 사용합니다. 캡슐화에 관해서는 **6장**에서 객체지향 설계와 함께 자세히 설명합니다.

1.5.4 메모리 레이아웃

C 개발자는 구조체 변수의 메모리 레이아웃을 정확히 알아야 합니다. 메모리에 나쁜 레이아웃이 있을 경우 특정 아키텍처에서는 성능이 저하됩니다. CPU를 위한 명령어를 만들기 위해 코드를 작성한다는 점을 잊지 마세요. 값은 메모리에 저장되고, CPU는 이 값을 충분히 빠르게 읽고 쓸 수 있어야 합니다. 메모리 레이아웃을 이해하면 CPU가 작동하는 방식을 이해할 수 있고, 코드를 수정해 더 나은 결과를 얻을 수 있습니다.

다음 [예제 1-21]에서는 새 구조체 자료형인 **sample_t**를 정의하며, 구조체 변수 **var**를 선언합니다. 다음으로 필드에 일부 값을 채우고 메모리 내의 변수 크기와 실제 바이트를 출력합니다. 이렇게 하면 변수의 메모리 레이아웃을 관찰할 수 있습니다.

코드 박스 1-34 [예제 1-21] 구조체 변수에 할당된 바이트 수 출력하기(ExtremeC_examples_chapter1_21.c)

```
#include <stdio.h>

struct sample_t {
  char first;
  char second;
  char third;
  short fourth;
};

void print_size(struct sample_t* var) {
  printf("Size: %lu bytes\n", sizeof(*var));
}

void print_bytes(struct sample_t* var) {
  unsigned char* ptr = (unsigned char*)var;
  for (int i = 0; i < sizeof(*var); i++, ptr++) {
    printf("%d ", (unsigned int)*ptr);
  }
  printf("\n");
```

```
    }

int main(int argc, char** argv) {
    struct sample_t var;
    var.first = 'A';
    var.second = 'B';
    var.third = 'C';
    var.fourth = 765;
    print_size(&var);
    print_bytes(&var);
    return 0;
}
```

모든 것에 관한 정확한 메모리 레이아웃을 알고 싶다는 갈증은 C와 C++에 한정된 것이며, 고급 프로그래밍 언어로 가면 이 갈증이 사라집니다. 예를 들어 자바나 파이썬 개발자는 매우 저수준의 메모리 관리와 관련된 세부 사항은 잘 모르는 편입니다. 자바나 파이썬은 메모리에 관한 세부 사항을 제공하지 않습니다.

[코드 박스 1-34]를 보면 C에서 구조체 변수를 선언하기 전에 struct 키워드를 사용합니다. 따라서 앞 예제의 선언 절에서 구조체 자료형 앞에 키워드를 사용하는 법을 struct sample_t var가 보여주고 있습니다. 일일이 언급하기에는 좀 사소한 내용이지만, 구조체 변수의 필드에 접근하려면 마침표(.)를 사용해야 합니다. 만약 구조체 포인터라면 화살표(->)로 필드에 접근해야 합니다.

코드 전반에 걸쳐 struct를 너무 많이 사용하지 않도록 새로운 구조체 자료형을 정의하거나 새 구조체 변수를 선언할 때에는 구조체의 새 별칭 타입을 정의하는 typedef를 사용할 수 있습니다. 다음이 그 예입니다.

```
typedef struct {
    char first;
    char second;
    char third;
    short fourth;
} sample_t;
```

이제 struct 키워드를 사용하지 않고 변수를 선언할 수 있습니다.

```
sample_t var;
```

다음은 앞의 예제를 컴파일한 다음 macOS에서 실행한 결과입니다. 생성된 숫자는 호스트 시스템에 따라 다를 수 있다는 점을 참고하세요.

셸 박스 1-13 [예제 1-21]의 결과

```
$ clang ExtremeC_examples_chapter1_21.c
$ ./a.out
Size: 6 bytes
65 66 67 0 253 2
$
```

셸 박스에서 볼 수 있듯이 sizeof(sample_t)는 6바이트를 반환합니다. 구조제 변수의 메모리 레이아웃은 배열과 매우 유사합니다. 배열의 모든 원소는 메모리에서 서로 인접합니다. 그리고 이는 구조체 변수와 구조체 변수의 필드도 마찬가지입니다. 그러나 배열에서는 모든 원소가 같은 자료형을 가지며 크기도 같지만, 구조체 변수에는 해당하지 않는다는 차이가 있습니다. 각 필드는 다른 자료형을 가질 수 있으므로 크기도 다를 수 있습니다. 메모리의 크기를 쉽게 계산할 수 있는 배열과는 달리, 메모리에서 구조체 변수의 크기는 몇 가지 요소에 따라 다르며 쉽게 결정되지 않습니다.

처음에는 구조체 변수의 크기를 짐작하는 일이 쉬워 보입니다. 앞선 예제의 구조체를 보면, 4개의 필드를 가지는데 3개는 char 필드이고 하나는 short 필드입니다. 단순 계산을 해서 sizeof(char)는 1바이트, sizeof(short)는 2바이트라고 가정한다면, sample_t 타입의 각 변수는 메모리 레이아웃에서 5바이트일 것입니다. 하지만 결과를 보면 sizeof(sample_t)는 6바이트입니다. 1바이트가 더 많네요! 왜 이런 추가 바이트가 생기는 걸까요?

구조체 변수 var의 메모리 레이아웃에서 바이트를 다시 한번 살펴보면, 65 66 67 253 2로 나타나며 예상과 약간 다르다는 걸 알 수 있습니다.

왜 구조체 변수의 크기가 5바이트가 아닌지 더 명확하게 설명하려면 **메모리 정렬**memory alignment 이라는 개념을 소개해야 합니다. CPU는 언제나 모든 계산을 합니다. 게다가 계산하기 전에 메모리로부터 값을 로드해야 하며 계산한 이후에는 그 값을 메모리에 다시 저장해야 합니다. CPU 내부의 계산은 매우 빠르지만, 메모리 접근은 비교적 느립니다. CPU가 메모리와 상호작용하는 방식은 프로그램을 향상시키거나 이슈를 디버깅하는 데에 활용할 수 있으므로 꼭 알아 두는 게 좋습니다.

CPU는 각 메모리에 접근할 때 특정 바이트의 숫자를 주로 읽습니다. 이 바이트의 수는 주로 **워드**word라고 합니다. 메모리는 워드로 나뉘며, 메모리로부터 읽고 쓰기 위해 CPU가 사용하는 작은 기본 단위를 워드라 합니다. 워드에 있는 바이트의 실제 숫자는 아키텍처에 따라 다릅니다. 예를 들어 대부분의 64비트 머신에서 워드 크기는 32비트 또는 4바이트입니다. 메모리 정렬을 고려하면 시작하는 바이트가 워드의 시작점에 있을 때, 이 변수는 메모리에 정렬되었다고 합니다. 이러한 방식으로 CPU는 메모리 접근에 최적화된 숫자에서 그 값을 로드합니다.

앞의 [예제 1-21]을 고려하면, 첫 번째 3개 필드 `first`, `second`, `third`는 각 1바이트입니다. 그리고 이들은 구조체 레이아웃의 첫 번째 워드에 탑재됩니다. 그리고 한 번의 메모리 접근으로 모두 읽을 수 있습니다. 네 번째 필드인 `fourth`는 2바이트를 차지합니다. 메모리 정렬을 고려하지 않는다면, 첫 번째 바이트는 첫 번째 워드의 마지막 바이트가 되어 정렬되지 않은 상태가 됩니다.

이 경우 CPU는 필드의 값을 회수retrieve하기 위해 몇 비트를 오가며 2개의 메모리에 접근해야 합니다. 이런 이유로 바이트 67 뒤에 추가로 0이 보이게 됩니다. 0바이트는 현재 워드를 완성하기 위해 추가되며, 네 번째 필드가 다음 워드에서 시작할 수 있도록 합니다. 여기서 첫 번째 워드는 0바이트 하나가 패딩되어 있다고 할 수 있습니다. 컴파일러는 **패딩**padding을 사용해 메모리의 값을 정렬합니다. 패딩은 정렬을 맞추기 위해 바이트를 추가하는 기술입니다.

정렬을 사용하지 않을 수도 있습니다. C는 정렬된 구조체에 대해 더 구체적인 용어를 사용합니다. 이러한 정렬된 구조체는 패킹되지 않은 것입니다. 반면, **패킹된 구조체**packed structure는 정렬되지 않은 것이며, 패킹된 구조체를 사용하면 이진 파일 비호환성incompatibility을 야기하고 성능이 저하됩니다. 패킹된 구조체는 [예제 1-22]에서처럼 쉽게 정의할 수 있습니다. [예제 1-22]는 [예제 1-21]과 꽤 비슷합니다. `sample_t` 구조체는 이번 예제에서 패킹됩니다. 다음 코드 박스에 [예제 1-22]가 구현되어 있으며 [예제 1-21]과 비슷한 코드는 생략했으니 참고하세요.

```
#include <stdio.h>

struct __attribute__((__packed__)) sample_t {
  char first;
  char second;
  char third;
  short fourth;
} ;

void print_size(struct sample_t* var) {
  // ...
}

void print_bytes(struct sample_t* var) {
  // ...
}

int main(int argc, char** argv) {
  // ...
}
```

다음 [셸 박스 1-14]는 macOS에서 위의 코드(코드 박스 1-35)를 clang으로 컴파일한 후 실행한 결과입니다.

셸 박스 1-14 [예제 1-22]의 결과

```
$ clang ExtremeC_examples_chapter1_22.c
$ ./a.out
Size: 5 bytes
65 66 67 253 2
$
```

[셸 박스 1-14]에서 보다시피 출력된 크기는 [예제 1-21]에서 예측한 바와 정확히 같습니다. 마지막 레이아웃도 기대와 맞아떨어집니다. 패킹된 구조체는 메모리가 제한적인 환경에서 주

---

7 옮긴이_ 깃허브에서 받은 파일을 그대로 실행하면 본문과 같이 print_size, print_bytes, main 함수 내부에 코드가 없어서 아무것
   도 출력되지 않습니다. 따라서 ExtremeC_examples_chapter1_21.c 코드를 참고해 해당 함수의 내부 코드를 붙여넣은 뒤 실행하
   면 [셸 박스 1-14]와 같은 결과를 확인할 수 있습니다.

로 사용됩니다. 하지만 대부분의 아키텍처에서 성능에 매우 부정적인 영향을 줄 수 있습니다. 새 CPU만이 추가 비용 없이 다수의 워드로부터 정렬되지 않은 값을 읽을 수 있습니다. 참고로 메모리 정렬은 기본적으로 활성화되어 있습니다.

1.5.5 중첩 구조체

앞 절에서 설명했듯이 일반적으로 C에는 두 종류의 자료형이 있습니다. 프로그래밍 언어가 제 공하는 자료형과 **struct** 키워드를 사용해서 개발자가 정의한 자료형입니다. 전자는 원시 자료형(PDT), 후자는 사용자 정의 자료형(UDT)입니다.

지금까지 원시 자료형으로만 구성된 사용자 정의 자료형(구조체)에 관한 예시만 살펴봤습니다. 이번 절에서는 다른 사용자 정의 자료형으로 만들어진 **복합 자료형**complex data type을 살펴봅니다. 복합 자료형은 몇 개의 구조체를 중첩한 결과입니다. [예제 1-23]부터 확인해봅시다.

코드 박스 1-36 [예제 1-23] 몇 가지 중첩 구조체 선언하기(ExtremeC_examples_chapter1_23.c)

```
typedef struct {
  int x;
  int y;
} point_t;

typedef struct {
  point_t center;
  int radius;
} circle_t;

typedef struct {
  point_t start;
  point_t end;
} line_t;
```

이 코드 박스에는 3개의 구조체인 `point_t`, `circle_t`, `line_t`가 있습니다. `point_t` 구조체는 오직 원시 자료형으로만 구성된 단순한 사용자 정의 자료형입니다. 하지만 다른 구조체는 `point_t` 자료형의 변수를 포함한 복합 사용자 정의 자료형을 만듭니다.

복합 구조체의 크기는 단순 구조체와 정확히 동일한 방식으로 모든 필드의 크기를 더해 계산합니다. 다만 복합 구조체의 크기에 영향을 줄 수 있기 때문에 정렬에 주의해야 합니다. 만약 sizeof(int)가 4바이트라면 sizeof(point_t)는 8바이트가 됩니다. 그러면 sizeof(circle_t)는 12바이트, sizeof(line_t)는 16바이트가 됩니다.

> **NOTE_** 구조체 변수 객체를 호출하는 일은 흔합니다. 구조체 변수 객체는 객체지향 프로그래밍의 객체와 정확히 유사합니다. 그리고 값과 함수 모두를 캡슐화할 수 있습니다. 그러므로 구조체 변수 객체를 C의 객체라고 불러도 틀린 말은 아닙니다.

1.5.6 구조체 포인터

원시 자료형의 포인터처럼 사용자 정의 자료형도 포인터를 가질 수 있습니다. 사용자 정의 자료형의 포인터는 원시 자료형의 포인터와 정확히 같습니다. 메모리의 주소를 가리키며, 산술연산도 할 수 있습니다. 또한 사용자 정의 자료형의 포인터는 사용자 정의 자료형의 크기에 해당하는 산술연산 간격을 가집니다. 만약 포인터나 포인터의 산술연산에 관해 잘 모르겠다면, 1.2절을 다시 읽어보세요.

구조체 변수 포인터가 구조체 변수의 첫 번째 필드의 주소를 가리킨다는 것을 꼭 알아야 합니다. 앞의 [예제 1-23]에서 point_t 자료형의 포인터는 구조체 변수의 첫 번째 필드인 x의 주소를 가리켰습니다. circle_t에서도 마찬가지입니다. circle_t 자료형의 포인터는 첫 번째 필드 center를 가리킵니다. 그리고 circle_t 자료형의 포인터는 실제로는 point_t의 객체이므로 point_t의 첫 번째 필드 x의 주소를 가리키게 됩니다. 그러므로 메모리에서 같은 셀의 주소를 가리키는 3개의 다른 포인터를 갖게 됩니다. 다음 코드가 이를 보여줍니다.

코드 박스 1-37 [예제 1-24] 메모리에서 동일한 바이트 주소를 가리키는 세 가지 자료형으로부터 얻은 3개의 포인터 (ExtremeC_examples_chapter1_24.c)

```
#include <stdio.h>

typedef struct {
  int x;
  int y;
} point_t;
```

```
typedef struct {
  point_t center;
  int radius;
} circle_t;

int main(int argc, char** argv) {
  circle_t c;

  circle_t* p1 = &c;
  point_t* p2 = (point_t*)&c;
  int* p3 = (int*)&c;

  printf("p1: %p\n", (void*)p1);
  printf("p2: %p\n", (void*)p2);
  printf("p3: %p\n", (void*)p3);
  return 0;
}
```

그리고 그 결과는 다음과 같습니다.

셸 박스 1-15 [예제 1-24]의 결과

```
$ clang ExtremeC_examples_chapter1_24.c
$ ./a.out
p1: 0x7ffee846c8e0
p2: 0x7ffee846c8e0
p3: 0x7ffee846c8e0
$
```

모든 포인터는 같은 바이트를 가리키지만 자료형은 서로 다릅니다. 다른 라이브러리로부터 가져오는 구조체를 확장하려면 필드를 더 추가하는 방식을 주로 사용합니다. 이는 C에서 **상속**inheritance**하는 방식**이기도 합니다. 상속에 관해서는 **8장**에서 다루겠습니다.

1장은 여기까지입니다. 2장에서는 C 컴파일 파이프라인에 관해 알아보고, C 프로젝트를 알맞게 컴파일하고 링크하는 법을 살펴보겠습니다.

1.6 마무리

이번 1장에서 C의 중요한 구성 요소를 살펴봤습니다. 여기에서 더 나아가 이러한 요소의 설계 측면과 그 이면에 있는 개념도 설명했습니다. 이런 요소를 알맞게 사용하려면 당연히 구성 요소의 다른 측면도 더 깊이 이해해야 합니다. 이 장에서 살펴본 내용은 다음과 같습니다.

- C의 전처리 단계에 관해 다뤘고, 다양한 지시자가 전처리기에 어떤 영향을 주어서 다르게 작동하거나 특정 C 코드를 생성하게 만드는지 설명했습니다.
- 매크로와 매크로 확장 메커니즘을 이용하면 변환 단위를 컴파일 단계로 전달하기 전에 C 코드를 생성할 수 있습니다.
- 조건부 지시자는 특정 조건에서 전처리된 코드를 변경하며 상황에 따라 다른 코드를 생성합니다.
- 포인터 변수 개념과 C에서 포인터 변수가 어떻게 이용되는지를 알아봤습니다.
- 제네릭 포인터를 소개했으며 포인터의 종류와 상관없이 포인터를 받는 함수를 어떻게 만드는지도 알아봤습니다.
- 포인터를 잘못 사용하면 발생할 수 있는 위험한 상황인 세그멘테이션 오류와 허상 포인터 문제를 다뤘습니다.
- 이어서 함수를 설명했고, 문법을 복습했습니다.
- 함수의 설계 측면을 살펴봤으며, 잘 만들어진 절차적 C 프로그램에서 설계가 미치는 영향을 알아봤습니다.
- 함수 호출 메커니즘을 설명했고 스택 프레임을 이용해 함수에 인수가 전달되는 방법을 알아봤습니다.
- 함수 포인터에 관해서도 알아봤습니다. 함수 포인터의 강력한 문법은 유사 함수 개체^{variable-like entity}에 로직을 저장해 나중에 이를 사용할 수 있도록 합니다. 함수 포인터는 오늘날 탑재되고 실행되는 모든 프로그램이 사용하는 기초 메커니즘입니다.
- 함수 포인터와 더불어 구조체는 C의 캡슐화를 탄생시켰습니다. 이에 관해선 책의 3부에서 더 살펴봅니다.
- 구조체의 설계 측면과 C로 프로그램을 설계하는 방식에 구조체가 미친 영향을 설명했습니다.
- 구조체 변수의 메모리 레이아웃과 CPU 사용을 최대화하기 위해 메모리 내부에 구조체 변수가 배치되는 방식도 알아봤습니다.
- 중첩 구조체^{nested structure}도 다뤘습니다. 또한 복잡한 구조체 변수의 내부를 살펴봤으며 메모리 레이아웃이 어떻게 보여야 하는지도 알아봤습니다.
- 마지막 절에서 구조체 포인터에 관해 설명했습니다.

다음 장은 C 프로젝트를 빌드하는 첫 번째 단계입니다. C의 컴파일 파이프라인과 링크 메커니즘을 다음 장에서 논의합니다. 이 책을 계속해서 읽어나가려면 꼭 다음 장을 하나하나 자세히 읽는 게 좋습니다.

소스 코드에서 이진 파일로

프로그래밍의 모든 것은 **소스 코드**에서 시작합니다. 실제 소스 코드는 수많은 텍스트 파일로 이루어지며, 때로는 **코드베이스**라는 다른 이름으로도 불립니다. 소스 코드 안의 각각의 텍스트 파일은 프로그래밍 언어로 쓰인, 텍스트로 된 명령어instruction를 포함합니다.

CPU는 텍스트로 된 명령어를 실행할 수 없습니다. CPU가 이를 실행하려면 먼저 기계 수준의 명령어로 컴파일(혹은 번역)해야 하고 그 결과 프로그램이 실행됩니다.

2장에서는 C 소스 코드에서 최종 파일을 얻는 데 필요한 단계를 살펴봅니다. 이를 자세히 살펴보기 위해 이번 장의 주제를 다음 다섯 개로 나눴습니다.

1. **표준 컴파일 파이프라인**: C의 표준 컴파일과 컴파일 파이프라인의 여러 단계, 그리고 컴파일 파이프라인을 통해 C 언어의 소스 코드로부터 최종 결과물이 만들어지는 방식을 다룹니다.

2. **전처리기**preprocessor: 전처리 단계를 진행하는 전처리기를 더 자세히 알아봅니다.

3. **컴파일러**: 컴파일러를 더 깊이 들여다봅니다. 컴파일 단계를 거치며 컴파일러가 소스 코드에서 (**중간 코드**intermediate code라고도 하는) **중간 표현**intermediate representation을 만드는 방식과 기계어로 이를 번역하는 방식을 설명합니다.

4. **어셈블러**: 어셈블러를 설명합니다. 어셈블러는 컴파일러로부터 받은 어셈블리 명령어를 기계 수준 명령어로 번역하는 중요한 역할을 수행합니다. 어셈블러는 어셈블리 단계를 진행합니다.

5. **링커**: 링크 단계를 진행하는 **링커**linker라는 컴포넌트component(구성 요소)를 상세히 다룹니다. 링커는 C 프로젝트의 실제 결과물을 마지막으로 만드는 빌드 컴포넌트입니다. 링커에 따라 빌드 오류가 발생할 수 있는데, 링커를 충분히 안다면 이러한 오류를 방지하고 해결할 수 있습니다. 또한 C 프로젝트의 다양한 최종 결과물도 살펴보고, 목적 파일을 역어셈블링하고 그 내용을 읽는 법도 설명합니다. 그리고 C++ 네임 맹글링name

mangling이 무엇인지, C++ 코드를 빌드할 때 **네임 맹글링**이 링크 단계에서 특정 결함을 어떻게 방지하는지도 간단히 다룹니다.

2장에서는 주로 유닉스 계열 운영체제를 중심으로 설명합니다. 하지만 마이크로소프트 윈도우 같은 다른 운영체제에서 나타나는 차이점도 알아봅니다.

첫 번째 절에서는 C의 컴파일 파이프라인을 설명합니다. 컴파일 파이프라인이 소스 코드로부터 어떻게 실행 파일과 라이브러리 파일을 만드는지는 꼭 알아야 합니다. 이와 관련한 여러 개념과 단계가 있지만, 이번 2장과 이후의 내용을 미리 잘 준비해놓고 싶다면 컴파일 파이프라인부터 철저히 이해해야 합니다. C 언어 프로젝트의 다양한 결과물은 **3장**에서 상세히 다루겠습니다.

2.1 표준 컴파일 파이프라인

C 파일을 몇 개 컴파일할 때는 대개 수 초 정도 걸립니다. 이 짧은 순간에도 소스 코드는 다음 네 가지 요소로 구성된 파이프라인으로 진입하며, 각 요소는 특정 작업을 수행합니다.

- 전처리기
- 컴파일러
- 어셈블러
- 링커

파이프라인 내부의 각 컴포넌트는 이전 요소로부터 특정한 입력값을 받고, 다음 컴포넌트를 위한 특정 결괏값을 생성합니다. 이 과정은 마지막 요소에 의해 **최종 결과물**product이 만들어질 때까지 계속됩니다.

모든 필수 요소를 성공적으로 통과했다면 소스 코드는 최종 결과물로 바뀝니다. 즉, 컴포넌트 중 어느 작은 한 단계라도 실패한다면 이는 **컴파일 실패** 또는 **링크**linkage **실패**로 이어지며, 그에 관한 오류 메시지가 등장합니다.

재배치 가능한 목적 파일relocatable object file과 같은 어떤 중간 결과물intermediate product은 소스 파일 하나가 앞의 세 가지 요소만 성공적으로 통과해도 충분히 만들어집니다. 마지막 컴포넌트인

링커는 더 큰 결과물을 만들 때 사용하는데, 이러한 큰 결과물을 **실행 가능한 목적 파일**executable object file이라고 합니다. 실행 가능한 목적 파일은 이미 준비된, 재배치할 수 있는 목적 파일 몇 개를 합쳐서merge 만듭니다. 그러므로 C 소스 파일의 모음collection을 빌드하면 하나 또는 여러 개의 목적 파일을 만들 수 있습니다. 이러한 목적 파일의 종류로는 재배치 가능한relocatable 파일과 실행 가능한executable 파일, **공유 목적 파일**shared object file이 있습니다.

현재는 다양한 C 컴파일러를 이용할 수 있습니다. 무료이고 오픈 소스인 것도 있지만, 어떤 컴파일러는 오픈 소스가 아닌 사유proprietary 또는 상용commercial 소프트웨어입니다. 그리고 크로스-플랫폼인 컴파일러도 있지만, 특정 플랫폼에서만 작동하는 컴파일러도 있습니다. 하지만 거의 모든 플랫폼이 최소한 하나 정도의 호환 가능한 C 컴파일러를 가진다는 점은 꼭 알아두세요.

> **NOTE_** 이용할 수 있는 C 컴파일러의 전체 목록은 다음 위키백과 페이지를 참고하세요
> - https://en.wikipedia.org/wiki/List_of_compilers#c_compilers

2장 전반에 걸쳐 C 컴파일러의 기본 플랫폼과 우리가 사용할 C 컴파일러를 이야기하기 전에, **플랫폼**platform이라는 용어를 좀 더 알아봅시다.

플랫폼은 특정 하드웨어(또는 아키텍처)에서 실행되는 운영체제의 결합combination입니다. 플랫폼 CPU의 **명령어 집합**instruction set은 플랫폼에서 가장 중요한 부분입니다. 운영체제는 플랫폼의 소프트웨어 컴포넌트고, 아키텍처는 하드웨어 부분을 뜻합니다. 예를 들면 ARM 파워 보드에서 작동하는 우분투 또는 AMD 64비트 CPU에서 작동하는 마이크로소프트 윈도우가 있습니다.

크로스 플랫폼 소프트웨어는 다른 플랫폼에서 실행할 수 있습니다. 하지만 **크로스 플랫폼**이라는 말은 **이식 가능한**portable 것과는 다르다는 점을 꼭 알아야 합니다. 크로스 플랫폼 소프트웨어는 대개 각 플랫폼에 따라 다른 이진 파일binary(최종 목적 파일)[1]과 인스톨러가 있습니다. 반면에 이식 가능한 소프트웨어는 모든 플랫폼에서 같은 이진 파일과 인스톨러를 사용합니다. 에를 들면 gcc와 clang 같은 C 컴파일러는 크로스 플랫폼으로서, 다른 플랫폼에서도 코드를 생성할 수 있습니다. 한편 자바의 바이트코드bytecode는 이식 가능합니다.

---

1 옮긴이_ 이 책에서는 binary를 '이진 파일'이라는 용어로 표기합니다(이진 파일이란 컴퓨터나 프로그램이 데이터를 처리하기 편한 이진 형식(0과 1)으로 인코딩된 파일을 일컫습니다).

만약 C/C++ 코드가 이식 가능하다고 한다면, 이는 소스 코드에 어떠한 변경이나 수정을 거치지 않고 서로 다른 플랫폼에서 컴파일할 수 있다는 말입니다. 그러나 최종 목적 파일에 이식성이 있다는 의미는 아닙니다.

앞서 언급한 위키백과 페이지를 보면 수많은 C 컴파일러가 존재한다는 것을 알 수 있습니다. 다행히 이 모든 컴파일러는 2장에서 소개할 표준 컴파일 파이프라인을 따릅니다. 이처럼 많은 컴파일러 가운데 2장에서 다룰 컴파일러를 선택해야 합니다. 여기서는 기본 컴파일러로 gcc 7.3.0을 사용합니다(gcc는 대부분의 운영체제에서 이용할 수 있고, 이와 관련한 온라인 자료도 많이 있어서 선택했습니다).[2]

기본 플랫폼도 선택해야 합니다. 2장에서는 AMD 64비트 CPU를 기본 아키텍처로 삼아 실행되는 우분투 18.04를 기본 운영체제로 선택했습니다.

> **NOTE_** 2장에서는 다양한 플랫폼과 컴파일러를 비교하기 위해서 별도의 컴파일러나 운영체제, 아키텍처를 종종 언급합니다. 그럴 때는 새 플랫폼이나 컴파일러의 사양을 미리 안내하겠습니다.

다음 절에서는 컴파일 파이프라인의 단계를 설명합니다. 우선 프로젝트 안의 소스가 어떻게 컴파일 및 링크되는지에 관한 간단한 예제를 빌드해봅니다. 이 예제를 통해 컴파일 과정의 새로운 용어와 개념에 익숙해질 것입니다. 그래야만 각 절에서 각각의 컴포넌트를 다룰 수 있습니다. 해당 절에서는 각 컴포넌트를 자세히 살펴보며 내부 개념과 프로세스를 설명합니다.

2.1.1 프로젝트 빌드하기

이 절에서는 프로젝트를 빌드하는 방법을 예를 들어 설명하겠습니다. 여기서 다룰 프로젝트는 하나 이상의 소스 파일로 구성되며, 이는 거의 모든 C 언어 프로젝트에서 흔하게 찾아볼 수 있는 특징입니다. 그런데 이 예제를 빌드하기 전에 일반적인 C 언어 프로젝트의 구조를 더 확실히 알아야 합니다.

---

2 옮긴이_ 역자의 실행 환경은 우분투 18.04.6 LTS, 설치된 gcc 버전은 7.5.0입니다. 우분투는 Virtual Box에 설치했습니다. 2022년 8월 현재, 이 버전의 우분투에서 gcc 설치 시 7.5.0 버전이 선택됩니다. 필자는 gcc 7.3.0으로 실행한 결과를 제시했으나, 우분투 18.04 LTS 환경에서 gcc 7.3.0 설치를 시도하면 7.5.0 이상 버전 설치가 필요하다는 경고가 나옵니다. 따라서 필자와 완벽히 동일한 실행 환경을 구성하기 어려운 점을 감안해 역자의 실행 환경은 현재 대부분의 독자가 설정에 큰 어려움이 없을 gcc 7.5.0으로 택했습니다.

헤더 파일 vs 소스 파일

C 언어의 모든 프로젝트는 소스 코드 또는 코드베이스를 갖습니다. 이와 더불어 프로젝트에 관한 설명과 기존 표준에 관한 다른 문서도 함께 포함됩니다. C 언어의 코드베이스는 대개 C 언어 코드를 포함하는 다음과 같은 두 종류의 파일이 있습니다.

- **헤더 파일**: 일반적으로 이름의 확장자가 .h인 파일
- **소스 파일**: 확장자가 .c인 파일

> **NOTE_** 2장에서는 헤더 파일 대신에 헤더, 소스 파일 대신에 소스라고도 합니다.

헤더 파일은 주로 열거형enumeration, 매크로macro 그리고 형식 정의typedef를 포함합니다. 그뿐만 아니라 함수의 **선언**declaration과 전역 변수global variable, 구조체structure도 포함합니다. C에서는 함수나 변수, 구조체와 같은 몇몇 프로그래밍 요소의 선언을 **정의**definition와 분리해 다른 파일에 둘 수 있습니다. C++도 같은 패턴을 따릅니다. 하지만 자바와 같은 다른 프로그래밍 언어에서 컴포넌트는 선언한 곳에서 정의합니다. 정의로부터 선언을 분리할 수 있다는 점은 C와 C++의 좋은 특징이지만, 소스 코드가 더 복잡해지기도 합니다.

일반적으로 선언은 헤더 파일에 저장되며 그에 해당하는 정의는 소스 파일에 저장됩니다. 함수의 선언과 정의가 별도 파일에 저장된다는 점은 매우 중요합니다. 헤더 파일에는 함수의 선언만 두고, 함수의 정의는 그에 맞는 소스 파일로 옮기기를 적극 권장합니다. 필수는 아니지만, 프로그램 설계 관행상 함수의 정의는 보통 헤더 파일 바깥에 둡니다.

구조체 역시 선언과 정의를 분리할 수 있지만, 특별한 경우에만 서로 다른 파일에 둡니다. 이에 관한 예제는 클래스 간의 상속 관계를 다룰 **8장**에서 살펴보겠습니다.

> **NOTE_** 헤더 파일은 다른 헤더 파일을 포함할 수 있지만, 소스 파일은 절대 포함할 수 없습니다. 반대로 소스 파일은 헤더 파일만 포함할 수 있습니다. 소스 파일 안에 다른 소스 파일을 포함하는 것은 잘못된 경우입니다. 그렇게 했다면 프로젝트에 심각한 설계 문제가 있다는 뜻입니다.

더 자세히 알아보기 위해 예제를 살펴보겠습니다. 다음 코드는 **average** 함수의 선언입니다.

함수 선언은 **반환형**^{return type}과 **함수 시그니처**^{function signature}로 구성됩니다. 함수 시그니처는 입력 매개변수의 목록을 갖는 함수의 이름입니다.

코드 박스 2-1 average 함수의 선언

```
double average(int*, int);
```

이 선언은 **average**라는 이름의 함수 시그니처를 지정합니다. 이 함수는 정수 배열을 가리키는 포인터와 배열의 원소 수를 나타내는 정수 인수^{integer argument}를 받습니다. 또한 선언 부분에는 함수가 **double** 값을 반환한다고 명시합니다. 반환형은 선언에 속하지만 함수 시그니처에는 속하지 않으니 유의하세요.

[코드 박스 2-1]에서 볼 수 있듯 함수의 선언은 세미콜론(;)으로 끝납니다. 그리고 중괄호로 감싸인 **몸체**^{body}가 없습니다. 또한 앞의 선언에서 매개변수가 이름을 갖지 않는다는 점을 눈여겨보아야 합니다. 이는 C 언어에서 정의가 아닌 선언에만 해당됩니다. 그렇지만 선언에서도 매개변수의 이름을 짓기를 권장합니다.

함수의 선언은 함수의 사용 방법에 관한 것이고, 함수의 정의는 함수가 실행되는 방식에 관한 것입니다. 사용자는 함수가 쓸 매개변수의 이름을 알아야 할 필요는 없습니다. 선언 내부에서 매개변수를 숨길 수 있기 때문입니다.

다음 코드는 앞에서 선언한 **average** 함수의 정의입니다. 함수의 정의는 함수의 로직을 나타내는 실제 C 언어 코드를 포함합니다. 이 코드는 언제나 한 쌍의 중괄호로 감싼 몸체를 가집니다.

코드 박스 2-2 average 함수의 정의

```
double average(int* array, int length) {
  if (length <= 0) {
    return 0;
  }
  double sum = 0.0;
  for (int i = 0; i < length; i++) {
    sum += array[i];
  }
  return sum / length;
}
```

앞서 말한 내용을 더 강조하자면 함수의 선언은 헤더 파일에, 정의(혹은 몸체)는 소스 파일에 두어야 합니다. 이를 위반하는 경우는 드뭅니다. 소스 코드가 선언을 확인하고 사용하려면 헤더 파일을 포함해야 하며, C와 C++은 바로 이러한 방식으로 작동합니다.

만약 지금 완전히 이해가 가지 않더라도 차차 더 확실하게 이해할 테니 걱정하지 마세요.

> **NOTE_** 모든 함수와 구조체, 전역 변수는 **변환 단위**transition unit에서 어떤 선언에 관한 정의가 둘 이상일 때 **컴파일 오류**가 발생합니다. 그러므로 하나의 선언에 대한 두 가지 정의는 허용되지 않습니다.

지금부터 2장의 첫 번째 C 예제인 [예제 2-1]을 가져와서 논의를 계속하겠습니다. 이 예제는 하나 이상의 소스 파일로 구성된 C/C++ 프로젝트를 컴파일하는 올바른 방법을 보여줍니다.

예제 소스 파일

[예제 2-1]에는 총 3개의 파일이 있습니다. 한 개는 헤더 파일, 다른 두 개는 소스 파일이며 세 파일 모두 같은 경로에 있습니다. 이 예제에서는 5개의 요소가 있는 한 배열의 평균을 계산하려 합니다.

헤더 파일은 2개의 소스 파일 사이를 잇는 다리로 사용됩니다. 2개의 별도 파일에서 코드를 작성할 수 있지만 빌드는 함께 이루어집니다. 헤더 파일이 없으면, 소스 파일은 소스에 포함되어서는 안 된다는 앞서 언급한 원칙을 깨지 않는 한 코드를 2개의 소스 파일로 나눌 수 없습니다. 여기서 헤더 파일은 한 소스 코드의 기능functionality을 사용하기 위해 다른 소스 코드에 필요한 모든 내용을 포함합니다.

헤더 파일은 프로그램이 작동하는 데 필요한 함수 선언 avg 하나만을 포함합니다. 소스 파일 중 하나는 선언된 함수의 정의를 포함합니다. 다른 소스 파일은 main 함수를 포함하는데, 이는 프로그램의 진입점entry point입니다. main 함수 없이는 프로그램의 실행 파일을 가질 수 없습니다. main 함수는 컴파일러가 프로그램의 시작점으로 인식하는 것입니다.

다음으로는 이 파일이 어떤 내용을 포함하는지 살펴보겠습니다. 이 헤더 파일은 avg 함수를 위한 열거형과 선언을 포함합니다.

```
#ifndef EXTREMEC_EXAMPLES_CHAPTER_2_1_H
#define EXTREMEC_EXAMPLES_CHAPTER_2_1_H

typedef enum {
  NONE,
  NORMAL,
  SQUARED
} average_type_t;

// 함수 선언
double avg(int*, int, average_type_t);

#endif
```

이 파일은 이름이 붙은 정수형 상수의 집합인 열거형을 포함합니다. C에서 열거형은 선언과 정의가 분리될 수 없으며, 같은 곳에서 한 번에 선언과 정의가 이루어져야 합니다.

열거형뿐만 아니라 **avg** 함수의 **전방 선언** forward declaration도 코드 박스에서 볼 수 있습니다. 함수를 정의하기 이전에 함수를 선언하는 행위를 전방 선언이라고 합니다. 또한 헤더 파일은 **헤더 가드문** header guard statement에 의해서 보호됩니다. 헤더 가드문은 헤더 파일이 컴파일될 때 두 번 또는 그 이상 포함되는 것을 방지합니다.

다음은 **avg** 함수의 정의를 실제로 포함하는 소스 코드입니다.

코드 박스 2-4 avg 함수의 정의를 포함하는 소스 파일(ExtremeC_examples_chapter2_1.c)

```
#include "ExtremeC_examples_chapter2_1.h"

double avg(int* array, int length, average_type_t type) {
  if (length <= 0 || type == NONE) {
    return 0;
  }
  double sum = 0.0;
  for (int i = 0; i < length; i++) {
    if (type == NORMAL) {
      sum += array[i];
    } else if (type == SQUARED) {
      sum += array[i] * array[i];
    }
```

```
    }
    return sum / length;
  }
```

이 코드에서 파일 이름이 .c 확장자로 끝난다는 점을 알아야 합니다. 소스 파일은 예제의 헤더 파일을 포함합니다. average_type_t 열거형과 avg 함수를 사용하기 전에 이에 관한 선언이 필요하기 때문입니다. 이번에 사용하는 새로운 자료형인 average_type_t 열거형은 사용 전에 선언하면 컴파일 오류가 발생합니다.

다음 코드를 살펴보세요. 두 번째 소스 파일인 [코드 박스 2-5]은 main 함수를 담고 있습니다.

코드 박스 2-5 [예제 2-1]의 main 함수(ExtremeC_examples_chapter2_1_main.c)

```
  #include <stdio.h>
  #include "ExtremeC_examples_chapter2_1.h"

  int main(int argc, char** argv) {
    // 배열 선언
    int array[5];

    // 배열 채우기
    array[0] = 10;
    array[1] = 3;
    array[2] = 5;
    array[3] = -8;
    array[4] = 9;

    // 'avg' 함수로 평균 계산하기
    double average = avg(array, 5, NORMAL);
    printf("The average: %f\n", average);

    average = avg(array, 5, SQUARED);
    printf("The squared average: %f\n", average);

    return 0;
  }
```

모든 C 언어의 프로젝트에서 main 함수는 프로그램의 진입점입니다. 이 코드 박스에서 main 함수는 정수의 배열을 선언하고 입력 받은 뒤에 서로 다른 두 개의 평균값을 계산했습니다.

코드에서 main 함수가 avg 함수를 호출하는 방식에 주목하세요.

예제 빌드하기

[예제 2-1]의 3개 파일을 가져온 다음 빌드해, 프로그램으로 실행될 최종 실행 이진 파일을 만들어야 합니다. C/C++ 프로젝트를 빌드한다는 말은 코드베이스 내의 모든 소스 파일을 컴파일해 (**중간 목적 파일**이라고도 알려진) **재배치 가능한 목적 파일**relocatable object file을 만들고, 이러한 재배치 가능한 목적 파일을 결합해 **정적 라이브러리**static library 또는 **실행 이진 파일**executable binary과 같은 최종 결과물을 만들겠다는 뜻입니다.

다른 프로그래밍 언어에서 프로젝트를 빌드하는 작업은 C나 C++과 매우 유사합니다. 하지만 중간 또는 최종 결과물의 이름과 파일 포맷이 다릅니다. 예를 들면 자바의 중간 파일은 **자바 바이트코드**Java bytecode를 포함하는 클래스 파일이며, 최종 결과물은 JAR 또는 WAR 파일입니다.

> **NOTE_** 예제 소스를 컴파일하기 위해 **통합 개발 환경**Integrated Development Environment(IDE)을 사용하지는 않겠습니다. 그 대신 다른 소프트웨어의 도움 없이 직접 컴파일러를 사용합니다. 예제를 빌드하기 위한 접근 방식은 IDE를 사용할 때와 정확히 같으며, 여러 소스 파일을 컴파일하는 동안 백그라운드에서 빌드가 수행됩니다.

진도를 더 나가기 전에 꼭 기억해야 할 중요한 규칙 두 가지가 있습니다.

- **규칙 1 : 소스 파일만 컴파일**

  첫 번째 규칙은 소스 파일만 컴파일한다는 것입니다. 헤더 파일을 컴파일하는 것은 의미가 없기 때문입니다. 헤더 파일은 몇 가지 선언 외에 어떠한 실제 C 코드도 포함하지 않습니다. 그러므로 [예제 2-1]에서는 두 개의 소스 파일인 ExtremeC_examples_chapter2_1.c와 ExtremeC_examples_chapter2_1_main.c 만 컴파일해야 합니다.

- **규칙 2 : 각 소스 파일을 따로따로 컴파일**

  두 번째 규칙은 각 소스 파일을 따로따로 컴파일한다는 것입니다. [예제 2-1]의 경우 각 실행에 하나의 소스 파일을 입력해 컴파일러를 두 번 실행해야 한다는 의미입니다.

> **NOTE_** 컴파일러로 한 번에 두 개의 소스 파일을 입력할 수 있습니다. 그리고 명령어 하나만으로 컴파일하도록 요청할 수 있습니다. 하지만 이러한 방식을 권장하지는 않으며, 이 책에서도 한 번에 여러 파일을 컴파일하지는 않습니다.

그러므로 100개의 소스 파일로 구성된 하나의 프로젝트라면 각 소스 파일을 모두 따로 컴파일 해야 하며, 이는 곧 컴파일러를 100번 실행한다는 의미입니다! 네, 매우 많아 보입니다. 하지만 이것이 C 또는 C++ 프로젝트를 컴파일하는 유일한 방법입니다. 필자를 믿으세요. 실행 이진 파일 하나를 만들기 전에 수천 개의 파일을 컴파일하는 상황에 마주할 겁니다.

> **NOTE_** 만약 컴파일이 필요한 C 코드를 헤더 파일이 포함하더라도 해당 파일을 컴파일하지는 않습니다. 대신 이 헤더 파일을 소스 파일에 포함시킨 뒤 소스 파일을 컴파일합니다. 이러한 방식으로 헤더의 C 코드가 소스 파일에 속해 컴파일됩니다.

소스 파일을 컴파일할 때 다른 소스 파일은 컴파일되지 않습니다. 소스 파일에는 다른 소스 파일이 포함되지 않기 때문입니다. C/C++의 모범 사례를 따른다면 소스 파일을 소스 파일에 포함하는 것은 허용되지 않는다는 걸 명심하세요.

이제부터 프로젝트를 빌드하려면 거쳐야 할 단계를 알아봅시다. 첫 단계는 전처리입니다. 다음 절에서 전처리를 설명하겠습니다.

2.1.2 1단계: 전처리

컴파일 파이프라인의 첫 단계는 **전처리**입니다. 소스 파일은 수많은 헤더 파일을 포함합니다. 하지만 컴파일이 시작되기 전에 전처리기가 헤더 파일의 내용을 모아서 하나의 C 코드 몸체로 만듭니다. 즉, 전처리 단계 이후에는 헤더 파일의 내용을 소스 파일로 복사해 만들어진 한 덩어리의 코드를 얻습니다.

또한, 다른 **전처리기 지시자**preprocessor directive는 이 단계에서 반드시 해결되어야 합니다. 전처리된 코드는 **변환 단위**라고 합니다. 변환 단위는 전처리기가 생성한 C 언어 코드의 하나의 논리 단위로, 컴파일될 준비를 마친 것입니다. 변환 단위는 **컴파일 단위**라고도 합니다.

> **NOTE_** 변환 단위에서 전처리기 지시자는 찾을 수 없습니다. 앞서 말한 내용을 떠올려 보면 C(그리고 C++)의 모든 전처리기 지시자는 #으로 시작합니다. 예를 들면 #include와 #define이 있습니다.

컴파일러에 더 컴파일하지 말고 변환 단위로 덤프하라고 요청할 수 있습니다. gcc의 경우에는 -E 옵션(이 옵션은 대소문자를 구분합니다)을 전달하면 됩니다. 몇몇 드문 경우, 특히 크로스 플랫폼을 개발할 때 변환 단위를 검사하면 이상한 이슈를 고칠 때 유용합니다.

다음 코드에서 ExtremeC_examples_chapter2_1.c의 변환 단위를 확인할 수 있습니다. 기본 플랫폼[3]에서 gcc를 이용해 생성했습니다.

셀 박스 2-1 ExtremeC_examples_chapter2_1.c를 컴파일해 생성한 변환 단위

```
$ gcc -E ExtremeC_examples_chapter2_1.c
# 1 "ExtremeC_examples_chapter2_1.c"
# 1 "<built-in>"
# 1 "<command-line>"
# 31 "<command-line>"
# 1 "/usr/include/stdc-predef.h" 1 3 4
# 32 "<command-line>" 2
# 1 "ExtremeC_examples_chapter2_1.c"

# 1 "ExtremeC_examples_chapter2_1.h" 1

typedef enum {
  NONE,
  NORMAL,
  SQUARED
} average_type_t;


double avg(int*, int, average_type_t);
# 5 "ExtremeC_examples_chapter2_1.c" 2

double avg(int* array, int length, average_type_t type) {
  if (length <= 0 || type == NONE) {
    return 0;
  }
  double sum = 0;
  for (int i = 0; i < length; i++) {
    if (type == NORMAL) {
      sum += array[i];
    } else if (type == SQUARED) {
      sum += array[i] * array[i];
```

----

3 옮긴이_ 필자의 환경에서 컴파일러는 gcc 7.3.0, 운영체제는 우분투 18.04, 아키텍처는 AMD 64비트 CPU입니다.

```
      }
    }
  return sum / length;
}
$
```

모든 선언은 헤더 파일에서 변환 단위로 복제되었습니다. 또한 주석은 변환 단위에서 제거되었습니다.

ExtremeC_examples_chapter2_1_main.c의 변환 단위는 매우 큽니다. stdio.h 헤더 파일을 포함하기 때문입니다. 이 헤더 파일의 모든 선언과, 선언에 의해 포함된 헤더 파일의 내용은 재귀적recursively으로 변환 단위에 복사됩니다. ExtremeC_examples_chapter2_1_main.c의 변환 단위가 얼마나 큰지 보여드리자면, 이 책의 기본 플랫폼에서는 836줄의 코드가 됩니다!

> **NOTE_** -E 옵션은 clang 컴파일러에서도 작동합니다.

이것으로 첫 단계를 완료합니다. 전처리 단계에서 입력하는 것은 소스 파일이며, 출력은 그에 해당하는 변환 단위입니다.

2.1.3 2단계: 컴파일

변환 단위를 얻고 나면 두 번째 단계인 **컴파일**을 진행할 수 있습니다. 컴파일 단계에서는 이전 단계에서 얻은 변환 단위를 입력하고, 그에 해당하는 **어셈블리 코드**assembly code를 출력합니다. 이 어셈블리 코드는 여전히 사람이 읽을 수는 있지만, 머신 의존적인 데다가 하드웨어에 더 가깝고 기계 수준 명령어machine-level instruction가 되려면 처리가 더 진행되어야 합니다.

두 번째 단계를 수행한 뒤에도 언제든지 gcc로 중지 요청을 할 수 있으며, 컴파일 결과로 얻은 어셈블리 코드에 -S(대문자 S) 옵션을 써서 덤프할 수 있습니다. 컴파일 출력 결과는 원래의 소스 코드와 같은 이름이지만 .s 확장자가 붙습니다.

다음 셸 박스에서는 ExtremeC_examples_chapter2_1_main.c 소스 파일의 어셈블리를 볼 수 있습니다. 하지만 코드를 읽다 보면 컴파일 결과에서 삭제된 부분이 보입니다.

셸 박스 2-2 ExtremeC_examples_chapter2_1.c를 컴파일해 생성된 어셈블리 코드

```
$ gcc -S ExtremeC_examples_chapter2_1.c
$ cat ExtremeC_examples_chapter2_1.s
    .file "ExtremeC_examples_chapter2_1.c"
    .text
    .globl avg
    .type avg, @function
avg:
.LFB0:
    .cfi_startproc
    pushq %rbp
    .cfi_def_cfa_offset 16
    .cfi_offset 6, -16
    movq %rsp, %rb
    .cfi_def_cfa_register 6
    movq %rdi, -24(%rbp)
    movl %esi, -28(%rbp)
    movl %edx, -32(%rbp)
    cmpl $0, -28(%rbp)
    jle .L2
    cmpl $0, -32(%rbp)
    jne .L3
.L2:
    pxor %xmm0, %xmm0
    jmp .L4
.L3:
    ...
.L8:
    ...
.L6:
    ...
.L7:
    ...
.L5:
    ...
.L4:
    ...
.LFE0:
    .size avg, .-avg
    .ident "GCC: (Ubuntu 7.3.0-16ubuntu3) 7.3.0"
    .section .note.GNU-stack,"",@progbits
$
```

컴파일 단계에서 컴파일러는 변환 단위를 구문 분석^parse하고 이를 **대상 아키텍처**에 맞는 어셈블리 코드로 변환합니다. 대상 아키텍처란 프로그램이 컴파일되어 실행될 하드웨어나 CPU를 뜻합니다. 대상 아키텍처는 **호스트 아키텍처**라고도 합니다.

[셸 박스 2-2]는 AMD 64비트 아키텍처에 맞게 생성되었으며 AMD 64비트 머신에서 작동하는 gcc로 출력된 어셈블리 코드를 나타냅니다. 다음 [셸 박스 2-3]은 ARM 32비트 아키텍처에 맞게 생성되었으며 인텔 x86-64 아키텍처에서 작동하는 gcc로 출력된 어셈블리 코드입니다. 두 어셈블리 출력 결과는 모두 같은 C 코드로 생성했습니다.

셸 박스 2-3 ARM 32비트 아키텍처에서 컴파일한 ExtremeC_examples_chapter2_1.c에서 생성된 어셈블리 코드

```
$ cat ExtremeC_examples_chapter2_1.s
    .arch armv5t
    .fpu softvfp
    .eabi_attribute 20, 1
    .eabi_attribute 21, 1
    .eabi_attribute 23, 3
    .eabi_attribute 24, 1
    .eabi_attribute 25, 1
    .eabi_attribute 26, 2
    .eabi_attribute 30, 6
    .eabi_attribute 34, 0
    .eabi_attribute 18, 4
    .file "ExtremeC_examples_chapter2_1.s"
    .global __aeabi_i2d
    .global __aeabi_dadd
    .global __aeabi_ddiv
    .text
    .align 2
    .global avg
    .syntax unified
    .arm
    .type avg, %function
avg:
    @ args = 0, pretend = 0, frame = 32
    @ frame_needed = 1, uses_anonymous_args = 0
    push {r4, fp, lr}
    add fp, sp, #8
    sub sp, sp, #36
    str r0, [fp, #-32]
    str r1, [fp, #-36]
```

```
    str r2, [fp, #-40]
    ldr r3, [fp, #-36]
    cmp r3, #0
    ble .L2
    ldr r3, [fp, #-40]
    cmp r3, #0
    bne .L3
.L2:
    ...
.L3:
    ...
.L8:
    ...
.L6:
    ...
.L7:
    ...
.L5:
    ...
.L4:
    mov r0, r3
    mov r1, r4
    sub sp, fp, #8
    @ sp needed
    pop {r4, fp, pc}
    .size avg, .-avg
    .ident "GCC: (Ubuntu/Linaro 5.4.0-6ubuntu1~16.04.9) 5.4.020160609"
    .section .note.GNU-stack,"",%progbits
$
```

[셸 박스 2-2]와 [셸 박스 2-3]에서 확인할 수 있듯이, 생성된 어셈블리 코드는 두 아키텍처에서 서로 다릅니다. 둘 다 같은 C코드로 생성했음에도 그렇습니다. [셸 박스 2-3]의 어셈블리 코드에서는 우분투 16.04가 작동하는 인텔 x64-86 하드웨어에서 `arm-linux-gnueabi-gcc` 컴파일러를 사용했습니다.

NOTE_ 대상 (혹은 호스트) 아키텍처는 소스 파일이 컴파일되어 실행될 아키텍처입니다. **빌드 아키텍처**build architecture는 소스를 컴파일할 때 사용하는 아키텍처입니다. 대상 및 빌드 아키텍처는 서로 다를 수 있습니다. 예를 들어, ARM 32비트 머신에서 AMD 64비트 하드웨어를 위한 C 소스를 컴파일할 수 있습니다.

C 코드에서 어셈블리 코드를 생성하는 일은 컴파일 파이프라인에서 가장 중요한 단계입니다. 어셈블리 코드를 얻으면 CPU가 실행할 수 있는 언어와 매우 가까워집니다. 이 역할의 중요성 때문에 컴파일러는 컴퓨터 과학에서 가장 많이 연구되는 주요 주제가 되었습니다.

2.1.4 3단계: 어셈블리

컴파일 다음 단계는 **어셈블리**assembly입니다. 어셈블리 단계의 목적은 실질적인 기계 수준 명령어machine-level instruction (또는 **기계어 코드**machine code)를 만드는 것으로, 이전의 단계에서 컴파일러가 만든 어셈블리 코드에 기반해 기계 수준 명령어를 만듭니다. 각 아키텍처는 고유의 **어셈블러**assembler를 가지며, 이 어셈블러는 아키텍처의 고유한 어셈블리 코드를 해당 아키텍처의 기계어로 변환할 수 있습니다.

이 절에서 우리가 어셈블하려는 기계 수준의 명령어를 포함하는 파일을 **목적 파일**object file이라고 합니다. C 언어 프로젝트는 모두 목적 파일로 이루어진 최종 결과물을 가질 수도 있습니다. 하지만 이 절의 주된 관심사는 재배치 가능한 목적 파일입니다. 재배치 가능한 목적 파일은 빌드 단계에서 얻을 수 있는 가장 중요한 임시 파일입니다.

> **NOTE_** 앞에서도 설명했듯이, 재배치 가능한 목적 파일은 중간 목적 파일intermediate object file이라고도 부릅니다.

이전의 두 단계를 상기해보면 어셈블리 단계의 목적은 컴파일러가 만든 어셈블리 코드로부터 재배치 가능한 목적 파일을 생성하는 데 있습니다. 모든 다른 결과물도 이 단계에서 어셈블러가 생성한 재배치 가능한 목적 파일에 기반합니다.

어셈블리 단계에서 얻게 되는 다른 종류의 결과물은 이번 장의 뒷부분에서 이야기하겠습니다.

> **NOTE_ 이진 파일** 또는 **목적 파일**은 기계 수준의 명령어를 포함하는 파일을 가리키는 서로 같은 말입니다. 하지만 '이진 파일'이라는 용어는 맥락에 따라 의미가 다를 수 있는데, 예를 들면 이진 파일 vs 텍스트 파일의 경우에는 의미가 다릅니다.

유닉스 계열 운영체제에서 어셈블러 도구는 as라고 합니다. as는 어셈블리 파일에서 재배치 가능한 목적 파일을 만드는 데 사용할 수 있습니다.

하지만 이러한 재배치 가능한 목적 파일은 실행할 수 없습니다. 이 파일은 변환 단위에서 생성된 기계 수준의 명령어만 포함합니다. 각 변환 단위는 다양한 함수와 전역 변수로 구성되므로, 재배치 가능한 목적 파일은 소스 파일의 함수에 해당하는 기계 수준의 명령어 및 전역 변수를 위해 미리 할당된 항목만 포함합니다.

다음 셸 박스에서는 ExtremeC_examples_chapter2_1_main.s에서 재배치 가능한 목적 파일을 만들기 위해 as가 어떻게 쓰였는지 볼 수 있습니다.

셸 박스 2-4 [예제 2-1]의 하나의 소스 파일의 어셈블리에서 목적 파일 생성

```
$ as ExtremeC_examples_chapter2_1.s -o ExtremeC_examples_chapter2_1.o
$
```

이 셸 박스의 명령어command를 보면 출력되는 목적 파일의 이름을 지정하기 위해 -o 옵션이 사용되었습니다. 재배치 가능한 목적 파일은 대개 이름에 .o 확장자가 붙으므로(윈도우에서는 .obj) 파일 이름에 .o를 붙여 입력했습니다.

.o 또는 .obj 파일의 내용은 텍스트가 아니어서 여러분이 읽을 수 없습니다. 그러므로 목적 파일은 일반적으로 이진으로 된 내용물binary content을 갖는다고 할 수 있습니다.

[셸 박스 2-4]처럼 어셈블러는 직접 사용할 수도 있지만, 권장하지는 않습니다. 대신 재배치 가능한 목적 파일을 생성하도록 컴파일러 자체를 사용해 as를 간접적으로 호출하는 것이 좋습니다.

> **NOTE_ 목적 파일**과 **재배치 가능한 목적 파일**을 서로 바꾸어 부를 수도 있습니다. 하지만 모든 목적 파일이 재배치 가능한 목적 파일인 것은 아닙니다. 때에 따라서는 목적 파일의 다른 유형 중 공유 목적 파일을 가리킬 때도 있습니다.

알려진 거의 모든 C 컴파일러로 -c 옵션을 전달한다면, 컴파일러는 곧바로 소스 파일을 그에 해당하는 목적 파일로 만듭니다. 즉, -c 옵션은 컴파일의 앞부분 세 단계를 한 번에 수행

하도록 합니다.

다음 예제를 보면 -c 옵션을 이용해 ExtremeC_examples_chapter2_1.c를 컴파일한 뒤 목적 파일을 생성했음을 확인할 수 있습니다.

셸 박스 2-5 [예제 2-1]의 소스 중 하나를 컴파일해 그에 해당하는 재배치 가능한 목적 파일 생성

```
$ gcc -c ExtremeC_examples_chapter2_1.c
$
```

이전에 수행한 모든 단계인 전처리, 컴파일, 어셈블리가 이 명령어 하나로 수행됩니다. 이는 -c 명령어를 실행한 뒤 재배치 가능한 목적 파일이 만들어진다는 의미입니다. 재배치 가능한 목적 파일의 이름은 입력한 소스 파일의 이름과 같습니다. 하지만 .o 확장자를 가진다는 점에서 다릅니다.

> **NOTE_** 컴파일이라는 용어는 두 번째 단계만이 아니라 앞의 컴파일 세 단계를 모두 나타낼 때도 있습니다. 또한 컴파일이라는 용어를 사용하더라도, 이는 실제로 네 단계를 모두 아우르는 빌드^{building}를 뜻할 수 있습니다. 가령 **C의 컴파일 파이프라인**이라고 한다면 실제로는 **C의 빌드 파이프라인**을 의미합니다.

어셈블리는 하나의 소스 파일을 컴파일하는 마지막 단계입니다. 즉, 소스 파일 하나에 해당하는 재배치 가능한 목적 파일을 얻으면 컴파일이 완료된 것입니다. 이 단계에서는 이미 얻은 재배치 가능한 목적 파일 외에 다른 소스 파일을 계속 컴파일할 수 있습니다.

[예제 2-1]에는 컴파일해야 할 2개의 소스 파일이 있었습니다. 다음 명령어를 실행하면 2개의 소스 파일을 컴파일하고 그 결과로 그에 해당하는 목적 파일을 만듭니다.

셸 박스 2-6 [예제 2-1]의 소스 파일에서 재배치 가능한 목적 파일 생성

```
$ gcc -c ExtremeC_examples_chapter2_1.c -o impl.o
$ gcc -c ExtremeC_examples_chapter2_1_main.c -o main.o
$
```

이 명령어에서 -o 옵션으로 권장 파일명을 명시해 목적 파일의 이름을 바꾸었음을 확인할 수 있습니다. 소스 파일을 둘 다 컴파일하면 그 결과 impl.o와 main.o라는 재배치 가능한 목적

파일을 얻습니다.

여기서, 재배치 가능한 목적 파일이 실행 파일이 아니라는 점을 알아두어야 합니다. 만약 어떤 프로젝트에서 최종 결과물로 실행 파일을 얻으려면, 링크 단계를 거쳐 대상 실행 파일을 빌드 하기 위해 모두, 또는 아주 최소한, 또는 몇몇 개의 이미 만들어진 재배치 가능한 목적 파일을 사용해야 합니다.

2.1.5 4단계: 링크

main 함수가 [예제 2-1]에 있으므로 [예제 2-1]을 실행 파일로 빌드해야 합니다. 하지만 지금 은 두 개의 재배치 가능한 목적 파일만 있습니다. 그러므로 다음 단계에서는 다른 실행 가능한 목적 파일로 만들기 위해 이러한 재배치 가능한 목적 파일을 결합해야 합니다. **링크**^{linking} 단계 에서 바로 이러한 일을 합니다.

링크 단계로 넘어가기 위해, 유닉스 계열 운영체제에서 새로운 아키텍처 또는 하드웨어를 위해 추가로 지원할 수 있는지부터 설명합니다.

새 아키텍처 지원하기

모든 아키텍처는 제조사가 만든 일련의 프로세서가 있으며, 이 프로세서는 모두 특정 명령어 집합을 실행할 수 있습니다.

명령어 집합은 인텔이나 ARM 같은 제조사가 자사의 프로세서를 위해 설계한 것입니다. 그리 고 제조사는 자사의 아키텍처를 위한 특정 어셈블리어도 설계합니다.

새로운 아키텍처를 위한 프로그램은 다음의 선행 조건 두 가지를 충족하면 빌드할 수 있습 니다.

1. 어셈블리어^{assembly language}가 알려져 있습니다.
2. 제조사에 의해 개발된 필수 어셈블러 도구(혹은 프로그램)가 있어야 합니다. 이를 사용해 어셈블리 코드를 그 에 해당하는 기계어 수준 명령어로 변환할 수 있습니다.

이러한 선행 조건이 갖춰지면 소스 코드에서 기계 수준의 명령어를 생성할 수 있습니다. 그래 야 목적 파일 포맷^{object file format}을 이용해 목적 파일 안에 기계 수준의 명령어를 저장할 수 있습 니다. 예를 들면 ELF 또는 Mach-O라는 형태가 될 수 있습니다.

어셈블리어, 어셈블러 도구 그리고 목적 파일 포맷이 명확하다면, C 언어 개발자에게 필수인 다른 툴을 개발할 때 이 세 가지 도구를 활용할 수 있습니다. 하지만 여러분은 C 컴파일러를 자주 다루며 컴파일러가 개발자를 대신해 이 도구들을 사용하므로, 이들에 관해서는 잘 몰랐을 것입니다.

새로운 아키텍처를 위해 필요한 두 가지 도구는 바로 다음과 같습니다.

- C 컴파일러
- 링커

이 도구들은 운영체제에서 새 아키텍처를 지원하는 첫 번째 필수 요소와도 같습니다. 운영체제에서 이러한 도구가 있는 하드웨어는 새로운 플랫폼을 만들 수 있습니다.

유닉스 계열 운영체제의 경우에는 유닉스에 모듈러 디자인이 있다는 점을 꼭 기억해야 합니다. 어셈블러, 컴파일러, 링커와 같은 몇 개의 기초 모듈을 만들 수 있다면, 그것으로 곧 다른 모듈도 만들 수 있으며, 전체 시스템이 새로운 아키텍처에서 작동할 수 있습니다.

단계 세부 사항

앞서 살펴봤듯, 유닉스 계열의 운영체제를 사용하는 플랫폼은 작업을 위해 앞에서 언급한 필수 도구인 어셈블러나 링커가 반드시 있어야 합니다. 어셈블러와 링커는 컴파일러와 별도로 실행할 수 있다는 점을 기억하세요.

유닉스 계열 운영체제에서 **ld**는 기본 링커입니다. 다음 셸 박스에서 볼 수 있는 명령어는 앞절의 [예제 2-1]에서 만든 재배치 가능한 목적 파일로부터 실행 파일을 만들 때 **ld**를 직접적으로 사용하는 방식을 보여줍니다. 그러나 곧 알게 되겠지만, 링커를 직접 사용하기란 쉽지 않습니다.

셸 박스 2-7 ld 유틸리티를 직접 사용해 목적 파일을 링크하기

```
$ ld impl.o main.o
ld: warning: cannot find entry symbol _start; defaulting to
00000000004000e8
main.o: In function 'main':
ExtremeC_examples_chapter3_1_main.c:(.text+0x7a): undefined
reference to 'printf'
```

```
ExtremeC_examples_chapter3_1_main.c:(.text+0xb7): undefined
reference to 'printf'
ExtremeC_examples_chapter3_1_main.c:(.text+0xd0): undefined
reference to '__stack_chk_fail'
$
```

보다시피 명령어가 실패해 오류 메시지가 나옵니다. 오류 메시지를 잘 살펴보면, 텍스트 세그먼트 ld의 세 지점에서 **정의되지 않은** 세 번의 함수 호출(혹은 **참조**)이 발생했다고 합니다.

세 번의 호출 중 두 번은 printf 함수를 호출하는데, 이는 main 함수에서 수행한 것입니다. 하지만 다른 하나인 __stack_chk_fail은 우리가 호출한 것이 아닙니다. 다른 어딘가에서 온 것인데, 어디일까요? 컴파일러가 재배치 가능한 목적 파일에 넣은 보충 코드에서 호출되었습니다. 이 함수는 리눅스 전용이므로 다른 플랫폼에서 생성된 동일한 목적 파일에서는 볼 수 없습니다. 이 함수가 무엇이고 어떤 일을 하든 간에, 링커는 제공된 목적 파일에서 찾을 수 없는 정의를 찾고 있네요.

앞서 말했듯 기본 링커인 ld는 오류 메시지를 냈습니다. 함수의 정의를 찾을 수 없었기 때문입니다. 논리적으로 이는 타당하며 참입니다. printf와 __stack_chk_fail을 [예제 2-1]에서 정의하지 않았기 때문입니다.

이는 ld로 다른 목적 파일을 제공해야 한다는 의미인데, 반드시 재배치 가능한 목적 파일일 필요는 없으며 printf와 __stack_chk_fail 함수를 포함하는 다른 목적 파일이면 됩니다.

앞의 내용을 읽어보면 ld를 직접 사용하는 것이 왜 어려운지 설명됩니다. 즉, ld가 작동해 실행 파일을 만들려면 지정되어야 할 목적 파일과 옵션이 더 많이 필요합니다.

다행히 유닉스 계열 운영체제에서 가장 유명한 C 언어 컴파일러는 적절한 옵션을 전달하고, 추가로 더 필요한 목적 파일을 지정해 ld를 사용합니다. 따라서 ld를 직접 사용할 필요는 없습니다.

최종 실행 파일을 만드는 더 간단한 방식도 살펴봅시다. 다음 셸 박스는 [예제 2-1]에서 목적 파일을 링크하기 위해 gcc를 사용하는 방법을 보여줍니다.

```
$ gcc impl.o main.o
$ ./a.out
The average: 3.800000
The squared average: 55.800000
$
```

이 명령어를 실행한 결과로 [예제 2-1]을 빌드해 최종 실행 파일을 만들어냈으니 이제 한숨 돌릴 수 있겠네요.

> **NOTE_** 프로젝트를 빌드한다는 것은 소스를 먼저 컴파일한 다음, 컴파일 결과물 또는 다른 라이브러리와 함께 링크해 최종 파일을 만드는 것입니다.

잠시 멈추고 지금까지 한 작업을 돌아봅시다. 소스 코드를 재배치 가능한 목적 파일로 컴파일했고, 컴파일로 생성한 목적 파일을 링크해 [예제 2-1]을 성공적으로 빌드했으며 최종 실행 이진 파일을 만들었습니다.

어떤 C/C++ 코드베이스라도 이 과정은 같습니다. 하지만 소스를 컴파일하는 데 필요한 횟수는 프로젝트 내의 소스 파일의 개수에 따라 다릅니다.

컴파일 파이프라인은 여러 단계가 있으며 각 단계에는 그와 관련된 특정 컴포넌트가 있습니다. 2장의 나머지 부분에서는 컴파일 파이프라인의 각각의 컴포넌트를 둘러싼 필수 정보를 자세히 살펴보겠습니다.

다음 절에서는 전처리기라는 요소를 집중적으로 살펴봅니다.

2.2 전처리기

1장에서는 **전처리기**의 개념을 간략하게 소개했습니다. 특히 매크로, 조건부 컴파일, 헤더 가드를 설명했습니다.

이 책의 첫 부분에서 C 언어의 필수 요소로 전처리기를 다뤘다는 점을 기억할 것입니다. 다른 프로그래밍 언어에서는 쉽게 발견할 수 없다는 점에서 전처리기는 독특합니다. 아주 간단히 말하자면, 전처리기는 컴파일러로 소스 코드를 보내기 전에 소스 코드를 수정할 수 있도록 합니다. 이와 동시에 소스 코드(특히 선언 부분)를 헤더 파일로 나누어서 나중에 여러 개의 다른 소스 파일에 포함할 수 있도록 하며, 선언을 재사용할 수 있도록 합니다.

소스 코드에 문법 오류가 있다면, 전처리기는 C 언어 문법을 전혀 모르기 때문에 오류를 찾지 못할 것입니다. 그 대신 텍스트 치환^{substitution}을 위주로 하는 몇 가지 쉬운 작업만 수행할 뿐입니다. 예를 들어 다음 내용을 포함하는 sample.c라는 텍스트 파일이 있다고 가정합니다.

코드 박스 2-6 텍스트를 포함하는 C 코드

```
#include <stdio.h>
#define file 1000

Hello, this is just a simple text file but ending with .c extension!
This is not a C file for sure!
But we can preprocess it!
```

이 코드로 gcc를 이용해서 전처리해봅시다. 참고로 다음 셀 박스의 일부분은 생략되었습니다.[4] stdio.h 파일을 포함하면 변환 단위가 매우 커지기 때문입니다.

셀 박스 2-9 전처리를 거친 [코드 박스 2-6]의 예제 C 코드

```
$ gcc -E sample.c
# 1 "sample.c"
# 1 "<built-in>" 1
# 1 "<built-in>" 3
# 341 "<built-in>" 3
# 1 "<command line>" 1
# 1 "<built-in>" 2
# 1 "sample.c" 2
# 1 "/usr/include/stdio.h" 1 3 4
# 64 "/usr/include/stdio.h" 3 4
# 1 "/usr/include/_stdio.h" 1 3 4
# 68 "/usr/include/_stdio.h" 3 4
# 1 "/usr/include/sys/cdefs.h" 1 3 4
# 587 "/usr/include/sys/cdefs.h" 3 4
```

----

4 옮긴이_ 전처리된 결과가 너무 길어서 모두 셀 박스에 포함하지는 않았습니다.

```
# 1 "/usr/include/sys/_symbol_aliasing.h" 1 3 4
# 588 "/usr/include/sys/cdefs.h" 2 3 4
# 653 "/usr/include/sys/cdefs.h" 3 4
...
...
extern int __vsnprintf_chk (char * restrict, size_t, int, size_t, const char *
restrict, va_list);
# 412 "/usr/include/stdio.h" 2 3 4
# 2 "sample.c" 2


Hello, this is just a simple text 1000 but ending with .c extension!
This is not a C 1000 for sure!
But we can preprocess it!
$
```

이 셸 박스에서 볼 수 있듯이 **stdio.h**의 내용은 텍스트 앞에 복사되었습니다.

더 주의 깊게 살펴보면 흥미로운 치환이 하나 더 이루어졌음을 알 수 있습니다. 텍스트 안의 **file**이 **1000**으로 교체되었습니다.

이 예제는 전처리기가 작동하는 방식을 정확히 보여줍니다. 전처리기는 파일의 내용을 복제하거나 텍스트 치환을 통해 매크로를 확장함으로써 포함^{inclusion}과 같은 단순한 일만 수행합니다. 전처리기는 C 언어는 전혀 모릅니다. 전처리기가 다른 일을 추가로 수행하려면 입력 파일을 구문 분석^{parse}하는 파서 ^{parser}가 필요합니다. 즉, 전처리기는 파서를 이용해서 입력 코드에서 지시자를 찾습니다.

> **NOTE_** 일반적으로 파서란 추가적인 분석과 처리를 위해 입력 데이터를 처리하고 데이터의 특정 부분을 추출하는 프로그램입니다. 파서는 입력 데이터의 구조를 알아야 합니다. 입력 데이터를 더 작게 나누어서 유용한 데이터를 얻기 위해서입니다.

전처리기의 파서는 C 컴파일러가 사용하는 파서와 다릅니다. 전처리기의 파서는 C 언어의 문법과는 거의 독립적인 문법을 사용하기 때문입니다. 그렇기에 C 파일을 전처리할 때 외에도 전처리기의 파서를 사용할 수 있습니다.

GNU C 전처리기가 작동하는 방식을 설명하는 공식 문서인 GNU C Preprocessor Internals[5]는 gcc 전처리기를 잘 알 수 있는 좋은 정보를 제공합니다. gcc 컴파일러가 소스 파일을 전처리하기 위해 GNU C 전처리기가 사용됩니다.

이 링크에서 전처리기가 지시자를 어떻게 구문 분석하는지, 그리고 **파스 트리**^{parse tree}를 어떻게 만들어내는지를 알 수 있습니다. 또한 이 문서는 다양한 매크로 확장 알고리듬도 설명합니다. 2장의 주제를 벗어나기는 하지만, 사내의 특정 프로그래밍 언어에 자신만의 전처리기를 구현하고 싶거나 또는 텍스트 파일 정도를 처리해보고 싶다면, 이 링크에서 이에 관련된 여러 정보를 알 수 있습니다.

대부분의 유닉스 계열 운영체제에는 **cpp**라는 도구가 있습니다. 이는 **C Pre-Processor**을 의미하는 것이지 C++을 나타내지는 않습니다. **cpp**는 유닉스 계열 운영체제에 포함된 C 개발 번들에 속하며, C 파일을 전처리할 때 쓰일 수 있습니다. 백그라운드에서 gcc 같은 C컴파일러가 C 파일을 전처리하기 위해 사용하는 도구입니다. 소스 파일을 전처리할 때는 다음과 같은 방식으로 cpp를 사용할 수 있습니다.

셸 박스 2-10 소스 코드를 전처리하기 위해 cpp 유틸리티 사용하기

```
$ cpp ExtremeC_examples_chapter2_1.c
# 1 "ExtremeC_examples_chapter2_1.c"
# 1 "<built-in>"
# 1 "<command-line>"
# 31 "<command-line>"
# 1 "/usr/include/stdc.predef.h" 1 3 4
...
...
# 5 "ExtremeC_examples_chapter2_1.c" 2

double avg(int* array, int length, average_type_t type) {
```

---

5 https://www.chiark.greenend.org.uk/doc/cpp-4.3-doc/cppinternals.html

```
  if (length <= 0 || type == NONE) {
    return 0;
  }
  double sum = 0.0;
  for (int i = 0; i < length; i++) {
    if (type == NORMAL) {
      sum += array[i];
    } else if (type == SQUARED) {
      sum += array[i] * array[i];
    }
  }
  return sum / length;
}
$
```

마지막으로 설명할 내용은 .i 확장자를 가진 파일을 C 컴파일러에 입력할 때 전처리 단계를 건너뛴다는 점입니다.[6] .i 확장자를 가진 파일은 이미 전처리되었으므로 곧바로 컴파일 단계로 보내야 합니다.

만약 .i 확장자를 가진 파일을 C 전처리기에 입력하겠다고 고집하면, 다음과 같은 경고 메시지를 받습니다. 참고로 다음 셀 박스는 clang 컴파일러를 사용했습니다.

셀 박스 2-11 .i 확장자를 가진, 이미 전처리된 파일을 clang 컴파일러로 보내기

```
$ clang -E ExtremeC_examples_chapter2_1.c > ex2_1.i
$ clang -E ex2_1.i
clang: warning: ex2_1.i: previously preprocessed input
[-Wunused-command-line-argument]
$
```

보다시피 파일이 이미 전처리되었다고 clang이 경고합니다.

다음 절에서는 컴파일 파이프라인의 컴포넌트 중 컴파일러를 구체적으로 설명합니다.

------

6 옮긴이_ 전처리가 끝난 뒤에는 .i 확장자를 갖는 파일이 생성됩니다.

2.3 컴파일러

앞 절에서 설명한 대로 컴파일러는 전처리기가 준비한 변환 단위를 받고 그에 해당하는 어셈블리 명령어를 생성합니다. 여러 소스 파일이 어셈블리 코드로 컴파일될 때, 플랫폼에서 어셈블러나 링커 같은 기존의 도구는 나머지 작업을 맡습니다. 생성된 어셈블리 코드에서 재배치 가능한 목적 파일을 만들고 마지막으로는 이 파일을 함께 링크합니다(그리고 다른 목적 파일도 함께 링크할 수 있습니다). 그러면 라이브러리나 실행 파일을 만들게 됩니다.

C 언어 개발을 위해 유닉스에서 사용할 수 있는 여러 도구 가운데 as와 ld 두 가지를 예시로 설명했습니다. 이 도구는 플랫폼에 따라 호환 가능한 목적 파일을 만들 때 주로 사용됩니다. 이 도구는 gcc 또는 다른 컴파일러의 외부에 반드시 존재합니다. 컴파일러 외부에 존재함으로써 gcc(앞에서 gcc를 예시로 선택했습니다)에 포함되어 개발되지는 않음을 의미하며, 심지어 설치된 gcc가 없더라도 어떤 플랫폼에서도 사용할 수 있어야 합니다. gcc는 이러한 도구를 컴파일 단계에서만 사용하며, 해당 도구는 gcc에 포함^{embed}되지는 않습니다.

이는 프로세스가 허용하는 명령어 집합과 운영체제에 맞는 형식과 규칙을 가장 잘 아는 개체^{entity}가 바로 플랫폼이기 때문입니다. 컴파일러는 변환 단위에서 최적화하지 않는 이상 이러한 제한을 잘 알지 못합니다. 따라서 gcc가 하는 중요한 일이란, 변환 단위를 어셈블리 명령어로 번역하는 것이라고 결론 내릴 수 있습니다. 이것이 바로 컴파일입니다.

컴파일할 때 어려운 점 중 하나는 대상 아키텍처가 허용하는 올바른 어셈블리 명령어를 생성해내는 일입니다. ARM, 인텔 x86, AMD 그리고 더 많은 다양한 아키텍처에서 gcc를 사용해 같은 C 코드를 컴파일할 수 있습니다. 앞서 이야기한 대로 아키텍처마다 각자의 프로세서가 수용하는 명령어 집합이 있으며, gcc (또는 다른 C 컴파일러)는 특정 아키텍처에 관한 올바른 어셈블리 코드를 생성하는 역할을 맡은 유일한 개체입니다.

gcc (또는 다른 C 컴파일러)가 이러한 어려움을 극복하는 방식은 미션을 2단계로 나누는 것입니다. 첫 번째는 변환 단위를 구문 분석^{parsing}한 뒤, 이를 재배치 가능하며 C에 독립적인 데이터 구조, 즉 **추상 구문 트리**^{abstract syntax tree}**(AST)**로 변환하는 것입니다. 그다음 AST를 사용해 대상 아키텍처에 맞는 어셈블리 명령어를 생성합니다. 첫 번째 단계는 아키텍처에 독립적이며 대상 명령어 집합에 상관없이 수행할 수 있습니다. 그러나 두 번째 단계는 아키텍처 의존적이므로 컴파일러가 대상 명령어 집합에 관해 알아야 합니다. 첫 번째 단계를 수행하는 하위요소^{subcomponent}를 **컴파일러 프런트엔드**^{compiler frontend}라고 하며, 두 번째 단계를 수행하는 하위 요소는 **컴파일러 백엔드**compiler backend라고 합니다.

다음 절에서 이 두 단계에 관해 더 자세히 설명하겠습니다. 우선 AST부터 시작해봅시다.

2.3.1 추상 구문 트리

앞에서 설명했듯 컴파일러 프런트엔드는 변환 단위를 구문 분석해 중간 단계의 자료 구조를 만듭니다. 컴파일러는 C의 **문법**grammar에 따라 소스 코드를 분석해 이러한 중간 단계 자료 구조를 만들고, 이 결과를 아키텍처에 의존적이지 않은, 트리 모양의 자료 구조에 결괏값을 저장합니다. 이 최종 자료구조를 보통 AST라고 합니다.

AST는 C 언어뿐만 아니라 다른 프로그래밍 언어로도 만들 수 있습니다. 따라서 AST 구조는 C 언어의 문법에 독립적이기 위해 충분히 추상적이어야 합니다.

그러므로 컴파일러 프런트엔드가 다른 언어를 지원할 수 있도록 충분히 변경할 수 있습니다. 이러한 이유로 **GCC**GNU Compiler Collection나, **LLVM**Low-Level Virtual Machine이 C, C++ 외에 자바나 포트란과 같은 다른 언어의 컴파일러에도 포함됩니다. 참고로 GCC의 C 컴파일러에는 gcc가, LLVM의 C 컴파일러에는 clang이 있습니다.

AST가 일단 만들어지면 컴파일러 백엔드가 AST를 최적화합니다. 그리고 최적화된 AST를 기반으로 대상 아키텍처에 관한 어셈블리 코드를 생성합니다. AST를 더 잘 이해하기 위해 실제 AST를 살펴봅시다. 이 예제는 다음과 같은 C 코드를 나타냅니다.

코드 박스 2-7 AST를 생성하는 간단한 C 코드(ExtremeC_examples_chapter2_2.c)

```
int main() {
  int var1 = 1;
  double var2 = 2.5;
  int var3 = var1 + var2;
  return 0;
}
```

다음으로 이 코드 내에서 clang을 사용해 AST를 덤프합니다. [그림 2-1]에서 AST를 볼 수 있습니다.

```
$ clang -Xclang -ast-dump -fsyntax-only ExtremeC_examples_chapter2_2.c
TranslationUnitDecl 0x7f9bb58076e8 <<invalid sloc>> <invalid sloc>
  TypedefDecl 0x7f9bb5807f80 <<invalid sloc>> <invalid sloc> implicit __int128_t '__int128'
    BuiltinType 0x7f9bb5807c80 '__int128'
  TypedefDecl 0x7f9bb5807fe8 <<invalid sloc>> <invalid sloc> implicit __uint128_t 'unsigned __int128'
    BuiltinType 0x7f9bb5807ca0 'unsigned __int128'
  TypedefDecl 0x7f9bb58082a8 <<invalid sloc>> <invalid sloc> implicit __NSConstantString 'struct __NSConstantString_tag'
    RecordType 0x7f9bb58080c0 'struct __NSConstantString_tag'
      Record 0x7f9bb5808038 '__NSConstantString_tag'
  TypedefDecl 0x7f9bb5808340 <<invalid sloc>> <invalid sloc> implicit __builtin_ms_va_list 'char *'
    PointerType 0x7f9bb5808300 'char *'
      BuiltinType 0x7f9bb5807780 'char'
  TypedefDecl 0x7f9bb5043468 <<invalid sloc>> <invalid sloc> implicit __builtin_va_list 'struct __va_list_tag [1]'
    ConstantArrayType 0x7f9bb5043410 'struct __va_list_tag [1]' 1
      RecordType 0x7f9bb5043290 'struct __va_list_tag'
        Record 0x7f9bb5043200 '__va_list_tag'
  FunctionDecl 0x7f9bb5043510 <ExtremeC_examples_chapter2_....1, line:9:1> line:4:5 main 'int ()'
    CompoundStmt 0x7f9bb50438f0 <col:12, line:9:1>
      DeclStmt 0x7f9bb5043688 <line:5:3, col:15>
        VarDecl 0x7f9bb5043608 <col:3, col:14> col:7 used var1 'int' cinit
          IntegerLiteral 0x7f9bb5043668 <col:14> 'int' 1
      DeclStmt 0x7f9bb5043738 <line:6:3, col:20>
        VarDecl 0x7f9bb50436b8 <col:3, col:17> col:10 used var2 'double' cinit
          FloatingLiteral 0x7f9bb5043718 <col:17> 'double' 2.500000e+00
      DeclStmt 0x7f9bb50438a0 <line:7:3, col:25>
        VarDecl 0x7f9bb5043768 <col:3, col:21> col:7 var3 'int' cinit
          ImplicitCastExpr 0x7f9bb5043888 <col:14, col:21> 'int' <FloatingToIntegral>
            BinaryOperator 0x7f9bb5043860 <col:14, col:21> 'double' '+'
              ImplicitCastExpr 0x7f9bb5043848 <col:14> 'double' <IntegralToFloating>
                ImplicitCastExpr 0x7f9bb5043818 <col:14> 'int' <LValueToRValue>
                  DeclRefExpr 0x7f9bb50437c8 <col:14> 'int' lvalue Var 0x7f9bb5043608 'var1' 'int'
              ImplicitCastExpr 0x7f9bb5043830 <col:21> 'double' <LValueToRValue>
                DeclRefExpr 0x7f9bb50437f0 <col:21> 'double' lvalue Var 0x7f9bb50436b8 'var2' 'double'
      ReturnStmt 0x7f9bb50438d8 <line:8:3, col:10>
        IntegerLiteral 0x7f9bb50438b8 <col:10> 'int' 0
$
```

그림 2-1 [예제 2-2]에서 생성하고 덤프한 AST

지금까지 다양한 상황에서 C 언어의 컴파일러로 clang을 사용했지만, 여기서 제대로 소개해 보겠습니다. clang은 llvm 컴파일러 백엔드를 위한 LLVM 개발자 그룹이 개발한 C 컴파일러 프런트엔드입니다. **LLVM 컴파일러 기반 프로젝트**Compiler Infrastructure Project는 **중간 표현**intermediate representation(혹은 LLVM IR)을 프런트와 백엔드 사이의 추상 데이터 구조로 사용했습니다. LLVM은 연구 목적으로 IR 자료 구조를 덤프할 수 있다고 잘 알려져 있습니다. 앞의 트리 모양 출력은 [예제 2-2]의 소스 코드에서 IR이 생성한 결과입니다.

여기까지 AST의 기초를 소개했습니다. 모든 컴파일러에 자체적인 AST 구현implementation이 있는 것은 아니므로, 앞의 AST의 출력 결과를 자세히 살펴보지는 않겠습니다. 이와 관련한 모든 세부 사항을 다루려면 몇 개의 장이 더 필요하며, 이 책의 범위를 벗어나는 일입니다.

그래도 조금 살펴보자면 [그림 2-1]에서 -FunctionDecl로 시작하는 행을 찾을 수 있습니다. 이는 main 함수를 나타냅니다. 그 앞에서는 컴파일러에 입력된 변환 단위에 관한 메타 정보를 확인할 수 있습니다.

`FunctionDecl` 뒷부분을 보면 트리 엔트리(혹은 **노드**)를 발견할 텐데 이는 선언문, 이진 연산문, 반환문 그리고 다른 명시적 형변환문에 관한 것입니다. AST에는 흥미로운 내용이 많아서 배우려면 끝이 없습니다.

소스 코드에 관한 AST의 다른 이점은 명령어의 순서를 재배열할 수 있고, 사용하시 않은 브랜치를 줄일 수 있으며, 브랜치를 대체해 성능을 더 높이면서도 프로그램의 목적은 보존할 수 있다는 것입니다. 앞서 언급한 대로 이는 최적화라고 하며, 보통 모든 C 컴파일러가 어느 정도 구성 가능한 범위에서 최적화를 수행합니다.

다음으로 더 살펴볼 컴포넌트는 어셈블러입니다.

2.4 어셈블러

앞서 설명한대로 올바른 기계 수준 명령어를 포함하는 목적 파일을 만들기 위해 플랫폼에는 어셈블러가 있습니다. 유닉스 계열 운영체제에서는 **as** 유틸리티 프로그램으로 어셈블러를 불러올 수 있습니다. 이번 절에서는 이어서 어셈블러가 목적 파일에 무엇을 넣을 수 있는지 살펴봅시다.

만약 같은 아키텍처에 서로 다른 유닉스 계열 운영체제를 2가지 설치할 경우, 설치된 어셈블러는 같지 않을 수도 있습니다. 이는 매우 중요합니다. 같은 하드웨어에 있기 때문에 기계 수준의 명령어가 같더라도, 생성된 목적 파일은 다를 수 있습니다!

AMD64 아키텍처의 리눅스에서 프로그램을 컴파일하고 그에 해당하는 목적 파일을 만든다면, 같은 하드웨어에 있더라도 FreeBSD 또는 macOS와 같이 다른 운영체제에서 동일한 프로그램을 컴파일했을 때 결과가 달라질 수 있습니다. 이는 목적 파일이 같을 수는 없지만, 같은 기계 수준의 명령어를 포함한다는 의미입니다. 나아가 목적 파일이 다양한 운영체제에서 별도의 포맷을 가질 수 있음을 증명합니다.

즉 기계 수준 명령어를 목적 파일에 저장할 때, 각 운영체제는 고유한 특정 이진 파일 포맷 또는 **목적 파일 포맷**object file format을 정의합니다. 따라서 목적 파일의 내용을 특정하는 두 가지 요소가 존재합니다. 바로 아키텍처(또는 하드웨어)와 운영체제입니다. 일반적으로 이 두 가지를 결합해 플랫폼이라는 용어로 지칭합니다.

이 절의 내용을 정리하면, 일반적으로 목적 파일과 이를 생성하는 어셈블러는 플랫폼에 따라 다릅니다. 리눅스에서는 **ELF 파일 형식**Executable and Linking Format을 사용합니다. 이름 그대로 모든 실행 파일, 목적 파일, 공유 라이브러리가 이 파일 형식을 사용합니다. 즉, 리눅스에서는 어셈블러가 ELF 목적 파일을 만듭니다. 3장에서 목적 파일 및 목적 파일의 형식을 더 상세히 설명합니다.

다음 절에서는 컴파일 파이프라인의 컴포넌트 중 **링커**에 관해 더 자세히 살펴봅니다. 링커가 프로젝트에서 최종 파일을 실제로 만드는 방식을 예를 들어 설명하겠습니다.

2.5 링커

C 프로젝트를 빌드하는 첫 번째 큰 단계는 모든 소스 파일을 그에 해당하는 재배치 가능한 목적 파일로 컴파일하는 것입니다. 이 단계는 최종 결과물을 준비하는 중요한 단계이지만, 이것만으로는 충분하지 않습니다. 아직 한 단계가 더 필요합니다. 자세히 알아보기 전에, C 언어 프로젝트의 **결과물**product (종종 **아티팩트**artifact라고도 합니다)로 가능한 형태에 관해 빠르게 훑어보겠습니다.

C/C++ 프로젝트는 다음 결과물을 만들 수 있습니다.

- **실행 파일**: 대부분의 유닉스 계열 운영체제에서 이 파일의 확장자는 .out입니다. 윈도우에서는 .exe입니다.
- **정적 라이브러리**: 대부분의 유닉스 계열 운영체제에서는 대체로 확장자가 .a이며, 윈도우에서는 .lib입니다.
- **동적 라이브러리 또는 공유 목적 파일**: 대부분의 유닉스 계열 운영체제에서는 확장자가 .so이며 macOS에서는 .dylib, 윈도우에서는 .dll입니다.

재배치 가능한 목적 파일은 이러한 결과물 중에는 없으므로 이 목록에서 찾아볼 수 없습니다. 재배치 가능한 목적 파일은 임시 결과물로, 앞에서 나열한 목록의 파일을 만드는 링크 단계에만 관여하기 때문입니다. 링크가 끝나면 재배치 가능한 목적 파일은 더는 필요하지 않습니다. 링커는 주어진 재배치 가능한 목적 파일로부터 이 목록에 있는 결과물을 만드는 역할을 전적으로 담당합니다.

이미 사용한 용어에 관해 마지막으로 중요한 점을 덧붙입니다. 이 3가지 결과물은 모두 **목적 파일**이라고 합니다. 그러므로 어셈블러가 중간 단계 결과물로 만든 목적 파일을 가리킬 때는, 목적 파일 앞에 **재배치 가능한**relocatable이라는 용어를 붙이는 것이 가장 좋습니다.

이제 각각의 최종 결과물을 간단히 설명하겠습니다. 다음 3장은 목적 파일만을 중점적으로 다루며, 이 목적 파일이라는 최종 결과물을 더 상세히 논의해봅니다.

실행 가능한 목적 파일은 **프로세스**process로서 실행될 수 있습니다. 이 파일은 프로젝트가 제공하는 요소의 상당 부분을 포함합니다. 이 파일에는 기계 수준의 명령어가 실행될 진입점이 반드시 있어야 합니다. C 언어 프로그램의 진입점은 main 함수이지만, 실행 파일의 진입점은 플랫폼마다 다르며 main 함수도 아닙니다. main 함수는 플랫폼에 따라 다른 명령어 묶음으로 준비된 뒤에야 호출됩니다. 이 명령어 묶음은 링크 단계의 결과로 링커가 덧붙인 것입니다.

정적 라이브러리는 재배치 가능한 목적 파일 몇 개를 포함하는 아카이브 파일에 지나지 않습니다. 따라서 링커는 정적 라이브러리 파일을 직접 만들지 않습니다. 그 대신 시스템의 기본 아카이브 프로그램이 만들며, 유닉스 계열 시스템의 경우 ar 프로그램이 이에 해당합니다.

정적 라이브러리는 다른 실행 파일에 연결되어 해당 실행 파일의 일부가 됩니다. 정적 라이브러리는 나중에 로직을 사용할 수 있도록 캡슐화하는 가장 간단하고 쉬운 방법입니다. 정적 라이브러리는 운영체제 내부에 엄청나게 많습니다. 이러한 정적 라이브러리는 운영체제 내에서 특정 기능에 접근할 수 있도록 사용되는 특정 로직을 각각 포함합니다.

공유 목적 파일은 단순히 아카이브라기보다는 더 복잡한 구조를 가지며, 링커가 직접 생성합니다. 그리고 다른 방식으로 사용되는데, 공유 목적 파일은 사용하기 전에 **실행 시**at runtime 실행 중인 프로세스에 직접 로드되어야 합니다.

공유 목적 파일은 최종 실행 파일의 일부가 되기 위해 **링크 시**link time 사용되는 정적 라이브러리와 반대입니다. 게다가 공유 목적 파일 하나는 동시에 서로 다른 여러 프로세스에 로드되어 사용될 수 있습니다. 공유 목적 파일이 실행될 때 C 프로그램에서 로드 및 사용하는 방식에 관해서는 다음 3장에서 설명하겠습니다.

이어서 링크 단계에서는 무슨 일이 일어나는지, 그리고 최종 결과물, 특히 실행 파일을 만들기 위해 링커가 사용하는 컴포넌트는 무엇인지를 설명하겠습니다.

2.5.1 링커의 작동 방식

이번 절에서는 링커가 작동하는 방식과 링크라는 것이 실제로 뜻하는 바가 무엇인지를 설명하겠습니다. 다섯 개의 소스 파일을 갖는 C 언어 프로젝트를 빌드한다고 가정해봅시다. 빌드 과정에서 모든 소스 파일을 컴파일했고, 이제 재배치 가능한 목적 파일이 5개 있습니다. 지금 필요한 것은 마지막 단계를 완성해 최종 실행 파일을 만들 링커입니다.

지금까지 말한 내용을 토대로 간단히 말하자면, 링커는 최종 실행 파일을 만들기 위해 특정한 정적 라이브러리를 더해 모든 재배치 가능한 목적 파일을 결합합니다. 하지만 이 단계가 산난하다고 생각한다면 틀렸습니다.

작동하는 실행 파일을 만들고자 목적 파일을 결합하려 할 때, 목적 파일의 내용에 관해 고려할 사항이 몇 가지 있습니다. 링커가 어떻게 작동하는지 알려면 링커가 재배치 가능한 목적 파일을 어떻게 사용하는지 알아야 합니다. 그러려면 목적 파일 안에 무엇이 있는지도 알아야 합니다.

간단히 답하자면, 목적 파일은 변환 단위에 해당하는 기계 수준의 명령어를 포함합니다. 그러나 이 명령어는 무작위로 파일에 들어가지 않습니다. 대신 **심벌** symbol이라고 하는 섹션 아래로 묶입니다.

목적 파일 안에는 사실 많은 것이 있지만, 심벌은 링커가 작동하는 방식 및 링커가 목적 파일 몇 개를 하나로 모아 더 큰 파일로 만드는 방식을 설명하는 컴포넌트입니다. 심벌을 설명하기 위해 다음 [예제 2-3]을 살펴봅시다. 이 예제를 통해, 함수가 자신에 상응하는 재배치 가능한 목적 파일에 어떻게 컴파일되고 배치되는지 보여주고자 합니다. 함수 2개를 포함하는 다음 코드를 살펴봅시다.

코드 박스 2-8 [예제 2-3]의 함수 2개를 정의하는 코드(ExtremeC_examples_Chapter2_3.c)

```
int average(int a, int b) {
  return (a + b) / 2;
}
int sum(int* numbers, int count) {
  int sum = 0;
  for (int i = 0; i < count; i++) {
    sum += numbers[i];
  }
  return sum;
}
```

먼저, 목적 파일을 만들려면 이 코드를 컴파일해야 합니다. 다음 명령어는 목적 파일인 target.o 를 만듭니다. 기본 플랫폼에서 이 코드를 컴파일하겠습니다.

셸 박스 2-12 [예제 2-3]의 소스 파일 컴파일하기

```
$ gcc -c ExtremeC_examples_chapter2_3.c -o target.o
$
```

다음으로 nm 유틸리티를 써서 target.o 목적 파일을 들여다보겠습니다. nm 유틸리티로 목적 파일 안에 있는 심벌을 볼 수 있습니다.

셸 박스 2-13 재배치 가능한 목적 파일에서 정의된 심벌을 보게 해주는 nm 유틸리티 사용하기

```
$ nm target.o
0000000000000000 T average
000000000000001d T sum
$
```

이 [셸 박스 2-13]에서는 목적 파일에서 정의한 심벌을 보여줍니다. 심벌의 이름은 [코드 박스 2-8]에서 정의한 함수와 정확히 같습니다.

다음 [셸 박스 2-14]처럼 readelf 유틸리티를 사용하면 목적 파일에 존재하는 **심벌 테이블**symbol table을 볼 수 있습니다. 심벌 테이블은 목적 파일에서 정의된 모든 심벌을 포함하며, 심벌에 관한 더 많은 정보를 제공할 수 있습니다.

셸 박스 2-14 재배치 가능한 목적 파일의 심벌 테이블을 보기 위해 readelf 유틸리티 사용하기

```
$ readelf -s target.o

Symbol table '.symtab' contains 10 entries:
   Num:    Value          Size Type    Bind   Vis      Ndx Name
     0: 0000000000000000     0 NOTYPE  LOCAL  DEFAULT  UND
     1: 0000000000000000     0 FILE    LOCAL  DEFAULT  ABS ExtremeC_
examples_chapter
     2: 0000000000000000     0 SECTION LOCAL  DEFAULT   1
     3: 0000000000000000     0 SECTION LOCAL  DEFAULT   2
     4: 0000000000000000     0 SECTION LOCAL  DEFAULT   3
     5: 0000000000000000     0 SECTION LOCAL  DEFAULT   5
```

```
     6:    0000000000000000      0    SECTION   LOCAL    DEFAULT    6
     7:    0000000000000000      0    SECTION   LOCAL    DEFAULT    4
     8:    0000000000000000     29    FUNC      GLOBAL   DEFAULT    1   average
     9:    000000000000001d     69    FUNC      GLOBAL   DEFAULT    1   sum
$
```

readelf의 출력에서 볼 수 있듯이 심벌 테이블에는 함수 심벌이 두 개 있습니다. 또한 이 테이블에는 목적 파일 내의 다른 섹션을 가리키는 다른 심벌도 있습니다. 이러한 심벌의 일부에 관해서는 이번 장과 다음 장에서 설명하겠습니다.

각각의 함수 심벌 아래에 기계 수준 명령어의 디스어셈블리를 보고 싶다면 objdump 도구를 사용할 수 있습니다.

셸 박스 2-15 재배치 가능한 목적 파일에서 정의된 심벌의 명령어를 보기 위한 objdump 유틸리티 사용하기

```
$ objdump -d target.o

target.o:      file format elf64-x86-64


Disassembly of section .text:

0000000000000000 <average>:
    0:    55                       push     %rbp
    1:    48 89 e5                 mov      %rsp,%rbp
    4:    89 7d fc                 mov      %edi,-0x4(%rbp)
    7:    89 75 f8                 mov      %esi,-0x8(%rbp)
    a:    8b 55 fc                 mov      -0x4(%rbp),%edx
    d:    8b 45 f8                 mov      -0x8(%rbp),%eax
   10:    01 d0                    add      %edx,%eax
   12:    89 c2                    mov      %eax,%edx
   14:    c1 ea 1f                 shr      $0x1f,%edx
   17:    01 d0                    add      %edx,%eax
   19:    d1 f8                    sar      %eax
   1b:    5d                       pop      %rbp
   1c:    c3                       retq


000000000000001d <sum>:
   1d:    55                       push     %rbp
   1e:    48 89 e5                 mov      %rsp,%rbp
   21:    48 89 7d e8              mov      %rdi,-0x18(%rbp)
```

```
25:    89 75 e4                mov     %esi,-0x1c(%rbp)
28:    c7 45 f8 00 00 00 00    movl    $0x0,-0x8(%rbp)
2f:    c7 45 fc 00 00 00 00    movl    $0x0,-0x4(%rbp)
36:    eb 1d                   jmp     55 <sum+0x38>
38:    8b 45 fc                mov     -0x4(%rbp),%eax
3b:    48 98                   cltq
3d:    48 8d 14 85 00 00 00    lea     0x0(,%rax,4),%rdx
44:    00
45:    48 8b 45 e8             mov     -0x18(%rbp),%rax
49:    48 01 d0                add     %rdx,%rax
4c:    8b 00                   mov     (%rax),%eax
4e:    01 45 f8                add     %eax,-0x8(%rbp)
51:    83 45 fc 01             addl    $0x1,-0x4(%rbp)
55:    8b 45 fc                mov     -0x4(%rbp),%eax
58:    3b 45 e4                cmp     -0x1c(%rbp),%eax
5b:    7c db                   jl      38 <sum+0x1b>
5d:    8b 45 f8                mov     -0x8(%rbp),%eax
60:    5d                      pop     %rbp
61:    c3                      retq
$
```

소스 코드에서 정의된 함수에 각 함수 심벌이 대응합니다. 하나의 실행 파일을 만들기 위해 재배치 가능한 목적 파일 여러 개를 링크해야 하는 경우, 이 유틸리티는 각각의 재배치 가능한 목적 파일이 완전한 실행 프로그램을 빌드하는 데 필요한 전체 함수 심벌의 일부만을 포함한다는 것을 나타냅니다.

이제 이 절의 주제로 되돌아가면 링커는 재배치 가능한 목적 파일에서 모든 심벌을 모읍니다. 완전한 실행 이진 파일을 만들기 위해 더 큰 목적 파일 안에 이들을 한데 집어넣기 전에 말입니다. 실제로 이를 보여주려면 여러 개의 소스 파일에 분배된 몇 가지 함수가 있는 다른 예제가 필요합니다. 이를 통해, 실행 파일을 만들기 위해서 링커가 주어진 재배치 가능한 목적 파일에서 심벌을 찾는 방법을 설명할 수 있습니다.

[예제 2-4]는 4개의 C 파일로 이루어집니다. 3개는 소스 파일, 1개는 헤더 파일입니다. 헤더 파일에는 2개의 함수를 선언했는데, 함수 각각은 각자의 소스 파일에서 정의됩니다. 세 번째 소스 파일은 main 함수를 포함합니다.

[예제 2-4]의 함수는 놀라울 정도로 간단합니다. 컴파일 이후에 각 함수는 목적 파일에서 기계 수준 명령어를 몇 개 포함할 것입니다. 게다가 [예제 2-4]는 표준 C 언어 헤더 파일을 전혀

포함하지 않습니다. 각 소스 파일에서 작은 변환 단위를 얻고자 이렇게 선택했습니다.

다음 코드 박스는 헤더 파일을 나타냅니다.

코드 박스 2-9 [예제 2–4]의 함수 선언(ExtremeC_examples_chapter2_4.decls.h)

```
#ifndef EXTREMEC_EXAMPLES_CHAPTER_2_4_DECLS_H
#define EXTREMEC_EXAMPLES_CHAPTER_2_4_DECLS_H

int add(int, int);
int multiply(int, int);

#endif
```

코드를 보면 **이중 포함**double inclusion을 막기 위해 헤더 가드문을 사용했음을 알 수 있습니다. 게다가 두 함수는 유사한 **시그니처**로 선언되었습니다. 각 함수는 2개의 정수를 입력받고 다른 정수를 그 결과로 반환합니다.

앞서 설명했듯 각 함수는 별개의 소스 파일에서 실행됩니다. 첫 번째 소스 파일은 다음과 같습니다.

코드 박스 2-10 add 함수의 정의(ExtremeC_examples_chapter2_4_add.c)

```
int add(int a, int b) {
  return a + b;
}
```

소스 파일이 다른 헤더 파일을 포함하지 않는다는 점을 확실히 알 수 있습니다. 그러나 헤더 파일에서 정의했던 것과 정확히 같은 시그니처를 따르는 함수를 정의했습니다.

다음 박스에서 볼 수 있듯이 두 번째 소스 파일은 첫 번째 파일과 유사합니다. 두 번째 소스 파일은 multiply 함수의 정의를 포함합니다.

코드 박스 2-11 multiply 함수의 정의(ExtremeC_examples_chapter2_4_multiply.c)

```
int multiply(int a, int b) {
  return a * b;
}
```

main 함수를 포함하는 세 번째 소스 파일을 봅시다.

코드 박스 2-12 [예제 2-4]의 main 함수(ExtremeC_examples_chapter2_4_main.c)

```
#include "ExtremeC_examples_chapter2_4_decls.h"

int main(int argc, char** argv) {
  int x = add(4, 5);
  int y = multiply(9, x);
  return 0;
}
```

세 번째 소스 파일은 함수의 두 개의 선언을 얻으려면 헤더 파일을 포함해야 합니다. 그렇지 않으면 소스 파일은 add와 multiply 함수를 사용할 수 없습니다. 두 함수가 선언되지 않았으므로 컴파일 실패로 이어집니다.

게다가 main 함수는 add 또는 multiply의 정의에 관해서 아무것도 알지 못합니다. 여기서 중요한 질문을 하겠습니다. main 함수는 다른 소스 파일을 전혀 알지 못하면서 어떻게 이러한 정의를 찾는 걸까요? [코드 박스 2-12]의 파일은 헤더 파일을 하나만 포함했고, 따라서 다른 두 개의 소스 파일과는 아무 관계가 없다는 점에 유의하세요.

이 질문은 링커로 해결할 수 있습니다. 링커는 필요한 정의를 다양한 목적 파일에서 모아서 하나로 합칩니다. 그리고 이러한 방식으로 main 함수에 작성된 코드는 다른 함수에서 작성된 코드를 사용할 수 있습니다.

> **NOTE_** 함수를 사용하는 소스 파일을 컴파일하려면 선언만으로 충분합니다. 그러나 프로그램을 실제로 실행하려면 최종 실행 파일에 넣기 위해 링커에 함수의 정의를 제공해야 합니다.

이제 [예제 2-4]를 컴파일해 지금까지 말한 내용을 실제로 살펴볼 차례입니다. 다음 명령어를 사용해 코드 내용에 해당하는 재배치 가능한 목적 파일을 만들겠습니다. 소스 파일만 컴파일한다는 점을 명심하세요.

[예제 2-4]에 해당하는 재배치 가능한 목적 파일의 모든 소스 파일 컴파일하기

```
$ gcc -c ExtremeC_examples_chapter2_4_add.c -o add.o
$ gcc -c ExtremeC_examples_chapter2_4_multiply.c -o multiply.o
$ gcc -c ExtremeC_examples_chapter2_4_main.c -o main.o
$
```

다음 단계에서는 각각의 재배치 가능한 목적 파일에서 포함하는 심벌 테이블을 보겠습니다.

셸 박스 2-17 add.o에서 정의된 심벌 목록

```
$ nm add.o
0000000000000000 T add
$
```

위와 같이 **add** 심벌이 정의되었습니다. 다음 목적 파일은 [셸 박스 2-18]과 같습니다.

셸 박스 2-18 multiply.o에서 정의된 심벌 목록

```
$ nm multiply.o
0000000000000000 T multiply
$
```

`multiply.o` 에서도 `multiply` 심벌에 같은 일이 발생합니다. 그리고 다음 [셸 박스 2-19]가 마지막 목적 파일입니다.

셸 박스 2-19 main.o에서 정의된 심벌 목록

```
$ nm main.o
                 U add
                 U _GLOBAL_OFFSET_TABLE_
0000000000000000 T main
                 U multiply
$
```

[코드 박스 2-12]의 세 번째 소스 파일은 **main** 함수만 갖지만, 이 소스 파일에 해당하는 목적 파일에는 **add**와 **multiply** 두 개의 심벌이 있다는 것을 알 수 있습니다. 그러나 **main** 심벌과는 다릅니다. **main** 심벌은 목적 파일 안에서 주소를 갖습니다. 세 번째 소스의 **add**와

multiply 심벌은 **U 또는 미해결된**^{unresolved} 것으로 표기됩니다. 이는 컴파일러가 변환 단위에서 이 심벌을 봤지만 실제 정의를 찾을 수 없었다는 의미입니다. 앞에서 예상하고 설명한 그대로입니다.

[코드 박스 2-12]에서 main 함수를 포함하는 소스 파일은 같은 변환 단위에서 정의되지 않았다면 다른 함수의 정의에 관해서는 아무것도 몰라야 합니다. 하지만 재배치 가능한 목적 파일에서 main 함수가 실제로 add와 multiply의 정의에 의존한다는 사실을 짚어봐야 합니다.

요약하자면, 현재 3개의 중간 목적 파일이 있으며 그중 하나에는 미해결 심벌 두 개가 있습니다. 바로 이 지점에서 링커의 역할이 명확해집니다. 우리는 링커에 다른 목적 파일에서 발견될 수 있는 필수 심벌을 전달해야 합니다. 필요한 모든 심벌을 찾은 뒤, 링커는 최종 실행 이진 파일을 만들기 위해 계속해서 심벌을 결합할 수 있습니다.

링커가 미해결된 심벌의 정의를 찾을 수 없다면 실패할 것이고, **링크 오류**^{linkage error}를 출력해서 알려줍니다.

다음 단계에서 앞의 목적 파일을 함께 링크하려고 합니다. [셸 박스 2-20]의 명령어로 할 수 있습니다.

셸 박스 2-20 모든 목적 파일을 함께 링크하기

```
$ gcc add.o multiply.o main.o
$
```

어떠한 옵션도 전달하지 않은 상태로 목적 파일의 리스트를 가지고 gcc를 실행하면, 입력한 목적 파일에서 실행 목적 파일을 만드는 링크 단계로 이어집니다. 이 실행은 주어진 목적 파일과 더불어 플랫폼에서 필요한 다른 정적 라이브러리 및 목적 파일과 함께 백그라운드에서 링커를 호출합니다.

링커가 적절한 정의를 찾는 데 실패하면 어떤 일이 발생하는지 알아보기 위해, 두 개의 중간 단계 목적 파일(add.o와 main.o)만 링커로 전달합니다.

셸 박스 2-21 add.o와 main.o 파일만으로 링크하기

```
$ gcc add.o main.o
main.o: In function 'main':
```

```
ExtremeC_examples_chapter2_4_main.c:(.text+0x2c): undefined
reference to 'multiply'
collect2: error: ld returned 1 exit status
$
```

보다시피 링커는 실패했습니다. 제공된 목적 파일에서 **multiply** 심벌을 찾지 못했기 때문입니다.

다음으로 다른 두 개의 목적 파일(**main.o**와 **multiply.o**)을 넣어봅시다.

셸 박스 2-22 main.o와 multiply.o 파일만으로 링크하기

```
$ gcc main.o multiply.o
main.o: In function 'main':
ExtremeC_examples_chapter2_4_main.c:(.text+0x1a): undefined reference to 'add'
collect2: error: ld returned 1 exit status
$
```

예상했던 대로 같은 일이 발생합니다. 제공한 목적 파일에서 **add** 심벌을 찾을 수 없었기 때문입니다.

마지막으로 남은 조합인 **add.o**와 **multiply.o**를 링커에 전달해봅시다. 어느 쪽의 목적 파일에도 해당 파일의 심벌 테이블에 미해결 심벌이 없으므로 실행하기도 전에 이 조합은 작동하리라 예상하겠지만, 실제로 어떤 일이 일어나는지 봅시다.

셸 박스 2-23 add.o와 multiply.o 파일만으로 링크하기

```
$ gcc add.o multiply.o
/usr/lib/gcc/x86_64-linux-gnu/7/../../../x86_64-linux-gnu/Scrt1.o:
In function '_start':
(.text+0x20): undefined reference to 'main'
collect2: error: ld returned 1 exit status
$
```

링커는 또다시 실패합니다. 출력을 보면 알 수 있듯이, 두 목적 파일 모두 실행 파일을 만드는 데 필수인 **main** 심벌을 포함하지 않았기 때문입니다. 링커에는 프로그램의 진입점이 필요한데, 표준 C 언어에 따르면 **main** 함수가 진입점입니다.

여기서 강조하자면 main 심벌을 참조하는 지점을 주목해야 합니다. main 심벌은 /usr/lib/ gcc/x86_64-Linux-gnu/7/../../../x86_64-Linux-gnu/Scrtl.o에 위치한 파일에 있는 _start 함수가 만듭니다.

Srtl.o 파일은 우리가 생성하지 않은 재배치 가능한 목적 파일처럼 보입니다. Scrtl.o는 실제로 기본 C 목적 파일 그룹에 속하는 파일입니다. 이 기본 목적 파일은 gcc 번들에 속하여 리눅스용으로 컴파일되었으며, 모든 프로그램에 링크되어 해당 프로그램을 실행할 수 있도록 합니다.

방금 본 것처럼 소스 코드 주변에는 충돌을 일으키는 요소가 많습니다. 그뿐만 아니라, 실행되려면 프로그램에 링크해야 하는 다른 목적 파일도 매우 많습니다.

2.5.2 링커는 속을 수 있다

현재의 이야기를 더 흥미롭게 만드는, 우리가 계획한 대로 링크 단계가 실행되더라도 최종 이진 파일 단계가 기대처럼 되지 않는 드문 경우가 있습니다. 이번 절에서는 이러한 상황이 발생하는 예제를 살펴보겠습니다.

[예제 2–5]는 링커가 모아서 최종 실행 파일에 넣은 잘못된 정의를 기반으로 합니다.

이 예제는 소스 파일을 2개 가집니다. 소스 중 하나는 main 함수에 선언된 것과 이름은 같지만 다른 시그니처를 가진 함수의 정의를 포함합니다. 다음 두 코드는 이들 소스 파일의 내용입니다. 먼저 첫 번째 소스 파일입니다.

코드 박스 2-13 [예제 2–5]의 add 함수의 정의(ExtremeC_examples_chapter2_5_add.c)

```
int add(int a, int b, int c, int d) {
  return a + b + c + d;
}
```

다음은 두 번째 소스 파일입니다.

```
#include <stdio.h>

int add(int, int);

int main(int argc, char** argv) {
  int x = add(5, 6);
  printf("Result: %d\n", x);
  return 0;
}
```

main 함수는 add 함수의 다른 버전을 사용하며 다른 시그니처를 씁니다. main 함수는 2개의 정수를 받지만, [코드 박스 2-13]의 첫 번째 소스 파일에서 add 함수는 4개의 정수를 받도록 정의되었습니다.

이들 함수는 서로를 **오버로드**overload한다고 합니다. 이 소스 파일을 컴파일하고 링크하면 무언가 확실히 잘못될 것입니다. 예제를 성공적으로 빌드할 수 있는지 확인해보면 재미있겠네요.

이어서 다음 코드를 실행해서 재배치 가능한 목적 파일을 컴파일하고 링크하는 단계입니다.

셸 박스 2-24 [예제 2-5] 빌드하기

```
$ gcc -c ExtremeC_examples_chapter2_5_add.c -o add.o
$ gcc -c ExtremeC_examples_chapter2_5_main.c -o main.o
$ gcc add.o main.o -o ex2_5.out
$
```

셸의 출력에서 알 수 있듯이 링크 단계는 잘 진행되었고 최종 실행 파일도 만들어졌습니다. 이는 심벌이 링커를 속일 수 있다는 것을 명확히 보여줍니다. 실행 파일을 실행시킨 뒤의 결과를 봅시다.

셸 박스 2-25 [예제 2-5]를 두 번 실행한 뒤의 이상한 결과

```
$ ./ex2_5.out
Result: -1885535197
$ ./ex2_5.out
Result: 1679625283
$
```

[셸 박스 2–25]와 같이 잘못된 결과가 출력됩니다. 심지어 실행할 때마다 달라지기까지 하네요. 이 예제는 링커가 심벌의 잘못된 버전을 가져오면 나쁜 일이 발생한다는 점을 보여줍니다. 함수의 심벌이란 단지 이름일 뿐이며 함수의 시그니처에 관해서는 어떠한 정보도 전달하지 않습니다. 함수의 인수는 C 언어의 개념^{concept}에 지나지 않습니다. 실제로 함수의 인수는 어셈블리 코드나 기계 수준 명령어에는 존재하지 않습니다.

더 알아보기 위해 다른 예제에서 **add** 함수의 **디스어셈블리**^{disassembly}를 살펴봅시다. [예제 2–6]에는 [예제 2–5]와 같은 시그니처를 가지는 **add** 함수가 2개 있습니다.

이를 알아보기 위해 [예제 2–6]에 있는 다음 소스 파일의 개념^{idea}에서 시작하겠습니다.

코드 박스 2-15 [예제 2–6]의 add 힘수에 관한 첫 번째 정의(ExtremeC_examples_chapter2_6_add_1.c)

```
int add(int a, int b, int c, int d) {
  return a + b + c + d;
}
```

다음 코드는 다른 소스 파일입니다.

코드 박스 2-16 [예제 2–6]의 add 함수에 관한 두 번째 정의(ExtremeC_examples_chapter2_6_add_2.c)

```
int add(int a, int b) {
  return a + b;
}
```

첫 단계는 이전과 마찬가지로 두 개의 소스 파일을 모두 컴파일합니다.

셸 박스 2-26 [예제 2–6]의 소스 파일을 목적 파일로 컴파일하기

```
$ gcc -c ExtremeC_examples_chapter2_6_add_1.c -o add_1.o
$ gcc -c ExtremeC_examples_chapter2_6_add_2.c -o add_2.o
$
```

그다음에는 다른 목적 파일에서 **add** 심벌의 디스어셈블리를 봐야 합니다. **add_1.o** 목적 파일부터 시작합시다.

셸 박스 2-27 add_1.o에서 add 심벌의 디스어셈블리를 보기 위해 objdump 사용하기

```
$ objdump -d add_1.o

add_1.o:      file format elf64-x86-64


Disassembly of section .text:

0000000000000000 <add>:
   0:   55                      push   %rbp
   1:   48 89 e5                mov    %rsp,%rbp
   4:   89 7d fc                mov    %edi,-0x4(%rbp)
   7:   89 75 f8                mov    %esi,-0x8(%rbp)
   a:   89 55 f4                mov    %edx,-0xc(%rbp)
   d:   89 4d f0                mov    %ecx,-0x10(%rbp)
  10:   8b 55 fc                mov    -0x4(%rbp),%edx
  13:   8b 45 f8                mov    -0x8(%rbp),%eax
  16:   01 c2                   add    %eax,%edx
  18:   8b 45 f4                mov    -0xc(%rbp),%eax
  1b:   01 c2                   add    %eax,%edx
  1d:   8b 45 f0                mov    -0x10(%rbp),%eax
  20:   01 d0                   add    %edx,%eax
  22:   5d                      pop    %rbp
  23:   c3                      retq
$
```

다음 [셸 박스 2-28]은 다른 목적 파일 add_2.o에서 발견할 수 있는 add 심벌의 디스어셈블리를 나타냅니다.

셸 박스 2-28 add_2.o에서 add 심벌의 디스어셈블리를 보기 위해 objdump 사용하기

```
$ objdump -d add_2.o

add_2.o:      file format elf64-x86-64


Disassembly of section .text:

0000000000000000 <add>:
   0:   55                      push   %rbp
   1:   48 89 e5                mov    %rsp,%rbp
```

```
    4:    89 7d fc          mov    %edi,-0x4(%rbp)
    7:    89 75 f8          mov    %esi,-0x8(%rbp)
    a:    8b 55 fc          mov    -0x4(%rbp),%edx
    d:    8b 45 f8          mov    -0x8(%rbp),%eax
   10:    01 d0             add    %edx,%eax
   12:    5d                pop    %rbp
   13:    c3                retq
$
```

함수가 호출되면 새로운 **스택 프레임**^{stack frame}이 스택 맨 위에 생성됩니다. 스택 프레임은 함수에 전달된 인수와 반환 주소를 둘 다 포함합니다. 함수 호출 메커니즘은 **4장과 5장**에서 더 자세히 설명합니다.

[셸 박스 2-27]과 [셸 박스 2-28]에서 스택 프레임으로부터 인자가 어떻게 수집되는지를 명확히 알 수 있습니다. [셸 박스 2-27]의 **add_1.o**의 디스어셈블리에서 다음 행을 볼 수 있습니다.

코드 박스 2-17 스택 프레임에서 첫 번째 add 함수의 레지스터로 인수를 복사하는 어셈블리 명령어

```
    4:    89 7d fc                  mov    %edi,-0x4(%rbp)
    7:    89 75 f8                  mov    %esi,-0x8(%rbp)
    a:    89 55 f4                  mov    %edx,-0xc(%rbp)
    d:    89 4d f0                  mov    %ecx,-0x10(%rbp)
```

이 명령어는 **%rpb** 레지스터가 가리키는 값 4개를 메모리 주소에서 복사하고 이 값을 지역 레지스터에 넣습니다.

> **NOTE_ 레지스터**^{register}는 CPU 내부에 위치해 빠르게 접근할 수 있는 장소입니다. 그러므로 CPU가 메인 메모리에서 레지스터로 먼저 가져온 뒤 레지스터에서 연산을 수행하면 매우 효율적입니다. 레지스터 **%rbp**는 함수에 전달된 인수를 포함하는 현재 스택 프레임을 가리킵니다.

두 번째 목적 파일의 디스어셈블리를 보면, 첫 번째와 매우 유사하지만 연산을 네 번 복제하지는 않는다는 점이 다릅니다.

```
4:   89 7d fc                         mov    %edi,-0x4(%rbp)
7:   89 75 f8                         mov    %esi,-0x8(%rbp)
```

이 명령어가 값을 2개 복사하는 이유는 함수가 단지 2개의 인수만 예상하기 때문입니다. 그 결과 [예제 2-5]의 출력에서 이상한 값이 보였습니다. `main` 함수는 add 함수를 호출하는 동안 2개의 값만 스택 프레임에 넣는데, add 함수는 실제로 4개의 인수를 기대했습니다. 그러면 누락된 인수를 읽기 위해 잘못된 정의가 스택 프레임을 계속 넘어가기 쉽고, 그 결과 합계 연산에서 잘못된 값이 나옵니다.

이러한 현상은 입력 자료형에 따라 함수 심벌 이름을 변경해 막을 수 있습니다. 이 방식을 **네임 맹글링**^{name mangling}이라고 하며, 주로 C++에서 사용되는데 **함수 오버로딩**^{overloading} 특성 때문입니다. 네임 맹글링은 다음의 마지막 절에서 간략하게 다루겠습니다.

2.5.3 C++ 네임 맹글링

C++에서 네임 맹글링의 작동 방식을 조명하기 위해 C++ 컴파일러를 이용해서 [예제 2-6]을 컴파일하겠습니다. 이를 위해 GNU C++ 컴파일러인 g++을 사용합니다.

한 번 해본 대로, 생성된 각 오브젝트 파일의 심벌 테이블에 덤프하려면 `readelf`를 사용할 수 있습니다. 이렇게 하면 C++가 입력 매개변수의 자료형에 따라 함수 심벌의 이름을 바꾸는 방식을 확인할 수 있습니다.

앞서 말했듯 C와 C++의 컴파일 파이프라인은 매우 유사합니다. 그러므로 C++ 컴파일 결과로 재배치 가능한 목적 파일을 얻으리라 기대할 수 있습니다. [예제 2-6]의 컴파일의 일환으로 생성된 목적 파일 2개를 살펴봅시다.

셸 박스 2-29 C++ 컴파일러로 생성한 목적 파일의 심벌 테이블을 보기 위해 `readelf` 사용하기

```
$ g++ -c ExtremeC_examples_chapter2_6_add_1.c -o add_1.o
$ g++ -c ExtremeC_examples_chapter2_6_add_2.c -o add_2.o
$ readelf add_1.o
```

```
Symbol table '.symtab' contains 9 entries:
  Num:     Value            Size Type    Bind    Vis      Ndx  Name
    0: 0000000000000000        0 NOTYPE  LOCAL   DEFAULT  UND
    1: 0000000000000000        0 FILE    LOCAL   DEFAULT  ABS  ExtremeC_examples_chapter
    2: 0000000000000000        0 SECTION LOCAL   DEFAULT  1
    3: 0000000000000000        0 SECTION LOCAL   DEFAULT  2
    4: 0000000000000000        0 SECTION LOCAL   DEFAULT  3
    5: 0000000000000000        0 SECTION LOCAL   DEFAULT  5
    6: 0000000000000000        0 SECTION LOCAL   DEFAULT  6
    7: 0000000000000000        0 SECTION LOCAL   DEFAULT  4
    8: 0000000000000000       36 FUNC    GLOBAL  DEFAULT  1    _Z3addiiii
$ readelf add_2.o

Symbol table '.symtab' contains 9 entries:
  Num:     Value            Size Type    Bind    Vis      Ndx  Name
    0: 0000000000000000        0 NOTYPE  LOCAL   DEFAULT  UND
    1: 0000000000000000        0 FILE    LOCAL   DEFAULT  ABS  ExtremeC_examples_chapter
    2: 0000000000000000        0 SECTION LOCAL   DEFAULT  1
    3: 0000000000000000        0 SECTION LOCAL   DEFAULT  2
    4: 0000000000000000        0 SECTION LOCAL   DEFAULT  3
    5: 0000000000000000        0 SECTION LOCAL   DEFAULT  5
    6: 0000000000000000        0 SECTION LOCAL   DEFAULT  6
    7: 0000000000000000        0 SECTION LOCAL   DEFAULT  4
    8: 0000000000000000       20 FUNC    GLOBAL  DEFAULT  1    _Z3addii
$
```

출력에서 볼 수 있듯 add 함수의 다른 오버로드에 관해 서로 다른 2개의 심벌 이름을 가집니다. 4개의 정수를 받는 오버로드는 심벌 이름이 _Z3addiiii이고 2개의 정수를 받는 다른 오버로드는 심벌 이름이 _Z3addii입니다.

심벌 이름의 모든 i는 정수 입력 매개변수 중 하나를 나타냅니다.

이로써 심벌 이름이 다르다는 것을 알 수 있습니다. 잘못된 이름을 사용하려고 하면 링커가 잘못된 심벌의 정의를 찾을 수 없으므로 링크 오류가 발생합니다. 네임 맹글링은 C++가 함수 오버로딩을 지원하는 기술이며 이는 앞서 마주한 문제를 방지하는 데 도움이 됩니다.

2.6 마무리

2장에서는 **C 언어** 프로젝트를 빌드하는 기초적인 단계 및 필수 컴포넌트를 다뤘습니다. 프로젝트를 빌드하는 방법을 모른 채로 코드를 작성한다면 무의미합니다. 2장에서 학습한 내용은 다음과 같습니다.

- C의 컴파일 파이프라인을 살펴봤습니다. 컴파일의 각 단계와 입출력을 설명했습니다.
- **플랫폼**이라는 용어를 정의했으며, 별개의 어셈블러가 같은 **C 언어** 프로그램으로 어떻게 서로 다른 기계 수준 명령어를 만드는지 알아봤습니다.
- 컴파일의 각 단계를 진행하는 컴포넌트에 관해서도 더 자세히 살펴봤습니다.
- 컴파일러의 컴포넌트인 프런트엔드와 백엔드가 무엇인지 살펴보고, **GCC**와 **LLVM**이 여러 언어를 지원하기 위해서 프런트엔드와 백엔드를 사용하는 방식을 설명했습니다.
- 어셈블러와 관련해 목적 파일이 플랫폼 의존적이라는 점과, 어셈블러가 정확한 파일 형식을 가져야 한다는 것을 살펴봤습니다.
- 링커가 어떤 역할을 하는지, 그리고 링커가 누락된 정의를 찾기 위해 심벌의 사용법을 알아봤습니다. 이는 정의를 모아서 최종 파일을 만들기 위해서였습니다. 또한 **C 언어** 프로젝트로 만들 수 있는 다양한 결과물에 관해서도 설명했습니다. 재배치 가능한relocatable(혹은 중간 단계의intermediate) 목적 파일이 최종 결과물이 아닌 이유도 설명했습니다.
- 심벌이 잘못된 정의와 함께 제공될 때 링커가 어떻게 속는지를 예제로 설명했습니다. 이 내용은 [예제 2-5]에서 다뤘습니다.
- **C++**의 네임 맹글링이라는 특성과, [예제 2-5]에서 나타난 것과 같은 문제를 네임 맹글링을 통해 방지하는 법에 관해 설명했습니다.

목적 파일과 그 내부 구조에 관해서는 **3장**에서 이어서 설명하겠습니다.

목적 파일

3장에서는 C/C++ 프로젝트가 가질 수 있는 다양한 결과물^{product}을 상세히 설명합니다. 프로젝트의 결과물로는 재배치 가능한 목적 파일, 실행 (목적) 파일, 정적 라이브러리, 공유 목적 파일이 있습니다. 하지만 재배치 가능한 목적 파일은 임시 결과물로 간주하며, 이 파일은 최종 결과물을 만드는 재료 역할을 합니다.

오늘날 C 언어에서 다양한 유형의 목적 파일과 그 내부 구조를 더 알아보는 일은 매우 중요합니다. 대다수의 C 언어 책에서는 C 언어의 문법과 언어 자체만 다룹니다. 하지만 현실에서 성공적인 C 언어 개발자가 되려면 더 깊은 지식이 필요합니다.

소프트웨어를 만드는 일은 단지 개발이나 프로그래밍 언어에만 국한되지 않습니다. 실제로는 코드 작성, 컴파일, 최적화, 적합한 결과물 만들기, 이후 단계 등 과정 전체에 관한 작업입니다. 이는 대상 플랫폼^{target platform}에서 결과물을 실행하고 유지 보수하려는 것입니다.

이러한 중급^{intermediate} 단계는 여러분이 마주할 문제를 해결하는 데 도움이 되는 중요한 과정입니다. 앞으로 임베디드 개발을 고려한다면, 하드웨어 아키텍처나 명령어 집합은 내용도 어렵고 해결 방법도 전형적이지 않아서 더 깊이 살펴볼 필요가 있습니다.

3장에서는 다음 내용을 학습합니다.

1. **ABI: 응용프로그램 이진 인터페이스**^{application binary interface}**(ABI)**와 그 중요성을 설명합니다.
2. **목적 파일 형식**: 현존하는 다양한 목적 파일 형식과 시간이 지나면서 더는 쓸모가 없어진 파일 형식을 설명합니다. 또한 유닉스 계열 시스템에서 가장 많이 사용되는 목적 파일 형식인 ELF를 소개합니다.

3. **재배치 가능한 목적 파일**: 재배치 가능한 목적 파일, 즉 C 언어 프로젝트의 첫 번째 결과물을 다룹니다. ELF 재배치 가능한 목적 파일의 내부를 살펴보고 거기서 무엇을 찾을 수 있는지 알아봅니다.

4. **실행 가능한 목적 파일**: 실행 가능한 목적 파일을 설명합니다. 또한 재배치 가능한 목적 파일 여러 개에서 어떻게 실행 가능한 목적 파일이 생성되는지도 설명합니다. 내부 구조의 관점에서 ELF 재배치 가능한 목적 파일과 실행 가능한 목적 파일 간의 차이를 비교해봅니다.

5. **정적 라이브러리**: 정적 라이브러리의 내용과 만드는 법을 이야기합니다. 또한 프로그램을 작성하는 법과 기존에 빌드된 정적 라이브러리를 사용하는 법을 예제로 설명합니다.

6. **동적 라이브러리**: 공유 목적 파일을 이야기합니다. 재배치 가능한 목적 파일 여러 개로부터 동적 라이브러리를 만드는 법을 설명하며, 프로그램 안에서 동적 라이브러리를 사용하는 방법도 설명합니다. 또한 ELF 공유 목적 파일의 내부 구조를 간략히 살펴봅니다.

이번 3장의 논의는 주로 유닉스 계열 시스템을 중심으로 이루어집니다. 하지만 마이크로소프트 윈도우와 같은 다른 운영체제에서 나타나는 차이도 알아봅니다.

> **NOTE_** 3장을 계속 읽기 전에 C 언어 프로젝트를 빌드하려면 필요한 기초 개념과 필수 단계를 잘 알아야 합니다. 변환 단위가 무엇인지, 링크가 컴파일과 어떻게 다른지 알아야 합니다. 이 장을 진행하기 전에 이전 장을 읽어보시기 바랍니다.

ABI에 관한 이야기부터 시작해봅시다.

3.1 ABI

이미 알겠지만 모든 라이브러리나 프레임워크는 사용된 기술이나 프로그래밍 언어와 상관없이 특정한 기능을 제공하며, 이는 **응용프로그램 인터페이스**application programming interface(**API**)라고 합니다. 다른 코드가 라이브러리를 사용하려는 경우, 사용자 코드consumer code는 제공받은 API를 사용해야 합니다. 더 확실히 말하면 라이브러리를 사용하려면 API를 사용해야만 한다는 뜻입니다. API가 바로 라이브러리의 공용 인터페이스이며 다른 모든 것은 블랙박스처럼 보여서 읽을 수 없기 때문입니다.

시간이 조금 흐른 뒤 라이브러리의 API가 약간 수정되었다고 합시다. 사용자 코드가 라이브러리의 새 버전을 계속 사용하려면, 그 코드는 자기 자신을 새 API에 맞추어야 합니다. 그렇지 않으면 라이브러리를 더 이상 사용할 수 없습니다. 사용자 코드는 라이브러리의 특정 버전(아마도 이전 버전)을 계속 사용하며 새 버전을 무시할 수도 있습니다. 하지만 라이브러리의 최신 버전으로 업그레이드하려는 경우를 가정해봅시다.

간단히 말하면 API는 두 소프트웨어 컴포넌트가 서로를 사용하거나 서로 기능을 제공할 때 수용하는 규칙 convention (혹은 표준 standard)과 같습니다. ABI는 API와 꽤 비슷하지만, 수준 level이 다릅니다. API는 두 소프트웨어의 컴포넌트 간 호환성을 보장해 기능적으로 계속 협력할 수 있도록 합니다. 반면 ABI는 두 프로그램이 기계 수준의 명령어 수준에서 호환 가능하도록 두 프로그램의 목적 파일을 함께 사용할 수 있게 합니다.

예를 들면 프로그램은 서로 다른 ABI를 갖는 동적 혹은 정적 라이브러리를 사용할 수 없습니다. 이보다 더 나쁜 경우, (사실은 목적 파일인) 실행 파일은 파일이 빌드된 것과 다른 ABI를 지원하는 시스템에서는 실행될 수 없습니다. **동적 링크**, **실행 파일 로딩**, **함수 호출 규칙**과 같이 시스템의 중요한 여러 기능은 합의된 ABI에 따라 정확하게 수행되어야 합니다.

ABI는 보통 다음 내용을 포함합니다.

- **대상 아키텍처의 명령어 집합**: 프로세서 명령어, 메모리 레이아웃, 엔디언 endianness, 레지스터 등
- **기존의 자료형과 크기 및 정렬 규칙** alignment policy
- **함수 호출 규칙** convention : 함수가 호출되는 방식. 예를 들어 스택 프레임의 구조나, 인자의 순서를 푸시 push하는 문제가 함수 호출 방식과 관련이 있습니다.
- **유닉스 계열 시스템에서 시스템 호출 방식 정의**
- **사용된 목적 파일 형식**: 재배치 가능한, 실행 가능한, 공유 목적 파일에 관한 내용(다음 절에서 설명합니다)
- **C++ 컴파일러로 생성한 목적 파일의 네임 맹글링, 가상 테이블** virtual table **레이아웃**

System V ABI는 리눅스나 BSD 시스템과 같은 유닉스 계열 시스템에서 가장 널리 사용되는 ABI 표준입니다. **실행 가능한 링크 파일 형식** executable and linking format **(ELF)**은 System V ABI에서 사용되는 표준 목적 파일 형식입니다.

다음 절에서는 목적 파일 형식 중에서도 특히 ELF를 설명하겠습니다.

3.2 목적 파일 형식

2장에서 설명했듯, 플랫폼에서 목적 파일에는 기계 수준의 명령어를 저장하는 목적 파일만의 특정 파일 형식이 있습니다. 참고로 이는 목적 파일의 구조에 관한 것이며, 각 아키텍처가 자체적인 명령어 집합을 갖는다는 점과는 다른 내용입니다. 앞서 설명한 대로 이 두 가지 변형은 플랫폼의 ABI와는 다른 부분인 목적 파일 형식과 아키텍처의 명령어 집합입니다.

이 절에서는 널리 알려진 몇 가지 목적 파일을 간단히 살펴보려고 합니다. 먼저 다양한 운영체제에서 사용되는 목적 파일 형식을 살펴봅시다.

- 리눅스와 다른 유닉스 계열 운영체제에서 사용되는 **ELF**
- OS X(macOS 및 iOS)에서 사용되는 **Mach-O**
- 마이크로소프트 윈도우에서 사용되는 **PE**

과거와 현재의 목적 파일 형식에 관한 역사를 설명하자면, 현존하는 모든 목적 파일 형식은 예전의 a.out 목적 파일 형식을 계승합니다. 이 파일 형식은 유닉스의 초기 버전을 위해 설계되었습니다.

a.out은 **어셈블러 출력 결과**^{assembler output}을 나타냅니다. 오늘날에는 이 파일 형식은 구식이지만, 이 이름은 대부분의 링커가 생성하는 실행 파일의 기본 이름으로 여전히 사용됩니다. 첫 번째 장의 여러 예제에서 a.out을 봤을 것입니다.

하지만 a.out 형식은 곧 **COFF**^{Common Object File Format}(**공용 목적 파일 형식**)로 대체되었습니다. COFF는 ELF의 토대가 되었습니다(ELF는 대부분의 유닉스 계열 시스템에서 사용하는 목적 파일 형식입니다). 애플은 a.out을 OS/X에서 Mach-O로 바꾸었습니다. 윈도우는 목적 파일의 형식으로 **이식 가능한 실행 파일**^{Portable Execution} (**PE**)을 사용하며 이는 COFF를 기반으로 합니다.

오늘날의 모든 주요 목적 파일 형식은 역사적인 목적 파일 형식인 **a.out**과 COFF를 기반으로 하며 여러 면에서 같은 조상을 공유합니다.

ELF는 리눅스와 대부분의 유닉스 계열 운영체제에서 사용되는 목적 파일 형식입니다. ELF는 System V ABI에서 사용되는 목적 파일 형식이며 대부분의 유닉스 시스템에서 많이 사용합니다. 오늘날에는 운영체제가 사용하는 목적 파일 형식으로 널리 받아들여지고 있습니다.

ELF는 운영체제에 포함되는 표준 이진 파일 형식입니다. 하지만 다음에 국한되지는 않습니다.

- 리눅스
- FreeBSD
- NetBSD
- Solaris

ELF의 기반 아키텍처가 같다면, 이러한 한 운영체제에서 생성된 ELF 목적 파일은 다른 운영체제에서도 실행하거나 사용할 수 있습니다. ELF는 다른 모든 **파일 형식**과 마찬가지로 어떤 구조를 갖는데, 다음 절에서 간단히 살펴봅니다.

다음 절에서 C 언어 프로젝트의 임시 및 최종 결과물을 설명하겠습니다. 재배치 가능한 목적 파일부터 시작해봅시다.

3.3 재배치 가능한 목적 파일

이 절에서는 재배치 가능한 목적 파일을 이야기하겠습니다. 앞에서 설명했듯 이 목적 파일은 컴파일 파이프라인에서 어셈블리 단계의 결과물입니다. 재배치 가능한 목적 파일은 C 언어 프로젝트의 임시 결과물로 간주되며, 이후 최종 결과물을 만드는 주재료입니다. 그러므로 재배치 가능한 목적 파일을 자세히 살펴보고 이 파일에서 무엇을 이해할 수 있는지 알아보면 유용할 것입니다.

재배치 가능한 목적 파일에서는 컴파일된 변환 단위와 관련해 다음 항목을 찾아볼 수 있습니다.

- 변환 단위에서 발견되는 함수에 대해 생성된 기계 수준의 명령어(코드)
- 변환 단위에서 선언된, 초기화된 전역 변숫값(데이터)
- 변환 단위에서 정의된 심벌 및 참조된 심벌을 모두 포함하는 **심벌 테이블**

앞의 항목은 모든 재배치 가능한 목적 파일에서 찾아볼 수 있는 주요 항목입니다. 당연히 이러한 항목이 결합하는 방식은 목적 파일 형식에 따라 다릅니다. 하지만 알맞은 도구를 이용하면 재배치 가능한 목적 파일에서 이 항목들을 추출할 수 있습니다. 곧 ELF 재배치 가능한 목적 파일에서 해보겠습니다.

하지만 예제를 살펴보기 전에 재배치 가능한 목적 파일이라는 이름이 붙은 이유를 알아봅시다. 그러니까 **재배치 가능한**relocatable이라는 말은 결국 무엇을 의미하는 걸까요? 이는 링커가 수행하는 과정에서 비롯되었습니다. 링커는 재배치 가능한 목적 파일 여러 개를 한데 모아서 더 큰 목적 파일을 형성하는데, 이 파일은 실행 가능한 목적 파일 혹은 공유 목적 파일이라고 합니다.

다음 절에서 실행 가능한 파일에 관해 더 설명하겠습니다. 지금 알아야 할 내용은, 실행 가능한 목적 파일에서 찾아볼 수 있는 항목은 이 파일을 구성하는 모든 재배치 가능한 목적 파일에서 찾아볼 수 있는 항목의 총합이라는 점입니다. 일단은 기계 수준의 명령어를 알아봅시다.

하나의 재배치 가능한 목적 파일에서 나타나는 기계 수준의 명령어는 다른 재배치 가능한 목적 파일에서 나온 기계 수준의 명령어 다음에 위치해야 합니다. 이는 즉 명령어가 **이동할 수 있거나**movable **재배치 가능**relocatable하다는 점을 의미합니다. 따라서 재배치 가능한 목적 파일에서 명령어는 주소를 갖지 않습니다. 링크 단계를 거치고 나서야 명령어는 주소를 갖습니다. 이러한 이유로 이 목적 파일을 재배치 가능하다고 합니다. 더 자세히 설명하려면 실제 예제를 봐야겠네요.

[예제 3-1]은 두 개의 소스 파일에 관한 것으로, 한 소스 파일은 max와 max_3이라는 함수 2개의 정의를 포함합니다. 다른 소스 파일은 선언된 함수 max와 max_3를 사용하는 `main` 함수를 포함합니다. 다음은 첫 번째 소스 파일의 내용입니다.

코드 박스 3-1 [예제 3-1]의 두 함수의 정의를 포함하는 파일(ExtremeC_examples_chapter3_1.funcs.c)

```
int max(int a, int b) {
  return a > b ? a : b;
}
int max_3(int a, int b, int c) {
  int temp = max(a, b);
  return c > temp ? c : temp;
}
```

그리고 두 번째 소스 파일은 다음 [코드 박스 3-2]와 같습니다.

코드 박스 3-2 [예제 3-1]의 이미 선언된 함수를 사용하는 `main` 함수: 정의는 별도의 소스 파일에 있음(ExtremeC_examples_chapter3_1.c)

```
int max(int, int);
int max_3(int, int, int);

int a = 5;
int b = 10;

int main(int argc, char** argv) {
  int m1 = max(a, b);
  int m2 = max_3(5, 8, -1);
  return 0;
}
```

앞의 소스 파일로 재배치 가능한 목적 파일을 만들어봅시다. 이렇게 해서 코드의 내용 및 앞서 설명한 내용을 살펴볼 수 있습니다. 리눅스 머신에서 소스를 컴파일하므로, 컴파일 결과로는 ELF 목적 파일이 나오겠네요.

셀 박스 3-1 소스 파일에 해당하는 재배치 가능한 목적 파일로 컴파일하기

```
$ gcc -c ExtremeC_examples_chapter3_1_funcs.c -o funcs.o
$ gcc -c ExtremeC_examples_chapter3_1.c -o main.o
$
```

funcs.o와 main.o는 둘 다 재배처 가능한 ELF 목적 파일입니다. ELF 목적 파일에서는 재배치 가능한 목적 파일에서 서술된 항목이 ELF 목적 파일의 여러 섹션에 배치됩니다. 이러한 재배치 가능한 목적 파일에 현재 존재하는 섹션을 확인하려면 readelf 유틸리티를 다음과 같이 사용할 수 있습니다.

셀 박스 3-2 funcs.o 목적 파일의 ELF 내용

```
$ readelf -hSl funcs.o
[7/7]
ELF Header:
    Magic:   7f 45 4c 46 02 01 01 00 00 00 00 00 00 00 00 00
    Class:                             ELF64
    Data:                              2's complement, little endian
    Version:                           1 (current)
    OS/ABI:                            UNIX - System V
    ABI Version:                       0
    Type:                              REL (Relocatable file)
    Machine:                           Advanced Micro Devices X86-64
...
    Number of section headers:         12
    Section header string table index: 11

Section Headers:
    [Nr] Name               Type            Address           Offset
         Size.              EntSize.        Flags     Link  Info  Align
    [ 0]                    NULL            0000000000000000  00000000
         0000000000000000   0000000000000000           0     0    0
    [ 1] .text              PROGBITS        0000000000000000  00000040
         0000000000000045   0000000000000000  AX       0     0    1    ...
```

```
  [ 3] .data              PROGBITS         0000000000000000         00000085
       0000000000000000   0000000000000000 WA       0         0     1
  [ 4] .bss               NOBITS           0000000000000000         00000085
       0000000000000000   0000000000000000 WA       0         0     1
 ...
  [ 9] .symtab            SYMTAB           0000000000000000         00000110
       00000000000000f0   0000000000000018         10        8     8
  [10] .strtab            STRTAB           0000000000000000         00000200
       0000000000000030   0000000000000000          0        0     1
  [11] .shstrtab          STRTAB           0000000000000000         00000278
       0000000000000059   0000000000000000          0        0     1
 ...
$
```

앞의 셸 박스에서 보다시피 재배치 가능한 목적 파일은 11개의 섹션이 있습니다. 굵은 폰트로 된 섹션은 목적 파일에 존재하는 항목이라고 소개했던 부분입니다. .text 섹션은 변환 단위를 위한 모든 기계 수준의 명령어를 포함합니다. .data와 .bss 섹션은 초기화된 전역 변숫값과 초기화되지 않은 전역 변수에 필요한 바이트의 숫자를 각각 포함합니다. .symtab 섹션은 심벌 테이블을 포함합니다.

참고로 앞의 두 목적 파일[1]에 존재하는 섹션은 내용은 다르지만 섹션 자체는 둘 다 같습니다. 따라서 다른 재배치 가능한 목적 파일[2]의 섹션은 보지 않겠습니다.

앞서 언급한 대로 ELF 목적 파일의 섹션 중 하나는 심벌 테이블을 포함합니다. 이전 장에서 심벌 테이블과 엔트리를 자세히 알아본 바 있습니다. 실행 파일 및 공유 목적 파일을 만들고자 링커가 심벌 테이블과 엔트리를 사용하는 방식을 설명했습니다. 여기서는 앞 장에서 설명하지 않은 심벌 테이블을 주목해봅시다. 재배치 가능한 목적 파일에 재배치 가능하다는 이름이 붙은 이유와 관련이 있습니다.

funcs.o에 심벌 테이블을 덤프해봅시다. 앞 장에서는 objdump를 사용했지만, 지금은 readelf를 사용하겠습니다.

---

1 옮긴이_ funcs.o와 main.o

2 옮긴이_ main.o

```
$ readelf -s funcs.o

Symbol table '.symtab' contains 10 entries:
   Num:    Value          Size Type    Bind   Vis      Ndx  Name
     0: 0000000000000000     0 NOTYPE  LOCAL  DEFAULT  UND
...
     6: 0000000000000000     0 SECTION LOCAL  DEFAULT  7
     7: 0000000000000000     0 SECTION LOCAL  DEFAULT  5
     8: 0000000000000000    22 FUNC    GLOBAL DEFAULT  1  max
     9: 0000000000000016    47 FUNC    GLOBAL DEFAULT  1  max_3
$
```

Value 열에서 볼 수 있듯, max에 할당된 주소는 0이며 max_3에 할당된 주소는 22(16진수로
는 16)입니다. 이 심벌에 관련된 명령어는 서로 인접했고 그 주소는 0부터 시작한다는 뜻입니
다. 이 심벌과 그에 해당하는 기계 수준의 명령어는 최종 파일에서 다른 장소로 재배치될 준비
를 마친 상태입니다. main.o의 심벌 테이블을 살펴봅시다.

셸 박스 3-4 main.o 목적 파일의 심벌 테이블

```
$ readelf -s main.o
Symbol table '.symtab' contains 14 entries:
   Num:    Value          Size Type    Bind   Vis      Ndx  Name
     0: 0000000000000000     0 NOTYPE  LOCAL  DEFAULT  UND
...
     8: 0000000000000000     4 OBJECT  GLOBAL DEFAULT  3  a
     9: 0000000000000004     4 OBJECT  GLOBAL DEFAULT  3  b
    10: 0000000000000000    69 FUNC    GLOBAL DEFAULT  1  main
    11: 0000000000000000     0 NOTYPE  GLOBAL DEFAULT  UND  _GLOBAL_OFFSET_
TABLE_
    12: 0000000000000000     0 NOTYPE  GLOBAL DEFAULT  UND  max
    13: 0000000000000000     0 NOTYPE  GLOBAL DEFAULT  UND  max_3
$
```

전역 변수 a와 b에 관련된 심벌뿐만 아니라 main 함수에 대한 심벌도 각 심벌이 위치할 최종
주소로는 보이지 않는 주소에 놓였습니다. 이는 재배치 가능한 목적 파일이라는 표시입니다.
앞서 설명했듯 재배치 가능한 목적 파일의 심벌은 어떠한 최종 혹은 절대 주소를 갖지 않으며,
주소는 링크 단계에서 결정됩니다.

다음 절에서는 앞의 재배치 가능한 목적 파일을 가지고 실행 파일을 만들어봅니다. 실행 파일의 심벌 테이블이 앞에서와 다르다는 것을 알게 될 것입니다.

3.4 실행 가능한 목적 파일

실행 가능한 목적 파일을 이야기할 차례입니다. 지금까지는 실행 가능한 목적 파일이 C 언어의 프로젝트의 최종 결과물 중 하나라고 알고 있었을 것입니다. 재배치 가능한 목적 파일처럼 실행 가능한 목적 파일도 기계 수준의 명령어, 초기화된 전역 변숫값, 심벌 테이블과 같은 항목을 가집니다. 하지만 정렬^{arrangement}은 다를 수 있습니다. ELF 실행 가능한 목적 파일은 생성하기도 내부 구조를 이해하기도 쉬운 만큼, 이 파일과 관련한 차이점을 설명할 수 있습니다.

실행 가능한 ELF 목적 파일을 만들고자 [예제 3-1]로 넘어가 보겠습니다. 앞 절에서 예제에 있는 소스 2개로부터 재배치 가능한 목적 파일을 만들었습니다. 이번에는 그 파일을 링크해 하나의 실행 파일을 만들겠습니다.

앞 장에서 설명한 대로 다음 명령어를 사용합니다.

셸 박스 3-5 [예제 3-1]에서 이전에 빌드한 재배치 가능한 목적 파일을 링크하기

```
$ gcc funcs.o main.o -o ex3_1.out
$
```

앞 절에서 ELF 목적 파일에 존재하는 섹션을 설명했습니다. ELF 실행 가능한 목적 파일에는 더 많은 섹션이 있는데, 이들은 몇몇 세그먼트와 함께 있습니다. 모든 ELF 실행 가능한 목적 파일과, 이 장의 후반부에서 보게 될 ELF 공유 목적 파일은 섹션뿐만 아니라 여러 **세그먼트**를 갖습니다. 각 세그먼트는 많은 섹션(0개 혹은 그 이상)으로 구성되며, 섹션은 내용에 따라 세그먼트에 놓입니다.

예를 들면 기계 수준의 명령어를 포함하는 모든 섹션은 같은 세그먼트에 들어갑니다. **4장**에서는 이러한 섹션이 실행 중인 프로세스의 메모리 레이아웃에서 볼 수 있는 정적 **메모리 세그먼트**^{memory segment}에 잘 연결^{map}되었음을 보게 될 것입니다.

이제 실행 파일의 내용을 살펴보고 세그먼트도 만나봅시다. 재배치 가능한 목적 파일과 마찬가지로, 실행 가능한 ELF 목적 파일에 있는 섹션과 세그먼트를 보려면 같은 명령어를 사용할 수 있습니다.

셸 박스 3-6 ex3_1.out 실행 목적 파일의 ELF 내용

```
$ readelf -hSl ex3_1.out
ELF Header:
  Magic:   7f 45 4c 46 02 01 01 00 00 00 00 00 00 00 00 00
  Class:                             ELF64
  Data:                              2's complement, little endian
  Version:                           1 (current)
  OS/ABI:                            UNIX - System V
  ABI Version:                       0
  Type:                              DYN (Shared object file)
  Machine:                           Advanced Micro Devices X86-64
  Version:                           0x1
  Entry point address:               0x4f0
  Start of program headers:          64 (bytes into file)
  Start of section headers:          6576 (bytes into file)
  Flags:                             0x0
  Size of this header:               64 (bytes)
  Size of program headers:           56 (bytes)
  Number of program headers:         9
  Size of section headers:           64 (bytes)
  Number of section headers:         28
  Section header string table index: 27

Section Headers:
  [Nr] Name              Type             Address           Offset
       Size              EntSize          Flags  Link  Info  Align
  [ 0]                   NULL             0000000000000000  00000000
       0000000000000000  0000000000000000         0     0     0
  [ 1] .interp           PROGBITS         0000000000000238  00000238
       000000000000001c  0000000000000000  A      0     0     1
  [ 2] .note.ABI-tag     NOTE             0000000000000254  00000254
       0000000000000020  0000000000000000  A      0     0     4
  [ 3] .note.gnu.build-i NOTE             0000000000000274  00000274
       0000000000000024  0000000000000000  A      0     0     4
...
  [26] .strtab           STRTAB           0000000000000000  00001678
       0000000000000239  0000000000000000         0     0     1
```

```
  [27] .shstrtab            STRTAB               0000000000000000     000018b1
       00000000000000f9     0000000000000000             0     0     1
Key to Flags:
   W (write), A (alloc), X (execute), M (merge), S (strings), I(info),
   L (link order), O (extra OS processing required), G (group), T(TLS),
   C (compressed), x (unknown), o (OS specific), E (exclude),
   l (large), p (processor specific)


Program Headers:
   Type            Offset              VirtAddr            PhysAddr
                   FileSiz             MemSiz              Flags     Align
Align
   PHDR            0x0000000000000040  0x0000000000000040  0x0000000000000040
                   0x00000000000001f8  0x00000000000001f8  R         0x8
   INTERP          0x0000000000000238  0x0000000000000238  0x0000000000000238
                   0x000000000000001c  0x000000000000001c  R         0x1
      [Requesting program interpreter: /lib64/ld-linux-x86-64.so.2]
...
   GNU_EH_FRAME    0x0000000000000714  0x0000000000000714  0x0000000000000714
                   0x000000000000004c  0x000000000000004c  R         0x4
   GNU_STACK       0x0000000000000000  0x0000000000000000  0x0000000000000000
                   0x0000000000000000  0x0000000000000000  RW        0x10
   GNU_RELRO       0x0000000000000df0  0x0000000000200df0  0x0000000000200df0
                   0x0000000000000210  0x0000000000000210  R         0x1


Section to Segment mapping:
   Segment Sections...
    00
    01     .interp
    02     .interp .note.ABI-tag .note.gnu.build-id .gnu.hash
.dynsym .dynstr .gnu.version .gnu.version_r .rela.dyn .init .plt
.plt.got .text .fini .rodata .eh_frame_hdr .eh_frame
    03     .init_array .fini_array .dynamic .got .data .bss
    04     .dynamic
    05     .note.ABI-tag .note.gnu.build-id
    06     .eh_frame_hdr
    07
    08     .init_array .fini_array .dynamic .got
$
```

앞의 출력과 관련해 알아야 할 몇 가지 사항이 있습니다.

- ELF의 관점에서, 목적 파일의 유형은 공유 목적 파일이라는 것을 알 수 있습니다. 즉, ELF에서 실행 가능한 목적 파일이란 INTERP와 같은 특정 세그먼트를 갖는 공유 목적 파일입니다. 로더 프로그램이 이 세그먼트(실제로 이 세그먼트가 참조하는 .interp 섹션)를 이용해 실행 가능한 목적 파일을 로드합니다.

- 4개의 세그먼트에 굵은 폰트를 적용했습니다. 첫 번째 세그먼트는 INTERP 세그먼트를 가리킵니다. INTERP 세그먼트는 첫 번째 항목에서 설명했습니다. 두 번째 세그먼트는 TEXT 세그먼트입니다. 이 세그먼트는 기계 수준의 명령어를 갖는 섹션을 모두 포함합니다. 세 번째는 DATA 세그먼트로, 전역 변수를 초기화할 때 사용할 모든 값과 다른 초기 구조체를 포함합니다. 네 번째 세그먼트는 동적 링크dynamic linking와 관련한 정보를 찾을 수 있는 섹션을 나타냅니다. 동적 링크와 관련한 정보로는 실행의 일부로 로드해야 하는 공유 목적 파일이 있습니다.

- 재배치 가능한 공유 목적 파일보다 더 많은 섹션이 있습니다. 이 섹션은 목적 파일을 로드하고 실행하는 데 필요한 데이터로 채워져 있습니다.

앞 절에서 설명했듯 재배치 가능한 목적 파일의 심벌 테이블에 있는 그 어떠한 심벌도 절대 주소나 사전에 정해진 주소를 갖지 않습니다. 기계 수준의 명령어를 포함하는 섹션이 아직 링크되지 않았기 때문입니다.

더 자세히 설명하면, 여러 개의 재배치 가능한 목적 파일을 링크한다는 것은 주어진 재배치 가능한 복적 파일에서 모든 유사한 섹션을 모아서 더 큰 섹션을 형성하고, 이렇게 모은 섹션을 실행 혹은 공유 목적 파일로 만드는 일입니다. 그러므로 이 단계를 거쳐야만 심벌이 마무리될 수 있으며 또한 변하지 않는 주소를 가질 수 있습니다. 실행 가능한 목적 파일에서 주소는 절대적입니다. 하지만 공유 목적에서는 **상대 주솟값**relative address이 절대적입니다. 동적 라이브러리를 설명하는 절에서 더 다루겠습니다.

ex3_1.out 실행 파일의 심벌 테이블을 살펴봅시다. 참고로 심벌 테이블에 엔트리가 많으므로 다음 [셸 박스 3-7]에 출력 결과를 전부 나타내지는 않았습니다.

셸 박스 3-7 ex3_1.out 실행 가능한 목적 파일에서 찾아볼 수 있는 심벌 테이블

```
$ readelf -s ex3_1.out
Symbol table '.dynsym' contains 6 entries:
   Num:    Value          Size Type    Bind     Vis      Ndx  Name
     0: 0000000000000000     0 NOTYPE  LOCAL    DEFAULT  UND
...
     5: 0000000000000000     0 FUNC    WEAK     DEFAULT  UND __cxa_finalize@
GLIBC_2.2.5 (2)

Symbol table '.symtab' contains 66 entries:
   Num:    Value          Size Type    Bind     Vis      Ndx Name
     0: 0000000000000000     0 NOTYPE  LOCAL    DEFAULT  UND
...
    45: 0000000000201000     0 NOTYPE  WEAK     DEFAULT   22 data_start
    46: 0000000000000610    47 FUNC    GLOBAL   DEFAULT   13 max_3
    47: 0000000000201014     4 OBJECT  GLOBAL   DEFAULT   22 b
    48: 0000000000201018     0 NOTYPE  GLOBAL   DEFAULT   22 _edata
    49: 0000000000000704     0 FUNC    GLOBAL   DEFAULT   14 _fini
    50: 00000000000005fa    22 FUNC    GLOBAL   DEFAULT   13 max
    51: 0000000000000000     0 FUNC    GLOBAL   DEFAULT  UND __libc_start_main
@@GLIBC_
...
    64: 0000000000000000     0 FUNC    WEAK     DEFAULT  UND __cxa_finalize@@
GLIBC_2.2
    65: 00000000000004b8     0 FUNC    GLOBAL   DEFAULT   10 _init
$
```

앞의 셸 박스에서 볼 수 있듯, 하나의 실행 가능한 목적 파일에 2개의 다른 심벌 테이블이 있습니다. 첫 번째 심벌 테이블인 .dynsym은 실행 파일을 로드할 때 해결할resolve 심벌을 포함합니다. 하지만 두 번째 심벌 테이블인 .symtab은 동적 심벌 테이블에서 가져온, 미해결된 심벌과 함께 해결된 심벌도 모두 포함합니다. 즉, 두 번째 심벌 테이블은 동적 테이블의 미해결 심벌 또한 포함합니다.

심벌 테이블에서 해결된 심벌은 링크 단계에서 획득한 주소에 해당하는 절대 주소absolute corresponding address를 갖습니다. max 및 max_3 심벌의 주소는 굵은 글씨로 보입니다.

이 절에서는 실행 가능한 목적 파일을 간단히 살펴봤습니다. 다음 절에서는 정적 라이브러리를 설명하겠습니다.

3.5 정적 라이브러리

이전에 설명한 대로 정적 라이브러리는 C 프로젝트에서 얻을 수 있는 결과물 중 하나입니다. 이 절에서는 정적 라이브러리를 다루며 어떻게 생성되고 사용되는지를 살펴보겠습니다. 그다음 절에서는 동적 라이브러리를 소개하며 설명을 계속하겠습니다.

정적 라이브러리는 쉽게 말해 재배치 가능한 목적 파일에서 만들어지는 유닉스 아카이브입니다. 정적 라이브러리는 다른 목적 파일과 함께 링크되어 실행 가능한 목적 파일을 형성합니다.

정적 라이브러리 그 자체는 목적 파일로 볼 수 없으며, 오히려 목적 파일을 위한 컨테이너입니다. 즉 리눅스 시스템에서 정적 라이브러리는 ELF 파일이 아닙니다. 또한 macOS 시스템에서 Mach-O 파일인 것도 아닙니다. 정적 라이브러리는 유닉스의 ar 유틸리티로 파일을 아카이브할 뿐입니다.

링커가 링크 단계에서 정적 라이브러리를 사용하려고 할 때, 우선 재배치 가능한 목적 파일에서 정적 라이브러리를 추출하려고 시도합니다. 그다음에는 거기서 정의되지 않은 심벌을 찾아서 해결하기 시작합니다.

이번에는 여러 개의 소스 파일을 가진 프로젝트에서 정적 라이브러리를 만들어볼 차례입니다. 첫 번째 단계는 재배치 가능한 목적 파일을 만드는 일입니다. C/C++ 프로젝트의 모든 소스 파일을 컴파일하고 나면 정적 라이브러리의 아카이브 파일을 만들고자 유닉스의 아카이브 도구인 ar을 사용할 수 있습니다.

유닉스 시스템에서 정적 라이브러리는 널리 사용되고 수용되는 규칙에 따라 이름이 붙습니다. 이름은 lib로 시작하고 .a 확장자로 끝납니다. 다른 운영체제에서는 다를 수 있습니다. 예를 들어 윈도우에서는 정적 라이브러리에 .lib 확장자가 붙습니다.

가상의 C 프로젝트에서 aa.c, bb.c부터 zz.c까지 여러 소스 파일을 가졌다고 가정해봅시다. 재배치 가능한 목적 파일을 만들려면 다음 명령어를 사용한 것과 비슷한 방식으로 소스 파일을 컴파일해야 합니다. 컴파일 과정은 이전 장에서 자세히 살펴봤으니 참고하세요.

```
$ gcc -c aa.c -o aa.o
$ gcc -c bb.c -o bb.o
.
.
.
$ gcc -c zz.c -o zz.o
$
```

앞의 명령어를 실행하면 필요한 재배치 가능한 목적 파일을 모두 얻게 됩니다. 만약 프로젝트가 커서 수천 개의 소스 파일을 포함한다면 상당한 시간이 걸릴 수 있으니 주의하세요. 컴파일 작업을 병렬적으로 함께 실행할 수 있는 강력한 빌드 머신은 당연히 빌드 시간을 많이 줄일 수 있습니다.

정적 라이브러리 파일을 만들 때는 다음 명령어를 사용합니다.

셸 박스 3-9 재배치 가능한 목적 파일 여러 개에서 정적 라이브러리를 생성하는 일반적인 방법

```
$ ar crs libexample.a aa.o bb.o ... zz.o
$
```

그 결과 `libexample.a`가 생성되었습니다. 이 파일은 하나의 아카이브에 이전의 재배치 가능한 목적 파일 모두를 포함합니다. `ar` 유틸리티에 전달된 `crs` 옵션에 관한 설명은 3장의 범위를 벗어납니다. 하지만 다음 링크에서 그 내용을 읽을 수 있습니다(https:// stackoverflow.com/questions/29714300/what-does-the-rcs-option-in-ar-do).

> **NOTE_** ar 명령어는 꼭 압축된compressed 아카이브 파일을 만들지는 않습니다. 이 명령어는 파일을 모두 모으고, 모은 파일 전부에 대한 아카이브인 파일 한 개를 만들 때만 사용됩니다. ar이라는 도구는 다용도로 사용할 수 있습니다. 그리고 어떤 종류의 파일을 합치는 데에도 쓸 수 있으며 그 파일들로부터 아카이브를 만들 수 있습니다.

이제 정적 라이브러리를 만드는 법을 알았으니 [예제 3-2]에서 실제로 만들어보겠습니다.

우선 [예제 3-2]가 기하학에 관련한 C 프로젝트라고 가정해보겠습니다. 이 예제는 3개의 소스

파일과 1개의 헤더 파일로 구성됩니다. 이 라이브러리는 다른 응용프로그램에서 사용될 수 있는 기하학과 관련된 함수의 모음을 정의합니다.

그러려면 3개의 소스 파일로부터 `libgeometry.a`라는 이름이 붙은 정적 라이브러리 파일을 만들어야 합니다. 정적 라이브러리를 얻은 뒤, 라이브러리에 정의된 기하학 함수를 사용할 다른 프로그램을 작성할 때 헤더 파일과 정적 파일을 함께 사용할 수 있습니다.

다음 코드 박스는 소스와 헤더 파일의 내용입니다. 첫 번째 파일인 `ExtremeC_examples_chapter3_2_geometry.h`는 기하학 라이브러리에서 내보내야 하는 선언을 모두 포함합니다. 이 선언은 라이브러리를 사용할 응용프로그램이 사용할 것입니다.

> **NOTE_** 목적 파일을 만들 때 이 책에서 사용한 모든 명령어는 리눅스에서 실행 및 테스트를 거쳤습니다. 만약 다른 운영체제에서 실행해보려고 한다면 약간 수정해야 합니다.

나중에 라이브러리를 사용할 응용프로그램은 선언에만 의존적이어야 하며 정의에 의존해서는 절대 안 된다는 점을 명심하세요. 그러므로 우선 기하학 라이브러리의 선언을 살펴봅시다.

코드 박스 3-3 [예제 3-2]의 헤더 파일(ExtremeC_examples_chapter3_2_geometry.h)

```c
#ifndef EXTREME_C_EXAMPLES_CHAPTER_3_2_H
#define EXTREME_C_EXAMPLES_CHAPTER_3_2_H

#define PI 3.14159265359
typedef struct {
  double x;
  double y;
} cartesian_pos_2d_t;

typedef struct {
  double length;
  // 도(degree) 단위
  double theta;
} polar_pos_2d_t;

typedef struct {
  double x;
  double y;
```

```
    double z;
} cartesian_pos_3d_t;

typedef struct {
  double length;
  // 도(degree) 단위
  double theta;
  // 도(degree) 단위
  double phi;
} polar_pos_3d_t;

double to_radian(double deg);
double to_degree(double rad);

double cos_deg(double deg);
double acos_deg(double deg);

double sin_deg(double deg);
double asin_deg(double deg);

cartesian_pos_2d_t convert_to_2d_cartesian_pos(
        const polar_pos_2d_t* polar_pos);
polar_pos_2d_t convert_to_2d_polar_pos(
        const cartesian_pos_2d_t* cartesian_pos);

cartesian_pos_3d_t convert_to_3d_cartesian_pos(
        const polar_pos_3d_t* polar_pos);
polar_pos_3d_t convert_to_3d_polar_pos(
        const cartesian_pos_3d_t* cartesian_pos);

#endif
```

두 번째 파일은 삼각 함수의 정의를 포함하는 소스 파일입니다. 이 삼각 함수는 앞의 헤더 파일에서 정의된 처음 여섯 개 함수입니다.

코드 박스 3-4 [예제 3–2]의 삼각 함수의 정의를 포함하는 소스 파일(ExtremeC_examples_chapter3_2_trigon.c)

```
#include <math.h>

// 헤더 파일을 포함해야 합니다.
// 매크로 PI를 사용하기 위해서입니다.
#include "ExtremeC_examples_chapter3_2_geometry.h"
```

```
double to_radian(double deg) {
  return (PI * deg) / 180;
}

double to_degree(double rad) {
  return (180 * rad) / PI;
}

double cos_deg(double deg) {
  return cos(to_radian(deg));
}

double acos_deg(double deg) {
  return acos(to_radian(deg));
}

double sin_deg(double deg) {
  return sin(to_radian(deg));
}

double asin_deg(double deg) {
  return asin(to_radian(deg));
}
```

헤더 파일에서 선언된 **PI**나 **to_degree** 같은 선언을 사용하지 않는다면, 소스가 헤더를 포함할 필요는 없습니다.

세 번째 파일은 마찬가지로 소스 파일이며 이 파일은 모든 2D 기하학 함수의 정의를 포함합니다.

코드 박스 3-5 [예제 3-2]의 2D 함수의 정의를 포함하는 파일(ExtremeC_examples_chapter3_2_2d.c)

```
#include <math.h>

// 헤더 파일을 포함해야 합니다.
// 다른 소스 파일에 구현된 polar_pos_2d_t, cartesian_pos_2d_t 등과
// 삼각함수를 사용하기 위해서입니다.
#include "ExtremeC_examples_chapter3_2_geometry.h"

cartesian_pos_2d_t convert_to_2d_cartesian_pos(
        const polar_pos_2d_t* polar_pos) {
```

```
  cartesian_pos_2d_t result;
  result.x = polar_pos->length * cos_deg(polar_pos->theta);
  result.y = polar_pos->length * sin_deg(polar_pos->theta);
  return result;
}

polar_pos_2d_t convert_to_2d_polar_pos(
        const cartesian_pos_2d_t* cartesian_pos) {
  polar_pos_2d_t result;
  result.length = sqrt(cartesian_pos->x * cartesian_pos->x +
    cartesian_pos->y * cartesian_pos->y);
  result.theta =
      to_degree(atan(cartesian_pos->y / cartesian_pos->x));
  return result;
}
```

마지막으로 네 번째 소스 파일은 3D 기하학 함수의 정의를 포함합니다.

코드 박스 3-6 [예제 3–2]의 3D 함수의 정의를 포함하는 파일(ExtremeC_examples_chapter3_2_3d.c)

```
#include <math.h>

// 헤더 파일을 포함해야 합니다.
// 다른 소스 파일에 구현된 polar_pos_2d_t, cartesian_pos_2d_t 등과
// 삼각함수를 사용하기 위해서입니다.
#include "ExtremeC_examples_chapter3_2_geometry.h"

cartesian_pos_3d_t convert_to_3d_cartesian_pos(
        const polar_pos_3d_t* polar_pos) {
  cartesian_pos_3d_t result;
  result.x = polar_pos->length *
      sin_deg(polar_pos->theta) * cos_deg(polar_pos->phi);
  result.y = polar_pos->length *
      sin_deg(polar_pos->theta) * sin_deg(polar_pos->phi);
  result.z = polar_pos->length * cos_deg(polar_pos->theta);
  return result;
}

polar_pos_3d_t convert_to_3d_polar_pos(
        const cartesian_pos_3d_t* cartesian_pos) {
  polar_pos_3d_t result;
  result.length = sqrt(cartesian_pos->x * cartesian_pos->x +
```

```
        cartesian_pos->y * cartesian_pos->y +
        cartesian_pos->z * cartesian_pos->z);
    result.theta = to_degree(acos(cartesian_pos->z / result.length));
    result.phi = to_degree(atan(cartesian_pos->y / cartesian_pos->x));
    return result;
}
```

이제 정적 라이브러리 파일을 만들어보겠습니다. 그러려면 우선 앞의 소스를 재배치 가능한 목적 파일로 컴파일해야 합니다. 앞의 소스 파일 중 어느 것에도 **main** 함수가 없으므로 링크해서 실행 파일을 만들 수는 없다는 점을 알아두세요. 따라서 이들 파일은 정적 라이브러리를 만드는 재배치 가능한 목적 파일로 두거나 아카이브로 둘 수 있습니다. 이 파일로 공유 목적 파일을 만드는 다른 옵션도 있지만, 다음 절에서 살펴보기 전까지는 일단 보류하겠습니다.

이 절에서는 정적 라이브러리를 만들기 위해 이 파일들을 아카이브하겠습니다. 다음 명령어는 리눅스 시스템에서 컴파일을 수행합니다.

셸 박스 3-10 소스 파일을 재배치 가능한 목적 파일로 컴파일하기

```
$ gcc -c ExtremeC_examples_chapter3_2_trigon.c -o trigon.o
$ gcc -c ExtremeC_examples_chapter3_2_2d.c -o 2d.o
$ gcc -c ExtremeC_examples_chapter3_2_3d.c -o 3d.o
$
```

이 목적 파일을 정적 라이브러리 파일로 아카이브하려면 다음 명령어를 실행해야 합니다.

셸 박스 3-11 재배치 가능한 목적 파일에서 정적 라이브러리 만들기[3]

```
$ ar crs libgeometry.a trigon.o 2d.o 3d.o
$ mkdir -p /opt/geometry
$ mv libgeometry.a /opt/geometry
$
```

libgeometry.a가 생성되었음을 알 수 있습니다. 보다시피 다른 프로그램으로 쉽게 배치할 수 있는 **/opt/geometry** 경로로 라이브러리 파일을 이동했습니다. 한 번 더 설명하자면 ar

----

3 옮긴이_ mkdir, mv 실행 시 permission denied 오류가 발생한다면 sudo mkdir -p /opt/geometry나 sudo mv libgeom etry.a/opt/geometry를 입력하세요.

명령어와 -t 옵션을 사용해 아카이브 파일의 내용을 볼 수 있습니다.

셸 박스 3-12 정적 라이브러리 파일의 내용 나열하기

```
$ ar t /opt/geometry/libgeometry.a
trigon.o
2d.o
3d.o
$
```

셸 박스를 보면 정적 라이브러리 파일은 의도한 대로 3개의 재배치 가능한 목적 파일을 확실히 포함합니다. 다음으로는 정적 라이브러리 파일을 사용할 차례입니다.

[예제 3-2]의 기하학 예제로부터 정적 라이브러리를 생성했으니, 새 응용프로그램에서 이를 사용해보겠습니다. C 언어 라이브러리를 사용하려면 정적 라이브러리 파일과 함께 라이브러리가 제공하는 선언에 접근해야 합니다. 이 선언은 라이브러리의 **공용 인터페이스**^{public interface}, 더 일반적으로는 라이브러리의 API라고 간주됩니다.

컴파일 단계에서는 선언이 필요합니다. 컴파일 단계란 컴파일러가 자료형의 존재나 함수 시그니처 등을 알아야 하는 단계입니다. 이 내용은 헤더 파일에 있습니다. 자료형의 크기나 함수 주소와 같은 세부 사항은 다음 단계인 링크와 로딩에서 필요합니다.

앞서 말했듯 C 언어의 API(C 언어 라이브러리가 제공하는 API)는 헤더 파일의 그룹으로 대개 알려졌습니다. 따라서 [예제 3-2]의 헤더 파일 및 생성된 `libgeometry.a` 정적 라이브러리 파일은 기하학 라이브러리를 사용하는 새 프로그램을 작성하기에 충분합니다.

정적 라이브러리를 사용하려면 새로운 소스 파일을 만들어서 라이브러리의 함수를 사용해야 합니다. 이 소스 파일은 라이브러리의 API를 포함합니다. 새로운 코드는 [예제 3-3]에서 작성하겠습니다. 다음은 [예제 3-3]을 위한 소스 코드입니다.

코드 박스 3-7 [예제 3-3] 기하학 함수를 검사하는 main 함수(ExtremeC_examples_chapter3_3.c)

```
#include <stdio.h>

#include "ExtremeC_examples_chapter3_2_geometry.h"

int main(int argc, char** argv) {
```

```
cartesian_pos_2d_t cartesian_pos;
cartesian_pos.x = 100;
cartesian_pos.y = 200;
polar_pos_2d_t polar_pos =
    convert_to_2d_polar_pos(&cartesian_pos);
printf("Polar Position: Length: %f, Theta: %f (deg)\n",
  polar_pos.length, polar_pos.theta);
return 0;
}
```

[예제 3-3]은 [예제 3-2]의 헤더 파일을 포함합니다. 앞으로 사용할 함수의 선언이 필요하기 때문입니다. 이어서 리눅스 시스템에서 앞의 소스 파일을 컴파일해 재배치 가능한 목적 파일을 만들어야 합니다.

셀 박스 3-13 [예제 3-3] 컴파일하기

```
$ gcc -c ExtremeC_examples_chapter3_3.c -o main.o
$
```

컴파일이 끝난 뒤 [예제 3-2]에서 생성한 정적 라이브러리와 앞에서 만든 재배치 가능한 목적 파일을 링크해야 합니다. 이때 `libgeometry.a`는 [셀 박스 3-11]의 `/opt/geometry` 경로에 위치합니다. 다음 명령어는 링크 단계를 수행하고 `ex3_3.out`이라는 실행 가능한 목적 파일을 만들어서 빌드 과정을 마무리합니다.

셀 박스 3-14 [예제 3-2]에서 생성한 정적 라이브러리 링크하기

```
$ gcc main.o -L/opt/geometry -lgeometry -lm -o ex3_3.out
$
```

앞의 명령어를 설명하기 위해 각각의 옵션을 설명하겠습니다.

- -L/opt/geometry는 gcc가 opt/geometry를 정적 혹은 공유 라이브러리를 찾을 수 있는 여러 장소 중 하나로 인식하도록 명령합니다. /usr/lib 혹은 /usr/local/lib과 같이 잘 알려진 경로는 링커가 기본적으로 라이브러리를 찾는 곳입니다. 만약 -L을 명시하지 않으면 링커는 기본 경로만을 탐색합니다.

- -lgeometry는 gcc가 libgeometry.a. 혹은 libgeometry.so를 검색하도록 합니다. .so로 끝나는 파일은 공유 목적 파일입니다. 이 파일은 다음 절에서 설명합니다. 사용된 규칙을 잘 살펴보세요.

lxyz 옵션을 통과시키면 링커는 기본 혹은 특정 경로에서 libxy.a 또는 libxyz.so를 찾을 것입니다. 파일을 찾을 수 없다면 링커가 중지되고 오류가 발생합니다.

- -lm은 gcc가 libm.a 또는 libm.so와 같은 다른 라이브러리를 찾도록 합니다. 이 라이브러리에는 glibc의 수학 함수에 관한 정의가 있습니다. 이는 cos, sin, acos 함수를 위해 필요한 라이브러리입니다. 기본 C 라이브러리를 구현^{implementation}하는 glibc를 사용하는 리눅스 머신에서 [예제 3-3]을 빌드한다는 점을 참고하세요. macOS나 다른 유닉스 계열 시스템에서는 옵션을 명시할 필요는 없습니다.

- -o ex3_3.out은 gcc가 출력되는 실행 파일의 이름을 ex3_3.out으로 붙이도록 명령합니다.

앞의 명령어를 실행하고 나면 모든 것이 매끄럽게 진행되어, 정적 라이브러리 libgeometry.a에 더해 main.o에서 찾아볼 수 있는 모든 재배치 가능한 목적 파일을 갖는 하나의 실행 가능한 이진 파일을 얻습니다.

링크 이후에 정적 라이브러리 파일에 의존하는 것은 아무것도 없으며, 모든 것은 실행 파일 그 자체의 내부에 임베드되어 있습니다. 즉, 최종 실행 파일은 정적 라이브러리 파일이 필요하지 않으며 자기 자신만으로도 실행될 수 있습니다.

하지만 실행 파일은 대체로 크기가 엄청나게 큰 여러 정적 라이브러리를 링크해 생성됩니다. 정적 라이브러리가 많으면 많을수록 재배치 가능한 목적 파일도 더 많아지며 최종 파일의 크기도 더 커집니다. 때로는 수백 메가바이트 혹은 수 기가바이트에 달할 수도 있습니다.

이진 파일의 크기와 이진 파일이 갖는 의존성 사이에는 트레이드오프가 있습니다. 작은 이진 파일을 가질 수는 있지만 공유 라이브러리를 사용해야 합니다. 즉, 외부의 공유 라이브러리가 없거나 찾을 수 없는 경우에 최종 이진 파일은 완전하지 않으며 실행될 수 없다는 의미입니다. 다음 절에서 더 설명하겠습니다.

이번 절에서는 정적 라이브러리를 설명했으며 정적 라이브러리가 어떻게 생성되고 사용되어야 하는지도 설명했습니다. 다른 프로그램이 제공받은 API를 사용하는 방법이나 기존의 정적 라이브러리와 링크되는 방식도 설명했습니다. 다음 절에서는 동적 라이브러리를 알아보고, 정적 라이브러리를 사용하지 않고서 [예제 3-2]에 있는 소스로부터 공유 목적 파일(동적 라이브러리)을 만드는 방식을 설명하겠습니다.

3.6 동적 라이브러리

동적 라이브러리 혹은 공유 라이브러리는 재사용을 위한 라이브러리를 만드는 또 다른 방식입니다. 이름대로, 정적 라이브러리와는 달리 동적 라이브러리는 그 자체가 실행 파일에 해당하지는 않습니다. 대신 동적 라이브러리는 실행을 위한 프로세스가 로딩될 때 가져와서 로드되어야 합니다.

정적 라이브러리가 실행 파일이 일부이므로, 링커는 주어진 재배치 가능한 파일의 모든 것을 최종 실행 파일에 넣습니다. 즉, 링커는 정의되지 않은 심벌을 감지하고, 정의가 필요하며, 이를 주어진 재배치 가능한 목적 파일에서 찾고자 하고, 그렇게 출력되는 최종 파일에 모든 것을 집어넣습니다.

모든 정의되지 않은 심벌을 찾고 나서야 최종 결과물이 만들어집니다. 고유한 관점에서 링크 단계에서 모든 심벌의 의존 관계를 찾아서 해결합니다. 동적 라이브러리의 경우 정의되지 않은 심벌을 가질 수도 있습니다. 이러한 정의되지 않은 심벌은 링크 단계에서 해결되지 않습니다. 실행 파일이 로드되고 실행을 시작할 때 이 심벌을 검색합니다.

즉, 정의되지 않은 동적 심벌을 찾고자 할 때는 다른 종류의 링크 단계가 필요합니다. 실행 파일을 로드하고 프로세스로 실행될 준비를 할 때, **동적 링커**dynamic linker 혹은 간단히는 **로더**loader 가 주로 이 링크를 수행합니다.

정의되지 않은 동적 심벌을 실행 파일에서 찾을 수 없으므로 어딘가 다른 곳에서 찾아야 합니다. 이 심벌은 공유 목적 파일에서 로드해야 합니다. 공유 목적 파일은 정적 라이브러리 파일의 자매 격인 파일입니다. 대부분의 유닉스 계열 시스템에서 정적 라이브러리는 .a 확장자를 갖지만, 정적 목적 파일은 .so 확장자를 갖습니다. macOS에서는 .dylib 확장자를 가집니다.

프로세스를 로드하고 실행할 때, 공유 목적 파일이 로드되며 프로세스가 접근할 수 있는 메모리 지역에 이 파일이 연결됩니다. 이 절차는 동적 링커(혹은 로더)에 의해 수행되며, 동적 링커는 실행 파일을 로드하고 실행합니다.

실행 가능한 목적 파일에 대한 절에서 설명한 대로, ELF 실행 파일 및 공유 목적 파일은 각자의 ELF 구조 내에 세그먼트가 있습니다. 각 세그먼트 안에는 0개 혹은 그 이상의 섹션이 있습니다. ELF 실행 가능한 목적 파일과 ELF 공유 목적 파일 간에는 주요 차이점이 두 가지 있습니다.

첫 번째, 심벌이 상대적인 절대 주소를 가지며 이 주소를 통해 심벌이 여러 프로세스에 동시에 로드되도록 합니다. 이는 각 명령어의 주소가 프로세스에서 다른 한편, 두 명령어 사이의 거리는 고정되어 있음을 의미합니다. 다시 말하면 주소는 오프셋offset에 상대적으로 고정됩니다. 이는 재배치 가능한 목적 파일이 **위치 독립적**position independent이기 때문입니다. 이번 장의 마지막 부분에서 더 설명하겠습니다.

예를 들어, 한 프로세스에서 두 명령어가 100과 200이라는 주소에 위치하고, 다른 프로세스에서는 명령어가 140과 240, 또 다른 프로세스에서는 323과 423에 있다고 해봅시다. 서로 연관된 주소는 절대적이지만, 실제 주소는 변할 수 있습니다. 이 두 명령어는 언제나 주소가 서로 100만큼 떨어져 있을 것입니다.

두 번째 차이점은 ELF 실행 가능한 목적 파일에 관련된 세그먼트가 공유 목적 파일에는 존재하지 않는다는 것입니다. 이는 결국 공유 목적 파일이 실행될 수 없음을 의미합니다.

공유 목적 파일이 다른 프로세스에서 어떻게 접근하는지 세부적으로 설명하기 전에, 공유 목적 파일이 어떻게 생성되고 사용되는지에 관한 예제를 살펴봐야 합니다. 따라서 앞 절에서 작업한 [예제 3-2]와 동일한 기하학 라이브러리를 위한 동적 라이브러리를 생성하겠습니다.

앞서 기하학 라이브러리를 위한 정적 라이브러리를 생성했습니다. 이번에는 공유 목적 파일을 만들고자 소스를 다시 컴파일하려 합니다. 다음 명령어는 3개의 소스 파일을 재배치 가능한 목적 파일로 컴파일하는 방법을 나타냅니다. [예제 3-2]에 비하면 단 하나의 차이만 있습니다. 다음 명령어에서 **-fPIC** 옵션이 **gcc**로 전달된다는 점에 주의하세요.

셀 박스 3-15 [예제 3-2]의 소스를 위치 독립적인 재배치 가능한 목적 파일로 컴파일하기

```
$ gcc -c ExtremeC_examples_chapter3_2_2d.c -fPIC -o 2d.o
$ gcc -c ExtremeC_examples_chapter3_2_3d.c -fPIC -o 3d.o
$ gcc -c ExtremeC_examples_chapter3_2_trigon.c -fPIC -o trigon.o
$
```

명령어를 보면 소스를 컴파일하는 동안 **gcc**에 추가 옵션인 **fPIC**를 전달했다는 것을 알 수 있습니다. 만약 재배치 가능한 목적 파일에서 공유 목적 파일을 만들려고 한다면 이 옵션은 반드시 사용해야 합니다. **PIC**는 **위치 독립적인 코드**position independent code를 나타냅니다. 앞서 설명한 대로 만약 재배치 가능한 목적 파일이 위치 독립적이라면, 이는 곧 파일 안의 명령어instruction가 고정 주소를 갖지 않는다는 의미입니다. 그 대신 상대 주소를 가집니다. 따라서 재배치 가능한

목적 파일은 다른 프로세스에서 다른 주소를 가질 수 있습니다. 공유 목적 파일을 사용하는 방식 때문에 이는 필수 조건입니다.

프로세스가 다른 경우 로더 프로그램이 같은 주소에서 공유 목적 파일을 로드하리라는 보장은 없습니다. 사실 로더는 공유 목적 파일에 메모리 매핑을 생성하고, 그러한 매핑을 위한 주소의 범위는 다를 수 있습니다. 만약 명령어의 주소가 절대적이라면, 다양한 프로세스나 다양한 메모리 지역에서 같은 공유 목적 파일을 동시에 로드할 수 없습니다.

> **NOTE_** 프로그램의 동적 로딩 및 공유 목적 파일의 작동 방식에 관한 더 자세한 정보는 다음 자료에서 더 볼 수 있습니다.
>
> - https://software.intel.com/sites/default/files/m/a/1/e/dsohowto.pdf
> - https://www.technovelty.org/linux/plt-and-got-the-key-to-code-sharing-and-dynamic-libraries.html

공유 목적 파일을 만들려면 컴파일러가 필요하며, 여기서는 다시 gcc를 사용합니다. 정적 라이브러리 파일과는 달리 공유 목적 파일은 단순한 아카이브이며, 공유 목적 파일은 그 자체로 목적 파일입니다. 따라서 재배치 가능한 목적 파일을 만들려면 사용한 것과 동일한 링커 프로그램으로 생성해야 합니다(예: ld).

알다시피 대부분의 유닉스 계열 시스템에서 ld가 컴파일을 수행합니다. 하지만 앞서 설명한 이유 때문에 ld를 직접 사용해서 목적 파일을 링크하지 않기를 강력히 권고합니다.

다음 명령어는 -fPIC 옵션을 사용해 컴파일한 여러 재배치 가능한 목적 파일로부터 공유 목적 파일을 만드는 법을 나타냅니다.

셸 박스 3-16 재배치 가능한 목적 파일에서 공유 목적 파일 생성하기[4]

```
$ gcc -shared 2d.o 3d.o trigon.o -o libgeometry.so
$ mkdir -p /opt/geometry
$ mv libgeometry.so /opt/geometry
$
```

---

4 옮긴이_ [셸 박스 3-11]에서 설명한 대로, mkdir와 mv 실행 시 permission denied 오류가 발생한다면 sudo를 사용하세요.

첫 번째 명령어에서 볼 수 있듯 -shared 옵션을 gcc에 전달해 재배치 가능한 목적 파일에서 공유 목적 파일을 생성하도록 지시했습니다. 이 결과로 공유 목적 파일은 libgeometry.so 라는 이름이 붙습니다. 여기서는 공유 목적 파일을 opt/geometry로 이동해 다른 프로그램이 사용하기 쉽게 두었습니다. 다음은 [예제 3-3]을 다시 컴파일하고 링크하는 단계입니다.

앞에서는 [예제 3-3]을 컴파일해 정적 라이브러리 파일인 libgeometry.a와 링크했습니다. 여기에서도 같은 과정을 수행하지만, 링크는 libgeometry.so, 즉 동적 라이브러리와 링크하 겠습니다.

모든 것은 같아 보입니다. 특히 명령어도 똑같아 보이지만, 사실은 다릅니다. 이번에는 libgeometry.a 대신 libgeometry.so와 [예제 3-3]을 링크합니다. 게다가 동적 라이브 러리는 최종 실행 파일에 임베드되지 않습니다. 대신 실행할 때 라이브러리가 로드됩니다. 연습을 위해 [예제 3-3]을 다시 링크하기 전 opt/geometry에서 정적 라이브러리 파일인 libgeometry.a를 제거합시다.

셀 박스 3-17 빌드된 공유 목적 파일에 [예제 3-3] 링크하기

```
$ rm -fv /opt/geometry/libgeometry.a
$ gcc -c ExtremeC_examples_chapter3_3.c -o main.o
$ gcc main.o -L/opt/geometry -lgeometry -lm -o ex3_3.out
$
```

앞서 설명한 대로 -lgeometry 옵션은 컴파일러가 정적 혹은 동적 라이브러리를 찾아서 사용 하도록 하고, 그 파일을 나머지 목적 파일과 링크하도록 합니다. 정적 라이브러리 파일을 제거 했으므로 공유 목적 파일이 선택됩니다. 만약 지정 경로에 정적 라이브러리와 공유 목적 파일 이 둘 다 존재한다면, gcc는 공유 목적 파일을 선택해 프로그램과 링크합니다.

실행 파일인 ex3_3.out을 실행하면 대부분 다음과 같은 오류가 나타납니다.

셀 박스 3-18 [예제 3-3]의 실행을 시도하기

```
$ ./ex3_3.out
./ex3_3.out: error while loading shared libraries: libgeometry.so:
cannot open shared object file: No such file or directory
$
```

지금까지는 정적 링크와 정적 라이브러리를 사용했으므로 이런 오류를 볼 수 없었습니다. 하지만 이번에는 동적 라이브러리를 가져왔으므로, 만약 **동적 의존성**dynamic dependency을 갖는 프로그램을 실행한다면 실행에 필요한 동적 라이브러리를 제공해야 합니다. 하지만 무슨 일이 발생했으며 왜 이런 오류 메시지를 받게 될까요?

실행 파일 ex3_3.out은 필요한 정의의 일부를 공유 목적 파일에서만 찾으므로 libgeometry.so에 의존합니다. 정적 라이브러리인 libgeometry.a에서는 그렇지 않다는 점을 알아두세요. 정적 라이브리리와 링크된 실행 파일은 독립 실행 파일standalone executable에서 실행할 수 있습니다. 이는 정적 라이브러리 파일로부터 모든 것을 복제하기 때문이며 따라서 정적 라이브러리 파일의 존재에 더는 의존하지 않습니다.

공유 목적 파일에서는 그렇지 않습니다. 프로그램 로더가 기본 탐색 경로에서 libgeometry.so를 찾을 수 없으므로 오류가 발생했습니다. 그러므로 탐색 경로에 /opt/geometry를 추가해서 거기에서 libgeometry.so를 찾을 수 있도록 해야 합니다. 경로를 추가하기 위해 환경 변수인 LD_LIBRARY_PATH가 현재 경로를 가리키도록 업데이트합니다.

로더는 환경 변수를 검사할 것이고, 필요한 공유 라이브러리를 지정 경로에서 검색할 것입니다. 환경 변수에는 하나 이상의 경로를 지정할 수 있다는 점을 알아두세요(구분 기호separator는 콜론(:)을 사용합니다).

셸 박스 3-19 LD_LIBRARY_PATH를 지정해 [예제 3-3] 실행하기

```
$ export LD_LIBRARY_PATH=/opt/geometry
$ ./ex3_3.out
Polar Position: Length: 223.606798, Theta: 63.434949 (deg)
$
```

이번에는 프로그램이 성공적으로 실행됩니다. 프로그램 로더가 공유 목적 파일을 찾았고 동적 링커가 그 파일로부터 필요한 심벌을 성공적으로 로드했다는 의미입니다.

앞의 셸 박스에서 LD_LIBRARY_PATH를 변경하려고 export 명령어를 사용했으니 유의하세요. 하지만 일반적으로는 환경 변수를 실행 명령어와 함께 설정합니다. 다음 셸 박스에서 이를 확인할 수 있습니다. 사용 결과는 둘 다 같습니다.

셸 박스 3-20 같은 명령어로 LD_LIBRARY_PATH의 경로를 지정해 [예제 3-3]을 실행하기

```
$ LD_LIBRARY_PATH=/opt/geometry ./ex3_3.out
Polar Position: Length: 223.606798, Theta: 63.434949 (deg)
$
```

앞에서 한 대로 몇 개의 공유 목적 파일과 실행 파일 하나를 링크함으로써, 이 실행 파일이 실행 시 at runtime 많은 공유 라이브러리를 찾아서 로드해야 한다고 시스템에 명령합니다. 따라서 실행 파일을 실행하기 전에, 로더는 자동으로 이러한 공유 목적 파일을 찾고, 필요한 심벌이 프로세스가 접근할 수 있는 알맞은 주소에 연결됩니다. 그래야만 프로세서가 실행을 시작할 수 있습니다.

3.6.1 공유 라이브러리의 수동 로딩

또한 공유 목적 파일은 다른 방식으로 로드되고 사용될 수 있습니다. 로더 프로그램(동적 링커)이 자동으로 로드하지 않는 방식입니다. 공유 라이브러리 내부에서 찾을 수 있는 심벌(함수)을 이용하기 전, 공유 목적 파일을 수동으로 로드하는 함수를 개발자가 사용할 수 있습니다. 수동 로딩 메커니즘을 위한 응용프로그램이 존재하며, 이번 절에서 알아볼 것이라고 언급한 적이 있는 예제를 통해 설명하겠습니다.

[예제 3-4]는 링크 단계에서 공유 목적 파일을 느리게 또는 수동으로, 혹은 공유 목적 파일 없이 로드하는 법을 제시합니다. 이번 예제는 [예제 3-3]과 같은 로직을 빌려 오지만, 그 대신 프로그램 내에서 공유 목적 파일인 libgeometry.so를 수동으로 로드합니다.

[예제 3-4]를 보기 전에 [예제 3-4]가 작동할 수 있도록 libgeometry.so를 약간 다르게 생성해야 합니다. 그러려면 리눅스에서 다음 명령어를 사용해야 합니다.

셸 박스 3-21 표준 수학 라이브러리에 관한 기하학 공유 목적 파일을 링크하기

```
$ gcc -shared 2d.o 3d.o trigon.o -lm -o libgeometry.so
$
```

앞의 명령어에서는 새로운 옵션인 -m을 볼 수 있습니다. 이것은 링커가 표준 수학 라이브러리인 libm.so와 관련된 공유 목적 파일을 링크하도록 합니다. libgeometry.so를 수동으로 로드할 때, 이 파일의 의존성이 어느 정도는 자동으로 로드되어야 하기 때문입니다. 만약 그렇지 않다면 cos 또는 sqrt 같이 libgeometry.so가 필요로 하는 심벌에 관한 오류가 발생합니다. 최종 실행 파일과 수학 표준 라이브러리를 링크하지는 않을 것이며, libgeometry.so를 로드할 때 로더가 이를 자동으로 해결할 것이라는 점을 참고하세요.

공유 목적 파일을 링크했으니 이제 [예제 3-4]를 진행할 수 있습니다.

코드 박스 3-8 [예제 3-4] 기하학 공유 목적 파일을 수동으로 로드(ExtremeC_examples_chapter3_4.c)

```
#include <stdio.h>
#include <stdlib.h>
#include <dlfcn.h>

#include "ExtremeC_examples_chapter3_2_geometry.h"

polar_pos_2d_t (*func_ptr)(cartesian_pos_2d_t*);

int main(int argc, char** argv) {
  void* handle = dlopen ("/opt/geometry/libgeometry.so", RTLD_LAZY);
  if (!handle) {
    fprintf(stderr, "%s\n", dlerror());
    exit(1);
  }

  func_ptr = dlsym(handle, "convert_to_2d_polar_pos");
  if (!func_ptr) {
    fprintf(stderr, "%s\n", dlerror());
    exit(1);
  }

  cartesian_pos_2d_t cartesian_pos;
  cartesian_pos.x = 100;
  cartesian_pos.y = 200;
  polar_pos_2d_t polar_pos = func_ptr(&cartesian_pos);
  printf("Polar Position: Length: %f, Theta: %f (deg)\n",
    polar_pos.length, polar_pos.theta);
  return 0;
}
```

이 코드에서 dlopen과 dlsym이라는 함수로 공유 목적 파일을 로드하는 방법을 확인할 수 있습니다. 또한 convert_to_2d_polar_pos가 공유 목적 파일 안에 있다는 것도 볼 수 있습니다. dlsym 함수는 함수 포인터를 반환하며, 이 포인터는 대상 함수를 불러오는^{invoke}데에 쓰입니다.

이 코드는 /opt/geometry에서 공유 목적 파일을 찾으며, 이 디렉터리에 해당 파일이 없다면 오류 메시지가 나타나니 주의해야 합니다. 참고로 macOS에서 공유 목적 파일의 확장자는 .dylib입니다. 따라서 올바른 확장자로 파일을 로드하려면 이 코드를 수정해야 합니다.

다음 명령어는 앞의 코드를 컴파일하고 실행 파일을 실행합니다.

셀 박스 3-22 [예제 3-4] 실행하기[5]

```
$ gcc ExtremeC_examples_chapter3_4.c -ldl -o ex3_4.out
$ ./ex3_4.out
Polar Position: Length: 223.606798, Theta: 63.434949 (deg)
$
```

프로그램을 libgeometry.so 파일과 링크하지 않았습니다. 필요할 때 이 파일을 수동으로 로드하려고 했기 때문입니다. 이 방법은 공유 목적 파일의 **지연된 로딩**^{lazy loading}이라고 합니다. 이름은 이렇지만, 경우에 따라 공유 목적 파일을 지연해 로드하는 방식은 정말 유용합니다.

같은 라이브러리의 별도 실행 혹은 별도 버전을 위한 공유 목적 파일을 별개로 만들려고 할 때가 지연된 로딩에 해당하는 경우입니다. 지연된 로딩을 하면 필요한 공유 목적 파일을 자유롭게 로드할 수 있습니다. 반면 자동으로 로드하면 이에 대한 자유도가 감소합니다.

---

5 옮긴이_ [셀 박스 3-21]과 [3-22]를 그대로 실행하면 symbol lookup error가 발생합니다. (undefined symbol: sqrt) libgeometry.so 파일이 /opt/geometry 경로에 있지 않기 때문입니다. mkdir -p /opt/geometry 그리고 mv libgeometry.so /opt/geometry를 사용해 해당 파일을 옮긴 뒤 [셀 박스 3-22]의 명령어를 실행하면 정상 결과를 확인할 수 있습니다.

3.7 마무리

3장에서는 C/C++ 프로젝트를 빌드한 뒤 결과물인 여러 종류의 목적 파일을 주로 설명했습니다. 이번 장의 각 부분에서는 다음과 같은 요점을 다뤘습니다.

- API와 ABI, 그리고 이들의 차이점을 알아봤습니다.
- 다양한 목적 파일 형식을 살펴보고 역사도 간단히 짚어봤습니다. 목적 파일 형식은 조상이 같지만 각자 특정한 경로를 거쳐 현재와 같은 모습이 되었습니다.
- 재배치 가능한 목적 파일 및 이 파일의 내부 구조를 ELF 재배치 가능한 목적 파일과 관련해 설명했습니다.
- 실행 파일을 알아보고, 실행 파일과 재배치 가능한 목적 파일 간의 차이를 논의했습니다. ELF 실행 가능한 목적 파일도 살펴봤습니다.
- 정적 심벌 테이블과 동적 심벌 테이블을 살펴봤고, 커맨드 라인 도구를 사용해서 심벌 테이블의 내용을 읽는 법을 알아봤습니다.
- 정적 링크와 동적 링크를 다뤘습니다. 그리고 다양한 최종 이진 파일을 만들거나 프로그램을 실행할 때 다양한 심벌 테이블을 찾는 방법을 설명했습니다.
- 정적 라이브러리 파일을 살펴봤으며, 이 파일이 여러 재배치 가능한 목적 파일을 포함하는 아카이브 파일에 불과하다는 사실을 설명했습니다.
- 위치 독립적 코드를 설명했으며, 공유 라이브러리를 생성하는 데 관여하는 재배치 가능한 목적 파일이 반드시 위치 독립적이어야 하는 이유도 설명했습니다.

4장에서는 프로세스의 메모리 구조를 살펴봅니다. 이는 C/C++의 또 다른 주요 주제입니다. 다양한 메모리 세그먼트를 다음 장에서 설명할 것이며, 메모리 문제없이 코드를 작성하는 법을 알아보겠습니다.

메모리

4장 프로세스 메모리 구조: 프로세스 메모리 레이아웃을 들여다봅니다. 메모리 레이아웃에 어떤 세그먼트가 있는지, 그리고 정적 메모리 레이아웃과 동적 메모리 레이아웃이 뜻하는 바가 무엇인지도 살펴봅니다.

5장 스택과 힙: 스택과 힙 세그먼트를 구체적으로 다룹니다. 스택과 힙 변수를 설명한 뒤 그 수명을 C에서 관리하는 방법을 이야기합니다. 힙 변수에 관한 모범 사례를 알아보고 힙 변수를 관리하는 방법도 살펴봅니다.

Part II

메모리

## CHAPTER 4

프로세스 메모리 구조

4장에서는 프로세스 내부의 메모리 및 메모리 구조를 다룹니다. C 언어 개발자에게 메모리 관리는 언제나 중요하며, 가장 좋은 방식을 적용하려면 메모리 구조에 관한 기초 지식이 필요합니다. 이는 사실 C 언어에만 국한되지는 않습니다. C++이나 자바Java와 같은 여러 프로그래밍 언어도 메모리 및 메모리 작동 방식을 근본적으로 이해해야 합니다. 이해하지 못하면 문제를 쉽게 추적하거나 수정하기 어려운 문제와 마주하게 됩니다.

C 언어에서 메모리는 완전히 수동으로 관리됩니다. 메모리 영역memory region을 할당하거나 또는 더 이상 필요하지 않게 된 메모리를 해제하는 일은 개발자만이 담당합니다.

자바나 C#과 같은 고수준 프로그래밍 언어의 경우 C와는 메모리 관리 방식이 다릅니다. 일부는 개발자가, 일부는 기본 언어 플랫폼이 메모리를 관리합니다. 자바를 사용한다면 **자바 가상 머신**Java virtual machine(**JVM**)이 기본 언어 플랫폼에 해당합니다. 이러한 언어에서 메모리를 할당할 수 있는 건 개발자뿐이지만, 메모리 해제가 반드시 개발자에게 달려 있는 것은 아닙니다. 가비지 컬렉터garbage collector(쓰레기 수집기)라는 컴포넌트가 기존의 할당된 메모리를 자동으로 해제합니다.

C와 C++에는 이러한 가비지 컬렉터가 없으므로, 메모리 관리의 개념 및 문제를 다루는 장이 필요합니다. 그러므로 이번 4장과 다음 5장에서 메모리 개념을 집중적으로 살펴볼 것이며, 이를 통해 C/C++의 메모리 작동 방식을 기초부터 이해해보겠습니다.

4장에서는 다음 내용을 학습합니다.

- 프로세스의 일반적인 메모리 구조를 살펴봅니다. 프로세스의 구조 및 메모리와 프로세스의 상호작용 방식을 알아보는 데 도움이 될 것입니다.
- 정적static 메모리 레이아웃과 동적dynamic 메모리 레이아웃을 다룹니다.
- 앞서 언급한 메모리 레이아웃에 나온 세그먼트를 소개합니다. 실행 가능한 목적 파일에 탑재된 세그먼트와 프로세스가 로딩되는 동안 만들어지는 세그먼트를 살펴봅니다.
- 메모리 조사probing 도구 및 명령어를 소개합니다. 이는 세그먼트를 감지하고 세그먼트의 내용을 볼 수 있게 도와줍니다. 메모리 조사 도구와 명령어는 목적 파일과 실행 중인 프로세스 내부에 있습니다.

이번 장에서는 **스택**stack과 **힙**heap 세그먼트를 소개합니다. 스택과 힙은 프로세스의 동적 메모리 레이아웃에 속하며, 모든 메모리 할당과 해제는 이 세그먼트에서 일어납니다. 스택과 힙은 다음 장에서 더 상세하게 다루겠습니다. 실제로 개발자가 스택과 힙을 가장 많이 다루기 때문입니다.

프로세스 메모리 레이아웃부터 시작해봅시다. 실행 중인 프로세스의 메모리가 세그먼트로 분할되는 방식과 각 세그먼트의 용도를 전반적으로 설명하겠습니다.

4.1 프로세스 메모리 레이아웃

실행 파일을 열 때마다 운영체제는 새 프로세스를 만듭니다. 프로세스는 실행중인 프로그램이며 이 프로그램은 메모리에 로딩됩니다. 그리고 고유의 **프로세스 식별자**process identifier(**PID**)를 가집니다. 운영체제는 새 프로세스의 스폰spawn과 로딩을 담당하는 유일한 개체entity입니다.

프로세스는 정상적으로 종료될 때까지, 또는 `SIGTERM`, `SIGINT`, `SIGKILL`과 같은 종료 신호signal가 주어질 때까지 계속 실행됩니다. `SIGTERM`와 `SIGINT` 신호는 무시될 수 있지만, `SIGKILL`은 프로세스를 강제로 즉시 종료하도록 합니다.

프로세스를 생성할 때 운영체제는 프로세스를 위한 메모리를 가장 먼저 할당한 다음, 미리 정의된 메모리 레이아웃을 적용합니다. 이렇게 미리 정의된 메모리 레이아웃은 특히 유닉스 계열의 다른 운영체제에서도 거의 같습니다.

이번 4장에서는 이러한 메모리 레이아웃의 구조를 살펴보고 여러 가지 주요 용어를 소개하겠습니다.

일반적인 프로세스의 메모리 레이아웃은 여러 부분으로 분할됩니다. 각 부분은 **세그먼트**라고 합니다. 각 세그먼트는 정해진 작업을 수행하며 특정 자료형을 저장하는 메모리 영역입니다. 다음은 실행 중인 프로세스의 메모리 레이아웃에 포함되는 목록입니다.

- 초기화되지 않은 데이터 세그먼트 또는 BSS Block Started by Symbol[1] 세그먼트

- 데이터 세그먼트

- 텍스트 세그먼트 또는 코드 세그먼트

- 스택 세그먼트

- 힙 세그먼트

다음 절에서는 이러한 세그먼트를 하나하나 학습하며 각 세그먼트가 프로그램의 실행에 미치는 영향을 알아보겠습니다. 스택과 힙 세그먼트는 다음 장에서 자세히 살펴봅니다. 세그먼트를 자세히 알아보기 전에, 메모리 검사에 유용한 몇 가지 도구를 먼저 소개하겠습니다.

---

1 옮긴이_ 심벌로 시작되는 블록

4.2 메모리 구조 알아보기

유닉스 계열 운영체제는 프로세스의 메모리 세그먼트를 검사하는 일련의 도구를 제공합니다. 이번 절에서는 어떤 세그먼트는 실행 가능한 목적 파일 내에 존재하며, 다른 세그먼트는 프로세스가 스폰되었을 때 프로그램이 런타임 동안 동적으로 생성된다는 점을 학습합니다.

앞서 두 개 장에서 살펴본 대로, 실행 가능한 목적 파일과 프로세스는 같은 것이 아닙니다. 그러므로 각각을 검사하려면 서로 다른 도구가 필요합니다.

실행 가능한 목적 파일은 기계 명령어machine instruction을 포함하며 컴파일러에 의해 생성된다고 학습했습니다. 하지만 프로세스는 실행 중인 프로그램이며 실행 가능한 목적 파일에 의해 스폰된 것입니다. 프로세스는 메인 메모리 영역을 소비합니다. CPU는 계속 메모리의 명령어를 가져와서fetching 실행합니다.

프로세스는 운영체제 내에서 실행 중인 개체entity입니다. 반면, 실행 가능한 목적 파일은 그저 파일에 불과합니다. 이 파일은 향후 프로세스를 스폰하는 토대가 되는, 미리 만들어진 초기 레이아웃 작업을 포함합니다. 실행 중인 프로세스의 메모리 레이아웃에서, 몇몇 세그먼트는 토대가 되는 실행 가능한 목적 파일에서 직접 만듭니다. 다른 세그먼트는 프로세스가 로딩될 때, 프로그램이 실행되는 동안 동적으로 생성됩니다. 전자는 **정적 메모리 레이아웃**이며 후자는 **동적 메모리 레이아웃**이라고 합니다.

정적 메모리 레이아웃과 동적 메모리 레이아웃은 사전에 정의된 세그먼트의 집합입니다. 정적 메모리 레이아웃의 내용은 소스 코드를 컴파일할 때 컴파일러가 실행 가능한 목적 파일에 미리 작성합니다. 반면 동적 메모리 레이아웃의 내용은 프로그램의 명령어instruction에 따라 작성됩니다. 프로그램 명령어는 변수와 배열에 메모리를 할당하며, 프로그램의 로직에 따라 변수와 배열을 수정합니다.

소스 코드나 컴파일된 목적 파일만 봐도 정적 메모리 레이아웃의 내용을 추측할 수 있습니다. 그러나 동적 메모리 레이아웃의 내용은 프로그램을 실행하지 않으면 결정되지 않으므로 쉽게 알 수 없습니다. 게다가 같은 실행 파일이라도 실행할 때마다 동적 메모리 레이아웃의 내용이 달라집니다. 즉, 프로세스의 동적 내용은 해당 프로세스마다 다르므로 프로세스가 실행되는 동안 검사가 이루어져야 합니다.

프로세스의 정적 메모리 레이아웃을 검사하는 것부터 시작해봅니다.

4.3 정적 메모리 레이아웃 검사하기

정적 메모리 레이아웃을 검사하는 도구는 목적 파일에서 주로 작동합니다. 초반의 이해를 위해 [예제 4-1]부터 시작해봅시다. 이 예제는 변수나 로직이 없는 간단한 C 언어 프로그램입니다.

코드 박스 4-1 [예제 4-1] 간단한 C 프로그램(ExtremeC_examples_chapter4_1.c)

```c
int main(int argc, char** argv){
  return 0;
}
```

우선, 앞의 프로그램을 컴파일해야 합니다. gcc를 이용해 리눅스에서 컴파일해봅시다.

셸 박스 4-1 리눅스에서 gcc를 사용해 [예제 4-1] 컴파일하기

```
$ gcc ExtremeC_examples_chapter4_1.c -o ex4_1-linux.out
$
```

컴파일에 성공한 뒤 최종 실행 이진 파일이 링크되면 ex4_1-linux.out이라는 실행 가능한 목적 파일이 만들어집니다. 이 파일은 리눅스 운영체제 전용으로 미리 정의된 정적 메모리 레이아웃을 포함합니다. 향후 이 실행 파일에 기반해 스폰되는 모든 프로세스에 이 정적 메모리 레이아웃이 존재할 것입니다.

첫 번째로 소개할 도구는 size 명령어입니다. 실행 가능한 목적 파일의 정적 메모리 레이아웃을 출력할 때 사용합니다.

size 명령어의 사용은 다음과 같습니다. 정적 메모리 레이아웃에 속하는 다양한 세그먼트를 살펴볼 때 이 명령어를 사용할 수 있습니다.

셸 박스 4-2 ex4_1-linux.out의 정적 세그먼트를 살펴보는 사이즈 명령어의 사용

```
$ size ex4_1-linux.out
   text    data    bss     dec    hex    filename
   1099     544      8    1651    673    ex4_1-linux.out
$
```

텍스트, 데이터, BSS 세그먼트는 정적 레이아웃에 속합니다. 표시된 크기는 바이트 단위입니다.

다른 운영체제에서도 [예제 4-1]과 동일한 코드를 컴파일해봅시다. macOS를 선택해 클랭^{clang} 컴파일러를 사용해봅시다.

셸 박스 4-3 macOS에서 클랭을 이용해 [예제 4-1] 컴파일하기

```
$ clang ExtremeC_examples_chapter4_1.c -o ex4_1-macos.out
$
```

macOS는 리눅스처럼 POSIX를 준수하는 운영체제며 size 명령어는 POSIX 유틸리티 프로그램에 속하므로 macOS에도 size 명령어가 있습니다. 따라서 ex 4_1-macos.out의 정적 메모리 세그먼트를 보기 위해 같은 명령어를 사용할 수 있습니다.

셸 박스 4-4 ex4_1-macos.out의 정적 세그먼트를 살펴보는 size 명령어 사용하기

```
$ size ex4_1-macos.out
__TEXT  __DATA  __OBJC  others      dec         hex
4096    0       0       4294971392  4294975488  100002000
$ size -m ex4_1-macos.out
Segment __PAGEZERO: 4294967296
Segment __TEXT: 4096
    Section __text: 22
    Section __unwind_info: 72
    total 94
Segment __LINKEDIT: 4096
Total 4294975488
$
```

앞의 셸 박스에서 size 명령어를 두 번 실행했습니다. 두 번째 실행을 보면 탐색한 메모리 세그먼트의 자세한 내용을 알 수 있습니다. 아마 눈치챘겠지만, 리눅스처럼 macOS에서도 텍스트와 데이터 세그먼트가 있지만 BSS 세그먼트는 없습니다. macOS에도 BSS 세그먼트는 존재하지만 size 출력으로는 보이지 않는다는 점에 유의하세요. BSS 세그먼트는 초기화되지 않은 전역 변수를 포함하므로 목적 파일에서 바이트를 할당할 필요는 없으며, 전역 변수를 저장하는 데 필요한 바이트가 얼마인지를 아는 것만으로도 충분합니다.

앞의 셸 박스에서 주목할 흥미로운 점이 있습니다. 텍스트 세그먼트의 크기는 리눅스에서 1,099바이트지만, macOS에서는 4KB라는 점입니다. 가장 작은 C 프로그램에 대한 데이터 세그먼트는 리눅스에서 0이 아닌[non-zero] 크기로 나타나지만, macOS에서는 크기가 0입니다. 저수준 메모리의 세부 사항은 플랫폼마다 확실히 다릅니다.

리눅스와 macOS 간의 이러한 작은 차이에도 불구하고, 두 플랫폼은 모두 정적 레이아웃에 텍스트, 데이터, BSS 세그먼트가 있습니다. 지금부터 차차 이러한 세그먼트가 무엇에 사용되는지를 설명하겠습니다. 다음 절에서 각 세그먼트를 낱낱이 논의해보고, [예제 4-1]에 비해 각 세그먼트가 약간 다른 예제를 보겠습니다. 코드의 사소한 변화에 대한 각 세그먼트의 반응이 어떻게 다를지 살펴보려는 것입니다.

4.3.1 BSS 세그먼트

BSS 세그먼트부터 시작해봅시다. **BSS는 심벌로 시작되는 블록**[block started by symbol]을 뜻합니다. 역사적으로 이 이름은 초기화되지 않은 워드를 위해 예약된 영역을 나타내고자 사용되었습니다. 기본적으로는 초기화되지 않은 전역 변수나 0으로 설정된 전역 변수에 BSS 세그먼트를 사용합니다.

몇 개의 초기화되지 않은 전역 변수를 더해 [예제 4-1]을 확장해봅시다. 초기화되지 않은 전역 변수가 BSS 세그먼트에 할당된다는 것을 보게 될 것입니다. 다음 코드 박스는 [예제 4-2]를 나타냅니다.

코드 박스 4-2 [예제 4-2] 초기화되지 않았거나 0으로 설정된 전역 변수 몇 개를 갖는 간단한 C 프로그램(ExtremeC_examples_chapter4_2.c)

```c
int global_var1;
int global_var2;
int global_var3 = 0;

int main(int argc, char** argv) {
  return 0;
}
```

정수 global_var1, global_var2, global_var3는 초기화되지 않은 전역 변수입니다. [예제 4-1]과 비교해 리눅스에서 결과를 얻은 실행 가능한 목적 파일에 생긴 변화를 살펴보고자 size 명령어를 다시 실행합니다.

셸 박스 4-5 size 명령어로 ex4_2-linux.out의 정적 세그먼트를 확인하기

```
$ gcc ExtremeC_examples_chapter4_2.c -o ex4_2-linux.out
$ size ex4_2-linux.out
    text    data    bss     dec     hex     filename
    1099    544     16      1659    67b     ex4_2-linux.out
$
```

앞의 출력 결과를 [예제 4-1]의 출력과 비교해보면, BSS 세그먼트의 크기가 바뀌었음을 알 수 있습니다. 즉, 초기화되지 않았거나 0으로 설정된 전역 변수를 선언하면 BSS 세그먼트에 추가됩니다. 이러한 특별한 전역 변수는 정적 레이아웃에 속하며, 프로세스가 로딩될 때 미리 할당됩니다. 그리고 프로세스가 살아 있는 한 절대로 할당이 해제되지 않습니다. 즉, 정적인 수명을 가진다고 할 수 있습니다.

> NOTE_ 설계 문제 때문에 보통 알고리듬에 지역 변수를 주로 사용합니다. 전역 변수가 너무 많으면 이진 파일 크기가 커집니다. 게다가 전역 범위에 민감한 데이터를 두면 보안 문제가 생길 수 있습니다. 동시성 문제, 특히 데이터 경쟁data race, 네임스페이스 오염, 알 수 없는 소유권unknown ownership 및 전역 범위에 변수가 너무 많은 것은 전역 변수로 인한 복잡한 문제에 해당합니다.

macOS에서 [예제 4-2]를 컴파일해 size 명령어에 대한 출력을 봅시다.

셸 박스 4-6 size 명령어로 ex4_2-macos.out의 정적 세그먼트 확인하기

```
$ clang ExtremeC_examples_chapter4_2.c -o ex4_2-macos.out
$ size ex4_2-macos.out
__TEXT  __DATA  __OBJC  others      dec         hex
4096    4096    0       4294971392  4294979584  100003000

$ size -m ex4_2-macos.out
Segment __PAGEZERO: 4294967296
Segment __TEXT: 4096
```

```
    Section __text: 22
    Section __unwind_info: 72
    total 94
Segment __DATA: 4096
    Section __common: 12
    total 12
Segment __LINKEDIT: 4096
total 4294979584
$
```

그리고 다시 한번 말하자면, macOS의 경우 리눅스와는 다릅니다. 리눅스에서는 전역 변수가 없을 때 BSS 세그먼트에 8바이트를 미리 할당했습니다. [예제 4-2]에서는 초기화되지 않은 새 전역 변수 3개를 추가했고 이들 크기는 모두 합쳐 12바이트였습니다. 그리고 리눅스 C 컴파일러는 BSS 세그먼트를 8바이트만큼 더 확장했습니다. 하지만 macOS의 경우 size의 출력결과에는 여전히 BSS 세그먼트가 없지만 컴파일러는 데이터 세그먼트를 0바이트에서 4KB로 늘렸으며, 이 크기는 macOS의 기본 페이지 크기에 해당합니다. 즉, clang이 레이아웃 내에서 데이터 세그먼트에 대한 새로운 메모리 페이지를 할당했음을 의미합니다. 이는 곧 다양한 플랫폼에서 메모리 레이아웃의 세부 사항이 얼마나 다른지를 간단히 보여준다고 할 수 있습니다.

> **NOTE_** 메모리를 할당할 때 프로그램이 할당해야 하는 바이트의 크기는 중요하지 않습니다. **할당자**allocator 는 할당된 전체 크기가 프로그램에 필요한 만큼을 커버할 때까지는 항상 **메모리 페이지**memory page를 고려해서 메모리를 얻습니다. 리눅스 메모리 할당자는 다음 링크에서 찾아볼 수 있습니다(https://www.kernel.org/doc/gorman/html/understand/understand009.html).

[셸 박스 4-6]에서는 _DATA 세그먼트 안에 12바이트인 __common이라는 섹션이 있습니다. 이는 사실상 size에 대한 출력에서 BSS로 표시되지 않은 BSS 세그먼트에 해당합니다. 이 섹션은 초기화되지 않은 전역 정수 변수 3개 또는 12바이트(각 정수는 4바이트에 해당)를 나타냅니다. 초기화되지 않은 번역 변수는 기본적으로 0으로 설정됩니다. 초기화되지 않은 변수로 상상할 수 있는 다른 값은 존재하지 않습니다.

이제 다음으로 정적 메모리 레이아웃의 데이터 세그먼트를 이야기해봅시다.

4.3.2 데이터 세그먼트

데이터 세그먼트에 저장되는 변수의 종류를 알아보고자 전역 변수를 더 선언하려고 합니다. 하지만 이번에는 0이 아닌 값으로 초기화합니다. 다음의 [예제 4-3]은 [예제 4-2]를 확장한 것으로, 초기화된 전역 변수 2개를 새로 추가합니다.

코드 박스 4-3 [예제 4-3] 초기화된 것과 초기화되지 않은 전역 변수를 갖는 간단한 C 프로그램(ExtremeC_examples_chapter4_3.c)

```
int global_var1;
int global_var2;
int global_var3 = 0;

double global_var4 = 4.5;
char global_var5 = 'A';

int main(int argc, char** argv) {
  return 0;
}
```

다음 셸 박스는 리눅스에서 [예제 4-3]에 대한 size 명령어의 출력을 나타냅니다.

셸 박스 4-7 size 명령어로 ex4_3-linux.out의 정적 세그먼트 보기

```
$ gcc ExtremeC_examples_chapter4_3.c -o ex4_3-linux.out
$ size ex4_3-linux.out
   text    data    bss     dec     hex  filename
   1099     553     20    1672     688  ex4_3-linux.out
$
```

우리는 데이터 세그먼트가 0이 아닌 값으로 설정되어 초기화된 전역 변수를 저장하기 위해 사용된다는 점을 알고 있습니다. [예제 4-2]와 [예제 4-3]에 대한 size 출력 결과를 비교해보면, 데이터 세그먼트가 9바이트 증가했음을 쉽게 알아볼 수 있습니다. 9바이트는 새로 추가된 전역 변수 2개(하나는 8바이트인 double, 하나는 1바이트인 char)를 더한 크기입니다.

macOS에서의 변화를 봅시다.

```
$ clang ExtremeC_examples_chapter4_3.c -o ex4_3-macos.out
$ size ex4_3-macos.out
__TEXT  __DATA  __OBJC  others      dec         hex
4096    4096    0       4294971392  4294979584  100003000
$ size -m ex4_3-macos.out
Segment __PAGEZERO: 4294967296
Segment __TEXT: 4096
    Section __text: 22
    Section __unwind_info: 72
    total 94
Segment __DATA: 4096
    Section __data: 9
    Section __common: 12
    total 21
Segment __LINKEDIT: 4096
    total 4294979584
$
```

첫 번째 실행에서는 변화가 없었습니다. 전역 변수의 크기의 합이 여전히 4KB보다 작기 때문입니다. 하지만 두 번째 실행에서는 _DATA 세그먼트에 속하는 새로운 섹션이 보입니다. _data 섹션입니다. 이 섹션에 할당된 메모리는 9바이트이며, 이는 새로 추가한 초기화된 전역 변수의 크기에 해당합니다. 하지만 macOS에서는 [예제 4-2]와 마찬가지로, 초기화되지 않은 변수에 대해 12바이트를 갖습니다.

참고할 사항은 size 명령어는 세그먼트의 크기만을 보여줄 뿐 내용을 보여주지는 않는다는 것입니다. 각 운영체제마다 목적 파일에 있는 세그먼트의 내용을 검사할 때 사용할 수 있는 다른 명령어가 있습니다. 예를 들어 리눅스에서는 **ELF** 파일의 내용을 보는 readelf와 objdump 명령어가 있습니다. 이러한 도구는 목적 파일 내부의 정적 메모리 레이아웃을 검사할 때 사용할 수도 있습니다. 이전의 두 개 장에서 이들 명령어를 알아본 바 있습니다.

전역 변수 외에도 함수 내부에서 선언된 정적 변수static variable가 있습니다. 이 변수는 같은 함수가 여러 번 호출되는 동안 그 값을 유지합니다. 정적 변수는 플랫폼 및 초기화 여부에 따라 데이터 세그먼트 또는 BSS 세그먼트에 저장될 수 있습니다. 다음 코드 박스는 함수 내부에서 정적 변수가 선언되는 방식을 나타냅니다.

```
void func() {
  static int i;
  static int j = 1;
  ...
}
```

[코드 박스 4-4]에서처럼 i와 j는 정적 변수입니다. 변수 i는 초기화되지 않았고 j는 1로 초기화되었습니다. func 함수에 들어갔다 나오는 횟수와는 무관하며, 두 변수는 최신 값을 유지합니다.

어떻게 이러한 일이 일어나는지를 더 자세히 살펴보면, 런타임 시에 func 함수는 데이터 세그먼트 또는 BSS 세그먼트에 위치한 두 변수로 접근합니다. 이를 기본적으로 **정적**static 변수라고 합니다. 변수 j는 데이터 세그먼트에 위치하는데 초깃값을 갖기 때문입니다. 변수 i는 초기화되지 않았으므로 BSS 세그먼트 내에 있어야 합니다.

이제 BSS 세그먼트의 내용을 검사하는 두 번째 명령어를 소개하겠습니다. 리눅스에서는 목적 파일에 있는 메모리 세그먼트의 내용을 출력하기 위해 objdump 명령어를 사용할 수 있습니다. macOS에는 해당 명령어로 gobjdump가 있으며 사용하기 전에 먼저 설치해야 합니다.

[예제 4-4]에서 실행 가능한 목적 파일을 검사해 전역 변수로 데이터 세그먼트에 작성된 데이터를 찾으려고 합니다. 다음 코드 박스는 [예제 4-4]의 코드를 나타냅니다.

코드 박스 4-5 [예제 4-4] 데이터 세그먼트에 작성된 초기화된 전역 변수(ExtremeC_examples_chapter4_4.c)

```
int     x = 33;         // 0x00000021
int     y = 0x12153467;
char z[6] = "ABCDE";

int main(int argc, char**argv) {
  return 0;
}
```

이 코드는 이해하기 쉽습니다. 초깃값이 있는 전역 변수 3개만 선언합니다. 컴파일한 다음에는 작성된 값을 찾기 위해 데이터 세그먼트의 내용을 덤프해야 합니다.

다음 명령어는 데이터 세그먼트의 내용을 확인하는 컴파일 및 objdump 사용법을 나타냅니다.

셸 박스 4-9 objdump로 데이터 세그먼트의 내용 확인하기

```
$ gcc ExtremeC_examples_chapter4_4.c -o ex4_4.out
$ objdump -s -j .data ex4_4.out

ex4_4.out:        file format elf64-x86-64

Contents of section .data:
  601020 00000000 00000000 00000000 00000000  ..............
  601030 21000000 67341512 41424344 4500      !....4..ABCDE.
$
```

앞의 출력에서 특히 .data 섹션의 내용을 읽는 법을 설명하겠습니다. 왼쪽 첫 번째 열은 주소 열입니다. 다음 4개의 열은 그 내용이며, 각각은 4바이트 크기의 데이터를 나타냅니다. 따라서 한 행마다 16바이트의 내용이 있습니다. 오른쪽에 보이는 마지막 열은 중간 열에서 보이는 바이트와 같은 크기의 아스키 ^{ASCII} 표현을 나타냅니다. 점 문자는 알파벳이나 숫자로 나타낼 수 없는 문자를 뜻합니다. -s 옵션은 objdump가 선택된 섹션의 모든 내용을 보여주도록 하며, -j .data 옵션은 .data 섹션의 내용을 모두 표시하도록 명령합니다.

첫 번째 줄은 0으로 채워진 16바이트입니다. 여기에 저장된 변수는 없으니 특별한 것은 없습니다. 두 번째 줄은 주소 0x601030으로 시작하는 데이터 세그먼트의 내용을 나타냅니다. 첫 번째 4바이트는 [예제 4-4]의 변수 x에 저장된 값입니다. 그다음 4바이트는 변수 y의 값을 포함합니다. 마지막 6바이트는 배열 z 내부의 문자입니다. z의 내용은 마지막 열에 확실하게 보입니다.

[셸 박스 4-9]에 나타난 내용을 잘 살펴보면, 십진법으로 정수 33을 썼지만, 세그먼트에는 16진수 기반인 0x00000021로 달리 저장되었습니다. 변수 y의 내용도 마찬가지입니다. 0x12153467이라고 작성되었지만 0x67341512로 다르게 저장되었습니다. 바이트의 순서가 역전된 것처럼 보입니다.

이는 **엔디언**^{endianness} 개념 때문입니다. 일반적으로 **빅 엔디언**$^{big-endian}$과 **리틀 엔디언**$^{little-endian}$, 두 종류의 엔디언이 있습니다. 0x12153467은 0x12153467을 나타내는 빅 엔디언이며 가장 큰 바이트인 0x12가 맨 앞에 옵니다. 하지만 0x67341512는 0x12153467을 나타내는 리틀

엔디언이며, 가장 작은 바이트인 **0x67**이 맨 앞에 옵니다.

엔디언이 무엇이든 우리는 C 언어에서 항상 정확한 값을 읽습니다. 엔디언은 CPU의 속성이며, CPU가 다르면 최종 목적 파일에서 바이트 순서가 달라집니다. 이러한 이유로 다른 엔디언이 있는 하드웨어에서는 실행 가능한 목적 파일을 실행할 수 없습니다.

macOS 머신에서 같은 출력을 보는 것도 흥미롭겠네요. 다음 셸 박스는 **gobjdump** 명령어로 데이터 세그먼트의 내용을 확인하는 방법입니다.

셸 박스 4-10 macOS에서 gobjdump를 사용해 데이터 세그먼트의 내용 확인하기

```
$ gcc ExtremeC_examples_chapter4_4.c -o ex4_4.out
$ gobjdump -s -j .data ex4_4.out

ex4_4.out:     file format mach-o-x86-64

Contents of section .data:
100001000 21000000 67341512 41424344 4500      !...g4..ABCDE.
$
```

이 내용은 [셸 박스 4-9]의 리눅스 출력과 정확히 같은 방식으로 읽어야 합니다. macOS에서는 데이터 세그먼트에 16바이트의 제로 헤더가 없습니다. 또한 내용물의 엔디언도 리틀 엔디언 프로세서에 대해 컴파일된 이진 파일을 나타냅니다.

이 절에서 마지막으로 참고할 사항은 리눅스의 **readelf**와 macOS의 **dwarfdump**와 같은 도구도 목적 파일의 내용을 검사하기 위해 사용할 수 있다는 점입니다. 목적 파일의 이진 파일 내용은 **hexdump**와 같은 도구로도 읽을 수 있습니다.

다음 절에서는 텍스트 세그먼트를 설명하고, **objdump**로 텍스트 세그먼트를 검사하는 법을 알아보겠습니다.

4.3.3 텍스트 세그먼트

2장에서 알게 되었듯 링커는 컴파일 결과로 얻은 기계 수준의 명령어를 최종 실행 가능한 목적 파일로 작성합니다. 텍스트 세그먼트 또는 코드 세그먼트는 프로그램의 모든 기계 수준 명령어를

포함합니다. 이 명령어는 정적 메모리 레이아웃에 속해 실행 가능한 목적 파일에 위치해야 합니다. 이 명령어는 프로세서가 가져와서[fetch] 프로세스가 실행될 때 함께 실행됩니다.

더 자세히 알아보기 위해 실제 실행 가능한 목적 파일의 텍스트 세그먼트를 살펴봅시다. 이를 위한 새로운 예제를 소개합니다. 다음 코드 박스는 [예제 4-5]를 나타내며, 이 코드는 단지 비어 있는 main 함수일 뿐입니다.

코드 박스 4-6 [예제 4-5] 최소의 C 프로그램(ExtremeC_examples_chapter4_5.c)

```
int main(int argc, char** argv) {
  return 0;
}
```

실행 가능한 목적 파일의 여러 부분을 덤프하기 위해 objdump를 사용할 수 있습니다. objdump 명령어는 리눅스에서만 사용할 수 있으며, 다른 운영체제는 각각 자체적으로 같은 일을 하는 명령어 집합이 있다는 점을 참고하세요.

다음 셸 박스는 objdump를 사용해 [예제 4-5]의 결과로 나오는 실행 가능한 목적 파일에 존재하는 다양한 섹션의 내용을 추출하는 것을 예시로 보여줍니다. 출력 결과는 main 함수에 해당하는 섹션과 기계 명령어만을 보여주고자 생략된 부분이 있으니 유의하세요.

셸 박스 4-11 objdump로 main 함수에 해당하는 섹션의 내용 확인하기

```
$ gcc ExtremeC_examples_chapter4_5.c -o ex4_5.out
$ objdump -S ex4_5.out

ex4_5.out:    file format elf64-x86-64
Disassembly of section .init:

0000000000400390 <_init>:
... 결과 생략
.
.
Disassembly of section .plt:

00000000004003b0 <__libc_start_main@plt-0x10>:
... 결과 생략
```

```
00000000004004d6 <main>:
  4004d6:    55                      push    %rbp
  4004d7:    48 89 e5                mov     %rsp,%rbp
  4004da:    b8 00 00 00 00          mov     $0x0,%eax
  4004df:    5d                      pop     %rbp
  4004e0:    c3                      retq
  4004e1:    66 2e 0f 1f 84 00 00    nopw    %cs:0x0(%rax,%rax,1)
  4004e8:    00 00 00
  4004eb:    0f 1f 44 00 00          nopl    0x0(%rax,%rax,1)

00000000004004f0 <__libc_csu_init>:
... 결과 생략
 .
 .
 .
0000000000400564 <_fini>:
... 결과 생략
$
```

앞의 [셸 박스 4–11]에 보이듯 기계 수준의 명령어를 포함하는 .text, .init, .plt와 같은 다양한 섹션이 존재하며 이 섹션 모두는 프로그램이 로드 및 실행될 수 있도록 합니다. 이 섹션은 모두 실행 가능한 목적 파일 내부에 있는 정적 메모리 레이아웃에 나타나는 동일한 텍스트 세그먼트에 속합니다.

[예제 4–5]에 대해 작성한 C 프로그램은 단 하나의 함수인 main만 있습니다. 하지만 보다시피 최종 실행 가능한 목적 파일에는 다른 여러 함수가 있습니다.

[셸 박스 4–11]에 나타나는 출력은 main 함수가 C 프로그램에서 호출되는 첫 번째 함수가 아니라는 점을 보여줍니다. 그리고 main 함수 전후로 실행되는 로직이 있습니다. 2장에서 설명했듯, 리눅스에서 이러한 함수는 보통 glibc 라이브러리에서 빌려 오며, 링커가 이들을 모두 합쳐서 최종 실행 가능한 목적 파일을 형성합니다.

다음 절에서는 프로세스의 동적 메모리 레이아웃의 검사를 시작해봅니다.

4.4 동적 메모리 레이아웃 검사하기

동적 메모리 레이아웃은 실제로 프로세스의 런타임 메모리runtime memory이며 프로세스가 실행되는 동안에 존재합니다. 실행 가능한 목적 파일을 실행할 때, **로더**loader가 호출한 프로그램은 실행을 처리합니다. 이 프로그램은 프로세스를 스폰하고 초기 메모리 레이아웃을 생성하며 이는 동적 메모리 레이아웃이 됩니다. 이 레이아웃을 만들기 위해 정적 레이아웃에 있는 세그먼트는 실행 가능한 목적 파일로 복제됩니다. 새로운 세그먼트도 2개가 더해집니다. 이 과정이 끝나야 프로세스가 처리되고 실행될 수 있습니다.

즉, 실행 중인 프로세스의 메모리 레이아웃에는 세그먼트가 5개 존재한다고 할 수 있습니다. 이 중 3개는 실행 가능한 목적 파일에 있는 정적 레이아웃에서 직접 복제된 것입니다. 새로 추가된 2개의 세그먼트는 스택stack과 힙heap 세그먼트라고 합니다. 이들 세그먼트는 동적이며 프로세스가 실행 중일 때만 존재합니다. 이는 실행 가능한 목적 파일에서는 이 두 세그먼트에 대한 어떠한 흔적도 찾을 수 없다는 점을 의미합니다.

이번 절의 궁극적인 목표는 스택과 힙 세그먼트를 검사하는 것이며, 운영체제 내에서 이 세그먼트의 검사를 위해 사용할 수 있는 도구 및 위치를 소개하겠습니다. 종종 목적 파일로부터 복제된 다른 3개의 세그먼트를 고려하지 않고서 스택과 힙 세그먼트를 프로세스의 동적 메모리 레이아웃이라고 합니다. 하지만 프로세스의 동적 메모리 레이아웃은 5개 세그먼트 모두를 포함해 구성된다는 점을 항상 명심해야 합니다.

스택 세그먼트는 변수가 저장되는 기본 메모리 영역입니다. 크기가 제한된 영역이며 여기에 큰 객체는 둘 수 없습니다. 반대로 힙 세그먼트는 더 크고 조정 가능한 메모리 영역이며 큰 객체나 변수를 담을 수 있습니다. 힙 세그먼트로 작업하려면 앞에서 소개한 고유 API가 필요합니다.

동적 메모리 레이아웃은 동적 메모리 할당과는 다르다는 점을 명심하세요. 서로 다른 것을 나타내므로 두 개념을 혼동해서는 안 됩니다. 내용을 진행하면서 메모리 할당의 여러 유형, 그중에서도 특히 **동적 메모리 할당**dynamic memory allocation을 배워봅니다.

프로세스의 동적 메모리에서 발견되는 5개의 세그먼트는 메인 메모리에 속하는 부분을 참조하는데 이는 실행 중인 프로세스에 이미 **할당된**allocated, **전용**dedicated and private 메모리입니다. 문자 그대로 정적이며 변함이 없는 텍스트 세그먼트를 제외한 이들 세그먼트는, 런타임 시에 내용이 항상 변하므로 동적입니다. 프로세스가 실행되는 동안 알고리듬에 의해 이들 세그먼트가 계속 수정되기 때문입니다.

프로세스의 동적 메모리 레이아웃을 검사하려면 자체적인 절차가 필요합니다. 즉, 프로세스의 동적 메모리 레이아웃을 검사하려면 그 전에 프로세스를 실행해야 한다는 의미입니다. 그 때문에 동적 메모리를 유지하기 위해 상당히 긴 시간 동안 작동하는 예제를 작성해야 합니다. 그래야 동적 메모리 구조를 학습하는 검사 도구를 사용할 수 있습니다.

다음 절에서 동적 메모리 구조 검사 방법에 관한 예제를 제공합니다.

4.4.1 메모리 매핑

간단한 예제로 시작해봅시다. [예제 4-6]은 무한히 실행됩니다. 이렇게 하면 프로세서가 절대 종료되지 않으며, 그동안 우리는 메모리 구조를 검사할 수 있습니다. 그리고 당연히 검사가 끝날 때마다 프로세스를 **종료**kill할 수 있습니다. 다음 코드 박스에서 예제를 확인할 수 있습니다.

코드 박스 4-7 [예제 4-6] 동적 메모리 레이아웃을 검사(ExtremeC_examples_chapter4_6.c)

```
#include <unistd.h> // sleep 함수에 필요한 헤더

int main(int argc, char** argv) {
  // 무한 루프
  while (1) {
    sleep(1); // 1초 잠자기
  };
  return 0;
}
```

이 코드는 무한 루프입니다. 즉, 프로세스가 영원히 실행된다는 의미입니다. 프로세스의 메모리를 검사할 충분한 시간이 생겼습니다. 우선 빌드부터 해봅시다.

> **NOTE_** unistd.h 헤더는 유닉스 계열 운영체제, 더 정확하게는 POSIX 규격 운영체제에서만 사용할 수 있습니다. 마이크로소프트 윈도우처럼 POSIX 규격이 아닌 경우에는 windows.h 헤더 파일을 대신 포함해야만 한다는 의미입니다.

다음 셸 박스는 리눅스에서 예제를 컴파일하는 방법을 나타냅니다.

셸 박스 4-12 리눅스에서 [예제 4-6] 컴파일하기

```
$ gcc ExtremeC_examples_chapter4_6.c -o ex4_6.out
$
```

그리고 다음 명령을 실행합니다. 프로세스가 실행되는 동안 추가 명령어를 실행하기 위해 같은 프롬프트를 사용하려면, 프로세스를 백그라운드에서 시작해야 합니다.

셸 박스 4-13 백그라운드에서 [예제 4-6] 실행하기[2]

```
$ ./ex4_6.out &
[1] 402
$
```

프로세스는 이제 백그라운드에서 실행됩니다. 출력 결과에 따르면 최근 시작된 프로세스의 PID는 402이고 이 PID를 사용해 나중에 프로세스를 종료할 것입니다. PID는 프로그램을 실행할 때마다 다릅니다. 그러므로 아마 여러분의 컴퓨터에서는 다른 PID가 보일 것입니다. 프로세스를 백그라운드에서 실행할 때마다 셸 프롬프트가 즉시 리턴되어 다음 명령어를 입력할 수 있습니다.

> **NOTE_** 프로세스의 PID(프로세스 ID)가 있다면 **kill** 명령어를 사용해서 프로세스를 쉽게 종료할 수 있습니다. 예를 들어 PID가 402라면, 유닉스 계열 운영체제에서는 다음 명령어로 종료할 수 있습니다.
>
> ```
> kill -9 402
> ```

PID는 프로세스의 메모리를 검사하기 위해 사용하는 식별자입니다. 일반적으로 운영체제는 PID에 기반해 프로세스의 다양한 속성을 쿼리^{query}하는 자체적인 특정 메커니즘을 제공합니다. 하지만 여기에서는 프로세스의 동적 메모리에만 관심을 두며, 위에서 실행되는 프로세스에 대한 동적 메모리 구조를 더 자세히 알아보고자 리눅스에서 이용할 수 있는 메커니즘을 사용

---

2 옮긴이_ PID 값은 다를 수 있습니다. 이후 코드를 실행할 때 PID 값은 실제 환경의 값을 사용하세요.

하겠습니다.

리눅스 머신에서 프로세스에 관한 정보는 /proc 경로에 있는 파일에서 찾을 수 있습니다. 이 정보는 procfs라는 특별한 파일 시스템을 사용합니다. 이 파일 시스템은 실제로 파일을 저장하는 일반적인 파일 시스템을 의미하지 않습니다. 더 계층적인 인터페이스로 개별 프로세스나 시스템 전체의 다양한 속성을 쿼리합니다.

> **NOTE_** procfs는 리눅스에만 한정된 것은 아닙니다. 유닉스 계열 운영체제에 대부분 포함되지만, 모든 유닉스 계열 운영체제에서 사용하지는 않습니다. 가령 FreeBSD는 이 파일 시스템을 쓰지만 macOS는 사용하지 않습니다.

실행 중인 프로세스의 메모리 구조를 보기 위해 procfs를 사용해보겠습니다. 프로세스의 메모리는 수많은 메모리 매핑 memory mapping으로 구성됩니다. 각 메모리 매핑은 프로세스에 속하는 특정 파일이나 세그먼트에 매핑되는 메모리의 전용 영역을 나타냅니다. 요약하자면, 스택과 힙 세그먼트 모두 각 프로세스에서 고유한 메모리 매핑을 갖는다는 것을 알 수 있습니다.

procfs를 사용하면 프로세스의 현재 메모리 매핑을 관찰할 수 있습니다. 이어서 이를 보여드리겠습니다.

이 프로세스는 PID 402로 실행된다고 알고 있습니다. ls 명령어로 /proc/402 경로의 내용을 볼 수 있으며 다음과 같이 나타납니다.

셸 박스 4-14 /proc/402의 내용을 나열

```
$ ls -l /proc/402
total of 0
dr-xr-xr-x  2 root root 0 Jul 15 22:28 attr
-rw-r--r--  1 root root 0 Jul 15 22:28 autogroup
-r--------  1 root root 0 Jul 15 22:28 auxv
-r--r--r--  1 root root 0 Jul 15 22:28 cgroup
--w-------  1 root root 0 Jul 15 22:28 clear_refs
-r--r--r--  1 root root 0 Jul 15 22:28 cmdline
-rw-r--r--  1 root root 0 Jul 15 22:28 comm
-rw-r--r--  1 root root 0 Jul 15 22:28 coredump_filter
-r--r--r--  1 root root 0 Jul 15 22:28 cpuset
lrwxrwxrwx  1 root root 0 Jul 15 22:28 cwd -> /root/codes
```

```
-r--------  1 root root 0 Jul 15 22:28 environ
lrwxrwxrwx  1 root root 0 Jul 15 22:28 exe -> /root/codes/a.out
dr-x------  2 root root 0 Jul 15 22:28 fd
dr-x------  2 root root 0 Jul 15 22:28 fdinfo
-rw-r--r--  1 root root 0 Jul 15 22:28 gid_map
-r--------  1 root root 0 Jul 15 22:28 io
-r--r--r--  1 root root 0 Jul 15 22:28 limits
...
$
```

/proc/402 경로 아래에는 많은 파일과 경로가 존재합니다. 이 파일과 경로는 각각 프로세
스의 특정 속성에 해당합니다. 프로세스의 메모리 매핑을 쿼리하려면 PID 경로 아래에 있는
maps 파일의 내용을 확인해야 합니다. cat 명령어로 /proc/402/maps 파일의 내용을 덤프
하겠습니다. 내용은 다음과 같이 보입니다.

셸 박스 4-15 /proc/402/maps의 내용을 덤프하기

```
$ cat /proc/402/maps
00400000-00401000 r-xp 00000000 08:01 790655          .../
extreme_c/4.6/ex4_6.out
00600000-00601000 r--p 00000000 08:01 790655          .../
extreme_c/4.6/ex4_6.out
00601000-00602000 rw-p 00001000 08:01 790655          .../
extreme_c/4.6/ex4_6.out
7f4ee16cb000-7f4ee188a000 r-xp 00000000 08:01 787362  /lib/
x86_64-linux-gnu/libc-2.23.so
7f4ee188a000-7f4ee1a8a000 ---p 001bf000 08:01 787362  /lib/
x86_64-linux-gnu/libc-2.23.so
7f4ee1a8a000-7f4ee1a8e000 r--p 001bf000 08:01 787362  /lib/
x86_64-linux-gnu/libc-2.23.so
7f4ee1a8e000-7f4ee1a90000 rw-p 001c3000 08:01 787362  /lib/
x86_64-linux-gnu/libc-2.23.so
7f4ee1a90000-7f4ee1a94000 rw-p 00000000 00:00 0
7f4ee1a94000-7f4ee1aba000 r-xp 00000000 08:01 787342  /lib/
x86_64-linux-gnu/ld-2.23.so
7f4ee1cab000-7f4ee1cae000 rw-p 00000000 00:00 0
7f4ee1cb7000-7f4ee1cb9000 rw-p 00000000 00:00 0
7f4ee1cb9000-7f4ee1cba000 r--p 00025000 08:01 787342  /lib/
x86_64-linux-gnu/ld-2.23.so
7f4ee1cba000-7f4ee1cbb000 rw-p 00026000 08:01 787342  /lib/
```

```
x86_64-linux-gnu/ld-2.23.so
7f4ee1cbb000-7f4ee1cbc000 rw-p 00000000 00:00 0
7ffe94296000-7ffe942b7000 rw-p 00000000 00:00 0                    [stack]
7ffe943a0000-7ffe943a2000 r--p 00000000 00:00 0                    [vvar]
7ffe943a2000-7ffe943a4000 r-xp 00000000 00:00 0                    [vdso]
ffffffffff600000-ffffffffff601000 r-xp 00000000 00:00 0
[vsyscall]
$
```

[셸 박스 4-15]에서처럼 결과는 여러 행으로 구성됩니다. 각 행은 프로세스의 동적 메모리 레이아웃의 특정 파일 및 세그먼트에 할당 및 매핑되는 메모리 주소(영역)의 범위를 가리키는 메모리 매핑을 나타냅니다. 각 매핑에는 하나 이상의 공백으로 구분된 여러 필드가 있습니다. 다음으로 왼쪽에서 오른쪽으로 해당 열의 필드에 대한 설명을 볼 수 있습니다.

- **주소 범위**address range: 매핑된 범위의 시작과 끝 주소입니다. 만약 이 영역이 파일에 매핑되어 있다면 주소 앞에서 파일 경로를 볼 수 있습니다. 여러 프로세스에서 로드한, 같은 공유 목적 파일을 매핑하는 영리한 방식입니다. 이에 관해서는 3장에서 설명했습니다.

- **허가**permission: 내용물이 실행 가능한지(x), 읽을 수 있는지(r), 수정될 수 있는지(w)를 나타냅니다. 이 영역은 또한 다른 프로세서와 공유할 수 있으며(s) 소유 프로세스 전용(p)일 수도 있습니다.

- **오프셋**offset: 이 영역이 파일과 매핑되면 파일 시작점 부분에서의 오프셋이 됩니다. 만약 이 영역이 파일과 매핑되어 있지 않다면 일반적으로 0입니다.

- **장치**device: 이 영역이 파일과 매핑된 경우에는 m:n 형태의 장치 수입니다. 이는 매핑된 파일을 포함하는 장치를 가리킵니다. 예를 들면 공유 목적 파일을 포함하는 하드 디스크의 장치 수 등입니다.

- **아이노드**inode: 해당 영역이 파일과 매핑된 경우, 그 파일은 파일 시스템에 탑재되어 있어야 합니다. 그러면 이 필드가 해당 파일 시스템에서 파일의 아이노드 숫자가 됩니다. 아이노드는 유닉스 계열 운영체제에서 대부분 사용하는 ext4와 같은 파일 시스템 내의 추상적인 개념입니다. 각 아이노드는 파일 및 경로를 둘 다 표현할 수 있습니다. 모든 아이노드는 그 내용에 접근할 때 필요한 숫자를 갖습니다.

- **경로명 및 설명**pathname or description: 이 영역이 파일과 매핑된 경우, 이 부분은 파일의 경로가 됩니다. 그렇지 않다면 비어 있거나 이 영역의 목적을 서술할 것입니다. 예를 들어 [stack]은 이 영역이 실제로 스택 세그먼트임을 나타냅니다.

maps 파일은 프로세스의 동적 메모리 레이아웃에 관한 더욱 유용한 정보를 제공합니다. 이를 적절하게 설명하려면 새로운 예제가 필요합니다.

4.4.2 스택 세그먼트

먼저 스택 세그먼트에 관해 이야기해봅시다. 스택은 모든 프로세스의 동적 메모리에서 매우 중요한 부분입니다. 그리고 거의 모든 아키텍처에 존재합니다. 메모리 매핑에서 [stack]이라고 적힌 부분을 봤을 것입니다.

스택과 힙 세그먼트는 둘 다 프로세스가 실행되는 동안 계속 변하는 동적인 내용을 갖습니다. 이들 세그먼트의 동적 내용을 보기란 쉬운 일이 아니며, 일반적으로 프로세스가 실행되는 동안 메모리 바이트를 검사하고 읽기 위해 gdb와 같은 디버거debugger가 필요합니다.

앞에서 짚어본 대로 스택 세그먼트는 대체로 크기가 제한되며 큰 객체를 저장하기에 좋은 장소는 아닙니다. 만약 스택 세그먼트가 가득 찼다면 프로세스는 더 이상 함수 호출을 실행할 수 없습니다. 함수 호출 메커니즘은 스택 세그먼트의 기능에 매우 의존하기 때문입니다.

만약 프로세스의 스택 세그먼트가 가득 찼다면 프로세스는 운영체제에 의해 종료됩니다. **스택 오버플로**는 스택 세그먼트가 가득 찼을 때 발생하는 유명한 오류입니다. 함수 호출 메커니즘은 나중에 설명하겠습니다.

전에 설명한 대로 스택 세그먼트는 변수가 할당되는 기본 메모리 지역입니다. 다음과 같이 함수 안에서 하나의 변수를 선언했다고 가정해봅시다.

코드 박스 4-8 스택 세그먼트에서 할당된 메모리를 갖는 지역 변수 선언하기

```
void func() {
  // 다음 변수에 필요한 메모리는 스택 세그먼트에서 할당됩니다.
  int a;
  ...
}
```

이 함수에서 변수를 선언하는 동안, 변수가 어디에 할당되어야 하는지 컴파일러에 알려준 적이 없습니다. 따라서 컴파일러는 기본적으로 스택 세그먼트를 사용합니다. 스택 세그먼트는 할당이 이루어지는 첫 번째 장소입니다.

이름이 뜻하는 대로 이것은 **스택**stack입니다. 지역 변수를 선언할 경우, 지역 변수는 스택 세그먼트의 가장 윗부분에 할당됩니다. 만약 선언된 지역 변수의 범위를 떠난다면, 컴파일러는

선언된 지역 변수를 바깥 범위로 꺼내기 위해 가장 앞의 지역 변수를 팝pop[3]해야 합니다.

> **NOTE_** 스택은 추상적인 형태이며 **선입후출**first in, last out(FILO) 또는 **후입선출**last in, first out(LIFO) 자료 구조입니다. 구현의 세부 사항과 무관하게 모든 엔트리는 스택의 가장 윗부분에 저장(푸시push)되며 다음 엔트리에 묻힙니다. 한 엔트리는 그 위의 엔트리가 먼저 제거되지 않으면 꺼낼 수 없습니다.

변수는 스택 세그먼트에 저장되는 유일한 개체entity가 아닙니다. 함수를 호출할 때마다 **스택 프레임**stack frame이 호출한 새 엔트리가 스택 세그먼트의 위에 놓입니다. 그렇지 않다면 호출한 함수로 돌아가거나 결과물을 호출자로 반환할 수 없습니다.

건강한 스택 메커니즘을 갖는 것은 프로그램의 작동에 매우 중요합니다. 스택의 크기는 제한되므로 그 안에서 작은 변수를 선언하는 편이 제일 좋습니다. 또한, 무한한 **재귀**recursive 호출 또는 함수 호출을 지나치게 해서 스택이 너무 많은 스택 프레임으로 가득 차도 안 됩니다.

다른 측면에서 보면, 스택 세그먼트는 여러분의 데이터를 보관하고 알고리듬에서 사용하는 지역 변수를 선언하기 위해 사용하는 장소입니다. 그리고 프로그램의 실행자인 운영체제가 프로그램을 성공적으로 실행하는 내부적인 메커니즘에 필요한 데이터를 보관하는 장소이기도 합니다.

따라서 스택 세그먼트로 작업할 때는 신중해야 합니다. 스택 세그먼트를 잘못 사용하거나 데이터를 오염시키면 실행 프로세스를 방해하거나 심지어 충돌이 발생하기 때문입니다. 힙 세그먼트는 오직 개발자만이 관리하는 메모리 세그먼트입니다. 힙 세그먼트는 다음 절에서 다루겠습니다.

정적 메모리 레이아웃을 검사하기 위해 앞서 소개한 도구만을 이용한다면, 외부에서 스택 세그먼트의 내용을 확인하기가 쉽지 않습니다. 메모리의 스택 부분은 전용 데이터private data를 포함하며 민감할 수 있습니다. 또한 스택은 해당 프로세스 전용이므로 다른 프로세스가 이를 읽거나 수정할 수 없습니다.

따라서 스택 메모리를 알아보려면 프로세스에 무언가를 부착해 해당 프로세스의 눈으로 스택 세그먼트를 확인해야 합니다. 이는 **디버거** 프로그램을 사용해 수행할 수 있습니다. 디버거는 프

---

3 옮긴이_ '빼내다'로 해석합니다.

로세스에 부착되며 개발자가 대상 프로세스를 제어하고 프로세스의 메모리 내용을 조사할 수 있도록 합니다. 다음 장에서 이 기술을 사용해 스택 메모리를 검사합니다. 지금은 힙 세그먼트를 더 설명하기 위해 스택 이야기는 내려놓겠습니다. 스택은 다음 장에서 더 살펴봅니다.

4.4.3 힙 세그먼트

다음 [예제 4-7]은 힙 세그먼트에 할당된 지역을 찾기 위해 메모리 매핑을 어떻게 사용하는지를 보여줍니다. [예제 4-6]과 상당히 비슷하지만, 무한 루프에 들어가기 전에 힙 세그먼트에서 다수의 바이트를 할당합니다.

따라서 [예제 4-6]에서 한 대로 실행 프로세스에서 메모리 매핑을 검사할 수 있으며 어느 매핑이 힙 세그먼트를 참조하는지도 확인할 수 있습니다.

다음 코드 박스는 [예제 4-7]의 코드를 보여줍니다.

코드 박스 4-9 [예제 4-7] 힙 세그먼트를 검사(ExtremeC_examples_chapter4_7.c)

```
#include <unistd.h> // sleep 함수에 필요한 헤더
#include <stdlib.h> // malloc 함수에 필요한 헤더
#include <stdio.h> // printf에 필요한 헤더

int main(int argc, char** argv) {
  void* ptr = malloc(1024); // 힙에서 1KB 할당하기
  printf("Address: %p\n", ptr);
  fflush(stdout); // 강제로 출력하기
  // 무한 루프
  while (1) {
    sleep(1); // 1초 잠자기
  };
  return 0;
}
```

앞의 코드에서 malloc 함수를 사용했습니다. 힙 세그먼트에 추가 메모리를 할당하는 기본 방식입니다. 이 함수는 할당되어야 하는 바이트의 수를 받아서 제네릭 포인터로 반환합니다.

앞의 내용을 다시 떠올려 보면, 제네릭 포인터(혹은 void 포인터)는 메모리 주소를 포함하지만

역참조^{dereference}될 수 없으며 직접 사용될 수 없습니다. 사용 전에 특정 포인터형으로 형변환되어야 합니다.

[예제 4-7]에서 루프에 들어가기 전에 1,024바이트(또는 1KB)를 할당합니다. 또한 프로그램은 루프를 시작하기 전 **malloc**에서 받은 포인터의 주소를 출력합니다. 예제를 컴파일하고 [예제 4-7]에서 한 대로 실행해봅시다.

셀 박스 4-16 [예제 4 7]을 컴파일하고 실행하기

```
$ g++ ExtremeC_examples_chapter4_7.c -o ex4_7.out
$ ./ex4_7.out &
[1] 3451
Address: 0x19790010
$
```

이제 프로세스는 백그라운드에서 실행되며 PID 3451을 갖습니다.

maps 파일을 살펴보면서 이 프로세스가 매핑된 메모리 영역을 봅시다.

셀 박스 4-17 /proc/3451/maps의 내용을 덤프하기

```
$ cat /proc/3451/maps
00400000-00401000 r-xp 00000000 00:2f 176521          .../
extreme_c/4.7/ex4_7.out
00600000-00601000 r--p 00000000 00:2f 176521          .../
extreme_c/4.7/ex4_7.out
00601000-00602000 rw-p 00001000 00:2f 176521          .../
extreme_c/4.7/ex4_7.out
01979000-0199a000 rw-p 00000000 00:00 0               [heap]
7f7b32f12000-7f7b330d1000 r-xp 00000000 00:2f 30      /lib/
x86_64-linux-gnu/libc-2.23.so
7f7b330d1000-7f7b332d1000 ---p 001bf000 00:2f 30      /lib/
x86_64-linux-gnu/libc-2.23.so
7f7b332d1000-7f7b332d5000 r--p 001bf000 00:2f 30      /lib/
x86_64-linux-gnu/libc-2.23.so
7f7b332d5000-7f7b332d7000 rw-p 001c3000 00:2f 30      /lib/
x86_64-linux-gnu/libc-2.23.so
7f7b332d7000-7f7b332db000 rw-p 00000000 00:00 0
7f7b332db000-7f7b33301000 r-xp 00000000 00:2f 27      /lib/
x86_64-linux-gnu/ld-2.23.so
```

```
7f7b334f2000-7f7b334f5000 rw-p 00000000 00:00 0
7f7b334fe000-7f7b33500000 rw-p 00000000 00:00 0
7f7b33500000-7f7b33501000 r--p 00025000 00:2f 27        /lib/
x86_64-linux-gnu/ld-2.23.so
7f7b33501000-7f7b33502000 rw-p 00026000 00:2f 27        /lib/
x86_64-linux-gnu/ld-2.23.so
7f7b33502000-7f7b33503000 rw-p 00000000 00:00 0
7ffdd63c2000-7ffdd63e3000 rw-p 00000000 00:00 0         [stack]
7ffdd63e7000-7ffdd63ea000 r--p 00000000 00:00 0         [vvar]
7ffdd63ea000-7ffdd63ec000 r-xp 00000000 00:00 0         [vdso]
ffffffffff600000-ffffffffff601000 r-xp 00000000 00:00 0
[vsyscall]
$
```

[셸 박스 4-17]을 유심히 보면 강조 표시된 새로운 매핑을 볼 수 있습니다. 이는 [heap]이
라고 되어 있습니다. 이 영역은 malloc 함수를 사용했기에 추가되었습니다. 이 영역의 크기
를 계산한다면 0x21000바이트 또는 132KB에 해당합니다. 단 1KB를 할당하기 위해 메모리
영역의 크기는 132KB가 할당되었다는 의미입니다.

이는 주로 malloc을 나중에 다시 사용할 때 메모리를 추가로 할당하지 않고자 수행됩니다. 간
단히 말하면 힙 세그먼트에서 메모리 할당에 드는 비용은 저렴하지 않은데, 힙 세그먼트가 메
모리 및 시간 오버헤드를 갖기 때문입니다.

[코드 박스 4-9]의 코드로 돌아가보면 ptr 포인터가 가리키는 주소도 흥미롭습니다. [셸 박스
4-17]에 보이는 힙의 메모리 매핑은 0x01979000부터 0x0199a000까지의 주소로 할당되어
있으며, ptr에 저장된 주소는 0x19790010입니다. 이는 명백히 힙 범위 내에 있으며 16바이
트의 오프셋만큼 떨어져 위치합니다.

힙 세그먼트는 132KB보다 훨씬 더 커질 수 있고, 수십 기가바이트에 달할 수도 있으며, 영구
적이고, 전역적인, 배열이나 비트 스트림 같은 아주 큰 객체에 사용됩니다.

앞서 짚어본 대로 힙 세그먼트 내부에서 할당 및 해제는 표준 C가 제공하는 특정 함수를 호출
하는 프로그램이 필요합니다. 스택 세그먼트의 가장 윗부분에는 지역 변수가 있으며 메모리로
직접 상호작용하고 사용할 수 있지만, 힙 메모리는 포인터를 통해서만 접근할 수 있습니다. 바
로 이러한 이유로 모든 C 개발자는 포인터를 알아야 하고 사용할 수 있어야 합니다. 힙 공간에
접근하기 위해 포인터를 사용하는 법을 설명하는 [예제 4-8]을 가져와봅시다.

```c
#include <stdio.h>   // printf를 위한 헤더
#include <stdlib.h> // malloc과 free 함수를 위한 헤더

void fill(char* ptr) {
  ptr[0] = 'H';
  ptr[1] = 'e';
  ptr[2] = 'l';
  ptr[3] = 'l';
  ptr[5] = 0;
}

int main(int argc, char** argv) {
  void* gptr = malloc(10 * sizeof(char));
  char* ptr = (char*)gptr;
  fill(ptr);
  printf("%s!\n", ptr);
  free(ptr);
  return 0;
}
```

이 프로그램은 malloc 함수를 사용해서 힙 공간에 10바이트를 할당합니다. malloc 함수는 할당되어야 하는 바이트의 숫자를 받고, 할당된 메모리 블록의 첫 번째 바이트의 주소를 가리키는 제네릭 포인터를 반환합니다.

반환된 포인터를 사용하려면 알맞은 포인터형으로 형변환해야 합니다. 문자를 저장하기 위해 할당된 메모리를 사용하려 하므로, char 포인터로 형변환하겠습니다. fill 함수를 호출하기 전에 형변환해야 합니다.

지역 포인터 변수인 gptr과 ptr은 스택에 할당되었으니 주의하세요. 이들 포인터는 값을 저장할 메모리가 필요하고, 이 메모리는 스택 세그먼트에서 가져옵니다. 하지만 이 포인터가 가리키는 주소는 힙 세그먼트 내부에 있습니다. 이것이 힙 세그먼트로 작업할 때의 문제입니다. 스택 세그먼트에서 할당받은 지역 포인터를 갖지만, 그 포인터는 실제로 힙 세그먼트에 할당된 지역을 가리킵니다. 이에 관해서는 다음 장에서 더 살펴보겠습니다.

fill 함수 안에 있는 ptr 포인터도 스택에서 할당되었지만 다른 스코프에 있으며, main 함수에서 선언된 ptr 포인터와는 다르다는 점을 참고하세요.

힙 메모리는 프로그램 또는 실제로 개발자가 메모리 할당을 담당합니다. 프로그램은 메모리가 더 이상 필요하지 않을 때 해제를 맡기도 합니다. 접근 불가능한 힙 메모리를 할당받는 것은 **메모리 누수**memory leak로 간주됩니다. 접근이 불가능하므로 해당 영역의 주소를 나타내기 위해 사용할 수 있는 포인터가 없다는 의미입니다.

메모리 누수가 증가하면 결국 허용된 메모리 공간 전체를 다 써서 프로세스가 종료될 수 있으므로 메모리 누수는 치명적입니다. 이러한 이유로 프로그램은 `main` 함수에서 반환되기 전 `free` 함수를 호출합니다. `free` 함수를 호출하면 확보했던 힙 메모리 블록을 해제할 것이고, 프로그램은 해당 힙 주소를 더 이상 사용하지 못합니다.

스택과 힙 세그먼트의 더 자세한 내용은 다음 장에서 이어집니다.

4.5 마무리

4장의 처음 목표는 유닉스 계열 운영체제에서 프로세스 메모리 구조의 개요를 제공하는 것이 었습니다. 이번 장에서 많은 내용을 다뤘으니 잠시 시간을 내서 지금까지 다룬 내용을 읽어보세요. 이제 이해한 내용을 더 편하게 느끼게 될 것입니다.

- 실행 프로세스의 동적 메모리 구조뿐만 아니라 실행 가능한 목적 파일의 정적 메모리 구조도 설명했습니다.
- 새 프로세스가 현재 실행 가능한 목적 파일로부터 스폰될 때 텍스트 세그먼트 또는 코드 세그먼트가 기계 수준의 명령어를 저장하는 수단으로 사용된다는 점을 알아봤습니다.
- 데이터 세그먼트는 초기화된 전역 변수를 저장하는 데 사용된다고 설명했습니다.
- `size`와 `objdump` 명령어로 목적 파일의 내부를 검사했습니다. 또한 목적 파일의 내부에서 세그먼트를 찾기 위해 `readelf` 같은 목적 파일 덤퍼object file dumper를 사용할 수 있습니다.
- 프로세스의 동적 메모리 레이아웃을 검사했습니다. 프로세스의 모든 세그먼트는 정적 메모리 레이아웃에서 동적 메모리로 복제됨을 이해했습니다. 하지만 동적 메모리 레이아웃에는 새로운 세그먼트가 2가지 존재했습니다. 스택과 힙 세그먼트입니다.
- 스택 세그먼트는 할당에 필요한 기본 메모리 영역이라고 설명했습니다.
- 지역 변수는 언제나 스택 영역의 맨 위에 할당된다고 학습했습니다.

- 스택 세그먼트 내의 함수 호출에 대한 비밀과 그 작동 방식을 살펴봤습니다.

- 힙 메모리 영역을 할당 및 해제하려면 특정 API 또는 함수 집합을 사용해야 한다는 점을 알게 되었습니다. 이 API는 C의 표준 라이브러리가 제공합니다.

- 메모리 누수를 설명했으며 메모리 누수가 힙 메모리 지역에서 어떻게 발생하는지도 알아봤습니다.

다음 5장은 스택과 힙 세그먼트의 구체적인 내용을 살펴봅니다. 5장에서는 4장에서 다룬 주제를 초석으로 삼아 더 쌓아나가봅니다. 더 많은 예제를 제공하고 새로운 검사 도구를 소개하며 C 언어의 메모리 관리에 대한 논의를 마무리합니다.

## CHAPTER 5

스택과 힙

앞서 실행 중인 프로세스의 메모리 레이아웃을 살펴봤습니다. 메모리 구조와 다양한 세그먼트의 충분한 지식 없이 시스템을 프로그래밍하는 것은 인체 구조를 알지 못하면서 수술하는 것과 마찬가지입니다. 4장에서는 프로세스 메모리 레이아웃의 여러 세그먼트에 관한 기초 지식을 학습했습니다. 이번 5장에서는 가장 자주 사용되는 세그먼트인 스택과 힙을 집중적으로 살펴보겠습니다.

개발자는 대부분 스택과 힙 세그먼트를 다루기 바쁩니다. 데이터 및 BSS 세그먼트는 사용 빈도가 낮고, 개발자가 통제할 권한도 적습니다. 데이터 및 BSS 세그먼트는 컴파일러가 생성하는 데다, 프로세스의 수명^{lifetime} 동안 프로세스의 전체 메모리에서 차지하는 비율도 낮기 때문입니다. 그렇다고 해서 데이터 및 BSS 세그먼트가 중요하지 않다는 의미는 아닙니다. 이들 세그먼트에 직결되는 이슈도 있습니다. 하지만 개발자인 여러분이 스택과 힙을 다루며 대부분의 시간을 보내기 마련이므로, 메모리 문제의 원인은 대체로 스택과 힙 세그먼트에 있습니다.

5장에서는 다음 내용을 학습합니다.

- 스택 세그먼트를 검사하는 방법과 검사에 필요한 도구
- 스택 세그먼트의 메모리 자동 관리 수행 방법
- 스택 세그먼트의 다양한 특징
- 스택 세그먼트 사용법의 가이드라인과 모범 사례

- 힙 세그먼트를 검사하는 방법

- 힙 메모리 블록을 할당 및 해제하는 방법

- 힙 세그먼트 사용법의 가이드라인과 모범 사례

- 메모리가 제한된 환경과 성능이 더 나은 환경에서의 메모리 튜닝

스택 세그먼트를 낱낱이 살펴보면서 학습을 시작해봅시다.

5.1 스택

프로세스는 힙 세그먼트 없이 계속 작동할 수 있지만, 스택 세그먼트가 없다면 불가능합니다. 이 말은 많은 의미를 내포합니다. 스택은 프로세스의 수명에서 주요 부분에 해당하며, 스택 없이는 프로세스가 계속 실행할 수 없습니다. 함수 호출에 관한 메커니즘 때문입니다. 앞 장에서 간단히 설명한 대로 스택 세그먼트를 이용해야 함수를 호출할 수 있습니다. 스택 세그먼트가 없다면 함수는 호출될 수 없으며, 결국 실행도 불가능하다는 의미입니다.

그러므로 스택 세그먼트 및 내용물은 프로세스의 정상적인 실행을 위해 세심하게 다뤄야 합니다. 그뿐만 아니라 스택의 내용을 건드리면 프로세스의 실행을 방해하고 중단시킬 수 있습니다. 스택 세그먼트에서 이뤄지는 할당은 빠르며 어떤 특별한 함수 호출도 필요하지 않습니다. 또한 메모리 해제 및 모든 메모리 관리도 자동으로 됩니다. 스택의 이런 매력적인 특성은 스택을 남용하는 원인입니다.

스택은 조심해서 사용해야 합니다. 스택 세그먼트를 사용할 때는 스택 고유의 문제가 발생합니다. 스택은 아주 크지는 않으므로 큰 객체를 저장할 수 없습니다. 그리고 스택의 내용을 잘못 사용하면 실행이 중지되고 충돌이 발생합니다. 다음 코드가 그 예제입니다.

코드 박스 5-1 버퍼 오버플로 상황: 스택의 내용을 덮어 쓰는 strcpy 함수

```
#include <string.h>

int main(int argc, char** argv) {
  char str[10];
  strcpy(str,
```

```
        "akjsdhkhqiueryo34928739r27yeiwuyfiusdciuti7twe79ye");
    return 0;
}
```

이 코드를 실행하면 프로그램은 충돌이 발생할 가능성이 큽니다. `strcpy`가 스택의 내용을 덮어쓰기 때문이며, 흔히 이를 스택 스매싱^{smashing}이라고도 합니다. [코드 박스 5-1]에서 보듯 배열 `str`은 10개의 문자열이 있습니다. 하지만 `strcpy`는 배열 `str`에 10개가 넘는 문자를 쓰고 있습니다. 잠시 뒤에 살펴볼 내용처럼, 이는 사실상 이전에 푸시한 변수와 스택 프레임에 덮어 쓰는 것이며, 프로그램은 `main` 함수에서 반환된 잘못된 명령으로 건너뜁니다. 그래서 결국 계속해서 실행할 수 없습니다.

이 예제를 통해 스택 세그먼트의 섬세한 면을 잘 이해하기를 바랍니다. 이 장의 전반부에서는 스택을 자세히 들여다보고 검증해보려고 합니다. 우선 스택을 검사하는 것부터 시작하겠습니다.

5.1.1 스택 검사하기

스택을 더 알기 전에 스택을 읽고 수정할 수 있어야 합니다. 이전 장에서 설명했듯 스택 세그먼트는 소유자 프로세스만이 읽고 수정할 권한을 갖는 전용^{private} 메모리입니다. 스택을 읽거나 변경하려면 스택을 소유하는 프로세스에 속해야 합니다.

여기서 새로운 도구인 **디버거**^{debugger}가 등장합니다. 디버거는 **디버그**^{debug}하려는 다른 프로세스에 붙여서 사용하는 프로그램입니다. 보통 디버거가 프로세스를 디버깅하면서 하는 작업 중에는 다양한 메모리 세그먼트를 관찰하고 다루는 일이 있습니다. 프로세스를 디버깅할 때만 전용 메모리 블록을 읽고 수정할 수 있습니다. 디버깅 과정에서 할 수 있는 또 다른 작업은 프로그램 명령어의 실행 순서를 제어하는 일입니다. 이번 절에서는 디버거로 디버깅하는 법에 관해 간단한 예를 들겠습니다.

예제부터 시작해봅시다. [예제 5-1]에서 디버깅을 위해 프로그램을 컴파일하는 법과 디버깅을 준비하는 법을 보여드리겠습니다. 그리고 GNU 디버거인 **gdb**으로 프로그램을 실행해 스택 메모리를 읽는 법도 설명하겠습니다. 예제에서는 스택의 상단에 할당된 문자열 배열을 선언한 뒤 배열의 원소에 문자열을 덧붙입니다. 다음 [코드 박스 5-2]에서 볼 수 있습니다.

```c
#include <stdio.h>

int main(int argc, char** argv) {
  char arr[4];
  arr[0] = 'A';
  arr[1] = 'B';
  arr[2] = 'C';
  arr[3] = 'D';
  return 0;
}
```

이 프로그램은 간단하고 내용도 이해하기 쉽습니다. 그렇다면 메모리 내부에서는 어떤 일이 벌어질까요?

우선 힙에 메모리를 할당하는 **malloc** 함수를 사용하지 않으므로 배열 **arr**에 필요한 메모리는 스택에 할당합니다. 스택 세그먼트는 변수와 배열이 할당되는 기본 장소라는 점에 유의하세요.

힙에 메모리를 할당하려면 **malloc**이나 이와 비슷한 **calloc**과 같은 함수를 호출해야 합니다. 그렇지 않으면 메모리는 스택에, 더 정확하게는 스택의 최상단에 할당됩니다.

프로그램을 디버깅하려면 디버깅 용도의 이진 파일이 반드시 빌드되어야 합니다. 즉, 컴파일러로 디버그 심벌^{debug symbol}을 포함하는 이진 파일이 필요하다고 전달해야 합니다. 디버그 심벌은 실행되는 코드 또는 충돌을 야기하는 코드를 찾아내는 데 사용됩니다. [예제 5-1]을 컴파일해 디버그 심벌을 포함하는 실행 가능한 목적 파일을 만들어봅시다.

먼저 예제를 빌드합니다. 리눅스 환경에서 컴파일합니다.

셸 박스 5-1 디버그 옵션 -g로 [예제 5-1] 컴파일하기

```
$ gcc -g ExtremeC_examples_chapter5_1.c -o ex5_1_dbg.out
$
```

컴파일러에 **-g** 옵션을 전달하면 최종 실행 가능한 목적 파일에 디버깅 정보가 삽입됩니다. 컴파일할 때 소스에 디버그 옵션이 있는지에 따라 이진 파일의 크기도 다릅니다. 그런 다음 실행 가능한 목적 파일 2개의 크기가 다르다는 것을 알 수 있습니다. 첫 번째 파일은 **-g** 옵션 없이 빌드된 것이며 두 번째 파일은 **-g** 옵션으로 빌드한 것입니다.

-g 옵션이 있거나 없는, 출력된 실행 가능한 목적 파일의 크기

```
$ gcc ExtremeC_examples_chapter5_1.c -o ex5_1.out
$ ls -al ex5_1.out
-rwxrwxr-x 1 kamranamini kamranamini 8640 jul 24 13:55 ex5_1.out
$ gcc -g ExtremeC_examples_chapter5_1.c -o ex5_1_dbg.out
$ ls -al ex5_1_dbg.out
-rwxrwxr-x 1 kamranamini kamranamini 9864 jul 24 13:56 ex5_1_dbg.out
$
```

디버그 심벌을 포함하는 실행 파일이 있으니 이제 프로그램을 실행할 디버거를 사용할 수 있습니다. 이 예제에서는 [예제 5-1]을 디버그하기 위해 **gdb**를 사용하겠습니다. 다음은 디버거를 시작하는 명령어입니다.

셸 박스 5-3 [예제 5-1]의 디버거를 시작하기

```
$ gdb ex5_1_dbg.out
```

> **NOTE_** gdb는 보통 리눅스 시스템에서 **build-essentials**의 일부로 설치됩니다. macOS 시스템에서는 다음과 같이 **brew** 패키지 매니저를 사용해 설치할 수 있습니다.
>
> ```
> brew install gdb
> ```

디버거를 실행한 이후의 결과는 다음 [셸 박스 5-4]와 비슷합니다.

셸 박스 5-4 실행한 뒤 디버거의 결과

```
$ gdb ex5_1_dbg.out
GNU gdb (Ubuntu 7.11.1-0ubuntu1~16.5) 7.11.1
Copyright (C) 2016 Free Software Foundation, Inc.
License GPLv3+: GNU GPL version 3 or later http://gnu.org/
licenses/gpl.html
...
Reading symbols from ex5_1_dbg.out...done.
(gdb)
```

눈치챘겠지만 이 명령어는 리눅스 머신에서 실행했습니다. gdb는 디버깅 명령어를 전달하는 커맨드 라인 인터페이스를 갖습니다. 디버거에 입력값으로 지정된 실행 가능한 목적 파일을 실행하려면 명령어 r(또는 run)을 입력하세요. 다음 [셸 박스 5-5]는 run 명령어가 프로그램을 어떻게 실행하는지를 나타냅니다.

셸 박스 5-5 run 명령어를 전달한 뒤 디버거의 출력

```
...
Reading symbols from ex5_1_dbg.out...done.
(gdb) run
Starting program: .../extreme_c/5.1/ex5_1_dbg.out
[Inferior 1 (process 9742) exited normally]
(gdb)
```

run 명령어를 전달한 뒤 앞의 셸 박스에서 gdb는 프로세스를 시작하고, 프로세스에 추가^{attach} 된 뒤, 프로세스가 명령어를 실행하고 종료하도록 합니다. gdb는 프로그램을 방해하지 않았습니다. **중단점**^{breakpoint}를 설정하지 않았기 때문입니다. 중단점은 gdb가 프로그램의 실행을 멈추고 나중의 명령어를 기다리도록 하는 표시^{indicator}입니다. 중단점은 원하는 대로 얼마든 쓸 수 있습니다.

다음으로는 main 함수에 b (또는 break) 명령어를 사용해 중단점을 설정합시다. 중단점을 설정하면 gdb는 프로그램이 main 함수에 진입할 때 실행을 중단합니다. main 함수에서 중단점을 설정하는 방법은 다음 [셸 박스 5-6]에서 볼 수 있습니다.

셸 박스 5-6 gdb에서 main 함수의 중단점 설정하기

```
(gdb) break main
Breakpoint 1 at 0x400555: file ExtremeC_examples_chapter5_1.c, line 6.
(gdb)
```

프로그램을 다시 실행합시다. 프로그램은 새 프로세스를 만들고 gdb는 새 프로세스에 추가됩니다. 이어서 그 결과를 볼 수 있습니다.

```
(gdb) r
Starting program: .../extreme_c/5.1/ex5_1_dbg.out

Breakpoint 1, main (argc=1, argv=0x7fffffffcbd8) at ExtremeC_examples_chapter5_1.c:6
6           int main(int argc, char** argv) {
(gdb)
```

main 함수가 있는 6번 행에서 실행이 멈췄습니다. 그리고 나서 디버거는 다음 명령어를 기다립니다. 이제 gdb에 코드의 다음 행을 실행하고 또 멈추라고 할 수 있습니다. 즉, 프로그램을 하나하나, 한 줄 한 줄 실행합니다. 이러한 방식으로 메모리 내부의 변수와 변수가 갖는 값을 살펴보고 검사할 수 있는 충분한 시간을 확보합니다. 바로 이 방법이 실제로 스택과 힙 세그먼트를 검사할 때 사용할 방법입니다.

다음 [셀 박스 5-8]에서 코드의 다음 행을 실행하는 n(또는 next) 명령어를 사용하는 방법을 확인할 수 있습니다.

셀 박스 5-8 코드의 다음 행을 실행하는 n(또는 next) 명령어 사용하기

```
(gdb) n
8           arr[0] = 'A';
(gdb) n
9           arr[1] = 'B';
(gdb) next
10          arr[2] = 'C';
(gdb) next
11          arr[3] = 'D';
(gdb) next
12          return 0;
(gdb)
```

이제 디버거에 print arr 명령어를 입력하면 배열 내용이 문자열로 나타납니다.

셀 박스 5-9 gdb로 arr 배열의 내용 프린트하기

```
(gdb) print arr
$1 = "ABCD"
(gdb)
```

주제로 다시 돌아가면, 스택 메모리의 내부를 살펴볼 수 있는 gdb를 소개했습니다. 이제 디버그를 할 수 있습니다. 스택 세그먼트를 갖는 프로세스가 있고, 프로세스는 정지되었고, 메모리를 탐색할 gdb 커맨드 라인이 있습니다. 배열 arr에 할당된 메모리를 프린트하며 디버그를 시작해봅시다.

셀 박스 5-10 배열 arr로 시작하는 메모리의 바이트 프린트하기[1]

```
(gdb) x/4b arr
0x7fffffffcae0: 0x41    0x42    0x43    0x44
(gdb) x/8b arr
0x7fffffffcae0: 0x41    0x42    0x43    0x44    0xff    0x7f
0x00    0x00
(gdb)
```

첫 번째 명령어 x/4b는 arr이 가리키는 지역에서 4바이트를 나타냅니다. arr는 배열의 첫 번째 원소를 가리키는 포인터라는 점에 주의하세요. 그러므로 arr는 메모리를 따라서 움직이도록 사용될 수 있습니다.

두 번째 명령어 x/8b는 arr 이후의 8바이트를 나타냅니다. [예제 5-1]에 쓰인 코드에 따라, 그리고 [코드 박스 5-2]에 나타난 대로 A, B, C, D 값은 배열 arr에 저장됩니다. 배열에는 실제 문자열이 아니라 아스키값이 저장된다는 점을 알아야 합니다. A의 아스키 값은 10진법으로는 65, 16진수로는 0x41입니다. B는 66 또는 0x42입니다. 보다시피 gdb에서 프린트된 값은 배열 arr에 저장된 값 그대로입니다.

두 번째 명령어의 나머지 4바이트는 뭘까요? 이 바이트는 스택에 속한 것으로, main 함수를 호출하는 동안 스택 맨 위에 놓인 최근의 스택 프레임의 데이터를 포함합니다.

스택 세그먼트는 다른 세그먼트와 정반대 방식으로 채워진다는 점을 명심하세요.

다른 메모리 지역은 작은 주소부터 시작해서 주솟값이 더 커지는 방향으로 채워집니다. 하지만 스택 세그먼트는 그렇지 않습니다. 스택 세그먼트는 큰 주소부터 채워지고 점차 주솟값은 작아집니다. 그 원인은 현대 컴퓨터의 발달 역사에도 있고, 스택 세그먼트의 기능이 스택 자료구조와 비슷하게 작동한다는 데도 있습니다.

....

1 옮긴이_ 만약 x/4b arr를 입력한 결과가 10진수로 나타나는 경우, x/4bx arr를 입력하면 16진수로 확인할 수 있습니다.

이렇게 설명했는데도 [셀 박스 5-10]처럼 주소가 커지는 방향으로 스택 세그먼트를 읽는다면, 사실상 스택 세그먼트에 이미 푸시된 내용을 읽는 것에 불과합니다. 그리고 이 바이트를 변경하려고 한다면 스택을 변경하는 것이고, 좋은 방식이 아닙니다. 이것이 왜 위험한지 그리고 그 방법은 무엇인지 다음 단락에서 예를 들어 설명하겠습니다.

왜 배열 arr의 크기보다 더 큰 값이 보이는 걸까요? gdb는 우리가 요청한 메모리의 바이트 수를 검사하기 때문입니다. 명령어 x는 배열의 경계를 신경 쓰지 않습니다. 이 명령어로 범위를 출력하려면 단지 시작 주소와 바이트 수만 필요합니다.

스택 내부의 값을 변경하려면 명령어 set을 사용해야 합니다. 이 명령어는 기존 메모리 셀을 수정할 수 있도록 합니다. 이 경우 메모리 셀은 배열 arr에 있는 개별 바이트를 참조합니다.

셀 박스 5-11 set 명령어로 배열의 개별 바이트 변경하기

```
(gdb) x/4b arr
0x7fffffffcae0: 0x41    0x42    0x43    0x44
(gdb) set arr[1] = 'F'
(gdb) x/4b arr
0x7fffffffcae0: 0x41    0x46    0x43    0x44
(gdb) print arr
$2 = "AFCD"
(gdb)
```

set 명령어를 사용해 배열 arr의 두 번째 원소를 F로 두었습니다. 배열의 경계 바깥에 있는 주소를 변경할 때도 gdb를 이용할 수 있습니다.

다음의 수정된 내용을 잘 살펴보세요. 이제 배열 arr보다 훨씬 더 큰 주소에 위치한 바이트를 수정하려고 합니다. 그리고 앞서 설명했듯 스택에 이미 푸시된 내용을 변경할 것입니다. 스택 메모리는 다른 세그먼트와는 정반대의 방식으로 채워진다는 점에 유의하세요.

셀 박스 5-12 배열의 경계 바깥에 있는 개별 바이트 변경하기

```
(gdb) x/20x arr
0x7fffffffcae0: 0x41    0x42    0x43    0x44    0xff    0x7f    0x00    0x00
0x7fffffffcae8: 0x00    0x96    0xea    0x5d    0xf0    0x31    0xea    0x73
0x7fffffffcaf0: 0x90    0x05    0x40    0x00
(gdb) set *(0x7fffffffcaed) = 0xff
```

```
(gdb) x/20x arr
0x7fffffffcae0: 0x41    0x42    0x43    0x44    0xff    0x7f    0x00    0x00
0x7fffffffcae8: 0x00    0x96    0xea    0x5d    0xf0    0xff    0x00    0x00
0x7fffffffcaf0: 0x00    0x05    0x40    0x00
(gdb)
```

이게 전부입니다. 배열의 경계 바깥에 있는 **0x7fffffffcaed** 주소에 **0xff** 값을 썼습니다. 이 값은 main 함수에 진입하기 전에 푸시된 스택 프레임 안에 존재하는 바이트입니다.

실행을 계속한다면 어떤 일이 발생할까요? 스택의 중요 바이트를 수정했다면 충돌이 일어나거나 어떤 메커니즘에 따라 이 수정이 감지되어 프로그램의 실행이 중단됩니다. 명령어 c(또는 continue)는 gdb에서 프로세스를 계속해서 실행할 것입니다. 다음 [셸 박스 5-13]에서 확인할 수 있습니다.

셸 박스 5-13 스택의 중요 바이트를 변경하면 프로세스가 종료됨

```
(gdb) c
Continuing.
*** stack smashing detected ***: .../extreme_c/5.1/ex5_1_dbg.out terminated

Program received signal SIGABRT, Aborted.
0x00007ffff7a42428 in __GI_raise (sig=sig@entry=6) at ../sysdeps/Unix/sysv/linux/
raise.c:54
54      ../sysdeps/Unix/sysv/linux/raise.c: No such file or directory.
(gdb)
```

여기서 방금 스택을 스매싱했습니다! 여러분이 할당하지 않은 주소에 있는 스택 내용을 수정한다면, 그것이 단 1바이트라고 하더라도 매우 위험할 수 있으며 일반적으로 충돌을 일으키거나 갑자기 종료됩니다.

앞서 말한 대로 프로그램의 실행에 필수인 절차의 대부분은 스택 메모리에서 수행됩니다. 그러므로 스택 변수를 작성할 때는 매우 주의를 기울여야 합니다. 변수나 배열에 정의된 경계 바깥의 어떠한 값도 쓰지 않아야 합니다. 스택 메모리에서 주소는 점점 더 작아지기 때문입니다. 그러면 이미 작성된 바이트에 덮어 쓰기 십상입니다.

디버그를 마치고 나면 gdb에서 나갈 준비가 되었으니 간단히 명령어 q(또는 quit)을 사용합

니다. 이제 디버거에서 나와 터미널로 돌아왔을 것입니다.

추가로 참고할 점은 스택의 가장 위에 할당된 **버퍼**^{buffer}(바이트 또는 문자열 배열의 다른 이름)에 확인되지 않은 값^{unchecked value}을 작성하는 일은 취약점^{vulnerability}으로 간주된다는 것입니다. 공격자는 치밀하게 설계한 배열을 프로그램에 주입해서 프로그램을 통제할 수 있습니다. **버퍼 오버플로**^{buffer overflow} 공격 때문에 이는 대개 **익스플로잇**^{exploit}[2]이라고 합니다.

다음 프로그램은 이러한 취약점을 나타냅니다.

코드 박스 5-3 버퍼 오버플로 취약성을 나타내는 프로그램

```c
int main(int argc, char** argv) {
  char str[10];
  strcpy(str, argv[1]);
  printf("Hello %s!\n", str);
}
```

앞의 코드는 argv[1] 입력값의 내용과 크기를 검사하지 않고 배열 str에 곧바로 복제합니다. 그리고 이 값은 스택의 맨 위에 할당됩니다.

운이 좋다면 이 코드는 충돌을 일으킬 것입니다. 그러나 (흔치 않지만) 위험한 어떤 경우에는 익스플로잇을 야기할 수 있습니다.

5.1.2 스택 메모리 사용 시 주의점

스택 세그먼트가 무엇이고 어떻게 작동하는지 더 잘 알게 되었으니, 모범 사례와 주의할 점을 설명하겠습니다. **스코프**^{scope}라는 개념을 잘 알아야 합니다. 각 스택 변수는 고유의 스코프를 갖고, 이 스코프는 변수의 수명을 결정합니다. 이는 스택 변수가 한 스코프 내에서 수명을 시작해서 해당 스코프를 떠나면 죽는다는 것을 의미합니다. 즉, 스코프는 스택 변수의 수명을 결정합니다.

스택 변수를 메모리에서 자동으로 할당하고 해제할 수는 있지만 오직 스택 변수에만 해당합니다. 이러한 자동 메모리 관리는 스택 세그먼트의 고유 특성에서 비롯됩니다.

----

2 옮긴이_ 취약점 공격

스택 변수를 선언할 때마다 이 변수는 스택 세그먼트의 가장 윗부분에 할당됩니다. 할당은 자동으로 이뤄지며 이는 변수 수명의 시작으로 기록될 수 있습니다. 이후에 더 많은 다른 변수와 스택 프레임이 스택의 맨 위에 놓입니다. 변수가 스택에 존재하고 다른 변수가 그 위에 놓이는 한 그 변수는 계속 살아남습니다.

그러나 결국 이 변수는 스택에서 팝아웃됩니다. 미래의 어느 지점에서 프로그램은 종료될 것이고, 그러면 스택은 그 순간 비워져야 하기 때문입니다. 그러므로 변수가 스택에서 팝아웃될 미래의 어느 지점이 존재할 것입니다. 따라서 해제 또는 팝아웃은 사동으로 이뤄지고, 이는 변수의 수명의 끝으로 표시될 것입니다. 근본적으로는 이러한 이유로 개발자가 제어하지 않는 스택 변수의 메모리 관리가 자동으로 이뤄진다고 할 수 있습니다.

다음 [코드 박스 5-4]에 보이는 대로 main 함수에서 변수 하나를 정의한다고 가정해봅시다.

코드 박스 5-4 스택의 맨 위에 변수 하나를 선언하기

```
int main(int argc, char** argv) {
  int a;
  ...
  return 0;
}
```

이 변수는 main 함수가 반환되기 전까지 스택에 남아 있습니다. 다시 말하면 변수는 변수의 스코프(main 함수)가 유효할 때까지는 존재합니다. main 함수는 모든 프로그램이 실행하는 함수이므로, 변수의 수명은 프로그램이 실행되는 내내 선언되는 전역 변수와 거의 같습니다.

이 변수는 전역 변수 같기는 하지만 정확히 말하자면 아닙니다. 이 변수는 스택에서 팝아웃되는 때가 있지만, 전역 변수는 main 함수가 종료되고 프로그램이 완료된 때에도 메모리를 갖기 때문입니다. main 함수 전후로 실행되는 두 코드가 있으니 주의 깊게 보세요. 각각은 프로그램을 시작bootstrap하고 완료finalize합니다. 하나 더 주목할 것은 전역 변수는 데이터나 BSS 같은 다른 세그먼트에 할당되며 이들 세그먼트는 스택 세그먼트처럼 작동하지 않는다는 점입니다.

이제 아주 흔한 실수에 관한 예제를 봅시다. 처음 C 프로그램을 작성하는 아마추어 개발자에게 보통 일어나는 일입니다. 함수 내에서 지역 변수에 주소를 반환하는 작업 관련 실수입니다.

다음 코드는 [예제 5-2]를 나타냅니다.

코드 박스 5-5 [예제 5-2] 스택의 가장 윗부분에서 변수를 선언하기(ExtremeC_examples_chapter5_2.c)

```
int* get_integer() {
  int var = 10;
  return &var;
}

int main(int argc, char** argv) {
  int* ptr = get_integer();
  *ptr = 5;
  return 0;
}
```

get_integer 함수는 지역 변수 var의 주소를 반환하며, var는 get_integer 함수의 스코프에서 선언된 것입니다. get_integer 함수는 지역 변수의 주소를 반환합니다. 그리고 나서 main 함수는 받은 포인터를 역참조해 주소가 가리키는 메모리 지역에 접근하려고 합니다. 다음은 앞의 코드를 리눅스 시스템에서 gcc 컴파일러가 컴파일한 결과입니다.

셸 박스 5-14 리눅스에서 [예제 5-2] 컴파일하기

```
$ gcc ExtremeC_examples_chapter5_2.c -o ex5_2.out
ExtremeC_examples_chapter5_2.c: In function 'get_integer':
ExtremeC_examples_chapter5_2.c:3:11: warning: function returns address of local
variable [-Wreturn-local-addr]
    return &var;
           ^~~~
$
```

[셸 박스 5-14]처럼 경고 메시지를 받습니다. 지역 변수의 주소를 반환하는 일은 흔한 실수인 만큼, 컴파일러는 이미 이 실수를 알고 있으며 다음과 같은 명확한 경고 메시지를 나타냅니다.

- warning: function returns address of a local variable
  (경고: 함수가 지역 변수의 주소를 반환합니다).

그리고 다음은 프로그램을 실행하면 발생하는 세그멘테이션 오류입니다.

```
$ ./ex5_2.out
Segmentation fault (core dumped)
$
```

[셸 박스 5-15]처럼 세그멘테이션 오류가 발생합니다. 이는 충돌이라고 해석할 수 있습니다. 일반적으로 이전에 할당되었으나 현재는 해제된 메모리 영역에 유효하지 않은 접근을 했기 때문입니다.

> **NOTE_** 어떤 경고는 오류(error)로 다뤄야 합니다. 예를 들어, 앞의 경고는 일반적으로 충돌을 일으키는 만큼 오류가 되어야 합니다. 모든 경고를 오류로 처리하려면 -Werror 옵션을 gcc 컴파일러에 전달합니다. 가령 앞의 경고처럼 하나의 특정한 경고만 오류로 처리하려면 -Werror=return-local-addr 옵션을 전달하면 됩니다.

gdb로 프로그램을 실행하면 충돌에 관한 더 자세한 내용이 나타납니다. 하지만 컴파일 시 (최종 실행 가능한 목적 파일에) 디버그 정보를 삽입하는 -g 옵션을 사용해야 gdb가 도움이 됩니다.

gdb 또는 valgrind 같은 다른 디버그 도구를 사용해 프로그램을 디버그하려면 반드시 -g 옵션을 써서 소스 파일을 컴파일해야 합니다. 다음 [셸 박스 5-16]는 [예제 5-2]를 디버거에서 컴파일하고 실행하는 방법을 나타냅니다.

셸 박스 5-16 디버거에서 [예제 5-2] 실행하기

```
$ gcc -g ExtremeC_examples_chapter5_2.c -o ex5_2_dbg.out
ExtremeC_examples_chapter5_2.c: In function 'get_integer':
ExtremeC_examples_chapter5_2.c:3:11: warning: function returns
address of local variable [-Wreturn-local-addr]
    return &var;
           ^~~~
$ gdb ex5_2_dbg.out
GNU gdb (Ubuntu 8.1-0ubuntu3) 8.1.0.20180409-git
...
Reading symbols from ex5_2_dbg.out...done.
(gdb) run
Starting program: .../extreme_c/5.2/ex5_2_dbg.out
```

```
Program received signal SIGSEGV, Segmentation fault.
0x00005555555546c4 in main (argc=1, argv=0x7fffffffdf88)
    at ExtremeC_examples_chapter5_2.c:8
8       *ptr = 5;
(gdb) quit
$
```

gdb의 출력 내용에 명확하게 나타나듯, 충돌의 원인은 **main** 함수 내의 8번 행에 있습니다. 이 지점은 프로그램이 반환된 포인터를 역참조해서 반환된 주소를 작성하려는 곳입니다. 하지만 변수 var는 get_integer 함수의 지역 변수이며, 이 변수는 더 이상 존재하지 않습니다. 8번 행에서 get_integer 함수 및 해당 스코프에서 이미 반환되었으므로 사라졌습니다. 따라서 반환된 포인터는 **허상 포인터**입니다.

현재 스코프에 있는 변수의 주소를 가리키는 포인터를 다른 함수로 전달하는 것이 일반적이며, 반대로는 전달하지 않습니다. 현재 스코프가 유효한 이상, 변수는 현재의 스코프에 있기 때문입니다. 함수를 추가로 호출하면 스택 세그먼트의 위에 무언가를 더 놓을 뿐, 현재 스코프는 새로 놓인 것보다 먼저 종료되지 않습니다.

앞의 설명은 동시 프로그램^{concurrent program}에서는 좋은 방식이 아닙니다. 나중에 다른 동시 작업이 현재 스코프 내에 있는 변수의 주소를 나타내는 포인터를 받아서 사용하려고 할 때, 현재 스코프가 이미 사라지고 없기 때문입니다.

이 절을 마치면서 스택 세그먼트에 관한 결론을 내리자면 다음과 같이 요점을 정리할 수 있습니다.

- 스택 메모리는 크기가 제한적입니다. 그러므로 큰 객체를 저장하기에 좋은 장소가 아닙니다.
- 스택 세그먼트의 주소는 작아집니다. 그러므로 스택 메모리를 오름차순으로 읽으면 이미 푸시된 바이트를 읽는 것과 같습니다.
- 스택은 자동으로 메모리가 관리됩니다. 할당 및 해제 모두 해당합니다.
- 모든 스택 변수는 스코프를 가지며 스코프는 변수의 수명을 결정합니다.
- 포인터는 계속 스코프 내에 존재하는 스택 변수만을 가리켜야 합니다.
- 스택 변수의 메모리 해제는 자동으로 수행됩니다. 스코프가 종료되어 더 이상 개발자가 통제할 수 없을 때 자동으로 해제됩니다.
- 현재 스코프에 존재하는 변수에 대한 포인터는 다른 함수에 인자로 전달될 수 있습니다. 단, 호출된 함수에

있는 코드가 포인터를 사용하려고 할 때 현재 스코프가 여전히 그 장소에 있다고 확인한 경우에만 가능합니다. 이 조건은 동시성 로직이 있는 상황에서는 깨집니다.

다음 절에서는 힙 세그먼트 및 힙의 다양한 특성을 설명하겠습니다.

5.2 힙

어떤 프로그래밍 언어로 작성했든 간에 대부분의 코드에서 어떤 방식으로든 힙 메모리를 사용합니다. 힙은 스택을 사용해서는 얻을 수 없는 고유한 장점이 있기 때문입니다.

반면 힙은 단점도 있습니다. 예를 들면 스택 메모리의 비슷한 영역보다 힙 메모리 영역에 할당하는 것이 더 느립니다.

이번 절에서는 힙과 힙 메모리를 사용할 때 명심해야 할 가이드라인을 설명하겠습니다.

힙 메모리는 힙의 고유한 속성 때문에 중요합니다. 힙의 고유 속성이 모두 장점인 것은 아니며 실제로 힙의 몇몇 특성은 줄여야 하는 위험으로 간주할 수 있습니다. 위대한 도구는 언제나 장점과 약간의 단점이 있습니다. 그러니 이 도구를 적절히 사용하려면 양 측면을 잘 알아야 합니다.

여기서는 이러한 특성을 나열해보고 어느 것이 이롭고 위험한지 살펴보겠습니다.

1. **힙은 자동으로 할당되는 메모리 블록을 갖지 않습니다.** 대신 개발자가 malloc 또는 그와 유사한 함수를 사용해서 힙 메모리 블록을 하나씩 얻어야 합니다. 자동 할당이 되지 않는다는 힙의 이러한 약점은 스택 메모리에서는 해결됩니다. 스택 메모리는 스택 프레임을 포함하고, 스택 프레임은 개발자가 할당하거나 푸시하지 않으며, 함수를 호출한 결과로 자동으로 할당 및 푸시됩니다.

2. **힙은 메모리 크기가 큽니다.** 스택의 크기는 제한되므로 큰 객체를 저장하려면 좋은 선택지가 아닌 반면, 힙은 수십 기가바이트에 달하는 매우 큰 객체를 저장할 수 있습니다. 힙 크기가 커질수록 할당자는 운영체제에서 힙 페이지를 더 많이 요청해야 합니다. 그리고 힙 메모리 블록은 이 페이지를 따라 더 전파됩니다 spread. 스택 세그먼트와 달리, 힙 메모리에서 할당되는 주솟값은 점차 더 커집니다.

3. **힙 메모리 내에서 메모리의 할당과 해제는 개발자가 관리합니다.** 이는 개발자가 메모리를 할당하고 또한 더 이상 메모리가 필요 없을 때 해제하는 일을 맡은 유일한 개체 entity라는 의미입니다. 많은 현대의 프로그래밍 언어에서, 할당된 힙 블록을 비우는 일은 **가비지 컬렉터** garbage collector라는 병행 컴포넌트 parallel component 가 자동으로 수행합니다. 하지만 C와 C++에서는 이런 개념이 없으며 힙 블록은 수동으로 비워야 합니다. 이

는 위험 요소이며 C/C++ 개발자는 힙 메모리를 다룰 때 매우 조심해야 합니다. 할당된 힙 블록을 비우는 데 에 실패하면 대개 **메모리 누수**가 발생하고, 대부분의 경우 치명적일 수 있습니다.

4. 스택의 변수와는 달리 **힙에 할당된 변수는 스코프를 전혀 갖지 않습니다.**

5. 이는 메모리 관리를 더 어렵게 만드는 위험 요인입니다. 변수를 언제 해제해야 할지도 모르며, 효율적으로 메 모리를 관리하려면 메모리 블록의 스코프와 소유자를 위한 새로운 정의를 생각해야 합니다. 이 방식 중 몇 가 지는 다음 절에서 다룹니다.

6. **힙 메모리 블록의 주소를 지정하려면 포인터만 사용할 수 있습니다.** 즉, 힙 변수와 같은 개념은 존재하지 않습 니다. 힙 지역은 포인터를 통해 주소가 지정됩니다.

7. **힙 세그먼트는 소유자 프로세스의 전용이므로 검사하려면 디버거를 사용해야 합니다.** 다행히 C 포인터는 힙 메모리 블록에서 스택 메모리 블록과 정확히 동일한 방식으로 작동합니다. C는 이러한 추상화를 매우 잘 수 행하며 덕분에 같은 포인터를 사용해 힙과 스택 메모리의 주소를 지정할 수 있습니다. 그러므로 힙 메모리를 검사하려면 스택을 검사했던 것과 같은 방법을 쓸 수 있습니다.

다음 절에서는 힙 메모리 블록을 할당하고 해제하는 법을 다루겠습니다.

5.2.1 힙 메모리의 할당과 해제

앞 절에서 설명한 대로 힙 메모리는 수동으로 얻고 비워야 합니다. 이는 힙의 메모리 블록을 할 당하거나 비우기 위해 개발자가 일련의 함수나 API(C 표준 라이브러리의 메모리 할당 함수)를 사용해야 한다는 뜻입니다.

이러한 함수는 헤더 파일인 `stdlib.h`에 정의됩니다. 힙 메모리 블록을 얻는 데 사용되는 함수 는 `malloc`, `calloc`, `realloc`입니다. 그리고 힙 메모리 블록을 해제하는 데 사용되는 유일 한 함수는 `free`입니다. [예제 5-3]에서는 이 함수를 사용하는 방법을 보여줍니다.

> **NOTE_** 어떤 문서에서는 힙 메모리를 가리키는 말로 동적 메모리를 사용합니다. **동적 메모리 할당**dynamic memory allocation은 힙 메모리 할당과 동의어입니다.

다음 [코드 박스 5-6]은 [예제 5-3]의 소스 코드입니다. 이 코드는 2개의 힙 메모리 블록을 할 당하며, 고유의 메모리 매핑을 프린트합니다.

```c
#include <stdio.h>  // printf 함수를 위한 헤더
#include <stdlib.h> // C 라이브러리의 힙 메모리 함수를 위한 헤더
void print_mem_maps() {
#ifdef __linux__
  FILE* fd = fopen("/proc/self/maps", "r");
  if (!fd) {
    printf("Could not open maps file.\n");
    exit(1);
  }
  char line[1024];
  while (!feof(fd)) {
    fgets(line, 1024, fd);
    printf("> %s", line);
  }
  fclose(fd);
#endif
}

int main(int argc, char** argv) {
  // 초기화하지 않고 10바이트 할당하기
  char* ptr1 = (char*)malloc(10 * sizeof(char));
  printf("Address of ptr1: %p\n", (void*)&ptr1);
  printf("Memory allocated by malloc at %p: ", (void*)ptr1);
  for (int i = 0; i < 10; i++) {
    printf("0x%02x ", (unsigned char)ptr1[i]);
  }
  printf("\n");

  // 0으로 초기화된 모든 것에 10바이트 할당하기
  char* ptr2 = (char*)calloc(10, sizeof(char));
  printf("Address of ptr2: %p\n", (void*)&ptr2);
  printf("Memory allocated by calloc at %p: ", (void*)ptr2);
  for (int i = 0; i < 10; i++) {
    printf("0x%02x ", (unsigned char)ptr2[i]);
  }
  printf("\n");

  print_mem_maps();

  free(ptr1);
  free(ptr2);
```

```
    return 0;
  }
```

이 코드는 크로스 플랫폼이며 대부분의 유닉스 계열의 운영체제에서 컴파일할 수 있습니다. 하지만 `print_mem_maps` 함수는 리눅스에서만 작동합니다. `__linux__` 매크로가 리눅스 환경에서만 정의되기 때문입니다. 그러므로 macOS에서는 앞의 코드를 컴파일할 수는 있지만 `print_mem_maps` 함수는 아무 일도 하지 않습니다.

다음 [셸 박스 5-17]는 리눅스 환경에서 예제를 실행한 결과입니다.

셸 박스 5-17 리눅스에서 [예제 5-3]을 실행한 결과

```
$ gcc ExtremeC_examples_chapter5_3.c -o ex5_3.out
$ ./ex5_3.out
Address of ptr1: 0x7ffe0ad75c38
Memory allocated by malloc at 0x564c03977260: 0x00 0x00 0x00 0x00
0x00 0x00 0x00 0x00 0x00 0x00
Address of ptr2: 0x7ffe0ad75c40
Memory allocated by calloc at 0x564c03977690: 0x00 0x00 0x00 0x00
0x00 0x00 0x00 0x00 0x00 0x00
> 564c01978000-564c01979000 r-xp 00000000 08:01 5898436
/home/kamranamini/extreme_c/5.3/ex5_3.out
> 564c01b79000-564c01b7a000 r--p 00001000 08:01 5898436
/home/kamranamini/extreme_c/5.3/ex5_3.out
> 564c01b7a000-564c01b7b000 rw-p 00002000 08:01 5898436
/home/kamranamini/extreme_c/5.3/ex5_3.out
> 564c03977000-564c03998000 rw-p 00000000 00:00 0          [heap]
> 7f31978ec000-7f3197ad3000 r-xp 00000000 08:01 5247803    /lib/
x86_64-linux-gnu/libc-2.27.so
...
> 7f3197eef000-7f3197ef1000 rw-p 00000000 00:00 0
> 7f3197f04000-7f3197f05000 r--p 00027000 08:01 5247775    /lib/
x86_64-linux-gnu/ld-2.27.so
> 7f3197f05000-7f3197f06000 rw-p 00028000 08:01 5247775    /lib/
x86_64-linux-gnu/ld-2.27.so
> 7f3197f06000-7f3197f07000 rw-p 00000000 00:00 0
> 7ffe0ad57000-7ffe0ad78000 rw-p 00000000 00:00 0          [stack]
> 7ffe0adc2000-7ffe0adc5000 r--p 00000000 00:00 0          [vvar]
> 7ffe0adc5000-7ffe0adc7000 r-xp 00000000 00:00 0          [vdso]
> ffffffffff600000-ffffffffff601000 r-xp 00000000 00:00 0  [vsyscall]
$
```

이 프로그램은 포인터 ptr1과 ptr2의 주소를 프린트합니다. 만약 프린트된 메모리 매핑에서 스택 세그먼트의 메모리 매핑을 발견했다면, 스택 지역은 0x7ffe0ad57000에서 시작해서 0x7ffe0ad78000으로 끝난다는 것을 알 수 있습니다. 두 포인터는 이 범위 안에 있습니다. 즉, 두 포인터가 스택에 할당되었지만, 스택 세그먼트 바깥 지역의 힙 세그먼트를 가리킨다는 뜻입니다. 힙 메모리 블록의 주소를 가리키기 위해 스택 포인터를 사용하는 일은 아주 흔합니다.

포인터 ptr1과 ptr2는 같은 스코프를 가지며 main 함수가 반환될 때 해제됩니다. 하지만 힙 세그먼트에서 언은 힙 메모리 블록에는 스코프가 존재하지 않으니 주의하세요. 두 포인터는 프로그램이 수동으로 이들을 해제할 때까지 할당된 채로 남아 있을 것입니다. main 함수가 반환되기 전에 힙과 스택 메모리 블록 모두 그들을 가리키는 포인터 및 free 함수를 사용해 해제된다는 점을 알 수 있습니다.

앞의 예제에 관한 추가 참고 사항으로, malloc과 calloc 함수에 의해 반환된 주소가 힙 세그먼트 내부에 위치한다는 것을 알 수 있습니다. 이는 반환된 주소 및 [heap]으로 표기된 메모리 매핑을 비교해 조사할 수 있습니다. 힙으로 표기된 지역은 0x564c03977000으로 시작해 0x564c03998000으로 끝납니다. 포인터 ptr1은 0x564c03977260을 가리키고 ptr2는 0x564c03998000를 가리키는데, 이 주소들은 모두 힙 지역 안에 있습니다.

힙 할당 함수와 관련해 이름에서 알 수 있듯 calloc은 **청소 및 할당**clear and allocate을, 그리고 malloc은 **메모리 할당**memory allocate을 의미합니다. 따라서 calloc은 할당 이후 메모리 블록을 청소하지만 malloc은 프로그램이 필요에 따라 스스로 해제할 때까지 메모리 블록을 초기화되지 않은 상태로 남겨둡니다.

> **NOTE_** C++에서 new와 delete 키워드는 각각 malloc과 free와 같은 역할을 합니다. 추가로 새로운 연산자가 피연산자의 자료형에 할당된 메모리의 크기를 나타내며, 이 연산자는 반환된 포인터를 자동으로 피연산자의 자료형으로 변환합니다.

하지만 할당된 2개의 블록에 있는 바이트를 보면 둘 다 0바이트를 갖습니다. 그러니 malloc 역시 할당 이후에 메모리 블록을 초기화한 것처럼 보입니다. 하지만 C 언어 명세specification에 있는 malloc에 관한 설명에 따르면, malloc은 할당된 메모리 블록을 초기화하지 않습니다. 그렇다면 왜 이런 것일까요? 더 알아보기 전에 macOS 환경에서 예제를 실행해봅시다.

셸 박스 5-18 macOS에서 [예제 5-3]의 실행 결과

```
$ clang ExtremeC_examples_chapter5_3.c -o ex5_3.out
$ ./ex5_3.out
Address of ptr1: 0x7ffee66b2888
Memory allocated by malloc at 0x7fc628c00370: 0x00 0x00 0x00 0x00
0x00 0x00 0x00 0x80 0x00 0x00
Address of ptr2: 0x7ffee66b2878
Memory allocated by calloc at 0x7fc628c02740: 0x00 0x00 0x00 0x00
0x00 0x00 0x00 0x00 0x00 0x00
$
```

잘 보면 `malloc`이 할당한 메모리 블록은 0이 아닌 값을 갖지만 `calloc`이 할당한 메모리 블록은 모두 0임을 알 수 있습니다. 그러면 어떻게 이해해야 할까요? 리눅스에서 `calloc`이 할당한 메모리 블록은 항상 0이라고 가정해야 할까요?

크로스 플랫폼 프로그램을 작성하려면 언제나 C 언어의 명세를 따라야 합니다. 명세에 따르면 `malloc`은 할당된 메모리 블록을 초기화하지 않습니다.

다른 운영체제가 아니라 오직 리눅스를 위한 프로그램을 작성할 때도 나중에 컴파일러가 다르게 작동할 수 있다는 점을 알고 있어야 합니다. 그러므로 C 언어의 명세에 따라서 `malloc`이 할당한 메모리 블록은 초기화되지 않으며, 필요하다면 수동으로 초기화해야 한다는 것을 꼭 이해해야 합니다.

`malloc`이 할당된 메모리를 초기화하지 않으므로 `calloc`보다 빠르다는 점을 알아두세요. 구현에 따라 `malloc`은 메모리 블록에 접근할 때까지(쓰기와 읽기 모두) 실제로 메모리 블록을 할당하지 않으며 할당을 지연합니다. 이러한 방식으로 메모리 할당이 더 빠르게 일어납니다.

`malloc` 이후에 메모리를 초기화하려면 `memset` 함수를 사용할 수 있습니다. 다음이 그 예입니다.

코드 박스 5-7 memset 함수로 메모리 블록 초기화하기

```
#include <stdlib.h> // malloc을 위한 헤더
#include <string.h> // memset을 위한 헤더

int main(int argc, char** argv) {
  char* ptr = (char*)malloc(16 * sizeof(char));
```

```
    memset(ptr, 0, 16 * sizeof(char)); // 0으로 채우기
    memset(ptr, 0xff, 16 * sizeof(char)); // 0xff로 채우기
    ...
    free(ptr);
    return 0;
  }
```

realloc 함수는 힙 할당 함수에 속한다고 소개했던 또 다른 함수입니다. [예제 5-3]에서는 사용하지 않았습니다. 이 함수는 이미 할당된 메모리 블록의 크기를 조정해 메모리를 재할당합니다. 다음은 그 예제입니다.

코드 박스 5-8 realloc 함수로 이미 할당된 블록의 크기 변경하기

```
  int main(int argc, char** argv) {
    char* ptr = (char*)malloc(16 * sizeof(char));
    ...
    ptr = (char*)realloc(32 * sizeof(char));
    ...
    free(ptr);

    return 0;
  }
```

realloc 함수는 이전의 블록에 있는 데이터를 변경하지 않으며 이미 할당된 블록을 새로운 블록으로 확장합니다. **단편화**fragmentation 때문에 현재 할당된 블록을 확장할 수 없을 때는 다른 충분히 큰 블록을 찾은 뒤 이전 블록에서 새 블록으로 데이터를 복제합니다. 이때도 이전의 블록을 해제합니다. 보다시피 재할당은 많은 단계를 수반하므로 때에 따라서는 쉬운 방식이 아닙니다. 따라서 신중하게 사용해야 합니다.

[예제 5-3]에서 마지막으로 참고할 점은 free 함수에 관한 것입니다. 사실 이 함수는 포인터를 넘겨서 이미 할당된 힙 메모리 블록의 주소를 전달해 이 메모리 블록을 해제합니다. 앞서 말한 대로 할당된 모든 힙 블록은 더 이상 필요하지 않을 때 해제되어야 합니다. 해제에 실패하면 **메모리 누수**가 발생합니다. 새로운 [예제 5-4]로 valgrind 도구를 사용해 메모리 누수를 감지하는 법을 보여드리겠습니다.

우선 [예제 5-4]에서 메모리 누수를 만들어봅시다.

코드 박스 5-9 [예제 5-4] main 함수에서 반환될 때 할당된 블록을 해제하지 않고 메모리 누수 만들기(ExtremeC_examples_chapter5_4.c)

```
#include <stdlib.h> // 힙 메모리 함수를 위한 헤더

int main(int argc, char** argv) {
  char* ptr = (char*)malloc(16 * sizeof(char));
  return 0;
}
```

이 프로그램은 끝날 때 힙 메모리에 할당되고 나서 해제되지 않은 **16**바이트를 가지므로 메모리 누수가 존재합니다. 이 예제는 매우 간단하지만, 소스 코드가 더 커지고 더 많은 요소component가 포함된다면 사람의 눈으로 메모리 누수를 감지하기 어렵거나 심지어 불가능할 수도 있습니다.

메모리 프로파일러는 실행 중인 프로세스에서 메모리 문제를 감지할 수 있는 유용한 프로그램입니다. valgrind는 이 중 가장 유명한 도구입니다.

[예제 5-4]를 분석하기 위해 valgrind를 사용하려면 우선 디버그 옵션 **-g**를 이용해 예제를 빌드해야 합니다. 그다음 valgrind로 실행해야 합니다. 주어진 실행 가능한 목적 파일을 실행하는 동안 valgrind는 모든 메모리 할당 및 해제를 기록합니다. 마지막으로 실행이 종료되거나 충돌이 발생했을 때, valgrind는 할당 및 해제에 대한 요약과 해제되지 않은 메모리양을 출력합니다. 이 방식으로 valgrind는 주어진 프로그램에서 실행할 때 얼마나 메모리 누수가 발생하는지 알 수 있도록 합니다.

다음 [셸 박스 5-19]는 valgrind가 [예제 5-4]를 컴파일하고 사용하는 법을 나타냅니다.

셸 박스 5-19 [예제 5-4]의 실행에서 16바이트의 메모리 누수가 나타남을 보여주는 valgrind의 출력

```
$ gcc -g ExtremeC_examples_chapter5_4.c -o ex5_4.out
$ valgrind ./ex5_4.out
==12022== Memcheck, a memory error detector
==12022== Copyright (C) 2002-2017, and GNU GPL'd, by Julian Seward et al.
==12022== Using Valgrind-3.13.0 and LibVEX; rerun with -h for copyright info
==12022== Command: ./ex5_4.out
==12022==
==12022==
==12022== HEAP SUMMARY:
```

```
==12022==      in use at exit: 16 bytes in 1 blocks
==12022==    total heap usage: 1 allocs, 0 frees, 16 bytes allocated
==12022==
==12022== LEAK SUMMARY:
==12022==      definitely lost: 16 bytes in 1 blocks
==12022==      indirectly lost: 0 bytes in 0 blocks
==12022==        possibly lost: 0 bytes in 0 blocks
==12022==      still reachable: 0 bytes in 0 blocks
==12022==            suppressed: 0 bytes in 0 blocks
==12022== Rerun with --leak-chck=full to see details of leaked memory
==12022==
==12022== For counts of detected and suppressed errors, rerun with: -v
==12022== ERROR SUMMARY: 0 errors from 0 contexts (suppressed: 0 from 0)
$
```

[셸 박스 5-19]에서 HEAP SUMMARY 섹션을 보면 할당allocation은 1, 해제free는 0이고, 종료exit 할 때 16바이트가 할당된 채로 남아 있습니다. 조금 더 아래로 내려가서 LEAK SUMMARY 섹션을 보면 16바이트가 명백히 손실되었으며 이는 메모리 누수를 의미합니다!

메모리 누수가 언급된 블록이 어느 행에 할당되었는지 정확히 알고 싶다면, 이를 위해 만든 특수 옵션을 더해 valgrind를 사용할 수 있습니다. 다음 [셸 박스 5-20]에서 할당에 실제로 관여하는 행을 찾을 때 valgrind를 사용하는 방법을 살펴보겠습니다.

셸 박스 5-20 할당에 실제로 관여하는 행을 나타내는 valgrind의 출력

```
$ gcc -g ExtremeC_examples_chapter5_4.c -o ex5_4.out
$ valgrind --leak-check=full ./ex5_4.out
==12144== Memcheck, a memory error detector
==12144== Copyright (C) 2002-2017, and GNU GPL'd, by Julian Seward et al.
==12144== Using Valgrind-3.13.0 and LibVEX; rerun with -h for copyright info
==12144== Command: ./ex5_4.out
==12144==
==12144==
==12144== HEAP SUMMARY:
==12144==      in use at exit: 16 bytes in 1 blocks
==12144==    total heap usage: 1 allocs, 0 frees, 16 bytes allocated
==12144==
==12144== 16 bytes in 1 blocks are definitely lost in loss record 1 of 1
==12144==    at 0x4C2FB0F: malloc (in /usr/lib/valgrind/vgpreload_memcheck-amd
64-linux.so)
```

```
==12144==       by 0x108662: main (ExtremeC_examples_chapter5_4.c:7)
==12144==
==12144== LEAK SUMMARY:
==12144==    definitely lost: 16 bytes in 1 blocks
==12144==    indirectly lost: 0 bytes in 0 blocks
==12144==      possibly lost: 0 bytes in 0 blocks
==12144==    still reachable: 0 bytes in 0 blocks
==12144==         suppressed: 0 bytes in 0 blocks
==12144==
==12144== For counts of detected and suppressed errors, rerun with : -v
==12144== ERROR SUMMARY: 1 errors from 1 contexts (suppressed: 0 from 0)
$
```

--leak-check=full 옵션을 valgrind에 전달했고, 이제 힙 메모리의 누수에 관련된 코드가 나타납니다. [코드 박스 5-9]에서 malloc 함수를 호출하는 4번째 행이 바로 누수되는 힙 블록이 할당되는 지점이라는 것을 나타냅니다. 이는 언급된 누수 블록을 해제할 정확한 위치를 추적하고 찾도록 돕습니다.

앞의 예제를 변경해서 할당된 메모리를 해제해봅시다. 다음 [코드 박스 5-10]에서 볼 수 있듯 return 문 앞에 free(ptr) 명령어만 더하면 됩니다.

코드 박스 5-10 [예제 5-4]에서 할당된 메모리 블록을 해제하기

```c
#include <stdlib.h> // 힙 메모리 함수를 위한 헤더

int main(int argc, char** argv) {
  char* ptr = (char*)malloc(16 * sizeof(char));
  free(ptr);
  return 0;
}
```

코드를 변경해서 유일하게 할당된 힙 블록 하나가 해제되었습니다. 다시 빌드해 valgrind를 실행해봅시다.

셸 박스 5-21 할당된 메모리 블록을 해제한 이후 valgrind의 출력 내용

```
$ gcc -g ExtremeC_examples_chapter5_4.c -o ex5_4.out
$ valgrind --leak-check=full ./ex5_4.out
```

```
==12175== Memcheck, a memory error detector
==12175== Copyright (C) 2002-2017, and GNU GPL'd, by Julian Seward et al.
==12175== Using Valgrind-3.13.0 and LibVEX; rerun with -h for copyright info
==12175== Command: ./ex5_4.out
==12175==
==12175==
==12175== HEAP SUMMARY:
==12175==     in use at exit: 0 bytes in 0 blocks
==12175==   total heap usage: 1 allocs, 1 frees, 16 bytes allocated
==12175==
==12175== All heap blocks were freed -- no leaks are possible
==12175==
==12175== For counts of detected and suppressed errors, rerun with -v
==12175== ERROR SUMMARY: 0 errors from 0 contexts (suppressed: 0 from 0)
$
```

valgrind는 '모든 힙 블록이 해제되었다(All heap blocks were freed)'고 하며, 이는 프로그램에서 사실상 더 이상의 메모리 누수가 없다는 의미입니다. valrind로 실행하는 프로그램은 10~50배 정도로 눈에 띄게 느려지지만, 이렇게 해서 메모리 문제를 매우 쉽게 발견할 수 있도록 합니다. 작성한 프로그램을 메모리 프로파일러 내에서 실행해 가능한 한 빨리 메모리 누수를 잡아내는 것이 좋습니다.

메모리 누수는 설계가 올바르지 않아서 누수를 야기하는 경우 **기술 부채**technical debt로 간주되며, 누수가 존재하지만 심화되고 나서 무슨 일이 발생할지 알지 못하는 경우에는 또한 **위험 요인**risk이라고도 봅니다. 하지만 필자는 이 두 가지를 모두 **버그**로 처리해야 한다고 봅니다. 그렇지 않으면 다시 보는 데 시간이 걸립니다. 일반적으로 팀에서 메모리 누수는 가능한 한 빨리 고쳐야 하는 버그로 취급합니다.

valgrind 외에도 다른 메모리 프로파일러가 있습니다. **LLVM 주소 새니타이저**LLVM Address Sanitizer와 **MemProf**도 잘 알려진 메모리 프로파일러입니다. 메모리 프로파일러는 다양한 방법을 사용해서 메모리의 사용과 할당을 알려줍니다. 이어서 프로파일러를 설명하겠습니다.

- 어떤 프로파일러는 샌드박스처럼 행동합니다. 샌드박스는 대상 프로그램 내부에서 실행되고 모든 메모리 활동을 감시합니다. valgrind 샌드박스 내부에서 [예제 5-4]를 실행할 때 이 방법을 사용했습니다. 이 방법은 코드를 다시 컴파일할 필요가 없습니다.

- 다른 방식은 메모리 프로파일러가 제공하는 라이브러리를 사용하는 것입니다. 이 라이브러리는 메모리와

관련한 시스템 호출을 래핑^{wrap}합니다. 이러한 방식으로 최종 이진 파일이 프로파일링에 필요한 모든 로직을 포함합니다. valgrind와 ASAN은 메모리 프로파일러 라이브러리로써 최종 실행 가능한 목적 파일에 링크될 수 있습니다. 이 방식을 사용하면 대상 소스 코드를 다시 컴파일해야 하며 소스 코드도 약간 수정해야 합니다.

- 프로그램은 기본 C 표준 라이브러리 대신 다른 라이브러리를 사전에 로드^{preload}할 수 있습니다. 이 라이브러리는 C 라이브러리의 표준 메모리 할당 함수의 메모리 **함수 인터포지션**^{function interposition}을 포함합니다. 이 방식은 대상 소스 코드를 컴파일할 필요가 없습니다. LD_PRELOAD 환경 변수에서 기본 libc 라이브러리 대신 프로파일러가 미리 로드할 라이브러리를 명시하기만 하면 됩니다. MemProf가 이 방식을 사용합니다.

> **NOTE_ 함수 인터포지션**은 래퍼 함수^{wrapper function}입니다. 이 함수는 대상 함수로 호출을 전달하는 대상 동적 라이브러리^{target dynamic library}보다 먼저 로드되는 동적 라이브러리에서 정의됩니다. 동적 라이브러리는 **LD_PRELOAD** 환경 변수를 사용해 미리 로드할 수 있습니다.

5.2.2 힙 메모리 원칙

앞에서 짚었듯 힙 메모리는 스택 메모리와 몇몇 방식에서 차이가 있습니다. 그러므로 힙 메모리는 메모리 관리에 관한 자체 가이드라인이 있습니다. 이번 절에서는 이러한 차이를 집중적으로 살펴보고, 힙 공간을 대상으로 할 때 고려할 규칙을 소개하겠습니다.

스택의 모든 메모리 블록(또는 변수)은 스코프를 갖습니다. 따라서 이 스코프에 따라 메모리 블록의 수명을 정의하기는 쉬운 일입니다. 스코프를 벗어날 때마다 스코프 내의 모든 변수는 사라집니다. 하지만 힙 메모리에서는 차이가 있으며 훨씬 더 복잡합니다.

힙 메모리 블록은 아무 스코프도 갖지 않습니다. 따라서 수명이 불분명하므로 다시 정의되어야 합니다. 이를 위해 메모리를 수동으로 해제하거나 자바 같은 현대 언어는 **세대별 가비지 컬렉션**^{generational garbage collection}을 사용합니다. 힙의 수명은 프로그램 자체에서 정의되거나 사용된 C 라이브러리로는 정의될 수 없습니다. 개발자만이 힙 메모리 블록의 수명을 결정할 수 있는 유일한 존재입니다.

이에 대해 개발자의 결정에 관한 보편적인 묘책은 없습니다. 모든 결정은 논쟁의 여지가 있으며 얻는 것이 있으면 잃는 것도 있는 상호 절충안, 즉 트레이드오프trade-off가 됩니다.

힙 수명의 복잡성을 극복하기 위해 고안된 전략 중 가장 좋은 것은, 당연히 완벽한 해법은 아니지만 메모리 블록을 아우르는 스코프를 갖는 대신 메모리 블록의 **소유자**owner를 정의하는 방법입니다.

소유자는 힙 메모리 블록의 수명을 관리하는 유일한 개체entity이며, 먼저 블록을 할당하고 더 이상 필요하지 않을 때는 해제히는 역할을 합니다. 이 전략의 사용에 관한 고전적인 사례는 많습니다. 가장 잘 알려진 C 라이브러리는 힙 메모리 할당을 위해 이 전략을 사용합니다. [예제 5-5]는 이 방식을 구현한 아주 간단한 예입니다. 여기서 이 전략은 C에서 작성된 큐queue 객체의 수명을 관리하기 위해 사용합니다. 다음 [코드 박스 5-11]은 **소유권**ownership 전략을 예제로 보여줍니다.

코드 박스 5-11 [예제 5-5] 힙 수명 관리를 위한 소유권 전략을 설명(ExtremeC_examples_chapter5_5.c)

```c
#include <stdio.h>  // printf 함수를 위한 헤더
#include <stdlib.h> // 힙 메모리 함수를 위한 헤더

#define QUEUE_MAX_SIZE 100

typedef struct {
  int front;
  int rear;
  double* arr;
} queue_t;

void init(queue_t* q) {
  q->front = q->rear = 0;
  // 여기에서 할당된 힙 메모리 블록은 큐(queue) 객체가 소유합니다.
  q->arr = (double*)malloc(QUEUE_MAX_SIZE * sizeof(double));
}

void destroy(queue_t* q) {
  free(q->arr);
}

int size(queue_t* q) {
  return q->rear - q->front;
}
```

```c
void enqueue(queue_t* q, double item) {
  q->arr[q->rear] = item;
  q->rear++;
}

double dequeue(queue_t* q) {
  double item = q->arr[q->front];
  q->front++;
  return item;
}

int main(int argc, char** argv) {
  // 여기에서 할당된 힙 메모리 블록은 main 함수가 소유합니다.
  queue_t* q = (queue_t*)malloc(sizeof(queue_t));

  // 큐 객체를 위해 필요한 메모리를 할당합니다.
  init(q);

  enqueue(q, 6.5);
  enqueue(q, 1.3);
  enqueue(q, 2.4);

  printf("%f\n", dequeue(q));
  printf("%f\n", dequeue(q));
  printf("%f\n", dequeue(q));

  // 큐 객체 파괴(queue object destroy(q))는 획득했던 리소스를 해제합니다.
  destroy(q);

  // main 함수가 획득한 큐 객체에 대해 할당된 메모리를 해제합니다.
  free(q);
  return 0;
}
```

이 코드는 각각 특정 객체를 소유하는 서로 다른 2개의 소유권을 포함합니다. 첫 번째 소유권은 포인터 **arr**가 주소를 지정하는 힙 메모리 블록에 관한 것으로, 이 포인터는 큐 객체가 소유하는 **queue_t** 구조체에 있습니다. 큐 객체가 존재하는 한, 이 메모리 블록은 할당된 채로 남아 있어야만 합니다.

두 번째 소유권은 **main** 함수가 가지는 힙 메모리 블록을 큐 객체인 **q**의 자리 표시자^{placeholder}로 간주하며, 이 큐 객체는 **main** 함수 자신이 소유하는 것입니다. 큐 객체와 **main** 함수가 소유하는 힙 메모리 블록을 구분하는 일은 매우 중요합니다. 이 블록 중 하나를 해제하더라도 다른 블록은 해제되지 않기 때문입니다.

앞의 코드에서 메모리 누수가 어떻게 발생하는지 설명하기 위해, 큐 객체에 destroy 함수를 호출하는 것을 깜빡 잊었다고 가정해봅시다. 그러면 반드시 메모리 누수가 발생합니다. init 함수 내부에 있는 힙 메모리 블록이 할당된 채로 남아 해제되지 않았기 때문입니다.

어떤 개체entity(객체나 함수 등)가 힙 메모리 블록을 소유한다면 수석으로 표기한다는 점을 명심하세요. 블록을 소유하지 않는다면 어느 것도 힙 메모리 블록을 해제해서는 안 됩니다.

같은 힙 메모리 블록을 여러 번 해제하면 **이중 해제(더블 프리)**double free가 발생한다는 점을 명심하세요. 더블 프리 상황은 메모리 손상 문제에 해당하며, 다른 메모리 손상 문제와 마찬가지로 감지 직후에 처리 및 해결되어야 합니다. 그렇지 않으면 갑작스러운 충돌과 같은 심각한 결과로 이어집니다.

소유권 전략 이외에도 **가비지 컬렉터**를 사용할 수 있습니다. 가비지 컬렉터는 프로그램에 내장된 자동 메커니즘이며 그 어떤 포인터도 주소를 가리키지 않는 메모리 블록을 수집합니다. 오래 전부터 잘 알려진 C 언어용 가비지 컬렉터는 Boehm-Demers-Weiser Conservative Garbage Collector입니다. 이것은 malloc이나 다른 표준 C 메모리 할당 함수 대신 호출될 수 있는 일련의 메모리 할당 함수를 제공합니다.

> **NOTE_** Boehm-Demers-Weiser Conservative garbage collector에 관한 정보는 다음 주소에서 더 알아볼 수 있습니다.
>
> - http://www.hboehm.info/gc

힙 블록의 수명을 관리하는 다른 기술은 **RAII** 객체를 사용하는 것입니다. RAII는 **리소스 획득은 초기화**Resource Acquisition Is Initialization라는 의미입니다. 메모리 블록에 할당된 힙과 같은 리소스의 수명을 어떤 객체의 수명과 연결할 수 있다는 뜻입니다. 즉, 어떤 객체를 사용하는 상황에서 객체를 생성하면 리소스를 초기화하고, 파괴하면 리소스가 해제된다는 뜻입니다. 유감스럽게도 C에서는 이 기술을 사용할 수 없습니다. 객체가 파괴되었다는 정보를 전달받을 수 없기 때문입니다. 하지만 C++에서는 소멸자destructor를 이용해 이 기술을 효과적으로 사용합니다. RAII 객체에서 리소스는 생성자constructor에서 초기화되고, 리소스의 초기화를 취소하는 데 필요한 코드는 소멸자로 들어갑니다. C++에서 소멸자는 객체가 스코프를 벗어나거나 삭제될 때 자동으로 호출^{invoke}됩니다.

결론적으로 힙 메모리를 다룰 때는 꼭 가이드라인을 따라야 합니다.

- 힙 메모리 할당에는 치러야 할 나름의 비용이 있습니다. 모든 메모리 할당 함수가 같은 비용을 치르는 것은 아니지만 `malloc`은 대체로 그 비용이 가장 덜 드는 함수입니다.
- 힙 공간에 할당된 모든 메모리 블록은 더 이상 필요하지 않을 때나 프로그램을 종료하기 직전에 반드시 해제되어야 합니다.
- 힙 메모리 블록은 스코프를 갖지 않으므로, 가능한 모든 누수를 피하려면 프로그램이 반드시 메모리를 관리할 수 있어야 합니다.
- 각각의 힙 메모리 블록에 대한 메모리 관리 전략을 고수해야 합니다.
- 선택한 전략과 전략에 관한 가정은 블록에 접근할 때마다 코드에 기록되어야 합니다. 그래야 향후에 이 코드를 볼 개발자가 전략을 알 수 있습니다.
- C++ 같은 특정 프로그래밍 언어에서는 RAII 객체를 사용해 힙 메모리 블록과 같은 리소스를 관리할 수 있습니다.

지금까지는 큰 객체를 저장하기에도 충분하고 어떤 프로그램을 실행하기에도 충분한 메모리를 가졌다고 가정했습니다. 하지만 다음 절에서는 사용 가능한 메모리에 제한을 둘 것이며, 메모리가 부족하거나 메모리 저장소를 추가하는 데 드는 비용(메모리, 시간, 성능 등)이 큰 환경에 관해 다루겠습니다. 이럴 때는 가장 효율적인 방식으로 가용 메모리를 써야 합니다.

5.3 제한된 환경에서의 메모리 관리

메모리가 귀한 자원이자 제한적인 환경이 있습니다. 또한 성능이 핵심 요소여서 메모리가 얼마나 있든지 프로그램이 빨라야만 하는 환경도 있습니다. 메모리 관리 측면에서 각 환경은 메모리 부족과 성능 저하를 극복하는 특정 기술이 필요합니다. 우선 제한된 환경이 무엇인지 알아야 합니다.

제한된 환경이란 반드시 메모리 용량이 작은 경우는 아닙니다. 일반적으로는 프로그램의 메모리 사용을 제한하는 몇 가지 **제약 조건**^{constraint}이 존재합니다. 이러한 제약 조건은 이용자의 메모리 사용에 대한 하드 리밋^{hard limit}[3] 때문일 수도 있고, 또는 저용량의 메모리를 제공하는 하드웨어 때문일 수도 있고, 더 큰 메모리를 지원하지 않는 운영체제(예를 들면 MS-DOS) 때문일 수도 있습니다.

제한 조건이나 하드웨어의 한계가 없더라도, 개발자로서 우리는 가능한 한 최선을 다해 메모리를 최소한으로 또한 최적의 방식으로 사용하고 싶습니다. 메모리 사용은 프로젝트에서 중요한 **비기능 요구 사항**^{non-functional requirement}의 하나이며, 주의 깊게 모니터링하고 튜닝해야 합니다.

이번 절에서는 먼저 메모리 부족 문제를 극복하기 위해 메모리가 적은 환경에서 사용하는 기술을 소개하겠습니다. 그리고 실행 프로그램의 성능을 향상하기 위해 성능이 더 나은^{performant} 환경에서 일반적으로 사용하는 메모리 기법을 설명하겠습니다.

5.3.1 메모리가 제한된 환경

이 환경에서는 제한적인 메모리가 항상 제약 조건입니다. 그리고 알고리듬은 메모리 부족을 대처하는 방식으로 설계되어야 합니다. 일반적으로 10~100메가바이트 크기의 메모리를 갖는 임베디드 시스템이 여기에 해당합니다. 이러한 환경에서 메모리 관리의 몇 가지 팁이 존재하지만, 그 중 어느 것도 잘 튜닝된 알고리듬만큼의 효과는 없습니다. 이 경우에는 일반적으로 메모리 복잡도가 낮은 알고리듬이 사용됩니다. 이 알고리듬은 보통 **시간 복잡도**^{time complexity}가 높은데, 이는 낮은 메모리 사용과 타협해야 하는 관계, 즉 트레이드오프^{trade-off} 관계입니다.

더 자세히 설명하자면, 모든 알고리듬은 특정한 **시간 복잡도**와 **메모리 복잡도**를 갖습니다. 시간 복잡도는 입력값의 크기와 알고리듬이 완료될 때까지 걸리는 시간 사이의 관계를 설명합니다. 이와 비슷하게 메모리 복잡도는 입력값의 크기와 알고리듬이 작업을 완료하는 데 사용하는 메모리 사이의 관계를 설명합니다. 두 복잡도는 일반적으로 **Big-O 함수**로 나타내는데 여기서 다루지는 않겠습니다. 지금은 질적인 부분을 설명하고 있으므로, 메모리가 제한적인 환경을 설명하는 데 수학이 필요하지는 않습니다.

이상적인 알고리듬은 시간 복잡도 및 메모리 복잡도가 낮아야 합니다. 다시 말하면 적은 양의 메모리를 소비하면서도 빠른 알고리듬이 매우 바람직합니다. 하지만 '양쪽의 장점을 모두 갖추는'

---

3 옮긴이_ 하드/소프트 리밋은 리눅스에서 시스템 리소스를 할당할 수 있는 설정 최댓값을 의미합니다. 소프트 리밋을 넘어가면 경고가 나오며 하드 리밋은 절대 넘어갈 수 없습니다.

상황은 흔하지 않습니다.

대부분 메모리와 시간을 나타내는 속도 사이에서 타협합니다. 예를 들면 다른 알고리듬보다 빠른 분류 알고리듬은, 다른 알고리듬과 같은 일을 하는데도 메모리를 더 많이 사용합니다.

특히 프로그램을 작성할 때는 최종 프로덕션 환경에 충분한 메모리가 있다 하더라도, 메모리가 제한적인 환경을 위해서 코드를 작성한다고 가정하는 편이 좋으면서도 보수적인 방법입니다. 메모리를 너무 많이 사용할 위험을 줄이고자 이렇게 가정합니다.

메모리를 남용할 위험을 줄이려면 최종 설치 시 평균 메모리 가용 크기를 더 정확하게 추산해서 제어 및 조정해야 합니다. 메모리가 제한적인 환경을 위해 설계된 알고리듬은 본질적으로 더 느리며, 이런 함정에는 반드시 주의를 기울여야 합니다.

다음 절에서는 메모리가 제한적인 환경에서 낭비되는 메모리를 수집하거나 메모리를 더 적게 사용하는 데 도움이 될 기법을 다루겠습니다.

패킹된 구조체

메모리를 적게 사용하는 가장 쉬운 방법으로 패킹된 구조체 packed structure를 사용하는 방식이 있습니다. 패킹된 구조체는 메모리 정렬을 폐기하고 필드를 저장하는 더 작은compact 메모리 레이아웃을 갖습니다.

패킹된 구조체를 사용하는 것은 사실 절충안입니다. 메모리 정렬을 폐기하기 때문에 메모리를 덜 사용하므로, 결국 구조체 변수를 로드하는 동안 메모리를 읽는 시간이 더 듭니다. 그 결과 프로그램이 더 느려집니다.

이 방법은 간단하지만 모든 프로그램에 권장하지는 않습니다. 더 많은 정보는 **1.5절**에서 읽을 수 있습니다.

압축

압축compression은 특히 메모리 내부에 저장할 텍스트 데이터가 많은 프로그램에서 효과적인 기법입니다. 텍스트 데이터는 이진 파일 데이터에 비해 **압축률**compression ratio이 더 높습니다. 이 기법은 프로그램이 메모리 반환값이 큰 실제 텍스트 데이터 대신 압축된 형태를 저장하도록 합니다.

하지만 메모리를 절약하는 작업에는 비용이 따릅니다. 압축 알고리듬은 **CPU 바운드**^{CPU-bound}[4] 이자 계산 집약적^{computation-intensive}이므로, 프로그램은 결국 성능이 저하됩니다. 이 방법은 자주 필요하지 않은 텍스트 데이터를 갖는 프로그램에게 이상적입니다. 그렇지 않으면 압축과 압축 해제 작업이 많이 필요해져서 결국 프로그램을 거의 사용하지 못하게 됩니다.

외부 데이터 저장소

네트워크 서비스, 클라우드 인프라, 또는 단순히 하드디스크 드라이브의 형태로 외부 데이터 저장소^{external data storage}를 사용하는 일은 메모리 부족 문제를 해결하는 매우 흔하고 유용한 기법입니다. 보통 메모리가 제한적이거나 적은 환경에서 프로그램이 실행될 수도 있음을 감안하므로, 메모리를 충분히 사용할 수 있는 환경이라도 메모리를 덜 사용할 수 있는 방법을 쓰는 사례가 많습니다.

일반적으로 이 기술은 메모리가 메인 저장소가 아닌 **캐시**^{cache} 메모리의 역할을 한다고 가정합니다. 그 밖에도 메모리에 데이터 전체를 저장할 수는 없으며, 언제든 데이터의 일부나 **페이지**^{page}만 메모리에 로드할 수 있다고 가정합니다.

이러한 알고리듬은 메모리 용량이 적다는 문제를 직접 다루지는 않지만, 느린 외부 데이터 저장소와 같은 다른 문제를 해결하려고 시도합니다. 외부 데이터 저장소는 메인 메모리에 비하면 언제나 너무 느립니다. 그래서 알고리듬은 외부 데이터 저장소와 내부 메모리 사이에서 읽기의 균형을 맞춰야 합니다. PostgreSQL이나 오라클 같은 모든 데이터베이스 서비스가 이 기술을 사용합니다.

5.3.2 성능이 더 나은 환경

앞서 알고리듬의 시간 및 메모리 복잡도에 관해 설명한 대로, 더 빠른 알고리듬을 원할 때 일반적으로 메모리를 더 사용할 것이라고 예상합니다. 그러므로 이번 절에서는 성능 향상을 위해 메모리를 더 사용할 것이라고 간주하겠습니다.

성능을 향상하기 위해 캐시를 사용하는 것이 그 직관적인 예시에 해당합니다. 데이터를 캐싱^{caching}하는 것은 더 많은 메모리를 소비한다는 의미이지만, 캐시가 적절히 사용된다면 더 나

---

4 옮긴이_ 작업 완료에 드는 시간이 CPU의 속도에 의해 주로 결정되는 경우를 의미합니다.

은 성능을 기대할 수 있습니다.

하지만 메모리를 추가하는 것이 성능을 향상하는 최선의 방법은 아닙니다. 직간접적으로 메모리에 관련된, 알고리듬의 성능에 상당한 영향을 미칠 수 있는 다른 방법이 있습니다. 이 방식을 설명하기에 앞서 먼저 캐싱을 설명하겠습니다.

캐싱

캐싱caching이란 두 데이터 저장소가 서로 읽기/쓰기 속도가 다를 때 컴퓨터 시스템의 많은 부분에서 사용되는 모든 비슷한 기법을 가리키는 일반적인 용어입니다. 예를 들면 CPU는 수많은 내부 레지스터가 있고 이 레지스터는 읽기 쓰기 작업을 빠르게 수행합니다. 게다가 CPU는 메인 메모리로부터 데이터를 가져와야만 하는데fetch, 이 작업은 레지스터보다 훨씬 더 느립니다. 이때 캐싱 메커니즘이 필요합니다. 캐싱을 사용하지 않는다면 메인 메모리의 더 느린 속도가 우세해질 것이고, CPU의 빠른 연산 속도를 가릴 것입니다.

데이터베이스 파일을 다루는 경우도 또 다른 사례에 해당합니다. 데이터베이스 파일은 보통 외장 하드 디스크에 저장되는데, 하드 디스크는 메인 메모리보다 훨씬 더 느리며 파일은 크기 순서대로 외장 디스크에 저장됩니다. 여기에 캐싱 메커니즘이 꼭 필요합니다. 캐싱을 사용하지 않는다면, 가장 느린 속도가 우세해져서 전체 시스템의 속도가 느린 쪽에 맞춰집니다.

캐싱과 그에 대한 세부 사항은 설명이 필요한 추상 모델 및 특정 용어가 있는 만큼 장 하나 전체를 할애할 만한 주제입니다.

캐시를 도입한 이후 캐시가 얼마나 잘 작동하는지, 그리고 **성능 향상**performance gain을 얼마나 기대할 수 있을지 이러한 모델을 사용해 예측할 수 있습니다. 여기서는 단순하고 직관적인 방식으로 캐싱을 설명해보겠습니다.

많은 항목item을 포함하는 느린 저장소가 있다고 가정해봅시다. 그리고 다른 저장소는 더 빠르지만 제한된 수의 항목만 가질 수 있다고 해봅시다. 바로 이것이 트레이드오프에 해당합니다. 더 빠르지만 더 작은 저장소는 **캐시**cache라고 할 수 있습니다. 빠른 저장소보다는 더 느린 저장소에서 항목을 가져오고, 더 빠른 저장소에서 해당 항목을 처리하는 편이 더 합리적일 것입니다. 단지 그게 더 빠르기 때문이죠.

때로는 더 많은 항목을 가져오기 위해 더 느린 저장소로 가야 합니다. 이때 느린 저장소에서 항목을 단 하나만 가져오지는 않을 것이 확실합니다. 너무 비효율적이기 때문입니다. 그보다는 항목의 **버킷**bucket을 더 빠른 저장소에서 가져오는 편이 낫습니다. 일반적으로 항목은 더 빠른 저장소에 캐시됩니다.

느린 저장소에서 다른 항목을 로드해야 하는 어떤 한 항목을 처리한다고 가정해봅시다. 우선 떠오르는 것은 지금 캐시 내부에 있을, 최근에 가져온 여러 버킷 중에서 필요한 항목을 검색하는 일입니다.

만약 캐시에서 항목을 찾았다면 더 이상 느린 저장소에서 항목을 가져올 필요가 없으며 이를 **적중**hit이라고 합니다. 만약 캐시 저장소에 항목이 없다면 느린 저장소로 가야 하고, 캐시 메모리 내에서 다른 항목들에 대한 버킷을 읽어야 합니다. 이는 **실패**miss라고 합니다. 캐시가 더 적중할 때마다 성능은 더 좋아진다는 것이 명백합니다.

앞의 설명은 CPU 캐시와 메인 메모리에 적용할 수 있습니다. CPU 캐시는 메인 메모리로부터 최근의 명령어와 데이터를 저장하는데, 메인 메모리는 CPU 캐시 메모리에 비해 느립니다.

다음 절에서는 캐시 친화적 코드를 설명하며, 캐시 친화적 코드가 CPU보다 더 빨리 실행될 수 있는 이유를 알아봅니다.

캐시 친화적 코드

CPU가 명령어를 실행할 때는 우선 필요한 데이터를 모두 가져옵니다. 데이터는 메인 메모리의 특정 주소에 저장되며 이 주소는 명령어에 의해 결정됩니다.

연산하기 전에 데이터는 CPU 레지스터로 전송되어야 합니다. 하지만 보통 CPU는 가져와야fetch 한다고 예상하는 것보다 더 많은 블록을 가져와서 캐시에 넣습니다.

그다음으로 어떤 값에서 이전의 주소에 대한 **근접성**proximity이 필요하다면, 이 값은 캐시 내에 존재해야만 하고, 그러면 CPU는 메인 메모리 대신 캐시를 사용할 수 있습니다. 이 방식은 메인 메모리로부터 값을 읽는 것보다 훨씬 더 빠릅니다. 앞 절에서 설명한 대로 이것이 **캐시 적중**cache hit입니다. 만약 CPU 캐시에서 주소를 찾을 수 없다면 **캐시 실패**cache miss에 해당합니다. 이때 CPU는 대상 주소를 읽고자 메인 메모리에 접근해서 필요한 데이터를 가져와야 하며 이 방식은 상당히 느립니다. 일반적으로 캐시 적중률이 높으면 실행이 더 빠릅니다.

하지만 CPU는 왜 이웃 주소(근접성proximity)를 가져와야 할까요? 이는 **지역성의 원리**the principle of locality 때문입니다. 컴퓨터 시스템에서는 보통 같은 이웃에 위치한 데이터가 더 자주 접근된다고 관찰됩니다. 그래서 CPU는 이 원리에 따라 지역 참조[local reference]로부터 데이터를 더 많이 가져옵니다. 만약 알고리듬이 이를 잘 활용한다면, CPU가 알고리듬을 더 빨리 실행할 수 있습니다. 이러한 이유로 이런 알고리듬을 **캐시 친화적**[cache-friendly] 알고리듬이라고 일컫습니다.

[예제 5-6]은 캐시 친화적 코드와 비 캐시 친화적 코드의 수행의 차이를 나타냅니다.

코드 박스 5-12 [예제 5-6] 캐시 친화적 코드와 비 캐시 친화적 코드의 성능 나타내기(ExtremeC_examples_chapter5_6.c)

```c
#include <stdio.h>  // printf 함수를 위한 헤더
#include <stdlib.h> // 힙 메모리 함수를 위한 헤더
#include <string.h> // strcmp 함수를 위한 헤더

void fill(int* matrix, int rows, int columns) {
  int counter = 1;
  for (int i = 0; i < rows; i++) {
    for (int j = 0; j < columns; j++) {
      *(matrix + i * columns + j) = counter;
    }
    counter++;
  }
}

void print_matrix(int* matrix, int rows, int columns) {
  int counter = 1;
  printf("Matrix:\n");
  for (int i = 0; i < rows; i++) {
    for (int j = 0; j < columns; j++) {
      printf("%d ", *(matrix + i * columns + j));
    }
    printf("\n");
  }
}

void print_flat(int* matrix, int rows, int columns) {
  printf("Flat matrix: ");
  for (int i = 0; i < (rows * columns); i++) {
    printf("%d ", *(matrix + i));
  }
  printf("\n");
}
```

```
int friendly_sum(int* matrix, int rows, int columns) {
  int sum = 0;
  for (int i = 0; i < rows; i++) {
    for (int j = 0; j < columns; j++) {
      sum += *(matrix + i * columns + j);
    }
  }
  return sum;
}

int not_friendly_sum(int* matrix, int rows, int columns) {
  int sum = 0;
  for (int j = 0; j < columns; j++) {
    for (int i = 0; i < rows; i++) {
      sum += *(matrix + i * columns + j);
    }
  }
  return sum;
}

int main(int argc, char** argv) {

  if (argc < 4) {
    printf("Usage: %s [print¦friendly-sum¦not-friendly-sum] ");
    printf("[number-of-rows] [number-of-columns]\n", argv[0]);
    exit(1);
  }
  char* operation = argv[1];
  int rows = atol(argv[2]);
  int columns = atol(argv[3]);

  int* matrix = (int*)malloc(rows * columns * sizeof(int));
  fill(matrix, rows, columns);

  if (strcmp(operation, "print") == 0) {
    print_matrix(matrix, rows, columns);
    print_flat(matrix, rows, columns);
  }
  else if (strcmp(operation, "friendly-sum") == 0) {
    int sum = friendly_sum(matrix, rows, columns);
    printf("Friendly sum: %d\n", sum);
  }
  else if (strcmp(operation, "not-friendly-sum") == 0) {
    int sum = not_friendly_sum(matrix, rows, columns);
```

```
        printf("Not friendly sum: %d\n", sum);
    }
    else {
        printf("FATAL: Not supported operation!\n");
        exit(1);
    }
    free(matrix);
    return 0;
}
```

이 프로그램은 행렬의 모든 원소의 합을 계산하고 출력합니다. 하지만 그 이상의 일도 수행합니다.

사용자는 프로그램에 옵션을 전달해 행동을 변경할 수 있습니다. fill 함수에 쓰인 알고리듬으로 초기화된 2행 3열의 행렬을 출력하려 한다고 가정해봅시다. 사용자는 필요한 행과 열의 숫자와 print 옵션을 입력해야 합니다. 다음 [셸 박스 5-22]에서 최종 실행 이진 파일에 이 옵션을 어떻게 전달하는지 확인할 수 있습니다.

셸 박스 5-22 2행 3열의 행렬을 나타내는 [예제 5-6]의 출력 결과

```
$ gcc ExtremeC_examples_chapter5_6.c -o ex5_6.out
$ ./ex5_6.out print 2 3
Matrix:
1 1 1
2 2 2
Flat matrix: 1 1 1 2 2 2
$
```

출력 결과는 행렬의 두 가지 다른 프린트로 구성됩니다. 첫 번째는 행렬을 2차원으로 표현한 것이고 두 번째는 같은 행렬을 한 행으로flat 표현했습니다. 보다시피 행렬은 메모리에 **행-우선 순위**row-major order로 저장되었습니다. 이는 행렬이 한 행씩 저장된다는 의미입니다. 그래서 만약 CPU가 어떤 행에서 뭔가를 가져오려고 한다면, 그 행의 모든 원소 또한 가져와야 합니다. 따라서 **열-우선**column-major이 아니라 행-우선순위에서 이 코드의 합계 연산이 더 잘 수행됩니다.

코드를 다시 살펴보면 friendly_sum 함수에서는 행-우선으로 합계가 수행되었고 not_friendly_sum 함수에서는 열-우선으로 합계가 수행되었습니다. 다음으로 20,000개의 행과

20,000개의 열을 갖는 행렬의 합계를 수행하는 데 걸리는 시간을 비교해볼 수 있습니다. 보다 시피 차이가 명확합니다.

셀 박스 5-23 열-우선과 행-우선의 행렬 합계 연산 알고리듬 간 시간 차이의 예시

```
$ time ./ex5_6.out friendly-sum 20000 20000
Friendly sum: 1585447424

real 0m5.192s
user 0m3.142s
sys 0m1.765s

$ time ./ex5_6.out not-friendly-sum 20000 20000
Not friendly sum: 1585447424
real 0m15.372s
user 0m14.031s
sys 0m0.791s
$
```

측정된 시간 사이의 차이는 약 10초입니다. 프로그램은 clang 컴파일러를 사용해 macOS 머신에서 컴파일되었습니다. 이 차이는 같은 로직과 같은 양의 메모리를 사용하더라도, 행렬의 원소에 접근하는 순서를 다르게 선택하면 시간이 훨씬 더 오래 걸릴 수 있다는 뜻입니다. 이 예제는 캐시 친화적 코드의 효과를 명확히 나타냅니다.

> **NOTE_** time 유틸리티는 모든 유닉스 계열 운영체제에서 사용할 수 있습니다. 프로그램이 종료될 때까지 걸리는 시간을 측정할 때 사용할 수 있습니다.

다음 기술로 넘어가기 전에, 할당과 해제의 비용에 관해서 조금 더 설명해야 합니다.

할당 및 해제 비용

여기서 힙 메모리의 할당과 해제의 비용을 구체적으로 이야기하겠습니다. 힙 메모리 해제와 할당 작업은 시간과 메모리를 소비하며 대체로 비용이 더 필요합니다. 특히 초당 여러 번 힙 메모리 블록을 할당하고 해제할 필요가 있다면 그렇습니다.

상대적으로 더 빠르며 할당 자체에 메모리가 더 필요하지 않은 스택 할당과는 달리, 힙 할당은 충분한 크기의 비어 있는 메모리 블록을 찾아야 하며 이는 비용이 드는 일입니다.

메모리 할당과 해제를 위해 설계된 많은 알고리듬이 있으며, 할당과 해제 작업 사이에서는 언제나 타협 trade-off해야 합니다. 빠르게 할당하고 싶다면 할당 알고리듬에서 메모리를 더 많이 사용해야 합니다. 반대도 마찬가지입니다. 만약 메모리를 덜 사용하고 싶다면 시간이 더 드는 느린 할당을 선택해야 합니다.

C 언어에는 기본 C 표준 라이브러리가 제공하는 `malloc`과 `free` 함수 외에도 다른 메모리 할당자가 존재합니다. 이러한 메모리 할당자 라이브러리 중에는 `ptmalloc`, `tcmalloc`, `Haord`, `dlmalloc`이 있습니다.

여기에서 모든 할당자를 살펴보는 일은 이번 장의 범위를 벗어납니다. 하지만 스스로 이에 관한 자료를 더 찾아보고 시도해보면 좋겠습니다.

겉으로는 별문제 없어 보이지만 실제로 치명적일 수 있는 이 문제의 해결책은 무엇일까요? 답은 간단합니다. 할당과 해제를 최소화하는 것입니다. 이는 힙 할당을 빠른 속도로 해야 하는 몇몇 프로그램에서는 불가능한 것처럼 보입니다. 이러한 프로그램은 대체로 힙 메모리의 큰 블록을 할당하며 스스로 관리하려고 합니다. 이것은 마치 커다란 힙 메모리 블록 위에 놓은, (`malloc`과 `free`의 구현보다는 단순할지도 모를) 할당과 해제의 로직에 대한 추가 레이어를 갖는 것과도 같습니다.

또한 **메모리 풀**을 이용하는 다른 방법이 있습니다. 이 장을 마치기 전에 이 기법을 간단히 설명하겠습니다.

메모리 풀

앞 절에서 설명한 대로 메모리 할당과 해제는 비용이 듭니다. 미리 할당되어 고정된 크기의 힙 메모리 블록의 풀을 사용하는 방법은 할당의 횟수를 줄이고 성능을 약간 향상합니다. 풀의 각 블록은 일반적으로 식별자 identifier를 가지며, 이 식별자는 풀 관리를 위해 설계된 API를 통해 얻을 수 있습니다. 또한 필요가 없어지면 이 블록은 나중에 해제될 수 있습니다. 할당된 메모리 양이 고정된 채 남으므로, 메모리가 제한적인 환경에서 알고리듬이 결정론적인 행위 deterministic behavior를 하려고 할 때 탁월한 선택입니다.

메모리 풀memory pool을 더 자세하게 설명하는 것은 이 책의 범위를 뛰어넘습니다. 더 알고 싶다면 온라인에 이 주제에 관한 유용한 정보가 많이 있습니다.[5]

5.4 마무리

5장에서는 주로 스택과 힙 세그먼트를 다뤘으며 이들 세그먼트가 사용되는 방식을 살펴봤습니다. 이어서 메모리가 제한적인 환경에 관해 논의했으며 캐싱과 메모리 풀 같은 기법이 성능을 향상하는 방식을 알아봤습니다.

- 스택 및 힙 세그먼트 모두를 검사할 때 사용되는 도구와 기법을 설명했습니다.
- 디버거를 소개했으며, 메모리와 관련된 문제를 고치는 메인 디버거로 dgb를 사용했습니다.
- 메모리 프로파일러를 설명했고, 실행할 때 발생하는 누수나 허상 포인터와 같은 문제를 발견하기 위해 valgrind를 사용했습니다.
- 스택 변수와 힙 블록의 수명을 비교했으며 그러한 메모리 블록의 수명을 판단하는 법을 설명했습니다.
- 스택 변수의 경우 메모리 관리가 자동이지만 힙 블록에서는 전적으로 수동이라는 점을 알아봤습니다.
- 스택 변수를 다룰 때 저지르는 흔한 실수를 살펴봤습니다.
- 제한된 환경을 논의했으며 이러한 환경에서 메모리를 어떻게 튜닝할 수 있는지 알아봤습니다.
- 성능이 더 나은 환경과 성능을 얻고자 할 때 사용할 수 있는 기법은 무엇이 있는지 설명했습니다.

다음 4개 장은 C 언어의 객체지향을 다룹니다. 객체지향과 C가 무관한 듯 보일 수 있지만, 사실 C에서도 객체지향적인 코드를 작성할 수 있습니다. 이들 장에서는 객체지향 방식에서 문제를 설계하고 해결하는 알맞은 방식을 소개합니다. 그리고 읽을 수 있으면서도 올바른 C 코드를 작성할 수 있는 가이드도 제공합니다.

다음 6장에서는 주제를 탐구하는 데 필요한 이론적 논의와 예제를 제공해 캡슐화 및 객체지향 프로그래밍의 기초를 다룹니다.

----
5 옮긴이_ 다음 위키백과를 참고하세요. https://ko.wikipedia.org/wiki/메모리_풀

Part III

객체지향

## CHAPTER 6

OOP와 캡슐화

객체지향 프로그래밍 또는 OOP를 주제로 한 좋은 책과 글은 많습니다. 하지만 같은 주제를 C처럼 객체지향적이지 않은 언어로 다루지는 않는 것 같네요. 가능하긴 한 일일까요? 객체지향을 지원하지 않는 언어로 객체지향 프로그램을 작성할 수 있을까요? 정확히 말하자면 C 언어를 사용해서 객체지향 프로그램을 작성할 수 있을까요?

이 질문에 짧게 답하자면 네, 가능합니다. 하지만 방법 이전에 이유부터 설명해야 합니다. 질문을 작게 나누어서 OOP가 실제로 무엇을 의미하는지 살펴봐야 합니다. 객체지향을 지원하지 않는 언어를 이용해서 객체지향 프로그램을 작성할 수 있는 까닭은 무엇일까요? 역설처럼 들리지만 그렇지 않습니다. 이번 6장에서는 C에서 객체지향 프로그램을 작성할 수 있는 이유는 무엇인지, 그리고 어떻게 해야 하는지를 설명합니다.

여러분을 아리송하게 만들 또 다른 질문은, 주요 프로그래밍 언어로 C를 사용할 때 OOP에 관한 설명과 이해가 무슨 의미가 있느냐 하는 것입니다. 오픈 소스 커널처럼 성숙한 C 코드베이스, 그리고 HTTPD, Postfix, nfsd, ftpd와 같은 서비스의 구현, 또 OpenSSL과 OpenCV와 같은 여러 C 라이브러리는 모두 객체지향 방식으로 작성되었습니다. 이것이 C가 객체지향이라는 의미는 아닙니다. 그보다는 이러한 프로젝트가 내부 구조를 구성하는 방식이 객체지향적 사고방식에서 비롯한다는 뜻입니다.

OOP를 더 알려면 이번 장과 그다음 3개의 장을 꼭 함께 읽기를 권합니다. 첫 번째 이유는 앞서 언급한 라이브러리를 설계한 엔지니어처럼 사고하고 설계할 수 있도록 하려는 것이고,

두 번째는 이러한 라이브러리의 소스를 읽으면 크게 도움이 되기 때문입니다.

C는 문법상 클래스, 상속, 가상 함수와 같은 객체지향 개념을 지원하지 않습니다. 하지만 간접적인 방식으로는 객체지향 개념을 지원합니다. 사실 역사상 거의 모든 컴퓨터 언어는 Smalltalk, C++, 자바 이전부터 기본적으로 OOP를 지원했습니다. 모든 범용 프로그래밍 언어에서는 자료형을 확장extend하는 방법이 반드시 존재할 것이고 이것이 OOP로 향하는 첫걸음이기 때문입니다.

C는 문법상 객체지향을 특징으로 삼을 수도 없고 **그래서도 안 됩니다**. 오래된 언어여서가 아니라, 그럴 만한 이유가 있어서입니다. 이에 대해서는 이번 장에서 설명합니다. 간단히 말하자면 C로 객체지향 프로그램을 작성할 수는 있지만, 복잡성을 해결하려면 추가로 약간의 수고가 듭니다.

C의 OOP에 관한 몇 권의 책과 글에서는 일반적으로 C를 이용해 클래스의 작성, 상속의 구현, 그리고 다형성을 위한 **타입 시스템**type system을 만들고자 합니다. 이런 문헌에서는 C로 객체지향 프로그램을 작성할 때 사용하는 함수, 매크로, 전처리기로 OOP를 지원하는 방식을 살펴봅니다. 하지만 이번 6장에서 이러한 접근 방식을 취하지는 않습니다. C 언어로 새로운 C++을 만들려는 것이 아닙니다. 그보다는 C가 어떻게 OOP를 사용할 수 있는 가능성을 가지는지 짐작해보려고 합니다.

절차지향 그리고 함수형 패러다임과 더불어 OOP를 또 다른 프로그래밍 패러다임이라고 합니다. 하지만 OOP는 그 이상의 의미가 있습니다. OOP는 문제를 생각하고 분석하는 방식에 더 가깝습니다. OOP는 전 우주와 그 안에 있는 대상object의 위계질서에 관한 태도입니다. OOP는 기본적으로 우리 주변의 물리적 개체entity와 추상적 개체를 이해하는, 오래전부터 전해 내려온 고유한 방법입니다. 이는 자연을 이해하는 매우 기본적인 방식입니다.

우리는 언제나 모든 문제를 객체지향적 관점에서 생각했습니다. OOP는 인간이 항상 채택했던 것과 같은 관점을 적용하는 것에 불과합니다. 다만 이번에는 계산 문제를 해결하기 위해 프로그래밍 언어를 사용할 뿐입니다. 이 모든 것은 소프트웨어 작성에 사용되는 가장 일반적인 프로그래밍 패러다임이 OOP인 이유를 설명합니다.

7~9장과 더불어 이번 6장에서는 복잡하기는 해도 OOP의 모든 개념을 C에서 구현할 수 있음을 보여주고자 합니다. C를 이용해 OOP를 구현할 수 있음을 알고 있습니다. 이미 누군가가

해냈기 때문입니다. C 위에 C++을 만들기도 했고, C를 이용해 객체지향적 방식으로 복잡한 프로그램을 성공적으로 만든 경우도 많습니다.

하지만 6장부터 9장에 이르는 부분에서는 클래스를 선언하거나 상속 관계를 만들거나 다른 OOP 개념을 다룰 때 사용하는 특정 라이브러리 또는 매크로를 제안하려는 게 **아닙니다**. 게다가 어떠한 방법론이나 특정한 명명 규칙naming convention을 도입하지도 않을 것입니다. 단순히 있는 그대로의 C 언어로 OOP 개념을 구현해봅니다.

C 언어의 OOP에 **4개 장을 모두** 할애하는 이유는 객체지향을 뒷받침하는 어려운 이론과, 이를 설명하려면 살펴봐야 하는 다양한 예제 때문입니다. OOP 필수 이론의 대부분을 이번 6장에서 설명하며, 이어질 장에서는 실용적인 주제를 다룹니다. 다년간의 경험을 쌓은 대부분의 숙련된 C 개발자도 OOP 개념을 새로워하며 이론을 새롭게 학습해야 합니다.

6장부터 9장까지는 OOP에서 마주할 거의 모든 것을 다룹니다. 이번 장에서는 다음 내용을 학습합니다.

- OOP 관련 자료에서 사용하는 가장 기본적인 용어의 정의를 설명합니다. 클래스class, 객체object, 속성attribute, 행위behavior, 메서드method, 도메인domain 등을 정의합니다. 이 용어는 6~9장에서 많이 사용합니다. 또한 이 용어는 다른 OOP 관련 자료를 이해할 때도 필수적입니다. OOP를 받아들이는 언어의 주요 부분이기 때문입니다.

- 첫 번째 절에서 용어만 설명하지는 않습니다. 용어뿐만 아니라 객체지향의 뿌리와 철학을 깊게 다루며, 객체지향적 사고방식의 본질을 탐구해봅니다.

- 두 번째 절에서는 C가 왜 객체지향이 아닌지, 왜 객체지향이 될 수 없는지를 다룹니다. 질의응답이 필요한 매우 중요한 질문입니다. 이 주제는 **10장**에서 유닉스와 C의 밀접한 관계를 다룰 때 더 설명합니다.

- 세 번째 절에서는 **캡슐화**encapsulation를 설명합니다. 캡슐화는 OOP에서 가장 기본적인 개념입니다. 간단히 말하면 캡슐화는 객체를 생성하고 사용할 수 있도록 합니다. 객체 안에 변수와 메서드를 넣을 수 있다는 개념은 직접적으로 캡슐화에서 비롯합니다. 세 번째 절에서 캡슐화에 대해 자세히 설명하고 여러 사례로 살펴봅니다.

- 그다음 **정보 은닉**information-hiding으로 넘어갑니다. 정보 은닉은 캡슐화의 (부가적이지만 매우 중요한) 기능입니다. 정보 은닉이 없다면 소프트웨어 모듈의 의존성을 분리할 수 없으며decouple, 사실상 구현에 의존하는 API를 클라이언트에게 제공할 수도 없습니다.

앞서 언급했듯 이어서 **합성**composition 관계를 다룰 7장과 더불어, OOP와 캡슐화라는 주제는 네 개 장에 걸쳐 살펴봅니다. 다음 장부터는 **집합**aggregation, **상속**inheritance, **다형성**polymorphism, **추상화**abstraction를 다룹니다.

일단 이번 장에서는 OOP의 이론부터 살펴보고, 소프트웨어 컴포넌트에 관한 사고 과정에서 어떻게 객체 모델을 도출할 수 있는지를 살펴봅시다.

6.1 객체지향적 사고

이번 절의 내용을 소개하며 말한 대로, 객체지향적 사고는 우리 주변의 대상을 작게 나누어 분석하는 방법입니다. 이를테면 테이블 위의 물병 하나를 바라볼 때, 깊게 분석하지 않아도 물병과 테이블은 서로 다른 물체라고 이해합니다.

사람은 물병과 테이블 사이에서 둘을 구분하는 경계를 무의식적으로 인식합니다. 물병의 색을 바꿀 수 있고, 테이블의 색은 바뀌지 않는다는 것도 알고 있습니다.

이는 우리가 객체지향적 관점에서 주위 환경을 본다는 점을 드러냅니다. 즉, 우리는 주변의 객체지향적 현실을 마음에 반영할 뿐입니다. 또한 컴퓨터 게임, 3D 모델링 소프트웨어, 엔지니어링 소프트웨어에서도 이러한 현상을 많이 찾아볼 수 있는데, 인간과 상호작용하는 대상object 을 모두 포함합니다.

OOP는 객체지향적 사고를 소프트웨어 설계 및 개발에 도입하는 것입니다. 객체지향적 사고는 우리의 환경을 처리하는 기본 방식이며, 따라서 OOP는 소프트웨어 작성에 가장 보편적으로 사용된 패러다임이었습니다.

객체지향적으로 접근했을 때 풀기 어려운 문제가 당연히 존재합니다. 그리고 이러한 문제는 다른 패러다임을 선택하면 더 쉽게 분석하고 해결할 수도 있지만, 상대적으로 드뭅니다.

6.1.1 정신적 개념

객체지향적 사고의 흔적이 전혀 없는 프로그램을 찾으려면 꽤 애를 먹을 겁니다. C나 객체지향이 아닌 언어로 그 프로그램이 쓰였다고 해도 마찬가지입니다. 인간이 프로그램을 작성할 때는 자연스럽게 객체지향적인 것이 됩니다. 변수 이름에서부터 분명히 나타날 것입니다. 다음 예제를 보세요. 학생 10명의 정보를 담는 데에 필요한 변수를 선언합니다.

코드 박스 6-1 명명 규칙에 따라 student 접두어를 갖고, 학생 10명의 정보를 담는 4개의 배열

```
char* student_first_names[10];
char* student_surnames[10];
int student_ages[10];
double student_marks[10];
```

[코드 박스 6-1]에 보이는 선언은 변수 이름을 이용해서 **student**라는 동일한 개념으로 변수 여러 개를 그룹으로 묶는 법을 보여줍니다. 명명은 이렇게 해야 합니다. 그렇지 않으면 객체지향적 사고에 전혀 의미가 없는 임시 이름ᵃᵈ ʰᵒᶜ ⁿᵃᵐᵉ 때문에 혼란스러울 것입니다. 그 대신 다음과 같이 명명했다고 가정해봅시다.

코드 박스 6-2 학생 10명의 정보를 담을 임시 이름을 갖는 4개의 배열

```
char* aaa[10];
char* bbb[10];
int ccc[10];
double ddd[10];
```

[코드 박스 6-2]에 보이는 것과 같은 변수 이름을 사용하면, 아무리 프로그래밍 경험이 많더라도 알고리듬을 작성할 때 변수를 다루느라 애를 먹으리라는 점을 인정해야 합니다. 변수의 명명은 언제나 중요합니다. 마음속 개념이나 데이터 및 이러한 개념의 관계는 이름을 통해 떠올릴 수 있기 때문입니다. 이런 방식의 임시 이름을 사용하면 코드에서 개념과 개념의 관계를 알 수 없습니다. 컴퓨터는 문제가 되지 않지만, 개발자가 문제를 분석하고 해결하는 일을 복잡하게 만들며 실수할 가능성이 커집니다.

여기에서 개념의 의미하는 바를 더 명확히 합시다. 개념이란 사고ᵗʰᵒᵘᵍʰᵗ 또는 생각ⁱᵈᵉᵃ으로, 마음속에 존재하는 정신적 또는 추상적 이미지입니다. **개념**ᶜᵒⁿᶜᵉᵖᵗ은 현실 세계의 개체ᵉⁿᵗⁱᵗʸ에 관한 인식으로 형성되거나, 단순하게는 완전히 가상적ⁱᵐᵃᵍⁱⁿᵃʳʸ이며 추상적ᵃᵇˢᵗʳᵃᶜᵗ일 수 있습니다. 나무를 보거나 자동차를 생각할 때 이에 해당하는 이미지가 서로 다른 두 가지 개념으로 떠오릅니다.

다른 맥락에서 개념이라는 용어를 쓸 때, 예를 들면 '객체지향적 개념'의 경우 개념이라는 용어를 방금 정의한 것과 같은 방식으로는 전혀 사용하지 않습니다. 기술 관련 주제에서 사용하는 개념이라는 단어는 쉽게 말해, 주제와 관련해서 이해해야 하는 원리를 일컫습니다. 지금부터는 이러한 기술 관련 주제에 해당하는 정의를 사용하겠습니다.

객체지향적 사고는 개념과 개념 사이 관계의 관점에서 사고하는 것입니다. 따라서 올바른 객체지향 프로그램을 작성하려면 서로 연관된 객체 및 그에 대응하는 개념과 관계를 제대로 이해해야 합니다.

객체지향 지도는 여러 개념과 그 개념의 상호 관계로 형성됩니다. 예를 들면 한 팀으로서 업무를 처리해야 할 때, 이러한 지도로는 다른 사람과 쉽게 소통할 수 없습니다. 게다가 이러한 정신적 개념 mental concept 은 휘발성이 있고 volatile 종잡을 수 없으며 elusive 잊히기 십상입니다. 그래서 마인드맵을 소통 가능한 아이디어로 변환하려면 표현 representation 에 관한 모델이나 다른 도구가 필요하다는 사실을 더욱 강조합니다.

6.1.2 마인드맵과 객체 모델

이번 절에서는 예제를 살펴보며 지금까지 논의한 내용을 더 깊이 이해해봅니다. 어떤 한 장면을 설명한다고 가정해봅시다. 무언가를 설명하려는 목적은 관련한 구체적인 개념을 청중에게 전달하는 것입니다. 이렇게 생각해봅시다. 누군가가 마음속 지도를 가졌으며, 그 지도에는 다양한 개념과 그 개념이 서로 연결되는 방식이 나타납니다. 목표는 이 마인드맵을 청중에게 전달하는 것입니다. 이게 모든 예술적 표현의 목표가 아니냐고 할 수도 있겠습니다. 그림을 보거나 음악을 듣거나 소설을 읽을 때 실제로 일어나는 일이죠.

자 이제 어떤 한 교실에 대해 묘사해보겠습니다. 마음을 편안히 갖고 다음을 읽으며 상상해보세요. 마음속에 떠오르는 모든 것은 제 설명에 따라 전달된 개념입니다.

> 우리 교실은 두 개의 창문이 있는 오래된 곳이다. 교실에 들어서면 반대편 벽에 창문 두 개가 보인다. 교실 가운데에는 갈색 나무 의자가 많다. 의자에 앉은 학생이 5명 있고, 그중 2명은 남자아이다. 나무로 된 초록색 칠판이 오른쪽 벽에 있고, 선생님이 학생들에게 이야기하고 있다. 선생님은 파란 셔츠를 입은 나이 든 남자다.

이제 마음속에 형성된 개념이 무엇인지 봅시다. 그 전에 눈치채지 못하는 사이에 상상한 내용이 사라져 버릴 수 있다는 점을 명심하세요. 설명의 경계선에 우리 자신을 제한하도록 최선을 다합시다. 예를 들면 상상을 더해 소녀들이 금발이라고 할 수도 있습니다. 하지만 설명에서 언급되지 않았습니다. 그러니 이것은 고려하지 않겠습니다. 다음 단락에서 마음속에서 형성된 것이 무엇인지 설명하겠습니다. 내용을 계속 읽기 전에 스스로 시도해보세요.

필자의 마음속에는 다섯 가지 개념(또는 정신적 이미지 또는 사물^object)이 있습니다. 하나는 교실 안의 각 학생입니다. 또한 의자에 관한 또 다른 개념이 다섯 가지 있습니다. 나무에 관한 개념과 유리에 관한 다른 개념도 있습니다. 그리고 모든 의자가 나무로 만들어졌다는 걸 압니다. 이것은 나무의 개념과 의자 개념 사이의 관계입니다. 또한 모든 학생이 의자에 앉았다는 걸 압니다. 이처럼 의자와 학생 사이에는 다섯 가지 관계가 존재합니다. 계속해서 더 많은 개념을 식별하고 관련시킬 수 있습니다. 순식간에 수백 가지 개념의 관계를 서술하는 거대하고 복잡한 그래프를 갖게 됩니다.

잠시 멈춰서 개념과 개념 사이의 관계를 얼마나 다르게 도출했는지 보세요. 모든 사람이 다른 방식으로 할 수 있다는 것이 교훈입니다. 이러한 절차는 특정 문제를 해결하려고 할 때 언제나 발생합니다. 문제에 달려들기 전에는 마인드맵을 만들어야 합니다. 이 단계는 **이해 단계**^understanding phase라고 합니다.

여러분은 문제의 개념 및 개념 사이에서 발견한 관계에 기반한 접근 방식을 사용해서 문제를 해결합니다. 이러한 개념의 관점에서 해결책을 설명하며, 누군가 여러분의 해결책을 이해하고자 한다면 그들은 개념과 개념 간의 관계를 먼저 이해해야 합니다.

컴퓨터를 이용해서 문제를 해결하려고 할 때 바로 이런 일이 일어난다고 하면 아마 깜짝 놀랄 것입니다. 하지만 정확히 그렇습니다. 문제를 (정신적 맥락에서는 개념과 동일한) 객체와, 그들 간의 관계로 나눈 뒤, 이 객체를 기반으로 궁극적으로 문제를 해결하는 프로그램을 작성하려고 합니다.

여러분이 작성하는 프로그램은 마음속 개념과 그 관계를 모방합니다^simulate. 컴퓨터가 해결책을 실행하고 여러분은 이것이 잘 작동하는지 확인할 수 있습니다. 여러분은 여전히 문제를 해결하는 사람이지만, 이제는 컴퓨터가 여러분의 동료입니다. 여러분의 해결책을 컴퓨터가 실행할 수 있기 때문입니다. 이 해결책은 여러분의 마인드맵에서 번역된 일련의 기계 수준의 명령어로 서술된 것이며, 더 빠르고 정확하게 설명됩니다.

객체지향 프로그램은 객체의 측면에서 개념을 모방합니다. 우리가 마음속으로 문제에 관한 마인드맵을 생성하는 동안, 프로그램은 메모리에 객체 모델을 생성합니다. 다시 말해 인간과 객체지향 프로그램을 비교하면 **개념, 마음, 마인드맵**과 같은 용어는 **객체, 메모리, 객체 모델**에 각각 대응합니다. 이것은 이번 절에서 설명하는 가장 중요한 상관관계이며, 우리의 사고방식을 객체지향 프로그램과 연관시킵니다.

하지만 왜 마인드맵을 모방하기 위해 컴퓨터를 사용할까요? 컴퓨터는 속도와 정확성이 좋기 때문입니다. 매우 고전적인 답이지만, 여전히 이 질문의 적절한 답입니다. 커다란 마인드맵과 그에 해당하는 객체 모델을 만들고 유지하는 것은 복잡한 일이며, 컴퓨터가 아주 잘하는 일입니다. 프로그램이 만든 객체 모델은 디스크에 저장되어 나중에 사용될 수 있다는 것도 컴퓨터로 마인드맵을 모방하는 또 다른 장점입니다.

마인드맵은 감정에 따라 잊히거나 변경될 수 있습니다. 하지만 컴퓨터는 감정이 없고 객체 모델은 인간의 생각보다 훨씬 튼튼합니다. 이러한 이유로 객체지향 프로그램을 작성해야 합니다. 마음속 개념을 효율적인 프로그램과 소프트웨어로 전달하기 위해서입니다.

> **NOTE_** 다른 사람의 마음속 마인드맵을 다운로드하고 저장하는 것은 지금까지 발명되지 않았습니다. 하지만 아마 미래에는 발명될지도 모르죠

6.1.3 코드에는 없는 객체

실행 중인 객체지향 프로그램의 메모리를 살펴보면 객체로 가득 찼으며, 이 객체는 모두 상호 연관됨을 알게 될 것입니다. 인간도 마찬가지입니다. 인간을 기계로 간주한다면 언제나 가득 차 있으며 죽을 때까지 실행 중이라고 할 수 있습니다. 이러한 비유는 중요합니다. 개념이 살아 있는 마음속에만 존재할 수 있는 것처럼, 객체는 오직 실행 중인 프로그램에만 존재할 수 있습니다. 즉, 실행 중인 프로그램이 있어야만 객체가 존재한다는 의미입니다.

> **NOTE_** 객체지향 코드를 작성할 때는 아직 아무 객체도 존재하지 않습니다. 객체는 코드를 빌드해서 실행 가능한 프로그램을 만들고 프로그램을 실행해야 비로소 만들어집니다.

OOP는 객체를 실제로 만들지 않습니다. OOP는 프로그램이 실행될 때 완전히 동적인 객체 모델로 이어질 일련의 명령어를 만듭니다. 그러니 일단 컴파일 및 실행이 되면 객체지향 코드는 객체를 만들고, 수정하고, 연결하고, 심지어 삭제까지 할 수 있어야 합니다.

이처럼 객체지향 코드를 작성하기란 꽤 까다롭습니다. 객체와 그들의 관계가 존재하기도 전에 그것을 상상해야 합니다. 이것이 바로 OOP가 복잡한 이유이자, 객체지향을 지원하는 프로그래밍 언어가 필요한 이유입니다. 아직 만들어지지 않은 것에 관한 다양한 세부 사항을 설명하고 제작하는 기술을 일반적으로 **설계**design라 합니다. 그래서 보통 객체지향 프로그래밍에서 이 과정을 **객체지향 설계**object-oriented design**(OOD)**라 합니다.

객체지향 코드에서는 객체를 생성할 계획만 세울 수 있습니다. OOP는 객체가 언제 어떻게 실행되어야 하는지에 관한 일련의 명령어로 이어집니다. 객체와 관련된 모든 작업operation은 프로그래밍 언어로 자세히 설명할 수 있습니다. OOP 언어는 다양한 객체지향 작업을 작성하고 계획할 수 있도록 하는 일련의 명령어(와 문법 규칙)를 갖는 언어입니다.

지금까지 인간의 마음속 개념과 프로그램의 메모리 속 객체가 명백하게 대응한다는 점을 알아봤습니다. 그러므로 개념과 객체가 수행할 작업 사이에도 대응 관계가 존재합니다.

모든 객체는 지정된 생명 주기life cycle를 갖습니다. 마음속 개념도 마찬가지입니다. 어느 시점에는 아이디어가 마음속에 떠오르고 마음속 이미지가 개념으로 생성되며, 또 어느 시점에는 사라집니다. 객체도 마찬가지입니다. 객체는 어느 한 시점에서 생성되고, 다른 시점에서 소멸합니다.

마지막으로 어떤 정신적 개념은 (나타났다가 사라져버리는 변덕스럽고 일시적인 개념과는 반대로) 매우 확고하고 일관적입니다. 이런 개념은 그 어떤 (인간의) 마음과도 무관하며, 이들을 이해할 마음이 없었을 때조차 계속 존재해 온 것처럼 보입니다. 대체로 수학적 개념이 이에 해당합니다. 숫자 2를 예로 들어봅시다. 전 우주에 숫자 2가 단 하나만 있다니, 정말 놀라운 일입니다. 이 말은 필자와 여러분의 마음속에 숫자 2라는 같은 개념이 있다는 의미입니다. 만약 이걸 바꾸려고 한다면 더 이상 숫자 2가 아니게 됩니다. 여기가 바로 객체지향을 벗어나 다른 영역으로 나아가는 지점입니다. 다른 영역은 불변 객체immutable object로 가득한데, 불변 객체는 **함수형 프로그래밍**functional programming 패러다임이라는 제목으로 설명합니다.

6.1.4 객체 속성

모든 마음속의 각 개념에는 관련된 속성이 있습니다. 교실에 관한 설명에는 의자가 있었고, 이름은 chair1이며 갈색이었습니다. 즉, 모든 의자 객체는 '색상'이라는 속성을 가지며 chair1 객체의 속성은 갈색이었습니다. 교실에는 다른 4개의 의자가 있었고, 이들은 서로 다른 값의 색상 속성을 가질 수 있습니다. 설명한 내용에서는 모든 의자가 갈색이었지만, 다른 설명에서는 한 개 또는 두 개가 노란색이었을 수 있습니다.

객체는 두 개 이상의 속성 또는 속성의 집합을 가질 수 있습니다. 이러한 속성에 할당된 값을 총괄해 객체의 **상태**state라고 합니다. 상태란 단순히 객체에 연결된 특정 속성에 속하는 값의 목록으로 이해할 수 있습니다. 객체는 수명lifetime 동안 수정될 수 있습니다. 이런 객체를 **가변**mutable 객체라고 합니다. 이는 단순히 수명 동안 상태가 변경될 수 있음을 뜻합니다. 객체는 또한 **상태가 없을**stateless 수도 있습니다. 이는 객체가 어떠한 상태(또는 속성)를 갖지 않음을 뜻합니다.

또한 객체는 **불변**immutable일 수도 있습니다. 이는 정확히, 변경할 수 없는 숫자 2에 해당하는 개념(혹은 객체)과 마찬가지입니다. 불변한 것이란 생성될 때 상태가 결정되고 이후에는 수정될 수 없음을 의미합니다.

> **NOTE_** 상태가 없는 객체는 수명 동안 상태를 변경할 수 없으므로 불변 객체로 간주합니다. 사실은 변경할 상태가 없습니다.

불변 객체는 특히 중요합니다. 상태가 변경될 수 없다는 것은 장점입니다. 특히 멀티스레드 환경에서 불변 객체가 공유될 때 그렇습니다.

6.1.5 도메인

특정 문제를 해결하기 위해 작성된 모든 프로그램은, 심지어 아주 작은 프로그램이라도 잘 정의된 도메인을 가집니다. 도메인은 소프트웨어 엔지니어링과 관련한 문헌에서 널리 사용되는 또 다른 중요한 용어입니다. 도메인은 소프트웨어가 기능을 공개할 경계를 정의합니다. 또한 도메인은 소프트웨어가 다루어야 하는 요구 사항을 정의합니다.

도메인은 미리 정의된 구체적인 용어집^{terminology(glossary)}을 사용해 임무를 수행하고 엔지니어가 도메인의 경계 내에 있도록 합니다. 소프트웨어 프로젝트에 참여하는 모든 사람은 프로젝트가 정의된 도메인을 알아야 합니다.

예를 들면, 일반적으로 은행 소프트웨어는 아주 잘 정의된 도메인을 위해 만들어집니다. 은행 소프트웨어에는 계좌, 신용, 잔고, 이체, 대출, 이자 등을 포함하는 잘 알려진 용어의 집합이 있습니다.

도메인의 정의는 용어집의 용어 덕분에 명확해집니다. 가령 환자, 약, 복용량과 같은 용어는 은행 도메인에서 찾을 수 없을 것입니다.

예를 들어 헬스케어 도메인의 환자나 약물의 개념처럼, 주어진 도메인에 특정한 개념을 다루는 기능을 프로그래밍 언어가 제공하지 않는다면 그 도메인에 관한 소프트웨어를 해당 프로그래밍 언어로 작성하기는 어려울 것입니다. 불가능하지는 않아도 확실히 복잡할 것입니다. 게다가 소프트웨어가 크면 클수록 개발 및 유지는 더 어려워집니다.

6.1.6 객체 사이의 관계

객체는 상호 연관될 수 있습니다. 객체는 관계를 나타내고자 서로를 참조할 수 있습니다. 예를 들어 교실에 관한 설명에서 `student4`라는 객체는 `sitting on`이라고 명명된 관계에 대해 `chair3` 객체와 연관될 수 있습니다. 즉, `student4`는 `chair3`에 앉아 있습니다. 이런 식으로 시스템 내의 모든 객체는 서로를 참조해 객체 모델이라는 객체의 네트워크를 형성합니다. 앞서 설명했듯, 객체 모델은 마음속에서 형성한 마인드맵에 대응하는 것입니다.

두 객체가 연관될 때 하나의 상태가 변하면 다른 상태에도 영향을 줄 수 있습니다. 예를 들어 설명해보겠습니다. 서로 연관되지 않은 객체 p1, p2가 있으며, 이 두 객체는 픽셀을 나타낸다고 가정해봅시다.

객체 p1은 `{x: 53, y: 345, red: 120, green: 45, blue: 178}`이라는 속성을 가집니다. 또한 객체 p2는 `{x: 53, y: 346, red: 79, green: 162, blue: 23}`이라는 속성을 가집니다.

이 객체를 서로 연관시키려면 객체의 관계를 나타내는 추가 속성이 필요합니다. p1의 상태는 {x: 53, y: 345, red: 120, green: 45, blue: 178, adjacent_down_pixel: p2}로 바뀌고 p2의 상태는 {x: 53: y: 346, red: 79, green: 162, blue: 23, adjacent_up_pixel: p1}으로 바뀝니다.

adjacent_down_pixel과 adjacent_up_pixel 속성은 이러한 픽셀 객체가 인접해있다는 것을 나타냅니다. y 속성은 1밖에 차이가 나지 않습니다. 이러한 추가 속성을 사용함으로써 객체는 다른 객체와 관계가 있음을 인지합니다. 예를 들면 p1은 자신과 인접한 픽셀 객체 adjacent_down_pixel이 p2라는 것을 알고, p2는 adjacent_up_pixel이 p1이라는 것을 알고 있습니다.

만약 관계가 두 객체 사이에 형성된다면, 이 객체의 상태(혹은 속성에 해당하는 값의 목록)는 변경됩니다. 그러므로 객체에 새로운 속성을 추가함으로써 객체 사이의 관계가 만들어질 수 있으며, 따라서 객체의 관계는 객체 상태의 일부가 됩니다. 이는 당연히 객체의 가변성 또는 불변성에 영향이 있습니다.

객체의 상태 및 불변성을 정의하는 속성의 부분집합은 한 도메인에서 다른 도메인으로 변경될 수 있으며, 이러한 속성의 부분집합은 모든 속성을 반드시 포함하지는 않습니다. 한 도메인에서는 비참조형 속성(앞의 예제에서는 x, y, red, green, blue)만을 상태로 쓰고, 다른 도메인에서는 이를 모두 참조형 속성(앞 예제의 adjacent_up_pixel과 adjacent_down_pixel)으로 결합할 수도 있습니다.

6.1.7 객체지향 작업

OOP 언어는 곧 실행될 프로그램에서 객체의 생성, 객체의 소멸, 객체의 상태 변경을 계획할 수 있도록 합니다. 객체의 생성부터 먼저 살펴봅시다.

NOTE_ 생성^{construction}이라는 용어는 신중하게 사용해야 합니다. 생성을 나타내는 용어로 creation이나 building을 사용할 수도 있지만, 이 단어는 OOP 관련 문헌에서 표준 용어로 받아들이지 않습니다. creation 은 객체의 메모리 할당을 뜻하고, construction은 속성의 초기화를 의미합니다.

객체의 생성을 계획하는 방법은 다음 두 가지입니다.

- 첫 번째 접근법은 빈 객체(상태에 어떠한 속성도 갖지 않는 것)를 생성하거나 또는 더 일반적으로 최소한의 속성의 집합을 갖는 객체를 생성하는 것을 포함합니다.

- 코드가 실행되는 동안 더 많은 속성이 결정되고 추가됩니다. 이 방식을 사용하면 주변 환경에서 발견되는 변경 사항에 따라 같은 프로그램을 다르게 두 번 실행할 때, 같은 객체라도 다른 속성을 가질 수 있습니다.

- 각각의 객체는 별도의 개체^{entity}로 취급됩니다. 그리고 어떤 두 객체가 공통 속성의 목록을 가져서 같은 그룹(혹은 클래스)에 속하는 것처럼 보이더라도, 이들 두 객체는 프로그램이 지속되는 동안 상태에 다른 속성을 갖습니다.

- 예를 들면 앞서 언급한 픽셀 객체 p1과 p2는 모두 픽셀입니다(또는 pixel이라고 명명된 같은 클래스에 속합니다). 같은 속성인 x, y, red, green, blue를 갖기 때문입니다. 관계를 형성하고 나면 두 객체는 새롭고 다른 속성을 가지므로 다른 상태를 가집니다. p1은 adjacent_down_pixel, p2는 adjacent_up_pixel 속성을 가집니다.

- 이 접근 방식은 자바스크립트, 루비, 파이썬, 펄, PHP와 같은 프로그래밍 언어에서 사용합니다. 이들 대다수는 **인터프리터 프로그래밍 언어**^{interpreted programming language}입니다. 그리고 속성은 내부의 자료구조에 **맵**^{map} 또는 **해시**^{hash}로 저장되며 런타임 동안 쉽게 변경될 수 있습니다. 이 기술은 일반적으로 **프로토타입 기반의 OOP**^{prototype-based OOP}라고 합니다.

- 두 번째 접근법은 속성이 미리 정해져 있어서 실행 도중에 변경되지 않는 객체를 생성하는 것입니다. 이 객체는 런타임 동안 어떠한 속성도 추가되지 못해 객체는 구조를 유지합니다. 속성값만 변경할 수 있으며 이는 객체가 가변적^{mutable}일 때만 가능합니다.

- 이 접근법을 적용하려면, 개발자는 런타임 때 객체에 존재해야 하는 모든 속성을 추적하는, 미리 설계된 **객체 템플릿** 또는 **클래스**를 만들어야 합니다. 그런 다음 이 템플릿을 컴파일해서 런타임 시에 객체지향 언어로 제공해야 합니다.

- 많은 프로그래밍 언어에서 이러한 객체 템플릿을 클래스라고 합니다. 자바나 C++, 파이썬과 같은 프로그래밍 언어는 객체 템플릿을 나타내는 용어로 클래스를 사용합니다. 이 기술은 보통 **클래스 기반의 OOP**라고 알려졌습니다. 파이썬은 프로토타입 기반 및 클래스 기반의 OOP를 모두 지원한다는 점을 참고하세요.

객체와 **인스턴스**instance는 같은 것이며 서로 바꿔 사용할 수 있습니다. 하지만 어떤 글에서는 객체와 인스턴스 사이에 약간 차이가 있을지도 모릅니다. **참조**reference라는 용어도 설명해야겠네요. 객체 또는 인스턴스라는 용어는 객체의 값이 메모리에 할당된 실제 위치를 참조하는 데 사용됩니다. 반면 참조는 객체를 참조하는 포인터와 같습니다. 그러므로 같은 객체를 참조하는 여러 참조가 있을 수 있습니다. 일반적으로 객체는 이름이 없지만 참조는 이름이 있습니다.

클래스 및 프로토타입 기반의 두 접근법을 모두 사용할 수 있지만, C 그리고 특히 C++은 공식적으로 클래스 기반의 접근법을 지원하는 방식으로 설계되었습니다. 그러므로 개발자가 C 또는 C++에서 객체를 만들려면 우선 클래스가 있어야 합니다. 클래스 및 OOP에서 클래스가 하는 역할은 다른 절에서 더 설명하겠습니다.

이어질 설명은 약간 무관해 보일지도 모르지만, 사실은 그렇지 않습니다. 인간이 일생 동안 어떻게 성장하는지에 대한 두 학파가 있으며, 이들은 지금까지 이야기한 객체 생성에 관한 접근법에 매우 정확하게 연결됩니다. 이러한 철학 중 하나는 인간은 태어날 때 본래 비어 있으며 본질(또는 상태)이 없다고 합니다.

살면서 인생에서 여러 좋고 나쁜 일을 경험함으로써 인간의 본질이 성장하기 시작해 독립적이고 성숙한 인격을 가진 존재로 발달evolve합니다. **실존주의**existentialism는 이러한 개념을 발전시켜온 철학적 전통입니다.

실존주의의 유명한 계율은 '실존이 본질에 선행한다'입니다. 이는 단순히 인간은 우선 존재한 다음 삶의 경험으로부터 본질을 얻는다는 뜻입니다. 이 아이디어는 객체 생성에 관한 프로토타입 기반의 접근법에 매우 가깝습니다. 프로토타입 기반의 접근법에서는 객체는 비어 있는 채로 생성된 다음 런타임 동안 발달합니다.

다른 철학은 더 오래되었으며 대부분 종교에 의해 발전했습니다. 여기서는 인간은 어떤 이미지 (또는 본질)에 기반해 창조되었고, 이 이미지는 인간이 존재하기 전에 결정된 것입니다. 이는 템플릿 또는 클래스를 기반으로 객체를 생성하려는 방식과 가장 비슷합니다. 객체 창조자로서 클래스를 준비한 다음, 프로그램은 그 클래스에 따라 객체를 만들기 시작합니다.

> **NOTE_** 문학이나 역사를 포함한 소설이나 이야기에서 인간이 어떤 역경을 극복하는 접근법과, 그와 유사한 문제를 해결하기 위해 컴퓨터 과학에서 우리가 설계한 알고리듬은 상당히 일치합니다. 인간이 살아가는 방식과 인간이 경험하는 현실은, 컴퓨터 과학에서 우리가 알고리듬과 자료구조를 이해하는 것에 매우 부합한다고 굳게 믿습니다. 앞의 설명은 OOP와 철학 사이의 이러한 조화를 보여주는 좋은 예시였습니다.

객체 생성과 마찬가지로 객체의 소멸도 런타임 동안 이루어집니다. 그리고 우리는 코드에서 오직 소멸을 계획할 권한만 갖습니다. 객체가 살아 있는 동안 할당한 모든 리소스는 객체가 파괴될 때 해제되어야 합니다. 객체가 파괴될 때 다른 모든 관련된 객체도 파괴된 객체를 더 이상 참조하지 않도록 변경되어야 합니다. 객체는 존재하지 않는 객체를 참조하는 속성을 가질 수 없습니다. 만약 그럴 경우 객체 모델에서 **참조 무결성**referential integrity을 잃습니다. 이는 메모리 손상이나 세그멘테이션 오류 같은 런타임 오류뿐만 아니라 오산miscalculation과 같은 논리적 오류도 일으킵니다.

객체 수정(또는 객체의 상태 변경)은 두 가지 다른 방식으로 할 수 있습니다. 단순히 기존의 값을 변경하거나 또는 속성을 추가 및 삭제해 객체를 수정할 수 있습니다. 속성의 추가 및 삭제는 객체 생성에 대해 프로토타입 기반의 접근법을 선택했을 때만 가능합니다. 불변 객체의 상태를 변경하는 일은 금지되어 있으며 보통 객체지향 언어에서는 허용하지 않는다는 점을 기억하세요.

6.1.8 행위를 갖는 객체

모든 객체는 속성과 더불어 수행할 수 있는 기능에 관한 특정 목록을 갖습니다. 예를 들어 자동차라는 객체는 속도를 높이거나 낮추고, 방향을 바꿀 수 있습니다. OOP에서 이러한 기능은 언제나 도메인의 요구 사항을 따릅니다. 예를 들어 은행 객체 모델에서 고객은 새 계좌를 주문할 수 있지만 먹을 수는 없습니다. 당연히 고객은 사람이고 먹을 수 있지만, 먹는다는 기능이 은행 업무 도메인에 연관되지 않는 한 고객이라는 객체에 먹는 기능이 필요하다고 간주하지 않습니다.

모든 기능은 객체의 속성값을 변경함으로써 객체의 상태를 바꿀 수 있습니다. 간단한 예를 들면 자동차 객체는 가속할 수 있습니다. 가속은 자동차 객체의 기능이며, 가속함으로써 자동차 객체의 속성 중 하나인 자동차의 속도가 변합니다. 요약하자면 객체는 단순히 속성과 기능을 모은 그룹입니다. 객체에 속성과 기능을 넣는 방법은 이후 절에서 더 설명하겠습니다.

지금까지 OOP를 학습하고 이해하는 데 필요한 기본 개념을 설명했습니다. 다음으로는 캡슐화라는 기본 개념을 설명할 차례입니다. 하지만 잠깐 쉬어가면서 C가 OOP 언어가 될 수 없는 이유를 읽어봅시다.

6.2 C가 객체지향이 아닌 이유

C는 객체지향이 아니지만, 오래되어서 그런 것은 아닙니다. C가 오래된 언어여서 그렇다면 C를 객체지향으로 사용하는 법은 지금쯤 찾아냈을 것입니다. **12장**에서 살펴볼 내용처럼 C 프로그래밍 언어의 최신 표준인 C18은 C를 객체지향 언어로 만들려고 하지는 않습니다.

반면에 C++가 있습니다. C를 기반으로 하는 C++는 OOP 언어를 갖기 위한 모든 노력의 산물입니다. C가 객체지향 언어로 대체될 운명이었다면 C++ 때문에 오늘날 C의 수요는 없었을 것입니다. 하지만 C 엔지니어의 현재 수요를 보면 그렇지 않습니다.

인간은 객체지향적 방식으로 사고하지만 CPU는 절차지향적 기계 명령어를 실행합니다. CPU는 명령어를 하나씩 실행할 뿐이고, 때로는 메모리의 다른 주소에서 다른 명령어로 넘어가거나, 다른 명령어를 가져오거나 실행해야 합니다. 이는 C와 같은 절차지향적 프로그래밍 언어로 작성한 프로그램의 함수 호출과 꽤 비슷합니다.

C는 객체지향 언어가 될 수 없습니다. 객체지향과 절차지향 프로그래밍 사이를 가르는 장벽에 위치하기 때문입니다. 객체지향은 인간이 문제를 이해하는 방식이며 절차지향적 실행은 CPU가 할 수 있는 일입니다. 그러므로 객체지향과 절차지향 사이에 놓일 무언가가 필요합니다. 그렇지 않으면 객체지향적 방식으로 작성된 고수준의 프로그램은 CPU에 입력될 절차적 명령어로 바로 변환될 수 없습니다.

자바, 자바스크립트, 파이썬, 루비 등의 고수준 프로그래밍 언어를 보면, 이러한 언어의 컴포넌트 또는 레이어는 아키텍처 내에 있습니다. 이 아키텍처는 언어의 환경과 운영체제(유닉스 계열 시스템에서는 표준 C 라이브러리, 그리고 윈도우에서는 Win32 API) 내부에 있는 실제 C 라이브러리 사이의 다리가 됩니다. 예를 들어 자바 플랫폼에서는 **자바 가상 머신**Java virtual machine(**JVM**)이 이 역할을 합니다. 이러한 모든 환경은 반드시 객체지향적이지는 않지만(예를 들면, 자바스크립트나 파이썬은 절차지향적이면서도 객체지향일 수 있습니다), 고수준 로직을 저수준의 절차지향적 명령어로 변환하는 레이어가 필요합니다.

6.3 캡슐화

앞 절에서 각각의 객체는 객체에 추가된 속성의 집합 및 기능의 집합이라고 알아봤습니다. 여기에서는 이 속성과 기능을 객체라는 개체entity에 넣는 작업을 설명하겠습니다. 이는 **캡슐화**encapsulation라는 과정을 통해 수행합니다.

캡슐화란 객체를 나타내는 **캡슐**에 서로 연관된 것을 집어넣는다는 의미입니다. 이는 먼저 마음속에서 일어나는 일이고, 그다음 코드로 옮겨집니다. 객체에 어떤 속성이나 기능이 필요하다고 느낀 순간, 마음속에서 캡슐화를 하는 것입니다. 그리고 이러한 캡슐화는 코드 수준으로 옮겨야 합니다.

프로그래밍 언어에서 무언가를 캡슐화할 수 있다는 건 매우 중요합니다. 그렇지 않으면 서로 연관된 변수를 함께 두었을 때 해결하기 어려운 문제가 됩니다(이를 해결하기 위해 명명 규칙을 언급한 바 있습니다).

객체는 속성의 집합 그리고 기능의 집합으로 만들어집니다. 속성과 기능은 둘 다 객체 캡슐로 캡슐화되어야 합니다. **속성 캡슐화**attribute encapsulation를 먼저 이야기해봅시다.

6.3.1 속성 캡슐화

앞서 살펴봤듯 캡슐화하려면 항상 변수명을 사용해야 하고, 서로 다른 변수를 묶어서 같은 객체 내에 그룹으로 두어야 합니다. 다음은 예제입니다.

```
int pixel_p1_x     = 56;
int pixel_p1_y     = 34;
int pixel_p1_red   = 123;
int pixel_p1_green = 37;
int pixel_p1_blue  = 127;
int pixel_p2_x     = 212;
int pixel_p2_y     = 994;
int pixel_p2_red   = 127;
int pixel_p2_green = 127;
int pixel_p2_blue  = 0;
```

이 예제는 **암묵적**implicit 객체인 **p1**과 **p2** 아래에서 변수를 그루핑할 때 변수명을 어떻게 사용하는지 명확히 보여줍니다. 암묵적이란, 개발자가 이 객체의 존재를 아는 유일한 사람이라는 뜻입니다. 프로그래밍 언어는 이 객체에 대해 아무것도 모릅니다.

프로그래밍 언어는 서로 독립적인 것처럼 보이는 10개의 변수만을 이해합니다. 이는 변수의 이름을 지정할 수 있으므로 공식적인 캡슐화로 여겨지지 않을 정도로 저수준의 캡슐화일 것입니다. 변수 이름에 의한 캡슐화는 모든 프로그래밍 언어에 존재하며 심지어 어셈블리어에서도 가능합니다.

필요한 것은 **명시적**explicit 캡슐화를 제공하는 접근법입니다. 명시적이란, 개발자와 프로그래밍 언어 둘 다 캡슐화, 캡슐(또는 객체)의 존재를 안다는 의미입니다. 명시적 **속성 캡슐화**를 제공하지 않는 프로그래밍 언어는 사용하기 매우 어렵습니다.

다행히 C는 명시적 캡슐화를 제공합니다. 그러므로 C 언어를 이용해 본질적으로 객체지향적인 프로그램을 캡슐화로 쉽게 작성할 수 있습니다. 반면, 다음 절에서 간단히 살펴보겠지만 C는 명시적 행위 캡슐화를 제공하지는 않으니 이를 지원하려면 암묵적인 방식을 생각해내야 합니다.

참고로 프로그래밍 언어에서 캡슐화와 같이 명시적인 기능을 항상 사용하는 편이 좋습니다. 여기서는 캡슐화만 설명하지만, 명시적 기능은 상속이나 다형성 같은 다른 객체지향적 기능으로 확장될 수 있습니다. 이러한 명시적 기능은 프로그래밍 언어가 런타임이 아닌 컴파일을 할 때 관련 오류를 잡을 수 있도록 합니다.

런타임 시 오류를 해결하는 일은 악몽과도 같습니다. 그래서 언제나 컴파일할 때 오류를 잡으려고 노력해야 합니다. 런타임이 아니라 컴파일할 때 오류를 잡아낼 수 있다는 것은, 인간의 객체지향적 사고방식을 제대로 인지하는 객체지향적 언어의 주요 이점입니다. 객체지향 언어는 컴파일하는 동안 설계상 오류나 위반 사항을 찾아내서 보고할 수 있습니다. 그러면 런타임 시 심각한 버그를 해결해야 하는 상황을 예방합니다. 사실 이러한 이유로 프로그래밍 언어에 모든 것을 명시하려다 보니 요즘의 프로그래밍 언어는 더 복잡해졌습니다.

유감스럽게도 C에서 모든 객체지향적 기능이 명시적이지는 않습니다. 근본적으로 이런 이유로 C에서 객체지향적인 프로그램을 작성하기가 어렵습니다. 하지만 C++에는 명시적 기능이 더 많으므로 C++을 객체지향적 프로그래밍 언어라고 합니다.

C에서는 구조체가 캡슐화를 제공합니다. [코드 박스 6-3]의 코드를 바꿔봅시다. 구조체를 이용해서 다시 코드를 작성해봅시다.

코드 박스 6-4 pixel_t 구조체와 pixel_t 변수 2개를 선언하기

```
typedef struct {
  int x, y;
  int red, green, blue;
} pixel_t;
pixel_t p1, p2;

p1.x = 56;
p1.y = 34;
p1.red = 123;
p1.green = 37;
p1.blue = 127;

p2.x = 212;
p2.y = 994;
p2.red = 127;
p2.green = 127;
p2.blue = 0;
```

[코드 박스 6-4]와 관련해 주목할 중요한 사항이 몇 가지 있습니다.

- 속성 캡슐화는 x, y, red, green, blue 속성을 새 자료형인 pixel_t로 넣을 때 발생합니다.
- 캡슐화는 언제나 새로운 자료형을 만듭니다. 특히 C에서 속성 캡슐화로 새로운 자료형을 만든다는 것은 꼭 알아두어야 합니다. 실제로 이런 방식으로 명시적인 캡슐화를 수행합니다. _t 접미어가 pixel_t의

끝에 붙으니 주의하세요. C에서 _t 접미어를 새 자료형 뒤에 붙이는 일은 아주 흔하지만, 문법상 의무는 아닙니다not mandatory. 이 책에서는 계속해서 이 규칙을 사용합니다.

- p1과 p2는 코드가 실행될 때 명시적 객체가 됩니다. 둘 다 `pixel_t` 자료형이고, 구조체가 명시하는dictate 유일한 속성입니다. C 그리고 특히 C++에서 자료형은 객체의 속성을 명시합니다.

- 새 자료형인 `pixel_t`는 클래스(혹은 객체 템플릿template)의 유일한 속성입니다. '클래스'라는 단어는 속성과 기능을 둘 다 포함하는 객체의 템플릿을 나타낸다는 점을 기억하세요. C의 구조체는 속성만 가지므로 구조체는 클래스의 대응물이 아닙니다. 유감스럽게도 C에는 클래스에 대응하는 개념이 없습니다. 속성attribute과 기능functionality이 따로따로 존재하고, 우리는 이 둘을 암묵적으로 코드에 연관시킵니다. 모든 클래스는 C에서 암묵적이며, 모든 클래스는 C의 함수 목록을 갖는 하나의 구조체에 해당합니다. 이에 관해서는 이번 장과 다음 장에 나올 예제에서 더 살펴보겠습니다.

- 템플릿(여기서는 `pixel_t` 구조체)에 기반한 객체를 생성했으며 이 템플릿은 객체가 생성될 때 미리 결정된 속성을 갖습니다. 앞서 말했듯 구조체는 속성만을 저장할 뿐, 기능은 저장하지 못합니다.

- 객체 생성은 새 변수의 선언과 매우 유사합니다. 자료형이 앞에 오고, 그다음 변수 이름(여기에서는 객체 이름)이 나옵니다. 객체를 선언하는 동안 동시에 두 가지 일이 발생합니다. 먼저 객체에 메모리가 할당됩니다(만들기creation). 그러고 나서 속성은 기본값default value을 사용해 초기화됩니다(생성construction). 앞의 예제에서 모든 속성은 정수였으며 C에서 사용할 기본 정숫값은 0입니다.

- C 및 다른 프로그래밍 언어에서 객체 내부의 속성에 접근할 때 점(.)을 사용하는 반면, 포인터에 저장된 주소를 통해 간접적으로 구조체의 속성에 접근할 때는 화살표(->)를 사용합니다. p1.x(혹은 p1이 포인터일 때는 p1->x)은 **속성 x가 p1 객체 안에 있다**고 읽어야 합니다.

지금까지 알아본 내용에 따르면 속성은 객체로 캡슐화할 수 있습니다. 하지만 캡슐화의 유일한 대상은 아닙니다. 이제 기능이 어떻게 캡슐화되는지를 알아볼 차례입니다.

6.3.2 행위 캡슐화

객체란 간단히 말해 속성과 메서드의 캡슐입니다. 메서드는 객체 내에 저장되는 로직 또는 기능을 나타내고자 사용하는 표준 용어입니다. 메서드는 C의 함수로 간주할 수 있으며 이름, 인자의 목록, 반환형을 갖습니다. 속성은 **값**value을 전달하며 메서드는 **행위**behavior를 전달합니다. 그러므로 객체는 값의 목록을 갖고 시스템에서 어떤 행위를 수행할 수 있습니다.

C++ 같은 클래스 기반의 객체지향 언어에서는 속성과 메서드를 아주 쉽게 클래스에 함께 묶을

수 있습니다. 자바스크립트 같은 프로토타입 기반 언어에서는 보통 빈 객체[1](ex nihilo 또는 '무(無)로부터')를 사용하거나 빈 객체를 복제clone해서 시작합니다. 객체가 행위를 가지려면 메서드를 추가해야 합니다. 다음 예제를 보면 프로토타입 기반의 프로그래밍 언어가 작동하는 방식을 파악하는 데 도움이 됩니다. 예제는 자바스크립트로 작성되었습니다.

코드 박스 6-5 자바스크립트에서 client 객체를 생성하기

```
// 빈 객체 생성
var clientObj = {};

// 속성 설정
clientObj.name = "John";
clientObj.surname = "Doe";

// 은행 계좌를 주문하는 메서드 추가
clientObj.orderBankAccount = function () {
...
}
...

// 메서드 호출
clientObj.orderBankAccount();
```

예제에서는 두 번째 행에서 빈 객체를 만들었습니다. 다음 두 행에서는 **name**과 **surname**이라는 새로운 속성 두 가지를 객체에 추가했습니다. 그다음 행에는 **orderBankAccount** 메서드를 새로 추가했고 이는 함수의 정의를 가리킵니다. 이 행은 실제로 할당에 해당합니다. 오른쪽에는 **익명 함수**anonymous function가 있는데, 익명 함수는 이름을 갖지 않으며 왼쪽에 있는 객체에 **orderBankAccount** 속성을 할당합니다. 즉, 함수에 **orderBankAccount** 속성을 저장합니다. 마지막 행에는 객체의 메서드인 **orderBankAccount**가 호출됩니다. 이는 처음에 빈 객체만 있으면 되고, 더 이상은 필요치 않은 프로토타입 기반 프로그래밍 언어를 시연하는 좋은 예제입니다.

클래스 기반의 프로그래밍 언어에서는 앞의 예제 내용이 달라집니다. 클래스 기반의 언어에서는 먼저 클래스를 작성해야 하는데, 클래스가 없다면 어떤 객체도 가질 수 없기 때문입니다.

---

1 옮긴이_ 프로토타입 기반일 때 새 객체를 만드는 방법은 두 가지가 있습니다. 기존의 객체를 복제하는 방법과, 흔하지는 않지만 아무것도 없는 상태에서 객체를 생성하는 방법입니다.

다음 [코드 박스 6-6]은 이전의 예제를 포함하지만 C++로 작성되었습니다.

코드 박스 6-6 C++에서 client 객체 생성하기

```cpp
class Client {
public:
  void orderBankAccount() {
  ...
  }
  std::string name;
  std::string surname:
};
...
Client clientObj;
clientObj.name = "John";
clientObj.surname = "Doe";
...
clientObj.orderBankAccount ();
```

처음에 **Client**라는 새로운 클래스를 선언했습니다. 첫 번째 행에서 클래스를 선언했고, 이는 즉시 C++의 새로운 자료형이 됩니다. 이 클래스는 캡슐과 닮았으며 중괄호로 감싸였습니다. 클래스를 선언한 뒤, **Client** 자료형으로부터 객체 **clientObj**를 생성했습니다.

이어서 속성을 설정했고, 마지막으로는 **clientObj** 객체에 **orderBankAccount** 메서드를 호출했습니다.

> **NOTE_** 일반적으로 C++에서 메서드는 멤버 함수member function, 속성은 데이터 멤버data member라고 합니다.

어떤 항목을 캡슐화하기 위해 오픈 소스나 유명 C 프로젝트가 사용하는 기법을 살펴보면 공통 주제를 발견할 수 있습니다. 이번 절의 나머지 부분에서는 이러한 프로젝트에서 볼 수 있는 것과 유사한 기법을 기반으로 행위 캡슐화 기법을 소개합니다.

이 기법을 자주 언급할 것이므로 **암묵적 캡슐화**implicit encapsulation라고 부르겠습니다. C가 알고 있는 명시적인 행위 캡슐화를 제공하지 않으므로 암묵적이라고 합니다. ANSI C표준에서 지금까지 이해한 내용을 토대로 하면, C는 클래스를 알 수 없습니다. 그러므로 C에서 객체지향을

다루려는 모든 기법은 암묵적이어야 합니다.

암묵적 캡슐화 기법은 다음과 같습니다.

- 객체의 속성을 저장하기 위해 C의 구조체를 이용합니다(명시적 속성 캡슐화). 이 구조체는 **속성 구조체**attribute structure라고 합니다.

- 행위 캡슐화를 위해 C의 함수가 사용됩니다. 이 함수는 **행위 함수**behavior function라고 합니다. 알다시피 C의 구조체는 함수를 가질 수 없습니다. 그러므로 이 함수는 속성 구조체 바깥에 존재해야 합니다(암묵적 행위 캡슐화).

- 행위 함수는 인자 중 하나로 반드시 구조체 포인터를 받아야 합니다(주로 첫 번째 인자 또는 마지막 인자). 이 포인터는 객체의 속성 구조체를 가리킵니다. 행위 함수는 일반적으로 객체의 속성을 읽거나 수정해야 하기 때문입니다.

- 행위 함수가 객체의 동일한 클래스에 서로 연관되었음을 나타내려면 적절한 이름이 있어야 합니다. 그러므로 암묵적 캡슐화 기법을 사용할 때는 꼭 명명 규칙을 일관적으로 지켜야 합니다. 행위 함수에 이름이 있어야 한다는 것은 정확한clear 캡슐화를 위해 이번 장에서 따라야 하는 두 가지 명명 규칙 중 하나입니다. 다른 규칙은 속성 구조체의 이름의 끝에 _t 접미사를 사용하는 것입니다. 하지만 당연히 강제 사항은 아니며 자신만의 명명 규칙을 사용해도 됩니다.

- 일반적으로 속성 구조체의 선언이 있는 헤더 파일에서 행위 함수에 대해 선언합니다. 이 헤더 파일은 **선언 헤더**declaration header라고 합니다.

- 일반적으로 선언 헤더를 포함하는 하나 또는 여러 별도의 소스 파일에서 행위 함수를 정의합니다.

암묵적 캡슐화에는 클래스가 존재하지만 암묵적이며 개발자만 클래스를 알고 있다는 점을 명심하세요. 다음의 [예제 6-1]은 실제로 C 프로그램에서 암묵적 캡슐화 기법을 사용하는 방법입니다. 이 예제는 연료가 다 떨어질 때까지 가속하다가 멈추는 car 객체에 관한 코드입니다.

[예제 6-1]에서 헤더 파일은 새로운 자료형 **car_t**의 선언을 포함합니다. 이 자료형은 Car 클래스의 속성 구조체입니다. 헤더는 또한 **Car** 클래스의 행위 함수에 필요한 선언도 포함합니다. C 코드에는 없는 암묵적 클래스를 나타내고자 'Car 클래스'라는 표현을 사용하며, **Car** 클래스는 속성 구조체와 행위 함수를 모두 포함합니다.

코드 박스 6-7 [예제 6-1] Car 클래스의 속성 구조체와 행위 함수의 선언(ExtremeC_examples_chapter6_1.h)

```
#ifndef EXTREME_C_EXAMPLES_CHAPTER_6_1_H
#define EXTREME_C_EXAMPLES_CHAPTER_6_1_H
```

```
// 이 구조체는 자동차(car) 객체에 연관된 모든 속성을 갖습니다.
typedef struct {
  char name[32];
  double speed;
  double fuel;
} car_t;

// 이 함수 선언은 자동차 객체의 행위에 해당합니다.
void car_construct(car_t*, const char*);
void car_destruct(car_t*);
void car_accelerate(car_t*);
void car_brake(car_t*);
void car_refuel(car_t*, double);

#endif
```

속성 구조체 car_t는 name, speed, fuel이라는 3개의 필드를 갖습니다. 이 필드는 car 객체의 속성입니다. car_t는 C에서 새로운 자료형이며, 이제 이 자료형의 변수를 선언할 수 있으니 참고하세요. 앞의 코드 박스에서 행위 함수는 또한 같은 헤더 파일에서 선언해야 합니다. 행위 함수는 car_ 접두어로 시작하는데, 모든 함수가 같은 클래스에 속함을 강조하기 위해서입니다.

암묵적 캡슐화 기법에 관한 아주 중요한 사항이 있습니다. 각각의 객체는 자신만의 고유한 속성 구조체 변수를 갖습니다. 하지만 모든 객체는 같은 행위 함수를 공유합니다. 즉, 각각의 객체의 속성 구조체 자료형에서는 지정된 변수dedicated variable를 만들어야 하지만, 행위 함수는 단 한 번 작성해 서로 다른 객체에서 호출합니다.

car_t 속성 구조체는 그 자체로 클래스는 아니라는 점을 명심하세요. 이것은 Car 클래스의 속성만을 포함합니다. 모든 선언은 암묵적인 Car 클래스를 만듭니다. 이에 대해서는 앞으로 더 많은 예제에서 살펴봅니다.

암묵적 캡슐화 기법을 사용해 준객체지향semi-object-oriented 코드를 작성한 유명 오픈 소스 프로젝트는 많습니다. libcurl이 그중 한 예시입니다. libcurl의 소스 코드를 보면 curl_으로 시작하는 구조체와 함수가 많이 등장합니다. 이러한 함수의 목록은 다음 링크에서 확인할 수 있습니다(https://curl.haxx.se/libcurl/c/allfuncs.html).

다음 소스 파일은 [예제 6-1]의 행위 함수에 관한 정의를 포함합니다.

코드 박스 6-8 [예제 6-1] Car 클래스의 행위 함수에 관한 정의(ExtremeC_examples_chapter6_1.c)

```c
#include <string.h>

#include "ExtremeC_examples_chapter6_1.h"

// 앞의 함수에 관한 정의
void car_construct(car_t* car, const char* name) {
  strcpy(car->name, name);
  car->speed = 0.0;
  car->fuel = 0.0;
}

void car_destruct(car_t* car) {
  // 여기서 할 일은 없습니다.
}

void car_accelerate(car_t* car) {
  car->speed += 0.05;
  car->fuel -= 1.0;
  if (car->fuel < 0.0) {
    car->fuel = 0.0;
  }
}

void car_brake(car_t* car) {
  car->speed -= 0.07;
  if (car->speed < 0.0) {
    car->speed = 0.0;
  }
  car->fuel -= 2.0;
  if (car->fuel < 0.0) {
    car->fuel = 0.0;
  }
}

void car_refuel(car_t* car, double amount) {
  car->fuel = amount;
}
```

Car의 행위 함수는 [코드 박스 6-8]에 정의되어 있습니다. 모든 함수는 car_t 포인터를 첫 번째 인자로 받습니다. 이로써 함수가 객체의 속성을 읽고 수정하도록 합니다. 만약 함수가 속성 구조체에 대한 포인터를 받지 못한다면, 객체의 행위를 나타내지 못하는 평범한^{ordinary} C 함수로 간주해야 합니다.

일반적으로 행위 함수의 선언은 함수에 대응하는 속성 구조체의 선언에 이어서 시행한다는 점을 기억해두세요. 속성 구조체와 행위 함수의 연관성을 관리하는 유일한 담당자가 개발자이고, 유지 보수가 매우 쉬워야 하기 때문입니다. 이런 이유로 속성 구조체와 행위 함수의 집합을 서로 가까이, 대개는 같은 헤더 파일에 두면, 클래스의 전반적인 구조를 유지하는 데 도움이 되고 나중에 들여야 할 수고를 덜어줍니다.

다음 [코드 박스 6-9]에는 main 함수를 포함하며 메인 로직을 수행하는 소스 파일이 있습니다. 모든 행위 함수는 여기에서 사용됩니다.

코드 박스 6-9 [예제 6-1]의 main 함수(ExtremeC_examples_chapter6_1.main.c)

```c
#include <stdio.h>

#include "ExtremeC_examples_chapter6_1.h"

// 메인 함수
int main(int argc, char** argv) {

  // 객체 변수 만들기
  car_t car;

  // 객체 생성
  car_construct(&car, "Renault");

  // 메인 알고리듬
  car_refuel(&car, 100.0);
  printf("Car is refueled, the correct fuel level is %f\n",car.fuel);
  while (car.fuel > 0) {
    printf("Car fuel level: %f\n", car.fuel);
    if (car.speed < 80) {
      car_accelerate(&car);
      printf("Car has been accelerated to the speed: %f\n",car.speed);
    } else {
      car_brake(&car);
```

```
      printf("Car has been slowed down to the speed: %f\n",car.speed);
    }
  }

  printf("Car ran out of the fuel! Slowing down ...\n");
  while (car.speed > 0) {
    car_brake(&car);
    printf("Car has been slowed down to the speed: %f\n",car.speed);
  }

  // 객체 소멸
  car_destruct(&car);

  return 0;
}
```

main 함수의 첫 번째 명령어로는 car_t 자료형에서 변수 car를 선언했습니다. 변수 car는 첫 번째 car 객체입니다. 이 행에서 객체의 속성을 위한 메모리를 할당했습니다. 다음 행에서는 객체를 생성했습니다. 이 행에서는 속성을 초기화했습니다. 객체는 속성을 위해 할당된 메모리가 있을 때만 초기화할 수 있습니다. 코드에서 생성자는 두 번째 인자로 car의 이름을 받습니다. car 객체의 주소는 모든 car_* 행위 함수로 전달됨을 알 수 있습니다.

while 루프 안에서 main 함수는 fuel 속성을 읽고 그 값이 0보다 큰지 검사합니다. main 함수는 행위 함수가 아니며, main 함수가 car의 속성에 접근할 수 있다는 점은 중요합니다. 예를 들어 fuel과 speed라는 속성은 **공개**public 속성에 관한 예시에 해당하며, 공개 속성은 행위 함수 이외의 함수(외부 코드)가 접근할 수 있습니다. 다음 절에서 다시 공개 속성으로 돌아오겠습니다.

main 함수를 떠나 프로그램을 종료하기 전에 car 객체를 소멸시켜야 합니다. 이는 단순히 이 단계에서 객체가 할당한 리소스가 해제되어야 함을 의미합니다. 이 예제의 car 객체에서는 객체의 소멸을 위해 해야 할 일이 없습니다. 하지만 언제나 이렇지는 않고 소멸에 필요한 단계가 있습니다. 이에 관해서는 다음 예제에서 더 살펴보겠습니다. 힙 할당의 경우 소멸 단계는 의무이며 이는 메모리 누수를 방지합니다.

앞의 예제를 C++에서 어떻게 작성할 수 있는지 알아보겠습니다. 그러면 OOP 언어가 클래스와 객체를 어떻게 이해하는지, 그리고 적절한 객체지향 코드를 작성하는 오버헤드를 어떻게 줄이는지를 이해하는 데 도움이 됩니다.

[예제 6-2]의 일환으로, 다음 [코드 박스 6-10]은 C++에서 **Car** 클래스를 포함하는 헤더 파일을 나타냅니다.

코드 박스 6-10 [예제 6-2] C++에서 Car 클래스의 선언(ExtremeC_examples_chapter6_2.h)

```
#ifndef EXTREME_C_EXAMPLES_CHAPTER_6_2_H
#define EXTREME_C_EXAMPLES_CHAPTER_6_2_H

class Car {
public:
  // 생성자
  Car(const char*);
  // 소멸자
  ~Car();

  void Accelerate();
  void Brake();
  void Refuel(double);

  // 데이터 멤버 (C에서는 속성)
  char name[32];
  double speed;
  double fuel;
};

#endif
```

이 코드의 주요 특징은 C++가 클래스를 이해한다는 사실입니다. 그러므로 코드는 명시적 캡슐화를 나타내며 속성과 함수를 둘 다 캡슐화합니다. 게다가 C++는 생성자나 소멸자와 같은 더 객체지향적인 개념을 지원합니다.

C++에서 속성과 함수의 모든 선언은 클래스 정의에서 캡슐화됩니다. 이것은 명시적 캡슐화입니다. 클래스의 생성자와 소멸자로서 선언한 처음 두 개의 함수를 보세요. C는 생성자와 소멸자를 이해하지 못합니다. 하지만 C++는 이들에 관한 구체적 표기법이 있습니다. 예를 들면 소멸자는 ~로 시작하며 클래스와 이름이 같습니다.

게다가 행위 함수에는 첫 번째 포인터 인자가 없습니다. 행위 함수가 클래스 속성에 모두 접근할 수 있기 때문입니다. 다음 [코드 박스 6-11]은 선언된 행위 함수의 정의를 포함하는 소스 파일입니다.

코드 박스 6-11 [예제 6-2] C++에서 Car 클래스의 정의(ExtremeC_examples_chapter6_2.cpp)

```cpp
#include <string.h>

#include "ExtremeC_examples_chapter6_2.h"

Car::Car(const char* name) {
  strcpy(this->name, name);
  this->speed = 0.0;
  this->fuel = 0.0;
}

Car::~Car() {
  // 할 일이 없음
}

void Car::Accelerate() {
  this->speed += 0.05;
  this->fuel -= 1.0;
  if (this->fuel < 0.0) {
    this->fuel = 0.0;
  }
}

void Car::Brake() {
  this->speed -= 0.07;
  if (this->speed < 0.0) {
    this->speed = 0.0;
  }
  this->fuel -= 2.0;
  if (this->fuel < 0.0) {
    this->fuel = 0.0;
  }
}

void Car::Refuel(double amount) {
  this->fuel = amount;
}
```

잘 살펴보면 C 코드의 **car** 포인터가 C++의 키워드인 **this** 포인터로 대체되었습니다. **this**라는 키워드는 단순히 현재 객체를 의미합니다. 더 자세히 설명하지는 않지만, C의 포인터 인자를 제거하고 행위 함수를 더 간단하게 만드는 영리한 해결책입니다.

그리고 마지막으로 다음 [코드 박스 6-12]는 앞의 클래스를 사용하는 **main** 함수를 포함합니다.

코드 박스 6-12 [예제 6-2]의 main 함수(ExtremeC_examples_chapter6_2_main.cpp)[2]

```cpp
// 파일 이름: ExtremeC_examples_chapter6_2_main.cpp
// 설명: 메인 함수

#include <iostream>

#include "ExtremeC_examples_chapter6_2.h"

// 메인 함수
int main(int argc, char** argv) {

  // 객체 변수 생성 및 생성자 호출
  Car car("Renault");

  // 메인 알고리듬
  car.Refuel(100.0);
  std::cout << "Car is refueled, the correct fuel level is " << car.fuel <<
    std::endl;
  while (car.fuel > 0) {
    std::cout << "Car fuel level: " << car.fuel << std::endl;
    if (car.speed < 80) {
      car.Accelerate();
      std::cout << "Car has been accelerated to the speed: "<< car.speed <<
        std::endl;
    } else {
      car.Brake();
```

---

2 옮긴이_ 이 코드를 실행하려면 다음을 수행하세요.

```
$ g++ -c ExtremeC_examples_chapter6_2.cpp -o private.o
$ g++ -c ExtremeC_examples_chapter6_2_main.cpp -o main.o
$ g++ main.o private.o -o ex6_2.out
$ ./ex6_2.out
```

```cpp
        std::cout << "Car has been slowed down to the speed: "<< car.speed <<
          std::endl;
      }
    }

    std::cout << "Car ran out of the fuel! Slowing down ..."<< std::endl;
    while (car.speed > 0) {
      car.Brake();
      std::cout << "Car has been slowed down to the speed: "<< car.speed <<
        std::endl;
    }
    std::cout << "Car is stopped!" << std::endl;

    // 함수를 떠날 때, 객체 'car'는 자동적으로 소멸됩니다.
    return 0;
  }
```

C++에서 작성한 **main** 함수는 C에서 쓴 것과 매우 비슷하지만, 구조체 변수 대신 클래스 변수에 메모리가 할당된다는 점이 다릅니다.

C에서는 C가 인지하는 번들bundle 안에 속성과 행위 함수를 같이 둘 수 없습니다. 대신 파일을 이용해서 같이 묶어야 합니다. 하지만 C++에서는 이러한 번들을 위한 문법syntax이 있으며 이는 **클래스 정의**class definition입니다. 클래스 정의는 데이터 멤버(혹은 속성)와 멤버 함수(혹은 행위 함수)를 같은 곳에 두도록 합니다.

C++가 캡슐화를 알고 있으므로 포인터 인자를 행위 함수에 전달하지 않아도 됩니다. 그리고 C++에서는 C 버전의 **Car** 클래스에서 봤던 것과는 달리 멤버 함수의 첫 번째 인자로 포인터를 갖지 않습니다.

무슨 일이 일어난 걸까요? 절차지향 프로그래밍 언어인 C와 객체지향 언어인 C++, 두 언어에서 객체지향 프로그램을 작성했습니다. 가장 큰 변화는 `car_accelerate(&car)` 대신 `car.Accelerate()`를 사용한 점, 또는 `car_refuel(&car, 1000.00)` 대신 `car.Refuel(1000.0)`을 사용했다는 점입니다.

즉, 절차지향적 프로그래밍 언어에서 `func(obj, a, b, c, ...)`와 같이 호출한다면, 객체지향 언어에서는 `obj.func(a, b, c, ...)`로 호출할 수 있습니다. 이는 같지만 다른 프로그래밍 패러다임에서 기인합니다. 앞서 말했듯 이러한 기법을 사용하는 수많은 C 프로젝트가 있습니다.

마지막으로 C와 C++ 시이에는 객체 소멸에 관한 중요한 차이가 있습니다. C++에서 소멸자 함수는 객체가 스택 가장 위에 할당되어 스코프를 벗어나려 할 때마다 다른 스택 변수처럼 자동으로 호출됩니다. 이는 C++의 메모리 관리가 이룩한 큰 성과입니다. C에서는 소멸자 함수를 호출하는 것을 잊기 쉬워서 결국 메모리 누수가 발생할 수 있기 때문입니다.

이제 캡슐화의 다른 측면을 이야기할 차례입니다. 다음 절에서는 캡슐화의 결과인 정보 은닉을 설명하겠습니다.

6.3.3 정보 은닉

지금까지 객체를 형성하기 위해 캡슐화로 (값을 나타내는) 속성과 (행위를 나타내는) 함수를 묶는 방법을 설명했습니다. 하지만 여기서 끝이 아닙니다.

캡슐화의 또 다른 목적 또는 결과는 바로 **정보 은닉**information-hiding입니다. 정보 은닉은 외부 세계에 보이지 않아야 하는 어떠한 속성이나 행위를 보호하는(또는 숨기는) 역할입니다. 외부 세계란 객체의 행위에 속하지 않는 모든 코드를 의미합니다. 만약 해당 속성이나 행위가 클래스의 공용 인터페이스public interface에 속하지 않으면, 이 정의에 의해서 다른 코드나 다른 C 함수는 객체의 비공개private 속성이나 행위에 접근할 수 없습니다.

참고로 Car 클래스에서 car1이나 car2처럼 같은 자료형인 두 객체의 행위는 같은 자료형의 모든 객체의 속성에 접근할 수 있습니다. 클래스의 모든 객체에 대해 행위 함수는 단 한 번만 작성하기 때문입니다.

[예제 6-1]에서 main 함수는 car_t 속성 구조체의 speed와 fuel 속성에 쉽게 접근했습니다. car_t 자료형의 모든 속성이 공개public 속성이었다는 뜻입니다. 공개 속성 또는 행위를 갖는 건 바람직하지 못합니다. 이들은 오래 지속되며 위험할 수 있기 때문입니다.

그 결과 구현^{implementation}의 세부 사항이 유출될 수 있습니다. car 객체를 사용한다고 가정해봅시다. 일반적으로는 자동차를 가속한다는 행위를 가진다는 사실만이 중요합니다. 어떻게 가속할 수 있는지는 별로 궁금하지 않습니다. 객체 내에는 가속 과정에 영향을 주는 더 많은 내부 속성이 있습니다. 하지만 사용자 로직에 이러한 속성이 보여야 할 마땅한 이유는 없습니다.

예를 들어 엔진 스타터에 전달되는 전류는 속성이 될 수 있습니다. 하지만 객체 자신에게 비공개여야 합니다. 이는 또한 객체 내부의 특정 행위에도 적용됩니다. 연소실에 연료를 주입하는 일은 내부 행위이며 사용자가 볼 수 있거나 접근할 수 있어서는 안 됩니다. 만약 그렇게 된다면 사용자가 엔진의 통상적인 절차에 끼어들어 방해할 수 있습니다.

다른 관점에서 보면 실행의 세부 사항(자동차가 어떻게 작동하는지)은 제조사마다 다르지만, 자동차를 가속할 수 있다는 행위는 모든 자동차 제조사가 제공합니다. 보통 자동차를 가속할 수 있는 행위를 Car 클래스의 **공개 API**^{public API} 또는 **공용 인터페이스**^{public interface}라고 합니다.

일반적으로 객체를 사용하는 코드는 그 객체의 공개 속성과 행위에 의존적입니다. 이는 매우 중요한 문제입니다. 먼저 내부 속성을 공개 속성으로 선언해 유출한 뒤 비공개로 바꾸면 종속된 코드의 빌드가 사실상 깨질 수 있습니다. 공개된 속성을 사용하는 코드는 해당 속성이 비공개가 되면 변경된 이후 컴파일되지 않습니다. 이는 하위 호환성^{backward compatibility}이 손상되었음을 의미합니다. 그러므로 우리는 보수적인 접근법을 취하며, 속성을 공개로 두어야 할 합리적인 이유를 찾을 때까지 기본적으로 모든 속성을 비공개로 둡니다.

간단히 말하자면 클래스의 비공개 코드를 노출한다는 것은 사실상 가벼운^{light} 공용 인터페이스가 아닌, 길게 서술된^{thick} 구현에 의존적이라는 의미입니다. 이는 심각한 결과로 이어지고 프로젝트의 상당 부분을 다시 작업해야 할 수도 있습니다. 그러므로 속성과 행위를 가능한 한 비공개로 두어야 합니다.

다음 [코드 박스 6-13]은 [예제 6-3]에 해당하며 C에서 비공개 속성과 행위를 갖는 방식을 보여줍니다. 다음은 여러 정숫값을 저장하는 List 클래스에 관한 예제입니다.

코드 박스 6-13 [예제 6-3] List 클래스의 공용 인터페이스(ExtremeC_examples_chapter6_3.h)

```
#ifndef EXTREME_C_EXAMPLES_CHAPTER_6_3_H
#define EXTREME_C_EXAMPLES_CHAPTER_6_3_H

#include <unistd.h>
```

```
// 공개된 속성이 없는 속성 구조체
struct list_t;

// 할당 함수
struct list_t* list_malloc();

// 생성자 및 소멸자 함수
void list_init(struct list_t*);
void list_destroy(struct list_t*);

// 공개(public) 행위 함수
int list_add(struct list_t*, int);
int list_get(struct list_t*, int, int*);
void list_clear(struct list_t*);
size_t list_size(struct list_t*);
void list_print(struct list_t*);

#endif
```

이 코드 박스는 속성을 비공개로 두는 방법을 보여줍니다. main 함수를 포함하는 파일처럼 다른 소스 파일이 위의 헤더를 포함하는 경우, list_t 자료형 내부의 속성에는 접근하지 못합니다. 이유는 간단합니다. list_t는 정의가 없는 구조체 선언일 뿐이며 이 구조체의 필드에는 접근할 수 없습니다. list_t로는 변수를 선언할 수도 없습니다. 이러한 방식으로 확실하게 정보를 은닉할 수 있습니다. 실로 대단한 성과입니다.

다시 한번 말하자면 헤더 파일을 만들고 내보내기 전에 무언가를 공개로 둘지 아닐지를 반드시 이중 점검해야 합니다. 공개 행위 또는 공개 속성을 노출하면 객체를 소멸시킬 때 종속성이 생겨서 시간과 노력, 그리고 결국 돈과 같은 비용이 듭니다.

다음 [코드 박스 6-14]는 list_t 속성 구조체의 실제 정의를 나타냅니다. 헤더 파일이 아니라 소스 파일에서 정의되어야 한다는 점을 명심하세요.

코드 박스 6-14 [예제 6-3] List 클래스의 정의(ExtremeC_examples_chapter6_3.c)

```
#include <stdio.h>
#include <stdlib.h>

#define MAX_SIZE 10
```

```c
// bool_t형의 별칭 정의
typedef int bool_t;

// list_t형 정의
typedef struct {
  size_t size;
  int* items;
} list_t;

// 리스트가 가득 찼는지 확인하는 비공개 행위
bool_t __list_is_full(list_t* list) {
  return (list->size == MAX_SIZE);
}

// 인덱스를 확인하는 또 다른 비공개 행위
bool_t __check_index(list_t* list, const int index) {
  return (index >= 0 && index <= list->size);
}

// 리스트 객체에 관한 메모리를 할당
list_t* list_malloc() {
  return (list_t*)malloc(sizeof(list_t));
}

// 리스트 객체에 관한 생성자
void list_init(list_t* list) {
  list->size = 0;
  // 힙 메모리에서 할당
  list->items = (int*)malloc(MAX_SIZE * sizeof(int));
}

// 리스트 객체에 관한 소멸자
void list_destroy(list_t* list) {
  // 할당된 메모리를 해제
  free(list->items);
}

int list_add(list_t* list, const int item) {
  // 비공개 행위의 사용법
  if (__list_is_full(list)) {
    return -1;
  }
  list->items[list->size++] = item;
```

```
    return 0;
}

int list_get(list_t* list, const int index, int* result) {
  if (__check_index(list, index)) {
    *result = list->items[index];
    return 0;
  }
  return -1;
}

void list_clear(list_t* list) {
  list->size = 0;
}

size_t list_size(list_t* list) {
  return list->size;
}

void list_print(list_t* list) {
  printf("[");
  for (size_t i = 0; i < list->size; i++) {
    printf("%d ", list->items[i]);
  }
  printf("]\n");
}
```

이 코드 박스에서 모든 정의는 비공개입니다. list_t 객체를 사용할 외부 로직은 코드의 실행에 대해서는 아무것도 모릅니다. 그리고 헤더 파일이 외부 코드가 의존할 유일한 코드입니다.

이 파일은 심지어 헤더 파일조차 포함하지 않습니다. 정의와 함수 시그니처가 헤더 파일의 선언과 일치하기만 하면 됩니다. 그렇기는 해도 선언 및 그에 해당하는 정의 사이의 호환성을 보장하므로 이렇게 작성하기를 권장합니다. **2장**에서 살펴봤듯 소스 파일은 따로따로 컴파일되어 마지막에 함께 링크됩니다.

사실 링커는 비공개 정의를 공개 선언으로 가져와서 작업 프로그램을 만듭니다.

> **NOTE_** 비공개 행위 함수에 다른 표현법을 사용할 수 있습니다. 이름에 접두어 __를 사용하는 방법입니다. 예를 들면 __check_index 함수는 비공개 함수입니다. 비공개 함수에 대한 선언 부분은 헤더 파일에 없으니 주의하세요.

다음 [코드 박스 6-15]는 [예제 6-3]의 main 함수를 담고 있습니다. main 함수는 리스트 객체 두 개를 만들며, 첫 번째 리스트 객체의 정보를 입력하고, 두 번째 리스트를 사용해 첫 번째 리스트를 뒤집어서 저장합니다. 마지막으로는 리스트 객체의 내용을 출력합니다.

코드 박스 6-15 [예제 6-3]의 main 함수(ExtremeC_examples_chapter6_3_main.c)

```c
#include <stdlib.h>

#include "ExtremeC_examples_chapter6_3.h"

int reverse(struct list_t* source, struct list_t* dest) {
  list_clear(dest);
  for (size_t i = list_size(source) - 1; i >= 0; i--) {
    int item;
    if(list_get(source, i, &item)) {
      return -1;
    }
    list_add(dest, item);
  }
  return 0;
}

int main(int argc, char** argv) {
  struct list_t* list1 = list_malloc();
  struct list_t* list2 = list_malloc();

  // 생성
  list_init(list1);
  list_init(list2);

  list_add(list1, 4);
  list_add(list1, 6);
  list_add(list1, 1);
  list_add(list1, 5);

  list_add(list2, 9);

  reverse(list1, list2);
  list_print(list1);
  list_print(list2);

  // 소멸
```

```
    list_destroy(list1);
    list_destroy(list2);

    free(list1);
    free(list2);
    return 0;
}
```

이 코드 박스에서 main과 reverse 함수는 헤더 파일에서 선언한 내용만을 토대로 작성했습니다. 즉, 이들 함수는 List 클래스의 공개 API(또는 공용 인터페이스)만을 사용합니다. 이 공개 API는 속성 구조체 list_t의 선언과 행위 함수에 관한 것입니다. 이는 종속성을 없애고 코드의 다른 부분으로부터 구현의 세부 사항을 은닉하는 좋은 사례입니다.

> **NOTE_** 공개 API를 사용하면 컴파일할 프로그램을 작성할 수는 있습니다. 하지만 비공개 부분에 해당하는 객체 파일을 제공하지 않거나 함께 링크하지 않으면, 실제 작업 프로그램으로 변환할 수 없습니다.

앞의 코드에 대해 여기서 더 알아볼 사항이 있습니다. list_t 객체에 메모리를 할당하려면 list_malloc 함수가 필요합니다. 그리고 객체에서 할당했던 메모리를 해제하려면 free 함수를 사용합니다.

앞의 예제에서 malloc을 직접 사용할 수는 없습니다. main 함수 안에서 malloc을 사용할 때는 할당에 필요한 바이트의 숫자를 sizeof(list_t)로 전달해야 합니다. 하지만 불완전한 형식에는 sizeof를 사용할 수 없습니다.

헤더 파일에서 포함하는 list_t 자료형은 **불완전한 형식**incomplete type입니다. 내부 필드에 아무 정보도 제공하지 않는 단순한 선언일 뿐이고, 컴파일할 때 이 자료형의 크기를 모르기 때문입니다. 실제 크기는 구현의 세부 사항을 알게 되는 링크 시에만 결정됩니다. 이를 해결하기 위해 list_malloc을 정의해 sizeof(list_t)가 결정되는 곳에 malloc을 사용해야 했습니다.

[예제 6-3]을 빌드하려면 우선 소스를 컴파일해야 합니다. 다음 명령어는 링크 단계 이전에 필수적인 객체 파일을 만듭니다.

```
$ gcc -c ExtremeC_examples_chapter6_3.c -o private.o
$ gcc -c ExtremeC_examples_chapter6_3_main.c -o main.o
```

비공개 부분은 `private.o`로 컴파일했으며 `main` 함수는 `main.o`로 컴파일했습니다. 헤더파일은 컴파일하지 않는다는 점을 기억하세요. 헤더 파일의 공개 선언은 `main.o` 목적 파일에 포함되었습니다.

이제 이 목적 파일을 모두 링크해야 합니다. 그렇지 않으면 `main.o` 하나만으로는 실행 가능한 프로그램이 될 수 없습니다. `main.o`만으로 실행 가능한 파일을 만들려고 하면 다음과 같은 오류가 생깁니다.

셸 박스 6-2 main.o만으로 [예제 6-3]을 링크하기

```
$ gcc main.o -o ex6_3.out
main.o: In function 'reverse':
ExtremeC_examples_chapter6_3_main.c:(.text+0x27): undefined
reference to 'list_clear'
...
main.o: In function 'main':
ExtremeC_examples_chapter6_3_main.c:(.text+0xa5): undefined
reference to 'list_malloc'
...
collect2: error: ld returned 1 exit status
$
```

링커가 헤더 파일에 선언된 함수의 정의를 찾을 수 없다고 합니다. 예제를 링크하는 알맞은 방법은 다음과 같습니다.

셸 박스 6-3 [예제 6-3]을 링크하고 실행하기

```
$ gcc main.o private.o -o ex6_3.out
$ ./ex6_3.out
[ 4 6 1 5 ]
[ 5 1 6 4 ]
$
```

List 클래스 다음에 나오는 구현을 변경한다면 무슨 일이 발생할까요?

배열을 사용하는 대신 연결 리스트를 사용한다고 해봅시다. main.o를 다시 만들 필요는 없어 보입니다. main.o가 사용하는 리스트 구현 내용과 독립적이기 때문입니다. 따라서 private2.o처럼 새 구현에 관한 새로운 객체 파일만을 컴파일하고 생성해봅시다. 그런 다음 목적 파일을 다시 링크해 새로운 실행 파일을 만들어봅니다.

셸 박스 6-4 List의 다른 구현을 사용해 [예제 6–3]을 링크하고 실행하기

```
$ gcc main.o private2.o -o ex6_3.out
$ ./ex6_3.out
[ 4 6 1 5 ]
[ 5 1 6 4 ]
$
```

사용자 관점에서는 아무것도 변하지 않았습니다. 하지만 근본적인 구현은 바뀌었습니다. 이는 대단한 성과이며 C 프로젝트에서 많이 사용되는 접근법입니다.

새로운 리스트 구현에 관한 경우에서 링크 단계를 반복하고 싶지 않다면 어떻게 해야 할까요? 그때는 비공개 목적 파일을 포함하는 공유 라이브러리(또는 .so 파일)를 사용합니다. 그러면 런타임 시 동적으로 로드할 수 있으며 실행 파일을 다시 링크하지 않아도 됩니다. 공유 라이브러리에 관해서는 **3장**에서 설명했습니다.

여기에서 이번 장을 마치지만 다음 장에서도 설명을 계속하겠습니다. 다음 두 개 장은 클래스 2개 사이에 존재할 수 있는 관계에 관한 내용입니다.

6.4 마무리

이번 6장에서는 다음과 같은 주제를 학습했습니다.

- 객체지향 철학 및 마인드맵에서 객체 모델을 도출하는 방법을 설명했습니다.
- 도메인의 개념을 소개했고, 서로 관련이 있는 개념 및 생각을 다루고자 마인드맵으로 필터링할 때 도메인을 사용하는 법을 설명했습니다.

- 단일 객체의 속성과 행위를 소개했으며, 마인드맵 또는 도메인이 서술하는 요구 사항에서 속성과 행위를 추출하는 방법을 설명했습니다.

- C가 OOP 언어가 될 수 없는 이유를 설명했고, OOP 프로그램을 궁극적으로 CPU에서 실행될 저수준의 어셈블리 명령어로 변환하는 것에 대한 C의 역할을 알아봤습니다.

- OOP의 첫 번째 원칙으로 캡슐화를 다뤘습니다. 속성(값의 자리 표시자placeholder)의 묶음 그리고 행위(로직의 자리 표시자)의 묶음을 포함하는 캡슐을 만드는 캡슐화를 사용했습니다.

- 정보 은닉도 학습했습니다. 그리고 정보 은닉이 구현에 의존하지 않고 사용될 수 있는 인터페이스(또는 API)로 어떻게 이어지는지도 알아봤습니다.

- 정보 은닉을 학습할 때 C 코드에서 속성이나 메서드를 비공개로 만드는 법의 예를 들었습니다.

다음 장에서는 클래스 사이에서 가능한 관계를 논의하기 시작합니다. **7장**에서 합성 관계에 관한 이야기에서 시작해 **8장**으로 이어집니다.

합성과 집합

앞 장에서 캡슐화와 정보 은닉을 다뤘습니다. 이번 7장에서는 계속해서 C의 객체지향을 살펴보고, 두 클래스 간에 존재하는 다양한 관계를 설명합니다. 궁극적으로는 이를 통해 객체 모델을 확장하고 이어질 여러 장에서 객체 간의 관계를 표현할 수 있습니다.

7장에서는 다음의 내용을 다룹니다.

- **두 객체 사이에 존재하는 관계의 유형 type과 그에 해당하는 클래스: to-have와 to-be 두 가지 관계를 다룹니다.**[1] 이번 장에서는 to-have 관계를 집중적으로 살펴봅니다.

- **to-have 관계 중 첫 번째인 합성**composition : 두 클래스 사이의 실제 합성 관계를 나타내는 예제가 제공됩니다. 이 예제로 합성 시 일반적으로 갖게 되는 메모리 구조를 살펴봅니다.

- **to-have 관계 중 두 번째인 집합**aggregation : 집합은 합성과 비슷합니다. 둘 다 to-have 관계를 다루기 때문입니다. 하지만 집합과 합성은 서로 다릅니다. 집합 관계를 다루는 예제도 제공하겠습니다. 집합과 합성의 차이는 이들의 관계에 연관된 메모리 레이아웃에서 두드러집니다.

이번 7장은 C의 OOP를 다루는 4개 장 중 두 번째 장입니다. to-be 관계는 **상속**inheritance이라고도 하는데 이는 다음 장에서 다루겠습니다.

---

1 옮긴이_ 객체지향 관련 문헌에서 to-have는 has-a로, to-be는 is-a라고도 합니다.

7.1 클래스 간의 관계

객체 모델은 관련된 객체에 대한 집합입니다. 관계의 수는 많더라도 두 객체 간 관계의 유형은 몇 가지 정도가 존재합니다. 일반적으로 객체(또는 그에 해당하는 클래스) 사이에는 to-have 관계와 to-be 관계라는 두 종류의 관계가 있습니다.

이 장에서는 to-have 관계를 깊이 살펴볼 것이며, to-be 관계는 다음 장에서 살펴봅니다. 추가로 다양한 객체 간의 관계가 객체에 해당하는 클래스 사이의 관계로 어떻게 이어지는지 살펴보겠습니다. 이를 다루기에 앞서, 클래스와 객체를 구별할 수 있어야 합니다.

7.2 객체 대 클래스

이전 내용을 기억한다면 객체를 생성하는 두 가지 접근법이 있습니다. 하나는 **프로토타입 기반**이고 다른 하나는 **클래스 기반**입니다.

프로토타입 기반의 접근법에서는 (어떠한 속성이나 행위를 갖지 않는) 빈 객체를 생성하거나 또는 기존 객체를 복제해 객체를 생성합니다. 여기서 **인스턴스**instance와 **객체**object는 같은 의미입니다. 그러므로 프로토타입 접근법은 객체 기반의 접근법으로도 볼 수 있습니다. 객체 기반의 접근법은 클래스 대신 빈 객체에서 시작합니다.

클래스 기반의 접근법에서는 **클래스**라는 청사진blueprint 없이는 객체를 생성할 수 없습니다. 그러므로 클래스부터 시작해야 합니다. 그래야 클래스로 객체를 인스턴스화할 수 있습니다. 앞서 **암묵적 캡슐화** 기법을 설명했습니다. 이는 클래스를 헤더 파일에 있는 선언에 대한 집합이라고 정의합니다. 또한 C에서 암묵적 캡슐화가 수행되는 법의 예제를 설명했습니다.

이번 절에서는 클래스와 객체의 차이점을 더 설명하겠습니다. 이 차이는 사소해 보이지만, 더 상세히 주의 깊게 살펴보겠습니다. 예제로 시작해봅시다.

Person이라는 클래스를 정의한다고 가정해봅시다. 이 클래스는 name, surname, age라는 속성을 갖습니다. 행위에 관해서는 설명하지 않겠습니다. 클래스와 객체의 차이는 일반적으로 속성에 기인하며, 행위에 따른 것은 아니기 때문입니다.

C에서 공개 속성을 갖는 **Person** 클래스는 다음과 같이 작성할 수 있습니다.

코드 박스 7-1 C에서의 Person 속성 구조체

```
typedef struct {
    char name[32];
    char surname[32];
    unsigned int age;
} person_t;
```

그리고 C++은 다음과 같습니다.

코드 박스 7-2 C++에서의 Person 클래스의 클래스

```
class Person {
public:
    std::string name;
    std::string family;
    uint32_t age;
};
```

앞의 두 코드 박스는 같습니다. 사실 현재 설명하는 내용은 C와 C++ 뿐만 아니라 자바와 같은 다른 OOP 언어에도 적용할 수 있습니다. 클래스(혹은 객체 템플릿)는 모든 객체에 존재해야 하는 속성을 정의하는 청사진일 뿐이지, 특정 객체에서 속성이 가지는 값은 **아닙니다**. 사실 각 객체는 같은 클래스에서 인스턴스화되어 서로 다른 객체에 존재하는 동일한 속성에 대해 고윳값의 집합을 갖습니다.

클래스를 기반으로 객체를 만들 때는 먼저 메모리가 할당됩니다. 이 할당된 메모리는 속성값에 대한 자리 표시자placeholder가 됩니다. 그런 다음 어떠한 값으로 속성값을 초기화해야 합니다. 이는 중요한 단계입니다. 이렇게 하지 않으면 객체는 만들어진 뒤 유효하지 않은 값을 갖습니다. 이미 살펴본 대로 이 단계는 **생성**construction이라고 합니다.

일반적으로 생성 단계를 수행하도록 지정된 함수가 있으며 이는 **생성자**constructor라고 합니다. 이전 장의 예제에서 함수 `list_init`과 `car_construct`가 생성자 함수였습니다. 객체를 생성하는 과정에서는 해당 객체에 필요한 다른 객체나 버퍼, 배열, 스트림 등과 같은 리소스에 대해 훨씬 더 많은 메모리를 할당해야 할 수도 있습니다. 객체가 소유한 리소스는 소유자 객체가

비워지기 전에 반드시 해제되어야 합니다.

생성자와 비슷한 다른 함수는 할당된 리소스를 해제하는 역할을 합니다. 이는 **소멸자**destructor라고 합니다. 앞에서와 마찬가지로 이전 장의 예제에서 함수 `list_destory`와 `car_destruct`는 소멸자에 해당합니다. 객체가 소멸한 뒤 할당된 메모리가 해제됩니다. 하지만 그 전에 객체가 소유한 모든 리소스와 그에 해당하는 메모리가 먼저 비워져야 합니다.

진도를 더 나가기 전에 지금까지 설명한 내용을 요약해봅시다.

- 클래스는 객체를 만들기 위한 지도로 사용되는 청사진입니다.
- 같은 클래스에서 여러 객체를 만들 수 있습니다.
- 클래스는 해당 클래스를 기반으로 만들 모든 객체에 존재해야 할 속성이 어느 것인지 결정합니다. 클래스는 속성이 가질 값에 관해서는 아무것도 설명하지 않습니다.
- 클래스 자체로는 메모리를 사용하지 않습니다(C나 C++가 아닌 몇몇 언어는 제외[2]). 그리고 클래스는 소스 파일 단계 및 컴파일 시에만 존재합니다. 하지만 객체는 런타임 시에 존재하고 메모리를 사용합니다.
- 객체를 만들 때는 먼저 메모리를 할당해야 합니다. 덧붙여 메모리 해제는 객체에 대한 마지막 작업입니다.
- 객체를 만들 때, 객체는 메모리 할당 직후에 생성해야 합니다. 또한 메모리 해제 직전에 객체가 소멸해야 합니다
- 객체는 스트림, 버퍼, 배열 등과 같은 리소스를 소유합니다. 이들은 객체가 소멸하기 전에 반드시 해제되어야 합니다.

클래스와 객체 간의 차이에 대해 잘 알게 되었으니 다음으로 넘어가서 두 객체와 그에 해당하는 클래스 사이의 관계를 설명할 수 있습니다. 합성부터 시작하겠습니다.

7.3 합성

합성composition이라는 용어는 한 객체가 다른 객체를 포함하거나 소유할 때, 즉 한 객체가 다른 객체로 구성될 때, 이들 객체 사이에 합성 관계가 있다고 할 때 사용합니다.

예를 들면 자동차는 엔진을 갖습니다. 이때 자동차는 엔진 객체를 포함하는 객체입니다. 그러므로

---

2 옮긴이_ 자바는 클래스에서 메모리를 사용합니다.

자동차와 엔진이라는 객체는 합성 관계입니다. 합성 관계가 가져야 하는 중요한 조건이 있습니다. **컨테이너에 포함된 객체의 수명은 컨테이너 객체의 수명에 바인딩됩니다.**

컨테이너 객체가 존재하는 한, 컨테이너에 포함된 객체도 반드시 존재해야 합니다. 하지만 컨테이너 객체가 소멸할 때는 포함된 객체가 먼저 소멸해야 합니다. 이 조건은 포함된 객체가 컨테이너에 비해 더 내부적이고 비공개적임을 나타냅니다.

포함된 객체의 일부는 컨테이너 클래스의 공용 인터페이스(혹은 행위 함수)를 통해 여전히 접근할 수도 있습니다. 하지만 포함된 객체의 수명은 컨테이너 객체에 의해 내부적으로 반드시 관리되어야 합니다. 코드가 컨테이너에 포함된 객체를 먼저 소멸시키지 않고도 컨테이너 객체를 소멸시킬 수 있다면, 이는 합성 관계를 위반하는 것이며 더 이상 이 관계는 합성이 아닙니다.

다음의 [예제 7-1]은 car 객체와 engine 객체의 합성 관계를 나타냅니다.

이 예제는 파일 다섯 개로 구성됩니다. 헤더 파일 두 개는 클래스 Car와 Engine의 공용 인터페이스를 선언합니다. 소스 파일 두 개는 클래스 Car와 Engine의 구현을 포함합니다. 그리고 마지막 소스 파일 하나는 main 함수를 담고 있으며 car와 engine 객체를 사용하는 간단한 시나리오를 실행합니다.

어떤 도메인에서는 자동차 객체 외부에 엔진 객체가 있을 수 있습니다. 기계 공학 CAD 소프트웨어가 그 예입니다. 다양한 객체 간의 관계 유형은 문제 영역 problem domain[3]에 의해 결정됩니다. 예를 들어, 엔진 객체가 자동차 객체 외부에 존재할 수 없는 영역에 대해 상상해보세요.

다음 [코드 박스 7-3]은 Car 클래스의 헤더 파일을 나타냅니다.

코드 박스 7-3 [예제 7-1] Car 클래스의 공용 인터페이스(ExtremeC_examples_chapter7_1_car.h)

```
#ifndef EXTREME_C_EXAMPLES_CHAPTER_7_1_CAR_H
#define EXTREME_C_EXAMPLES_CHAPTER_7_1_CAR_H

struct car_t;

// 메모리 할당자
struct car_t* car_new();

// 생성자
```

---

3 옮긴이_ https://wiki.c2.com/?ProblemDomain

```
void car_ctor(struct car_t*);

// 소멸자
void car_dtor(struct car_t*);

// 행위 함수
void car_start(struct car_t*);
void car_stop(struct car_t*);
double car_get_engine_temperature(struct car_t*);

#endif
```

앞의 선언은 6장의 마지막 [예제 6-3]에서 **List** 클래스에 대해 했던 것과 비슷한 방식으로 선언됩니다. 한 가지 차이점은 생성자 함수에 **car_construct** 대신 새로운 접미사인 **car_new** 를 선택했다는 점입니다. 또 다른 차이점은 속성 구조체 **car_t**만을 선언했다는 것입니다. 이 구조체의 필드는 정의하지 않았으며, 이는 **전방 선언**^{forward declaration}이라고 합니다. 구조체 **car_t** 의 정의는 이후 [코드 박스 7-5]에 나올 소스 파일에 있습니다. 앞의 헤더 파일에서 **car_t** 자료형은 아직 정의되지 않은 불완전한 형식^{incomplete type}으로 간주한다는 점을 알아두세요.

다음 [코드 박스 7-4]는 **Engline** 클래스의 헤더 파일을 포함합니다.

코드 박스 7-4 [예제 7-1] Engine 클래스의 공용 인터페이스(ExtremeC_examples_chapter7_1.engine.h)

```
#ifndef EXTREME_C_EXAMPLES_CHAPTER_7_1_ENGINE_H
#define EXTREME_C_EXAMPLES_CHAPTER_7_1_ENGINE_H

struct engine_t;

// 메모리 할당자
struct engine_t* engine_new();

// 생성자
void engine_ctor(struct engine_t*);

// 소멸자
void engine_dtor(struct engine_t*);

// 행위 함수
void engine_turn_on(struct engine_t*);
void engine_turn_off(struct engine_t*);
```

```
double engine_get_temperature(struct engine_t*);

#endif
```

다음 코드 박스는 Car와 Engine 클래스에 대한 구현을 포함합니다. Car 클래스부터 봅시다.

코드 박스 7-5 [예제 7-1] Car 클래스에 대한 정의(ExtremeC_examples_chapter7_1.car.c)

```c
#include <stdlib.h>

// Car는 Engine에 대한 공용 인터페이스로만 작동할 수 있습니다.
#include "ExtremeC_examples_chapter7_1_engine.h"

typedef struct {
  // 이 속성으로 인해 합성이 발생
  struct engine_t* engine;
} car_t;

car_t* car_new() {
  return (car_t*)malloc(sizeof(car_t));
}

void car_ctor(car_t* car) {
  // 엔진 객체에 대해 메모리 할당하기
  car->engine = engine_new();

  // 엔진 객체 생성하기
  engine_ctor(car->engine);
}

void car_dtor(car_t* car) {
  // 엔진 객체 소멸시키기
  engine_dtor(car->engine);

  // 엔진 객체에 할당된 메모리 비우기
  free(car->engine);
}

void car_start(car_t* car) {
  engine_turn_on(car->engine);
}
```

```
void car_stop(car_t* car) {
  engine_turn_off(car->engine);
}

double car_get_engine_temperature(car_t* car) {
  return engine_get_temperature(car->engine);
}
```

앞의 코드 박스는 자동차가 엔진을 포함하는 방식을 나타냅니다. `car_t` 속성 구조체에 새로운 속성이 있는데 이는 `struct engine_t*`형입니다. 이 속성 때문에 합성이 발생합니다.

`struct engine_t*`는 소스 파일 내에서 여전히 불완전한 형식이지만, 런타임 시에 완전한 형식인 `engine_t`의 객체를 가리킬 수 있습니다. 이 속성은 Car 클래스의 생성자에서 생성할 객체를 가리키며, Car 클래스의 소멸자 내부에서 해제됩니다. 생성 및 해제 부분에는 둘 다 `car` 객체가 존재하며, 이는 자동차의 수명에 엔진의 수명이 포함된다는 뜻입니다.

`engine` 포인터는 비공개이고, 구현에서는 어느 포인터도 유출되지 않습니다. 이는 반드시 눈여겨봐야 할 사항입니다. 합성 관계를 구현할 때 포인터가 유출되면 안 됩니다. 만약 유출된다면, 포함된 객체의 상태를 외부 코드가 변경할 수 있게 됩니다. 캡슐화와 마찬가지로 포인터가 어떤 객체의 비공개 부분을 직접 접근하도록 할 경우에는 유출되면 안 됩니다. 비공개 부분은 언제나 행위 함수로 간접적으로 접근해야 합니다.

코드 박스에서 `car_get_engine_temperature` 함수는 엔진의 `temperature` 속성에 대한 접근을 허용합니다. 하지만 이 함수에 대해 중요한 참고 사항이 있습니다. 이 함수는 엔진의 공용 인터페이스를 사용합니다. 잘 살펴보면, **자동차에 대한 비공개 구현**은 **엔진의 공용 인터페이스**를 사용합니다.

자동차 그 자체로는 엔진에 대한 구현의 세부 사항에 대해서는 모른다는 의미입니다. 그래야만 하는 방식이기도 합니다.

대부분의 경우, 같은 자료형이 아닌 두 객체는 상대의 구현에 대한 세부 사항은 몰라야 합니다. 이는 정보 은닉에서 따라야 하는 규칙입니다. `car`의 행위는 `engine`에 외부적인 것으로 간주된다는 점을 명심하세요.

이 방식으로 `engine`에 대한 구현을 다른 것으로 대체할 수 있으며, `engine`의 헤더 파일에서 선언된 것과 같은 공용 함수에 대한 정의를 새로운 구현이 제공하는 한 작동해야 합니다.

이제 Engine 클래스에 대한 구현을 살펴봅시다.

코드 박스 7-6 [예제 7-1] Engine 클래스에 대한 정의(ExtremeC_examples_chapter7_1_engine.c)

```c
#include <stdlib.h>

typedef enum {
  ON,
  OFF
  } state_t;

typedef struct {
  state_t state;
  double temperature;
  } engine_t;

// 메모리 할당자
engine_t* engine_new() {
  return (engine_t*)malloc(sizeof(engine_t));
}

// 생성자
void engine_ctor(engine_t* engine) {
  engine->state = OFF;
  engine->temperature = 15;
}

// 소멸자
void engine_dtor(engine_t* engine) {
  // 할 일 없음
}

// 행위 함수
void engine_turn_on(engine_t* engine) {
  if (engine->state == ON) {
    return;
  }
  engine->state = ON;
  engine->temperature = 75;
}

void engine_turn_off(engine_t* engine) {
  if (engine->state == OFF) {
```

```
    return;
  }
  engine->state = OFF;
  engine->temperature = 15;
}

double engine_get_temperature(engine_t* engine) {
  return engine->temperature;
}
```

이 코드는 앞선 예제와 매우 유사하게, 단순히 비공개 구현에 대한 암묵적 캡슐화 접근법을 사용합니다. 하지만 한 가지 참고 사항이 있습니다. engine 객체는 합성 관계에서 engine 객체를 포함할 외부 객체에 대해서는 모릅니다. 이는 현실 세계와 비슷합니다. 회사가 엔진을 만들 때, 어느 엔진이 차에 잘 맞을지는 확실하지 않습니다. 당연히 컨테이너인 car 객체에 대해 포인터를 둘 수 있지만, 이번 예제에서는 필요하지 않았습니다.

다음 [코드 박스 7-7]은 car 객체를 만들고 자동차 엔진과 관련된 정보를 추출하기 위해 공용 API를 호출하는 시나리오입니다.

코드 박스 7-7 [예제 7-1]의 main 함수(ExtremeC_examples_chapter7_1_main.c)

```
#include <stdio.h>
#include <stdlib.h>

#include "ExtremeC_examples_chapter7_1_car.h"

int main(int argc, char** argv) {

  // 자동차 객체에 대해 메모리 할당
  struct car_t *car = car_new();

  // 자동차 객체를 생성
  car_ctor(car);

  printf("자동차 객체가 시작되기 전의 엔진 온도: %f\n",
      car_get_engine_temperature(car));
  car_start(car);
  printf("자동차 객체가 시작된 뒤의 엔진 온도: %f\n",
      car_get_engine_temperature(car));
  car_stop(car);
```

```
    printf("자동차가 멈춘 뒤의 엔진 온도: %f\n",
            car_get_engine_temperature(car));

    // 자동차 객체 소멸
    car_dtor(car);

    // 자동차 객체에 대해 할당된 메모리 해제
    free(car);
    return 0;
}
```

앞의 예제를 빌드하려면 우선 이전의 소스 파일 3개를 컴파일해야 합니다. 그다음 함께 링크해 최종 실행 가능한 목적 파일을 만들어야 합니다. 메인 소스 파일(main 함수를 포함하는 소스 파일)은 car의 공용 인터페이스에만 의존하니 주의하세요. 그러므로 링크 시 메인 소스 파일은 car 객체의 비공개 구현만 필요합니다. 하지만 car 객체에 대한 비공개 구현은 engine 인터페이스의 공용 인터페이스에 의존합니다. 그러므로 링크 단계에서 engine 객체에 대한 비공개 구현을 제공해야 합니다. 따라서 최종 실행 파일을 만들려면 객체 파일 3개를 모두 링크해야 합니다.

다음 [셸 박스 7-1]의 명령어는 예제를 빌드해 최종 실행 파일을 실행하는 방법을 나타냅니다.

셸 박스 7-1 [예제 7-1]의 컴파일, 링크, 실행

```
$ gcc -c ExtremeC_examples_chapter7_1_engine.c -o engine.o
$ gcc -c ExtremeC_examples_chapter7_1_car.c -o car.o
$ gcc -c ExtremeC_examples_chapter7_1_main.c -o main.o
$ gcc engine.o car.o main.o -o ex7_1.out
$ ./ex7_1.out
Engine temperature before starting the car: 15.000000
Engine temperature after starting the car: 75.000000
Engine temperature after stopping the car: 15.000000
$
```

이번 절에서 두 객체 간에 존재하는 관계에 대한 한 가지 유형을 설명했습니다. 다음 절에서는 그다음 관계를 설명하겠습니다. 이 관계는 합성 관계와 비슷한 개념을 공유하지만 중요한 차이점이 있습니다.

7.4 집합

집합은 다른 객체를 포함하는 컨테이너 객체를 동반합니다. 집합 관계에서는 컨테이너에 포함된 객체의 수명이 컨테이너 객체의 수명에 독립적이라는 점이 합성과의 주된 차이점입니다.

집합에서 컨테이너에 포함된 객체는 컨테이너 객체가 생성되기 이전에도 생성될 수 있습니다. 이는 합성과 정반대입니다. 합성의 경우 컨테이너에 포함된 객체가 컨테이너 객체의 수명보다 더 짧거나 같아야 합니다.

다음 [예제 7-2]는 집합 관계를 나타냅니다. 이 예제는 플레이어가 총을 집어 들고 여러 번 발사한 뒤 총을 내려놓는 매우 간단한 게임 시나리오를 나타냅니다.

player 객체는 잠시 컨테이너 객체가 됩니다. 그리고 gun 객체는 플레이어 객체가 총을 들고 있는 동안에는 컨테이너에 포함된 객체가 됩니다. gun 객체의 수명은 player 객체의 수명에 독립적입니다.

다음 [코드 박스 7-8]은 Gun 클래스의 헤더 파일을 나타냅니다.

코드 박스 7-8 [예제 7-2] Gun 클래스의 공용 인터페이스(ExtremeC_examples_chapter7_2.gun.h)

```
#ifndef EXTREME_C_EXAMPLES_CHAPTER_7_2_GUN_H
#define EXTREME_C_EXAMPLES_CHAPTER_7_2_GUN_H

typedef int bool_t;

// 전방 선언
struct gun_t;

// 메모리 할당자
struct gun_t* gun_new();

// 생성자
void gun_ctor(struct gun_t*, int);

// 소멸자
void gun_dtor(struct gun_t*);

// 행위 함수
bool_t gun_has_bullets(struct gun_t*);
void gun_trigger(struct gun_t*);
```

```
    void gun_refill(struct gun_t*);

    #endif
```

gun_t 속성 구조체만 정의했을 뿐 이에 대한 필드는 정의하지 않았습니다. 앞서 설명했듯 이는 전방 선언이라고 하며, 그 결과 인스턴스화할 수 없는 불완전한 형식이 됩니다.

다음 [코드 박스 7-9]는 Player 클래스의 헤더 파일입니다.

코드 박스 7-9 [예제 7-2] Player 클래스의 공용 인터페이스(ExtremeC_examples_chapter7_2_player.h)

```
    #ifndef EXTREME_C_EXAMPLES_CHAPTER_7_2_PLAYER_H
    #define EXTREME_C_EXAMPLES_CHAPTER_7_2_PLAYER_H

    // 전방 선언
    struct player_t;
    struct gun_t;

    // 메모리 할당자
    struct player_t* player_new();

    // 생성자
    void player_ctor(struct player_t*, const char*);

    // 소멸자
    void player_dtor(struct player_t*);

    // 행위 함수
    void player_pickup_gun(struct player_t*, struct gun_t*);
    void player_shoot(struct player_t*);
    void player_drop_gun(struct player_t*);

    #endif
```

이 코드 박스는 모든 플레이어 객체의 공용 인터페이스를 정의합니다. 즉, Player 클래스의 공용 인터페이스를 정의합니다.

다시 강조하지만 gun_t 및 player_t 구조체에 대해 전방 선언해야 합니다. gun_t형을 선언해야 하는 이유는 Player 클래스에서 행위 함수가 gun_t형에 대한 인수를 갖기 때문입니다.

Player 클래스에 대한 구현은 다음과 같습니다.

코드 박스 7-10 [예제 7-2] Player 클래스에 대한 정의(ExtremeC_examples_chapter7_2_player.c)

```
#include <stdlib.h>
#include <string.h>
#include <stdio.h>

#include "ExtremeC_examples_chapter7_2_gun.h"

// 속성 구조체
typedef struct {
  char* name;
  struct gun_t* gun;
} player_t;

// 메모리 할당자
player_t* player_new() {
  return (player_t*)malloc(sizeof(player_t));
}

// 생성자
void player_ctor(player_t* player, const char* name) {
  player->name =
    (char*)malloc((strlen(name) + 1) * sizeof(char));
  strcpy(player->name, name);
  // 중요한 부분입니다. 생성자에서 집합 포인터가 설정되지 않는 경우,
  // 집합 포인터를 NULL로 두어야 합니다.
  player->gun = NULL;
}

// 소멸자
void player_dtor(player_t* player) {
  free(player->name);
}

// 행위 함수
void player_pickup_gun(player_t* player, struct gun_t* gun) {
  // 다음 행 이후, 합성 관계가 시작됩니다.
  player->gun = gun;
}
void player_shoot(player_t* player) {
  // 플레이어가 총을 들었는지 확인해야 합니다.
```

```
  // 총을 들지 않았다면, 발사가 무의미합니다.
  if (player->gun) {
    gun_trigger(player->gun);
  } else {
    printf("플레이어는 쏘고 싶지만 총이 없습니다!");
    exit(1);
  }
}

void player_drop_gun(player_t* player) {
  // 다음 행 이후 두 객체 간 합성 관계가 종료됩니다.
  // 총 객체는 해제하면 안 됩니다.
  // 플레이어 객체는 합성 때처럼 총 객체의 소유자가 아니기 때문입니다.
  player->gun = NULL;
}
```

player_t 구조체 내부에서 포인터 속성인 gun을 선언하는데 이 속성은 곧 gun 객체를 가리킵니다. 생성자에서는 이 속성을 NULL로 두어야 하는데, 합성과는 달리 이 속성이 생성자에서 설정되지 않기 때문입니다.

만약 집합 포인터가 생성 시 설정되어야 한다면, 대상 객체의 주소를 생성자의 인수로 전달해야 합니다. 이러한 상황은 **의무적 집합**mandatory aggregation이라고 합니다.

만약 집합 포인터가 생성자에서 NULL로 남아 있을 수 있다면 **선택적 집합**optional aggregation이며 앞의 코드가 이에 해당합니다. 생성자에서 선택적 집합 포인터를 NULL로 두는 것이 중요합니다.

player_pickup_gun 함수에서는 집합 관계가 시작되며 player_drop_gun 함수에서 이 관계가 종료됩니다.

집합 관계가 종료된 뒤 gun 포인터를 NULL로 두어야 한다는 점을 명심하세요. 합성과 달리 컨테이너 객체는 컨테이너에 포함된 객체의 소유자가 아닙니다. 그러므로 포함된 객체에 대한 통제 권한이 없습니다. 따라서 player의 구현 코드 내에서 어디에서도 gun 객체를 해제하면 안 됩니다.

선택적 집합 관계에서는 프로그램의 어느 지점에서 포함된 객체를 설정하지 않았을 수 있습니다. 그러므로 집합 포인터를 사용할 때는 조심해야 합니다. 포인터에 대한 어떤 접근도 설정되지 않았고, 널인 포인터는 세그멘테이션 오류를 일으킬 수 있기 때문입니다. 기본적으로 이러한 이유로 player_shoot 함수에서 gun 포인터가 유효한지 체크해야 합니다. 만약 집합 포인터가 NULL이라면, player 객체를 사용하는 코드는 이 객체를 잘못 사용한다는 의미가 됩니다. 이때는 프로세스의 exit 코드로 1을 반환해 실행을 중단합니다.

다음 코드는 Gun 클래스에 대한 구현입니다.

코드 박스 7-11 [예제 7-2] Gun 클래스에 대한 정의(ExtremeC_examples_chapter7_2_gun.c)

```c
#include <stdlib.h>

typedef int bool_t;

// 속성 구조체
typedef struct {
  int bullets;
} gun_t;

// 메모리 할당자
gun_t* gun_new() {
  return (gun_t*)malloc(sizeof(gun_t));
}

// 생성자
void gun_ctor(gun_t* gun, int initial_bullets) {
  gun->bullets = 0;
  if (initial_bullets > 0) {
    gun->bullets = initial_bullets;
  }
}

// 소멸자
void gun_dtor(gun_t* gun) {
  // 할 일 없음
}

// 행위 함수
bool_t gun_has_bullets(gun_t* gun) {
  return (gun->bullets > 0);
}

void gun_trigger(gun_t* gun) {
  gun->bullets--;
```

```
}

void gun_refill(gun_t* gun) {
  gun->bullets = 7;
}
```

이 코드는 간단합니다. 그리고 총 객체가 다른 객체에 포함되리라는 사항을 알지 못하는 방식으로 작성되었습니다.

마지막으로 다음 [코드 박스 7-12]는 플레이어 객체와 총 객체를 생성하는 짧은 시나리오를 나타냅니다. 플레이어는 총을 집어 들고 탄약이 남지 않을 때까지 총을 발사합니다. 그다음 플레이어는 총을 재장전해 같은 행위를 합니다. 마지막에는 총을 내려놓습니다.

코드 박스 7-12 [예제 7-2]의 main 함수(ExtremeC_examples_chapter7_2_main.c)

```
#include <stdio.h>
#include <stdlib.h>

#include "ExtremeC_examples_chapter7_2_player.h"
#include "ExtremeC_examples_chapter7_2_gun.h"

int main(int argc, char** argv) {
  // 총(gun) 객체를 만들고 생성하기
  struct gun_t* gun = gun_new();
  gun_ctor(gun, 3);

  // 플레이어(player) 객체를 만들고 생성하기
  struct player_t* player = player_new();
  player_ctor(player, "Billy");

  // 집합 관계가 시작됩니다.
  player_pickup_gun(player, gun);

  // 총알이 남지 않을 때까지 쏩니다.
  while (gun_has_bullets(gun)) {
    player_shoot(player);
  }

  // 총을 재장전(refill)합니다.
  gun_refill(gun);
```

```
  // 총알이 남지 않을 때까지 쏩니다.
  while (gun_has_bullets(gun)) {
    player_shoot(player);
  }

  // 합성 관계를 종료합니다.
   player_drop_gun(player);

  // 플레이어 객체를 소멸 및 해제합니다.
  player_dtor(player);
  free(player);

  // 총 객체를 소멸 및 해제합니다.
  gun_dtor(gun);
  free(gun);

  return 0;
}
```

gun과 player 객체는 서로에 대해 독립적입니다. 이들 객체를 생성하고 소멸하는 역할을 맡는 로직은 main 함수에 해당합니다. 실행의 어느 지점에서 객체들은 집합 관계를 형성하며 각자의 역할을 수행하고, 다음 어느 지점에서 분리됩니다. 집합에서 중요한 점은 포함된 객체의 수명을 컨테이너 객체가 변경하지 못한다는 점입니다. 그리고 이 규칙을 따르는 한, 메모리 문제는 발생하지 않습니다.

다음 [셸 박스 7-2]는 실행 파일을 빌드하고 실행하는 방법을 나타냅니다. 보다시피 [코드 박스 7-12]의 main 함수는 아무것도 출력하지 않습니다.

셸 박스 7-2 [예제 7-2]의 컴파일, 링크, 실행

```
$ gcc -c ExtremeC_examples_chapter7_2_gun.c -o gun.o
$ gcc -c ExtremeC_examples_chapter7_2_player.c -o player.o
$ gcc -c ExtremeC_examples_chapter7_2_main.c -o main.o
$ gcc gun.o player.o main.o -o ex7_2.out
$ ./ex7_2.out
$
```

실제 프로젝트에서 생성된 객체 모델에서, 집합 관계는 합성 관계의 수보다 일반적으로 더 많습니다. 또한 집합 관계는 외부 코드에서 더 많이 볼 수 있는데, 집합 관계를 만들려면 최소한

컨테이너 객체의 공용 인터페이스에서, 지정된 일부 행위 함수가 포함된 객체를 설정 및 재설정해야 하기 때문입니다.

앞의 예제에서처럼 gun과 player 객체는 처음부터 분리되어 있습니다. 잠시 연관되었다가 곧 다시 분리됩니다. 이는 집합 관계가 영구적인 관계인 합성 관계와는 달리 일시적이라는 의미입니다. 이는 합성이 객체 간 **소유**possession(to-have) 관계의 더 강한 형태이며, 반면 집합은 더 약한 관계임을 나타냅니다.

여기서 질문이 하나 떠오릅니다. 만약 집합 관계가 두 객체 사이에서 일시적이라면, 객체에 해당하는 클래스 사이에서도 관계가 일시적일까요? 아닙니다. 집합 관계는 클래스에서는 영구적입니다. 만약 나중에 서로 다른 자료형의 두 객체가 집합 관계를 기반으로 관계가 생길 조금의 여지가 있다면, 이 자료형은 영구적으로 집합 관계여야 합니다. 합성도 마찬가지입니다.

집합 관계가 될 가능성이 작더라도 컨테이너 객체의 속성 구조체에서는 어떤 포인터를 선언해야 합니다. 그리고 이는 속성 구조체가 영구적으로 변경된다는 점을 의미합니다. 물론 클래스 기반의 프로그래밍 언어에만 해당합니다.

합성과 집합은 어떤 객체의 소유를 설명합니다. 즉, 이들 관계는 'to-have' 또는 'has-a' 관계를 나타냅니다. 플레이어가 총을 '**가지고 있다**' 또는 차가 엔진을 '**갖고 있다**'와 같습니다. 객체가 다른 객체를 소유한다고 간주할 때마다 이러한 객체(그리고 그에 해당하는 클래스) 사이에는 합성 또는 집합 관계가 성립해야 합니다.

다음 장에서 **상속**inheritance과 **확장**extension을 살펴보며 관계의 유형에 대해 계속 설명하겠습니다.

7.5 마무리

7장에서는 다음과 같은 주제를 다뤘습니다.

- 클래스와 객체 간에 가능한 관계의 유형
- 클래스, 객체, 인스턴스, 참조 사이의 차이와 유사성
- 합성에서 컨테이너에 포함된 객체는 자신을 포함하는 컨테이너 객체에 전적으로 의존합니다.
- 집합에서는 컨테이너에 포함된 객체가 컨테이너 객체에 어떠한 의존성도 갖지 않습니다.

- 객체 사이에서 집합이 일시적일 수 있으나, 객체의 자료형(또는 클래스) 사이에서는 영구불변한 것으로 정의됩니다.

다음 장에서 OOP의 두 축인 상속과 다형성을 다루면서 OOP에 대해 계속 탐구해봅니다.

## CHAPTER 8

상속과 다형성

6장과 7장에서는 C에서 OOP를 하는 방법을 설명하며 합성과 집합이라는 개념까지 도달했습니다. 계속해서 이번 8장에서는 객체와 객체에 상응하는 개념인 클래스 간의 관계를 주로 설명하면서 상속과 다형성을 다룹니다. 이번 장에서는 OOP에 관한 내용을 마무리 지을 것이며 다음 장에서는 **추상화**abstraction로 이어집니다.

이번 장은 6장과 7장에서 클래스 간 가능한 관계를 설명한 이론에 많이 의존합니다. 6장과 7장에서는 **합성**composition과 **집합**aggregation 관계를 설명했으며, 이번에는 **확장**extension 및 **상속**inheritance 관계에 대해 몇 가지 다른 주제와 함께 이야기해봅니다.

다음은 8장에서 설명할 주제입니다.

- 상속 관계는 처음 다루는 주제입니다. C에서 상속 관계를 구현하는 방법을 다루며 이러한 방법을 비교해봅니다.
- 다음 큰 주제는 **다형성**polymorphism입니다. 클래스가 서로 상속 관계일 때, 다형성을 통해 자식 클래스에서 같은 행위의 다른 버전을 만들 수 있습니다. C에서 다형적 함수를 만드는 방법을 설명합니다. 이는 C++가 다형성을 제공하는 방식을 처음으로 이해하는 단계입니다.

상속 관계부터 논의를 시작해봅시다.

8.1 상속

앞서 **to-have** 관계를 설명하면서 7장을 마무리했습니다. to-have 관계는 결국 합성과 집합 관계로 이어졌습니다. 이번 절에서는 **to-be** 또는 **is-a** 관계를 설명합니다. 상속 관계는 to-be 관계입니다.

상속 관계는 **확장 관계**extension relationship라고도 합니다. 기존의 객체나 클래스에 속성과 행위를 추가할 뿐이기 때문입니다. 상속이 무엇을 의미하는지 그리고 C에서 상속을 어떻게 구현하는지는 다음 절에서 설명하겠습니다.

어떤 객체가 다른 객체에 존재하는 같은 속성을 가져야 하는 상황이 있습니다. 다시 말하면, 이러한 새 객체는 다른 객체를 확장한 것입니다. 예를 들면, 학생은 사람의 모든 속성을 갖고 있으나 다른 추가 속성을 가질 수도 있습니다. 다음 [코드 박스 8-1]을 보세요.

코드 박스 8-1 Person 클래스와 Student 클래스 속성 구조체

```
typedef struct {
  char first_name[32];
  char last_name[32];
  unsigned int birth_year;
} person_t;

typedef struct {
  char first_name[32];
  char last_name[32];
  unsigned int birth_year;
  char student_number[16];      // 추가 속성
  unsigned int passed_credits;  // 추가 속성
} student_t;
```

이 예제는 `student_t`가 `person_t`의 속성을 student에 한정된 속성인 `student_number`와 `passed_credits`라는 새로운 속성으로 확장하는 법을 명확하게 보여줍니다.

앞서 설명한 대로 상속(또는 확장)은 to-be 관계입니다. to-have 관계인 합성과 집합과는 다릅니다. 그러므로 이 예제에서 '학생student은 사람person이다'라고 말할 수 있습니다. 이 말은 교육 소프트웨어의 도메인에서 옳은 것처럼 보입니다. to-be 관계가 어떤 도메인에 존재할 때는 언제나 상속 관계일 것입니다. 예제의 `person_t`는 일반적으로 **슈퍼타입**supertype 또는 **베이스**

타입base type, 또는 간단히 **부모 타입**parent type이라고 합니다. 그리고 student_t는 **자식 타입**child type 또는 **상속받은 서브타입**inherited subtype이라고 합니다.

8.1.1 상속의 본질

상속 관계가 실제로 무엇인지 깊이 파고들어가면 본질적으로는 합성 관계입니다. 예를 들어 학생은 학생 내부에 인간의 속성을 갖는다고 할 수 있습니다. 다시 말해 Student 클래스의 속성 구조체 내부에 비공개 person 객체가 존재한다고 볼 수 있습니다. 즉, 상속 관계는 일대일 합성 관계에 해당합니다.

그러므로 [코드 박스 8-1]의 구조체는 다음과 같이 작성할 수 있습니다.

코드 박스 8-2 Person과 Student 클래스 속성 구조체(중첩됨)

```
typedef struct {
  char first_name[32];
  char last_name[32];
  unsigned int birth_year;
} person_t;

typedef struct {
  person_t person;
  char student_number[16];     // 추가 속성
  unsigned int passed_credits; // 추가 속성
} student_t;
```

이 구문은 C에서 전적으로 유효하며, 실제로 포인터가 아닌 구조체 변수를 사용해 구조체를 중첩하는 것은 강력한 문법입니다. 이렇게 해서 이전 구조체를 상속한 새 구조체 안에 구조체 변수를 가질 수 있습니다.

첫 번째 필드에 person_t형의 필드가 있어야 하는 이 설정을 이용하면 student_t 포인터를 person_t 포인터로 쉽게 변환할 수 있으며, 두 포인터 모두 메모리에서 같은 주소를 가리킬 수 있습니다.

이를 **업캐스팅**upcasting이라고 합니다. 다시 말해 자식의 속성 구조체의 자료형에 대한 포인터를 부모 클래스의 속성 구조체의 자료형으로 변환하는 것을 업캐스팅이라고 합니다. 참고로 구조

체 변수에는 이런 기능이 없습니다. 업캐스팅은 [예제 8-1]에서 다음과 같이 나타납니다.

코드 박스 8-3 [예제 8-1] Student와 Person의 객체 포인터 사이의 업캐스팅(ExtremeC_examples_chapter8_1.c)

```c
#include <stdio.h>

typedef struct {
  char first_name[32];
  char last_name[32];
  unsigned int birth_year;
} person_t;

typedef struct {
  person_t person;
  char student_number[16];      // 추가 속성
  unsigned int passed_credits;  // 추가 속성
} student_t;

int main(int argc, char** argv) {
  student_t s;
  student_t* s_ptr = &s;
  person_t* p_ptr = (person_t*)&s;
  printf("Student pointer points to %p\n", (void*)s_ptr);
  printf("Person pointer points to %p\n", (void*)p_ptr);
  return 0;
}
```

s_ptr과 p_ptr 포인터는 메모리에서 같은 주소를 가리킬 것으로 예상됩니다. 다음은 [예제 8-1]을 빌드하고 실행한 출력 결과입니다.

셸 박스 8-1 [예제 8-1]의 출력 결과

```
$ gcc ExtremeC_examples_chapter8_1.c -o ex8_1.out
$ ./ex8_1.out
Student pointer points to 0x7ffeecd41810
Person pointer points to 0x7ffeecd41810
$
```

예상대로 s_ptr과 p_ptr은 같은 주소를 가리킵니다. 참고로 실행할 때마다 주소는 다르게 나타날 수 있습니다. 하지만 포인터들은 동일한 주소를 참조하고 있다는 것이 요점입니다. 이는

student_t형의 구조체 변수가 해당 메모리 레이아웃에서 실제로는 person_t 구조체를 상속한다는 의미입니다. 그러므로 student 객체를 가리키는 포인터로 Person 클래스의 함수 행위를 사용할 수 있습니다. 즉, student 객체에서 Person 클래스의 행위 함수를 재사용할 수 있습니다. 이는 대단한 성과입니다.

다음 [코드 박스 8-4]는 잘못되었으므로 컴파일되지 않을 것이니 주의하세요.

코드 박스 8-4 컴파일되지 않는 상속 관계 만들기

```
struct person_t;

typedef struct {
  struct person_t person;      // 오류 발생!
  char student_number[16];     // 추가 속성
  unsigned int passed_credits; // 추가 속성
} student_t;
```

person 필드를 선언한 행은 오류가 발생합니다. **불완전한 형식**incomplete type으로 변수를 생성할 수 없기 때문입니다. [코드 박스 8-4]의 첫째 행과 비슷하게 구조체를 전방 선언하면, 불완전한 형식을 선언하게 된다는 점에 유의해야 합니다. 이때 포인터는 불완전한 형식에 관한 것이지 변수에 관한 것이 **아닙니다**. 앞서 살펴봤듯 불완전한 형식에는 힙 메모리를 할당할 수도 없습니다.

그렇다면 이건 무슨 의미일까요? 상속을 구현하기 위해 중첩된 구조체 변수를 사용하려면, 캡슐화에 대해 학습한 내용대로 student_t 구조체는 person_t의 실제 정의를 알아야 하고, person_t 구조체는 비공개여야 하며 다른 클래스에는 보이지 않아야 합니다.

그러므로 상속 관계를 구현할 때는 두 가지 접근 방법이 있습니다.

- 자식 클래스가 베이스 클래스에 대한 비공개 구현(실제 정의)에 접근할 수 있도록 하기
- 자식 클래스가 베이스 클래스의 공용 인터페이스에만 접근할 수 있도록 하기

C의 상속에 관한 첫 번째 접근법

첫 번째 접근법은 다음의 [예제 8-2]에서, 두 번째 방법은 다음 절에 나올 [예제 8-3]에서 설명하겠습니다. 두 접근법 모두 행위 함수가 있는 같은 클래스 Student와 Person을 가지며,

main 함수에서 간단한 시나리오를 보여주는 같은 객체를 갖습니다.

[예제 8-2]부터 시작하겠습니다. 이 예제에서 Student 클래스는 Person 클래스의 속성 구조체에 대한 실제 비공개 정의에 접근할 수 있어야 합니다. 다음 코드 박스들은 main 함수와 더불어 Student 및 Person 클래스에 대한 헤더와 소스 파일을 차례로 나타냅니다. Person 클래스를 선언하는 헤더 파일부터 시작해봅시다.

코드 박스 8-5 [예제 8-2] Person 클래스의 공용 인터페이스(ExtremeC_examples_chapter8_2_person.h)

```
#ifndef EXTREME_C_EXAMPLES_CHAPTER_8_2_PERSON_H
#define EXTREME_C_EXAMPLES_CHAPTER_8_2_PERSON_H

// 전방 선언
struct person_t;

// 메모리 할당자
struct person_t* person_new();

// 생성자
void person_ctor(struct person_t*,
                 const char*  /* first name */,
                 const char*  /* last name */,
                 unsigned int /* birth year */);

// 소멸자
void person_dtor(struct person_t*);

// 행위 함수
void person_get_first_name(struct person_t*, char*);
void person_get_last_name(struct person_t*, char*);
unsigned int person_get_birth_year(struct person_t*);

#endif
```

[코드 박스 8-5]의 생성자 함수를 보세요. 이 함수는 person 객체를 생성하는 데 필요한 모든 값을 받습니다. first_name, second_name, birth_year가 이에 해당합니다. 속성 구조체 person_t가 불완전하므로 Student 클래스는 이 헤더 파일로 상속 관계를 만들 수 없습니다. 이는 앞 절에서 설명한 내용과 같습니다.

한편, 이 헤더 파일은 속성 구조체 person_t에 관한 실제 정의를 포함해서는 안 됩니다. 이 헤더는 Person의 내부를 알지 못하는 코드에 쓰일 것이기 때문입니다. 그러면 어떻게 해야 할까요? 다른 코드가 알면 안 되는 구조체 정의를 로직의 특정 부분이 알도록 만들고 싶습니다. 바로 여기가 비공개 헤더 파일이 등장하는 부분입니다.

비공개 헤더 파일은 이 헤더가 실제로 필요한 코드의 특정 부분이나 특정 클래스에 포함되어 쓰이는 일반적인 헤더 파일입니다. [예제 8-2]에서는 person_t의 실제 정의가 반드시 비공개 헤더에 있어야 합니다. 다음 [코드 박스 8-6]에 비공개 헤더 파일의 예시가 있습니다.

코드 박스 8-6 [예제 8-2] person_t의 실제 정의를 포함하는 비공개 헤더 파일(ExtremeC_examples_chapter 8_2_person_p.h)

```
#ifndef EXTREME_C_EXAMPLES_CHAPTER_8_2_PERSON_P_H
#define EXTREME_C_EXAMPLES_CHAPTER_8_2_PERSON_P_H

// 비공개 정의
typedef struct {
  char first_name[32];
  char last_name[32];
  unsigned int birth_year;
} person_t;

#endif
```

이 헤더 파일은 오직 person_t 구조체에 대한 정의만 포함할 뿐입니다. 이는 Person 클래스의 일부분으로, 비공개 상태여야 하지만 Student 클래스에는 공개되어야 합니다. student_t 속성 구조체를 정의하려면 이 정의가 필요합니다. 다음 [코드 박스 8-7]은 Person 클래스의 비공개 구현을 나타냅니다.

코드 박스 8-7 [예제 8-2] Person 클래스에 대한 정의(ExtremeC_examples_chapter8_2_person.c)

```
#include <stdlib.h>
#include <string.h>

// person_t는 다음 헤더 파일에 정의되어 있습니다.
#include "ExtremeC_examples_chapter8_2_person_p.h"
```

```
// 메모리 할당자
person_t* person_new() {
  return (person_t*)malloc(sizeof(person_t));
}

// 생성자
void person_ctor(person_t* person,
                 const char* first_name,
                 const char* last_name,
                 unsigned int birth_year) {
  strcpy(person->first_name, first_name);
  strcpy(person->last_name, last_name);
  person->birth_year = birth_year;
}

// 소멸자
void person_dtor(person_t* person) {
  // 할 일 없음
}

// 행위 함수
void person_get_first_name(person_t* person, char* buffer) {
  strcpy(buffer, person->first_name);
}

void person_get_last_name(person_t* person, char* buffer) {
  strcpy(buffer, person->last_name);
}

unsigned int person_get_birth_year(person_t* person) {
  return person->birth_year;
}
```

Person 클래스의 정의는 그리 특별할 것이 없습니다. 이전의 모든 예제와 같습니다. 다음 [코드 박스 8-8]은 Student 클래스의 공용 인터페이스를 나타냅니다.

코드 박스 8-8 [예제 8-2] Student 클래스의 공용 인터페이스(ExtremeC_examples_chapter8_2_student.h)

```
#ifndef EXTREME_C_EXAMPLES_CHAPTER_8_2_STUDENT_H
#define EXTREME_C_EXAMPLES_CHAPTER_8_2_STUDENT_H

// 전방 선언
```

```
struct student_t;

// 메모리 할당자
struct student_t* student_new();

// 생성자
void student_ctor(struct student_t*,
                  const char*  /* first name */,
                  const char*  /* last name */,
                  unsigned int /* birth year */,
                  const char*  /* student number */,
                  unsigned int /* passed credits */);

// 소멸자
void student_dtor(struct student_t*);

// 행위 함수
void student_get_student_number(struct student_t*, char*);
unsigned int student_get_passed_credits(struct student_t*);

#endif
```

클래스의 생성자는 Person 클래스의 생성자와 비슷한 인자를 받습니다. student 객체가 실제로 person 객체를 포함하기 때문이며, 또한 합성된^{composed} person 객체를 추가하는 값이 필요하기 때문입니다. 즉, student 생성자가 student의 person 부분에 대한 속성을 설정해야 한다는 의미입니다.

Student 클래스에는 단 2개의 행위 함수만 있다는 점에 주목하세요. student 객체에서도 Person 클래스의 행위 함수를 사용할 수 있기 때문입니다.

다음 [코드 박스 8-9]는 Student 클래스의 비공개 구현을 포함합니다.

코드 박스 8-9 [예제 8-2] Student 클래스의 비공개 정의(ExtremeC_examples_chapter8_2_student.c)

```
#include <stdlib.h>
#include <string.h>

#include "ExtremeC_examples_chapter8_2_person.h"

// person_t는 다음 헤더 파일에 정의되어 있으며 여기에서 필요합니다.
#include "ExtremeC_examples_chapter8_2_person_p.h"
```

```c
// 전방 선언
typedef struct {
  // 여기에서 person 클래스에서 모든 속성을 상속 받으며
  // 또한 이 중첩으로 인해 person 클래스의 모든 행위 함수를 사용할 수 있습니다.
  person_t person;
  char* student_number;
  unsigned int passed_credits;
} student_t;

// 메모리 할당자
student_t* student_new() {
  return (student_t*)malloc(sizeof(student_t));
}

// 생성자
void student_ctor(student_t* student,
                  const char* first_name,
                  const char* last_name,
                  unsigned int birth_year,
                  const char* student_number,
                  unsigned int passed_credits) {
  // 부모 클래스에 대한 생성자 호출하기
  person_ctor((struct person_t*)student,
          first_name, last_name, birth_year);
  student->student_number = (char*)malloc(16 * sizeof(char));
  strcpy(student->student_number, student_number);
  student->passed_credits = passed_credits;
}

// 소멸자
void student_dtor(student_t* student) {
  // 자식 객체를 먼저 소멸시켜야 합니다.
  free(student->student_number);
  // 그런 다음, 부모 클래스의 소멸자 함수를 호출해야 합니다.
  person_dtor((struct person_t*)student);
}

// 행위 함수
void student_get_student_number(student_t* student,
                                char* buffer) {
  strcpy(buffer, student->student_number);
}
```

```
unsigned int student_get_passed_credits(student_t* student) {
  return student->passed_credits;
}
```

[코드 박스 8-9]는 상속 관계에서 가장 중요한 코드를 담고 있습니다. 우선 **Person** 클래스의 비공개 헤더를 포함해야 합니다. `student_t`를 정의하는 부분에서 `person_t` 자료형으로부터 첫 번째 필드를 갖고자 했기 때문입니다. 그리고 해당 필드는 포인터가 아닌 실제 변수이므로 `person_t`가 이미 정의되어 있어야 합니다. 이 변수는 **반드시** 구조체의 첫 번째 필드여야 합니다. 그렇지 않으면 **Person** 클래스의 행위 함수를 사용하지 못하게 됩니다.

다시 돌아와서, [코드 박스 8-9]에서는 부모의 (합성된) 객체에 대한 속성을 초기화하고자 **Student** 클래스의 생성자에서 부모의 생성자를 호출합니다. `person_ctor` 함수로 `student_t` 포인터를 전달할 때 `student_t` 포인터를 `person_t` 포인터로 어떻게 변환했는지 보세요. person 필드가 `student_t`의 첫 번째 멤버이기 때문에 가능했습니다.

생성자와 마찬가지로 **Student** 클래스의 소멸자에서는 부모 소멸자를 호출했습니다. 소멸은 먼저 자식 수준에서, 그다음으로 부모 수준에서 일어나야 합니다. 생성과는 정반대 순서입니다. 다음 [코드 박스 8-10]은 [예제 8-2]의 메인 시나리오를 포함합니다. 여기서는 **Student** 클래스를 사용하며 **Student**형의 객체를 생성합니다.

코드 박스 8-10 [예제 8-2]의 메인 시나리오(ExtremeC_examples_chapter8_2_main.c)

```
#include <stdio.h>
#include <stdlib.h>

#include "ExtremeC_examples_chapter8_2_person.h"
#include "ExtremeC_examples_chapter8_2_student.h"

int main(int argc, char** argv) {
  // student 객체를 만들고 생성하기
  struct student_t* student = student_new();
  student_ctor(student, "John", "Doe",
          1987, "TA5667", 134);

  // 이제 person의 속성을 student 객체에서 읽기 위해
  // person의 행위 함수를 사용합니다.
  char buffer[32];
```

```
    // 부모의 자료형에 대한 포인터로 업캐스팅하기
    struct person_t* person_ptr = (struct person_t*)student;

    person_get_first_name(person_ptr, buffer);
    printf("First name: %s\n", buffer);

    person_get_last_name(person_ptr, buffer);
    printf("Last name: %s\n", buffer);

    printf("Birth year: %d\n", person_get_birth_year(person_ptr));

    // 이제 student 객체에 한정된 속성을 읽습니다.
    student_get_student_number(student, buffer);
    printf("Student number: %s\n", buffer);

    printf("Passed credits: %d\n",
            student_get_passed_credits(student));

    // student 객체를 소멸 및 해제하기
    student_dtor(student);
    free(student);

    return 0;
}
```

메인 시나리오에서 보다시피 Person과 Student 클래스 모두에 대한 (비공개 헤더 파일이 아닌) 공용 인터페이스를 포함했지만, student 객체 하나만을 만들었습니다. student 객체는 student 객체 내부에 있는 person 객체에서 모든 속성을 상속받았으며, 이 속성은 Person 클래스의 행위 함수를 통해 읽을 수 있습니다.

다음 [셸 박스 8-2]는 [예제 8-2]를 컴파일하고 실행하는 법을 나타냅니다.

셸 박스 8-2 [예제 8-2]를 빌드하고 실행하기

```
$ gcc -c ExtremeC_examples_chapter8_2_person.c -o person.o
$ gcc -c ExtremeC_examples_chapter8_2_student.c -o student.o
$ gcc -c ExtremeC_examples_chapter8_2_main.c -o main.o
$ gcc person.o student.o main.o -o ex8_2.out
$ ./ex8_2.out
First name: John
```

```
Last name: Doe
Birth year: 1987
Student number: TA5667
Passed credits: 134
$
```

다음으로 [예제 8-3]에서는 C에서 상속 관계를 구현하는 두 번째 접근 방법을 다룹니다. 출력 결과는 [예제 8-2]와 매우 비슷합니다.

C의 상속에 관한 두 번째 접근법

첫 번째 방법을 사용해 자식의 속성 구조체 내부에 첫 번째 필드로 구조체 변수를 두었습니다. 이제 두 번째 접근 방법을 사용해서 부모의 구조체 변수를 가리키는 포인터를 두어봅시다. 이 방식으로 자식 클래스는 부모 클래스의 구현과 독립적일 수 있습니다. 이는 정보 은닉을 고려했을 때 좋은 방식입니다.

두 번째 접근법을 선택하면 이점도 있지만, 잃는 것도 있습니다. [예제 8-3]를 먼저 설명한 다음 두 접근법을 비교하겠습니다. 이 방식을 통해 각 기법을 사용하는 장단점을 알게 됩니다.

다음의 [예제 8-3]은 [예제 8-2]와 매우 비슷합니다. 출력 결과와 실제 결과의 측면에서 특히 그렇습니다. 하지만 Student 클래스는 Person 클래스의 공용 인터페이스에만 의존할 뿐, 비공개 정의에는 의존하지 않는다는 점이 주된 차이입니다. 이는 클래스를 분리^{decouple}하는 것이고, 그러면 자식 클래스의 구현을 변경하지 않고도 부모 클래스의 구현을 쉽게 바꿀 수 있으므로 아주 유용합니다.

[예제 8-2]에서 Student 클래스는 엄밀히 말해 정보 은닉 원리를 위반하지는 않았습니다. 하지만 person_t의 실제 정의 및 person_t의 필드에 접근했으므로 정보 은닉 원리를 위반할 수도 있었습니다. 이에 접근한 결과로 Person의 행위 함수를 사용하지 않고도 필드를 읽거나 수정할 수 있었습니다.

앞서 말했듯 [예제 8-3]은 [예제 8-2]와 아주 비슷합니다. 하지만 몇 가지 근본적인 차이가 있습니다. Person 클래스는 [예제 8-3]에서도 같은 공용 인터페이스를 갖습니다. 하지만 Student 클래스의 경우에는 다릅니다. Student 클래스의 공용 인터페이스는 변경되어야 합니다. 다음 [코드 박스 8-11]은 Student 클래스의 새로운 공용 인터페이스를 나타냅니다.

```
#ifndef EXTREME_C_EXAMPLES_CHAPTER_8_3_STUDENT_H
#define EXTREME_C_EXAMPLES_CHAPTER_8_3_STUDENT_H

// 전방 선언
struct student_t;

// 메모리 할당자
struct student_t* student_new();

// 생성자
void student_ctor(struct student_t*,
                  const char*  /* first name */,
                  const char*  /* last name */,
                  unsigned int  /* birth year */,
                  const char*  /* student number */,
                  unsigned int  /* passed credits */);

// 소멸자
void student_dtor(struct student_t*);

// 행위 함수
void student_get_first_name(struct student_t*, char*);
void student_get_last_name(struct student_t*, char*);
unsigned int student_get_birth_year(struct student_t*);
void student_get_student_number(struct student_t*, char*);
unsigned int student_get_passed_credits(struct student_t*);

#endif
```

Student 클래스는 Person 클래스에서 선언한 모든 행위 함수를 반복해야 합니다. 그 이유는
student_t 포인터를 person_t 포인터로 더 이상 변환할 수 없기 때문입니다. 즉, Student
및 Person 포인터에 대해 더 이상 업캐스팅을 할 수 없습니다.

Person 클래스의 공용 인터페이스는 [예제 8-2]에서 변하지 않았지만 구현은 변경되었습니
다. 다음 [코드 박스 8-12]는 [예제 8-3]에 있는 Person 클래스의 구현을 나타냅니다.

```
#include <stdlib.h>
#include <string.h>

// 비공개 정의
typedef struct {
  char first_name[32];
  char last_name[32];
  unsigned int birth_year;
} person_t;

// 메모리 할당자
person_t* person_new() {
  return (person_t*)malloc(sizeof(person_t));
}

// 생성자
void person_ctor(person_t* person,
                 const char* first_name,
                 const char* last_name,
                 unsigned int birth_year) {
  strcpy(person->first_name, first_name);
  strcpy(person->last_name, last_name);
  person->birth_year = birth_year;
}

// 소멸자
void person_dtor(person_t* person) {
  // 할 일 없음
}

// 행위 함수
void person_get_first_name(person_t* person, char* buffer) {
  strcpy(buffer, person->first_name);
}

void person_get_last_name(person_t* person, char* buffer) {
  strcpy(buffer, person->last_name);
}

unsigned int person_get_birth_year(person_t* person) {
  return person->birth_year;
}
```

person_t의 비공개 정의는 소스 파일 내부에 있으며 더 이상 비공개 헤더 파일이 사용되지 않습니다. Student 클래스와 같은 다른 클래스로 정의를 전혀 공유하지 않겠다는 의미입니다. Person 클래스에 대한 완전한 캡슐화를 수행해 구현의 세부 사항을 은닉합니다.

다음은 Student 클래스의 비공개 구현입니다.

코드 박스 8-13 [예제 8-3] Student 클래스의 새로운 구현(ExtremeC_examples_chapter8_3_student.c)

```c
#include <stdlib.h>
#include <string.h>

// person 클래스에 대한 공용 인터페이스
#include "ExtremeC_examples_chapter8_3_person.h"

// 전방 선언
typedef struct {
  char* student_number;
  unsigned int passed_credits;
  // person_t가 불완전한 형식이기 때문에 여기에 포인터가 있어야 합니다.
  struct person_t* person;
} student_t;

// 메모리 할당자
student_t* student_new() {
  return (student_t*)malloc(sizeof(student_t));
}

// 생성자
void student_ctor(student_t* student,
                  const char* first_name,
                  const char* last_name,
                  unsigned int birth_year,
                  const char* student_number,
                  unsigned int passed_credits) {
  // 부모 객체에 대한 메모리 할당하기
  student->person = person_new();
  person_ctor(student->person, first_name,
              last_name, birth_year);
  student->student_number = (char*)malloc(16 * sizeof(char));
  strcpy(student->student_number, student_number);
  student->passed_credits = passed_credits;
}
```

```
// 소멸자
void student_dtor(student_t* student) {
  // 먼저 자식 객체를 소멸시켜야 합니다.
  free(student->student_number);
  // 그런 다음, 부모 클래스의 소멸자 함수를 호출해야 합니다.
  person_dtor(student->person);
  // 그리고 부모 객체에 할당된 메모리를 해제해야 합니다.
  free(student->person);
}

// 행위 함수
void student_get_first_name(student_t* student, char* buffer) {
  // person의 행위 함수를 사용해야 합니다.
  person_get_first_name(student->person, buffer);
}

void student_get_last_name(student_t* student, char* buffer) {
  // person의 행위 함수를 사용해야 합니다.
  person_get_last_name(student->person, buffer);
}

unsigned int student_get_birth_year(student_t* student) {
  // person의 행위 함수를 사용해야 합니다.
  return person_get_birth_year(student->person);
}

void student_get_student_number(student_t* student,
                                char* buffer) {
  strcpy(buffer, student->student_number);
}

unsigned int student_get_passed_credits(student_t* student) {
  return student->passed_credits;
}
```

[코드 박스 8-13]에 나타나 있듯 Person 클래스의 공용 인터페이스를 헤더 파일에 포함해 사용했습니다. 이에 더해 **student_t**의 정의 부분에 포인터 필드를 추가했습니다. 이 포인터 필드는 부모인 Person 객체를 가리킵니다. 이를 보면 7장에서 했던 합성 관계의 구현이 생각날 것입니다.

참고로 속성 구조체에서 이 포인터 필드가 첫 번째 항목이 될 필요는 없습니다. 첫 번째 접근법에서 봤던 것과는 대조적입니다. student_t와 person_t형 포인터는 더 이상 상호변환할 수 없고, 메모리에서 다른 주소를 가리키며 인접한 주소도 아닙니다. 다시 한번 말하지만, 앞의 접근법과는 대조적입니다.

Student 클래스의 생성자에서 부모 객체를 인스턴스화했다는 점을 주목하세요. 그런 다음 Person 클래스의 생성자를 호출하고 여기에 필요한 매개변수를 전달해 부모 객체를 생성했습니다. 소멸자에서도 마찬가지이며 Student 클래스의 소멸자에서 부모 객체를 마지막으로 소멸시킵니다.

상속받은 속성을 읽기 위해 Person 클래스의 행위를 사용할 수 없으므로 Student 클래스는 상속받은 속성 및 비공개 속성을 노출하기 위해 자신의 행위 함수들을 노출해야 합니다.

즉, Student 클래스 내부에 있는 부모인 person 객체의 비공개 속성을 노출하기 위해 Student 클래스는 래퍼wrapper 함수를 노출해야 합니다. Student 객체 그 자체로는 Person 객체의 비공개 속성에 대해 아무것도 알지 못하며, 이는 첫 번째 접근법에서 봤던 것과는 다르므로 주의하세요.

메인 시나리오도 마찬가지로 [예제 8-2]와 아주 비슷합니다. 다음 [코드 박스 8-14]에서 이를 나타냅니다.

코드 박스 8-14 [예제 8-3]의 메인 시나리오(ExtremeC_examples_chapter8_3_main.c)

```c
#include <stdio.h>
#include <stdlib.h>

#include "ExtremeC_examples_chapter8_3_student.h"

int main(int argc, char** argv) {
  // student 객체를 만들고 생성하기
  struct student_t* student = student_new();
  student_ctor(student, "John", "Doe",
        1987, "TA5667", 134);

  // student 포인터는 person 포인터가 아니며
  // student 객체에 있는 비공개 부모 포인터에 접근할 수 없으므로,
  // student의 행위 함수를 사용해야 합니다.
  char buffer[32];
  student_get_first_name(student, buffer);
```

```
    printf("First name: %s\n", buffer);

    student_get_last_name(student, buffer);
    printf("Last name: %s\n", buffer);

    printf("Birth year: %d\n", student_get_birth_year(student));

    student_get_student_number(student, buffer);
    printf("Student number: %s\n", buffer);

    printf("Passed credits: %d\n",
            student_get_passed_credits(student));

    // student 객체 소멸 및 해제하기
    student_dtor(student);
    free(student);

    return 0;
}
```

[예제 8-2]의 main 함수와 비교해보면 Person 클래스의 공용 인터페이스를 포함하지 않았습니다. 또한 Student 클래스의 행위 함수를 사용해야 했는데, student_t 포인터와 person_t 포인터를 더 이상 상호변환할 수 없기 때문입니다.

다음 [셸 박스 8-3]은 [예제 8-3]을 컴파일하고 실행하는 법을 나타냅니다. 예상했겠지만 출력 결과는 같습니다.

셸 박스 8-3 [예제 8-3]을 빌드하고 실행하기

```
$ gcc -c ExtremeC_examples_chapter8_3_person.c -o person.o
$ gcc -c ExtremeC_examples_chapter8_3_student.c -o student.o
$ gcc -c ExtremeC_examples_chapter8_3_main.c -o main.o
$ gcc person.o student.o main.o -o ex8_3.out
$ ./ex8_3.out
First name: John
Last name: Doe
Birth year: 1987
Student number: TA5667
Passed credits: 134
$
```

다음 절에서는 지금까지 설명했던 C에서 상속 관계를 구현하는 두 접근법을 비교해보겠습니다.

두 가지 접근법 비교하기

C에서 상속을 구현할 때 취할 수 있는 두 접근법을 살펴봤으니 이제 이들을 비교할 수 있습니다. 다음의 글머리 기호는 두 방법 사이의 유사점과 차이점을 요약한 내용입니다.

- 두 접근법은 본질적으로 합성 관계를 나타냅니다.

- 첫 번째 접근법에서는 자식의 속성 구조체 안에 구조체 변수를 둡니다. 그리고 부모 클래스가 비공개 구현에 접근하는 데에 의존합니다. 하지만 두 번째 접근법에서는 부모의 속성 구조체의 불완전 자료형으로부터 구조체 포인터를 두므로 부모 클래스의 비공개 구현에 의존하지 않습니다.

- 첫 번째 접근법에서 부모와 자식의 자료형은 매우 의존적입니다. 두 번째 접근법에서 클래스들은 서로에 대해 독립적이며, 부모의 구현 내부에 있는 모든 것은 자식에게 숨겨져 있습니다.

- 첫 번째 접근법에서는 부모가 오직 하나만 있어야 합니다. 즉, C의 **단일 상속**single inheritance을 구현하는 방식입니다. 하지만 두 번째 접근법은 원하는 만큼 많은 부모를 가질 수 있으므로 **다중 상속**multiple inheritance이라는 개념을 나타냅니다.

- 첫 번째 접근법에서 부모의 구조체 변수는 자식 클래스의 속성 구조체의 첫 번째 필드여야 합니다. 하지만 두 번째 접근법에서는 부모 객체에 대한 포인터를 구조체 내의 어디든 두어도 됩니다.

- 첫 번째 접근법에서 부모 및 자식 객체가 분리된 경우는 없었습니다. 부모 객체는 자식 객체에 포함되었으며, 자식 객체를 가리키는 포인터는 실제로 부모 객체를 가리키는 포인터였습니다.

- 첫 번째 접근법에서는 부모 클래스의 행위 함수를 사용할 수 있었습니다. 하지만 두 번째 접근법에서는 자식 클래스의 새로운 행위 함수를 통해 부모의 행위 함수를 전달해야 했습니다.

지금까지 상속 자체에 관해서만 설명했으며 상속의 사용법은 다루지 않았습니다. 상속을 사용할 때 가장 중요한 점은 객체 모델에서 **다형성**을 갖는 일입니다. 다음 절에서는 다형성 및 C에서 다형성을 구현하는 방법을 설명하겠습니다.

8.2 다형성

다형성은 두 클래스 간의 실제 관계가 아닙니다. 대개 다형성이란 서로 다른 행위를 갖는 같은 코드를 두는 기법입니다. 다형성을 통해 전체 코드베이스를 다시 컴파일하지 않고도 코드를 상속하거나 기능을 추가할 수 있습니다.

이번 절에서 다형성의 의미와 C에서 다형성을 구현하는 방법을 다루려고 합니다. 이로써 C++과 같은 현대 프로그래밍 언어가 다형성을 구현하는 방법에 관한 더 나은 관점을 제공합니다. 다형성을 정의하면서 시작하겠습니다.

8.2.1 다형성 소개

다형성은 간단히 말해 같은 공용 인터페이스(또는 행위 함수의 집합)를 사용해 다른 행위를 갖는다는 의미입니다.

Cat과 Duck이라는 두 클래스를 가정해봅시다. 그리고 이 클래스들은 행위 함수인 sound를 가지며 sound 함수는 그들의 특정 소리를 출력합니다. 다형성을 설명하는 일은 쉽지 않으므로 설명을 위해 하향식 접근법을 취하겠습니다. 우선 다형적 코드가 어떤 모습이고 어떻게 작동하는지에 관한 개념을 설명하고 그다음으로 C에서 구현하는 법을 더 깊이 설명합니다. 일단 개념을 이해하고 나면 구현이 더 쉬워질 것입니다.

다음 [코드 박스 8-15]에서는 먼저 객체 몇 개를 만들고 나서, 다형성이 갖춰졌다면 다형적 함수가 어떻게 작동할지 예상해봅니다. 먼저 객체 세 개를 만들어봅시다. Cat과 Duck 클래스는 Animal 클래스의 자식이라고 미리 가정했습니다.

코드 박스 8-15 Animal, Cat, Duck 자료형에 대한 객체 세 개를 생성하기

```
struct animal_t* animal = animal_malloc();
animal_ctor(animal);

struct cat_t* cat = cat_malloc();
cat_ctor(cat);

struct duck_t* duck = duck_malloc();
duck_ctor(duck);
```

다형성이 **없다면**, sound 함수를 각 객체에서 이렇게 호출했을 것입니다.

코드 박스 8-16 생성된 객체에서 행위 함수를 호출하기

```
// 이것은 다형성이 아닙니다.
animal_sound(animal);
cat_sound(cat);
duck_sound(duck);
```

그리고 출력 결과는 다음과 같습니다.

셸 박스 8-4 함수 호출에 대한 출력 결과

```
Animal: Beeeep
Cat: Meow
Duck: Quack
```

[코드 박스 8-16]은 cat_sound와 duck_sound와 같은 다른 함수를 사용해서 Cat과 Duck 객체에서 특정 행위를 호출하는 만큼, 다형성을 보여주는 사례는 아닙니다. 하지만 다음 [코드 박스 8-17]은 다형적 함수가 어떻게 작동하리라고 예상하는지를 보여주며, 다형성에 관한 완벽한 예를 담고 있습니다.

코드 박스 8-17 세 개의 객체 모두에서 같은 행위 함수 sound를 호출하기

```
// 이것은 다형성입니다.
animal_sound(animal);
animal_sound((struct animal_t*)cat);
animal_sound((struct animal_t*)duck);
```

같은 함수를 세 번 호출했는데도, 다른 행위가 나타날 것으로 예상합니다. 다른 객체 포인터를 전달하면 animal_sound 내부에 있는 실제 행위를 변경하는 것처럼 보입니다. 다음 [셸 박스 8-5]는 animal_sound가 다형적이라면 [코드 박스 8-17]의 출력 결과가 될 것입니다.

```
Animal: Beeeep
Cat: Meow
Duck: Quake
```

[코드 박스 8-17]에서 보다시피 같은 함수인 **animal_sound**를 사용했지만, 포인터는 다른 것으로 사용했습니다. 그리고 그 결과 다른 함수를 내부에서 불러왔습니다.

> **CAUTION_** 앞의 코드 박스를 이해하기 어렵다면 진도를 더 나가지 마세요. 앞의 절부터 다시 훑어보세요.

앞의 다형적 코드는 Animal이라는 세 번째 클래스와 함께 Cat과 Duck 클래스 간에는 상속 관계가 존재해야 한다는 점을 나타냅니다. **duck_t**와 **cat_t** 포인터를 **animal_t** 포인터로 변환하려고 하기 때문입니다. 즉, 앞서 소개했던 다형성 메커니즘의 이점을 활용하려면 C에서 상속을 구현하는 첫 번째 접근법을 사용해야 한다는 의미입니다.

상속을 구현하는 첫 번째 방법을 떠올려 보면 자식 클래스는 부모 클래스의 비공개 구현에 접근했으며, 여기서 **duck_t**와 **cat_t** 속성 구조체 정의의 첫 번째 필드로 **animal_t** 자료형인 구조체 변수를 두어야 했습니다. 다음 코드는 이들 세 클래스 사이의 관계를 나타냅니다.

코드 박스 8-18 Animal, Cat, Duck 클래스의 속성 구조체 정의

```
typedef struct {
  ...
} animal_t;

typedef struct {
  animal_t animal;
  ...
} cat_t;

typedef struct {
  animal_t animal;
  ...
} duck_t;
```

이 설정을 통해 duck_t와 cat_t 포인터를 animal_t 포인터로 변환할 수 있습니다. 그러고 나서 두 자식 클래스에 대한 같은 행위 함수를 사용할 수 있습니다.

지금까지 다형적 함수가 어떻게 행동할 것으로 예상하는지, 그리고 상속 관계가 클래스 사이에서 어떻게 정의되어야 하는지를 살펴봤습니다. 다형적 행위가 실행되는 방법은 아직 살펴보지 않았습니다. 즉, 다형성 내부의 실제 메커니즘은 설명하지 않았습니다.

[코드 박스 8-19]처럼 행위 함수 animal_sound가 징의되었다고 가정합시다. 내부에서 인자로 어떤 포인터를 전달하든 하나의 행위만을 가질 것이며, 함수 호출은 내부의 메커니즘 없이는 다형적이지 않을 것입니다. 이 메커니즘은 곧 살펴볼 [예제 8-4]에서 설명하겠습니다.

코드 박스 8-19 아직 다형적이지 않은 animal_sound

```
void animal_sound(animal_t* ptr) {
  printf("Animal: Beeeep");
}

// 이는 다형성일 수 있지만, 아닙니다.
animal_sound(animal);
animal_sound((struct animal_t*)cat);
animal_sound((struct animal_t*)duck);
```

다음에서 볼 수 있듯 다양한 포인터를 이용해 animal_sound를 호출하면 행위 함수의 로직을 변경할 수 없습니다. 즉, 다형적이지 않습니다. 다음 절에서 설명할 [예제 8-4]에서 이 함수를 다형적으로 만들어보겠습니다.

셸 박스 8-6 [코드 박스 8-19]의 함수 호출에 대한 출력 결과

```
Animal: Beeeep
Animal: Beeeep
Animal: Beeeep
```

다형적 행위 함수를 가능하게 만드는 내부의 메커니즘은 무엇일까요? 다음 절에서 이 질문에 대답하겠습니다. 하지만 그 전에 다형성이 필요한 이유부터 알아야 합니다.

8.2.2 다형성이 필요한 이유

C에서 다형성을 구현하는 방식으로 넘어가기 전에, 다형성이 필요한 이유를 알아보겠습니다. 다형성이 필요한 주된 이유는, 베이스 타입에 관한 여러 서브타입을 가지고 코드를 사용할 때 조차도 코드를 '그대로^{as is}' 두기를 원하기 때문입니다. 이에 관해서는 예제에서 간단히 살펴보겠습니다.

시스템에 새 서브타입을 추가할 때 또는 한 서브타입의 행위가 변경될 때, 현재의 로직을 그렇게 자주 수정하고 싶지는 않습니다. 새로운 기능이 추가될 때 수정 사항이 하나도 없는 것도 현실적이지 않습니다. 언제나 변경 사항은 항상 있습니다. 하지만 다형성을 이용하면 필요한 변경 횟수를 크게 줄일 수 있습니다.

다형성을 갖는 또 다른 이유는 **추상화**^{abstraction}라는 개념 때문입니다. 추상적인 자료형(또는 클래스)을 가질 때, 이들은 일반적으로 자식 클래스에서 **오버라이딩**이 되어야 하는, 모호하고 구현되지 않은 행위를 갖습니다. 다형성은 이를 위한 핵심적인 방법입니다.

우리의 로직에 추상 자료형을 사용하려고 하므로, 아주 추상적인 자료형에 관한 포인터를 다룰 때 적절한 구현을 호출하는 방법이 필요합니다. 여기서 다시 다형성이 등장합니다. 어떤 언어든지 다형적 행위를 갖는 방법이 필요합니다. 그렇지 않다면 큰 프로젝트를 유지하는 비용은 아주 빠르게 증가합니다. 예를 들면 코드에 새 서브타입을 추가하려고 하는 경우가 이에 해당합니다.

다형성의 중요성에 관한 토대를 세웠으니 C에서 다형성을 갖는 방법을 설명할 차례입니다.

8.2.3 C에서 다형적 행위를 갖는 방법

C에서 다형성을 가지려면 상속을 구현하는 첫 번째 접근법을 사용해야 합니다. 다형적 행위를 달성하려면 **함수 포인터**^{function pointer}를 이용할 수 있습니다. 하지만 이번에는 이러한 함수 포인터를 속성 구조체 내의 필드에 두어야 합니다. 자세한 설명을 위해 `animal sound` 예제를 구현해봅시다.

`Animal`, `Cat`, `Duck`이라는 세 개의 클래스가 있고 `Duck`은 `Animal`의 서브타입입니다. 각 클래스는 하나의 헤더와 하나의 소스를 갖습니다. `Animal` 클래스는 별도의 비공개 헤더 파일을 가지며, 이 헤더 파일은 `Animal` 클래스의 속성 구조체에 관한 실제 정의를 포함합니다. 이

비공개 헤더는 상속을 구현하는 첫 번째 접근법을 취하므로 필요합니다. 비공개 헤더는 Cat과 Duck 클래스에서 사용합니다.

다음 [코드 박스 8-20]은 Animal 클래스의 공용 인터페이스를 나타냅니다.

코드 박스 8-20 [예제 8-4] Animal 클래스의 공용 인터페이스(ExtremeC_examples_chapter8_4_animal.h)

```
#ifndef EXTREME_C_EXAMPLES_CHAPTER_8_4_ANIMAL_H
#define EXTREME_C_EXAMPLES_CHAPTER_8_4_ANIMAL_H

// 전방 선언
struct animal_t;

// 메모리 할당자
struct animal_t* animal_new();

// 생성자
void animal_ctor(struct animal_t*);

// 소멸자
void animal_dtor(struct animal_t*);

// 행위 함수
void animal_get_name(struct animal_t*, char*);
void animal_sound(struct animal_t*);

#endif
```

Animal 클래스는 두 개의 행위 함수를 갖습니다. animal_sound 함수는 다형적이어야 하고, 자식 클래스에서 오버라이딩될 수 있습니다. 반면 다른 행위 함수인 animal_get_name은 다형적이지 않으며 자식 클래스가 오버라이딩할 수 없습니다.

다음은 animal_t 속성 구조체의 비공개 정의입니다.

코드 박스 8-21 [예제 8-4] Animal 클래스의 비공개 헤더(ExtremeC_examples_chapter8_4_animal_p.h)

```
#ifndef EXTREME_C_EXAMPLES_CHAPTER_8_4_ANIMAL_P_H
#define EXTREME_C_EXAMPLES_CHAPTER_8_4_ANIMAL_P_H

// animal_sound의 다른 morphs를
```

```
    // 가리키는 데 필요한 함수 포인터형
    typedef void (*sound_func_t)(void*);

    // 전방 선언
    typedef struct {
      char* name;
      // 이 멤버는 실제 sound 행위를 수행하는
      // 함수에 대한 포인터입니다.
      sound_func_t sound_func;
    } animal_t;

    #endif
```

다형성에서 모든 자식 클래스는 `animal_sound` 함수에 대한 자신만의 버전을 제공할 수 있습니다. 다시 말해 모든 자식 클래스는 부모 클래스로부터 상속받은 함수를 오버라이딩할 수 있습니다. 그러므로 오버라이딩하려는 각각의 자식 클래스에 대한 다른 함수를 가져야 합니다. 만약 자식 클래스가 `animal_sound`를 오버라이딩했다면, 오버라이딩된 함수가 호출되어야 한다는 의미입니다.

바로 이런 이유로 함수 포인터를 사용합니다. `animal_t`의 각 인스턴스는 `animal_sound` 행위 전용의 함수 포인터를 가질 것이고, 그 포인터는 클래스 내의 다형적 함수에 대한 실제 정의를 가리킵니다.

각각의 다형적 행위 함수에 대한 전용 함수 포인터가 있습니다. 여기서는 각 서브 클래스에서 함수 호출을 올바르게 하기 위해 이러한 전용 함수 포인터를 사용하는 법을 살펴보겠습니다. 즉, 다형성이 실제로 작동하는 방법을 보여드리겠습니다.

다음 [코드 박스 8-22]는 Animal 클래스에 대한 정의를 나타냅니다.

코드 박스 8-22 [예제 8-4] Animal 클래스에 대한 정의(ExtremeC_examples_chapter8_4_animal.c)

```
#include <stdlib.h>
#include <string.h>
#include <stdio.h>

#include "ExtremeC_examples_chapter8_4_animal_p.h"

// 부모 수준에서 animal_sound에 대한 기본 정의
void __animal_sound(void* this_ptr) {
```

```
    animal_t* animal = (animal_t*)this_ptr;
    printf("%s: Beeeep\n", animal->name);
}

// 메모리 할당자
animal_t* animal_new() {
    return (animal_t*)malloc(sizeof(animal_t));
}

// 생성자
void animal_ctor(animal_t* animal) {
    animal->name = (char*)malloc(10 * sizeof(char));
    strcpy(animal->name, "Animal");
    // 함수 포인터가 기본 정의를 가리키도록 설정하기
    animal->sound_func = __animal_sound;
}

// 소멸자
void animal_dtor(animal_t* animal) {
    free(animal->name);
}

// 행위 함수
void animal_get_name(animal_t* animal, char* buffer) {
    strcpy(buffer, animal->name);
}

void animal_sound(animal_t* animal) {
    // 함수 포인터가 가리키는 함수 호출하기
    animal->sound_func(animal);
}
```

[코드 박스 8-22]에서 실제 다형적 행위는 함수 animal_sound 내부에서 일어납니다. 서브 클래스가 오버라이딩하지 않을 때, 비공개 함수 __animal_sound는 animal_sound 함수의 기본 행위가 되어야 합니다. 다음 장에서는 서브 클래스가 오버라이딩된 버전을 제공하지 않을 경우, 다형적 행위 함수가 상속받고 사용할 기본 정의를 갖게 되는 경우를 살펴봅니다.

이어서 생성자 animal_ctor 내부에서는 __animal_sound의 주소를 animal 객체의 sound_func 필드에 저장합니다. sound_func가 함수 포인터라는 점에 주의하세요. 이 설정에서 모든 자식 객체는 이 함수 포인터를 상속합니다. 그리고 이 함수 포인터는 __animal_ sound의 기본 정의를 가리킵니다.

마지막 단계로 행위 함수 animal_sound 내부에서는 sound_func 필드에서 포인터가 가리키는 함수를 호출합니다. 다시 설명하자면, sound_func는 이전 예제에서 __animal_sound에 해당하는 sound 행위의 실제 정의를 가리키는 함수 포인터 필드입니다. animal_sonud 함수는 실제 행위 함수에 대한 릴레이처럼 작동한다는 점에 유의하세요.

이 설정을 사용하면 sound_func가 다른 함수를 가리킬 때, animal_sound를 불러오면 sound_func가 가리키는 다른 함수가 호출됩니다. 이것이 행위 sound에 대한 기본 정의를 오버라이딩하기 위해 Cat과 Duck 클래스에서 사용하게 될 방식입니다.

이제 Cat과 Duck 클래스를 살펴볼 차례입니다. 다음 [코드 박스 8-23]은 Cat 클래스의 공용 인터페이스와 비공개 구현을 나타냅니다. 먼저 Cat 클래스의 공용 인터페이스입니다.

코드 박스 8-23 [예제 8-4] Cat 클래스의 공용 인터페이스(ExtremeC_examples_chapter8_4_cat.h)

```
#ifndef EXTREME_C_EXAMPLES_CHAPTER_8_4_CAT_H
#define EXTREME_C_EXAMPLES_CHAPTER_8_4_CAT_H

// 전방 선언
struct cat_t;

// 메모리 할당자
struct cat_t* cat_new();

// 생성자
void cat_ctor(struct cat_t*);

// 소멸자
void cat_dtor(struct cat_t*);

// 모든 행위 함수는 animal 클래스에서 상속받습니다.

#endif
```

나중에 간단히 살펴보겠지만 Cat 클래스는 부모 클래스인 Animal 클래스로부터 sound 행위를 상속받습니다.

다음 [코드 박스 8-24]는 Cat 클래스에 대한 정의를 나타냅니다.

코드 박스 8-24 [예제 8-4] Cat 클래스의 비공개 구현(ExtremeC_examples_chapter8_4_cat.c)

```c
#include <stdio.h>
#include <stdlib.h>
#include <string.h>

#include "ExtremeC_examples_chapter8_4_animal.h"
#include "ExtremeC_examples_chapter8_4_animal_p.h"

typedef struct {
  animal_t animal;
} cat_t;

// 고양이의 소리에 대한 새 행위를 정의하기
void __cat_sound(void* ptr) {
  animal_t* animal = (animal_t*)ptr;
  printf("%s: Meow\n", animal->name);
}

// 메모리 할당자
cat_t* cat_new() {
  return (cat_t*)malloc(sizeof(cat_t));
}

// 생성자
void cat_ctor(cat_t* cat) {
  animal_ctor((struct animal_t*)cat);
  strcpy(cat->animal.name, "Cat");
  // 새 행위 함수를 가리키며 오버라이딩은 실제로 여기에서 발생합니다.
  cat->animal.sound_func = __cat_sound;
}

// 소멸자
void cat_dtor(cat_t* cat) {
  animal_dtor((struct animal_t*)cat);
}
```

[코드 박스 8-24]에 보이듯 cat의 sound를 위한 새로운 함수인 __cat_sound를 정의했습니다. 그리고 나서 생성자 내부에서 sound_func 포인터가 이 함수를 가리키도록 합니다.

오버라이딩이 발생했으니 이제부터 모든 cat 객체는 __animal_sound 대신에 실제로 __cat_sound를 호출합니다. Duck 클래스에서도 같은 기법을 사용합니다. 다음 [코드 박스 8-25]는 Duck 클래스의 공용 인터페이스를 나타냅니다.

코드 박스 8-25 [예제 8-4] Duck 클래스의 공용 인터페이스(ExtremeC_examples_chapter8_4_duck.h)

```
#ifndef EXTREME_C_EXAMPLES_CHAPTER_8_4_DUCK_H
#define EXTREME_C_EXAMPLES_CHAPTER_8_4_DUCK_H

// 전방 선언
struct duck_t;

// 메모리 할당자
struct duck_t* duck_new();

// 생성자
void duck_ctor(struct duck_t*);

// 소멸자
void duck_dtor(struct duck_t*);

// 모든 행위 함수는 animal 클래스에서 상속받습니다.

#endif
```

Cat 클래스와 상당히 비슷합니다. Duck 클래스의 비공개 정의를 가져옵시다.

코드 박스 8-26 [예제 8-4] Duck 클래스의 비공개 구현(ExtremeC_examples_chapter8_4_duck.c)

```
#include <stdio.h>
#include <stdlib.h>
#include <string.h>

#include "ExtremeC_examples_chapter8_4_animal.h"
#include "ExtremeC_examples_chapter8_4_animal_p.h"

typedef struct {
  animal_t animal;
} duck_t;
```

```
// 오리 소리에 대한 새로운 행위 함수 정의하기
void __duck_sound(void* ptr) {
  animal_t* animal = (animal_t*)ptr;
  printf("%s: Quacks\n", animal->name);
}

// 메모리 할당자
duck_t* duck_new() {
  return (duck_t*)malloc(sizeof(duck_t));
}

// 생성자
void duck_ctor(duck_t* duck) {
  animal_ctor((struct animal_t*)duck);
  strcpy(duck->animal.name, "Duck");
  // 새 행위 함수를 가리키며 오버라이딩은 실제로 여기에서 발생합니다.
  duck->animal.sound_func = __duck_sound;
}

// 소멸자
void duck_dtor(duck_t* duck) {
  animal_dtor((struct animal_t*)duck);
}
```

이 기법으로 sound 행위의 기본 정의를 오버라이딩했습니다. 새로운 비공개 행위 함수인 __duck_sound는 duck에 한정된 소리를 내도록 정의되었으며, sound_func 포인터는 이 함수를 가리키도록 업데이트되었습니다. 기본적으로 이러한 방식으로 C++에 다형성이 도입됩니다. 다음 장에서 더 자세히 설명하겠습니다.

마지막으로 다음 [코드 박스 8-27]은 [예제 8-4]의 메인 시나리오를 나타냅니다.

코드 박스 8-27 [예제 8-4]의 메인 시나리오(ExtremeC_examples_chapter8_4_main.c)

```
#include <stdio.h>
#include <stdlib.h>
#include <string.h>

// 공용 인터페이스만 포함합니다.
#include "ExtremeC_examples_chapter8_4_animal.h"
#include "ExtremeC_examples_chapter8_4_cat.h"
#include "ExtremeC_examples_chapter8_4_duck.h"
```

```
int main(int argc, char** argv) {
  struct animal_t* animal = animal_new();
  struct cat_t* cat = cat_new();
  struct duck_t* duck = duck_new();

  animal_ctor(animal);
  cat_ctor(cat);
  duck_ctor(duck);

  animal_sound(animal);
  animal_sound((struct animal_t*)cat);
  animal_sound((struct animal_t*)duck);

  animal_dtor(animal);
  cat_dtor(cat);
  duck_dtor(duck);

  free(duck);
  free(cat);
  free(animal);
  return 0;
}
```

[코드 박스 8-27]에서는 Animal, Cat, Duck 클래스의 공용 인터페이스만 사용합니다. 그러므로 main 함수는 이들 클래스의 내부 구현에 관해서는 아무것도 모릅니다. 다른 포인터를 전달해 animal_sound 함수를 호출하면 다형적 행위가 작동하는 방식을 보여줍니다. 예제의 출력 결과를 봅시다.

다음 [셸 박스 8-7]은 [예제 8-4]를 컴파일하고 실행하는 방법을 나타냅니다.

셸 박스 8-7 [예제 8-4]의 컴파일, 실행과 출력 결과

```
$ gcc -c ExtremeC_examples_chapter8_4_animal.c -o animal.o
$ gcc -c ExtremeC_examples_chapter8_4_cat.c -o cat.o
$ gcc -c ExtremeC_examples_chapter8_4_duck.c -o duck.o
$ gcc -c ExtremeC_examples_chapter8_4_main.c -o main.o
$ gcc animal.o cat.o duck.o main.o -o ex8_4.out
$ ./ex8_4.out
Animal: Beeeep
Cat: Meow
```

```
Duck: Quacks
$
```

[예제 8-4]에서 보다시피 클래스 기반의 프로그래밍 언어에서 다형적이고자 하는 행위 함수는 특별히 주의가 필요하며 다르게 취급해야 합니다. 그렇지 않으면 [예제 8-4] 부분에서 다룬 메커니즘이 없는 단순한 행위 함수는 다형적일 수 없습니다. 이들 행위 함수에 특별한 이름을 붙이고, C++ 같은 언어에서 다형적인 함수임을 나타내는 특정한 키워드를 사용하는 이유는 바로 이러한 이유 때문입니다. 이러한 함수는 **가상**virtual 함수라고 합니다. 가상 함수는 자식 클래스에서 오버라이딩할 수 있는 행위 함수입니다. 가상 함수는 컴파일러로 추적해야 하며, 가상 함수가 오버라이딩될 때 실제 정의를 가리키려면 해당 객체 내부에 알맞은 포인터가 있어야 합니다. 이 포인터는 런타임 시 함수의 올바른 버전을 실행하는 데 사용됩니다.

다음 장에서 C++에서 클래스 간의 객체지향 관계를 다루는 법을 살펴봅니다. 또한 C++에서 다형성을 구현하는 법도 알아봅니다. 그뿐만 아니라 다형성의 직접적인 결과인 **추상화**abstraction 에 대해서도 다룹니다.

8.3 마무리

이번 8장에서는 7장에 이어 계속해서 OOP에 관한 주제를 탐구했습니다. 이번 장에서 다룬 주제는 다음과 같습니다.

- 상속이 작동하는 법, 그리고 C에서 상속을 구현할 때 사용할 수 있는 두 가지 접근 방법을 설명했습니다.
- 첫 번째 접근법을 이용하면 부모 클래스의 비공개 속성에 직접 접근할 수 있습니다. 하지만 두 번째 접근법은 더 보수적인 접근법으로, 부모 클래스의 비공개 속성을 은닉합니다.
- 이러한 두 접근법을 비교했으며, 각 접근 방법이 몇 가지 사례에 적합하다는 것을 살펴봤습니다.
- 다음으로 학습한 주제는 다형성입니다. 간단히 말하면 다형성을 통해 같은 행위의 다른 버전을 만들 수 있고, 추상적인 슈퍼타입에 대한 공개 API를 사용하는 올바른 행위를 호출할 수 있습니다.
- C에서 다형적 코드를 작성하는 법을 살펴봤고, 함수 포인터가 런타임 시에 특정 행위의 알맞은 버전을 선택하는 데 어떤 역할을 하는지도 알아봤습니다.

다음 8장은 객체지향을 다루는 마지막 장입니다. 8장에서 C++가 캡슐화, 상속, 다형성을 다루는 방식을 더 탐구해봅니다. 이에 더해 추상화라는 주제에 대해서도 다루며 추상화가 **추상 클래스** abstract class라는 특이한 자료형으로 이어진 방식도 살펴봅니다. 하지만 추상 클래스로는 객체를 생성할 수 없습니다.

## CHAPTER 9

추상화와 C++의 OOP

9장은 C의 OOP에 관한 마지막 장입니다. 이번 장에서는 남은 주제를 다루며 새로운 패러다임을 소개합니다. 또한 C++을 살펴보며 C++ 내부에서 객체지향을 구현하는 방식을 살펴봅니다.

9장에서는 다음과 같은 주제를 다룹니다.

- 먼저 추상화를 다룹니다. 추상화는 상속과 다형성의 설명에서 이어지는 내용이며 C의 OOP에 관한 마지막 주제입니다. 다양한 컴포넌트 간의 최대 확장성maximum extendibility과 최소 의존성minimum dependency을 갖는 객체 모델을 설계할 때 추상화가 어떤 도움이 되는지 보여줍니다.

- 유명한 C++ 컴파일러 중 g++에서 객체지향 개념이 구현된 방식을 설명합니다. 이를 통해 여기서 지금까지 설명한 접근법이 g++가 객체지향 개념을 제공하기 위해 취한 접근법과 얼마나 밀접하게 부합하는지 알 수 있습니다.

추상화에 관한 설명으로 이번 장을 시작해봅시다.

9.1 추상화

추상화는 과학 및 공학의 다양한 분야에서 아주 일반적인 의미를 갖습니다. 하지만 프로그래밍, 특히 OOP에서 추상화란 본질적으로 **추상 자료형**abstract data type을 다루는 것입니다. 클래스 기반의 객체지향에서 추상 자료형은 **추상 클래스** abstract class와 같습니다. 추상 클래스는 객체로 만들 수 없는 특별한 클래스입니다. 추상 클래스는 객체를 생성할 때 사용하기에는 아직 준비되지도 완료되지도 않은 상태입니다. 그러면 왜 이러한 클래스나 자료형이 필요한 것일까요? 추상 자료형 및 일반 자료형으로 작업할 때 코드의 여러 부분 간에 강한 의존성이 생기지 않기 때문입니다.

예를 들면 **인간**(Human)과 **사과**(Apple) 클래스 간에는 다음과 같은 관계가 성립할 수 있습니다.

- 인간(Human)클래스의 객체는 사과(Apple) 클래스의 객체를 먹는다.
- 인간(Human) 클래스의 객체는 오렌지(Orange) 클래스의 객체를 먹는다.

인간(Human) 클래스의 객체가 먹을 수 있는 객체가 사과(Apple)나 오렌지(Orange) 이외에도 더 많아진다면, 인간(Human) 클래스에 관계를 추가해야 합니다. 하지만 그 대신 사과(Apple)와 오렌지(Orange) 클래스 모두 과일(Fruit)이라는 부모 추상 클래스를 만들고, 인간(Human)과 과일(Fruit) 간의 관계만 설정할 수 있습니다. 그러므로 앞의 두 문장은 다음과 같은 한 문장으로 만들 수 있습니다.

- 인간(Human) 클래스의 객체는 과일(Fruit) 클래스의 서브타입에 있는 객체를 먹는다.

과일(Fruit) 클래스는 모양, 맛, 냄새, 색상 그리고 특정 과일에 대한 더 많은 여러 속성 정보가 부족하므로 추상적입니다. 사과(Apple)나 오렌지(Orange) 클래스가 있을 때만 다른 속성의 정확한 값을 알 수 있습니다. 이러한 사과(Apple)와 오렌지(Orange) 클래스를 **구상 자료형** concrete type이라고 합니다.

더 추상적으로 만들 수도 있습니다. 인간(Human) 클래스는 샐러드나 초콜릿도 먹을 수 있습니다. 따라서 다음과 같이 말할 수 있습니다.

- 인간(Human) 유형의 객체는 먹을 수 있는 것(Eatable) 클래스의 서브타입 객체를 먹는다.

먹을 수 있는 것(Eatable) 클래스의 추상화 수준은 과일(Fruit) 클래스보다 훨씬 더 높습니다. 추상화는 구상 자료형에 대한 의존성이 최소인 객체 모델을 설계하는 가장 좋은 방식입니다. 그리고 시스템에 구상 자료형을 더 많이 도입할 때 추상화는 객체 모델의 미래 확장성을 최대화합니다.

앞의 예와 관련해 인간(Human)이 먹는 자(Eater)라는 사실을 이용해서 추상화를 더 추가할 수 있습니다. 그러면 문장을 더 추상적으로 만들 수 있습니다.

- 먹는 자(Eater) 클래스의 서브타입인 객체는 먹을 수 있는 것(Eatable) 클래스의 서브타입인 객체를 먹는다.

객체 모델의 모든 것을 계속해서 추상화할 수 있으며, 문제를 해결하는 데 필요한 수준보다 더 추상적인 추상 자료형을 찾아낼 수 있습니다. 이는 일반적으로 **과도한 추상화**over-abstraction이라고 합니다. 현재 또는 미래에 필요한 사항에 실제로 적용되지 않는 추상 자료형을 생성하려고 할 때마다 과도한 추상화가 발생합니다. 과도한 추상화는 아무리 이득이 있다고 해도 문제를 일으킬 수 있으므로 반드시 피해야 합니다.

필요한 추상화의 정도에 대한 일반적인 가이드는 **추상화 원칙**abstraction principle에서 찾을 수 있습니다. 다음 인용은 위키백과 페이지[1]에서 가져왔습니다. 인용된 부분에서는 다음과 같이 간단히 서술합니다.

> 프로그램의 중요한 각 기능은 소스 코드의 오직 한 부분에서만 구현되어야 한다. 비슷한 기능을 별개의 코드에서 수행할 때는 일반적으로 다양한 부분을 추상화해 하나로 결합하는 편이 좋다.

언뜻 보기에는 이 문장에서 객체지향이나 상속에 관한 티가 잘 안 날지도 모릅니다. 하지만 조금 더 생각해보면 이 원리에 따라 상속했음을 알 수 있습니다. 따라서 일반적으로 특정 로직이 변한다고 예상하지 않는 경우에는 추상화를 도입할 필요가 없습니다.

프로그래밍 언어에서 상속과 다형성은 추상화를 위해 필요합니다. 먹을 수 있는 것(Eatable)과 같은 추상 클래스는 사과(Apple) 등의 먹을 수 있는 것(Eatable) 관련 구상 클래스에 대한 슈퍼타입이며, 이러한 관계는 상속에 의해 이루어집니다.

다형성 역시 중요한 역할을 합니다. 추상 자료형에는 해당 추상화 수준에서 기본 구현을 **갖지 못하는** 행위가 있습니다. 예를 들면 먹을 수 있는 것(Eatable) 클래스에서 eatable_get_taste와 같은 행위 함수를 사용해 구현된 속성으로서의 맛(taste)은 먹을 수 있는 것(Eatable) 객체를 다룰 때 정확한 값을 가질 수 없습니다. 다시 말해서 eatable_get_taste 행위 함수를 정의하는 법을 모른다면 Eatable 클래스로부터 직접 객체를 생성할 수

---

1 https://en.wikipedia.org/wiki/Abstraction_principle_(computer_programming)

없습니다.

이 함수는 자식 클래스가 충분히 구체적일 때만 정의할 수 있습니다. 예를 들어 사과(Apple) 객체는 맛에 대해 단맛(sweet)을 반환해야 한다는 점을 알고 있습니다(여기서 모든 사과는 달다고 가정했습니다). 다형성은 바로 이 지점에서 도움이 됩니다. 다형성은 자식 클래스가 부모 행위를 오버라이딩할 수 있게 하며, 예를 들면 적절한 맛 같은 것을 반환하도록 합니다.

이전 장에서는 자식 클래스가 오버라이딩할 수 있는 행위 함수를 **가상 함수**라고 불렀습니다. 참고로 가상 함수는 정의가 아예 없을 수도 있습니다. 물론 이러한 가상 함수는 소유자 클래스를 추상화합니다.

특정 수준에서 더욱 추상화해서, 속성과 기본 정의를 갖지 않는 가상 함수만을 포함하는 클래스까지 도달했습니다. 이러한 클래스를 **인터페이스**^{interface}라고 합니다. 즉, 인터페이스는 기능은 노출하지만 구현은 전혀 노출하지 않으며, 일반적으로 소프트웨어 프로젝트에서 다양한 컴포넌트 사이의 의존성을 만드는 데 사용합니다. 앞의 예에서는 먹는 자(Eater)와 먹을 수 있는 것(Eatable) 클래스가 인터페이스입니다.

참고로 추상 자료형과 마찬가지로 인터페이스로는 객체를 생성할 수 없습니다. 다음은 C 코드에서 이것이 불가능한 이유를 나타냅니다. 다음 [코드 박스 9-1]은 상속과 다형성을 구현하고자 8장에서 소개한 기법을 이용해 C에서 먹을 수 있는 것(Eatable) 인터페이스를 작성한 코드입니다.

코드 박스 9-1 C로 작성한 먹을 수 있는 것(Eatable) 인터페이스

```
typedef enum {SWEET, SOUR} taste_t;

// 함수 포인터 자료형
typedef taste_t (*get_taste_func_t)(void*);

typedef struct {
  // 가상 함수에 대한 정의를 가리키는 포인터
  get_taste_func_t get_taste_func;
} eatable_t;

eatable_t* eatable_new() { ... }

void eatable_ctor(eatable_t* eatable) {
```

```
    // 가상 함수에 대한 기본 정의는 없습니다.
    eatable->get_taste_func = NULL;
}

// 가상 행위 함수
taste_t eatable_get_taste(eatable_t* eatable) {
  return eatable->get_taste_func(eatable);
}
```

생성자 함수에서 **get_taste_func** 포인터를 NULL로 두었습니다. 그러므로 **eatable_get_taste** 가상 함수를 호출하면 세그멘테이션 오류가 발생합니다. 인터페이스에 대한 정의와 설계 관점에서 이해할 수 있는 이유 외에는 기본적으로 먹을 수 있는 것(**Eatable**) 인터페이스에서 객체를 생성해서는 안 됩니다.

다음 [코드 박스 9-2]는 먹을 수 있는 것(**Eatable**) 인터페이스에서 객체를 생성하는 것이 C의 관점에서는 가능하지만 충돌이 발생하며, 절대 해서는 안 되는 일이라는 점을 보여줍니다.

코드 박스 9-2 먹을 수 있는 것(Eatable) 인터페이스로 객체를 생성하고 순수 가상 함수를 호출하면 세그멘테이션 오류 발생

```
eatable_t *eatable = eatable_new();
eatable_ctor(eatable);
taste_t taste = eatable_get_taste(eatable); // 세그멘테이션 오류
free(eatable);
```

추상 자료형으로 객체를 생성하지 않으려면 클래스의 공용 인터페이스에서 **할당자 함수**allocator function를 제거합니다. C에서 상속을 구현하기 위해 8장에서 택한 접근법을 기억한다면, 할당자 함수를 제거함으로써 오직 자식 클래스만이 부모의 속성 구조체로부터 객체를 생성할 수 있습니다.

그러면 외부 코드가 더 이상 부모의 속성 구조체로부터 객체를 생성할 수 없습니다. 예를 들어, 앞의 예제에서 어떠한 외부 코드도 구조체 **eatable_t**로부터 객체를 생성하지 못하게 하려고 합니다. 그러려면 속성 구조체를 선언 앞에 두어 불완전 자료형으로 만들어야 합니다. 그런 다음 공용 메모리 할당자인 **eatable_new**를 클래스에서 제거해야 합니다.

C에서 추상 클래스를 갖기 위해 필요한 사항을 요약하면, 해당 추상화 수준에서 기본 정의를 갖도록 한 가상 함수 포인터를 NULL로 만들어야 합니다. 매우 높은 추상화 수준에서는 모든 함수 포인터가 NULL인 인터페이스를 갖습니다. 추상 자료형으로부터 외부 코드가 객체를 생성하지

못하게 하려면 공용 인터페이스에서 할당자 함수를 제거해야 합니다.

다음 절에서는 C와 C++의 서로 비슷한 객체지향 특성을 비교해봅니다. 이를 통해 순수한 C에서 C++가 어떻게 개발되었는지 살펴봅시다.

9.2 C++의 객체지향 구성물

이 절에서는 유명 C++ 컴파일러인 **g++**에서 캡슐화, 상속, 다형성, 추상화를 지원하기 위해 사용하는 기본 메커니즘과, 우리가 C로 만든 프로그램을 비교해봅니다.

C와 C++에서 객체지향을 구현하는 방식은 아주 비슷합니다. 참고로 지금부터 C++을 언급할 때는 C++ 표준이 아니라 C++ 컴파일러 중 하나인 **g++**에 대한 구현을 가리킵니다. 물론 기본 구현은 컴파일러마다 다를 수 있지만 차이가 크지는 않습니다. **g++**는 64비트 리눅스 설정에서 사용하겠습니다.

먼저 C에서 객체지향 코드를 작성하는 기법을 다루고, 결론으로 넘어가기 전에 C++에서도 동일한 프로그램을 작성하겠습니다.

9.2.1 캡슐화

C++ 컴파일러를 자세히 들여다보기는 어렵고, 컴파일러가 최종 실행 파일을 만들기 위해서 지금까지 알아본 기법을 어떻게 사용하는지 살펴보는 것도 어렵습니다. 하지만 이를 확인할 때 사용할 수 있는 영리한 방법이 하나 있습니다. 서로 비슷한 C와 C++ 두 프로그램에 대해 생성된 어셈블리 명령어를 비교하는 것입니다.

그 과정에서 결국 C++ 컴파일러가 이전 장에서 다룬 OOP 기법을 사용하는 C 프로그램과 동일한 어셈블리 명령어를 생성한다는 점을 보여주고자 합니다.

[예제 9-1]은 서로 같은 간단한 객체지향 로직을 다루는 C와 C++ 프로그램을 보여줍니다. 이 예제에는 `Rectangle` 클래스가 있는데, 이 클래스는 면적을 계산하는 행위 함수를 갖습니다. 두 프로그램에서 같은 행위 함수에 대해 생성된 어셈블리 코드를 살펴보고 비교하려고 합니다. 다음 [코드 박스 9-3]은 C 버전의 코드입니다.

```c
#include <stdio.h>

typedef struct {
  int width;
  int length;
} rect_t;

int rect_area(rect_t* rect) {
  return rect->width * rect->length;
}

int main(int argc, char** argv) {
  rect_t r;
  r.width = 10;
  r.length = 25;
  int area = rect_area(&r);
  printf("Area: %d\n", area);
  return 0;
}
```

다음 [코드 박스 9-4]는 이 프로그램의 C++ 버전을 나타냅니다.

코드 박스 9-4 [예제 9-1] C++의 캡슐화 예제(ExtremeC_examples_chapter9_1.cpp)

```cpp
#include <iostream>

class Rect {
public:
  int Area() {
    return width * length;
  }
  int width;
  int length;
};

int main(int argc, char** argv) {
  Rect r;
  r.width = 10;
  r.length = 25;
  int area = r.Area();
```

```
    std::cout << "Area: " << area << std::endl;
    return 0;
}
```

앞에서 살펴본 C 및 C++ 프로그램에 대한 어셈블리 코드를 생성해봅시다.

셀 박스 9-1 C와 C++ 코드에 대한 어셈블리 출력 결과 생성히기

```
$ gcc -S ExtremeC_examples_chapter9_1.c -o ex9_1_c.s
$ g++ -S ExtremeC_examples_chapter9_1.cpp -o ex9_1_cpp.s
$
```

이제 ex9_1_c.s와 ex9_1_cpp.s 파일을 덤프해 행위 함수의 정의를 살펴봅시다. ex9_1_c.s에서는 rect_area 심벌을 찾아야 하고, ex9_1_cpp.s에서는 _ZN4Rect4AreaEv 심벌을 봐야 합니다. 참고로 C++은 심벌 이름을 맹글mangle로 만드는데, 이 이상한 심벌을 찾기 위해서입니다(C++의 네임 맹글링에 대해서는 **2장**에서 다뤘습니다).

C 프로그램의 경우 다음은 rect_area 함수에 대해 생성된 어셈블리입니다.

셀 박스 9-2 rect_area 함수에 대해 생성된 어셈블리 코드

```
$ cat ex9_1_c.s
...
rect_area:
.LFB0:
    .cfi_startproc
    pushq   %rbp
    .cfi_def_cfa_offset 16
    .cfi_offset 6, -16
    movq    %rsp, %rbp
    .cfi_def_cfa_register 6
    movq    %rdi, -8(%rbp)
    movq    -8(%rbp), %rax
    movl    (%rax), %edx
    movq    -8(%rbp), %rax
    movl    4(%rax), %eax
    imull   %edx, %eax
    popq    %rbp
    .cfi_def_cfa 7, 8
    ret
```

```
    .cfi_endproc
...
$
```

다음은 Rect::Area 함수에 대해 생성된 어셈블리 명령어입니다.

셸 박스 9-3 Rect::Area 함수에 대해 생성된 어셈블리 코드

```
$ cat ex9_1_cpp.s
...
_ZN4Rect4AreaEv:
.LFB1493:
    .cfi_startproc
    pushq    %rbp
    .cfi_def_cfa_offset 16
    .cfi_offset 6, -16
    movq     %rsp, %rbp
    .cfi_def_cfa_register 6
    movq     %rdi, -8(%rbp)
    movq     -8(%rbp), %rax
    movl     (%rax), %edx
    movq     -8(%rbp), %rax
    movl     4(%rax), %eax
    imull    %edx, %eax
    popq     %rbp
    .cfi_def_cfa 7, 8
    ret
    .cfi_endproc
...
$
```

믿을 수 없을 정도로 완전히 똑같습니다. C++ 코드가 어셈블리 코드로 어떻게 바뀌는지는 잘
모르겠지만, 앞에서 C 함수에 대해 생성된 어셈블리 코드는 매우 높은 정확도로 C++ 함수에
대해 생성된 어셈블리 코드와 거의 같습니다.

이를 토대로 C++ 컴파일러는 캡슐화를 구현하기 위해 **6장**에서 **암묵적 캡슐화**로 소개했던 C의
접근법과 유사한 방식을 사용했다고 결론지을 수 있습니다. 암묵적 캡슐화에서 한 것처럼 [코
드 박스 9-3]에서 속성 구조체에 대한 포인터에 첫 번째 인수로 rect_area 함수를 전달했음
을 확인할 수 있습니다.

두 셀 박스에서 어셈블리 명령어를 굵은 폰트로 강조한 부분에서 width와 length 변수는 첫 번째 인수로 전달된 메모리 주소를 추가해 읽습니다. 첫 번째 포인터 인수는 호출 규약인 **System V ABI**에 따라 %rdi 레지스터에서 찾아볼 수 있습니다. 그러므로 C++가 첫 번째 인수로 객체 자신을 가리키는 포인터 인수를 받도록 Area 함수를 변경했다고 추론할 수 있습니다.

정리하자면, 저에도 이 간단한 예제를 통해 C와 C++가 캡슐화와 관련해 어떻게 밀접하게 연관되는지 살펴봤습니다. 상속에서도 마찬가지인지 알아봅시다.

9.2.2 상속

상속은 캡슐화보다 알기 쉽습니다. C++에서 자식 클래스의 포인터는 부모 클래스의 포인터로 할당할 수 있습니다. 또한 자식 클래스는 부모 클래스의 비공개 정의에 접근할 수 있어야 합니다.

이러한 두 행위는 C++가 상속을 구현하는 첫 번째 접근법을 사용하고 있음을 나타냅니다. 이는 **8장**에서 두 번째 접근법과 함께 다뤘습니다. 만약 두 접근법을 다시 떠올려봐야 한다면 8장을 참고하세요.

하지만 C++은 첫 번째 접근법에서 지원하지 못하는 다중 상속을 지원하기 때문에 C++의 상속은 더 복잡해 보입니다. 이번 절에서는 [예제 9-2]를 통해 서로 비슷한 두 클래스에서 인스턴스화된 두 객체의 메모리 레이아웃을 점검해봅니다.

[예제 9-2]는 간단한 클래스를 상속하는 또 다른 간단한 클래스에 관한 코드입니다. 두 클래스 모두 행위 함수는 없습니다. C 버전은 다음과 같습니다.

코드 박스 9-5 [예제 9-2] C의 상속 예(ExtremeC_examples_chapter9_2.c)

```c
#include <string.h>

typedef struct {
  char c;
  char d;
} a_t;
```

```
typedef struct {
  a_t parent;
  char str[5];
} b_t;

int main(int argc, char** argv) {
  b_t b;
  b.parent.c = 'A';
  b.parent.d = 'B';
  strcpy(b.str, "1234");
  // 메모리 레이아웃을 확인하기 위해 이 행에서 중단점을 설정해야 합니다.
  return 0;
}
```

그리고 C++ 버전은 다음 [코드 박스 9-6]에 나타냈습니다.

코드 박스 9-6 [예제9-2] C++의 상속 예(ExtremeC_examples_chapter9_2.cpp)

```
#include <string.h>

class A {
public:
  char c;
  char d;
};

class B : public A {
public:
  char str[5];
};

int main(int argc, char** argv) {
  B b;
  b.c = 'A';
  b.d = 'B';
  strcpy(b.str, "1234");
  // 메모리 레이아웃을 확인하기 위해 이 행에서 중단점을 설정해야 합니다.
  return 0;
}
```

우선 C 프로그램을 컴파일하고 gdb로 main 함수의 마지막 행에 중단점을 설정해야 합니다.

실행이 중단되면 기존 값뿐만 아니라 메모리 레이아웃도 검사할 수 있습니다.

셸 박스 9-4 gdb에서 [예제 9-2]의 C 버전 실행하기

```
$ gcc -g ExtremeC_examples_chapter9_2.c -o ex9_2_c.out
$ gdb ./ex9_2_c.out
...
(gdb) b ExtremeC_examples_chapter9_2.c:22
Breakpoint 1 at 0x69e: file ExtremeC_examples_chapter9_2.c, line 22.
(gdb) r
Starting program: .../ex9_2_c.out

Breakpoint 1, main (argc=1, argv=0x7fffffffe358) at ExtremeC_examples_chapter9_2.
c:20
20 return 0;
(gdb) x/7c &b
0x7fffffffe261: 65 'A' 66 'B' 49 '1' 50 '2' 51 '3' 52 '4' 0 '\000'
(gdb) c
[Inferior 1 (process 3759) exited normally]
(gdb) q
$
```

결과로 문자 7개가 출력됩니다. 이 문자는 b 객체의 주소부터 시작하며, 이어서 'A', 'B', '1', '2', '3', '4', '\0'이 나옵니다. C++ 코드에서도 똑같이 해봅시다.

셸 박스 9-5 gdb에서 [예제 9-2]의 C++ 버전 실행하기

```
$ g++ -g ExtremeC_examples_chapter9_2.cpp -o ex9_2_cpp.out
$ gdb ./ex9_2_cpp.out
...
(gdb) b ExtremeC_examples_chapter9_2.cpp:23
Breakpoint 1 at 0x69b: file ExtremeC_examples_chapter9_2.cpp, line 23.
(gdb) r
Starting program: .../ex9_2_cpp.out

Breakpoint 1, main (argc=1, argv=0x7fffffffe358) at ExtremeC_examples_chapter9_2.
cpp:21
21 return 0;
(gdb) x/7c &b
0x7fffffffe251: 65 'A' 66 'B' 49 '1' 50 '2' 51 '3' 52 '4' 0 '\000'
(gdb) c
```

```
[Inferior 1 (process 3804) exited normally]
(qdb) q
$
```

보다시피 메모리 레이아웃과 속성에 저장된 값은 두 셀 박스에서 같습니다. C++에서 행위 함수와 속성을 클래스 안에 함께 두었다는 이유로 헷갈리면 안 됩니다. 행위 함수와 속성은 클래스에서 별개로 취급됩니다. C++에서는 클래스 내의 위치와 상관없이 속성은 언제나 특정 객체에 대해 같은 메모리 블록 안에서 수집됩니다. 그리고 함수는 속성과는 언제나 독립적으로 존재합니다. 이는 **6장**에서 암묵적 캡슐화에 대해 살펴본 바 있습니다.

[예제 9-2]는 **단일 상속**을 나타냅니다. 그렇다면 **다중 상속**이란 무엇일까요? 8장에서 C에서 상속을 구현하는 첫 번째 접근법이 다중 상속을 지원할 수 없는 이유를 설명했습니다. 그 이유를 다음 [코드 박스 9-7]에서 다시 보여드리겠습니다.

코드 박스 9-7 C에서 상속을 구현하는 첫 번째 접근법에서 다중 상속이 되지 않는 이유에 관한 예

```
typedef struct { ... } a_t;
typedef struct { ... } b_t;

typedef struct {
  a_t a;
  b_t b;
    ...
} c_t;

c_t c_obj;
a_t* a_ptr = (a_ptr*)&c_obj;
b_t* b_ptr = (b_ptr*)&c_obj;
c_t* c_ptr = &c_obj;
```

이 코드 박스에서 c_t 클래스는 a_t와 b_t 클래스 모두를 상속하려고 합니다. 클래스를 선언한 다음에는 c_obj 객체를 만들었습니다. 그다음 서로 다른 포인터를 만들었습니다.

여기서 주목할 중요한 점은 **이러한 포인터는 모두 반드시 같은 주소를 가리켜야 한다**는 것입니다. a_ptr과 c_ptr 포인터는 a_t 및 c_t 클래스의 어느 행위 함수와도 안전하게 사용할 수 있습니다. 하지만 b_btr 포인터는 a_t 객체에 해당하는 c_t 클래스 내의 필드를 가리키므로 사용

하기에 위험합니다. b_ptr을 통해 b_t 안에 있는 필드로 접근하려고 한다면 정의되지 않은 행위로 이어집니다.

다음 코드는 [코드 박스 9-7]의 올바른 버전입니다. 여기서는 모든 포인터를 안전하게 사용할 수 있습니다.

코드 박스 9-8 올바른 필드를 가리키도록 캐스팅(변환)을 업데이트하는 방법에 관한 예

```
c_t c_obj;
a_t* a_ptr = (a_ptr*)&c_obj;
b_t* b_ptr = (b_ptr*)(&c_obj + sizeof(a_t));
c_t* c_ptr = &c_obj;
```

[코드 박스 9-8]의 세 번째 행을 보면 c_obj의 주소에 대한 a_t 객체의 크기를 추가했습니다. 이는 결국 c_t 내부의 b 필드를 가리키는 포인터가 됩니다. 참고로 C에서 형변환은 어떤 마법을 부리는 것이 아닙니다. 형변환은 자료형을 변환하기 위해 존재하며, 앞의 예에서는 메모리 주소에 해당하는 전송값을 수정하지는 않습니다. 할당 이후에는 결국 오른쪽의 주소가 왼쪽으로 복사됩니다.

이제 [예제 9-3]을 보며 C++에서도 같은 예제를 살펴봅시다. A, B, C라는 서로 다른 세 개의 클래스를 상속받는 D 클래스가 있다고 가정해봅시다. 다음 [코드 박스 9-9]는 [예제 9-3]에 대해 작성되었습니다.

코드 박스 9-9 [예제 9-3] C++에서의 다중 상속(ExtremeC_examples_chapter9_3.cpp)

```
#include <string.h>

class A {
public:
  char a;
  char b[4];
};

class B {
public:
  char c;
  char d;
};
```

```
class C {
public:
  char e;
  char f;
};

class D : public A, public B, public C {
public:
  char str[5];
};

int main(int argc, char** argv) {
  D d;
  d.a = 'A';
  strcpy(d.b, "BBB");
  d.c = 'C';
  d.d = 'D';
  d.e = 'E';
  d.f = 'F';
  strcpy(d.str, "1234");
  A* ap = &d;
  B* bp = &d;
  C* cp = &d;
  D* dp = &d;
  // 이 행에서 중단점을 설정해야 합니다.
  return 0;
}
```

gdb로 예제를 컴파일하고 실행해봅시다.

셀 박스 9-6 [예제 9–3]을 gdb에서 컴파일하고 실행하기

```
$ g++ -g ExtremeC_examples_chapter9_3.cpp -o ex9_3.out
$ gdb ./ex9_3.out
...
(gdb) b ExtremeC_examples_chapter9_3.cpp:43
Breakpoint 1 at 0x100000f78: file ExtremeC_examples_chapter9_3.cpp, line 43.
(gdb) r
Starting program: .../ex9_3.out

Breakpoint 1, main (argc=1, argv=0x7fffffffe358) at ExtremeC_examples_chapter9_3.
cpp:41
```

```
41 return 0;
(gdb) x/14c &d
0x7fffffffe25a: 65 'A' 66 'B' 66 'B' 66 'B' 0 '\000' 67 'C'
68 'D' 69 'E'
0x7fffffffe262: 70 'F' 49 '1' 50 '2' 51 '3' 52 '4' 0 '\000'
(gdb)
$
```

보다시피 속성은 서로 인접한 곳에 있습니다. 이는 부모 클래스에 대한 여러 객체가 d 객체의 메모리 레이아웃과 같은 곳 내부에 있음을 나타냅니다. ap, bp, cp, dp 포인터는 어떨까요? 코드에 나타나듯 C++에서는 자식 포인터를 부모 포인터로 할당할 때(업캐스팅) 암묵적으로 형변환할 수 있습니다.

현재의 실행에서 이러한 포인터의 값을 조사해봅시다.

셸 박스 9-7 [예제 9-3]에서 포인터에 저장된 주소를 출력하기

```
(gdb) print ap
$1 = (A *) 0x7fffffffe25a
(gdb) print bp
$2 = (B *) 0x7fffffffe25f
(gdb) print cp
$3 = (C *) 0x7fffffffe261
(gdb) print dp
$4 = (D *) 0x7fffffffe25a
(gdb)
```

[셸 박스 9-7]에서는 $4로 나타나는 d 객체에 대한 시작 주소를 보여줍니다. 이 주소는 $1로 나타나는 ap가 가리키는 주소와 같습니다. 따라서 C++에서 D 클래스의 속성 구조체에 대응하는 첫 번째 필드로써 A 자료형에 대한 객체를 둔다는 점이 명확합니다. 포인터에 있는 주소와 x 명령어로 얻은 결과를 토대로, B 자료형과 C 자료형의 객체는 객체 d에 속하는 메모리 레이아웃과 같은 곳에 있습니다.

추가로 앞의 주소는 C++에서의 형변환이 수동 작업이 아니라는 점을 나타냅니다. 그리고 자료형을 변환할 때 전송하는 주소에 대한 포인터 연산을 수행할 수 있음을 보여줍니다. 예를 들어 [코드 박스 9-9]의 main 함수에서 bp 포인터를 할당할 때, 5바이트 또는 sizeof(A)가

d의 주소에 추가됩니다. 이는 C에서 다중 상속을 구현하는 과정에서 발견되는 문제를 극복하려는 것입니다. 이제 이들 포인터는 산술연산할 필요 없이 모든 행위 함수 내에서 쉽게 사용될 수 있습니다. C와 C++의 형변환이 서로 다르다는 점은 중요하니 꼭 알아두세요. C의 형변환처럼 C++의 형변환도 수동적일 것이라고 가정한다면, 다른 행위를 보게 될 것입니다.

이제 다형성에서 C와 C++ 간의 유사성을 살펴볼 차례입니다.

9.2.3 다형성

C와 C++이 다형성을 갖는 내부 기법을 비교하는 일은 쉽지 않습니다. 8장에서 C에서 다형적인 행위 함수를 갖는 간단한 방법을 제시했습니다. 하지만 C++은 다형성을 갖기 위해서 훨씬 더 복잡한 메커니즘을 이용합니다. 다만 근본적인 기본 아이디어는 서로 같습니다. C에서 다형성을 구현하는 접근법을 일반화하려는 경우, 다음 [코드 박스 9-10]의 의사코드로 해볼 수 있습니다.

코드 박스 9-10 C 코드에서 가상 함수가 선언 및 정의되는 방식을 보여주는 의사코드

```
// 함수 포인터 자료형 정의하기
typedef void* (*func_1_t)(void*, ...);
typedef void* (*func_2_t)(void*, ...);
...
typedef void* (*func_n_t)(void*, ...);

// 부모 클래스에 대한 속성 구조체
typedef struct {
  // 속성
  ...
  // 함수에 대한 포인터
  func_1_t func_1;
  func_2_t func_2;
  ...
  func_n_t func_t;
} parent_t;

// 가상 행위 함수에 대한 기본 비공개 정의
void* __default_func_1(void* parent, ...) { // 기본 정의
}
void* __default_func_2(void* parent, ...) { // 기본 정의
```

```
}
...
void* __default_func_n(void* parent, ...) { // 기본 정의
}

// 생성자
void parent_ctor(parent_t *parent) {

  // 속성 초기화하기
  ...
  // 가상 행위 함수에 대한 기본 정의 설정하기
  parent->func_1 = __default_func_1;
  parent->func_2 = __default_func_2;
  ...
  parent->func_n = __default_func_n;
}

// 공용인 비가상 행위 함수
void* parent_non_virt_func_1(parent_t* parent, ...) { // Code }
void* parent_non_virt_func_2(parent_t* parent, ...) { // Code }
...
void* parent_non_virt_func_m(parent_t* parent, ...) { // Code }

// 실제 공용 가상 행위 함수들
void* parent_func_1(parent_t* parent, ...) {
  return parent->func_1(parent, ...);
}
void* parent_func_2(parent_t* parent, ...) {
  return parent->func_2(parent, ...);
}
...
void* parent_func_n(parent_t* parent, ...) {
  return parent->func_n(parent, ...);
}
```

이 의사코드에서 볼 수 있듯, 부모 클래스는 속성 구조체 내부에 함수 포인터에 대한 목록을 갖고 있어야 합니다. 부모 클래스의 이러한 함수 포인터는 가상 함수에 대한 기본 정의를 가리키며, 그렇지 않으면 NULL 값을 가집니다. [코드 박스 9-10]에서 정의된 의사 클래스는 m이라는 비가상 행위 함수와 n이라는 가상 행위 함수를 갖습니다.

비가상 함수는 다형적이지 않습니다. 그러므로 비가상 함수를 호출해 다양한 행위를 얻을 수는 없습니다. 즉, 비가상 함수에 대한 호출은 단순한 함수 호출에 지나지 않으며, 정의 내부의 로직만을 수행할 뿐 다른 함수로 호출을 전달하지 않습니다. 하지만 가상 함수는 부모 또는 자식 생성자에 의해 설정된 적절한 함수로 호출을 다시 전달해야 합니다. 상속된 가상 함수의 일부를 자식 클래스가 다시 정의하려면 가상 함수 포인터를 업데이트해야 합니다.

다음 [코드 박스 9-11]의 의사코드는 자식 클래스가 [코드 박스 9-10]에 있는 몇몇 가상 함수를 오버라이딩하는 법을 나타냅니다.

코드 박스 9-11 자식 클래스가 부모 클래스로부터 상속받은 가상 함수를 오버라이딩하는 방법을 보여주는 C에서의 의사코드

```
// 부모 클래스에 관련된 모든 것을 포함하세요.

typedef struct {
  parent_t parent;
  // 자식 속성
    ...
} child_t;

void* __child_func_4(void* parent, ...) { // 오버라이딩 정의
}
void* __child_func_7(void* parent, ...) { // 오버라이딩 정의
}

void child_ctor(child_t* child) {
  parent_ctor((parent_t*)child);
  // 자식 속성 초기화하기
  ...
```

```
    // 함수에 대한 포인터 업데이트하기
    child->parent.func_4 = __child_func_4;
    child->parent.func_7 = __child_func_7;
 }

 // 자식의 행위 함수
 ...
```

[코드 박스 9-11]에 보이듯 자식 클래스는 부모의 속성 구조체 안에 있는 몇몇 포인터에 대한 업데이트만 필요합니다. C++도 비슷한 접근법을 취합니다. virtual 키워드를 사용해 행위 함수를 가상으로 선언할 때 C++는 함수 포인터의 배열을 만듭니다. 이는 [코드 박스 9-10]에서 했던 방법과 꽤 비슷합니다.

각각의 가상 함수에 대해 함수 포인터 속성 하나를 추가했습니다. 하지만 C++에는 이러한 포인터를 두는 더 영리한 방식이 있습니다. **가상 테이블**virtual table 또는 **vtable**이라는 배열만 사용합니다. 가상 테이블은 객체가 생성되려고 할 때 만들어집니다. [코드 박스 9-10]과 [코드 박스 9-11]에서 봤던 것과 마찬가지로, 가상 테이블은 기초 클래스에 대한 생성자를 호출할 때 처음 추가되며, 그 뒤에 자식 클래스의 생성자의 일부가 됩니다.

가상 테이블은 생성자에서만 추가되는 만큼, 부모 및 자식 클래스 모두 생성자에서 다형적 메서드를 호출하지 않아야 합니다. 포인터가 업데이트되지 않았을 수도 있고, 틀린 정의를 가리킬 수도 있기 때문입니다.

C와 C++에서 다양한 객체지향 개념을 가질 때 쓰이는 내부 메커니즘의 마지막 내용으로는 '추상화'를 이야기하겠습니다.

9.2.4 추상 클래스

C++에서 추상화는 **순수 가상 함수**pure virtual function를 사용할 수 있습니다. C++에서 멤버 함수를 가상 함수라고 정의하고 이를 0으로 둔다면, 순수 가상 함수를 정의한 것입니다. 다음 예제를 봅시다.

코드 박스 9-12 C++의 먹을 수 있는 것(Eatable) 인터페이스

```cpp
enum class Taste { Sweet, Sour };

// 인터페이스
class Eatable {
public:
  virtual Taste GetTaste() = 0;
};
```

먹을 수 있는 것(Eatable) 클래스 내부에 0으로 설정한 GetTaste라는 가상 함수가 있습니다. GetTaste는 순수 가상 함수이며 전체 클래스를 추상화합니다. 먹을 수 있는 것(Eatable) 자료형으로부터 더 이상 객체를 생성할 수 없으며, C++가 이를 허용하지 않습니다. 게다가 먹을 수 있는 것(Eatable)은 인터페이스인데, 이는 먹을 수 있는 것(Eatable)의 모든 멤버 함수가 순수하게 가상이기 때문입니다. 이 함수는 자식 클래스에 의해 오버라이딩될 수 있습니다.

다음은 GetTaste 함수를 오버라이딩하는 클래스를 나타냅니다.

코드 박스 9-13 먹을 수 있는 것(Eatable) 인터페이스를 구현하는 자식 클래스

```cpp
enum class Taste { Sweet, Sour };

// 인터페이스
class Eatable {
public:
  virtual Taste GetTaste() = 0;
};

class Apple : public Eatable {
public:
  Taste GetTaste() override {
    return Taste::Sweet;
  }
};
```

순수 가상 함수는 가상 함수와 상당히 비슷합니다. 실제 정의에 대한 주소는 가상 함수와 마찬가지 방식으로 가상 테이블 내에 있습니다. 순수 가상 함수에 대한 포인터의 초깃값은 null이

며, 이는 일반적인 가상 함수의 포인터와는 다릅니다. 일반적인 가상 함수의 포인터는 생성이 진행되는 동안 기본 정의를 가리켜야 합니다.

추상 자료형에 대해서 아무것도 알지 못하는 C 컴파일러와는 달리, C++ 컴파일러는 추상 자료형을 알고 있습니다. 그리고 만약 추상 자료형으로부터 객체를 생성하려고 한다면 컴파일 오류를 만듭니다.

이번 절에서는 7장부터 9장까지 소개한 기술을 사용해 C의 다양한 객체지향 개념을 비교해봤습니다. 그리고 C++에서는 g++ 컴파일러를 사용해서 이들 개념을 비교했습니다. 대부분의 경우 이 책에서 취한 접근법은 g++ 같은 컴파일러가 사용하는 기술과 일치한다는 점을 보여줬습니다.

9.3 마무리

9장에서는 추상화부터 시작해 객체지향 개념에 관해 C와 C++ 간의 유사성을 보여주면서 OOP의 주제에 관한 탐색을 마무리했습니다.

9장에서 논의한 내용을 정리하면 다음과 같습니다.

- 추상 자료형과 인터페이스를 다뤘습니다. 이를 이용해 인터페이스를 또는 추상적인 클래스를 가질 수 있습니다. 이 부분적인 추상 클래스는 다형성을 갖는 더 구체적인 자식 클래스 및 다른 행위를 만들 때 사용할 수 있습니다.
- OOP 기능을 도입하기 위해 C에서 사용하는 기법에 관한 출력 결과를 g++의 출력 결과와 비교하고, 그 결과가 얼마나 비슷한지 설명했습니다. 이 책에서 사용한 기법들은 결과물에서 매우 유사할 수 있다고 결론 내렸습니다.
- 가상 테이블을 상세히 다뤘습니다.
- 순수 가상 함수(C++ 개념이지만 C에도 이에 해당하는 개념이 있습니다)가 기본 정의를 갖지 않는 가상 행위를 선언하기 위해 사용하는 방법을 보여줬습니다.

다음 10장에서는 유닉스 및 유닉스와 C의 대응 관계를 살펴봅니다. 10장에서는 유닉스의 역사와 C의 탄생 과정을 알아봅니다. 또한 유닉스 시스템의 계층형 아키텍처에 관해서도 설명하겠습니다.

유닉스

10장 유닉스의 역사와 아키텍처: C와 유닉스는 서로 뗄 수 없는 관계입니다. 10장에서는 왜 C와 유닉스가 서로 강하게 연결되어 있는지, 그리고 서로가 살아남을 수 있도록 어떻게 도왔는지 설명합니다. 유닉스의 아키텍처도 학습하며, 운영체제가 제공하는 기능을 프로그램이 어떻게 사용하는지도 배워봅니다.

11장 시스템 호출과 커널: 유닉스 아키텍처의 커널 링을 중점적으로 살펴봅니다. 시스템 호출을 자세히 살펴보고, 리눅스에 새로운 시스템 호출을 추가해봅니다. 커널의 다양한 유형을 살펴보고, 커널 모듈이 작동하는 방식을 알아보기 위해 리눅스에 새로운 간단한 커널 모듈을 작성해봅니다.

12장 최신 C: 최신 버전의 C 표준인 C18에 관해 알아봅니다. 이전 버전인 C11과 얼마나 다른지 살펴봅니다. 또한 C99와 비교해 새로 추가된 몇몇 특성의 예를 알아봅니다.

Part IV

유닉스

## CHAPTER 10

유닉스의 역사와 아키텍처

전문가를 위한 C 책에서 갑자기 유닉스가 튀어나와 당황했을 수도 있습니다. 하지만 C와 유닉스의 관계를 한번 생각해보세요. C와 유닉스가 서로 무관하다고 생각했다면 큰 오산입니다. C와 유닉스 사이의 관계는 간단명료합니다.

유닉스는 꽤 고수준의 프로그래밍 언어로 구현된 최초의 운영체제입니다. C 언어는 이러한 목적으로 고안되었으며 유닉스 덕분에 그 명성과 힘을 얻었습니다. 물론 C가 고급 프로그래밍 언어라는 문장은 더 이상 사실이 아닙니다. C는 이제 고급 언어로 간주하지 않습니다.

1970년대와 80년대로 돌아가서, 만약 벨 연구소의 유닉스 엔지니어가 새 유닉스 버전을 개발하기 위해서 C 대신 다른 프로그래밍 언어를 사용하기로 했다면 오늘날 우리는 그 다른 언어를 이야기했을 것이고, 이 책의 제목은 『전문가를 위한 C』가 아니었을 것입니다. 여기서 잠깐 C 언어의 선구자 중 한 명인 데니스 M. 리치가 C의 성공에 유닉스가 미친 영향에 대해 언급한 내용[1]을 살펴봅시다.

> 의심할 여지 없이, 유닉스 그 자체의 성공이 가장 중요한 요인이었습니다. 유닉스의 성공에 따라 수십만 명의 사람이 C 언어를 사용할 수 있게 되었습니다. 물론 역으로도 유닉스가 C를 사용했다는 점, 그리고 그에 따른 다양한 머신에 대한 이식성도 유닉스 시스템의 성공에 중요한 요소였습니다.

---

1 https://www.bell-labs.com/usr/dmr/www/chist.html

10장에서는 다음 주제를 다룹니다.

- 유닉스의 역사를 간단히 살펴보고 어떻게 C가 만들어질 수 있었는지 알아봅니다.
- 어떻게 C가 B와 BCPL 기반으로 개발되었는지 설명합니다.
- 유닉스 계층 아키텍처와, 이 아키텍처가 유닉스 철학을 기반으로 설계된 방식을 다룹니다.
- 사용자 응용프로그램 레이어와 셸 링을 설명하며, 셸 링이 제공한 API를 응용프로그램이 사용하는 방식을 설명합니다. SUS와 POSIX 표준을 설명합니다.
- 커널 레이어 및 유닉스 커널에 존재해야 하는 특징과 기능을 다룹니다.
- 유닉스 장치를 이야기하며 유닉스 시스템에서 유닉스 장치가 사용되는 방식을 설명합니다.

유닉스의 역사에 대한 이야기로 이번 10장을 시작해봅시다.

10.1 유닉스의 역사

이번 절에서는 유닉스의 역사를 조금 살펴봅니다. 이 책이 역사책은 아니므로 요점만 간단히 설명하고 넘어가겠습니다. 이 절의 목표는 유닉스와 C를 항상 함께 생각할 토대를 만들기 위해 약간의 역사적 힌트를 제공하는 것입니다.

10.1.1 멀틱스와 유닉스

유닉스 이전에는 멀틱스 OS가 있었습니다. 1964년에 시작된 공동 프로젝트인 멀틱스는 MIT, GE, 벨 연구소가 주도한 협력 프로젝트였습니다. 멀틱스 OS는 실제로 작동하는 안전한 운영체제를 세상에 선보일 수 있었기에 큰 성공을 거두었습니다. 멀틱스는 대학에서 정부 사이트에 이르기까지 모든 곳에 설치되었습니다. 오늘날의 모든 운영체제는 유닉스를 통해 멀틱스의 아이디어를 간접적으로 빌려 왔습니다.

1969년 벨 연구소에서 유닉스의 선구자였던 켄 톰슨이나 데니스 리치는 여러 이유로 멀틱스를 포기했습니다(바로 다음 페이지에서 그 이유를 확인할 수 있습니다). 그 뒤에 벨 연구소도 멀틱스 프로젝트에서 손을 뗍니다. 하지만 이것이 끝이 아니었습니다. 벨 연구소에서는 더 단순하고 더 효율적인 운영체제를 고안했는데, 바로 유닉스였습니다.

멀틱스와 유닉스 계열 시스템은 비교할 가치가 있습니다. 다음 목록에서 멀틱스와 유닉스를 비교하며 유사성과 차이점을 확인해보세요.

* **멀틱스와 유닉스 모두 내부 구조로 '양파처럼 여러 겹으로 구성된 링 모양의 아키텍처'를 따릅니다.** 둘 다 아키텍처 내에 거의 같은 구조의 링이 있는데, 특히 커널 링과 셸 링이 이에 해당합니다. 그러므로 개발자는 셸 링의 최상단에서 프로그램을 작성할 수 있었습니다. 또한 유닉스와 멀틱스는 ls와 pwd 같은 일련의 유틸리티 프로그램을 제공합니다. 다음 절에서 유닉스 아키텍처에 있는 다양한 링을 설명하겠습니다.

* **멀틱스는 작동하기 위해 비싼 자원과 머신이 필요했습니다.** 평범한 상용 머신에는 멀틱스를 설치할 수 없었습니다. 이는 멀틱스의 주요 단점이었고 그 결과 유닉스가 흥할 수 있었습니다. 결국 멀틱스는 약 30년 후 쓸모없게 되었습니다.[2]

* **멀틱스는 설계가 복잡했습니다.** 이런 이유로 벨 연구소의 직원들은 좌절했고, 앞서 말했듯 벨 연구소가 프로젝트에서 손을 뗀 이유이기도 합니다. 하지만 유닉스는 단순함을 유지하려고 했습니다. 심지어 첫 번째 버전은 다중 작업(멀티태스킹)이나 멀티 유저조차 아니었습니다!

유닉스와 멀틱스에 관해서는 온라인 자료를 더 읽어볼 수 있으며 그 시기에 발생한 사건을 따라가 볼 수 있습니다. 둘 다 성공적인 프로젝트였지만, 유닉스만 오늘날까지 번창하고 살아남을 수 있었습니다.

벨 연구소가 유닉스 프로젝트를 기반으로 한 **Plan 9**이라는 새로운 분산 운영체제를 작업해 왔다는 점을 알려드리면 좋겠네요. 이에 관해서는 위키백과(https://ko.wikipedia.org/wiki/플랜_9_(운영_체제))에서 더 읽을 수 있습니다.

---

2 옮긴이_ 2000년 10월 30일에 마지막으로 멀틱스를 쓰던 컴퓨터가 종료되었습니다.

그림 10-1 벨 연구소의 Plan 9(출처: `https://ko.wikipedia.org/wiki/플랜_9_(운영_체제)`)

멀틱스가 제시한 아이디어와 혁신을 단순화한 결과가 유닉스라는 것을 알면 충분합니다. 새로운 내용은 아닌 만큼 유닉스와 멀틱스의 역사는 여기까지만 이야기하겠습니다.

지금까지 설명한 역사에서 C의 흔적은 없었습니다. 아직 개발되지 않았기 때문입니다. 유닉스의 첫 번째 버전은 순수하게 어셈블리어만으로 작성되었습니다. 1973년에 비로소 C를 사용한 유닉스 버전 4가 나왔습니다.

이제 C를 더 자세히 다뤄봅시다. 하지만 그 전에 BCPL과 B에 관해 이야기해야 합니다. 이들이 C로 향하는 관문이었기 때문입니다.

10.1.2 BCPL과 B

BCPL은 마틴 리처드^{Martin Richards}가 만든 프로그래밍 언어로, 컴파일러를 작성할 목적으로 고안되었습니다. 벨 연구소의 사람들은 멀틱스 프로젝트를 진행하면서 이 언어를 알게 되었습니다. 멀틱스 프로젝트를 종료한 뒤 벨 연구소는 먼저 어셈블리어를 사용해 유닉스를 작성하기 시작했습니다. 당시에는 어셈블리어가 아닌 프로그래밍 언어로 운영체제를 개발하는 것은 안티 패턴이었기 때문입니다.

예를 들면 멀틱스 프로젝트를 진행하던 사람들이 멀틱스를 개발하기 위해 PL/1을 사용했다는 점은 이상한 일이었습니다. 하지만 그렇게 함으로써 그들은 어셈블리어가 아닌 더 고급 프로그래밍 언어를 사용해 운영체제를 성공적으로 작성할 수 있음을 보여주었습니다. 그 결과 멀틱스는 유닉스를 개발하는 과정에서 다른 언어를 사용한다는 아이디어의 중심이 되었습니다.

벨 연구소의 켄 톰슨과 데니스 리치는 계속해서 어셈블리어가 아닌 프로그래밍 언어를 사용하는 운영체제 모듈을 작성하려고 했습니다. 그들은 BCPL을 사용하려고 했지만, DEC PDP-7과 같은 미니 컴퓨터에서 BCPL을 사용하려면 해당 언어의 몇몇 부분을 수정해야 했습니다. 이러한 변화가 B 언어를 낳았습니다.

> **NOTE_** 여기서 B 언어의 속성에 관해 너무 깊이 설명하지는 않겠습니다. 하지만 B 언어와 B 언어가 개발된 방식은 다음 링크에서 더 읽을 수 있습니다.
>
> - B 프로그래밍 언어
>   https://ko.wikipedia.org/wiki/B_(프로그래밍_언어)
>
> - C 언어의 발전(The Development of the C Language)
>   https://www.bell-labs.com/usr/dmr/www/chist.html

데니스 리치는 「C 언어의 발전」을 직접 썼습니다. 이는 B 언어와 B 언어의 특성에 관한 귀중한 정보를 공유하면서도 C 언어의 발전을 잘 설명하는 자료입니다.

B는 시스템 프로그래밍 언어 관점에서 단점이 존재했습니다. B는 자료형이 없는typeless 언어였는데, 바이트가 아니라 **워드**로만 작업할 수 있었다는 의미입니다. 따라서 워드의 길이가 다른 머신에서 B 언어를 사용하기는 어려웠습니다.

이러한 이유로 **NB(New B)** 언어를 개발할 때까지 B 언어는 계속 수정되어야 했습니다. 그리고 나중에 B 언어로부터 구조체가 유래됩니다. 이러한 구조체는 B에서는 자료형이 없었지만, C에서는 자료형이 생겼습니다. 마침내 1973년에 유닉스의 네 번째 버전은 (여전히 어셈블리 코드가 많기는 했지만) C를 이용해 개발되었습니다.

다음 절에서 B와 C의 차이점을 설명하겠습니다. 그리고 운영체제를 작성할 때 C야말로 최고의 현대적인 시스템 프로그래밍 언어인 이유도 이야기하겠습니다.

10.1.3 C로 향하는 길

B에서 어려움을 겪은 뒤 C를 개발한 이유에 대해 데니스 리치 본인보다 더 나은 설명을 할 수 있는 사람은 없을 것입니다. 이 절에서는 데니스 리치와 켄 톰슨 및 다른 이들이 유닉스를 작성

하기 위해 B를 사용하는 대신 새로운 프로그래밍 언어를 만든 계기를 나열해보겠습니다.

다음은 C를 만든 이유인 B의 단점에 관한 목록입니다.

- **B는 메모리에서만 워드를 사용할 수 있었습니다.** 모든 운영체제는 워드의 관점에서 수행되어야 했습니다. 당시에는 바이트로 작동하는 프로그래밍 언어란 꿈만 같은 것이었습니다. 그 당시 사용할 수 있었던 하드웨어는 워드 기반 체계scheme로 메모리를 다뤘기 때문입니다.

- **B는 자료형이 없습니다.** 더 정확하게 말하자면 B는 단일 자료형 언어였습니다. 모든 변수는 워드 자료형이었습니다. 그러므로 만약 20개의 문자(끝에 null 문자가 더해져 21개)를 갖는 문자열이 있다면, 이를 워드로만 나누어서 하나 이상의 변수에 담아야 했습니다. 워드가 4바이트인 경우, 21개 문자로 된 문자열을 저장하려면 변수 6개가 필요합니다.

- **자료형이 없다는 것은 문자열 조작 알고리듬 같은 멀티바이트multibyte 지향 알고리듬이 B에서 효율적으로 작성될 수 없음을 의미합니다.** B는 바이트가 아닌 워드로 메모리를 사용했기 때문입니다. 정수나 문자열 같은 멀티바이트 자료형을 다루기에 워드는 효율적으로 사용될 수 없었습니다.

- **B는 부동소수점 연산을 지원하지 않았습니다.** 당시 점점 더 많은 새로운 하드웨어에서 부동소수점 연산을 이용할 수 있었지만, B 언어에서는 이를 지원하지 않았습니다.

- **프로그램이 메모리에서 특정 바이트 또는 한 바이트 범위에 접근하려고 할 때, 해당하는 워드 인덱스를 계산하려면 더 많이 연산해야 했습니다.** 바이트 기반으로 메모리를 다룰 수 있는 PDP-1과 같은 머신을 이용할 수 있었지만, B는 메모리의 바이트를 다루기에 비효율적임이 드러났습니다. 이는 B 포인터에서 더 명확해졌는데, 이 포인터는 바이트가 아니라 메모리의 워드만 다룰 수 있었기 때문입니다.

B로 인한 어려움 중에서도 특히 당시 이용 가능한 머신에서 느렸던 개발 및 실행 탓에 데니스 리치는 새로운 언어를 만들어야 했습니다. 새 언어는 NB 또는 New B라고 합니다. 하지만 결국 이는 C로 판명되었습니다.

새로 개발된 언어인 C는 B의 어려움과 단점을 보완하려고 했으며 **사실상** 어셈블리어를 대신하는 시스템 개발 프로그래밍 언어가 되었습니다. 10년도 채 안 되어 새 버전의 유닉스는 완전히 C로만 작성되었고, 유닉스 기반의 새 운영체제는 모두 C와 묶였으며 C는 시스템에 필수적인 존재가 되었습니다.

이처럼 C는 일반적인 프로그래밍 언어로 탄생한 것이 아니라 모든 요구 사항을 염두에 두고 고안되었으며, 오늘날에는 경쟁자가 없습니다. 자바, 파이썬, 루비 같은 언어를 더 고급 언어라고 할 수는 있지만, 이들은 C와 다르고 또한 다른 목적을 수행하므로 C의 직접적인 경쟁자로 볼 수는 없습니다. 예를 들어 자바나 파이썬으로 장치 드라이버나 커널 모듈을 작성할 수는 없습니다. 장치 드라이버 및 커널 모듈은 C로 작성된 계층의 최상단에서 만들어져 왔습니다.

여러 프로그래밍 언어와는 달리 C는 ISO로 표준화되었으며, 나중에 어떤 기능이 필요하다면 새 기능을 지원하기 위해 이 표준이 수정될 수 있습니다.

다음 절에서는 유닉스 아키텍처를 다루겠습니다. 유닉스 아키텍처는 유닉스 환경에서 프로그램이 어떻게 진화했는지 이해하는 기본적인 개념에 해당합니다.

10.2 유닉스 아키텍처

이 절에서는 유닉스를 만든 사람들이 가졌던 철학과, 그들이 아키텍처를 만들 당시 기대했던 바를 알아보겠습니다.

앞 절에서 설명한 대로 벨 연구소에서 유닉스에 관여했던 사람들은 멀틱스 프로젝트에 참여하고 있었습니다. 멀틱스는 큰 프로젝트였고 제안된 아키텍처는 복잡했으며 비싼 하드웨어로 사용하도록 맞춰져 있었습니다. 하지만 이러한 모든 어려움에도 불구하고 멀틱스에는 큰 목표가 있었다는 점을 기억해야 합니다. 멀틱스 프로젝트의 아이디어는 운영체제에 대한 사고방식에 혁신을 일으켰습니다.

앞서 다뤘던 모든 어려움에도 불구하고 멀틱스 프로젝트에서 제시한 아이디어는 성공적이었습니다. 멀틱스는 2000년까지 거의 40년간 살아남았습니다. 그뿐만 아니라 멀틱스 프로젝트는 벨 연구소에도 큰 이익을 가져다주었습니다.

유닉스는 처음에는 단순한 것으로 여겨졌지만, 켄 톰슨과 그의 동료들은 멀틱스 프로젝트의 아이디어를 유닉스에 도입했습니다. 멀틱스와 유닉스는 모두 비슷한 아키텍처를 도입하려 했습니다. 하지만 이 둘은 상당히 다른 운명에 처합니다. 멀틱스는 세기말에 잊히기 시작한 반면, 유닉스 및 BSD와 같은 유닉스 기반의 운영체제는 그 이후로도 성장하고 있습니다.

이어서 유닉스 철학에 관해 이야기하겠습니다. 간단히 말하자면 유닉스 설계가 기반으로 하는 고수준의 요구 사항을 모은 집합입니다. 이 내용 다음에 유닉스의 멀티 링, 링 모양 아키텍처, 그리고 시스템의 전반적 행위에 있는 각 링의 역할에 관해 설명하겠습니다.

10.2.1 철학

유닉스의 철학은 창립자들이 여러 번 설명했습니다. 따라서 전체 주제에 대한 면밀한 분석은
이 책의 범위를 벗어납니다. 자세한 주요 관점은 다음 소개 자료들을 참고하세요.

> NOTE_ 유닉스 철학이라는 주제에 도움이 될 훌륭한 외부 자료를 다음 목록으로 작성했습니다.
>
> - 유닉스 철학(Unix philosophy)
>   https://ko.wikipedia.org/wiki/유닉스_철학
>
> - 유닉스 철학: 짧은 소개(The Unix Philosophy: A Brief Introduction)
>   http://www.linfo.org/unix_philosophy.html
>
> - 유닉스 프로그래밍의 기술(The Art of Unix Programming)
>   http://www.catb.org/esr/writings/taoup/html/
>
> 마찬가지로 다음 링크에서는 유닉스 철학에 대한 반대 관점을 볼 수 있습니다. 본질적으로 어떤 것도 완벽하
> 지는 않은 만큼, 항상 양쪽을 아는 편이 좋으므로 이 자료를 포함했습니다.
>
> - 유닉스 철학의 붕괴(The Collapse of UNIX Philosophy)
>   https://kukuruku.co/post/the-collapse-of-the-unix-philosophy

방금 소개한 여러 관점을 요약하기 위해, 유닉스 철학의 주요 요점을 다음과 같이 묶었습니다.

- **유닉스는 일반적인 최종 사용자**end user**가 아닌 개발자를 위해 설계 및 개발되었습니다.** 그러므로 사용자
  인터페이스나 사용자 경험에서 요구하는 여러 고려 사항은 유닉스 아키텍처에 해당하지 않습니다.

- **유닉스 시스템은 작고 단순한 여러 프로그램으로 구성됩니다.** 이들 프로그램 각각은 작고 단순한 일을
  수행하려고 설계되었습니다. ls, mkdir, ifconfig, grep, sed 같이 작고 단순한 프로그램의 사례가
  많습니다.

- **복잡한 일은 작고 단순한 프로그램을 연쇄적으로 실행해서 수행할 수 있습니다.** 크고 복잡한 일에는 본
  질적으로 하나 이상의 프로그램이 함께 포함되어야 하며, 각 프로그램은 임무를 달성하려면 여러 번 실
  행되어야 한다는 의미입니다. 처음부터 프로그램을 작성하는 대신 셸 스크립트를 사용하는 것이 그 좋은
  사례입니다. 참고로 셸 스크립트는 유닉스 시스템 간에 빈번하게 이식될 수 있으며, 유닉스는 개발자가
  크고 복잡한 프로그램을 작고 단순한 프로그램으로 나누도록 장려합니다.

- **각각의 작고 단순한 프로그램은 출력 결과를 다른 프로그램의 입력으로 전달할 수 있어야 하며, 이 체인
  은 계속 이어져야 합니다.** 이러한 방식으로 복잡한 일을 수행할 능력이 있는 체인으로 작은 프로그램을

사용할 수 있습니다. 이 체인에서 각 프로그램은 이전 프로그램의 출력을 받고, 로직에 따라 형태를 바꾸고, 체인의 다음 프로그램에 이를 전달하는 트랜스포머transformer로 간주할 수 있습니다. 특히 유닉스 명령어 사이에 있는 수직 막대 파이프인 ls -l ¦ grep a.out과 같은 것이 좋은 예시입니다.

- **유닉스는 매우 문자text 지향적입니다.** 모든 환경 설정은 텍스트 파일로 되어 있으며, 문자로 된 명령어를 가집니다. 셸 스크립트 또한 다른 유닉스 셸 프로그램을 실행하는 알고리듬을 작성하는 단순한 문법을 사용하는 텍스트 파일입니다.

- **유닉스는 완벽함보다 간결함을 선택하도록 제안합니다.** 예를 들어 대부분의 경우에 단순한 해결책이 효과적이라면, 미미한 정도로 조금 더 잘 작동하는 복잡한 해결책을 설계하지 않아야 합니다.

- **어떤 유닉스 호환 운영체제에 대해 작성된 프로그램은 다른 유닉스 시스템에서도 쉽게 사용할 수 있어야 합니다.** 이는 주로 다양한 유닉스 호환 시스템에서 빌드 및 실행 가능한 단일 코드베이스를 갖춤으로써 충족됩니다.

방금 나열한 요점은 서로 다른 사람들에 의해 도출되고 해석되었지만, 일반적으로 유닉스 철학을 이끄는 주요 원리로 합의된 것이며 결과적으로 유닉스의 설계를 형성했습니다.

리눅스 같은 유닉스 계열 운영체제를 사용해본 경험이 있다면, 앞의 내용과 경험을 나란히 놓고 볼 수 있습니다. 유닉스의 역사에 대해 앞 절에서 설명한 대로, 유닉스 설립자들을 앞에서 설명한 철학으로 이끈 멀틱스에 대한 경험과 더불어 유닉스는 멀틱스의 더 단순한 버전이어야 했습니다.

C에 관한 주제로 되돌아옵시다. 앞에서 설명한 철학에 C가 어떤 영향을 미쳤는지 궁금할지도 모르겠네요. 방금 설명한 내용에 반영된 거의 모든 필수적인 요소들은 C로 작성되었습니다. 즉, 유닉스의 상당 부분을 이끌었던, 앞서 언급한 작고 단순한 프로그램은 모두 C로 작성되었습니다.

예시를 살펴봅시다. NetBSD에서 ls 프로그램에 대한 C 소스 코드는 다음 링크에서 찾을 수 있습니다(http://cvsweb.netbsd.org/bsdweb.cgi/~checkout~/src/bin/ls/ls.c?rev=1.67). 알고 있겠지만 ls 프로그램은 경로에 있는 내용을 나열할 뿐입니다. 그리고 이 단순한 로직은 링크에서 볼 수 있듯 C로 작성되었습니다. 하지만 유닉스에서 C가 기여한 바가 이것만은 아닙니다. 자세한 내용은 C 표준 라이브러리를 설명하는 절에서 더 설명하겠습니다.

10.2.2 유닉스 링

유닉스 아키텍처를 알아볼 차례입니다. 앞서 잠깐 언급했듯 링 모델은 유닉스의 전반적인 아키텍처를 묘사할 수 있습니다. 이는 몇 겹의 링으로 구성되기 때문에 양파 같은 모양이며 링 각각은 내부의 링을 감싸는 래퍼로 기능합니다.

다음 [그림 10-2]는 유닉스 아키텍처를 위해 제안된 유명한 링 모델을 나타냅니다.

그림 10-2 유닉스 아키텍처의 링 모델

언뜻 보기에는 꽤 단순해 보입니다. 하지만 완전히 이해하려면 유닉스에서 프로그램을 몇 개 작성해봐야 합니다. 그래야 각각의 링이 실제로 무슨 일을 하는지 이해할 수 있습니다. 실제 예제를 작성하기 전에 처음 토대를 잘 만들기 위해 가능한 한 간단하게 이 모델을 시도해보고 나서 설명하겠습니다.

가장 안쪽 링부터 이 모델을 설명하겠습니다.

링 모델의 핵에는 **하드웨어**가 있습니다. 알다시피 운영체제의 주요 임무는 사용자가 하드웨어와 상호작용해 하드웨어를 사용할 수 있게 하는 것입니다. 이러한 이유로 [그림 10-2]에서 모델의 핵심은 하드웨어입니다. 즉, 하드웨어에 접근하려는 프로그램이 하드웨어를 사용할 수 있도록 하는 것이 유닉스의 주요 목표입니다. 앞 절의 유닉스 철학에 관한 모든 내용은 이러한 기능을 최대한 제공하는 데 초점을 맞춥니다.

하드웨어를 둘러싼 링은 **커널**kernel입니다. 커널은 운영체제에서 가장 중요한 부분입니다. 하드웨어와 가장 가까운 층이고, 하드웨어에 직접 부착된 기능을 드러내는 래퍼wrapper의 역할을 하기 때문입니다. 이렇게 직접적으로 접근할 수 있으므로, 커널은 시스템의 전체 자원을 이용할 수 있는 가장 높은 권한을 갖습니다. 커널 링이 모든 대상에 제한 없이 접근할 수 있는 만큼, 다른 링은 무제한적인 접근 권한을 갖지 않습니다. 사실 **커널 공간**과 **사용자 공간**의 분리에는 이런 이유가 있습니다. 더 상세한 내용은 이번 10장과 다음 11장에서 다룹니다.

참고로 새로운 유닉스 계열 운영체제를 작성할 때는 커널을 작성하는 데 가장 큰 노력이 필요합니다. 그리고 보다시피 커널 링이 다른 링보다 두껍게 그려져 있습니다. 유닉스 커널 내부에는 많은 다양한 유닛이 존재하며, 유닛 각각은 유닉스 생태계에서 필수적인 역할을 합니다. 이번 10장의 뒷부분에서 유닉스 모델의 내부 구조를 더 설명하겠습니다.

다음 링은 **셸**shell입니다. 사용자 응용프로그램이 커널과 상호작용해 커널의 여러 서비스를 사용할 수 있도록 하는 것이 커널 주변의 셸입니다. 셸 링은 앞에서 설명한 유닉스 철학에 따른 대부분의 요구 사항을 주로 단독으로 제공한다는 점을 주목하세요.

셸 링은 여러 작은 프로그램으로 구성됩니다. 이들 프로그램은 사용자나 응용프로그램이 커널의 서비스를 사용할 수 있도록 하는 도구 모음을 형성합니다. 또한 셸 링은 라이브러리 모음도 포함하는데, 이 라이브러리는 모두 C로 작성되었습니다. 그리고 이러한 라이브러리는 개발자가 유닉스를 위한 새 응용프로그램을 작성할 수 있도록 합니다.

단일 유닉스 규격 Simple Unix Specification **(SUS)**에 있는 라이브러리를 기반으로, 셸 링은 개발자를 위해 표준 및 간결하게 정의된 인터페이스를 반드시 노출해야 합니다. 이러한 표준화를 통해 여러 유닉스 구현에서 유닉스를 이식할 수 있고 최소한 컴파일할 수 있습니다. 다음 절에서 셸 링의 놀라운 비밀을 밝히겠습니다.

마지막으로 가장 바깥쪽 링인 **사용자 응용프로그램**은 유닉스 시스템에서 사용하기 위해 작성된 실제 모든 응용프로그램으로 구성됩니다. 여기에는 데이터베이스 서비스, 웹 서비스, 메일 서비스, 웹 브라우저, 워크시트 프로그램, 워드 편집 프로그램 등이 있습니다.

이러한 응용프로그램은 임무를 완수하기 위해, 곧 다룰 **시스템 호출**system call을 통해서 커널에 직접 접근하기보다는 셸 링이 제공하는 API와 도구를 사용해야 합니다. 유닉스 철학에 있는 이 식성의 원리 때문입니다. 현재 맥락에서 '사용자'라는 용어는 주로 사용자 응용프로그램을 의미하며, 꼭 이러한 응용프로그램으로 작업하는 사람을 뜻하지는 않습니다.

셸 링만 사용해야 한다는 제약은 이러한 응용프로그램이 유닉스 호환 운영체제가 아닌 다양한 유닉스 계열 시스템에서 호환할 수 있도록 합니다. 가장 좋은 사례로 여러 리눅스 배포판이 있는데, 이는 단지 유닉스 계열일 뿐입니다. 우리는 단일 코드베이스로 유닉스 호환 및 유닉스 계열 운영체제에서 모두 사용할 수 있는 거대한 소프트웨어를 원합니다. 앞으로 유닉스 계열과 유닉스 호환 시스템의 차이점을 더 알게 될 것입니다.

유닉스 링 모델에 대한 일반적인 주제 중에는 바깥 링이 서비스를 사용할 수 있도록 내부 링이 인터페이스를 제공해야 한다는 것이 있습니다. 사실 링 사이의 인터페이스는 링 그 자체보다 더 중요합니다. 우리는 유닉스 구현마다 달라지는 커널을 자세히 살펴보기보다는 기존의 커널 서비스를 사용하는 방법을 아는 데 더 관심이 있습니다.

셸 링과 사용자 응용프로그램에 노출되는 인터페이스도 마찬가지입니다. 이러한 인터페이스는 유닉스에 대해 살펴보는 10장과 11장에서 집중적으로 다룰 주제입니다. 다음 절에서는 각 링에 관해 하나하나 이야기하고, 노출되는 인터페이스에 대해서도 자세히 논의하겠습니다.

10.3 사용자 응용프로그램에 대한 셸 인터페이스

인간 사용자는 유닉스 시스템의 기능을 사용하기 위해 터미널이나 웹 브라우저 같은 특정 GUI 프로그램을 사용합니다. 터미널과 GUI 프로그램 둘 다 사용자 응용프로그램으로 불리며, 간단히 응용프로그램 또는 프로그램이라고도 합니다. 이들은 셸 링을 통해 하드웨어를 사용할 수 있도록 합니다. 셸 링이 제공하는 API를 통해 대부분의 유닉스 프로그램이 일반적으로 사용하는 하드웨어로는 메모리, CPU, 네트워크 어댑터, 하드디스크 드라이브가 있습니다. 셸이 제공하는 API는 앞으로 다룰 주제 중 하나입니다.

유닉스를 위해 C로 개발된 다양한 프로그램이 존재합니다. 유닉스 생태계에는 데이터베이스 서비스, 웹 서버, 메일 서버, 게임, 오피스 응용프로그램, 그 밖의 여러 종류의 프로그램이 있습니다. 이러한 응용프로그램 사이에는 한 가지 공통적인 특징이 있습니다. 이들 프로그램의 코드는 약간만 변형하면 대부분의 유닉스 및 유닉스 계열 운영체제에서 이식할 수 있다는 점입니다. 하지만 어떻게 가능할까요? 다양한 버전의 유닉스와 다양한 종류의 하드웨어를 통해 빌드할 수 있는 프로그램을 어떻게 C로 작성할 수 있을까요?

답은 간단합니다. 모든 유닉스 시스템은 셸 링에서 같은 **응용프로그램 프로그래밍 인터페이스**Application Programming Interface**(API)**를 노출합니다. 노출된 표준 인터페이스만을 사용하는 C 소스 코드는 모든 유닉스 시스템에서 빌드 및 실행할 수 있습니다.

하지만 API를 노출한다는 의미가 정확히 무엇일까요? API는 이전에 설명한 대로, 일련의 선언을 포함하는 헤더 파일의 묶음입니다. 이 헤더와 그 안에 있는 선언된 함수는 모든 유닉스 시스템에서 같습니다. 하지만 이 함수의 구현, 즉 각각의 유닉스 호환 시스템을 위해 작성된 정적, 동적 라이브러리는 서로 고유하고 다를 수 있습니다.

참고로 우리는 유닉스를 운영체제가 아닌 표준으로 봅니다. 유닉스 표준과 완전히 호환 가능하도록 만들어진 시스템이 존재하며, BSD 유닉스와 같은 이러한 시스템을 **유닉스 호환 시스템**이라 합니다. 한편 유닉스 표준을 부분적으로 따르는 시스템은 **유닉스 계열 시스템**이라고 하는데, 리눅스가 이에 해당합니다.

거의 모든 유닉스 시스템에서 셸 링이 같은 API를 노출합니다. 예를 들면 `printf` 함수는 `stdio.h` 헤더 파일에서 항상 선언해야 하며, 이는 유닉스 표준에서 규격화되어 있습니다. 유닉스 호환 시스템에서 표준 출력으로 무언가를 출력할 때마다, `stdio.h` 헤더 파일로부터 `printf`나 `frpintf`를 사용해야 합니다.

사실 `stdio.h`는 C에 속하지 않습니다. 비록 모든 C 언어 책이 이 헤더 파일을 설명하며,

또한 선언된 함수가 이 헤더 파일에 있다고 해도 말입니다. `stdio.h`는 SUS 표준에서 규격화한 C 표준 라이브러리리에 속합니다. 유닉스에 대해 작성된 C 프로그램은 `printf`나 `fopen` 같은 특정 함수의 실제 구현은 인지하지 못합니다. 다시 말해 셸 링은 바깥 링에 있는 프로그램에 블랙박스처럼 보입니다.

셸 링이 제공하는 다양한 API는 SUS 표준 아래 수집됩니다. 이 표준은 **오픈 그룹**^{Open Group} 컨소시엄이 관리하며 유닉스의 탄생 이래로 여러 새 버전이 나왔습니다. 최신 버전은 SUS 버전 4이며, 2008년으로 거슬러 올라갑니다. 이 최신 버전은 이후 2013년, 2016년, 그리고 마지막으로 2018년에 개정되었습니다.

다음 링크는 SUS 버전 4에서 제공하는 인터페이스를 설명하는 문서입니다(`http://unix.org/version4/GS5_APIs.pdf`). 링크에서 볼 수 있듯, 셸 링이 노출하는 여러 종류의 API가 있습니다. 이들 중 몇 가지는 의무 사항이고 나머지는 선택 사항입니다. 다음은 SUS v4에 있는 API 목록입니다.

- **시스템 인터페이스**: 모든 C 프로그램에서 사용할 수 있는 모든 함수의 목록입니다. SUS v4에는 유닉스 시스템에서 구현되어야 하는 1,191개의 함수가 있습니다. 이 테이블은 C의 특정 버전에서 특정 함수가 의무 또는 선택이라 명시합니다. 참고로 우리가 관심 있는 버전은 C99입니다.

- **헤더 인터페이스**: SUS v4와 호환 가능한 유닉스 시스템에서 사용할 수 있는 헤더 파일 목록입니다. 이 SUS 버전에서는 모든 C 프로그램에 접근할 수 있는 82개의 헤더 파일이 있습니다. 이 리스트를 살펴보면 `stdio.h`, `stdlib.h`, `math.h`, `string.h`와 같은 유명한 헤더 파일이 많음을 알 수 있습니다. 사용한 유닉스 및 C 버전에 따라 일부는 의무 사항이고 다른 일부는 선택 사항입니다. 선택 사항인 헤더는 유닉스 시스템에 존재하지 않을 수도 있지만, 의무인 헤더 파일은 파일 시스템 내의 어딘가에 확실히 존재합니다.

- **유틸리티 인터페이스**: SUS v4와 호환되는 유닉스 시스템에서 사용할 수 있는 유틸리티 프로그램 또는 커맨드 라인 프로그램의 목록입니다. 테이블을 살펴보면, 여러분에게 친숙할 많은 명령어가 보입니다. `mkdir`, `ls`, `cp`, `df`, `bc` 그리고 더 많은 명령어가 여기에 있으며 160개의 유틸리티 프로그램으로 구성됩니다. 참고로 이러한 프로그램은 일반적으로 설치 번들을 싣기 전에 해당 유닉스 개발사가 반드시 미리 작성해야 합니다. 이러한 유틸리티 프로그램은 터미널이나 셸 스크립트에서 주로 쓰이지만 다른 C 프로그램에서는 그리 자주 호출되지 않습니다. 일반적으로 이러한 프로그램은 사용자 응용프로그램 링에서 작성된 일반적인 C 프로그램이 제공하는 것과 같은 시스템 인터페이스를 사용합니다. 예를 들면 다음 링크는 `mkdir` 유틸리티 프로그램의 소스 코드로, macOS High Sierra 10.13.6 버전에 대해 작성되었으며 이는 유닉스 시스템을 기반으로 한 **BSD**^{Berkeley Software Distribution}(버클리 소프트

웨어 배포)입니다. 소스 코드는 애플 오픈 소스 웹사이트, macOS High Sierra(10.13.6)에 공개되어 있습니다.

- **스크립팅 인터페이스**: 셸 스크립트를 작성할 때 사용되는 언어입니다. 주로 유틸리티 프로그램을 사용하는 자동화된 임무를 작성하는 데 사용합니다. 일반적으로 스크립팅 인터페이스는 **셸 스크립팅 언어**shell scripting language 또는 **셸 명령어**shell command language라고 합니다.

- **XCURSES 인터페이스**: XCURSES는 미니멀한 텍스트 기반의 GUI에서 C 프로그램과 사용자가 상호작용할 수 있도록 하는 일련의 인터페이스입니다. 다음 스크린숏에서 XCURSES에 대한 구현인 ncurses를 사용해 작성된 GUI에 대한 예를 볼 수 있습니다. SUS v4에는 3개의 헤더 안에 379개의 함수와 4개의 유틸리티 프로그램이 있습니다. 이들은 XCURSES 인터페이스를 구성합니다. 오늘날 많은 프로그램은 더 나은 인터페이스로 사용자와 상호작용하기 위해 여전히 XCURSES를 사용합니다. XCURSES 기반의 인터페이스를 사용하면 그래픽 엔진이 필요하지 않습니다. 마찬가지로 **보안 셸**Secure Shell(**SSH**)과 같은 원격 연결에서도 사용할 수 있습니다.

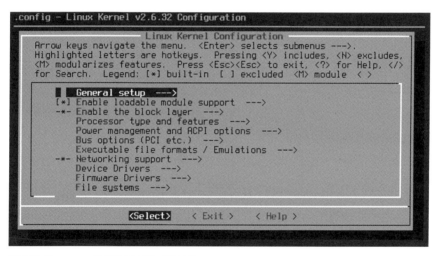

그림 10-3 ncurses을 기반으로 하는 구성 메뉴

SUS는 파일 시스템 계층이나, 헤더 파일이 있어야 하는 위치에 관한 이야기가 아닙니다. 단지 SUS는 시스템에서 헤더를 어디에서 사용할 수 있고 어디에 있는지를 설명할 뿐입니다. 표준 헤더 파일의 경로에 관해 널리 사용되는 규칙에 따르면 이러한 헤더는 /usr/include 또는 / usr/local/include에 있어야 합니다. 하지만 경로에 대해서는 운영체제나 사용자가 최종 결정을 내릴 수도 있습니다. 이들은 헤더 파일에 대한 기본 경로입니다. 하지만 시스템은 기본

경로 대신 다른 경로를 사용하도록 구성될 수 있어야 합니다.

만약 시스템 인터페이스와 헤더 인터페이스를 각 유닉스 버전^{Unix flavor}(혹은 유닉스 구현)마다
다른, 제공받은 함수의 구현과 합치면 **C 표준 라이브러리** 또는 **libc**가 됩니다. 다시 말해 libc는
특정 헤더 파일 내에 있는 일련의 함수 모음이고 모두 SUS에 따른 것이며, 노출된 함수에 대한
구현을 포함하는 정적 그리고 동적 라이브러리와 합쳐진 것입니다.

libc의 정의는 유닉스 시스템의 표준화와 함께 밀접하게 얽혀 있습니다. 유닉스 시스템에서 개발
되는 모든 C 프로그램은 더 아래에 있는 커널이나 하드웨어와 통신하기 위해 libc를 사용합니다.

모든 운영체제가 유닉스와 완전히 호환되지는 않는다는 점을 기억해야 합니다. 예를 들면 마이
크로소프트 윈도우나 리눅스 커널을 사용하는 운영체제 및 안드로이드가 이에 해당합니다. 이
러한 운영체제는 유닉스 호환 시스템은 아니지만 유닉스 계열 시스템입니다. 앞서 유닉스 호환
및 유닉스 계열이라는 용어에 대해서는 진짜 의미를 설명하지 않고 사용했지만, 이제부터는 이
들 용어를 세심하게 정의하겠습니다.

유닉스 호환 시스템은 SUS 표준을 전적으로 준수합니다. 하지만 유닉스 계열 시스템은 그렇지
않으며 부분적으로만 표준을 준수합니다. 유닉스 계열 시스템은 SUS 표준의 특정한 부분집합
만 따를 뿐, 전체를 따르지는 않는다는 의미입니다. 이론적으로 유닉스 호환 시스템을 위해 개
발된 프로그램은 다른 유닉스 호환 시스템에 이식할 수 있어야 하지만, 유닉스 계열 운영체제에
는 이식되지 않을 수도 있다는 의미입니다. 특히 리눅스에서 다른 리눅스 호환 시스템으로, 또
는 다른 리눅스 호환 시스템에서 리눅스로 이식되는 프로그램에 관한 경우가 이에 해당합니다.

특히 리눅스의 탄생 이후 여러 유닉스 계열 운영체제가 개발되었는데, 이는 SUS 표준의 부
분집합에 특정 이름을 부여하는 토대가 되었습니다. 이들은 **이식 가능한 운영체제 인터페이
스**^{Portable Operating System Interface}(**POSIX**)라고 합니다. POSIX는 유닉스 계열 시스템이 따르
는 SUS 표준의 부분집합에 해당한다고 할 수 있습니다. 다음 링크에서 POSIX 시스템에
서 제공해야 하는 모든 인터페이스를 찾아볼 수 있습니다(`http://pubs.opengroup.org/`
`onlinepubs/9699919799`).

링크에서 볼 수 있듯 POSIX에는 SUS에 있는 것과 비슷한 인터페이스가 있습니다. 두 표준은
매우 비슷하지만, POSIX는 유닉스 표준이 더 광범위한 운영체제에 적용 가능하도록 합니다.

리눅스 배포판과 같은 유닉스 계열 운영체제는 처음부터 POSIX 호환이 가능했습니다. 바로

이러한 이유로 우분투로 작업하는 경우에 FreeBSD 유닉스와 같은 방식으로 작업할 수 있습니다.

하지만 마이크로소프트 윈도우와 같은 운영체제에서는 그럴 수 없습니다. 마이크로소프트 윈도우는 POSIX 호환으로 간주되지는 않지만, POSIX 운영체제로 만들고자 도구를 더 설치할 수는 있습니다. 예를 들면 **Cygwin**은 윈도우 운영체제에서 기본적으로 작동하는 POSIX 호환 환경입니다. 이는 POSIX 호환성이 표준 셸 링에 대한 것이지 커널에 대한 것은 아님을 다시 한번 보여줍니다.

약간 주제를 벗어나지만, 1990년대에 마이크로소프트 윈도우가 POSIX 호환이 되었을 때의 이야기가 꽤 있습니다. 하지만 시간이 지남에 따라 점점 POSIX에 대해 지원하지 않게 되었습니다.

SUS와 POSIX 표준은 모두 인터페이스에 대한 규칙입니다. 둘 다 이용 가능해야 하는 것에 대해 서술하지만, 어떻게 사용할 수 있어야 하는지는 말하지 않습니다. 각 유닉스 시스템은 POSIX 또는 SUS 구현에 대한 자체적인 구현이 있습니다. 이러한 구현은 셸 링에 속하는 libc 라이브러리에 위치합니다. 다시 말해, 유닉스 시스템에서 셸 링은 표준 방식으로 제공해야 하는 libc 구현을 포함합니다. 그에 따라 셸 링은 요청을 전달해 커널 링이 처리하도록 합니다.

10.4 셸 링에 대한 커널 인터페이스

앞 절에서 유닉스 시스템에서 셸 링이 SUS 또는 POSIX 표준에서 정의된 인터페이스를 제공한다고 설명했습니다. 셸 링에서 특정 로직을 불러오는 방식에는 주로 두 가지가 있습니다. libc 또는 셸 유틸리티 프로그램을 통하는 방식입니다. 셸 루틴을 실행하기 위해 사용자 응용 프로그램은 libc 라이브러리와 연결되거나 또는 시스템에서 사용 가능한 기존의 유틸리티 프로그램을 실행할 수 있어야 합니다.

참고로 기존 유틸리티 프로그램은 자체적으로 libc 라이브러리를 사용합니다. 그러므로 모든 셸 루틴을 libc 라이브러리에서 찾을 수 있다고 일반화할 수 있습니다. 이러한 이유로 표준 C 라이브러리는 중요성이 더 커집니다. 만약 처음부터 새로운 유닉스 시스템을 만들려고 한다면, 커널을 준비한 다음 반드시 고유의 libc를 작성해야 합니다.

이 책의 흐름을 따라서 이전 장을 읽었다면, 퍼즐 조각도 함께 따라왔다는 걸 알 수 있습니다.

인터페이스를 노출하고 라이브러리 파일 집합을 사용해 구현해야 하는 운영체제를 설계할 수 있으려면 컴파일 파이프라인과 링크 메커니즘이 필요합니다. 여기서 C의 모든 특성이 유닉스를 위한 역할을 한다는 점을 알 수 있습니다. C와 유닉스의 관계에 대해 이해하면 이해할수록 서로 더 많이 연관되어 있음을 알 수 있습니다.

사용자 응용프로그램과 셸 링의 관계는 명확하므로, 이제 셸 링(혹은 libc)이 커널 링과 어떻게 통신하는지 봐야 합니다. 다음 내용으로 넘어가기 전에, 참고로 이 절에서는 커널이 무엇인지 설명하지는 않습니다. 그 대신 특정 기능이 제공하는 블랙박스로써 커널을 살펴보겠습니다.

libc(혹은 셸 링의 함수)가 커널 기능을 사용하기 위해 이용하는 주요 메커니즘을 **시스템 호출**system call이라고 합니다. 이 메커니즘을 설명하려면, 어떤 일을 하기 위해 시스템 호출이 어디에서 사용되는지를 알 수 있게 링 모델을 따라가며 예제를 봐야 합니다.

또한 실제의 libc 구현을 선택해야 소스를 따라가 보며 시스템 호출을 찾을 수 있습니다. 더 자세히 알아보기 위해 FreeBSD를 선택했습니다.[3] FreeBSD는 BSD 유닉스에서 파생된 유닉스 계열 운영체제입니다.

> **NOTE_** FreeBSD에 대한 깃허브 GitHub 저장소는 다음 링크에 있습니다(**https://github.com/ freebsd/freebsd**). 이 저장소는 FreeBSD의 커널과 셸 링의 소스를 담고 있습니다. FreeBSD libc에 대한 소스는 **lib/libc** 경로에서 찾을 수 있습니다.

다음 예제로 시작해봅시다. [예제 10-1]은 1초를 기다리기만 하는 간단한 프로그램입니다. 마찬가지로 이 프로그램은 응용프로그램 링에 있을 것으로 여겨집니다. 비록 매우 단순한 프로그램이지만, 사용자 응용프로그램이라는 의미입니다.

[예제 10-1]의 소스 코드부터 먼저 봅시다.

코드 박스 10-1 [예제 10-1] 셸 링에 포함된 sleep 함수를 호출(ExtremeC_examples_chapter10_1.c)

```
#include <unistd.h>

int main(int argc, char** argv) {
```

---

3 옮긴이_ FreeBSD 13.0, amd64 버전으로 실행했습니다.

```
    sleep(1);
    return 0;
}
```

코드는 unistd.h 헤더 파일을 포함해 sleep 함수를 호출합니다. 헤더 파일과 함수 둘 다 SUS가 노출한 인터페이스에 속합니다. 하지만 이다음에, 특히 sleep 함수에서는 어떤 일이 발생할까요? C 개발자로서 이러한 질문을 해본 적이 없었을 수도 있습니다. 하지만 이것을 안다면 유닉스 시스템에 대해 더 깊이 이해할 수 있습니다.

sleep, printf, malloc과 같은 함수의 내부 작동 방식은 모른 채 항상 사용했을 것입니다. 하지만 이제 libc가 커널과 통신하기 위해 사용하는 메커니즘에 관해 소신 있게 살펴보려고 합니다.

시스템 호출, 짧게는 **시스콜**^syscall이라는 것이 libc 구현에서 작성된 코드에 의해 어떻게 트리거되는지 이미 알고 있습니다. 실제 이러한 방식으로 커널 루틴이 트리거됩니다. SUS에서, 그리고 이후에 POSIX 호환 시스템에서, 프로그램이 실행되는 동안 시스템 호출을 추적하기 위해 사용되는 프로그램이 있습니다.

시스템을 호출하지 않는 프로그램은 말 그대로 아무것도 할 수 없습니다. 따라서 결과적으로 우리가 작성하는 모든 프로그램은 libc 함수를 호출해 시스템 호출을 사용해야 합니다.

앞의 예제를 컴파일해 이 예제가 불러오는 시스템 호출을 알아봅시다. 실행을 통해 이번 과정을 시작할 수 있습니다.

셸 박스 10-1 [예제 10-1]이 불러온 시스템 호출을 추적하기 위해 truss를 사용하는 [예제 10-1]을 빌드하고 실행하기

```
$ gcc ExtremeC_examples_chapter10_1.c -lc -o ex10_1.out
$ truss ./ex10_1.out
...
$
```

[셸 박스 10-1]에서 볼 수 있듯, truss라는 유틸리티 프로그램을 사용했습니다. 다음은 truss에 대한 FreeBSD의 설명 페이지에서 발췌한 글입니다.

> truss 유틸리티는 특정 프로세스 또는 프로그램이 부른 시스템 호출을 추적합니다. 출력 결과는 기본적으로 특정 출력 파일 또는 표준 오류가 됩니다. 이 유틸리티는 ptrace(2)로 감시되는 프로세스를 중지하고 재시작함으로써 시스템 호출을 추적합니다.

이 글대로 truss는 실행 동안 프로그램이 불러오는 모든 시스템 호출을 살피는 프로그램입니다. truss와 비슷한 유틸리티는 대부분의 유닉스 계열 시스템에서 이용할 수 있습니다. 예를 들어 리눅스 시스템에서는 strace를 사용할 수 있습니다.

다음 [셸 박스 10-2]는 [예제 10-1]에서 불러오는 시스템 호출을 감시하기 위해 사용한 truss의 출력 결과를 나타냅니다.

셸 박스 10-2 [예제 10-1]에서 불러온 시스템 호출을 보여주는 truss의 출력 결과

```
$ truss ./ex10_1.out
mmap(0x0,32768,PROT_READ|PROT_WRITE,MAP_PRIVATE|MAP_ANON,-1,0x0) =
34366160896 (0x800620000)
issetugid()                                         = 0 (0x0)
lstat("/etc",{ mode=drwxr-xr-x ,inode=3129984,size=2560,blksi
ze=32768 }) = 0 (0x0)
lstat("/etc/libmap.conf",{ mode=-rw-r--r-- ,in
ode=3129991,size=109,blksize=32768 }) = 0 (0x0)
openat(AT_FDCWD,"/etc/libmap.conf",O_RDONLY|O_CLOEXEC,00) = 3
(0x3)
fstat(3,{ mode=-rw-r--r-- ,inode=3129991,size=109,blksize=32768 })
= 0 (0x0)
...
openat(AT_FDCWD,"/var/run/ld-elf.
so.hints",O_RDONLY|O_CLOEXEC,00) = 3 (0x3)
read(3,"Ehnt\^A\0\0\0\M^@\0\0\0Q\0\0\0\0"...,128) = 128 (0x80)
fstat(3,{ mode=-r--r--r-- ,inode=7705382,size=209,blksize=32768 })
= 0 (0x0)
lseek(3,0x80,SEEK_SET)                              = 128 (0x80)
read(3,"/lib:/usr/lib:/usr/lib/compat:/u"...,81) = 81 (0x51)
close(3)                                            = 0 (0x0)
access("/lib/libc.so.7",F_OK)                       = 0 (0x0)
openat(AT_FDCWD,"/lib/libc.so.7",O_RDONLY|O_CLOEXEC|O_VERIFY,00) =
3 (0x3)
...
sigprocmask(SIG_BLOCK,{ SIGHUP|SIGINT|SIGQUIT|SIGKILL|SIGPIPE|SIGA
LRM|SIGTERM|SIGURG|SIGSTOP|SIGTSTP|SIGCONT|SIGCHLD|SIGTTIN|SIGTTOU
|SIGIO|SIGXCPU|SIGXFSZ|SIGVTALRM|SIGPROF|SIGWINCH|SIGINFO|SIGUSR1|
SIGUSR2 },{ }) = 0 (0x0)
sigprocmask(SIG_SETMASK,{ },0x0)                    = 0 (0x0)
sigprocmask(SIG_BLOCK,{ SIGHUP|SIGINT|SIGQUIT|SIGKILL|SIGPIPE|SIGA
LRM|SIGTERM|SIGURG|SIGSTOP|SIGTSTP|SIGCONT|SIGCHLD|SIGTTIN|SIGTTOU
```

```
|SIGIO|SIGXCPU|SIGXFSZ|SIGVTALRM|SIGPROF|SIGWINCH|SIGINFO|SIGUSR1|
SIGUSR2 },{ }) = 0 (0x0)
sigprocmask(SIG_SETMASK,{ },0x0)                     = 0 (0x0)
nanosleep({ 1.000000000 })                           = 0 (0x0)
sigprocmask(SIG_BLOCK,{ SIGHUP|SIGINT|SIGQUIT|SIGKILL|SIGPIPE|SIGA
LRM|SIGTERM|SIGURG|SIGSTOP|SIGTSTP|SIGCONT|SIGCHLD|SIGTTIN|SIGTTOU
|SIGIO|SIGXCPU|SIGXFSZ|SIGVTALRM|SIGPROF|SIGWINCH|SIGINFO|SIGUSR1|
SIGUSR2 },{ }) = 0 (0x0)
...
sigprocmask(SIG_SETMASK,{ },0x0)                     = 0 (0x0)
exit(0x0)
process exit, rval = 0
$
```

이 출력 결과에서 보다시피 간단한 예제로 시작되는 여러 시스템 호출이 있습니다. 그중 일부는 특히 프로세스 초기화 시 공유 객체 라이브러리 로드와 관련이 있습니다. 강조 표시 부분에 보이는 첫 번째 시스템 호출은 libc.so.7이라는 공유 객체 라이브러리 파일을 엽니다. 이 공유 객체 라이브러리는 FreeBSD의 libc에 대한 실제 구현을 포함합니다.

[셸 박스 10-2]에서는 프로그램이 nanosleep 시스템 호출을 요청합니다. 시스템 호출에 전달된 값은 1000000000나노초로, 1초에 해당하는 값입니다.

시스템 호출은 함수 호출을 닮았습니다. 참고로 각각의 시스템 호출은 상수로 지정되어 미리 정해져 있습니다. 따라서 특정 이름과 특정 인수 목록을 가집니다. 또한 각 시스템 호출은 특정 임무를 수행합니다. 여기에서는 nanosleep이 호출 스레드를 특정 나노초만큼 잠들어 있도록 합니다.

시스템 호출에 관한 더 많은 정보는 FreeBSD 시스템 호출 매뉴얼에서 찾아볼 수 있습니다. 다음 [셸 박스 10-3]은 매뉴얼에서 nanosleep 시스템 호출에 대한 페이지입니다.

셸 박스 10-3 nanosleep 시스템 호출에 대해 할당된 매뉴얼 페이지

```
$ man nanosleep
NANOSLEEP(2)                       FreeBSD System Calls Manual
NANOSLEEP(2)
NAME
    nanosleep - high resolution sleep
```

```
LIBRARY
    Standard C Library (libc, -lc)

SYNOPSIS
    #include <time.h>

    Int
    clock_nanosleep(clockid_t clock_id, int flags,
        const struct timespec *rqtp, struct timespec *rmtp);
    int
    nanosleep(const struct timespec *rqtp, struct timespec *rmtp);

DESCRIPTION
    If the TIMER_ABSTIME flag is not set in the flags argument, then
    clock_nanosleep() suspends execution of the calling thread until either
    the time interval specified by the rqtp argument has elapsed, or a signal
    is delivered to the calling process and its action is to invoke a signalca
    tching function or to terminate the process. The clock used to measure
    the time is specified by the clock_id argument
...
...
$
```

이 매뉴얼 페이지에서는 다음 내용을 설명합니다.

- nanosleep은 시스템 호출입니다.

- 시스템 호출은 time.h에 정의된 셸 링에서 nanosleep과 clock_nanosleep 함수를 호출해 접근할 수 있습니다. 참고로 여기서는 unitsd.h의 sleep 함수를 사용했습니다. 또한 time.h에서 앞의 두 함수를 사용할 수도 있습니다. 두 헤더 파일 및 앞의 모든 함수는 실제로 사용된 모든 함수와 함께 SUS 및 POSIX에 속한다는 점도 알아두면 좋습니다.

- 이러한 함수를 호출하려면 링커에 -lc 옵션을 전달해 liibc에 대해 실행 가능한 파일을 링크해야 합니다. 이는 FreeBSD만 해당될 수 있습니다.

- 이 매뉴얼 페이지는 시스템 호출 자체를 설명하는 내용은 아니지만 표준 C API에 관한 것으로, 이 API는 셸 링이 제공합니다. 이 매뉴얼은 응용프로그램 개발자를 위해 작성되었으며, 따라서 그들은 시스템 호출이나 커널 내부에 관해서는 그리 자주 다루지 않을 것입니다. 대신 응용프로그램 개발자들은 셸 링이 노출하는 API에 주목합니다.

libc에서 실제로 시스템 호출을 불러오는 지점을 찾아봅시다. 깃허브에 있는 FreeBSD 소스를 사용하겠습니다. 우리가 사용할 커밋 해시는 **master** 브랜치에 있는 **bf78455d496**입니다. 저장소에서 알맞은 커밋을 복제해 이용하려면 다음 명령어를 실행하세요.

셸 박스 10-4 FreeBSD 프로젝트를 복제하고 특정 커밋으로 이동하기

```
$ git clone https://github.com/freebsd/freebsd
...
$ cd freebsd
$ git reset --hard bf78455d496
...
$
```

또한 다음 링크에서 FreeBSD 프로젝트를 더 알아볼 수도 있습니다(https://github.com/freebsd/freebsd/tree/bf78455d496). 프로젝트를 더 알아보기 위해 어떤 방법을 사용하든 간에, 다음과 같은 코드를 발견할 수 있습니다.

lib/libc 경로로 가서 sys_nanosleep에 대해 grep을 하면 다음 파일 엔트리를 찾을 수 있습니다.

셸 박스 10-5 FreeBSD libc 파일에 있는 nanosleep 시스템 호출 관련 엔트리 찾기

```
$ cd lib/libc
$ grep sys_nanosleep . -R
./include/libc_private.h:int __sys_nanosleep(const struct
timespec *, struct timespec *);
./sys/Symbol.map: __sys_nanosleep;
./sys/nanosleep.c:__weak_reference(__sys_nanosleep, __nanosleep);
./sys/interposing_table.c: SLOT(nanosleep, __sys_nanosleep),
$
```

lib/libc/sys/interposing_table.c 파일에서 볼 수 있듯, nanosleep 함수는 __sys_nanosleep 함수와 연결되어 있습니다. 그러므로 nanosleep을 목표로 하는 함수 호출은 모두 __sys_nano_sleep을 불러옵니다.

__sys로 시작하는 함수는 FreeBSD 규칙^{convention}에서 실제 시스템 호출 함수입니다. 참고로 이는 libc 구현에 속하며, 여기에 사용된 명명 규칙이나 다른 구현 관련 설정은 FreeBSD에만 매우 한정됩니다.

[셸 박스 10-5]에는 또 다른 흥미로운 점이 있습니다. `lib/libc/include/libc_private.h` 파일은 시스템 호출 주변의 래퍼 함수에 필요한 비공개 및 내부 함수 선언을 포함합니다.

지금까지 셸 링이 시스템 호출을 이용해 내부 링에 대한 libc를 만드는 함수 호출을 라우팅하는 법을 살펴봤습니다. 하지만 왜 처음부터 시스템 호출이 필요할까요? 왜 함수 호출이 아니라 시스템 호출이라고 할까요? 사용자 응용프로그램이나 libc에 있는 일반적인 함수는 커널 링의 시스템 호출과는 어떻게 다른 걸까요? 이에 대해서는 **11장**에서 시스템 호출의 더 구체적인 정의를 보며 자세히 다루겠습니다.

10.5 커널

커널 링의 주요 목적은 시스템에 연결된 하드웨어를 관리하는 일이며 시스템 호출로 커널의 기능을 제공하는 것입니다. 다음 도식은 마지막에 사용자 응용프로그램이 특정 하드웨어 기능을 사용하기 이전에 그 기능이 서로 다른 링을 통해 제공되는 방식을 나타냅니다.

이 도식은 지금까지 설명한 내용을 요약합니다. 이번 절에서는 커널 자체에 초점을 맞출 것이며 커널이 무엇인지 알아봅니다. 커널은 우리가 알고 있는 다른 프로세스와 마찬가지로 일련의 명령어를 실행하는 프로세스입니다. 하지만 **커널 프로세스**는 우리가 **사용자 프로세스**로 알고 있는 일반적인 프로세스와는 근본적으로 다릅니다.

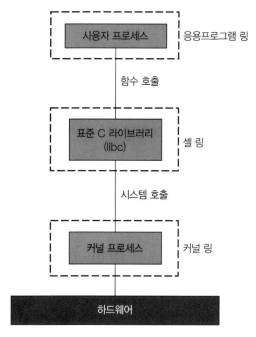

그림 10-4 하드웨어 기능을 제공하기 위해 여러 유닉스 링 사이에서 이루어지는 함수 호출과 시스템 호출

다음은 커널 프로세스와 사용자 프로세스를 비교한 목록입니다. 참고로 이러한 비교는 리눅스 같은 **모놀리식 커널**Monolithic kernel에만 해당합니다. 다른 종류의 커널은 다음 11장에서 설명하겠습니다.

- 커널 프로세스는 첫 번째로 로드 및 실행됩니다. 하지만 사용자 프로세스가 스폰되기 전에 커널 프로세스가 로드되고 실행되어야 합니다.

- 커널 프로세스는 하나여야 합니다. 하지만 동시에 작업 중인 여러 개의 사용자 프로세스가 있을 수 있습니다.

- 커널 프로세스는 부트 로더boot loader에 의해 메인 메모리로 커널 이미지를 복제해 생성됩니다. 하지만 사용자 프로세스는 exec이나 fork 시스템 호출을 이용해 생성됩니다. 이러한 시스템 호출은 대부분의 유닉스 시스템에 존재합니다.

- 커널 프로세스는 시스템 호출을 다루고 실행합니다. 하지만 사용자 프로세스는 시스템 호출을 불러와 커널 프로세스가 시스템을 호출하기를 기다립니다. 이는 사용자 프로세스가 시스템 호출의 실행을 요구할 때, 실행의 흐름이 커널 프로세스로 넘어가서 커널이 사용자 프로세스 대신 시스템 호출의 로직을 실행한다는 것을 의미합니다. 유닉스에 관해 살펴보는 두 번째 장인 11장에서 명확하게 설명하겠습니다.

- 커널 프로세스는 물리 메모리 및 **권한 수준이 높은 모드** privileged mode에 있는 모든 연결된 하드웨어를 봅니다. 하지만 사용자 프로세스는 가상 메모리를 봅니다. 가상 메모리는 물리 메모리의 일부에 연결된 것으로, 물리 메모리 레이아웃에 관해서는 아무것도 알지 못합니다. 마찬가지로 사용자 프로세스는 리소스와 하드웨어에 대한 접근을 통제하고 감독합니다. 사용자 프로세스는 운영체제가 시뮬레이션한 샌드박스 안에서 실행되는 것이라고 할 수 있습니다. 이는 사용자 프로세스가 다른 사용자 프로세스의 메모리를 볼 수 없음을 나타냅니다.

이 비교로 이해할 수 있듯, 운영체제의 런타임에는 서로 다른 두 가지 실행 모드가 있습니다. 하나는 커널 프로세스 모드이고, 다른 하나는 사용자 프로세스 모드입니다.

전자의 실행 모드는 **커널 랜드** 또는 **커널 공간**이라고 합니다. 후자는 **유저 랜드** 또는 **사용자 공간**이라고 합니다. 사용자 프로세스가 시스템 호출을 불러오는 것은 두 랜드를 함께 가져오는 방식입니다. 기본적으로 커널 공간과 사용자 공간을 서로 분리해야 했으므로 시스템 호출이 고안되었습니다. 커널 공간은 시스템 자원에 접근할 수 있는 가장 권한이 높은 것이고, 사용자 공간은 가장 권한이 낮으며 감독받는 접근 권한을 갖습니다.

일반적인 유닉스 커널에 대한 내부 구조는 커널이 수행하는 임무에 따라 구별할 수 있습니다. 사실 하드웨어를 관리하는 일은 커널이 수행하는 여러 임무 중 하나입니다. 다음은 유닉스 커널이 갖는 권한 목록입니다. 참고로 하드웨어 관리 임무 역시 다음 목록에 포함됩니다.

- **프로세스 관리**: 사용자 프로세스는 시스템 호출을 통해 커널이 생성합니다. 새로운 프로세스에 대한 메모리 할당과 그에 대한 명령어 로딩은 모든 작업 중에서 프로세스를 실행하기 전 반드시 수행해야 하는 작업입니다.
- **프로세스 간 통신** Inter-Process Communication **(IPC)**: 동일한 머신에 있는 사용자 프로세스는 그들 간 데이터를 교환하는 서로 다른 메서드를 사용할 수 있습니다. 이러한 메서드에는 공유 메모리, 파이프, 유닉스 도메인 소켓이 있습니다. 커널이 이 메서드를 사용할 수 있도록 해야 하며, 메서드 중 일부는 커널이 데이터 교환을 통제해야 합니다. 이러한 메서드는 19장에서 IPC 기술을 이야기하면서 설명하겠습니다.
- **스케줄링**: 유닉스는 항상 다중 작업(멀티태스킹) 운영체제로 알려졌습니다. 커널은 CPU 코어에 대한 접근을 관리하며 이 접근에 대한 균형을 유지하려고 합니다. 스케줄링은 여러 프로세스의 우선순위와 중요성을 감안해 여러 프로세스 간 CPU 시간을 공유하는 임무에 부여된 이름입니다. 다중 작업, 멀티스레딩, 멀티프로세싱에 대해서는 11장에서 더 설명하겠습니다.
- **메모리 관리**: 의심할 여지 없이, 메모리 관리는 커널의 주요 임무입니다. 커널은 물리 메모리 전체를 보고 그에 대한 슈퍼유저 접근 권한을 갖습니다. 그러므로 물리 메모리를 할당 가능한 페이지로 나누고, 힙

할당의 경우 새 페이지를 프로세스에 할당하고, 메모리를 비우고, 그 외에 더 많은 메모리 관련 작업 등은 커널이 수행하고 관리해야 합니다.

- **시스템 시작**: 일단 커널 이미지가 메인 메모리에 로드되고 커널 프로세스가 시작되면, 커널은 사용자 스페이스를 초기화해야 합니다. 이는 주로 **프로세스 식별자**process identifier(PID) 1로 첫 번째 사용자 프로세스를 생성함으로써 수행됩니다. 리눅스와 같은 몇몇 유닉스 시스템에서는 이 프로세스를 init이라고 합니다. 이 프로세스가 시작된 뒤에 다른 서비스와 **데몬**daemon이 시작됩니다.

- **장치 관리**: CPU와 메모리 외에도 커널은 모든 커널에 대해서 추상화를 통해 하드웨어를 관리할 수 있어야 합니다. 장치는 유닉스 시스템에 연결된 실제 또는 가상의 하드웨어입니다. 일반적인 유닉스 시스템은 /dev 경로를 사용해 연결된 장치 파일을 저장합니다. 연결된 모든 하드디스크 드라이브, 네트워크 어댑터, USB 장치 등은 /dev 경로에 있는 파일과 연결됩니다. 이러한 장치 파일은 사용자 프로세스가 해당 장치와 통신할 때 사용할 수 있습니다.

다음 도식은 이 목록을 기반으로 유닉스 커널의 가장 보편적인 내부 구조를 나타냅니다.

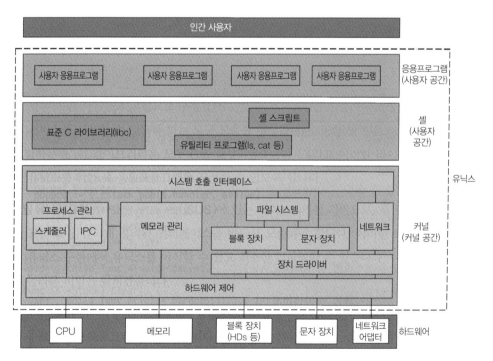

그림 10-5 유닉스 아키텍처에서 서로 다른 링의 내부 구조

[그림 10-5]는 유닉스 링의 상세한 도식화입니다. 이는 셸 링에서 사용자 응용프로그램으로 노출하는 세 부분이 있음을 명확하게 보여줍니다. 또한 커널 링의 내부 구조도 상세히 나타냅니다.

커널 링의 가장 위에는 시스템 호출 인터페이스가 있습니다. 그림에 명확히 나타나듯 사용자 스페이스에 있는 모든 유닛은 반드시 시스템 호출 인터페이스를 통해서 아래에 있는 유닛과 통신해야 합니다. 이 인터페이스는 사용자와 커널 스페이스 간 관문 또는 장벽과 같습니다.

커널에는 이용 가능한 물리 메모리를 관리하는 **메모리 관리 유닛**Memory Management unit(MMU)과 같은 다양한 유닛이 있습니다.[4] **프로세스 관리 유닛**은 사용자 공간에 프로세스를 만들며 이에 대해 리소스를 할당합니다. 또한 프로세스 관리 유닛은 프로세스가 IPC를 사용할 수 있도록 합니다. 도표에는 또한 다양한 I/O 기능을 제공하기 위해 **장치 드라이버**가 조정하는 **문자**와 **블록 장치**가 나타나 있습니다. 문자와 블록 장치에 관해서는 다음 절에서 설명합니다. **파일 시스템** 유닛은 커널의 필수적인 부분으로, 블록과 문자 장치에 대한 추상화이며 프로세스와 커널 자신이 같은 공유 파일 계층을 사용할 수 있도록 합니다.

다음 절에서는 하드웨어에 관해 이야기하겠습니다.

10.6 하드웨어

모든 운영체제의 최종 목적은 사용자와 응용프로그램이 하드웨어를 이용하고 상호작용할 수 있도록 하는 것입니다. 유닉스의 목표 또한 현재와 미래의 모든 플랫폼에서 같은 유틸리티 프로그램과 명령어를 사용해 연결된 하드웨어에 추상적이고 투명한 방식으로 접근하도록 하는 것입니다.

이러한 투명성과 추상화를 통해 유닉스는 모든 하드웨어를 시스템에 연결된 여러 장치로 추상화합니다. 그러므로 **장치**라는 용어는 유닉스에서 중심적이며, 연결된 모든 하드웨어는 유닉스 시스템에 연결된 장치로 간주됩니다.

컴퓨터에 연결된 하드웨어는 두 가지 범주로 분류할 수 있습니다. **필수 장치**mandatory 그리고

---

4 옮긴이_ MMU는 가상 메모리 주소를 실제 물리 주소로 변환하는 하드웨어 장치입니다. 리눅스 커널은 이를 통해 메모리를 관리할 수 있습니다. MMU에 대한 설명은 이 책의 범위를 벗어나므로 인터넷에서 더 알아보기를 권장합니다.

주변 장치[peripheral]입니다. CPU와 메인 메모리는 유닉스 시스템에 연결된 필수 장치입니다. 하드디스크 드라이브, 네트워크 어댑터, 마우스, 모니터, 그래픽 카드, 와이파이 어댑터와 같은 나머지 모든 하드웨어는 주변 장치입니다.

유닉스 머신은 필수 장치 없이 작동할 수 없습니다. 하지만 하드디스크 드라이브나 네트워크 어댑터가 없는 유닉스 머신은 있을 수 있습니다. 참고로 유닉스 커널이 작동할 때 필수인 파일 시스템은 반드시 하드 디스크가 필요하지는 않다는 점을 알아두세요.

유닉스 커널은 CPU와 물리 메모리를 완벽하게 숨깁니다. 커널만이 이를 직접 관리하며, 사용자 공간에서는 접근이 허용되지 않습니다. 유닉스 커널에 있는 메모리 관리 및 스케줄러 유닛은 물리 메모리와 CPU를 각각 관리합니다.

유닉스 시스템에 연결된 다른 주변 장치는 이에 해당하지 않습니다. 주변 장치는 장치 파일이라는 메커니즘을 통해 노출됩니다. 유닉스 시스템의 **/dev** 경로에서 장치 파일을 볼 수 있습니다.

다음은 일반적인 리눅스 머신에서 찾아볼 수 있는 파일 목록입니다.

셸 박스 10-6 리눅스 머신의 /dev내용 목록

```
$ ls -l /dev
total 0
crw-r--r-- 1 root root 10, 235 Oct 14 16:55 autofs
drwxr-xr-x 2 root root 280 Oct 14 16:55 block
drwxr-xr-x 2 root root 80 Oct 14 16:55 bsg
crw-rw---- 1 root disk 10, 234 Oct 14 16:55 btrfs-control
drwxr-xr-x 3 root root 60 Oct 14 17:02 bus
lrwxrwxrwx 1 root root 3 Oct 14 16:55 cdrom -> sr0
drwxr-xr-x 2 root root 3500 Oct 14 16:55 char
crw------- 1 root root 5, 1 Oct 14 16:55 console
lrwxrwxrwx 1 root root 11 Oct 14 16:55 core -> /proc/kcore
crw------- 1 root root 10, 59 Oct 14 16:55 cpu_dma_latency
crw------- 1 root root 10, 203 Oct 14 16:55 cuse
drwxr-xr-x 6 root root 120 Oct 14 16:55 disk
drwxr-xr-x 3 root root 80 Oct 14 16:55 dri
lrwxrwxrwx 1 root root 3 Oct 14 16:55 dvd -> sr0
crw------- 1 root root 10, 61 Oct 14 16:55 ecryptfs
crw-rw---- 1 root video 29, 0 Oct 14 16:55 fb0
lrwxrwxrwx 1 root root 13 Oct 14 16:55 fd -> /proc/self/fd
crw-rw-rw- 1 root root 1, 7 Oct 14 16:55 full
crw-rw-rw- 1 root root 10, 229 Oct 14 16:55 fuse
```

```
crw------- 1 root root 245, 0 Oct 14 16:55 hidraw0
crw------- 1 root root 10, 228 Oct 14 16:55 hpet
drwxr-xr-x 2 root root 0 Oct 14 16:55 hugepages
crw------- 1 root root 10, 183 Oct 14 16:55 hwrng
crw------- 1 root root 89, 0 Oct 14 16:55 i2c-0
...
crw-rw-r-- 1 root root 10, 62 Oct 14 16:55 rfkill
lrwxrwxrwx 1 root root 4 Oct 14 16:55 rtc -> rtc0
crw------- 1 root root 249, 0 Oct 14 16:55 rtc0
brw-rw---- 1 root disk 8, 0 Oct 14 16:55 sda
brw-rw---- 1 root disk 8, 1 Oct 14 16:55 sda1
brw-rw---- 1 root disk 8, 2 Oct 14 16:55 sda2
crw-rw----+ 1 root cdrom 21, 0 Oct 14 16:55 sg0
crw-rw---- 1 root disk 21, 1 Oct 14 16:55 sg1
drwxrwxrwt 2 root root 40 Oct 14 16:55 shm
crw------- 1 root root 10, 231 Oct 14 16:55 snapshot
drwxr-xr-x 3 root root 180 Oct 14 16:55 snd
brw-rw----+ 1 root cdrom 11, 0 Oct 14 16:55 sr0
lrwxrwxrwx 1 root root 15 Oct 14 16:55 stderr -> /proc/self/fd/2
lrwxrwxrwx 1 root root 15 Oct 14 16:55 stdin -> /proc/self/fd/0
lrwxrwxrwx 1 root root 15 Oct 14 16:55 stdout -> /proc/self/fd/1
crw-rw-rw- 1 root tty 5, 0 Oct 14 16:55 tty
crw--w---- 1 root tty 4, 0 Oct 14 16:55 tty0
...
$
```

머신에 연결된 장치의 목록입니다. 하지만 당연히 모두 물리 장치는 아닙니다. 유닉스에서 하드웨어 장치에 대한 추상화는 **가상 장치**를 가질 수 있는 능력을 부여합니다.

예를 들어 물리적 장치가 없는 가상 네트워크 어댑터가 있을 수 있습니다. 하지만 이 가상 네트워크 어댑터는 네트워크 데이터에 추가적인 작업을 수행할 수 있습니다. 이는 유닉스 기반 환경에서 VPN이 사용하는 방식입니다. 물리 네트워크 어댑터는 실제 네트워크 기능을 가져오고, 가상 네트워크 어댑터는 보안 터널을 통해 데이터를 전송하는 능력을 제공합니다.

[셸 박스 10-6]의 출력에 명확히 나타나듯 각 장치는 /dev 경로에 자신의 고유 파일이 있습니다. c와 b로 시작하는 행은 문자 장치와 블록 장치를 각각 나타냅니다. 문자 장치는 바이트별로 데이터를 전송하고 사용하게 되어 있습니다. 이러한 장치의 예로는 시리얼 포트와 병렬 포트가 있습니다. 블록 장치는 바이트 하나가 아닌 데이터 덩어리를 전송하고 사용합니다. [셸 박스 10-6]에서 l로 시작하는 행은 다른 장치에 대한 심벌릭 링크이며, d로 시작하는 행은 다른

장치 파일을 포함하는 경로를 나타냅니다.

사용자 프로세스는 이러한 장치 파일을 사용해 장치에 해당하는 하드웨어에 접근할 수 있습니다. 이 장치 파일은 장치로부터 또는 장치로 데이터를 보내거나 받기 위해 작성되거나 읽을 수 있습니다.

이 책에서 더 깊게 설명하지는 않겠습니다. 하지만 장치 및 장치 드라이버가 더 궁금하다면, 이 주제에 관한 자료를 더 읽어봐야 합니다. 다음 **11장**에서는 시스템 호출에 대해 계속해서 자세히 이야기하고, 기존의 유닉스 커널에 새로운 시스템 호출을 추가합니다.

10.7 마무리

이번 장에서는 유닉스가 무엇인지 그리고 유닉스가 C와 어떻게 상호 연관되는지를 알아보기 시작했습니다. 유닉스가 아닌 운영체제에서도 유닉스 시스템과 비슷한 설계의 흔적을 볼 수 있었습니다.

이번 장에서 1970년대 초의 역사를 살펴보고 유닉스가 멀틱스에서 어떻게 등장했는지, 그리고 B 프로그래밍 언어에서 C가 어떻게 나왔는지 알아봤습니다. 그다음으로 유닉스 아키텍처에 대해 설명했습니다. 유닉스 아키텍처는 양파 링 모양의 아키텍처로 사용자 응용프로그램, 셸, 커널, 하드웨어라는 네 개의 층으로 구성됩니다.

유닉스 링 모델에서 다양한 층을 간략히 살펴봤으며 셸 층에 관해서는 상세히 설명했습니다. C 표준 라이브러리를 소개했으며, 다양한 유닉스 시스템에서 빌드될 수 있는 프로그램을 작성하는 능력을 개발자에게 부여하기 위해 POSIX와 SUS 표준을 통해 이 표준 라이브러리가 사용되는 방식을 설명했습니다.

유닉스를 알아보는 두 번째 장인 **11장**에서는 계속해서 유닉스 및 유닉스의 아키텍처를 다룹니다. 그리고 이를 둘러싼 커널 및 시스템 호출에 관해 더 자세히 설명합니다.

시스템 호출과 커널

10장에서 유닉스의 역사와 유닉스의 양파 링 모양 아키텍처에 관해 다뤘습니다. 또한 C 표준 라이브러리가 유닉스 호환 시스템이 노출하는 공통 기능을 제공하는 방식을 설명하기에 앞서, 유닉스에서 셸 링에 대한 규약인 POSIX와 SUS 표준에 관해 이야기했습니다.

이번 11장에서는 계속해서 시스템 호출 인터페이스와 유닉스 커널을 설명하겠습니다. 이를 통해 유닉스 시스템이 작동하는 방식을 완벽하게 이해할 수 있습니다.

11장을 읽고 나면 프로그램이 불러오는 시스템 호출을 분석할 수 있고, 유닉스 환경에서 프로세스가 어떻게 살고 진화하는지 설명할 수 있으며, 직접 또는 libc를 통해 시스템 호출을 할 수 있습니다. 또한 유닉스 커널 개발에 관해서도 이야기하며 리눅스 커널에 새로운 시스템 호출을 추가하는 법과 셸 링에서 어떻게 이러한 호출이 이루어지는지 보여드리겠습니다.

이번 장의 마지막 부분에서는 **모놀리식 커널**monolithic kernel과 **마이크로커널**microkernel이 얼마나 다른지 이야기하겠습니다. 모놀리식 커널인 리눅스 커널을 소개하며, 동적으로 로드 및 언로드할 수 있는 **커널 모듈**을 작성하겠습니다.

시스템 호출에 대한 이야기로 이번 장을 시작해봅시다.

11.1 시스템 호출

10장에서 시스템 호출을 간략히 설명했습니다. 이번 절에서는 사용자 프로세스부터 커널 프로세스에 이르기까지 실행을 전송하는 시스템 호출 내부에서 사용하는 메커니즘을 더 자세히 들여다보고 설명하겠습니다.

하지만 그 전에 커널 공간과 사용자 공간을 조금 더 자세히 설명해야 합니다. 내부적으로 시스템 호출이 작동하는 방식을 이해하면 더 도움이 되기 때문입니다. 또한 커널 개발에 관한 아이디어를 얻기 위해 간단한 시스템 호출을 작성해보겠습니다.

이전에 없었던 기능을 커널에 추가할 때 새로운 시스템 호출을 작성하려면 지금 하려는 일이 매우 중요합니다. 그뿐만 아니라 커널 공간이 무엇이고 커널 공간이 사용자 공간과 어떻게 다른지 더 잘 이해할 수 있습니다. 실제로 커널 공간은 사용자 공간과 매우 다르기 때문입니다.

11.1.1 시스템 호출 자세히 보기

10장에서 다룬 대로 셸 링에서 커널 링으로 이동할 때 분리가 발생합니다. 처음 두 개의 링인 사용자 응용프로그램과 셸 링에 있는 것은 모두 사용자 공간에 속한다는 것을 알 수 있습니다. 마찬가지로 커널 링이나 하드웨어 링에 나타나는 것은 모두 커널 공간에 속합니다.

이러한 분리에는 한 가지 규칙이 있습니다. 가장 내부에 있는 커널 링과 하드웨어 링은 사용자 공간이 직접 접근할 수 없습니다. 즉, 사용자 공간에 있는 어떤 프로세스도 하드웨어, 내부 커널 자료 구조 및 알고리듬에 직접 접근할 수 없습니다. 대신 시스템 호출을 통해 접근해야 합니다.

리눅스 같은 유닉스 계열 운영체제에 대해 알고 경험했던 바와는 약간 모순적인 것처럼 보일 수도 있습니다. 문제가 무엇인지 잘 모르겠다면 설명하겠습니다. 예를 들면 프로그램이 네트워크 소켓에서 바이트를 읽을 때, 네트워크 어댑터에서 실제로 그 바이트를 읽는 것은 프로그램이 아니므로 모순적으로 보입니다. 바이트를 읽고 사용자 공간으로 복제하는 것은 바로 커널이며, 프로그램은 이를 받아서 사용할 수 있습니다.

사용자 공간에서 커널 공간, 그리고 커널 공간에서 사용자 공간으로 향하는 모든 단계를 예제에서 살펴보고 더 명확히 설명하겠습니다. 하드디스크 드라이브에서 파일을 읽으려면 사용자 응용프로그램 링에 있는 프로그램을 작성해야 합니다. 이 프로그램은 fread(혹은 다른 유사한 함수)라고 하는 libc의 I/O 함수를 사용하며 사용자 공간에서 프로세스로서 프로그램이 실행됩니다. 프로그램이 fread 함수를 호출할 때 libc에 있는 구현이 트리거됩니다.

지금까지는 모든 것이 아직 사용자 프로세스에 있습니다. 이제 fread 구현이 시스템 호출을 수행하고, fread가 기존에 열려 있는 **파일 서술자**file descriptor를 첫 번째 인수로 받는 한편, 버퍼의 주소는 사용자 공간에 있는 프로세스의 메모리에 할당되고 이것이 두 번째 인수가 되며, 버퍼의 길이는 세 번째 인수가 됩니다.

시스템 호출이 libc 구현에 의해 트리거될 때 커널은 사용자 프로세스를 대신해 실행에 대한 통제권을 갖습니다. 시스템 호출은 사용자 공간에서 인수를 받아서 커널 공간에 둡니다. 이후 (10장의 [그림 10-5]에서 볼 수 있듯이) 커널 내부에 있는 파일 시스템 유닛에 접근해 파일을 읽는 것이 바로 커널입니다.

read 작업이 커널 링에서 완료되었을 때 읽은 데이터는 fread 함수를 호출할 때 두 번째 인수에 지정된 대로 사용자 공간에 있는 버퍼로 복사됩니다. 그리고 시스템 호출은 사용자 프로세스로 실행에 대한 통제권을 반환하고 떠납니다. 한편, 일반적으로 사용자 프로세스는 시스템 호출이 작업하느라 바쁠 때 대기합니다. 이 경우 시스템 호출은 블로킹 모드입니다.

이러한 상황에 대해 알아야 할 중요한 사항들이 있습니다.

- 시스템 호출 이후에 따라오는 모든 로직을 수행하는 커널은 단 하나뿐입니다.
- 시스템 호출이 블로킹일 때, 즉 시스템 호출이 진행 중일 때 호출하는 쪽의 사용자 프로세스는 시스템 호출이 종료될 때까지 기다려야 합니다. 반대로 만약 시스템 호출이 논블로킹일 경우 시스템 호출은 아주 빨리 반환되지만, 사용자 프로세스는 결과를 이용할 수 있는지 확인하기 위해 추가로 시스템 호출을 해야 합니다.
- 입출력 데이터와 함께 인수는 사용자 공간에서 또는 사용자 공간으로 복제됩니다. 실젯값이 복제되므로 시스템 호출은 작은 변수 및 포인터를 입력 인수로 받을 수 있게 설계해야 합니다.
- 커널은 시스템의 모든 리소스에 접근할 수 있는 완전한 권한을 갖습니다. 그러므로 사용자 공간이 이러한 시스템 호출을 할 수 있는지를 확인하는 메커니즘이 있어야 합니다. 이때 만약 사용자가 파일의 소유자가 아니라면 fread는 필수 권한이 없다는 오류를 발생시키며 실패합니다.
- 사용자 및 커널 공간에 할당된 메모리도 비슷하게 분리되어 있습니다. 사용자 프로세스는 사용자 공간 메모리에만 접근할 수 있습니다. 특정 시스템 호출을 위해 여러 번 전송해야 할 수도 있습니다.

다음 절로 넘어가기 전에 질문을 하나 하겠습니다. 시스템 호출은 실행에 대한 통제를 어떻게 커널로 전송할까요? 잠시 생각해보세요. 다음 절에서 그 답을 알아보겠습니다.

11.1.2 표준 C 건너뛰기: 직접 시스템 호출하기

앞의 질문에 답하기 전에, 표준 C 라이브러리를 사용하지 않고 건너뛰는 예제를 살펴보고 시스템 호출을 직접 해봅시다. 다시 말해 이 프로그램은 셸 링을 통하지 않고 시스템 호출을 수행합니다. 앞서 봤듯 이는 안티 패턴이라 여겨집니다. 하지만 특정 시스템 호출이 libc를 통해 노출되지 않을 때, 사용자 응용프로그램은 직접 시스템 호출을 할 수 있습니다.

모든 유닉스 시스템에는 시스템 호출을 직접 불러오는 특정 메서드가 있습니다. 예를 들어 리눅스에서는 이러한 목적으로 syscall이라는 함수가 있으며 이 함수는 <sys/syscall.h> 헤더 파일에 있습니다.

다음 [코드 박스 11-1]의 [예제 11-1]은 표준 출력을 위해 libc를 사용하지 않는 Hello World 예제입니다. 즉, 이 예제는 셸 링과 POSIX 표준에 있는 print 함수를 사용하지 않습니다. 그 대신 특정 시스템 호출을 직접 불러오므로, 이 코드는 다른 유닉스 시스템이 아닌 오직 리눅스 머신에서만 호환할 수 있습니다. 다시 말해 이 코드는 다른 유닉스 버전으로 이식될 수 없습니다.

코드 박스 11-1 [예제 11-1] 시스템 호출을 직접 불러오는 또 다른 Hello World 예제 (ExtremeC_examples_chapter11_1.c)

```
// POSIX가 아닌 것을 사용할 수 있도록 이 코드가 필요합니다.
#define _GNU_SOURCE

#include <unistd.h>

// 이것은 POSIX에 속하지 않습니다.
#include <sys/syscall.h>

int main(int argc, char** argv) {
char message[20] = "Hello World!\n";
  // 쓰기를 하는 'write' 시스템 호출을 부릅니다.
  // 표준 출력으로 바이트가 입력됩니다.
  syscall(__NR_write, 1, message, 13);
  return 0;
}
```

이 코드 박스의 첫 행처럼 _GNU_SOURCE를 정의해 POSIX나 SUS 표준이 아닌 **GNU C 라이브러리(glibc)**를 사용한다고 나타내야 합니다. 그러면 프로그램의 이식성을 깨뜨리므로 이 코드는 다른 유닉스 머신에서 컴파일할 수 없습니다. 두 번째 include 구문에서는 glibc 외의 구현을 주요 libc 백본^{backbone}으로 사용하는 다른 POSIX 시스템에는 없는 glibc 관련 헤더 파일 중 하나를 포함합니다.

main 함수에서는 syscall 함수를 불러와 시스템을 호출합니다. 우선 숫자를 전달해 시스템 호출을 명시해야 합니다. 이 숫자는 특정 시스템 호출을 참조하는 정수입니다. 모든 시스템 호출은 리눅스에서 특정 시스템 호출 숫자가 있습니다.

예제 코드에서 __NR_write 상수는 시스템 호출 숫자 대신 전달되었습니다. 하지만 실제 숫잣값에 대해서는 우리가 알지 못하는 상태입니다. unistd.h 헤더 파일을 보면 write 시스템 호출에 해당하는 숫자는 확실히 64입니다. 시스템 호출 숫자를 전달한 뒤에는 시스템 호출에 필요한 인수를 전달해야 합니다.

이 코드는 매우 간단하며 단순한 함수 호출만 포함하지만, syscall은 일반적인 함수가 아니라는 점을 알아야 합니다. syscall은 적절한 CPU 레지스터를 채우고 실제로 실행 권한을 사용자 공간에서 커널 공간으로 전송하는 어셈블리 절차입니다. 이에 관해서는 곧 이야기하겠습니다.

write에 대해 3개의 인수를 전달해야 합니다. 표준 출력을 나타내는 1이라는 파일 서술자, 두 번째로는 사용자 공간에 할당된 버퍼에 대한 포인터, 마지막은 버퍼에서 복사해야 하는 바이트의 길이입니다.

다음은 [예제 11-1]의 출력 결과로, gcc를 이용해 우분투 18.04.1에서 컴파일하고 실행했습니다.

셸 박스 11-1 [예제 11-1]의 출력 결과

```
$ gcc ExtremeC_examples_chapter11_1.c -o ex11_1.out
$ ./ex11_1.out
Hello World!
$
```

이제 앞 장에서 소개한 strace를 사용해서 [예제 11-1]이 불러오는 실제 시스템 호출을 확인할 차례입니다. strace의 출력은 다음 [셸 박스 11-2]에 보이듯 프로그램이 알맞은 시스템 호출을 불러왔음을 나타냅니다.

셸 박스 11-2 [예제 11-1]이 실행되는 동안의 strace 출력

```
$ strace ./ex11_1.out
execve("./ex11_1.out", ["./ex11_1.out"], 0x7ffcb94306b0 /* 22 vars */) = 0
brk(NULL) = 0x55ebc30fb000
access("/etc/ld.so.nohwcap", F_OK) = -1 ENOENT (No such file or directory)
access("/etc/ld.so.preload", R_OK) = -1 ENOENT (No such file or directory)
openat(AT_FDCWD, "/etc/ld.so.cache", O_RDONLY|O_CLOEXEC) = 3
...
...
arch_prctl(ARCH_SET_FS, 0x7f24aa5624c0) = 0
mprotect(0x7f24aa339000, 16384, PROT_READ) = 0
mprotect(0x55ebc1e04000, 4096, PROT_READ) = 0
mprotect(0x7f24aa56a000, 4096, PROT_READ) = 0
munmap(0x7f24aa563000, 26144) = 0
write(1, "Hello World!\n", 13Hello World!
) = 13
exit_group(0) = ?
+++ exited with 0 +++
$
```

[셸 박스 11-2]에서 굵은 글자 부분에 보이듯 시스템 호출은 strace가 기록합니다. 반환값인 13을 보세요. 이 값은 시스템 호출이 표준 출력에 해당하는 13바이트를 성공적으로 해당 파일에 기록했음을 의미합니다.

> **NOTE_** 사용자 응용프로그램은 절대로 시스템 호출을 직접 사용해서는 안 됩니다. 일반적으로 시스템 호출 전후로 거쳐야 하는 단계가 있습니다. libc 구현이 이 단계를 수행합니다. libc를 사용하지 않는다면 이를 직접 수행해야 하며, 이러한 단계는 유닉스 시스템마다 다르다는 점을 반드시 알아야 합니다.

11.1.3 syscall 함수의 내부

그런데 syscall 함수 내부에서는 어떤 일이 일어나고 있을까요? 지금 이야기하는 내용은 glibc에만 한정되며 다른 나머지 libc 구현에는 해당하지 않습니다. 우선 syscall을 glibc 에서 찾아야 합니다. 여기 syscall 정의에 관한 링크가 있습니다(https://github.com/lattera/glibc/blob/master/sysdeps/unix/sysv/linux/x86_64/syscall.S). 브라우 저에서 이 링크를 열어보면 syscall 함수가 어셈블리어로 작성되었음을 알 수 있습니다.

> **NOTE_** 어셈블리어는 C 소스 파일에서 C 구문과 함께 사용할 수 있습니다. 사실 이 점은 C가 운영체제를 작성하기에 적합한 언어가 되는 중요한 특성입니다. syscall 함수는 C로 선언되었지만, 정의는 어셈블리어 로 구현했습니다.

다음은 syscall.S에 있는 소스 코드입니다.

코드 박스 11-2 glibc에 있는 syscall 함수의 정의

```
/* Copyright (C) 2001-2018 Free Software Foundation, Inc.
   This file is part of the GNU C Library.
   ...
   <http://www.gnu.org/licenses/>. */

#include <sysdep.h>

/* 아래의 -4095 값에 대한 추가 정보는
   sysdeps/unix/sysv/linux/x86-64/sysdep.h 파일을 참고하세요(consult). */

/* 사용법: long syscall (syscall_number, arg1, arg2, arg3, arg4, arg5, arg6)
   몇몇 인수를 옮겨야 합니다. syscall_number는 rax가 됩니다. */

   .text
ENTRY (syscall)
   movq %rdi, %rax            /* Syscall number -> rax. */
   movq %rsi, %rdi.           /* arg1 - arg5 옮기기*/
   movq %rdx, %rsi
   movq %rcx, %rdx
   movq %r8, %r10
   movq %r9, %r8
   movq 8(%rsp),%r9           /* arg6 은 스택에 있습니다. */
```

```
syscall                      /* 시스템 호출을 하세요. */
cmpq $-4095, %rax            /* %rax에 대한 오류를 검사하세요. */
jae SYSCALL_ERROR_LABEL     /* 오류가 발생했다면 오류 핸들러로 점프하세요. */
ret                          /* 호출자를 반환하세요. */

PSEUDO_END (syscall)
```

이러한 방식으로 시스템을 호출하는 것이 더 복잡해 보이지만 명령어는 짧고 간단합니다. 사용 설명 주석에 따르면 glibc의 시스템 호출은 각 호출마다 인수를 6개까지 받을 수 있습니다.

만약 기본 커널이 7개 이상의 인수를 가진 시스템 호출을 지원한다면, glibc는 특정 커널의 기능을 제공할 수 없으므로 이를 지원하도록 변경해야 한다는 의미입니다. 다행히 대부분의 경우 인수 6개는 괜찮았습니다. 그리고 7개 이상의 인수가 필요한 시스템 호출의 경우 사용자 공간 메모리에 할당된 구조체 변수를 가리키는 포인터를 전달하면 됩니다.

[코드 박스 11-2]에서 movq 명령어 다음의 어셈블리 코드는 syscall 서브루틴을 호출합니다. 이는 **인터럽트**를 발생시키고, 이를 기다렸던 커널의 특정 부분이 깨어나서 인터럽트를 다루도록 합니다.

syscall 절차의 첫 행에 나타나듯 시스템 호출 숫자는 **%rax** 레지스터로 옮겨졌습니다. 그다음 다른 인수를 다른 레지스터로 복사합니다. 시스템 호출 인터럽트가 발생하면 커널 인터럽트 핸들러 유닛은 호출을 받아와서 시스템 호출 숫자와 인수를 수집합니다. 그런 다음 커널 쪽에서 호출해야 하는 적절한 함수를 찾고자 **시스템 호출 테이블**을 검색합니다.

여기서 흥미로운 점은 인터럽트 핸들러가 CPU에서 실행될 때 시스템 호출을 개시한 사용자 코드는 CPU를 떠났으며 커널이 이 일을 수행한다는 점입니다. 이것이 시스템 호출의 주요 메커니즘입니다. 시스템 호출을 개시할 때 CPU가 모드를 변경하고, CPU로 커널 명령어를 불러온 뒤 사용자 공간 응용프로그램은 더 이상 실행되지 않습니다. 기본적으로 이러한 이유로 커널이 사용자 응용프로그램 대신 시스템 호출 이후의 로직을 수행한다고 합니다.

다음 절에서 hello 메시지를 출력하는 시스템 호출을 작성하는 예제를 살펴보겠습니다. 입력 문자열 및 인사 문자열을 받는 [예제 11-1]보다 더 진일보한 버전이라 볼 수 있습니다.

11.1.4 리눅스에 시스템 호출 추가하기

이번 절에서는 기존 유닉스 계열 커널의 시스템 호출 테이블에 새로운 시스템 호출을 추가합니다. 커널 공간에서 실행해야 하는 C 코드를 작성하는 일이 처음인 독자도 많을 것입니다. 이전의 모든 예제와 앞으로 작성할 대부분의 코드는 사용자 공간에서 실행합니다.

사실 우리가 작성하는 대부분의 프로그램은 사용자 공간에서 실행하도록 되어 있습니다. 이를 실제로 C **프로그래밍** 또는 C **개발**이라고 합니다. 하지만 만약 커널 공간에서 실행해야 하는 C 프로그램을 작성하려면 다른 이름을 써야 합니다. 이는 **커널 개발**이라고 합니다.

다음 예제인 [예제 11-2]를 살펴보겠습니다. 그 전에 사용자 공간과 얼마나 다른지 알아보기 위해 커널 환경을 더 살펴봐야 합니다.

커널 개발

이 절은 시스템 호출로 넘어가기 전의 첫 번째 부분으로 커널 개발과 일반적인 C 개발 간의 차이에 대해 설명합니다. 특히 운영체제 필드에서 커널 개발자나 보안 연구자가 되려는 분들에게 도움이 될 내용을 다룹니다.

커널 개발은 여러 측면에서 일반적인 C 프로그램의 개발과는 다릅니다. 이 차이를 살펴보기 전에 한 가지 알아두어야 할 점은, C 개발은 일반적으로 사용자 공간에서 진행된다는 것입니다.

다음 목록은 커널 및 사용자 공간에서 수행하는 개발 작업 사이의 여섯 가지 주요 차이점입니다.

- 단 하나의 커널 프로세스가 모든 것을 실행합니다. 쉽게 말해, 커널에서 코드가 충돌이 발생한다면 머신을 재시작해서 커널을 다시 초기화해야 한다는 의미입니다. 사용자 공간 프로그램에서는 해결책을 찾기가 쉽지만, 커널 프로세스의 경우 머신 재부팅을 하지 않는 다른 해결책을 찾기는 어렵습니다. 그러므로 커널 프로세스의 개발 비용이 매우 많이 듭니다. 커널에 충돌이 발생하면 **커널 충돌 덤프**kernel crash dump 가 생성되며 이는 문제 원인 진단에 사용할 수 있습니다.

- 커널 링에는 glibc 같은 C 표준 라이브러리가 없습니다. 즉, 커널 링은 SUS나 POSIX 표준이 더 이상 유효하지 않은 영역이라는 의미입니다. 그러므로 `stdio.h`나 `string.h`와 같은 libc 헤더 파일을 포함할 수 없습니다. 이런 경우 여러 작업에 사용되는 지정된 함수 모음이 있습니다. 이들 함수는 일반적으로 **커널 헤더**에 있으며, 이 영역은 표준화되어 있지 않으므로 유닉스 버전마다 함수가 다를 수 있습니다. 예를 들어 리눅스에서 커널을 개발할 경우, 커널 **메시지 버퍼**에 메시지를 작성하기 위해 `printk`를 사용할 수 있습니다. 하지만 FreeBSD에서는 `printf` 함수군을 사용해야 하며 이는 libc의 `printf` 함수와는 다릅니다. FreeBSD 시스템에서는 `<sys/system.h>` 헤더 파일에서 `printf` 함수를 찾을 수 있습니다.

XNU 커널 개발의 경우에는 해당 함수에 해당하는 것을 찾으면 os_log가 있습니다. 참고로 XNU는 macOS의 커널입니다.

- 커널에서 파일을 읽거나 수정할 수는 있지만, libc 함수를 사용할 수는 없습니다. 각 유닉스 커널은 커널 링 내부에 고유의 접근 파일에 대한 메서드가 있습니다. 이는 libc에서 노출하는 모든 기능과 같습니다.

- 커널 링에서는 물리 메모리 및 다른 서비스에 완전히 접근할 수 있습니다. 그러므로 안전하며 신뢰할 수 있는 코드가 매우 중요합니다.

- 커널에는 시스템 호출 메커니즘이 없습니다. 시스템 호출은 사용자 프로세스가 커널 링과 통신할 수 있도록 하는 주요 사용자 공간 메커니즘입니다. 그러므로 일단 커널에 들어가면 시스템 호출을 할 필요가 없습니다.

- 커널 프로세스는 커널 이미지를 물리 메모리로 복제해 생성하고, 이는 **부트 로더**가 수행합니다. 맨 처음부터 from scratch 커널 이미지를 생성한 다음 시스템을 재부팅해 시스템 호출을 다시 로드하지 않으면 새로운 시스템 호출을 추가할 수 없습니다. 커널 모듈을 지원하는 커널에서는 커널이 실행 중일 때 모듈을 쉽게 추가하고 제거할 수 있습니다. 하지만 시스템 호출에서는 그럴 수 없습니다.

이 목록에서 알 수 있듯 커널 개발은 일반적인 C 개발과는 흐름이 다릅니다. 작성한 로직을 검사하기가 쉽지 않고, 버그가 있는 코드는 시스템 충돌을 야기합니다.

다음 절에서는 새로운 시스템 호출을 추가해 첫 번째 커널을 개발해봅니다. 보통은 커널에 새로운 기능을 도입할 때 시스템 호출까지 추가하지는 않습니다. 우리는 커널 개발에 익숙해지기 위해 이렇게 시도해봅니다.

리눅스에서 Hello World 시스템 호출 작성하기

이번 절에서 리눅스에 대해 새로운 시스템 호출을 작성해보겠습니다. 기존의 리눅스 커널에 새로운 시스템 호출을 추가하는 방법을 설명하는 좋은 자료가 인터넷에 많습니다. 필자는 리눅스에서 자신만의 시스템 호출을 만들기 위한 토대로 다음 포럼 게시물을 이용했습니다(https://medium.com/anubhav-shrimal-/adding-a-hello-world-system-call-to-linux-kernel-dad32875872).

이번 절에서 작성할 [예제 11-2]는 [예제 11-1]보다 진일보한 버전이며 별도의 사용자 정의custom 시스템 호출을 사용합니다. 새 시스템 호출은 4개의 인수를 받습니다. 첫 번째와 두 번째는 입력 이름이고 나머지 두 개는 인사 문자열 출력에 대한 것입니다. 이 시스템 호출은 처음 두 인수를 이용해 이름을 받습니다. 사용자 공간에서 이미 할당된 버퍼를 가리키는 char 포인터

하나와, 버퍼의 길이를 나타내는 정수 하나입니다. 그리고 인사 문자열이 사용하는 인수 2개는 입력 버퍼와는 다르지만 사용자 공간에서 할당된 포인터, 그리고 다른 하나는 그 길이를 나타내는 정수입니다.

CAUTION_ 업무용이나 가정용 리눅스에서 이 실험을 수행하지 마세요. 실험용 머신에서 다음 명령어를 실행하세요. 가상 머신에서 실행하도록 강력히 권고합니다. VirtualBox나 VMware와 같은 에뮬레이터 응용 프로그램을 사용하면 가상 머신을 손쉽게 만들 수 있습니다.

다음 명령어는 부적절하거나 잘못된 순서로 사용할 경우 시스템을 망가뜨리고 전부는 아니어도 일부를 잃을 위험이 있습니다. 비실험용 머신에서 다음 명령어를 실행하려면 데이터의 사본을 만드는 몇 가지 백업 솔루션을 항상 염두에 두어야 합니다.

우선 리눅스 커널의 최신 소스 코드를 다운로드해야 합니다. 소스 코드를 복제하기 위해 리눅스 깃허브를 이용하고 특정 릴리즈를 선택합니다. 이 예제에서는 2019년 9월 15일에 릴리즈된 버전 5.3을 사용하겠습니다.

NOTE_ 리눅스는 커널입니다. 즉, 유닉스 계열 운영체제에서 커널 링에만 설치될 수 있다는 의미입니다. 하지만 **리눅스 배포판**은 다릅니다. 리눅스 배포판은 커널 링에 리눅스 커널의 특정 버전이 있으며 셸 링에는 GNU libc 및 Bash (혹은 GNU 셸)의 특정 버전이 있습니다.

일반적으로 각 리눅스 배포판은 외부 링에 있는 사용자 응용프로그램에 대한 전체 목록에 실립니다. 그러므로 리눅스 배포판은 완전한 운영체제라고 할 수 있습니다. 참고로 **리눅스 배포판**Linux distribution, **리눅스 디스트로** Linux distro, **리눅스 버전**Linux flavor은 모두 같은 의미입니다.

이 예제에서는 64비트 머신에서 우분투 18.04.1 리눅스 배포판을 사용합니다.

시작하기 전에 다음 명령어를 실행해 필요한 패키지를 반드시 미리 설치해야 합니다.

셸 박스 11-3 [예제 11-2]에 필요한 필수 패키지 설치하기

```
$ sudo apt-get update
$ sudo apt-get install -y build-essential autoconf libncurses5-dev
libssl-dev bison flex libelf-dev git
...
```

```
...
$
```

다음은 이 명령어에 관해 알아야 할 사항입니다. apt는 데비안^{Debian} 기반 리눅스 배포판의 메인 패키지 매니저입니다. sudo는 슈퍼유저 모드에서 명령어를 실행할 때 사용하는 유틸리티 프로그램입니다. sudo는 대부분의 유닉스 계열 운영체제에서 사용할 수 있습니다.

그다음은 리눅스 깃허브 저장소를 복제하는 단계입니다. 저장소를 복제하고 나서 버전이 5.3인지도 검사해야 합니다. 버전은 다음 명령어에서 볼 수 있듯 릴리즈 태그 네임^{release tag name}을 사용해 검사할 수 있습니다.

셸 박스 11-4 리눅스 커널을 복제하고 버전이 5.3인지 검사하기

```
$ git clone https://github.com/torvalds/linux
$ cd linux
$ git checkout v5.3
$
```

이제 루트 경로에 있는 파일을 보면 리눅스 커널 코드베이스를 구성하는 여러 파일과 경로가 보입니다.

셸 박스 11-5 리눅스 커널 코드베이스의 내용

```
$ ls
total 760K
drwxrwxr-x 33 kamran kamran 4.0K Jan 28 2018 arch
drwxrwxr-x 3 kamran kamran 4.0K Oct 16 22:11 block
drwxrwxr-x 2 kamran kamran 4.0K Oct 16 22:11 certs
...
drwxrwxr-x 125 kamran kamran 12K Oct 16 22:11 Documentation
drwxrwxr-x 132 kamran kamran 4.0K Oct 16 22:11 drivers
-rw-rw-r-- 1 kamran kamran 3.4K Oct 16 22:11 dropped.txt
drwxrwxr-x 2 kamran kamran 4.0K Jan 28 2018 firmare
drwxrwxr-x 75 kamraln kamran 4.0K Oct 16 22:11 fs
drwxrwxr-x 27 kamran kamran 4.0K Jan 28 2018 include
...
-rw-rw-r-- 1 kamran kamran 287 Jan 28 2018 Kconfig
drwxrwxr-x 17 kamran kamran 4.0K Oct 16 22:11 kernel
```

```
drwxrwxr-x 13 kamran kamran 12K Oct 16 22:11 lib
-rw-rw-r-- 1 kamran kamran 429K Oct 16 22:11 MAINTAINERS
-rw-rw-r-- 1 kamran kamran 61K Oct 16 22:11 Makefile
drwxrwxr-x 3 kamran kamran 4.0K Oct 16 22:11 mm
drwxrwxr-x 69 kamran kamran 4.0K Jan 28 2018 net
-rw-rw-r-- 1 kamran kamran 722 Jan 28 2018 README
drwxrwxr-x 28 kamran kamran 4.0K Jan 28 2018 samples
drwxrwxr-x 14 kamran kamran 4.0K Oct 16 22:11 scripts
...
drwxrwxr-x 4 kamran kamran 4.0K Jan 28 2018 virt
drwxrwxr-x 5 kamran kamran 4.0K Oct 16 22:11 zfs
$
```

fs, mm, net, arch 등 익숙한 경로가 있습니다. 커널마다 이 경로는 매우 다를 수 있으므로 각
경로를 상세하게 설명하지는 않겠습니다. 다만 한 가지 공통된 특징은, 모든 커널은 같은 내부
구조를 따른다는 점입니다.

이제 커널 소스가 있으니 우리의 첫 Hello World 시스템 호출을 추가해야 합니다. 하지만 그
전에, 시스템 호출에 대한 특정 숫자 식별자를 선택해야 합니다. 이름은 hello_world로 하고
그 숫자로는 999를 선택했습니다.

우선 include/linux/syscalls.h 헤더 파일의 끝에 시스템 호출 함수 선언을 추가해야 합
니다. 이렇게 수정한 뒤 파일은 다음과 같이 보일 것입니다.

코드 박스 11-3 새로운 Hello World 시스템 호출에 대한 선언(include/linux/syscalls.h)

```
/*
 * syscalls.h - Linux syscall interfaces (non-arch-specific)
 *
 * Copyright (c) 2004 Randy Dunlap
 * Copyright (c) 2004 Open Source Development Labs
 *
 * This file is released under the GPLv2.
 * See the file COPYING for more details.
 */

#ifndef _LINUX_SYSCALLS_H
#define _LINUX_SYSCALLS_H

struct epoll_event;
```

```
struct iattr;
struct inode;

...

asmlinkage long sys_statx(int dfd, const char __user *path, unsigned flags,
                          unsigned mask, struct statx __user *buffer);

asmlinkage long sys_hello_world(const char __user *str,
                                const size_t str_len,
                                char __user *buf,
                                size_t buf_len);
#endif
```

맨 윗부분에서는 이 헤더 파일이 리눅스 syscall 인터페이스를 포함하지만, **아키텍처마다 다르지는 않다**고 서술합니다. 즉, 리눅스가 모든 아키텍처에서 같은 시스템 호출 집합을 노출한다는 의미입니다.

파일의 끝부분에는 4개의 인수를 받는 시스템 호출 함수를 선언했습니다. 앞서 설명했듯 처음 두 인수는 입력 문자열과 그 길이, 다음 두 인수는 출력 문자열과 그 길이입니다.

입력 인수는 상수지만 출력 인수는 그렇지 않으니 주의하세요. 추가로 __user 식별자는 포인터가 사용자 공간 내에 있는 메모리 주소를 가리킨다는 의미입니다. 알다시피 모든 시스템 호출은 함수 시그니처에서 반환하는 정숫값을 가지며 이것이 실제 실행한 결괏값이 됩니다. 반환값의 범위와 그 의미는 시스템 호출마다 다릅니다. 이번 시스템 호출의 경우 0은 성공을 의미하며 다른 숫자는 모두 실패를 의미합니다.

이제 시스템 호출을 정의해야 합니다. 그러려면 먼저 루트 경로에 hello_world 라는 폴더를 만듭니다. 다음 명령어로 이를 수행할 수 있습니다.

셸 박스 11-6 hello_world 경로 만들기

```
$ mkdir hello_world
$ cd hello_world
$
```

그다음 hello_world 경로 내부에 sys_hello_world.c 라는 파일을 만듭니다. 파일 내용은

다음과 같아야 합니다.

코드 박스 11-4 Hello World 시스템 호출에 대한 정의

```
#include <linux/kernel.h>    // printk를 위한 헤더
#include <linux/string.h>    // strcpy, strcat, strlen를 위한 헤더
#include <linux/slab.h>      // kmalloc, kfree를 위한 헤더
#include <linux/uaccess.h>   // copy_from_user, copy_to_user를 위한 헤더
#include <linux/syscalls.h>  // SYSCALL_DEFINE4를 위한 헤더

// 시스템 호출에 대한 정의
SYSCALL_DEFINE4(hello_world,
        const char __user *, str,       // 입력 이름
        const unsigned int, str_len,    // 입력 이름의 길이
        char __user *, buf,             // 출력 버퍼
        unsigned int, buf_len) {        // 출력 버퍼의 길이

  // 입력 버퍼의 내용을 담는 커널 스택 변수
  char name[64];
  // 최종 출력 메시지를 담는 커널 스택 변수
  char message[96];
  printk("System call fired!\n");
  if (str_len >= 64) {
    printk("Too long input string.\n");
    return -1;
  }

  // 사용자 공간에서 커널 공간으로 데이터 복제하기
  if (copy_from_user(name, str, str_len)) {
    printk("Copy from user space failed.\n");
    return -2;
  }

  // 최종 메시지 빌드업하기
  strcpy(message, "Hello ");
  strcat(message, name);
  strcat(message, "!");

  // 최종 메시지가 출력 이진 파일에 맞는지 검사하기
  if (strlen(message) >= (buf_len - 1)) {
    printk("Too small output buffer.\n");
    return -3;
  }
```

```
  // 커널 공간에서 사용자 공간으로 다시 메시지 복제하기
  if (copy_to_user(buf, message, strlen(message) + 1)) {
    printk("Copy to user space failed.\n");
    return -4;
  }

  // 커널 로그로 전송한 메시지를 출력하기
  printk("Message: %s\n", message);
  return 0;
}
```

[코드 박스 11-4]에서는 SYSCALL_DEFINE4 매크로를 사용해 함수를 정의했습니다. 여기서 DEFINE4 접미사는 단순히 4개의 인수를 받는다는 의미입니다.

함수 몸체의 시작 부분에서 커널 스택 최상단에 2개의 문자 배열을 선언했습니다. 다른 일반적인 프로세스처럼 커널 프로세스는 스택을 포함하는 주소 공간이 있습니다. 그다음, 사용자 공간에서 커널 공간으로 데이터를 복사합니다. 뒤이어 문자열 몇 개를 붙여서 인사 메시지를 만듭니다. 이 문자열은 아직 커널 메모리에 존재합니다. 마지막으로 메시지를 다시 사용자 공간으로 복사해 호출자 프로세스가 사용할 수 있도록 합니다.

오류가 나면 호출자 프로세스가 시스템 호출의 결과를 알 수 있도록 적당한 오류 숫자가 반환됩니다.

시스템 호출이 작동하기 위한 다음 단계는 테이블을 하나 더 업데이트하는 것입니다. x86 및 x64 아키텍처에 대한 시스템 호출 테이블은 하나뿐입니다. 그리고 새롭게 추가된 시스템 호출이 노출되려면 이 테이블에 추가되어야 합니다.

이 단계를 거쳐야만 x86과 x64 머신에서 시스템 호출을 사용할 수 있습니다. 시스템 호출을 테이블에 추가하려면 hello_world와 함수명 sys_hello_world를 추가해야 합니다.

arch/x86/entry/syscalls/syscall_64.tbl 파일을 열어서 다음 행을 파일 끝에 추가하세요.

코드 박스 11-5 새롭게 추가된 Hello World 시스템 호출을 시스템 호출 테이블에 더하기

```
 999 64 hello_world __x64_sys_hello_world
```

수정한 뒤에는 파일이 다음과 같아집니다.

셸 박스 11-7 시스템 호출 테이블에 추가된 Hello World 시스템 호출

```
$ cat arch/x86/entry/syscalls/syscall_64.tbl
...
...
546     x32     preadv2         __x32_compat_sys_
preadv64v2
547     x32     pwritev2        __x32_compat_sys_
pwritev64v2
999     64      hello_world     __x64_sys_hello_world
$
```

시스템 호출의 이름에 있는 **__x64_** 접두어를 주목하세요. 이 접두어는 x64 시스템에서만 노출되는 시스템 호출을 나타냅니다.

리눅스 커널은 Make 빌드 시스템을 사용해 모든 소스 파일을 컴파일하고 최종 커널 이미지를 빌드합니다. 이어서 `hello_world` 경로에 `Makefile`이라는 이름의 파일을 만들어야 합니다. 이 파일의 내용은 한 줄짜리 텍스트로 다음과 같습니다.

코드 박스 11-6 Hello World 시스템 호출에 대한 Makefile 파일 내용

```
obj-y := sys_hello_world.o
```

다음으로 루트 경로에 있는 `Makefile`에 `hello_world` 경로를 추가해야 합니다. 커널의 루트 경로로 위치를 변경하고, `Makefile`을 열어서 다음 행을 찾으세요.

코드 박스 11-7 루트의 Makefile 파일에서 수정할 목표 행

```
core-y += kernel/certs/mm/fs/ipc/security/crypto/block/
```

이 목록에 `hello_world/`를 추가하세요. 이 모든 경로는 커널에 속해서 빌드되어야 하는 경로일 뿐입니다.

빌드 프로세스에서 시스템 호출을 추가하고, 이를 최종 커널 이미지에 포함하려면 Hello World 시스템 호출에 대한 경로를 추가해야 합니다. 수정한 뒤의 코드는 다음과 같습니다.

```
core-y += kernel/certs/mm/fs/hello_world/ipc/security/crypto/block/
```

다음은 커널을 빌드하는 단계입니다.

커널 빌드하기

커널올 빌드하려면 커널의 루트 경로로 돌아가야 합니다. 커널 빌드를 시작하기 전에 설정을 제공해야 하기 때문입니다. 설정이란 빌드 프로세스에서 빌드될 기능과 유닛에 대한 목록입니다.

다음 명령어는 현재 리눅스 커널의 설정을 기반으로 한 목표 설정을 만듭니다. 이때 커널의 기존 값을 사용하며, 우리가 빌드하려는 커널에 새로운 설정값이 존재하는지 확인을 요청합니다. 새로운 설정값이 있다면 엔터 키를 눌러 새 버전을 승인하면 됩니다.

셸 박스 11-8 현재 실행 중인 커널을 기반으로 한 커널 설정 만들기

```
$ make localmodconfig
...
...
#
# configuration written to .config
#
$
```

이제 빌드 프로세스를 시작할 수 있습니다. 리눅스 커널이 여러 소스 파일을 포함하므로 빌드는 완성하기까지 몇 시간이 걸릴 수 있습니다. 따라서 빌드와 컴파일을 병행해야 합니다.

가상 머신을 사용할 때는 빌드 프로세스에서 속도를 효과적으로 높이기 위해 하나 이상의 코어를 머신에서 사용할 수 있도록 설정하세요.

셸 박스 11-9 커널 빌드의 출력: Hello World 시스템 호출에 대한 컴파일을 나타내는 행에 주목하기

```
$ make -j4
SYSHDR arch/x86/include/generated/asm/unistd_32_ia32.h
SYSTBL arch/x86/include/generated/asm/syscalls_32.h
HOSTCC scripts/basic/bin2c
```

```
SYSHDR arch/x86/include/generated/asm/unistd_64_x32.h
...
...
UPD     include/generated/compile.h
CC      init/main.o
CC      hello_world/sys_hello_world.o
CC      arch/x86/crypto/crc32c-intel_glue.o
...
...
LD [M] net/netfilter/x_tables.ko
LD [M] net/netfilter/xt_tcpudp.ko
LD [M] net/sched/sch_fq_codel.ko
LD [M] sound/ac97_bus.ko
LD [M] sound/core/snd-pcm.ko
LD [M] sound/core/snd.ko
LD [M] sound/core/snd-timer.ko
LD [M] sound/pci/ac97/snd-ac97-codec.ko
LD [M] sound/pci/snd-intel8x0.ko
LD [M] sound/soundcore.ko
$
```

NOTE_ 이 절의 맨 첫 부분에 소개했던 필수 패키지를 설치했는지 확인하세요. 설치하지 않으면 컴파일 오류가 발생합니다.

빌드 프로세스는 C 파일을 병렬적으로 컴파일하는 네 가지 작업으로 시작합니다. 이 작업들이 완료될 때까지 기다려야 합니다. 작업이 완료되면 새 커널을 쉽게 설치할 수 있고 머신을 재시작할 수 있습니다.

셸 박스 11-10 새 커널 이미지를 생성하고 설치하기

```
$ sudo make modules_install install
INSTALL arch/x86/crypto/aes-x86_64.ko
INSTALL arch/x86/crypto/aesni-intel.ko
INSTALL arch/x86/crypto/crc32-pclmul.ko
INSTALL arch/x86/crypto/crct10dif-pclmul.ko
...
...
run-parts: executing /et/knel/postinst.d/initam-tools 5.3.0+ /
```

```
boot/vmlinuz-5.3.0+
update-iniras: Generating /boot/initrd.img-5.3.0+
run-parts: executing /etc/keneostinst.d/unattende-urades 5.3.0+ /
boot/vmlinuz-5.3.0+
...
...
Found initrd image: /boot/initrd.img-4.15.0-36-generic
Found linux image: /boot/vmlinuz-4.15.0-29-generic
Found initrd image: /boot/initrd.img-4.15.0-29-generic
done.
$
```

버전 5.3.0에 대한 새 커널 이미지가 생성 및 설치되었습니다. 이제 시스템을 재시작할 준비가 되었습니다. 현재 커널 버전을 모른다면 재시작하기 전에 검사하는 것을 잊지 마세요. 필자의 경우는 `4.15.0-36-generic` 버전입니다. 이를 알아내고자 다음 명령어를 사용했습니다.

셸 박스 11-11 현재 설치된 커널의 버전 검사하기

```
$ uname -r
4.15.0-36-generic
$
```

이제 다음 명령어로 시스템을 재시작하세요.

셸 박스 11-12 시스템 재시작하기

```
$ sudo reboot
```

시스템이 시작되는 동안, 새 커널 이미지를 가져와서 사용합니다. 참고로 부트 로더는 이전 커널을 가져오지 않습니다. 그러므로 커널 버전이 5.3 이상일 때는 빌드된 커널의 이미지를 수동으로 불러와야 합니다. 이에 관해서는 다음 링크가 유용할 것입니다(`https://askubuntu.com/questions/82140/how-can-i-boot-with-an-older-kernel-version`).

운영체제의 부팅을 완료했다면 새 커널을 실행해야 합니다. 버전을 검사하면 다음처럼 보여야 합니다.

```
$ uname -r
5.3.0+
$
```

모든 과정이 잘 진행되었다면, 새 커널은 제 자리에 있을 것입니다. 이제 새롭게 추가된 Hello World 시스템 호출을 불러오는 C 프로그램을 계속해서 작성할 수 있습니다. 이는 **wrtie** 시스템 호출을 불러왔던 [예제 11-1]과 매우 비슷합니다. [예제 11-2]는 다음과 같습니다.

코드 박스 11-9 [예제 11-2] 새롭게 추가된 Hello World 시스템 호출 불러오기(ExtremeC_examples_chapter11_2.c)

```c
// POSIX가 아닌 것을 사용할 수 있도록 이 코드가 필요합니다.
#define _GNU_SOURCE

#include <stdio.h>
#include <unistd.h>

// 이것은 POSIX에 속하지 않습니다.
#include <sys/syscall.h>

int main(int argc, char** argv) {
  char str[20] = "Kam";
  char message[64] = "";

  // hello world 시스템 호출 부르기
  int ret_val = syscall(999, str, 4, message, 64);
  if (ret_val < 0) {
    printf("[ERR] Ret val: %d\n", ret_val);
    return 1;
  }
  printf("Message: %s\n", message);
  return 0;
}
```

숫자 999로 시스템 호출을 불러왔습니다. Kam을 입력값으로 전달했으니 Hello Kam!을 인사 메시지로 받을 것이라 예상합니다. 프로그램은 결과를 기다리며 커널 공간에서 시스템 호출이 채운 메시지 버퍼를 출력합니다.

다음 코드에서 예제를 빌드하고 실행할 수 있습니다.

셀 박스 11-14 [예제 11-2]를 컴파일하고 실행하기

```
$ gcc ExtremeC_examples_chapter11_2.c -o ex11_2.out
$ ./ex11_2.out
Message: Hello Kam!
$
```

예제를 실행한 뒤 **dmesg** 명령어를 사용해 커널 로그를 보면 **printk**로 생성된 로그가 보입니다.

셀 박스 11-15 Hello World 시스템 호출에 따라 생성된 로그를 보기 위해 dmesg 사용하기

```
$ dmesg
...
...
[ 112.273783] System call fired!
[ 112.273786] Message: Hello Kam!
$
```

[예제 11-2]를 strace로 실행한다면 [예제 11-2]가 실제로 시스템 호출 999를 불러온다는 것을 알 수 있습니다. syscall_0x327로 시작하는 행이 보일 것입니다. 참고로 0x3e7은 999의 16진숫값입니다.

셀 박스 11-16 [예제 11-2]에서 불러온 시스템 호출 감시하기(모니터링하기)

```
$ strace ./ex11_2.out
...
...
mprotect(0x557266020000, 4096, PROT_READ) = 0
mprotect(0x7f8dd6d2d000, 4096, PROT_READ) = 0
munmap(0x7f8dd6d26000, 27048) = 0
syscall_0x3e7(0x7fffe7d2af30, 0x4, 0x7fffe7d2af50, 0x40,
0x7f8dd6b01d80, 0x7fffe7d2b088) = 0
fstat(1, {st_mode=S_IFCHR|0620, st_rdev=makedev(136, 0), ...}) = 0
brk(NULL)                              = 0x5572674f2000
brk(0x557267513000)
...
```

```
...
exit_group(0)                                  = ?
+++ exited with 0 +++
$
```

[셸 박스 11-16]에서 syscall_0x3e7이 호출되었고 0이 반환되었다는 것이 보입니다. [예제 11-2]의 코드를 변경해 64바이트 이상인 이름을 전달한다면 오류가 발생합니다. 예제를 변경해서 다시 실행해봅시다.

코드 박스 11-10 Hello World 시스템 호출에 긴 메시지 전달하기(64바이트 이상)

```c
int main(int argc, char** argv) {
  char name[84] = "A very very long message! It is really hard to produce a big string!";
  char message[64] = "";
  ...
  return 0;
}
```

다시 컴파일하고 실행해봅시다.

셸 박스 11-17 수정한 뒤 [예제 11-2]를 컴파일하고 실행하기

```
$ gcc ExtremeC_examples_chapter11_2.c -o ex11_2.out
$ ./ex11_2.out
[ERR] Ret val: -1
$
```

시스템 호출은 작성한 로직에 따라 -1을 반환합니다. strace로 실행해도 시스템 호출은 -1을 반환합니다.

셸 박스 11-18 수정한 뒤 [예제 11-2]에서 불러온 시스템 호출 감시하기

```
$ strace ./ex11_2.out
...
...
munmap(0x7f1a900a5000, 27048)                  = 0
syscall_0x3e7(0x7ffdf74e10f0, 0x54, 0x7ffdf74e1110, 0x40,
```

```
0x7f1a8fe80d80, 0x7ffdf74e1248) = -1 (errno 1)
fstat(1, {st_mode=S_IFCHR¦0620, st_rdev=makedev(136, 0), ...}) = 0
brk(NULL)                                = 0x5646802e2000
...
...
exit_group(1)                            = ?
+++ exited with 1 +++
$
```

다음 절에서는 커널 설계에서 취할 수 있는 접근법에 관해 이야기합니다. 여기서는 커널 모듈을 소개하고, 커널 개발을 할 때 커널 모듈을 어떻게 사용하는지 알아봅니다.

11.2 유닉스 커널

이번 절에서는 유닉스 커널이 지난 30년간 개발한 아키텍처에 관해 이야기하겠습니다. 그렇게 많지는 않지만, 여러 종류의 커널을 설명하기 전에 표준화된 커널 설계 방식이 존재하지 않는다는 점을 알아야 합니다.

우리가 얻은 모범 사례는 여러 해에 걸친 경험을 기초로 하며, 이를 통해 유닉스 커널에서 내부 유닛에 대한 이해 수준을 높여왔고 10장에 있는 [그림 10-5]와 같은 결과를 도출했습니다. 그러므로 각 커널은 서로 약간씩 다릅니다. 커널의 공통점 중 중요한 것은 각 커널이 시스템 호출 인터페이스를 통해 기능을 노출해야 한다는 것입니다. 하지만 모든 커널은 시스템 호출을 처리하는 특정한 방식이 있습니다.

이러한 다양성과 이를 둘러싼 논의는 많은 사람이 참여하면서 1990년대의 컴퓨터 아키텍처 관련 주제 중 가장 뜨거운 것이 되었습니다. 그중 가장 유명한 주제는 **타넨바움-토르발스**Tanenbaum-Torvalds 논쟁입니다.

이 논쟁에 관한 상세한 내용은 살펴보지 않겠습니다. 하지만 유닉스 커널의 설계에 대한 두 가지 지배적인 아키텍처인 **모놀리식 커널**과 **마이크로커널**은 조금 이야기하려고 합니다. **하이브리드 커널, 나노커널, 엑소커널** 등 다른 아키텍처도 있으며 모두 고유한 용도가 있습니다. 하지만 여기서는 모놀리식 커널과 마이크로커널에 초점을 맞추고 비교해 각 특성을 알아봅니다.

11.2.1 모놀리식 커널 대 마이크로커널

유닉스 아키텍처에 대해 살펴본 10장에서 커널은 여러 유닛을 포함하는 단일 프로세스라고 설명했습니다. 하지만 실제로는 모놀리식 커널에 관한 이야기였습니다.

모놀리식 커널은 하나의 주소 공간을 갖는 커널 프로세스 하나로 구성되며, 같은 프로세스 내에 더 작은 여러 개의 유닛을 포함합니다. 마이크로커널은 반대의 접근법을 취합니다. 마이크로커널은 커널 프로세스를 더 작고 얇게 만들기 위해 파일 시스템, 장치 드라이버, 프로세스 관리와 같은 서비스를 사용자 공간으로 밀어낸 최소의 커널 프로세스입니다.

이들 아키텍처는 모두 장단점이 있습니다. 그리고 그 결과 운영체제의 역사에서 가장 유명한 논쟁 주제의 하나가 되었습니다. 이 논쟁은 1992년으로 거슬러 올라가는데, 그 해는 리눅스의 첫 번째 버전이 배포된 직후였습니다. 논쟁은 **앤드루 S. 타넨바움**Andrew S.Tanenbaum이 Usenet에 작성한 게시물에서 시작되었습니다. 이 논쟁은 타넨바움–토르발스 논쟁이라고도 알려졌습니다.[1]

이 논쟁은 리눅스 창시자인 **리누스 토르발스**Linus Torvalds와 타넨바움 그리고 추후 첫 리눅스 개발자가 될 다른 열성론자들 사이에 온라인 공방전의 도화선이 된 시작점이었습니다. 그들은 모놀리식 커널과 마이크로커널의 속성에 관해 논쟁했습니다. 이러한 공방전을 거치며 커널 설계의 여러 측면과 커널 설계에 대한 하드웨어 아키텍처의 영향이 논의되었습니다.

이 논쟁 및 당시 다뤄진 주제에 관한 더 깊은 내용은 너무 길고 복잡해서 이 책의 범위를 벗어납니다. 하지만 두 접근법을 비교해 각 접근법의 장단점에 친숙해져봅시다.

- 모놀리식 커널은 커널이 제공하는 모든 서비스를 포함하는 단일 프로세스로 구성됩니다. 대부분의 초기 유닉스 커널이 이렇게 개발되었는데, 이제 구식 접근법으로 여겨집니다. 마이크로커널은 커널이 제공하는 모든 서비스에 대해 별도의 프로세스가 있으므로 이와 다릅니다.

- 모놀리식 커널은 커널 공간에 존재합니다. 반면에 마이크로커널의 **서버 프로세스**server process는 일반적으로 사용자 공간에 있습니다. 서버 프로세스는 메모리 관리, 파일 시스템 등의 커널 기능을 제공하는 프로세스입니다. 마이크로커널은 서버 프로세스가 사용자 공간에 있다는 점에서 (모놀리식 커널과) 다릅니다. 이는 어떤 운영체제는 다른 운영체제보다 더 마이크로커널과 같다는 의미입니다.

- 일반적으로 모놀리식 커널이 더 빠릅니다. 모든 커널 서비스가 커널 프로세스 내에서 수행되기 때문입니다. 하지만 마이크로커널은 사용자 공간과 커널 공간 사이에서 **메시지를 전달**message passing해야 하며,

---

1 https://en.wikipedia.org/wiki/Tanenbaum-Torvalds_debate에서 더 읽을 수 있습니다.

따라서 시스템 호출과 **문맥 교환**^{context switch}이 더 많이 일어납니다.

- 모놀리식 커널에서 모든 장치 드라이버는 커널에 로드됩니다. 그러므로 서드 파티 제조사가 작성한 장치 드라이버는 커널에서 실행됩니다. 커널 내부의 장치 드라이버나 다른 유닛에 결함이 있으면 커널 충돌이 발생할 수 있습니다. 마이크로커널은 그렇지 않습니다. 모든 장치 드라이버와 다른 여러 유닛들이 사용자 공간에서 실행되기 때문입니다. 이러한 이유로 임무 수행에 필수적인 프로젝트에서는 모놀리식 커널이 사용되지 않으리라 추정할 수 있습니다.

- 모놀리식 커널에서는 작은 악성 코드를 코드 일부에 넣는 것만으로도 전체 커널 및 시스템 전체를 충분히 손상할 수 있습니다. 하지만 마이크로커널에서는 이런 일이 쉽게 발생하지 않습니다. 많은 서버 프로세스가 사용자 공간에 있으며 최소한의 필수 기능만이 커널 공간에 집중되기 때문입니다.

- 모놀리식 커널에서는 커널 소스를 간단히 변경하는 것만으로도 전체 커널을 다시 컴파일해야 하고 새 커널 이미지를 생성해야 합니다. 또한 새 이미지를 불러오려면 머신을 재부팅해야 합니다. 하지만 마이크로커널에서는 소스를 변경하더라도 특정 서버 프로세스만 컴파일되어 시스템을 재부팅하지 않고도 새 기능을 불러올 수 있습니다. 모놀리식 커널에서는 커널 모듈을 이용해 어느 정도 비슷한 기능을 취할 수 있습니다.

MINIX는 마이크로커널에서 가장 잘 알려진 예입니다. MINIX는 앤드루 S. 타넨바움이 작성했으며 교육용 운영체제로 시작되었습니다. 1991년 리누스 토르발스는 80386 마이크로프로세서용으로 자신만의 커널인 리눅스를 작성할 때 개발 환경으로 MINIX를 사용했습니다.

리눅스는 거의 30년 동안 모놀리식 커널의 가장 성공적인 옹호자였으니, 다음 절에서는 리눅스에 대해 더 알아보겠습니다.

11.2.2 리눅스

새로운 시스템 호출을 개발하는 동안, 이번 11장의 앞 절에서 리눅스 커널을 이미 소개했습니다. 이번 절에서는 리눅스가 모놀리식 커널이며 모든 커널 기능이 커널 내부에 있다는 사실에 조금 더 집중해봅시다.

그런데 커널을 다시 컴파일하지 않고도 커널에 새 기능을 추가하는 방법이 있어야 합니다. 이미 알고 있듯 새로운 시스템 호출을 추가하면 여러 기본 파일이 변경되어야 하고, 새 기능을 위해 커널을 다시 컴파일해야 한다는 것을 의미하므로, 새로운 시스템 호출로는 커널에 새 기능을 추가할 수 없습니다.

새로운 접근법은 그와 다릅니다. 이 방법에서는 커널 모듈을 작성해 커널을 동적으로 연결합니다. 리눅스에 대한 커널 모듈을 작성하기에 앞서 다음 절에서 이 내용을 다루겠습니다.

11.2.3 커널 모듈

모놀리식 커널에는 보통 커널 개발자가 실행 중인 커널에 새 기능을 **핫플러그**hot-plug 할 수 있는 기능이 있습니다. 이렇게 플러그 가능한 유닛을 커널 모듈이라고 합니다. 커널 모듈은 마이크로커널의 서버 프로세스와 같지는 않습니다.

IPC 기술을 사용해 서로 통신하는 별개의 프로세스인 마이크로커널의 서버 프로세스와는 달리, 커널 모듈은 이미 컴파일되어 커널 프로세스에 동적으로 로드될 수 있는 **커널 목적 파일**kernel object file입니다. 이 커널 목적 파일은 커널 이미지에 정적으로 빌드될 수도 있고 커널이 실행 중일 때 동적으로 로드될 수도 있습니다.

참고로 커널 목적 파일은 C 개발에서 만든 일반 목적 파일과 쌍둥이 개념입니다.

커널 내부에서 커널 모듈이 무언가 좋지 않은 일을 한다면 **커널 충돌**kernel crash이 발생한다는 점에 다시 한번 주목해야 합니다.

커널 모듈로 통신하는 방법은 시스템 호출과는 다릅니다. 그리고 함수를 호출하거나 주어진 API를 이용해서 커널 모듈을 사용할 수도 없습니다. 일반적으로 리눅스 및 비슷한 운영체제에서 커널 모듈로 통신하는 방법은 다음 세 가지입니다.

- **/dev 경로에 있는 장치 파일**: 커널 모듈은 주로 장치 드라이버가 사용합니다. 이런 이유로 가장 일반적으로는 장치를 통해 커널 모듈과 통신합니다. 앞 절에서 설명했듯, 장치는 /dev 경로에 있는 장치 파일로 접근할 수 있습니다. 이 파일을 읽고 쓸 수 있으며 이 파일을 이용해 모듈과 데이터를 주고받을 수 있습니다.

- **procfs의 진입점**: /proc 경로에서 진입점entry은 특정 커널 모듈에 대한 메타 정보를 읽기 위해 사용할 수 있습니다. 또한 커널 모듈에 메타 정보를 전달하거나 명령을 통제하기 위해 사용할 수도 있습니다. 다음 절의 [예제 11-3]에서 procfs의 사용을 간략히 소개하겠습니다.

- **sysfs의 진입점**: 스크립트와 사용자가 사용자 프로세스 및 커널 모듈과 같은 다른 커널 관련 유닛을 통제할 수 있도록 하는 리눅스의 또 다른 파일 시스템입니다. procfs의 새로운 버전으로 볼 수 있습니다.

사실, 커널 모듈을 확인하는 가장 좋은 방식은 커널 모듈을 작성해보는 것입니다. 리눅스에서 Hello World 커널 모듈을 작성하는 다음 절에서 해보겠습니다. 참고로 커널 모듈은 리눅스에 국한하지 않습니다. FreeBSD 같은 모놀리식 커널도 커널 모듈 메커니즘의 장점을 취합니다.

리눅스에 커널 모듈 추가하기

이번 절에서는 리눅스용 새 커널 모듈을 작성합니다. 이는 Hello World 커널 모듈로 **procfs**에서 진입점을 생성합니다. 그러고 나서 이 진입점을 이용해 인사 문자열을 읽습니다.

이번 절에서는 커널 모듈을 작성하고 컴파일하며 커널로 로드하거나 언로드하고 **procfs** 진입점에서 데이터를 읽는 데에 익숙해질 것입니다. 이 예제의 주된 목적은 커널 모듈을 작성하며 손을 바쁘게 만들고, 그 결과 스스로 더 많이 개발하도록 돕는 것입니다.

> **NOTE_** 커널 모듈은 런타임 시에 커널로 직접 로드될 수 있는 커널 목적 파일로 컴파일됩니다. 커널에서 커널 충돌을 일으키는 무언가 좋지 못한 일이 없는 한, 커널 모듈 목적 파일을 로드한 뒤 시스템을 재부팅할 필요는 없습니다. 커널 모듈을 언로드할 때도 마찬가지입니다.

첫 번째는 커널 모듈에 관련한 모든 파일을 포함하는 경로를 생성하는 단계입니다. 이번 장의 세 번째 예제이므로, 경로에 ex11_3이라고 합니다.

셸 박스 11-19 [예제 11–3]에 대한 루트 경로 만들기[2]

```
$ mkdir ex11_3
$ cd ex11_3
$
```

그런 다음 hwkm.c라는 파일을 생성합니다. 단순히 'Hello World Kernel Module'의 첫 글자로 구성된 머리글자로, 다음 내용을 담고 있습니다.

코드 박스 11-11 Hello World 커널 모듈 (ex11_3/hwkm.c)

```
#include <linux/module.h>
#include <linux/kernel.h>
```

---

2 옮긴이_ 깃허브에서 파일을 내려받으면 해당 경로 및 필요한 파일이 미리 생성되어 있습니다.

```c
#include <linux/init.h>
#include <linux/proc_fs.h>

// proc 파일을 가리키는 구조체
struct proc_dir_entry *proc_file;

// 콜백 함수 읽기
ssize_t proc_file_read(struct file *file, char __user *ubuf,
size_t count, loff_t *ppos) {
  int copied = 0;
  if (*ppos > 0) {
    return 0;
  }
  copied = sprintf(ubuf, "Hello World From Kernel Module!\n");
  *ppos = copied;
  return copied;
}

static const struct file_operations proc_file_fops = {
  .owner = THIS_MODULE,
  .read = proc_file_read
};

// 모듈 초기화 콜백
static int __init hwkm_init(void) {
  proc_file = proc_create("hwkm", 0, NULL, &proc_file_fops);
    if (!proc_file) {
      return -ENOMEM;
    }
    printk("Hello World module is loaded.\n");
    return 0;
}

// 모듈 종료 콜백
static void __exit hkwm_exit(void) {
  proc_remove(proc_file);
  printk("Goodbye World!\n");
}

// 모듈 콜백 정의하기
module_init(hwkm_init);
module_exit(hkwm_exit);
```

[코드 박스 11-11]의 마지막 두 구문으로 커널 모듈의 초기화 및 종료 콜백을 등록했습니다. 이 함수는 모듈이 로드되고 언로드될 때 각각 호출됩니다. 초기화 콜백은 가장 먼저 실행될 코드입니다.

hwkm_init 함수 내부에 보이듯, 이 함수는 /proc 경로에 hwkm이라는 파일을 만듭니다. 종료 콜백도 존재합니다. hwkm_exit 함수 내부에서 이 종료 콜백은 /proc 경로에서 hwkm 파일을 삭제합니다. /proc/hwkm 파일은 사용자 공간이 커널 모듈과 통신할 수 있는 지점^{contact point}입니다.

proc_file_read 함수는 읽기 콜백 함수입니다. 이 함수는 사용자 공간이 /proc/hwkm 파일을 읽으려고 할 때 호출됩니다. 곧 보게 되겠지만 파일을 읽기 위해 cat 유틸리티 프로그램을 사용합니다. 이 프로그램은 간단히 Hello World From Kernel Module! 문자열을 사용자 공간으로 복제합니다.

참고로 이 단계에서 커널 모듈 내부에 쓰인 코드는 커널 안의 거의 모든 것에 완전히 접근할 수 있으므로, 사용자 공간에 모든 종류의 정보를 새어 나가게 할 수 있습니다. 이는 중요한 보안 문제인 만큼, 안전한 커널 모듈을 작성하는 좋은 모범 사례에 관해 더 자세한 내용을 알아야 합니다.

[코드 박스 11-11]을 컴파일하려면 적절한 컴파일러를 사용해야 합니다. 여기에는 적절한 라이브러리를 가지고 이 코드를 링크하는 것도 포함됩니다. 인생을 조금 더 쉽게 살기 위해서 우리는 커널 모듈을 빌드하는 데 필수적인 빌드 도구를 트리거하는 Makefile이라는 파일을 생성합니다.

다음 [코드 박스 11-12]는 Makefile의 내용입니다.

코드 박스 11-12 Hello World 커널 모듈에 대한 Makefile

```
obj-m += hwkm.o

all:
    make -C /lib/modules/$(shell uname -r)/build M=$(PWD) modules

clean:
    make -C /lib/modules/$(shell uname -r)/build M=$(PWD) clean
```

그러고 나서 **make** 명령어를 실행합니다. 다음 [셸 박스 11-20]은 그 내용입니다.

셀 박스 11-20 Hello World 커널 모듈 빌드하기

```
$ make
make -C /lib/modules/54.318.0+/build M=/home/kamran/extreme_c/ch11/codes/ex11_3
modules
make[1]: Entering directory '/home/kamran/linux'
    CC [M]      /home/kamran/extreme_c/ch11/codes/ex11_3/hwkm.o
    Building modules, stage 2.
    MODPOST 1 modules
WARNING: modpost: missing MODULE_LICENSE() in /home/kamran/extreme_c/ch11/codes/
ex11_3/hwkm.o
see include/linux/module.h for more information
    CC          /home/kamran/extreme_c/ch11/codes/ex11_3/hwkm.mod.o
    LD [M]      /home/kamran/extreme_c/ch11/codes/ex11_3/hwkm.ko
make[1]: Leaving directory '/home/kamran/linux'
$
```

컴파일러가 이 코드를 컴파일해 목적 파일을 만듭니다. 그런 다음 목적 파일을 다른 라이브러리와 링크해서 `.ko` 파일을 만듭니다. 이제 생성된 파일을 보면 `hwkm.ko`라는 파일을 찾을 수 있습니다.

`.ko` 확장자에 주목하세요. 이 확장자는 출력 파일이 커널 목적 파일이라는 의미입니다. 커널 목적 파일은 커널에 동적으로 로드되어 실행될 수 있는 공유 라이브러리 같은 것입니다.

참고로 [셸 박스 11-20]에서 빌드 프로세스는 경고 메시지를 띄웁니다. 경고 메시지에서 모듈은 라이선스가 없다고 합니다. 테스트 및 프로덕션 환경에서 커널 모듈을 개발하거나 배포deploy할 때 라이선스가 있는 모듈을 생성하는 편이 좋습니다.

다음 [셸 박스 11-21]은 커널 모듈을 빌드한 다음에 볼 수 있는 파일의 목록을 나타냅니다.

셀 박스 11-21 Hello World 커널 모듈을 빌드한 뒤에 존재하는 파일 목록

```
$ ls -l
total 556
-rw-rw-r-- 1 kamran kamran 154 Oct 19 00:36 Makefile
-rw-rw-r-- 1 kamran kamran 0 Oct 19 08:15 Module.symvers
-rw-rw-r-- 1 kamran kamran 1104 Oct 19 08:05 hwkm.c
```

```
-rw-rw-r-- 1 kamran kamran 272280 Oct 19 08:15 hwkm.ko
-rw-rw-r-- 1 kamran kamran 596 Oct 19 08:15 hwkm.mod.c
-rw-rw-r-- 1 kamran kamran 104488 Oct 19 08:15 hwkm.mod.o
-rw-rw-r-- 1 kamran kamran 169272 Oct 19 08:15 hwkm.o
-rw-rw-r-- 1 kamran kamran 54 Oct 19 08:15 modules.order
$
```

NOTE_ 리눅스 커널 버전 5.3.0의 빌드 도구를 사용했습니다. 3.10 이하 버전의 커널에서 이 예제를 컴파일한다면 컴파일 오류가 발생할 수 있습니다.

hwkm 커널 모듈을 로드하고 설치하려면 다음 [셸 박스 11-22]처럼 리눅스에서 insmod를 사용합니다.

셸 박스 11-22 Hello World 모듈을 로드하고 설치하기

```
$ sudo insmod hwkm.ko
$
```

이제 커널 로그를 보면 초기화 함수가 만든 행이 보입니다. 최신 커널 로그를 보려면 [셸 박스 11-23]에서처럼 dmesg 명령어만 사용하면 됩니다.

셸 박스 11-23 커널 모듈을 설치한 후 커널 로그 메시지 검사하기

```
$ dmesg
...
...
[ 7411.519575] Hello World module is loaded.
$
```

이제 모듈이 로드되었으니 /proc/hwkm 파일이 생성되었을 것입니다. cat 명령어를 이용해서 파일을 읽을 수 있습니다.

셀 박스 11-24 cat을 이용해 /proc/hwkm 파일을 읽기

```
$ cat /proc/hwkm
Hello World From Kernel Module!
$ cat /proc/hwkm
Hello World From Kernel Module!
$
```

[셸 박스 11-24]에서 볼 수 있듯 파일을 두 번 읽었고, 둘 다 같은 **Hello World From Kernel Module!** 문자열을 반환합니다. 커널 모듈이 문자열을 사용자 공간으로 복사했고 **cat** 프로그램이 표준 출력으로 이를 출력했으니 참고하세요.

모듈을 언로드하려면 리눅스에서 **rmmod** 명령어를 다음 [셸 박스 11-25]와 같이 사용할 수 있습니다.

셀 박스 11-25 Hello World 커널 모듈을 언로드하기

```
$ sudo rmmod hwkm
$
```

이제 모듈이 언로드되었으니 굿바이 메시지를 보기 위해 다시 커널 로그를 살펴봅시다.

셀 박스 11-26 커널 모듈을 언로드한 후 커널 로그 메시지 검사하기

```
$ dmesg
...
...
[ 7411.519575] Hello World module is loaded.
[ 7648.950639] Goodbye World!
$
```

이 예제에서 볼 수 있듯 커널 모듈은 커널 코드를 작성할 때 매우 간편합니다.

이번 장을 마치면서 커널 모듈에 대해 지금까지 알아본 기능을 정리해봅시다.

- 커널 모듈은 머신을 재부팅할 필요 없이 로드 및 언로드될 수 있습니다.
- 커널 모듈은 로드되고 나면 커널에 속하고, 커널 내의 모든 유닛과 구조에 접근할 수 있습니다. 취약점으로 볼 수도 있지만, 리눅스 커널은 원치 않는 모듈을 설치하지 못하도록 해서 보호할 수 있습니다.

- 커널 모듈이라면 커널 모듈의 소스 코드만 컴파일하면 됩니다. 하지만 시스템 호출이라면 커널 전체를 컴파일해야 하므로 한 시간은 족히 걸릴 수 있습니다.

결국, 시스템 호출 이후에 커널 내에서 실행되어야 하는 코드를 개발할 때는 커널 모듈이 간편할 수 있습니다. 시스템 호출을 사용해서 제공해야 하는 로직은 커널 모듈을 먼저 사용해서 커널에 로드될 수 있고, 알맞게 개발 및 테스트된 이후에는 실제 시스템 호출이 이루어진 다음에 실행됩니다.

처음부터 시스템 호출을 개발하는 일은 지루한 작업입니다. 수도 없이 머신을 재부팅해야 하기 때문입니다. 우선 커널 모듈에서 작성하고 검사한 로직이 있으면 커널 개발의 고통을 줄일 수 있습니다. 여러분의 코드가 커널 충돌을 일으키려 할 때, 이 코드가 커널 모듈에 있든 시스템 호출 이후에 있든 상관없다는 점을 알아두세요. 그 코드는 커널 충돌을 일으킬 것이고 여러분은 머신을 반드시 재부팅해야 하기 때문입니다.

이번 절에서 커널의 다양한 유형에 관해 이야기했습니다. 또한 커널을 동적으로 로드 및 언로드하면서 커널 로직을 일시적으로 머무르게 만드는 모놀리식 커널 내부에서 커널 모듈이 어떻게 사용되는지도 살펴봤습니다.

11.3 마무리

이것으로 유닉스에 대한 두 개 장의 논의를 마쳤습니다. 이번 11장에서는 다음 내용을 학습했습니다.

- 시스템 호출과, 시스템 호출이 특정 기능을 노출하는 방식
- 시스템 호출 다음에 일어나는 일
- C 코드에서 특정 시스템 호출을 직접 부르는 방식
- 기존의 유닉스 계열 커널(리눅스)에 새 시스템 호출을 추가하는 방법과 커널을 다시 컴파일하는 방법
- 모놀리식 커널 내부에서 커널 모듈의 작동 방식과 리눅스에 새 커널 모듈을 작성하는 방법

다음 12장에서는 C 표준 및 최신 C 버전인 C18을 설명하겠습니다. 12장에서 소개하는 새로운 특징을 살펴보러 가봅시다.

## CHAPTER 12

최신 C

변화는 막을 수 없고, C도 예외는 아닙니다. C 언어는 ISO 표준으로 표준화되었습니다. 그리고 C를 개선하고 새로운 기능을 도입하려는 사람들에 의해 꾸준히 개정되고 있습니다. 하지만 그렇다고 해서 반드시 C 언어가 더 쉬워진다는 의미는 아닙니다. 새 콘텐츠가 추가되면서 C 언어에 참신하고 복잡한 기능이 등장할 것입니다.

12장에서는 C11의 특성을 간단히 살펴보려 합니다. C11은 이전의 C99 표준을 대체했고, C18은 C11을 대체했습니다. 즉, C18은 C 표준의 최신 버전이며, 직전에는 C11이 최신 버전이었습니다.

흥미롭게도 C18은 새로운 기능을 제공하지 않습니다. C18에서는 C11에서 발견된 문제를 수정했을 뿐입니다. 그러므로 C11에 대한 설명은 기본적으로 C18에 관해 이야기하는 것과 마찬가지이며, 최신 C 표준으로도 이어집니다. 우리는 C 언어가 꾸준히 개선되고 있음을 목격하고 있습니다. C 언어가 오래전에 죽은 언어라는 통념과는 반대로 말이죠. 이번 12장에서는 다음 주제를 간단히 살펴보겠습니다.

- C 버전을 감지하는 방법과 여러 C 버전에 호환하는 C 코드를 작성하는 방법
- **반환값이 없는**no-return 함수와 **경계 검사**bounds-checking 함수와 같은, 최적화되고 안전한 코드를 작성하는 새로운 기능들
- 새로운 자료형과 메모리 정렬 기술
- 타입 제네릭 함수
- 이전 표준에는 포함되지 않았던 C11의 유니코드 지원

- 익명 구조체와 공용체

- C11의 멀티스레딩 및 동기화 기술에 대한 표준 지원

C11과 C11의 새로운 기능을 이야기하며 이번 12장을 시작해봅시다.

12.1 C11

30년 이상 사용되어 온 기술에 대해 새 표준을 정리하는 일은 쉽지 않습니다. 수십억 행까지는 아니더라도 수백만 행의 C 코드가 존재하며, 새로운 기능을 도입하려면 이전 코드나 기능을 그대로 유지하면서 이 작업을 수행해야 합니다. 새로운 기능은 기존 프로그램에 새로운 문제를 일으키지 않아야 하고 버그가 없어야 합니다. 이상주의적인 관점 같지만, 이를 위해 헌신적으로 노력해야 합니다.

다음 PDF 문서는 **오픈 스탠더드**Open Standards 웹사이트에 있으며, C11을 만들기 전 C 커뮤니티의 사람들이 염려했던 걱정과 생각을 담고 있습니다(`http://www.open-std.org/JTC1/SC22/wg14/www/docs/n1250.pdf`). 이 문서는 수천 개의 소프트웨어를 구축한 프로그래밍 언어의 새 표준을 만드는 경험을 소개하는 유용한 자료이므로 한 번 읽어보세요.

마지막으로 이러한 점을 염두에 두고 C11이 출시된 때를 생각해봅니다. 출시되었을 때 C11은 이상적인 형태는 아니었으며, 실제로는 심각한 결함이 있었습니다. 이러한 결함에 대한 목록은 다음 링크(`https://www.open-std.org/jtc1/sc22/wg14/www/docs/n2244.htm`)에서 볼 수 있습니다.

C11이 출시되고 7년 뒤에 C18이 도입되었습니다. C18은 C11에서 발견된 결함을 고치고자 나왔습니다. 참고로 C18은 비공식적으로 C17이라고도 하는데, C17과 C18은 모두 같은 C 표준을 나타냅니다. 앞의 링크를 열어보면 결함과 현재 상태를 확인할 수 있습니다. 만약 결함의 상태가 'C17'이라면 이 결함은 C18에서 해결되었다는 의미입니다. 이는 C만큼 많은 사용자가 있는 표준을 정리하는 과정이 얼마나 어렵고 까다로운지를 보여줍니다.

이어서 C11의 새로운 기능을 설명하겠습니다. 하지만 살펴보기 전에, 우리가 실제로 C11 코드를 작성하고 있는지, 그리고 호환 가능한 컴파일러를 사용하고 있는지를 확인할 방법이 필요합니다. 다음 절에서는 이러한 요구 사항을 다룹니다.

12.2 C 표준 지원 버전 찾기

이 책을 쓰는 시점에서 C11은 나온 지 8년이 다 되어갑니다. 따라서 여러 컴파일러가 표준을 지원할 것으로 예상되며 실제로도 그렇습니다. gcc와 clang 같은 오픈 소스 컴파일러는 C11을 둘 다 완벽하게 지원합니다. 그리고 필요하다면 C99 또는 이전 버전의 C로 전환할 수 있습니다. 이번 절에서는 특정 매크로를 사용해 C 버전을 감지하고, 또 버전에 따라서 지원되는 기능을 사용하는 법을 설명하겠습니다.

다른 버전의 C 표준을 지원하는 컴파일러를 사용할 때, 가장 먼저 필요한 것은 현재 어떤 버전을 사용하는지 확인하는 일입니다. 모든 C 표준은 어느 버전을 사용하는지 알아낼 수 있는 특별한 매크로를 정의합니다. 지금까지 리눅스에서는 gcc를, macOS에서는 clang을 사용했습니다. gcc는 4.7 버전부터 C11를 지원합니다.

다음 [예제 12-1]을 살펴봅시다. 현재 C 표준 버전을 감지하기 위해 기존에 정의된 매크로를 런타임 시에 어떻게 사용할 수 있는지 살펴봅시다.

코드 박스 12-1 [예제 12-1] C 표준 버전을 감지하기(ExtremeC_examples_chapter12_1.c)

```c
#include <stdio.h>

int main(int argc, char** argv) {
#if __STDC_VERSION__ >= 201710L
    printf("Hello World from C18!\n");
#elif __STDC_VERSION__ >= 201112L
    printf("Hello World from C11!\n");
#elif __STDC_VERSION__ >= 199901L
    printf("Hello World from C99!\n");
#else
    printf("Hello World from C89/C90!\n");
#endif
    return 0;
}
```

[코드 박스 12-1]은 C 표준의 여러 버전을 구별할 수 있습니다. 여러 버전의 C가 얼마나 다양한 출력으로 이어지는지 알아보려면 컴파일러가 지원하는 다양한 버전의 C 표준을 사용해서 이 소스 코드를 여러 번 컴파일해야 합니다.

특정 버전의 C 표준을 사용하도록 컴파일러에 요청하려면, 컴파일러로 -std=CXX 옵션을 전달해야 합니다. 다음 명령어와 그에 따른 출력을 확인해봅시다.

셸 박스 12-1 다양한 버전의 C 표준으로 [예제 12-1] 컴파일하기

```
$ gcc ExtremeC_examples_chapter12_1.c -o ex12_1.out
$ ./ex12_1.out
Hello World from C11!
$ gcc ExtremeC_examples_chapter12_1.c -o ex12_1.out -std=c11
$ ./ex12_1.out
Hello World from C11!
$ gcc ExtremeC_examples_chapter12_1.c -o ex12_1.out -std=c99
$ ./ex12_1.out
Hello World from C99!
$ gcc ExtremeC_examples_chapter12_1.c -o ex12_1.out -std=c90
$ ./ex12_1.out
Hello World from C89/C90!
$ gcc ExtremeC_examples_chapter12_1.c -o ex12_1.out -std=c89
$ ./ex12_1.out
Hello World from C89/C90!
$
```

최신 컴파일러의 기본 C 표준 버전은 C11입니다. 이전 버전에서는 C11을 쓰려면 -std 옵션을 사용해 버전을 지정해야 했습니다. 파일의 시작 부분에 주석이 작성되었으니 참고하세요. //(한 줄 주석) 대신 /* ... */(여러 줄 주석)을 사용했습니다. 한 줄 주석은 C99 이전의 표준에서는 지원하지 않았기 때문입니다. 그래서 앞의 코드를 모든 C 버전으로 컴파일하려면 여러 줄 주석을 사용해야 했습니다.

12.3 gets 함수의 제거

C11에서는 유명한 gets 함수가 제거되었습니다. gets 함수는 **버퍼 오버플로** 공격의 대상이 되었으며, 그래서 이전 버전에서는 이 함수를 사용하지 않도록 했습니다. 이후 C11 표준에서 이 함수가 제거되었습니다. 그러므로 gets 함수를 사용하는 이전의 소스 코드는 C11 컴파일러로는 컴파일되지 않습니다.

gets 대신 fgets 함수를 사용할 수 있습니다. 다음은 macOS의 **gets** 매뉴얼 페이지(man 페이지)에서 발췌한 내용입니다.

> **보안 고려 사항**
>
> gets 함수는 안전하게 사용할 수 없습니다. 경계 검사가 없고 호출 프로그램이 다음에 올 행의 길이를 확실하게 결정하지 못하는 만큼, 이 함수를 사용하면 악성 사용자가 버퍼 오버플로 공격을 통해 실행 중인 프로그램의 기능을 임의로 변경할 수 있습니다. 항상 **fgets** 함수를 사용하는 편이 좋습니다(FSA를 참고하세요).

12.4 fopen 함수로의 변화

일반적으로 fopen 함수는 파일을 열어서 파일 서술자를 그 파일로 반환할 때 사용합니다. 파일이라는 개념은 유닉스에서 아주 보편적이며, 파일이라는 용어를 사용한다고 해서 꼭 파일 시스템의 어떤 파일을 뜻하는 것은 아닙니다. fopen 함수는 다음의 시그니처를 갖습니다.

코드 박스 12-2 fopen 함수 패밀리에 대한 다양한 시그니처

```
FILE* fopen(const char *pathname, const char *mode);
FILE* fdopen(int fd, const char *mode);
FILE* freopen(const char *pathname, const char *mode, FILE *stream);
```

모든 시그니처는 **mode** 입력을 받습니다. 이 매개변수는 파일을 여는 방법을 정하는 문자열입니다. 다음 [셸 박스 12-2]는 **fopen** 함수에 대한 FreeBSD 매뉴얼에서 가져온 것으로, 모드의 사용법을 설명합니다.

셸 박스 12-2 FreeBSD의 fopen 매뉴얼 페이지에서 발췌

```
$ man 3 fopen
...
mode 인수는 다음 문자 중 하나로 시작하는 문자열을 가리킵니다.
```

fopen 매뉴얼 페이지에서 발췌해 설명한 모드 x는 C11에서 도입되었습니다. 파일을 쓰기 위해 열려면 fopen에 모드 w 또는 w+를 넣어야 합니다. 문제는, 이미 파일이 존재한다면 w 또는 w+ 모드는 파일을 삭제할 것^{truncate}(비울 것)이라는 점입니다.

그러므로 개발자가 파일을 추가하면서 현재 내용을 유지하려면 다른 모드인 a를 사용해야 합니다. 따라서 fopen을 호출하기 전에 stat과 같은 파일 시스템 API를 이용해 파일이 존재하는지 확인해야 합니다. 그리고 그 결과에 따라 알맞은 모드를 선택해야 합니다. 이제 개발자는 우선 새로운 모드 x로 모드 wx 또는 w+x를 시도합니다. 하지만 파일이 이미 존재할 경우 fopen은 작동하지 않습니다. 그러면 개발자는 계속해서 a 모드를 사용할 수 있습니다.

따라서 파일이 존재하는지 확인하려 할 때, 파일시스템 API를 사용하지 않으면서도 파일을 열기 위한 상용구를 더 적게 쓸 수 있습니다. 이제부터 fopen은 모든 원하는 모드에서 파일을 열 수 있습니다.

C11의 또 다른 변화는 fopen_s API의 도입입니다. 이 함수는 안전한 fopen의 역할을 합니다. fopen_s에 대한 문서(https://en.cppreference.com/w/c/io/fopen)에 따르면, 버퍼의 결함을 감지하기 위해, 제공된 버퍼와 그 경계에 대한 추가 검사를 수행합니다.

12.5 경계 검사 함수

문자열과 바이트 배열에서 작동하는 C 프로그램의 심각한 문제 중 하나는 버퍼나 바이트 배열의 경계를 쉽게 넘어갈 수 있다는 것입니다.

참고로 버퍼는 바이트 배열이나 문자열 변수의 자리 표시자로 사용되는 메모리 영역입니다. 버퍼의 경계를 넘어가면 **버퍼 오버플로**가 발생하고, 이를 통해 악성 개체가 공격을 준비할 수 있습니다(일반적으로 **버퍼 오버플로 공격**이라고 합니다). 이러한 유형의 공격은 **서비스 거부(DOS)**를 발생시키거나 피해를 받은 C 프로그램을 **악용**exploitation합니다.

이러한 공격은 대부분 문자 또는 바이트 배열에서 작동하는 함수에서 시작됩니다. strcpy와 strcat와 같은 string.h에 있는 문자열 조작 함수는 버퍼 오버플로 공격을 방지하는 경계 검사 메커니즘이 부족합니다.

하지만 C11에서는 새로운 함수가 도입되었습니다. **경계 검사** 함수는 문자열 조작 함수에서 이름을 빌려 왔지만, 끝에 _s가 붙습니다. _s 접미사는 취약점을 종료하기 위해 런타임 검사를 더 많이 수행하는 함수를 **안전한** 버전이라고 구분합니다. strcpy_s 및 strcat_s와 같은 함수는 경계 검사 함수의 일환으로 C11에서 도입되었습니다.

이러한 함수는 위험한 작업을 수행하지 못하도록 제한하는 입력 버퍼에 대해 추가 인수를 받습니다. 예를 들면 strcpy_s 함수는 다음과 같은 시그니처를 가집니다.

코드 박스 12-3 strcpy_s 함수의 시그니처

```
errno_t strcpy_s(char *restrict dest, rsize_t destsz, const char *restrict src);
```

두 번째 인수는 dest 버퍼의 길이입니다. 이를 사용해 함수는 할당되지 않은 메모리에 쓰지 않도록 dest 버퍼의 크기보다 src 문자열이 짧거나 같은지 확인하는 등의 런타임 검사를 수행합니다.

12.6 값을 반환하지 않는 함수

함수 호출은 return 키워드를 사용하거나 함수의 블록 끝에 도달하면 종료할 수 있습니다. 또한 호출이 절대 끝나지 않을 때도 있는데, 보통은 어떤 의도를 가지고 일부러 수행합니다. [코드 박스 12-4]에 있는 다음 코드 예제를 보세요.

코드 박스 12-4 값을 반환하지 않는 함수의 예

```
void main_loop() {
    while (1) {
        ...
    }
}

int main(int argc, char** argv) {
    ...
    main_loop();
    return 0;
}
```

main_loop 함수는 프로그램의 주요 작업을 수행하며, 함수에서 돌아오면 프로그램은 종료되는 것으로 간주됩니다. 이러한 예외적인 경우에 컴파일러는 최적화를 더 많이 수행할 수 있습니다. 하지만 main_loop는 어떻게든 절대 반환되지 않는다는 점을 알아야 합니다.

C11에서는 값을 반환하지 않는 함수라고 표시하는 기능이 있습니다. stdnoreturn.h 헤더 파일의 _Noreturn 키워드를 사용해 절대 종료되지 않는 함수를 지정할 수 있습니다. 그러므로 [코드 박스 12-4]의 코드는 C11에서 다음 [코드 박스 12-5]와 같이 바꿀 수 있습니다.

코드 박스 12-5 main_loop를 끝나지 않는 함수로 표시하는 _Noreturn 키워드 사용하기

```
_Noreturn void main_loop() {
    while (true) {
        ...
    }
}
```

(프로그램의 빠른 종료를 위해 C11에서 최근에 추가된) exit이나 quick_exit, abort와

같은 다른 함수도 있습니다. 이러한 함수는 값을 반환하지 않는 함수로 간주합니다. 반환값이 없는 함수의 존재를 컴파일러가 알고 있다면 의도치 않게 반환값이 없는 함수 호출을 인식할 수 있으며, 이러한 함수 호출이 논리적 버그에 대한 신호일 수 있으므로 적절하게 경고하도록 합니다. 참고로 _Noreturn으로 표시한 함수가 반환값이 있다면 정의되지 않은 행위이므로 권장하지 않습니다.

12.7 타입 제네릭 매크로

C11에서 _Generic이라는 새 키워드가 도입되었습니다. 이 키워드는 컴파일하는 동안 자료형을 인식하는 매크로를 작성하는 데 사용할 수 있습니다. 즉, 인수의 자료형에 따라 값을 변경할 수 있는 매크로를 작성할 수 있으며 보편적으로 **일반 선택**generic selection이라 합니다. 다음 [코드 박스 12-6]의 [예제 12-2]를 보세요.

코드 박스 12-6 [예제 12-2] 제네릭 매크로의 예(ExtremeC_examples_chapter12_2.c)

```c
#include <stdio.h>

#define abs(x) _Generic((x), \
                        int: absi, \
                        double: absd)(x)
int absi(int a) {
    return a > 0 ? a : -a;
}

double absd(double a) {
    return a > 0 ? a : -a;
}

int main(int argc, char** argv) {
    printf("abs(-2): %d\n", abs(-2));
    printf("abs(2.5): %f\n", abs(2.5));;
    return 0;
}
```

매크로 정의에서 볼 수 있듯, x 인수의 자료형에 따라 다른 표현을 사용했습니다. 정숫값이라면 absi를, double 값이라면 absd를 사용합니다. C11의 새로운 기능은 아니며, 이전의 C 컴파일러에서도 볼 수 있지만 C 표준에 속하지는 않았습니다. C11에서 표준이 되었고 이 구문으로 자료형을 인식하는 매크로를 작성할 수 있습니다.

12.8 유니코드

C11 표준에 추가된 중요한 기능 중 하나는 UTF-8, UTF-16, UTF-32 인코딩을 통한 유니코드 지원입니다. C에는 오랫동안 이 기능이 없었고, C 개발자들은 유니코드를 사용하려면 **IBM 유니코드 국제 컴포넌트**IBM International Components for Unicode **(ICU)**와 같은 서드 파티 라이브러리를 사용해야 했습니다.

C11 이전에는 아스키ASCII와 확장 아스키Extended ASCII 문자를 저장하는 8비트 변수인 char와 unsigned char형만 있었습니다. 이러한 아스키 문자 배열을 만들면 아스키 문자열을 생성할 수 있었습니다.

> **NOTE_** 아스키 표준은 7비트에 저장될 수 있는 128개의 문자입니다. 확장 아스키는 아스키를 확장한 것으로 128개 문자를 추가해 256개 문자를 만듭니다. 그리고 8비트 또는 1바이트 변수는 이들 모두를 저장하기에 충분합니다. 다음부터는 아스키 표준 및 확장 아스키를 가리키는 용어로 아스키만 사용하겠습니다.

참고로 아스키 문자와 문자열에 대한 지원은 기본 사항이며 C에서 절대 제거되지 않을 것입니다. 그러므로 C에서 항상 아스키를 지원하리라 확신할 수 있습니다. C11부터는 새로운 문자에 대한 지원이 추가되었고, 따라서 각 문자에 1바이트가 아닌 다른 바이트 수를 사용하는 새로운 문자열이 추가되었습니다.

더 설명하자면, 아스키는 문자 하나당 1바이트를 갖습니다. 따라서 바이트와 문자는 서로 바꾸어 쓸 수 있습니다. 하지만 일반적으로는 '참'이 아닙니다. 서로 다른 인코딩에서는 여러 바이트에 더 넓은 범위의 문자를 저장하는 새로운 방식을 정의합니다.

아스키는 총 256개의 문자가 있습니다. 따라서 1바이트(8비트) 문자만으로도 모든 문자를 저장하기에 충분합니다. 하지만 256자 이상을 사용하려는 경우, 255 이후에 해당하는 숫잣값을 저장하기 위해 1바이트 이상을 더 사용해야 합니다. 값을 저장할 때 1 바이트 이상이 필요한 문자를 **확장 문자**^{wide character}라고 합니다. 이 정의에 의하면 아스키 문자는 확장 문자는 아닙니다.

유니코드 표준은 1바이트 이상을 사용해 아스키, 확장 아스키, 확장 문자에 있는 모든 문자를 인코딩하는 여러 방법을 도입했습니다. 이러한 방식을 **인코딩**^{encoding}이라고 합니다. 유니코드에는 잘 알려진 세 가지 인코딩이 있습니다. UTF-8, UTF-16, UTF-32입니다.

UTF-8은 첫 번째 바이트에 아스키 문자의 앞부분 절반을 저장합니다. 그리고 그다음 바이트(일반적으로 4바이트까지)에는 나머지 아스키 문자 및 다른 확장 문자를 저장합니다. 따라서 UTF-8은 **가변 길이 인코딩**^{variable-sized encoding}이라고 봅니다. UTF-8은 문자를 완전히 검색할 때 읽어야 하는 실제 바이트 수를 나타내기 위해 문자의 첫 번째 바이트에 있는 특정 비트를 사용합니다. UTF-8은 아스키의 상위 집합^{superset}으로 보는데 이는 아스키 문자(확장 아스키 문자는 아닙니다)와 표현이 같기 때문입니다.

UTF-8과 마찬가지로, UTF-16은 모든 문자를 저장하기 위해 하나 또는 2개의 **워드**를 사용합니다(각 워드는 16비트를 갖습니다). 따라서 이 역시 가변 길이 인코딩입니다. UTF-32는 모든 문자에 대한 값을 저장하기 위해 정확히 4바이트를 사용합니다. 그러므로 이는 고정 크기의 인코딩입니다. UTF-8와 UTF-16은 자주 나오는 문자에 더 작은 바이트를 사용해야 하는 응용프로그램에 적합합니다.

UTF-32는 아스키 문자에도 고정된 수의 바이트를 사용합니다. 그러므로 UTF-32는 UTF-8과 UTF-16에 비하면 문자열을 저장할 때 더 많은 메모리 공간을 소비합니다. 하지만 UTF-32 문자를 사용하면 연산 능력이 덜 필요합니다. UTF-8과 UTF-16은 압축 인코딩이라고 볼 수 있지만, 문자의 실젯값을 반환하려면 더 연산해야 합니다.

> **NOTE_** UTF-8, UTF-16, UTF-32 문자열과 이들을 디코딩하는 방법에 관한 더 많은 정보는 위키백과나 다음과 같은 링크에서 더 볼 수 있습니다.
> - https://unicodebook.readthedocs.io/unicode_encodings.html
> - https://javarevisited.blogspot.com/2015/02/difference-between-utf-8-utf-16-and-utf.html

C11에서는 앞의 유니코드 인코딩을 모두 지원합니다. 다음 [예제 12-3]을 보세요. 이 예제는 다양한 아스키, UTF-8, UTF-16, UTF-32 문자열을 정의하고, 이들을 저장하는 데 사용하는 실제 바이트 수와 그 안에서 볼 수 있는 문자의 수를 계산합니다. 코드를 자세히 살펴보기 위해 여러 단계에 걸쳐 설명하겠습니다. 다음 [코드 박스 12-7]은 빌드하는 데 필요한 헤더 파일과 선언입니다.

코드 박스 12-7 [예제 12-3]을 빌드하는 데 필요한 헤더 파일과 선언(ExtremeC_examples.chapter12_3.c)

```
#include <stdlib.h>
#include <stdio.h>
#include <string.h>

#ifdef __APPLE__

#include <stdint.h>

typedef uint16_t char16_t;
typedef uint32_t chat32_5;

#else
#include <uchar.h> // char16_t와 char32_t를 위해 필요합니다.
#endif
```

이 코드는 [예제 12-3]에 대한 include 문입니다. macOS에는 uchar.h 헤더 파일이 없으며 char16_t형과 chat32_t형에 대해 새 자료형을 정의해야 합니다. 그러나 유니코드 문자열에 대한 전체 기능은 지원됩니다. 리눅스는 C11에서 유니코드를 지원하는 데 문제가 없습니다.

코드의 다음 부분은 다양한 유니코드 문자열에 있는 바이트와 문자의 수를 셀 때 사용되는 함수를 나타냅니다. 참고로 C11에서는 유니코드 문자열에서 작동하는 유틸리티 함수를 제공하지 않습니다. 그러므로 strlen을 새로 작성해야 합니다. 사실 우리 버전의 strlen 함수는 단순히 문자의 수를 반환하는 것 이상의 역할을 합니다. strlen 함수는 사용한 바이트의 수도 반환합니다. 세부 구현 사항은 설명하지 않겠습니다. 하지만 다음 내용을 꼭 한 번 읽어보기를 바랍니다.

```c
typedef struct {
    long num_chars;
    long num_bytes;
} unicode_len_t;

unicode_len_t strlen_ascii(char* str) {
    unicode_len_t res;
    res.num_chars = 0;
    res.num_bytes = 0;
    if (!str) {
        return res;
    }
    res.num_chars = strlen(str) + 1;
    res.num_bytes = strlen(str) + 1;
    return res;
}

unicode_len_t strlen_u8(char* str) {
    unicode_len_t res;
    res.num_chars = 0;
    res.num_bytes = 0;
    if (!str) {
        return res;
    }
    // 마지막 null 문자
    res.num_chars = 1;
    res.num_bytes = 1;
    while (*str) {
      if ((*str | 0x7f) == 0x7f) {          // 0x7f = 0b01111111
            res.num_chars++;
            res.num_bytes++;
            str++;
        } else if ((*str & 0xc0) == 0xc0) { // 0xc0 = 0b11000000
            res.num_chars++;
            res.num_bytes += 2;
            str += 2;
    } else if ((*str & 0xe0) == 0xe0) {     // 0xe0 = 0b11100000
            res.num_chars++;
            res.num_bytes += 3;
            str += 3;
    } else if ((*str & 0xf0) == 0xf0) {     // 0xf0 = 0b11110000
            res.num_chars++;
```

```
                res.num_bytes += 4;
                str += 4;
        } else {
            fprintf(stderr, "UTF-8 string is not valid!\n");
            exit(1);
        }
    }
    return res;
}


unicode_len_t strlen_u16(char16_t* str) {
    unicode_len_t res;
    res.num_chars = 0;
    res.num_bytes = 0;
    if (!str) {
        return res;
    }
    // 마지막 null 문자
    res.num_chars = 1;
    res.num_bytes = 2;
    while (*str) {
      if (*str < 0xdc00 || *str > 0xdfff) {
            res.num_chars++;
            res.num_bytes += 2;
            str++;
      } else {
            res.num_chars++;
            res.num_bytes += 4;
            str += 2;
      }
    }
    return res;
}
unicode_len_t strlen_u32(char32_t* str) {
    unicode_len_t res;
    res.num_chars = 0;
    res.num_bytes = 0;
    if (!str) {
        return res;
    }
    // 마지막 null 문자
    res.num_chars = 1;
    res.num_bytes = 4;
    while (*str) {
```

```
        res.num_chars++;
        res.num_bytes += 4;
        str++;
    }
    return res;
}
```

마지막 부분은 main 함수입니다. main 함수는 영어, 페르시아어, 외계어로 몇몇 문자열을 선언해 앞의 함수를 평가합니다.

코드 박스 12-9 [예제 12–3]의 main 함수(ExtremeC_examples_chapter12_3.c)

```
int main(int argc, char** argv) {

    char ascii_string[32] = "Hello World!";

    char utf8_string[32] = u8"Hello World!";
    char utf8_string_2[32] = u8 "یند?درود!" ;

    char16_t utf16_string[32] = u"Hello World!";
    char16_t utf16_string_2[32] = u "یندردود!" ;
    char16_t utf16_string_3[32] = u"२२२!";

    char32_t utf32_string[32] = U"Hello World!";
    char32_t utf32_string_2[32] = U "یندردود!" ;
    char32_t utf32_string_3[32] = U"२२२!";

    unicode_len_t len = strlen_ascii(ascii_string);
    printf("Length of ASCII string:\t\t\t %ld chars, %ld bytes\n\n",
        len.num_chars, len.num_bytes);

    len = strlen_u8(utf8_string);
    printf("Length of UTF-8 English string:\t\t %ld chars, %ld bytes\n",
        len.num_chars, len.num_bytes);
    len = strlen_u16(utf16_string);
    printf("Length of UTF-16 english string:\t %ld chars, %ld bytes\n",
        len.num_chars, len.num_bytes);
    len = strlen_u32(utf32_string);
    printf("Length of UTF-32 english string:\t %ld chars, %ld bytes\n\n",
        len.num_chars, len.num_bytes);

    len = strlen_u8(utf8_string_2);
```

```
    printf("Length of UTF-8 Persian string:\t\t %ld chars, %ld bytes\n",
      len.num_chars, len.num_bytes);
    len = strlen_u16(utf16_string_2);
    printf("Length of UTF-16 persian string:\t %ld chars, %ld bytes\n",
      len.num_chars, len.num_bytes);
    len = strlen_u32(utf32_string_2);
    printf("Length of UTF-32 persian string:\t %ld chars, %ld bytes\n\n",
      len.num_chars, len.num_bytes);

    len = strlen_u16(utf16_string_3);
    printf("Length of UTF-16 alien string:\t\t %ld chars, %ld bytes\n",
      len.num_chars, len.num_bytes);
    len = strlen_u32(utf32_string_3);
    printf("Length of UTF-32 alien string:\t\t %ld chars, %ld bytes\n",
      len.num_chars, len.num_bytes);

    return 0;
}
```

이제 이 예제를 컴파일해야 합니다. 참고로 이 예제는 C11 컴파일러로만 컴파일할 수 있습니다. 이전 컴파일러를 사용해 그 결과로 나타나는 오류를 살펴볼 수 있습니다. 다음 명령어는 이 프로그램을 컴파일하고 실행합니다.

셸 박스 12-3 [예제 12–3]을 컴파일하고 실행하기

```
$ gcc ExtremeC_examples_chapter12_3.c -std=c11 -o ex12_3.out
$ ./ex12_3.out
Length of ASCII string:                13 chars, 13 bytes

Length of UTF-8 english string:        13 chars, 13 bytes
Length of UTF-16 english string:       13 chars, 26 bytes
Length of UTF-32 english string:       13 chars, 52 bytes

Length of UTF-8 persian string:        11 chars, 19 bytes
Length of UTF-16 persian string:       11 chars, 22 bytes
Length of UTF-32 persian string:       11 chars, 44 bytes

Length of UTF-16 alien string:         5 chars, 14 bytes
Length of UTF-32 alien string:         5 chars, 20 bytes
$
```

보다시피 문자 수가 같은 동일한 문자열이나, 다른 바이트 수를 사용해 같은 값을 인코딩하고 저장합니다. UTF-8은 특히 텍스트에 있는 문자가 대부분 아스키일 때 가장 적은 수의 바이트를 사용합니다. 대부분의 문자가 1바이트만 사용하기 때문입니다.

라틴 문자와는 다른 아시아 언어에서 사용하는 문자를 살펴볼 때 UTF-16은 문자 수와 사용된 바이트 수가 더 균형적입니다. 대부분의 문자가 최대 2바이트까지 사용하기 때문입니다.

UTF-32는 거의 사용되지 않지만, 문자에 대해 고정 길이의 **코드 인쇄**^{code print}가 유용한 시스템에서 사용할 수 있습니다. 예를 들면 시스템이 연산 능력이 낮아서 어려움을 겪고 있거나 일부 병렬 처리 파이프라인^{parallel processing pipeline}에서 이득이 있는 경우입니다. 따라서 UTF-32 문자는 모든 종류의 데이터를 매핑하는 키로 사용할 수 있습니다. 즉, UTF-32 문자는 데이터를 매우 빠르게 찾기 위해 인덱스를 구축할 때 사용할 수 있습니다.

12.9 익명 구조체와 익명 공용체

익명 구조체와 익명 공용체는 이름을 갖지 않는 자료형 정의로, 보통 다른 자료형 내에서 중첩 자료형으로 사용됩니다. 예제로 설명하는 편이 더 수월하겠네요. 다음 [코드 박스 12-10]에서 익명 구조체와 익명 공용체가 모두 한곳에 있는 자료형을 볼 수 있습니다.

코드 박스 12-10 [예제 12-4] 익명 구조체와 익명 공용체가 함께 있는 예제(ExtremeC_examples_chapter12_4.c)

```
typedef struct {
    union {
        struct {
          int x;
          int y;
        };
        int data[2];
    };
} point_t;
```

이 자료형은 익명 구조체와 바이트 배열 필드 데이터에 같은 메모리를 사용합니다. [코드 박스 12-11]은 실제 예제에서 사용하는 방법을 확인할 수 있습니다.

코드 박스 12-11 [예제 12-4] 익명 구조체와 함께 익명 공용체를 사용하는 main 함수(ExtremeC_examples_chapter12_4.c)

```c
#include <stdio.h>

typedef struct {
    union {
        struct {
            int x;
            int y;
        };
        int data[2];
    };
} point_t;

int main(int argc, char** argv) {
    point_t p;
    p.x = 10;
    p.data[1] = -5;
    printf("Point (%d, %d) using an anonymous structure inside an anonymous
        union.\n", p.x, p.y);
    printf("Point (%d, %d) using byte array inside an anonymous union.\n",
        p.data[0], p.data[1]);
    return 0;
}
```

이 예제에서는 내부에 익명 구조체를 갖는 익명 공용체를 만들었습니다. 따라서 익명 구조체와 원소가 2개인 정수 배열에 대한 인스턴스를 저장하기 위해 동일한 메모리 영역이 사용됩니다. 이어서 앞의 프로그램의 출력을 확인할 수 있습니다.

셸 박스 12-4 [예제 12-4]를 컴파일하고 실행하기

```
$ gcc ExtremeC_examples_chapter12_4.c -std=c11 -o ex12_4.out
$ ./ex12_4.out
Point (10, -5) using anonymous structure.
Point (10, -5) using anonymous byte array.
$
```

원소가 2개인 정수 배열에 대한 모든 변경 사항은 구조체 변수에서 볼 수 있으며 그 반대도 마찬가지입니다.

12.10 멀티스레딩

C에서 멀티스레딩은 POSIX 스레딩 함수 또는 `pthread` 라이브러리를 통해 오랫동안 지원이 되었습니다. 멀티스레딩에 대해서는 **15장**에서 자세히 다룹니다.

POSIX 스레딩 라이브러리는 이름 그대로 리눅스나 유닉스 계열 시스템과 같은 POSIX 호환 시스템에서만 사용할 수 있습니다. 따라서 마이크로소프트 윈도우와 같이 POSIX 호환 시스템이 아닐 때는 운영체제가 제공하는 라이브러리를 사용해야 합니다. C11에서는 POSIX의 호환과 상관없이 표준 C를 사용하는 모든 시스템에서 사용할 수 있는 표준 스레딩 라이브러리를 제공합니다. C11 표준에서 볼 수 있는 가장 큰 변화입니다.

유감스럽게도 C11 스레딩은 리눅스와 macOS에서는 구현되지 않았습니다. 그러므로 글을 쓰는 이 시점에서는 예제를 제공할 수 없습니다.

> **NOTE_** 앞 절에서 언급했듯 C18 표준은 C11에서 수정한 모든 내용을 포함하며, 새로운 기능은 도입되지 않았습니다. 다음은 (앞에서도 한번 소개했지만) C11에 대해 생성 및 추적되는 이슈와 이에 대한 토론을 볼 수 있는 페이지로 이동하는 링크입니다.
>
> • http://www.open-std.org/jtc1/sc22/wg14/www/docs/n2244.htm

12.11 마무리

이번 12장에서는 C11, C18 및 최신 C 표준을 살펴봤으며 C11의 여러 새로운 기능을 알아봤습니다. 유니코드 지원, 익명 구조체와 익명 공용체, 새로운 표준 스레딩 라이브러리는 (최신 컴파일러 및 플랫폼에서는 현재까지는 사용할 수 없지만) 최신 C에 도입된 가장 중요한 기능입니다. 앞으로 C 표준의 새로운 버전을 볼 수 있기를 기대합니다.

다음 13장에서는 동시성과 동시 시스템의 이론을 설명합니다. 동시 시스템을 작성할 수 있다는 목적을 달성하기 위해, 멀티스레딩 및 멀티프로세싱을 6개 장에 걸쳐 다루는 긴 여정을 시작해봅시다.

Part V

V

동시성

13장 동시성: 동시성 개념을 살펴보고, 동시 환경 및 인터리빙과 같은 다양한 속성을 소개합니다. 이러한 시스템이 비결정론적인 이유와 경쟁 상태와 같은 동시성 문제가 어떻게 발생하는지 알아봅니다.

14장 동기화: 동시 환경에 대한 논의를 계속합니다. 동시 시스템에서 관찰할 수 있는 다양한 문제 유형에 관해서도 논의합니다. 여러 문제 유형 중 이 책에서는 경쟁 상태, 데이터 경쟁 및 교착 상태를 다룹니다. 이러한 문제 해결 방법과 세마포어, 뮤텍스, 조건 변수를 설명합니다.

15장 스레드 실행: 여러 스레드를 실행하고 관리하는 방법을 예제와 함께 살펴봅니다. 또한 14장에서 논의한 동시성 문제에 관한 실제 C 예제도 제공합니다.

16장 스레드 동기화: 여러 스레드를 동기화할 수 있는 기법을 알아봅니다. 중요한 주제인 세마포어, 뮤텍스 및 조건 변수를 예제와 함께 살펴봅니다.

Part V

동시성

## CHAPTER 13

동시성

13장부터 14장까지 두 개 장에 걸쳐 **동시성**concurrency을 설명합니다. 그리고 C뿐만 아니라 다른 언어에서도 필요한 동시성 프로그램의 개발에 관한 이론적 배경도 다룹니다. 13장과 14장에 C 코드는 없지만, 대신 의사코드pseudo-code를 사용해 동시 시스템concurrent system과 본질적 속성을 나타냅니다.

동시성이라는 주제는 분량 때문에 두 개 장으로 나눴습니다. 13장에서는 동시성 자체에 관한 기본적인 개념을 살펴봅니다. 이후 **14장**으로 넘어가서 동시성 관련 문제 및 동시성 프로그램에서 이러한 문제를 해결할 때 사용하는 **동기화**synchronization 메커니즘을 다룹니다. 13장과 14장의 최종 목표는 멀티스레딩과 멀티프로세싱을 진행하기에 충분한 이론적 지식을 제공하는 것입니다.

13장에서 쌓을 배경지식은 이 책에서 전반적으로 사용하는 **POSIX 스레딩 라이브러리**POSIX threading library로 작업할 때도 유용합니다. 이번 장에서는 다음 내용을 이해해봅니다.

- 병렬 시스템과 동시 시스템은 어떻게 다른가?
- 동시성이 언제 필요한가?
- **작업 스케줄러**task scheduler가 무엇이고, 널리 사용되는 스케줄링 알고리듬은 무엇인가?
- 동시성 프로그램이 어떻게 실행되며 인터리빙은 무엇인가?
- 공유 상태 shared state가 무엇이고, 얼마나 다양한 작업이 공유 상태에 접근할 수 있는가?

동시성 개념을 소개하고 이 개념이 우리에게 의미하는 바를 폭넓게 이해하면서 동시성에 관해 살펴봅시다.

13.1 동시성 소개

동시성은 간단히 말해 동시에 실행되는 프로그램 내부에 여러 로직이 있다는 의미입니다. 현대의 소프트웨어 시스템은 프로그램이 동시에 여러 로직을 실행해야 하므로 일반적으로 동시적입니다. 이처럼 동시성은 오늘날의 모든 프로그램이 어느 정도 사용하고 있습니다.

동시성은 동시에 여러 작업을 처리할 수 있는 프로그램을 작성하는 강력한 도구라고 할 수 있습니다. 그리고 동시성은 주로 커널에서 지원하는데, 커널은 운영체제의 심층부에 있습니다.

일반적인 프로그램이 여러 작업을 동시에 처리하는 이유는 많습니다. 예를 들면 파일을 다운로드하는 동안 여러분은 웹 서핑을 할 수 있습니다. 이 경우 작업은 브라우저 프로세스의 맥락에서 동시에 실행됩니다. 다른 주목할 만한 예는 유튜브에서 비디오를 볼 때와 같은 **비디오 스트리밍** 시나리오입니다. 비디오 플레이어는 여러분이 이전에 다운받은 콘텐츠, 즉 청크^{chunk}를 계속 보는 동안 다음 비디오 청크를 다운로드하고 있을 겁니다.

간단한 워드 프로세싱 프로그램조차도 백그라운드에서 동시에 여러 작업을 실행합니다. 필자가 마이크로소프트 워드로 이번 장을 집필하는 동안에도 맞춤법 검사기나 포맷터가 백그라운드에서 실행 중입니다. 만약 이 책을 아이패드에서 킨들 어플로 본다면, 킨들 프로그램과 동시에 실행될 프로그램은 무엇일까요?

동시에 여러 프로그램이 실행 중이라는 건 놀랍게 들리지만, 대부분의 기술과 마찬가지로 동시성은 그 혜택과 더불어 골칫거리도 함께 데려왔습니다. 사실 동시성은 컴퓨터 과학의 역사에서 가장 골치 아픈 일을 만들었습니다! 나중에 다루게 될 이 '골칫덩이'는 오랫동안 숨겨진 채로 남아 있었는데, 공개되고도 몇 달 동안은 찾거나, 재현하거나, 해결하기가 대부분 어려웠습니다.

이번 절을 시작하면서 동시성이란 동시에 실행되는 작업이 여러 개 있는 경우라고 설명했습니다. 이 설명은 작업이 병렬적으로 실행된다는 의미이지만, 엄밀히 말해 '참'은 아닙니다. 이렇게 설명하면 너무 단순할 뿐만 아니라 정확하지도 않습니다. **동시적이라는 말은 병렬적인 것과는 다르기** 때문이며, 아직 동시성과 병렬성 간의 차이를 설명한 적이 없습니다. 두 개의 동시성 프로그램은 두 개의 병렬 프로그램과는 다릅니다. 이번 13장의 목표는 이 차이에 대해 조명하는 것이며, 이 분야의 공식 문헌에서 사용하는 정의를 알려드리는 것입니다.

다음 절에서는 **작업**^{task}, **스케줄링**^{scheduling}, **인터리빙**^{interleaving}, **상태**^{state}, **공유 상태**^{shared state}와 같은 동시성과 관련한 개념을 설명합니다. 이 용어들은 앞으로 책에서 자주 보게 될 것입니다. 이 개

념들은 대부분 추상적이며 C뿐만 아니라 다른 동시 시스템에도 적용할 수 있습니다.

참고로 이번 장은 단순한 정의를 고수합니다. 동시 시스템이 작동하는 방식의 기본 개념을 전달하는 것이 유일한 목표이며, 이를 넘어간다면 C에 관한 이 책의 범위를 벗어납니다.

그럼, 병렬성과 동시성의 차이를 이해할 수 있도록 병렬 시스템에 관해 간단히 살펴보겠습니다.

13.2 병렬성

병렬성은 쉽게 말해 동시에 또는 **병렬적으로** in parallel 실행하는 두 작업이 있다는 의미입니다. '병렬적으로'라는 말은 병렬성과 동시성을 구분 짓는 핵심 요소입니다. 왜 그럴까요? 병렬은 두 가지가 동시에 발생한다는 의미이기 때문입니다. 동시 시스템은 이에 해당하지 않습니다. 동시 시스템에서는 다른 작업이 계속 실행하려면 한 작업을 일시 정지해야 합니다. 참고로 이러한 정의는 현대의 동시 시스템에 대해 너무 단순하고 불완전할 수 있지만, 기본 개념을 전달하기에는 충분합니다.

우리는 일상생활에서 병렬성을 자주 마주합니다. 여러분과 친구가 서로 다른 두 개의 일을 동시에 할 때, 그 일은 병렬로 수행됩니다. 여러 작업을 병렬적으로 하기 위해 **프로세싱 유닛** processing unit을 분리하고 격리하며 각각 특정 작업에 할당합니다. 예를 들면 컴퓨터 시스템에서 각 CPU 코어는 한 번에 한 가지 작업만 다룰 수 있는 프로세스 유닛입니다.

잠시 여러분을 이 책의 유일한 독자라고 해봅시다. 여러분은 책 두 권을 병렬적으로 읽을 수 없습니다. 다른 책을 읽으려면 둘 중 한 권을 읽는 것을 잠시 멈춰야 합니다. 하지만 여기에 친구가 추가된다면, 책 두 권을 병렬로 읽을 수 있습니다.

만약 읽어야 하는 세 번째 책이 있다면 어떤 일이 생길까요? 여러분과 친구가 책 두 권을 병렬적으로 읽고 있으므로, 그중 한 명은 세 번째 책을 읽기 위해서 잠시 읽기를 멈춰야 합니다. 쉽게 말해, 여러분은 세 권의 책을 모두 읽기 위해서 친구와 적절히 시간을 나누어야 한다는 의미입니다.

컴퓨터 시스템에서는 두 개의 병렬적인 작업이 실행되려면 별개의 독립적인 프로세싱 유닛이 최소 두 개 있어야만 합니다. 현대의 CPU는 내부에 많은 **코어**가 있으며, 이들 코어는 실제 프로세싱 유닛입니다. 예를 들면 4코어 CPU는 4개의 프로세싱 유닛이 있는 것이고, 따라서 동시에 실행되는 4개의 병렬 작업을 지원할 수 있습니다. 단순성을 위해, 이번 13장에서는 가상의 CPU가 내부에 코어를 오직 하나만 가져서 병렬 작업을 수행할 수 없다고 가정합니다. 추후 관련 절에서 멀티 코어 CPU를 설명하겠습니다.

가상의 CPU가 내부에 있는 노트북 두 대가 있다고 상상해봅시다. 노트북 하나는 음악을 재생하고, 다른 하나는 미분 방정식의 해를 찾고 있습니다. 하지만 만약 여러분이 코어가 하나뿐인 CPU 하나만을 사용하는 같은 노트북에서 두 작업을 모두 실행한다면, 이는 병렬적일 수 없으며 사실은 동시적입니다.

병렬성은 병렬화할 수 있는 작업에 관한 것입니다. 즉, 실제 알고리듬이 나누어져 여러 프로세서 유닛에서 실행될 수 있음을 의미합니다. 하지만 우리가 작성하는 대부분의 알고리듬은 **순차적**sequential이며 본질적으로 병렬적이지는 않습니다. 멀티스레딩조차 각 스레드는 병렬적인 **실행 흐름**execution flow으로 나눌 수 없는 여러 순차적 지시어를 갖습니다.

즉, 순차적 알고리듬은 운영체제에 의해 실행에 병렬적인 흐름으로 쉽게 자동 분할될 수 없습니다. 대신 개발자가 수행해야 합니다. 따라서 멀티 코어 CPU라면 특정 CPU 코어에 실행 흐름을 각각 할당해야 하며, 해당 코어에 두 개 이상의 실행 흐름이 할당되었다면 이들은 모두 병렬적으로 실행될 수 없고 동시적인 행위가 즉시 관찰됩니다.

다시 말해, 서로 다른 코어에 할당된 두 흐름이 있다면 각 흐름은 당연히 두 병렬적인 흐름이 됩니다. 하지만 코어 하나에 두 흐름을 할당한다면 이는 두 개의 동시 흐름이 됩니다. 멀티 코어 CPU에서는 사실상 코어 간 병렬성 및 동일 코어의 동시성이 둘 다 보이는, 혼합된 행위가 나타납니다.

쉬운 의미와 수많은 일상적인 사례에도 불구하고 병렬성은 컴퓨터 아키텍처에서 복잡하고 어려운 주제입니다. 사실 동시성과 병렬성은 별개의 학술 주제이며, 각기 고유의 이론, 서적, 관련 문헌이 있습니다. 순차적 알고리듬을 병렬적 실행 흐름으로 분할하는 운영체제에 대한 연구는 항상 열려 있습니다. 현재의 운영체제는 아직 분할 작업을 수행하지 못합니다.

말한 대로 이번 장의 목표는 병렬성을 깊게 다루는 것이 아니며 이 개념에 대한 기초적인 정의를 제공하는 것입니다. 병렬성을 더 자세히 설명하는 것은 이 책의 범위를 벗어나므로, 이제 동시성에 대한 개념을 시작해봅시다.

우선 동시 시스템에 관해 이야기하고, 동시성이 실제로 무엇을 의미하는지 병렬성과 비교해 설명하겠습니다.

13.3 동시성

아마 **다중 작업**multitasking에 대해 들어봤을 것입니다. 동시성은 같은 개념입니다. 시스템이 동시에 여러 작업을 관리할 때, 반드시 작업이 병렬적으로 실행 중이라는 의미는 아님을 알아야 합니다. 대신 거기에는 **작업 스케줄러**task scheduler가 있을 수 있습니다. 작업 스케줄러는 서로 다른 작업을 아주 빠르게 전환하며, 상당히 짧은 시간 동안 각각의 작업을 아주 조금씩 수행합니다.

이러한 작업은 프로세스 유닛이 하나만 있을 때 확실하게 발생합니다. 이번 절에서는 프로세스 유닛 하나로만 작업한다고 가정합니다.

작업 스케줄러가 아주 **빠르고 공평하다면**, 작업이 **전환**switching된다는 것을 알아차리지 못합니다. 그리고 이 작업들은 여러분이 보기에는 병렬적으로 실행되는 것처럼 보입니다. 이는 동시성이라는 마법이며, 바로 이런 이유로 리눅스, macOS, 마이크로소프트 윈도우와 같이 잘 알려진 대부분의 운영체제에서 동시성을 사용합니다.

동시성은 하나의 프로세서 유닛을 사용해 작업을 병렬적으로 수행하는 시뮬레이션처럼 보일 수 있습니다. 사실 전체적인 아이디어는 인위적인 병렬성의 한 형태라고 할 수도 있습니다. 코어가 한 개뿐인 단일 CPU였던 이전 시스템에서는 다중 작업 방식으로 이러한 싱글 코어를 사용할 수 있다는 것은 엄청난 진보였습니다.

참고로 **멀틱스**는 다중 작업과 동시적인 프로세스를 처리하기 위해 고안된 최초의 운영체제였습니다. **10장**에서 유닉스가 멀틱스 프로젝트로부터 얻은 아이디어를 토대로 만들어졌다는 사실을 떠올려 보세요.

앞서 설명했듯 거의 모든 운영체제는 다중 작업을 통해 동시적인 작업을 수행할 수 있습니다. 특히 POSIX 호환 운영체제에서 그러한데, POSIX 표준에서 기능을 명시하기 때문입니다.

13.4 작업 스케줄러 유닛

앞서 말했듯 모든 다중 작업(멀티태스킹) 운영체제는 커널에 **작업 스케줄러 유닛**^{task scheduler unit}또는 줄여서 **스케줄러 유닛**^{scheduler unit}이 있어야 합니다. 이번 절에서는 이 유닛이 어떻게 작동하는지, 그리고 동시 작업이 원활하게 실행되도록 이 유닛이 어떤 역할을 하는지 살펴보겠습니다.

작업 스케줄러 유닛에 관한 몇 가지 사항은 다음과 같습니다.

- 스케줄러는 실행을 기다리는 작업에 대한 **대기열**^{queue}이 있습니다. **작업**^{task or job}이란 실행 시 별도의 흐름에서 수행되어야 하는 작업들을 의미합니다.

- 일반적으로 이러한 대기열은 **우선순위가 높은** 작업이 먼저 시작되도록 선택합니다.

- 모든 작업 사이에는 작업 스케줄러가 프로세스 유닛을 관리하고 공유합니다. 프로세서 유닛이 비어 있을 때(프로세스 유닛을 사용하는 작업이 없는 경우), 작업 스케줄러는 다른 작업이 프로세서 유닛을 사용하도록 하기 전에 대기열에서 이 작업을 선택해야 합니다. 작업이 종료되면 작업 스케줄러는 프로세서 유닛을 해제해 다시 사용할 수 있도록 한 뒤에 또 다른 작업을 선택합니다. 이는 **작업 스케줄링**^{task scheduling}이라고 하며, 작업 스케줄러가 이를 단독으로 맡습니다.

- 작업 스케줄러가 사용할 수 있는 여러 **스케줄링 알고리듬**이 존재합니다. 하지만 이 모든 알고리듬은 특정 요구 사항을 다루어야 합니다. 예를 들면, 알고리듬은 모두 **공평해야**^{fair} 하며 어떤 작업도 오랜 시간 동안 선택되지 못한 채 대기열에서 **기아 상태로**^{starved} 계속 기다려서는 안 됩니다.

- 선택한 **스케줄링 전략**에 따라 스케줄러가 프로세스 유닛을 사용하려면 작업에 특정한 **타임 슬라이스**^{time slice} 또는 **타임 퀀텀**^{time quantum}을 지정해야 합니다. 또는 스케줄러는 반드시 작업이 프로세서 유닛을 해제할 때까지 기다려야 합니다.

- 스케줄링 전략이 **선점형**^{preemptive}일 때, 스케줄러는 실행 중인 작업으로부터 CPU 코어를 강제로 회수해서 다음 작업에 코어를 제공할 수 있어야 합니다. 이를 **선점 스케줄링**^{preemptive scheduling}이라고 합니다. 또한 작업이 CPU를 자발적으로 해제하는 다른 전략을 **비선점 스케줄링**^{cooperatvie scheduling}이라고 합니다.

- 선점 스케줄링 알고리듬은 **타임 슬라이스**를 서로 다른 작업 간에 균등하고 공평하게 배분하려고 합니다. 우선순위가 있는 작업은 더 자주 선택될 수 있고, 스케줄러의 구현에 따라 더 긴 타임 슬라이스를 얻을 수 있습니다.

작업이란 일반적인 추상적 개념이며, 꼭 컴퓨터 시스템이 아니라도 동시 시스템에서 수행되어야 하는 어떠한 작업을 나타낼 수 있습니다. 컴퓨터 시스템이 아닌 경우가 정확히 무엇인지는 곧 살펴보겠습니다. 마찬가지로 작업 간에 공유될 수 있는 유일한 자원이 CPU뿐만은 아닙니다. 인간은 동시에 완료할 수 없는 작업에 직면했을 때, 사람이 존재하는 한 작업의 일정을 맞추고 우선순위를 매겨왔습니다. 다음 몇 단락에서는 스케줄링을 이해하기에 좋은 사례로 이를 살펴보려고 합니다.

다음 상황을 가정해봅시다. 20세기 초의 길거리에는 전화 부스가 하나밖에 없고, 10명의 사람이 전화를 쓰려고 기다리고 있습니다. 이때 사람들이 공평하게 전화 부스를 공유하려면 스케줄링 알고리듬을 따라야 합니다.

먼저 사람들은 대기열에 줄을 서야 합니다. 대기열에 서서 차례를 기다리는 것은 가장 기본적인 문명화된 사고방식입니다. 하지만 이것만으로는 충분하지 않습니다. 이 방법을 보완하려면 약간의 규제도 필요합니다. 현재 전화를 사용하는 첫 번째 사람은 나머지 아홉 사람이 기다리고 있을 때 원하는 만큼 오래 통화할 수 없습니다. 대기열에 있는 그다음 사람에게 차례가 넘어가도록, 첫 번째 사람은 특정 시간이 지난 뒤 부스를 나가야 합니다.

드물게 아직 대화를 마치지 못한 경우에도 첫 번째 사람은 일정 시간이 지나면 전화를 끊고 부스를 나와서 대기열의 끝으로 돌아가야 합니다. 이야기를 계속하려면 다음 차례를 기다려야 합니다. 이런 식으로 열 사람은 각각 대화를 마칠 때까지 계속 부스에 들어갑니다.

이것은 단지 하나의 사례일 뿐입니다. 우리는 매일 수많은 사용자가 자원을 공유하는 사례를 마주하고 있으며, 인간은 본성이 허용하는 범위 내에서 공평하게 자원을 공유하는 여러 방법을 발명했습니다.

다음 절에서는 다시 컴퓨터 시스템이라는 맥락에서 스케줄링을 생각해봅니다.

13.5 프로세스와 스레드

이 책에서는 컴퓨터 시스템 내의 작업 스케줄링에 관해 주로 살펴봅니다. 운영체제에서 작업이란 프로세스 또는 스레드입니다. 프로세스와 스레드 및 그 차이는 14장에서 설명하겠습니다. 하지만 지금은 대부분의 운영체제가 동시에 실행해야 하는 작업과 같은 방식으로 프로세스와 스레드를 다룬다는 점을 알아야 합니다.

운영체제는 프로세서나 스레드 등 실행 시 CPU를 사용하려는 여러 작업 간에 CPU 코어를 공유하려면 작업 스케줄러를 사용해야 합니다. 새 프로세스나 스레드가 생성되면 스케줄러 대기열에 새로운 작업으로 들어가 실행을 시작하기 전에 CPU 코어를 얻기 위해 대기합니다.

시분할time-sharing 또는 **선점형 스케줄러**가 있을 때, 작업이 일정 시간 안에 로직을 완료할 수 없다면 작업 스케줄러가 CPU 코어를 강제로 회수합니다. 그러면 작업은 다시 대기열로 들어가는데 이는 앞에서 설명한 전화 부스 시나리오와 같습니다.

이때 작업은 CPU 코어를 한 번 더 얻을 때까지 대기열에서 기다린 다음 계속해서 실행할 수 있습니다. 만약 두 번째에도 로직을 끝내지 못한다면 종료할 수 있을 때까지 같은 과정이 계속됩니다.

선점형 스케줄러가 실행 중인 프로세스를 중단시키고 다른 프로세스를 실행 상태로 바꿀 때마다 **문맥 교환**이 발생했다고 합니다. 문맥 교환이 빠르면 빠를수록, 사용자는 작업이 더 병렬적으로 실행된다고 여깁니다. 흥미롭게도 오늘날 대부분의 운영체제는 선점형 스케줄러를 사용합니다. 이 선점형 스케줄러는 이번 장의 나머지 부분에서 중점적으로 다룰 내용입니다.

> **NOTE_** 이제부터 모든 스케줄러는 선점형 스케줄러로 간주합니다. 그렇지 않은 경우에는 선점형 스케줄러에 해당하지 않는다고 명시하겠습니다.

작업이 실행되는 동안, 종료될 때까지 수백 번 또는 수천 번에 달하는 문맥 교환이 발생합니다. 하지만 문맥 교환에는 기묘하고 독특한 특징이 있습니다. 바로 예측 가능하지 않다는 점입니다. 다시 말해, 문맥 교환이 언제 또는 어느 명령에서 발생할지 예측할 수 없습니다. 같은 플랫폼에서 프로그램을 아주 빠르게 연속해서 두 번 실행하더라도 문맥 교환은 다르게 일어납니다.

그 중요성과 그 영향을 강조하지 않을 수 없습니다. 문맥 교환은 예측할 수 없습니다. 곧 예제를 통해 이 결과를 확인하겠습니다.

문맥 교환은 매우 예측 불가능하므로, 다룰 때 가장 좋은 방식은 특정 명령어에 문맥 교환이 발생할 확률이 모든 명령어에 대해 같다고 가정하는 것입니다. 즉, 모든 명령어는 실행할 때마다 문맥 교환이 발생합니다. 간단히 말하자면, 서로 인접한 두 명령어의 실행 간에도 틈이 있을 수 있다는 의미입니다.

그렇기는 하지만, 동시적인 환경에 존재하는 유일하게 확실한 것에 관해 살펴봅시다.

13.6 발생 전 제약

앞 절에서 문맥 교환이 예측 불가능하다는 점을 확인했습니다. 프로그램에서 문맥 교환이 발생하는 시간은 불확실합니다. 그런데도, 동시적으로 실행되는 명령어에 대해 확실한 것이 있습니다.

쉬운 예제로 계속해보겠습니다. 먼저 다음 [코드 박스 13-1]와 같이 다섯 개의 명령어가 있는 간단한 작업을 기반으로 진행하겠습니다. 참고로 모든 명령어는 추상적이며, C나 머신의 명령어와 같은 실제 명령어를 나타내지는 않습니다.

코드 박스 13-1 다섯 개 명령어가 있는 간단한 작업

```
작업 P {
    1. num = 5
    2. num++
    3. num = num − 2
    4. x = 10
    5. num = num + x
}
```

보다시피 명령어가 나열되었습니다. 이들 명령어가 작업의 목적을 완수하려면 반드시 특정 순서로 실행되어야 한다는 의미입니다. 기술 용어로는 모든 인접한 두 명령어 사이에 **발생 전 제약**happens-before-constraint이 있다고 표현합니다. num++ 명령어는 반드시 num = num − 2 이전에 발생해야 하며, 이 제약은 문맥 교환이 되더라도 반드시 지켜져야 합니다.

참고로 문맥 교환이 언제 발생할지는 여전히 불확실합니다. 명령어 사이 어디에서든 문맥 교환이 발생할 수 있음을 기억해야 합니다.

여기서 앞의 작업에서 서로 다른 문맥 교환으로 가능한 두 가지 실행을 소개하겠습니다.

코드 박스 13-2 문맥 교환과 앞의 작업에서 가능한 실행

```
Run 1:
    1. num = 5
    2. num++
>>>>> Context Switch <<<<<
    3. num = num - 2
    4. x = 10
>>>>> Context Switch <<<<<
    5. num = num + x
```

그리고 두 번째 실행에서는 다음과 같이 실행됩니다.

코드 박스 13-3 문맥 교환과 더불어 가능한 또 다른 실행

```
Run 2:
    num = 5
    >> Context Switch <<
    num++
    num = num - 2
    >> Context Switch <<
    x = 10
    >> Context Switch <<
    num = num + x
```

[코드 박스 13-2]에서 볼 수 있듯이 문맥 교환의 발생 장소는 실행할 때마다 바뀔 수 있습니다. 하지만 앞서 말했듯 반드시 따라야 하는 발생 전 제약이 있습니다.

이러한 제약은 특정 작업에 대해 전체적으로 결정론적인 행위가 존재하는 이유입니다. 실행할 때마다 아무리 문맥 교환이 발생한다고 하더라도, 작업의 **전체 상태**overall state는 동일하게 남아 있습니다. 작업의 전체 상태란 작업의 마지막 명령을 실행한 뒤의 일련의 변수와 그에 해당하는 값을 의미합니다. 예를 들어 앞의 작업에서 언제나 최종 상태가 존재할 것이고, 문맥 교환과 무관하게 값이 14인 num 변수와 값이 10인 변수 x를 포함합니다.

단일 작업의 전체 상태가 실행이 바뀌어도 변하지 않는다는 것을 알았으니, 동시성은 실행의 순서와 발생 전 제약 조건을 따라야 하므로 작업의 전체 상태에 영향을 줄 수 없다고 결론짓고 싶을 수 있습니다. 하지만 이 결론에 관해서는 주의해야 합니다.

공유 자원을 한 변수라고 하고, 이에 대해 읽기/쓰기 권한이 모두 있는 동시 작업 시스템이 있다고 가정해봅시다. 만약 모든 작업이 공유된 변수를 읽을 수만 있고 어떤 작업도 이 변수에 값을 변경하거나 쓰지 못한다면, 아무리 문맥 교환이 발생하더라도, 그리고 작업을 몇 번을 실행하더라도 항상 같은 결과를 얻습니다. 참고로 이는 변수를 전혀 공유하지 않는 동시 작업 시스템에서도 마찬가지입니다.

하지만 만약 작업 중 하나라도 공유 변수에 값을 쓰려고 한다면, 작업 스케줄러가 할당한 문맥 교환이 모든 작업의 전체 상태에 영향을 줄 것입니다. 즉, 실행할 때마다 상태가 서로 다를 수 있다는 의미입니다. 결과적으로 원치 않는 결과를 방지하려면 적절한 제어 메커니즘을 사용해야 합니다. 이는 모두 문맥 교환이 예측 불가능하기 때문이며, 작업의 **중간 상태**intermediate state가 실행마다 다를 수 있기 때문입니다. 중간 상태란, 전체 상태와는 반대로 어떤 명령어에 있으며 값을 갖는 일련의 변수입니다. 모든 작업은 완료되었을 때 결정되는 단 하나의 전체 상태만 있지만, 특정 명령을 실행한 이후의 변수와 그 값에 해당하는 중간 상태는 매우 많습니다.

요약하자면, 작업 중 하나가 값을 쓸 수 있는 공유된 자원이 있는 몇몇 작업을 포함하는 동시 시스템이 있을 때, 시스템의 실행이 다르다면 결과도 다르게 나옵니다. 따라서 문맥 교환의 영향을 상쇄하려면, 그리고 다른 실행에서 동일하게 결정되는 결과를 얻으려면 적절한 **동기화**synchronization 방법을 사용해야 합니다.

이제 이번 13장의 중심 주제인 동시성의 기본 개념을 몇 가지 이해하게 되었습니다. 이번 절에서 설명한 개념은 여러 주제를 이해하는 데 기초적인 내용이며, 이 책의 나머지 장과 절에서 계속해서 보게 될 것입니다.

또한 동시성이 문제가 될 수도 있고 일을 더 복잡하게 만들 수 있음을 기억하게 될 것입니다. 그렇다면 동시성이 언제 필요하냐고 물을지도 모르겠네요. 다음 절에서 이 질문에 답하겠습니다.

13.7 동시성을 사용해야 하는 경우

지금까지 설명한 내용에 따르면, 같은 일을 동시에 하는 여러 작업이 있는 것보다는 하나의 작업만 있는 편이 더 나아 보이며 실제로도 꽤 옳은 말입니다. 만약 동시성을 도입하지 않는 프로그램을 작성할 수 있다면 그렇게 하는 편이 훨씬 좋습니다.

동시성에는 언제 사용해야 하는지를 알 수 있는 몇 가지 일반적인 패턴이 존재합니다. 이번 절에서는 이러한 일반적인 패턴이 무엇인지, 그리고 이런 패턴이 프로그램을 어떻게 동시적인 흐름으로 분할하는지 살펴보겠습니다.

사용하는 프로그래밍 언어와 상관없이, 프로그램이란 쉽게 말해 차례대로 실행되어야 하는 명령어의 모음입니다. 즉, 주어진 명령어는 이전 명령어가 실행되기 전까지는 실행되지 않을 것입니다. 바로 **순차적 실행**sequential execution이라는 개념입니다. 현재 명령어가 완료되기까지 아무리 오래 걸리더라도, 다음 명령어는 현재 명령어가 완료될 때까지 반드시 기다려야 합니다. 이를 두고 일반적으로 현재 명령어가 다음 명령어를 **블로킹**blocking한다고 합니다. 때로는 이러한 현재의 명령어를 **블로킹 명령어**blocking instruction라고도 합니다.

모든 프로그램에서 모든 명령어가 블로킹할 때, 실행 흐름은 실행에 대한 각 흐름에서 순차적입니다. 각각의 명령어가 몇 밀리초라는 비교적 짧은 시간 동안 다음 명령어를 블로킹할 때만 프로그램이 빠르게 실행된다고 할 수 있습니다. 하지만 블로킹 명령어가 너무 시간이 오래 걸리거나(예: 2초 또는 2000밀리초) 소요 시간을 결정할 수 없을 때는 무슨 일이 일어날까요? 이러한 경우가 동시적인 프로그램의 필요성을 설명하는 두 가지 패턴에 해당합니다.

더 자세히 설명하자면, 모든 블로킹 명령어는 완료되기까지 일정 시간을 사용합니다. 우리에게 가장 좋은 시나리오는 주어진 명령어가 완료될 때까지 상대적으로 시간이 짧게 걸려서 다음 명령어가 즉시 실행되는 경우입니다. 그러나 언제나 그렇게 운이 좋지는 않습니다.

블로킹 명령어가 완료될 때까지 걸리는 시간을 결정할 수 없는 어떤 시나리오가 존재합니다. 이는 보통 블로킹 명령어가 특정 이벤트가 발생할 때까지 기다리거나, 또는 어떤 데이터를 사용할 수 있을 때까지 기다려야 할 때 발생합니다.

예를 들어서 계속 살펴봅시다. 여러 클라이언트 프로그램을 수행하는 서버 프로그램이 있다고 가정합니다. 클라이언트 프로그램이 연결되기를 기다리는 서버 프로그램에는 명령어가 있습니다. 서버 프로그램의 관점에서는 새 클라이언트가 언제 연결하려고 하는지 확신할 수 없습니다. 그러므로 다음 명령어는 서버 측에서 실행될 수 없습니다. 현재 명령어가 언제 완료될지 모르기 때문입니다. 이는 전적으로 새 클라이언트가 연결하려는 시간에 달려 있습니다.

더 간단한 예는 사용자로부터 문자열을 읽으려는 경우입니다. 프로그램의 관점에서 보면 사용자가 값을 언제 입력할지는 아무도 확신할 수 없습니다. 그러므로 이후의 명령어는 실행될 수 없습니다. 이는 작업에 대한 동시 시스템으로 이어지는 **첫 번째 패턴**입니다.

동시성의 첫 번째 패턴은 무기한으로 실행 흐름을 차단할 수 있는 명령어가 있는 경우입니다. 이 지점에서 기존의 흐름을 두 개의 별도의 흐름 또는 작업으로 분할해야 합니다. 이후의 명령어를 실행해야 하는데, 현재 명령어가 우선 완료될 때까지 기다릴 수 없을 때 이렇게 분할합니다. 이 시나리오에서 더 중요한 것은 현재 명령어가 완료된 결과에 나중 명령어가 의존하지 않는다고 가정하는 것입니다.

이전의 흐름을 두 개의 동시 작업으로 분할함으로써, 블로킹 명령어가 완료될 때까지 한 작업이 기다리는 동안 다른 작업은 이전의 비동시적 설정에서 블로킹된 명령어를 계속해서 실행할 수 있습니다.

이 절에서 중점적으로 다룰 다음 예제는 첫 번째 패턴이 어떻게 동시 작업 시스템이라는 결과를 낳는지 나타냅니다. 각 작업에서 의사코드를 이용해서 표현하겠습니다.

> **NOTE_** 다음 예제를 이해하기 위해 컴퓨터 네트워크에 관한 사전 지식은 필요하지 않습니다.

집중해서 살펴볼 예제는 다음 세 가지 목표를 갖는 서버 프로그램에 관한 것입니다.

- 클라이언트로부터 읽은 두 수의 합을 계산하고 클라이언트에게 그 결과를 반환합니다.
- 클라이언트에 대한 서비스 여부에 상관없이, 서비스하는 클라이언트의 수를 파일에 규칙적으로 작성합니다.
- 한 번에 여러 클라이언트에게 서비스할 수 있어야 합니다.

이들 목표를 만족하는 최종적인 동시 시스템에 관해 설명하기 전에, 이 예제에서 우리가 단 하나의 작업(혹은 흐름)만을 이용한다고 가정한 뒤, 단일 작업으로는 이들 목표를 달성할 수 없음을 보여주겠습니다. 단일 작업 설정에서의 서버 프로그램에 대한 의사코드는 다음 [코드 박스 13-4]에서 볼 수 있습니다.

코드 박스 13-4 단일 작업을 이용해 작동하는 서버 프로그램

```
계산기 서버 {
    작업 T1 {
        1. N = 0
        2. 서버 준비
        3. 영원히 수행 {
```

```
 4.        클라이언트 C를 기다리기
 5.        N = N + 1
 6.        C에서 첫 번째 수를 읽고 X에 저장
 7.        C에서 두 번째 수를 읽고 Y에 저장
 8.        Z = X + Y
 9.        Z를 C에 쓰기(write)
10.        C에 대한 연결을 종료
11.        N을 파일에 쓰기(write)
        }
     }
 }
```

단일 흐름은 네트워크의 클라이언트가 연결되기를 기다립니다. 그다음 클라이언트로부터 두 개의 수를 읽고 합을 계산해 클라이언트에 이를 반환합니다. 마지막으로 클라이언트의 연결을 종료하고, 다음 클라이언트가 들어오기를 계속 기다리기 전에 서비스한 클라이언트의 수를 파일에 작성합니다. 이 코드가 앞서 언급한 목표를 달성할 수 없음을 곧 보여드리겠습니다.

이 의사코드에는 T1이라는 하나의 작업이 있습니다. 이 작업은 12행의 명령어로 되어 있고, 앞서 말했듯 순차적으로 실행됩니다. 그리고 모든 명령어는 블로킹하고 있습니다. 그렇다면 이 코드는 정확히 무엇을 보여주는 것일까요? 살펴봅시다.

- 첫 번째 명령어 N = 0은 단순한 것이며 빠르게 완료됩니다.

- 두 번째 명령어 서버 준비는 합당한 시간에 종료될 것이 예측되므로 서버 프로그램의 실행을 블로킹하지 않습니다.

- 세 번째 명령어 영원히 수행은 메인 루프에서 막 시작하고 있으며, 루프 안으로 들어가는 대로 빠르게 종료되어야 합니다.

- 네 번째 명령어 클라이언트 C를 기다리기는 완료 시간을 알 수 없는 블로킹 명령어입니다. 그러므로 명령어 5, 6과 나머지는 실행되지 않습니다. 따라서 이들 명령어는 새 클라이언트가 올 때까지 반드시 대기해야 하고, 클라이언트가 온 뒤에 이들 명령어가 실행될 수 있습니다.

앞서 말했듯 명령어 5부터 10까지는 반드시 새 클라이언트를 기다리게 해야 합니다. 다시 말해 이 명령어들은 명령어 4의 출력에 의존적이며, 클라이언트가 허용되지 않으면 실행될 수 없습니다. 하지만 명령어 11인 **N을 파일에 쓰기(write)**는 클라이언트의 유무에 상관없이 실행되어야 합니다. 이 예제에 대해 우리가 정의했던 두 번째 목표에서 서술하는 내용이기도 합니다. 앞의 구성에서는 클라이언트가 있을 때만 N을 파일에 쓸 수 있습니다. 초기 요구 사항에

반하는 것이라도, 즉 클라이언트의 유무와 **상관없이** N을 파일에 씁니다.

앞의 코드는 명령어의 흐름에 또 다른 문제가 있습니다. 명령어 6과 7은 모두 실행의 흐름을 막을 가능성이 있습니다. 이 명령어들은 클라이언트가 두 개의 수를 입력하기를 기다리는데, 결국 클라이언트에 달린 만큼 이 명령어가 언제 정확히 완료되는지는 예측할 수 없습니다. 즉, 프로그램이 실행을 계속하지 못하도록 하는 것입니다.

게다가 이러한 명령어는 프로그램이 새 클라이언트를 받는 것을 막을 가능성도 있습니다. 만약 명령어 6과 7이 완료되기까지 시간이 오래 걸린다면 실행 흐름이 다시 명령어 4로 가지 못하기 때문입니다. 그러므로 서버 프로그램은 한 번에 여러 클라이언트를 서비스하지 못할 것이고, 또다시 정의한 목표에 부합하지 못하게 됩니다.

앞서 언급한 문제를 해결하려면 단일 작업을 서버 프로그램이 요구 사항을 만족할 수 있는 세 개의 동시 작업으로 분할해야 합니다.

[코드 박스 13-5]에 있는 다음 의사코드에는 T1, T2, T3이라는 세 개의 실행 흐름이 보입니다. 이들은 동시적인 해결 방안에 따라 우리가 정의한 목표를 만족합니다.

코드 박스 13-5 세 동시 작업으로 작동하는 서버 프로그램의 의사코드

```
계산기 서버 {
    공유 변수: N

    작업 T1 {
        1. N = 0
        2. 서버 준비
        3. 작업 T2를 스폰
        4. 영원히 수행 {
        5.      N을 파일에 쓰기
        6.      30초 대기
           }
    }

    작업 T2 {
        1. 영원히 수행 {
        2.      클라이언트 C를 대기
        3.      N = N + 1
        4.      C에 대한 작업 T3를 스폰
           }
    }
```

```
작업 T3 {
    1. C에서 첫 번째 수를 읽고 X에 저장
    2. C에서 첫 번째 수를 읽고 Y에 저장
    3. Z = X + Y
    4. Z를 C에 쓰기(write)
    5. C에 대한 연결을 종료
}
}
```

프로그램은 작업 T1을 실행해 시작합니다. T1을 프로그램의 주요 작업이라고 하는데, 실행될 첫 번째 작업이기 때문입니다. 참고로 각 프로그램은 최소한 하나의 작업이 있으며 모든 다른 작업은 이 작업에 따라 직간접적으로 시작될 수 있습니다.

앞의 [코드 박스 13-5]에서 메인 작업 T1은 다른 두 작업을 불러옵니다. 또한 공유된 변수 N이 있는데, 이 변수는 서비스한 클라이언트의 수를 저장하며 모든 작업이 접근(읽기 또는 쓰기)할 수 있습니다.

프로그램은 작업 T1에서 첫 번째 명령어로 시작하고 변수 N을 0으로 초기화합니다. 그러고 나서 두 번째 명령어가 서버를 준비합니다. 두 번째 명령어에서는 서버 프로그램이 다음 연결을 받을 수 있도록 몇 가지 예비 조치해야 합니다. 참고로 지금까지는 작업 T1 다음에 실행될 다른 동시 작업은 없었습니다.

작업 T1의 세 번째 명령어는 작업 T2의 새 **인스턴스**instance를 생성합니다. 새 작업을 생성하는 일은 보통 빠르고 시간이 걸리지 않습니다. 그러므로 작업 T1은 작업 T2를 생성한 직후 무한 루프에 빠지는데, 30초마다 공유된 변수 N 값을 파일에 계속해서 작성합니다. 이는 서버 프로그램에 대해 정의한 첫 번째 목표였으며 이제 충족되었습니다. 이에 기반해 작업 T1은 다른 명령어에 어떠한 방해나 중단을 받지 않고, 프로그램이 종료할 때까지 N 값을 파일에 규칙적으로 작성합니다.

이어서 스폰한 작업에 관해 설명해보겠습니다. 작업 T2의 유일한 임무는 클라이언트가 연결 요청을 보내자마자 받는 일입니다. 또한 작업 T2의 모든 명령어가 무한 루프 내에서 실행된다는 점도 기억해야 합니다. 작업 T2의 두 번째 명령어는 새 클라이언트를 기다립니다. 따라서 여기서 두 번째 명령어가 작업 T2의 다른 명령어를 블로킹하지만, 작업 T2에 있는 명령어에만 적용됩니다. 참고로 만약 작업 T2가 인스턴스 하나 대신 두 개를 불러온다면, 인스턴스 중 하나에 있는 명령어를 블로킹하더라도 다른 인스턴스에 있는 명령어를 블로킹하지는 않을 것입니다.

이번 경우는 T1이 해당하는 다른 동시 작업에서는 아무런 블로킹 없이 명령어를 계속해서 실행합니다. 이것이 바로 동시성으로 가능한 일입니다. 어떤 작업이 특정 이벤트에 의해 블로킹되어 있더라도 다른 작업은 방해받지 않고 계속해서 작업을 할 수 있습니다. 앞서 말했듯, 핵심에 중요한 설계 원칙이 있습니다. **종료 시각을 알 수 없거나 완료할 때까지 시간이 오래 걸리는 블로킹 작업이 있을 때마다 작업을 두 개의 동시 작업으로 나누어야 합니다.**

이제 새 클라이언트가 들어온다고 가정합시다. 앞서 [코드 박스 13-4]에서 이미 서버 프로그램의 비동시적 버전에서는 읽기 작업이 새 클라이언트를 받는 작업을 블로킹한다는 것을 확인했습니다. 중요성을 언급한 설계 원칙에 따라, 읽기 명령어는 블로킹하므로 이 로직을 두 개의 동시 작업으로 나누어야 합니다. 작업 T3는 이러한 이유로 도입되었습니다.

새 클라이언트가 들어올 때마다 작업 T2는 새로 들어온 클라이언트와 통신하기 위해 T3의 새 인스턴스를 스폰합니다. 이 과정은 다음과 같은 명령어로 작업 T2의 명령어 4에서 수행됩니다.

코드 박스 13-6 작업 T2의 명령어 4

```
4.      C에 대한 작업 T3를 스폰
```

새 작업을 스폰하기 전, 작업 T2는 새 클라이언트에게 서비스한다는 의미로 공유된 변수 N 값을 증가시킨다는 점에 유의해야 합니다. 다시 말씀드리지만 스폰 명령어는 속도가 꽤 빨라서 새 클라이언트를 받는 작업을 블로킹하지 않습니다.

작업 T2에서 명령어 4가 종료되면 계속 루프해서 명령어 2로 돌아갑니다. 명령어 2는 다른 클라이언트가 들어오기를 기다립니다. 참고로 의사코드에서는 작업 T1의 인스턴스는 하나, 작업 T2의 인스턴스도 하나만 있지만, 작업 T3는 모든 클라이언트에 대해 여러 인스턴스를 가질 수 있습니다.

작업 T3만이 하는 일은 클라이언트와 통신해 입력된 수를 읽는 것입니다. 그리고 나서 합계를 계산해 클라이언트에게 다시 보냅니다. 앞서 짚어본 대로 작업 T3 내의 블로킹 명령어는 다른 작업에 있는 명령어를 블로킹할 수 없습니다. 따라서 이 블로킹 행위는 T3의 동일 인스턴스에만 제한됩니다. T3의 특정 인스턴스에 있는 블로킹 명령어는 같은 작업 T3에 있더라도 다른 인스턴스에 있는 명령어를 블로킹할 수 없습니다. 이러한 방식으로 서버 프로그램은 동시적인 방식으로 우리가 달성하려는 모든 목표를 충족할 수 있습니다.

그러면 다음 질문은 작업이 언제 끝나느냐 하는 것이겠네요. 일반적으로 작업 내의 모든 명령어가 실행되고 나면 작업이 종료된다고 알고 있습니다. 즉, 작업 내의 모든 명령어를 감싸는 무한 루프가 있을 때 작업은 완료되지 않으며, 작업의 생명주기는 이 작업을 스폰한 상위 작업에 따라 달라집니다. 더 자세한 내용은 다음 14장에서 프로세스와 스레드에 관해 다룰 것입니다. 예제의 이해를 돕자면, 앞의 동시성 프로그램에서 T3이 모든 인스턴스에 대한 상위 작업은 T2의 인스턴스 하나뿐입니다. 작업 T3에 대한 특정 인스턴스는 블로킹 명령어 두 개를 전달한 뒤 클라이언트에 대한 연결을 끊거나, 작업 T2의 유일한 인스턴스가 완료될 때 종료됩니다.

드물기는 하지만 가능한 시나리오에서, 모든 읽기 작업이 완료되기까지 (고의 또는 우연의 결과) 시간이 너무 많이 걸리고 들어오는 클라이언트의 수가 급증한다면, 작업 T3에서 너무 많은 인스턴스가 실행 중일 것입니다. 이러한 인스턴스들은 자신의 클라이언트가 숫자를 입력할 때까지 모두 대기해야 합니다. 이 상황에서는 상당한 양의 자원을 소모합니다. 그런 다음 일정 시간이 지나 점점 더 많은 연결이 들어오면 서버 프로그램은 운영체제에 의해 종료되거나 더 이상 클라이언트에게 서비스를 제공할 수 없게 됩니다.

이 예에서 어떤 일이 발생하든 서버 프로그램은 클라이언트에 대한 서비스를 중단합니다. 이를 **서비스 거부**denial of service (**DoS**)라고 합니다. 동시적인 작업을 하는 시스템은 시스템이 합당한 방식으로 클라이언트에게 서비스하지 못하도록 하는 이러한 극단적 상황을 극복할 방안을 설계해야 합니다.

> **NOTE_** DoS 공격이 발생하면 서버에서는 자원 혼잡congestion of resources이 발생합니다. 서버를 내려서 응답하지 않도록 하기 위함입니다. DoS 공격은 클라이언트가 서비스를 이용할 수 없도록 특정 서비스를 차단하려는 네트워크 공격에 속합니다. 서비스 중단을 의도한 **익스플로잇(취약점 공격)**exploit을 포함한 광범위한 공격이 네트워크 공격에 포함됩니다. 또한 여기에는 네트워크 인프라를 중단시키려는 네트워크 **플러딩**flooding도 포함될 수 있습니다.

앞의 서버 프로그램에 관한 예제에서 완료 시간이 정해지지 않은 블로킹 명령이 있는 상황을 설명했습니다. 이는 동시성 사용의 첫 번째 패턴이었습니다. 이와 비슷하지만, 약간 다른 패턴도 있습니다.

하나 또는 여러 명령어가 완료하는 데 시간이 너무 많이 걸릴 경우, 이들을 별도의 작업에 넣고 새 작업을 메인 작업과 동시에 실행할 수 있습니다. 이는 첫 번째 패턴과는 다릅니다. 비록 정확하지는 않더라도 완료 시간을 알고 있으나, 빨리 끝나지는 않는 경우이기 때문입니다.

앞의 예제에 관해 마지막으로 주의해야 할 점은 공유된 변수 N에 대해 특히 T2의 인스턴스와 같은 작업 중 하나가 그 값을 변경할 수 있다는 점입니다. 한 작업이 수정할 수 있는 공유 변수가 존재하므로, 이번 장의 앞부분에서 설명한 내용대로 동시 작업 시스템은 동시성 문제가 발생하기 쉽습니다.

서버 프로그램에 관해 소개한 해결책이 완벽과는 거리가 멀다는 점에 유의해야 합니다. 다음 14장에서는 동시성 문제를 접하게 될 것이며, 이를 통해 앞의 예제가 공유 변수 N에 대해 심각한 **데이터 경쟁**data race 문제를 겪는다는 점을 알게 될 것입니다. 그러므로 동시성에 의해 발생하는 문제를 해결하는 데 알맞은 통제 메커니즘이 도입되어야 합니다.

마지막으로 다음 절에서는 동시 작업 간에 공유되는 **상태**state를 설명하겠습니다. 또한 수정 가능한 공유 상태를 갖는 동시 시스템에 대한 **인터리빙**interleaving이라는 개념과 그 중요한 결과를 소개하겠습니다.

13.8 공유 상태

앞 절에서는 작업에 동시 시스템이 필요한 패턴을 설명했습니다. 그전에는 또한 수정 가능한 공유 상태가 있는 여러 개의 동시 작업이 실행되는 동안, 문맥 전환 패턴의 불확실성이 모든 작업의 전체 상태를 어떻게 비결정론적non-determinism으로 만드는지 간략히 설명했습니다. 이 절에서는 이러한 비결정론적인 것이 어떻게 문제가 되는지 보여주는 예제를 간단한 프로그램으로 제공합니다.

이번 절에서는 계속해서 공유 상태를 살펴보고, 공유 상태가 앞서 말한 비결정론적인 것에 어떤 영향을 주는지 확인하겠습니다. 개발자로서 **상태**state라는 용어를 들으면 특정 시점의 일련의 변수와 그에 해당하는 값이 떠오를 것입니다. 따라서 작업의 전체 상태를 이야기할 때는 첫 번째 절에서 정의한 대로, 작업의 마지막 명령어가 실행되었을 때 기존의 모든 공유되지 않은 변수와 그에 해당하는 값의 집합을 상태라고 지칭합니다.

작업의 **중간 상태**란 이와 비슷하게 작업이 특정 명령을 실행했을 때 기존의 모든 공유되지 않은 변수 및 그에 해당하는 값의 집합입니다. 따라서 작업은 명령어마다 중간 상태가 있으며, 중간 상태의 수는 명령어의 수와 일치합니다. 우리가 정의한 바에 따르면, 마지막 중간 상태는 작업의 전체 상태와 같습니다.

공유 상태 또한 특정 시점에 동시 작업 시스템이 읽거나 수정할 수 있는 변수와 그에 해당하는 값의 모음입니다. 공유 상태는 작업이 소유하지 않으며 작업에 국한되지 않습니다. 그리고 공유 상태는 시스템에서 실행 중인 모든 작업이 언제든 읽거나 수정할 수 있습니다.

일반적으로 읽기 전용인 공유 상태는 주요 관심 대상이 아닙니다. 이 상태는 여러 개의 동시 작업이 읽어도 안전하고, 어떠한 문제도 발생시키지 않습니다. 하지만 수정 가능한 공유 상태는 세심하게 보호하지 않으면 심각한 문제를 일으킬 수 있습니다. 따라서 이 절에서 다루는 모든 공유 상태는 최소한 작업 중 하나가 수정할 수 있다고 간주합니다.

스스로 질문해보세요. 만약 시스템의 동시 작업 중 하나가 공유 상태를 변경하면 무엇이 잘못될까요? 그 답은 간단한 정수 변수인 공유 변수 한 개에 접근하는 동시 작업 두 개가 있는 시스템에 관한 예제에서부터 찾아봅시다.

[코드 박스 13-7]에 보이는 다음과 같은 시스템이 있다고 가정합니다.

코드 박스 13-7 수정 가능한 공유 상태가 있는 동시 작업 두 개로 구성된 시스템

```
동시 시스템 {

    공유 상태 {
        X : 정수 = 0
    }

    작업 P {
        A : 정수
            1. A = X
            2. A = A + 1
            3. X = A
            4. X를 출력
    }

    작업 Q {
        B : 정수
```

```
        1. B = X
        2. B = B + 2
        3. X = B
        4. X를 출력
    }
}
```

이 시스템에서 작업 P와 Q가 동시에 실행되지 않는다고 가정해봅니다. 따라서 이 작업들은 순차적으로 실행됩니다. P의 명령어가 Q보다 먼저 실행된다고 합시다. 만약 그렇다면 개별 작업의 전체 상태와는 상관없이 전체 시스템의 전체 상태는 3이라는 값을 갖는 공유 변수 X가 될 것입니다.

시스템을 역순으로 실행해 Q의 첫 번째 명령어 다음에 P의 명령어가 실행될 때는 동일한 전체 상태를 얻습니다. 하지만 일반적인 사례는 아닙니다. 두 개의 다른 작업을 역순으로 실행하면 서로 다른 상태가 될 수도 있습니다.

순차적으로 이러한 작업을 실행하면 문맥 교환을 걱정하지 않고도 결정론적인 결과가 나옵니다.

이제 이 작업들을 같은 CPU 코어에서 동시에 실행한다고 가정해봅시다. 여러 명령어에서 발생하는 여러 문맥 교환을 고려하면 P와 Q의 명령어를 실행하는 시나리오는 다수 존재합니다. 다음은 그 시나리오입니다.

코드 박스 13-8 동시적으로 실행했을 때 작업 P와 Q에 대해 가능한 인터리빙

작업 P	작업 스케줄러	작업 Q
	문맥 교환	
		B = X
		B = B + 2
	문맥 교환	
A = X		
	문맥 교환	
		X = B
	문맥 교환	
A = A + 1		
X = A		
	문맥 교환	
		print X
	문맥 교환	

```
        print X               ¦
                              ¦        문맥 교환        ¦
```

이 시나리오는 특정 지점에서 문맥 교환이 발생하는 여러 시나리오 중 하나일 뿐입니다. 각 시나리오는 **인터리빙**이라고 합니다. 그러니 동시 작업 시스템에서 문맥 교환이 발생할 수 있는 여러 지점에 따라 다수의 인터리빙이 존재할 수 있고, 실행할 때마다 이러한 여러 인터리빙 중 오직 하나만 발생할 것입니다. 그 결과 인터리빙은 예측할 수 없게 됩니다.

앞의 인터리빙에서 첫 번째와 마지막 열에 보이듯, 명령어의 순서와 발생 전 제약은 보존됩니다. 하지만 실행 사이에는 틈이 존재할 수 있습니다. 이러한 틈은 예측할 수 없으며, 실행을 추적하면 이 인터리빙은 놀라운 결과를 낳습니다. 최종 결과로 둘 다 3을 출력하리라 예상했지만, 프로세스 P는 값 1을 출력하고 프로세스 Q는 2를 출력합니다.

참고로 앞의 예제에서 최종 결과를 받는 데 대한 제약은 '프로그램은 출력으로 3을 두 개 출력해야 한다'라고 정의되었습니다. 이 제약은 프로그램에서 출력해서 보여주는 것과 별개일 수 있습니다. 게다가 예측할 수 없는 문맥 전환에 직면했을 때, 변하지 않은 채 남아 있어야 하는 다른 중요한 제약이 존재합니다. 이러한 제약들은 **데이터 경쟁** 또는 **경쟁 상태**race condition를 포함하지 않을 수 있으며, 메모리 누수가 전혀 없거나 충돌이 발생하지 않습니다. 이 모든 제약은 프로그램의 출력보다 훨씬 중요합니다. 실제 여러 응용프로그램에서 프로그램은 아무것도 출력하지 않습니다.

다음 [코드 박스 13-9]는 다른 결과를 갖는 다른 인터리빙입니다.

코드 박스 13-9 동시적으로 실행할 때 작업 P와 Q의 다른 인터리빙

```
      작업 P            ¦      작업 스케줄러       ¦     작업 Q
-----------------------------------------------------------------
                        ¦       문맥 교환          ¦
                        ¦                          ¦    B = X
                        ¦                          ¦    B = B + 2
                        ¦                          ¦    X = B
                        ¦       문맥 교환          ¦
      A = X             ¦                          ¦
      A = A + 1         ¦                          ¦
                        ¦       문맥 교환          ¦
                        ¦                          ¦    print X
                        ¦       문맥 교환          ¦
```

```
X = A                    |                          |
print X                  |                          |
                         |          문맥 교환       |
```

이 인터리빙에서 작업 P는 3을 출력하지만 Q는 2를 출력합니다. 작업 P가 세 번째 문맥 교환 이전에 공유된 변수 X 값을 업데이트할 만큼 운이 좋지 못했기 때문입니다. 따라서 작업 Q는 그 당시 값이 2였던 X를 그대로 출력할 뿐입니다. 이 조건은 변수 X에 대한 **데이터 경쟁**이라 하는데, 다음 장에서 자세히 설명합니다.

실제 C 프로그램에서는 X를 A로 복제해 A를 증가시킨 뒤 다시 X에 넣으라는 것 대신, 보통 X++ 또는 X = X + 1을 씁니다. 이에 관한 예제는 **15장**에서 살펴보겠습니다.

이는 더 작은 3개의 작업으로 이루어진 C의 간단한 X++ 구문이 단일 타임 슬라이스에서 실행되지 않으리라는 점을 나타냅니다. 즉, 이는 **원자적인 작업**이 아니며 3개의 더 작은 원자적 명령어로 구성되어 있습니다. 원자적 명령어는 더 작은 작업으로 나눌 수 없으며 문맥 교환으로 인해 인터럽트될 수도 없습니다. 더 자세한 내용은 이후 멀티스레딩을 다루는 장에서 살펴보겠습니다.

앞의 예제에서 고려할 또 다른 사항이 있습니다. 예제에서 시스템에서 실행되는 작업은 P와 Q 뿐만은 아니었습니다. P와 Q와 동시에 실행되는 다른 작업도 있었습니다. 하지만 우리는 분석하는 동안 이들을 고려하지 않고 두 작업만을 다뤘습니다. 왜 그랬을까요?

질문에 대한 답은, 시스템에서 이러한 두 작업과 다른 작업들 간의 서로 다른 인터리빙이 작업 P와 Q의 중간 상태를 변경할 수 없다는 점에 있습니다. 다시 말해, 다른 작업은 P 그리고 Q와 공유하는 상태가 없으며, 앞서 설명했듯 이번처럼 작업 간 공유 자원이 없다면 인터리빙이 문제가 되지 않습니다. 그러므로 이 가상의 시스템에서 P와 Q 이외의 다른 작업은 없다고 가정할 수 있습니다.

다른 작업이 P와 Q에 미치는 영향은, 만약 다른 작업이 너무 많다면 P와 Q의 작업이 느려진다는 점입니다. 연속하는 두 명령어 P와 Q 사이에 긴 틈이 생긴 결과입니다. 즉, CPU 코어는 더 많은 작업 사이에서 공유되어야 합니다. 그러므로 작업 P와 Q는 일반적인 경우보다 대기열에서 더 오래 기다려야 했고, 실행이 미뤄졌습니다.

이 예제를 통해, 단 두 개의 동시 작업 사이에 공유 상태가 하나뿐이더라도 전체적인 결과는

'덜 결정론적'이라는 것을 확인했습니다. 다시 말해, 결과가 확정되지 않는 것에 관한 문제를 살펴본 것입니다. 우리는 실행할 때마다 프로그램이 다른 결과를 내놓기를 원하지 않습니다. 이 예제는 4개의 작은 명령어를 포함하는 비교적 간단한 것이었지만, 개발^{production} 환경의 실제 동시적인 응용프로그램은 훨씬 더 복잡합니다.

그 밖에도 네트워크에서 사용할 수 있는 파일 또는 서비스와 같이 반드시 메모리에 상주할 필요가 없는 다양한 종류의 공유 자원이 있습니다.

이처럼 공유 자원에 접근하려는 작업이 많을 수 있으므로, 동시성 문제는 깊게 공부해 결과를 예측할 수 있는(결정론적인) 메커니즘을 찾아야 합니다. 다음 14장에서 동시성 문제와 해결 방법을 설명하며 논의를 이어가겠습니다.

이번 13장을 마치기 전에 작업 스케줄러 및 작업 스케줄러의 작동 방식을 간단히 설명하겠습니다. 만약 CPU 코어가 하나뿐이라면, 해당 CPU 코어를 사용하는 작업은 하나만 수행할 수 있습니다.

작업 스케줄러 역시 실행하려면 CPU 코어가 필요한 하나의 프로그램임을 이미 알고 있습니다. 그렇다면 다른 작업이 코어를 사용할 때는 CPU 코어를 사용하기 위해 다른 작업을 어떻게 처리할까요? 작업 스케줄러가 CPU 코어를 사용한다고 가정해봅시다. 먼저 작업 스케줄러는 **타이머 인터럽트** timer interrupt를 발생시키기 위해 타이머를 맞추기 전에 대기열에서 작업을 선택합니다. 그리고 CPU 코어를 떠나서 선택한 작업을 위한 자원을 할당합니다.

참고로 작업 스케줄러는 각 작업에 특정 시간을 부여하고, 인터럽트가 작용할 시간이 존재하며, CPU 코어는 현재 작업의 실행을 중단해 작업 스케줄러가 CPU로 즉시 돌아오도록 한다고 가정했습니다. 이제 스케줄러는 이전 작업의 최신 상태를 저장해 대기열에서 다음 작업을 로드합니다. 이 모든 과정은 커널이 다 차서 실행될 때까지 계속됩니다. CPU가 멀티 코어인 머신에서는 다를 수 있습니다. 커널은 다른 코어에서 작업을 스케줄링하는 동안 여러 코어를 사용할 수 있습니다.

이번 절에서 공유 상태에 관한 개념을 간략히 살펴봤고 동시 시스템에서 공유 상태가 개입하는 방식도 살펴봤습니다. 이 논의는 동시성 문제와 동기화 기술을 설명하는 다음 장에서 계속 이어집니다.

13.9 마무리

13장에서는 동시성의 기초 및 다음 주제인 멀티스레딩과 멀티프로세싱을 이해하려면 알아야 하는 필수 개념과 용어를 살펴봤습니다. 구체적으로는 다음 내용을 다뤘습니다.

- 동시성과 병렬성을 정의했습니다. 각 병렬 작업은 작업을 소유한 프로세서 유닛이 필요하지만, 동시 작업은 프로세서 하나를 공유할 수 있습니다.

- 동시 작업은 하나의 프로세서 유닛을 사용하지만, 작업 스케줄러는 프로세서의 시간을 관리하고 프로세서를 다른 작업 간에 공유합니다. 그 결과 각각의 작업에서 수많은 문맥 전환과 서로 다른 인터리빙이 발생합니다.

- 블로킹 명령어를 소개했습니다. 또한 동시성을 사용할 시점을 암시하는 패턴과, 작업 하나를 둘 또는 셋 이상의 동시 작업으로 분할하는 방법을 설명했습니다.

- 공유 상태가 무엇인지 설명했습니다. 여러 작업이 같은 공유 상태를 읽고 쓰려고 할 때, 공유 상태가 데이터 경쟁과 같은 심각한 동시성 문제를 어떻게 야기할 수 있는지도 살펴봤습니다.

다음 14장에서는 동시성이라는 주제에 관한 논의를 마무리하며, 동시적인 환경에서 경험할 문제의 유형을 설명합니다. 동시성 관련 문제의 해결 방법도 14장에서 다룹니다.

## CHAPTER 14

동기화

13장에서는 동시성의 기초 개념 및 동시성과 관련해 널리 쓰이는 용어를 살펴봤습니다. 이번 14장에서는 프로그램에서 동시성을 사용한 결과 나타날 수 있는 문제를 집중적으로 살펴봅니다. 이전 장과 마찬가지로 C 코드는 다루지 않습니다. 대신 동시성 문제를 둘러싼 개념 및 이론적 배경과, 이러한 문제를 해결하는 데 초점을 맞춥니다.

14장에서는 다음 내용을 학습합니다.

- **동시성 관련 문제, 주로 경쟁 상태 및 데이터 경쟁**: 여러 작업 사이에서 공유 상태가 미치는 영향과, 공유된 변수에 동시에 접근하면 어떤 문제가 생기는지 살펴봅니다.
- **공유 상태에 대한 접근을 동기화하기 위해 사용하는 동시성 제어 기술**: 이론적 관점에서 기술을 살펴보고, 동시성 관련 문제를 극복하는 접근 방법도 설명합니다.
- **POSIX에서의 동시성**: 동시 프로그램을 개발하는 방식을 POSIX가 표준화하는 방법을 다룹니다. 멀티 스레드 프로그램과 멀티프로세싱 프로그램을 간략히 설명하고 비교합니다.

첫 번째 절에서는 13장에서 언급했던 동시 환경의 비결정론적 속성이 동시성 문제로 이어지는 방식에 관해 더 설명합니다. 또한 이러한 문제를 분류하는 법도 살펴봅니다.

14.1 동시성 문제

13장에서는 일부 동시 작업이 공유 상태의 값을 변경할 수 있을 때, 수정 가능한 공유 상태가 문제를 일으킨다는 점을 확인했습니다. 더 탐구하다 보면 과연 어떤 종류의 문제가 발생하는지 궁금해질 것입니다. 그리고 이 문제 이면의 주된 이유는 무엇일까요? 이번 절에서 이러한 질문에 대답하겠습니다.

먼저, 발생할 수 있는 동시성 문제에 대한 여러 유형을 구별해야 합니다. 어떤 동시성 문제는 동시성 제어 메커니즘이 없을 때만 존재하며, 어떤 문제는 동시성 제어 기술을 사용해서 발생하기도 합니다.

동시성 제어 메커니즘이 없는 전자의 경우, 서로 다른 인터리빙이 **전체 상태**를 다르게 만들 때 동시성 문제가 발생합니다. 이러한 문제 중 하나라고 식별하면 당연히 다음 단계는 문제를 해결하는 적합한 방안을 생각해내는 것입니다. 동시성 제어 기술로 인한 후자의 문제는 수정 사항이 적용된 이후에만 발생합니다. 즉, 동시성 문제를 고칠 때 속성 및 근본 원인이 완전히 다른 새로운 문제가 야기될 수 있다는 의미입니다. 이러한 이유로 동시 프로그램을 다루는 일이 어려워집니다.

예를 들어 동일한 공유 데이터 자원에 모두 읽기/쓰기 접근 권한을 갖는 작업이 많다고 가정해 봅시다. 이 작업들을 여러 번 실행하면 다른 작업을 위해 작성한 알고리듬이 예상대로 작동하지 않습니다. 이러한 현상은 무작위로 발생하는 우연한 충돌 또는 논리적 오류로 이어집니다. 이때 충돌 및 잘못된 결과가 무작위로 발생하고 예측할 수 없으므로, 동시성 문제라고 합리적으로 추정할 수 있습니다.

알고리듬을 계속 분석해서 마침내 문제를 발견합니다. 공유 데이터 자원에 **데이터 경쟁**이 발생했습니다. 이제 공유 데이터 자원에 대한 접근을 제어하는 해결 방안을 떠올려야 합니다. 해결 방법을 구현해 시스템을 다시 시작하면, 놀랍게도 일부 작업들이 데이터 자원에 아예 접근하지 못하게 되었음을 알게 됩니다. 기술적으로 이러한 작업들을 **기아 상태**starve라고 합니다. 해결 방법을 도입한 결과, 첫 번째 문제와는 완전히 다른 성격을 지닌 새로운 문제가 나타났습니다.

이제 다음의 두 가지 동시성 문제가 존재합니다.

- 제어(동기화) 메커니즘이 없는 동시 시스템에서 발생하는 문제로, **고유한 동시성 문제**intrinsic concurrency issue라고 합니다.

- 첫 번째 문제를 해결하려고 시도한 이후 발생하는 문제로, **동기화 이후 문제**post-synchronization issue라고 합니다.

첫 번째 문제를 **고유하다**고 하는 이유는 이 문제가 모든 동시 시스템에 본질적으로 존재하기 때문입니다. 이 문제는 피할 수 없으며 제어 메커니즘을 이용해 다루어야 합니다. 어떤 의미로는 이것이 동시 시스템의 문제라기보다는 속성이라고 볼 수 있습니다. 그런데도 이 속성은 문제로 다루어야 합니다. 이 문제의 비결정적인non-deterministic 속성은 우리에게 필요한 결정론적인deterministic 프로그램을 개발하지 못하도록 하기 때문입니다.

두 번째 문제는 잘못된 방식으로 제어 메커니즘을 사용할 때만 발생합니다. 참고로 제어 메커니즘 자체는 전혀 문제가 되지 않으며 프로그램에 결정론을 다시 도입하려면 필요합니다. 하지만 제어 메커니즘을 잘못 사용하면 두 번째 동시성 문제로 이어집니다. 두 번째 문제 또는 동시성 이후post-concurrency 문제는 동시 시스템의 고유한 속성이라기보다는 개발자가 일으킨 새로운 버그로 볼 수 있습니다.

이어질 내용에서는 두 가지 문제를 모두 다룹니다. 먼저 고유한 문제부터 시작해, 동시 환경에서 문제가 되는 고유한 속성을 갖는 주된 이유를 설명합니다.

14.2 고유한 동시성 문제

하나 이상의 작업이 있는 모든 동시 시스템은 다수의 인터리빙이 존재할 수 있으며, 이러한 인터리빙은 시스템의 고유한 속성이라고 볼 수 있습니다. 지금까지 학습한 바에 따르면 이는 비결정적 속성이며, 각 실행에서 뒤죽박죽인 순서로 다른 작업의 명령어가 실행되도록 만들지만, 여전히 **발생 전 제약**happens-before constraints을 따릅니다. 이 내용은 앞 장에서 이미 설명했으니 참고하세요.

인터리빙은 그 자체로는 문제가 되지 않으며 이전에 설명한 대로 동시 시스템의 고유한 속성에 해당합니다. 하지만 어떤 경우 이 속성은 지켜야 할 일부 제약 조건을 만족하지 못합니다. 바로 이때 인터리빙이 문제를 일으킵니다.

다수의 작업이 동시에 실행되는 동안 인터리빙이 많을 수 있습니다. 하지만 시스템에 대해 불변해야 하는 제약 조건이 실행할 때마다 인터리빙에 의해 변경될 때는 문제가 발생합니다. 그러므로 우리의 목표는 제약 조건이 변경되지 않으며 불변함을 유지하도록 **동기화 메커니즘**이라는 제어 메커니즘을 도입하는 일입니다.

이러한 제약 조건은 일반적으로 조건 및 기준에 대한 목록을 통해 표현되는데, 이제부터 **불변 제약 조건** invariant constraint이라고 하겠습니다. 이 제약 조건은 동시 시스템의 거의 모든 것에 해당할 수 있습니다.

불변 제약 조건은 13장에서 출력에 3을 두 개 인쇄했던 프로그램 예제처럼 매우 간단한 것일 수 있습니다. 또한 거대한 동시 소프트웨어 프로그램에서 모든 외부 데이터 소스에 대한 **데이터 무결성** data integrity을 보존하는 것처럼 매우 복잡할 수도 있습니다.

> **NOTE_** 가능한 모든 인터리빙을 만들기란 매우 어렵습니다. 어떤 경우에는 특정 인터리빙이 아주 낮은 확률로만 발생하며 100만분의 1의 확률로 발생할 수도 있습니다.
>
> 이는 동시 개발의 또 다른 위험한 측면입니다. 어떤 인터리빙에 문제가 있다면 오직 100만분의 1로 발생할 수 있다 하더라도 큰 문제가 될 수 있습니다. 예를 들어 이러한 인터리빙은 비행기 추락을 일으키거나 뇌 수술 중에 심각한 장치 결함을 불러올 수 있습니다!

모든 동시 시스템에는 잘 정의된 최소한의 불변 제약 조건이 있습니다. 이 장에 나오는 예제마다 불변 제약 조건에 관해 설명하겠습니다. 이러한 제약 조건은 예제들을 충족시키고 불변하게 유지할 특정 동시 시스템을 설계하려면 필요하기 때문입니다.

동시 시스템에서 발생하는 인터리빙은 기존에 정의된 불변 제약 조건을 만족해야 합니다. 만족하지 못한다면 시스템에 문제가 있는 것입니다. 여기서 불변 제약 조건은 매우 중요한 요인입니다. 시스템의 불변 제약 조건을 만족하지 않는 인터리빙이 존재할 때 우리는 시스템에 **경쟁 상태**가 발생했다고 합니다.

경쟁 상태란 동시 시스템의 고유한 속성, 즉 인터리빙에 의해 발생한 문제에 해당합니다. 경쟁 상태가 발생할 때마다 시스템의 불변 제약 조건을 지키지 못할 위험이 있습니다.

불변 제약 조건을 충족하지 못한 결과는 논리적 오류나 갑자기 발생하는 충돌로 나타납니다. 공유 변수에 저장된 값이 실제 상태를 반영하지 않는 사례가 많습니다. 이는 주로 공유 변수에 대한 **데이터 무결성**을 손상시키는 서로 다른 인터리빙 때문입니다.

데이터 무결성과 관련한 문제는 이 장의 뒷부분에서 설명하겠습니다. 하지만 지금은 다음 예제부터 봅시다. 이전에 말했듯, 예제로 넘어가기 전에 예제에 대해 불변 제약 조건을 정의해야 합니다. [코드 박스 14-1]의 [예제 14-1]은 단 하나의 불변 제약 조건이 있으며, 공유된 **카운터** 변수에는 최종적으로 올바른 값이 있어야 하고 이 값은 **3**이어야 합니다. 이 예제에는 세 개의 동시 작업이 있습니다. 모든 작업은 **카운터**를 1씩 증가해야 하며 이는 [코드 박스 14-1]의 목표 로직입니다.

코드 박스 14-1 [예제 14-1] 하나의 공유 변수로 작업하는 세 개의 동시 작업이 있는 시스템

```
동시 시스템 {

    공유 상태 {
        카운터 : 정수 = 0
    }

    작업 T1 {
        A : 정수
        1.1. A = 카운터
        1.2. A = A + 1
        1.3. 카운터 = A
    }

    작업 T2 {
        B : 정수
        2.1. B = 카운터
        2.2. B = B + 1
        2.3. 카운터 = B
    }

    작업 T3 {
        A : 정수
        3.1. A = 카운터
        3.2. A = A + 1
        3.3. 카운터 = A
    }
}
```

[코드 박스 14-1]에는 의사코드로 쓰인 동시 시스템이 보입니다. 동시 시스템에는 세 개의 작업이 있고, 공유 상태에 대한 섹션도 있습니다. 이 시스템에서 **카운터**는 작업 세 개가 모두 접

근할 수 있는 유일한 공유 변수입니다.

모든 작업은 지역 변수를 여러 개 가질 수 있습니다. 이러한 지역 변수는 해당 작업 전용이며 다른 작업들은 이 변수를 볼 수 없습니다. 이러한 이유로 A라는 같은 값을 갖는 지역 변수 두 개가 있을 수 있으며 이들은 하나하나 모두 달라야 하고 해당 변수를 소유한 작업에 한정되어야 합니다.

참고로 작업은 공유된 변수에서 직접 작동하지 않으며 작업들은 오직 공유된 변숫값을 읽거나 변경할 수만 있습니다. 이러한 이유로 기본적인 지역 변수 몇 개가 필요합니다. 알다시피 작업들은 지역 변수를 증가시킬 수만 있고 공유된 변수는 직접 증가시킬 수 없습니다. 이는 멀티스레딩과 멀티프로세싱 시스템에 대해 우리가 알아볼 내용과 밀접한 관계가 있는 만큼, 동시 시스템을 나타내고자 앞의 설정을 선택했습니다.

[코드 박스 14-1]의 예제는 경쟁 상태가 어떻게 논리적 오류를 일으키는지 보여줍니다. 공유된 **카운터** 변수에서 값 **2**를 도출하는 인터리빙을 찾는 것은 쉽습니다. [코드 박스 14-2]의 인터리빙을 보세요.

코드 박스 14-2 [코드 박스 14-1]에 대해 정의된 불변 제약 조건을 위반하는 인터리빙

작업 스케줄러	작업 T1	작업 T2	작업 T3
문맥 교환	A = 카운터 A = A + 1 카운터 = A		
문맥 교환		B = 카운터 B = B + 1	
문맥 교환			A = 카운터
문맥 교환			
문맥 교환		카운터 = B	
문맥 교환			A = A + 1 카운터 = A

여기서 인터리빙을 쉽게 추적할 수 있습니다. [코드 박스 14-1]에 보이는 명령어 **2.3**과 **3.3**

은 둘 다 공유된 **카운터** 변수의 내부에 값 2를 저장합니다. 이러한 상황을 **데이터 경쟁**이라고 하며, 이번 절에서 더 자세히 설명합니다.

다음 [코드 박스 14-3]의 예제는 경쟁 상태가 어떻게 충돌로 이어지는지 나타냅니다.

> **NOTE_** 다음 절에서는 C 의사코드 예제를 사용합니다. POSIX API를 아직 소개하지 않았기 때문인데, POSIX API는 스레드나 프로세스를 생성하고 관리하는 C 코드를 작성할 때 필수 항목입니다.

다음 코드는 C로 작성하면 세그멘테이션 오류를 일으킬 수 있는 예제입니다.

코드 박스 14-3 [코드 박스 14-1]의 예제에 대한 불변 제약 조건을 위반하는 인터리빙

```
동시 시스템 {

    공유 상태 {
        char *ptr = NULL; // 힙 공간에 있는 메모리 주소를
                          // 가리켜야 하는
                          // 공유된 char 포인터는
                          // 기본값이 null이 됩니다.
    }

    작업 P {
        1.1. ptr = (char*)malloc(10 * sizeof(char));
        1.2. strcpy(ptr, "Hello!");
        1.3. printf("%s\n", ptr);
    }

    작업 Q {
        2.1. free(ptr);
        2.2. ptr = NULL;
    }
}
```

이 예제에서 염려하는 명백한 불변 제약 조건 중에 작업 충돌을 허용하지 않는다는 조건이 있습니다. 작업이 자기 일을 끝까지 완수하지 못하는 경우에 불변 제약 조건을 갖는다는 것은 애초에 모순입니다.

이 작업에 충돌을 일으킬 몇 가지 인터리빙이 있습니다. 그중 두 가지를 설명하겠습니다.

- 명령어 2.1이 먼저 실행된다고 가정해봅시다. ptr이 null이므로 작업 Q에서 충돌이 발생하겠지만 작업 P는 계속됩니다. 그 결과 두 작업(스레드) 모두 같은 프로세스에 속하는 멀티스레딩 사용 사례에서, 두 작업을 포함하는 프로그램 전체에 충돌이 발생합니다. 충돌의 주요 원인은 null 포인터를 삭제하기 때문입니다.

- 다른 인터리빙은 명령어 1.1 이후 1.2 이전에 2.2가 실행될 때입니다. 이때 작업 P에서 충돌이 발생하지만, 작업 Q는 문제없이 완료됩니다. 이 충돌의 주된 이유는 null 포인터를 역참조하기 때문입니다.

앞의 예제에서 봤듯이 동시 시스템에 경쟁 상태가 있다면 논리적 오류나 갑작스러운 충돌과 같은 다른 상황이 발생합니다. 두 경우 모두 적절하게 해결해야 합니다.

잠시 시간을 들여 동시 시스템에서 모든 경쟁 상태를 다 식별하기는 쉽지 않다는 점을 이해해야 합니다. 일부 경쟁 상태는 한참 후에 모습을 드러낼 때까지 숨겨져 있습니다. 그렇기 때문에 동시 프로그램은 다루기에 어렵다는 말로 이번 장을 시작했습니다.

그렇다고 하더라도 때로는 실행 빈도가 낮은 코드의 분기에서 기존의 경쟁 상태를 찾아내는 **경쟁 탐지기**race detector를 사용할 수 있습니다. 실제로 이 탐지기는 경쟁 상태를 유발하는 인터리빙을 식별하는 데 사용될 수 있습니다.

> **NOTE_** 경쟁 상태는 **경쟁 탐지기**라는 프로그램 그룹이 감지할 수 있습니다. 이러한 탐지기들은 특성이 정적 또는 동적인지에 따라 그룹이 나뉩니다.
>
> **정적 경쟁 탐지기**static race detector는 소스 코드를 살펴보고 관찰한 명령어에 기반해 모든 인터리빙을 만들려고 합니다. 반면 **동적 경쟁 탐지기**dynamic race detector는 먼저 프로그램을 실행하고 나서 경쟁 상태가 의심되는 코드가 실행되기를 기다립니다. 경쟁 상태가 발생할 위험을 줄이고자 둘 다 결합해 사용할 수 있습니다.

이제 질문할 때가 왔습니다. 모든 경쟁 조건에 대한 하나의 주된 이유가 존재할까요? 경쟁 상태를 해결할 방법을 떠올리려면 이 질문에 답해야 합니다. 인터리빙이 불변 제약 조건을 만족하지 못할 때마다 경쟁 상태가 발생한다는 것을 알고 있습니다. 따라서 질문에 답하려면 가능한 불변 제약 조건을 심층적으로 분석해 어떻게 조건을 지키지 못하는지 확인해야 합니다.

다양한 동시 시스템에서 관찰한 결과, 불변 제약 조건을 만족하기 위해 서로 다른 작업에서 모든 인터리빙에 걸쳐 엄격한 순서로 실행해야 하는 명령어가 항상 많습니다. 그러므로 이 순서를 따르는 인터리빙은 불변 제약 조건을 위반하지 않습니다. 우리는 이러한 인터리빙에 만족하여, 원하는 출력을 봅니다. 엄격한 순서를 지키지 않는 인터리빙은 불변 제약 조건을 충족하지 못하며, 따라서 문제가 있는 인터리빙으로 간주할 수 있습니다.

이러한 인터리빙에서는 순서를 복구하는 메커니즘을 도입해야 하고 불변 제약 조건이 언제나 충족될 것이라는 점을 확실히 보장해야 합니다. [예제 14-2]는 다음 [코드 박스 14-4]에서 볼 수 있습니다. 불변해야 하는 제약 조건은 **1을 출력해야 한다**는 것입니다. 이 제약은 다소 부족하므로 실제 동시 응용프로그램에서는 볼 수 없겠지만, 우리가 다루는 개념을 이해하는 데는 도움이 됩니다.

코드 박스 14-4 [예제 14-2] 경쟁 상태를 겪는 아주 단순한 동시 시스템

```
동시 시스템 {

    공유 상태 {
      X : 정수 = 0
    }

    작업 P {
        1.1. X = 1
    }

    작업 Q {
        2.1. X를 출력
    }
}
```

이 [예제 14-2]는 인터리빙에 따라 서로 다른 두 결과가 나옵니다. 불변 제약 조건에 따라 1을 출력하고 싶다면, 두 작업에서 명령어에 대해 순서를 엄격하게 따르도록 정의해야 합니다. 그러려면 프린트 명령어 2.1은 명령어 1.1 직후에만 실행되어야 합니다.

이러한 순서, 즉 불변 제약 조건을 쉽게 위반하는 다른 인터리빙이 존재하므로 경쟁 상태가 발생합니다. 이러한 명령어 간에는 엄격한 순서가 필요합니다. 하지만 원하는 순서대로 두기가 쉽지 않습니다. 이 순서를 복구하는 방법은 이 장의 뒷부분에서 다루겠습니다.

다음 [예제 14-3]을 봅시다. 이 코드에는 세 개의 작업으로 이루어진 시스템이 있습니다. 이 시스템에는 공유 상태가 없다는 점을 주목해야 합니다. 그렇기는 하지만 경쟁 상태가 존재합니다. **언제나 1, 2, 3 순서로 출력하도록** 다음 시스템에 대한 불변 제약 조건을 정의합시다.

```
동시 시스템 {

    공유 상태 {
    }

    작업 P {
        1.1. 3을 출력
    }

    작업 Q {
        2.1. 1을 출력
    }

    작업 R {
        3.1. 2를 출력
    }
}
```

매우 단순한 시스템이라 하더라도 어느 작업이 먼저 실행될지 보장할 수 없으므로 경쟁 상태가 발생합니다. 그러므로 불변 제약 조건을 충족시키려면 명령어를 2.1, 3.1, 1.1과 같은 순서로 실행해야 합니다. 이 순서는 모든 가능한 인터리빙에서 지켜야 합니다.

앞의 [예제 14-3]은 경쟁 상태에 대한 중요한 특성을 나타냅니다. 동시 시스템에서 경쟁 상태가 생기려면 공유 상태가 필요하지 않다는 점입니다. 대신, 경쟁 상태를 피하려면 어떤 명령어는 항상 엄격한 순서대로 두어야 합니다. 경쟁 상태는 일반적으로 **임계 구역**critical section이라는 작은 명령어 집합이 순서대로 실행되지 않을 때만 발생한다는 점을 주목해야 합니다. 반면 임계 구역이 아닌 다른 명령어는 어떠한 순서로도 실행될 수 있습니다.

공유 상태와 관련해, 작성 가능한 공유 상태와 특정 불변 조건이 둘 다 있다면 공유 상태를 목표로 하는 **읽기**와 **쓰기** 명령어 간에 엄격한 순서를 부과할 수 있습니다. 작성 가능한 공유 상태에 대한 가장 중요한 제약 조건은 데이터 무결성입니다. 데이터 무결성이란 간단히 말해 모든 작업이 언제나 공유 상태의 최신값을 읽을 수 있어야 한다는 의미입니다. 즉, 공유 상태를 계속해서 수정하기 전에 공유 상태의 업데이트 내역을 인지할 수 있어야 합니다.

[코드 박스 14-6]에 보이는 [예제 14-4]는 데이터 무결성 제약 조건을 설명합니다. 더 중요한 것은 이 제약 조건을 쉽게 놓치는 경우를 설명한다는 점입니다.

```
동시 시스템 {

    공유 상태 {
      X : 정수 = 2
    }

    작업 P {
      A : 정수
        1.1. A = X
        1.2. A = A + 1
        1.3. X = A
    }

    작업 Q {
      B : 정수
        2.1. B = X
        2.2. B = B + 3
        2.3. X = B
    }
  }
```

다음 인터리빙을 고려해봅시다. 먼저 명령어 **1.1**이 실행됩니다. 따라서 X에 대한 값은 지역 변수 A로 복제됩니다. 하지만 작업 P가 그리 운이 좋지 못해서 문맥 교환이 발생하고 CPU는 작업 Q에 할당됩니다. 이어서 명령어 **2.1**이 실행되며 X에 대한 값은 지역 변수 B로 복제됩니다. 그러므로 변수 A와 B는 모두 같은 값인 2를 갖습니다.

이제 작업 Q는 운 좋게도 실행을 계속할 수 있습니다. 그다음 명령어 **2.2**가 실행되며 B는 5가 됩니다. 계속해서 작업 Q는 5를 공유 상태 X에 작성합니다. 따라서 X는 5가 됩니다.

이제 다음 문맥 교환이 발생하고, CPU는 다시 작업 P에 할당됩니다. 이어서 명령어 **1.2**를 수행합니다. 이 지점이 바로 무결성 제약을 놓친 곳입니다.

공유 상태 X는 언제나 작업 Q가 업데이트합니다. 하지만 작업 P는 남은 연산 과정에서 이전의 값인 2를 사용합니다. 결국 작업 P는 X를 3으로 리셋하고, 개발자가 기대한 결과는 나오기 어려워집니다. 데이터 무결성 제약 조건을 충족시키려면 명령어 **1.1**이 명령어 **2.3** 바로 뒤에 실행될 수 있도록 하거나, 명령어 **2.1**이 명령어 **1.3** 직후에만 실행되도록 해야 합니다. 그렇지 않으면 데이터 무결성은 손상될 수 있습니다.

또 다른 정의에 관해 이야기해봅시다. 일부 인터리빙이 공유 상태와 관련된 데이터 무결성에 대한 제약 조건을 위반할 때, 공유 상태에 대한 데이터 경쟁이 존재한다고 합니다.

데이터 경쟁은 경쟁 상태와 매우 비슷합니다. 하지만 데이터 경쟁이 발생하려면 서로 다른 작업 간에 공유 상태가 있어야 하고, 그 공유 상태는 반드시 최소한 하나 이상의 작업이 수정(작성)할 수 있어야 합니다. 즉, 공유 상태는 모든 작업에 대해서 읽기 전용이어서는 안 되며, 이 로직에 따라 공유 상태에 작성할 수 있는 최소한 하나의 작업이 있어야 합니다.

이전에 말했듯 읽기 전용인 공유 상태에는 데이터 경쟁이 발생하지 않습니다. 읽기 전용인 공유 상태에 대해서는 이 공유 상태의 값을 수정할 수 없으므로 데이터 무결성을 훼손할 수 없기 때문입니다.

[코드 박스 14-7]에 보이는 [예제 14-5]는 경쟁 상태가 발생하는 동시에 읽기 전용인 공유 상태에 대해서는 데이터 경쟁이 생기지 않음을 나타냅니다.

코드 박스 14-7 [예제 14-5] 읽기 전용 공유 상태가 있는 동시 시스템

```
동시 시스템 {

    공유 상태 {
        X : 정수 (읽기 전용) = 5
    }
```

```
작업 P {
  A : 정수
    1.1. A = X
    1.2. A = A + 1
    1.3. A를 출력
}

작업 Q {
    2.1. X를 출력
}

작업 R {
  B : 정수
    3.1. B = X + 1
    3.2. B = B + 1
    3.3. B를 출력
  }
}
```

이 [예제 14-5]에서 불변 제약 조건이 **X에 대한 데이터 무결성을 유지하고 5, 6, 7을 출력하는 것**이라고 가정합시다. 확실히 서로 다른 print 명령어 사이에는 엄격한 순서가 필요하므로 경쟁 상태가 생깁니다.

하지만 공유 변수가 읽기 전용이므로 데이터 경쟁은 없습니다. 참고로 명령어 **1.2**와 **3.2**는 자신의 지역 변수만을 수정할 수 있으며, 따라서 공유 상태를 수정한다고 볼 수는 없습니다.

이번 절의 마지막 참고 사항입니다. 경쟁 상태가 쉽게 해결될 거라고 기대하지 마세요. 확실히 서로 다른 작업의 특정 명령어 간에 필요한 순서를 만들려면 동기화 메커니즘을 도입해야 합니다. 동기화 메커니즘은 모든 가능한 인터리빙에 주어진 순서를 따르도록 합니다. 바로 다음 절에서 원하는 순서를 따르는 새로운 인터리빙을 도입해야 한다는 점을 살펴보겠습니다.

이번 14장의 후반부에서 이러한 메커니즘을 설명하겠습니다. 그 전에, 동기화 방식을 사용한 이후에 발생하는 동기화 관련 문제를 설명해야 합니다. 다음 절의 내용은 **동기화 이후** 문제에 대한 모든 것으로, 고유한 문제와는 다릅니다.

14.3 동기화 이후 문제

다음으로 제어 메커니즘을 잘못 사용한 결과 예상되는 주요한 문제 네 가지를 설명하겠습니다. 이들은 근본 원인이 다른 만큼, 여러분은 하나의 문제만 겪을 수도 있고 전체 문제를 겪을 수도 있습니다.

- **새로운 고유한 문제**: 제어 메커니즘을 적용한 결과 다른 경쟁 상태나 데이터 경쟁이 생깁니다. 제어 메커니즘은 명령어 간에 엄격한 순서를 강제하며, 그 과정에서 새로운 고유한 문제new intrinsic issue를 야기할 수 있습니다. 제어 메커니즘이 새로운 인터리빙을 도입하면 새로운 동시성 관련 행위 및 문제를 겪습니다. 새로운 경쟁 상태나 데이터 경쟁이 발생한 결과 새로운 논리적 오류와 충돌이 발생할 수 있습니다. 이러한 새로운 문제를 고치려면 도입한 동기화 기술을 프로그램의 로직에 따라 살펴보고 조정해야 합니다.

- **기아 상태**: 동시 시스템에 있는 작업이 오랫동안 공유 자원에 접근하지 못하는 경우에는 주로 특정 제어 메커니즘을 도입해 발생하는데, 작업이 기아 상태가 되었다고 합니다. 기아 상태인 작업은 공유 자원에 접근할 수 없으므로 목적을 효과적으로 실행할 수 없습니다. 다른 작업이 기아 상태인 작업에 의존한다면 다른 작업 역시 기아 상태가 됩니다.

- **교착 상태**deadlock: 동시 시스템의 모든 작업이 서로를 대기하느라 모든 작업이 진행되지 못할 때를 교착 상태라고 합니다. 교착 상태는 주로 잘못된 방식으로 적용된 제어 메커니즘 때문에 다른 작업이 공유 자원이나 잠긴 객체를 해제하기를 기다리면서 무한 루프에 빠지게 되면서 발생합니다. 이는 일반적으로 **순환 대기**circular wait라 합니다. 작업이 대기하는 동안 어느 작업도 실행을 계속할 수 없다 보니 시스템이 혼수상태와 같은 상황이 됩니다. 교착 상태를 묘사하는 일러스트는 다음 링크에서 볼 수 있습니다 (https://ko.wikipedia.org/wiki/교착_상태). 교착 상태에서 모든 작업은 멈춰서 서로를 기다립니다. 하지만 작업 중 일부, 하나 또는 두 개의 작업만 멈춰 있고 다른 작업은 계속할 수 있는 상황도 종종 있습니다. 이를 **반교착 상태**semi-deadlock라고 합니다. 반교착 상태에 관해서는 다음 절에서 더 자세히 살펴봅니다.

- **우선순위 역전**: 동기화 기술을 도입한 이후, 공유 자원을 사용할 더 높은 권한을 갖는 작업이 우선순위가 낮은 작업 뒤로 블로킹될 때가 있는데, 이러한 방식으로 우선순위 역전priority inversion이 발생합니다. 잘못 구현된 동기화 기술 때문에 발생할 수 있는 부수적인 또 다른 문제에 해당합니다.

기아 상태는 동시 시스템에 기본적으로는 존재하지 않습니다. 동기화 기술이 운영체제의 작업 스케줄러에 도입되지 않으면 시스템은 공정해서 어느 작업도 기아 상태가 되지 않습니다. 개발자가 제어 메커니즘을 도입해야만 기아 상태가 발생합니다. 마찬가지로 교착 상태 역시 개발자가 관여하기 전까지는 동시 시스템에 존재하지 않습니다. 대부분의 교착 상태에 대한 주요 원인은 동시 시스템의 모든 작업이 서로가 잠금lock을 풀어주기를 기다리는 방식으로 잠금을 사용하는 경우입니다. 일반적으로 동시 시스템에서 기아 상태보다 교착 상태가 더 흔한 문제입니다.

이어서 제어 메커니즘을 설명해야 합니다. 다음 절에서는 경쟁 상태를 극복하는 데 사용할 수 있는 다양한 동기화 기술을 설명합니다.

14.4 동기화 기술

이 절에서는 고유한 동시성 관련 문제를 극복할 때 사용하는 동기화 기술 또는 동시성 제어 기술 또는 동시성 제어 메커니즘을 설명하겠습니다. 지금까지 설명한 내용을 살펴보면, 제어 메커니즘은 일부 인터리빙이 시스템에서 일으키는 문제를 극복하려고 합니다.

동시 시스템은 각각 고유한 불변 제약 조건이 있으며, 모든 인터리빙이 이 조건을 충족하지는 않습니다. 시스템의 불변 제약 조건을 만족하지 않는 이러한 인터리빙에 대해 명령어 간에 특정한 순서를 부여하는 방법을 고안해야 합니다. 즉, 불변 제약 조건을 만족하면서 나쁜 인터리빙을 대체하는 새로운 인터리빙을 **생성해야**create 합니다. 우리의 희망 사항은 어떤 동기화 기술을 사용한 이후에는 일부 새로운 인터리빙이 있는 완전히 새로운 동시 시스템이 생기고, 이 시스템이 불변 제약 조건을 계속 만족해 동기화 이후 문제가 일절 발생하지 않는 것입니다.

참고로 동기화 기술을 도입하려면 새로운 코드를 작성하고 기존 코드를 변경해야 합니다. 기존 코드를 변경하면 명령어의 순서, 즉 인터리빙이 효과적으로 변경됩니다. 코드를 변경하면 새 인터리빙이 있는 새로운 동시 시스템이 손쉽게 생성됩니다.

새 인터리빙은 동시성 문제를 어떻게 해결할까요? 우리가 제작하고 새로 추가한 인터리빙을 도입함으로써 서로 다른 작업의 다른 명령어 사이에 발생 전 제약happens-before constraint을 추가로 부과할 수 있고, 이는 불변 제약 조건을 만족할 수 있도록 합니다.

참고로 단일 작업에서는 두 개의 인접한 명령어 사이에는 항상 발생 전 제약 조건이 존재하지만, 동시 시스템에서는 서로 다른 두 작업에 있는 두 명령어 사이에 제약 조건이 없으며, 동기화 기술을 사용해 두 작업 사이의 실행 순서를 제어하는 새로운 발생 전 제약 조건을 정의합니다.

완전히 새로운 동시 시스템이란 새로운 다른 문제가 있다는 의미입니다. 직접적인 동시 시스템은 작업 스케줄러가 문맥 교환을 수행하는 유일한 개체인 자연적인^{natural} 시스템이었습니다. 하지만 새로운 동시 시스템에서는 작업 스케줄러뿐만 아니라, 인간의 손이 닿은 인공적인^{artificial} 동시 시스템과 마주하게 됩니다. 시스템의 불변 제약 조건을 지키고자 사용한 동시성 제어 메커니즘은 또 다른 중요한 요인입니다. 따라서 이전 절에서 다룬 **동기화 이후 문제**^{post-synchronization issue}라는 새로운 문제가 나타납니다.

여러 작업을 동기화하고 이 작업들을 특정 순서에 따르도록 하기에 알맞은 동기화 기술을 도입하는 일은 직접적인 동시 환경에 달려 있습니다. 예를 들면 멀티프로세싱 프로그램에서 사용된 제어 메커니즘은 멀티스레딩 프로그램에서 사용된 방식과는 다를 수 있습니다.

따라서 제어 메커니즘에 관해서는 실제 C 코드를 사용하지 않는 한 여기서 자세히 설명할 수 없습니다. 구현 방식과 관계없이 모든 동시 시스템에서 가능한 추상적인 방식으로 이 메커니즘을 설명하겠습니다. 따라서 다음 기술과 개념은 모든 동시 시스템에서 유효합니다. 하지만 그 구현은 주변 환경과 시스템 자체의 실제 속성에 따라 크게 다를 수 있습니다.

14.4.1 바쁜 대기 및 스핀락

일반적인 해결 방법으로 한 작업의 명령어가 다른 작업의 다른 명령어 이후에 실행되도록 하기 위해, 해당 작업은 후속 작업이 명령어를 실행하도록 대기해야 합니다. 동시에 이 작업은 문맥 교환을 통해 CPU를 얻게될 수도 있지만 실행되지 않은 채 대기해야 합니다. 즉, 해당 작업은 후속 작업이 명령어를 실행할 때까지는 멈춰서 대기해야 합니다.

후속 작업이 명령어에 대한 실행을 완료할 수 있을 때 비로소 두 가지 선택을 할 수 있습니다. 이전 작업은 후속 작업이 완료되었는지 다시 한번 확인하거나, 또는 후속 작업이 이전 작업에 대해 이제 명령어를 계속해서 실행해도 된다고 알릴 수 있습니다.

설명한 시나리오는 두 사람이 정의된 순서를 따르면서 무언가를 하려는 상황과 비슷합니다. 한 사람은 반드시 다른 사람이 일을 완료할 때까지 기다려야 하며, 그래야 다른 사람이 자기 일을 계속할 수 있습니다. 거의 모든 제어 메커니즘이 이와 비슷한 접근법을 사용한다고 할 수 있습니다. 하지만 그 구현은 다양하며, 대부분 특정 환경에서 사용할 수 있는 메커니즘에 의존합니다. 이러한 환경 중 POSIX 호환 시스템과 여기서 이용할 수 있는 메커니즘에 관해서는 이 장의 마지막 절에서 설명하겠습니다.

앞의 제어 메커니즘은 모든 기술에 대해 핵심적인 만큼, 이를 예제로 설명하겠습니다. 다음 [코드 박스 14-8]에 보이는 [예제 14-6]은 동시 작업이 두 개가 있는 시스템으로, 불변 제약 조건은 **A 다음 B가 출력**되도록 정의하고 싶습니다. 아무런 제어 메커니즘이 없다면 다음 코드 박스처럼 보입니다.

코드 박스 14-8 제어 메커니즘 도입 이전의 [예제 14-6]을 나타내는 동시 시스템

```
동시 시스템 {

    작업 P {
        1.1. 'A'를 출력
    }

    작업 Q {
        2.1. 'B'를 출력
    }
}
```

정의된 불변 제약 조건에 따라 명백히 경쟁 상태가 생겼습니다. 인터리빙 {2.1, 1.1}은 B 다음에 A를 출력하며, 이는 불변 제약 조건을 위반합니다. 그러므로 이 명령어 간에 특정 순서를 따르도록 하는 제어 메커니즘을 사용해야 합니다.

명령어 **1.1**이 실행되어야 명령어 **2.1**이 실행되도록 하려고 합니다. 다음 [코드 박스 14-9]에 나타나는 의사코드는 명령어 사이에 다시 순서가 생기도록 이전에 설명한 접근법을 설계하고 도입하는 방법을 보여줍니다.

코드 박스 14-9 [예제 14-6]에 대해 바쁜 대기를 이용하는 해결 방법

```
동시 시스템 {

    공유 상태 {
      완료 : 불리언 = 거짓
    }

    작업 P {
        1.1. 'A'를 출력
```

```
            1.2. 완료 = 참
        }

        작업 Q {
            2.1. 완료되지 않은 동안 아무것도 하지 않음
            2.2. 'B'를 출력
        }
    }
```

작업을 동기화하기 위해 명령어를 더 추가해야 했습니다. 따라서 새로운 인터리빙이 더 추가된 것처럼 보입니다. 더 정확하게 말하면, 이전과 비교해 완전히 새로운 동시 시스템을 마주한 것입니다. 이 새로운 시스템은 이전 시스템의 인터리빙과 비교가 되지 않는 고유한 인터리빙의 집합을 갖습니다.

이러한 모든 새로운 인터리빙은 한 가지 공통점이 있습니다. 명령어 **1.1**은 언제나 명령어 **2.2** 이전에 실행된다는 사실입니다. 이것이 제어 메커니즘을 추가해 달성하려던 목표입니다. 어떤 인터리빙을 선택하거나 문맥 교환이 어떻게 발생하더라도, 명령어 **1.1**과 **2.2** 사이에서 발생 전 제약 조건이 실행되었습니다.

어떻게 이것이 가능할까요? 이 시스템에서 새로운 공유 상태인 **완료**를 도입했으며 이 상태는 초기에 **거짓**으로 설정된 불리언 변수입니다. 작업 P가 A를 인쇄할 때마다 **완료**를 **참**으로 설정합니다. 그런 다음 **완료**가 **참**이 되기를 기다리는 작업 Q는 **2.1**에 있는 while 루프를 빠져나가서 B를 출력합니다. 다시 말해, 공유 상태 **완료**가 **참**이 되므로 작업 Q는 while 루프 안에서 대기합니다. **완료**가 **참**이라는 말은 작업 P가 **출력** 명령어를 완료했다는 의미입니다. 제시한 해결책에는 모든 것이 괜찮아 보입니다. 그리고 실제로 잘 되고 있습니다.

다음 인터리빙을 상상해보세요. 작업 P가 CPU 코어를 잃고 작업 Q가 CPU 코어를 얻을 때, 만약 **완료**가 **참**이 아니어서 작업 Q가 CPU 코어를 다시 잃을 때까지 루프 안에 남아 있다고 해봅시다. 이는 작업 Q가 CPU 코어를 가지는 동안 필요한 조건이 아직 충족되지 않았으며, 작업 Q는 루프를 떠나지 않고 조건이 충족되었는지 **타임 슬라이스**를 사용해 **풀링**^{pooling}하고 확인하는 것 외에는 아무것도 하지 않는다는 의미입니다. 이 과정은 CPU 코어가 회수될 때까지 계속됩니다. 즉, 작업 Q는 작업 P가 다시 CPU 코어를 받아서 A를 출력할 수 있을 때까지 대기하면서 시간을 낭비합니다.

기술 언어로는 작업 Q가 특정 조건이 충족될 때까지 **바쁜 대기**^{busy-wait}를 하고 있다고 합니다.

상태가 **참**이 될 때까지 바쁜 대기에서 계속 모니터링(폴링)한 다음 바쁜 대기를 빠져나갑니다. 이 해결책이 문제를 완벽하게 해결하지만, 작업 Q를 호출할 때마다 작업 Q는 CPU의 소중한 시간을 낭비합니다.

> **NOTE_** 바쁜 대기는 효율적이지는 않지만, 이벤트가 발생하기를 기다리는 간단한 방식입니다. 바쁜 대기 내부에서는 특별히 수행할 작업이 없으므로 주어진 타임 슬라이스를 완전히 낭비합니다. 바쁜 대기는 대기가 길 때 피해야 합니다. CPU를 낭비하는 시간은 다른 작업이 완료할 수 있도록 주어져야 합니다. 하지만 낭비되는 시간이 짧으리라 예측되는 환경에서는 바쁜 대기가 사용됩니다.

실제 C 프로그램이나 다른 프로그래밍 언어에서 **잠금**은 일반적으로 엄격한 순서를 지키기 위해 사용됩니다. 잠금은 쉽게 말해 객체 또는 변수이며, 상태가 충족되거나 이벤트가 발생하기를 기다리고자 사용합니다. 참고로 이전 예제에서 **완료**는 잠금이 아니라 플래그였습니다.

잠금이라는 용어를 이해하려면 명령어 2.2를 실행하기 전에 잠금을 얻으려는 것처럼 생각하면 됩니다. 잠금을 얻어야만 루프를 계속해서 종료할 수 있습니다. 루프 안에서는 잠금을 사용할 수 있기를 기다립니다. 잠금은 다양한 유형이 있으며 이는 나중에 설명하겠습니다.

다음 절에서는 이전에 다룬 대기 시나리오를 수행합니다. 하지만 이번에는 CPU 코어의 시간을 낭비하지 않는 더 효율적인 방식을 사용합니다. 여기에는 여러 이름이 있지만 **대기/알림**wait/notify 또는 **잠자기/알림**sleep/notify 메커니즘이라 부를 수 있습니다.

14.4.2 잠자기/알림 메커니즘

앞 절에서 다룬 대로 바쁜 대기 루프를 이용하는 대신, 다른 시나리오도 상상해볼 수 있습니다. 작업 Q는 **완료** 플래그에서 바쁜 대기를 하는 대신 잠들 수 있으며, 작업 P는 플래그를 **참**으로 만들 때 플래그의 변경에 대해 작업 Q에 알릴 수 있습니다.

즉, 작업 Q는 플래그가 **참**이 아님을 알자마자 잠자기에 들어가며 작업 P가 CPU 코어를 더 빨리 얻도록 해서 로직을 실행하게 합니다. 그 결과 작업 P는 플래그를 **참**으로 수정한 다음 작업 Q를 깨웁니다. 사실 이러한 접근법은 대부분의 운영체제가 바쁜 대기를 피하고 더 효율적으로 제어 메커니즘을 사용하려는 **관습적인**de facto 구현입니다.

다음의 의사코드는 이러한 접근법을 사용해 앞 절의 예제에 관한 해결책을 다시 작성하는 법을 나타냅니다.

코드 박스 14-10 [예제 14-6]에 대해 잠자기/알림을 사용하는 해결 방법

```
동시 시스템 {

    작업 P {
        1.1. 'A'를 출력
        1.2. 작업 Q에 알림
    }

    작업 Q {
        2.1. 잠자기 모드에 돌입
        2.2. 'B'를 출력
    }
}
```

이 의사코드를 설명하기 전에 새로운 개념부터 살펴봐야 합니다. 첫 번째로는 작업이 **잠드는** 방법입니다. 작업이 잠들어 있는 한 CPU를 공유하지 않을 것입니다. 작업이 잠자기 모드로 들어가면 작업 스케줄러는 이를 인지합니다. 이후 작업 스케줄러는 잠든 작업으로 타임 슬라이스를 주지 않습니다.

작업이 잠들면 어떤 이점이 있을까요? 잠든 작업은 바쁜 대기에 들어가지 않으므로 CPU의 시간을 낭비하지 않습니다. 상태를 풀기 위해 바쁜 대기를 시작하는 대신, 작업은 잠을 자며 상태가 충족될 때 알림을 받습니다. 그러면 다른 작업이 사용할 수 있는 **CPU 이용량**^{CPU utilization}이 많이 증가하고, 정말로 CPU 공유가 필요한 작업이 이를 얻습니다.

작업이 잠자기 모드가 될 때 깨워줄 메커니즘이 있어야 합니다. 이 메커니즘은 일반적으로 잠든 작업에서 **알림** 또는 **신호 전달**^{signaling}로 수행됩니다. 작업은 잠자기 모드를 종료하라고 알림을 받을 수 있고, 그러자마자 깨어나서 작업 스케줄러가 큐에 다시 넣고 CPU를 줍니다. 그런 다음 작업은 잠자기 모드에 들어갔던 다음 행부터 실행을 계속합니다.

우리가 작성한 코드에서 작업 Q는 실행되자마자 잠자기 모드에 들어갑니다. 잠자기 모드에 들어갔을 때는 작업 P가 알림을 보내고 깨울 때까지 CPU를 점유하지 않습니다. 작업 P는 A가 출력되었을 때 Q에 알립니다. 그러면 작업 Q가 깨어나 CPU를 얻고 계속해서 B를 출력합니다.

이 방법에는 바쁜 대기가 없고 CPU의 시간도 낭비되지 않습니다. 잠자기 모드로 들어가거나 잠든 작업을 깨울 때, 두 경우 모두 대부분의 운영체제, 특히 POSIX 호환 운영체제가 지원하는 고유 시스템 호출이 있습니다.

처음에 언뜻 보면 이 해결책이 문제를 효율적으로 해결한 것처럼 보이며 실제로도 그렇습니다. 하지만 동기화 이후 문제를 야기하는 인터리빙이 존재합니다. 이러한 인터리빙은 방금 설명한 시스템에서 다음과 같은 순서가 있을 때 발생합니다.

코드 박스 14-11 [코드 박스 4-10]의 동시 시스템을 반교착 상태로 만드는 인터리빙

```
1.1 'A'를 출력
1.2. 작업 Q에 알림
2.1. 잠자기 모드로 돌입
2.2. 'B'를 출력
```

이 인터리빙에서 작업 P는 A를 출력했고, 그다음 작업 Q에 알립니다. 하지만 Q는 아직 CPU를 얻지 않았으므로 잠들지 않았습니다. 작업 Q는 CPU를 얻으면 즉시 잠들기 모드로 들어갑니다. 하지만 Q에 알려줄 실행 중인 작업이 아무것도 없습니다. 따라서 작업 Q는 CPU를 더 이상 얻지 못하는데, 단순히 작업 스케줄러가 잠든 작업에는 CPU 코어를 넘겨주지 않기 때문입니다. 이 예제는 동기화 기술을 도입하고, 그 결과 동기화 이후 문제에 따른 결과를 볼 수 있는 첫 번째 사례입니다.

이 문제를 해결하려면 불리언 플래그를 다시 사용해야 합니다. 이제 작업 Q는 잠들기 전에 플래그를 확인해야 합니다. 다음은 최종 해결 방법입니다.

코드 박스 14-12 [예제 14-6]에 대해 잠들기/알림 접근법에 따라 개선된 해결 방법

```
동시 시스템 {

    공유 상태 {
      완료 : 불리언 = 거짓
    }

    작업 P {
        1.1. 'A'를 출력
        1.2. 완료 = 참
        1.3. 작업 Q에 알림
```

```
        }

    작업 Q {
        2.1. 완료가 아닌 동안{
        2.2.   완료가 거짓이라면 잠자기 모드에 돌입(원자적)
        2.3. }
        2.4. 'B'를 출력
    }
}
```

이 의사코드에서 볼 수 있듯 작업 Q는 만약 플래그 **완료**가 **참**으로 설정되지 않으면 잠듭니다. 명령어 **2.2**는 플래그를 체크하는 루프 안에 놓이며, **완료**가 **거짓**일 때만 잠듭니다. 명령어 **2.2**에 대한 한 가지 중요한 참고 사항은 반드시 원자 명령어여야 한다는 점입니다. 그렇지 않으면 해결 방법은 완전할 수 없으며 똑같은 문제를 겪게 됩니다.

> **NOTE_** 만약 동시 시스템의 경험이 있다면, 이 명령어가 원자적이라고 했을 때 약간 놀랄 수도 있습니다. 그 주요 이유는 앞의 예제에서 명확한 임계 구역을 정의하고 임계 구역을 뮤텍스mutex를 사용해 보호할 때만 진정으로 체감할 수 있는 동기화가 발생하기 때문입니다. 진도를 나가면서 더 명확해질 것이며, 더 개념적인 주제를 다룬 뒤에야 실질적인 해결책을 살펴볼 수 있습니다.

잠든 작업은 작업 P뿐만 아니라 시스템의 무언가에 의해 알림을 받으므로 루프가 필요합니다. 실제 시스템에서 운영체제나 다른 작업은 한 작업에 알림을 줄 수 있습니다. 하지만 여기에서는 작업 P가 받는 알림만 살펴봅니다.

따라서 작업이 알림을 받고 깨어날 때 작업은 다시 플래그를 체크해야 하며, 만약 플래그가 아직 설정되지 않았다면 다시 자러 갑니다. 전에 설명했듯 이 해결 방법은 지금까지 설명한 내용에 따라 잘 되는 듯 보이지만, 완벽한 해결 방법은 아닙니다. CPU 코어가 여러 개인 머신에서는 반교착 상태를 일으킬 수 있기 때문입니다. 자세한 내용은 **멀티프로세서 유닛**multiple processor unit을 다루는 절에서 더 설명하겠습니다.

> **NOTE_** 대기/알림 메커니즘에 따른 해결책으로는 일반적으로 조건 변수condition variable를 사용하도록 개발합니다. 조건 변수는 또한 POSIX API에 해당하는 것이 있으며, 곧 나올 관련 절에서 개념적으로 다루겠습니다.

모든 동기화 메커니즘은 어떤 종류의 대기를 동반합니다. 어떤 작업이 동기화되도록 하는 유일한 방법입니다. 어느 지점에서는 작업의 일부가 대기해야만 하고 다른 작업들은 계속되어야 합니다. 이 지점에서 바로 **세마포어**semaphore를 도입해야 합니다. 세마포어는 동시 환경에서 로직이 대기하거나 계속하도록 하는 표준 도구입니다. 다음 절에서 집중적으로 살펴보겠습니다.

14.4.3 세마포어와 뮤텍스

네덜란드의 유명한 컴퓨터 과학자이자 수학자인 에츠허르 데이크스트라Edsger Dijkstra와 그의 팀이 당시 고유한 아키텍처를 가진 Electrologica X8 컴퓨터용 'THE Multiprogramming System' 또는 'THE OS'를 설계했을 때는 1960년대였습니다.

벨 연구소가 유닉스와 C를 발명하기까지 10년이 채 안 남은 시기였습니다. 그들은 THE OS를 작성하기 위해 어셈블리어를 사용했습니다. THE OS는 다중 작업 운영체제였으며 다층적인 아키텍처였습니다. 최고 수준은 사용자였으며 가장 낮은 수준은 작업 스케줄러였습니다. 유닉스 용어로 가장 낮은 수준이란 **작업 스케줄러**와 **프로세스 관리 유닛**이 모두 커널 링에 있다는 의미입니다. 데이크스트라와 그의 팀이 동시성과 관련된 어려움을 극복하고, 다른 작업 간 다른 리소스를 공유하기 위해 고안한 아이디어는 **세마포어**semaphore라는 개념이었습니다.

세마포어란 쉽게 말해 공유 자원에 대한 접근을 동기화할 때 사용하는 변수 또는 객체입니다. 이번 절에서는 세마포어를 상세히 설명하고, 동시 프로그램에서 널리 쓰일 뿐만 아니라 오늘날 거의 모든 프로그래밍 언어에 존재하는 세마포어의 특정 유형인 뮤텍스를 소개하겠습니다.

작업이 공유 자원에 접근하려고 할 때, 이 공유 자원은 간단한 변수 또는 공유 파일일 수 있습니다. 작업은 먼저 미리 정의된 세마포어를 검사해야 하고, 공유 자원에 계속해서 접근할 수 있는 권한을 요청해야 합니다. 세마포어와 그 역할을 설명하기 위해 다음과 같은 비유를 들겠습니다.

의사와, 의사를 만나려는 환자를 상상해보세요. 진료를 예약하는 메커니즘은 없으며 환자는 의사를 언제든 원할 때 만날 수 있다고 가정해보세요. 의사에게는 환자를 관리하는 비서가 있고, 비서는 환자를 대기열에 두고 의사가 있는 방에 들어갈 권한을 부여합니다.

의사는 (특정 인원까지만) 동시에 여러 환자를 볼 수 있다고 가정합니다. 일상적인 경험에 따르면 조금 이상하지만, 의사가 능력이 뛰어나서 한 번에 여러 환자를 볼 수 있다고 가정할 수 있습니다. 아마 환자들은 기꺼이 함께 진찰대에 앉아 있을 것입니다. 특정 실제 유스케이스에서, 세마포어는 자원 사용자^{consumer}가 쓸 수 있는 자원을 보호합니다. 그러니 지금은 앞의 가정을 참아주세요.

새로 온 환자들은 등록하려면 먼저 비서에게 가야 합니다. 비서는 종이에 쓰인 목록을 갖고 있으며, 목록에는 새 환자의 이름을 작성합니다. 이제 환자는 비서가 그들을 호출해 의사이 진료실에 대한 접근 권한을 부여하기를 기다려야 합니다. 환자가 진료실에서 나올 때마다 이 정보는 비서에게 가고, 비서는 환자의 이름을 목록에서 제거합니다.

그때마다 비서의 목록에는 진료실에 있는 환자와 대기 중인 환자가 반영됩니다. 새 환자가 진료실에서 나오면 목록에서 대기 중이던 새로운 환자가 진료실로 들어갈 수 있습니다. 이 과정은 모든 환자가 의사를 만날 때까지 계속됩니다.

이제 이를 동시 컴퓨터 시스템과 연결해 세마포어가 이러한 비유 속의 비서와 같은 일을 하는지 알아봅시다.

예시에서 의사는 공유 자원입니다. 여러 환자는 의사에게 접근할 수 있는데, 이는 공유 자원에 접근하려는 작업과 비슷합니다. 비서는 세마포어입니다. 목록을 가진 비서처럼, 각 세마포어는 공유 자원에 대한 접근을 획득하기 위해 대기하는 작업 대기열이 있습니다. 진료실은 **임계 구역**이라고 볼 수 있습니다.

임계 구역이란 세마포어가 보호하는 간단한 명령어 집합입니다. 작업은 세마포어 뒤에서 기다리지 않고서는 임계 구역에 들어갈 수 없습니다. 반면 임계 구역을 보호하는 것이 세마포어의 역할입니다. 작업이 임계 구역에 들어가려고 할 때마다 특정 세마포어에 알려야 합니다.

마찬가지로 작업이 완료되고 임계 구역에서 나가려 할 때 작업은 동일한 세마포어에 이를 알려야 합니다. 예로 든 의사 세마포어는 비유가 잘 들어맞습니다. 계속해서 조금 더 프로그램적인 예제에서 세마포어 및 다른 요소를 알아보겠습니다.

> **NOTE_** 임계 구역은 특정 상태를 만족시켜야 합니다. 이 상태는 이번 14장의 내용을 진행하며 설명하겠습니다.

다음 [코드 박스 14-13]에 보이는 [예제 14-7]은 또다시 공유된 카운터를 증가시키는 두 작업에 관한 것입니다. 앞 절에서 이미 여러 번 이 예제를 다뤘지만, 이번에는 세마포어를 기반으로 해결 방안을 제시하겠습니다.

코드 박스 14-13 [예제 14-7] 세마포어를 이용해 두 작업을 동기화하기

```
동시 시스템 {

    공유 상태 {
        S : 한 번에 하나의 작업만 허용하는 세마포어
        카운터: 정수 = 0
    }

    작업 P {
        A : 지역 정수
        1.1. 임계구역 진입: EnterCriticalSection(S)
        1.2. A = 카운터
        1.3. A = A + 1
        1.4. 카운터 = A
        1.5. 임계구역 떠나기: LeaveCriticalSection(S)
    }

    작업 Q {
        B : 지역 정수
        2.1. 임계구역 진입: EnterCriticalSection(S)
        2.2. B = 카운터
        2.3. B = B + 2
        2.4. 카운터 = B
        2.5. 임계구역 떠나기: LeaveCriticalSection(S)
    }
}
```

이 시스템에는 서로 다른 두 공유 상태가 있습니다. 공유된 세마포어 S는 다른 공유된 카운터에 대한 접근을 보호하게 되어 있으며, 한 번에 하나의 작업만이 자신이 보호하는 임계 구역에 들어갈 수 있도록 합니다. 임계 구역은 EnterCriticalSection(S)와 LeaveCriticalSection(S) 명령어를 동반하며, 각 작업에는 S가 보호하는 서로 다른 임계 구역이 있습니다.

작업은 임계 구역에 들어가려면 명령어 EnterCriticalSection(S)를 실행해야 합니다. 만약 다른 작업이 이미 자신의 임계 구역에 있다면 명령어 EnterCriticalSection(S)는 블로

킹되어 종료되지 않습니다. 그러므로 현재 작업은 세마포어가 통과시켜 임계 구역에 들여보내
줄 때까지 기다려야 합니다.

EnterCriticalSection(S) 명령어는 시나리오에 따라 다양하게 구현할 수 있습니다. 단순
히 바쁜 대기일 수도 있고, 또는 대기 중인 작업을 잠들게 할 수도 있습니다. 후자의 접근법이
더 일반적이며, 임계 구역을 기다리는 작업은 보통 잠들기 상태가 됩니다.

앞의 예제에서 세마쏘어 S는 하나의 작업만이 임계 구역에 들어갈 수 있도록 사용되었습니다.
하지만 세마포어의 범주는 더 넓으며, 두 개 이상(세마포어가 생성될 때 정의된 특정 숫자까
지)의 작업이 임계 구역에 들어가도록 할 수 있습니다. 한 번에 하나의 작업만 임계 구역으로
들어가게 하는 세마포어는 보통 **이진 세마포어**binary semaphore 또는 **뮤텍스**라고 합니다. 뮤텍스는
세마포어보다 훨씬 더 일반적이며 동시적인 코드에서 항상 볼 수 있습니다. POSIX API는 세
마포어와 뮤텍스를 둘 다 제공하므로 상황에 따라 이들을 사용할 수 있습니다.

뮤텍스mutex라는 용어는 **상호 배제**mutual exclusion를 의미합니다. 작업이 두 개 있고 각 작업에는 같
은 공유 자원에 접근하는 임계 구역이 있다고 가정해봅시다. 경쟁 상태가 없는 상호 배제를 기
반으로 한 해결 방법을 위해서는, 작업에 대해 다음 상태가 충족되어야 합니다.

- 언제든 작업 중 하나만 임계 구역에 들어갈 수 있으며, 다른 작업은 이 작업이 임계 구역을 떠날 때까지
  기다려야 합니다.
- 해결 방법에는 교착 상태가 없어야 합니다. 임계 구역에 입장하기를 기다리는 작업은 결국 들어갈 수 있
  어야 합니다. 때에 따라서는 대기 시간의 상한선(**경합 시간**contention time)을 정합니다.
- 임계 구역에 있는 작업은 다른 작업이 임계 구역이 들어가기 위해 선점preemption해 빼낼 수 없습니다.
  즉, 이 해결 방안은 **선점이 없어야 하고**preemption free **협조적**collaborative이어야 합니다.

상호 배제를 기반으로 한 해결책을 개발하기 위해 뮤텍스가 존재합니다. 임계 구역도 비슷한
조건을 따라야 하니 주의하세요. 임계 구역 내부에는 하나의 작업만 허용할 수 있으며 교착 상
태가 없어야 합니다. 세마포어 역시 이 두 가지 조건을 만족해야 하지만, 임계 구역에 한 번에
두 개 이상의 작업이 들어갈 수 있게 허용할 수 있다는 점도 주의하세요.

상호 배제는 동시성에서 가장 중요한 개념이며, 우리 손에 있는 다양한 제어 메커니즘의 지배
적인 요인이라고 할 수 있습니다. 즉, 여러분이 알고 있는 모든 동기화 기술에서 세마포어와 뮤
텍스(하지만 대부분 뮤텍스)를 사용하는 상호 배제의 흔적을 보게 될 것입니다.

세마포어와 뮤텍스는 **잠글 수 있는**lockable 객체라고 합니다. 좀 더 공식적인 용어로는, 세마포어를 기다리는 행위와 임계 구역에 입장하는 행위는 세마포어 **잠금**lock과 같습니다. 마찬가지로 세마포어를 떠나거나 세마포어를 업데이트하는 것 역시 세마포어 **잠금 해제**unlock와 같습니다.

그러므로 세마포어의 잠금과 해제는 각각 임계 구역에 대한 대기 및 접근 획득, 임계 구역 해제에 사용되는 두 가지 알고리듬이라고 볼 수 있습니다. 예를 들면 **스핀락**spin lock은 세마포어에서 바쁜 대기에 의해 임계 구역에 대한 접근 권한을 얻는 것입니다. 그리고 당연히 다른 유형의 잠금 및 해제 알고리듬도 존재합니다. 이러한 다양한 잠금 알고리듬은 **16장**에서 POSIX API를 사용해 동시 프로그램을 개발하면서 설명하겠습니다.

앞의 해결 방법을 잠금 및 해제라는 용어를 기반으로 작성하면 다음과 같습니다.

코드 박스 14-14 세마포어로 작동하는 잠금 및 해제 작업 사용하기

```
동시 시스템 {

    공유 상태 {
      S : 한 번에 하나의 작업만 허용하는 세마포어
      카운터: 정수 = 0
    }

    작업 P {
      A : 지역 변수
        1.1. 잠금: Lock(S)
        1.2. A = 카운터
        1.3. A = A + 1
        1.4. 카운터 = A
        1.5. 잠금 해제: Unlock(S)
    }

    작업 Q {
      B : 지역 변수
        2.1. 잠금: Lock(S)
        2.2. B = 카운터
        2.3. B = B + 2
        2.4. 카운터 = B
        2.5. 잠금 해제: Unlock(S)
    }
}
```

이제부터 의사코드에서 잠금 및 해제라는 용어를 사용하겠습니다. 또한 이 용어는 POSIX API 전반에 걸쳐서도 사용합니다.

마지막 정의를 내리며 이번 절을 마무리하겠습니다. 여러 작업이 임계 구역에 들어가려 할 때 작업들은 세마포어를 잠그려 하지만, 세마포어에 따라 특정한 수의 작업만이 잠금을 얻어서 임계 구역에 들어갑니다. 다른 작업들은 잠금을 얻기 위해 기다립니다. 세마포어에 대해 잠금을 얻으려는 대기를 **경합**contention이라고 합니다. 작업이 더 많아지면 경합노 더 많아지며, 경합 시간은 작업의 실행이 얼마나 느려질지에 대한 척도가 됩니다.

분명 작업이 잠금을 획득하는 경합에 있을 때는 시간이 조금 걸리며, 더 많은 작업이 있을수록 임계 구역에 들어가려면 더 오래 기다려야 합니다. 경합 상태contention state에서 작업이 대기하는 시간을 **경합 시간**이라고 합니다. 경합 시간은 성능 저하를 방지하기 위해 주의 깊게 모니터링해야 하는 동시 시스템에서 비기능적 요구 사항일 수 있습니다.

뮤텍스는 어떤 동시 작업을 동기화하는 주요 도구라고 결론 내릴 수 있습니다. 또한 뮤텍스는 POSIX 스레딩 API 및 동시성을 지원하는 거의 모든 프로그래밍 언어에 있습니다. 뮤텍스와는 별도로 **조건 변수** 또한 특정 상태가 충족되기 위해 무한히 대기해야 할 때 중요한 역할을 합니다.

조건 변수에 관해서 설명하겠지만 그 전에 메모리 장벽memory barrier과 멀티 CPU나 멀티 코어 CPU와 같은 멀티프로세서 유닛이 있는 동시 환경부터 이야기해야 합니다. 다음 절에서 자세히 설명하겠습니다.

14.4.4 멀티프로세서 유닛

컴퓨터 시스템에 코어가 하나뿐인 CPU처럼 프로세서 유닛이 하나만 있을 때, 메인 메모리의 특정 주소에 접근하려는 작업들은 주소가 CPU 코어에 캐시되어 있더라도 언제나 최신 값을 읽습니다. 일반적으로 CPU 코어 내부에 있는 특정 메모리 주솟값은 **지역 캐시**local cache에 저장하며 해당 주소에 대한 변경 사항도 캐시 내에 유지합니다. 이 방식은 메인 메모리에서 읽기 및 쓰기 작업의 횟수를 줄여서 성능을 향상합니다. 특정 이벤트에서 CPU 코어는 캐시와 메인 메모리가 동기화되도록 지역 캐시에 있는 변경 사항을 다시 메인 메모리로 전파합니다.

이러한 지역 캐시들은 프로세서 유닛이 두 개 이상일 때도 존재합니다. 멀티프로세서 유닛이란 두 개 이상의 코어가 있는 CPU 또는 코어의 수와 상관없이 CPU가 여러 개인 것을 의미합니다. 참고로 모든 CPU 코어는 고유한 지역 캐시를 가집니다.

그러므로 두 작업이 서로 다른 두 CPU 코어에서 실행되고 메인 메모리의 같은 주소에서 작업할 때, 각 CPU 코어는 자신의 지역 캐시에 같은 메모리 주솟값을 저장합니다. 만약 한 작업이 공유된 메모리 주소에 쓰기 작업을 할 때는 지역 캐시에만 변경 사항이 적용되며, 메인 메모리나 다른 CPU 코어의 지역 캐시에는 적용되지 않는다는 의미입니다.

이는 여러 많은 문제를 일으킵니다. 다른 CPU 코어에서 실행 중인 작업들이 공유된 메모리 주소에서 최신 값을 읽으려 할 때, 이 작업들은 최신 값을 갖지 않은 자신의 지역 캐시에서 읽으려고 하므로 최신 값을 알 수 없기 때문입니다.

각 CPU 코어에 서로 다른 지역 캐시가 있어서 생기는 이러한 문제는, CPU 코어 간 **메모리 일관성 프로토콜**memory coherence protocol을 도입해 해결합니다. 일관성 프로토콜을 따르면 다른 CPU 코어에서 실행 중인 모든 작업은 CPU 코어 중 하나가 값을 변경할 때 자신들의 지역 캐시에서 같은 값을 볼 수 있습니다. 즉, 메모리 주소가 서로 다른 모든 프로세서에 보인다는 것입니다. 메모리 일관성 프로토콜을 따르면 다른 프로세서 유닛에서 실행 중인 모든 작업에 **메모리 가시성**memory visibility이 도입됩니다. 캐시 일관성과 메모리 가시성은 두 개 이상의 프로세서 유닛에서 실행되는 동시 시스템에서 고려해야 하는 두 가지 중요한 요인입니다.

이전 두 개 절에서 설명했던 [예제 14–6]에 대한 잠자기/알림 기반의 해결책으로 돌아갑시다. [예제 14–6]에 대한 불변 제약 조건은 **A를 먼저 출력한 다음 B를 출력하라**는 것이었습니다.

다음의 의사코드는 마지막 해결 방법입니다. 그리고 **출력** 명령어 사이에서 원하는 순서대로 실행하는 잠자기/알림 메커니즘을 사용했습니다. 이 해결 방법은 버그가 없지는 않으며 동기화 이후 문제가 발생한다고 언급했습니다. 다음 단락에서 문제가 어떻게 나타나는지 설명하겠습니다.

코드 박스 14-15 잠자기/알림 기술 기반의 [예제 14–6]에 대한 해결 방법

```
동시 시스템 {

    공유 상태 {
      완료 : 불리언 = 거짓
    }
```

```
작업 P {
    1.1. 'A'를 출력
    1.2. 완료 = 참
    1.3. 작업 Q에 알림
}

작업 Q {
    2.1. 완료가 아닌 동안{
    2.2.     완료가 거짓이라면(원자적) 잠자기 모드에 돌입
    2.3. }
    2.4. 'B'를 출력
    }
}
```

작업 P와 Q가 다른 CPU 코어에서 실행 중이라고 가정해봅시다. 이때 각 CPU 코어는 자신의 지역 캐시에 공유 변수 **완료**에 대한 진입점^{entry point}이 있습니다. 다시 한번 이야기하지만, 명령어 **2.2**는 원자적으로 선언했으며 이 문제를 해결하는 알맞은 뮤텍스 기반 해결 방법을 떠올릴 때까지는 이 가정이 필요합니다. 작업 P가 명령어 **1.2**를 실행하고서 잠자고 있을 작업 Q에 알리는 인터리빙을 가정해보세요. 이에 따라 작업 P는 지역 캐시에 있는 **완료**값을 업데이트하지만, 메인 메모리에 다시 쓰거나 다른 CPU 코어에 있는 지역 캐시를 업데이트한다는 의미는 아닙니다.

그렇기는 하지만 메인 메모리와 작업 Q의 지역 캐시에서 변화를 확인할 수 있다는 보장은 없습니다. 따라서 작업 Q가 CPU를 확보해 지역 캐시를 읽을 때, **완료**는 **거짓**값을 가지며 작업 Q가 잠자기 모드로 들어가는 것처럼 보일 수 있습니다. 반면 작업 P는 완료되었고 알림 신호를 조금 전에 보냈습니다. 그리고 작업 P는 알림 신호를 더 이상 보내지 않습니다. 결국, 작업 Q는 영원히 잠들어서 반교착 상태가 발생합니다.

이 문제를 해결하려면 메모리 장벽을 사용해야 합니다. 메모리 장벽은 실행(전달) 시 장벽과 같은 역할을 하는 명령어로, 하나의 지역 캐시에 있는 모든 값은 메인 메모리 및 다른 지역 캐시로 전파됩니다. 이들은 다른 CPU 코어에서 실행 중인 모든 작업이 볼 수 있습니다. 즉, 메모리 장벽은 모든 CPU 코어의 지역 캐시와 메인 메모리를 동기화합니다.

마침내 다음과 같이 완전한 해결 방법을 제시할 수 있습니다. 다시 강조하지만, 명령어 **2.3**은 원자적으로 선언했으며 이 문제를 해결하는 데 적절한 뮤텍스 기반의 해결책을 떠올릴 때까지는

이 가정이 필요합니다.

코드 박스 14-16 메모리 장벽으로 [예제 14-6]에 대한 해결 방법 향상하기

```
동시 시스템 {

    공유 상태 {
       완료 : 불리언 = 거짓
    }

    작업 P {
        1.1. 'A'를 출력
        1.2. 완료 = 참
        1.3. 메모리 장벽
        1.4. 작업 Q에 알림
    }

    작업 Q {
        2.1. 수행 {
        2.2.        메모리 장벽
        2.3.        완료가 거짓이라면(원자적) 잠자기 모드에 돌입
        2.4. } 완료가 거짓이 아닌 동안
        2.5. 'B'를 출력
    }
}
```

이 의사코드에 메모리 장벽을 도입해 공유 변수 **완료**의 모든 업데이트를 작업 Q에서 볼 수 있습니다. 다른 발생 가능한 인터리빙에 대해서, 그리고 메모리 장벽이 어떻게 공유 변수 **완료**를 작업 Q가 볼 수 있게 하고 원치 않는 반교착 상태도 방지할 수 있는지를 스스로 살펴보면 좋겠습니다.

참고로 작업 생성 및 세마포어에 대한 잠금과 해제는 '메모리 장벽으로서의 역할, 모든 CPU 코어의 지역 캐시와 메인 메모리를 동기화하기, 최근 변경 사항을 공유 상태로 전파하기'와 같은 세 가지 작업에 해당합니다.

다음 [코드 박스 14-7]의 의사코드는 앞의 해결 방법과 같지만, 이번에는 뮤텍스를 사용합니다. 여기서는 뮤텍스를 사용해 마침내 **잠자기 모드**로 들어가고 **잠금 해제**가 **거짓**인 명령어를 원자적으로 정의하도록 하는 문제를 해결합니다. 뮤텍스는 세마포어지만 한 번에 오직

하나의 작업만 임계 구역에 있도록 하며, 세마포어와 비슷하게 잠금과 해제는 메모리 장벽으로 작용할 수 있습니다.

코드 박스 14-17 뮤텍스로 [예제 14-6]에 대한 해결 방법 향상하기

```
동시 시스템 {

    공유 상태 {
        완료 : 불리언 = 거짓
        M : 뮤텍스
    }

    작업 P {
        1.1. 'A'를 출력
        1.2. 잠금: Lock(M)
        1.3. 완료 = 참
        1.4. 잠금 해제: Unlock(M)
        1.5. 작업 Q에 알림
    }

    작업 Q {
        2.1. 잠금: Lock(M)
        2.2. 완료가 아닌 동안{
        2.3.     잠자기 모드로 들어가고 잠금 해제(원자적): Unlock(M)
        2.4.     잠금: Lock(M)
        2.5. }
        2.6. 잠금 해제: Unlock(M)
        2.7. 'B'를 출력
    }
}
```

명령어 Lock(M)과 Unlock(M)은 모든 작업에 메모리 가시성을 보장하는 메모리 장벽으로 작용합니다. 참고로 Lock(M)과 Unlock(M)은 각 작업에서 임계 구역으로 간주됩니다.

작업이 뮤텍스(혹은 세마포어)를 잠글 때, 뮤텍스가 자동으로 해제되는 다음 세 가지 경우에 유의하세요.

- 작업이 Unlock 명령어를 사용하면 뮤텍스가 해제됩니다.

- 작업이 완료되면 모든 잠긴 뮤텍스가 해제됩니다.

- 작업이 잠자기 모드가 되면 잠겼던 뮤텍스가 해제됩니다.

따라서 명령어 2.3이 원자 명령어로 실행되면 잠겨 있던 뮤텍스 M이 해제됩니다. 작업이 다시 알림을 받으면 명령어 2.4를 이용해 다시 잠그고, 그 뒤에 다시 임계 구역으로 들어갈 수 있습니다.

이번 절의 마지막 참고 사항으로는 작업이 뮤텍스를 잠갔을 때, 작업이 다시 뮤텍스를 잠글 수는 없으며 여기서 잠그려고 하면 대개 교착 상태가 된다는 점입니다. **재귀적인 뮤텍스**recursive mutex만 작업 하나로 여러 번 잠글 수 있습니다. 참고로 몇 번 잠겼든지 간에 재귀적 뮤텍스가 잠금 상태일 때 다른 모든 작업이 이를 잠그려고 한다면 차단됩니다. 잠금과 해제 작업은 언제나 쌍으로 존재하며, 따라서 작업이 재귀적 뮤텍스를 두 번 잠근다면 해제도 두 번 해야 합니다.

지금까지 잠자기/알림 기술을 여러 예제에서 설명하고 사용했습니다. 잠자기/알림 기술은 조건 변수라는 새로운 개념을 도입해야만 완전히 이해할 수 있습니다. 뮤텍스와 더불어 조건 변수는 제어 기술을 구현하는 토대가 되었으며, 단일 공유 자원의 여러 작업을 효과적으로 동기화합니다. 하지만 그 전에 [예제 14-6]에 대해 가능한 다른 해결 방법을 이야기해봅시다.

14.5 스핀락

조건 변수와 잠자기/알림 기술 구현을 구현하는 진정한 방식을 이야기하기에 앞서, 조금 앞으로 돌아가서 [예제 14-6]에 대한 새로운 해결 방법을 작성하기 위해 뮤텍스와 함께 **바쁜 대기**를 사용해봅시다. 참고로 이 예제는 **표준 출력에서 먼저 A 다음 B를 인쇄**하라는 것이었습니다.

다음은 스핀락 알고리듬이 탑재된 뮤텍스를 사용하는 해결 방법입니다. 뮤텍스는 메모리 장벽 역할을 하며, 따라서 메모리 가시성 문제는 없고 **완료** 공유 플래그에 대해 작업 P와 Q를 효과적으로 동기화합니다.

```
동시 시스템 {

    공유 상태 {
        완료 : 불리언 = 거짓
        M : 뮤텍스
    }

    작업 P {
        1.1. 'A'를 출력
        1.2. 스핀락: SpinLock(M)
        1.2. 완료 = 참
        1.3. 스핀락 해제: SpinUnlock(M)
    }

    작업 Q {
        2.1 스핀락: SpinLock(M)
        2.2. 완료가 아닌 동안{
        2.3.     스핀락 해제: SpinUnlock(M)
        2.4.     스핀락: SpinLock(M)
        2.5. }
        2.6. 스핀락 해제: SpinUnlock(M)
        2.7. 'B'를 출력
    }
}
```

이 의사코드는 POSIX 스레딩 API를 사용해 유효한 C 코드로 작성할 수 있는 첫 번째 해결 방법입니다. 이전의 의사코드는 모두 실제 프로그램으로는 작성할 수 없었습니다. 구현하기에는 너무 추상적이거나, 멀티프로세서 유닛 시스템에서 실행하는 특정한 경우에 문제가 되기 때문이었습니다. 하지만 이 의사코드는 동시성을 지원하는 모든 프로그래밍 언어에 이식될 수 있습니다.

이 코드에서는 **스핀락**을 사용하는데, 쉽게 말해 바쁜 대기 알고리듬입니다. 스핀락 뮤텍스를 잠글 때마다 뮤텍스를 사용할 수 있을 때까지 바쁜 대기 루프에 들어가고 나서 그다음을 계속합니다.

이 의사코드의 내용은 모두 따라 하기 쉽습니다. 명령어 **2.3**과 **2.4**만 제외하면 말입니다. 루프 안의 이 명령어들은 이상한 연속적인 잠금 및 해제 명령어입니다. 사실 여기가 이 코드의 가장 아름다운 부분입니다. 작업 Q가 CPU 코어를 가지는 동안, 스핀락 뮤텍스 M을 잠그고 해제하는 일이 연속해서 진행 중입니다.

명령어 2.3과 2.4가 없다면 어떻게 될까요? 그러면 명령어 2.1에서 잠금은 명령어 2.6이 될 때까지 뮤텍스가 잠긴 상태가 되도록 합니다. 이는 작업 P가 공유 플래그 **완료**에 접근할 기회를 찾지 못한다는 의미입니다. 이러한 잠금과 해제 명령어는 작업 P가 접근 기회를 찾고 명령어 1.2를 통해 플래그 **완료**를 업데이트하도록 합니다. 그렇지 않으면 뮤텍스는 계속 작업 Q가 갖게 되며, 그러면 작업 P는 명령어 1.2로 진행할 수 없습니다. 즉, 시스템이 반교착 상태가 됩니다. 의사코드는 잠금/해제 작업의 아름다운 조화를 나타내며 스핀락을 사용해 우리 문제를 멋지게 해결합니다.

참고로 이벤트 발생 비율에 비교해 작업을 잠자기 모드로 두는 것이 매우 비싼 고성능 시스템에서는 스핀락이 아주 일반적인 방식입니다. 스핀락을 사용할 때 작업은 가능한 한 빨리 뮤텍스를 해제할 수 있는 방식으로 작성해야 합니다. 그러려면 임계 구역은 매우 작아야 합니다. 코드에서 볼 수 있듯 임계 구역에 불리언 검사(루프 조건)는 하나만 있습니다.

다음 절에서는 조건 변수와 그 속성에 관해 알아봅니다.

14.5.1 조건 변수

앞 절에서 [예제 14-6]을 해결하기 위해 살펴본 방법은 프로그래밍 언어로 구현할 수 없습니다. 프로그래밍으로는 작업을 잠자기 모드로 만들거나 다른 작업에 알리는 방법을 모르기 때문입니다. 이번 절에서는 작업을 대기시키고 그에 따라 알림을 받는 데 도움이 되는 새로운 개념인 **조건 변수**를 소개합니다.

조건 변수는 쉽게 말해 변수(혹은 객체)이며, 작업을 잠자기 모드로 만들거나 다른 잠든 작업에 알리고 깨울 수 있습니다. 참고로 여기서 설명하는 잠자기 모드란 지연을 발생시켜서 몇 초 또는 몇 밀리초 동안 잠자는 것과는 다릅니다. 이는 특히 작업이 더 이상 CPU 공유를 받지 않는다는 의미입니다. 임계 구역을 보호하기 위해 사용된 뮤텍스와 마찬가지로, 조건 변수는 서로 다른 작업 간에 **신호 전달**을 하는 데 사용됩니다.

다시 말하자면, 잠금과 해제 작업과 관련한 뮤텍스처럼 조건 변수는 **잠자기** 및 **알림** 작업이 있습니다. 하지만 모든 프로그래밍 언어에는 고유의 용어가 있으니, 잠자기와 알림 대신에 **대기**^{wait}

와 **신호**signal를 사용하기도 합니다. 그렇지만 기본 로직은 같습니다.

조건 변수는 반드시 뮤텍스와 함께 사용해야 합니다. 뮤텍스 없이 조건 변수만을 사용한 해결
방법에는 **상호 배제**mutual exclusion 속성이 없습니다. 조건 변수가 도움이 되려면 여러 작업에서
공유되어야 하며, 이 공유 자원에 대해 동기화된 접근이 필요하니 유의하세요. 이는 임계 구역
을 보호하는 뮤텍스로 충족시킬 수 있습니다. 다음 [코드 박스 14-19]의 의사코드는 일반적으
로 특정 조건 또는 이벤트를 기다리는 조건 변수 및 뮤텍스를 사용하는 법을 나티냅니다. 특히
[예제 14-6]에서 공유 플래그 **완료**가 **참**이 될 때까지 대기하도록 합니다.

코드 박스 14-19 [예제 14-6]에 대해 조건 변수를 사용한 해결 방법

```
동시 시스템 {

    공유 상태 {
        완료 : 불리언 = 거짓
        CV : 조건 변수
        M : 뮤텍스
    }

    작업 P {
        1.1. 'A'를 출력
        1.2. 잠금: Lock(M)
        1.3. 완료 = 참
        1.4. 알리기: Notify(CV)
        1.5. 잠금 해제: Unlock(M)
    }

    작업 Q {
        2.1. 잠금: Lock(M)
        2.2. 완료가 아닌 동안{
        2.3.     잠자기: Sleep(M, CV)
        2.4. }
        2.5. 잠금 해제: Unlock(M)
        2.6. 'B'를 출력
    }
}
```

이 해결 방법은 동시 시스템에서 두 명령어 간 엄격한 순서를 구현하기 위해 조건 변수를 사용
한 가장 좋은 방법입니다. 명령어 **1.4**와 **2.3**은 조건 변수 **CV**를 사용합니다. 작업 **Sleep**은 뮤

텍스 M과 조건 변수 CV에 대해 둘 다 알아야 합니다. 작업 Q가 잠들 때는 잠금을 해제해야 하고, 작업 Q가 알림을 받았을 때는 잠금을 획득해야 하기 때문입니다.

작업 Q가 알림을 받으면 Sleep 작업 내부에 있는 로직을 계속해서 M을 다시 잠근다는 점을 참고하세요. 명령어 1.4 또한 M에 대한 잠금을 획득했을 때만 작동하며, 잠금을 획득하지 않았다면 경쟁 상태가 발생합니다. 가능한 인터리빙에 대해 살펴보고, 앞의 뮤텍스와 조건 변수가 항상 명령어 1.1과 2.6 사이에 원하는 순서를 지키도록 하는 법을 알아보면 좋겠습니다.

이번 절에서 마지막으로 정의할 내용은, 뮤텍스 객체와 조건 변수를 일반적으로 **모니터 객체**^{monitor object}라고 한다는 점입니다. 또한 동시성과 관련된 설계 패턴도 모니터 객체라고 하는데, 어떤 동시 작업에서 명령어의 순서를 다시 정하기 위해 앞의 기술을 사용하는 것과 관련됩니다.

앞 절에서는 여러 개의 동시 작업에 있는 명령어 사이에서 순서를 엄격히 지키게 하고 임계 구역을 보호하기 위해 세마포어, 뮤텍스, 조건 변수 및 잠금, 해제, 잠자기, 알림 알고리듬을 사용하는 방식을 보여줬습니다. 이러한 개념은 15장에서 멀티스레드와 멀티프로세스 프로그램을 작성할 때 다시 사용합니다. 다음 절에서는 여러 유닉스 계열 운영체제에서 구현 및 제공하는 POSIX 표준에서의 동시성 지원을 설명하겠습니다.

14.6 POSIX의 동시성

이전 절에서 설명했듯 동시성 또는 다중 작업^{multitasking}은 운영체제의 커널에서 제공하는 기능입니다. 모든 커널이 처음부터 동시적인 것은 아니었지만, 오늘날 커널 대부분은 동시성을 지원합니다. 유닉스의 첫 번째 버전은 동시적이지 않았지만 탄생 직후에 이 기능을 얻었습니다.

10장에서 살펴본 유닉스의 역사와 아키텍처를 기억한다면, 여기서 단일 유닉스 사양과 유닉스 계열 운영체제에서 셸 링이 제공하는 API를 POSIX가 표준화하려 했던 방법에 대해 설명했습니다. 동시성은 오랫동안 이러한 표준에 속해 있었으며, 지금까지 많은 개발자가 POSIX 호환 운영체제를 위한 동시 프로그램을 작성할 수 있도록 했습니다. POSIX의 동시성 지원은 리눅스나 macOS와 같은 많은 운영체제에서 널리 사용되고 구현되었습니다.

POSIX 호환 운영체제의 동시성은 일반적으로 두 가지 방식으로 제공됩니다. 동시 프로그램은

멀티프로세싱multiprocessing이라고 하는 서로 다른 프로세스로 실행하거나 **멀티스레딩**multithreading이라고 하는 동일한 프로세스에 있는 서로 다른 스레드로 실행할 수 있습니다. 이번 절에서는 이러한 두 가지 방법에 대해 설명하고 개발자의 관점에서 이를 비교하겠습니다. 하지만 그 전에 동시성을 지원하는 커널의 내부에 대해 더 알아야 합니다. 다음 절에서는 이러한 커널에서 알 수 있는 내용에 대해 간략히 설명합니다.

14.6.1 동시성을 지원하는 커널

오늘날 개발되고 유지되는 거의 모든 커널은 다중 작업을 합니다. 이미 알다시피 모든 커널은 이번 장과 앞 장에서 일반적으로 작업이라고 칭하는, 실행 중인 여러 프로세스 및 스레드 사이에서 CPU 코어를 공유하는 **작업 스케줄러 유닛**task scheduler unit이 있습니다.

계속 진행하기 전에 프로세스와 스레드가 무엇인지, 그리고 동시성 측면에서 프로세스와 스레드의 차이점은 무엇인지를 설명해야 합니다.

프로그램을 실행할 때마다 새 프로세스가 생성되고, 프로그램 로직은 해당 프로세스 내부에서 실행됩니다. 프로세스는 서로 떨어져 있으며, 마치 메모리처럼 한 프로세스는 다른 프로세스로 접근할 수 없습니다.

스레드는 프로세스와 매우 유사하지만, 특정 프로세스에 국한합니다. 스레드는 동시적인 방식으로 여러 명령어를 함께 실행하는 여러 실행 스레드를 이용해 단일 프로세스에 동시성을 도입합니다. 단일 스레드는 두 프로세스 간에 공유될 수 없으며, 스레드를 소유한 프로세스에 국한되어 바인딩됩니다.

한 프로세스의 모든 스레드는 공유 자원으로써 자신들을 소유한 프로세스의 메모리에 접근할 수 있습니다. 하지만 모든 스레드에는 같은 주소에 있는 다른 스레드가 접근할 수 있는 스택 영역이 당연히 존재합니다. 게다가 프로세스와 스레드는 모두 CPU를 공유할 수 있으며, 대부분의 커널에 있는 작업 스케줄러는 이들 사이에 CPU 코어를 공유하는 같은 **스케줄링** 알고리듬을 사용합니다.

참고로 커널 수준에서 이야기할 때는 **스레드**나 **프로세스**라는 용어 대신 **작업**task이라는 용어를 더 선호합니다. 커널 관점에서 보면 명령어를 실행하기 위해 CPU 코어 획득을 대기하는 작업의 대기열이 있으며, 작업 스케줄러 유닛은 공정한 방식으로 모든 작업에 이 기능을 제공할 의무가 있습니다.

NOTE_ 유닉스 계열 커널에서는 일반적으로 프로세스 및 스레드에 대해 둘 다 작업이라는 용어를 사용합니다. 사실 스레드나 프로세스는 사용자 공간^{userspace} 용어이며 커널 용어로는 사용할 수 없습니다. 따라서 유닉스 계열 커널에는 여러 작업 사이에서 CPU 코어에 대한 접근을 공정하게 관리하려는 작업 스케줄러 유 닛이 있습니다.

다른 커널에서는 작업 스케줄러가 스케줄링하기 위해 다른 전략 및 알고리듬을 사용합니다. 하 지만 대부분의 스케줄링 알고리듬은 크게 다음 두 가지로 분류할 수 있습니다.

- **비선점 스케줄링**cooperative scheduling
- **선점 스케줄링**preemptive scheduling

비선점 스케줄링은 작업에 CPU 코어를 부여하고 협력 작업이 CPU 코어를 해제하기를 대기하 는 것입니다. 이 접근 방식은 대부분의 일반적인 경우, 작업에서 CPU를 회수하는 강제력이 없 다는 점에서 **선점적**preemptive이지 않습니다. 스케줄러가 선점을 통해 CPU를 회수하려면 우선순 위가 높은 **선점 신호**preemptive signal가 있어야 합니다. 이 신호가 없다면, 시스템의 스케줄러와 모 든 작업은 진행 중인 작업이 CPU 코어를 마음대로 해제할 때까지 기다려야 합니다. 오늘날의 커널은 보통 이렇게 설계되지 않지만, **실시간 프로세싱**real-time processing과 같은 아주 특정한 응용 프로그램에 대해 비선점 스케줄링을 사용하는 커널은 여전히 찾아볼 수 있습니다. macOS와 윈도우의 초기 버전은 비선점 스케줄링을 사용했지만, 요즘에는 선점 스케줄링 방식을 사용합 니다.

비선점 스케줄링과는 대조적으로 선점 스케줄링이 있습니다. 선점 스케줄링에서는 스케줄러 가 CPU 코어를 회수할 때까지 작업이 CPU 코어를 사용할 수 있습니다. 특정 유형의 선점 스 케줄링에서는 작업이 특정 시간 동안 주어진 CPU 코어를 사용할 수 있습니다. 이러한 유형의 선점 스케줄링을 **시분할**이라고 하며, 현재 커널에서 가장 많이 사용되는 스케줄링 전략입니다. CPU를 사용하기 위해 작업에 주어지는 시간 간격에는 다양한 이름이 있는데, 여러 학술 문헌 에서 **타임 슬라이스, 타임 슬롯**time slot, 또는 **양자화**quantum라고 합니다.

또한, 사용한 알고리듬에 따라 다양한 시분할 스케줄링이 있습니다. **라운드 로빈**round-robin은 시분할 알고리듬에서 가장 폭넓게 쓰이며 일부 수정을 거쳐 여러 커널이 사용합니다. 라운드

로빈 알고리듬은 이번 경우 CPU 코어에 해당하는 공유 자원에 대해 공정하고 **기아 상태가 없는**starvation-free 접근을 허용합니다.

라운드 로빈 알고리듬은 간단하면서도 우선순위를 지정하지 않지만, 한편으로는 작업에 대해 여러 우선순위 수준을 두도록 수정할 수 있습니다. 우선순위 수준을 다르게 두는 것은 현대적인 커널의 필요 조건입니다. 커널 자체 또는 커널 내의 다른 중요 유닛에 의해 시작되는 특정 유형의 작업이 있는데, 이 작업은 다른 일반적인 작업보다 먼저 실행되어야 하기 때문입니다.

앞서 말했듯, 소프트웨어에 동시성을 도입하는 데는 두 가지 방식이 있습니다. 첫 번째 접근 방식은 멀티프로세싱으로, 다중 작업 환경에서 병렬 작업을 하도록 **사용자 프로세스**를 사용합니다. 두 번째 접근 방식은 멀티스레딩으로, 단일 프로세스 내에서 작업을 병렬적인 실행의 흐름으로 분할하기 위해 **사용자 스레드**를 사용합니다. 큰 소프트웨어 프로젝트에서는 두 가지 기법을 결합해서 사용하는 일도 매우 흔합니다. 두 기법 모두 소프트웨어에 동시성을 도입하지만, 서로 다른 속성과 관련된 근본적인 차이가 있습니다.

다음 절에서 멀티프로세싱 및 멀티스레딩을 더 자세히 설명하겠습니다. 그리고 15장과 16장에서는 C의 멀티스레드 개발을 다루고, 17장과 18장에서는 멀티프로세싱에 관해 설명하겠습니다.

14.7 멀티프로세싱

멀티프로세싱이란 쉽게 말해 동시 작업을 하는 프로세스를 사용한다는 의미입니다. 웹 서버의 **공용 게이트웨이 인터페이스**common gateway interface**(CGI)**가 아주 좋은 예입니다. 이 기술을 사용하는 웹 서버는 각 HTTP 요청에 대해 새로운 **인터프리터 프로세스**interpreter process를 시작합니다. 이러한 방식으로 웹 서버는 동시에 여러 요청을 처리할 수 있습니다.

이러한 웹 서버에서는 많은 요청을 처리하기 위해 여러 개의 인터프리터 프로세스를 동시에 스폰하고 실행합니다. 이들은 서로 다른 프로세스이므로 격리되어 있고 서로에 대한 메모리 영역을 볼 수 없습니다. 운 좋게도, CGI 사례에서 인터프리터 프로세스는 서로 통신하거나 데이터를 공유할 필요가 없습니다. 하지만 항상 그렇지는 않습니다.

여러 프로세스가 동시에 여러 작업을 하는 많은 사례가 존재하며, 프로세스들은 소프트웨어가 계속 기능하도록 필수 정보를 공유해야 합니다. 하둡^{Hadoop} 인프라를 예로 들 수 있습니다. 하둡 클러스터에는 여러 노드가 있고, 각 노드에는 클러스터를 계속 실행하는 프로세스가 여러 개 있습니다.

이러한 프로세스가 클러스터를 계속 실행하려면 지속해서 정보를 공유해야 합니다. 이렇게 노드가 여러 개인 분산 시스템의 예는 더 많습니다(글러스터^{Gluster}, 카프카^{Kafka}, 암호 화폐 네트워크 등). 이들 모두 계속 작동하고 실행하려면, 서로 다른 노드에 있는 프로세스 사이에서 상당한 분량의 통신 및 메시지를 전달해야 합니다.

프로세스나 스레드가 중간에 공유 상태 없이 작동하는 한, 멀티프로세싱과 멀티스레딩 간에 그리 큰 차이는 없습니다. 스레드 대신 프로세스를 사용할 수 있으며 그 반대도 가능합니다. 하지만 스레드와 프로세스 사이에 공유 상태를 도입한다면, 이들을 사용하거나 조합하는 것 사이에 큰 차이를 확인할 수 있습니다. 한 가지 차이점은 사용 가능한 동기화 기술에 있습니다. 이러한 메커니즘이 사용하도록 제공하는 API는 거의 같지만, 멀티프로세스 환경에서 작동하는 것은 훨씬 더 복잡하며 기본 구현도 다릅니다. 멀티프로세싱과 멀티스레딩 사이의 또 다른 차이는 공유 상태를 사용하는 기술에 있습니다. 프로세스에 사용할 수 있는 기술을 스레드도 모두 사용할 수 있는 한편, 스레드는 같은 메모리 영역을 사용해서 상태를 공유할 수 있다는 장점이 있습니다. 이후 15장에서 보게 되겠지만 이는 큰 차이로 이어집니다.

더 자세히 설명하면, 프로세스는 전용 메모리를 갖습니다. 그리고 다른 프로세스는 이를 읽거나 수정할 수 없습니다. 따라서 프로세스 메모리를 사용해 다른 프로세스와 무언가를 공유하기란 그리 쉽지 않습니다. 하지만 스레드에는 훨씬 쉬운 일입니다. 같은 프로세스 내의 모든 스레드는 같은 프로세스의 메모리에 접근할 수 있습니다. 그러므로 스레드들은 공유 상태를 저장하기 위해 같은 프로세스의 메모리를 사용할 수 있습니다.

다음으로 프로세스 간 공유 상태에 접근할 때 사용할 수 있는 기술을 알아보겠습니다. 이 기술에 관한 더 많은 정보는 이후 장에서 제공합니다.

- **파일 시스템**^{file system}: 프로세스 사이에서 데이터를 공유하는 가장 간단한 방식으로 볼 수 있습니다. 이 접근법은 아주 오래되었으며 거의 모든 운영체제에서 지원합니다. 한 가지 예는 소프트웨어 프로젝트에서 많은 프로세스가 읽는 구성 파일^{configuration file}입니다. 만약 프로세스 중 하나가 파일을 읽으려고 한다면, 데이터 경쟁 및 동시성 관련 문제를 방지하기 위해 동기화 기법을 사용해야 합니다.
- **메모리 맵 파일**^{memory-mapped file}: 모든 POSIX 호환 운영체제 및 마이크로소프트 윈도우에서는 디스크

에 있는 파일에 매핑되는 메모리 영역이 있습니다. 이 메모리 영역을 읽거나 수정할 수 있는 여러 프로세스 사이에 해당 영역을 공유할 수 있습니다.이 기술은 파일 시스템 접근법과 매우 비슷하지만, 파일 API를 사용하는 파일 서술자로부터 데이터를 스트리밍할 때 발생하는 골칫거리는 적습니다. 매핑된 영역에 대한 접근 권한이 있는 프로세스가 이 영역의 내용을 수정할 수 있을 때, 적절한 동기화 메커니즘을 사용해야 합니다.

- **네트워크**network : 다른 컴퓨터에 있는 프로세스들이 통신하는 유일한 방법은 네트워크 인프라 및 소켓 프로그래밍 API를 사용하는 것입니다. 소켓 프로그래밍 API는 SUS 및 POSIX 표준에서 중요하며, 거의 모든 운영체제에 있습니다. 이 기술에 대한 세부적인 내용은 너무 방대하고 이를 다루는 책도 많습니다. 다양한 프로토콜, 아키텍처, 데이터 흐름을 다루는 여러 방법 및 더 자세한 내용이 이 기술의 하위 항목에 속합니다. 이 부분은 20장에서 다루겠습니다. 다만 네트워크를 이용한 IPC의 다른 측면을 살펴보려면 완전히 별개의 책이 필요할 수 있습니다.

- **신호**signal : 같은 운영체제 내에서 실행되는 프로세스는 서로 신호를 보낼 수 있습니다. 이는 명령 신호를 전달할 때 많이 쓰이지만, 작은 상태(페이로드payload)를 공유할 때도 쓰일 수 있습니다. 공유 상태의 값은 신호로 전달할 수 있으며 대상 프로세스에서 가로챌 수 있습니다.

- **공유 메모리**shared memory : POSIX 호환 운영체제 및 마이크로소프트 윈도우에서는 여러 프로세스 사이에 공유되는 메모리 영역이 있습니다. 그러므로 프로세스들은 이 공유 영역을 사용해 변수를 저장하고 값을 공유할 수 있습니다. 공유 메모리는 데이터 경쟁으로부터 보호되지 않으며, 따라서 수정 가능한 공유 상태에 대한 자리 표시자로 공유 메모리를 사용하려는 프로세스는 동시성 문제를 피하기 위한 동기화 메커니즘을 사용해야 합니다. 공유 메모리 영역은 동시에 여러 프로세스가 사용할 수 있습니다.

- **파이프**pipe : POSIX 호환 운영체제 및 마이크로소프트 윈도우에서 파이프는 단방향 통신 채널입니다. 파이프는 두 프로세스 간에 공유 상태를 전송할 때 사용할 수 있습니다. 한 프로세스는 파이프를 작성하고 다른 하나는 파이프로부터 읽습니다. 파이프는 기명 또는 익명일 수 있으며, 각 파이프는 고유한 유스케이스가 있습니다. 더 자세한 사항 및 예제는 19장에서 제공합니다. 19장에서는 단일 머신에서 사용할 수 있는 다양한 IPC 기술을 설명합니다.

- **유닉스 도메인 소켓**Unix domain socket : POSIX 호환 운영체제 및 최근의 윈도우 10에는 **유닉스 소켓**이라는 통신 단말이 있습니다. 동일한 머신에 있고 동일한 운영체제 내에서 실행되는 프로세스들은 **유닉스 도메인 소켓**을 사용해서 전이중 채널full-duplex channel을 통해 정보를 전달할 수 있습니다. 유닉스 도메인 소켓은 네트워크 소켓과 매우 비슷하지만, 모든 데이터는 커널을 통해 전송되며 따라서 소켓은 데이터를 전송하는 아주 빠른 방식을 제공합니다. 멀티프로세스는 공유 데이터를 통신하기 위해 같은 유닉스 도메인 소켓을 사용할 수 있습니다. 유닉스 도메인 소켓 또한 동일한 머신에 있는 프로세스 간 파일 서술자를 전송하는 등의 특이한 유스케이스에도 사용될 수 있습니다. 유닉스 도메인 소켓의 좋은 점은 네트워크 소켓인 것처럼 동일한 소켓 프로그래밍 API를 사용해야 한다는 점입니다.

- **메시지 대기열**message queue : 메시지 대기열은 거의 모든 운영체제에 있습니다. 메시지 대기열은 많은 메시지를 송수신하는 여러 프로세스가 사용하는 커널에서 유지 관리합니다. 프로세스는 서로에 대해 알 필요가 없으며, 메시지 대기열에 대한 접근 권한만 있으면 충분합니다. 이 기술은 동일한 머신에 있는 프로세스가 서로 통신할 수 있도록 할 때만 쓰입니다.
- **환경 변수**environment variable : 유닉스 계열 운영체제 및 마이크로소프트 윈도우는 운영체제 자체에서 보관하는 일련의 변수를 제공합니다. 이러한 변수를 환경 변수라고 하며, 환경 변수는 시스템 내의 프로세스에 접근할 수 있습니다.

한 가지 예로 이 방법은 이번 절의 첫 단락에서 소개한 CGI 구현에서 아주 많이 쓰입니다. 특히 메인 웹 서버 프로세스가 HTTP 요청 데이터를 스폰된 인터프리터 프로세스로 전달할 때 사용합니다.

여러 스레드 및 프로세스를 동기화하는 제어 기술에 관해, 멀티프로세싱과 멀티스레딩 환경에서 쓰이는 기술이 POSIX 표준이 제공하는 것과 매우 유사한 API를 공유한다는 점을 알게 될 것입니다. 하지만 뮤텍스나 조건 변수에 대한 기본 구현은 멀티스레딩과 멀티프로세싱 사용에서 서로 다를 수 있습니다. 자세한 예는 다음 15장에서 제공하겠습니다.

14.8 멀티스레딩

멀티스레딩은 동시 환경에서 병렬 작업을 수행하기 위해 사용자 스레드를 이용하는 것입니다. 단일 스레드만 있는 프로그램을 발견할 확률은 희박하며, 여러분이 접하게 될 거의 모든 프로그램은 멀티스레드입니다. 스레드는 프로세스 내에만 존재할 수 있습니다. 소유자 프로세스가 없는 스레드란 있을 수 없습니다. 각 프로세스는 최소한 하나의 스레드를 가지는데 이를 **메인 스레드**main thread라고 합니다. 단일 스레드를 사용해 모든 작업을 수행하는 프로그램은 **단일 스레드**single-threaded 프로그램이라고 합니다. 프로세스 내의 모든 스레드는 같은 메모리 영역에 접근할 수 있습니다. 멀티프로세싱처럼 데이터를 공유하기 위한 복잡한 경우를 생각할 필요가 없다는 의미입니다.

스레드는 프로세스와 매우 비슷한 만큼, 프로세스가 상태를 공유하거나 전송할 때 사용하는 모든 기술을 사용할 수 있습니다. 그러므로 스레드 간에 공유 상태에 접근하거나 데이터를 전송할 때 앞 절에서 설명한 모든 기술을 사용할 수 있습니다. 이러한 의미에서 스레드는 프로세스와 비교했을 때 같은 메모리 영역에 접근할 수 있다는 한 가지 장점이 더 있습니다. 따라서 여러 스레드 간에 데이터를 공유하는 일반적인 방법의 하나는 어떤 변수를 선언해서 메모리를 사용하는 것입니다.

각 스레드는 고유한 스택 메모리가 있으므로 공유 상태를 유지하는 자리 표시자로 해당 메모리를 사용할 수 있습니다. 스레드는 스택 내부의 어딘가를 가리키는 주소를 다른 스레드에 전달할 수 있으며, 다른 스레드는 여기에 쉽게 접근할 수 있습니다. 이러한 메모리 주소는 모두 이 프로세스의 스택 세그먼트에 속하기 때문입니다. 스레드는 또한 프로세스가 소유한 동일한 힙 공간에도 쉽게 접근할 수 있으며, 스레드의 공유 상태를 저장하는 자리 표시자로 이 힙 공간을 사용할 수 있습니다. 공유 상태를 위한 자리 표시자로 스택 및 힙 영역을 사용하는 몇 가지 예제는 다음 15장에서 제공합니다.

동기화 기술 역시 프로세스가 사용하는 기술과 매우 비슷합니다. POSIX API도 프로세스와 스레드 사이에서 같습니다. POSIX 호환 운영체제가 프로세스와 스레드를 거의 같은 방식으로 다루기 때문일 수 있습니다. 다음 15장에서는 멀티스레드 프로그램에서 POSIX API를 사용해 세마포어, 뮤텍스, 조건 변수 등을 선언하는 법을 설명합니다.

마지막으로 윈도우에서 참고할 사항은 마이크로소프트 윈도우가 POSIX 스레딩 API(pthread)를 지원하지 않는다는 점입니다. 따라서 윈도우는 스레드를 생성하고 관리하는 고유한 API가 있습니다. 이 API는 Win32 네이티브 라이브러리에 속하며, (이 책에서는 더 살펴보지 않겠지만) 이 API를 다루는 여러 문서를 웹에서 살펴볼 수 있습니다.

14.9 마무리

14장에서는 동시 프로그램을 개발하면서 마주하는 문제와 그 해결하는 방법을 다뤘습니다. 다음은 이번 장에서 다룬 주요 사항입니다.

- 동시성 문제를 다뤘습니다. 서로 다른 인터리빙이 시스템에 대한 불변 제약 조건을 충족하지 못할 때 모든 동시 시스템에는 고유한 문제가 있습니다.
- 동기화 이후의 문제를 다뤘습니다. 이 문제는 잘못된 방식으로 동기화 기술을 사용한 이후에만 발생합니다.

- 불변 제약 조건을 만족시키는 데 사용하는 제어 메커니즘을 살펴봤습니다.

- 세마포어는 제어 메커니즘을 구현하는 핵심 도구입니다. 뮤텍스는 세마포어의 특별한 한 종류로, 상호 배제 조건에 따라 한 번에 하나의 작업만 임계 구역에 들어갈 수 있도록 합니다.

- 모니터 객체는 뮤텍스와 조건 변수를 캡슐화하며 작업이 조건이 충족되기를 기다리는 상황에 사용할 수 있습니다.

- POSIX 표준에서 멀티프로세싱과 멀티스레딩을 소개하며 동시성 개발로의 첫걸음을 내디뎠습니다.

다음으로 15장과 16장에서는 POSIX 호환 운영체제에서의 멀티스레드 개발에 관해 다룹니다. **15장**은 스레드와 스레드가 실행되는 방식을 주로 설명합니다. **16장**에서는 멀티스레드 환경에서 사용할 수 있는 동시성 제어 메커니즘을 살펴보고, 멀티스레드 프로그램을 작성하는 데 필요한 모든 사항에 관해 설명합니다.

스레드 실행

14장에서 설명했듯, 동시성은 POSIX 호환 시스템 내에서 **멀티스레딩** 또는 **멀티프로세싱** 접근법 중 하나만을 사용해 구현할 수 있습니다. 두 접근법은 다루기에 큰 주제이므로 총 4개 장으로 나눠 설명합니다.

- **멀티스레딩 접근법**: **15장**과 **16장**에서 다룹니다.
- **멀티프로세싱 접근법**: **17장**과 **18장**에서 다룹니다.

이번 15장에서는 스레드의 구조 및 스레드를 생성하고 관리할 때 사용하는 API를 살펴보겠습니다. 이어서 16장에서는 멀티스레드 환경의 동시성 제어 메커니즘을 살펴보고, 이 메커니즘이 동시성 관련 문제를 어떻게 해결하는지 알아봅니다.

멀티프로세싱은 로직을 동시적인 프로세스로 분할해 소프트웨어에 동시성을 도입하는 개념으로, 궁극적으로는 멀티프로세스 소프트웨어로 이어집니다. 멀티스레딩과 멀티프로세싱 간에는 차이가 있으므로 멀티프로세싱 관련 논의는 17장과 18장에 별도로 나눠 설명합니다.

한편 15장과 16장에서 초점을 맞추는 멀티스레딩은 단일 프로세스 시스템에 국한됩니다. 이는 스레드에서 가장 기초적인 부분인 만큼 먼저 이를 중심으로 살펴봅니다.

앞서 14장에서 멀티스레딩과 멀티프로세싱 간의 공통점과 차이점을 간략히 설명했습니다. 15장에서는 멀티스레딩에 초점을 맞추며, 단일 프로세스에서 여러 스레드가 문제없이 실행되도록 사용해야 하는 방법도 함께 살펴봅니다.

이 장에서는 구체적으로 다음 주제를 다룹니다.

- 스레드에 관한 이야기로 시작합니다. **사용자 스레드**^{user thread} 및 **커널 스레드**^{kernel thread}를 설명하며, 스레드에서 가장 중요한 몇 가지 속성을 다룹니다. 이러한 속성은 멀티스레드 환경을 더 잘 이해하는 데 도움이 됩니다.

- **POSIX 스레딩 라이브러리**, 줄여서 `pthread` 라이브러리를 이용한 기초적인 프로그래밍에 관한 내용을 다룹니다. 이 라이브러리는 POSIX 시스템에서 동시적인 프로그램을 개발하도록 하는 주요 표준 라이브러리입니다. 그렇다고 해서 POSIX 비호환 운영체제가 동시성을 지원하지 않는다는 의미는 아닙니다. 마이크로소프트 윈도우와 같은 비호환 운영체제도 동시적인 프로그램을 개발하기 위해 자체 API를 제공할 수 있습니다. POSIX 스레딩 라이브러리는 스레드 및 프로세스를 모두 지원합니다. 다만, 이번 장에서는 스레딩 부분에만 초점을 맞춰 `pthread` 라이브러리가 스레드를 생성한 다음 관리하는 방식을 살펴봅니다.

- `pthread` 라이브러리를 사용한 C 코드 예제 중에 데이터 경쟁과 함께 경쟁 상태가 발생한 예제를 시연합니다. 이를 통해 **스레드 동기화**^{thread synchronization}에 관해 다음 장에서 계속 논의할 부분의 기초를 다집니다.

> **NOTE_** 멀티스레딩 접근법에 관한 설명을 완전히 이해하려면, **16장**으로 넘어가기 전에 이번 15장의 내용을 꼭 완전히 이해하기를 권장합니다. 이 장에서 소개한 주제는 다음 장에서 살펴볼 스레드 동기화에 관한 두 번째 부분에 계속 등장하기 때문입니다.

더 나아가기 전에, 15장에서는 POSIX 스레딩 라이브러리에 관한 기초 사용법만 다룬다는 점을 명심하세요. POSIX 스레딩 라이브러리의 다양한 매력적인 요소를 깊게 들여다보는 작업은 이 책의 범위를 벗어납니다. 따라서 `pthread` 라이브러리를 더 자세히 들여다보고, 예제를 통해 충분히 연습해 익숙해지는 데 시간을 들이기를 권합니다. POSIX 스레딩 라이브러리의 고급 사용법은 이 책의 나머지 장에서 시연합니다.

그렇지만 지금은 스레드에 관해 우리가 아는 모든 것의 개요부터 시작해서 스레드 개념을 자세히 살펴봅시다. 이 장에서 학습할 다른 중요 개념을 이해하려면, 핵심 요소인 스레드 개념부터 잘 알아야 합니다.

15.1 스레드

14장에서는 멀티스레딩 접근법의 일환으로 스레드를 설명했습니다. 멀티스레딩 접근법은 POSIX 호환 운영체제에서 동시적인 프로그램을 작성할 때 사용할 수 있습니다.

이번 절에서는 스레드에 관해 알아야 하는 모든 것을 다시 훑어보겠습니다. 또한, 이후에 다룰 주제와 관련한 새로운 정보도 소개합니다. 이 모든 정보는 멀티스레드 프로그램을 계속 개발하는 토대 역할을 한다는 점을 명심하세요.

모든 스레드는 프로세스에 의해 시작됩니다. 그리고 스레드는 영원히 해당 프로세스의 소유가 됩니다. 스레드를 공유하거나 스레드의 소유권을 다른 프로세스로 넘길 수는 없습니다. 모든 프로세스는 최소한 하나의 스레드를 가지며 이를 **메인 스레드**라고 합니다. C 프로그램에서 `main` 함수는 메인 스레드에 속해서 실행됩니다.

모든 스레드는 같은 **프로세스 ID(PID)**를 공유합니다. `top` 또는 `htop`과 같은 유틸리티를 사용할 때, 스레드들이 같은 프로세스 ID를 공유하며 해당 ID 밑으로 스레드가 모인다는 것을 쉽게 확인할 수 있습니다. 그뿐만 아니라 소유자 프로세스의 모든 속성은 스레드가 상속받을 수 있는데, 이러한 속성에는 그룹 ID, 사용자 ID, 현재 작업 경로, 신호 핸들러 등이 있습니다. 예를 들면 스레드의 현재 작업 경로는 소유자 프로세스와 같습니다.

모든 스레드는 고유의 지정된 **스레드 ID(TID)**가 있습니다. 이 ID는 해당 스레드로 신호를 전달하거나 디버깅할 때, 스레드를 추적하기 위해 사용됩니다. 스레드 ID는 POSIX 스레드 내부에서 볼 수 있으며 `pthread_t` 변수를 통해 접근할 수 있습니다. 게다가 모든 스레드는 지정된 시그널 마스크^{signal mask}가 있습니다. 시그널 마스크는 스레드가 받을 신호를 필터링할 때 사용됩니다.

같은 프로세스 안에 있는 모든 스레드는, 해당 프로세스의 다른 스레드가 연 모든 **파일 서술자**에 접근할 수 있습니다. 따라서 모든 스레드는 이러한 파일 서술자가 가리키는 자원을 읽거나 수정할 수 있습니다. **소켓 서술자**^{socket descriptor}와 열린 **소켓**^{socket}에 대해서도 마찬가지로 읽고 쓸 수 있습니다. 이후 다른 장에서 파일 서술자와 소켓에 관해 더 학습하겠습니다.

스레드는 14장에서 프로세스가 상태를 공유하거나 전송할 때 사용한 모든 기법을 사용할 수 있습니다. 참고로 데이터베이스 같은 공유된 곳에서 공유 상태가 있는 경우는 네트워크에서 이를 전송하는 경우와 다르다는 점에 유의하세요. 이들은 서로 다른 두 가지 IPC 기법에 해당합니다. 이에 관해서는 다른 장에서 다시 살펴보겠습니다.

다음은 POSIX 호환 시스템에서 상태를 공유 및 전송할 때 스레드가 사용한 방법입니다.

- 소유자 프로세스의 메모리(데이터, 스택, 힙 세그먼트). 이 방법은 프로세스가 아니라 오직 스레드에만 한정됩니다.
- 파일 시스템
- 메모리 맵 파일
- (인터넷 소켓을 사용한) 네트워크
- 스레드 간 신호 전달
- 공유 메모리
- POSIX 파이프
- 유닉스 도메인 소켓
- POSIX 메시지 대기열
- 환경 변수

계속해서 스레드 속성을 살펴보면, 같은 프로세스 안의 모든 스레드는 공유 상태를 저장하고 관리하기 위해 같은 프로세스의 메모리를 사용합니다. 이는 여러 스레드 간에 상태를 공유하는 가장 일반적인 방식입니다. 그러려면 보통 프로세스의 힙 세그먼트를 사용합니다.

스레드의 생명 주기는 소유자 프로세스의 생명 주기에 달려 있습니다. 프로세스가 **킬**kill되거나 **종료**terminate되면, 해당 프로세스에 속하는 모든 스레드도 종료됩니다.

메인 스레드가 종료되면 프로세스는 즉시 종료됩니다. 하지만 다른 **분리된**detached 스레드가 실행 중이라면, 프로세스는 종료 전에 스레드가 모두 종료되기를 기다립니다. 분리된 스레드는 POSIX에서 스레드를 생성하는 것과 관련해 설명할 때 이야기하겠습니다.

스레드를 생성하는 프로세스는 커널 프로세스일 수 있습니다. 동시에, 사용자 공간에서 개시된 사용자 프로세스일 수도 있습니다. 만약 프로세스가 커널이라면, 스레드는 **커널 수준 스레드**kernel-level thread 또는 간단히 **커널 스레드**kernel thread라고 합니다. 커널이 아니라면, 이 스레드는 **사용자 수준 스레드**user-level thread라 합니다. 커널 스레드는 대개 중요한 로직을 실행하므로 사용자 스레드보다 우선순위가 높습니다. 예를 들어 장치 드라이버는 하드웨어 신호를 기다리기 위해 커널 스레드를 사용합니다.

같은 메모리 영역에 접근하는 사용자 스레드와 비슷하게, 커널 스레드도 커널의 메모리 공간에 접근할 수 있습니다. 따라서 커널 내의 모든 절차procedure와 유닛에도 접근할 수 있습니다.

이 책에서는 전반적으로 커널 스레드가 아닌 사용자 스레드를 주로 설명하겠습니다. 사용자 스레드로 작업하는 데 필요한 API를 POSIX 표준에서 제공하기 때문입니다. 하지만 커널 스레드를 생성하고 관리하는 표준 인터페이스는 없으며 각 커널이 스레드를 개별적으로 관리합니다.

커널 스레드의 생성 및 관리는 이 책의 범위를 벗어납니다. 따라서 지금부터는 **스레드**라는 용어는 커널 스레드가 아닌 사용자 스레드를 가리킵니다.

사용자는 직접 스레드를 생성할 수 없습니다. 사용자는 먼저 프로세스를 스폰해야 하며, 그리고 나서야 해당 프로세스의 메인 스레드가 다른 스레드를 개시할 수 있습니다. 참고로 스레드만이 스레드를 생성할 수 있습니다.

스레드의 메모리 레이아웃에 관해 모든 스레드는 고유 스택 메모리 영역이 있습니다. 이 영역은 해당 스레드의 비공개 메모리 영역이라고 볼 수 있습니다. 하지만 실제로는 이 영역의 주소를 가리키는 포인터가 있을 때, 같은 프로세스 내에 있는 다른 스레드가 접근할 수 있습니다.

모든 스택 영역은 같은 프로세스의 메모리 공간 내에 있으며, 같은 프로세스 안의 어느 스레드라도 접근할 수 있다는 점을 기억해야 합니다.

동기화 기술과 관련해서는, 프로세스를 동기화하는 데 쓰였던 동일한 제어 메커니즘이 여러 스레드를 동기화할 때 사용될 수 있습니다. 세마포어, 뮤텍스, 조건 변수는 프로세스뿐만 아니라 스레드를 동기화할 때 사용할 수 있는 도구입니다.

프로그램의 스레드가 동기화되어 더 이상 데이터 경쟁이나 경쟁 상태가 나타나지 않을 때 일반적으로 **스레드 안전**thread-safe 프로그램이라고 합니다. 이와 비슷하게 어떠한 동시성 문제도 일으키지 않고 멀티스레드 프로그램에서 쉽게 사용될 수 있는 라이브러리나 일련의 함수도 **스레드 안전 라이브러리**thread-safe library라고 합니다. 개발자로서의 목표는 스레드 안전 코드를 만드는 일입니다.

이번 절에서는 다음에 이어질 내용을 더 잘 이해하기 위해 스레드의 기초적인 개념과 속성을 살펴봤습니다. 이러한 속성 대부분이 실제로 작동하는 모습은 나중에 다양한 멀티스레드 예제를 이야기하면서 살펴보겠습니다.

다음 절에서는 POSIX 스레드를 생성하는 방법에 관한 첫 번째 코드 예제를 소개합니다. POSIX에서 스레딩의 기초만 다루므로 생각보다 간단합니다. 기초를 배우고 나면 심화 주제로 나아갈 수 있습니다.

15.2 POSIX 스레드

이 절은 **pthread 라이브러리**로 잘 알려진 POSIX 스레딩 API만을 다룹니다. 이 API는 POSIX 호환 운영체제에서 스레드를 생성 및 관리하는 데 사용되는 메인 API이므로 매우 중요합니다.

마이크로소프트 윈도우와 같은 POSIX 비호환 운영체제에는 이러한 목적으로 설계된 다른 API가 있으며 해당 운영체제의 문서에서 찾아볼 수 있습니다. 예를 들면 마이크로소프트 윈도우의 경우 스레딩 API는 Win32 API로 알려진 윈도우 API에서 제공합니다. 다음 링크는 윈도우의 스레딩 API에 관한 마이크로소프트의 문서입니다(https://docs.microsoft.com/ko-kr/windows/win32/procthread/process-and-thread-functions).

하지만 C11에서는 스레드로 작업하는 통합된 API를 기대합니다. 다시 말하자면, 여러분이 작성하는 코드가 POSIX 시스템에 대한 프로그램이든 비 POSIX 시스템에 대한 프로그램이든 간에 C11이 제공하는 동일한 API를 사용할 수 있어야 합니다. 이 방식이 바람직하지만, 지금 시점에서는 **glibc** 같은 여러 C 표준 구현 간에 통합 API에 대한 지원은 많지 않습니다.

쉽게 말해, **pthead** 라이브러리는 POSIX 호환 운영체제에서 멀티스레드 프로그램을 작성할 때 사용할 수 있는 **헤더**와 **함수**의 집합입니다. 각 운영체제는 `pthead` 라이브러리에 대한 자체 구현이 있습니다. 이러한 구현은 다른 POSIX 호환 운영체제와는 완전히 다를 수 있으나, 결국에는 모두 같은 인터페이스(API)를 제공합니다.

유명한 사례로는 리눅스 운영체제제용 `pthead` 라이브러리의 주요 구현물인 **네이티브 POSIX 스레딩 라이브러리** Native POSIX Threading Library **(NPTL)**가 있습니다.

pthread API가 서술하는 대로, 모든 스레드 기능은 `pthread.h`를 포함해 이용할 수 있습니다. 또한 `semaphore.h`를 포함할 때만 사용할 수 있는 `pthead` 라이브러리에 대한 확장도 존재합니다. 예를 들면 이러한 확장 중 하나는 특정 세마포어에 대한 작업을 포함하는데, 여기에는 세마포어를 생성하거나 초기화하거나 파괴하는 등의 작업이 있습니다.

POSIX 스레딩 라이브러리는 다음의 기능을 제공합니다. 이전 장에서 상세히 설명했으므로 익숙할 것입니다.

- 스레드 생성, 결합, 분리를 포함하는 스레드 관리
- 뮤텍스
- 세마포어
- 조건 변수
- 스핀락과 재귀 락 같은 여러 종류의 잠금

이 기능들을 설명하려면 `pthread_` 접두어부터 시작해야 합니다. 모든 `pthread` 함수는 이 접두어로 시작합니다. 원래부터 POSIX 스레딩 라이브러리에 속하지 않았고 나중에 확장으로 추가된 세마포어만 제외하면, 모두 이 접두어로 시작합니다. 세마포어의 경우 함수들은 `sem_` 접두어로 시작합니다.

다음 절에서는 멀티스레드 프로그램을 작성할 때 이 기능들을 사용하는 법을 살펴보겠습니다. 먼저 메인 스레드에서 코드를 동시적으로 실행할 때 POSIX 스레드를 생성하는 법을 학습해봅니다. 여기에서 `pthread_create`와 `pthread_join` 함수에 대해 배웁니다. 이 함수들은 각 스레드를 **생성** creating 및 **결합** joining하기 위해 사용하는 메인 API입니다.

15.3 POSIX 스레드 스폰하기

14장에서 인터리빙, 락, 뮤텍스, 조건 변수와 같은 기초적인 개념을 모두 살펴봤고 이번 장에서는 POSIX 스레드의 개념도 소개했으니 이제 코드를 작성할 시간입니다.

첫 단계로 POSIX 스레드를 생성합니다. 이 절에서는 프로세스 내에서 새 스레드를 생성하기 위해 POSIX 스레딩 API를 사용하는 방법을 보여줍니다. 다음의 [예제 15-1]은 출력에 문자열을 인쇄하는 것과 같이 긴단한 작업을 수행하는 스레드를 생성하는 방법을 설명합니다.

코드 박스 15-1 [예제 15-1] 새 POSIX 스레드 스폰하기(ExtremeC_examples_chapter15_1.c)

```c
#include <stdio.h>
#include <stdlib.h>

// pthread 라이브리를 사용하기 위한 POSIX 표준 헤더
#include <pthread.h>

// 이 함수는 별개의 스레드에 대한 몸체로 실행되어야 하는 로직을 포함합니다.
void* thread_body(void* arg) {
  printf("Hello from first thread!\n");
  return NULL;
}

int main(int argc, char** argv) {

  // 스레드 핸들러
  pthread_t thread;

  // 새로운 스레드 생성
  int result = pthread_create(&thread, NULL, thread_body, NULL);
  // 스레드 생성에 성공하지 못한 경우
  if (result) {
    printf("Thread could not be created. Error number: %d\n",
          result);
    exit(1);
  }

  // 생성된 스레드가 종료되기를 대기
  result = pthread_join(thread, NULL);
  // 스레드 결합에 성공하지 못한 경우
  if (result) {
```

```
    printf("The thread could not be joined. Error number: %d\n",
            result);
    exit(2);
  }
  return 0;
}
```

[코드 박스 15-1]의 예제 코드는 새 POSIX 스레드를 생성합니다. 이 책에서 두 개의 스레드가 나온 첫 번째 예제입니다. 이전의 모든 예제는 단일 스레드였고, 항상 메인 스레드에서만 코드가 실행되었습니다.

방금 본 코드를 설명하겠습니다. 가장 위에는 `pthread.h` 헤더 파일을 포함했습니다. 이는 모든 pthread 기능을 제공하는 표준 헤더 파일입니다. `pthread_create`와 `pthead_join` 함수를 모두 선언하려면 이 헤더 파일이 필요합니다.

`main` 함수 직전에는 새 함수 `thread_body`를 선언했습니다. 이 함수는 특정 시그니처를 따릅니다. 이 함수는 `void*` 포인터를 받아서 다른 `void*` 포인터를 반환합니다. 기억을 떠올려 보면, `void*`는 제네릭 포인터형으로 `int*` 또는 `double*`과 같은 다른 포인터형도 나타낼 수 있습니다.

따라서 이 시그니처는 C 함수가 가질 수 있는 가장 일반적인 시그니처입니다. POSIX 표준에서 규정한 바에 따르면, 스레드 로직으로 사용되는 스레드에 대해 **동반자 함수**companion function가 되려는 함수는 모두 이러한 제네릭 시그니처를 따라야 합니다. 그래서 이처럼 `thread_body` 함수를 정의했습니다.

> **NOTE_** `main` 함수는 메인 스레드 로직에 속합니다. 메인 스레드가 생성되면 로직의 일환으로 `main` 함수를 실행합니다. 즉, `main` 함수 이전과 이후에 실행되는 다른 코드가 존재할 수 있다는 의미입니다.

코드로 되돌아가서, `main` 함수의 첫 번째 명령어에서 `pthread_t`형에 대한 변수를 선언했습니다. 스레드가 다루는 이 변수는 선언에 따라 다른 특정 스레드를 참조하지 않습니다. 다시 말해, 이 변수는 아직 유효한 스레드 ID가 없습니다. 이 변수는 스레드를 생성한 이후에만 새로 생성된 스레드에 대해 유효한 스레드 핸들을 포함합니다.

스레드 생성 이후 스레드 핸들은 최근에 생성된 스레드의 ID를 참조합니다. 스레드 ID는 운영체제에서 스레드 식별자에 해당하는 한편, 스레드 핸들은 프로그램 내 스레드를 대표합니다. 대부분의 경우 스레드 핸들에 저장된 값은 스레드 ID와 같습니다. 또한 모든 스레드는 자기 자신을 참조하는 `pthread_t` 변수를 획득해 스레드 ID에 접근할 수 있습니다. 스레드는 `pthread_self` 함수를 사용해 자기 참조 핸들을 얻을 수 있습니다. 추후 이러한 함수의 사용에 관한 예제를 시연하겠습니다.

스레드는 `pthread_crcate` 함수가 호출될 때 생성됩니다. 보다시피 **thread** 핸들 변수의 주소를 `pthread_create` 함수에 전달했습니다. 새로 생성된 스레드를 참조하는 알맞은 핸들(또는 스레드 ID)로 채우기 위해서입니다.

두 번째 인수는 스레드의 속성을 결정합니다. 모든 스레드는 스레드를 스폰하기 전에 설정할 수 있는 **스택 크기, 스택 주소, 분리**detach 상태와 같은 속성이 있습니다.

이러한 속성을 설정하는 법과, 이 속성이 스레드의 행위에 영향을 주는 방식에 관한 더 많은 예제를 보겠습니다. **NULL**을 두 번째 인수로 전달받았다면, 새 스레드가 속성에 **NULL**이라는 기본값을 사용해야 한다는 의미입니다. 그러므로 앞의 코드에서는 기본값을 갖는 속성이 있는 스레드를 생성했습니다.

`pthread_create`로 전달된 세 번째 인수는 함수 포인터입니다. 이는 스레드 로직을 포함하는 스레드의 **동반자 함수**companion function를 가리킵니다. 앞의 코드에서 스레드의 로직은 **thread_body** 함수가 정의합니다. 따라서 핸들 변수 **thread**로 바인딩되기 위해 스레드 함수의 주소가 전달되어야 합니다.

네 번째이자 마지막 인수는 스레드 로직에 대한 입력 인수로, 이 경우에는 **NULL**입니다. 즉, 함수에 아무것도 전달하지 않겠다는 의미입니다. 그러므로 **thread_body** 함수에 있는 매개변수 **arg**는 스레드가 실행되자마자 **NULL**이 됩니다. 다음 절에서 제공하는 예제에서는 함수에 **NULL**이 아닌 값을 어떻게 전달할 수 있는지 살펴봅니다.

`pthread_create`를 포함한 모든 **pthread** 함수는 실행이 성공적이면 0을 반환합니다. 그러므로 0이 아닌 숫자가 반환된 경우는 함수가 실패했다는 의미이며 **오류 숫자**error number가 반환됩니다.

`pthread_create`를 사용해서 스레드를 생성한다고 곧바로 스레드의 로직이 실행된다는 의미는 아니니 주의하세요. 이는 스케줄링에 관한 문제로, 새 스레드가 CPU 코어를 언제 얻고 실

행을 시작할지는 예측할 수 없습니다.

스레드가 생성되면, 새로 생성된 스레드를 결합합니다. 그런데 이게 정확히 무슨 의미일까요? 이전에 설명한 대로 각 프로세스는 **메인 스레드**라는 단 하나의 스레드로 시작합니다. 부모가 소유자 프로세스인 메인 스레드를 제외하면, 다른 스레드는 모두 **부모 스레드** parent thread가 존재합니다. 기본적인 경우에는 만약 메인 스레드가 종료되면 프로세스 역시 종료됩니다. 프로세스가 종료되면 실행 중이거나 잠자던 다른 모든 스레드 또한 즉시 종료됩니다.

그러니 새 스레드가 생성되었지만 아직 CPU의 사용 허가를 획득하지 못해서 스레드가 시작되지 않았을 때, 그사이 어떤 이유에서든 부모 프로세스가 종료된다면 스레드는 첫 번째 명령어를 시작하기도 전에 죽을 것입니다. 따라서 메인 스레드는 두 번째 스레드가 실행되고 결합이 완료될 때까지 대기해야 합니다.

스레드는 동반자 함수가 반환될 때만 종료됩니다. 앞의 예제에서 스폰된 스레드는 `thread_body` 동반자 함수가 반환될 때 종료되는데, 이는 함수가 `NULL`을 반환할 때 이루어집니다. 새로 스폰된 스레드가 종료되면 `pthread_join` 호출 이후에 블로킹된 메인 스레드가 해제되어 계속할 수 있고 마침내 프로그램이 성공적으로 종료됩니다.

메인 스레드가 새로 생성된 스레드를 결합하지 않는다면 새 스레드는 실행되지 못합니다. 앞에 설명한 대로, 스폰된 스레드가 실행 단계로 진입하기도 전에 메인 스레드가 종료되기 때문입니다. 또한, 스레드를 생성한다고 해서 실행하기에 충분하지는 않다는 점을 명심해야 합니다. 생성된 스레드가 CPU 코어에 대한 접근 권한을 얻고 결국 실행을 시작하기까지는 시간이 조금 걸립니다. 그동안 프로세스가 종료된다면 새로 생성된 스레드는 성공적으로 실행될 기회가 없습니다.

코드의 설계에 관해 이야기했으니 다음 [셸 박스 15-1]에서 [예제 15-1]을 실행한 출력 결과를 봅시다.

셸 박스 15-1 [예제 15-1]을 빌드하고 실행하기

```
$ gcc ExtremeC_examples_chapter15_1.c -o ex15_1.out -lpthread
$ ./ex15_1.out
Hello from first thread!
$
```

[셸 박스 15–1]에서처럼 컴파일 명령어에 대한 옵션으로 -lpthread를 추가해야 합니다. 프로그램을 pthread 라이브러리의 기존 구현과 링크하기 위해서입니다. macOS같은 플랫폼에서는 -lpthread 옵션 없이도 프로그램을 링크할 수 있습니다. 그렇지만 pthread 라이브러리를 사용할 때는 이 옵션을 사용하기를 권장합니다. C 프로젝트를 빌드할 때, 모든 플랫폼에서 작동하도록 빌드 스크립트build script를 만들고 교차 호환성 문제를 방지하려면 중요한 부분입니다.

결합할 수 있는 스레드를 **결합 가능한**joinable 스레드라고 부릅니다. 스레드는 기본적으로 결합할 수 있습니다. 결합 가능한 스레드와 반대로, **분리된**detached 스레드가 있습니다. 분리된 스레드는 결합할 수 없습니다.

[예제 15–1]에서 메인 스레드는 새로 스폰된 스레드를 결합하는 대신 분리할 수 있습니다. 분리된 스레드가 종료되기 전에 스스로 종료하도록, 분리된 스레드를 대기해야 한다고 프로세스에 알려줄 수 있습니다. 참고로 이때는 부모 프로세스가 종료되지 않고도 메인 스레드가 종료될 수 있습니다.

이번 절의 마지막 코드에서는 분리된 스레드를 사용해 앞의 예제를 다시 작성합니다. 새로 생성된 스레드를 결합하는 대신, 메인 스레드는 이들을 분리한 다음 종료합니다. 이러한 방식으로 프로세스는 메인 스레드가 이미 종료되었더라도 두 번째 스레드가 종료될 때까지 계속 실행을 유지합니다.

코드 박스 15-2 [예제 15–1] 분리된 스레드를 스폰(ExtremeC_examples_chapter15_1_2.c)

```
#include <stdio.h>
#include <stdlib.h>

// pthread 라이브러리를 사용하기 위한 POSIX 표준 헤더
#include <pthread.h>

// 이 함수는 별개의 스레드에 대한 몸체로 실행되어야 하는 로직을 포함합니다.
void* thread_body(void* arg) {
  printf("Hello from first thread!\n");
  return NULL;
}

int main(int argc, char** argv) {
```

```
  // 스레드 핸들러
  pthread_t thread;

  // 새 스레드 생성
  int result = pthread_create(&thread, NULL, thread_body, NULL);
  // 스레드 생성에 성공하지 못한 경우
  if (result) {
    printf("Thread could not be created. Error number: %d\n",
           result);
    exit(1);
  }

  // 스레드 분리
  result = pthread_detach(thread);
  // 스레드 분리에 성공하지 못한 경우
  if (result) {
    printf("Thread could not be detached. Error number: %d\n",
           result);
    exit(2);
  }

  // 메인 스레드 종료
  pthread_exit(NULL);

  return 0;
}
```

이 [코드 박스 15-2]는 결합 가능한 스레드를 사용해 작성한 앞의 코드와 출력 결과가 같습니다. 유일한 차이점은 새로 생성된 스레드를 관리하는 방식입니다.

새 스레드를 생성한 직후 메인 스레드는 이를 분리합니다. 그런 다음 메인 스레드는 종료됩니다. 명령어 pthread_exit(NULL)은 다른 분리된 스레드가 종료될 때까지 프로세스가 대기해야 한다고 알려주려면 필요합니다. 스레드가 분리되지 않는다면 프로세스는 메인 스레드가 끝나자마자 종료됩니다.

> **NOTE_ 분리 상태**detach state는 스레드 분리를 위해 새 스레드를 생성하기 전에 설정하는 스레드 속성입니다. 결합 가능한 스레드에서 **pthread_detach**를 호출하는 대신, 새롭게 분리된 호출을 생성하는 또 다른 방식입니다. 이러한 방식으로 새로 생성된 스레드는 처음부터 분리된다는 점에서 차이가 있습니다.

다음 절에서는 경쟁 상태를 시연하는 첫 번째 예제를 소개합니다. 이후 예제를 작성할 때 이번 절에서 설명한 함수를 사용하며 다시 한번 함수를 살펴봅니다.

15.4 경쟁 상태에 대한 예제

두 번째 예제에서는 더 문제가 많은 사례를 살펴보겠습니다. 다음 [코드 박스 15-3]의 [예제 15-2]는 인터리빙이 발생하는 방식을 나타내는데, 실제로 예제의 최종 출력 결과를 얼마나 안정적으로 예측할 수 없는지를 보여줍니다. 이는 주로 동시 시스템의 비결정적 속성 때문입니다. 이 예제는 거의 동시에 세 개의 스레드를 생성하고 각 스레드가 다른 문자열을 출력하는 프로그램을 포함합니다.

다음 코드의 최종 출력 결과는 세 개의 스레드가 출력한 문자열을 포함합니다. 하지만 순서는 예측할 수 없습니다. 14장에서 소개한 대로, 이 예제에 대한 불변 제약에 따라 출력 결과에서 문자열이 특정 순서로 보여야 한다면, 다음 코드는 이러한 제약을 만족하지 못합니다. 이는 주로 예측 불가능한 인터리빙 때문입니다. 그러면 [코드 박스 15-3]을 살펴봅시다.

코드 박스 15-3 [예제 15-2] 출력에 3개의 다른 문자열을 출력(ExtremeC_examples_chapter15_2.c)

```
#include <stdio.h>
#include <stdlib.h>

// pthread 라이브러리를 사용하기 위한 POSIX 표준 헤더
#include <pthread.h>

void* thread_body(void* arg) {
  char* str = (char*)arg;
  printf("%s\n", str);
  return NULL;
}

int main(int argc, char** argv) {

  // 스레드 핸들러
  pthread_t thread1;
  pthread_t thread2;
```

```
    pthread_t thread3;

    // 새 스레드 생성
    int result1 = pthread_create(&thread1, NULL, thread_body, "Apple");
    int result2 = pthread_create(&thread2, NULL, thread_body, "Orange");
    int result3 = pthread_create(&thread3, NULL, thread_body, "Lemon");

    if (result1 || result2 || result3) {
      printf("The threads could not be created.\n");
      exit(1);
    }

    // 생성된 스레드가 종료되기를 대기
    result1 = pthread_join(thread1, NULL);
    result2 = pthread_join(thread2, NULL);
    result3 = pthread_join(thread3, NULL);

    if (result1 || result2 || result3) {
      printf("The threads could not be joined.\n");
      exit(2);
    }
    return 0;
  }
```

방금 본 코드는 [예제 15-1]에 대해 작성한 코드와 아주 유사하지만, 하나의 스레드가 아니라 세 개를 생성합니다. 이 예제에서 스레드 세 개 모두에 대해 같은 동반자 함수를 사용합니다.

이 코드 박스에서 볼 수 있듯 pthread_create 함수에 네 번째 인수를 전달했습니다. 반면 [예제 15-1]에서는 NULL이었습니다. 이 인수들은 thread_body 동반자 함수에 있는 제네릭 포인터 매개변수 arg를 통해 스레드가 접근할 수 있습니다.

thread_body 함수에서 스레드는 제네릭 포인터 arg를 char* 포인터로 형변환하고 printf 함수를 사용해 해당 주소에서 시작하는 문자열을 출력합니다. 바로 이러한 방식으로 스레드로 인수를 전달할 수 있습니다. 마찬가지로 한 개의 포인터만 전달하므로 인수들이 얼마나 크든 상관없습니다.

만약 생성할 때 스레드로 보낼 값이 여러 개라면, 이 값들을 포함하는 구조체를 사용할 수 있고 원하는 값으로 채운 구조체 변수에 대한 포인터를 전달할 수 있습니다. 이 방법은 다음 장에서 예제로 설명하겠습니다.

[예제 15-2]를 여러 번 실행해보면 출력된 문자열의 순서가 다를 수 있음을 확인할 수 있습니다. 각 실행마다 문자열은 같지만, 순서가 다르게 인쇄될 것으로 예상되기 때문입니다.

다음 [셸 박스 15-2]는 세 번 연속 실행한 이후 [예제 15-2]의 컴파일 및 출력 결과를 나타냅니다.

셸 박스 15-2 [예제 15-2]를 세 번 실행해 경쟁 상태의 존재 및 여러 인터리빙을 확인하기

```
$ gcc ExtremeC_examples_chapter15_2.c -o ex15_2.out -lpthread
$ ./ex15_2.out
Apple
Orange
Lemon
$ ./ex15_2.out
Orange
Apple
Lemon
$ ./ex15_2.out
Apple
Orange
Lemon
$
```

첫 번째와 두 번째 스레드가 세 번째 스레드보다 먼저 문자열을 출력하는 인터리빙을 만들기는 쉽습니다. 하지만 첫 번째 또는 두 번째 문자열로 세 번째 스레드의 문자열 **Lemon**을 출력하는 인터리빙을 만들기는 어렵습니다. 다만, 확률은 낮더라도 발생할 수는 있습니다. 이러한 인터리빙을 만들려면 예제를 훨씬 더 많이 실행해야 할 수도 있습니다. 그러려면 약간의 인내심이 필요합니다.

앞의 코드는 또한 스레드 안전이라고 할 수 없습니다. 다음은 중요한 정의입니다. 멀티스레드 프로그램이 스레드 안전이라면, 정의된 불변 제약 조건에 따라 경쟁 상태도 없습니다. 하지만

앞의 코드에는 경쟁 상태가 존재하므로 스레드 안전이 아닙니다. 우리가 할 일은 다음 장에서 소개할 알맞은 제어 메커니즘을 사용해 앞의 코드를 스레드 안전으로 만드는 일입니다.

이 예제의 출력 결과에서 보다시피 Apple 또는 Orange 문자열 사이에는 인터리빙이 없습니다. 예를 들면, 다음과 같은 출력 결과는 찾아볼 수 없습니다.

셸 박스 15-3 앞의 예제에 대해 발생하지 않는 가상의 출력 결과

```
$ ./ex15_2.out
AppOrle
Ange
Lemon
$
```

셸 박스의 내용은 printf 함수가 **스레드 안전**^{thread safe}임을 나타냅니다. 쉽게 말해 인터리빙이 어떻게 발생하는지는 중요하지 않다는 의미이고, 스레드 중 하나가 문자열을 출력하는 중이라면 다른 스레드에 있는 printf 인스턴스는 아무것도 출력하지 않습니다.

게다가 앞의 코드에서 동반자 함수 thread_body는 세 개의 다른 스레드에 대한 문맥에서 세 번 실행되었습니다. 앞에서 살펴본 14장과 멀티스레드 예제가 나오기 전에 모든 함수는 메인 스레드의 문맥에서 실행되었습니다. 지금부터 모든 함수 호출은 특정 스레드의 문맥에서 발생합니다(꼭 메인 스레드만은 아닙니다).

두 개의 스레드가 하나의 함수 호출을 시작할 수는 없습니다. 이유는 확실합니다. 각 함수는 오직 하나의 스레드의 스택에 쌓을 **스택 프레임**만 만들어야 하고, 서로 다른 두 개의 스레드에는 두 개의 다른 스택 영역이 있기 때문입니다. 그러므로 함수 호출은 하나의 스레드에서만 시작할 수 있습니다. 즉, 두 스레드는 같은 함수를 각각 호출할 수 있으며 그 결과 함수는 두 번 개별적으로 호출됩니다. 하지만 두 스레드가 같은 함수 호출을 공유할 수는 없습니다.

스레드에 전달된 포인터는 **허상 포인터**가 아니어야 한다는 점에 유의하세요. 허상 포인터가 전달되면 추적하기 어려운 심각한 메모리 문제가 발생합니다. 앞의 내용을 떠올려 보면, 허상 포인터는 할당된 변수가 없는 메모리 주소를 가리킵니다. 더 구체적으로는 변수나 배열이 원래는 존재했을 수 있지만, 포인터가 사용되려는 시점에 이미 해제된 경우가 이에 해당합니다.

앞의 코드에서는 각 스레드에 세 개의 리터럴^{literal}을 전달했습니다. 이러한 문자열 리터럴이 필

요한 메모리는 힙이나 스택이 아니라 데이터 세그먼트에서 할당되므로, 리터럴의 주소는 절대 해제되지 않으며 arg도 허상 포인터가 되지 않습니다.

앞의 코드에서 허상 포인터가 되도록 작성하기는 쉽습니다. 다음 [코드 박스 15-4]는 내용은 같지만 허상 포인터가 있는 코드로, 잘못된 메모리 동작으로 이어짐을 곧 확인할 수 있습니다.

코드 박스 15-4 [예제 15-2] 메인 스레드의 스택 영역에서 할당된 리터럴이 있을 경우(ExtremeC_examples_chapter15_2_1.c)

```
#include <stdio.h>
#include <stdlib.h>
#include <string.h>

// pthread 라이브리를 사용하기 위한 POSIX 표준 헤더
#include <pthread.h>

void* thread_body(void* arg) {
  char* str = (char*)arg;
  printf("%s\n", str);
  return NULL;
}

int main(int argc, char** argv) {

  // 스레드 핸들러
  pthread_t thread1;
  pthread_t thread2;
  pthread_t thread3;

  char str1[8], str2[8], str3[8];
  strcpy(str1, "Apple");
  strcpy(str2, "Orange");
  strcpy(str3, "Lemon");

  // 새 스레드 생성
  int result1 = pthread_create(&thread1, NULL, thread_body, str1);
  int result2 = pthread_create(&thread2, NULL, thread_body, str2);
  int result3 = pthread_create(&thread3, NULL, thread_body, str3);

  if (result1 || result2 || result3) {
    printf("The threads could not be created.\n");
    exit(1);
```

```
  }

  // 스레드 분리
  result1 = pthread_detach(thread1);
  result2 = pthread_detach(thread2);
  result3 = pthread_detach(thread3);

  if (result1 || result2 || result3) {
    printf("The threads could not be detached.\n");
    exit(2);
  }

  // 이제 문자열은 할당이 해제됩니다.
  pthread_exit(NULL);

  return 0;
}
```

이 코드는 [예제 15-2]의 첫 번째 코드(`ExtremeC_examples_chapter15_2.c`)와 거의 같지만 두 가지 차이점이 있습니다.

첫 번째로 스레드에 전달된 포인터는 데이터 세그먼트에 탑재된 문자열 리터럴을 가리키지 않습니다. 대신에 포인터는 메인 스레드의 스택 영역에 할당된 문자 배열을 가리킵니다. `main` 함수에서 이 배열이 선언되었으며 그다음 행에서 이 배열에 문자열 리터럴이 추가되었습니다.

문자열 리터럴은 아직 데이터 세그먼트에 탑재되어 있지만, 선언된 배열은 이제 `strcpy` 함수를 사용해서 추가된 이후 문자열 리터럴과 같은 값을 갖는다는 점을 기억해야 합니다.

두 번째 차이점은 메인 스레드가 행동하는 방식에 관한 것입니다. 이전의 코드는 스레드를 결합했지만, 이 코드는 스레드를 분리한 뒤 즉시 종료합니다. 그러면 메인 스레드의 스택 최상단에서 선언된 배열은 할당이 해제되며, 일부 인터리빙에서 다른 스레드들은 이 해제된 영역을 읽으려고 합니다. 그러므로 일부 인터리빙에서는 스레드에 전달된 포인터가 허상 포인터가 될 수 있습니다.

> **NOTE_** 충돌이 발생하지 않아야 하고, 허상 포인터가 없어야 하며, 일반적으로 메모리 관련 이슈가 없어야 한다는 등의 몇 가지 제약은 프로그램에 대한 불변 제약에 항상 속한다고 볼 수 있습니다. 그러므로 일부 인터리빙에서 허상 포인터 문제가 생기는 동시 시스템은 확실히 심각한 경쟁 상태를 겪습니다.

허상 포인터를 감지하려면 **메모리 프로파일러**를 사용해야 합니다. 더 간단하게는 프로그램을 여러 번 실행해 충돌이 발생하기를 기다리는 방법이 있습니다. 하지만 평소에 이를 확인할 수 있을 만큼 항상 운이 좋지는 않으며, 이번에도 마찬가지로 이 예제에서 충돌을 목격할 만큼 운이 좋지는 않습니다.

이 예제에서 잘못된 메모리 동작을 감지하기 위해 `valgrind`를 사용하겠습니다. **4장**과 **5장**에서 **메모리 누수**를 찾기 위해 이 메모리 프로파일러를 소개했습니다. 다시 이 예제로 돌아와서, 잘못된 메모리 접근이 발생한 지점을 찾고자 `valgrind`를 사용합니다.

허상 포인터를 사용해 그 내용에 접근한다고 해서 반드시 충돌이 발생하지는 않는다는 것을 기억하는 편이 좋습니다. 메인 스레드의 스택 상단에 문자열이 있는 앞의 예제에서 특히 그렇습니다.

다른 스레드가 실행 중인 동안, 스택 세그먼트는 메인 스레드가 종료될 때와 같은 상태로 남습니다. 따라서 `main` 함수를 떠날 때, `str1`, `str2`, `str3` 배열이 해제되더라도 문자열에 접근할 수 있습니다. 즉, C나 C++에서 런타임 환경은 포인터가 허상인지 아닌지 검사하지 않으며 단지 구문의 순서만을 따릅니다.

포인터가 허상이고 그에 따른 메모리가 변경된다면, 충돌이나 논리적 오류 같은 좋지 못한 일이 발생할 수 있습니다. 한편 메모리 상태가 **변경되지 않은**untouched 경우, 허상 포인터는 충돌로 이어지지 않을 수는 있으나 이는 매우 위험하고 추적하기 어렵습니다.

즉, 허상 포인터로 메모리 영역에 접근할 수 있다고 해서 그 영역에 대한 접근이 허용된다는 의미는 아닙니다. 이러한 이유로 유효하지 않은 메모리 접근을 보고하는 `valgrind` 같은 메모리 프로파일러를 사용해야 합니다.

다음 셸 박스에서는 `valgrind`로 프로그램을 컴파일하고 두 번 실행합니다. 첫 번째 실행에서는 문제가 발생하지 않지만, 두 번째 실행에서는 `valgrind`가 잘못된 메모리 접근을 보고합니다.

다음 [셸 박스 15-4]는 첫 번째 실행 결과를 나타냅니다.

셸 박스 15-4 첫 번째로 `valgrind`를 이용해 [예제 15-2] 실행하기

```
$ gcc -g ExtremeC_examples_chapter15_2_1.c -o ex15_2_1.out -lpthread
$ valgrind ./ex15_2_1.out
==1842== Memcheck, a memory error detector
```

```
==1842== Copyright (C) 2002-2017, and GNU GPL'd, by Julian Seward et al.
==1842== Using Valgrind-3.13.0 and LibVEX; rerun with -h for copyright info
==1842== Command: ./ex15_2_1.out
==1842==
Orange
Apple
Lemon
==1842==
==1842== HEAP SUMMARY:
==1842== in use at exit: 0 bytes in 0 blocks
==1842== total heap usage: 9 allocs, 9 frees, 3,534 bytes allocated
==1842==
==1842== All heap blocks were freed -- no leaks are possible
==1842==
==1842== For counts of detected and suppressed errors, rerun with: -v
==1842== ERROR SUMMARY: 0 errors from 0 contexts (suppressed: 0 from 0)
$
```

두 번째 실행에서 valgrind는 메모리 접근 문제를 보고합니다(참고로 실행하면 전체 출력 결과를 볼 수 있지만 길이 때문에 여기서는 짧게 다듬었습니다).

셸 박스 15-5 두 번째로 valgrind를 이용해 [예제 15-2] 실행하기

```
$ valgrind ./ex15_2_1.out
==1854== Memcheck, a memory error detector
==1854== Copyright (C) 2002-2017, and GNU GPL'd, by Julian Seward et al.
==1854== Using Valgrind-3.13.0 and LibVEX; rerun with -h for copyright info
==1854== Command: ./ex15_2_1.out
==1854==
Apple
Lemon
==1854== Thread 4:
==1854== Conditional jump or move depends on uninitialised value(s)
==1854==     at 0x50E6A65: _IO_file_xsputn@@GLIBC_2.2.5 (fileops.c:1241)
==1854==     by 0x50DBA8E: puts (ioputs.c:40)
==1854==     by 0x1087C9: thread_body (ExtremeC_examples_chapter15_2_1.c:17)
==1854==     by 0x4E436DA: start_thread (pthread_create.c:463)
==1854==     by 0x517C88E: clone (clone.S:95)
==1854==
...
==1854==
```

```
==1854== Syscall param write(buf) points to uninitialised byte(s)
==1854==     at 0x516B187: write (write.c:27)
==1854==     by 0x50E61BC: _IO_file_write@@GLIBC_2.2.5 (fileops.c:1203)
==1854==     by 0x50E7F50: new_do_write (fileops.c:457)
==1854==     by 0x50E7F50: _IO_do_write@@GLIBC_2.2.5 (fileops.c:433)
==1854==     by 0x50E8402: _IO_file_overflow@@GLIBC_2.2.5 (fileops.c:798)
==1854==     by 0x50DBB61: puts (ioputs.c:41)
==1854==     by 0x1087C9: thread_body (ExtremeC_examples_chapter15_2_1.c:17)
==1854==     by 0x4E436DA: start_thread (pthread_create.c:463)
==1854==     by 0x517C88E: clone (clone.S:95)
...
==1854==
Orange
==1854==
==1854== HEAP SUMMARY:
==1854==      in use at exit: 272 bytes in 1 blocks
==1854==    total heap usage: 9 allocs, 8 frees, 3,534 bytes allocated
==1854==
==1854== LEAK SUMMARY:
==1854==    definitely lost: 0 bytes in 0 blocks
==1854==    indirectly lost: 0 bytes in 0 blocks
==1854==      possibly lost: 272 bytes in 1 blocks
==1854==    still reachable: 0 bytes in 0 blocks
==1854==         suppressed: 0 bytes in 0 blocks
==1854== Rerun with --leak-check=full to see details of leaked memory
==1854==
==1854== For counts of detected and suppressed errors, rerun with: -v
==1854== Use --track-origins=yes to see where uninitialised values come from
==1854== ERROR SUMMARY: 13 errors from 3 contexts (suppressed: 0 from 0)
$
```

첫 번째 실행에서는 비록 앞서 언급한 경쟁 상태가 분명히 있더라도 메모리 접근 문제가 발생하지 않고 잘 실행됩니다. 하지만 두 번째 실행에서는 스레드 중 하나가 str2가 가리키는 문자열 Orange에 접근하려고 할 때 문제가 발생합니다.

즉, 두 번째 스레드로 전달된 포인터가 허상이라는 뜻입니다. 앞의 출력 결과에서 printf 구문의 thread_body 함수에 있는 행을 스택 추적이 가리킴을 확실히 확인할 수 있습니다. 참고로 스택 추적은 실제로 puts 함수를 나타내는데, C 컴파일러가 printf 구문을 puts 구문으로 바꾸었기 때문입니다. 앞의 출력 결과는 또한 write 시스템 호출이 buf라는 포인터를 사용함을 나타냅니다. 이 포인터는 초기화 및 할당이 되지 않은 메모리 영역을 가리킵니다.

앞의 예제를 보면 `valgrind`는 포인터가 허상인지 아닌지 결론짓지 않습니다. 단순히 유효하지 않은 메모리 문제만을 보고할 따름입니다.

잘못된 메모리 문제에 대한 오류 메시지 이전에, 문자열 `Orange`를 읽으려는 접근이 유효하지 않은데도 이 문자열이 출력되었음을 볼 수 있습니다. 동시적인 방식으로 코드를 실행할 때 얼마나 쉽게 복잡해질 수 있는지를 보여주는 예입니다.

이번 절에서는 스레드 안전이 아닌 코드를 작성하기가 얼마나 쉬운 일인지 살펴보면서 중요한 한 걸음을 내디뎠습니다. 이제 데이터 경쟁을 발생시키는 또 다른 흥미로운 예제를 설명하겠습니다. 여기서 `pthread` 라이브러리 및 이 라이브러리의 다양한 함수에 관한 더 복잡한 사용법을 살펴봅니다.

15.5 데이터 경쟁에 대한 예

다음 [예제 15-3]은 데이터 경쟁을 시연합니다. 이전의 예제에는 공유 상태가 없었지만, 이번 예제에서는 두 스레드 간에 공유되는 변수를 사용합니다.

이 예제에 대한 불변 제약 조건은 충돌이 없어야 하고, 잘못된 메모리 접근이 없어야 한다는 등의 다른 모든 명백한 제약에 더해, 공유 상태에 대한 **데이터 무결성**을 보호하라는 것입니다. 다시 말해, 출력이 어떻게 나오는지는 중요하지 않지만 다른 스레드가 공유 변숫값을 변경하는 동안, 그리고 값을 작성하는 스레드가 최신 값을 모르는 동안에는 새 값을 작성할 수 없습니다. 이것이 '데이터 무결성'의 의미입니다.

코드 박스 15-5 [예제 15-3] 하나의 공유 변수로 작동하는 두 스레드가 있는 경우(ExtremeC_examples_chapter15_3.c)

```
#include <stdio.h>
#include <stdlib.h>

// pthread 라이브리를 사용하기 위한 POSIX 표준 헤더
#include <pthread.h>

void* thread_body_1(void* arg) {
  // 공유 변수를 가리키는 포인터를 획득
```

```c
    int* shared_var_ptr = (int*)arg;
    // 메모리 주소에 직접 작성할 때마다 공유 변수를 1씩 증가시킵니다.
    (*shared_var_ptr)++;
    printf("%d\n", *shared_var_ptr);
    return NULL;
}

void* thread_body_2(void* arg) {
    // 공유 변수를 가리키는 포인터를 획득
    int* shared_var_ptr = (int*)arg;
    // 메모리 주소에 직접 작성할 때마다 공유 변수를 2씩 증가시킵니다.
    *shared_var_ptr += 2;
    printf("%d\n", *shared_var_ptr);
    return NULL;
}

int main(int argc, char** argv) {

    // 공유 변수
    int shared_var = 0;

    // 스레드 핸들러
    pthread_t thread1;
    pthread_t thread2;

    // 새 스레드 생성
    int result1 = pthread_create(&thread1, NULL, thread_body_1, &shared_var);
    int result2 = pthread_create(&thread2, NULL, thread_body_2, &shared_var);

    if (result1 || result2) {
        printf("The threads could not be created.\n");
        exit(1);
    }

    // 스레드 종료를 대기하기
    result1 = pthread_join(thread1, NULL);
    result2 = pthread_join(thread2, NULL);

    if (result1 || result2) {
        printf("The threads could not be joined.\n");
        exit(2);
    }
    return 0;
}
```

공유 상태는 main 함수의 첫 행에서 선언되었습니다. 이 예제에서는 메인 스레드의 스택 영역에서 할당된 정수 변수 하나를 다룹니다. 하지만 실제 응용프로그램에서는 훨씬 더 복잡할 수 있습니다. 정수 변수의 초깃값은 0이고, 각 스레드는 이 값에 해당하는 메모리 위치에 작성하면서 값을 직접 증가시킵니다.

이 예제에는 각 스레드에서 공유된 변숫값의 사본을 유지하는 지역 변수는 없습니다. 하지만 스레드에서 증가 연산을 할 때는 조심해야 합니다. 이 연산은 **원자적인** 연산이 아니며 따라서 다른 인터리빙을 겪을 수 있기 때문입니다. 앞서 14장에서 자세한 내용을 설명했습니다.

각 스레드는 인수 arg를 통해 동반자 함수의 내부에서 값을 받는 포인터를 사용해서 공유된 변숫값을 변경할 수 있습니다. pthread_create에 대한 두 번의 호출 모두 변수 shared_var의 주소를 네 번째 인수로 전달했습니다.

메인 스레드는 종료되지 않은 상태로 스레드들이 결합해 종료될 때까지 대기해야 하므로, 스레드에서 포인터는 절대 허상 포인터가 되어서는 안 된다는 점에 주의해야 합니다.

다음 [셸 박스 15-6]은 다른 인터리빙을 만들기 위해 앞의 코드를 여러 번 실행한 출력 결과를 보여줍니다. 공유된 변수 shared_var를 보존해야 한다는 데이터 무결성이 필요하다는 점을 기억하세요. 그러므로 thread_body_1과 thread_body_2에서 정의한 로직에 따라 받을 수 있는 출력 결과는 1 3과 2 3 뿐입니다.

셸 박스 15-6 [예제 15-3]을 여러 번 실행: 공유된 변수에 대한 데이터 무결성이 보존되지 않음을 확인

```
$ gcc ExtremeC_examples_chapter15_3.c -o ex15_3.out -lpthread
$ ./ex15_3.out
1
3
$
...
...
...
$ ./ex15_3.out
3
1
$
...
...
```

```
...
$ ./ex15_3.out
1
2
$
```

마지막 실행에서 공유된 변수에 대한 데이터 무결성 조건이 충족되지 않음이 드러납니다.

마지막 실행에서, 동반사 함수로 thread_body_1이 있는 첫 번째 스레드는 공유된 변숫값을 읽으며 이 값은 0입니다.

동반자 함수로 thread_body_2가 있는 두 번째 스레드 또한 공유된 변숫값을 읽으며 그 값은 0입니다. 이 지점 이후에 두 스레드는 공유된 변숫값을 증가시키려 하며 즉시 이를 출력합니다. 이는 데이터 무결성을 위반하는 것으로, 한 스레드가 공유 상태의 값을 변경할 때 다른 스레드는 거기에 값을 작성할 수 없어야 하기 때문입니다.

이전에 설명한 대로 이 예제에서는 shared_var에 대해 명백히 데이터 경쟁이 있습니다.

> **NOTE_** [예제 15-3]을 직접 실행할 때 **1 2** 출력을 보려면 인내심을 갖고 기다려야 합니다. 어쩌면 100번을 실행한 뒤에야 나올 수도 있습니다. 필자는 macOS와 리눅스 둘 다 데이터 경쟁을 확인할 수 있었습니다.

이 데이터 경쟁을 해결하려면 세마포어나 뮤텍스와 같은 제어 메커니즘을 사용해서 공유 변수에 대한 접근을 동기화해야 합니다. 다음 16장에서 이를 위해 앞의 코드에 뮤텍스를 도입할 것입니다.

15.6 마무리

15장에서는 POSIX 스레딩 라이브러리를 사용해 C에서 멀티스레드 프로그램을 작성하는 첫 걸음을 내디뎠습니다. 이번 장의 내용을 요약하면 다음과 같습니다.

- POSIX 스레딩 라이브러리의 기초를 살펴봤습니다. 이는 POSIX 호환 시스템에서 멀티스레드 응용프로그램을 작성하는 주요 도구입니다.

- 스레드의 여러 속성과 스레드의 메모리 구조를 살펴봤습니다.

- 스레드가 통신 및 상태를 공유하는 데 이용할 수 있는 메커니즘을 설명했습니다.

- 같은 프로세스 내의 모든 스레드가 사용할 수 있는 메모리 영역이 데이터를 공유하고 통신하는 최선의 방법임을 설명했습니다.

- 커널 스레드 및 사용자 수준 스레드에 관해, 그리고 이들이 어떻게 다른지 설명했습니다.

- 결합 가능한 스레드 및 분리된 스레드에 관해, 그리고 이들이 실행 측면에서 어떻게 다른지 설명했습니다.

- `pthread_create`와 `pthread_join` 함수의 사용법과 이 함수에 대한 인수를 예를 들어 설명했습니다.

- 경쟁 상태 및 데이터 경쟁에 대한 예제를 실제 C 코드로 보여줬습니다. 그리고 허상 포인터를 사용하면 심각한 메모리 문제가 발생해 결국 충돌 또는 논리적 오류가 발생할 수 있음을 확인했습니다.

다음 16장에서는 동시성 문제를 살펴보고, 이를 방지하고 해결할 때 사용할 수 있는 메커니즘을 알아보면서 멀티스레딩에 관한 논의를 계속하겠습니다.

## CHAPTER 16

스레드 동기화

15장에서는 POSIX 스레드를 생성하고 관리하는 법을 설명했습니다. 또한 가장 일반적인 동시성 문제인 경쟁 상태 및 데이터 경쟁의 예를 살펴봤습니다.

16장에서는 POSIX 스레딩 라이브러리를 사용하는 멀티스레드 프로그래밍에 대한 논의를 마무리 지으며, 여러 스레드를 제어할 때 필요한 기술을 설명하겠습니다.

앞서 14장에서 동시성 관련 문제는 사실 문제라기보다는 동시 시스템의 고유 속성에 따른 결과라는 점을 살펴봤습니다. 그러므로 어떠한 동시 시스템에서든지 이 문제를 마주하게 됩니다. 15장에서 POSIX 스레딩 라이브러리에서도 이런 문제가 발생할 수 있다는 점을 살펴봤습니다. [예제 15-2]와 [예제 15-3]에서는 경쟁 상태와 데이터 경쟁 문제의 예를 설명했습니다. 따라서 이러한 예제는 여러 스레드를 동기화하기 위해 `pthread` 라이브러리가 제공하는 동기화 메커니즘을 사용하는 시작점이 될 것입니다. 16장에서는 다음 주제를 다룹니다.

- POSIX 뮤텍스를 사용해 공유된 자원에 접근하는 임계 구역을 보호하기

- POSIX 조건 변수로 특정 특정 상태 대기하기

- 뮤텍스 및 조건 변수와 함께 여러 종류의 락[lock] 사용하기

- POSIX 장벽 사용 및 여러 스레드를 동기화하는 데 도움이 되는 방법

- 세마포어 및 pthread 라이브러리에서 세마포어에 해당하는 객체인 POSIX 세마포어에 대한 개념 알아보기(뮤텍스가 이진 세마포어임을 알게 될 것입니다)

- 스레드의 메모리 구조 및 이러한 구조가 멀티 코어 시스템에서 메모리 가시성에 영향을 주는 방식

16장은 동시성 제어에 관한 일반적인 이야기로 시작하겠습니다. 다음 절에서는 제대로 작동하는 멀티스레드 프로그램을 작성하는 필수 도구 및 구성^{constructs}을 제공합니다.

16.1 POSIX 동시성 제어

이 절에서는 pthread 라이브러리가 제공하는 제어 메커니즘을 살펴보겠습니다. 세마포어, 뮤텍스, 조건 변수뿐만 아니라 여러 종류의 락은 멀티스레드 프로그램에 결정성^{determinism}을 도입하기 위해 다양한 조합으로 사용됩니다. 먼저 POSIX 뮤텍스부터 시작해봅시다.

16.1.1 POSIX 뮤텍스

pthread 라이브러리에 도입된 뮤텍스는 프로세스 및 스레드를 동기화하는 데 사용할 수 있습니다. 이 절에서는 멀티스레드 C 프로그램에서 여러 스레드를 동기화하기 위해 뮤텍스를 사용하겠습니다.

다시 상기하자면, 뮤텍스는 한 번에 하나의 스레드만 임계 구역에 들어갈 수 있도록 허용하는 세마포어입니다. 일반적으로 세마포어는 자신의 임계 구역에 하나 이상의 스레드를 허용할 수 있습니다.

> **NOTE_** 뮤텍스는 또한 이진 세마포어라고도 합니다. 단 두 가지 상태만 받는 세마포어이기 때문입니다.

POSIX 뮤텍스를 사용해 15장의 [예제 15-3]에서 봤던 데이터 경쟁 문제를 해결하면서 이 절을 시작하겠습니다. 뮤텍스는 임계 구역에 한 번에 한 개의 스레드만 들여보내서 공유 변수에 대한 읽기 및 쓰기 작업을 수행합니다. 이러한 방식으로 뮤텍스는 공유 변수에 대한 데이터 무결성을 보장합니다. 다음 [코드 박스 16-1]은 데이터 경쟁 문제의 해결책을 담고 있습니다.

```c
#include <stdio.h>
#include <stdlib.h>

// pthread 라이브러리를 사용하기 위한 POSIX 표준 헤더
#include <pthread.h>

// 공유 상태에 대한 접근을 동기화하기 위해 사용된 뮤텍스 객체
pthread_mutex_t mtx;

void* thread_body_1(void* arg) {
  // 공유 변수에 대한 포인터 얻기
  int* shared_var_ptr = (int*)arg;

  // 임계 구역
  pthread_mutex_lock(&mtx);
  (*shared_var_ptr)++;
  printf("%d\n", *shared_var_ptr);
  pthread_mutex_unlock(&mtx);

  return NULL;
}

void* thread_body_2(void* arg) {
  int* shared_var_ptr = (int*)arg;

  // 임계 구역
  pthread_mutex_lock(&mtx);
  *shared_var_ptr += 2;
  printf("%d\n", *shared_var_ptr);
  pthread_mutex_unlock(&mtx);

  return NULL;
}

int main(int argc, char** argv) {

  // 공유 변수
  int shared_var = 0;

  // 스레드 핸들러
  pthread_t thread1;
```

```
  pthread_t thread2;

  // 뮤텍스 및 리소스 초기화하기
  pthread_mutex_init(&mtx, NULL);

  // 새 스레드 생성
  int result1 = pthread_create(&thread1, NULL, thread_body_1, &shared_var);
  int result2 = pthread_create(&thread2, NULL, thread_body_2, &shared_var);

  if (result1 || result2) {
    printf("The threads could not be created.\n");
    exit(1);
  }

  // 스레드 종료를 대기하기
  result1 = pthread_join(thread1, NULL);
  result2 = pthread_join(thread2, NULL);

  if (result1 || result2) {
    printf("The threads could not be joined.\n");
    exit(2);
  }

  pthread_mutex_destroy(&mtx);

  return 0;
}
```

이 [코드 박스 16-1]을 컴파일해 원하는 만큼 실행해보면, 출력에 1 3 또는 2 3만 보일 것입니다. 이 코드에서 임계 구역을 동기화하는 POSIX 뮤텍스 객체를 사용했기 때문입니다.

파일의 시작 부분에 전역 POSIX 뮤텍스 객체를 mtx로 선언했습니다. 그다음 main 함수에서 pthread_mutex_init 함수를 사용해 뮤텍스를 기본 속성으로 초기화했습니다. NULL 값인 두 번째 인수는 개발자가 지정한 사용자 정의 속성일 수 있습니다. 다음 절에서 이러한 속성을 설정하는 법에 관한 예제를 살펴보겠습니다.

뮤텍스는 pthread_mutex_lock(&mtx)와 pthread_mutex_unlock(&mtx) 구문 사이에 있는 임계 구역을 보호하도록 두 스레드에서 모두 사용됩니다.

마지막으로 main 함수를 떠나기 전에 뮤텍스 객체를 삭제합니다.

동반자 함수 thread_body_1에서 첫 번째 쌍을 이루는 pthread_mutex_lock(&mtx)와 pthread_mutex_unlock(&mtx) 구문은 첫 번째 스레드에 대한 임계 구역을 구성합니다. 또한, 동반자 함수 thread_body_2에 있는 두 번째 쌍은 두 번째 스레드에 대한 임계 구역을 구성합니다. 두 임계 구역은 모두 뮤텍스가 보호하며, 이 중 하나의 스레드만 임계 구역에 들어갈 수 있고 다른 스레드는 사용 중인 스레드가 떠날 때까지 임계 구역 바깥에서 대기해야 합니다.

스레드가 임계 구역에 들어가자마자 스레드는 뮤텍스를 잠급니다. 그리고 다른 스레드는 다시 뮤텍스의 잠금을 해제하기 위해 pthread_mutex_lock(&mtx) 구문 뒤에서 기다려야 합니다.

기본적으로 뮤텍스의 잠금이 해제되기를 기다리는 스레드는 잠자기 모드로 들어가며 **바쁜 대기**를 하지 않습니다. 하지만 만약 잠자기 대신 **바쁜 대기**를 원한다면 어떻게 될까요? 그러면 **스핀락**을 사용할 수 있습니다. 앞의 뮤텍스 관련 함수를 사용하는 대신 다음 함수를 사용하는 것으로 충분합니다. 다행히 pthread는 이러한 함수에 일관적인 명명 규칙을 사용합니다.

스핀락 관련 자료형과 함수는 다음과 같습니다.

- pthread_spin_t: 스핀락 객체를 생성할 때 사용합니다. pthread_mutex_t형과 비슷합니다.
- pthread_spin_init: 스핀락 객체를 초기화합니다. pthread_mutex_init과 비슷합니다.
- pthread_spin_destroy: pthread_mutex_destroy와 비슷합니다.
- pthread_spin_lock: pthread_mutex_lock과 비슷합니다.
- pthread_spin_unlock: pthread_mutex_unlock과 비슷합니다.

보다시피 뮤텍스 객체가 해제되기를 기다리는 동안, 앞의 뮤텍스 자료형과 함수가 바쁜 대기 등의 다른 동작을 하도록 이들을 스핀락이나 함수로 대체하는 일은 꽤 수월합니다.

이번 절에서는 POSIX 뮤텍스를 소개했으며 POSIX 뮤텍스가 데이터 경쟁 문제를 해결하는 데 사용되는 방식을 설명했습니다. 다음 절에서는 특정 이벤트 발생을 대기하기 위해 조건 변수를 사용하는 방법을 예제를 통해 살펴봅니다. [예제 15-2]에서 발생한 경쟁 상태를 다루지만, 원래 예제에서 조금만 코드를 수정했습니다.

16.1.2 POSIX 조건 변수

15장의 [예제 15-2]에서는 경쟁 상태에 직면했습니다. 이제 [예제 15-2]와 아주 비슷하지만 조건 변수를 사용한다는 점에서 더 간단한 새로운 예제를 가져오려고 합니다. 앞서 [예제 15-2]에서는 스레드가 세 개였지만, 지금부터 살펴볼 [예제 16-1]은 스레드가 두 개입니다. 그리고 이 스레드들은 문자 A와 B를 출력합니다. 하지만 언제나 특정한 순서를 따르도록, 즉 먼저 A를 출력한 다음 B를 출력하려고 합니다.

이 예제에 대한 불변 제약 조건은 **출력에서 먼저 A를 확인한 다음에 B를 확인하라**는 것입니다(이에 더해 모든 공유 상태에 대한 데이터 무결성이 지켜져야 하고, 메모리 접근이 잘못되지 않아야 하며 허상 포인터나 충돌이 생기지 않아야 하고, 그 밖의 다른 명백한 제약 조건이 있습니다). 다음 [코드 박스 16-2]는 이 예제에 대해 C로 작성된 해결 방법을 찾고자 조건 변수를 사용하는 방법을 나타냅니다.

코드 박스 16-2 [예제 16-1] POSIX 조건 변수를 써서 두 스레드 사이에 특정 순서를 따르게 하기(ExtremeC_examples_chapter16_1_cv.c)

```c
#include <stdio.h>
#include <stdlib.h>

// pthread 라이브러리를 사용하기 위한 POSIX 표준 헤더
#include <pthread.h>

#define TRUE 1
#define FALSE 0

typedef unsigned int bool_t;

// 공유된 상태에 연관된 모든 변수를 담는 구조체
typedef struct {
  // 'A'의 출력 여부를 가리키는 플래그
  bool_t done;
  // 임계 구역을 보호하는 뮤텍스 객체
  pthread_mutex_t mtx;
  // 두 스레드를 동기화하는 데 사용되는 조건 변수
  pthread_cond_t cv;
} shared_state_t;

// shared_state_t 객체의 멤버 초기화하기
```

```c
void shared_state_init(shared_state_t *shared_state) {
  shared_state->done = FALSE;
  pthread_mutex_init(&shared_state->mtx, NULL);
  pthread_cond_init(&shared_state->cv, NULL);
}

// shared_state_t 객체의 멤버 삭제하기
void shared_state_destroy(shared_state_t *shared_state) {
  pthread_mutex_destroy(&shared_state->mtx);
  pthread_cond_destroy(&shared_state->cv);
}

void* thread_body_1(void* arg) {
  shared_state_t* ss = (shared_state_t*)arg;
  pthread_mutex_lock(&ss->mtx);
  printf("A\n");
  ss->done = TRUE;
  // 조건 변수를 대기하는 스레드에 신호 주기
  pthread_cond_signal(&ss->cv);
  pthread_mutex_unlock(&ss->mtx);
  return NULL;
}

void* thread_body_2(void* arg) {
  shared_state_t* ss = (shared_state_t*)arg;
  pthread_mutex_lock(&ss->mtx);
  // 플래그가 TRUE가 될 때까지 대기하기
  while (!ss->done) {
    // 조건 변수 대기하기
    pthread_cond_wait(&ss->cv, &ss->mtx);
  }
  printf("B\n");
  pthread_mutex_unlock(&ss->mtx);
  return NULL;
}

int main(int argc, char** argv) {

  // 공유 상태
  shared_state_t shared_state;

  // 공유 상태 초기화하기
  shared_state_init(&shared_state);
```

```
  // 스레드 핸들러
  pthread_t thread1;
  pthread_t thread2;

  // 새 스레드 생성
  int result1 = pthread_create(&thread1, NULL, thread_body_1, &shared_state);
  int result2 = pthread_create(&thread2, NULL, thread_body_2, &shared_state);

  if (result1 || result2) {
    printf("The threads could not be created.\n");
    exit(1);
  }

  // 스레드 종료를 대기하기
  result1 = pthread_join(thread1, NULL);
  result2 = pthread_join(thread2, NULL);

  if (result1 || result2) {
    printf("The threads could not be joined.\n");
    exit(2);
  }

  // 공유 상태를 삭제하고 뮤텍스와 조건 변수 객체 해제하기
  shared_state_destroy(&shared_state);

  return 0;
}
```

이 코드에서 공유 뮤텍스, 공유 조건 변수, 공유 플래그를 하나의 개체로 캡슐화하기 위해 구조체를 사용하면 좋습니다. 참고로 각 스레드에는 하나의 포인터만 전달할 수 있습니다. 따라서 필요한 공유 변수를 하나의 구조체 변수에 쌓아야 했습니다. [예제 16-1]에서 **bool_t** 다음에 오는 두 번째 자료형에 대해 다음과 같이 새로운 자료형 **shared_state_t**를 정의했습니다.

코드 박스 16-3 구조체 하나에 [예제 16-1]에 필요한 모든 공유 변수 두기

```
typedef struct {
  bool_t done;
  pthread_mutex_t mtx;
  pthread_cond_t cv;
} shared_state_t;
```

자료형을 정의한 다음 shared_state_t 인스턴스를 초기화하고 삭제하기 위해 두 가지 함수를 정의했습니다. 이 함수들은 각각 shared_state_t 자료형에 대한 **생성자**constructor와 **소멸자**destructor 함수로 간주할 수 있습니다. 생성자와 소멸자 함수에 관해 더 알아보려면 **6장**을 참고하세요.

이것이 조건 변수를 사용하는 방법입니다. 스레드는 조건 변수에서 **대기**(또는 **잠자기**)를 할 수 있고, 나중에 알림을 받고 깨어납니다. 게다가 스레드는 조건 변수를 대기(또는 잠자기)하는 다른 모든 스레드에 **알림**(혹은 **깨우기**)을 할 수 있습니다. 이러한 모든 작업은 **반드시** 뮤텍스에 의해 보호되어야 하므로, 항상 뮤텍스와 함께 조건 변수를 사용해야 합니다.

앞의 코드에서 이와 정확히 같은 일을 했습니다. 공유 상태 객체에는 조건 변수를 보호하는 동반자 뮤텍스와 조건 변수가 함께 있습니다. 다시 강조하자면 변수는 동반자 뮤텍스에 의해 보호받는 임계 구역에서만 사용해야 합니다.

그렇다면 [코드 박스 16-2]에서는 무슨 일이 일어날까요? A를 출력해야 하는 스레드에서는 공유 상태 객체를 가리키는 포인터를 사용해 mtx 뮤텍스를 잠그려고 합니다. 스레드는 락을 획득하면 A를 출력하고 플래그를 done으로 설정하며, 마지막으로 pthread_cond_signal 함수를 호출해 조건 변수 cv에서 대기하고 있는 다른 스레드에 알립니다.

반면, 두 번째 스레드가 활성화되고 첫 번째 스레드가 A를 아직 출력하지 않을 때, 두 번째 스레드는 mtx에 대한 잠금을 획득하려 시도합니다. 성공했다면 두 번째 스레드는 플래그가 done인지 확인합니다. 실패한 경우는 쉽게 말해 첫 번째 스레드가 아직 임계 구역에 진입하지 못했다는 의미입니다(그렇지 않다면 플래그는 참이어야 합니다). 따라서 두 번째 스레드는 조건 변수를 기다리며 pthread_cond_wait 함수를 호출해 CPU를 즉시 해제합니다.

조건 변수를 대기하면 연결된 뮤텍스가 해제되어 다른 스레드가 계속될 수 있으니 주의해야 합니다. 또한 활성 상태가 되어 대기 상태를 종료하면 연결된 뮤텍스를 다시 얻을 수 있어야 합니다. 조건 변수에 대한 모범 사례에 대해서는 다른 인터리빙을 살펴봐도 좋습니다.

> **NOTE_** pthread_cond_signal 함수는 하나의 스레드에만 알리도록 사용할 수 있습니다. 조건 변수를 기다리는 모든 스레드에 알리려면 pthread_cond_broadcast 함수를 사용해야 합니다. 곧 이에 관한 예제를 살펴보겠습니다.

그런데 플래그가 done인지 확인하려면 쉬운 if 문을 사용해도 되는데 왜 while 루프를 사용했을까요? 두 번째 스레드는 첫 번째 스레드가 아닌 다른 소스에서 알림을 받을 수 있기 때문입니다. 이러한 경우, 스레드가 대기를 종료하자마자 뮤텍스에 대한 잠금을 획득해 활성 상태가 되면 루프의 조건을 검사할 수 있고, 아직 조건이 충족되지 않으면 다시 대기해야 합니다. 대기 중인 조건과 일치할 때까지 루프 내의 조건 변수를 기다리는 것은 허용된 기법입니다.

이러한 해결 방법은 메모리 가시성에 대한 제약도 만족합니다. 15장에서 설명한 대로 모든 잠금 및 해제 작업은 여러 CPU 코어 사이에서 수월하게 메모리 일관성을 유지할 수 있습니다. 그러므로 캐시된 버전이 서로 다른 플래그 done에서 확인할 수 있는 값은 언제나 최신이며 서로 같습니다.

제어 메커니즘이 없는 [예제 15-2]와 [예제 16-1]에서 볼 수 있는 경쟁 상태 문제 역시 POSIX 장벽을 사용해 해결할 수 있습니다. 다음 절에서 이에 관해 설명하며, 다른 접근법을 이용해서 [예제 16-1]을 다시 작성하겠습니다.

16.1.3 POSIX 장벽

POSIX 장벽은 수많은 스레드를 동기화하기 위해 또 다른 접근법을 사용합니다. 마치 한 무리의 사람이 어떤 일을 병렬적으로 할 계획을 세운 뒤에 특정 지점에 집합하고 재조직하고 계속하는 것처럼, 스레드(또는 프로세스)에도 같은 일이 발생할 수 있습니다. 어떤 스레드는 작업을 더 빠르게 하고, 다른 스레드는 더 느리게 합니다. 그런데 모든 스레드가 다른 스레드가 결합하기를 기다려야 하는 체크포인트(혹은 집합 지점^{rendezvous point})가 있을 수 있습니다. 이러한 체크포인트는 **POSIX 장벽**을 사용해 시뮬레이션할 수 있습니다.

다음 [코드 박스 16-4]는 장벽을 사용해 [예제 16-1]에 나타난 문제를 해결하는 방법을 제시합니다. 앞에서 살펴본 [예제 16-1]을 다시 떠올려 보면 두 개의 스레드가 있었습니다. 스레드 하나는 **A를 출력**하고 다른 스레드는 **B를 출력**하며, 인터리빙에 상관없이 언제나 먼저 A 다음에 B를 출력에서 보려고 했습니다.

```
#include <stdio.h>
#include <stdlib.h>

#include <pthread.h>

// 장벽 객체
pthread_barrier_t barrier;

void* thread_body_1(void* arg) {
  printf("A\n");
  // 다른 스레드의 결합을 대기하기
  pthread_barrier_wait(&barrier);
  return NULL;
}

void* thread_body_2(void* arg) {
  // 다른 스레드의 결합을 대기하기
  pthread_barrier_wait(&barrier);
  printf("B\n");
  return NULL;
}

int main(int argc, char** argv) {

  // 장벽 객체 초기화하기
  pthread_barrier_init(&barrier, NULL, 2);

  // 스레드 핸들러
  pthread_t thread1;
  pthread_t thread2;

  // 새 스레드 생성하기
  int result1 = pthread_create(&thread1, NULL, thread_body_1, NULL);
  int result2 = pthread_create(&thread2, NULL, thread_body_2, NULL);

  if (result1 || result2) {
    printf("The threads could not be created.\n");
    exit(1);
  }

  // 스레드가 종료되기를 대기하기
```

```
  result1 = pthread_join(thread1, NULL);
  result2 = pthread_join(thread2, NULL);

  if (result1 || result2) {
    printf("The threads could not be joined.\n");
    exit(2);
  }

  // 장벽 객체 해제하기
  pthread_barrier_destroy(&barrier);

  return 0;
}
```

[코드 박스 16-4]는 조건 변수로 작성한 코드보다 훨씬 짧습니다. POSIX 장벽을 사용하면 실행하는 동안 특정 지점에서 스레드를 동기화하기가 매우 수월합니다.

먼저 `pthread_barrier_t` 자료형에 대한 전역 장벽 객체를 선언했습니다. 그다음 `main` 함수에서 `pthread_barrier_init` 함수를 사용해 장벽 객체를 초기화했습니다.

첫 번째 인수는 장벽 객체에 대한 포인터입니다. 두 번째 인수는 장벽 객체에 대한 사용자 지정 속성입니다. `NULL`을 전달했으므로 장벽 객체가 갖는 속성의 기본값으로 장벽 객체가 초기화된다는 의미입니다. 세 번째 인수는 중요합니다. 이 인수는 `pthread_barrier_wait` 함수를 호출해서 같은 장벽 객체에 대해 대기해야 하는 스레드의 숫자이며, 이러한 스레드가 모두 해제되어야 계속할 수 있습니다.

앞의 예제에서 이 숫자는 2로 설정했습니다. 따라서 장벽 객체를 기다리는 스레드가 두 개일 때만 스레드의 잠금이 모두 해제되고 계속될 수 있습니다. 코드의 나머지 부분은 이전 예제와 상당히 비슷하며 앞 절에서 설명한 내용에 해당합니다.

장벽 객체는 이전 절에서와 비슷한 뮤텍스와 조건 변수를 사용해서 구현할 수 있습니다. 사실 POSIX 호환 운영체제는 시스템 호출 인터페이스에서 장벽과 같은 것을 제공하지는 않으며, 대부분은 뮤텍스와 조건 변수를 사용해 구현됩니다.

이러한 이유로 macOS와 같은 일부 운영체제에서 POSIX 장벽에 대한 구현을 기본적으로 제공하지 않습니다. macOS 머신에는 POSIX 장벽 함수가 정의되지 않았으므로 앞의 코드는 macOS에서 컴파일할 수 없습니다. 이 코드는 리눅스 및 FreeBSD에서 둘 다 테스트했으며 두 군데에서 모두 작동합니다. POSIX 장벽을 사용하면 코드의 이식성이 낮아지므로 신중히 사용해야 합니다.

> **NOTE_** macOS가 POSIX 장벽 함수를 제공하지 않는다는 말은 쉽게 말해 macOS가 부분적으로만 POSIX 호환이라는 의미이며, (당연히 표준인) 장벽을 사용하는 프로그램은 macOS 머신에서 컴파일될 수 없다는 뜻입니다. 이는 **한 번의 작성으로 어디서든 컴파일되어야 한다**는 C의 철학에 위배됩니다.

이 절의 마지막 참고 사항으로, POSIX 장벽은 메모리 가시성을 보장합니다. 잠금 및 해제 작업과 비슷하게, 장벽에 대한 대기는 같은 변수에 대한 모든 캐시된 버전이 장벽 지점을 떠나려고 할 때 여러 스레드에서 동기화되도록 합니다.

다음 절에서는 세마포어에 관한 예를 제공하겠습니다. 동시적인 개발에서 흔하지는 않은 예지만 고유의 자체 용도가 있습니다.

세마포어의 특정한 유형인 이진 세마포어(혹은 뮤텍스)는 자주 사용되며 이전 절에서도 이와 관련한 예제를 여러 개 살펴봤습니다.

16.1.4 POSIX 세마포어

대부분의 경우 뮤텍스(혹은 **이진 세마포어**)는 공유 리소스에 접근하려는 여러 스레드를 충분히 동기화할 수 있습니다. 읽기 및 쓰기 작업을 순차적으로 하려면 한 번에 하나의 스레드만 임계 구역에 들어갈 수 있기 때문입니다. 이는 **상호 배제**$^{mutual\ exclusion}$라고 하며, 그래서 '뮤텍스^{mutex}' 입니다.

하지만 어떤 경우에는 둘 이상의 스레드가 임계 구역에 들어가서 공유 리소스에 대해 작업하기를 원합니다. 이때는 **범용 세마포어**$^{general\ semaphore}$를 사용해야 합니다.

범용 세마포어에 관한 예제로 넘어가기 전에 이진 세마포어(또는 뮤텍스)에 대한 예를 들어봅시다. 이 예제에서는 `pthread_mutex_*` 함수를 사용하지 않습니다. 대신 `sem_*` 함수를 사용하며, 이 함수는 세마포어와 관련된 기능을 제공합니다.

이진 세마포어

다음 [코드 박스 16-5]는 15장의 [예제 15-3]에 대해 세마포어를 사용해서 해결한 방법입니다. 내용을 떠올려 보면 [예제 15-3]에는 스레드가 두 개 포함되어 있었고, 각 스레드는 공유된 정숫값을 서로 다른 값으로 증가시킵니다. 우리는 공유 변수에 대한 데이터 무결성을 보호하고 싶습니다. 참고로 다음 코드에서 POSIX 뮤텍스는 사용하지 않습니다.

코드 박스 16-5 [예제 15-3]에 대해 POSIX 세마포어를 사용한 해결 방법(ExtremeC_examples_chapter15_3_sem.c)

```
#include <stdio.h>
#include <stdlib.h>

// pthread 라이브러리를 사용하기 위한 POSIX 표준 헤더
#include <pthread.h>

// pthread.h로 제공되지 않는 세마포어
#include <semaphore.h>

// 공유 상태에 대한 접근을 동기화하기 위해 사용되는
// 세마포어 객체를 가리키는 메인 포인터
sem_t *semaphore;

void* thread_body_1(void* arg) {
  // 공유 변수에 대한 포인터 얻기
  int* shared_var_ptr = (int*)arg;
  // 세마포어 대기
  sem_wait(semaphore);
  // 메모리 주소에 직접 작성할 때마다 공유 변수를 1씩 증가시킵니다.
  (*shared_var_ptr)++;
  printf("%d\n", *shared_var_ptr);
  // 세마포어 해제
  sem_post(semaphore);
  return NULL;
}

void* thread_body_2(void* arg) {
  // 공유 변수에 대한 포인터 얻기
  int* shared_var_ptr = (int*)arg;
  // 세마포어 대기
  sem_wait(semaphore);
  // 메모리 주소에 직접 작성할 때마다 공유 변수를 2씩 증가시킵니다.
```

```c
    (*shared_var_ptr) += 2;
    printf("%d\n", *shared_var_ptr);
    // 세마포어 해제
    sem_post(semaphore);
    return NULL;
}

int main(int argc, char** argv) {

    // 공유 변수
    int shared_var = 0;

    // 스레드 핸들러
    pthread_t thread1;
    pthread_t thread2;

#ifdef __APPLE__
    // 익명 세마포어는 OS/X에서 지원하지 않습니다.
    // 따라서 sem_open 함수를 사용하는 기명 세마포어처럼 세마포어를 초기화해야 합니다.
    semaphore = sem_open("sem0", O_CREAT | O_EXCL, 0644, 1);
#else
    sem_t local_semaphore;
    semaphore = &local_semaphore;
    // 세마포어를 뮤텍스(이진 세마포어)로 초기화합니다.
    sem_init(semaphore, 0, 1);
#endif

    // 새 스레드 생성
    int result1 = pthread_create(&thread1, NULL, thread_body_1, &shared_var);
    int result2 = pthread_create(&thread2, NULL, thread_body_2, &shared_var);

    if (result1 || result2) {
        printf("The threads could not be created.\n");
        exit(1);
    }

    // 스레드 종료를 대기하기
    result1 = pthread_join(thread1, NULL);
    result2 = pthread_join(thread2, NULL);

    if (result1 || result2) {
        printf("The threads could not be joined.\n");
        exit(2);
    }
```

```
#ifdef __APPLE__
  sem_close(semaphore);
#else
  sem_destroy(semaphore);
#endif

  return 0;
}
```

먼저, 이 [코드 박스 16-5]에서는 애플 운영체제에서 사용한 것과는 다른 세마포어 함수를 찾을 수 있습니다. 애플 운영체제(macOS, OS X, iOS)에서는 **익명 세마포어**unnamed semaphore를 지원하지 않습니다. 따라서 sem_init과 sem_destroy 함수만 사용할 수는 없습니다. 익명 세마포어는 놀랍게도 이름이 없고 여러 스레드가 프로세스 안에서만 사용할 수 있습니다. 반면, 기명 세마포어는 시스템 전체에서 여러 프로세스가 보고 사용할 수 있습니다.

애플 시스템에서 익명 세마포어를 생성하는 데 필요한 함수는 더 이상 지원하지 않는다deprecated고 표기되며 세마포어 객체는 sem_init으로 초기화할 수 없습니다. 따라서 그 대신 기명 세마포어를 정의하려면 sem_open과 sem_close 함수를 사용해야 했습니다.

기명 세마포어는 프로세스를 동기화할 때 사용됩니다. 이에 관해서는 **18장**에서 설명하겠습니다. 다른 POSIX 호환 운영체제, 특히 리눅스에서는 여전히 익명 세마포어를 사용할 수 있으며 sem_init과 sem_destroy를 사용해 각각 초기화 및 삭제를 할 수 있습니다.

앞의 코드에서는 semaphore.h라는 헤더 파일을 추가로 포함했습니다. 이전에 설명한 대로 세마포어는 POSIX 스레딩 라이브러리에 확장으로 추가되었으므로 pthread.h 헤더 파일에서는 제공하지 않습니다.

헤더 포함 구문 다음에는 세마포어 객체에 대한 전역 포인터를 선언했습니다. 이 포인터는 실제 세마포어 객체에 대한 알맞은 주소를 가리킵니다. 여기서 포인터를 사용해야 하는 이유는 애플 운영체제에서 포인터를 반환하는 sem_open 함수를 사용해야 하기 때문입니다.

그다음으로 main 함수 내에서, 그리고 애플 시스템에서는 sem0이라는 기명 세마포어를 생성합니다. 다른 POSIX 호환 운영체제에서는 sem_init으로 세마포어를 초기화합니다. 이때 포인터 semaphore는 메인 스레드의 스택 최상단에 할당된 변수 local_semaphore를 가리킵니다. semaphore 포인터는 허상 포인터가 되지 않습니다. 메인 스레드가 종료되지 않고 스레드들이 결합되어 완료될 때까지 기다리기 때문입니다.

참고로 애플과 애플이 아닌 운영체제는 __APPLE__ 매크로를 사용해 구별할 수 있었습니다. 이 매크로는 애플 운영체제에서 사용하는 C 전처리기에서 기본적으로 정의합니다. 그러므로 이 매크로를 사용하면 애플 운영체제에서 컴파일되지 않아야 하는 코드를 제외할 수 있습니다.

스레드 내부를 살펴봅시다. 동반자 함수에서 임계 구역은 POSIX 뮤텍스 API에 있는 pthread_mutex_lock과 pthread_mutex_unlock에 각각 해당하는 sem_wait 및 sem_post 함수에 의해 보호됩니다. sem_wait은 임계 구역에 둘 이상의 스레드가 들어갈 수 있도록 하니 참고하세요.

임계 구역에 허용되는 스레드 수의 최댓값은 세마포어 객체를 초기화할 때 결정됩니다. 우리는 sem_open과 sem_init 함수의 마지막 인수로 스레드 수의 최댓값 1을 전달했습니다. 그러므로 이 세마포어는 뮤텍스처럼 작동합니다.

세마포어를 잘 이해하기 위해 세부 사항을 더 살펴보겠습니다. 각 세마포어 객체에는 정숫값이 있습니다. 스레드가 sem_wait 함수를 호출해 세마포어를 기다릴 때마다, 만약 세마포어의 값이 0보다 크면 이 값은 1만큼 감소해 스레드가 임계 구역에 들어갈 수 있도록 합니다. 만약 세마포어의 값이 0이면 스레드는 세마포어의 값이 다시 양수가 될 때까지 기다려야 합니다. 스레드가 sem_post 함수를 호출해 임계 구역을 떠날 때마다 세마포어의 값은 1씩 증가합니다. 그러므로 초깃값을 1로 지정하면 결국 이진 세마포어를 얻습니다.

세마포어 객체와 그에 따른 모든 자원을 사실상 해제하는 sem_destroy(혹은 애플 운영체제의 sem_close)를 호출해 앞의 코드를 종료합니다. 기명 세마포어는 여러 프로세스 사이에 공유될 수 있으므로 세마포어를 닫을 때 더 복잡한 일이 발생할 수 있습니다. 이에 대해서는 **18장**에서 다루겠습니다.

범용 세마포어

이제 범용 세마포어를 사용하는 고전적인 예제를 살펴볼 차례입니다. 이 구문은 앞의 코드와 상당히 비슷하지만, 임계 구역에 여러 스레드가 들어가도록 허용한다는 시나리오는 꽤 흥미롭습니다.

이 고전적인 예제에서는 50개의 물 분자를 생성합니다. 50개의 물 분자에는 50개의 산소 원자와 100개의 수소 원자가 있어야 합니다. 스레드 하나를 사용해서 각 원자를 시뮬레이션할 때,

수소 스레드 두 개와 산소 스레드 하나가 임계 구역에 들어가서 물 분자 하나를 생성하고 집계합니다.

다음 코드에서는 먼저 산소 스레드 50개와 수소 스레드 100개를 생성합니다. 산소 스레드의 임계 구역을 보호하기 위해 뮤텍스를 사용하지만, 수소 스레드의 임계 구역에는 동시에 두 개의 스레드가 들어갈 수 있는 범용 세마포어를 사용합니다.

신호를 전달하려면 POSIX 장벽을 사용해야 히지만, 이 장벽은 애플 시스템에서 구현되지 않으므로 뮤텍스와 조건 변수를 사용해서 구현해야 합니다. 다음 [코드 박스 16-6]은 이 코드를 보여줍니다.

코드 박스 16-6 [예제 16-2] 범용 세마포어를 사용해 산소 원자 50개와 수소 원자 100개에서 물 분자 50개를 생성하는 과정을 시뮬레이션하기(ExtremeC_examples_chapter16_2.c)

```
#include <stdio.h>
#include <stdlib.h>
#include <string.h>
#include <limits.h>
#include <errno.h> // errno와 strerror 함수를 위한 헤더

// pthread 라이브러리를 사용하기 위한 POSIX 표준 헤더
#include <pthread.h>
// 세마포어는 pthread.h에서 제공하지 않습니다.
#include <semaphore.h>

#ifdef __APPLE__
// 애플 시스템에서는 장벽 기능을 모방해야 합니다.
pthread_mutex_t barrier_mutex;
pthread_cond_t barrier_cv;
unsigned int barrier_thread_count;
unsigned int barrier_round;
unsigned int barrier_thread_limit;

void barrier_wait() {
  pthread_mutex_lock(&barrier_mutex);
  barrier_thread_count++;
  if (barrier_thread_count >= barrier_thread_limit) {
    barrier_thread_count = 0;
    barrier_round++;
    pthread_cond_broadcast(&barrier_cv);
  } else {
```

```
    unsigned int my_round = barrier_round;
    do {
      pthread_cond_wait(&barrier_cv, &barrier_mutex);
    } while (my_round == barrier_round);
  }
  pthread_mutex_unlock(&barrier_mutex);
}

#else
// 수소(hydrogen)와 산소(oxygen) 스레드를 동기화시키는 장벽
pthread_barrier_t water_barrier;
#endif

// 산소 스레드를 동기화하기 위한 뮤텍스
pthread_mutex_t  oxygen_mutex;

// 수소 스레드를 동기화하기 위한 범용 세마포어
sem_t*          hydrogen_sem;

// 만들어진 물분자의 수를 세는 공유 정수
unsigned int    num_of_water_molecules;

void* hydrogen_thread_body(void* arg) {
  // 두 개의 수소 스레드가 이 임계 구역에 들어갈 수 있습니다.
  sem_wait(hydrogen_sem);
  // 다른 수소 스레드가 결합하기를 기다립니다.
#ifdef __APPLE__
  barrier_wait();
#else
  pthread_barrier_wait(&water_barrier);
#endif
  sem_post(hydrogen_sem);
  return NULL;
}

void* oxygen_thread_body(void* arg) {
  pthread_mutex_lock(&oxygen_mutex);
  // 수소 스레드가 결합하기를 기다림
#ifdef __APPLE__
  barrier_wait();
#else
  pthread_barrier_wait(&water_barrier);
#endif
  num_of_water_molecules++;
```

```c
    pthread_mutex_unlock(&oxygen_mutex);
    return NULL;
}

int main(int argc, char** argv) {

    num_of_water_molecules = 0;

    // 산소 뮤텍스 초기화하기
    pthread_mutex_init(&oxygen_mutex, NULL);

    // 수소 세마포어 초기화하기
#ifdef __APPLE__
    hydrogen_sem = sem_open("hydrogen_sem",
            O_CREAT | O_EXCL, 0644, 2);
#else
    sem_t local_sem;
    hydrogen_sem = &local_sem;
    sem_init(hydrogen_sem, 0, 2);
#endif

    // 물 장벽 초기화하기
#ifdef __APPLE__
    pthread_mutex_init(&barrier_mutex, NULL);
    pthread_cond_init(&barrier_cv, NULL);
    barrier_thread_count = 0;
    barrier_thread_limit = 0;
    barrier_round = 0;
#else
    pthread_barrier_init(&water_barrier, NULL, 3);
#endif

    // 50개의 물 분자를 만들기 위해서는
    // 50개의 산소 원자와 100개의 수소 원자가 필요합니다.
    pthread_t thread[150];

    // 산소 스레드 만들기
    for (int i = 0; i < 50; i++) {
        if (pthread_create(thread + i, NULL,
                    oxygen_thread_body, NULL)) {
            printf("Couldn't create an oxygen thread.\n");
            exit(1);
        }
    }
```

```
  // 수소 스레드 만들기
  for (int i = 50; i < 150; i++) {
    if (pthread_create(thread + i, NULL,
                 hydrogen_thread_body, NULL)) {
      printf("Couldn't create an hydrogen thread.\n");
      exit(2);
    }
  }

  printf("Waiting for hydrogen and oxygen atoms to react ...\n");
  // 모든 스레드의 종료를 대기하기
  for (int i = 0; i < 150; i++) {
    if (pthread_join(thread[i], NULL)) {
      printf("The thread could not be joined.\n");
      exit(3);
    }
  }

  printf("Number of made water molecules: %d\n",
          num_of_water_molecules);

#ifdef __APPLE__
  sem_close(hydrogen_sem);
#else
  sem_destroy(hydrogen_sem);
#endif

  return 0;
}
```

코드가 시작하는 부분에 **#ifdef __APPLE__**과 **#endif**로 둘러싸인 여러 행이 있습니다. 이 부분은 애플 시스템에서만 컴파일됩니다. 이는 주로 POSIX 장벽의 작동을 시뮬레이션할 때 필요한 구현과 변수입니다. 애플 이외의 다른 POSIX 호환 운영체제에서는 일반적인 POSIX 장벽을 사용합니다. 애플 시스템에서 장벽을 구현하는 것에 관한 세부 사항은 여기서 살펴보지 않겠지만, 코드를 자세히 읽고 이해할 만한 가치가 있습니다.

앞의 코드에서 정의한 여러 전역 변수에서는 산소 스레드의 임계 구역을 보호하는 뮤텍스 **oxygen_mutex**를 선언했습니다. 매번 산소 스레드 하나(혹은 산소 원자 하나)가 임계 구역으로 들어갈 수 있습니다.

그러고 나서 임계 구역 내부에서는 산소 스레드 하나가 수소 스레드 두 개를 기다려서 결합하고 나서 계속해서 물 분자 카운터를 증가시킵니다. 값은 산소의 임계 구역 내에서 증가됩니다.

임계 구역 내부에서 일어나는 일을 더 자세히 알려면 범용 세마포어의 역할을 설명해야 합니다. 또한 앞의 코드에서는 범용 세마포어 `hydrogen_sem`을 선언했는데, 이는 수소 스레드의 임계 구역을 보호하게 되어 있습니다. 매번 최대 두 개의 수소 스레드가 자신의 임계 구역에 들어갈 수 있고, 산소 및 수소 스레드 사이에서 공유된 장벽 객체를 대기합니다.

공유된 장벽 객체에서 대기하는 스레드의 수가 2가 되면 산소 하나와 수소 두 개를 얻었다는 의미입니다. 이제 물 분자 하나가 만들어졌으니 대기 중인 스레드는 모두 재개할 수 있습니다. 수소 스레드는 즉시 종료되지만 산소 스레드는 물 분자 카운터가 증가한 뒤에만 존재합니다.

마지막 참고 사항을 보면서 이 절을 마무리하겠습니다. [예제 16-2]에서 애플 운영체제에 장벽을 구현할 때는 `pthread_cond_broadcast` 함수를 사용했습니다. 이 함수는 다른 스레드가 결합한 뒤에도 계속되어야 하는 장벽의 조건 변수를 기다리는 모든 스레드로 신호를 전달합니다.

다음 절에서는 POSIX 스레드에 있는 메모리 모델과, 이러한 메모리 모델이 소유자 프로세스의 메모리와 상호작용하는 방식을 설명하겠습니다. 또한 스택과 힙 세그먼트 사용에 관한 예제도 살펴보고 이들이 어떻게 심각한 메모리 관련 문제를 일으키는지도 보겠습니다.

16.2 POSIX 스레드와 메모리

여기서는 스레드와 프로세스의 메모리 간 상호작용을 설명하겠습니다. 알다시피 프로세스의 메모리 레이아웃에는 여러 세그먼트가 있습니다. 텍스트 세그먼트, 스택 세그먼트, 데이터 세그먼트, 힙 세그먼트는 모두 메모리 레이아웃에 속하며 이는 **4장**에서 이미 다뤘습니다. 스레드는 각 메모리 세그먼트마다 다른 방식으로 상호작용합니다. 이번 절에서는 스택과 힙 메모리 영역만을 다룹니다. 멀티스레딩 프로그램을 작성할 때 가장 많이 사용하고 가장 문제가 되는 영역이기 때문입니다.

그리고 더 좋은 동시 프로그램을 개발하려면 스레드 동기화와 스레드의 메모리 모델을 제대로 이해하는 게 어떤 도움이 되는지를 설명합니다. 이러한 개념은 특히 힙 메모리에서 더 알기 쉽습니다. 힙은 메모리 관리가 수동이며, 동시 시스템에서 스레드가 힙 블록을 할당하고 해제하는 일을 맡기 때문입니다. 사소한 경쟁 상태가 심각한 메모리 문제를 일으킬 수 있으므로, 이러한 문제를 피하려면 적절하게 동기화해야 합니다.

다음 하위 절에서 다른 스레드가 스택 세그먼트에 접근하는 방식과 미리 주의할 사항은 무엇인지 설명하겠습니다.

16.2.1 스택 메모리

각 스레드에는 해당 스레드 전용인 자체 스택 영역이 있습니다. 스레드의 스택 영역은 소유자 프로세스의 스택 세그먼트에 속하며, 기본적으로 모든 스레드는 스택 세그먼트에서 할당받은 스택 영역이 있어야 합니다. 또한 힙 세그먼트에서 할당된 스택 영역이 있을 수도 있습니다. 그 방법에 관해서는 추후 예제를 살펴보겠지만 지금은 스레드의 스택이 프로세스의 스택 세그먼트에 속한다고 가정하겠습니다.

같은 프로세스 내의 모든 스레드는 프로세스의 스택 세그먼트를 읽고 수정할 수 있으므로, 스레드는 사실상 서로의 스택 영역을 읽고 수정할 수 있습니다. 하지만 **그래서는 안 됩니다**. 다른 스레드의 스택 영역으로 작업하는 것은 위험한 일로 간주됩니다. 스택의 윗부분에서 정의된 변수는 언제든 해제될 수 있고, 특히 스레드가 종료되거나 함수가 반환될 때 해제할 수 있기 때문입니다.

그래서 다른 스레드가 아닌 소유자 프로세스만 스택 영역에 접근할 수 있다고 가정하려는 것입니다. 따라서 **지역 변수**(스택 상단에서 선언된 변수들)는 스레드 전용으로 간주되며 다른 스레드가 접근할 수 없습니다.

싱글 스레드 응용프로그램에서는 메인 스레드라는 스레드 하나가 항상 존재합니다. 그러므로 프로세스의 스택 세그먼트를 사용하는 것처럼 스택 영역을 사용합니다. 이는 싱글 스레드 프로그램에서 메인 스레드와 프로세스 간에 경계가 없기 때문입니다. 하지만 멀티스레드 프로그램은 상황이 다릅니다. 각 스레드는 자체적인 스택 영역이 있으며 이는 다른 스레드의 스택 영역과는 다릅니다.

새 스레드를 생성할 때는 메모리 블록이 스택 영역에 할당됩니다. 만약 스레드를 생성할 때 개발자가 이를 지정하지 않는다면 스택 영역은 기본 스택 크기를 갖고, 프로세스의 스택 세그먼트에서 할당됩니다. 기본 스택 크기는 플랫폼이나 아키텍처마다 다릅니다. `ulimit -s` 명령어를 사용해 POSIX 호환 시스템에서 기본 스택 크기를 읽어올 수 있습니다.

인텔 64비트 머신의 macOS인 필자의 현재 플랫폼에서 기본 스택 크기는 8MB입니다.

셸 박스 16-1 기본 스택 크기 읽기

```
$ ulimit -s
8192
$
```

POSIX 스레딩 API로 새 스레드의 스택 영역을 설정할 수 있습니다. 다음 [예제 16-3]에는 두 개의 스레드가 있습니다. 한 스레드에는 기본 스택 설정을 사용하고, 다른 스레드에는 힙 세그먼트에서 버퍼를 할당하며 해당 스레드의 스택 영역으로 설정합니다. 스택 영역을 설정할 때 할당받은 버퍼는 최소 크기여야 하므로 주의하세요. 그렇지 않으면 스택 영역으로 사용할 수 없습니다.

코드 박스 16-7 [예제 16-3] 스레드의 스택 영역으로 힙 블록 설정(ExtremeC_examples_chapter16_3.c)

```c
#include <stdio.h>
#include <stdlib.h>
#include <limits.h>

#include <pthread.h>

void* thread_body_1(void* arg) {
  int local_var = 0;
  printf("Thread1 > Stack Address: %p\n", (void*)&local_var);
  return 0;
}

void* thread_body_2(void* arg) {
  int local_var = 0;
  printf("Thread2 > Stack Address: %p\n", (void*)&local_var);
  return 0;
}

int main(int argc, char** argv) {
```

```c
  size_t buffer_len = PTHREAD_STACK_MIN + 100;
  // 힙에서 할당된 버퍼는 스레드의 스택 영역으로 사용됩니다.
  char *buffer = (char*)malloc(buffer_len * sizeof(char));

  // 스레드 핸들러
  pthread_t thread1;
  pthread_t thread2;

  // 기본 속성이 있는 새 스레드 생성하기
  int result1 = pthread_create(&thread1, NULL, thread_body_1, NULL);

  // 커스텀 스택 영역이 있는 새 스레드 생성하기
  pthread_attr_t attr;
  pthread_attr_init(&attr);
  // 스택 주소와 크기 설정하기
  if (pthread_attr_setstack(&attr, buffer, buffer_len)) {
    printf("Failed while setting the stack attributes.\n");
    exit(1);
  }
  int result2 = pthread_create(&thread2, &attr, thread_body_2, NULL);

  if (result1 || result2) {
    printf("The threads could not be created.\n");
    exit(2);
  }

  printf("Main Thread > Heap Address: %p\n", (void*)buffer);
  printf("Main Thread > Stack Address: %p\n", (void*)&buffer_len);

  // 스레드 종료를 대기하기
  result1 = pthread_join(thread1, NULL);
  result2 = pthread_join(thread2, NULL);

  if (result1 || result2) {
    printf("The threads could not be joined.\n");
    exit(3);
  }

  free(buffer);

  return 0;
}
```

프로그램을 시작하기 위해 기본 스택 설정으로 첫 번째 스레드를 생성합니다. 그러므로 이 스택은 프로세스의 스택 세그먼트에서 할당되어야 합니다. 그다음에는 스레드에 대한 스택 영역이 될 버퍼의 메모리 주소를 지정해서 두 번째 스레드를 생성합니다.

참고로 지정된 크기는 PTHREAD_STACK_MIN 매크로로 표시된 기존의 최소 스택 크기보다 100바이트 큽니다. 이 상수는 플랫폼마다 값이 다르며 limits.h 헤더 파일에 포함됩니다.

리눅스에서 이 프로그램을 빌드하고 실행하면 다음과 같은 내용을 볼 수 있습니다.

셸 박스 16-2 [예제 16-3]을 빌드하고 실행하기

```
$ gcc ExtremeC_examples_chapter16_3.c -o ex16_3.out -lpthread
$ ./ex16_3.out
Main Thread > Heap Address: 0x55a86a251260
Main Thread > Stack Address: 0x7ffcb5794d50
Thread2 > Stack Address: 0x55a86a2541a4
Thread1 > Stack Address: 0x7fa3e9216ee4
$
```

[셸 박스 16-2]에 보이는 출력 결과에서 확실히 알 수 있듯, 두 번째 스레드의 스택 상단에 할당된 지역 변수 local_var의 주소는 다른 주소 범위(힙 공간의 범위)에 속합니다. 즉, 두 번째 스레드의 스택 영역이 힙 내에 있다는 의미입니다. 하지만 첫 번째 스레드는 그렇지 않습니다.

출력 결과에 나타나듯, 첫 번째 스레드의 지역 변수 주소는 프로세스의 스택 세그먼트의 주소 범위 내에 있습니다. 그 결과 새로 생성된 스레드에 대해 힙 세그먼트에서 할당받은 새로운 스택 영역을 성공적으로 설정할 수 있었습니다.

스레드의 스택 영역을 설정하는 기능은 어떤 유스케이스에서는 아주 중요합니다. 예를 들어 큰 스택을 갖기에는 메모리의 총량이 적은 메모리 제한적인 환경이나, 각 스레드에 대한 스택을 할당하는 비용을 감당할 수 없는 고성능 환경에서는, 미리 할당한 버퍼를 새로 생성된 스레드에 대한 스택 영역으로 설정하면 유용할 수 있습니다.

다음 예제는 한 스레드의 스택에 있는 주소를 공유하면 어떤 메모리 문제가 발생하는지 나타냅니다. 스레드의 주소가 공유되면 스레드는 살아 있는 상태여야 합니다. 그렇지 않으면 해당 주소를 갖는 포인터는 모두 허상 포인터가 됩니다.

다음 코드는 스레드 안전이 아니며, 따라서 연속으로 실행하면 때때로 충돌이 발생할 수 있습

니다. 또한 모든 스레드는 기본 스택 설정이 존재하는데, 이는 스레드의 스택 영역이 프로세스의 스택 세그먼트로부터 할당되었다는 의미입니다.

코드 박스 16-8 [예제 16-4] 다른 스레드의 스택 영역에서 할당받은 변수를 읽어보기(ExtremeC_examples_chapter16_4.c)

```c
#include <stdio.h>
#include <stdlib.h>
#include <unistd.h>

#include <pthread.h>

int* shared_int;

void* t1_body(void* arg) {
  int local_var = 100;
  shared_int = &local_var;
  // 공유 정수를 출력하는 다른 스레드 대기하기
  usleep(10);
  return NULL;
}

void* t2_body(void* arg) {
  printf("%d\n", *shared_int);
  return NULL;
}

int main(int argc, char** argv) {

  shared_int = NULL;

  pthread_t t1;
  pthread_t t2;

  pthread_create(&t1, NULL, t1_body, NULL);
  pthread_create(&t2, NULL, t2_body, NULL);

  pthread_join(t1, NULL);
  pthread_join(t2, NULL);

  return 0;
}
```

시작 부분에서는 전역 공유 포인터를 선언했습니다. 이것은 포인터이므로 프로세스의 메모리 레이아웃에서 주소가 어디를 가리키든 상관없이 모든 주소를 받을 수 있습니다. 주소가 스택 세그먼트, 힙 세그먼트 또는 데이터 세그먼트에 있더라도 가능합니다.

앞의 코드의 **t1_body** 동반자 함수에서는 지역 변수의 주소를 공유된 포인터에 저장합니다. 이 변수는 첫 번째 스레드에 속하며 첫 번째 스레드의 스택 상단에 할당됩니다.

지금부터는 첫 번째 스레드가 종료되면 공유된 포인터는 허상 포인터가 되며, 역참조로 인해 충돌이나 논리적 오류 또는 그나마 나은 경우라도 숨어 있던 메모리 문제가 발생합니다. 일부 인터리빙에서는 이와 같은 일이 발생할 수 있으며, 이 프로그램을 여러 번 실행하면 종종 충돌이 발생합니다.

중요한 점은 한 스레드가 다른 스레드의 스택 영역에서 할당된 변수를 쓰려면 알맞은 동기화 기술을 사용해야 한다는 점입니다. 스택 변수의 수명은 해당 범위에 바인딩되었으므로, 사용자 스레드consumer thread가 이 변수의 사용을 완료할 때까지 동기화의 목표는 그 범위를 활성 상태로 유지하는 일이어야 합니다.

참고로 간단하게 살펴보기 위해 `pthread` 함수의 결과는 확인하지 않았습니다. 하지만 항상 결과와 반환값을 확인해보면 좋겠습니다. 모든 `pthread` 함수가 서로 다른 플랫폼에서 똑같이 작동하지는 않지만, 만약 문제가 생긴다면 반환값을 검사해서 문제가 무엇인지 알 수 있습니다.

이번 절에서는 일반적으로 스택 영역에 속하는 주소를 공유하면 안 되는 이유, 공유 상태가 스택 영역에 할당되지 않는 편이 나은 이유를 살펴봤습니다. 다음 절은 힙 메모리에 관한 설명으로, 공유 상태를 저장하는 가장 일반적인 공간입니다. 짐작했겠지만 힙으로 작업하는 일은 까다롭고, 메모리 누수를 조심해야 합니다.

16.2.2 힙 메모리

힙 세그먼트와 데이터 세그먼트는 모든 스레드에서 접근할 수 있습니다. 데이터 세그먼트는 컴파일할 때만 생성되지만, 힙 세그먼트는 동적이며 런타임 시에 형성됩니다. 스레드는 힙의 내용을 읽고 수정할 수 있습니다. 게다가 힙의 내용은 프로세스가 살아 있는 한 그대로 유지될 수 있고 개별 스레드의 수명과는 독립적입니다. 또한 큰 객체를 힙 내부에 둘 수도 있습니다. 이 모든 요인 때문에 힙은 스레드 사이에서 공유할 상태를 저장하는 가장 좋은 장소에 해당합니다.

메모리 관리는 힙 할당에 있어 악몽과도 같습니다. 할당받은 메모리를 실행 중인 스레드 중 하나가 어느 지점에서 해제해야 하는데, 그렇지 않으면 메모리 누수로 이어지기 때문입니다.

동시 환경에서 인터리빙은 허상 포인터를 쉽게 만들 수 있고, 따라서 충돌이 나타납니다. 동기화는 허상 포인터가 만들어지지 않도록 특정 순서를 따르게 하는 중요한 역할을 하는데, 꽤 어려운 부분입니다.

다음의 [예제 16-5]를 봅시다. 이 예제에는 다섯 개의 스레드가 있습니다. 첫 번째 스레드는 힙에서 배열을 할당합니다. 두 번째와 세 번째 스레드는 이 형식에 배열을 추가합니다. 두 번째 스레드는 배열의 짝수 인덱스에 해당하는 값을 채우는데, 이 값은 Z로 시작해 A로 역순으로 가는 알파벳 대문자입니다. 그리고 세 번째 스레드는 a에서 z로 가는 알파벳 소문자로 홀수 번째 값을 채웁니다. 네 번째 스레드는 배열을 출력합니다. 그리고 마지막으로 다섯 번째 스레드는 배열을 해제하고 힙 메모리를 회수합니다.

POSIX 동시성 제어에 관해 이전 절에서 설명한 모든 기술은 이러한 스레드가 힙에서 오작동하지 않도록 사용해야 합니다. 다음 [코드 박스 16-9]는 제어 메커니즘을 사용하지 않았으며, 명백히 스레드 안전이 아닙니다. 참고로 코드는 완성되지 않았습니다. 동시성 제어 메커니즘이 있는 완성된 버전은 그다음 [코드 박스 16-10]에 나옵니다.

코드 박스 16-9 [예제 16-5] 동기화 메커니즘이 없는 코드(ExtremeC_examples_chapter16_5_raw.c)

```
#include <stdio.h>
#include <stdlib.h>
#include <unistd.h>

#include <pthread.h>

#define CHECK_RESULT(result) \
if (result) { \
  printf("A pthread error happened.\n"); \
  exit(1); \
}

int TRUE = 1;
int FALSE = 0;
```

```c
// 공유된 배열에 대한 포인터
char* shared_array;
// 공유된 배열의 크기
unsigned int shared_array_len;

void* alloc_thread_body(void* arg) {
  shared_array_len = 20;
  shared_array = (char*)malloc(shared_array_len * sizeof(char*));
  return NULL;
}

void* filler_thread_body(void* arg) {
  int even = *((int*)arg);
  char c = 'a';
  size_t start_index = 1;
  if (even) {
    c = 'Z';
    start_index = 0;
  }
  for (size_t i = start_index; i < shared_array_len; i += 2) {
    shared_array[i] = even ? c-- : c++;
  }
  shared_array[shared_array_len - 1] = '\0';
  return NULL;
}

void* printer_thread_body(void* arg) {
  printf(">> %s\n", shared_array);
  return NULL;
}

void* dealloc_thread_body(void* arg) {
  free(shared_array);
  return NULL;
}

int main(int argc, char** argv) {
  ... Create threads ...
}
```

이 코드는 스레드 안전이 아니며, 할당 해제자^{deallocator} 스레드가 배열의 할당 해제에 간섭하므로 충돌이 발생함을 쉽게 확인할 수 있습니다.

할당 해제자 스레드가 CPU를 획득할 때마다 힙에 할당된 버퍼를 즉시 비웁니다. 그 결과 shared_array 포인터는 허상이 되고 다른 스레드는 충돌이 발생하기 시작합니다. 동기화 기술을 적절히 사용해 할당 해제 스레드가 마지막에 실행되고, 다른 스레드에 있는 로직에 대해 순서가 올바르게 실행되도록 해야 합니다.

다음 [코드 박스 16-10]에서는 앞의 코드를 스레드 안전으로 만드는 POSIX 동시성 제어 객체를 추가했습니다.

코드 박스 16-10 [예제 16-5] 동기화 메커니즘이 작동하는 코드(ExtremeC_examples_chapter16_5.c)

```c
#include <stdio.h>
#include <stdlib.h>
#include <unistd.h>

#include <pthread.h>

#define CHECK_RESULT(result) \
if (result) { \
  printf("A pthread error happened.\n"); \
  exit(1); \
}

int TRUE = 1;
int FALSE = 0;

// 공유된 배열에 대한 포인터
char* shared_array;
// 공유된 배열의 크기
size_t shared_array_len;

pthread_barrier_t alloc_barrier;
pthread_barrier_t fill_barrier;
pthread_barrier_t done_barrier;

void* alloc_thread_body(void* arg) {
  shared_array_len = 20;
  shared_array = (char*)malloc(shared_array_len * sizeof(char*));
  pthread_barrier_wait(&alloc_barrier);
  return NULL;
}
```

```
void* filler_thread_body(void* arg) {
  pthread_barrier_wait(&alloc_barrier);
  int even = *((int*)arg);
  char c = 'a';
  size_t start_index = 1;
  if (even) {
    c = 'Z';
    start_index = 0;
  }
  for (size_t i = start_index; i < shared_array_len; i += 2) {
    shared_array[i] = even ? c-- : c++;
  }
  shared_array[shared_array_len - 1] = '\0';
  pthread_barrier_wait(&fill_barrier);
  return NULL;
}

void* printer_thread_body(void* arg) {
  pthread_barrier_wait(&fill_barrier);
  printf(">> %s\n", shared_array);
  pthread_barrier_wait(&done_barrier);
  return NULL;
}

void* dealloc_thread_body(void* arg) {
  pthread_barrier_wait(&done_barrier);
  free(shared_array);
  pthread_barrier_destroy(&alloc_barrier);
  pthread_barrier_destroy(&fill_barrier);
  pthread_barrier_destroy(&done_barrier);
  return NULL;
}

int main(int argc, char** argv) {

  shared_array = NULL;

  pthread_barrier_init(&alloc_barrier, NULL, 3);
  pthread_barrier_init(&fill_barrier, NULL, 3);
  pthread_barrier_init(&done_barrier, NULL, 2);

  pthread_t alloc_thread;
  pthread_t even_filler_thread;
  pthread_t odd_filler_thread;
```

```
    pthread_t printer_thread;
    pthread_t dealloc_thread;

    pthread_attr_t attr;
    pthread_attr_init(&attr);
    int res = pthread_attr_setdetachstate(&attr, PTHREAD_CREATE_DETACHED);
    CHECK_RESULT(res);

    res = pthread_create(&alloc_thread, &attr, alloc_thread_body, NULL);
    CHECK_RESULT(res);

    res = pthread_create(&even_filler_thread, &attr, filler_thread_body, &TRUE);
    CHECK_RESULT(res);

    res = pthread_create(&odd_filler_thread, &attr, filler_thread_body, &FALSE);
    CHECK_RESULT(res);

    res = pthread_create(&printer_thread, &attr, printer_thread_body, NULL);
    CHECK_RESULT(res);

    res = pthread_create(&dealloc_thread, &attr, dealloc_thread_body, NULL);
    CHECK_RESULT(res);

    pthread_exit(NULL);

    return 0;
}
```

[코드 박스 16-9]의 코드를 스레드 안전으로 만들고자 새 코드에 POSIX 장벽만을 사용했습니다. 여러 스레드 간에 순차적인 실행 순서를 형성하는 것이 가장 쉬운 접근 방법입니다.

[코드 박스 16-9]와 [코드 박스 16-10]을 비교하면 POSIX 장벽이 여러 스레드 사이에 순서를 부여하기 위해 사용된 방식을 확인할 수 있습니다. 두 필터 스레드는 예외입니다. 필터 스레드는 서로를 블로킹하지 않고 독립적으로 실행될 수 있습니다. 홀수와 짝수 인덱스를 각각 따로 변경하므로 동시성 문제가 발생하지 않기 때문입니다. 참고로 앞의 코드는 애플 시스템에서는 컴파일할 수 없습니다. 이런 시스템에서는 [예제 16-2]에서 한 것처럼 뮤텍스와 조건 변수를 사용해 장벽의 작동을 시뮬레이션해야 합니다.

다음은 앞의 코드에 대한 출력 결과입니다. 프로그램을 여러 번 실행해도 충돌은 발생하지 않습니다. 즉, 앞의 코드는 여러 인터리빙에 대해 보호되며 스레드 안전에 해당합니다.

```
$ gcc ExtremeC_examples_chapter16_5.c -o ex16_5 -lpthread
$ ./ex16_5
>> ZaYbXcWdVeUfTgShRiQ
$ ./ex16_5
>> ZaYbXcWdVeUfTgShRiQ
$
```

이 절에서는 공유 상태에 대한 자리 표시자로 힙 공간을 사용하는 예제를 제공했습니다. 메모리 해제가 자동으로 이루어지는 스택 메모리와는 달리, 힙 공간의 해제는 명시적으로 수행해야 합니다. 그렇지 않으면 부작용으로 메모리 누수가 생길 수 있습니다.

개발자가 메모리 관리에 들이는 수고를 최소화한다는 관점에서, 공유 변수를 유지하기 가장 쉬우면서 좋은 장소는 데이터 세그먼트입니다. 여기에서는 할당 및 해제가 모두 자동으로 이루어집니다. 데이터 세그먼트에 탑재된 변수는 전역으로 간주되며, 이 변수의 수명은 프로세스의 탄생부터 최후까지 이어질 수 있어 가장 수명이 깁니다. 하지만 긴 수명은 특정 사용 사례에서는 부정적으로 간주될 수 있는데, 특히 데이터 세그먼트에 큰 객체를 두려고 할 때 그렇습니다.

다음 절에서는 메모리 가시성과 POSIX 함수가 이를 보장하는 법에 관해 이야기하겠습니다.

16.2.3 메모리 가시성

15장에서는 두 개 이상의 CPU 코어가 있는 시스템의 **메모리 가시성**memory visibility 및 **캐시 일관성**cache coherency을 설명했습니다. 이번 절에서는 pthread 라이브러리를 살펴보고 이 라이브러리가 메모리 가시성을 어떻게 보장하는지 알아보겠습니다.

알다시피 CPU 코어 간 캐시 일관성 프로토콜은 CPU 코어 중 하나의 최신 변경 사항에 대해 모든 CPU 코어에 있는 단일 메모리 주소의 캐시된 버전이 동기화 및 업데이트되도록 합니다. 하지만 이 프로토콜은 무언가에 의해 트리거되어야 합니다.

시스템 호출 인터페이스에는 캐시 일관성 프로토콜을 트리거하고 모든 CPU 코어가 메모리를 볼 수 있도록 하는 API가 있습니다. 또한 pthread 라이브러리에도 실행 전에 메모리 가시성을 보장하는 여러 함수가 있습니다.

이전에 해당 함수들을 본 적이 있을 것입니다. 함수 목록은 다음과 같습니다.

- pthread_barrier_wait

- pthread_cond_broadcast

- pthread_cond_signal

- pthread_cond_timedwait

- pthread_cond_wait

- pthread_create

- pthread_join

- pthread_mutex_lock

- pthread_mutex_timedlock

- pthread_mutex_trylock

- pthread_mutex_unlock

- pthread_spin_lock

- pthread_spin_trylock

- pthread_spin_unlock

- pthread_rwlock_rdlock

- pthread_rwlock_timedrdlock

- pthread_rwlock_timedwrlock

- pthread_rwlock_tryrdlock

- pthread_rwlock_trywrlock

- pthread_rwlock_unlock

- pthread_rwlock_wrlock

- sem_post

- sem_timedwait

- sem_trywait

- sem_wait

- semctl

- semop

CPU 코어의 로컬 캐시 외에도 컴파일러는 자주 사용하는 변수에 캐시 메커니즘을 사용할 수도 있습니다. 그러려면 컴파일러는 자주 사용하는 변수를 컴파일러 캐시에 쓰거나 읽는 방식으로 코드를 분석하고 최적화해야 합니다. 이 캐시를 소프트웨어 캐시라고 하며, 프로그램의 실행을 최적화하고 향상하기 위해 컴파일러가 최종 이진 파일에 넣어둡니다.

소프트웨어 캐시를 사용하는 이점이 있지만, 멀티스레드 코드를 작성할 때는 또 다른 골칫거리가 될 수 있고 메모리 가시성 문제를 일으킬 수 있습니다. 그러므로 이러한 캐시는 특정 변수에서는 사용하지 않아야 합니다.

캐시를 통해 컴파일러가 최적화하지 못하도록 하는 변수는 **휘발성**volatile 변수로 선언할 수 있습니다. 휘발성 변수는 CPU 수준에서 캐시될 수 있지만, 컴파일러는 이를 컴파일러 캐시에 둠으로써 최적화하지 않습니다. 변수에 `volatile` 키워드를 사용하면 휘발성이라고 선언할 수 있습니다. 다음은 정수를 휘발성 변수로 선언하는 내용입니다.

코드 박스 16-11 휘발성 정수 변수를 선언하기

```
volatile int number;
```

이때 중요한 사항은, 휘발성 변수는 멀티스레드 프로그램에서 메모리 가시성 문제를 해결하지 못한다는 점입니다. 이 문제를 해결하려면 메모리 가시성을 보장하기 위해 앞서 나온 POSIX 함수를 알맞은 위치에서 사용해야 합니다.

16.3 마무리

16장에서는 POSIX 스레딩 API가 제공하는 동시성 제어 메커니즘을 다뤘습니다. 그 내용은 다음과 같습니다.

- POSIX 뮤텍스 및 사용법
- POSIX 조건 변수 및 장벽과 사용법
- POSIX 세마포어, 그리고 이진 세마포어와 범용 세마포어의 차이점
- 스레드가 스택 영역과 상호작용하는 법

- 스레드에 대해 힙에 새로 할당한 스택 영역을 정의하는 법

- 스레드가 힙 공간과 상호작용하는 법

- 메모리 가시성 및 메모리 가시성을 보장하는 POSIX 함수

- 휘발성 변수 및 컴파일러 캐시

계속해서 17장에서는 소프트웨어 시스템에서 동시성에 대한 또 다른 접근법인 멀티프로세싱을 설명합니다. 프로세스가 실행되는 방식과 프로세스가 스레드와 어떻게 다른지를 설명할 것입니다.

Part **VI**

프로세스 간 통신

17장 프로세스 실행: 새로운 프로세스를 생성 및 스폰할 수 있는 방법을 설명합니다. 또한 여러 프로세스 사이에서 상태를 공유하는 푸시, 풀 기반 기법에 관해 논의해보고 14장에서 다뤘던 동시성 문제를 실제 C 사례로 살펴봅니다.

18장 프로세스 동기화: 동일한 머신에 탑재된 여러 프로세스를 동기화할 때 이용할 수 있는 메커니즘을 다룹니다. 프로세스-공유 세마포어, 프로세스-공유 뮤텍스, 프로세스-공유 조건 변수 기법을 살펴봅니다.

19장 싱글 호스트 IPC와 소켓: 푸시 기반 프로세스 간 통신 기법을 다룹니다. 동일한 머신에 탑재된 프로세스에서 사용할 수 있는 기법에 주로 초점을 맞춥니다. 소켓 프로그래밍을 소개하고, 네트워크에 있는 서로 다른 노드에 탑재된 프로세스 사이에 채널을 설정할 때 필요한 배경도 소개합니다.

20장 소켓 프로그래밍: 예제를 통해 소켓 프로그래밍을 살펴봅니다. 여러 다양한 종류의 소켓을 지원하는 예제를 살펴보며 논의를 지속해봅니다. 스트림 또는 데이터그램 채널에서 작동하는 유닉스 도메인 소켓, TCP, UDP 소켓을 설명합니다.

21장 다른 언어와의 통합: 공유 목적 파일로 빌드된 C 라이브러리가 로드되는 방식과 C++, 자바, 파이썬, 고로 작성한 프로그램에서 해당 라이브러리가 사용되는 방식을 설명합니다.

Part VI

프로세스 간 통신

프로세스 실행

이제 전체 아키텍처에서 두 개 이상의 프로세스로 구성된 소프트웨어 시스템에 관한 이야기를 할 준비가 되었습니다. 일반적으로 이러한 시스템은 멀티프로세스 또는 멀티프로세스 시스템이라고 합니다. 17장과 18장에서는 멀티프로세싱의 개념을 다루며, 멀티스레딩과 비교하기 위해 멀티프로세싱의 장단점을 분석하려고 합니다. 멀티스레딩은 **15장**과 **16장**에서 다뤘습니다.

17장에서는 새 프로세스를 시작할 때 이용할 수 있는 API와 기법, 그리고 프로세스가 실제로 실행되는 방식을 중점적으로 살펴보고, 18장에서는 두 개 이상의 프로세스로 구성된 동시적 환경을 살펴보겠습니다. 다양한 상태가 여러 프로세스 사이에서 공유되는 방식과, 멀티프로세싱 환경에서 공유 상태에 접근할 수 있는 일반적인 방법은 무엇인지 설명하겠습니다.

이번 장에는 멀티프로세싱과 멀티스레딩 환경의 비교에 기반하는 부분이 있습니다. 또한 싱글 호스트 멀티프로세싱 시스템 및 분산 멀티프로세싱 시스템에 관해서도 간략히 설명합니다.

17.1 프로세스 실행 API

모든 프로그램은 프로세스로 실행됩니다. 프로세스가 존재하기 전에는 메모리 세그먼트 및 여러 기계 수준 명령어를 포함하는 실행 가능한 이진 파일이 있을 뿐입니다. 이와 반대로 모든 프로세스는 실행될 프로그램에 대한 개별 인스턴스입니다. 따라서 컴파일된 프로그램 하나(혹은 실행 가능한 이진 파일)는 서로 다른 프로세스를 통해 여러 번 실행될 수 있습니다. 사실 이러한 이유로 이번 장에서는 프로그램 자체보다는 프로세스에 초점을 맞춥니다.

앞서 15~16장에서는 싱글 프로세스 소프트웨어에 있는 스레드에 관해 설명했습니다. 이번 17장에서는 멀티프로세스 소프트웨어에 관해 설명하겠습니다. 그런데 우선 API를 사용해 새 프로세스를 스폰하는 법부터 알아야 합니다.

참고로 주된 초점은 유닉스 계열 운영체제에서 실행되는 프로세스에 맞춰집니다. 모든 프로세스는 유닉스의 링 아키텍처를 따르고, 잘 알려져 있으면서 서로 유사한 API를 노출하기 때문입니다. 다른 운영체제에도 프로세스를 실행하는 자체적인 방법이 있을 수 있습니다. 하지만 운영체제 대부분은 유닉스 링 아키텍처를 따르므로, 프로세스 실행에 관한 방법이 비슷할 것입니다.

유닉스 계열 운영체제에서는 시스템 호출 수준에서 프로세스를 실행하는 방법이 그리 많지 않습니다. **11장**의 **커널 링**을 떠올려 보세요. 커널 링은 하드웨어 링 다음으로 두 번째로 안쪽에 있는 링이었으며, 외부에 있는 **셸**과 **사용자 링**이 커널 링에 한정된 여러 기능을 실행할 수 있도록 시스템 호출 인터페이스를 제공합니다. 커널 링이 노출하는 시스템 호출 중 두 가지는 프로세스 생성과 실행에 관한 것입니다. 이들은 각각 fork와 exec(리눅스에서는 execve)입니다. **프로세스 생성**에서는 새 프로세스를 스폰합니다. 하지만 **프로세스 실행**에서는 기존의 프로세스를 호스트로 사용하며, 이 프로세스를 새 프로그램으로 대체합니다. 그러므로 프로세스를 실행할 때 새 프로세스는 스폰되지 않습니다.

이러한 시스템 호출을 사용한 결과, 프로그램은 언제나 새 프로세스로 실행되지만 언제나 프로세스가 스폰되지는 않습니다! fork 시스템 호출은 새 프로세스를 스폰하지만, exec 시스템 호출은 호출자(호스트) 프로세스를 새 프로세스로 교체합니다. fork와 exec 시스템 호출의 차이에 관해서는 나중에 설명하겠습니다. 그 전에 이러한 시스템 호출이 어떻게 외부 링에 노출되는지 알아봅시다.

10장에서 설명한 대로, 유닉스 계열 운영체제에는 두 가지 표준이 있습니다. 이러한 표준은 특히 셸 링에 노출해야 하는 인터페이스에 관한 것으로, **단일 유닉스 규격**Single Unix Specification**(SUS)**과 **POSIX**입니다. 두 표준의 유사점 및 차이점에 관한 더 많은 정보는 **10장**을 참고하세요.

셸 링에 노출해야 하는 인터페이스는 POSIX 인터페이스에 상세히 명시되어 있습니다. 그리고 이 부분은 실제로 프로세스 실행과 관리를 다루는 표준에 속합니다.

그러므로 POSIX 내에서 프로세스 생성 및 실행에 관한 헤더와 함수를 찾을 수 있습니다. 이러한 함수는 실제로 존재하며, 원하는 기능을 제공하는 여러 헤더에서 함수들을 찾을 수 있습니다. 다음은 프로세스 생성 및 실행을 담당하는 POSIX 함수의 목록입니다.

- fork 함수는 unistd.h 헤더 파일에 있으며 프로세스 생성을 맡습니다.
- posix_spawn과 posix_spawnp 함수는 spawn.h 헤더 파일에 있습니다. 이 함수들은 프로세스 생성을 맡습니다.
- exec* 함수군(함수 그룹), 예를 들면 execl과 execlp은 unistd.h 헤더 파일에 있습니다. 이 함수들은 프로세스 실행을 담당합니다.

이 함수들을 **fork**와 **exec** 시스템 호출과 혼동해서는 안 됩니다. 이 함수들은 셸 링이 노출하는 POSIX 인터페이스에 속하지만, 시스템 호출은 커널 링이 노출합니다. 대부분의 유닉스 계열 운영체제가 POSIX 호환이지만, 비 유닉스 계열 운영체제도 POSIX 호환일 수 있습니다. 그러므로 이 함수들은 비 유닉스 계열 운영체제에도 존재할 수 있지만, 프로세스를 스폰하는 근본 메커니즘은 시스템 호출 수준에서 다를 수 있습니다.

실제 사례를 들면 **Cygwin** 또는 **MinGW**를 사용해 마이크로소프트 윈도우를 POSIX 호환으로 만드는 경우가 있습니다. 이러한 프로그램을 설치하면 POSIX 인터페이스를 사용하는 표준 C 프로그램을 작성하고 컴파일할 수 있으며, 마이크로소프트 윈도우는 부분적으로 POSIX 호환이 됩니다. 하지만 마이크로소프트 윈도우에는 **fork**나 **exec** 시스템 호출은 없습니다. 사실 매우 혼란스러운 동시에 매우 중요한 부분입니다. 셸 링은 커널 링이 노출하는 것과 같은 인터페이스를 꼭 노출하지는 않는다는 점을 알아야 합니다.

> **NOTE_** Cygwin에 있는 **fork** 함수에 대한 구현의 세부 사항은 다음 링크에서 찾아볼 수 있습니다.
>
> - https://github.com/openunix/cygwin/blob/master/winsup/cygwin/fork.cc
>
> 참고로 이는 대부분의 유닉스 계열 커널에 존재하는 **fork** 시스템 호출을 호출하지는 않습니다. 대신 Win32 API에서 헤더를 포함해 프로세스 생성 및 관리에 대한 잘 알려진 함수들을 호출합니다.

POSIX 표준에 따르면, 유닉스 계열 운영체제에서 셸 링이 C 표준 라이브러리만 노출하지는 않습니다. 터미널을 사용할 때는 C 표준 API에 대한 복잡한 사용법을 제공하기 위해 미리 작성된 셸 유틸리티 프로그램을 사용합니다. 프로세스를 생성할 때는 사용자가 터미널에 명령어를 입력할 때마다 새 프로세스가 생성됩니다.

간단한 명령어인 ls 또는 sed도 1초가 채 걸리지 않고 새 프로세스를 스폰합니다. 이러한 유틸리티 프로그램은 대부분 C 언어로 쓰였으며, 여러분의 프로그램을 작성할 때 사용한 것과 정확히 같은 POSIX 인터페이스를 사용한다는 사실을 알아야 합니다.

셸 스크립트도 다른 프로세스에서 실행되지만, 방식은 약간 다릅니다. 유닉스 계열 시스템에서 프로세스가 실행되는 방식에 관해서는 나중에 다른 절에시 실명하겠습니다.

프로세스는 커널, 특히 모놀리식 커널에서 생성됩니다. 사용자 프로세스가 새 프로세스나 새 스레드를 스폰하면, 시스템 호출 인터페이스가 요청을 받아서 커널 링으로 전달합니다. 커널 링에서는 받은 요청에 대해 새 **작업** 및 프로세스 또는 스레드가 생성됩니다.

리눅스 또는 FreeBSD와 같은 모놀리식 커널은 자신의 커널 내에서 작업(프로세스 및 스레드)을 추적합니다. 그러므로 커널에서 자체적으로 프로세스를 생성하는 것이 합리적입니다.

커널 내에서 새로 작업을 생성할 때마다 작업은 **작업 스케줄러 유닛**의 대기열에 배치되며 CPU를 획득하고 실행하기까지는 약간 시간이 걸릴 수 있습니다.

새 프로세스를 생성하려면 부모 프로세스가 필요합니다. 따라서 모든 프로세스에는 부모가 있습니다. 사실 각 프로세스에는 하나의 부모만 있을 수 있습니다. 부모와 조부모의 연결을 따라가면 첫 번째 사용자 프로세스로 거슬러 올라가는데, 이는 일반적으로 init이라고 하며 커널 프로세스는 init의 부모입니다.

커널 프로세스는 유닉스 계열 시스템에 있는 다른 모든 프로세스의 조상이며 시스템이 종료될 때까지 존재합니다. init 프로세스는 부모 프로세스가 종료된 프로세스인 **고아 프로세스**^{orphan process}의 부모가 되며, 따라서 부모 프로세스가 없는 프로세스는 존재할 수 없습니다.

부모 자식 관계는 결국 큰 프로세스 트리가 됩니다. 이 트리는 명령어 유틸리티 pstree로 검사할 수 있습니다. 이 유틸리티를 사용하는 법은 나중에 예제로 설명하겠습니다.

이제 새 프로세스를 실행하는 API를 알게 되었으니, 해당 메서드가 실제로 작동하는 법에 관한 C 예제를 살펴보겠습니다. 먼저 fork API부터 시작합니다. 이 API는 마지막에 fork 시스템 호출을 호출합니다.

17.1.1 프로세스 생성

앞 절에서 언급했듯 fork API는 새 프로세스를 스폰할 때 사용할 수 있습니다. 또한 새 프로세스는 실행 중인 프로세스의 자식으로만 생성될 수 있습니다. 여기서는 프로세스가 fork API를 사용해 새 자식을 포크(복제)하는 법에 대한 예제를 보겠습니다.

새로운 자식 프로세스를 스폰하려면 부모 프로세스는 fork 함수를 호출해야 합니다. POSIX 헤더에 속하는 unistd.h 헤더 파일을 포함해 fork 함수에 대한 선언을 할 수 있습니다.

fork 함수가 호출되면 부모 프로세스인 호출자 함수와 정확히 같은 사본이 생성되며, 부모 및 자식 프로세스는 모두 fork 호출문 이후 새 명령어부터 계속해서 동시 실행됩니다. 자식 프로세스(포크된 프로세스)는 부모 프로세스로부터 많은 것을 상속받는데, 여기에는 메모리 세그먼트 및 메모리 세그먼트의 내용도 모두 포함됩니다. 따라서 데이터, 스택, 힙 세그먼트에 있는 같은 변수 및 텍스트 세그먼트에 있는 프로그램 명령어에도 접근할 수 있습니다. 상속받은 다른 것에 관해서는 이 예제를 설명한 뒤 다른 단락에서 설명하겠습니다.

이제 서로 다른 두 프로세스가 있으므로 fork 함수는 값을 두 번 반환합니다. 한 번은 부모 프로세스, 다른 한 번은 자식 프로세스로 반환합니다. 또한 fork 함수는 각 프로세스로 다른 값을 반환합니다. 자식 프로세스에는 0을 반환하며, 부모에게는 자식 프로세스의 PID를 반환합니다. 다음 [코드 박스 17-1]의 [예제 17-1]은 매우 쉬운 사용법 중 하나로 fork가 작동하는 법을 나타냅니다.

코드 박스 17-1 [예제 17-1] fork API로 자식 프로세스 생성하기(ExtremeC_examples_chapter17_1.c)

```c
#include <stdio.h>
#include <unistd.h>

int main(int argc, char** argv) {
  printf("This is the parent process with process ID: %d\n",
          getpid());
  printf("Before calling fork() ...\n");
  pid_t ret = fork();
  if (ret) {
    printf("The child process is spawned with PID: %d\n", ret);
  } else {
    printf("This is the child process with PID: %d\n", getpid());
  }
```

```
    printf("Type CTRL+C to exit ...\n");
    while (1);
    return 0;
}
```

이 코드 박스에서 프로세스의 활동을 추적하기 위해 `printf`를 사용해 로그를 출력했습니다. 보다시피 새 프로세스를 생성하기 위해 `fork` 함수를 호출했습니다. 이 함수는 명백히 아무런 인수도 받지 않으므로 사용하기가 매우 쉽고 간단합니다.

`fork` 함수를 호출하면 새 프로세스가 호출자 프로세스로부터 포크되며, 이 새로운 프로세스는 이제 부모 프로세스가 됩니다. 그리고 이전의 프로세스 및 새 프로세스는 서로 다른 두 프로세스이며 계속 동시 작동합니다.

확실히 `fork` 함수를 호출하면 추가로 시스템 호출이 더 발생하고, 그다음에야 커널에서 담당하는 로직이 포크된 새 프로세스를 만들 수 있습니다.

Return 문 직전에는 무한 루프를 사용해 두 프로세스를 계속 실행시키고 종료되지 못하게 했습니다. 두 프로세스는 자신들의 텍스트 세그먼트에서 정확히 같은 명령어를 가지므로, 결국 프로세스는 이 무한 루프에 도달할 것이라는 점에 유의하세요.

`pstree`와 `top` 명령어가 보여주는 목록에서 이 프로세스들이 있는지 확인하기 위해 프로세스들을 일부러 계속 실행시키려고 합니다. 그 전에 앞의 코드를 컴파일해서 새 프로세스가 어떻게 포크되는지 확인해야 합니다. 다음 [셸 박스 17-1]에 나와 있습니다.

셸 박스 17-1 [예제 17-1]을 빌드하고 실행하기

```
$ gcc ExtremeC_examples_chapter17_1.c -o ex17_1.out
$ ./ex17_1.out
This is the parent process with process ID: 10852
Before calling fork() ...
The child process is spawned with PID: 10853
This is the child process with PID: 10853
Type CTRL+C to exit ...
$
```

부모 프로세스는 자신의 PID를 출력하며 그 값은 **10852**입니다. 참고로 PID는 실행할 때마다 변경됩니다. 자식 프로세스를 포크한 다음, 부모 프로세스는 `fork` 함수에서 반환된 PID를 출

력하는데 이 값은 **10853**입니다.

다음 행에서 자식 프로세스는 자신의 PID를 출력합니다. 이 값은 마찬가지로 **10853**이며 부모가 **fork** 함수에서 받은 것과 일치합니다. 그리고 마지막으로 두 프로세스는 모두 무한 루프에 들어가며, 이들을 검사 유틸리티에서 관찰할 수 있는 시간이 생깁니다.

[셸 박스 17-1]에서 봤듯이 포크된 프로세스는 부모로부터 같은 **stdout** 파일 서술자와 터미널을 상속받습니다. 그러므로 포크된 프로세스는 부모가 작성한 것과 같은 내용을 출력할 수 있습니다. 부모 프로세스가 **fork** 함수를 호출할 때 포크된 프로세스는 열려 있는 모든 파일 서술자를 상속받습니다.

이에 더해, 포크된 프로세스가 상속받는 다른 속성이 있습니다. 리눅스에 대한 **fork**의 매뉴얼 페이지는 다음 링크를 참고하세요(http://man7.org/linux/man-pages/man2/fork.2.html). 이 링크를 열어서 속성을 살펴보면 부모 및 자식 프로세스 간에 공유되는 속성이 있습니다. PID, 부모 PID, 스레드 등 각 프로세스의 전용이면서 서로 다른 속성이 있음을 확인할 수 있습니다.

프로세스 간 부모-자식 관계는 pstree와 같은 유틸리티 프로그램으로 쉽게 확인할 수 있습니다. 모든 프로세스는 부모 프로세스가 있으며, 이들은 큰 트리를 구성합니다. 각 프로세스의 부모는 단 하나뿐이며, 하나의 프로세스에 부모가 둘일 수는 없다는 점을 명심하세요.

앞의 예제에 있는 프로세스들이 무한 루프에 갇힌 동안, pstree 유틸리티 명령어를 사용해서 트리로 표시되는 시스템 내부의 전체 프로세스 목록을 살펴볼 수 있습니다. 다음 [셸 박스 17-2]는 리눅스에서 pstree를 사용한 출력 결과입니다. 리눅스 시스템에는 기본적으로 pstree 명령어가 있지만 다른 유닉스 계열 시스템에는 설치가 필요할 수도 있으니 유의하세요.

셸 박스 17-2 pstree로 [예제 17-1]에서 스폰한 프로세스 확인하기

```
$ pstree -p
systemd(1)─┬─accounts-daemon(877)─┬─{accounts-daemon}(960)
           │                      └─{accounts-daemon}(997)
...
...
...
           ├─systemd-logind(819)
           ├─systemd-network(673)
           ├─systemd-resolve(701)
           ├─systemd-timesyn(500)───{systemd-timesyn}(550)
```

```
          ├─systemd-udevd(446)
          └─tmux: server(2083)─┬─bash(2084)───pstree(13559)
                               └─bash(2337)───ex17_1.
out(10852)───ex17_1.out(10853)
 $
```

[셸 박스 17-2]의 마지막 행에서 볼 수 있듯이, PID가 **10852**와 **10853**로 부모-자식 관계에 해당하는 두 프로세스가 있습니다. 프로세스 **10852**는 PID가 **2337**인 부모 프로세스를 갖는데 바로 배시 ^bash 프로세스입니다.

흥미롭게도 마지막 행의 앞부분에서 `pstree` 프로세스는 PID가 **2084**인 배시 프로세스의 자식으로 볼 수 있습니다. 두 배시 프로세스는 모두 PID가 **2083**인 같은 `tmux` 터미널 에뮬레이터에 속합니다.

리눅스에서 가장 첫 번째 프로세스는 커널 이미지에 속하는 **스케줄러** 프로세스이며, 스케줄러 프로세스의 PID는 **0**입니다. 그다음 프로세스는 보통 `init`이라고 하며 PID는 **1**입니다. 이는 스케줄러 프로세스가 생성한 첫 번째 사용자 프로세스입니다. `init` 프로세스는 시스템이 시작한 뒤부터 종료될 때까지 존재합니다. 다른 모든 사용자 프로세스는 직간접적으로 `init` 프로세스의 자식입니다. 부모 프로세스를 잃은 프로세스는 고아 프로세스가 되며, `init` 프로세스의 직계 자식이 됩니다.

하지만 리눅스의 거의 모든 유명 배포판의 최신 버전에서 `init` 프로세스는 `systemd daemon` 서식으로 대체되었으며, 이러한 이유로 [셸 박스 17-2]의 첫 행에 `systemd(1)`이 표기되어 있습니다. 다음 링크는 `init`과 `systemd`의 차이점과 함께, 리눅스 배포판 개발자가 그러한 결정을 내린 이유를 더 자세히 읽어볼 수 있는 좋은 내용을 담고 있습니다(https://www.tecmint.com/systemd-replaces-init-in-linux).

fork API를 사용하면 부모와 자식 프로세스는 동시 실행됩니다. 이는 동시 시스템에 대한 행위를 감지할 수 있어야 한다는 의미입니다. 이를 확인할 수 있는 가장 잘 알려진 행위는 인터리빙입니다. 인터리빙이라는 용어에 익숙하지 않거나 들어본 적이 없다면, 꼭 **13장**과 **14장**을 읽어보세요.

다음 [코드 박스 17-2]의 [예제 17-2]는 부모와 자식 프로세스가 어떻게 비결정적인 ^non-deterministic 인터리빙을 갖는지를 나타냅니다. 문자열을 출력해보고, 두 번 연속 실행할 때 다양한 인터리빙이 발생하는 방식을 살펴봅니다.

코드 박스 17-2 [예제 17–2] 일부 행을 표준 출력으로 출력하는 두 프로세스(ExtremeC_examples_chapter17_2.c)

```
#include <stdio.h>
#include <unistd.h>

int main(int argc, char** argv) {
  pid_t ret = fork();
  if (ret) {
    for (size_t i = 0; i < 5; i++) {
      printf("AAA\n");
      usleep(1);
    }
  } else {
    for (size_t i = 0; i < 5; i++) {
      printf("BBBBBB\n");
      usleep(1);
    }
  }
  return 0;
}
```

이 코드는 [예제 17–1]에서 작성한 것과 매우 비슷합니다. 이 코드는 자식 프로세스를 생성하며, 그다음에 부모 및 자식 프로세스는 표준 출력에 몇 행의 텍스트를 프린트합니다. 부모 프로세스는 **AAA**를 다섯 번 출력하고 자식 프로세스는 **BBBBBB**를 다섯 번 출력합니다. 다음은 컴파일된 동일한 실행 가능한 파일을 두 번 연속 실행한 결과입니다.

셸 박스 17-3 [예제 17–2]를 두 번 연속 실행한 결과

```
$ gcc ExtremeC_examples_chapter17_2.c -o ex17_2.out
$ ./ex17_2.out
AAA
AAA
AAA
AAA
AAA
BBBBBB
BBBBBB
```

```
BBBBBB
BBBBBB
BBBBBB
$ ./ex17_2.out
AAA
AAA
BBBBBB
AAA
AAA
BBBBBB
BBBBBB
BBBBBB
AAA
BBBBBB
$
```

확실히 이 출력에는 서로 다른 인터리빙이 있습니다. 표준 출력의 내용에 따르면, 불변 제약 조건을 정의할 때 여기서는 경쟁 상태를 겪을 가능성이 있다는 뜻입니다. 이는 결국 멀티스레드 코드를 작성할 때 마주했던 문제를 만들며, 따라서 이 문제를 극복하려면 비슷한 방법을 사용해야 합니다. 다음 18장에서 그 해결 방법을 더 자세히 다루겠습니다.

다음 절에서는 프로세스 실행에 관해서 살펴보고 exec* 함수로 프로세스를 실행하는 법을 설명하겠습니다.

17.1.2 프로세스 실행

새 프로세스를 생성하는 또 다른 방법으로 exec* 함수군을 사용하는 방법이 있습니다. 이 함수 그룹은 fork API와 달리 새 프로세스를 실행할 때 다른 접근 방식을 취합니다. exec* 함수의 철학은 먼저 간단한 기본 프로세스를 생성하고, 그다음 어느 지점에서 대상 실행 파일을 로드한 뒤 기본 프로세스가 있는 새 프로세스 이미지로 이를 교체하는 것입니다. 프로세스 이미지란 메모리 세그먼트가 할당되어 실행할 준비가 된, 실행 파일이 로드된 버전입니다. 뒤에 나올 절에서 실행 파일을 로드하는 여러 단계를 다루고 프로세스 이미지에 관해서 더 자세히 설명하겠습니다.

따라서 exec* 함수를 사용하는 동안 새 프로세스가 생성되는 것이 아니라 프로세스가 대체됩니다. 이는 fork와 exec* 함수의 가장 중요한 차이점입니다. 기본 프로세스는 새 프로세스를 포크하는 대신, 새 메모리 세그먼트와 코드 명령어의 모음으로 완전히 대체됩니다.

[예제 17-3]을 포함하는 다음 [코드 박스 17-3]은 exec* 함수군에 속하는 함수 중 하나인 execvp 함수를 사용해서 에코 프로세스를 시작하는 방법을 보여줍니다. execvp 함수는 exec* 함수군의 함수 중 하나로, 부모 프로세스로부터 환경 변수 PATH를 상속받고 부모 프로세스처럼 실행 파일을 찾는 함수입니다.

코드 박스 17-3 [예제 17-3] execvp의 작동에 대한 예제(ExtremeC_examples_chapter17_3.c)

```c
#include <stdio.h>
#include <unistd.h>
#include <string.h>
#include <errno.h>

int main(int argc, char** argv) {
  char *args[] = {"echo", "Hello", "World!", 0};
  execvp("echo", args);
  printf("execvp() failed. Error: %s\n", strerror(errno));
  return 0;
}
```

이 코드 박스에서는 execvp 함수를 호출했습니다. 앞서 설명한 대로 execvp 함수는 환경 변수 PATH와 함께 기본 프로세스로부터 기존의 실행 파일을 찾는 방식을 상속받습니다. 이 함수는 두 개의 인수를 받습니다. 첫 번째 인수는 로드되고 실행될 실행 파일 또는 스크립트의 이름이며, 두 번째 인수는 실행 파일에 전달해야 하는 인수의 목록입니다.

절대 경로가 아니라 echo를 전달했다는 점에 주의하세요. 따라서 execvp는 echo 실행 파일을 먼저 위치시켜야 합니다. 이 실행 파일은 유닉스 계열 운영체제에서 /usr/bin에서부터 /usr/local/bin 또는 다른 위치에 이르기까지 어디에든 있을 수 있습니다. echo의 절대 위치는 PATH 환경 변수에서 찾을 수 있는 모든 디렉터리 경로를 살펴보면 찾을 수 있습니다.

echo 실행 파일을 찾은 다음에는 execvp가 나머지를 수행합니다. 준비된 인수 집합과 함께 exec(리눅스는 execve) 시스템 호출을 불러오고, 이어서 커널은 발견한 실행 파일로부터 프로세스 이미지를 준비합니다. 준비가 완료되면 커널은 현재의 프로세스 이미지를 준비한 것으로 교체하며, 기본 프로세스는 완전히 사라집니다. 이제 제어는 다시 새로운 프로세스로 반환되며, 일반적인 실행과 마찬가지로 main 함수에서 계속 실행됩니다.

이 프로세스의 결과 execvp가 성공했다면, execvp 함수 호출문 다음에 나오는 printf 문은 실행될 수 없습니다. 이제 새로운 메모리 세그먼트와 명령어가 있는, 완전히 새로운 프로세스가 있기 때문입니다. Execvp 문이 성공하지 못했다면 printf가 실행되었어야 하고, 이는 execvp 함수 호출이 실패했다는 신호입니다.

앞서 말한 대로 exec* 함수군이 존재하며 execvp는 그중 하나일 뿐입니다. 이 함수들은 비슷하게 행동하지만 약간 차이가 있습니다. 다음 이러한 함수들을 비교한 내용입니다.

- execl(const char* path, const char* arg0, ..., NULL): 실행 파일의 절대 경로와, 새 프로세스로 전달될 일련의 인수를 받습니다. 인수는 반드시 0 또는 NULL과 같은 널 문자열로 끝나야 합니다. [예제 17-3]을 execl을 사용해서 다시 작성하려면 execl ("/usr/bin/echo", "echo", "Hello", "World", NULL)을 사용할 수 있습니다.

- execlp(const char* file, const char* arg0, ..., NULL): 첫 번째 인수로 상대 경로를 받지만, 환경 변수 PATH에 접근할 수 있으므로 실행 파일을 쉽게 찾을 수 있습니다. 그런 다음 이 함수는 새 프로세스에 전달할 일련의 인수를 받습니다. 인수는 0 또는 NULL과 같은 널 문자열로 끝나야 합니다. [예제 17-3]을 execlp로 다시 작성하려면 execlp("echo", "echo", "Hello", "World", NULL)을 사용할 수 있습니다.

- excele(const char* path, const char* arg0, ..., NULL, const char* env0, ..., NULL): 첫 번째 인수로 실행 파일의 절대 경로를 받습니다. 그리고 새 프로세스에 전달할 일련의 인수

를 받습니다. 그다음 환경 변수를 나타내는 문자열들을 받습니다. 이 문자열들도 널 문자열이 마지막에 와야 합니다. [예제 17-3]을 excele로 다시 작성하려면 execle("/usr/bin/echo", "echo", "Hello", "World", NULL, "A=1", "B=2", NULL)을 사용할 수 있습니다. 참고로 이 호출에서 새 프로세스에 대한 새로운 환경 변수는 A와 B 두 개를 전달했습니다.

- **execv(const char* path, const char* args[])**: 실행 파일의 절대 경로와 새 프로세스에 전달되어야 하는 인수의 배열을 받습니다. 배열의 마지막 원소는 반드시 0 또는 NULL과 같은 널 문자열이어야 합니다. [예제 17-3]을 execl로 다시 작성하려면 execl("/usr/bin/echo", args)를 사용할 수 있습니다. 여기서 args는 char* args[] = {"echo", "Hello", "World", NULL}과 같이 선언합니다.

- **execvp(const char* file, const char* args[])**: 첫 번째 인수로 상대 경로를 받지만, 환경 변수 PATH에 접근할 수 있으므로 실행 파일을 쉽게 찾을 수 있습니다. 다음으로는 새 프로세스에 전달될 인수의 배열을 받습니다. 배열의 마지막 원소는 반드시 0 또는 NULL과 같은 널 문자열이어야 합니다. 이 함수는 [예제 17-3]에서 사용한 함수입니다.

exec* 함수가 성공하면 이전의 프로세스는 사라지고 새로운 프로세스가 대신 생성됩니다. 그러므로 두 번째 프로세스는 전혀 존재하지 않습니다. 이러한 이유로 fork API에서 했던 것처럼 인터리빙을 시연할 수는 없습니다. 다음 절에서는 새로운 프로그램의 실행에 대해 fork API와 exec* 함수를 비교합니다.

17.1.3 프로세스 생성과 실행 비교하기

이전 절의 논의 및 예제를 토대로, 새 프로그램을 실행할 때 사용한 두 방법의 차이점을 비교할 수 있습니다.

- fork 함수를 성공적으로 호출하면 별개의 두 프로세스가 생성됩니다. fork 함수를 호출한 부모 프로세스와 자식 프로세스입니다. 하지만 exec* 함수를 성공적으로 호출하면 호출자 함수는 새 프로세스 이미지로 대체되며, 따라서 새 프로세스는 생성되지 않습니다.

- fork 함수를 호출하면 부모 프로세스의 모든 메모리 내용을 복제하며, 자식 프로세스는 같은 메모리 내용 및 변수를 참조합니다. 하지만 exec* 함수는 기본 프로세스의 메모리 레이아웃을 삭제하고 로드된 실행 파일에 따라 새 레이아웃을 생성합니다.

- 자식 프로세스는 예를 들면 열린 파일 서술자와 같은, 부모 프로세스의 특정 속성에 접근할 수 있습니다. 하지만 exec* 함수를 사용하면 새 프로세스는 부모 프로세스의 속성은 알지 못하며, 기본 프로세스로부

터 아무것도 상속받지 않습니다.

- 두 API 모두 스레드를 하나만 갖는 새 프로세스를 만듭니다. 하지만 fork API를 사용해야만 실제로 같은 C 프로그램에 해당하는 새 프로세스를 생성할 수 있습니다.
- exec* API는 스크립트와 외부의 실행 파일을 실행하는 데 사용할 수 있습니다. 하지만 fork API는 실제로는 똑같은 C 프로그램인 새 프로세스를 생성하는 데만 사용할 수 있습니다.

다음 절에서는 새 프로세스를 로드하고 실행할 때 내부분의 커널이 거치는 단계를 설명하겠습니다. 이러한 단계 및 세부 사항은 커널마다 매우 다르지만, 프로세스를 실행하기 위해 가장 유명한 커널이 밟는 일반적인 단계를 다뤄보겠습니다.

17.2 프로세스 실행 단계

실행 파일로부터 프로세스를 실행하려면 사용자 공간과 커널 공간이 대부분의 운영체제에 있는 일반적인 단계를 거쳐야 합니다. 앞 절에서 언급한 것처럼, 실행 파일은 대개 실행 가능한 목적 파일입니다. 예를 들면 ELF, Mach 또는 실행을 위해 인터프리터가 필요한 스크립트 파일이 있습니다.

사용자 링의 관점에서 보면 **exec**와 같은 시스템 호출을 불러와야 합니다. 참고로 여기서는 **fork** 시스템 호출에 관해서는 설명하지 않습니다. 실제로 실행하지는 않기 때문입니다. **fork**는 현재 실행 중인 프로세스에 대한 복제 작업에 더 가깝습니다.

사용자 공간이 **exec** 시스템 호출을 불러오면, 실행 파일을 실행하려는 새로운 요청이 커널 내에서 생성됩니다. 커널은 특정 실행 파일에 대한 핸들러를 종류에 따라 찾고, 핸들러에 따라서 실행 파일의 내용을 불러올 **로더 프로그램**loader program을 사용합니다.

참고로 스크립트 파일은 일반적으로 스크립트의 첫 번째 행에 있는 **셔뱅 행**shebang line에 명시된 인터프리터 프로그램에 대한 실행 가능한 이진 파일입니다. 로더 프로그램은 프로세스를 실행하려면 다음과 같은 의무를 따라야 합니다.

- 실행 맥락과 실행을 요청한 사용자에 대한 허가를 확인합니다.
- 메인 메모리로부터 새 프로세스에 대한 메모리를 할당합니다.

- 실행 파일의 이진 파일 내용을 할당된 메모리로 복사합니다. 이는 대부분 데이터 및 텍스트 세그먼트를 포함합니다.
- 스택 세그먼트에 메모리 영역을 할당하고 초기 메모리 매핑을 준비합니다.
- 메인 스레드 및 스택 메모리 영역이 생성됩니다.
- 커맨드 라인 인수를 메인 스레드의 스택 영역 최상단에 스택 프레임으로 복제합니다.
- 실행에 필요한 필수 레지스터를 초기화합니다.
- 프로그램의 진입점에 대한 첫 번째 명령어를 실행합니다.

스크립트 파일의 경우, 스크립트 파일에 대한 경로는 인터프리터 프로세스의 커맨드 라인 인수로 복제됩니다. 앞에서 설명한 일반적인 단계는 대부분의 커널이 거치지만, 구현의 세부 사항은 커널마다 매우 다를 수 있습니다.

특정 운영체제에 관한 더 많은 정보는 해당 문서를 보거나 구글에서 검색하면 바로 찾을 수 있습니다. 다음 LWN의 문서는 리눅스의 프로세스 실행과 관련된 구체적인 내용을 찾아보기 좋은 시작점입니다(https://lwn.net/Articles/631631, https://lwn.net/Articles/630727).

다음 절에서는 동시성과 관련한 주제를 설명합니다. 멀티프로세싱 전용 동기화 기법을 자세히 설명하면서 18장의 기초를 다집니다. 여기서는 공유 상태를 논의하면서 시작합니다. 공유 상태는 멀티프로세스 소프트웨어 시스템에서 사용할 수 있습니다.

17.3 공유 상태

스레드와 마찬가지로, 프로세스 간에는 공유 상태가 있을 수 있습니다. 유일한 차이는 스레드를 소유한 프로세스가 갖는 메모리 공간에 스레드는 접근할 수 있지만, 프로세스는 접근할 수 없습니다. 그러므로 여러 프로세스 사이에 상태를 공유하려면 다른 메커니즘을 사용해야 합니다.

이번 절에서는 이러한 기법을 설명하며, 저장소^{storage} 기능을 하는 메커니즘에 관해 집중해서 살펴봅니다. 첫 번째 절에서는 서로 다른 기법을 설명하고 이들의 속성에 따라 분류해봅니다.

17.3.1 공유 기술

두 프로세스 사이에 '상태(변수 또는 배열)'를 공유하는 방법은 한정적입니다. 이론적으로는 여러 프로세스 사이에 상태를 공유하는 방법을 크게 두 가지로 나눌 수 있지만, 실제 컴퓨터 시스템에서는 이들 각 항목의 하위 항목이 있습니다.

상태는 여러 프로세스가 접근할 수 있는 '장소'에 두어야 할 수도 있고 메시지, 신호 또는 다른 이벤트로 다른 프로세스에 전송해야 할 수도 있습니다. 이와 비슷하게 기존의 상태를 '장소'로부터 **가져오거나**pull(retrieve) 이를 메시지, 신호, 이벤트로 **받아야**receive 할 수도 있습니다. 첫 번째 접근방식은 메모리 버퍼나 파일 시스템과 같은 저장소 또는 **매체**medium가 필요하고, 두 번째 방법은 프로세스 간에 위치한 메시지 메커니즘이나 **채널**channel이 필요합니다.

첫 번째 접근에 대한 예로, 배열을 읽고 수정하기 위해 여러 프로세스가 접근할 수 있는 매체로는 공유 메모리 영역이 있을 수 있습니다. 두 번째 접근 방식에 대한 예를 들면, 네트워크에 있는 다른 호스트에 위치한 여러 프로세스 사이에서 컴퓨터 네트워크를 채널로 써서 해당 네트워크에 있는 다른 호스트 간에 메시지를 전송하도록 할 수 있습니다.

프로세스 사이에 상태를 공유하는 방법에 대한 현재 논의는 단지 프로세스에만 국한하지 않으며 스레드에도 적용할 수 있습니다. 스레드는 상태를 공유하거나 이벤트를 전파하기 위해 신호도 사용할 수 있습니다.

다른 용어로, 첫 번째 기법은 상태를 공유하려면 저장소와 같은 **매체**가 필요한데 이를 **풀 기반**pull-based 기법이라고 합니다. 상태를 읽으려는 프로세스는 저장소에서 상태를 가져와야pull 하기 때문입니다.

두 번째 종류의 기법은 상태를 전송하려면 **채널**이 필요한데 이를 **푸시 기반**push-based 기법이라고 합니다. 수신하는 프로세스에 채널을 통해 상태가 푸시(전달)되며 매체로부터 풀을 할 필요가 없기 때문입니다. 이제부터는 이러한 기법들은 해당 용어로 사용하겠습니다.

다양한 푸시 기반의 기법은 현대 소프트웨어 산업에서 여러 가지 분산 아키텍처로 이어졌습니다. 풀 기반 기법은 푸시 기반 기법에 비하면 레거시로 간주됩니다. 전체 시스템에서 여러 상태를 공유하기 위해 단일 중앙 데이터베이스가 사용되는 여러 엔터프라이즈 응용프로그램에서 이 기법을 확인할 수 있습니다.

요즘은 푸시 기반의 접근법이 추진력을 얻으면서 **이벤트 소싱**event sourcing이나 여러 다른 유사한 분산 접근법과 같은 기법으로 이어지고 있습니다. 이러한 기법은 모든 데이터를 중앙에 저장하지 않으면서도 큰 소프트웨어의 모든 부분을 서로 일관성 있게 유지하기 위해 사용합니다.

17장 앞부분에서는 방금 설명한 접근 방법 두 가지 중에 특히 첫 번째 방법을 중심적으로 살펴봅니다. 두 번째 방법은 **19장**과 **20장**에서 집중적으로 살펴봅니다. 19장과 20장에서는 **프로세스 간 통신**Inter-Process Communication**(IPC)** 기술에 속하면서 프로세스 간 메시지를 전송할 수 있도록 하는 여러 채널을 소개합니다. 그런 다음 다양한 푸시 기반 기법을 알아보고, 관찰된 동시성 문제와 이때 사용할 수 있는 제어 메커니즘에 관한 실제 예제를 살펴봅니다.

다음은 POSIX 표준에서 지원하는 풀 기반 기법의 목록으로, POSIX 호환 운영체제에서 널리 쓰일 수 있습니다.

- **공유 메모리**: 쉽게 말해 메인 메모리 내의 영역이며, 여러 프로세스로 공유 및 접근할 수 있는 영역입니다. 그리고 마치 일반적인 메모리 블록처럼 변수와 배열을 저장하는 데 사용할 수 있습니다. 공유 메모리 객체는 디스크에 있는 파일이 아니라 실제 메모리입니다. 공유 메모리는 운영체제에서 이를 사용하는 프로세스가 없을 때도 독립 실행형standalone 객체로 존재할 수 있습니다. 공유 메모리 객체는 더 이상 필요하지 않을 때 프로세스를 사용해서 제거하거나, 시스템을 재부팅해 제거할 수 있습니다. 재부팅하면 살아남지 못한다는 점에서 공유 메모리 객체는 임시 객체라고 볼 수 있습니다.

- **파일 시스템**: 프로세스는 상태를 공유하는 파일을 사용할 수 있습니다. 이 기술은 여러 프로세스 간에 소프트웨어 시스템을 통틀어 상태를 공유하는 가장 오래된 기술에 속합니다. 결국, 공유 파일로의 접근을 동기화하는 어려움은 여러 타당한 이유와 함께 **데이터베이스 관리 시스템**Database Management System**(DMBS)**의 발명으로 이어졌습니다. 하지만 여전히 공유 파일은 특정 유스케이스에서 사용됩니다.

- **네트워크 서비스**: 일단 모든 프로세스에 접근할 수 있게 되면, 프로세스는 공유 상태를 저장하고 가져오고자 네트워크 저장소나 네트워크 서비스를 사용할 수 있습니다. 이때 프로세스는 작동하는 상황 이면에서 무슨 일이 일어나는지 정확히 알 수 없습니다. 프로세스는 공유 상태에서 특정 작업을 수행하도록 잘 정의된 API를 통해 네트워크 서비스를 사용할 따름입니다. 예를 들자면 **네트워크 파일 시스템**Network Filesystem**(NFS)** 또는 DBMS를 꼽을 수 있습니다. 이들은 잘 정의된 모델과 일련의 동반자 작업을 통해 상태를 유지하는 네트워크 서비스를 제공합니다. 더 자세한 예로는 **관계형**relational **DBMS**를 들 수 있는데, SQL 명령어를 사용해서 관계형 모델에 상태를 저장합니다.

다음 절에서는 POSIX 인터페이스에서 찾아볼 수 있는 이 각각의 메서드를 설명합니다. POSIX 공유 메모리부터 시작해서 **16장**에서 학습하면서 익숙해진 데이터 경쟁이 발생하는 방식도 살펴봅니다.

17.3.2 POSIX 공유 메모리

POSIX 표준이 지원하는 공유 메모리는 여러 프로세스 간에 정보를 공유하기 위해 널리 사용되는 기술입니다. 같은 메모리 공간에 접근할 수 있는 스레드와는 달리, 프로세스는 다른 프로세스의 메모리에 접근할 권한이 없으며 이는 운영체제에 의해 금지됩니다. 그러므로 두 프로세스 사이에서 메모리의 일부를 공유하려면 메커니즘이 필요한데, 공유 메모리가 바로 이 기술입니다.

다음 예제에서는 공유 메모리 객체를 생성하고 사용하는 자세한 내용을 살펴보고, 공유 메모리 영역을 생성해 공유 메모리에 관한 설명을 시작합니다. [코드 박스 17-4]는 POSIX 호환 시스템에서 공유 메모리 객체를 생성하고 값을 부여하는 법을 나타냅니다.

코드 박스 17-4 [예제 17-4] POSIX 공유 메모리 객체를 생성하고 작성하기(ExtremeC_examples_chapter17_4.c)

```c
#include <stdio.h>
#include <unistd.h>
#include <fcntl.h>
#include <errno.h>
#include <string.h>
#include <sys/mman.h>

#define SH_SIZE 16

int main(int argc, char** argv) {
  int shm_fd = shm_open("/shm0", O_CREAT | O_RDWR, 0600);
  if (shm_fd < 0) {
    fprintf(stderr, "ERROR: Failed to create shared memory: %s\n", strerror(errno));
    return 1;
  }
  fprintf(stdout, "Shared memory is created with fd: %d\n", shm_fd);
  if (ftruncate(shm_fd, SH_SIZE * sizeof(char)) < 0) {
    fprintf(stderr, "ERROR: Truncation failed: %s\n", strerror(errno));
    return 1;
  }
  fprintf(stdout, "The memory region is truncated.\n");
  void* map = mmap(0, SH_SIZE, PROT_WRITE, MAP_SHARED, shm_fd, 0);
  if (map == MAP_FAILED) {
    fprintf(stderr, "ERROR: Mapping failed: %s\n", strerror(errno));
    return 1;
  }
```

```
    char* ptr = (char*)map;
    ptr[0] = 'A';
    ptr[1] = 'B';
    ptr[2] = 'C';
    ptr[3] = '\n';
    ptr[4] = '\0';
    while(1);
    fprintf(stdout, "Data is written to the shared memory.\n");
    if (munmap(ptr, SH_SIZE) < 0) {
      fprintf(stderr, "ERROR: Unmapping failed: %s\n", strerror(errno));
      return 1;
    }
    if (close(shm_fd) < 0) {
      fprintf(stderr, "ERROR: Closing shared memory failed: %s\n", strerror(errno));
      return 1;
    }
    return 0;
}
```

이 코드는 16바이트를 갖는 공유 메모리 객체 /shm0를 생성합니다. 이어서 리터럴 ABC\n을
공유 메모리의 값으로 쓰고, 마지막으로 공유 메모리 영역의 **매핑을 끊어서**^{unmapping} 종료합니다.
참고로 프로세스가 종료되더라도 공유 메모리 객체는 제자리에 그대로 있습니다. 다음 프로세
스는 계속해서 같은 공유 메모리를 열어서 읽을 수 있습니다. 공유 메모리 객체는 시스템을 재
부팅하거나 프로세스가 **링크를 끊어서**(제거해)^{unlinked} 삭제됩니다.

> **NOTE_** FreeBSD에서 공유 메모리 객체의 이름은 /로 시작합니다. 리눅스나 macOS에서는 의무가 아니
> 지만, 두 시스템 모두 FreeBSD와 호환할 수 있도록 이름을 /로 시작합니다.

이 코드에서 먼저 **shm_open** 함수를 사용해 공유 메모리 객체를 열었습니다. 이 함수는 공유
메모리 객체가 생성되어야 하는 이름과 모드를 받습니다. **O_CREAT**과 **O_RDWR**은 공유 메모리
객체가 생성되어야 한다는 의미이며 읽기와 쓰기에 모두 사용할 수 있습니다.

참고로 공유 메모리 객체가 이미 존재하면 생성은 실패하지 않습니다. 마지막 인수는 공유 메
모리 객체의 사용 권한을 나타냅니다. **0600**은 공유 메모리 객체의 소유자만이 시작할 수 있는
프로세스가 수행하는 읽기 및 쓰기 작업을 할 수 있음을 의미합니다.

그다음 행에서 `ftruncate` 함수로 잘라내서 공유 메모리 영역의 크기를 정의합니다. 새 공유 메모리 객체를 생성하려면 필수적인 단계이므로 유의하세요. 앞의 공유 메모리 객체에는 16바이트를 할당하도록 정의한 다음 잘라냈습니다.

계속해서 공유 메모리 객체를 `mmap` 함수를 사용해 프로세스가 접근할 수 있는 영역에 매핑합니다. 그 결과는 매핑된 메모리를 가리키는 포인터에 해당합니다. 이 포인터는 공유 메모리 영역에 접근하도록 사용할 수 있습니다. 이 단계 역시 C 프로그램에 공유 메모리가 접근할 수 있도록 하는 필수적인 단계입니다.

`mmap` 함수는 일반적으로 파일 및 원래 커널의 메모리 공간에서 할당된 공유 메모리 영역을 호출자 프로세스가 접근할 수 있는 주소 공간으로 매핑하기 위해 사용합니다. 그러면 매핑된 주소 공간은 일반적인 포인터를 사용해서 통상적인 메모리 영역으로 접근할 수 있습니다.

보다시피 이 영역은 `PROT_WRITE`가 가리키는 쓰기 가능한 영역 및 `MAP_SHARED` 인수가 나타내는 프로세스 간 공유된 영역으로 매핑됩니다. `MAP_SHARED`는 매핑된 영역에 대한 변경 사항을 같은 영역에 매핑된 프로세스가 볼 수 있다는 의미입니다.

`MAP_SHARED` 대신 `MAP_PRIVATE`를 사용할 수 있습니다. 이는 매핑된 영역에 대한 변경 사항이 다른 프로세스로 전파되지 않았으며, 매핑하는 프로세스에 변경 사항이 종속된다는 의미입니다. 프로세스 내에서 공유 메모리만 사용하려는 때가 아니라면, 일반적이지 않은 사용 방식입니다.

앞의 코드는 공유 메모리 영역을 매핑한 다음, `null`로 끝나는 문자열 ABC\n을 공유 메모리에 씁니다. 문자열 끝부분의 새줄 피드 문자^{new line feed character}를 주목하세요. 마지막 단계에서는 프로세스가 `munmap` 함수를 호출해 공유 메모리 영역의 매핑을 해제합니다. 그러고 나서 공유 메모리 객체에 할당된 파일 서술자를 닫습니다.

> **NOTE_** 모든 운영체제는 **익명 공유 메모리 객체**^{anonymous shared memory object}를 생성하는 서로 다른 방법을 제공합니다. FreeBSD에서는 `shm_open` 함수에 공유 메모리 객체의 주소로 `SHM_ANON`을 전달하면 됩니다. 리눅스에서는 공유 메모리 객체를 생성하는 대신 `memfd_create` 함수를 사용하는 익명 파일을 생성할 수 있으며, 반환된 파일 서술자를 사용해 매핑된 영역을 생성할 수 있습니다. 익명 공유 메모리는 소유자 프로세스 전용이며 여러 프로세스 간에 상태를 공유하도록 사용할 수는 없습니다.

앞의 코드는 macOS, FreeBSD, 리눅스 시스템에서 컴파일할 수 있습니다. 리눅스 시스템에서 공유 메모리 객체는 /dev/shm 디렉터리에 있습니다. 참고로 이 디렉터리는 일반적인 파일 시스템이 아니므로 여기 보이는 것은 디스크 장치에 있는 파일이 아닙니다. /dev/shm은 그 대신 shmfs 파일 시스템을 사용합니다. 마운트된 디렉터리를 통해 메모리 내에 생성된 임시 객체를 제공한다는 의미이며 리눅스에서만 가능합니다.

[예제 17-4]를 리눅스에서 컴파일하고 실행해서 /dev/shm 경로에 있는 내용을 검사해봅시다. 리눅스에서 공유 메모리 기능을 사용하려면 반드시 rt 라이브러리로 최종 이진 파일을 링크해야 합니다. 다음 [셸 박스 17-4]에 -lrt 옵션이 나타나 있습니다.

셸 박스 17-4 [예제 17-4]를 빌드하고 실행해 공유 메모리 객체가 생성되었는지 확인하기

```
$ ls /dev/shm
$ gcc ExtremeC_examples_chapter17_4.c -lrt -o ex17_4.out
$ ./ex17_4.out
Shared memory is created with fd: 3
The memory region is truncated.
Data is written to the shared memory.
$ ls /dev/shm
shm0
$
```

첫 행에 보이듯 /dev/shm 경로에는 공유 메모리 객체가 없습니다. 두 번째 행에서는 [예제 17-4]를 빌드하고, 세 번째 행에서는 생성된 실행 파일을 실행합니다. 그리고 나서 /dev/shm을 확인하면 새로운 공유 메모리 객체 shm0가 보입니다.

프로그램의 출력으로도 공유 메모리 객체가 생성되었음을 확인할 수 있습니다. 앞의 셸 박스에서 또 다른 중요한 사항은 파일 서술자 3으로, 공유 메모리 객체에 할당되었습니다.

여러분이 여는 모든 파일에서는 각 프로세스가 새로운 파일 서술자를 엽니다. 꼭 디스크에 있는 파일만은 아니며, 공유 메모리 객체나 표준 출력 등일 수 있습니다. 각 프로세스에서 파일 서술자는 0에서 시작해 허용된 최댓값까지 가능합니다.

참고로 각 프로세스에서 파일 서술자 0, 1, 2는 stdout, stdin, stderr 스트림에 각각 미리 할당됩니다. main 함수가 실행되기 전에 모든 새로운 프로세스마다 이 파일 서술자를 엽니다. 바로 이러한 이유로 앞의 예제에서 공유 메모리 객체는 파일 서술자로 3을 갖습니다.

/dev/shm 경로는 또 다른 흥미로운 속성이 있습니다. cat 유틸리티로 공유 메모리 객체의 내용을 확인할 수 있지만, 이는 리눅스에서만 가능합니다. 우리가 만든 shm0 객체에 이 유틸리티를 사용해봅시다. 다음 [셸 박스 17-5]처럼 공유 객체의 내용이 나타납니다. 문자열 ABC에 새로운 행을 추가하는 문자는 \n입니다.

셸 박스 17-5 [예제 17-4]에서 생성한 공유 메모리 객체의 내용을 cat 프로그램으로 확인하기

```
$ cat /dev/shm/shm0
ABC
$
```

이전에 설명한 대로, 최소 하나의 프로세스가 사용하는 한 공유 메모리 객체는 존재합니다. 프로세스 중 하나가 운영체제로 공유 메모리를 삭제(혹은 **링크 해제**^{unlink})하도록 이미 요청했더라도, 마지막 프로세스가 사용을 마칠 때까지는 실제로 삭제되지 않습니다. 공유 메모리 객체의 링크를 해제하는 프로세스가 없더라도 재부팅될 때 삭제됩니다. 공유 메모리 객체는 재부팅을 할 때 살아남을 수 없으며 프로세스가 통신을 위해 공유 메모리 객체를 사용하려면 다시 생성해야 합니다.

다음 [예제 17-5]는 프로세스가 이미 존재하는 공유 메모리 객체를 열어서 읽는 방법과 최종적으로 링크를 해제하는 법을 나타냅니다. 이번 예제는 앞서 [예제 17-4]에서 생성된 공유 메모리 객체에서 읽어오므로, [예제 17-4]의 내용을 보완하는 것이라고 볼 수 있습니다.

코드 박스 17-5 [예제 17-5] 앞서 [예제 17-4]에서 생성한 공유 메모리 객체로부터 읽기(ExtremeC_examples_chapter17_5.c)

```
#include <stdio.h>
#include <unistd.h>
#include <fcntl.h>
#include <errno.h>
```

```
#include <string.h>
#include <sys/mman.h>

#define SH_SIZE 16

int main(int argc, char** argv) {
  int shm_fd = shm_open("/shm0", O_RDONLY, 0600);
  if (shm_fd < 0) {
    fprintf(stderr, "ERROR: Failed to open shared memory: %s\n", strerror(errno));
    return 1;
  }
  fprintf(stdout, "Shared memory is opened with fd: %d\n", shm_fd);
  void* map = mmap(0, SH_SIZE, PROT_READ, MAP_SHARED, shm_fd, 0);
  if (map == MAP_FAILED) {
    fprintf(stderr, "ERROR: Mapping failed: %s\n", strerror(errno));
    return 1;
  }
  char* ptr = (char*)map;
  fprintf(stdout, "The contents of shared memory object: %s\n", ptr);
  if (munmap(ptr, SH_SIZE) < 0) {
    fprintf(stderr, "ERROR: Unmapping failed: %s\n", strerror(errno));
    return 1;
  }
  if (close(shm_fd) < 0) {
    fprintf(stderr, "ERROR: Closing shared memory fd filed: %s\n", strerror(errno));
    return 1;
  }
  if (shm_unlink("/shm0") < 0) {
    fprintf(stderr, "ERROR: Unlinking shared memory failed: %s\n", strerror(errno));
    return 1;
  }
  return 0;
}
```

main 함수의 첫 구문에서 /shm0이라는 기존의 공유 메모리 객체를 열었습니다. 이러한 공유 메모리 객체가 존재하지 않는다면 오류가 발생합니다. 보다시피 읽기 전용으로 공유 메모리 객체를 열었는데, 공유 메모리에 아무것도 쓰지 않을 것이라는 의미입니다.

다음 행에서는 공유 메모리 영역을 매핑합니다. 다시 말하지만 **PROT_READ** 인수를 전달함으로써 매핑된 영역이 읽기 전용임을 나타냅니다. 그런 다음 마지막으로 공유 메모리 영역에 대한 포인터를 얻고 해당 포인터의 내용을 출력합니다. 공유 메모리에 대한 작업이 끝나면 영역에 대한 매핑을 해제합니다. 이어서 할당된 파일 서술자가 종료되며, 최종적으로 공유 메모리 객체는 shm_unlink 함수로 링크를 해제해 제거 작업을 등록합니다.

그다음에 같은 공유 메모리를 사용하는 다른 모든 프로세스가 사용을 마치면, 공유 메모리 객체는 시스템에서 제거됩니다. 프로세스가 공유 메모리 객체를 사용하는 한 이 객체는 계속 남아 있으니 주의하세요.

다음 [셸 박스 17-6]은 앞의 코드를 실행한 출력입니다. 참고로 /dev/shm의 내용은 [예제 17-5]를 실행하기 전후의 내용입니다.

셸 박스 17-6 [예제 17-4]에서 생성한 공유 메모리 객체를 읽고 마지막으로 제거하기

```
$ ls /dev/shm
shm0
$ gcc ExtremeC_examples_chapter17_5.c -lrt -o ex17_5.out
$ ./ex17_5.out
Shared memory is opened with fd: 3
The contents of the shared memory object: ABC
$ ls /dev/shm
$
```

공유 메모리를 사용한 데이터 경쟁의 예

이제 fork API와 공유 메모리를 조합해 데이터 경쟁에 대한 예제를 다뤄볼 차례입니다. 여러 스레드 간 데이터 경쟁에 대한 예제는 **15장**에 나왔던 예제와 비슷합니다.

다음 [예제 17-6]에는 공유 메모리 영역에 위치한 카운터 변수가 있습니다. 이 예제는 메인 실행 프로세스에서 자식 프로세스를 포크하며, 부모 자식 프로세스 둘 다 공유 카운터의 수를 증가시킵니다. 최종 출력은 공유 카운터를 둘러싼 데이터 경쟁을 확실히 나타냅니다.

코드 박스 17-6 [예제 17-6] POSIX 공유 메모리와 fork API로 데이터 경쟁 시연하기(ExtremeC_examples_chapter17_6.c)

```
#include <stdio.h>
#include <stdint.h>
#include <stdlib.h>
#include <unistd.h>
#include <fcntl.h>
```

```c
#include <errno.h>
#include <string.h>
#include <sys/mman.h>
#include <sys/wait.h>

#define SH_SIZE 4

// 공유된 메모리 객체를 가리키기 위해 사용하는 공유된 파일 서술자
int shared_fd = -1;

// 공유 카운터에 대한 포인터
int32_t* counter = NULL;

void init_shared_resource() {
  // 공유된 메모리 객체 열기
  shared_fd = shm_open("/shm0", O_CREAT | O_RDWR, 0600);
  if (shared_fd < 0) {
    fprintf(stderr, "ERROR: Failed to create shared memory: %s\n", strerror(errno));
    exit(1);
  }
  fprintf(stdout, "Shared memory is created with fd: %d\n", shared_fd);
}

void shutdown_shared_resource() {
  if (shm_unlink("/shm0") < 0) {
    fprintf(stderr, "ERROR: Unlinking shared memory failed: %s\n", strerror(errno));
    exit(1);
  }
}

void inc_counter() {
  usleep(1);
  int32_t temp = *counter;
  usleep(1);
  temp++;
  usleep(1);
  *counter = temp;
  usleep(1);
}

int main(int argc, char** argv) {

  // 부모 프로세스는 공유된 리소스를 초기화해야 합니다.
  init_shared_resource();
```

```c
// 공유된 메모리 영역을 할당하고 잘라내기
if (ftruncate(shared_fd, SH_SIZE * sizeof(char)) < 0) {
  fprintf(stderr, "ERROR: Truncation failed: %s\n", strerror(errno));
  return 1;
}
fprintf(stdout, "The memory region is truncated.\n");

// 공유된 메모리를 매핑하고 카운터를 초기화하기
void* map = mmap(0, SH_SIZE, PROT_WRITE, MAP_SHARED, shared_fd, 0);
if (map == MAP_FAILED) {
  fprintf(stderr, "ERROR: Mapping failed: %s\n", strerror(errno));
  return 1;
}
counter = (int32_t*)map;
*counter = 0;

// 새 프로세스 포크하기
pid_t pid = fork();
if (pid) { // 부모 프로세스
  // 카운터 증가시키기
  inc_counter();
  fprintf(stdout, "The parent process sees the counter as %d.\n", *counter);

  // 자식 프로세스가 종료되기를 대기하기
  int status = -1;
  wait(&status);
  fprintf(stdout, "The child process finished with status %d.\n", status);
} else { // 자식 프로세스
  // 카운터 증가시키기
  inc_counter();
  fprintf(stdout, "The child process sees the counter as %d.\n", *counter);
}

// 두 프로세스는 공유된 메모리 영역의 매핑을 끊고 파일 서술자를 닫아야 합니다.
if (munmap(counter, SH_SIZE) < 0) {
  fprintf(stderr, "ERROR: Unmapping failed: %s\n", strerror(errno));
  return 1;
}
if (close(shared_fd) < 0) {
  fprintf(stderr, "ERROR: Closing shared memory fd filed: %s\n", strerror(errno));
  return 1;
}
```

```
    // 부모 프로세스만이 공유된 리소스를 종료(shutdown)해야 합니다.
    if (pid) {
      shutdown_shared_resource();
    }

    return 0;
  }
```

이 코드에는 main 함수 외에 세 개의 함수가 있습니다. init_shared_resource 함수는 공유 메모리 객체를 생성합니다. 이 함수의 이름을 init_shared_memory가 아니라 init_shared_resource라고 지은 이유는, 앞의 예제에서는 또 다른 풀 기반의 기법을 사용할 수 있었고 이 함수에 보편적인 이름을 지으면 main 함수가 이후 다른 예제에서도 변경되지 않고 남아 있을 수 있기 때문입니다.

shutdown_shared_resource 함수는 공유 메모리를 삭제하고 링크를 해제합니다. 또한 함수 inc_counter는 공유된 카운터를 1씩 증가시킵니다.

main 함수는 [예제 17-4]에서 했던 것처럼 공유 메모리 영역을 자르고 매핑합니다. 공유 메모리 영역을 매핑한 다음은 포크 로직입니다. fork 함수를 호출해 새 프로세스를 스폰하고, 자식 및 부모 프로세스(포크된 프로세스와 포크한 프로세스)는 inc_counter 함수를 호출해 카운터를 증가시키려고 합니다.

부모 프로세스가 공유 카운터에 값을 쓰려면 자식 프로세스가 종료되기를 기다려야 합니다. 그 다음 공유 메모리 객체에 대한 매핑을 끊고, 닫고, 연결을 끊으려고 합니다. 참고로 두 프로세스에서 모두 파일 서술자에 대한 매핑을 해제하고 닫을 수 있지만, 공유 메모리 객체의 링크를 해제하는 일은 부모 프로세스만 할 수 있습니다.

[코드 박스 17-6]에 나타난 것처럼, inc_counter 함수는 일반적이지 않은 방식으로 usleep을 호출했습니다. 스케줄러가 한 프로세스에서 강제로 CPU 코어를 회수해서 다른 프로세스로 넘기기 위함입니다. usleep 함수를 호출하지 않으면 보통 CPU코어가 프로세스 간에 전송되지 못하는 만큼 서로 다른 인터리빙의 효과를 그리 자주 확인할 수는 없습니다.

이러한 효과의 한 가지 이유는 프로세스마다 적은 수의 명령어가 있기 때문입니다. 프로세스당 명령어의 수가 상당히 많아지면 sleep을 호출하지 않고도 인터리빙의 비결정적인 행위를 확인할 수 있습니다. 예를 들어 각 프로세스에서 10,000번 집계하고 반복할 때마다 공유 카운터를 증가시키는 루프가 있다면 데이터 경쟁이 나타날 가능성이 매우 높습니다. 한번 시도해보세요.

앞의 코드에 대해 마지막으로 설명할 내용은, 부모 프로세스가 공유 메모리 객체를 생성하고 연 다음에 자식 프로세스를 포크하기 전에 파일 서술자를 이 공유 메모리 객체에 할당한다는 점입니다. 포크된 프로세스는 공유 메모리 객체를 열지는 않지만 같은 파일 서술자를 사용할 수 있습니다. 열려 있는 모든 파일 서술자는 부모 프로세스에서 상속받은 것이므로, 자식 프로세스가 같은 공유 메모리 객체를 참조해 계속해서 파일 서술자를 사용할 수 있도록 합니다.

다음의 [셸 박스 17-7]은 [예제 17-6]을 여러 번 실행한 출력 결과입니다. 보다시피 공유된 카운터에 명백히 데이터 경쟁이 발생했습니다. 부모 또는 자식 프로세스가 수정된 최신값을 얻지 못한 채 카운터를 업데이트했으며, 그 결과 두 프로세스 모두 1을 출력했습니다.

셸 박스 17-7 [예제 17-6]를 실행해 공유된 카운터에 대해 발생한 데이터 경쟁 살펴보기

```
$ gcc ExtremeC_examples_chapter17_6 -o ex17_6.out
$ ./ex17_6.out
Shared memory is created with fd: 3
The memory region is truncated.
The parent process sees the counter as 1.
The child process sees the counter as 2.
The child process finished with status 0.
$ ./ex17_6
...
...
...
$ ./ex17_6.out
Shared memory is created with fd: 3
The memory region is truncated.
The parent process sees the counter as 1.
The child process sees the counter as 1.
The child process finished with status 0.
$
```

이번 절에서는 공유 메모리를 생성하고 사용하는 법을 알아봤습니다. 또한 데이터 경쟁의 예시를 살펴봤고 동시 프로세스가 공유 메모리 영역에 접근하는 과정에서 작동하는 방식을 확인했습니다. 다음 절에서는 프로세스 간 상태를 공유할 때 널리 사용되는 또 다른 풀 기반의 방법인 파일 시스템에 관해 이야기하겠습니다.

17.3.3 파일 시스템

POSIX는 파일 시스템에 있는 파일로 작업하는 것과 유사한 API를 제공합니다. 파일 서술자가 여러 시스템 객체를 참조하도록 사용될 때는 공유 메모리 작업을 위해 가져오는 것과 동일한 API를 사용할 수 있습니다.

파일 시스템 내에서는 파일 서술자를 사용해 ext4와 같은 실제 파일과 공유 메모리, 파이프 등을 참조합니다. 따라서 같은 시맨틱을 사용해서 열기, 읽기, 쓰기, 지역 메모리 영역에 매핑하기 등을 수행합니다. 그러므로 공유 메모리와 마찬가지로 파일 시스템에 관해서는 비슷한 설명 및 C 코드를 보게 될 것입니다. 이후 [예제 17-7]에서 살펴봅니다.

> **NOTE_** 일반적으로 파일 서술자를 매핑합니다. 하지만 **소켓 서술자**를 매핑할 수 있는 경우는 예외입니다. 소켓 서술자는 파일 서술자와 비슷하지만, 네트워크나 유닉스 소켓에 대해 사용합니다. 다음 링크는 **무복사 기법**zero-copy receive mechanism이라고 하는 TCP 소켓의 커널 버퍼를 매핑하는 흥미로운 사례에 해당합니다.
>
> - https://lwn.net/Articles/752188

파일 시스템을 쓸 때 API를 활용하는 것은 공유 메모리를 사용하는 방식과 매우 비슷하지만, 구현 또한 비슷하다는 의미는 아닙니다. 사실 파일 시스템에서 하드 디스크가 백업하는 파일 객체는 기본적으로 공유 메모리 객체와는 다릅니다. 간단히 몇 가지 차이점을 설명하겠습니다.

- 공유 메모리 객체는 기본적으로 커널 프로세스의 메모리 공간에 있지만, 파일 시스템의 파일은 디스크에 있습니다. 이러한 파일은 읽기 및 쓰기 작업의 버퍼 정도만 할당받습니다.
- 공유 메모리가 작성한 상태는 시스템을 재부팅하면 사라지지만, 공유된 파일에 작성한 상태는 하드 디스크 또는 영구 저장소에 백업되면 재부팅한 뒤에도 유지될 수 있습니다.
- 일반적으로 공유 메모리에 접근하는 것이 파일 시스템에 접근하는 것보다 훨씬 빠릅니다.

다음 [코드 박스 17-7]은 앞 절에서 살펴본 것과 같은 공유 메모리에 대한 데이터 경쟁 예제입니다. 파일 시스템에 대해 사용된 API는 공유 메모리에 대해 사용된 API와 상당히 비슷하므로, [예제 17-6]에서는 함수 `init_shared_resource` 및 `shutdown_shared_resource` 두 개만 바꾸면 됩니다. 나머지는 같습니다. 이는 파일 서술자로 작업하는 같은 POSIX API를 사용해 얻은 훌륭한 성과입니다. 코드로 넘어가 봅시다.

```
#include <stdio.h>
#include <stdint.h>
#include <stdlib.h>
#include <unistd.h>
#include <fcntl.h>
#include <errno.h>
#include <string.h>
#include <sys/mman.h>
#include <sys/wait.h>

#define SH_SIZE 4

// 공유된 파일을 가리키기 위해 사용되는 공유된 파일 서술자
int shared_fd = -1;

// 공유된 카운터를 가리키는 포인터
int32_t* counter = NULL;

void init_shared_resource() {
  // 파일 열기
  shared_fd = open("data.bin", O_CREAT | O_RDWR, 0600);
  if (shared_fd < 0) {
    fprintf(stderr, "ERROR: Failed to create the file: %s\n", strerror(errno));
    exit(1);
  }
  fprintf(stdout, "File is created and opened with fd: %d\n", shared_fd);
}

void shutdown_shared_resource() {
  if (remove("data.bin") < 0) {
    fprintf(stderr, "ERROR: Removing the file failed: %s\n", strerror(errno));
    exit(1);
  }
}

void inc_counter() {
  ... [예제 17-6]의 내용 ...
}

int main(int argc, char** argv) {
  ... [예제 17-6]의 내용 ...
}
```

앞의 코드는 대부분 [예제 17-6]에서 가져왔습니다. 나머지는 shm_open과 shm_unlink 함수 대신 open과 remove 함수로 대체했습니다.

data.bin 파일은 현재 디렉터리에서 생성되었는데, 우리가 open 함수에 절대 경로를 전달하지 않았으니 주의하세요. 이 코드를 실행하면 공유된 카운터에 같은 데이터 경쟁이 발생합니다. 이는 [예제 17-6]에 대한 접근법과 비슷하게 검사할 수 있습니다.

지금까지 여러 프로세스에서 동시적으로 상태를 저장하고 상태에 접근할 때 공유 메모리 및 공유 파일을 사용할 수 있다는 점을 살펴봤습니다. 이제 멀티스레딩과 멀티프로세싱에 관해 훨씬 더 자세히 설명하며 비교할 차례입니다.

17.4 멀티스레딩 대 멀티프로세싱

14장에서 멀티스레딩과 멀티프로세싱을 설명한 뒤에, 최근 일련의 장에서 다룬 개념들과 더불어 각 접근법을 사용해야 하는 상황을 비교하고 더 높은 수준의 설명을 할 수 있게 되었습니다. 프로세스가 입력 요청 여러 개를 동시적으로 받는 것이 목표인 소프트웨어를 설계한다고 가정해봅시다. 이를 세 가지 다른 상황에서 설명합니다. 첫 번째 상황부터 시작해봅시다.

17.4.1 멀티스레딩

첫 번째 상황은 프로세스가 하나만 있는 소프트웨어를 작성할 때 동일한 프로세스로 모든 요청이 가는 경우입니다. 모든 로직은 같은 프로세스에 속하는 부분으로 작성되어야 하며, 따라서 프로세스는 시스템에서 모든 것을 수행하는 거대한 프로세스가 됩니다. 이 소프트웨어는 싱글 프로세스이므로 여러 프로세스를 동시 처리하려면 스레드를 생성해서 멀티스레드적인 방식으로 여러 요청을 처리해야 합니다. 그리고 스레드의 수가 제한적인 **스레드 풀**thread pool을 사용하는 것도 설계상 더 나은 결정이 될 수 있습니다.

동시성과 동기화에 대해 조심할 다음과 같은 사항이 있습니다. 참고로 이러한 상황에서 이벤트 루프나 비동기적 I/O는 설명하지 않겠지만 이는 멀티스레딩에서 의미 있는 대안이 될 수 있습니다.

만약 요청 횟수가 급증하면, 스레드 풀에 있는 제한된 수의 스레드를 늘려서 요구를 해결해야 합니다. 이는 말 그대로 메인 프로세스가 실행 중인 하드웨어와 머신의 자원을 업그레이드한 다는 의미로, **스케일 업** scaling up 또는 **수직 스케일링** vertical scaling이라고 합니다. 즉, 단일 머신이 더 많은 요청에 응답할 수 있도록 하드웨어를 업그레이드한다는 의미입니다. 클라이언트가 새 하드웨어로 업그레이드하는 동안 발생할 수 있는 다운타임 downtime과 업그레이드는 비용이 많이 드는 만큼, 요청 횟수가 다시 증가하면 또다시 스케일 업을 해야 합니다.

요청을 처리하는 일이 결국 공유 상태나 데이터 저장소를 건드리는 일이라면, 스레드가 같은 메모리 공간에 접근할 수 있다는 점을 안 시점에서 동기화 기술을 쉽게 구현할 수 있습니다. 물론, 유지되어야 하는 공유 데이터 구조가 있거나 더 이상 트랜잭션을 하지 못하는 원격 데이터 저장소에 접근할 때 필요합니다.

모든 스레드는 동일한 머신에서 실행되므로, 스레드가 지금까지 설명한 상태를 공유하려면 스레드와 프로세스가 둘 다 사용하는 모든 기술을 사용할 수 있습니다. 이는 스레드 동기화의 어려움을 줄여주는 좋은 기능입니다.

다음으로 하나 이상의 프로세스가 있을 수 있지만 이들이 모두 동일한 머신에 있는 상황을 살펴봅시다.

17.4.2 싱글 호스트 멀티프로세싱

여기서는 단일 머신에 여러 프로세스가 있는 소프트웨어를 작성합니다. 이 프로세스들은 모두 싱글 스레드이거나 또는 각 스레드에 한 번에 하나 이상의 요청을 다룰 수 있는 스레드 풀이 있을 수 있습니다.

요청이 많아지면 스레드를 더 많이 생성하는 대신 새로운 프로세스를 만들 수 있습니다. 이를 일반적으로 **스케일 아웃** scaling out 또는 **수평 스케일링** horizontal scaling이라고 합니다. 하지만 오직 한 대의 단일 머신만 있다면 스케일 업, 즉 하드웨어를 반드시 업그레이드해야 합니다. 이때 앞에서 멀티스레드 프로그램의 스케일 업에 관해 언급한 것과 동일한 문제를 일으킬 수 있습니다.

동시성을 설명하자면, 프로세스는 동시적 환경에서 실행됩니다. 프로세스는 상태를 공유하거나 프로세스를 동기화하는 멀티프로세싱 방식만 사용할 수 있습니다. 확실히, 멀티스레드 코드를 작성하는 것만큼 편하지는 않습니다. 또한 프로세스는 풀 기반 또는 푸시 기반의 기술을 둘 다 사용해 상태를 공유할 수 있습니다.

단일 머신에서 멀티프로세싱 방식은 그다지 효과적이지 않으며, 코딩에 드는 수고로움을 생각해보면 멀티스레딩이 더 편해 보입니다.

다음 절에서는 분산 멀티프로세싱 환경을 이야기합니다. 최신 소프트웨어를 만드는 데 가장 좋은 설계 방식입니다.

17.4.3 분산 멀티프로세싱

마지막 상황은 이렇습니다. 우리가 작성한 프로그램은 멀티프로세스로 여러 호스트에서 실행되며, 네트워크를 통해 서로 모두 연결되었고, 실행 중인 프로세스가 하나 이상일 수 있는 싱글 호스트에 있습니다. 다음은 이러한 경우에 볼 수 있는 특성입니다.

요청 횟수가 급증하면 시스템은 제한 없이 스케일 아웃될 수 있습니다. 이는 요청이 최고점을 찍었을 때 상용 하드웨어commodity hardware를 사용하게 해주는 아주 좋은 기능입니다. 강력한 서버 대신 상용 하드웨어 클러스터를 사용하는 아이디어는 구글이 머신의 클러스터에서 **페이지 랭크**Page Rank와 **맵 리듀스**Map Reduce 알고리듬을 실행할 수 있게 된 아이디어 중 하나였습니다.

이번 17장에서 설명한 기술들은 사실 중요한 전제 조건이 있으므로 거의 도움이 되지 않습니다. 여기서 전제 조건이란 모든 프로세스가 동일한 머신에서 실행되어야 한다는 것입니다. 그러므로 프로세스를 동기화하고 시스템 내에서 모든 프로세스가 공유 상태를 이용할 수 있도록 하려면, 완전히 다른 알고리듬과 기술을 사용해야 합니다. **레이턴시**latency, **결합 감내**fault tolerance, **접근성**availability, **데이터 정합성**data consistency, 그리고 더 많은 요소를 이러한 분산 시스템에 대해 연구하고 조정해야 합니다.

다른 호스트에 있는 프로세스는 네트워크 소켓을 사용해서 푸시 기반 방식으로 통신하지만, 같은 호스트에 있는 프로세스는 메시지 및 공유 상태를 전달하려면 로컬 IPC 기술을 사용해야 합니다. 예를 들면 메시지 대기열, 공유 메모리, 파이프 등이 있습니다.

마지막으로 현대 소프트웨어 산업에서는 스케일 업보다는 스케일 아웃을 선호합니다. 따라서 데이터 저장, 동기화, 메시지 전달 등에 대해 새로운 아이디어와 기술이 나타날 것입니다. 이는 수평 스케일링에 적합하도록 하드웨어 설계에도 영향을 줄 수 있습니다.

17.5 마무리

17장에서는 멀티프로세싱 시스템과 여러 프로세스 간 상태를 공유할 때 사용할 수 있는 여러 기술을 알아봤습니다. 다음은 이번 장에서 다룬 주제입니다.

- 프로세스 실행에 사용하는 POSIX API를 소개했습니다. fork API와 exec* 함수의 작동법을 설명했습니다.
- 커널이 프로세스를 실행하는 데 필요한 단계를 설명했습니다.
- 여러 프로세스 사이에서 상태를 공유하는 방법을 다뤘습니다.
- 사용할 수 있는 모든 기법 중에서도 가장 많이 쓰이는 두 가지(풀 기반, 푸시 기반) 기법을 소개했습니다.
- 파일 시스템에서 공유된 메모리 및 파일은 풀 기반 방식에서 상태를 공유하는 일반적인 기술입니다.
- 멀티스레딩과 멀티프로세싱의 유사점 및 차이점, 분산 소프트웨어 시스템에서 수직 및 수평 스케일링에 관한 개념을 설명했습니다.

18장에서는 싱글 호스트 멀티프로세싱 환경에서 동시성을 이야기해봅니다. 18장은 동시성에 관한 문제와 공유 자원을 보호하기 위해 여러 프로세스를 동기화하는 방법으로 구성됩니다. 이 주제는 앞서 **16장**에서 봤던 것과 매우 비슷하지만, 스레드가 아니라 프로세스를 집중적으로 살펴봅니다.

## CHAPTER 18

프로세스 동기화

18장에서는 프로세스 실행에 관한 내용을 프로세스 동기화 중심으로 계속해서 살펴봅니다. 멀티프로세스 프로그램의 제어 메커니즘은 멀티스레드 프로그램에서 봤던 제어 기술과는 다릅니다. 메모리만 다른 것이 아닙니다. 멀티스레드 프로그램에서는 없었지만 멀티프로세스 환경에는 존재하는 다른 요인들을 알아봅시다.

스레드가 프로세스에 바인딩되어 있기는 하지만, 프로세스는 인터넷만큼 큰 네트워크 내의 어디든, 어느 머신 또는 운영체제든 자유롭게 존재할 수 있습니다. 상상한 대로 일은 더 복잡해집니다. 이러한 분산 시스템에서 여러 프로세스를 동기화하기란 쉽지 않습니다.

이번 장은 단 한 대의 머신에서 발생하는 프로세스 동기화를 다룹니다. 즉, 싱글 호스트 동기화와 그 기법을 주로 설명합니다. 분산 시스템의 프로세스 동기화에 관해서도 간략히 다루겠지만 더 자세하게 살펴보지는 않습니다.

18장은 다음과 같은 주제를 다룹니다.

- 먼저, 모든 프로세스가 동일한 머신에서 실행되는 멀티프로세스 소프트웨어를 설명합니다. 싱글 호스트 환경에서 사용할 수 있는 기법도 소개합니다. 이러한 기법에 대한 예제를 살펴보기 위해 앞 장의 지식을 활용합니다.

- 여러 프로세스를 동기화하는 첫 번째 시도로 기명 POSIX 세마포어를 사용합니다. 기명 세마포어 사용법을 설명한 다음, 앞 장에서 봤던 경쟁 상태 문제를 해결하는 예제를 살펴봅니다.

- 기명 POSIX 뮤텍스를 설명하고, 실행 중인 공유 메모리 영역을 사용해 기명 뮤텍스를 작동하는 법을 보

여줍니다. 예를 들면 이번에는 동일한 경쟁 상태를 기명 세마포어로 해결합니다.

- 여러 프로세스를 동기화하는 마지막 기법으로 기명 POSIX 조건 변수를 다룹니다. 기명 뮤텍스처럼 이들은 여러 프로세스가 접근할 수 있도록 공유 메모리 영역에 있어야 합니다. 이 기법에 관한 상세한 예제를 통해 기명 POSIX 조건 변수를 사용해서 멀티프로세스 시스템을 동기화하는 방식을 알아봅니다.

- 네트워크에 분산되어 있고 자체 프로세스가 있는 멀티프로세스 시스템에 관해 간단히 설명합니다. 싱글 호스트 멀티프로세스 시스템과 비교해서 이들의 특성 및 문제가 되는 차이점을 다룹니다.

싱글 호스트 동시성 제어와 여기에 어떤 기술을 사용할 수 있는지에 관한 이야기로 이번 장을 시작해봅시다.

18.1 싱글 호스트 동시성 제어

단일 머신에서 여러 프로세스가 실행되는 동시에 공유 자원에 접근해야 하는 상황은 꽤 흔합니다. 모든 프로세스가 같은 운영체제에서 실행되므로, 이들은 운영체제가 제공하는 기능에 모두 접근할 수 있습니다.

이번 절에서는 이러한 기능을 사용해 프로세스를 동기화하는 제어 메커니즘을 생성하는 법을 살펴봅니다. 공유 메모리는 이러한 대부분의 제어 메커니즘에서 중요한 역할을 합니다. 그러므로 이전 장에서 공유 메모리에 관해 설명한 부분을 잘 알고 있어야 합니다.

다음은 POSIX가 제공하는 제어 메커니즘으로, 같은 POSIX 호환 머신에서 실행되는 모든 프로세스에 적용할 수 있습니다.

- **기명 POSIX 세마포어**: 16장에서 설명한 것과 동일한 POSIX 세마포어지만 한 가지 차이점이 있습니다. 이 세마포어는 이제 이름이 있으며 시스템 전역에서 사용될 수 있습니다. 즉, 더 이상 익명 또는 비공개private 세마포어가 아닙니다.

- **기명 뮤텍스**: 다시 말하지만 16장에서 설명한 것과 같은 속성을 갖는 동일한 POSIX 뮤텍스지만, 이제는 이름이 있으며 시스템 전반에서 사용될 수 있습니다. 이 뮤텍스는 여러 프로세스가 사용할 수 있도록 공유 메모리 내부에 있어야 합니다.

- **기명 조건 변수**: 16장에서 설명한 것과 동일한 POSIX 조건 변수지만, 뮤텍스처럼 여러 프로세스가 접근할 수 있도록 공유 메모리 객체 내에 있어야 합니다.

지금 설명한 모든 기술에 관해 설명하고 작동하는 법을 나타내는 예제를 살펴봅니다. 다음 절에서는 기명 POSIX 세마포어를 설명합니다.

18.2 기명 POSIX 세마포어

16장에서 봤듯이 세마포어는 여러 개의 동시 작업을 동기화하는 주요 도구입니다. 멀티스레드 프로그램에서 이를 살펴봤고 동시성 문제를 극복하는 데 어떻게 도움이 되는지도 알아봤습니다.

이번 절에서는 프로세스 간에 세마포어를 사용하는 방법을 살펴봅니다. 지금부터 설명할 [예제 18-1]은 이전 장의 [예제 17-6]과 [예제 17-7]에서 본 데이터 경쟁을 해결할 때 POSIX 세마포어를 사용하는 법을 보여줍니다. 이 예제는 특히 [예제 17-6]과 비슷한데, 여기서는 또다시 공유 메모리 영역을 사용해 공유 카운터 변수를 저장합니다. 하지만 기명 세마포어를 써서 공유 카운터에 대한 접근을 동기화합니다.

다음 [코드 박스 18-1]은 [예제 18-1]에 대한 전역 선언입니다. 공유 변수에 접근하기 위해 기명 세마포어를 사용해 두 프로세스를 동기화하는 방법을 보여줍니다.

코드 박스 18-1 [예제 18-1]에 대한 전역 선언(Extreme_examples_chapter18_1.c)

```
#include <stdio.h>
...
#include <semaphore.h> // 세마포어 사용을 위한 헤더

#define SHARED_MEM_SIZE 4

// 공유된 메모리 객체를 참조하기 위해 사용되는 공유 파일 서술자
int shared_fd = -1;

// 공유된 카운터에 대한 포인터
int32_t* counter = NULL;

// 공유된 세마포어에 대한 포인터
sem_t* semaphore = NULL;
```

[코드 박스 18-1]에서 전역 카운터 및 추후 설정될 세마포어에 대한 전역 포인터를 선언했습

니다. 이 포인터는 부모 및 자식 프로세스가 사용하며, 카운터 포인터가 주소를 가리키는 공유 카운터에 대해 동기화된 접근을 합니다.

다음 [코드 18-2]는 실제 프로세스 동기화를 수행하도록 하는 함수 정의를 나타냅니다. 정의 중 일부는 [예제 17-6]과 같으며, 해당 부분은 다음 코드 박스에서 삭제되었습니다.

코드 박스 18-2 동기화 함수에 대한 정의(ExtremeC_examples_chapter18_1.c)

```c
void init_control_mechanism() {
  semaphore = sem_open("/sem0", O_CREAT | O_EXCL, 0600, 1);
  if (semaphore == SEM_FAILED) {
    fprintf(stderr, "ERROR: Opening the semaphore failed: %s\n", strerror(errno));
    exit(1);
  }
}

void shutdown_control_mechanism() {
  if (sem_close(semaphore) < 0) {
    fprintf(stderr, "ERROR: Closing the semaphore failed: %s\n", strerror(errno));
    exit(1);
  }
  if (sem_unlink("/sem0") < 0) {
    fprintf(stderr, "ERROR: Unlinking failed: %s\n", strerror(errno));
    exit(1);
  }
}

void init_shared_resource() {
  ... [예제 17-6]의 내용 ...
}

void shutdown_shared_resource() {
  ... [예제 17-6]의 내용 ...
}
```

[예제 17-6]과 비교하면 새로운 두 함수 init_control_mechanism과 shutdown_control_mechanism이 추가되었습니다. 또한 [코드 박스 18-3]에 있는 inc_counter 함수에도 몇 가지 변경 사항이 있습니다. 이 함수는 세마포어를 사용하고 내부에서 임계 구역을 형성합니다.

init_control_mechanism과 shutdown_control_mechanism 함수 내부에서는 공유 메

모리 API와 비슷한 API를 사용해 열고, 닫으며, 기명 세마포어에 대한 링크를 해제합니다.

sem_open, sem_close, sem_unlink 함수는 shm_open, shm_close, shm_unlink와 비슷해 보일 수 있습니다. 여기에는 차이점이 하나 있는데 sem_open 함수는 파일 서술자 대신 세마포어 포인터를 반환한다는 점입니다.

참고로 이 예제에서 세마포어로 작업하기 위해 사용한 API는 이전에 본 것과 같은 API이며 코드의 나머지 부분도 [예제 17-6] 그대로 변경되지 않은 상태일 수 있습니다. 이 예제에서 세마포어는 값이 1로 초기화되며 그 결과 뮤텍스가 됩니다. 다음 [코드 박스 18-3]은 임계 구역을 나타내며 공유 카운터에서 수행될 읽기 쓰기 작업을 동기화하기 위해 세마포어를 사용하는 법을 보여줍니다.

코드 박스 18-3 공유 카운터가 증가하는 임계 구역(ExtremeC_examples_chapter18_1.c)

```
void inc_counter() {
  usleep(1);
  sem_wait(semaphore); // 반환값을 검사해야 합니다.
  int32_t temp = *counter;
  usleep(1);
  temp++;
  usleep(1);
  *counter = temp;
  sem_post(semaphore); // 반환값을 검사해야 합니다.
  usleep(1);
}
```

[예제 17-6]과 비교하면 inc_counter 함수 안에서 sem_wait과 sem_post 함수가 각각 임계 구역에 들어오고 나가기 위해 사용됩니다.

다음 [코드 박스 18-4]에는 main 함수가 있습니다. 이는 [예제 17-6]과 거의 비슷하지만, 처음과 마지막 부분에 일부 변경 사항이 있습니다. [코드 박스 18-2]에서 본 두 가지 새로운 함수가 추가된 부분이 그에 해당합니다.

```
int main(int argc, char** argv) {

  // 부모 프로세스는 공유된 리소스를 초기화해야 합니다.
  init_shared_resource();

  // 부모 프로세스는 제어 메커니즘을 초기화해야 합니다.
  init_control_mechanism();

  ... [예제 17-6]의 내용 ...

  // 부모 프로세스만 공유된 리소스와 사용한 제어 메커니즘을 종료시켜야 합니다.
  if (pid) {
    shutdown_shared_resource();
    shutdown_control_mechanism();
  }

  return 0;
}
```

다음 [셸 박스 18-1]에서는 [예제 18-1]을 두 번 연속 실행한 출력 결과를 볼 수 있습니다.

셸 박스 18-1 리눅스에서 빌드하고 [예제 18-1]을 두 번 연속해 실행하기

```
$ gcc ExtremeC_examples_chapter18_1.c -lrt -lpthread -o ex18_1.out
$ ./ex18_1.out
Shared memory fd is: 3
The memory region is truncated.
The child process sees the counter as 1.
The parent process sees the counter as 2.
The child process finished with status 0.
$ ./ex18_1.out
Shared memory fd is: 3
The memory region is truncated.
The parent process sees the counter as 1.
The child process sees the counter as 2.
The child process finished with status 0.
$
```

참고로 이 코드는 POSIX 세마포어를 사용하므로 **pthread** 라이브러리와 링크해야 합니다. 또한 공유 메모리를 사용하려면 리눅스의 **rt** 라이브러리와 링크해야 합니다.

앞의 출력 결과는 명확합니다. 때로는 자식 프로세스가 먼저 CPU를 얻어서 카운터를 증가시키며, 때로는 부모 프로세스가 그렇게 합니다. 두 프로세스가 모두 임계 구역에 들어가는 경우는 없으며, 따라서 두 프로세스 모두 공유 카운터에 대한 데이터 무결성을 충족합니다.

참고로 기명 세마포어를 이용하려고 fork API를 사용할 필요는 없습니다. 부모나 자식 프로세스가 아닌 완전히 별개의 프로세스일 때는, 동일한 머신과 동일한 운영체제 내에서 실행된다면 계속 열려 있는 채로 같은 세마포어를 사용할 수 있습니다. [예제 18-3]에 이것이 어떻게 가능한지 나타나 있습니다.

이 절에서 마지막으로 알아야 할 점은 유닉스 계열 운영체제에서는 두 종류의 기명 세마포어가 있다는 것입니다. 하나는 **시스템 V 세마포어**이고 다른 하나는 **POSIX 세마포어**입니다. 이번 절에서는 POSIX 세마포어를 설명했는데, 이 세마포어가 API와 성능에 대한 평판이 더 좋기 때문입니다. 다음 링크는 시스템 V 세마포어와 POSIX 세마포어의 차이점을 잘 설명한 스택 오버플로 질문입니다(https://stackoverflow.com/questions/368322/differences-between-system-v-and-posix-semaphores).

> **NOTE_** 마이크로소프트 윈도우에서 세마포어를 사용할 때는 POSIX와 호환되지 않으며 세마포어를 생성하고 관리하는 자체 API가 있습니다.

다음 절에서는 기명 뮤텍스를 설명합니다. 요약하자면 기명 뮤텍스는 공유 메모리 영역에 위치하는 일반적인 뮤텍스 객체입니다.

18.3 기명 뮤텍스

POSIX 뮤텍스는 멀티스레드 프로그램에서만 작동합니다. 이는 **16장**에서 예제로 살펴봤습니다. 하지만 멀티프로세스 환경은 이에 해당하지 않습니다. 여러 프로세스 사이에서 뮤텍스가 작동하도록 하려면 모든 프로세스가 접근할 수 있는 공간에서 뮤텍스를 정의해야 합니다.

이때 공유하기 가장 좋은 장소는 공유 메모리 영역입니다. 따라서 멀티프로세스 환경에서 뮤텍스가 작동하려면 공유 메모리 영역에 배치해야 합니다.

18.3.1 첫 번째 예제

다음 [예제 18-2]는 [예제 18-1]을 복제한 것이지만, 기명 세마포어 대신 기명 뮤텍스를 사용해 잠재적인 경쟁 상태를 해결합니다. 또한 공유 메모리 영역을 만드는 방법과 이 영역을 사용해 공유 뮤텍스를 저장하는 법을 나타냅니다.

공유 메모리 객체 각각은 전역 이름이 있으므로 공유 메모리 영역에 저장된 뮤텍스는 **기명**named 이라고 볼 수 있으며 전체 시스템에서 다른 프로세스가 접근할 수 있습니다.

[코드 박스 18-5]는 [예제 18-2]에 필요한 선언을 나타냅니다. 이 코드는 공유 뮤텍스를 위해 필요한 것이 무엇인지 보여줍니다.

코드 박스 18-5 [예제 18-2]에 대한 전역 선언(ExtremeC_examples_chapter18_2.c)

```
#include <stdio.h>
...
#include <pthread.h> // pthread_mutex_* 함수를 사용하기 위한 헤더

#define SHARED_MEM_SIZE 4

// 공유된 메모리 객체를 참조하기 위해 사용된 공유된 파일 서술자
int shared_fd = -1;

// 뮤텍스의 공유된 메모리 객체를 참조하기 위해 사용된 공유된 파일 서술자
int mutex_shm_fd = -1;

// 공유된 카운터에 대한 포인터
int32_t* counter = NULL;

// 공유된 뮤텍스에 대한 포인터
pthread_mutex_t* mutex = NULL;
```

다음을 선언했습니다.

- 공유 카운터 변수를 저장하는 공유 메모리 영역을 가리키는 전역 파일 서술자

- 공유 뮤텍스를 저장하는 공유 메모리 영역에 대한 전역 파일 서술자

- 공유 카운터에 대한 포인터

- 공유 뮤텍스에 대한 포인터

이러한 변수는 이후에 나올 로직에 따라 값이 채워집니다.

다음 [코드 박스 18-6]은 [예제 18-1]의 모든 함수를 나타내지만, 이 정의는 기명 세마포어 대신 기명 뮤텍스로 작업하도록 업데이트됩니다.

코드 박스 18-6 [예제 18-2]의 init_control_mechanism 함수(ExtremeC_examples_chapter18_2.c)

```c
void init_control_mechanism() {
  // 뮤텍스 공유 메모리를 열기
  mutex_shm_fd = shm_open("/mutex0", O_CREAT | O_RDWR, 0600);
  if (mutex_shm_fd < 0) {
    fprintf(stderr, "ERROR: Failed to create shared memory: %s\n", strerror(errno));
    exit(1);
  }
  // 뮤텍스의 공유된 메모리 영역을 할당하고 잘라내기
  if (ftruncate(mutex_shm_fd, sizeof(pthread_mutex_t)) < 0) {
    fprintf(stderr, "ERROR: Truncation of mutex failed: %s\n", strerror(errno));
    exit(1);
  }
  // 뮤텍스의 공유된 메모리를 매핑하기
  void* map = mmap(0, sizeof(pthread_mutex_t),
          PROT_READ | PROT_WRITE, MAP_SHARED, mutex_shm_fd, 0);
  if (map == MAP_FAILED) {
    fprintf(stderr, "ERROR: Mapping failed: %s\n", strerror(errno));
    exit(1);
  }
  mutex = (pthread_mutex_t*)map;
  // 뮤텍스 객체 초기화하기
  int ret = -1;
  pthread_mutexattr_t attr;
  if ((ret = pthread_mutexattr_init(&attr))) {
    fprintf(stderr, "ERROR: Failed to init mutex attrs: %s\n", strerror(ret));
    exit(1);
  }
  if ((ret = pthread_mutexattr_setpshared(&attr,
                PTHREAD_PROCESS_SHARED))) {
    fprintf(stderr, "ERROR: Failed to set the mutex attr: %s\n", strerror(ret));
    exit(1);
  }
  if ((ret = pthread_mutex_init(mutex, &attr))) {
    fprintf(stderr, "ERROR: Initializing the mutex failed: %s\n", strerror(ret));
    exit(1);
  }
```

```
    if ((ret = pthread_mutexattr_destroy(&attr))) {
      fprintf(stderr, "ERROR: Failed to destroy mutex attrs : %s\n", strerror(ret));
      exit(1);
    }
  }
```

init_control_mechanism 함수에서 /mutex0이라는 이름의 새로운 공유 메모리 객체를 생성했습니다. 공유 메모리 영역의 크기는 sizeof(pthread_mutex_t)로 초기화되는데, 이는 POSIX 뮤텍스 객체를 그곳에 공유하기 위한 작업입니다.

이어서 공유 메모리 영역에 대한 포인터를 얻습니다. 이제는 공유 메모리에 할당된 뮤텍스가 있지만, 초기화는 해야 합니다. 따라서 다음 단계는 pthread_mutex_init 함수를 사용해 뮤텍스 객체를 초기화하는 일입니다. 이 함수에는 뮤텍스 객체가 다른 프로세스에 공유되어야 하고 다른 프로세스가 접근할 수 있어야 한다고 나타내는 속성이 있습니다. 이는 특히 중요합니다. 그렇지 않다면 공유 메모리 영역에 뮤텍스가 존재한다고 하더라도, 멀티프로세스 환경에서 작동하지 못합니다. 앞의 코드 박스와 init_control_mechanism 함수에서 봤듯이, PTHREAD_PROCESS_SHARED 속성을 설정해서 뮤텍스가 공유되었음을 표시했습니다. 다음 함수를 살펴봅시다.

코드 박스 18-7 [예제 18-2]의 destroy_control_mechanism 함수(ExtremeC_examples_chapter18_2.c)

```
void shutdown_control_mechanism() {
  int ret = -1;
  if ((ret = pthread_mutex_destroy(mutex))) {
    fprintf(stderr, "ERROR: Failed to destroy mutex: %s\n", strerror(ret));
    exit(1);
  }
  if (munmap(mutex, sizeof(pthread_mutex_t)) < 0) {
    fprintf(stderr, "ERROR: Unmapping the mutex failed: %s\n", strerror(errno));
    exit(1);
  }
  if (close(mutex_shm_fd) < 0) {
    fprintf(stderr, "ERROR: Closing the mutex failed: %s\n", strerror(errno));
    exit(1);
  }
  if (shm_unlink("/mutex0") < 0) {
    fprintf(stderr, "ERROR: Unlinking the mutex failed: %s\n", strerror(errno));
    exit(1);
```

```
      }
  }
```

destroy_control_mechanism 함수에서는 뮤텍스 객체를 삭제한 다음 공유 메모리 영역을
닫고 링크를 해제합니다. 이는 일반적인 공유 메모리 객체를 삭제하는 것과 같은 방식입니다.
계속해서 예제의 다른 코드를 봅시다.

코드 박스 18-8 [예제 18-1]에서 본 것과 같은 함수들(ExtremeC_examples_chapter18_2.c)

```
  void init_shared_resource() {
    ... [예제 18-1의 내용] ...
  }

  void shutdown_shared_resource() {
    ... [예제 18-1의 내용] ...
  }
```

이 함수는 변경된 내용이 전혀 없으므로 [예제 18-1]의 함수와 같습니다. inc_counter 함수
의 임계 구역을 살펴봅시다. 여기서는 이제 기명 세마포어 대신에 기명 뮤텍스를 사용합니다.

코드 박스 18-9 공유 카운터를 보호하기 위해 공유 뮤텍스를 사용하는 임계 구역 (ExtremeC_examples_chapter18_2.c)

```
  void inc_counter() {
    usleep(1);
    pthread_mutex_lock(mutex);      // 반환값을 검사해야 합니다.
    int32_t temp = *counter;
    usleep(1);
    temp++;
    usleep(1);
    *counter = temp;
    pthread_mutex_unlock(mutex);  // 반환값을 검사해야 합니다.
    usleep(1);
  }

  int main(int argc, char** argv) {
    ... [예제 18-1의 내용] ...
  }
```

이 [코드 박스 18-9]에서 보듯이 [예제 18-1]과는 몇 가지 차이점이 있습니다. 특히 함수 세

개만 변경 사항이 많습니다. main 함수는 변경 사항이 없으며 [예제 18-1]과 똑같습니다. [예제 18-1]과는 다른 제어 메커니즘을 사용했지만, 나머지 로직은 그대로이기 때문입니다.

[코드 박스 18-9]에 대한 마지막 참고 사항은 inc_counter 함수가 멀티스레드 프로그램과 정확히 같은 방식으로 뮤텍스 객체를 사용했다는 점입니다. API는 같으며, 같은 API를 사용하는 멀티스레드 및 멀티프로세스 환경에서 모두 뮤텍스를 사용할 수 있도록 설계했습니다. 이는 POSIX 뮤텍스의 뛰어난 특징입니다. 이러한 객제를 사용할 때 멀티스레드 및 멀티프로세스 환경에서 똑같이 작성된 코드를 사용할 수 있기 때문입니다. 하지만 물론 초기화와 삭제는 다를 수 있습니다.

앞의 코드에 대한 출력은 [예제 18-1]에서 본 것과 매우 비슷합니다. 하지만 이번 예제에서는 공유 카운터가 뮤텍스에 의해 보호됩니다. 이전 예제에서는 세마포어가 공유 카운터를 보호했습니다. 앞의 예제에서 사용된 세마포어는 사실 이진 세마포어이며, **16장**에서 이진 세마포어는 뮤텍스를 따라 할 수 있다고 설명했습니다. 그러므로 [예제 18-2]에서 이진 세마포어를 뮤텍스로 대체했다는 점 외에 그리 새로운 부분은 없습니다.

18.3.2 두 번째 예제

이름이 붙은 공유 메모리 및 뮤텍스는 시스템 전체에서 모든 프로세스가 사용할 수 있습니다. 이들 객체를 사용하기 위해 포크된 프로세스가 있어야 하는 것은 아닙니다. 다음 [예제 18-3]은 동시에 실행 중인 여러 프로세스를 한 번에 종료하기 위해 공유 뮤텍스와 공유 메모리를 사용하는 법을 나타냅니다. 키 조합 [Ctrl] + [C]를 눌러서 프로세스 중 하나를 종료하기만 하면 모든 프로세스가 종료됩니다.

참고로 코드는 여러 단계로 제공됩니다. 각 단계와 관련된 주석은 바로 뒤에서 제공합니다. 첫 번째 단계를 살펴봅시다.

1단계: 전역 선언

이 예제에서는 여러 프로세스를 생성하기 위해 컴파일 및 실행을 여러 번 할 수 있는 소스 파일 하나를 작성합니다. 프로세스는 공유 메모리 영역을 사용해서 실행을 동기화합니다. 프로세스 중 하나는 공유 메모리 영역의 소유자로 선택되며, 공유 메모리 영역의 생성과 삭제를 관리합니다. 다른 프로세스는 공유 메모리를 생성하기만 합니다.

첫 번째 단계는 전체 코드에서 필요한 전역 객체를 선언하는 일입니다. 초기화는 나중에 하겠습니다. 다음 [코드 박스 18-10]에 정의된 **mutex**와 같은 전역 변수는 프로세스 사이에서 실제로 공유되지 않으니 주의하세요. 프로세스는 자신의 메모리 공간에 이러한 전역 변수를 두지만, 각 프로세스는 자신의 전역 변수를 여러 공유 메모리 영역에 위치한 객체 또는 변수에 매핑합니다.

코드 박스 18-10 [예제 18-3]에 대한 전역 선언(ExtremeC_examples_chapter18_3.c)

```
#include <stdio.h>
...
#include <pthread.h> // pthread_mutex_* 함수를 사용하기 위한 헤더

typedef uint16_t bool_t;

#define TRUE 1
#define FALSE 0

#define MUTEX_SHM_NAME "/mutex0"
#define SHM_NAME "/shm0"

// 취소 플래그를 포함하는 공유된 메모리 객체를
// 참조하기 위해 사용되는 공유된 파일 서술자
int cancel_flag_shm_fd = -1;

// 현재 프로세스가 공유된 메모리 객체를 소유하는지를 나타내는 플래그
bool_t cancel_flag_shm_owner = FALSE;

// 뮤텍스의 공유된 메모리 객체를 참조하기 위해 사용되는 공유된 파일 서술자
int mutex_shm_fd = -1;

// 공유된 뮤텍스
pthread_mutex_t* mutex = NULL;

// 현재 프로세스가 공유된 메모리 객체를 소유하는지를 나타내는 플래그
bool_t mutex_owner = FALSE;

// 공유된 메모리에 저장된 취소 플래그에 대한 포인터
bool_t* cancel_flag = NULL;
```

이 코드에서는 코드에 사용된 전역 선언을 확인할 수 있습니다. 취소 신호에 대해서는 프로세스가 알 수 있도록 공유 플래그를 사용하려고 합니다. 참고로 이 예제에서는 바쁜 대기 접근법을 취해서 취소 플래그가 true가 되기를 기다리려고 합니다.

취소 플래그에 대해 지정된 공유 메모리 객체 및 [예제 18-2]에서 한 것처럼 플래그를 보호하는 뮤텍스에 대한 또 다른 공유 메모리 객체가 있습니다. 구조체 하나를 만들고, 구조체 필드에 취소 플래그 및 뮤텍스 객체를 성의할 수 있으며, ⏌다음 이를 저장하기 위해 공유 메모리 영역 하나를 사용할 수 있었습니다. 하지만 목적을 달성하기 위해 공유 메모리 영역을 나누는 방법을 선택했습니다.

이 예제의 공유 메모리 객체에 대한 한 가지 중요한 점은, 정리^{cleanup}는 처음에 생성 및 초기화된 프로세스가 수행해야 한다는 점입니다. 모든 프로세스가 같은 코드를 사용하므로, 어느 프로세스가 특정한 공유 메모리 객체를 생성했는지 알아야 하며 그 프로세스를 해당 객체에 대한 소유자로 만들어야 합니다. 그런 다음 객체를 정리할 때는 소유자 프로세스만이 계속해서 실제로 정리를 수행할 수 있습니다. 따라서 그러려면 `mutex_owner`와 `cancel_flag_shm_owner`라는 두 불리언 변수를 선언해야 했습니다.

2단계: 플래그의 공유 메모리 취소

다음 [코드 박스 18-11]은 취소 플래그에 지정된 공유 메모리 영역에 대한 초기화를 나타냅니다.

코드 박스 18-11 취소 플래그의 공유 메모리에 대한 초기화(ExtremeC_examples_chapter18_3.c)

```
void init_shared_resource() {
  // 공유된 메모리 객체를 열기
  cancel_flag_shm_fd = shm_open(SHM_NAME, O_RDWR, 0600);
  if (cancel_flag_shm_fd >= 0) {
    cancel_flag_shm_owner = FALSE;
    fprintf(stdout, "The shared memory object is opened.\n");
  } else if (errno == ENOENT) {
    fprintf(stderr, "WARN: The shared memory object doesn't exist.\n");
    fprintf(stdout, "Creating the shared memory object ...\n");
    cancel_flag_shm_fd = shm_open(SHM_NAME, O_CREAT | O_EXCL | O_RDWR, 0600);
    if (cancel_flag_shm_fd >= 0) {
      cancel_flag_shm_owner = TRUE;
      fprintf(stdout, "The shared memory object is created.\n");
```

```
  } else {
      fprintf(stderr, "ERROR: Failed to create shared memory: %s\n", strerror(errno));
      exit(1);
  }
  } else {
      fprintf(stderr, "ERROR: Failed to create shared memory: %s\n", strerror(errno));
    exit(1);
  }
  if (cancel_flag_shm_owner) {
    // 공유된 메모리 영역을 할당하고 잘라내기
    if (ftruncate(cancel_flag_shm_fd, sizeof(bool_t)) < 0) {
      fprintf(stderr, "ERROR: Truncation failed: %s\n", strerror(errno));
      exit(1);
    }
    fprintf(stdout, "The memory region is truncated.\n");
  }
  // 공유된 메모리를 매핑하고 취소 플래그를 초기화하기
  void* map = mmap(0, sizeof(bool_t), PROT_WRITE, MAP_SHARED, cancel_flag_shm_fd, 0);
  if (map == MAP_FAILED) {
    fprintf(stderr, "ERROR: Mapping failed: %s\n", strerror(errno));
    exit(1);
  }
  cancel_flag = (bool_t*)map;
  if (cancel_flag_shm_owner) {
    *cancel_flag = FALSE;
  }
}
```

이 접근법은 [예제 18-2]와는 다릅니다. 새로운 프로세스가 실행될 때마다 이미 다른 프로세스가 공유 메모리 객체를 생성했는지 확인해야 하기 때문입니다. 참고로 이 예제에서는 fork API를 사용해서 새로운 프로세스를 생성하지는 않으며, 사용자는 자의로 셸을 사용해 새 프로세스를 시작할 수 있습니다.

이러한 이유로 새 프로세스는 플래그 O_RDWF만을 제공해 공유 메모리 영역을 열려고 합니다. 성공하면 현재 프로세스가 해당 영역의 소유자가 아니라는 신호가 되며, 계속해서 공유 메모리 영역을 매핑합니다. 실패하면 공유 메모리 영역이 존재하지 않는다는 의미이며, 현재 프로세스가 공유 메모리 영역을 생성해서 그 소유자가 되어야 함을 뜻합니다. 그래서 프로세스는 계속해서 다른 플래그 O_CREAT와 O_EXCL로 공유 메모리 영역을 열려고 합니다. 이 플래그들은 공유 메모리 객체가 존재하지 않으면 공유 메모리 객체를 생성합니다.

생성에 성공하면 현재 프로세스는 소유자가 되며, 계속해서 공유 메모리 영역을 자르고 매핑합니다.

이전의 시나리오에서는 **shm_open** 함수를 두 번 연속 호출하는 사이에 다른 프로세스가 공유 메모리 영역을 생성함에 따라 두 번째 함수 **shm_open**이 실패할 여지가 있었습니다. 플래그 **O_EXCL**은 현재 프로세스가 이미 존재하는 객체를 생성하는 것을 방지하며, 객체가 이미 존재할 때는 알맞은 오류 메시지를 나타내고 종료합니다. 매우 드물겠지만 이런 경우가 발생한다면 프로세스를 다시 실행해야 하며, 두 번째 실행에서는 동일한 문제가 발생하지 않습니다.

다음 코드는 취소 플래그 및 해당 공유 메모리 영역을 삭제하는^{destruct} 역방향 작업입니다.

코드 박스 18-12 취소 플래그의 공유 메모리에 할당된 리소스 닫기(ExtremeC_examples_chapter18_3.c)

```
void shutdown_shared_resource() {
  if (munmap(cancel_flag, sizeof(bool_t)) < 0) {
    fprintf(stderr, "ERROR: Unmapping failed: %s\n", strerror(errno));
    exit(1);
  }
  if (close(cancel_flag_shm_fd) < 0) {
    fprintf(stderr, "ERROR: Closing the shared memory fd filed: %s\n",
            strerror(errno));
    exit(1);
  }
  if (cancel_flag_shm_owner) {
    sleep(1);
    if (shm_unlink(SHM_NAME) < 0) {
      fprintf(stderr, "ERROR: Unlinking the shared memory failed: %s\n",
              strerror(errno));
      exit(1);
    }
  }
}
```

[코드 박스 18-12]에서 볼 수 있듯, 작성된 로직은 지금까지 이전 예제에서 공유 메모리 객체를 해제하는 것과 아주 비슷합니다. 하지만 소유자 프로세스만이 공유 메모리 객체의 링크를 해제할 수 있다는 차이가 있습니다. 소유자 프로세스는 공유 메모리 객체의 링크를 해제하기 전 1초를 기다리는데, 이는 다른 프로세스가 자원을 마무리하도록 하기 위해서라는 점에 유의하세요. 대부분의 POSIX 호환 시스템에서 공유 메모리 객체는 의존하는 프로세스가 모두 종

료될 때까지 남아 있으므로, 일반적으로 이러한 대기가 꼭 필요하지는 않습니다.

3단계: 기명 뮤텍스 공유 메모리

다음 [코드 박스 18-13]은 공유 뮤텍스 및 이와 연관된 공유 메모리 객체를 초기화하는 법을 나타냅니다.

코드 박스 18-13 공유 뮤텍스 및 해당 공유 메모리 영역 초기화(ExtremeC_examples_chapter18_3.c)

```
void init_control_mechanism() {
  // 뮤텍스 공유 메모리를 열기
  mutex_shm_fd = shm_open(MUTEX_SHM_NAME, O_RDWR, 0600);
  if (mutex_shm_fd >= 0) {
    // 뮤텍스의 공유된 객체가 존재하며 이제 자신이 소유자입니다.
    mutex_owner = FALSE;
    fprintf(stdout, "The mutex's shared memory object is opened.\n");
  } else if (errno == ENOENT) {
    fprintf(stderr, "WARN: Mutex's shared memory doesn't exist.\n");
    fprintf(stdout, "Creating the mutex's shared memory object ...\n");
    mutex_shm_fd = shm_open(MUTEX_SHM_NAME, O_CREAT | O_EXCL | O_RDWR, 0600);
    if (mutex_shm_fd >= 0) {
      mutex_owner = TRUE;
      fprintf(stdout, "The mutex's shared memory object is created.\n");
    } else {
      fprintf(stderr, "ERROR: Failed to create mutex's shared memory: %s\n",
              strerror(errno));
      exit(1);
    }
  } else {
    fprintf(stderr, "ERROR: Failed to create mutex's shared memory: %s\n",
            strerror(errno));
    exit(1);
  }
  if (mutex_owner) {
    // 뮤텍스의 공유된 메모리 영역을 할당하고 잘라내기
    if (ftruncate(mutex_shm_fd, sizeof(pthread_mutex_t)) < 0) {
      fprintf(stderr, "ERROR: Truncation of the mutex failed: %s\n",
      strerror(errno));
      exit(1);
    }
  }
  // 뮤텍스의 공유된 메모리를 매핑하기
```

```
  void* map = mmap(0, sizeof(pthread_mutex_t),
          PROT_READ | PROT_WRITE, MAP_SHARED, mutex_shm_fd, 0);
  if (map == MAP_FAILED) {
    fprintf(stderr, "ERROR: Mapping failed: %s\n", strerror(errno));
    exit(1);
  }
  mutex = (pthread_mutex_t*)map;
  if (mutex_owner) {
    int ret = -1;
    pthread_mutexattr_t attr;
    if ((ret = pthread_mutexattr_init(&attr))) {
      fprintf(stderr, "ERROR: Initializing mutex attributes failed: %s\n",
            strerror(ret));
      exit(1);
    }
    if ((ret = pthread_mutexattr_setpshared(&attr, PTHREAD_PROCESS_SHARED))) {
      fprintf(stderr, "ERROR: Setting the mutex attribute failed: %s\n",
            strerror(ret));
      exit(1);
    }
    if ((ret = pthread_mutex_init(mutex, &attr))) {
      fprintf(stderr, "ERROR: Initializing the mutex failed: %s\n",
            strerror(ret));
      exit(1);
    }
    if ((ret = pthread_mutexattr_destroy(&attr))) {
      fprintf(stderr, "ERROR: Destruction of mutex attributes failed: %s\n",
            strerror(ret));
      exit(1);
    }
  }
}
```

취소 플래그와 관련한 공유 메모리 영역을 생성할 때 한 작업과 비슷하게, 공유 뮤텍스 아래의 공유 메모리 영역을 생성하고 초기화하기 위해 같은 작업을 했습니다. 참고로 [예제 18-2]와 마찬가지로 뮤텍스를 PTHREAD_PROCESS_SHARED로 표시해 여러 프로세스가 사용할 수 있도록 합니다.

다음 코드는 공유 뮤텍스를 마무리하는 법을 나타냅니다.

```
void shutdown_control_mechanism() {
  sleep(1);
  if (mutex_owner) {
    int ret = -1;
    if ((ret = pthread_mutex_destroy(mutex))) {
      fprintf(stderr, "WARN: Destruction of the mutex failed: %s\n",
              strerror(ret));
    }
  }
  if (munmap(mutex, sizeof(pthread_mutex_t)) < 0) {
    fprintf(stderr, "ERROR: Unmapping the mutex failed: %s\n", strerror(errno));
    exit(1);
  }
  if (close(mutex_shm_fd) < 0) {
    fprintf(stderr, "ERROR: Closing the mutex failed: %s\n", strerror(errno));
    exit(1);
  }
  if (mutex_owner) {
    if (shm_unlink(MUTEX_SHM_NAME) < 0) {
      fprintf(stderr, "ERROR: Unlinking the mutex failed: %s\n", strerror(errno));
      exit(1);
    }
  }
}
```

다시 강조하자면 공유 뮤텍스에 대한 공유 메모리 객체의 링크를 해제할 수 있는 것은 소유자 프로세스뿐입니다.

4단계: 취소 플래그 설정하기

다음 [코드 박스 18-15]는 프로세스가 취소 플래그를 읽거나 설정할 수 있도록 하는 함수를 나타냅니다.

코드 박스 18-15 공유 뮤텍스가 보호하는 취소 플래그를 읽거나 설정하는, 동기화된 함수(ExtremeC_examples_chapter18_3.c)

```
bool_t is_canceled() {
  pthread_mutex_lock(mutex);     // 반환값을 검사해야 합니다.
  bool_t temp = *cancel_flag;
```

```
  pthread_mutex_unlock(mutex);  // 반환값을 검사해야 합니다.
  return temp;
}

void cancel() {
  pthread_mutex_lock(mutex);    // 반환값을 검사해야 합니다.
  *cancel_flag = TRUE;
  pthread_mutex_unlock(mutex);  // 반환값을 검사해야 합니다.
}
```

앞의 두 함수는 공유된 취소 플래그에 동기화된 접근을 할 수 있도록 합니다. 함수 `is_canceled`는 플래그의 값을 검사하며 함수 `cancel`은 플래그를 설정하는 데 사용합니다. 보다시피 두 함수 모두 같은 공유 뮤텍스가 보호합니다.

5단계: 메인 함수

마지막으로 다음 [코드 박스 18-16]은 main 함수 및 곧 설명할 **신호 핸들러**signal handler를 나타냅니다.

코드 박스 18-16 [예제 18-3]의 main 함수와 신호 핸들러(ExtremeC_examples_chapter18_3.c)

```
void sigint_handler(int signo) {
  fprintf(stdout, "\nHandling INT signal: %d ...\n", signo);
  cancel();
}

int main(int argc, char** argv) {

  signal(SIGINT, sigint_handler);

  // 부모 프로세스는 공유된 리소스를 초기화해야 합니다.
  init_shared_resource();

  // 부모 프로세스는 제어 메커니즘을 초기화해야 합니다.
  init_control_mechanism();

  while(!is_canceled()) {
    fprintf(stdout, "Working ...\n");
    sleep(1);
  }
```

```
    fprintf(stdout, "Cancel signal is received.\n");

    shutdown_shared_resource();
    shutdown_control_mechanism();

    return 0;
}
```

---

main 함수 내의 로직은 명확하고 간단합니다. 공유 플래그 및 뮤텍스를 초기화하며 취소 플래그가 **true**가 될 때까지 바쁜 대기에 들어갑니다. 마지막으로 모든 공유 리소스를 닫고 종료합니다.

여기서 한 가지 새로운 점은 **signal** 함수를 사용해 특정 신호 집합에 대한 신호 핸들러를 할당한다는 것입니다. 신호는 모든 POSIX 호환 운영체제에서 제공하는 기능으로, 이 기능을 사용해서 시스템 내의 프로세스는 서로 신호를 보낼 수 있습니다. 터미널은 사용자와 상호작용하는 일반적인 하나의 프로세스이며 다른 프로세스에도 신호를 보내도록 사용할 수 있습니다. **[Ctrl] + [C]** 키를 누르면 터미널에서 실행 중인 포그라운드^{foreground} 프로세스로 **SIGINT**를 편리하게 전달할 수 있습니다.

SIGINT는 프로세스가 받을 수 있는 **인터럽트 신호**^{interrupt signal}입니다. 앞의 코드에서는 함수에 **sigint_handler**를 할당해 **SIGINT** 신호에 대한 핸들러가 되도록 했습니다. 즉, 프로세스가 **SIGINT** 신호를 받을 때마다 함수 **sigint_handler**가 호출됩니다. 만약 **SIGINT**가 처리되지 않는다면 기본 루틴은 프로세스를 종료하는 것이지만, 이와 같은 신호 핸들러를 사용해 오버라이딩할 수 있습니다.

SIGINT 신호를 프로세스로 전달하는 여러 가지 방법 중에서도 가장 쉬운 것은 키보드에서 **[Ctrl] + [C]** 키를 누르는 것입니다. 프로세스는 즉시 **SIGINT** 신호를 받습니다. 신호 핸들러 내에서 공유된 취소 플래그를 **true**로 설정하며, 이후 모든 프로세스는 바쁜 대기 루프를 종료하기 시작합니다.

다음 [셸 박스 18-2]는 앞의 코드를 컴파일하고 작동하는 방법에 관한 예시입니다. 앞의 코드를 빌드해 첫 번째 프로세스를 실행해봅시다.

```
$ gcc ExtremeC_examples_chapter18_3.c -lpthread -lrt -o ex18_3.out
$ ./ex18_3.out
WARN: The shared memory object doesn't exist.
Creating a shared memory object ...
The shared memory object is created.
The memory region is truncated.
WARN: Mutex's shared memory object doesn't exist.
Creating the mutex's shared memory object ...
The mutex's shared memory object is created.
Working ...
Working ...
Working ...
```

이 프로세스는 가장 먼저 실행되어야 하므로 뮤텍스 및 취소 플래그의 소유자입니다. 다음 [셀 박스 18-3]은 두 번째 프로세스를 실행한 결과입니다.[1]

셀 박스 18-3 두 번째 프로세스 실행하기

```
$ ./ex18_3.out
The shared memory object is opened.
The mutex's shared memory object is opened.
Working ...
Working ...
Working ...
```

두 번째 프로세스는 공유 메모리 객체를 열 뿐, 소유자는 아닙니다. 다음 [셀 박스 18-4]의 출력 결과는 첫 번째 프로세스에서 [Ctrl] + [C] 키를 눌렀을 때 나타나는 결과입니다.

셀 박스 18-4 [Ctrl] + [C] 키를 눌렀을 때 첫 번째 프로세스의 출력

```
...
Working ...
Working ...
^C
Handling INT signal: 2 ...
Cancel signal is received.
$
```

---

1 옮긴이_ [셀 박스 18-3]은 새로운 터미널을 열어서 실행합니다.

첫 번째 프로세스는 SIGINT의 표준 신호인 숫자 2로 신호를 처리한다고 출력합니다. 첫 번째 프로세스는 취소 플래그를 설정하고 즉시 종료합니다. 그다음 두 번째 프로세스가 종료됩니다. 다음 [셸 박스 18-5]는 두 번째 프로세스의 출력 결과입니다.

셸 박스 18-5 취소 플래그가 설정되었는지 확인한 경우 두 번째 프로세스의 출력

```
...
Working ...
Working ...
Working ...
Cancel signal is received.
$
```

SIGINT를 두 번째 프로세스에 전달할 수도 있으며 그 결과는 동일합니다. 두 프로세스는 신호를 받고 나면 종료합니다. 또한 프로세스를 두 개 이상 생성할 수 있으며 모든 프로세스는 같은 메모리 및 뮤텍스를 사용해 동기적으로 종료합니다.

다음 절에서는 조건 변수를 사용하는 법을 살펴봅니다. 기명 뮤텍스처럼 공유 메모리 영역에 조건 변수를 둘 때는 공유 메모리의 이름을 사용해 여러 프로세스가 조건 변수에 접근 및 사용할 수 있습니다.

18.4 기명 조건 변수

이전에 설명했듯, 기명 POSIX 뮤텍스와 비슷하게 POSIX 조건 변수를 공유 메모리 영역으로 할당해야 합니다. 멀티프로세싱 시스템에서 이 변수를 사용하기 위해서입니다. 지금부터 설명할 [예제 18-4]는 여러 프로세스를 특정 순서대로 집계할 수 있도록 하는 방법을 나타냅니다. **16장**에서 배웠듯 모든 조건 변수는 이 변수를 보호하는 동반자 뮤텍스 객체와 함께 사용되어야 합니다. 따라서 [예제 18-4]에는 세 개의 공유 메모리 영역이 있습니다. 하나는 공유 카운터, 하나는 **기명 조건 변수**named condition variable, 그리고 하나는 공유 조건 변수를 보호하는 공유 **기명 뮤텍스**입니다.

참고로 공유 메모리는 세 개가 아니라 하나를 사용할 수도 있습니다. 이는 필요한 모든 객체가

있는 구조체를 정의하면 가능합니다. 다만 이번 예제에서는 이러한 접근법을 취하지는 않을 것이며 각 객체에 대해 별개의 공유 메모리 영역을 정의하겠습니다.

[예제 18-4]는 오름차순으로 집계하는 여러 프로세스에 관한 내용입니다. 각 프로세스에는 1부터 프로세스의 개수 사이의 숫자가 주어지고, 이 숫자는 다른 프로세스에 대한 해당 프로세스의 순위를 나타냅니다. 프로세스가 집계하려면 먼저 더 작은 숫자(순위)를 갖는 다른 프로세스를 기다려야 하며, 그다음 자신의 차례를 집계하고 종료할 수 있습니다. 가장 마지막에 스폰된 프로세스라 하더라도 당연히 1을 할당받은 프로세스가 먼저 집계됩니다.

공유 메모리 영역은 세 개가 있고 각 영역은 초기화 및 마무리를 위한 단계가 필요하므로, 이전 예제에서 지금까지 한 것과 같은 접근법을 취하려면 코드를 더 많이 복제해야 합니다. 작성할 코드의 양을 줄이고, 함수에서 중복을 걷어내고, 코드를 더 잘 짜기 위해 **6장~8장**에서 다룬 주제 및 절차에 따라 코드를 객체지향적으로 만들겠습니다. [예제 18-4]를 객체지향적인 방식으로 작성하고 상속을 활용해서 복제될 코드의 양을 줄이겠습니다.

공유 메모리 영역에 생성해야 할 모든 클래스에 대한 부모 클래스를 정의하겠습니다. 따라서 공유 메모리 클래스의 부모 클래스가 있을 때 자식 클래스 하나는 공유 카운터에 대해 정의된 것, 또 하나는 공유 기명 뮤텍스, 다른 하나는 공유 기명 조건 변수에 대한 클래스입니다. 각 클래스는 헤더 및 소스 파일 한 쌍을 가지며 이들은 모두 예제의 메인 함수에서 사용됩니다.

다음 절에서는 언급한 클래스를 하나씩 살펴봅니다. 먼저 부모 클래스인 공유 메모리부터 시작해봅시다.

18.4.1 공유 메모리의 클래스

다음 [코드 박스 18-17]은 공유 메모리 클래스에 대한 선언을 나타냅니다.

코드 박스 18-17 [예제 18-4] 공유 메모리 클래스에 대한 공용 인터페이스(ExtremeC_examples_chapter18_4_shared_mem.h)

```
struct shared_mem_t;

typedef int32_t bool_t;

struct shared_mem_t* shared_mem_new();
```

```
void shared_mem_delete(struct shared_mem_t* obj);

void shared_mem_ctor(struct shared_mem_t* obj,
                     const char* name,
                     size_t size);

void shared_mem_dtor(struct shared_mem_t* obj);

char* shared_mem_getptr(struct shared_mem_t* obj);
bool_t shared_mem_isowner(struct shared_mem_t* obj);
void shared_mem_setowner(struct shared_mem_t* obj, bool_t is_owner);
```

이 코드는 공유 메모리 객체를 사용하는 데 필요한 선언(공용 API)을 포함합니다. 함수 shared_mem_getptr, shared_mem_isowner, shared_mem_setowner는 이 클래스의 행위입니다. 만약 문법에 익숙하지 않다면 **6장~8장**을 읽어보세요.

다음 [코드 박스 18-18]은 [코드 박스 18-17]에서 본 것처럼 클래스의 공용 인터페이스에서 선언된 함수의 정의를 나타냅니다.

코드 박스 18-18 공유 메모리 클래스에 있는 모든 함수의 정의(ExtremeC_examples_chapter18_4_shared_mem.c)

```
#include <stdio.h>
#include <stdlib.h>
#include <string.h>
#include <unistd.h>
#include <errno.h>
#include <fcntl.h>
#include <sys/mman.h>

#define TRUE 1
#define FALSE 0

typedef int32_t bool_t;

bool_t owner_process_set = FALSE;
bool_t owner_process = FALSE;

typedef struct {
  char* name;
  int shm_fd;
  void* map_ptr;
```

```c
  char* ptr;
  size_t size;
} shared_mem_t;

shared_mem_t* shared_mem_new() {
  return (shared_mem_t*)malloc(sizeof(shared_mem_t));
}

void shared_mem_delete(shared_mem_t* obj) {
  free(obj->name);
  free(obj);
}

void shared_mem_ctor(shared_mem_t* obj, const char* name, size_t size) {
  obj->size = size;
  obj->name = (char*)malloc(strlen(name) + 1);
  strcpy(obj->name, name);
  obj->shm_fd = shm_open(obj->name, O_RDWR, 0600);
  if (obj->shm_fd >= 0) {
    if (!owner_process_set) {
      owner_process = FALSE;
      owner_process_set = TRUE;
    }
    printf("The shared memory %s is opened.\n", obj->name);
  } else if (errno == ENOENT) {
    printf("WARN: The shared memory %s does not exist.\n", obj->name);
    obj->shm_fd = shm_open(obj->name, O_CREAT | O_RDWR, 0600);
    if (obj->shm_fd >= 0) {
      if (!owner_process_set) {
        owner_process = TRUE;
        owner_process_set = TRUE;
      }
      printf("The shared memory %s is created and opened.\n", obj->name);
      if (ftruncate(obj->shm_fd, obj->size) < 0) {
        fprintf(stderr, "ERROR(%s): Truncation failed: %s\n",
                obj->name, strerror(errno));
        exit(1);
      }
    } else {
      fprintf(stderr,
              "ERROR(%s): Failed to create shared memory: %s\n",
              obj->name, strerror(errno));
      exit(1);
    }
```

```
  } else {
    fprintf(stderr,
            "ERROR(%s): Failed to create shared memory: %s\n",
            obj->name, strerror(errno));
    exit(1);
  }
  obj->map_ptr = mmap(0, obj->size, PROT_READ | PROT_WRITE,
      MAP_SHARED, obj->shm_fd, 0);
  if (obj->map_ptr == MAP_FAILED) {
    fprintf(stderr, "ERROR(%s): Mapping failed: %s\n",
            name, strerror(errno));
    exit(1);
  }
  obj->ptr = (char*)obj->map_ptr;
}

void shared_mem_dtor(shared_mem_t* obj) {
  if (munmap(obj->map_ptr, obj->size) < 0) {
    fprintf(stderr, "ERROR(%s): Unmapping failed: %s\n",
            obj->name, strerror(errno));
    exit(1);
  }
  printf("The shared memory %s is unmapped.\n", obj->name);
  if (close(obj->shm_fd) < 0) {
    fprintf(stderr,
            "ERROR(%s): Closing the shared memory fd failed: %s\n",
            obj->name, strerror(errno));
    exit(1);
  }
  printf("The shared memory %s is closed.\n", obj->name);
  if (owner_process) {
    if (shm_unlink(obj->name) < 0) {
      fprintf(stderr,
              "ERROR(%s): Unlinking the shared memory failed: %s\n",
              obj->name, strerror(errno));
      exit(1);
    }
    printf("The shared memory %s is deleted.\n", obj->name);
  }
}

char* shared_mem_getptr(shared_mem_t* obj) {
  return obj->ptr;
}
```

```
bool_t shared_mem_isowner(shared_mem_t* obj) {
  return owner_process;
}

void shared_mem_setowner(shared_mem_t* obj, bool_t is_owner) {
  owner_process = is_owner;
}
```

보다시피 이전 예제에서 공유 메모리에 대해 작성한 코드를 복제했습니다. 구조체 **shared_mem_t**는 POSIX 공유 메모리 객체를 다루는 데 필요한 것들을 캡슐화합니다. 참고로 전역 불리언 변수는 **process_owner**입니다. 이 변수는 현재 프로세스가 모든 공유 메모리 영역의 소유자인지를 나타냅니다. 이는 한 번만 설정됩니다.

18.4.2 공유된 32비트 정수 카운터의 클래스

다음 [코드 박스 18-19]는 32비트 정수 카운터인 공유된 카운터 클래스에 대한 선언을 포함합니다. 이 클래스는 공유 메모리 클래스로부터 상속받습니다. 알고 있겠지만 상속 관계를 구현하기 위해 **8장**에서 서술한 두 번째 접근법을 사용하고 있습니다.

코드 박스 18-19 공유된 카운터 클래스에 대한 공용 인터페이스(ExtremeC_examples_chapter18_4_shared_int32.h)

```
struct shared_int32_t;

struct shared_int32_t* shared_int32_new();
void shared_int32_delete(struct shared_int32_t* obj);

void shared_int32_ctor(struct shared_int32_t* obj, const char* name);
void shared_int32_dtor(struct shared_int32_t* obj);

void shared_int32_setvalue(struct shared_int32_t* obj, int32_t value);
void shared_int32_setvalue_ifowner(struct shared_int32_t* obj, int32_t value);
int32_t shared_int32_getvalue(struct shared_int32_t* obj);
```

다음 [코드 박스 18-20]은 앞에서 선언한 함수에 대한 구현을 나타냅니다.

```c
#include "ExtremeC_examples_chapter18_4_shared_mem.h"

typedef struct {
  struct shared_mem_t* shm;
  int32_t* ptr;
} shared_int32_t;

shared_int32_t* shared_int32_new(const char* name) {
  shared_int32_t* obj =
      (shared_int32_t*)malloc(sizeof(shared_int32_t));
  obj->shm = shared_mem_new();
  return obj;
}

void shared_int32_delete(shared_int32_t* obj) {
  shared_mem_delete(obj->shm);
  free(obj);
}

void shared_int32_ctor(shared_int32_t* obj, const char* name) {
  shared_mem_ctor(obj->shm, name, sizeof(int32_t));
  obj->ptr = (int32_t*)shared_mem_getptr(obj->shm);
}

void shared_int32_dtor(shared_int32_t* obj) {
  shared_mem_dtor(obj->shm);
}

void shared_int32_setvalue(shared_int32_t* obj, int32_t value) {
  *(obj->ptr) = value;
}

void shared_int32_setvalue_ifowner(shared_int32_t* obj, int32_t value) {
  if (shared_mem_isowner(obj->shm)) {
    *(obj->ptr) = value;
  }
}

int32_t shared_int32_getvalue(shared_int32_t* obj) {
  return *(obj->ptr);
}
```

상속 덕분에 훨씬 적은 코드를 작성했습니다. 서로 관련이 있는 공유 메모리 객체를 관리하는데 필요한 모든 코드는 구조체 shared_int32_t 내의 shm 필드에서 가져왔습니다.

18.4.3 공유 뮤텍스의 클래스

다음 [코드 박스 18-21]은 공유 뮤텍스 클래스에 대한 선언을 포함합니다.

코드 박스 18-21 공유 뮤텍스 클래스에 대한 공용 인터페이스(ExtremeC_examples_chapter18_4_shared_mutex.h)

```
#include <pthread.h>

struct shared_mutex_t;

struct shared_mutex_t* shared_mutex_new();
void shared_mutex_delete(struct shared_mutex_t* obj);

void shared_mutex_ctor(struct shared_mutex_t* obj, const char* name);
void shared_mutex_dtor(struct shared_mutex_t* obj);

pthread_mutex_t* shared_mutex_getptr(struct shared_mutex_t* obj);

void shared_mutex_lock(struct shared_mutex_t* obj);
void shared_mutex_unlock(struct shared_mutex_t* obj);

#if !defined(__APPLE__)
void shared_mutex_make_consistent(struct shared_mutex_t* obj);
#endif
```

이 클래스는 예상대로 세 개의 행위 shared_mutex_lock, shared_mutex_unlock, shared_mutex_make_consistent가 제공됩니다. 하지만 예외가 하나 있는데, shared_mutex_make_conssitent 행위는 애플의 macOS 기반이 아닌, POSIX 시스템에서만 사용할 수 있다는 점입니다. 애플 시스템에서는 로버스트 뮤텍스robust mutex을 지원하지 않기 때문입니다. 이에 대해서는 다음 단락에서 다루겠습니다. 참고로 매크로 __APPLE__은 애플 시스템에서 컴파일하는지 여부를 감지하기 위해 사용했습니다.

다음 [코드 박스 18-22]는 앞의 클래스에 대한 구현을 나타냅니다.

```c
#include "ExtremeC_examples_chapter18_4_shared_mem.h"

typedef struct {
  struct shared_mem_t* shm;
  pthread_mutex_t* ptr;
} shared_mutex_t;

shared_mutex_t* shared_mutex_new() {
  shared_mutex_t* obj =
      (shared_mutex_t*)malloc(sizeof(shared_mutex_t));
  obj->shm = shared_mem_new();
  return obj;
}

void shared_mutex_delete(shared_mutex_t* obj) {
  shared_mem_delete(obj->shm);
  free(obj);
}

void shared_mutex_ctor(shared_mutex_t* obj, const char* name) {
  shared_mem_ctor(obj->shm, name, sizeof(pthread_mutex_t));
  obj->ptr = (pthread_mutex_t*)shared_mem_getptr(obj->shm);
  if (shared_mem_isowner(obj->shm)) {
    pthread_mutexattr_t mutex_attr;
    int ret = -1;
    if ((ret = pthread_mutexattr_init(&mutex_attr))) {
      fprintf(stderr,
              "ERROR(%s): Initializing mutex attrs failed: %s\n",
              name, strerror(ret));
      exit(1);
    }
#if !defined(__APPLE__)
    if ((ret = pthread_mutexattr_setrobust(&mutex_attr,
                   PTHREAD_MUTEX_ROBUST))) {
      fprintf(stderr,
              "ERROR(%s): Setting the mutex as robust failed: %s\n",
              name, strerror(ret));
      exit(1);
    }
#endif
    if ((ret = pthread_mutexattr_setpshared(&mutex_attr,
```

```
                     PTHREAD_PROCESS_SHARED))) {
      fprintf(stderr,
              "ERROR(%s): Failed to set as process-shared: %s\n",
              name, strerror(ret));
      exit(1);
    }
    if ((ret = pthread_mutex_init(obj->ptr, &mutex_attr))) {
      fprintf(stderr,
              "ERROR(%s): Initializing the mutex failed: %s\n",
              name, strerror(ret));
      exit(1);
    }
    if ((ret = pthread_mutexattr_destroy(&mutex_attr))) {
      fprintf(stderr,
              "ERROR(%s): Destruction of mutex attrs failed: %s\n",
              name, strerror(ret));
      exit(1);
    }
  }
}

void shared_mutex_dtor(shared_mutex_t* obj) {
  if (shared_mem_isowner(obj->shm)) {
    int ret = -1;
    if ((ret = pthread_mutex_destroy(obj->ptr))) {
      fprintf(stderr,
              "WARN: Destruction of the mutex failed: %s\n",
              strerror(ret));
    }
  }
  shared_mem_dtor(obj->shm);
}

pthread_mutex_t* shared_mutex_getptr(shared_mutex_t* obj) {
  return obj->ptr;
}

#if !defined(__APPLE__)
void shared_mutex_make_consistent(shared_mutex_t* obj) {
  int ret = -1;
  if ((ret = pthread_mutex_consistent(obj->ptr))) {
    fprintf(stderr,
            "ERROR: Making the mutex consistent failed: %s\n",
            strerror(ret));
```

```
        exit(1);
    }
}
#endif

void shared_mutex_lock(shared_mutex_t* obj) {
  int ret = -1;
  if ((ret = pthread_mutex_lock(obj->ptr))) {
#if !defined(__APPLE__)
    if (ret == EOWNERDEAD) {
        fprintf(stderr, "WARN: The owner of the mutex is dead ...\n");
        shared_mutex_make_consistent(obj);
        fprintf(stdout, "INFO: I'm the new owner!\n");
        shared_mem_setowner(obj->shm, TRUE);
        return;
    }
#endif
    fprintf(stderr, "ERROR: Locking the mutex failed: %s\n",
            strerror(ret));
    exit(1);
  }
}

void shared_mutex_unlock(shared_mutex_t* obj) {
  int ret = -1;
  if ((ret = pthread_mutex_unlock(obj->ptr))) {
    fprintf(stderr, "ERROR: Unlocking the mutex failed: %s\n",
            strerror(ret));
    exit(1);
  }
}
```

이 코드에서는 POSIX 뮤텍스의 초기화, 마무리, 잠금 및 해제와 같은 사소한 행위 몇 가지만
을 제공합니다. 공유 메모리 객체에 대한 다른 모든 것은 공유 메모리 클래스에서 다룹니다. 이
것이 상속을 사용하는 이점입니다.

참고로 생성자 함수 shared_mutex_ctor에서 뮤텍스를 **공유 프로세스** 뮤텍스로 설정해 모든
프로세스가 접근할 수 있도록 했습니다. 이는 멀티프로세스 소프트웨어에서 꼭 필요합니다. 애
플 기반이 아닌 시스템에서는 더 나아가 뮤텍스를 **로버스트 뮤텍스**로 설정할 수 있으니 참고하
세요.

프로세스에 의해 잠긴 일반적인 뮤텍스는 프로세스가 갑자기 종료하면 비일관적인 상태^{non-}가 됩니다. 로버스트 뮤텍스라면 이런 일이 발생했을 때 일관적인 상태로 다시 돌아갈 수 있습니다. 일반적으로 뮤텍스를 대기하는 그다음 프로세스는 이 뮤텍스를 일관성 있게 만들어야 뮤텍스를 잠글 수 있습니다. 그 방법에 관해서는 함수 shared_mutex_lock에서 확인할 수 있습니다. 이 기능은 애플 시스템에는 없으니 주의하세요.

18.4.4 공유 조건 변수의 클래스

다음 [코드 박스 18-23]은 공유된 조건 변수 클래스에 대한 선언을 나타냅니다.

코드 박스 18-23 [예제 18-4] 공유된 조건 변수 클래스에 대한 공용 인터페이스(ExtremeC_examples_chapter18_4_shared_cond.h)

```
struct shared_cond_t;
struct shared_mutex_t;

struct shared_cond_t* shared_cond_new();
void shared_cond_delete(struct shared_cond_t* obj);

void shared_cond_ctor(struct shared_cond_t* obj, const char* name);
void shared_cond_dtor(struct shared_cond_t* obj);

void shared_cond_wait(struct shared_cond_t* obj, struct shared_mutex_t* mutex);
void shared_cond_timedwait(struct shared_cond_t* obj,
                           struct shared_mutex_t* mutex,
                           long int time_nanosec);
void shared_cond_broadcast(struct shared_cond_t* obj);
```

세 가지 행위가 제공되었습니다. shared_cond_wait, shared_cond_timedwait, shared_cond_broadcast입니다. **16장**을 기억한다면 행위 shared_cond_wait은 조건 변수의 신호를 대기합니다.

앞에서 새로운 버전의 대기 행위를 추가했습니다. shared_cond_timedwait입니다. 이는 지정된 시간 동안 신호를 기다리며, 조건 변수가 신호를 받지 못하면 시간 초과가 됩니다. 반면 shared_cond_wait은 신호를 받을 때까지 절대 존재하지 않습니다. 대기 시간과 관련한 버전은 [예제 18-4]에서 사용할 것입니다. 두 대기 행위 함수는 멀티스레드 환경에서 본 것처럼 동반자 공유 뮤텍스에 대한 포인터를 받습니다.

다음 [코드 박스 18-24]는 공유 조건 변수 클래스에 대한 구현을 담고 있습니다.

코드 박스 18-24 공유 조건 변수 클래스에 있는 모든 함수의 정의(ExtremeC_examples_chapter18_4_shared_cond.c)

```c
#include "ExtremeC_examples_chapter18_4_shared_mem.h"
#include "ExtremeC_examples_chapter18_4_shared_mutex.h"

typedef struct {
  struct shared_mem_t* shm;
  pthread_cond_t* ptr;
} shared_cond_t;

shared_cond_t* shared_cond_new() {
  shared_cond_t* obj =
      (shared_cond_t*)malloc(sizeof(shared_cond_t));
  obj->shm = shared_mem_new();
  return obj;
}

void shared_cond_delete(shared_cond_t* obj) {
  shared_mem_delete(obj->shm);
  free(obj);
}

void shared_cond_ctor(shared_cond_t* obj, const char* name) {
  shared_mem_ctor(obj->shm, name, sizeof(pthread_cond_t));
  obj->ptr = (pthread_cond_t*)shared_mem_getptr(obj->shm);
  if (shared_mem_isowner(obj->shm)) {
    pthread_condattr_t cond_attr;
    int ret = -1;
    if ((ret = pthread_condattr_init(&cond_attr))) {
      fprintf(stderr,
              "ERROR(%s): Initializing cv attrs failed: %s\n", name,
              strerror(ret));
      exit(1);
    }
    if ((ret = pthread_condattr_setpshared(&cond_attr,
                  PTHREAD_PROCESS_SHARED))) {
      fprintf(stderr,
              "ERROR(%s): Setting as process shared failed: %s\n", name,
```

```
                strerror(ret));
      exit(1);
    }
    if ((ret = pthread_cond_init(obj->ptr, &cond_attr))) {
      fprintf(stderr,
              "ERROR(%s): Initializing the cv failed: %s\n",
              name, strerror(ret));
       exit(1);
    }
    if ((ret = pthread_condattr_destroy(&cond_attr))) {
      fprintf(stderr,
              "ERROR(%s): Destruction of cond attrs failed: %s\n", name,
              strerror(ret));
      exit(1);
    }
  }
}

void shared_cond_dtor(shared_cond_t* obj) {
  if (shared_mem_isowner(obj->shm)) {
    int ret = -1;
  if ((ret = pthread_cond_destroy(obj->ptr))) {
    fprintf(stderr, "WARN: Destruction of the cv failed: %s\n", strerror(ret));
    }
  }
  shared_mem_dtor(obj->shm);
}

void shared_cond_wait(shared_cond_t* obj,
                      struct shared_mutex_t* mutex) {
  int ret = -1;
  if ((ret = pthread_cond_wait(obj->ptr,
                  shared_mutex_getptr(mutex)))) {
    fprintf(stderr, "ERROR: Waiting on the cv failed: %s\n",
            strerror(ret));
    exit(1);
  }
}

void shared_cond_timedwait(shared_cond_t* obj,
                           struct shared_mutex_t* mutex,
                           long int time_nanosec) {
  int ret = -1;
```

```
    struct timespec ts;
    ts.tv_sec = ts.tv_nsec = 0;
    if ((ret = clock_gettime(CLOCK_REALTIME, &ts))) {
      fprintf(stderr,
              "ERROR: Failed at reading current time: %s\n",
              strerror(errno));
      exit(1);
    }
    ts.tv_sec += (int)(time_nanosec / (1000L * 1000 * 1000));
    ts.tv_nsec += time_nanosec % (1000L * 1000 * 1000);

    if ((ret = pthread_cond_timedwait(obj->ptr,
                    shared_mutex_getptr(mutex), &ts))) {

#if !defined(__APPLE__)
      if (ret == EOWNERDEAD) {
        fprintf(stderr, "WARN: The owner of the cv's mutex is dead ...\n");
        shared_mutex_make_consistent(mutex);
        fprintf(stdout, "INFO: I'm the new owner!\n");
        shared_mem_setowner(obj->shm, TRUE);
        return;
      } else if (ret == ETIMEDOUT) {
#else
      if (ret == ETIMEDOUT) {
#endif
        return;
      }
      fprintf(stderr, "ERROR: Waiting on the cv failed: %s\n",
              strerror(ret));
      exit(1);
    }
}


void shared_cond_broadcast(shared_cond_t* obj) {
  int ret = -1;
  if ((ret = pthread_cond_broadcast(obj->ptr))) {
    fprintf(stderr, "ERROR: Broadcasting on the cv failed: %s\n",
            strerror(ret));
    exit(1);
  }
}
```

공유 조건 변수 클래스에서는 **브로드캐스팅**broadcasting 행위만을 제공했습니다. 또한 **신호 전달** 행위도 제공할 수 있습니다. **16장**을 떠올려 보면, 조건 변수에 대한 신호를 보내면 대기하는 여러 프로세스 중 하나만을 깨우며, 어떤 프로세스인지 지정하거나 예측할 수는 없습니다. 반대로 브로드캐스팅은 대기 중인 프로세스를 모두 깨웁니다. [예제 18-4]에서는 브로드캐스팅만을 사용하며, 이러한 이유로 해당 함수만을 제공했습니다.

참고로 모든 조건 변수는 동반자 뮤텍스가 있으며 공유 뮤텍스는 공유 뮤텍스 클래스의 인스턴스를 사용할 수 있어야 하므로 전방 선언으로 shared_mutex_t를 선언했습니다.

18.4.5 메인 로직

다음 [코드 박스 18-25]는 예제의 메인 로직에 대한 구현을 담고 있습니다.

코드 박스 18-25 [예제 18-4]의 main 함수(ExtremeC_examples_chapter18_4_main.c)

```c
#include "ExtremeC_examples_chapter18_4_shared_int32.h"
#include "ExtremeC_examples_chapter18_4_shared_mutex.h"
#include "ExtremeC_examples_chapter18_4_shared_cond.h"

int int_received = 0;
struct shared_cond_t* cond = NULL;
struct shared_mutex_t* mutex = NULL;

void sigint_handler(int signo) {
  fprintf(stdout, "\nHandling INT signal: %d ...\n", signo);
  int_received = 1;
}

int main(int argc, char** argv) {

  signal(SIGINT, sigint_handler);

  if (argc < 2) {
    fprintf(stderr, "ERROR: You have to provide the process number.\n");
    exit(1);
  }

  int my_number = atol(argv[1]);
```

```c
  printf("My number is %d!\n", my_number);

  struct shared_int32_t* counter = shared_int32_new();
  shared_int32_ctor(counter, "/counter0");
  shared_int32_setvalue_ifowner(counter, 1);

  mutex = shared_mutex_new();
  shared_mutex_ctor(mutex, "/mutex0");

  cond = shared_cond_new();
  shared_cond_ctor(cond, "/cond0");

  shared_mutex_lock(mutex);
  while (shared_int32_getvalue(counter) < my_number) {
    if (int_received) {
        break;
    }
    printf("Waiting for the signal, just for 5 seconds ...\n");
    shared_cond_timedwait(cond, mutex, 5L * 1000 * 1000 * 1000);
    if (int_received) {
        break;
    }
    printf("Checking condition ...\n");
  }
  if (int_received) {
    printf("Exiting ...\n");
    shared_mutex_unlock(mutex);
    goto destroy;
  }
  shared_int32_setvalue(counter, my_number + 1);
  printf("My turn! %d ...\n", my_number);
  shared_mutex_unlock(mutex);
  sleep(1);
  // 노트: 브로드캐스팅은 뮤텍스를 잠금 해제한 뒤에 해야 합니다.
  shared_cond_broadcast(cond);

destroy:
  shared_cond_dtor(cond);
  shared_cond_delete(cond);

  shared_mutex_dtor(mutex);
  shared_mutex_delete(mutex);

  shared_int32_dtor(counter);
```

```
    shared_int32_delete(counter);

    return 0;
}
```

프로그램은 숫자를 나타내는 인수를 받습니다. 프로세스가 이 수를 찾으면 공유 카운터, 공유 뮤텍스, 공유 조건 변수를 바로 초기화하기 시작합니다. 그런 다음 공유 뮤텍스기 보호하는 임계 구역으로 들어갑니다.

프로그램은 루프 안에서 카운터가 이 숫자와 같아지길 기다립니다. 5초간 대기하므로 시간 초과가 발생할 수 있으며 5초 후에 shared_cond_timedwait 함수를 떠날 수도 있습니다. 이는 기본적으로 조건 변수가 5초 동안 통지되지 못했다는 의미입니다. 그리고 나서 프로세스는 다시 조건을 검사해서 또다시 5초 동안 잠들기에 들어갑니다. 이 과정은 해당 프로세스 차례가 될 때까지 계속됩니다.

자기 차례가 되면 프로세스는 자신의 숫자를 출력하고 공유 카운터의 수를 증가시키며 공유 변수 객체에서 신호를 브로드캐스팅해 대기 중인 나머지 프로세스에 공유 카운터에 대한 수정 사항을 알립니다. 이렇게 한 뒤에야 프로세스는 종료할 준비를 합니다.

그러는 도중 사용자가 [Ctrl] + [C] 키를 눌러서 메인 로직에서 정의한 신호 핸들러를 지역 플래그 int_received로 설정하고, 프로세스가 메인 루프 내에 있을 때 프로세스가 shared_mutex_timedwait을 떠나자마자 인터럽트 신호를 보내서 루프를 종료합니다.

다음 [셸 박스 18-6]은 [예제 18-4]를 컴파일하는 법을 나타냅니다. 컴파일은 리눅스에서 하겠습니다.

셸 박스 18-6 [예제 18-4]의 소스를 컴파일해 최종 실행 파일 만들기

```
$ gcc -c ExtremeC_examples_chapter18_4_shared_mem.c -o shared_mem.o
$ gcc -c ExtremeC_examples_chapter18_4_shared_int32.c -o shared_int32.o
$ gcc -c ExtremeC_examples_chapter18_4_shared_mutex.c -o shared_mutex.o
$ gcc -c ExtremeC_examples_chapter18_4_shared_cond.c -o shared_cond.o
$ gcc -c ExtremeC_examples_chapter18_4_main.c -o main.o
$ gcc shared_mem.o shared_int32.o shared_mutex.o shared_cond.o \
main.o -lpthread -lrt -o ex18_4.out
$
```

이제 최종 실행 파일 ex18_4.out을 얻었으니 프로세스 세 개를 실행할 수 있고, 프로세스에 숫자를 어떻게 할당하거나 어떤 순서로 이 프로세스들이 실행되든 간에, 프로세스가 어떻게 차례로 집계되는지 살펴볼 수 있습니다. 첫 번째 프로세스를 실행해봅시다. 이 프로세스에는 숫자 3을 할당했으며 실행 파일의 옵션으로 해당 숫자를 전달했습니다.

셸 박스 18-7 숫자 3을 받는 첫 번째 프로세스 실행하기

```
$ ./ex18_4.out 3
My number is 3!
WARN: The shared memory /counter0 does not exist.
The shared memory /counter0 is created and opened.
WARN: The shared memory /mutex0 does not exist.
The shared memory /mutex0 is created and opened.
WARN: The shared memory /cond0 does not exist.
The shared memory /cond0 is created and opened.
Waiting for the signal, just for 5 seconds ...
Checking condition ...
Waiting for the signal, just for 5 seconds ...
Checking condition ...
Waiting for the signal, just for 5 seconds ...
```

앞의 출력 결과에서 첫 번째 프로세스는 필요한 모든 공유 객체를 생성하며 공유 리소스에 대한 소유자가 됩니다. 이제 다음과 같이 두 번째 프로세스를 다른 터미널에서 실행해봅시다. 두 번째 프로세스는 숫자 2를 받습니다.

셸 박스 18-8 숫자 2를 받는 두 번째 프로세스 실행하기

```
$ ./ex18_4.out 2
My number is 2!
The shared memory /counter0 is opened.
The shared memory /mutex0 is opened.
The shared memory /cond0 is opened.
Waiting for the signal, just for 5 seconds ...
Checking condition ...
Waiting for the signal, just for 5 seconds ...
```

마지막 프로세스는 숫자 1을 받습니다. 이 프로세스는 숫자 1을 할당받는 만큼 숫자를 즉시 출력하며, 공유 카운터를 증가시키고 나머지 프로세스에 이를 알립니다.

```
$ ./ex18_4.out 1
My number is 1!
The shared memory /counter0 is opened.
The shared memory /mutex0 is opened.
The shared memory /cond0 is opened.
My turn! 1 ...
The shared memory /cond0 is unmapped.
The shared memory /cond0 is closed.
The shared memory /mutex0 is unmapped.
The shared memory /mutex0 is closed.
The shared memory /counter0 is unmapped.
The shared memory /counter0 is closed.
$
```

이제 두 번째 프로세스로 되돌아가 보면, 자신의 숫자를 출력하고 공유 카운터의 수를 증가시키며 세 번째 프로세스에 이를 알립니다.

셸 박스 18-10 두 번째 프로세스는 자신의 숫자를 출력하고 종료

```
...
Waiting for the signal, just for 5 seconds ...
Checking condition ...
My turn! 2 ...
The shared memory /cond0 is unmapped.
The shared memory /cond0 is closed.
The shared memory /mutex0 is unmapped.
The shared memory /mutex0 is closed.
The shared memory /counter0 is unmapped.
The shared memory /counter0 is closed.
$
```

마지막으로 첫 번째 프로세스로 돌아가면 이 프로세스는 두 번째 프로세스로부터 알림을 받고서 자신의 숫자를 출력한 뒤 종료합니다.

셀 박스 18-11 첫 번째 프로세스는 자신의 숫자를 출력하고 종료: 공유 메모리 엔트리도 모두 삭제

```
...
Waiting for the signal, just for 5 seconds ...
Checking condition ...
My turn! 3 ...
The shared memory /cond0 is unmapped.
The shared memory /cond0 is closed.
The shared memory /cond0 is deleted.
The shared memory /mutex0 is unmapped.
The shared memory /mutex0 is closed.
The shared memory /mutex0 is deleted.
The shared memory /counter0 is unmapped.
The shared memory /counter0 is closed.
The shared memory /counter0 is deleted.
$
```

첫 번째 프로세스는 모든 공유 메모리의 소유자이므로 이 프로세스는 종료 시 이들을 모두 삭제해야 합니다. 멀티프로세싱 환경에서 할당받은 자원을 해제하는 일은 꽤 까다롭고 복잡할 수 있습니다. 단순한 실수로도 모든 프로세스에서 충돌이 발생할 수 있기 때문입니다. 공유된 자원이 시스템에서 삭제될 때는 추가로 동기화가 필요합니다.

앞의 예제에서 첫 번째 프로세스는 숫자 2, 두 번째 프로세스는 숫자 3으로 실행한다고 가정해 봅시다. 그러면 첫 번째 프로세스는 두 번째 프로세스 전에 자신의 숫자를 출력해야 합니다. 첫 번째 프로세스가 종료하면 모든 공유 자원에 대한 생성자이므로 공유된 객체를 삭제하며, 두 번째 프로세스는 그에 접근하려고 하자마자 충돌이 발생합니다.

이는 멀티프로세스 시스템에서 종료가 얼마나 까다롭고 문제가 될 수 있는지를 보여주는 간단한 예시일 뿐입니다. 이러한 충돌에 대한 위험을 줄이려면 프로세스 간에 동기화를 추가로 도입해야 합니다.

이번 절에서는 모든 프로세스가 같은 호스트에서 실행되는 동안 여러 프로세스를 동기화하는 메커니즘을 다뤘습니다. 다음 절에서는 분산 동시성 제어 메커니즘과 그 특성을 간단히 이야기하겠습니다.

18.5 분산된 동시성 제어

이번 18장에서 지금까지는 모든 프로세스가 같은 운영체제, 즉 동일한 머신에 존재한다고 상정했습니다. 즉, 계속 싱글 호스트 소프트웨어 시스템에 관해 이야기했습니다.

하지만 실제 소프트웨어는 이 범위를 넘어섭니다. 싱글 호스트 소프트웨어 시스템과는 반대인 분산 소프트웨어 시스템이 있습니다. 이 시스템은 네트워크 전반에 걸쳐 프로세스를 분산하며, 네트워크에서 서로 통신하면서 작동합니다.

프로세스에 대한 분산 시스템일 때는, 중앙화되거나 싱글 호스트 시스템에는 존재하지 않는 몇 가지 측면 때문에 어려움이 있습니다. 이를 간략히 설명하겠습니다.

- **분산 소프트웨어 시스템은 동시성 대신 병렬성을 겪습니다.** 각 프로세스가 별개의 머신에서 실행되고 각자 고유한 프로세서를 가지므로, 동시성이 아닌 병렬성을 관찰할 수 있습니다. 인터리빙은 여전히 존재하며 동시 시스템에서 본 것과 같은 비결정성을 겪게 됩니다.

- **분산 소프트웨어 시스템에 있는 모든 프로세스가 한 가지 프로그래밍 언어로 작성되지는 않습니다.** 분산 소프트웨어 시스템에서는 흔히 여러 가지 프로그래밍 언어가 사용됩니다. 싱글 호스트 프로그램의 프로세스에서도 여러 언어가 사용되는 경우가 흔합니다. 시스템 내의 프로세스가 모두 C로 작성되었을 것이라고 암묵적인 가정을 했으나, 다른 언어로 작성된 프로세스도 있을 수 있습니다. 다른 언어는 동시성 및 제어 메커니즘을 갖춘 다른 방법을 제공합니다. 따라서 예를 들면 어떤 언어에서는 기명 뮤텍스를 그리 수월하게 사용하지 못할 수도 있습니다. 싱글 호스트나 분산 소프트웨어 시스템에서 여러 기술과 프로그래밍 언어를 사용할 때는, 이들 모두를 이용하기에 충분히 추상적인 동시성 제어 메커니즘을 사용해야 합니다. 따라서 특정 기술 또는 프로그래밍 언어에서 사용할 수 있는 특정한 동기화 기술을 사용해야 한다는 제약이 생길 수 있습니다.

- **분산 시스템에서는 동일한 머신에 로드되지 않은 두 프로세스 간에 항상 네트워크를 통신 채널로 두어야 합니다.** 이는 모든 프로세스가 같은 운영체제 내에서 작동하며 서로 통신할 때 사용할 수 있는 메시지 인프라를 사용하는 싱글 호스트 시스템에서 암묵적으로 가정한 내용과는 반대입니다.

- **중간에 네트워크를 둔다는 말은 곧 레이턴시가 있다는 의미입니다.** 싱글 호스트 시스템에도 약간의 레이턴시가 있지만, 예측하고 관리할 수 있습니다. 이 레이턴시는 네트워크에서 겪게 되는 것보다는 훨씬 더 낮은 수준입니다. 레이턴시란 간단히 말해, 프로세스가 네트워크 인프라를 비롯한 여러 이유로 메시지를 즉시 받지 못할 수 있다는 뜻입니다. 이러한 시스템에서 즉각적이라고 간주할 수 있는 것은 없습니다.

- **중간에 네트워크를 두면 보안 문제가 발생합니다.** 하나의 시스템 안에 모든 프로세스가 있다면 이들은 레이턴시가 매우 낮은 메커니즘을 사용하는 동일 경계 내에서 통신하며, 보안 문제도 매우 다릅니다. 누

군가가 시스템을 공격하기 위해 시스템 자체에 먼저 접근해야 한다면, 분산 시스템에서는 네트워크를 사용해서 모든 메시지가 전달됩니다. 중간에서 메시지를 도청eavesdropper 당하거나, 가로채기sniff 당하거나, 더 심할 때는 메시지가 변경될 수도 있습니다. 분산 시스템의 동기화에 대한 설명에 따르면, 분산 시스템 내에서 프로세스를 동기화하는 메시지도 마찬가지입니다.

- **레이턴시나 보안 문제 외에, 싱글 호스트 멀티프로세스 시스템에서는 훨씬 덜 발생하는 전송 문제가 생길 수 있습니다.** 메시지는 전달되어야 처리됩니다. 프로세스가 시스템 내의 다른 프로세스로 메시지를 전달할 때, 송신 프로세스는 다른 말단에서 메시지를 받았는지 확인해야 합니다. **전송 보장**delivery guarantee 메커니즘을 사용할 수 있지만, 때에 따라 비용이 많이 들고 전혀 사용할 수 없을 수도 있습니다. 그럴 때는 특이한 종류의 메시지 전달 문제가 보이는데, 이는 대개 유명한 **두 장군 문제**two generals problem로 볼 수 있습니다.

방금 설명한 차이점 및 발생 가능한 문제들은 거대한 분산 시스템의 프로세스 및 여러 요소 사이에 새로운 동기화 방식을 고안하도록 하기에 충분합니다. 일반적으로 분산 시스템을 트랜잭션하거나 동기화하는 방법으로는 다음 두 가지가 있습니다.

- **중앙화된 프로세스 동기화**: 이 기술은 프로세스를 관리하는 중앙화된 프로세스(혹은 노드)가 필요합니다. 시스템 내의 다른 모든 프로세스는 중앙 노드와 계속 통신해야 하며, 자신의 임계 구역에 들어가려면 승인이 필요합니다.
- **분산된(혹은 P2P**Peer to Peer**) 프로세스 동기화**: 중앙 노드가 없는 프로세스 동기화 인프라는 쉬운 일은 아닙니다. 이는 활발히 연구되는 영역이며 몇 가지 애드혹ad hoc 알고리듬이 있습니다.

이번 절에서는 분산 멀티프로세스 시스템에서 동시성 제어에 대한 복잡성을 잠시 살펴봤습니다. 분산 동시성 제어에 관한 추가 논의는 이 책의 범위를 벗어납니다.

18.6 마무리

이번 18장에서는 멀티프로세싱 환경에 관한 논의를 마무리했습니다. 주로 다음과 같은 내용을 다뤘습니다.

- 기명 세마포어란 무엇이며 여러 프로세스가 기명 세마포어를 어떻게 생성하고 사용할 수 있는지 알아봤습니다.

- 기명 뮤텍스는 무엇인지, 그리고 공유 메모리 영역을 사용해 기명 뮤텍스를 사용하는 방법은 무엇인지 알아봤습니다.

- 종료 오케스트레이션termination orchestration에 관한 예제를 살펴봤습니다. 종료 오케스트레이션에서는 여러 프로세스가 종료 신호를 대기하고 프로세스 중 하나가 이 신호를 수신하고 처리하며, 다른 프로세스로 전파합니다. 이 예제는 공유 뮤텍스로 구현했습니다.

- 기명 조건 변수가 무엇인지, 그리고 공유 메모리 영역을 사용해 기명 조건 변수를 공유하고 이름 붙이는 방법은 무엇인지 살펴봤습니다.

- 집계 프로세스에 관한 다른 예제도 살펴봤습니다. 이 예제에서는 연관된 공유 메모리 영역에 있는 뮤텍스 및 조건 변수 객체에 대한 코드의 복제량을 줄이고자 상속을 활용했습니다.

- 분산 시스템에서 나타나는 차이점과 어려움을 간단히 살펴봤습니다.

- 동시성 제어를 분산 소프트웨어로 도입하는 방법에 관해 간단히 다뤘습니다.

다음 19장에서는 **프로세스 간 통신**Inter-Process Communication **(IPC)**에 관한 논의를 시작합니다. 이는 두 개 장에 걸쳐 진행되며 컴퓨터 네트워크, 전송 프로토콜, 소켓 프로그래밍과 같은 여러 주제와 더 많은 유용한 주제로 펼쳐나가봅니다.

## CHAPTER 19

싱글 호스트 IPC와 소켓

18장에서는 두 프로세스가 같은 공유 자원에서 동시적 및 동기적인 방식으로 작동하는 기법을 다뤘습니다. 이번 장에서는 더 확장해 두 프로세스 간에 데이터를 전송하는 새로운 범주의 메서드를 소개합니다. 18장에서 소개한 것과 이번 19장에서 논의할 기법을 묶어서 **프로세스 간 통신**Inter-Process Communication **(IPC)** 기법이라고 합니다.

이번 장부터는 IPC 기법에 관해 이야기합니다. 18장에서 다룬 내용 외에도 IPC 기법은 두 프로세스 간의 **메시지 전달**message passing 또는 **신호 전달**을 포함합니다. 이러한 메시지는 파일이나 공유 메모리 같은 공유된 공간에는 저장되지 않으며, 프로세스에서 전송하고 수신합니다.

19장에서는 두 가지 주요 주제를 다룹니다. 첫 번째로 IPC 기법을 뒷받침하는 내용을 살펴보고 싱글 호스트 IPC 및 POSIX API를 논의합니다. 두 번째로 소켓 프로그래밍과 관련 주제를 소개합니다. 여기에는 컴퓨터 네트워크, 리스너-커넥터 모델listener-connector model, 두 프로세스가 연결을 설정할 때 필요한 시퀀스가 포함됩니다.

구체적으로는 다음과 같은 주제를 다룹니다.

- 다양한 IPC 기법을 알아봅니다. 푸시 및 풀 기반의 IPC 기법을 소개하며, 18장에서 다룬 기법이 풀 기반의 IPC가 될 수 있도록 정의합니다.
- 통신 프로토콜 및 프로토콜이 일반적으로 갖는 특징을 설명합니다. **직렬화**serialization와 **역직렬화**deserialization가 무슨 의미인지, 그리고 직렬화와 역직렬화가 IPC가 제대로 작동하는 데 어떤 역할을 하는지 알아봅니다.

- 파일 서술자가 무엇이고, IPC 채널을 만드는 과정에서 어떤 중요한 역할을 하는지 설명합니다.
- POSIX 신호, POSIX 파이프, POSIX 메시지 대기열에 노출된 API를 다룹니다. 각 기법의 기초 사용법에 관한 예제를 제공합니다.
- 컴퓨터 네트워크, 그리고 두 프로세스가 기존 네트워크에서 통신할 방법을 살펴봅니다.
- 리스너−커넥터 모델 및 두 프로세스가 여러 네트워크에서 **전송 연결**transport connection을 설정하는 방법을 살펴봅니다. 이는 추후 소켓 프로그래밍에 관해 설명할 내용의 기초가 됩니다.
- 소켓 프로그래밍과 소켓 객체가 무엇인지 설명합니다.
- 리스너−커넥터 연결에 관여하는 각 프로세스에 대한 시퀀스, 그리고 이들이 POSIX 소켓 라이브러리에서 사용하는 API를 다룹니다.

첫 번째 절에서는 IPC 기법을 다시 살펴보겠습니다.

19.1 IPC 기법

일반적으로 IPC 기법은 프로세스가 통신 및 데이터 전송을 할 때 사용하는 어떠한 수단을 뜻합니다. 18장에서는 두 프로세스 간에 데이터를 공유하는 초기 접근법으로 파일 시스템과 공유 메모리에 관해 설명했습니다. 당시에는 이러한 기법에 'IPC'라는 용어를 사용하지는 않았지만, 바로 이 기법이 IPC입니다. 이번 19장에서는 여기에 몇 가지 IPC 기법을 더해 설명하겠지만, 이들은 여러 방면에서 다르다는 점을 명심해야 합니다. 차이점에 대한 내용으로 넘어가서 이들을 분류하기 전에, IPC 기법에 대한 목록을 살펴봅시다.

- 공유 메모리
- 파일 시스템(디스크와 메모리)
- POSIX 신호
- POSIX 파이프
- POSIX 메시지 대기열
- 유닉스 도메인 소켓
- 인터넷(혹은 네트워크) 소켓

프로그래밍의 관점에서, 공유 메모리와 파일 시스템 기법은 어떤 면에서는 유사합니다. **풀 기반**pull-based IPC 기법이라는 동일한 그룹에 속할 수 있기 때문입니다. 나머지 기법도 눈에 띄는데, 이들도 **푸시 기반**push-based IPC 기법이라는 고유한 범주에 속합니다. 이번 19장과 다음 20장에서는 푸시 기반 IPC를 중심으로 여러 기법에 관해 다룹니다.

모든 IPC 기법은 두 프로세스 사이에서 여러 메시지를 전송하는 역할을 맡습니다. 이번 장에서 **메시지**라는 용어를 많이 사용할 터라, 우선 이를 정의해야 합니다.

모든 메시지는 일련의 바이트를 포함하는데, 이 바이트는 제대로 정의된 인터페이스, 프로토콜 또는 표준에 따라 조합됩니다. 해당 메시지를 처리하는 두 프로세스 모두 메시지의 구조를 알아야 하는데, 일반적으로 이는 통신 프로토콜에서 다룹니다.

풀 기반 및 푸시 기반 기법 간의 차이에 대한 내용은 다음과 같습니다.

- 풀 기반 기법에서는 두 프로세스의 외부에 공유 자원이나 매체가 있어서 사용자 공간에서 이를 이용할 수 있습니다. 파일, 공유 메모리, **네트워크 파일 시스템**Network Filesystem **(NFS)**과 같은 네트워크 서비스 서버도 공유 자원이 될 수 있습니다. 이러한 매체는 프로세스가 생성하고 사용하는 메시지에 대한 주요한 자리 표시자입니다. 한편, 푸시 기반 기법에는 공유 자원이나 매체는 없지만 대신 **채널**이 있습니다. 프로세스는 채널을 통해 메시지를 주고받으며, 메시지는 어떠한 중간 매체에 저장되지 않습니다.

- 풀 기반 기법에서는 각 프로세스가 반드시 매체로부터 사용 가능한 메시지를 **풀**pull해야 합니다. 푸시 기반 기법에서는 들어오는 메시지가 수신자 말단receiver end으로 **푸시(전달)되어야** 합니다.

- 풀 기반 기법에서는 공유 자원 또는 매체가 있으므로 매체에 대한 동시적인 접근은 반드시 동기화되어야 합니다. 그렇기에 18장에서 IPC 기법에 관한 여러 동기화 기법을 살펴봤습니다. 참고로 푸시 기반 기법은 동기화가 필요하지 않습니다.

- 풀 기반 기법에서는 프로세스가 독립적으로 작동할 수 있습니다. 메시지가 공유 자원에 저장될 수 있으며 나중에 가져올 수 있기 때문입니다. 즉, 프로세스는 **비동기적인**async 방식으로 작동할 수 있습니다. 반대로 푸시 기반 IPC 기법에서는 두 프로세스는 동시에 작동 및 실행되어야 합니다. 메시지가 곧바로 푸시될 때 수신자 프로세스가 꺼져 있다면, 들어오는 메시지의 일부가 손실될 수 있기 때문입니다. 즉, 프로세스는 **동기적인**sync 방식으로 작동합니다.

> **NOTE_** 푸시 기반 기법에서, 각 프로세스에는 들어오는 푸시된 메시지를 담는 임시 메시지 버퍼가 있습니다. 이 메시지 버퍼는 커널에 탑재되며 프로세스가 실행되는 동안 살아 있습니다. 이 메시지 버퍼에는 동시적으로 접근할 수 있지만, 커널 자체에서 동기화를 보장해야 합니다.

메시지는 푸시 기반 기법을 사용할 때는 IPC 채널에서 전송되며 풀 기반 기법을 사용할 때는 IPC 매체에 저장됩니다. 그리고 메시지에는 메시지를 받는 프로세스가 이해할 수 있는 내용이 있어야 합니다. 송수신 프로세스가 메시지를 생성하고 분석하는 법을 반드시 알아야 한다는 의미입니다. 메시지는 바이트로 구성되므로 두 프로세스는 객체(텍스트 또는 비디오)를 일련의 바이트로 번역하는 방법과, 수신한 바이트에서 같은 객체로 다시 변환하는 법을 알아야 한다는 의미입니다. 송수신 프로세스 공통의 **통신 프로토콜**이 다루는 상호 운용성^{inter-operability}에 관해서 곧 살펴보겠습니다.

다음 절에서는 통신 프로토콜을 더 자세히 다루겠습니다.

19.2 통신 프로토콜

통신 채널이나 매체만으로는 충분하지 않습니다. 양측은 서로를 이해하는 데 필요한 공유 채널로 통신하려고 할 것입니다. 아주 간단한 예를 들자면, 두 사람이 영어나 일본어처럼 서로 같은 언어로 이야기하려는 경우입니다. 여기서 언어는 양측이 통신할 때 사용하는 프로토콜이라고 볼 수 있습니다.

IPC 맥락에서 프로세스에는 예외가 없습니다. 프로세스는 같은 언어가 있어야 통신할 수 있습니다. 기술적으로 프로토콜이라는 용어는 양측의 공통 언어를 나타냅니다. 이번 절에서는 통신 프로토콜에 대해 다루고, **메시지 길이**와 **내용**과 같은 프로토콜의 여러 특징에 관해 살펴봅니다. 이러한 특징에 관해 이야기하기 전에 통신 프로토콜을 더 자세히 설명해야 합니다. 이번 장에서는 주로 IPC 기법에 초점을 맞춥니다. 따라서 두 프로세스 간 통신 프로토콜에 관해서만 이야기합니다. 프로세스가 아닌 다른 측에서 이루어지는 통신은 이번 장에서 다루지 않겠습니다.

프로세스는 바이트만 전송할 수 있습니다. 사실상 모든 정보가 IPC 기법 중 하나에 의해 전송되기 전에, 일련의 바이트로 변환되어야 한다는 뜻입니다. 이는 **직렬화**^{serialization} 또는 **마샬링**^{marshalling}이라고 합니다. 텍스트 단락, 오디오 한 토막, 음악 트랙, 기타 모든 종류의 객체는 IPC 채널로 전송되기 전에 반드시 직렬화되거나 IPC 매체에 저장되어야 합니다. 따라서 IPC 통신 프로토콜과 관련해 프로세스 간 전송되는 메시지는 매우 특정적^{specific}이며 순서가 잘 정의된 일련의 바이트라는 의미입니다.

반대로 프로세스가 IPC 채널에서 일련의 바이트를 수신할 때, 들어오는 바이트에서 원래의 객체를 다시 재구축할 수 있어야 합니다. 이는 **역직렬화**deserialization 또는 **언마샬링**unmarshaling이라고 합니다.

직렬화와 역직렬화를 같은 흐름에서 설명하자면, 프로세스가 기존의 IPC 채널을 통해 객체를 다른 프로세스로 전달하려고 할 때 송신 프로세스는 우선 객체를 바이트 배열로 직렬화합니다. 그런 다음 바이트 배열을 상대측으로 전송합니다. 수신자 측에서는 들어오는 바이트를 해당 프로세스가 역직렬화해서 객체를 다시 복원resurrect합니다. 이러한 작업은 서로 역방향이며, 바이트 지향적인 IPC 채널을 사용해서 정보를 전송하고자 양 말단에서 이 작업을 이용합니다. 이외의 방법은 없습니다. 모든 IPC 기반의 기법(RPC, RMI 등)은 다양한 객체에 대한 직렬화와 역직렬화에 크게 의존합니다. 지금부터 직렬화라는 용어는 직렬화 및 역직렬화 작업 모두를 나타내는 것으로 사용하겠습니다.

참고로 직렬화는 지금까지 다룬 푸시 기반 IPC 기법에만 국한하지 않습니다. 파일 시스템이나 공유 메모리와 같은 풀 기반 IPC 기법에도 직렬화가 필요합니다. 이러한 이유로 이 기법의 기본 매체에서 일련의 바이트를 저장할 수 있습니다. 예를 들어 프로세스가 공유 파일에 객체를 저장하려면 이 객체를 직렬화해야 합니다. 따라서 직렬화는 모든 IPC 기법에 보편적입니다. 어느 IPC 기법을 사용하더라도, 기본 채널 또는 매체를 사용하면서 상당한 양의 직렬화 및 역직렬화를 처리해야 합니다.

통신 프로토콜을 선택하면 암묵적으로 직렬화가 결정됩니다. 프로토콜에서는 바이트의 순서를 매우 신중하게 정의하기 때문입니다. 직렬화된 객체가 수신자 측에서 같은 객체로 다시 역직렬화가 되어야 하는 만큼 이는 매우 중요합니다. 그러므로 직렬 변환기와 역직렬 변환기는 반드시 프로토콜이 규정한 것과 동일한 규칙을 따라야 합니다. 호환되지 않는 직렬 변환기와 역직렬 변환기가 송수신 말단에 있다면 이는 사실상 통신이 전혀 되지 않는다는 의미입니다. 수신 측에서 전송받은 객체를 복원할 수 없기 때문입니다.

> **NOTE_** 때로는 **역직렬화**의 동의어로 **파싱**parsing을 사용하지만, 이들은 사실 근본적으로 다릅니다.

더 와닿는 설명을 위해 실제 사례를 들어 이야기하겠습니다. 웹 서버와 웹 클라이언트는 **하이퍼**

텍스트 전송 프로토콜Hyper Text Transfer Protocol(**HTTP**)을 사용해 통신합니다. 그러므로 양측이 서로 통신하려면 서로 호환되는 HTTP 직렬 변환기와 역직렬 변환기를 사용해야 합니다. 다른 사례로 **도메인 이름 서비스**Domain Name Service(**DNS**) 프로토콜을 이야기해보겠습니다. DNS 클라이언트와 서버는 서로 호환되는 직렬 변환기와 역직렬 변환기를 사용해 통신할 수 있어야 합니다. 참고로 텍스트 내용이 있는 HTTP와 달리 DNS는 이진 파일 프로토콜에 해당합니다. 이에 관해서는 다른 절에서 간단히 다루겠습니다.

소프트웨어 프로젝트의 여러 컴포넌트에서 직렬화 작업을 할 수 있으므로, 직렬화를 사용하려는 모든 컴포넌트에 추가할 수 있는 라이브러리가 보통 제공됩니다. HTTP, DNS, FRP와 같이 유명한 프로토콜에는 번거로움 없이 사용할 수 있는 잘 알려진 서드 파티 라이브러리가 있습니다. 하지만 프로젝트를 위해 특별히 설계된 사용자 지정 프로토콜이라면, 직렬화 라이브러리를 반드시 팀 자체적으로 작성해야 합니다.

> **NOTE_** HTTP, FTP, DNS와 같은 유명 프로토콜은 표준 프로토콜에 해당합니다. 이들 프로토콜은 **RFC**request for comments라는 '비평을 기다리는' 공식 공개 문서에 서술되어 있습니다. 예를 들면 HTTP/1.1 프로토콜은 RFC-2616에 서술되어 있습니다. 구글링해보면 RFC 페이지를 쉽게 찾을 수 있습니다.

직렬화 라이브러리에 관해 더 알아야 할 점은 다양한 프로그래밍 언어로 제공될 수 있다는 것입니다. 참고로 특정 직렬화가 그 자체로 어떠한 프로그래밍 언어에 종속되지는 않습니다. 바이트의 순서와 바이트 해석 방법만을 설명하기 때문입니다. 따라서 직렬화 및 역직렬화 알고리듬은 어느 프로그래밍 언어로도 개발할 수 있습니다. 여기에는 중요한 요구 사항이 있습니다. 큰 소프트웨어 프로젝트는 다양한 프로그래밍 언어로 작성된 컴포넌트가 여럿 있을 수 있습니다. 따라서 다양한 언어로 작성된, 같은 직렬화 알고리듬이 필요합니다. 예를 들면 C, C++, 자바, 파이썬 등으로 작성된 HTTP 직렬 변환기가 있습니다.

이 절의 요점을 요약하자면, 양측이 서로 통신하려면 잘 정의된 프로토콜이 필요합니다. IPC 프로토콜은 전반적인 통신이 이루어지는 방식, 그리고 바이트 순서 및 여러 메시지에 있는 의미에 대해 어떤 세부 사항을 따라야 하는지를 결정합니다. 바이트 지향적인 IPC 채널이 객체를 전송할 때 사용하는 몇 가지 직렬화 알고리듬을 사용해야 합니다.

다음 절에서는 IPC 프로토콜의 특징에 관해 설명합니다.

19.2.1 프로토콜 특징

IPC 프로토콜은 여러 가지 특징이 있습니다. 간단히 말하자면, 모든 프로토콜은 IPC 채널을 통해 전송된 메시지에 대한 서로 다른 콘텐츠 유형을 지정할 수 있습니다. 다른 프로토콜에서는 메시지의 길이가 고정되어 있거나 가변적입니다. 어떤 프로토콜은 제공받은 작업을 반드시 동기적인 방식으로 이용하도록 하지만, 비동기적 사용을 허용하는 프로토콜도 있습니다. 다음 절에서는 이러한 서로 구별되는 인자에 관해 다루겠습니다. 참고로 기존의 프로토콜은 이러한 특징에 따라 분류될 수 있습니다.

콘텐츠 유형

IPC 채널을 통해 전송된 메시지는 **텍스트**textual 또는 **이진 파일**binary 콘텐츠를 갖거나 이들을 결합한 것일 수 있습니다. 이진 파일 콘텐츠는 0에서 255 사이의 모든 가능한 숫잣값의 조합에 대한, 값으로 된 바이트를 갖습니다. 하지반 텍스트 콘텐츠는 텍스트에 사용되는 문자만을 갖습니다. 즉, 몇 가지 기호와 함께 숫자와 문자, 즉 영숫자alphanumerical만 텍스트 콘텐츠에서 허용됩니다.

텍스트 콘텐츠가 이진 파일 콘텐츠의 특수한 경우로 여겨질 수는 있겠지만, 텍스트와 이진 파일 콘텐츠는 구분해서 별개로 취급해야 합니다. 예를 들면 텍스트 메시지는 전송 전에 압축될 가능성이 큽니다. 하지만 이진 파일 메시지는 **압축률**(실제 크기를 압축된 크기로 나눈 것)이 형편없습니다. 어떤 프로토콜은 JSON처럼 순수하게 문자로만 되어 있고, 다른 프로토콜은 DNS처럼 완전히 이진 파일로만 되어 있습니다. 또한 BSON과 HTTP와 같은 프로토콜도 있습니다. 이들은 메시지 콘텐츠가 텍스트 및 이진 파일 데이터의 조합이 될 수 있도록 합니다. 이러한 프로토콜에서 원시raw 바이트는 텍스트와 섞여서 최종 메시지를 형성합니다.

참고로 이진 파일 콘텐츠는 텍스트로 전송될 수 있습니다. 문자를 이용해 이진 파일 콘텐츠를 표시하는 다양한 인코딩이 있습니다. **Base64**는 **이진 파일에서 텍스트로 인코딩하는**binary-to-text encoding 알고리듬 중 가장 유명합니다. 이러한 인코딩 알고리듬은 JSON과 같이 순수하게 텍스트로만 된 프로토콜에서 이진 파일 데이터를 보내기 위해 폭넓게 사용됩니다.

메시지 길이

IPC 프로토콜에 따라 만든 메시지는 **고정 길이**fixed-length 또는 **가변 길이**variable-length일 수 있습니다. 고정 길이는 모든 메시지가 같은 길이라는 의미입니다. 이와 반대로 가변 길이일 때 생성된 메시지는 길이가 다를 수 있습니다. 가변 또는 고정 길이 메시지를 받으면 메시지의 내용을 역직렬화하는 동안 수신자 측에 즉각 영향을 미칩니다. 이때 항상 고정 길이의 메시지를 만드는 프로토콜을 사용하면 수신한 메시지를 파싱하는 수고를 덜 수 있습니다. 수신자가 이미 채널에서 읽어야 하는 바이트 수를 알고 있기 때문이며, 같은 크기의 메시지는 (항상은 아니지만) 일반적으로 구조가 같기 때문입니다. IPC 채널에서 고정 길이 메시지를 읽을 때 모든 메시지가 같은 구조를 따른다면, 이미 정의된 필드를 통해 해당 바이트를 나타내고자 C의 구조체를 사용할 좋은 기회입니다. 이는 18장에서 공유 메모리에 위치한 객체에 대해 했던 일과 비슷합니다.

가변 길이 메시지를 만드는 프로토콜은 개별 메시지의 끝부분을 찾는 일이 쉽지 않습니다. 그리고 (곧 설명할) 수신자 측은 메시지를 완전히 읽었는지 또는 채널로부터 바이트를 더 읽어야 하는지를 어떻게든 결정해야 합니다. 수신자는 전체 메시지를 읽기 전에 채널에서 여러 청크를 읽을 수도 있으며, 청크 하나는 서로 인접한 메시지에서 온 데이터를 포함할 수도 있으니 유의하세요. 다음 20장에서 이에 관한 예제를 살펴봅니다.

대부분의 프로토콜은 가변 길이이며 고정 길이 메시지를 다루는 호사를 누릴 일은 잘 없으므로, 다양한 프로토콜이 가변 길이 메시지를 구별 및 분리하게 하는 방법을 익혀야 합니다. 다시 말해서, 이러한 프로토콜은 메시지의 끝을 표시하는 메커니즘을 사용하며, 수신자는 이러한 표시를 활용해 메시지를 완전히 읽었음을 나타낼 수 있습니다. 다음 목록에서 이러한 방식 몇 가지를 살펴볼 수 있습니다.

- **구분 문자**delimiter **또는 구분 기호** separator **사용하기**: 구분 문자 또는 구분 기호는 이진 파일 메시지에서는 일련의 기호이고 텍스트 메시지에서는 문자에 해당하며, 메시지의 끝을 나타냅니다. 구분 문자는 메시지의 콘텐츠에 따라 선택되어야 하는데, 실제 내용과 쉽게 구별되어야 하기 때문입니다.

- **길이-접두어 틀짓기**length-prefix framing: 이러한 프로토콜에서 각 메시지는 고정 길이의 접두어(일반적으로 4바이트 또는 그 이상)를 가지며, 이는 수신자가 메시지를 완전히 받고자 읽어야 하는 바이트의 수를 전달합니다. 예를 들면 모든 **태그-값-길이**Tag-Value-Length(**TLV**) 프로토콜과 같은 여러 프로토콜이나 **추상 구문 기법**Abstract Syntax Notation(**ASN**)이 이러한 기법을 사용합니다.

- **유한 상태 기계**finite-state machine **사용하기**: 이러한 프로토콜은 유한 상태 기계에 의해 모델링될 수 있는 **정규 문법**regular grammar를 따릅니다. 수신자 측은 프로토콜의 문법을 알아야 하며, 유한 상태 기계에 따라 작동하는 알맞은 역직렬 변환기를 사용해 IPC 채널에서 완전한 메시지를 읽습니다.

순차성

대부분의 프로토콜에는 **요청-응답** request-response의 도식 scheme을 따르는, 두 프로세스 간에 이루어지는 **대화** conversation가 있습니다. 한 쪽에서는 요청을 보내면 반대편에서는 응답합니다. 이러한 도식은 일반적으로 클라이언트-서버 시나리오에서 쓰입니다. 리스너 프로세스는 보통 메시지를 기다리는 서버 프로세스이며, 메시지를 수신하면 그에 따라 응답합니다.

프로토콜이 동기적이거나 순차적이라면, 발신자(클라이언트)는 수신자(서버)가 요청을 완료해 응답을 다시 돌려보낼 때까지 기다립니다. 즉, 발신자는 수신자가 응답할 때까지 **블로킹** 상태가 됩니다. 비동기적 프로토콜일 때 발신자 프로세스는 블로킹되지 않으며, 수신자가 요청을 처리하는 동안 계속해서 다른 일을 할 수 있습니다. 즉, 발신자는 응답이 준비되는 동안에도 블로킹되지 않습니다.

비동기적 프로토콜에서는 발신자가 응답을 확인할 수 있는 **풀**이나 **푸시** 메커니즘이 있어야 합니다. 풀일 때는 발신자가 규칙적으로 수신자에게 결과를 묻습니다. 푸시일 때 수신자는 같거나 다른 통신 채널을 통해 발신자로 응답을 되돌려줄 push back 것입니다.

프로토콜의 순차성은 요청-응답 시나리오에만 국한하지 않습니다. 메시지 응용프로그램은 일반적으로 이러한 기법을 사용해 서버 및 클라이언트 측 모두 최대 응답성 maximum responsiveness을 갖습니다.

19.3 싱글 호스트 통신

이번 절에서는 싱글 호스트 IPC에 관해 설명하겠습니다. 다중 호스트 IPC는 다음 20장에서 다루겠습니다. 프로세스가 동일한 머신에 탑재되었을 때, 프로세스가 통신을 위해 사용할 수 있는 네 가지 주요 기법은 다음과 같습니다.

- POSIX 신호
- POSIX 파이프
- POSIX 메시지 큐
- 유닉스 도메인 소켓

POSIX 신호는 앞에서 설명한 다른 기법들과는 달리 프로세스 간 통신 채널을 생성하지 않습니다. 하지만 프로세스에 이벤트를 통지하는 방법으로 사용될 수 있습니다. 때에 따라 시스템에서 특정 이벤트에 대해 프로세스가 서로 통지하도록 이러한 신호를 사용할 수 있습니다.

첫 번째 IPC 기법인 POSIX 신호로 넘어가기 전에, 파일 서술자부터 설명하겠습니다. 어떤 IPC 기법을 사용하든, POSIX 신호 이외에는 어떤 종류의 파일 서술자를 다루게 됩니다. 그러므로 절 하나를 할애해 파일 서술자를 더 자세히 설명하겠습니다.

19.3.1 파일 서술자

두 개의 통신 프로세스는 동일한 머신이나 컴퓨터 네트워크에 연결된 두 개의 서로 다른 머신에서 실행될 수 있습니다. 이번 절과 19장에서는 프로세스가 동일한 머신에 탑재된 첫 번째 상황을 주로 다룹니다. 바로 여기에서 파일 서술자가 아주 중요해집니다. 다중 호스트 IPC에서도 파일 서술자를 다루겠지만, 그때는 **소켓**이라고 불립니다. 이에 관해서는 다음 장에서 자세히 설명하겠습니다.

파일 서술자란 시스템 내에서 데이터를 읽고 쓸 때 사용하는 객체에 대한 추상적 핸들입니다. 이름이 파일 서술자이기는 하지만, 바이트 스트림을 읽고 수정하는 작업을 다루는 광범위한 메커니즘을 나타냅니다.

정규 파일$^{regular\ file}$(일반 파일)은 파일 서술자가 참조할 수 있는 객체의 하나입니다. 이러한 파일은 하드디스크나 메모리의 파일 시스템에 위치합니다.

파일 서술자가 참조 및 접근할 수 있는 또 다른 대상으로는 장치가 있습니다. **10장**에서 살펴본 대로, 각 장치는 장치 파일을 사용해 접근할 수 있으며 장치는 일반적으로 **/dev** 디렉터리에 있습니다.

푸시 기반 IPC 기법에서 파일 서술자는 IPC 채널을 나타낼 수 있습니다. 이때 파일 서술자는 자신이 나타내는 채널에서 데이터를 읽고, 그 채널로 데이터를 쓰도록 사용할 수 있습니다. 바로 이러한 이유로 여러 파일 서술자를 정의하는 일이 IPC 채널을 설정하는 첫 단계가 됩니다.

이제 파일 서술자가 무엇이고 이들이 무엇을 나타내는지 알았으니, 싱글 호스트 멀티프로세스 시스템에서 사용할 수 있는 첫 번째 IPC 기법을 이어서 설명할 수 있습니다. 그런데 POSIX 신호는 파일 서술자를 사용하지 않습니다. 파일 서술자에 관해서는 POSIX 파이프와 POSIX 메시지 큐를 다루는 절에서 더 알아보겠습니다. 그럼 POSIX 신호부터 시작해봅시다.

19.3.2 POSIX 신호

POSIX 시스템에서 프로세스와 스레드는 미리 정의된 여러 신호를 송수신할 수 있습니다. 신호는 프로세스나 스레드 또는 커널 자체에서 보낼 수 있습니다. 신호는 이벤트나 오류에 대해 실제로 프로세스 또는 스레드로 알리는 행위입니다. 예를 들면 시스템이 재부팅될 때 시스템은 SIGTERM 신호를 모든 프로세스로 보내서 재부팅 중임을 알리고 프로세스가 즉시 종료되어야 한다고 통지합니다. 프로세스는 일단 이 신호를 받으면 그에 따라 반응해야 합니다. 할 일이 아무것도 없을 때도 있지만, 어떤 경우에는 프로세스의 현재 상태가 지속되어야 합니다.

다음 목록은 리눅스 시스템에서 사용할 수 있는 신호를 나타냅니다. 이 목록은 리눅스 신호 매뉴얼 페이지(http://www.man7.org/linux/man-pages/man7/signal.7.html)에서 가져왔습니다.

표 19-1 리눅스 시스템에서 사용할 수 있는 모든 신호의 목록

Signal	Standard	Action	Comment
SIGABRT	P1990	Core	Abort signal from abort(3)
SIGALRM	P1990	Term	Timer signal from alarm(2)
SIGBUS	P2001	Core	Bus error (bad memory access)
SIGCHLD	P1990	Ign	Child stopped or terminated
SIGCLD	–	Ign	A synonym for SIGCHLD
SIGCONT	P1990	Cont	Continue if stopped
SIGEMT	–	Term	Emulator trap
SIGFPE	P1990	Core	Floating-point exception
SIGHUP terminal	P1990	Term	Hangup detected on controlling terminal
			or death of controlling process
SIGILL	P1990	Core	Illegal Instruction
SIGINFO	–		A synonym for SIGPWR
SIGINT	P1990	Term	Interrupt from keyboard
SIGIO	–	Term	I/O now possible (4.2BSD)
SIGIOT	–	Core	IOT trap. A synonym for SIGABRT

SIGKILL	P1990	Term	Kill signal
SIGLOST	–	Term	File lock lost (unused)
SIGPIPE	P1990	Term	Broken pipe: write to pipe with no readers; see pipe(7)
SIGPOLL	P2001	Term	Pollable event (Sys V); Synonym for SIGIO
SIGPROF	P2001	Term	Profiling timer expired
SIGPWR	–	Term	Power failure (System V)
SIGQUIT	P1990	Core	Quit from keyboard
SIGSEGV	P1990	Core	Invalid memory reference
SIGSTKFLT (unused)	–	Term	Stack fault on coprocessor
SIGSTOP	P1990	Stop	Stop process
SIGTSTP	P1990	Stop	Stop typed at terminal
SIGSYS	P2001	Core	Bad system call (SVr4); See also seccomp(2)
SIGTERM	P1990	Term	Termination signal
SIGTRAP	P2001	Core	Trace/breakpoint trap
SIGTTIN process	P1990	Stop	Terminal input for background
SIGTTOU process	P1990	Stop	Terminal output for background
SIGUNUSED	–	Core	Synonymous with SIGSYS
SIGURG (4.2BSD)	P2001	Ign	Urgent condition on socket
SIGUSR1	P1990	Term	User-defined signal 1
SIGUSR2	P1990	Term	User-defined signal 2
SIGVTALRM	P2001	Term	Virtual alarm clock (4.2BSD)
SIGXCPU	P2001	Core	CPU time limit exceeded (4.2BSD); See setrlimit(2)
SIGXFSZ	P2001	Core	File size limit exceeded (4.2BSD); see setrlimit(2)
SIGWINCH	–	Ign	Window resize signal (4.3BSD, Sun)

이 표에서 볼 수 있듯, 모든 신호가 POSIX인 것은 아니며 리눅스에는 자체 신호가 있습니다. 대부분의 신호는 잘 알려진 이벤트에 해당하는데, 사용자가 정의할 수 있는 POSIX 신호는 두 가지가 있습니다. 이는 보통 프로세스가 실행되는 동안 프로그램에서 특정 기능을 불러오려고 할 때 사용합니다. [예제 19-1]은 C 프로그램에서 신호를 사용하고 처리하는 법을 보여줍니다.

다음 코드 박스에서 [예제 19-1]의 내용을 확인할 수 있습니다.

코드 박스 19-1 [예제 19-1] POSIX 신호 다루기(ExtremeC_examples_chapter19_1.c)

```c
#include <stdio.h>
#include <stdlib.h>
#include <signal.h>

void handle_user_signals(int signal) {
  switch (signal) {
    case SIGUSR1:
      printf("SIGUSR1 received!\n");
      break;
    case SIGUSR2:
      printf("SIGUSR2 received!\n");
      break;
    default:
      printf("Unsupported signal is received!\n");
  }
}

void handle_sigint(int signal) {
  printf("Interrupt signal is received!\n");
}

void handle_sigkill(int signal) {
  printf("Kill signal is received! Bye.\n");
  exit(0);
}

int main(int argc, char** argv) {
  signal(SIGUSR1, handle_user_signals);
  signal(SIGUSR2, handle_user_signals);
  signal(SIGINT, handle_sigint);
  signal(SIGKILL, handle_sigkill);
  while (1);
  return 0;
}
```

이 예제에서는 signal 함수를 사용해 특정 신호에 여러 신호 핸들러를 할당했습니다. 보다시피 사용자 정의 신호에 대한 신호 핸들러 하나가 있고, 하나는 SIGINT 신호에 대한 것이며,

하나는 **SIGKILL** 신호에 대한 핸들러입니다.

프로그램은 그저 무한 루프 상태이며, 우리가 하려는 일은 몇 가지 신호를 처리하는 것뿐입니다.
다음 명령어는 백그라운드에서 예제를 컴파일하고 실행하는 법을 나타냅니다.

셸 박스 19-1 [예제 19-1]을 컴파일하고 실행하기

```
$ gcc ExtremeC_examples_chapter19_1.c -o ex19_1.out
$ ./ex19_1.out &
[1] 4598
$
```

이제 프로그램의 PID를 알고 있으니 신호를 보낼 수 있습니다. PID는 **4598**이며 프로그램은
백그라운드에서 실행 중입니다. 참고로 PID는 여러분과 다를 수 있습니다. **kill** 명령어로 프
로세스에 신호를 보낼 수 있습니다. 다음 명령어는 앞의 예제를 검사할 때 사용합니다.

셸 박스 19-2 백그라운드 프로세스에 다른 신호 보내기

```
$ kill -SIGUSR2 4598
SIGUSR2 received!
$ kill -SIGUSR1 4598
SIGUSR2 received!
$ kill -SIGINT 4598
Interrupt signal is received!
$ kill -SIGKILL 4598
$
[1]+ Stopped ./ex19_1.out
$
```

보다시피 프로그램은 **SIGKILL** 신호 이외의 모든 신호를 다룹니다. **SIGKILL** 신호는 어느 프
로세스에서도 다루지 않으며, 일반적으로 프로세스를 스폰한 부모 프로세스는 자식 프로세스
가 중단되었다고^{killed} 알림을 받을 수 있습니다.

참고로 **SIGINT** 신호나 인터럽트^{interrupt} 신호는 [Ctrl] + [C] 키를 눌러서 포그라운드 프로그램
으로 전달할 수 있습니다. 따라서 이러한 키 조합을 누를 때마다 실행 중인 프로그램에 실제로
인터럽트 신호를 보냅니다. 기본 핸들러는 프로그램을 멈출 뿐이지만, 앞의 예제에서 보다시피
우리는 **SIGINT** 신호를 다룰 수도 있고 무시할 수도 있습니다.

셸 명령어를 사용해 프로세스에 신호를 보내는 기능뿐만 아니라, 프로세스가 대상 프로세스의 PID를 안다면 다른 프로세스에 신호를 보낼 수도 있습니다. (signal.h에 선언된) kill 명령어를 사용할 수 있으며, 이 명령어는 커맨드 라인 버전과 정확히 같습니다. 이 명령어는 두 가지 매개변수를 받습니다. 첫 번째는 대상의 PID이며 두 번째는 신호 숫자입니다. 이는 또한 프로세스나 스레드가 kill 또는 raise 함수를 사용해 자신에 신호를 보낼 수 있도록 합니다. 참고로 raise 함수는 현재 스레드로 신호를 보냅니다. 이러한 함수들은 프로그램의 다른 부분에 이벤트를 알리고 싶을 때 상당히 유용합니다.

앞의 예제에 관해 마지막으로 참고할 사항은, [셸 박스 19-2]에서 봤듯이 메인 스레드가 무한 루프로 바쁜지 여부는 중요하지 않으며 신호는 비동기적으로 전달된다는 것입니다. 따라서 들어오는 신호를 항상 수신할 수 있습니다.

이제 또 다른 싱글 호스트 IPC 기법인 POSIX 파이프에 관해 이야기할 차례입니다. POSIX 파이프는 특정 환경에서 유용할 수 있습니다.

19.3.3 POSIX 파이프

POSIX 파이프는 유닉스에서 서로 메시지를 교환해야 하는 두 프로세스 간에 쓸 수 있는 단방향unidirectional 채널입니다. POSIX 파이프를 만들자마자 파일 서술자 두 개를 얻습니다. 하나는 파이프를 작성할 때 사용되며 다른 하나는 파이프로부터 읽기 위해 사용됩니다. 다음 [예제 19-2]는 POSIX 파이프의 기본 사용법입니다.

코드 박스 19-2 [예제 19-2] POSIX 파이프 사용법(ExtremeC_examples_chapter19_2.c)

```c
#include <stdio.h>
#include <stdlib.h>
#include <unistd.h>
#include <string.h>
#include <sys/types.h>

int main(int argc, char** argv) {
  int fds[2];
  pipe(fds);
```

```
    int childpid = fork();
    if (childpid == -1) {
      fprintf(stderr, "fork error!\n");
      exit(1);
    }
    if (childpid == 0) {
      // 자식은 읽기 파일 서술자를 닫습니다.
      close(fds[0]);
      char str[] = "Hello Daddy!";
      // 자식은 쓰기 파일 서술자에 씁니다.
      fprintf(stdout, "CHILD: Waiting for 2 seconds ...\n");
      sleep(2);
      fprintf(stdout, "CHILD: Writing to daddy ...\n");
      write(fds[1], str, strlen(str) + 1);
    } else {
      // 부모는 쓰기 파일 서술자를 닫습니다.
      close(fds[1]);
      char buff[32];
      // 부모는 읽기 파일 서술자에서 읽습니다.
      fprintf(stdout, "PARENT: Reading from child ...\n");
      int num_of_read_bytes = read(fds[0], buff, 32);
      fprintf(stdout, "PARENT: Received from child: %s\n", buff);
    }
    return 0;
  }
```

main 함수의 두 번째 줄에서 pipe 함수를 사용했습니다. 이미 말했듯 POSIX 파이프는 파일 서술자 두 개에 대한 배열을 받고 파일 서술자들을 여는데, 파일 서술자 하나는 파이프에서 읽기 위한 것이고 다른 하나는 파이프를 작성하기 위한 것입니다. 첫 번째 파일 서술자는 인덱스 0에 있으며 읽을 때 사용해야 합니다. 그리고 두 번째 파일 서술자는 인덱스 1에 있으며 파이프를 작성할 때 사용해야 합니다.

두 프로세스를 얻고자 fork API를 사용했습니다. **17장**에서 설명한 대로 fork API는 부모 프로세스를 복제해 새로운 자식 프로세스를 생성합니다. 그러므로 자식 프로세스는 fork 함수를 호출한 후에 열려 있는 파일 서술자를 사용할 수 있습니다.

자식 프로세스가 스폰되면 부모 프로세스는 else 블록으로 들어가고 자식 프로세스는 if 블록으로 들어갑니다. 우선 각 프로세스는 사용하지 않을 파일 서술자를 닫아야 합니다. 이 예제에서는 부모는 파이프를 읽으려 하고 자식은 파이프에 쓰려고 합니다. 이러한 이유로 부모 프로세스는 두 번째 파일 서술자(쓰기 파일 서술자)를 닫고, 자식 프로세스는 첫 번째 파일 서술자(읽기 파일 서술자)를 닫습니다. 참고로 파이프는 단방향이며 역방향 통신은 불가능합니다.

다음 [셸 박스 19-3]은 앞의 예제에 대한 출력 결과를 나타냅니다.

셸 박스 19-3 실행 중인 [예제 19-2]의 출력

```
$ gcc ExtremeC_examples_chapter19_2.c -o ex19_2.out
$ ./ex19_2.out
PARENT: Reading from child ...
CHILD: Waiting for 2 seconds ...
CHILD: Writing to daddy ...
PARENT: Received from child: Hello Daddy!
$
```

[코드 박스 19-2]에서 확인할 수 있듯이 읽기 및 쓰기 작업을 위해서 read와 write 함수를 사용했습니다. 이전에 언급한 대로 푸시 기반 IPC에서 파일 서술자는 바이트 채널을 참조하며, 채널을 가리키는 파일 서술자가 있을 때 파일 서술자와 관련된 함수를 사용할 수 있습니다. read 및 write 함수는 파일 서술자를 받으며, IPC 채널의 종류에 상관없이 같은 방식으로 기본 채널에서 작동합니다.

이전 예제에서는 fork API를 사용해 새 프로세스를 스폰했습니다. 만약 각각 따로 스폰된 서로 다른 두 프로세스가 있다면, 이러한 프로세스들이 공유 파이프를 사용해 어떻게 통신하는지 궁금할 수 있습니다. 프로세스가 시스템 내에서 파이프 객체에 대한 접근을 요구한다면 이에 해당하는 파일 서술자가 있어야 합니다. 여기서 사용 가능한 옵션은 다음 두 가지가 있습니다.

- 프로세스 중 하나는 파이프를 설정해야 하며 그에 해당하는 파일 서술자를 다른 프로세스로 전송해야 합니다.
- 프로세스들은 기명 파이프^{named pipe}를 사용해야 합니다.

첫 번째 옵션의 경우, 프로세스는 파일 서술자를 교환할 때 반드시 유닉스 도메인 소켓 채널을 사용해야 합니다. 유닉스 도메인 소켓 채널이 두 프로세스 간에 존재하면 프로세스들이 향후 통신을 위해 해당 채널을 사용할 수도 있고, 유닉스 도메인 소켓보다 덜 친숙한 API가 있는 다른 채널(POSIX 파이프)을 설정할 필요는 없다는 문제가 있습니다.

두 번째 옵션은 조금 더 나아 보입니다. 프로세스 중 하나는 `mkfifo` 함수를 사용할 수 있으며 경로를 제공함으로써 대기열 파일을 생성합니다. 그다음 두 번째 프로세스는 이미 생성된 파일에 이 경로를 이용할 수 있으며 향후 통신을 위해 열어놓을 수 있습니다. 참고로 채널은 이번에도 단방향이며, 때에 따라 프로세스 중 하나는 파일을 읽기 전용 모드로 열어야 하고 다른 프로세스는 쓰기 전용 모드로만 파일을 열어야 한다는 점에 유의하세요.

앞 예제에 대해 한 가지 요점을 더 설명해야 합니다. 보다시피 자식 프로세스는 파이프에 쓰기 전 2초간 대기합니다. 그동안 부모 프로세스는 `read` 함수에서 블로킹되어 있습니다. 그러면 파이프에는 작성된 메시지가 없고, 파이프에서 읽기를 하는 프로세스는 블로킹됩니다.

이번 절에서 마지막으로 참고할 사항은 POSIX 파이프가 푸시 기반이라는 점입니다. 이전에 설명한 대로, 푸시 기반 IPC 기술에는 푸시되어 들어오는 메시지를 대기시키는 임시 커널 버퍼가 있습니다. POSIX 파이프에서 예외는 없으며 커널은 메시지가 읽히기 전까지 작성된 메시지를 들고^{hold} 있습니다. 소유자 프로세스가 종료되면 파이프 객체와 그에 해당하는 커널 버퍼가 삭제^{destroy}됩니다.

다음 절에서는 POSIX 메시지 큐에 관해 설명하겠습니다.

19.3.4 POSIX 메시지 큐

커널이 호스트하는 메시지 큐는 POSIX 표준에 속합니다. POSIX 메시지 큐는 POSIX 파이프와 여러 방식에서 상당히 차이가 있습니다. 여기서 근본적인 차이점을 알아보겠습니다.

- 파이프 내부의 원소는 바이트입니다. 그러나 메시지 큐에는 메시지가 있습니다. 파이프는 바이트에 작성된 기존 구조를 알지 못하지만, 메시지 큐는 실제 메시지를 보유해 write 함수가 호출될 때마다 큐에 새 메시지를 추가합니다. 메시지 큐는 작성된 메시지 간의 경계를 보존합니다. 더 자세히 설명하기 위해 세 개의 메시지를 가정해보겠습니다. 첫 번째는 10바이트, 두 번째는 20바이트, 세 번째는 30바이트입니다. 이 메시지들을 POSIX 파이프와 POSIX 메시지 큐에 작성합니다. 파이프는 내부에 60바이트가 있다는 것만 알 뿐이며, 프로그램이 15바이트를 읽도록 합니다. 하지만 메시지 큐는 메시지 세 개가 있다는 것만 알 뿐, 프로그램이 15바이트를 읽도록 하지는 않습니다. 어떠한 메시지도 15바이트에 해당하지 않기 때문입니다.

- 파이프는 최대 크기가 있으며 이는 바이트 수의 단위입니다. 하지만 메시지 큐는 메시지의 최대 숫자를 갖습니다. 메시지 큐에서 모든 메시지는 바이트 관점에서 최대 크기를 갖습니다.

- 공유 메모리나 기명 세마포어 같은 메시지 큐는 모두 파일을 엽니다. 이러한 파일은 정규 파일이 아니지만, 이들은 메시지 큐 인스턴스에 향후 프로세스가 접근할 때 사용될 수 있습니다.

- 메시지 큐는 우선순위를 매길 수 있지만 파이프는 바이트의 우선순위를 신경 쓰지 않습니다.

그리고 메시지 큐와 파이프 모두 다음과 같은 공통 속성이 있습니다.

- 단방향입니다. 양방향 통신을 하려면 파이프나 큐에 두 개의 인스턴스를 생성해야 합니다.

- 용량이 제한적입니다. 원하는 만큼 바이트나 메시지의 수를 작성할 수 없습니다.

- 대부분의 POSIX 시스템에서 파일 서술자를 사용해 표현됩니다. 그러므로 read와 write 같은 I/O 함수를 사용할 수 있습니다.

- 두 기법 모두 **비연결형**connection-less입니다. 즉, 두 프로세스가 서로 다른 두 메시지를 작성할 때 프로세스 중 하나가 다른 프로세스의 메시지를 읽을 수 있습니다. 다시 말해, 메시지에 대해 정의된 소유권은 없으며 어느 프로세스든 메시지를 읽을 수 있습니다. 이는 특히 같은 파이프나 같은 메시지 큐에서 두 개 이상의 프로세스가 동시적으로 작동할 때 문제가 될 수 있습니다.

> **NOTE_** 이번 19장에서 설명하는 POSIX 메시지 큐는 **메시지 큐 미들웨어**Message Queue Middleware**(MQM)** 아키텍처에서 사용하는 메시지 큐 브로커와 혼동해서는 안 됩니다.

인터넷에 POSIX 메시지 큐를 설명하는 다양한 리소스가 있습니다. 다음 링크는 특히 QNX 운영체제용 POSIX 메시지 큐에 관해 설명합니다. 하지만 대부분의 내용은 다른 POSIX 시스템에도 적용할 수 있습니다(https://users.pja.edu.pl/~jms/qnx/help/watcom/clibref/mq_overview.html).

이제 예제를 볼 차례입니다. [예제 19-3]은 [예제 19-2]와 같은 경우지만 POSIX 파이프 대신에 POSIX 메시지 큐를 사용합니다. POSIX 메시지 큐와 관련된 모든 함수는 mqueue.h 헤더 파일에 선언됩니다. 이에 관해서는 곧 설명하겠습니다.

참고로 다음 코드는 macOS에서는 컴파일되지 않습니다. OS/X는 POSIX 메시지 큐를 지원하지 않기 때문입니다.

코드 박스 19-3 [예제 19-3] POSIX 메시지 큐를 사용(ExtremeC_examples_chapter19_3.c)

```
#include <stdio.h>
#include <stdlib.h>
```

```c
#include <unistd.h>
#include <string.h>
#include <mqueue.h>

int main(int argc, char** argv) {
  // 메시지 큐 핸들러
  mqd_t mq;

  struct mq_attr attr;
  attr.mq_flags = 0;
  attr.mq_maxmsg = 10;
  attr.mq_msgsize = 32;
  attr.mq_curmsgs = 0;


  int childpid = fork();
  if (childpid == -1) {
    fprintf(stderr, "fork error!\n");
    exit(1);
  }
  if (childpid == 0) {
    // 자식은 부모가 큐를 생성하는 동안 대기합니다.
    sleep(1);
    mqd_t mq = mq_open("/mq0", O_WRONLY);
    char str[] = "Hello Daddy!";
    // 자식은 쓰기 파일 서술자에 씁니다.
    fprintf(stdout, "CHILD: Waiting for 2 seconds ...\n");
    sleep(2);
    fprintf(stdout, "CHILD: Writing to daddy ...\n");
    mq_send(mq, str, strlen(str) + 1, 0);
    mq_close(mq);
  } else {
    mqd_t mq = mq_open("/mq0", O_RDONLY | O_CREAT, 0644, &attr);
    char buff[32];
    fprintf(stdout, "PARENT: Reading from child ...\n");
    int num_of_read_bytes = mq_receive(mq, buff, 32, NULL);
    fprintf(stdout, "PARENT: Received from child: %s\n", buff);
    mq_close(mq);
    mq_unlink("/mq0");
  }
  return 0;
}
```

이 코드를 컴파일하려면 다음 명령어를 실행하세요. 참고로 이 코드는 리눅스에서 rt 라이브러리로 링크해야 합니다.

셸 박스 19-4 리눅스에서 [예제 19-3] 빌드하기

```
$ gcc ExtremeC_examples_chapter19_3.c -lrt -o ex19_3.out
$
```

다음 [셸 박스 19-5]는 [예제 19-3]의 출력 결과를 나타냅니다. 출력 내용은 [예제 19-2]와 같지만, POSIX 메시지 큐를 사용해 [예제 19-2]에서 작성한 것과 같은 로직을 수행합니다.

셸 박스 19-5 리눅스에서 [예제 19-3] 실행하기

```
$ ./ex19_3.out
PARENT: Reading from child ...
CHILD: Waiting for 2 seconds ...
CHILD: Writing to daddy ...
PARENT: Received from child: Hello Daddy!
$
```

POSIX 파이프와 메시지 큐는 커널에서 버퍼가 제한되어 있으니 유의하세요. 그러므로 파이프와 메시지 큐의 내용을 읽는 사용자consumer 없이 작성하면 모든 쓰기 작업은 블로킹될 수 있습니다. 즉, 사용자가 메시지 큐에서 메시지를 읽거나 파이프에서 바이트를 읽을 때까지 어떤 write 함수든 블로킹된 상태입니다.

다음 절에서는 유닉스 도메인 소켓에 관해 간단히 설명하겠습니다. 유닉스 도메인 소켓은 싱글 호스트 설정에서 두 개의 지역 프로세스를 연결할 때 일반적으로 먼저 선택됩니다.

19.3.5 유닉스 도메인 소켓

여러 프로세스가 싱글 호스트 배포에서 통신할 때 쓸 수 있는 또 다른 기법은 유닉스 도메인 소켓을 사용하는 것입니다. 유닉스 도메인 소켓은 동일한 머신 내에서만 작동할 수 있는 특수한 종류의 소켓으로, 네트워크 소켓과는 다릅니다. 네트워크 소켓은 기존 네트워크에서 서로 다른 두 머신의 두 프로세스가 통신하도록 합니다. 유닉스 도메인 소켓은 여러 특성 때문에 POSIX

파이프와 메시지 큐보다 더 중요하고 복잡합니다. 유닉스 도메인 소켓은 양방향이라는 점이 가장 중요한 특징입니다. 따라서 소켓 객체 하나로도 충분히 기본 채널에 읽고 쓸 수 있습니다. 즉, 유닉스 도메인 소켓으로 작동하는 채널은 전이중$^{full-duplex}$입니다. 또한 유닉스 도메인 소켓은 **세션** 및 **메시지**를 둘 다 **인식**할 수 있습니다. 그러므로 유닉스 도메인 소켓은 훨씬 유연합니다. 세션 인식 및 메시지 인식에 관해서는 다음 절에서 다루겠습니다.

소켓 프로그래밍의 기초를 모르고 유닉스 소켓을 설명할 수는 없으므로, 이번 장에서는 더 깊게 살펴보지는 않겠습니다. 대신 다음 절에서 소켓 프로그래밍과 그 개념을 소개합니다. 유닉스 도메인 소켓에 관한 완전한 설명은 다음 장에서 진행합니다. 소켓 프로그래밍을 시작해봅시다.

19.4 소켓 프로그래밍

다음 장에서 C 코드 예제를 살펴보기 전에 기본적인 개념을 알아야 합니다. 이번 장에서는 소켓 프로그래밍에 관해 다루겠습니다.

싱글 호스트 및 멀티 호스트 배포에서는 모두 소켓 프로그래밍을 할 수 있습니다. 예상했겠지만 유닉스 도메인 소켓을 통해 싱글 호스트 시스템에서 소켓 프로그래밍을 할 수 있습니다. 멀티 호스트 설정에서 소켓 프로그래밍은 네트워크 소켓을 생성 및 사용할 수 있습니다. 유닉스 소켓과 네트워크 소켓 모두 거의 같은 API를 사용하며 같은 개념을 공유합니다. 그러므로 이들은 다음 장에서 함께 다루는 편이 좋습니다.

네트워크 소켓을 사용하기 전에 살펴볼 주요 개념 중 하나는 컴퓨터 네트워크가 작동하는 방식입니다. 다음 절에서 이에 관해 설명하면서 컴퓨터 네트워크를 소개하겠습니다. 첫 번째 소켓 프로그래밍 예제를 작성하기 전에 여러 용어와 개념부터 알아야 합니다.

19.4.1 컴퓨터 네트워크

이번 절에서 네트워크 개념을 설명할 때 취하는 접근법은 해당 주제에 관해 찾아볼 수 있는 통상적인 자료와는 다릅니다. 컴퓨터 네트워크에서, 특히 두 프로세스 사이에서 무엇인가가 어떻게 작동하는지 근본적으로 이해하는 것이 우리의 목표입니다. 이 개념을 개발자의 관점에서 살펴봅니다. 그리고 이번 설명의 주인공은 프로세스이지 컴퓨터가 아닙니다. 따라서 처음에는 절의 순서가 약간 이상해 보일 수 있지만, 컴퓨터 네트워크에서 IPC가 작동하는 방식의 개념을 이해하는 데는 도움이 될 것입니다.

이 절을 컴퓨터 네트워크 전체에 대한 설명으로 여겨서는 안 됩니다. 그리고 당연히 단 몇 개 장, 단 하나의 절만으로 완전히 설명할 수도 없습니다.

물리 계층

우선, 프로세스에 관해서는 잊고 컴퓨터 또는 단순히 머신만 생각합시다. 진도를 나가기 전에 주의할 점은 네트워크에서 컴퓨터를 가리키는 여러 용어를 사용한다는 것입니다. 이를 컴퓨터, 머신, 호스트, 노드, 또는 시스템이라고 부를 수도 있습니다. 글의 맥락을 잘 파악해보면 용어의 참뜻을 알 수 있을 겁니다.

멀티 호스트 소프트웨어로 나아가는 첫걸음은 네트워크, 더 자세히 말하자면 컴퓨터 네트워크를 통해 서로 연결된 여러 컴퓨터에서 시작합니다. 지금부터는 연결하려는 두 대의 컴퓨터에만 초점을 맞춥니다. 이 두 대의 물리 머신을 서로 연결하려면 확실히 유무선 설정과 같은 물리적 매체가 필요합니다.

당연히 그러한 (무선 네트워크처럼, 가시적일 필요가 없는) 물리적 매체 없이는 연결이 불가능합니다. 이러한 물리적 연결은 도시 간 도로에 비유할 수 있습니다. 컴퓨터 네트워크 내부에서 발생하는 일을 매우 가깝게 설명할 수 있으므로 이러한 비유를 계속 사용하겠습니다.

두 머신을 물리적으로 연결할 때 필요한 모든 하드웨어 장비는 **물리 계층**physical layer에 속한다고 여겨집니다. 우리가 알아보려는 첫 번째 계층이자 가장 기초적인 계층입니다. 이 계층이 없다면 두 컴퓨터 간에 데이터를 전송할 수 없고 이들이 연결되었다고 볼 수도 없습니다. 물리 계층 (혹은 이 계층)보다 상위 계층에 속한 것은 물리적이지 않으며, 데이터 전송 방식에 대한 다양한 표준만을 확인할 수 있습니다.

이제 그다음 계층인 링크 계층에 관해 이야기해봅시다.

링크 계층

단순히 도로가 있다고 해서 차량이 움직일 수 있는 것은 아닙니다. 컴퓨터 사이의 물리적 연결도 마찬가지입니다. 도로를 사용하려면 차량과 표지판, 재료, 경계선, 속도, 차선, 방향 등에 대한 법과 규제가 필요합니다. 법과 규제가 없다면 길을 따라 이동하는 여정은 무질서하며 결국 문제로 이어집니다. 두 컴퓨터 사이를 직접 물리적으로 연결하기 위해서라도 비슷한 규칙이 필요합니다.

여러 컴퓨터를 연결하는 데 필요한 물리적 컴포넌트 및 장치는 모두 물리 계층에 속하지만, 물리 계층을 따라 데이터가 전송되는 방식을 정하는 의무적인 규정regulation과 프로토콜은 모두 **링크 계층**link layer이라는 상위 계층에 속합니다.

링크 프로토콜이 따르는 규칙 중에는 메시지가 **프레임**이라는 부분으로 나뉘어야 한다는 것이 있습니다. 이 규칙은 도로 시스템에서 특정 도로에 다닐 수 있는 교통편의 최대 길이를 정하는 규칙에 비유할 수 있습니다. 물리적으로 이것이 가능하다고 가정해도, 도로에서 1km 길이의 트레일러를 운전할 수는 없습니다. 이를 더 작은 부분이나 더 작은 교통편으로 나누어야 합니다. 이와 비슷하게, 긴 데이터는 여러 프레임으로 나누어야 하고 각 프레임은 네트워크를 따라서 다른 프레임에 독립적으로 자유롭게 움직일 수 있어야 합니다.

모든 두 연산 장치 사이에 존재하는 네트워크를 언급해야 하겠습니다. 이 장치는 꼭 컴퓨터일 필요는 없습니다. 업계에서는 네트워크를 형성하기 위해 서로 연결될 수 있는 여러 장치와 머신이 있습니다. 산업용 네트워크에는 물리적 배선wiring, 커넥터connector, 종결자terminator 등에 관한 자체 표준이 있으며, 자체 링크 프로토콜 및 표준이 있습니다.

많은 표준은 이러한 링크 연결에 관해 설명합니다. 예를 들면 데스크톱 컴퓨터와 산업용 컴퓨터를 연결하는 방법에 관한 설명입니다. 연결선을 통해 여러 컴퓨터를 연결하도록 설계된 가장 유명한 링크 프로토콜은 **이더넷**Ethernet입니다. 이더넷은 컴퓨터 네트워크에서 데이터 전송을 관장하는 모든 규칙rule과 규정regulation을 설명합니다. 널리 사용되는 또 다른 링크 프로토콜은 IEEE 802.11이며 무선 네트워크를 관리합니다.

특정한 링크 프로토콜을 통해 물리적으로 연결된 컴퓨터로 구성된 네트워크(또는 기타 동종 컴퓨터나 장치)는 **랜**Local Area Network(**LAN**)이라고 합니다. 참고로 랜에 연결하려는 장치는 모두 **네트워크 어댑터**network adapter 또는 **네트워크 인터페이스 컨트롤러**network interface controller(**NIC**)가 부착된 물리적 컴포넌트를 반드시 사용해야 합니다. 예를 들면 이더넷 네트워크에 연결하려는 컴퓨터에는 반드시 **이더넷 NIC**가 있어야 합니다.

컴퓨터에는 NIC가 여러 개 연결될 수 있습니다. 각 NIC는 특정 LAN에 연결할 수 있으므로,

NIC가 세 개인 컴퓨터는 동시에 서로 다른 세 개의 LAN에 연결할 수 있습니다.

또한 NIC 3개를 모두 사용해서 같은 LAN에 연결할 수도 있습니다. NIC를 설정하는 방식과 여러 LAN에 컴퓨터를 연결하는 방식은 미리 설계하고 정확하게 계획해야 합니다.

모든 NIC는 이를 관리하는 링크 프로토콜이 정의하는 고유한 자체 주소가 있습니다. 이 주소는 LAN 내부에서 노드 간의 데이터 전송을 위해 사용합니다. 이더넷과 IEEE 802.11 프로토콜은 호환 가능한 모든 NIC에 대해 맥media access control (MAC) 주소를 정의합니다. 그러므로 이더넷 NIC나 IEEE 802.11 와이파이 어댑터 모두 호환 가능한 LAN에 연결하려면 자체 MAC 주소가 있어야 합니다. LAN 내부에서는 할당된 MAC 주소가 고유해야 합니다. 이상적으로는 어떤 MAC 주소든 보편적으로 고유해야 하고 변경할 수 없어야 합니다. 하지만 그렇지 않을 때는 NIC의 MAC주소를 설정할 수도 있습니다.

지금까지 설명한 내용을 요약하자면, 쌓여있는 두 계층에서 아래쪽은 물리 계층, 위쪽은 링크 계층입니다. 이것만으로도 단일 LAN에 여러 컴퓨터를 연결하기에 충분합니다. 사이에 중간intermediate LAN이 있거나 없는 여러 LAN에서 컴퓨터를 연결하려면 이러한 두 계층 위에 놓일 다른 계층이 필요합니다.

네트워크 계층

지금까지 이더넷 LAN에서 여러 노드를 연결하려면 MAC 주소를 사용한다는 점을 살펴봤습니다. 하지만 서로 다른 LAN에 있는 두 컴퓨터가 서로를 연결해야 한다면 어떤 일이 생길까요? 이러한 LAN 네트워크는 꼭 호환 가능하지는 않으니 유의하세요.

예를 들면 LAN 중 하나는 유선 이더넷 네트워크일 수 있고, 다른 하나는 **파이버 분산형 인터페이스**fiber distributed data interface (FDDI) 네트워크일 수 있으며 이는 물리 계층으로 광섬유를 주로 사용합니다. 또 다른 예를 들면, 일반적인 이더넷 LAN의 운영 컴퓨터에 연결되어야 하는 산업 머신이 **산업용 이더넷**Industrial Ethernet (IE) LAN에 연결된 경우입니다. 그 밖에도 많은 사례가 있는데, 서로 다른 LAN의 여러 노드를 연결하려면 앞에서 언급한 프로토콜의 최상단에 다른 계층이 필요하다는 점을 보여줍니다. 참고로 호환 가능한 LAN을 연결할 때도 이 세 번째 계층이 필요합니다. 만약 여러 중간 LAN을 통해 한 LAN에서 호환 가능하거나 동종인 다른 LAN으로 데이터를 전송하려고 한다면 이는 훨씬 더 중요해집니다. 자세한 내용은 다음 단락에서 더 설명하겠습니다.

링크 계층의 프레임처럼, **네트워크 계층**에는 **패킷**packet이 있습니다. 긴 메시지는 패킷이라 불리는 작은 조각으로 나뉩니다. 프레임과 패킷은 서로 다른 두 계층에서 별개의 개념을 나타내지만, 간단히 이들을 같다고 간주하고 이번 장의 나머지 부분에서는 계속해서 패킷이라는 용어를 사용합니다.

이때 중요한 차이점으로, 프레임이 패킷을 캡슐화한다는 걸 알아야 합니다. 즉, 프레임은 패킷을 포함합니다. 프레임과 패킷에 관해서 더 깊이 들여다보지는 않겠지만, 인터넷에서 그 개념에 대한 여러 측면을 설명하는 수많은 자료를 찾아볼 수 있습니다.

네트워크 프로토콜은 여러 LAN 사이의 틈을 메워 LAN을 서로 연결합니다. 각 LAN은 특정한 물리 계층이나 링크 계층 표준 및 프로토콜을 가질 수 있으며, 네트워크 관리 프로토콜은 이들에 대해 모두 동일해야 합니다. 그렇지 않으면 종류가 다른heterogeneous LAN은 서로 연결할 수 없습니다. 이때 가장 유명한 네트워크 프로토콜이 **인터넷 프로토콜**Internet Protocol **(IP)**입니다. IP는 일반적으로 작은 이더넷 또는 와이파이 LAN으로 구성되는 큰 컴퓨터 네트워크에서 널리 쓰입니다. IP는 또한 주소의 길이에 따라 두 가지 버전이 있습니다. IPv4와 IPv6입니다.

하지만 서로 다른 LAN에 있는 컴퓨터 두 대를 어떻게 연결할 수 있을까요? 답은 **라우팅**routing 메커니즘에 있습니다. 외부 LAN에서 데이터를 받으려면 **라우터**router 노드가 있어야 합니다. 서로 다른 두 LAN1, LAN2를 연결한다고 가정해보세요. 라우터는 쉽게 말해 또 다른 노드로, 두 개의 NIC가 있는 두 네트워크에 탑재되어 있습니다. 한 NIC는 LAN1에 있으며 다른 NIC는 LAN2에 있습니다. 그런 다음 특수한 라우팅 알고리듬은 어느 패킷이 전송될지, 그리고 이 패킷이 네트워크 사이에서 어떻게 전송되어야 하는지를 결정합니다.

라우팅 메커니즘을 이용하면 라우터 노드를 통해 여러 네트워크에서 데이터에 대한 양방향 플로가 생길 수 있습니다. 그러려면 모든 LAN 내부에 라우터 노드가 있어야 합니다. 따라서 지리적으로 서로 다른 영역에 있는 컴퓨터로 데이터를 전송할 때, 여러분의 데이터는 목표에 도달hitting하기 전에 수십 개의 라우터를 통해 전송됩니다. 라우팅 개념에 대해 더 깊게 살펴보지는 않겠지만, 웹에서 이 메커니즘에 관한 좋은 정보를 많이 찾아볼 수 있습니다.

> **NOTE_** traceroute라는 유틸리티 프로그램을 통해 여러분의 컴퓨터와 대상 컴퓨터 간의 라우터를 확인할 수 있습니다.

이 지점에서 서로 다른 두 LAN의 두 호스트는 중간 LAN의 유무에 상관없이 서로 연결할 수 있습니다. 연결을 더 구체적으로 만들려는 노력은 이러한 계층들 위에서 수행해야 합니다. 따라서 두 개의 서로 다른 노드에 탑재된 두 프로그램 사이의 통신은 세 가지 프로토콜 계층인 물리적 계층, 링크 계층 네트워크 계층이 쌓인 계층 상단에서 이루어져야 합니다. 하지만 두 컴퓨터가 서로 연결되었다는 말은 정확히 무슨 의미일까요?

두 노드가 연결되었다는 말은 적어도 개발자에게는 다소 모호한 표현입니다. 더 정확하게 말하자면, 이러한 노드에 대한 운영체제가 서로 연결되었으며, 이들은 데이터를 전송하는 행위자actor입니다. 같거나 다른 LAN에서 네트워크에 연결하고 다른 노드와 통신하는 기능은 현재 대부분의 운영체제 내부에 인코딩되어 있습니다. 이 책에서 초점을 맞추는 유닉스 기반 운영체제는 모두 네트워킹을 지원하며, 네트워크에 참여하는 모든 노드에 설치될 수 있습니다.

리눅스, 마이크로소프트 윈도우를 포함한 거의 모든 최신 운영체제는 네트워킹을 지원합니다. 사실 운영체제가 네트워크에서 작동할 수 없다면 살아남을 가능성이 작습니다. 참고로 네트워크 연결을 관리하는 것은 커널, 더 정확하게는 커널 내의 유닛입니다. 그러므로 실제 네트워크 기능은 커널이 제공한다고 해야 더 정확합니다.

네트워킹 기능은 커널이 제공하므로 사용자 공간의 어느 프로세스든 이점을 누릴 수 있으며 네트워크 내의 다른 노드에 탑재된 다른 프로세스에 연결될 수 있습니다. 개발자로서 커널에 의해 작동되는 계층(물리, 링크, 네트워크 계층)은 걱정할 필요가 없습니다. 여러분은 그 윗단의 코드와 관련된 계층에 초점을 맞출 수 있습니다.

IP 네트워크에 있는 노드는 모두 IP 주소를 갖습니다. 이전에 말한 대로 IP 주소는 두 가지 버전이 있습니다. **IP 버전 4**(IPv4)와 **IP 버전 6**(IPv6)입니다. IPv4 주소는 네 부분으로 구성되며, 각각 0에서 255 사이의 숫잣값을 갖습니다. 따라서 IPv4 주소는 `0.0.0.0`부터 시작해 `255.255.255.255`에 이릅니다. IPv4 주소를 저장하려면 4바이트(혹은 32비트)만 필요합니다. IPv6 주소의 경우 16바이트(혹은 128비트)에 이릅니다. 또한 비공개 및 공개 IP 주소도 있는데, 상세한 내용은 이 장의 주제를 넘어섭니다. IP 네트워크에 있는 모든 노드가 고유한 IP 주소를 갖는다는 점을 아는 것으로 충분합니다.

이전 절의 내용에 더해서, 단일 LAN에서 모든 노드는 IP 주소와 함께 링크 계층 주소를 갖습니다. 하지만 우리는 링크 계층 주소가 아니라 IP 주소를 사용해서 이 노드에 연결합니다. 예를 들면 이더넷 LAN에서 모든 로드는 두 개의 주소를 갖습니다. 하나는 MAC 주소이며 다른 하나는 IP 주소입니다. MAC 주소는 링크 계층 프로토콜이 LAN 내부에서 데이터를 전송할 때 사용하며, IP 주소는 여러 노드에 탑재된 프로그램이 동일한 LAN 또는 여러 LAN 내에서 네트워크를 연결할 때 사용합니다.

네트워크 계층의 주요 기능은 두 개 이상의 LAN을 연결하는 일입니다. 이는 결국 서로 연결된 큰 네트워크망을 형성하고, 그 안의 여러 개별 LAN 네트워크와 함께 거대한 네트워크를 형성합니다. 사실 이리한 네트워크가 이미 인터넷이라는 형태로 존재합니다.

다른 네트워크와 마찬가지로, 인터넷에 접근할 수 있는 모든 노드는 IP 주소가 있어야 합니다. 하지만 인터넷에 접근 가능한 노드와 접근할 수 없는 노드 사이의 주된 차이점은 공개 IP 주소를 가져야 하는지 여부입니다. 인터넷에 접근하지 않는 노드는 일반적으로 비공개 주소를 갖습니다.

예를 들면 가정용 네트워크는 인터넷에 연결되어 있을 수도 있지만, 인터넷에 있는 외부 노드는 여러분의 노트북에 연결될 수 없습니다. 노트북은 공개 IP 주소가 아니라 비공개 IP 주소를 갖기 때문입니다. 반면에 노트북이 가정용 네트워크 내에 계속 접근할 수 있다고 하더라도 인터넷에서는 이용할 수 없습니다. 따라서 소프트웨어를 인터넷에서 이용할 수 있어야 한다면, 공개 IP 주소를 갖는 머신에서 실행되어야 합니다.

IP 네트워킹에 관한 정보는 엄청나게 많으므로 이를 모두 다루지는 않을 것이지만, 개발자로서 비공개 및 공개 주소의 차이점을 아는 일은 중요합니다.

네트워크에서 노드 간의 연결성을 보장하는 것은 개발자가 담당하는 일은 아닙니다. 이는 네트워크의 결함을 감지할 수 있는 기술에 속합니다. 버그나 오작동이 여러분의 코드 때문인지 아니면 인프라(또는 네트워크) 문제인지를 알려줄 수 있는 만큼 이는 매우 중요합니다. 그렇기 때문에 여기에서 더 많은 개념과 도구를 다뤄봐야 합니다.

같거나 다른 LAN에 있는 두 호스트(노드)가 데이터를 전송할 수 있거나, 서로를 '볼 수' 있도록 보장하는 기본 도구는 여러분도 이미 알다시피 **핑**ping입니다. 핑은 **인터넷 제어 메시지 프로토콜**Internet Control Message Protocol(**ICMP**) 패킷을 전송하며, 답이 온다면 다른 호스트가 작동하고 연결되어 응답하고 있다는 의미입니다.

> **NOTE_** ICMP는 연결 또는 서비스 품질 문제나 오류가 생겼을 때 IP 기반 네트워크를 모니터링하고 관리하기 위해 주로 사용하는 또 다른 네트워크 계층 프로토콜입니다.

여러분의 컴퓨터가 공개 IP 주소 **8.8.8.8**(인터넷에 연결되어 있다면 이렇게 표시되어야 합니다)을 확인할 수 있는지를 검사한다고 가정해봅시다. 다음 명령어는 연결성 검사를 돕습니다.

셸 박스 19-6 인터넷에 대한 연결성을 검사하는 ping 유틸리티 사용하기

```
$ ping 8.8.8.8
PING 8.8.8.8 (8.8.8.8): 56 data bytes
64 bytes from 8.8.8.8: icmp_seq=0 ttl=123 time=12.190 ms
64 bytes from 8.8.8.8: icmp_seq=1 ttl=123 time=25.254 ms
64 bytes from 8.8.8.8: icmp_seq=2 ttl=123 time=15.478 ms
64 bytes from 8.8.8.8: icmp_seq=3 ttl=123 time=22.287 ms
64 bytes from 8.8.8.8: icmp_seq=4 ttl=123 time=21.029 ms
64 bytes from 8.8.8.8: icmp_seq=5 ttl=123 time=28.806 ms
64 bytes from 8.8.8.8: icmp_seq=6 ttl=123 time=20.324 ms
^C
--- 8.8.8.8 ping statistics ---
7 packets transmitted, 7 packets received, 0.0% packet loss
round-trip min/avg/max/stddev = 12.190/20.767/28.806/5.194 ms
$
```

출력 결과에서 확인할 수 있듯이 7 ICMP 핑 패킷을 보냈으며 전송하는 동안 잃은 패킷은 없다고 합니다. 이는 IP 주소 **8.8.8.8**에 있는 운영체제가 작동 중이고 응답한다는 의미입니다.

NOTE_ 공개 IP 주소 **8.8.8.8**은 Google Public DNS 서비스를 가리킵니다. 다음 링크를 참고하세요.

- https://ko.wikipedia.org/wiki/구글_퍼블릭_DNS

이번 절에서는 네트워크를 통해 두 컴퓨터가 연결되는 방식을 설명했습니다. 이제 여러 LAN에서 두 프로세스가 실제로 서로 연결될 수 있고, 데이터를 전송할 수 있는 지점에 가까워지고 있습니다. 그러려면 네트워크 계층 위에 다른 계층이 필요합니다. 바로 이 지점부터 네트워크 프로그래밍이 시작됩니다.

전송 계층

지금까지 물리 계층, 링크 계층, 네트워크 계층이라는 3개의 층을 쌓아서 두 컴퓨터가 서로 연결될 수 있음을 살펴봤습니다. 프로세스 간 통신에서는 실제로 두 프로세스가 서로 연결되어

통신할 수 있어야 합니다. 하지만 이러한 세 개의 층을 통해 연결된 두 컴퓨터에는 각 컴퓨터에서 실행 중인 여러 프로세스가 있을 수 있고, 첫 번째 머신에서 실행 중인 어떤 프로세스가 두 번째 머신에 있는 다른 프로세스와 연결하려고 할 수도 있습니다. 따라서 네트워크 계층만을 기반으로 하면 너무 일반적인 연결이 되어 여러 프로세스에 의해 시작된 별개의 연결을 지원하지 못합니다.

그래서 네트워크 계층 위에는 다른 계층이 필요합니다. 이러한 필요성 때문에 **전송 계층**transport layer이 존재합니다. 호스트가 네트워크 계층을 통해 연결되는 동안, 이 호스트에서 실행 중인 프로세스는 네트워크 계층 위에 있는 전송 계층을 통해 연결될 수 있습니다. 고유하고 독특한 식별자 및 주소를 갖는 다른 계층과 마찬가지로, 이 계층은 **포트**port라는 자신의 고유한 식별자를 갖습니다. 자세한 내용은 다음 절에서 더 살펴보겠습니다. 하지만 그 전에 **리스너-커넥터**listener-connector 모델을 설명해야 합니다. 이 모델은 채널을 통해 양측이 통신하도록 합니다. 다음 절에서는 컴퓨터 네트워크를 전화 네트워크에 비유해 이 모델을 설명하겠습니다.

전화 네트워크에 대한 비유

설명을 시작하기에 가장 좋은 예는 **공중 교환 전산망**Public Switched Telephone Network(**PSTN**)입니다. 컴퓨터 네트워크와 전화 네트워크 간의 유사성은 그다지 좋아 보이지는 않지만, 전송 계층을 합리적인 방식으로 설명할 수 있을 정도의 강한 유사성이 있습니다.

이 비유에서 전화 네트워크를 사용하는 사람들은 컴퓨터 네트워크의 프로세스와 같습니다. 따라서 전화 통화는 **전송 연결**transport connection에 해당합니다. 사람들은 필수 인프라가 설치되어야 전화를 할 수 있습니다. 이는 프로세스가 통신할 수 있으려면 네트워킹 인프라가 필요하다는 것과 유사합니다.

필요한 기본 인프라가 존재하며 완벽하게 작동한다고 가정해봅시다. 그에 따라 이러한 시스템에서 채널을 만들어서 데이터를 전송하는 두 개체를 얻고 싶어 한다고 합시다. 이는 공중 교환 전산망에서 두 사람이 존재하는 상황이나, 컴퓨터 네트워크에서 서로 다른 두 호스트에 프로세스 두 개가 존재하는 상황과 유사합니다.

공중 교환 전산망을 사용하려는 사람은 누구든 전화 장치가 필요합니다. 이는 컴퓨터 노드에서 NIC가 필요하다는 점과 유사합니다. 이러한 장치 위에는 다양한 프로토콜로 구성된 여러 계층이 있습니다. 기본 인프라를 구성하는 이러한 계층은 전송 채널을 생성할 수 있도록 합니다.

이제 PSTN에서는 PSTN에 연결된 전화 장치 중 하나가 전화를 받을 때까지 대기합니다. 이를 **리스너**listener 측이라고 합니다. 참고로 PSTN에 연결된 전화 장치는 언제나 네트워크로부터 호출 신호를 대기하며, 신호를 받자마자 전화가 울립니다.

전화를 거는 다른 측도 이야기해봅시다. 전화 걸기는 전송 채널을 만드는 것과 같습니다. 다른 측에는 전화를 거는 장치도 있습니다. 리스너는 전화번호로 접근할 수 있으며, 이 번호는 리스너의 주소라고 간주할 수 있습니다. **커넥터** 측에서는 전화하려면 전화번호를 반드시 알아야 합니다. 따라서 커넥터는 리스너의 전화번호를 입력해서 기본 인프라가 리스너에게 전화가 오고 있다고 알립니다.

리스너 측이 전화에 응답할 때, 리스너 측은 들어오는 연결을 받으며 리스너와 커넥터 사이에는 채널이 설정됩니다. 이제부터는 생성된 PSTN 채널에서 대화를 종료할지 논의를 계속할지는 양 끝에 앉아 있는 사람에게 달렸습니다. 한쪽이 다른 쪽의 언어를 이해할 수 없으면 통신은 계속될 수 없으며, 한쪽이 전화를 끊으면 채널은 삭제됩니다.

연결형 대 비연결형 전송 통신

앞의 비유를 통해 컴퓨터 네트워크에서 전송 통신을 설명했습니다. 하지만 사실상 이는 **연결형 통신**connection-oriented communication을 설명하는 것입니다. 여기서는 또 다른 유형의 통신인 **비연결형 통신**connection-less communication을 소개하고 설명하겠습니다. 하지만 그 전에 연결형 통신을 더 자세히 살펴봅시다.

연결형 통신에서는 특정한 지정 채널이 커넥터에 대해 생성됩니다. 그러므로 세 개의 커넥터와 통신하는 리스너가 하나일 때, 지정된 채널은 세 개입니다. 전송하는 메시지의 크기와 상관없이 메시지는 채널 내에서 손실되지 않고 올바른 형태로 상대측에 도달합니다. 같은 곳으로 메시지를 여러 개 보내면 보낸 메시지의 순서가 보존되며, 수신하는 프로세스는 기본 인프라에서 장애를 인지하지 못합니다.

이전 절에서 설명한 대로, 모든 메시지는 컴퓨터 네트워크에서 전송되는 동안 패킷이라는 작은 덩어리로 항상 나뉩니다. 하지만 연결형 패킷에서는 리스너와 커넥터 중 어느 쪽도 기본 **패킷 교환**packet switching에 대해서는 알지 못합니다. 전송된 패킷을 다른 순서로 받는다고 하더라도, 수신자 측 운영체제는 메시지를 원래 형태로 재구성하기 위해 패킷을 다시 정렬하며, 수신자 프로세스는 이에 관해 아무것도 모를 것입니다.

게다가 패킷 중 하나가 전송되는 동안 손실될 때, 수신자 측 운영체제는 전체 메시지를 받고자 이를 다시 요청합니다. 예를 들면 **전송 제어 프로토콜**Transport Control Protocol**(TCP)**은 앞에서 설명한 것과 정확히 같은 방식으로 행동하는 전송 계층 프로토콜입니다. 따라서 TCP 채널은 연결형입니다.

연결형 채널뿐만 아니라 비연결형 통신도 있습니다. 연결형 통신에서는 개별 패킷의 **전달**delivery과 패킷의 **순서**sequence라는 두 가지 요인을 보상합니다. TCP 같은 연결형 수송 프로토콜은 동시에 이러한 요인들을 보존합니다. 반대로 비연결형 수송 프로토콜은 이들을 보장하지 않습니다.

즉, 메시지가 나뉜 개별 패킷의 전달을 보장하지 않거나, 모든 패킷이 올바른 순서라고 보장하지 않을 수도 있습니다. 또는 둘 다 보장하지 않을 수도 있습니다. 예를 들면 **사용자 데이터그램 프로토콜**User Datagram Protocol**(UDP)**의 경우 패킷 전달이나 패킷의 순서를 보장하지 않습니다. 개별 패킷의 내용에 관한 정확성을 보장하는 일은 네트워크 계층과 링크 계층에 있는 프로토콜이 맡습니다.

이제 네트워크 프로그래밍에서 일반적으로 사용하는 두 가지 용어를 설명할 차례입니다. **스트림**stream은 연결형 채널에서 전송되는 바이트의 순서입니다. 비연결형 전송은 데이터 스트림을 효과적으로 제공하지 못한다는 의미입니다. 비연결형 채널에서 전송되는 데이터의 유닛에 대한 특정한 용어를 **데이터그램**datagram이라고 합니다. 데이터그램은 비연결형 채널에서 한 덩어리로 전달될 수 있는 데이터의 조각입니다. 최대 데이터그램 크기보다 큰 데이터 조각은 절대 전달될 수 없으며, 마지막 시퀀스에 문제가 발생합니다. 데이터그램은 전송 계층에서 정의된 개념이며 네트워크 계층에서 이에 대응하는 개념은 패킷입니다.

예를 들어 UDP 패킷에서는 모든 개별 UDP 데이터그램(패킷)이 정확하게 전송되도록 보장하지만, 인접한 데이터그램(패킷) 간의 상관관계를 보장하지는 않습니다. UDP 데이터그램을 넘어서 존재하는 무결성은 존재하지 않겠지만, TCP는 그렇지 않습니다. TCP에서는 전달을 보장하며 전송된 패킷의 순서를 보존하기 때문에 개별 패킷을 별도로 두며, 이는 두 프로세스 간에 전송된 바이트의 스트림으로 간주할 수 있습니다.

초기화 시퀀스 전송
이 절에서는 전송 통신을 할 때 각 프로세스가 취해야 하는 단계를 설명하겠습니다. 연결형과 비연결형 도식에 대해서는 순서가 다르므로, 다음 절에서 각각 이야기하겠습니다. 참고로 채널을 초기화할 때만 차이가 있으며, 이후에는 생성한 채널에서 읽고 쓰려면 연결형과 비연결형 모두 같은 API를 사용할 것입니다.

리스너 프로세스는 언제나 일반적으로 포트와 IP 주소에 해당하는 엔드포인트로 **바인딩**bind하며 커넥터 프로세스는 해당 엔드포인트에 **연결**됩니다. 이는 연결형 또는 비연결형 채널에 상관없이 그렇습니다.

다음 시퀀스에서는 리스너와 커넥터 프로세스를 호스팅하는 컴퓨터 사이에 설정된 IP 네트워크가 있다고 가정하니 참고하세요.

비연결형 초기화 순서

비연결형 채널을 설정하려면 리스너 프로세스가 다음 작업을 수행해야 합니다.

1. 리스너 프로세스는 기존의 NIC 중 하나 또는 전체에 있는 포트를 바인딩합니다. 이는 리스너 프로세스가 호스트 운영체제로 하여금 포트로 들어오는 데이터를 리스너 프로세스로 리다이렉트하라고 요청하는 것입니다. 포트는 0에서 65535(2바이트) 사이의 숫자이며, 포트는 다른 리스너 프로세스에 바인딩 되어서는 안 됩니다. 이미 사용 중인 포트를 바인딩하면 오류가 발생합니다. 참고로 특정한 NIC에 있는 포트를 바인딩할 때, 운영체제는 바운딩된 포트를 대상으로 특정 NIC에서 들어오는 모든 패킷을 리스너 프로세스로 리다이렉트합니다.

2. 프로세스는 생성된 채널에서 사용할 수 있는 메시지를 대기하고 읽으며, 채널에 메시지를 다시 작성함으로써 응답합니다.

커넥터 프로세스는 다음 작업을 실행합니다.

3. 리스너 프로세스의 IP 주소와 포트 숫자를 알아야 합니다. 따라서 IP 주소와 포트 숫자를 호스트 운영체제에 제공해서 리스너 측으로 연결하려고 합니다. 만약 대상 프로세스가 특정 포트를 수신하지 않거나, 또는 IP 주소가 유효하지 않거나 잘못된 호스트를 가리키면, 연결에 실패합니다.

4. 성공적으로 연결되면, 커넥터 프로세스는 채널에 쓰기를 할 수 있고 거의 같은 방식으로 채널을 읽을 수 있습니다. 이는 리스너 프로세스가 사용하는 것과 같은 API라는 의미입니다.

참고로 이 단계 외에도 리스너와 커넥터 프로세스는 모두 동일한 전송 프로토콜을 사용해야 합니다. 그렇지 않으면 프로세스의 호스트 운영체제가 메시지를 읽거나 이해할 수 없습니다.

연결형 초기화 순서

연결형일 때 리스너 프로세스를 초기화하려면 다음 순서를 따라야 합니다.

1. 포트를 바인딩하세요. 비연결형 순서에서 설명한 내용과 같습니다. 포트는 앞 절에서 설명한 것과 정확히 같으며 동일한 제약을 따릅니다.

2. 리스너 프로세스는 **백로그**backlog의 크기를 설정함으로써 계속됩니다. 백로그는 아직 리스너 프로세스가 받지 않은 펜딩 연결pending connection의 큐입니다. 연결형 통신에서 리스너 측은 어떠한 데이터를 전송할 수 있게 되기 전에 들어오는 연결을 받아야 합니다. 백로그 설정을 마친 뒤에 리스너 프로세스는 **수신 대기 모드**listening mode에 들어갑니다.

3. 이제 리스너 프로세스는 들어오는 연결을 받기 시작합니다. 전송 채널을 설정하는 데 있어 필수적인 단계입니다. 들어오는 연결을 받아야만 리스너 프로세스가 데이터를 전송할 수 있습니다. 참고로 커넥터 프로세스가 리스너 프로세스로 연결을 보내지만 리스너 프로세스가 이 연결을 받을 수 없을 때, 연결은 수신되거나 시간 초과가 될 때까지 백로그에 남아 있습니다. 리스너 프로세스가 다른 연결로 너무 바빠서 더 이상 새로운 연결을 받을 수 없을 때 이런 일이 발생할 수 있습니다. 그러면 들어오는 연결은 백로그에 쌓이고, 백로그가 가득 차면 새로운 연결은 호스트 운영체제에 의해 즉시 거부됩니다.

커넥터 프로세스에 대한 순서는 앞 절에서 비연결형 통신을 설명한 것과 매우 비슷합니다. 커넥터는 IP 주소와 포트를 제공해 특정 엔드포인트에 연결하며, 리스너 프로세스가 이를 받은 뒤 같은 API를 사용해 연결형 채널에 읽기 및 쓰기를 합니다.

설정한 채널은 연결형이므로 리스너 프로세스는 커넥터 측에 지정된 채널을 갖습니다. 따라서 리스너 프로세스는 바이트 수의 관점에서 상한선이 없는 바이트 스트림을 교환할 수 있습니다. 따라서 두 프로세스는 엄청난 양의 데이터를 전송할 수 있으며, 그 정확성은 전송 및 네트워크 프로토콜을 제어해 보장됩니다.

전송 계층에 대한 마지막 참고 사항으로는, 리스너 프로세스가 기본 채널이 연결형이든 비연결형이든 상관없이 엔드포인트를 바인딩해야 한다고 언급한 내용입니다. 특히 UDP와 TCP에 관해 엔드포인트는 IP 주소 및 포트 숫자로 구성됩니다.

응용 계층

서로 다른 말단에 탑재된 두 프로세스 간에 전송 채널이 설정되면 프로세스가 서로 통신할 수 있어야 합니다. 통신이란 양 말단이 이해할 수 있는 일련의 바이트를 전송하는 것을 의미합니다. 이번 19장의 앞부분에서 설명한 대로 여기에는 통신 프로토콜이 필요합니다. 이 프로토콜은 **응용 계층**application layer에 있으며 프로세스가 사용합니다(혹은 프로세스로 실행 중인 응용프로그램이 사용합니다). 이를 **응용 프로토콜**이라고 합니다.

링크, 네트워크, 전송 계층에서 사용하는 프로토콜은 그리 많지 않고 거의 다 유명한 한편,

응용 계층에서 사용하는 애플리케이션 프로토콜은 많습니다. 다시 전화 네트워크 비유를 들겠습니다. 전화 네트워크를 위한 표준은 그리 많지 않지만, 사람들이 의사소통할 때 사용하는 언어의 수는 많고 이 언어들은 상당히 다릅니다. 컴퓨터 네트워크에서 프로세스로 실행되는 모든 응용프로그램은 다른 프로세스와 통신하려면 응용 프로토콜을 사용해야 합니다.

따라서 개발자는 HTTP나 FTP와 같은 유명한 응용 프로토콜을 사용하거나, 팀 내에서 설계하고 제작한 사용자 지정 응용 프로토콜을 사용해야 합니다.

지금까지 물리, 링크, 네트워크, 전송, 응용 계층이라는 다섯 계층을 다뤘습니다. 이제 이들을 하나로 모아 컴퓨터 네트워크를 설계하고 배포하는 참조로 사용할 차례입니다.

인터넷 프로토콜 스위트

우리가 매일 보고 폭넓게 적용되는 네트워크 모델은 **인터넷 프로토콜 스위트** Internet Protocol Suite(**IPS**)입니다. IPS는 주로 인터넷에서 사용되는데, 상당히 많은 수의 컴퓨터가 모두 인터넷에 접속하려고 하는 만큼 이 컴퓨터들은 보편적으로 IPS를 사용하게 되어 있습니다. 그러나 이 모델은 ISO가 승인한 공식 표준은 아닙니다. 컴퓨터 네트워크에 대한 표준 모델은 **개방형 시스템 간 상호접속**Open System Interconnection(**OSI**) 모델로, 거의 공개적으로 배포나 사용이 되지 않는 더 이론적인 모델입니다.

IPS의 각 계층 및 해당 계층에서 유명한 프로토콜은 아래와 같습니다.

- **물리 계층**
- **링크 계층**: 이더넷, IEEE 802.11, 와이파이
- **인터넷 계층**: IPv4, IPv6, ICMP
- **전송 계층**: TCP, UDP
- **응용 계층**: HTTP, FTP, DNS, DHCP 등의 **수많은 프로토콜**

보다시피 이번 19장에서 논의한 계층과 같습니다. 하지만 한 가지 예외가 있습니다. 네트워크 계층의 이름이 인터넷 계층으로 바뀌어 있습니다. 이 계층에서 잘 알려진 프로토콜이 IPS에서 오직 IPv4와 IPv6뿐이기 때문입니다. 나머지 설명은 IPS 계층에 적용할 수 있습니다. IPS라는 모델은 이 책 전체, 그리고 실제 개발 환경에서 다룰 메인 모델입니다.

컴퓨터 네트워크가 어떻게 작동하는지를 알았으니, 더 나아가 **소켓 프로그래밍**이 무엇인지 알아

볼 수 있습니다. 이번 장의 나머지 부분과 다음 장에서는 전송 계층에서 논의한 개념과 소켓 프로그래밍에서 논의한 개념이 깊은 부분부터 일치한다는 것을 알게 될 것입니다.

19.4.2 소켓 프로그래밍 소개

이제 IPS 모델과 여러 네트워크 계층을 알았으니 소켓 프로그래밍이 무엇인지 설명하기 훨씬 쉬워졌습니다. 소켓 프로그래밍에 관한 기술적인 설명을 자세히 살펴보기 전에, 다음과 같은 IPC 기법이라고 정의해야 합니다. 소켓 프로그래밍은 같은 노드 또는 두 프로세스 사이에서 네트워크 연결성을 갖는 서로 다른 두 노드의 두 프로세스를 연결할 수 있게 합니다. 싱글 호스트 소켓 프로그래밍을 제외한다면, 두 프로세스가 서로 다른 두 노드에 있을 때 이들 노드 사이에서 작동하는 네트워크가 필요합니다. 바로 이러한 점에서 소켓 프로그래밍과 컴퓨터 네트워크 및 지금까지 설명한 모든 것이 한데 묶입니다.

더 기술적으로 설명하자면, 주로 전송 계층에서 소켓 프로그래밍을 한다고 해야 합니다. 이미 말한 대로 전송 계층은 기존의 인터넷 계층(네트워크 계층)을 통해 두 프로세스를 연결하는 역할을 합니다. 따라서 전송 계층은 소켓 프로그래밍에 대한 환경을 구성하는 주요 계층입니다. 그렇기 때문에 여러분은 개발자로서 전송 계층 및 여러 프로토콜에 대해 더 알아야 합니다. 소켓 프로그래밍 관련 버그는 기본 전송 채널에 원인이 있습니다.

소켓 프로그래밍에서 소켓은 전송 채널을 설정할 때 사용하는 주요 도구입니다. 지금까지 설명한 내용을 넘어서기는 하지만, 소켓 프로그래밍은 전송 계층 또는 **프로세스 간 통신**process-to-process communication뿐만 아니라 인터넷 계층(네트워크 계층) 또는 **호스트 간 통신**host-to-host communication도 포함할 수 있습니다. 전송 계층 소켓뿐만 아니라 인터넷 계층 특정적인 소켓도 가질 수 있다는 의미입니다. 이를 염두에 두겠지만 우리가 살펴보고 작업할 대부분의 소켓은 전송 소켓이며, 이번 19장의 나머지 부분과 다음 장에서는 주로 전송 소켓에 관해 설명합니다.

소켓이란

앞 절에서 설명한 대로 전송 계층은 실제로 소켓 프로그래밍이 이루어지는 곳입니다. 전송 계층 윗부분에서는 소켓 프로그래밍을 더 구체화합니다. 하지만 기본 채널은 실제로 전송 계층에서 설정됩니다.

또한 전송 채널이 설정하는 인터넷 연결(네트워크 연결)은 실제로 운영체제 간의 연결이며 더 구체적으로는 운영체제에 있는 커널 간의 연결이라고 설명했습니다. 따라서 커널에는 연결을 닮은 개념이 있을 것입니다. 그뿐만 아니라 같은 커널에서 시작하거나 수신하는 여러 설정된 연결이 있을 수 있습니다. 운영체제에서 실행되고 호스트되는 프로세스가 여럿 있을 수 있고, 이 프로세스들이 네트워크 연결을 하려고 시도하기 때문입니다.

여기서 살펴볼 개념은 **소켓**입니다. 시스템에서 이미 연결이 설정되었거나 곧 설정될 때, 이러한 연결을 식별하도록 지정된 소켓이 있습니다. 두 프로세스 사이의 하나의 연결에 대해서는 같은 연결을 다루는 소켓이 양측에 하나씩 있습니다. 이전에 설명한 대로, 소켓 중 하나는 커넥터 측에 속하며 다른 하나는 리스너 측에 속합니다. 소켓 객체를 정의하고 관리하도록 하는 API는 운영체제가 제공하는 **소켓 라이브러리**에 서술되어 있습니다.

주로 POSIX 시스템에 관해 이야기했으니 이러한 소켓 라이브러리가 POSIX API에 있으리라 예상할 수 있고 실제로도 그렇습니다. 이번 19장의 나머지 부분에서는 POSIX 소켓 라이브러리를 다루고, 두 프로세스를 연결할 때 이 라이브러리를 사용하는 방법을 설명하겠습니다.

POSIX 소켓 라이브러리

모든 소켓 객체는 세 가지 속성을 갖습니다. **도메인**, **유형**^{type}, **프로토콜입니다**. 운영체제의 매뉴얼 페이지에서 이들 속성을 아주 잘 설명하지만, 이들 속성에 주로 쓰이는 몇 가지 값에 관해 더 이야기하려고 합니다.

도메인 속성부터 시작하겠습니다. 이 속성은 **주소 체계**$^{address\ family}$(**AF**) 또는 **프로토콜 체계**$^{protocol\ family}$(**PF**)라고도 합니다. 많이 사용하는 값은 다음 목록에서 볼 수 있습니다. 참고로 이러한 주소 체계는 연결형 및 비연결형 전송 연결을 둘 다 지원합니다.

- **AF_LOCAL 또는 AF_UNIX**: 지역 소켓으로, 커넥터와 리스너 프로세스가 같은 호스트에 있을 때만 작동합니다.
- **AF_INET**: 두 프로세스가 IPv4를 통해 서로 연결하도록 하는 소켓입니다.
- **AF_INET6**: 두 프로세스가 IPv6를 통해 서로 연결하도록 하는 소켓입니다.

NOTE_ POSIX 시스템에서는 도메인 속성에 사용되는 상수에서 접두사 **AF_** 대신 **PF_**가 보입니다. **AF_** 상수가 **PF_** 상수와 같은 값을 가질 때가 종종 그에 해당하며, 따라서 이 상수는 서로 바꿔 쓸 수 있습니다.

다음 장에서 AF_UNIX와 AF_INET 도메인의 사용법을 예제로 살펴보겠습니다. 하지만 AF_INET6 도메인을 사용하는 예제를 찾아보기가 더 쉽습니다. 또한 특정 운영체제에 국한되어 다른 운영체제에는 없는 주소 체계도 있습니다.

소켓 객체의 유형 속성에서 가장 유명한 값은 다음과 같습니다.

- **SOCK_STREAM**: 소켓이 전달성, 정확성, 보낸 내용의 순서를 보장하는 연결형 전송 통신이라는 의미입니다. 앞 절에서 스트림에 관해 설명한 대로, STREAM은 그 스트림을 뜻합니다. 주의할 점은, 실제 기본 전송 프로토콜이 TCP라고 단정할 수 없다는 점입니다. AF_UNIX 주소 체계에 지역 소켓이 속할 때는 기본 전송 프로토콜이 TCP가 아니기 때문입니다.

- **SOCK_DGRAM**: 소켓이 비연결형 전송 통신을 나타낸다는 의미입니다. 참고로 데이터그램이라는 용어는 DGRAM으로 줄여서 쓸 수 있으며, 이전 절에서 설명한 대로 이는 스트림이라고 간주되지는 않는 일련의 바이트를 가리킵니다. 이 바이트는 데이터그램이라는 데이터의 개별 덩어리로 간주됩니다. 더 기술적인 맥락에서, 데이터그램은 네트워크를 통해 전송되는 데이터의 패킷을 나타냅니다.

- **SOCK_RAW**: 원시 소켓은 연결형과 비연결형을 둘 다 나타냅니다. SOCK_RAW와 SOCK_DGRAM 및 SOCK_STREAM의 주된 차이점은 커널이 기본 전송 프로토콜(UDP 또는 TCP)을 알고 있는지와, 패킷을 파싱해서 헤더와 내용을 추출할 수 있는지입니다. 원시 소켓으로는 이렇게 할 수 없으며, 여러 섹션을 열고 추출을 위해 소켓을 여는 일은 프로그램에 달려 있습니다. 즉, SOCK_RAW를 사용할 때 패킷은 프로그램에 직접 전달되며 패킷 구조 그 자체를 추출하고 이해해야 합니다. 만약 기본 채널이 스트림 채널(연결형)이라면, 손실된 패킷에 대한 복구와 패킷 순서 재정렬은 커널에서 수행하지 않으며 프로그램이 직접 해야 합니다. 전송 프로토콜로 TCP를 선택했다면 복구 및 패킷 순서 재정렬은 커널에서 실제로 수행된다는 의미입니다.

세 번째 속성인 프로토콜은 소켓 객체에 사용된 프로토콜을 식별합니다. 대부분의 주소 체계가 유형과 함께 특정 프로토콜을 결정하며, 프로토콜 속성은 소켓을 생성할 때 운영체제가 선택할 수 있습니다. 여러 프로토콜을 사용할 수 있다면 프로토콜 속성을 지정해야 합니다.

소켓 프로그래밍은 싱글 호스트 및 멀티 호스트 IPC 모두에 대해 해결책을 제공합니다. 즉, 서로 다른 호스트에 있고 인터넷(네트워크) 소켓을 사용하는 서로 다른 LAN의 두 프로세스를 연결하는 일도 상당 부분 가능하며, 유닉스 도메인 소켓을 사용해 같은 호스트의 두 프로세스를 연결하는 일은 완전히 가능합니다.

이 절에서 마지막으로 참고할 추가 사항은 소켓 연결이 양방향 및 전이중이라는 점입니다. 이는 양측이 다른 측에 간섭하지 않고 기본 채널에 읽기 및 쓰기를 할 수 있다는 의미입니다. 대부분의 IPC 관련 시나리오에서 일반적인 요구 사항이므로 이는 필요한 특성입니다.

소켓의 개념을 소개했으니 리스너 및 커넥터 프로세스에 관한 절에서 설명했던 순서를 다시 살펴봐야 합니다. 하지만 이번에는 이러한 순서를 따르기 위해 소켓을 사용하는 방법을 더 자세히 살펴보겠습니다.

리스너-커넥터 시퀀스 다시 보기

앞서 언급한 대로, 컴퓨터 네트워크의 거의 모든 연결에서 한쪽 말단은 언제나 들어오는 연결을 수신 대기[listen]하며, 다른 쪽은 리스너 측에 연결하려고 합니다. 전화 네트워크의 예시도 설명했지만, 여기서는 걸려 오는 전화를 받거나 또는 전화를 걸기 위해 전화기를 어떻게 사용해야 하는지, 다른 수신 장치에 어떻게 연결할 수 있는지를 설명했습니다. 소켓 프로그래밍에서도 비슷한 상황이 발생합니다. 소켓 프로그래밍에서는 전송 연결을 성공적으로 수행하기 위해 서로 다른 두 말단에 있는 프로세스들이 따라야 하는 순서를 살펴보겠습니다.

다음 하위 절에서는 소켓 생성 및 연결에 참여하려는 프로세스가 수행해야 하는 여러 작업을 더 자세히 살펴보겠습니다. 다음 하위 절에서 리스너와 커넥터 프로세스에 관해 설명할 순서는 인프라에 구애받지 않으며, 다양한 기본 전송 연결에 대해 소켓 프로그래밍이 제공하는 일반화로 이익을 얻습니다.

기억하고 있겠지만 리스너와 커넥터에 대한 순서는 연결형과 비연결형 통신에서 각각 다뤘습니다. 여기서도 같은 방식으로 먼저 스트림(연결형) 리스너 시퀀스부터 시작합니다.

스트림 리스너 시퀀스

다음 단계는 새로운 스트림 연결을 수신 대기하는 프로세스가 따라야 하는 과정입니다. 바인딩, 리스닝, 단계 수용에 관해서는 이전 절에서 소개했습니다. 하지만 여기에서는 소켓 프로그래밍의 관점에서 설명하겠습니다. 참고로 실제 대부분의 기능은 커널이 제공하며, 프로세스는 프로세스 자체를 수신 대기 모드로 두기 위해 소켓 라이브러리에서 알맞은 함수를 호출하기만 하면 됩니다.

1. 프로세스는 socket 함수를 사용해 소켓 객체를 생성해야 합니다. 이 소켓 객체는 일반적으로 **리스너 소켓**이라고 하며, 새로운 연결을 받을 때 사용됩니다. 기본 채널에 따라 socket 함수에 전달되는 인수는 다를 수 있습니다. 소켓의 주소 체계로 AF_UNIX와 AF_INET를 전달할 수 있지만, 스트림 채널을 사용할 것이므로 소켓의 유형으로는 SOCK_STREAM을 사용해야 합니다. 소켓 객체의 프로토콜 속성은 운영체제에 의해 결정됩니다. 예를 들면 AF_INET과 SOCK_STREAM을 소켓 객체에 대해 선택했을 때, TCP가 프로토콜 속성의 기

본값으로 선택됩니다.

2. 이제 소켓은 bind 함수를 사용해 커넥터 프로세스가 도달할 수 있는 엔드포인트로 바운딩되어야 합니다. 선택된 엔드포인트의 세부 사항은 선택한 주소 체계에 따라 크게 다릅니다. 예를 들면 인터넷 채널에서 엔드포인트는 IP 주소와 포트의 조합이어야 합니다. 유닉스 도메인 소켓일 때 엔드포인트는 파일 시스템에 있는 소켓 파일의 경로여야 합니다.

3. 소켓은 수신 대기에 대해 설정되어야 합니다. 이때 listen 함수를 사용합니다. 이전에 설명한 대로, 이 함수는 간단히 리스너 소켓에 대한 백로그를 생성합니다. 백로그는 아직 리스너 프로세스가 수신하지 못해서 대기 중인 연결의 복록입니다. 리스너 프로세스가 들어오는 새 연결을 받지 못하는 동안, 리스너 프로세스가 비어서 연결을 받을 수 있을 때까지 커널이 들어오는 연결을 그에 해당하는 백로그에 보관합니다. 백로그가 가득 차면, 이후에 들어오는 연결은 커널이 거부^{reject}합니다. 백로그의 크기를 작게 설정하면 리스너 프로세스가 혼잡해지며, 백로그의 크기를 크게 잡으면 결국 대기 중인 여러 연결이 시간 초과가 되거나 끊깁니다. 백로그의 크기는 리스너 프로그램의 상황에 따라 선택해야 합니다.

4. 백로그 설정을 마친 후에는 들어오는 연결을 받을 차례입니다. 모든 들어오는 연결에 대해 accept 함수를 호출해야 합니다. 따라서 accept 함수를 무한 루프에서 호출하는 것이 일반적인 패턴입니다. 리스너 프로세스가 새 연결 수신을 중단할 때마다 커넥터 프로세스가 백로그에 들어가며, 백로그가 가득 차면 연결은 거부됩니다. accept 함수에 대한 모든 호출은 소켓의 백로그에서 대기 중인 다음 연결이 받습니다. 만약 백로그가 비어 있고 리스너 소켓이 블로킹되도록 설정되었다면, accept 함수에 대한 모든 호출은 새 연결이 들어오기 전까지 블로킹됩니다.

accept 함수는 새로운 소켓 객체를 반환한다는 점에 유의하세요. 이는 커널이 수신한 모든 연결마다 새로운 고유한 소켓 객체를 지정한다는 의미입니다. 즉, 100개의 클라이언트를 받은 리스너 프로세스는 최소한 101개의 소켓을 사용합니다. 1개는 리스너 소켓, 100개는 들어오는 연결에 사용합니다. accept 함수가 반환한 소켓은 채널의 다른 끝에 있는 클라이언트와 나중에 통신할 때 사용되어야 합니다.

참고로 함수 호출의 시퀀스는 모든 유형의 스트림(연결형) 소켓 기반의 IPC에 대해 같습니다. 다음 장에서는 C를 사용해 이러한 단계를 어떻게 프로그래밍해야 하는지 실제 예제를 보겠습니다. 다음 절에서는 스트림 커넥터 시퀀스를 다룹니다.

스트림 커넥터 시퀀스

커넥터 프로세스가 이미 수신 대기 모드에 있는 리스너 프로세스에 연결하려고 할 때는 다음 순서를 따라야 합니다. 리스너 프로세스는 수신 대기 모드에 있어야 하며, 그렇지 않다면 연결은 대상 호스트의 커널에 의해 거부된다는 점에 주의하세요.

1. 커넥터 프로세스는 socket 함수를 호출해 소켓을 생성해야 합니다. 이 소켓은 대상 프로세스에 연결할 때

사용됩니다. 이 소켓의 특성은 리스너 소켓에 설정한 것과 비슷하거나 최소한 호환 가능해야 합니다. 그렇지 않다면 연결할 수 없습니다. 따라서 리스너 소켓에 대해 설정한 것과 같은 주소 체계를 설정해야 합니다. 그리고 유형은 SOCK_STREAM이어야 합니다.

2. 그런 다음 리스너 엔드포인트를 고유하게 식별하는 인수를 전달해 connect 함수를 사용해야 합니다. 리스너 엔드포인트는 커넥터 프로세스가 도달할 수 있어야 하며 이는 대상 프로세스가 사용할 수 있어야 합니다. connect 함수가 성공했다면 대상 프로세스가 연결을 수신했다는 의미입니다. 그 전에 연결은 대상 프로세스의 백로그에서 대기합니다. 특정 대상 엔드포인트를 어떠한 이유로 사용할 수 없을 때는 연결이 실패하며, 커넥터 프로세스에는 오류가 발생합니다.

리스너 프로세스에서는 accept 함수 호출과 마찬가지로 connect 함수도 소켓 객체를 반환합니다. 이러한 소켓은 연결을 식별하고 리스너 프로세스에 대한 차후 통신에 사용되어야 합니다. 다음 20장에서는 계산기 예제를 통해 이러한 순서에 관한 예를 제공하겠습니다.

데이터그램 리스너 시퀀스

데이터그램 리스너 시퀀스는 초기화하려면 다음을 수행해야 합니다.

1. 스트림 리스너처럼, 데이터그램 리스너 프로세스도 socket 함수를 호출해 소켓 객체를 생성합니다. 하지만 이번에는 소켓 유형 속성을 반드시 SOCK_DGRAM으로 설정해야 합니다.

2. 리스너 소켓이 생성되었으니 리스너 프로세스는 이를 엔드포인트에 바인딩해야 합니다. 엔드포인트와 이에 따른 제약 조건은 스트림 리스너의 말단과 매우 비슷합니다. 참고로 데이터그램 리스너 소켓에는 수신 대기 모드나 받아들이는 단계accepting phase가 없습니다. 기본 채널이 비연결형이기 때문이며, 들어오는 각 연결에 세션을 할당할 수 없기 때문입니다.

설명한 대로, 데이터그램 서버 소켓에는 수신 대기 모드나 받아들이는 단계가 없습니다. 또한 데이터그램 리스너는 커넥터 프로세스에서 읽기 및 쓰기를 위해 recvfrom과 sendto 함수를 사용해야 합니다. 읽기는 read 함수를 사용할 수 있지만, write 함수 호출만으로는 응답을 작성할 수 없습니다. 그 이유에 관해서는 다음 장의 데이터그램 리스너 예제에서 살펴볼 때 알아보겠습니다.

데이터그램 커넥터 시퀀스

데이터그램 커넥터는 스트림 커넥터와 순서가 거의 비슷합니다. 유일한 차이는 소켓 유형인데, 데이터그램 커넥터에서는 SOCK_DGRAM이어야 합니다. 데이터그램 유닉스 도메인 커넥터 소켓에 대한 특수한 경우는 서버로부터 응답을 받기 위해 유닉스 도메인 소켓 파일에 이 소켓이 바인딩되어야 할 때입니다. 더 자세한 내용은 다음 장에서 유닉스 도메인 소켓을 사용할 때의 데이터그램 계산 예제에서 살펴보겠습니다.

가능한 모든 순서를 살펴봤으니, 소켓과 **소켓 서술자**가 어떤 관련이 있는지 설명할 차례입니다. 이 부분은 이번 장의 마지막 절이자 다음 장의 시작으로, 다음 장에서는 모든 순서를 다루는 실제 C 예제를 제공합니다.

자체 서술자가 있는 소켓

파일 서술자를 사용하는 다른 푸시 기반 IPC 기법과 달리, 소켓 기반 기법은 소켓 객체를 다룹니다. 모든 소켓 객체는 정숫값을 나타내며, 이는 커널 내의 소켓 서술자에 해당합니다. 이러한 소켓 서술자는 기본 채널을 가리킬 때 쓰일 수 있습니다.

파일 서술자와 소켓 서술자는 다릅니다. 파일 서술자는 정규 파일 또는 장치 파일을 나타내지만, 소켓 서술자는 socket, accept, connect 함수를 호출해 생성된 소켓 객체를 가리킵니다.

파일 서술자와 소켓 서술자는 다르지만, 이들을 읽고 쓸 때는 같은 API 또는 함수를 사용할 수 있습니다. 따라서 파일과 마찬가지로 소켓에 대해 read와 write 함수를 사용할 수 있습니다.

이 서술자들은 유사한 점이 또 있습니다. 파일 및 소켓 서술자 둘 다 같은 API를 통해 논블로킹으로 설정할 수 있습니다. 논블로킹 방식으로 파일 또는 소켓에서 작업할 때는 논블로킹 서술자를 사용할 수 있습니다.

19.5 마무리

19장에서는 두 프로세스가 통신해서 데이터를 전송할 수 있도록 하는 IPC 기법에 관한 설명을 시작했습니다. 이번 장의 논의는 다음 20장에서 마무리합니다. 20장에서는 소켓 프로그래밍을 구체적으로 설명하고 여러 가지 실제 C 예제를 살펴봅니다.

19장에서는 다음 주제를 다뤘습니다.

- 풀 기반 및 푸시 기반의 IPC 기법과 이들이 어떻게 다르고 같은지를 다뤘습니다.
- 싱글 호스트 IPC 기법과 멀티 호스트 IPC 기법을 비교했습니다.

- 통신 프로토콜과 이들의 여러 특징을 학습했습니다.

- 직렬화와 역직렬화 개념을 살펴봤고, 이들이 특정 통신 프로토콜을 충족하기 위해 작동하는 방식을 살펴봤습니다.

- 프로토콜의 내용, 길이, 순차성이라는 특성이 수신자 프로세스에 어떤 영향을 주는지 설명했습니다.

- POSIX 파이프를 설명하고 사용 방법을 예제로 알아봤습니다.

- POSIX 메시지 큐가 무엇인지, 그리고 두 프로세스가 통신할 수 있도록 이를 사용하는 방법은 무엇인지 살펴봤습니다.

- 유닉스 도메인 소켓과 기초 속성에 관해 간단히 설명했습니다.

- 컴퓨터 네트워크가 무엇인지, 여러 네트워크 계층 스택이 전송 연결로 이어지는 방식에 관해 설명했습니다.

- 소켓 프로그래밍이 무엇인지 설명했습니다.

- 리스너 및 커넥터 프로세스에 대한 초기화 순서를 설명했으며 이들이 초기화되려면 밟아야 하는 단계를 설명했습니다.

- 파일 서술자와 소켓 서술자를 비교했습니다.

다음 장에서는 실제 C 예제를 제공하는 데 초점을 맞추고 소켓 프로그래밍에 관한 논의를 계속합니다. 먼저 계산기 클라이언트 및 서버에 대한 예제를 정의한 다음, 유닉스 소켓과 인터넷 소켓을 둘 다 사용해서 계산기 클라이언트와 서버 사이에서 제대로 작동하는 클라이언트-서버 통신을 만들어봅니다.

## CHAPTER 20

소켓 프로그래밍

19장에서는 단일 호스트 IPC를 설명하고 소켓 프로그래밍을 소개했습니다. 이번 20장에서는 실제 클라이언트—서버 예제인 계산기 프로젝트를 통해 설명을 마무리하고 소켓 프로그래밍에 관해 자세히 알아봅니다.

20장은 주제에 대한 순서가 약간 이상해 보일 수 있지만, 소켓의 여러 유형과 실제 프로젝트에서 소켓이 작동하는 방식을 더 잘 이해할 수 있도록 돕기 위한 구성입니다. 이번 장에서는 다음 주제를 논의합니다.

- 19장에서 설명한 내용을 복습합니다. 이번 복습은 짧게 돌아보는 것일 뿐이므로, 소켓 프로그래밍을 다루는 19장을 먼저 읽고 와야 합니다.

- 복습 부분에서 다양한 유형의 소켓, 스트림, 데이터그램 시퀀스를 다루고 계산기 예제를 계속 진행하는 데 필수적인 주제를 다룹니다.

- 클라이언트—서버 예제인 계산기 프로젝트를 설명하고 자세히 분석합니다. 이를 통해 예제에서 다양한 컴포넌트를 계속 사용해서 C 코드를 살펴볼 준비를 합니다.

- 예제의 필수 컴포넌트인 직렬 변환기/역직렬 변환기 라이브러리를 개발합니다. 이 라이브러리는 계산기 클라이언트와 서버 간에 사용되는 메인 프로토콜을 나타냅니다.

- 계산기 클라이언트와 서버가 모든 유형의 소켓에 대해 통신할 수 있어야 한다는 점을 꼭 이해해야 합니다. 그러므로 예제에서 통합된 여러 유형의 소켓을 살펴보고, 출발점으로는 **유닉스 도메인 소켓**Unix domain socket **(UDS)**을 소개합니다.

- 예제에서는 단일 호스트 설정에서 클라이언트−서버 연결을 위해 유닉스 도메인 소켓을 사용하는 방법을 살펴봅니다.
- 계속해서 다른 유형의 소켓인 네트워크 소켓을 설명합니다. 계산기 프로젝트에서 TCP 및 UDP 소켓을 통합하는 법을 알아봅니다.

소켓과 소켓 프로그래밍에 관해 일반적으로 아는 내용을 요약하며 이번 장을 시작해봅시다. 20장을 자세히 살펴보기 전에 19장의 후반부를 숙지하기를 권장합니다.

20.1 소켓 프로그래밍 복습

이번 절에서는 소켓이 무엇이며 소켓에는 어떤 유형이 있는지, 그리고 일반적으로 소켓 프로그래밍을 한다는 말이 어떤 의미인지 설명합니다. 짧은 복습이겠지만, 다음 절에서 계속해서 더 자세히 설명할 수 있도록 기초를 잘 쌓아야 합니다.

19장의 내용을 떠올려보면, 두 개 이상의 프로세스가 통신 및 데이터를 공유할 때 사용하는 IPC 기법에는 두 가지 유형이 있었습니다. 첫 번째는 **풀 기반**의 기법입니다. 이 기법은 데이터를 저장하고 가져오기 위해 공유 메모리 또는 일반 파일과 같은 접근할 수 있는 **매체**가 필요합니다. 두 번째는 **푸시 기반**의 기법입니다. 이 기법을 사용하려면 **채널**을 설정해야 하며, 채널은 모든 프로세스가 접근할 수 있어야 합니다. 이 두 가지 기법의 주된 차이점은 풀 기반일 때는 매체로부터, 그리고 푸시 기반일 때는 채널로부터 데이터를 가져오는 방식이 서로 다릅니다.

간단히 말해 풀 기반일 때 데이터는 매체에서 풀하거나 읽어야 하지만, 푸시 기반일 때는 읽기 프로세스로 데이터를 자동으로 푸시하거나 전달합니다. 풀 기반의 기법에서는 프로세스가 공유된 매체로부터 데이터를 풀해야 하므로, 해당 매체에 여러 프로세스가 쓰기를 할 수 있을 때는 경쟁 상태가 되기 쉽습니다.

푸시 기반 기법을 더 정확히 설명하자면 데이터는 언제나 커널의 버퍼에서 전달되어야 하며, 해당 버퍼는 파일 서술자 또는 소켓 서술자를 사용해 수신자 프로세스에 접근할 수 있습니다.

그런 다음 수신 프로세스는 서술자에 새 데이터를 사용할 수 있을 때까지 블로킹되거나, 또는 커널이 서술자로부터 새로운 데이터를 받았는지 알아보기 위해 서술자를 **폴**poll할 수 있으며, 만약 새로운 데이터를 받지 않았다면 다른 작업을 계속합니다. 전자는 **블로킹 I/O**라고 하며 후자는 **논블로킹 I/O** 또는 **비동기적 I/O**라고 합니다. 이번 20장에서 푸시 기반의 기법은 모두 블로킹 접근법을 사용합니다.

우리는 소켓 프로그래밍이 두 번째 범주에 속하는 IPC의 특수한 유형이라는 점을 알고 있습니다. 따라서 소켓 기반의 IPC는 모두 푸시 기반입니다. 하지만 소켓 프로그래밍과 여타 푸시 기반의 IPC 기법을 구분하는 주요한 특징은, 소켓 프로그래밍에서는 소켓을 사용한다는 사실입니다. 소켓은 유닉스 계열 운영체제에서 특수한 객체이며, 유닉스 계열이 아닌 마이크로소프트 윈도우에서도 소켓은 **양방향 채널**two-way channel을 나타냅니다.

다시 말해, 단일 소켓 객체는 같은 채널에 읽기 쓰기를 하기 위해 사용될 수 없습니다. 같은 채널의 양 끝에 있는 두 프로세스는 이러한 방식으로 **양방향 통신**two-way communication을 할 수 있습니다.

19장에서는 파일 서술자로 파일을 나타내는 것과 마찬가지로 소켓은 소켓 서술자로 표현된다는 점을 살펴봤습니다. 소켓 서술자와 파일 서술자는 I/O 작업 및 **폴링이 가능**poll-able하다는 점과 같이 특정 방식에서 유사하지만, 실제로는 서로 다릅니다. 소켓 서술자 하나는 항상 채널을 나타내지만, 파일 서술자는 일반 파일 또는 POSIX 파이프 같은 채널을 나타낼 수 있습니다. 그러므로 검색처럼 파일에 관련한 특정 작업은 소켓 서술자가 지원하지 않으며, 파일 서술자가 채널을 나타낼 때도 마찬가지로 소켓에 관한 특정 작업을 파일 서술자가 지원하지는 않습니다.

소켓 기반의 통신은 **연결형**connection-oriented 또는 **비연결형**connection-less일 수 있습니다. 연결형 통신에서 채널은 특정한 두 프로세스 간에 전송된 바이트의 **스트림**을 나타냅니다. 한편 비연결형 통신에서는 **데이터그램**이 채널을 따라 전송될 수 있으며 두 프로세스 사이에만 종속된 연결은 없습니다. 여러 프로세스는 상태를 공유하거나 데이터를 전송하기 위해 같은 채널을 사용할 수 있습니다.

따라서 두 가지 유형의 채널이 있습니다. **스트림 채널**과 **데이터그램 채널**입니다. 프로그램에서 모든 스트림 채널은 **스트림 소켓**이 나타내며, 모든 데이터그램 채널은 **데이터그램 소켓**이 나타냅니다. 채널을 설정할 때는 스트림인지 데이터그램인지 결정해야 합니다. 곧 보게 될 계산기 예제는 두 채널을 모두 지원합니다.

소켓은 여러 유형이 있습니다. 각 유형은 특정 용도와 상황에 대해 존재합니다. 일반적으로 두 종류의 소켓이 있는데, UDS와 네트워크 소켓입니다. 19장에서도 설명했지만, IPC를 하려는 프로세스가 모두 동일한 머신에 있을 때 UDS를 사용할 수 있습니다. 즉, UDS는 단일 호스트 배포에서만 사용할 수 있습니다.

이와 대조적으로, 네트워크 소켓은 프로세스가 어떻게 배포되었든 어디에 위치하든 상관없이 거의 모든 배포에 사용될 수 있습니다. 네트워크 소켓은 모두 동일한 머신에 있을 수도 있고, 네트워크에 분산되어 있을 수도 있습니다. 단일 호스트로 배포할 때는 UDS가 네트워크 소켓보다 더 빠르고 오버헤드가 적으므로 UDS가 더 좋습니다. 계산기 예제에서는 UDS와 네트워크 소켓을 둘 다 지원합니다.

UDS와 네트워크 소켓은 스트림 및 데이터그램 채널을 둘 다 나타낼 수 있습니다. 따라서 네 가지 조합이 있습니다. 스트림 채널을 통한 UDS, 데이터그램 채널을 통한 UDS, 스트림 채널을 통한 네트워크 소켓, 그리고 마지막으로 데이터그램 채널을 통한 네트워크 소켓입니다. 예제에서는 이 네 가지 조합을 모두 다룹니다.

스트림 채널을 제공하는 네트워크 소켓은 일반적으로 TCP 소켓입니다. 대부분의 경우 이러한 소켓에 대한 전송 프로토콜로 TCP를 사용하기 때문입니다. 마찬가지로 데이터그램 채널을 제공하는 네트워크 소켓은 일반적으로 UDP 소켓입니다. 대부분 이러한 소켓에 대한 전송 프로토콜로 UDP를 사용하기 때문입니다. 참고로 스트림 또는 데이터그램을 제공하는 UDS 소켓은 기본 전송 프로토콜이 없으므로 특정한 이름이 없습니다.

여러 유형의 소켓 및 채널에 대한 실제 C 코드를 작성하려면 실제 예제로 작업해보는 편이 좋습니다. 그래서 이렇게 특이한 접근 방식을 취했습니다. 이러한 방식으로 여러 유형의 소켓과 채널 간 공통점에 대해 알게 될 것이며, 이를 재사용할 수 있는 코드 단위로 추출할 수 있습니다. 다음 절에서는 계산기 프로젝트와 그 내부 구조에 관해 설명하겠습니다.

20.2 계산기 프로젝트

별도의 절을 할애해 계산기 프로젝트를 설명합니다. 예제가 길기 때문에, 깊이 살펴보기에 앞서 기초를 다지면 도움이 됩니다. 이 프로젝트는 다음과 같은 목표를 달성하도록 돕습니다.

- 간단하고 잘 정의된 기능을 많이 포함하면서 제대로 작동하는 예제를 관찰합니다.
- 여러 유형의 소켓 및 채널 사이의 공통부분을 추출하고 재사용 가능한 라이브러리로 만듭니다. 이 작업은 작성할 코드의 양을 크게 줄이며, 학습이라는 관점에서 봤을 때 여러 유형의 소켓과 채널 간의 일반적인 경계를 보여줍니다.
- 잘 정의된 응용 프로토콜을 사용해서 통신을 유지합니다. 일반적인 소켓 프로그래밍 예제에는 이러한 중요한 특성이 누락되어 있습니다. 이는 일반적으로 매우 간단하며, 보통 일회성인 클라이언트와 서버 간의 통신을 다룹니다.
- 응용 프로토콜, 다양한 유형의 채널 지원, 직렬 변환기와 역직렬 변환기 사용 등처럼, 클라이언트–서버 프로그램이 제대로 작동하는 데 필요한 모든 컴포넌트를 포함하는 예제를 만듭니다. 이를 통해 소켓 프로그래밍에 대한 다른 관점을 제공합니다.

앞에서 설명한 내용에 따라 이 프로젝트를 이번 20장의 중심 예제로 살펴보겠습니다. 단계별로 차근차근 살펴보며 작동하는 프로젝트로 완성할 수 있도록 여러분을 안내하겠습니다.

첫 번째 단계는 비교적 간단하고 완전한 응용 프로토콜을 구상하는 단계입니다. 이 프로토콜은 클라이언트와 서버 사이에 사용합니다. 이전에 설명한 것처럼, 잘 정의된 응용 프로토콜이 없다면 양측은 통신할 수 없습니다. 양측은 소켓 프로그래밍이 제공하는 기능 덕분에 서로 연결되어 데이터를 전송할 수는 있지만, 서로에 대해 알지는 못합니다.

이러한 이유로 계산기 프로젝트에 사용된 응용 프로토콜을 이해하려면 시간을 들여야 합니다. 응용 프로토콜을 설명하기 전에, 프로젝트의 코드베이스에 있는 소스의 계층을 살펴봅시다. 그리고 나면 이 프로젝트의 코드베이스에서 응용 프로토콜에 관련된 직렬 변환기/역직렬 변환기 라이브러리를 훨씬 더 이해하기 쉬워집니다.

20.2.1 소스 계층

개발자 관점에서 POSIX 소켓 프로그래밍 API는 관련된 소켓 객체가 UDS인지 네트워크 소켓인지 상관없이 모든 스트림 채널을 똑같이 다룹니다. 19장에서 설명했듯이 스트림 채널에는 리스너 측과 커넥터 측에 대한 특정 시퀀스가 있으며, 다른 유형의 스트림 소켓에 대해서도 이러한 시퀀스는 같습니다.

그러므로 여러 유형의 소켓 및 채널을 함께 지원할 때는 공통부분을 추출해서 한 번만 작성하는 편이 좋습니다. 이것이 바로 계산기 프로젝트의 접근 방식으로, 소스 코드에서 확인하겠습니다. 따라서 이 프로젝트에서 다양한 라이브러리를 볼 것이며, 라이브러리 중 일부는 코드의 다른 부분에서 재사용되는 공통 코드를 포함합니다.

이제 코드베이스를 자세히 살펴볼 차례입니다. 우선 프로젝트의 소스 코드는 깃허브 저장소[1]에서 찾아볼 수 있습니다. 링크를 열어서 코드베이스를 살펴보면, 여러 소스 파일을 포함하는 디렉터리가 많이 보입니다. 확실히 시간이 오래 걸릴 것이므로 이를 전부 시연할 수는 없습니다. 하지만 코드에서 중요한 부분에 관해서는 설명하겠습니다. 코드를 살펴보고 다뤄보고 빌드해서 실행해보기를 권합니다. 그 과정에서 예제를 어떻게 개발했는지 이해할 수 있습니다.

참고로 UDS, UDP 소켓, TCP 소켓에 관한 예제와 관련한 모든 코드는 단일 계층에 있습니다. 다음으로 코드베이스에 있는 소스 계층과 디렉터리를 설명하겠습니다.

예제의 루트로 가서 **tree** 명령어를 사용해 파일과 디렉터리를 살펴보면 [셸 박스 20-1]과 같은 목록이 보입니다. 다음 [셸 박스 20-1]은 이 책의 깃허브 저장소를 복제clone하는 법과 예제의 루트를 탐색하는 법을 나타냅니다.

셸 박스 20-1 계산기 프로젝트의 코드베이스를 복제하고 파일과 디렉터리의 목록을 나열하기

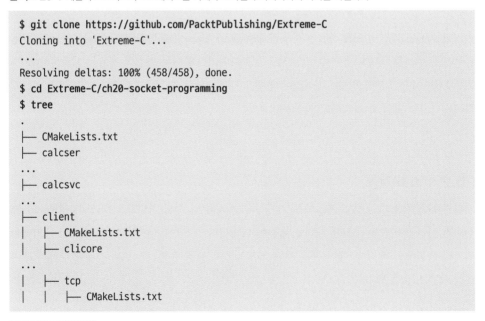

```
$ git clone https://github.com/PacktPublishing/Extreme-C
Cloning into 'Extreme-C'...
...
Resolving deltas: 100% (458/458), done.
$ cd Extreme-C/ch20-socket-programming
$ tree
.
├── CMakeLists.txt
├── calcser
...
├── calcsvc
...
├── client
│   ├── CMakeLists.txt
│   ├── clicore
...
│   ├── tcp
│   │   ├── CMakeLists.txt
```

---

1 https://github.com/PacktPublishing/Extreme-C/tree/master/ch20-socket-programming

```
|   |   └── main.c
|   ├── udp
|   |   ├── CMakeLists.txt
|   |   └── main.c
|   └── Unix
|       ├── CMakeLists.txt
|       ├── datagram
|       |   ├── CMakeLists.txt
|       |   └── main.c
|       └── stream
|           ├── CMakeLists.txt
|           └── main.c
├── server
|   ├── CMakeLists.txt
|   ├── srvcore
...
|   ├── tcp
|   |   ├── CMakeLists.txt
|   |   └── main.c
|   ├── udp
|   |   ├── CMakeLists.txt
|   |   └── main.c
|   └── Unix
|       ├── CMakeLists.txt
|       ├── datagram
|       |   ├── CMakeLists.txt
|       |   └── main.c
|       └── stream
|           ├── CMakeLists.txt
|           └── main.c
└── types.h

18 directories, 49 files
$
```

파일과 디렉터리 목록에서 볼 수 있듯이 계산기 프로젝트는 여러 부분으로 구성됩니다. 그중에는 라이브러리가 있으며 이들 각각은 고유한 지정된 경로를 갖습니다. 다음으로 이러한 디렉터리에 관해 설명하겠습니다.

- **/calcser**: 직렬 변환기/역직렬 변환기 라이브러리로, 직렬화/역직렬화 관련 소스 파일을 포함합니다. 이 라이브러리는 계산기 클라이언트와 계산기 서버 사이에 정의된 응용 프로토콜입니다. 이 라이브러리

는 libcalcser.a라는 정적 라이브러리 파일로 빌드됩니다.

- **/calcsvc**: 이 라이브러리는 계산기 서비스에 대한 소스를 포함합니다. **계산 서비스**는 서버 프로세스와는 다릅니다. 이 서비스 라이브러리는 계산기의 핵심 기능을 포함하고, 서버 프로세스에 있는 것에 구애받지 않으며 별개의 독립적인 C 라이브러리로 사용할 수 있습니다. 이 라이브러리는 libcalcsvc.a라는 정적 라이브러리 파일로 빌드됩니다.

- **/server/srvcore**: 이 라이브러리는 소켓 유형에 상관없이 스트림 및 데이터그램 서버 프로세스 사이에서 공통인 소스를 포함합니다. 따라서 모든 계산기 서버 프로세스는 UDS니 네트워크 소켓을 사용하든, 스트림이나 데이터그램 채널에서 작동하든 간에 이 공통부분에 의존할 수 있습니다. 이 라이브러리의 최종 출력은 libsrvcore.a라는 정적 라이브러리입니다.

- **/server/unix/stream**: 이 라이브러리는 UDS에 연결된 스트림 채널을 사용하는 서버 프로그램에 대한 소스를 포함합니다. 이 디렉터리를 최종 빌드한 결과물은 unix_stream_calc_server라는 실행 파일입니다. 이 파일은 프로젝트에서 계산기 서버를 불러올 때 사용할 수 있는 실행 파일이며, 이 서버는 스트림 연결을 받기 위해 UDS에서 수신을 대기합니다.

- **/server/unix/datagram**: 이 경로는 UDS에 연결된 데이터그램 채널을 사용하는 서버 프로그램에 대한 소스를 포함합니다. 이 디렉터리를 최종 빌드한 결과물은 unix_datagram_calc_server라는 실행 파일입니다. 이 파일은 프로젝트에서 계산기 서버를 불러올 때 사용할 수 있는 실행 파일이며, 이 서버는 데이터그램 메시지를 받기 위해 UDS에서 수신을 대기합니다.

- **/server/tcp**: 이 경로는 TCP 네트워크 소켓에 연결된 스트림 채널을 사용하는 서버 프로그램에 대한 소스를 포함합니다. 이 디렉터리를 최종 빌드한 결과물은 tcp_calc_server라는 실행 파일입니다. 이 파일은 프로젝트에서 계산기 서버를 불러올 때 사용할 수 있는 실행 파일이며, 이 서버는 스트림 연결을 받기 위해 TCP 소켓에서 수신 대기합니다.

- **/server/udp**: 이 경로는 UDP 네트워크 소켓에 연결된 데이터그램 채널을 사용하는 서버 프로그램에 대한 소스를 포함합니다. 이 디렉터리를 최종 빌드한 결과물은 udp_calc_server라는 실행 파일입니다. 이 파일은 프로젝트에서 계산기 서버를 불러올 때 사용할 수 있는 실행 파일이며, 이 서버는 데이터그램 메시지를 받기 위해 UDP 소켓에서 수신 대기합니다.

- **/client/clicore**: 이 라이브러리는 소켓 유형에 상관없이 스트림 및 데이터그램 클라이언트 프로세스의 공통 소스를 포함합니다. 따라서 모든 계산기 클라이언트 프로세스는 UDS나 네트워크 소켓을 사용하든, 스트림 또는 데이터그램 채널에서 작동하든 상관없이 이러한 공통부분에 의존할 수 있습니다. 이 경로는 libclicore.a라는 정적 라이브러리로 빌드됩니다.

- **/client/unix/stream**: 이 경로는 UDS에 연결된 스트림 채널을 사용하는 클라이언트 프로그램에 대한 소스를 포함합니다. 이 디렉터리를 최종 빌드한 결과물은 unix_stream_calc_client라는 실행

파일입니다. 이 파일은 계산기 클라이언트를 시작할 수 있는 프로젝트의 실행 파일입니다. 이 클라이언트는 UDS 엔드포인트를 연결하고 스트림 연결을 설정합니다.

- **/client/unix/datagram**: 이 경로는 UDS에 연결된 데이터그램 채널을 사용하는 클라이언트 프로그램에 대한 소스를 포함합니다. 이 디렉터리를 최종 빌드한 결과물은 unix_datagram_calc_client라는 실행 파일입니다. 이 파일은 계산기 클라이언트를 시작할 수 있는 프로젝트의 실행 파일입니다. 이 클라이언트는 UDS 엔드포인트를 연결하고 데이터그램 메시지를 보냅니다.

- **/client/tcp**: 이 경로는 TCP 소켓에 연결된 스트림 채널을 사용하는 클라이언트 프로그램에 대한 소스를 포함합니다. 이 디렉터리를 최종 빌드한 결과물은 tcp_calc_client라는 실행 파일입니다. 이 파일은 계산기 클라이언트를 시작할 수 있는 프로젝트의 실행 파일입니다. 이 클라이언트는 TCP 소켓 엔드포인트를 연결하고 스트림 연결을 설정합니다.

- **/client/udp**: 이 경로는 UDP 소켓에 연결된 데이터그램 채널을 사용하는 클라이언트 프로그램에 대한 소스를 포함합니다. 이 디렉터리를 최종 빌드한 결과물은 udp_calc_client라는 실행 파일입니다. 이 파일은 계산기 클라이언트를 시작할 수 있는 프로젝트의 실행 파일입니다. 이 클라이언트는 UDP 소켓 엔드포인트를 연결하고 데이터그램 메시지를 보냅니다.

20.2.2 프로젝트 빌드하기

이제 프로젝트의 모든 디렉터리를 살펴봤으니, 빌드하는 법을 알아야 합니다. 이 프로젝트는 CMake를 사용하므로 프로젝트를 빌드하기 전에 CMake가 설치되어 있어야 합니다.

프로젝트를 빌드하려면 이번 장의 예제 파일이 있는 루트 디렉터리에서 다음 명령어를 실행하세요.

셸 박스 20-2 계산기 프로젝트를 빌드하는 명령어

```
$ mkdir -p build
$ cd build
$ cmake ..
...
$ make
...
$
```

20.2.3 프로젝트 실행하기

프로젝트 작동 방식을 직접 확인하기 위해 프로젝트를 실행해보는 것만큼 좋은 방법은 없습니다. 따라서 기술적인 세부 내용을 살펴보기 전에, 계산기 서버와 클라이언트를 실행한 다음 최종적으로 이들이 서로 어떻게 통신하는지 확인하세요.

프로세스를 실행하기 전에 두 개의 명령어를 각각 입력하기 위해 터미널(혹은 셸) 2개를 띄워야 합니다. 첫 번째 터미널에는 UDS에서 수신을 대기하는 스트림 서버를 실행하도록 다음 명령어를 입력하세요.

참고로 다음 명령어를 입력하기 전에 build 디렉터리에 있어야 합니다. build 디렉터리는 앞절에서 만들었습니다.

셸 박스 20-3 UDS에서 수신을 대기하는 스트림 서버 실행하기

```
$ ./server/unix/stream/unix_stream_calc_server
```

서버가 실행 중인지 확인하세요. 두 번째 터미널에서는 UDS를 사용하도록 빌드된 스트림 클라이언트를 실행합니다.

셸 박스 20-4 계산기 클라이언트를 실행하고 요청 보내기

```
$ ./client/unix/stream/unix_stream_calc_client
? (type quit to exit) 3++4
The req(0) is sent.
req(0) > status: OK, result: 7.000000
? (type quit to exit) mem
The req(1) is sent.
req(1) > status: OK, result: 7.000000
? (type quit to exit) 5++4
The req(2) is sent.
req(2) > status: OK, result: 16.000000
? (type quit to exit) quit
Bye.
$
```

이 셸 박스에서 확인할 수 있듯이 클라이언트 프로세스는 고유한 커맨드 라인이 있습니다. 이 프로세스는 사용자로부터 명령어를 받고, 이 명령어를 응용 프로토콜에 따라 요청으로 바꾼 뒤

나중에 처리하기 위해 서버로 보냅니다. 그런 다음 응답을 기다리고 응답을 받자마자 결과를 출력합니다. 참고로 이 커맨드 라인은 모든 클라이언트에 대해 작성된 공동 코드에 있으며, 따라서 클라이언트가 사용하는 채널이나 소켓의 유형에 상관없이 언제나 클라이언트 커맨드 라인을 볼 수 있습니다.

이제 응용 프로토콜에 대한 세부 사항으로 넘어가서 요청과 응답 메시지가 어떻게 생겼는지 확인할 차례입니다.

20.2.4 응용 프로토콜

통신하려는 두 프로세스는 어느 쪽이든 응용 프로토콜을 반드시 따라야 합니다. 이 프로토콜은 계산기 프로젝트처럼 직접 만든 것일 수 있으며, 또는 HTTP와 같이 유명한 프로토콜일 수도 있습니다. 우리의 프로토콜은 **계산기 프로토콜**이라고 부르겠습니다.

계산기 프로토콜은 가변 길이 프로토콜입니다. 즉, 모든 메시지는 고유한 길이를 가지며, 모든 메시지는 구분 문자를 사용해서 그다음 메시지와 구분되어야 합니다. 요청 메시지도 응답 메시지도 각각 한 가지 종류만 있습니다. 또한 프로토콜은 텍스트로 되어 있습니다. 이는 요청 및 전송 메시지에서 영문자와 숫자, 그리고 유효한 다른 몇 가지 문자만을 함께 사용한다는 의미입니다. 즉, 계산기 메시지는 사람이 읽을 수 있습니다.

요청 메시지는 4개의 필드를 갖습니다. **요청 ID, 메서드, 첫 번째 피연산자, 두 번째 피연산자**입니다. 모든 요청은 고유한 ID를 가지며 서버는 이 ID를 사용해 그에 해당하는 요청에 응답을 연결합니다.

메서드는 계산기 서비스가 수행할 수 있는 연산operation입니다. 다음으로 `calcser/calc_proto_req.h` 헤더 파일을 확인할 수 있습니다. 이 파일은 계산기 프로토콜의 요청 메시지를 나타냅니다.

코드 박스 20-1 계산기 요청 객체에 대한 정의(calcser/calc_proto_req.h)

```
#ifndef CALC_PROTO_REQ_H
#define CALC_PROTO_REQ_H

#include <stdint.h>
```

```
typedef enum {
  NONE,
  GETMEM, RESMEM,
  ADD, ADDM,
  SUB, SUBM,
  MUL, MULM,
  DIV
} method_t;

struct calc_proto_req_t {
  int32_t id;
  method_t method;
  double operand1;
  double operand2;
};

method_t str_to_method(const char*);
const char* method_to_str(method_t);

#endif
```

프로토콜에는 9개의 메서드가 정의되어 있습니다. 우리 계산기는 좋은 계산기여서 내부 메모리가 있습니다. 덧셈, 뺄셈, 곱셈과 관련한 메모리 연산을 하기 때문입니다.

예를 들면 ADD 메서드는 간단히 2개의 실수를 더합니다. 하지만 ADDM 메서드는 ADD 메서드를 변형한 것으로, 내부 메모리에 저장된 값과 두 숫자를 함께 더합니다. 그리고 최종적으로는 나중에 사용하기 위해 메모리에 값을 업데이트합니다. 이는 데스크탑 계산기에서 메모리 버튼을 사용할 때와 같습니다. +M으로 표시된 해당 버튼을 찾을 수 있습니다.

또한 계산기의 내부 메모리를 읽고 재설정하는 특별한 메서드도 있습니다. 나눗셈 메서드는 내부 메모리에서 수행될 수 없으므로 다르게 변형된 것은 없습니다.

클라이언트가 ADD 메서드에 1.5와 5.6을 피연산자로 사용해서 ID가 1000인 요청을 생성하려 한다고 가정해봅시다. C에서는 calc_proto_req_t형([코드 박스 20–1]의 헤더에서 선언된 구조체)에서 객체를 생성해야 하며, 적절한 값으로 이를 채워야 합니다. 다음 코드에서 그 방법을 확인할 수 있습니다.

```
struct calc_proto_req_t req;
req.id = 1000;
req.method = ADD;
req.operand1 = 1.5;
req.operand2 = 5.6;
```

19장에서 설명한 대로, [코드 박스 20-2]에 있는 **req** 객체는 서버로 전송되기 전에 요청 메시지로 직렬화되어야 합니다. 즉, 이 **요청 객체**를 그에 해당하는 **요청 메시지**로 직렬화해야 합니다. 계산기 프로젝트의 직렬 변환기는 우리의 응용 프로토콜에 따라 다음과 같이 **req** 객체를 직렬화합니다.

코드 박스 20-3 [코드 박스 20-2]에 정의된 req 객체에 해당하는 직렬화된 메시지

```
1000#ADD#1.5#5.6$
```

\# 문자는 **필드 구분 문자**filed delimiter로 사용되었으며 $ 문자는 **메시지 구분 기호**message separator로 사용됩니다. 이에 더해 각 요청 메시지는 정확히 4개의 필드를 갖습니다. 채널의 반대편에 있는 역직렬 변환기 객체는 이를 사용해 들어오는 바이트를 파싱하고 다시 요청 객체를 받습니다.

반대로, 서버 프로세스는 요청에 응답하는 동안 요청 객체를 직렬화해야 합니다. 계산기 응답 객체는 3개의 필드를 갖습니다. **요청 ID, 상태, 결과**입니다. 요청 ID는 해당하는 요청을 결정합니다. 모든 요청은 고유의 ID를 가지며 이러한 방식으로 서버는 응답이 필요한 요청을 지정합니다.

calcser/calc_proto_resp.h 헤더 파일은 계산기의 응답이 어떤 모습이어야 하는지 서술하며, 다음 [코드 박스 20-4]에서 볼 수 있습니다.

코드 박스 20-4 요청 객체에 대한 정의(calcser/calc_proto_resp.h)

```
#ifndef CALC_PROTO_RESP_H
#define CALC_PROTO_RESP_H

#include <stdint.h>

#define STATUS_OK                0
```

```
#define STATUS_INVALID_REQUEST 1
#define STATUS_INVALID_METHOD  2
#define STATUS_INVALID_OPERAND 3
#define STATUS_DIV_BY_ZERO     4
#define STATUS_INTERNAL_ERROR  20

typedef int status_t;

struct calc_proto_resp_t {
  int32_t req_id;
  status_t status;
  double result;
};

#endif
```

비슷하게, [코드 박스 20-2]에서 언급한 요청 객체 **req**에 대한 응답 객체를 생성하려면 서버 프로세스는 다음과 같이 해야 합니다.

코드 박스 20-5 [코드 박스 20-2]에서 정의된 요청 객체 req에 대한 응답 객체 생성하기

```
struct calc_proto_resp_t resp;
resp.req_id = 1000;
resp.status = STATUS_OK;
resp.result = 7.1;
```

이 **응답 객체**response object는 다음과 같이 직렬화됩니다.

코드 박스 20-6 [코드 박스 20-5]에서 생성된 resp 객체에 상응하는 직렬화된 응답 메시지

```
1000#0#7.1$
```

다시 강조하지만 #을 필드 구분 문자로, $을 메시지 구분 기호로 사용했습니다. 참고로 상태는 숫자로 되어 있으며 요청의 성공 또는 실패를 나타냅니다. 실패하면 0이 아닌 숫자로 나타나며, 그 의미는 응답 헤더 파일에, 더 정확하게는 우리의 계산기 프로토콜에 정의되어 있습니다.

이제 직렬화/역직렬화 라이브러리와 이 라이브러리의 내부 생김새를 조금 더 이야기할 차례입니다.

20.2.5 직렬화/역직렬화 라이브러리

앞 절에서 요청 및 응답 메시지의 생김새를 설명했습니다. 이번 절에서는 계산기 프로젝트에 사용된 직렬 변환기 및 역직렬 변환기에 관해 조금 더 설명하겠습니다. serializer 클래스를 사용해 직렬화 및 역직렬화 기능을 제공합니다. 이 클래스는 속성 구조체로 calc_proto_ser_t를 갖습니다.

이전에 말한 대로 이러한 기능은 libcalcser.a라는 정적 라이브러리로 제공됩니다. 여기에서 calcser/calc_proto_ser.h에 있는 serializer 클래스에 대한 공용 API를 확인할 수 있습니다.

코드 박스 20-7 serializer 클래스의 공용 인터페이스(calcser/calc_proto_ser.h)

```
#ifndef CALC_PROTO_SER_H
#define CALC_PROTO_SER_H

#include <types.h>

#include "calc_proto_req.h"
#include "calc_proto_resp.h"

#define ERROR_INVALID_REQUEST           101
#define ERROR_INVALID_REQUEST_ID        102
#define ERROR_INVALID_REQUEST_METHOD    103
#define ERROR_INVALID_REQUEST_OPERAND1 104
#define ERROR_INVALID_REQUEST_OPERAND2 105


#define ERROR_INVALID_RESPONSE          201
#define ERROR_INVALID_RESPONSE_REQ_ID  202
#define ERROR_INVALID_RESPONSE_STATUS  203
#define ERROR_INVALID_RESPONSE_RESULT  204

#define ERROR_UNKNOWN 220

struct buffer_t {
  char* data;
  int len;
};

struct calc_proto_ser_t;
```

```
typedef void (*req_cb_t)(
        void* owner_obj,
        struct calc_proto_req_t);

typedef void (*resp_cb_t)(
        void* owner_obj,
        struct calc_proto_resp_t);

typedef void (*error_cb_t)(
        void* owner_obj,
        const int req_id,
        const int error_code);

struct calc_proto_ser_t* calc_proto_ser_new();
void calc_proto_ser_delete(
        struct calc_proto_ser_t* ser);

void calc_proto_ser_ctor(
        struct calc_proto_ser_t* ser,
        void* owner_obj,
        int ring_buffer_size);

void calc_proto_ser_dtor(
        struct calc_proto_ser_t* ser);

void* calc_proto_ser_get_context(
        struct calc_proto_ser_t* ser);

void calc_proto_ser_set_req_callback(
        struct calc_proto_ser_t* ser,
        req_cb_t cb);

void calc_proto_ser_set_resp_callback(
        struct calc_proto_ser_t* ser,
        resp_cb_t cb);

void calc_proto_ser_set_error_callback(
        struct calc_proto_ser_t* ser,
        error_cb_t cb);

void calc_proto_ser_server_deserialize(
        struct calc_proto_ser_t* ser,
        struct buffer_t buffer,
        bool_t* req_found);
```

```
struct buffer_t calc_proto_ser_server_serialize(
        struct calc_proto_ser_t* ser,
        const struct calc_proto_resp_t* resp);

void calc_proto_ser_client_deserialize(
        struct calc_proto_ser_t* ser,
        struct buffer_t buffer,
        bool_t* resp_found);

struct buffer_t calc_proto_ser_client_serialize(
        struct calc_proto_ser_t* ser,
        const struct calc_proto_req_t* req);

#endif
```

직렬 변환기 객체를 생성 및 삭제하는 데 필요한 생성자와 소멸자 함수와는 별도로, 서버 프로세스가 사용해야 하는 함수 한 쌍이 있으며, 또 다른 한 쌍의 함수는 클라이언트 프로세스가 사용해야 합니다.

클라이언트 측에서 요청 객체는 직렬화되고 응답 메시지는 역직렬화됩니다. 한편 서버 측에서 요청 메시지는 역직렬화되고 응답 객체는 직렬화됩니다.

직렬화 및 역직렬화 함수에 더해 3개의 **콜백 함수**가 있습니다.

- 기본 채널에서 역직렬화된 요청 객체를 받는 콜백

- 기본 채널에서 역직렬화된 응답 객체를 받는 콜백

- 직렬화 또는 역직렬화가 실패하면 오류를 받는 콜백

들어오는 요청과 응답을 받기 위해 클라이언트 및 서버 프로세스는 이러한 콜백을 사용합니다. 또한 메시지를 직렬화 및 역직렬화하는 동안 발견되는 오류도 받습니다.

이제 서버 측에 대한 직렬화/역직렬화 함수를 더 자세히 살펴봅시다.

서버 측 직렬화/역직렬화 함수

서버 프로세스가 응답 객체를 직렬화하고 요청 메시지를 역직렬화하는 두 함수가 있습니다. 응답 직렬화 함수부터 시작하겠습니다.

다음 [코드 박스 20-8]은 응답 직렬화 함수 `calc_proto_ser_server_serialize`에 대한 코드를 포함합니다.

코드 박스 20-8 서버 측의 응답 직렬화 함수(calcser/calc_proto_ser.c)

```
struct buffer_t calc_proto_ser_server_serialize(
    struct calc_proto_ser_t* ser,
    const struct calc_proto_resp_t* resp) {
  struct buffer_t buff;
  char resp_result_str[64];
  _serialize_double(resp_result_str, resp->result);
  buff.data = (char*)malloc(64 * sizeof(char));
  sprintf(buff.data, "%d%c%d%c%s%c", resp->req_id,
        FIELD_DELIMITER, (int)resp->status, FIELD_DELIMITER,
      resp_result_str, MESSAGE_DELIMITER);
  buff.len = strlen(buff.data);
  return buff;
}
```

`resp`는 직렬화되어야 하는 응답 객체에 대한 포인터입니다. 이 함수는 `buffer_t` 객체를 반환하며, 이 객체는 `calc_proto_ser.h` 헤더 파일에서 다음과 같이 선언합니다.

코드 박스 20-9(1) buffer_t 객체에 대한 정의(calcser/calc_proto_ser.h)

```
struct buffer_t {
  char* data;
  int len;
};
```

직렬화 코드는 간단합니다. 이 코드는 주로 응답 문자열 메시지를 생성하는 `sprintf` 구문으로 구성됩니다. 이제 요청 역직렬화 함수를 살펴봅시다. 일반적으로 역직렬화를 구현하기가 더 어렵습니다. 코드베이스로 넘어가서 함수 호출을 따라가 보면 얼마나 복잡한지 알 수 있습니다.

다음 [코드 박스 20-9(2)]는 요청 역직렬화 함수를 포함합니다.

서버 측의 요청 역직렬화 함수(calcser/calc_proto_ser.c)

```
void calc_proto_ser_server_deserialize(
    struct calc_proto_ser_t* ser,
    struct buffer_t buff,
    bool_t* req_found) {
  if (req_found) {
    *req_found = FALSE;
  }
  _deserialize(ser, buff, _parse_req_and_notify,
        ERROR_INVALID_REQUEST, req_found);
}
```

이 함수는 간단해 보이지만, 사실은 비공개 함수인 _deserialize와 _parse_req_and_notify를 사용합니다. 이 함수들은 calc_proto_ser.c 파일에 정의되어 있습니다. 해당 파일은 Serializer 클래스에 대한 실제 구현을 포함합니다.

언급한 비공개 함수에 대한 코드를 설명하는 일은 이 책의 범위를 벗어납니다. 그러나 특히 소스 코드를 읽으려는 때를 위해 설명하자면, 역직렬 변환기는 고정 길이를 갖는 **링 버퍼**ring buffer를 사용하며 메시지 구분 기호인 $를 찾으려고 합니다.

역직렬 변환기가 $를 찾을 때마다 함수 포인터를 호출하고, 이때 함수 포인터는 _parse_req_and_notify 함수(_deserialize 함수에 전달된 세 번째 인수)를 가리킵니다. _parse_req_and_notify 함수는 필드를 추출해 요청 객체를 다시 살리려고 합니다. 그런 다음 등록된 관찰자에게 알려서 요청 객체를 진행하도록 통지합니다. 이때 등록된 관찰자는 콜백 함수를 통해 요청을 대기하는 서버 객체에 해당합니다.

이제 클라이언트 측에서 사용하는 함수를 살펴봅시다.

클라이언트 측 직렬화/역직렬화 함수

서버 측과 마찬가지로, 클라이언트 측에도 두 개의 함수가 있습니다. 하나는 요청 객체를 직렬화하며, 나머지 하나는 들어오는 요청을 역직렬화하도록 되어 있습니다.

요청 직렬 변환기부터 시작합시다. 정의는 [코드 박스 20-10]에서 볼 수 있습니다.

```
struct buffer_t calc_proto_ser_client_serialize(
    struct calc_proto_ser_t* ser,
    const struct calc_proto_req_t* req) {
  struct buffer_t buff;
  char req_op1_str[64];
  char req_op2_str[64];
  _serialize_double(req_op1_str, req->operand1);
  _serialize_double(req_op2_str, req->operand2);
  buff.data = (char*)malloc(64 * sizeof(char));
  sprintf(buff.data, "%d%c%s%c%s%c%s%c", req->id, FIELD_DELIMITER,
          method_to_str(req->method), FIELD_DELIMITER,
          req_op1_str, FIELD_DELIMITER, req_op2_str,
          MESSAGE_DELIMITER);
  buff.len = strlen(buff.data);
  return buff;
}
```

이 함수는 요청 객체를 받고 buffer 객체를 반환하며, 이는 서버 측의 응답 직렬 변환기와 매우 비슷합니다. 게다가 같은 기법을 사용해 sprintf 구문으로 요청 메시지를 생성합니다.

다음 [코드 박스 20-11]은 응답 역직렬화 함수를 포함합니다.

코드 박스 20-11 클라이언트 측의 응답 역직렬화 함수(calcser/calc_proto_ser.c)

```
void calc_proto_ser_client_deserialize(
    struct calc_proto_ser_t* ser,
    struct buffer_t buff, bool_t* resp_found) {
  if (resp_found) {
    *resp_found = FALSE;
  }
  _deserialize(ser, buff, _parse_resp_and_notify,
          ERROR_INVALID_RESPONSE, resp_found);
}
```

보다시피 같은 메커니즘과 비슷한 비공개 함수를 사용했습니다. 기존 부분을 최대한 재사용하기 위해 코드의 여러 부분을 어떻게 조합했는지 더 잘 이해하려면 이 소스들을 주의 깊게 살펴보기를 권합니다.

Serializer 클래스에 관해 더 깊이 설명하지는 않겠습니다. 코드를 파고들어가서 이것이 어떻게 작동하는지 살펴보는 일은 여러분에게 달려 있습니다.

이제 직렬화 라이브러리가 있으니 계속해서 클라이언트와 서버 프로그램을 작성할 수 있습니다. 합의된 응용 프로토콜에 따라 객체를 직렬화하고 메시지를 역직렬화하는 라이브러리를 갖추는 일은 멀티프로세스 소프트웨어를 작성할 때 필수 단계입니다. 참고로 배포가 단일 또는 멀티 호스트를 포함하는지 여부는 중요하지 않습니다. 프로세스는 서로를 이해할 수 있어야 하며, 알맞은 응용 프로토콜이 정의되어야 합니다.

소켓 프로그래밍에 대한 코드로 넘어가기 전에 한 가지 더 설명해야 합니다. 바로 계산기 서비스입니다. 이는 서버 프로세스의 핵심이며, 실제 계산을 수행합니다.

20.2.6 계산기 서비스

계산기 서비스는 우리 예제의 핵심 로직입니다. 이 로직은 기본 IPC 메커니즘과는 독립적으로 작동해야 한다는 점에 유의하세요. 다음 코드는 계산기 서비스 클래스에 대한 선언입니다.

이 선언은 IPC를 전혀 사용하지 않는 아주 간단한 프로그램에서도 main 함수만 있으면 사용될 수 있는 방식으로 설계되었습니다.

코드 박스 20-12 계산기 서비스 클래스에 대한 공용 인터페이스(calcsvc/calc_service.h)

```
#ifndef CALC_SERVICE_H
#define CALC_SERVICE_H

#include <types.h>

static const int CALC_SVC_OK = 0;
static const int CALC_SVC_ERROR_DIV_BY_ZERO = -1;

struct calc_service_t;

struct calc_service_t* calc_service_new();
void calc_service_delete(struct calc_service_t*);

void calc_service_ctor(struct calc_service_t*);
void calc_service_dtor(struct calc_service_t*);
```

```
void calc_service_reset_mem(struct calc_service_t*);
double calc_service_get_mem(struct calc_service_t*);
double calc_service_add(struct calc_service_t*, double, double b, bool_t mem);
double calc_service_sub(struct calc_service_t*, double, double b, bool_t mem);
double calc_service_mul(struct calc_service_t*, double, double b, bool_t mem);
int calc_service_div(struct calc_service_t*, double, double, double*);

#endif
```

이 클래스에는 자체적인 오류형도 있습니다. 입력 인수는 순수한 C 자료형이며, IPC 또는 직렬화 관련 클래스 및 자료형에 의존하지 않습니다. 그리고 독립 실행형standalone 로직으로 분리되어 있으므로, 이를 컴파일해 libcalcsvc.a라는 독립적인 정적 라이브러리로 컴파일할 수 있습니다.

모든 서버 프로세스는 실제로 계산하려면 계산기 서비스 객체를 반드시 사용해야 합니다. 이 객체들은 일반적으로 **서비스 객체**라고 합니다. 따라서 최종 서버 프로그램은 이 라이브러리에 반드시 링크되어야 합니다.

다음으로 넘어가기 전에 중요한 참고 사항이 있습니다. 만약 특정 클라이언트에 대해, 계산할 때 특정 맥락이 필요하지 않으면 서비스 객체 하나만 있으면 충분합니다. 즉, 서비스가 클라이언트의 이전 요청에 대한 어떠한 상태를 기억할 필요가 없다면 **싱글턴**singleton 서비스 객체를 사용할 수 있습니다. 이를 **상태가 없는 서비스 객체**stateless service object라고 합니다.

반대로, 처리할 현재 요청이 이전의 요청에 대해 무언가를 알아야 할 때는 모든 클라이언트에 대해 특정 서비스 객체가 필요합니다. 우리의 계산기 프로젝트가 그에 해당합니다. 알다시피 계산기는 각 클라이언트에 고유한 내부 메모리를 갖습니다. 따라서 두 클라이언트에 대해 같은 객체를 사용할 수 없습니다. 이러한 객체는 **상태가 있는 서비스 객체**stateful service object라고 합니다.

앞에서 말한 것을 요약하자면, 모든 클라이언트에 대해 새로운 서비스 객체를 생성해야 합니다. 이러한 방식으로 모든 클라이언트는 자체적으로 전용 내부 메모리가 있는 고유한 계산기를 가집니다. 계산기 서비스 객체는 상태가 있으며 일부 상태(내부 메모리의 값)를 로드해야 합니다.

이제 더 나아가 계산기 프로젝트에서 제공된 예제와 함께 여러 유형의 소켓에 관해 이야기하기 좋은 시점에 이르렀습니다.

20.3 유닉스 도메인 소켓

19장의 내용을 바탕으로, 동일한 머신에 있는 두 프로세스 사이에 연결을 설정할 때 UDS가 가장 좋은 선택지 중 하나임을 알고 있습니다. 이번 20장에서는 논의를 확장해 스트림 채널 및 데이터그램 채널뿐만 아니라 푸시 기반의 IPC 기법에 관해서도 이야기했습니다. 이제 19장과 20장에서 얻은 지식을 모아 UDS가 작동하는 것을 확인할 차례입니다.

이번 절에는 4개의 하위 절이 있습니다. 이 절들은 스트림 채널 또는 데이터그램 채널에서 작동하는 리스너 및 커넥터 측에 있는 프로세스에 관한 내용을 다룹니다. 이 프로세스들은 모두 UDS를 사용합니다. 19장에서 다룬 순서에 따라 프로세스가 채널을 설정할 때 거쳐야 하는 단계를 살펴보겠습니다. 첫 번째 프로세스로 스트림 채널에서 작동하는 리스너 프로세스부터 시작하겠습니다. 이는 **스트림 서버**가 될 것입니다.

20.3.1 UDS 스트림 서버

19장에서 다뤘듯이 전송 통신에서 리스너 및 커넥터 측에 대해 많은 시퀀스가 있었습니다. 서버는 수신을 대기하는 위치에 있으며, 따라서 수신 대기 순서를 따라야 합니다. 더 구체적으로는, 이번 절에서 스트림 채널을 설명하므로 서버는 스트림 수신 대기 순서를 따라야 합니다.

이 순서에서 서버는 먼저 소켓 객체를 생성해야 합니다. 계산기 프로젝트에서 UDS로 연결을 받으려는 스트림 서버 프로세스는 반드시 같은 시퀀스를 따라야 합니다.

다음 [코드 박스 20-13]은 계산기 서버 프로그램의 main 함수에 있는 것으로, 여기서 볼 수 있듯 프로세스는 먼저 socket 객체를 생성합니다.

코드 박스 20-13 스트림 UDS 객체를 생성하기(server/unix/stream/main.c)

```
int server_sd = socket(AF_UNIX, SOCK_STREAM, 0);
if (server_sd == -1) {
  fprintf(stderr, "Could not create socket: %s\n", strerror(errno));
  exit(1);
}
```

socket 함수는 소켓 객체를 생성합니다. 이 함수는 POSIX 헤더인 <sys/socket.h>에 포함됩니다. 참고로 이는 소켓 객체일 뿐이며, 클라이언트인지 또는 서버 소켓인지는 아직 결정되지 않았습니다. 그다음 함수를 호출해야만 결정됩니다.

19장에서 설명한 대로 모든 소켓 객체는 3개의 속성을 갖습니다. 이러한 속성은 socket 함수에 전달된 3개의 인수에 따라 결정됩니다. 이 인수는 소켓 객체 각각에서 사용되는 주소 체계, 유형, 프로토콜을 지정합니다.

스트림 수신 대기 시퀀스에 따라, 그리고 특히 소켓 객체를 생성한 이후 UDS와 관련해 서버 프로그램은 반드시 소켓 객체를 소켓 파일에 바인딩해야 합니다. 따라서 다음 단계로 소켓을 소켓 파일에 바인딩합니다. 계산기 프로젝트에서 다음 [코드 박스 20-14]는 sock_file 문자 배열에서 지정해서 사전에 정한 경로에 있는 파일에 소켓 객체를 바인딩하도록 사용되었습니다.

코드 박스 20-14 스트림 UDS 객체를 sock_file 문자 배열에서 지정한 소켓 파일에 바인딩하기(server/unix/stream/main.c)

```
struct sockaddr_un addr;
memset(&addr, 0, sizeof(addr));
addr.sun_family = AF_UNIX;
strncpy(addr.sun_path, sock_file, sizeof(addr.sun_path) - 1);

int result = bind(server_sd, (struct sockaddr*)&addr,
sizeof(addr));
if (result == -1) {
  close(server_sd);
  fprintf(stderr, "Could not bind the address: %s\n", strerror(errno));
  exit(1);
}
```

이 코드에는 두 단계가 있습니다. 첫 번째 단계는 struct_sockaddr_un형에 해당하는 addr이라는 인스턴스를 생성한 다음 소켓 파일을 가리키게 해서 이를 초기화하는 단계입니다. 두 번째 단계에서는 addr 객체가 bind 함수로 전달되는데, 어느 소켓 파일이 소켓 객체로 바인딩되어야 하는지 알려주기 위함입니다. bind 함수 호출은 같은 소켓 파일에 바인딩된 다른 소켓 객체가 없을 때만 성공합니다. 따라서 UDS에서 서로 다른 프로세스에 있을 두 개의 소켓 객체는 같은 소켓 파일에 바인딩할 수 없습니다.

소켓 파일 경로에 대해서 추가로 알아야 할 사항은 대부분의 유닉스 시스템에서 경로의 길이는 104바이트를 초과할 수 없다는 점입니다. 하지만 리눅스 시스템에서 이 길이는 108바이트입니다. 참고로 소켓 파일 변수를 담는 문자열 변수는 C에서 **char** 배열로 끝부분에 추가적인 널 문자를 항상 포함합니다. 그러므로 운영체제에 따라 사실상 103 또는 107바이트를 소켓 파일 경로로 사용할 수 있습니다.[2]

만약 **bind** 함수가 **0**을 반환한다면 바인딩 성공을 의미하며, 계속해서 **백로그**의 크기를 설정할 수 있습니다. 이는 스트림 수신 대기 시퀀스에서 엔드포인트를 바인딩한 다음의 단계입니다.

다음 [코드 박스 20-15]는 UDS에서 수신을 대기하는 스트림 계산기 서버에 대해 백로그를 설정하는 법을 나타냅니다.

코드 박스 20-15 바인딩된 스트림 소켓에 대한 백로그의 크기를 설정하기(server/unix/stream/main.c)

```
result = listen(server_sd, 10);
if (result == -1) {
  close(server_sd);
  fprintf(stderr, "Could not set the backlog: %s\n", strerror(errno));
  exit(1);
}
```

listen 함수는 기존에 바인딩된 소켓에 대한 백로그의 크기를 설정합니다. 19장에서 설명한 대로 바쁜 서버 프로세스는 더 이상 들어오는 클라이언트를 받을 수 없고, 특정한 수만큼의 클라이언트는 서버 프로그램이 이들을 처리할 수 있을 때까지 백로그에서 대기할 수 있습니다. 이는 클라이언트를 받아들이기 전에 스트림 소켓을 준비하는 데 있어 필수 단계입니다.

----

2 옮긴이_ 널을 제외하면 유닉스는 104바이트가 아닌 103바이트, 리눅스는 108바이트가 아닌 107바이트를 소켓 파일 경로로 사용할 수 있다는 의미입니다.

스트림 수신 대기 시퀀스에 대한 내용에 따라, 스트림 소켓이 바인딩되고 백로그의 크기를 설정한 다음에 새 클라이언트를 받아들일 수 있습니다. 다음 [코드 박스 20-16]은 새 클라이언트를 받는 방식을 보여줍니다.

코드 박스 20-16 스트림 수신 대기 소켓에서 새 클라이언트 수락하기(server/unix/stream/main.c)

```
while (1) {
  int client_sd = accept(server_sd, NULL, NULL);
  if (client_sd == -1) {
    close(server_sd);
    fprintf(stderr, "Could not accept the client: %s\n", strerror(errno));
    exit(1);
  }
  ...
}
```

accept 함수는 마법 같습니다. 이 함수는 새 클라이언트를 받을 때마다 새로운 소켓 객체를 반환합니다. 반환된 소켓 객체는 서버와 받은 클라이언트 사이의 기본 스트림 채널을 나타냅니다. 참고로 모든 클라이언트는 자신의 고유한 스트림 채널이 있으며 따라서 고유한 소켓 서술자도 갖습니다.

만약 스트림 연결 대기 소켓이 블로킹(기본값)된 상태라면 accept 함수는 새 클라이언트를 받을 때까지 실행을 블로킹하므로 주의하세요. 즉, 수신하는 클라이언트가 없다면 accept 함수를 호출하는 스레드는 그 이후에 블로킹됩니다.

이제 앞의 단계를 한데 모아볼 차례입니다. 다음 [코드 박스 20-17]은 계산기 프로젝트에서 UDS에서 수신을 대기하는 스트림 서버를 나타냅니다.

코드 박스 20-17 UDS 엔드포인트에서 수신을 대기하는 스트림 계산기 서비스의 main 함수(server/unix/stream/main.c)

```
#include <stdio.h>
#include <string.h>
#include <errno.h>
#include <unistd.h>
#include <stdlib.h>
#include <pthread.h>
```

```c
#include <sys/socket.h>
#include <sys/un.h>

#include <stream_server_core.h>

int main(int argc, char** argv) {
  char sock_file[] = "/tmp/calc_svc.sock";

  // ---------- 1. 소켓 객체 생성 ------------------

  int server_sd = socket(AF_UNIX, SOCK_STREAM, 0);
  if (server_sd == -1) {
    fprintf(stderr, "Could not create socket: %s\n", strerror(errno));
    exit(1);
  }

  // ---------- 2. 소켓 파일 바인딩 ----------------

  // 이전에 만든 소켓 파일이 있다면 삭제
  unlink(sock_file);

  // 주소 준비
  struct sockaddr_un addr;
  memset(&addr, 0, sizeof(addr));
  addr.sun_family = AF_UNIX;
  strncpy(addr.sun_path, sock_file, sizeof(addr.sun_path) - 1);

  int result = bind(server_sd, (struct sockaddr*)&addr, sizeof(addr));
  if (result == -1) {
    close(server_sd);
    fprintf(stderr, "Could not bind the address: %s\n", strerror(errno));
    exit(1);
  }

  // ---------- 3. 백로그 준비 --------------------
  result = listen(server_sd, 10);
  if (result == -1) {
    close(server_sd);
    fprintf(stderr, "Could not set the backlog: %s\n", strerror(errno));
    exit(1);
  }

  // ---------- 4. 클라이언트 받기 시작 ------------
  accept_forever(server_sd);
```

```
    return 0;
}
```

서버 소켓을 초기화할 때, 앞서 언급한 단계를 수행하는 코드 블록을 쉽게 찾을 수 있을 것입니다. 클라이언트를 받는 코드만 유일하게 빠져 있습니다. 새 클라이언트를 받는 실제 코드는 accept_forever라는 별도의 함수에 있습니다. 참고로 이 함수는 블로킹 상태이며 서버가 멈출 때까지 메인 스레드를 블로킹합니다.

다음 [코드 박스 20-18]에서 accept_forever 함수에 대한 정의를 확인할 수 있습니다. 이 함수는 srvcore 디렉터리의 서버 공통 라이브러리에 있습니다. 이 함수는 TCP 소켓과 같은 다른 스트림 소켓에 대해서도 동일하게 정의되므로 같은 경로에 위치해야 합니다. 따라서 로직을 다시 작성하지 않고 기존의 것을 재사용할 수 있습니다.

코드 박스 20-18 UDS 엔드포인트에서 수신을 대기하는 스트림 소켓에서 새 클라이언트를 받는 함수(server/srvcore/stream_server_core.c)

```
void accept_forever(int server_sd) {
  while (1) {
    int client_sd = accept(server_sd, NULL, NULL);
    if (client_sd == -1) {
      close(server_sd);
      fprintf(stderr, "Could not accept the client: %s\n", strerror(errno));
      exit(1);
    }
    pthread_t client_handler_thread;
    int* arg = (int *)malloc(sizeof(int));
    *arg = client_sd;
    int result = pthread_create(&client_handler_thread, NULL,
                &client_handler, arg);
    if (result) {
      close(client_sd);
      close(server_sd);
      free(arg);
      fprintf(stderr, "Could not start the client handler thread.\n");
      exit(1);
    }
  }
}
```

이 코드 박스에서 보다시피, 새 클라이언트를 받으면 클라이언트를 처리하는 새로운 스레드를 스폰합니다. 이렇게 해서 실질적으로 클라이언트의 채널에서 바이트를 읽고, 읽은 바이트를 역직렬 변환기로 전달해 요청이 감지되면 알맞은 응답을 생성합니다.

모든 클라이언트에 대해 새 스레드를 생성하는 것은 일반적으로 소켓의 유형에 상관없이 블로킹 스트림 채널에서 작동하는 모든 서버 프로세스에 대한 패턴입니다. 따라서 이러한 유스케이스에서 멀티스레딩과 관련한 모든 주제는 매우 중요합니다.

> **NOTE_** 논블로킹 스트림 채널에 관해서는 일반적으로 **이벤트 루프**event loop라는 다른 접근법을 사용합니다.

클라이언트에 소켓 객체가 있다면, 클라이언트에 대한 읽고 쓰는 작업을 위해 해당 객체를 사용할 수 있습니다. srvcore 라이브러리에서 지금까지 택한 방식에 따라, 다음 단계로 클라이언트의 스레드의 동반자 함수 client_handler를 살펴볼 차례입니다. 이 함수는 코드베이스에서 accept_forever 다음에서 찾을 수 있습니다. 다음은 함수의 정의가 담긴 [코드 박스 20-19]입니다.

코드 박스 20-19 클라이언트를 처리하는 스레드에 대한 동반자 함수(server/srvcore/stream_server_core.c)

```c
void* client_handler(void *arg) {
  struct client_context_t context;

  context.addr = (struct client_addr_t*)
      malloc(sizeof(struct client_addr_t));
  context.addr->sd = *((int*)arg);
  free((int*)arg);

  context.ser = calc_proto_ser_new();
  calc_proto_ser_ctor(context.ser, &context, 256);
  calc_proto_ser_set_req_callback(context.ser, request_callback);
  calc_proto_ser_set_error_callback(context.ser, error_callback);

  context.svc = calc_service_new();
  calc_service_ctor(context.svc);

  context.write_resp = &stream_write_resp;
```

```
  int ret;
  char buffer[128];
  while (1) {
    int ret = read(context.addr->sd, buffer, 128);
    if (ret == 0 || ret == -1) {
      break;
    }
    struct buffer_t buf;
    buf.data = buffcr; buf.len = ret;
    calc_proto_ser_server_deserialize(context.ser, buf, NULL);
  }

  calc_service_dtor(context.svc);
  calc_service_delete(context.svc);

  calc_proto_ser_dtor(context.ser);
  calc_proto_ser_delete(context.ser);

  free(context.addr);

  return NULL;
}
```

이 코드에 관한 세부적인 내용이 많지만, 여기서는 중요한 몇 가지 사항만 언급합니다. 보다시피 read 함수는 클라이언트로부터 청크를 읽습니다. 기억하겠지만 read 함수는 파일 서술자를 받습니다. 하지만 여기서는 소켓 서술자를 전달합니다. 이는 파일 서술자와 소켓 서술자 간에 차이가 있더라도 I/O 함수에 대해서 같은 API를 사용할 수 있음을 나타냅니다.

이 코드에서는 입력에서 바이트의 청크를 읽고, calc_proto_ser_server_deserialize 함수를 호출해 해당 청크를 역직렬 변환기로 전달합니다. 요청이 완전히 역직렬화되기 전에 이 함수를 서너 번 호출할 수 있습니다. 이는 입력에서 읽는 청크의 크기와 채널에서 전송하는 메시지의 길이에 달려 있습니다.

추가로, 참고할 사항은 모든 클라이언트가 고유한 직렬화 객체를 갖는다는 점입니다. 이는 계산기 서비스 객체도 마찬가지입니다. 이러한 객체는 같은 스레드에서 생성 및 소멸됩니다.

앞의 코드 박스에 대해 마지막으로 참고할 사항은, 함수로 응답을 작성해서 클라이언트로 돌려보낸다는 점입니다. 해당 함수는 stream_write_response이며 스트림 소켓에서 사용합니다. 이 함수는 앞의 코드 박스에서 같은 파일에서 찾을 수 있습니다. 다음 [코드 박스 20-20]은 이 함수에 대한 정의입니다.

코드 박스 20-20 클라이언트로 돌려보내는 응답을 작성할 때 사용하는 함수(server/srvcore/stream_server_core.c)

```
void stream_write_resp(
        struct client_context_t* context,
        struct calc_proto_resp_t* resp) {
  struct buffer_t buf =
      calc_proto_ser_server_serialize(context->ser, resp);
  if (buf.len == 0) {
    close(context->addr->sd);
    fprintf(stderr, "Internal error while serializing response\n");
    exit(1);
  }
  int ret = write(context->addr->sd, buf.data, buf.len);
  free(buf.data);
  if (ret == -1) {
    fprintf(stderr, "Could not write to client: %s\n", strerror(errno));
    close(context->addr->sd);
    exit(1);
  } else if (ret < buf.len) {
    fprintf(stderr, "WARN: Less bytes were written!\n");
    exit(1);
  }
}
```

이 코드에서 보다시피 **write** 함수는 클라이언트로 돌려보낼 메시지를 작성합니다. 알다시피 **write** 함수는 파일 서술자를 받을 수 있는데, 소켓 서술자도 사용할 수 있는 것처럼 보입니다. 그러므로 POSIX I/O API는 파일 서술자 및 소켓 서술자에서 모두 작동할 수 있습니다.

앞의 구문은 **close** 함수에서도 마찬가지입니다. **close** 함수로 연결을 종료합니다. 이는 소켓 서술자를 전달하는 것으로 충분하며, 한편으로는 이미 알다시피 파일 서술자에 대해서도 가능합니다.

UDS 스트림 서버에서 가장 중요한 부분을 살펴봤고 작동법을 알게 되었으니, 계속해서 UDS 스트림 클라이언트를 설명할 차례입니다. 이전 코드에서 아직 다루지 않은 부분이 많은데, 시간을 들여 각자 살펴봐야 합니다.

20.3.2 UDS 스트림 클라이언트

앞 절에서 설명한 서버 프로그램과 마찬가지로, 클라이언트도 소켓 객체를 먼저 생성해야 합니다. 지금은 스트림 연결 시퀀스를 따라야 한다는 점을 명심하세요. 스트림 연결 시퀀스는 서버와 같은 코드를 사용하며, UDS가 필요하다고 나타내고자 정확히 같은 인수를 사용합니다. 그 다음으로 UDS 엔드포인트를 지정해 서버 프로세스에 연결해야 합니다. 이는 서버가 수행하는 방식과 비슷합니다. 스트림 채널이 설정되면 클라이언트 프로세스는 열려 있는 소켓 서술자를 사용해 채널에 읽고 쓸 수 있습니다.

다음 [코드 박스 20-21]은 UDS 엔드포인트에 연결하는 스트림 클라이언트의 **main** 함수입니다.

코드 박스 20-21 UDS 엔드포인트에 연결하는 스트림 클라이언트의 main 함수(client/unix/stream/main.c)

```
int main(int argc, char** argv) {
  char sock_file[] = "/tmp/calc_svc.sock";

  // ---------- 1. 소켓 객체 생성 ------------------

  int conn_sd = socket(AF_UNIX, SOCK_STREAM, 0);
  if (conn_sd == -1) {
    fprintf(stderr, "Could not create socket: %s\n", strerror(errno));
    exit(1);
  }

  // ---------- 2. 서버에 연결 --------------------

  // 주소 준비
  struct sockaddr_un addr;
  memset(&addr, 0, sizeof(addr));
  addr.sun_family = AF_UNIX;
  strncpy(addr.sun_path, sock_file, sizeof(addr.sun_path) - 1);

  int result = connect(conn_sd, (struct sockaddr*)&addr, sizeof(addr));
  if (result == -1) {
    close(conn_sd);
    fprintf(stderr, "Could no connect: %s\n", strerror(errno));
    exit(1);
  }
```

```
        stream_client_loop(conn_sd);

        return 0;
    }
```

코드의 첫 부분은 서버의 코드와 매우 비슷합니다. 하지만 그 이후에 클라이언트는 **bind** 대신 **connect**를 호출합니다. 참고로 주소를 준비하는 코드는 서버 측의 코드와 정확히 같습니다.

connect가 성공적으로 반환되면 **conn_sd** 소켓 서술자를 열려 있는 채널에 이미 연결한 것입니다. 그러므로 지금부터는 **conn_sd**를 사용해 서버와 통신할 수 있습니다. 이를 **stream_client_loop** 함수로 전달하며, 이 함수는 클라이언트의 커맨드 라인을 불러와서 클라이언트가 수행하고 남은 작업을 수행합니다. 이 함수는 클라이언트가 종료될 때까지 실행되는 블로킹 함수입니다.

또한 클라이언트는 **read**와 **write** 함수로 서버와 메시지를 주고받습니다. 다음 [코드 박스 20-22]는 **stream_client_loop** 함수에 대한 정의를 담고 있습니다. 이 함수는 소켓의 종류나 UDS와 TCP 소켓 간에서 공유되는지와 상관없이, 모든 스트림 클라이언트가 사용하는 클라이언트 공통 라이브러리에 속합니다. **write** 함수를 사용해 서버에 직렬화된 요청 메시지를 보냅니다.

코드 박스 20-22 스트림 클라이언트를 실행하는 함수(client/clicore/stream_client_core.c)

```c
void stream_client_loop(int conn_sd) {
  struct context_t context;

  context.sd = conn_sd;
  context.ser = calc_proto_ser_new();
  calc_proto_ser_ctor(context.ser, &context, 128);
  calc_proto_ser_set_resp_callback(context.ser, on_response);
  calc_proto_ser_set_error_callback(context.ser, on_error);

  pthread_t reader_thread;
  pthread_create(&reader_thread, NULL,
          stream_response_reader, &context);

  char buf[128];
  printf("? (type quit to exit) ");
  while (1) {
```

```
    scanf("%s", buf);
    int brk = 0, cnt = 0;
    struct calc_proto_req_t req;
    parse_client_input(buf, &req, &brk, &cnt);
    if (brk) {
      break;
    }
    if (cnt) {
      continue;
    }
    struct buffer_t ser_req =
        calc_proto_ser_client_serialize(context.ser, &req);
    int ret = write(context.sd, ser_req.data, ser_req.len);
    if (ret == -1) {
      fprintf(stderr, "Error while writing! %s\n", strerror(errno));
      break;
    }
    if (ret < ser_req.len) {
      fprintf(stderr, "Wrote less than anticipated!\n");
      break;
      }
      printf("The req(%d) is sent.\n", req.id);
  }
  shutdown(conn_sd, SHUT_RD);
  calc_proto_ser_dtor(context.ser);
  calc_proto_ser_delete(context.ser);
  pthread_join(reader_thread, NULL);
  printf("Bye.\n");
}
```

이 코드에서 보다시피 모든 클라이언트 프로세스는 직렬화 객체를 하나만 가지며, 그래야 타당
합니다. 모든 클라이언트가 각각 직렬화 객체를 갖는 서버 프로세스와는 정반대입니다.

게다가 클라이언트 프로세스는 서버 측에서 보낸 응답을 읽고자 별도의 스레드를 스폰합니다.
이는 서버 프로세스의 응답을 읽는 작업이 블로킹 작업이기 때문이며, 별도의 실행 흐름에서
수행해야 하기 때문입니다.

메인 스레드에는 터미널을 통해 사용자로부터 입력받는 클라이언트의 커맨드 라인이 있습니
다. 메인 스레드는 종료될 때 읽기 스레드에 결합해 완료될 때까지 대기합니다.

이 코드에 대해 추가로 참고할 사항은 클라이언트 프로세스가 스트림 채널을 읽고 쓰기 위해

같은 I/O API를 사용한다는 점입니다. 이전에 말한 것처럼 read 및 write 함수가 사용되었으며 write가 사용된 방식은 [코드 박스 20-22]에서 확인할 수 있습니다.

다음 절에서는 데이터그램 채널에 관해 이야기하겠습니다. 이때 계속해서 UDS를 사용합니다. 먼저 데이터그램 서버부터 시작하겠습니다.

20.3.3 UDS 데이터그램 서버

19장에서 봤듯이 데이터그램 프로세스에는 전송에 관련한 고유한 수신 대기 및 연결 시퀀스가 있습니다. 이제 UDS에 기반해서 데이터그램 서버를 개발하는 법을 예제를 통해 살펴볼 차례입니다.

데이터그램 수신 대기 시퀀스에 따라, 프로세스는 먼저 소켓 객체를 생성해야 합니다. 다음 [코드 박스 20-23]에서 볼 수 있습니다.

코드 박스 20-23 데이터그램 채널에서 작동하는 UDS 객체를 생성하기(server/unix/datagram/main.c)

```c
int server_sd = socket(AF_UNIX, SOCK_DGRAM, 0);
if (server_sd == -1) {
  fprintf(stderr, "Could not create socket: %s\n", strerror(errno));
  exit(1);
}
```

SOCK_STREAM이 아니라 SOCK_DGRAM을 사용했음을 알 수 있습니다. 이는 소켓 객체가 데이터그램 채널에서 작동할 것이라는 의미입니다. 다른 두 인수는 이전과 같습니다.

데이터그램의 수신 대기 시퀀스의 두 번째 단계에서는 소켓을 UDS 엔드포인트에 바인딩해야 합니다. 앞서 말했듯 이는 소켓 파일입니다. 이 단계는 스트림 서버와 완전히 같으므로 이후 더 살펴보지는 않겠습니다. 내용은 [코드 박스 20-14]에서 확인할 수 있습니다.

데이터그램의 수신 대기 프로세스에서 수행할 단계는 이것뿐이며, 데이터그램 소켓 설정과 관련된 백로그는 없습니다. 게다가 클라이언트를 받는 단계도 없습니다. 지정된 일대일 채널 중 일부에서는 스트림 연결을 할 수 없기 때문입니다.

다음은 계산기 프로젝트에서 UDS 엔드포인트를 수신 대기하는 데이터그램 서버의 **main** 함수입니다.

코드 박스 20-24 UDS 엔드포인트를 수신 대기하는 데이터그램 서버의 main 함수(server/unix/datagram/main.c)

```
int main(int argc, char** argv) {
  char sock_file[] = "/tmp/calc_svc.sock";

  // ------------- 1. 소켓 객체 생성 ------------------
  int server_sd = socket(AF_UNIX, SOCK_DGRAM, 0);
  if (server_sd == -1) {
    fprintf(stderr, "Could not create socket: %s\n", strerror(errno));
    exit(1);
  }

  // ----------- 2. 소켓 파일 바인딩 ----------------

  // 이전에 만든 소켓 파일이 있다면 삭제
  unlink(sock_file);

  // 주소 준비
  struct sockaddr_un addr;
  memset(&addr, 0, sizeof(addr));
  addr.sun_family = AF_UNIX;
  strncpy(addr.sun_path, sock_file, sizeof(addr.sun_path) - 1);

  int result = bind(server_sd, (struct sockaddr*)&addr, sizeof(addr));
  if (result == -1) {
    close(server_sd);
    fprintf(stderr, "Could not bind the address: %s\n", strerror(errno));
    exit(1);
  }

  // ----------- 3. 요청 처리 시작 ------------------
  serve_forever(server_sd);

  return 0;
}
```

알다시피 데이터그램 채널은 비연결형이며 스트림 채널처럼 작동하지 않습니다. 즉, 두 프로세스 전용으로 일대일 연결을 할 수는 없습니다. 따라서 프로세스는 채널을 따라 데이터그램만 전송할 수 있습니다. 클라이언트 프로세스는 개별적이며 독립적인 데이터그램만 전송할 수 있으며, 서버 프로세스도 마찬가지로 데이터그램만 수신할 수 있고 다른 데이터그램을 응답으로 보낼 수 있습니다.

그러므로 데이터그램 채널에서 중요한 것은 요청 및 응답 메시지가 하나의 데이터그램에 들어가야 한다는 점입니다. 하나의 데이터그램에 넣지 못하면, 데이터그램은 두 개로 나눌 수 없으며 서버나 클라이언트는 메시지를 처리할 수 없습니다. 다행히 계산기 프로젝트의 메시지는 대부분 하나의 데이터그램에 들어갈 만큼 충분히 길이가 짧습니다.

데이터그램의 크기는 기본 채널에 따라 매우 다릅니다. 예를 들면 데이터그램 UDS일 때는 커널을 통해 발생하므로 데이터그램의 크기가 매우 유동적입니다. 하지만 UDP 소켓일 때는 네트워크 설정에 따라 다릅니다. UDS에 관련해 적절한 크기를 설정하는 법에 관해서는 다음 링크에 더 좋은 설명이 있습니다(https://stackoverflow.com/questions/21856517/whats-the-practical-limit-on-the-size-of-single-packet-transmitted-over-domain).

데이터그램과 스트림 소켓의 또 다른 점은 데이터 전송에 사용되는 I/O API입니다. read와 write 함수는 데이터그램 소켓에서 스트림 소켓처럼 사용할 수 있지만, 데이터그램 채널에서는 읽기 및 쓰기를 위해 다른 함수를 사용합니다. 일반적으로 recvfrom과 sendto 함수를 사용합니다.

이는 스트림 소켓에서 채널이 지정되며 채널에 쓰기를 할 때 양쪽 끝이 결정되어 있기 때문입니다. 데이터그램 소켓에서 여러 측이 사용하는 채널은 단 하나뿐입니다. 그러므로 특정 데이터그램을 소유하는 프로세스를 추적하지 못할 수 있습니다. 이러한 함수는 데이터그램을 추적해서 원하는 프로세스로 해당 데이터그램을 다시 보낼 수 있습니다.

다음으로 [코드 박스 20-24]의 main 함수 끝부분에 사용된 serve_forever 함수에 대한 정의를 확인할 수 있습니다. 이 함수는 서버 공통 라이브러리에 속하며, 소켓 종류에 상관없이 데이터그램 서버에 따라 지정됩니다. 다음 [코드 박스 20-25]에서 recvfrom 함수가 어떻게 사용되었는지 확실히 확인할 수 있습니다.

```
void serve_forever(int server_sd) {
  char buffer[64];
  while (1) {
    struct sockaddr* sockaddr = sockaddr_new();
    socklen_t socklen = sockaddr_sizeof();
    int read_nr_bytes = recvfrom(server_sd, buffer,
          sizeof(buffer), 0, sockaddr, &socklen);
    if (read_nr_bytes == -1) {
      close(server_sd);
      fprintf(stderr, "Could not read from datagram socket: %s\n",
            strerror(errno));
      exit(1);
    }
    struct client_context_t context;

    context.addr = (struct client_addr_t*)
        malloc(sizeof(struct client_addr_t));
    context.addr->server_sd = server_sd;
    context.addr->sockaddr = sockaddr;
    context.addr->socklen = socklen;

    context.ser = calc_proto_ser_new();
    calc_proto_ser_ctor(context.ser, &context, 256);
    calc_proto_ser_set_req_callback(context.ser, request_callback);
    calc_proto_ser_set_error_callback(context.ser, error_callback);

    context.svc = calc_service_new();
    calc_service_ctor(context.svc);

    context.write_resp = &datagram_write_resp;

    bool_t req_found = FALSE;
    struct buffer_t buf;
    buf.data = buffer;
    buf.len = read_nr_bytes;
    calc_proto_ser_server_deserialize(context.ser, buf, &req_found);

    if (!req_found) {
      struct calc_proto_resp_t resp;
      resp.req_id = -1;
      resp.status = ERROR_INVALID_RESPONSE;
```

```
        resp.result = 0.0;
        context.write_resp(&context, &resp);
    }

    calc_service_dtor(context.svc);
    calc_service_delete(context.svc);

    calc_proto_ser_dtor(context.ser);
    calc_proto_ser_delete(context.ser);

    free(context.addr->sockaddr);
    free(context.addr);
    }
}
```

이 코드 박스에서 볼 수 있듯이 데이터그램 서버는 싱글 스레드 프로그램이며 멀티스레딩이 아닙니다. 게다가 데이터그램 서버는 모든 데이터그램에 개별적이며 독립적으로 작동합니다. 데이터그램을 수신하고 그 내용을 역직렬화하며, 요청 객체를 생성하고 서비스 객체를 통해 요청을 처리하며, 응답 객체를 직렬화하고 새 데이터그램에 넣은 뒤 원래의 데이터그램을 소유한 프로세스로 반환합니다. 데이터그램 서버는 모든 데이터그램에 대해 같은 사이클을 계속 반복합니다.

참고로 모든 데이터그램은 고유한 직렬화 객체 및 서비스 객체를 갖습니다. 모든 데이터그램에 대해 하나의 직렬 변환기 및 하나의 서비스 객체를 갖는 방식으로 설계할 수 있습니다. 이것이 어떻게 가능한지, 그리고 계산기 프로젝트에서는 이것이 왜 불가능한지를 생각해보면 매우 흥미롭습니다. 특히 논쟁의 여지가 있어서 여러 사람으로부터 서로 다른 의견을 들을 수 있습니다.

[코드 박스 20-25]에서는 데이터그램을 수신할 때 데이터그램의 클라이언트 주소를 저장합니다. 이후에 해당 주소를 사용해 그 클라이언트에 직접 다시 작성해서 되돌려 보냅니다. 이때 발신자 클라이언트에 데이터그램을 어떻게 되돌려주는지 살펴봐야 합니다. 스트림 서버와 마찬가지로 이러한 목적을 위해 함수를 사용합니다. 다음 [코드 박스 20-26]에 `datagram_write_resp` 함수에 대한 정의가 있습니다. 이 함수는 데이터그램 서버의 공통 라이브러리에서 `serve_forever` 함수 다음에 있습니다.

```
void datagram_write_resp(struct client_context_t* context,
        struct calc_proto_resp_t* resp) {
  struct buffer_t buf =
      calc_proto_ser_server_serialize(context->ser, resp);
  if (buf.len == 0) {
    close(context->addr->server_sd);
    fprintf(stderr, "Internal error while serializing object.\n");
    exit(1);
  }
  int ret = sendto(context->addr->server_sd, buf.data, buf.len,
      0, context->addr->sockaddr, context->addr->socklen);
  free(buf.data);
  if (ret == -1) {
    fprintf(stderr, "Could not write to client: %s\n", strerror(errno));
    close(context->addr->server_sd);
    exit(1);
  } else if (ret < buf.len) {
    fprintf(stderr, "WARN: Less bytes were written!\n");
    close(context->addr->server_sd);
    exit(1);
  }
}
```

정렬된 클라이언트 주소를 사용해 직렬화된 응답 메시지와 함께 **sendto** 함수에 전달한다는 것을 확인할 수 있습니다. 나머지는 운영체제가 처리하며, 데이터그램은 발신 클라이언트로 바로 전송됩니다.

이제 데이터그램 서버와 소켓의 사용법에 관해 충분히 알았으니, 같은 종류의 소켓을 사용하는 데이터그램 클라이언트를 살펴봅시다.

20.3.4 UDS 데이터그램 클라이언트

기술적인 관점에서 스트림 클라이언트와 데이터그램 클라이언트는 매우 비슷합니다. 전반적인 구조는 거의 같지만, 스트림 채널에서 작동하는 대신 데이터그램을 전송할 때 몇 가지 차이만 있다는 의미입니다.

하지만 그 차이는 크고, 이는 UDS 엔드포인트에 연결하는 데이터그램 클라이언트에 상당히 고유하며 종속적입니다.

데이터그램 클라이언트가 데이터그램을 받기 위해서 서버 프로그램과 마찬가지로 소켓 파일과 바인딩되어야 한다는 것이 그 차이점입니다. 곧 살펴보겠지만, 네트워크 소켓을 사용하는 데이터그램 클라이언트는 이에 해당하지 않습니다. 참고로 클라이언트는 서버의 소켓 파일이 아니라 다른 소켓 파일을 바인딩해야 합니다.

이러한 차이점의 주요 이유는 서버 프로그램이 응답을 반환할 주소가 필요하기 때문입니다. 그리고 데이터그램 클라이언트가 소켓 파일을 바인딩하지 않으면, 클라이언트 소켓 파일에 바인딩될 엔드포인트가 없습니다. 하지만 네트워크 소켓일 때 클라이언트는 항상 IP 주소 및 포트와 바인딩되어 있는 소켓 서술자가 있어야 하므로 이러한 문제, 즉 클라이언트 소켓 파일에 연결될 엔드포인트가 없는 문제는 발생할 수 없습니다.

이러한 차이점을 제외하면 코드가 얼마나 비슷한지 알 수 있습니다. 다음 [코드 박스 20-27]에서는 데이터그램 계산기 클라이언트의 **main** 함수를 확인할 수 있습니다.

코드 박스 20-27 데이터그램 계산기 클라이언트의 main 함수(client/unix/datagram/main.c)

```
int main(int argc, char** argv) {
  char server_sock_file[] = "/tmp/calc_svc.sock";
  char client_sock_file[] = "/tmp/calc_cli.sock";

  // ----------- 1. 소켓 객체 생성 ----------------------

  int conn_sd = socket(AF_UNIX, SOCK_DGRAM, 0);
  if (conn_sd == -1) {
    fprintf(stderr, "Could not create socket: %s\n", strerror(errno));
    exit(1);
  }

  // ----------- 2. 클라이언트 소켓 파일 바인딩 ----------

  // 이전에 만든 소켓 파일이 존재한다면 삭제
  unlink(client_sock_file);

// 클라이언트 주소 준비
  struct sockaddr_un addr;
  memset(&addr, 0, sizeof(addr));
```

```
  addr.sun_family = AF_UNIX;
  strncpy(addr.sun_path, client_sock_file,
          sizeof(addr.sun_path) - 1);

  int result = bind(conn_sd, (struct sockaddr*)&addr, sizeof(addr));
  if (result == -1) {
    close(conn_sd);
    fprintf(stderr, "Could not bind the client address: %s\n", strerror(errno));
    exit(1);
  }

  // ---------- 3. 서버에 연결 ------------------------

  // 서버 주소 준비
  memset(&addr, 0, sizeof(addr));
  addr.sun_family = AF_UNIX;
  strncpy(addr.sun_path, server_sock_file,
          sizeof(addr.sun_path) - 1);

  result = connect(conn_sd, (struct sockaddr*)&addr, sizeof(addr));
  if (result == -1) {
    close(conn_sd);
    fprintf(stderr, "Could no connect: %s\n", strerror(errno));
    exit(1);
  }

  datagram_client_loop(conn_sd);

  return 0;
}
```

이전에 설명한 대로, 그리고 코드에서 볼 수 있는 것처럼 클라이언트는 소켓 파일을 바인딩해야 합니다. 그리고 main 함수의 끝에서 클라이언트 루프를 시작하려면 당연히 다른 함수를 호출해야 합니다. 데이터그램 클라이언트는 datagram_client_loop 함수를 호출합니다.

datagram_client_loop 함수를 살펴보면 스트림 클라이언트와 데이터그램 클라이언트가 아주 비슷하다는 것을 알 수 있습니다. 차이점은 그리 많지 않지만, 한 가지 큰 차이점은 read와 write 함수 대신에 recvfrom과 sendto 함수를 사용한다는 것입니다. 이전 절에서 이 함수들에 관해 설명했으며, 데이터그램 클라이언트에서도 설명할 내용은 이전과 같습니다.

이제 네트워크 소켓을 이야기할 때가 되었습니다. 곧 보게 되겠지만 클라이언트와 서버 프로그램의 main 함수는 UDS에서 네트워크 소켓으로 바뀔 때 변경되는 유일한 코드입니다.

20.4 네트워크 소켓

널리 사용되는 다른 소켓 주소 체계는 **AF_INET**입니다. 이는 네트워크 연결과 더불어 설정된 모든 채널을 나타냅니다. 할당된 프로토콜명이 없는 UDS 스트림 소켓과 데이터그램 소켓과는 달리, 네트워크 소켓에는 두 가지 유명한 프로토콜이 있습니다. TCP 소켓은 모든 두 프로세스 사이에 스트림 채널을 설정하며, UDP 소켓은 여러 프로세스가 사용할 수 있는 데이터그램 채널을 설정합니다.

다음 절에서는 TCP 및 UDP 소켓을 사용해 프로그램을 개발하는 법을 설명하겠습니다. 그리고 계산기 프로젝트에 대한 몇 가지 실제 예제도 살펴보겠습니다.

20.4.1 TCP 서버

TCP 소켓을 사용해 여러 클라이언트를 수신하는 프로그램은 TCP 서버라고 합니다. TCP 서버는 UDS 엔드포인트에서 수신을 대기하는 스트림서버와 두 가지가 다릅니다. 첫 번째로 socket 함수를 호출할 때 **AF_UNIX** 대신 다른 주소 체계인 **AF_INET**을 지정합니다. 두 번째로 TCP 서버는 연결에 필요한 소켓 주소에 대해 다른 구조체를 사용합니다.

이러한 두 가지 차이점이 있기는 하지만, I/O 작업의 관점에서 보면 TCP 소켓은 다른 모든 것이 같습니다. TCP 소켓은 스트림 소켓이라는 점을 명심해야 하며, 따라서 UDS를 사용하는 스트림 소켓용으로 작성된 코드는 TCP 소켓에서도 잘 작동해야 합니다.

계산기 프로젝트로 돌아가 보면, 소켓 객체를 생성해서 엔드포인트에 연결하는 main 함수에서만 차이점을 볼 수 있습니다. 그 외 코드의 나머지 부분은 변경되지 않아야 합니다. 바로 이러한 점을 실제로 확인할 수 있습니다. 다음 [코드 박스 20-28]은 TCP 계산기 서버에 대한 main 함수를 담고 있습니다.

```
int main(int argc, char** argv) {

  // ---------- 1. 소켓 객체 생성 ------------------
  int server_sd = socket(AF_INET, SOCK_STREAM, 0);
  if (server_sd == -1) {
    fprintf(stderr, "Could not create socket: %s\n", strerror(errno));
    exit(1);
  }

  // ---------- 2. 소켓 파일 바인딩 ----------------

  // 주소 준비
  struct sockaddr_in addr;
  memset(&addr, 0, sizeof(addr));
  addr.sin_family = AF_INET;
  addr.sin_addr.s_addr = INADDR_ANY;
  addr.sin_port = htons(6666);
  ...

  // ---------- 3. 백로그 준비 ---------------------
  ...

  // ---------- 4. 클라이언트 받기 시작 ------------
  accept_forever(server_sd);

  return 0;
}
```

이 코드를 [코드 박스 20-17]의 main 함수와 비교해보면 앞서 설명한 차이점을 알아볼 수 있습니다. 연결된 엔드포인트 주소에 대해 sockaddr_un 구조체를 사용하는 대신 sockaddr_in 구조체를 사용했습니다. listen 함수는 같은 방식으로 사용되었으며, 수신하는 연결을 처리하기 위해 같은 accept_forever 함수가 호출되었습니다.

마지막으로 알아야 할 내용은 TCP 소켓의 I/O 작업에서 TCP 소켓은 스트림 소켓이므로 스트림 소켓에서 모든 속성을 상속받는다는 점입니다. 그러므로 다른 스트림 소켓처럼 사용할 수 있습니다. 즉, 같은 read, write, close 함수를 사용할 수 있습니다. 이제 TCP 클라이언트에 관해 이야기해봅시다.

20.4.2 TCP 클라이언트

다시 강조하지만 UDS에서 작동하는 스트림 클라이언트와 모든 것이 매우 비슷합니다. 앞 절에서 언급한 차이점은 커넥터 쪽의 TCP 소켓일 때도 마찬가지입니다. main 함수에만 국한해 변경 사항이 있습니다.

다음은 [코드 박스 20-28]의 TCP 계산기 클라이언트의 main 함수입니다.

코드 박스 20-28 TCP 계산기 클라이언트의 main 함수(server/tcp/main.c)

```
int main(int argc, char** argv) {

  // ---------- 1. 소켓 객체 생성 ------------------

  int conn_sd = socket(AF_INET, SOCK_STREAM, 0);
  if (conn_sd == -1) {
    fprintf(stderr, "Could not create socket: %s\n", strerror(errno));
    exit(1);
  }

  // ----------- 2. 서버에 연결 -------------------

  // 호스트명 뒤의 IP 주소 찾기
  ...

  // 주소 준비
  struct sockaddr_in addr;
  memset(&addr, 0, sizeof(addr));
  addr.sin_family = AF_INET;
  addr.sin_addr = *((struct in_addr*)host_entry->h_addr);
  addr.sin_port = htons(6666);

  ...

  stream_client_loop(conn_sd);

  return 0;
}
```

TCP 서버 프로그램에서 봤던 것과 변경된 내용이 매우 비슷합니다. 주소 체계와 소켓 주소 구조체는 다른 것을 사용했습니다. 이를 제외하면 나머지 코드는 같으며, 따라서 TCP 클라이언트에 대해 상세히 설명할 필요는 없습니다.

TCP 소켓은 스트림 소켓이므로 새로운 클라이언트를 처리하기 위해 같은 공통 코드를 사용할 수 있습니다. 이는 계산기 프로젝트에서 클라이언트 공통 라이브러리에 있는 `stream_client_loop` 함수를 호출해서 확인할 수 있습니다. 클라이언트 프로그램용과 서버 프로그램용으로 하나씩, 두 개의 공통 라이브러리를 추출한 이유를 이제 이해할 수 있을 것입니다. 더 적은 양의 코드를 작성하기 위해서입니다. 서로 다른 두 가지 경우에 같은 코드를 사용할 수 있다면, 해당 코드를 라이브러리로 추출해 각각 재사용하는 것이 제일 좋습니다.

UDP 서버와 클라이언트 프로그램을 살펴봅시다. 이들은 TCP 프로그램에서 본 것과 거의 비슷합니다.

20.4.3 UDP 서버

UDP 소켓은 네트워크 소켓입니다. 그 외에는 데이터그램 소켓입니다. 그러므로 TCP 서버용으로 작성한 코드와 UDS에서 작동하는 데이터그램 서버용으로 작성한 코드는 상당히 비슷합니다.

또한 클라이언트나 서버 프로그램에 사용되었는지와는 상관없이 UDP 소켓과 TCP 소켓의 주요 차이점은 UDP 소켓의 종류가 `SOCK_DGRAM`이라는 사실입니다. 둘 다 네트워크 소켓이므로 주소 체계는 같습니다. 다음 [코드 박스 20-29]는 계산기 UDP 서버의 `main` 함수를 담고 있습니다.

코드 박스 20-29 UDP 계산기 서버의 main 함수(server/udp/main.c)

```
int main(int argc, char** argv) {

  // ---------- 1. 소켓 객체 생성 -----------------
  int server_sd = socket(AF_INET, SOCK_DGRAM, 0);
  if (server_sd == -1) {
    fprintf(stderr, "Could not create socket: %s\n", strerror(errno));
    exit(1);
  }

  // ---------- 2. 소켓 파일 바인딩 ----------------
```

```
  // 주소 준비
  struct sockaddr_in addr;
  memset(&addr, 0, sizeof(addr));
  addr.sin_family = AF_INET;
  addr.sin_addr.s_addr = INADDR_ANY;
  addr.sin_port = htons(9999);
  ...

  // ----------- 3. 요청 처리 시작 ------------------
  serve_forever(server_sd);

  return 0;
}
```

UDP 소켓은 데이터그램 소켓이라는 점에 유의하세요. 그러므로 UDS에서 작동하는 데이터그램 소켓에 대해 작성한 모든 코드는 여기서도 유효합니다. 예를 들어 UDP 소켓으로 작업하려면 recvfrom과 sendto 함수를 사용해야 합니다. 따라서 수신한 데이터그램을 제공하기 위해 같은 serve_forever 함수를 사용했습니다. 이 함수는 데이터그램 관련 코드를 담는 서버 공통 라이브러리에 있습니다.

UDP 서버 코드에 관해서는 충분히 이야기했습니다. UDP 클라이언트가 어떻게 생겼는지 살펴봅시다.

20.4.4 UDP 클라이언트

UDP 클라이언트 코드는 TCP 클라이언트 코드와 매우 비슷합니다. 하지만 다른 소켓을 사용하며, 다른 함수를 호출해 수신하는 메시지를 처리합니다. 이 함수는 UDS 기반 데이터그램 클라이언트가 사용한 함수와 같습니다. 다음은 main 함수입니다.

코드 박스 20-30 UDP 계산기 클라이언트의 main 함수(client/udp/main.c)

```
int main(int argc, char** argv) {

  // ----------- 1. 소켓 객체 생성 ------------------

  int conn_sd = socket(AF_INET, SOCK_DGRAM, 0);
  if (conn_sd == -1) {
```

```
        fprintf(stderr, "Could not create socket: %s\n", strerror(errno));
        exit(1);
    }

    // ----------- 2. 서버에 연결 --------------------
    ...

    // 주소 준비
    ...

    datagram_client_loop(conn_sd);

    return 0;
}
```

이 내용이 이번 장의 마지막 개념이었습니다. 이번 20장에서는 유명한 여러 소켓을 살펴봤으며, 스트림 채널과 데이터그램 채널에 대한 듣기 및 연결 시퀀스를 C에서 어떻게 구현할 수 있는지 알아봤습니다.

계산기 프로젝트에는 아직 이야기하지 못한 내용이 많습니다. 그러므로 코드를 살펴보고 해당 지점을 찾아서 읽고 이해해보기를 권합니다. 완벽하게 작동하는 예제를 살펴보면 실제 응용프로그램에 있는 개념을 검토하는 데 도움이 됩니다.

20.5 마무리

20장에서는 다음과 같은 주제를 살펴봤습니다.

- IPC 기법에 대한 복습으로 다양한 통신, 채널, 매체, 소켓을 소개했습니다.

- 해당 응용 프로토콜과 프로젝트에서 사용하는 직렬화 알고리듬에 관해 설명하면서 계산기 프로젝트를 살펴봤습니다.

- UDS로 클라이언트−서버 연결을 설정하는 법을 예제로 설명했으며, 계산기 프로젝트에서 UDS가 어떻게 사용되는지 알아봤습니다.

- 유닉스 도메인 소켓을 사용해서 설정한 스트림 채널과 데이터그램 채널을 각각 설명했습니다.

- TCP 및 UDP 소켓을 사용해서 클라이언트−서버 IPC 채널을 만드는 법을 예제로 설명했고, 이를 계산기 예제에서 사용했습니다.

다음 21장은 C와 다른 프로그래밍 언어를 통합하는 것에 관한 내용입니다. 이렇게 하면 자바와 같은 다른 프로그래밍 언어에서 C 라이브러리를 로드하고 사용할 수 있습니다. 21장에서는 C++, 자바, 고, 파이썬과의 통합을 다룹니다.

## CHAPTER 21

다른 언어와의 통합

C 프로그램 및 라이브러리를 작성하는 법을 안다는 것은 생각보다 더욱 가치 있습니다. 운영체제를 개발하는 데 있어 C의 역할이 중요한 만큼, C는 자기 세계에만 국한되지 않습니다. C 라이브러리는 다른 프로그래밍 언어에 로드되어 사용될 잠재력이 있습니다. 고수준의 프로그래밍 언어로 코드를 작성하는 장점을 누릴 수도 있겠지만, 여러분의 언어 환경에서 라이브러리로 로드해 C의 강력한 힘을 얻을 수도 있습니다.

21장에서는 이러한 점을 더 이야기하고, C의 공유 라이브러리를 다른 유명 프로그래밍 언어에 통합하는 방법을 예제로 설명하겠습니다. 이번 장에서는 다음과 같은 주제를 다룹니다.

- 다른 프로그래밍 언어와 통합할 수 있는 이유를 설명합니다. 통합이 작동하는 방식에 대한 기초 개념을 설명하는 중요한 부분입니다.
- C 스택 라이브러리를 설계합니다. 이를 공유 목적 파일로 빌드합니다. 이 공유 목적 파일은 여러 다른 프로그래밍 언어에서 사용됩니다.
- C++, 자바, 파이썬, 고^{Golang}를 살펴보고 스택 라이브러리를 먼저 로드한 다음 사용법을 살펴봅니다.

이번 장에서는 리눅스에서 빌드하는 방법만 설명합니다. 각기 다른 언어로 다섯 가지 하위 프로젝트를 수행하므로 빌드 및 실행에 관련된 문제 발생을 방지하기 위함입니다. 물론 macOS 시스템에 대해서도 충분한 정보를 제공하겠지만, 리눅스에서 소스를 빌드하고 실행하는 것을 중점적으로 살펴봅니다. macOS에 대한 소스를 빌드할 수 있는 추가 스크립트는 이 책의 깃허브 저장소[1]에서 이용할 수 있습니다.

첫 번째 절에서는 통합 자체에 관해 논의합니다. 다른 프로그래밍 언어에 통합이 가능한 이유를 살펴보며, 이는 C가 아닌 다른 환경으로 논의를 확장하는 토대가 됩니다.

21.1 통합이 가능한 이유

10장에서 설명했듯이 C는 운영체제를 개발하는 방식에 혁명을 일으켰습니다. C의 업적은 이뿐만이 아닙니다. C는 또한 범용 프로그래밍 언어를 빌드할 수 있는 능력을 제공합니다. 요즘은 이를 '고수준 프로그래밍 언어'라고 합니다. 이러한 언어의 컴파일러는 대부분 C로 작성되어 있으며, 그렇지 않다면 C로 작성된 다른 도구 및 컴파일러로 개발되었습니다.

시스템의 기능을 사용하지 못하거나 제공하지 못하는 범용 프로그래밍 언어는 아무것도 할 수 없습니다. 이러한 언어로 무언가 작성은 할 수 있겠지만, 어떤 시스템에서도 실행할 수는 없습니다. 이론적인 관점에서 보면 이러한 프로그래밍 언어를 사용할 수는 있더라도, 산업적인 관점에서 보면 확실히 말이 되지는 않습니다. 따라서 프로그래밍 언어는 특히 컴파일러를 통해 작동하는 프로그램을 만들 수 있어야 합니다. 알다시피 시스템의 기능은 운영체제를 통해 제공됩니다. 운영체제에 무관하게 프로그래밍 언어는 그러한 기능을 제공할 수 있어야 하며, 해당 언어로 작성되고 해당 시스템에서 실행되는 프로그램은 그 기능을 사용할 수 있어야 합니다.

여기서 C가 등장합니다. 유닉스 계열 운영체제에서 C 표준 라이브러리는 API를 제공해 시스템의 기능을 사용할 수 있도록 합니다. 컴파일러가 작동하는 프로그램을 만들려면 컴파일된 프로그램이 간접적인 방식으로 C 표준 라이브러리를 사용할 수 있어야 합니다. 프로그래밍 언어가 무엇이든, 그리고 **자바 스탠더드 에디션**Java Standard Edition **(Java SE)**을 제공하는 자바와 같이 특정한 네이티브 표준 라이브러리를 제공하든 간에 상관없이, 작성한 프로그램이 제공하는 파일 열기와 같은 특정 기능에 대한 요청은 C 라이브러리로 전달되어야 하고, 거기에서 커널로 도달해 수행될 수 있습니다.

자바를 예로 들어서 조금 더 이야기해봅시다. 자바 프로그램은 **바이트코드**bytecode라는 중간 언어로 컴파일됩니다. 자바 바이트코드를 실행하려면 **자바 런타임 환경**Java Runtime Environment **(JRE)**

---

1 https://github.com/PacktPublishing/Extreme-C

이 설치되어야 합니다. JRE는 핵심적인 부분에 자바 바이트코드를 로드하고 실행하는 가상 머신이 있습니다. 이 가상 머신은 C 표준 라이브러리가 제공하는 기능과 서비스를 모방할 수 있어야 하며, 이러한 기능 및 서비스를 가상 머신 내에서 실행되는 프로그램에 제공할 수 있어야 합니다. 모든 플랫폼은 C 표준 라이브러리와 POSIX 및 SUS 표준을 준수하는지 여부가 다를 수 있으므로, 플랫폼별로 빌드된 가상 머신이 필요합니다.

다른 프로그램에서 로드될 수 있는 라이브러리에 대한 마지막 참고 사항으로는, 오직 공유 목적 파일만 로드할 수 있으며 정적 라이브러리는 로드하거나 사용할 수 없다는 점입니다. 정적 라이브러리는 실행 파일 또는 공유 목적 파일에만 링크할 수 있습니다. 공유 목적 파일은 대부분의 유닉스 계열 시스템에서 `.so` 확장자를 갖지만 macOS에서는 `.dylib`입니다.

이번 절에서는 짧았지만 C 라이브러리, 특히 공유 라이브러리를 로드할 수 있는 이유와 대부분의 프로그래밍 언어가 C 라이브러리를 사용하는 방법에 관한 기초적인 내용을 설명했습니다. 대부분의 프로그래밍 언어는 공유 라이브러리를 로드해 사용할 수 있습니다.

다음 단계는 C 라이브러리를 작성하고 이를 사용하기 위해 다양한 프로그래밍 언어에 로드하는 일입니다. 곧바로 이 단계로 넘어가기 전에, 이번 장에 필요한 자료를 얻는 법과 셸 박스에 있는 명령어를 실행하는 법을 알아야 합니다.

21.2 필수 자료 획득하기

21장은 다섯 가지 프로그래밍 언어로 된 자료로 가득합니다. 여러분들이 모든 예제를 빌드하고 실행할 수 있기를 바랍니다. 이때 소스 코드의 빌드에 관해 알아야 하는 기본 참고 사항을 이번 절에서 살펴봅니다.

우선 이번 장의 자료를 가져와야 합니다. 이미 알겠지만 이 책의 깃허브 저장소가 있으며 이번 장에는 `ch21-integration-with-other-languages`라는 이름의 디렉터리가 있습니다. 다음 명령어는 저장소를 복제해 이 장의 루트 디렉터리로 변경하는 방법을 나타냅니다.

```
$ git clone https://github.com/PacktPublishing/Extreme-C.git
...
$ cd Extreme-C/ch21-integration-with-other-languages
$
```

[셸 박스 21-1]의 명령어를 실행하기 전에 이번 장의 루트인 ch21-integration-with-other-languages 디렉터리에 있다고 가정합니다. 다른 디렉터리로 변경할 때 필요한 명령어도 알려드리겠습니다. 하지만 디렉터리를 변경하더라도 이번 장의 디렉터리를 벗어나지는 않습니다.

또한 소스 코드를 빌드하려면 **자바 개발 도구**Java Development Kit(**JDK**), 파이썬, 고가 설치되어 있어야 합니다. 리눅스나 macOS, 리눅스 배포판을 사용하는지 여부에 따라 명령어는 다를 수 있습니다.

마지막 참고 사항은 C 이외의 언어로 작성된 소스 코드가 다음 절에서 설명할 C 스택 라이브러리를 사용할 수 있어야 한다는 점입니다. 이러한 소스를 빌드하려면 기존에 빌드된 C 라이브러리가 필요합니다. 그러므로 다음 절을 확실하게 먼저 읽고, 그다음 절로 넘어가기 전에 공유 라이브러리를 빌드해야 합니다. 이제 이번 장의 자료를 얻는 법을 알게 되었으니 C 라이브러리에 관해 계속 논의할 수 있습니다.

21.3 스택 라이브러리

이번 절에서는 다른 프로그래밍 언어로 작성된 프로그램에서 로드하고 사용할 작은 라이브러리를 작성해보겠습니다. 이 라이브러리는 스택 객체에 **푸시**push나 **팝**pop과 같은 기초적인 작업을 제공하는 스택 클래스에 관한 내용입니다. 스택 객체는 라이브러리 자체에서 생성 및 소멸되며, 여기서는 이를 위해 생성자 함수와 소멸자 함수가 존재합니다.

다음으로 라이브러리의 공용 인터페이스를 확인할 수 있습니다. 해당 인터페이스는 cstack.h 헤더 파일에 있습니다.

```
#ifndef _CSTACK_H_
#define _CSTACK_H_

#include <unistd.h>

#ifdef __cplusplus
extern "C" {
#endif

#define TRUE 1
#define FALSE 0

typedef int bool_t;

typedef struct {
  char* data;
  size_t len;
} value_t;

typedef struct cstack_type cstack_t;

typedef void (*deleter_t)(value_t* value);

value_t make_value(char* data, size_t len);
value_t copy_value(char* data, size_t len);
void free_value(value_t* value);

cstack_t* cstack_new();
void cstack_delete(cstack_t*);

// 행위 함수들
void cstack_ctor(cstack_t*, size_t);
void cstack_dtor(cstack_t*, deleter_t);

size_t cstack_size(const cstack_t*);

bool_t cstack_push(cstack_t*, value_t value);
bool_t cstack_pop(cstack_t*, value_t* value);

void cstack_clear(cstack_t*, deleter_t);

#ifdef __cplusplus
```

```
    }
  #endif

#endif
```

6장에서 설명한 대로, 앞의 선언은 스택 클래스에 대한 공용 인터페이스를 도입합니다. 보다시피 이 클래스의 동반자 속성 구조체는 cstack_t입니다. stack_t는 C 표준 라이브러리에서 사용되므로, 혼동하지 않도록 코드에서 stack_t 대신에 cstack_t를 사용했습니다. 앞의 선언에서 속성 구조체는 전방 선언되었으며 내부에 필드는 없습니다. 대신 세부 사항은 실제 구현을 수행하는 소스 파일에 있습니다. 클래스는 또한 생성자, 소멸자, 푸시나 팝 같은 다른 행위를 갖습니다. 이들 모두 cstack_t형의 포인터를 첫 번째 인수로 받으며 이 포인터는 행위가 제 역할을 해야 하는 객체를 가리킵니다. Stack 클래스를 작성하는 방법은 앞서 6장에서 설명했습니다.

다음 [코드 박스 21-2]는 스택 클래스에 대한 구현을 포함합니다. 또한 cstack_t 속성 구조체에 대한 실제 정의도 담고 있습니다.

코드 박스 21-2 스택 클래스에 대한 정의(cstack.c)

```c
#include <stdlib.h>
#include <assert.h>

#include "cstack.h"

struct cstack_type {
  size_t top;
  size_t max_size;
  value_t* values;
};

value_t copy_value(char* data, size_t len) {
  char* buf = (char*)malloc(len * sizeof(char));
  for (size_t i = 0; i < len; i++) {
    buf[i] = data[i];
  }
  return make_value(buf, len);
}

value_t make_value(char* data, size_t len) {
```

```
    value_t value;
    value.data = data;
    value.len = len;
    return value;
}

void free_value(value_t* value) {
  if (value) {
    if (value->data) {
      free(value->data);
      value->data = NULL;
    }
  }
}

cstack_t* cstack_new() {
  return (cstack_t*)malloc(sizeof(cstack_t));
}

void cstack_delete(cstack_t* stack) {
  free(stack);
}

void cstack_ctor(cstack_t* cstack, size_t max_size) {
  cstack->top = 0;
  cstack->max_size = max_size;
  cstack->values = (value_t*)malloc(max_size * sizeof(value_t));
}

void cstack_dtor(cstack_t* cstack, deleter_t deleter) {
  cstack_clear(cstack, deleter);
  free(cstack->values);
}

size_t cstack_size(const cstack_t* cstack) {
  return cstack->top;
}

bool_t cstack_push(cstack_t* cstack, value_t value) {
  if (cstack->top < cstack->max_size) {
    cstack->values[cstack->top++] = value;
    return TRUE;
  }
  return FALSE;
```

```
  }

  bool_t cstack_pop(cstack_t* cstack, value_t* value) {
    if (cstack->top > 0) {
      *value = cstack->values[--cstack->top];
      return TRUE;
    }
    return FALSE;
  }

  void cstack_clear(cstack_t* cstack, deleter_t deleter) {
    value_t value;
    while (cstack_size(cstack) > 0) {
      bool_t popped = cstack_pop(cstack, &value);
      assert(popped);
      if (deleter) {
        deleter(&value);
      }
    }
  }
}
```

이 정의는 모든 스택 객체가 배열로 저장되며, 무엇보다도 스택에 어떠한 값이라도 저장할 수 있다는 의미입니다. 라이브러리를 빌드해 공유 라이브러리를 만들어봅시다. 이는 다음 절에서 다른 프로그래밍 언어가 로드할 라이브러리 파일이 될 예정입니다.

다음 [셸 박스 21-2]는 기존의 소스 파일을 사용해 공유 라이브러리를 만드는 방법을 나타냅니다. 글 상자에 있는 명령어는 리눅스에서 작동하며 macOS에서 작동하려면 약간 변경해야합니다. 참고로 빌드 명령을 실행하기 전에 앞서 설명한 대로 이번 장의 루트 디렉터리에 있어야 합니다.

셸 박스 21-2 리눅스에서 스택 라이브러리를 빌드해 공유 라이브러리 파일 만들기

```
$ gcc -c -g -fPIC cstack.c -o cstack.o
$ gcc -shared cstack.o -o libcstack.so
$
```

macOS에서는 gcc가 알려진 명령어이고 clang 컴파일러를 가리킬 때, 정확히 이와 같은 명령어를 실행할 수 있습니다. 그렇지 않다면 macOS에서는 다음 명령어를 사용해 라이브러리

를 빌드할 수 있습니다. macOS에서는 공유 목적 파일의 확장자가 .dylib이라는 점에 유의하세요.

셸 박스 21-3 macOS에서 스택 라이브러리를 빌드해 공유 라이브러리 파일 만들기

```
$ clang -c -g -fPIC cstack.c -o cstack.o
$ clang -dynamiclib cstack.o -o libcstack.dylib
$
```

이제 공유 라이브러리 파일이 있으니 이를 로드할 수 있는 다른 언어로 프로그램을 작성할 수 있습니다. 이 라이브러리를 다른 환경에서 로드하고 사용하는 법에 관한 예제를 살펴보기 전에, 몇 가지 검사를 수행해 기능을 확인해야 합니다. 다음 [코드 박스 21-3]은 스택을 만들고 일부 이용 가능한 작업을 수행해 예상과 비교하며 결과를 검사합니다.

코드 박스 21-3 스택 클래스의 기능을 검사하는 코드(cstack_tests.c)

```
#include <stdio.h>
#include <stdlib.h>
#include <assert.h>

#include "cstack.h"

value_t make_int(int int_value) {
  value_t value;
  int* int_ptr = (int*)malloc(sizeof(int));
  *int_ptr = int_value;
  value.data = (char*)int_ptr;
  value.len = sizeof(int);
  return value;
}

int extract_int(value_t* value) {
  return *((int*)value->data);
}

void deleter(value_t* value) {
  if (value->data) {
    free(value->data);
  }
  value->data = NULL;
```

```
    }

    int main(int argc, char** argv) {
      cstack_t* cstack = cstack_new();
      cstack_ctor(cstack, 100);
      assert(cstack_size(cstack) == 0);

      int int_values[] = {5, 10, 20, 30};

      for (size_t i = 0; i < 4; i++) {
        cstack_push(cstack, make_int(int_values[i]));
      }
      assert(cstack_size(cstack) == 4);

      int counter = 3;
      value_t value;
      while (cstack_size(cstack) > 0) {
        bool_t popped = cstack_pop(cstack, &value);
        assert(popped);
        assert(extract_int(&value) == int_values[counter--]);
        deleter(&value);
      }
      assert(counter == -1);
      assert(cstack_size(cstack) == 0);

      cstack_push(cstack, make_int(10));
      cstack_push(cstack, make_int(20));
      assert(cstack_size(cstack) == 2);

      cstack_clear(cstack, deleter);
      assert(cstack_size(cstack) == 0);

      // 소멸자를 호출하는 동안 스택에서 무언가를 얻기 위한 것
      cstack_push(cstack, make_int(20));

      cstack_dtor(cstack, deleter);
      cstack_delete(cstack);
      printf("All tests were OK.\n");
      return 0;
    }
```

반환된 값을 검사하기 위해 단언[assertion]을 사용했습니다. 다음 [셸 박스 21-4]는 이 코드를 리눅스에서 빌드하고 실행한 뒤의 출력 결과입니다. 다시 말하지만, 우리는 이번 21장의 루트

디렉터리에 있다는 점에 유의하세요.

셀 박스 21-4 라이브러리 검사를 빌드하고 실행하기

```
$ gcc -c -g cstack_tests.c -o tests.o
$ gcc tests.o -L$PWD -lcstack -o cstack_tests.out
$ LD_LIBRARY_PATH=$PWD ./cstack_tests.out
All tests were OK.
$
```

앞의 셀 박스에서 최종 실행 파일 cstack_tests.out을 실행할 때 libcstack.so를 포함하는 디렉터리를 가리키도록 환경 변수 LD_LIBRARY_PATH를 설정해야 합니다. 이는 실행된 프로그램이 공유 라이브러리를 찾고 로드해야 하기 때문입니다.

[셀 박스 21-4]에서 볼 수 있듯 모든 검사를 성공적으로 통과했습니다. 이는 기능적인 관점에서 라이브러리가 올바르게 수행되고 있음을 의미합니다. 메모리 사용이나 메모리 누수 여부와 같은 비기능적 요구 사항에 대해 라이브러리를 검사해봐도 좋겠습니다.

다음 [셀 박스 21-5]의 명령어는 valgrind를 사용해서 메모리 누수 여부 검사에 대한 실행을 확인하는 법을 나타냅니다.

셀 박스 21-5 valgrind로 검사 실행하기

```
$ LD_LIBRARY_PATH=$PWD valgrind --leak-check=full ./cstack_tests.out
==31291== Memcheck, a memory error detector
==31291== Copyright (C) 2002-2017, and GNU GPL'd, by Julian Seward et al.
==31291== Using Valgrind-3.13.0 and LibVEX; rerun with -h for copyright info
==31291== Command: ./cstack_tests.out
==31291==
All tests were OK.
==31291==
==31291== HEAP SUMMARY:
==31291==     in use at exit: 0 bytes in 0 blocks
==31291==   total heap usage: 10 allocs, 10 frees, 2,676 bytes allocated
==31291==
==31291== All heap blocks were freed -- no leaks are possible
==31291==
==31291== For counts of detected and suppressed errors, rerun with: -v
==31291== ERROR SUMMARY: 0 errors from 0 contexts (suppressed: 0 from 0)
$
```

메모리 누수는 없으며 우리가 작성한 라이브러리를 더 신뢰할 수 있도록 합니다. 그러므로 다른 환경에서 메모리 문제가 있다면 근본 원인을 먼저 조사해야 합니다.

다음 22장에서는 C의 유닛 테스트를 살펴봅니다. [코드 박스 21-3]에 있는 **assert** 구문을 알맞게 바꾸려면 CMocka와 같은 유닛 테스트 프레임워크를 사용해 유닛 테스트를 실행할 수 있습니다.

다음 절에서는 네 가지 프로그래밍 언어로 작성된 프로그램에서 스택 라이브러리를 통합할 것입니다. C++부터 시작해봅시다.

21.4 C++과 통합하기

C++과의 통합은 가장 쉽다고 여겨집니다. C++는 C에 객체지향을 추가했다고 볼 수 있습니다. C++ 컴파일러는 C 컴파일러가 만드는 것과 비슷한 목적 파일을 만듭니다. 따라서 C++ 프로그램은 다른 프로그래밍 언어보다 C 공유 라이브러리를 더 쉽게 로드하고 사용할 수 있습니다. 즉, 공유 목적 파일이 C 또는 C++ 프로젝트의 출력인지 여부는 중요하지 않습니다. 어떤 경우에 유일하게 문제가 되는 것은 C++의 **네임 맹글링** 특성입니다. 이는 **2장**에서 서술했습니다. 기억을 떠올리고자 다음 절에서 이를 간략히 복습하겠습니다.

21.4.1 C++의 네임 맹글링

이를 자세히 설명하자면, 함수(클래스의 전역 함수 및 멤버 함수)에 해당하는 심벌 이름은 C++에서 맹글링됩니다. 네임 맹글링은 C에는 없는 **네임스페이스**와 **함수 오버로딩**을 지원합니다. 기본적으로 네임 맹글링을 사용하도록 되어 있으므로, C 코드를 C++ 컴파일러로 컴파일한다면 맹글링된 심벌 이름이 보일 것입니다. 다음 [코드 박스 21-4]에 있는 예제를 살펴봅시다.

코드 박스 21-4 간단한 C 함수(test.c)

```
int add(int a, int b) {
  return a + b;
}
```

이 파일을 C 컴파일러, 이번 경우에는 clang으로 컴파일한다면 [셸 박스 21-6]에 보이는 것처럼 생성된 목적 파일에서 다음 심벌을 확인할 수 있습니다(참고로 test.c는 이 책의 깃허브 저장소에 존재하지 않습니다).

셸 박스 21-6 C 컴파일러로 test.c 컴파일하기

```
$ clang -c test.c -o test.o
$ nm test.o
0000000000000000 T _add
$
```

_add라는 이름이 붙은 심벌은 앞에 정의된 함수 add를 참조합니다. 이제 C++ 컴파일러, 이번 경우에는 clang++ 로 파일을 컴파일해봅시다.

셸 박스 21-7 C++ 컴파일러로 test.c 컴파일하기

```
$ clang++ -c test.c -o test.o
clang: warning: treating 'c' input as 'c++' when in C++ mode, this
behavior is deprecated [-Wdeprecated]
$ nm test.o
0000000000000000 T __Z3addii
$
```

clang++은 경고를 생성합니다. 경고에서는 C++ 코드로 C 코드를 컴파일하는 것에 대한 지원이 곧 중단될 것이라고 합니다. 하지만 이 행위는 아직 제거되지 않았으므로(더 이상 사용되지 않을 뿐입니다), 앞의 함수에서 생성된 심벌의 이름이 맹글링되었으며 clang에서 생성된 것과는 다르다는 점을 확인할 수 있습니다. 이는 특정 심벌을 찾을 때 링크 단계에서 분명 문제를 일으킵니다.

이 문제를 제거하려면 C++ 컴파일러가 심벌 이름을 맹글링하지 않도록 특정 스코프 내부에서 C 코드를 래핑해야 합니다. 그런 다음 코드를 clang과 clang++로 컴파일하면 같은 심벌 이름이 만들어집니다. [코드 박스 21-5]에서 다음 코드를 보세요. 이 코드는 [코드 박스 21-4]에 소개된 코드의 버전을 변경한 코드입니다.

코드 박스 21-5 특정한 C 스코프에 함수 선언을 두기(test.c)

```
#ifdef __cplusplus
extern "C" {
#endif

int add(int a, int b) {
  return a + b;
}

#ifdef __cplusplus
}
#endif
```

이 함수는 매크로 __cplusplus가 이미 정의된 경우에만 스코프 extern "C" { ... }에
위치합니다. 매크로 __cplusplus는 코드를 C++ 컴파일러로 코드를 컴파일했다는 표시입니
다. 이 코드를 clang++으로 다시 컴파일해봅시다.

셸 박스 21-8 clang++으로 test.c의 새 버전 컴파일하기

```
$ clang++ -c test.c -o test.o
clang: warning: treating 'c' input as 'c++' when in C++ mode, this
behavior is deprecated [-Wdeprecated]
$ nm test.o
0000000000000000 T _add
$
```

생성된 심벌은 더 이상 맹글링되지 않았습니다. 스택 라이브러리에 관해 지금까지 이야기한 것
을 토대로 모든 선언은 extern "C" { ... } 스코프에 두어야 하며, 이는 [코드 박스 21-1]에
해당 스코프가 존재하는 이유와 정확히 같습니다. 따라서 C++ 프로그램을 스택 라이브러리와
함께 링크할 때 심벌은 libcstack.so(혹은 libcstack.dylib)에서 확인할 수 있습니다.

> **NOTE_** extern "C"는 **연결 사양**linkage specification입니다. 다음 링크에서 더 많은 정보를 확인할 수 있습
> 니다.
>
> - https://isocpp.org/wiki/faq/mixing-c-and-cpp
> - https://stackoverflow.com/questions/1041866/what-is-the-effect-of-extern-c-in-c

이제 우리의 스택 라이브러리를 사용하는 C++ 코드를 작성할 차례입니다. 곧 살펴보겠지만 이는 통합하기가 쉽습니다.

21.4.2 C++ 코드

C 코드를 C++ 프로젝트로 가져올 때 네임 맹글링이 되지 않도록 하는 법을 알았으니, 스택 라이브러리를 사용하는 C++ 프로그램을 계속해서 작성할 수 있습니다. C++ 클래스에서 스택 라이브러리를 래핑wrapping하는 것으로 시작합니다. C++ 클래스는 객체지향 C++ 프로그램의 주요 구성 요소입니다. 스택 라이브러리의 C 함수를 직접 호출하기보다는 객체지향적인 방식으로 스택의 기능을 제공하는 편이 더 적절합니다.

다음 [코드 박스 21-6]은 스택 라이브러리에서 파생된 스택의 기능을 래핑하는 클래스를 포함합니다.

코드 박스 21-6 스택 라이브러리가 제공하는 기능을 래핑하는 C++ 클래스(c++/Stack.cpp)

```
#include <string.h>

#include <iostream>
#include <string>

#include "cstack.h"

template<typename T>
value_t CreateValue(const T& pValue);

template<typename T>
T ExtractValue(const value_t& value);

template<typename T>
class Stack {
public:
  // 생성자
  Stack(int pMaxSize) {
    mStack = cstack_new();
    cstack_ctor(mStack, pMaxSize);
  }
```

```cpp
  // 소멸자
  ~Stack() {
    cstack_dtor(mStack, free_value);
    cstack_delete(mStack);
  }

  size_t Size() {
    return cstack_size(mStack);
  }

  void Push(const T& pItem) {
    value_t value = CreateValue(pItem);
    if (!cstack_push(mStack, value)) {
      throw "Stack is full!";
    }
  }

  const T Pop() {
    value_t value;
    if (!cstack_pop(mStack, &value)) {
      throw "Stack is empty!";
    }
    return ExtractValue<T>(value);
  }

  void Clear() {
    cstack_clear(mStack, free_value);
  }

private:
  cstack_t* mStack;
};
```

이 클래스와 관련해 다음과 같은 중요 사항을 짚어볼 수 있습니다.

- 이 클래스는 cstack_t 변수에 비공개 포인터private pointer를 둡니다. 이 포인터는 정적 라이브러리의 cstack_new 함수가 생성한 객체의 주소를 가리킵니다. 이 포인터는 C 수준에서 존재하는 객체에 대한 **핸들**로 간주될 수 있으며, 이 객체는 별도의 C 라이브러리에서 생성하고 관리합니다. 포인터 mStack은 파일을 참조하는 파일 서술자(혹은 파일 핸들)와 유사합니다.

- 이 클래스는 스택 라이브러리가 제공하는 모든 행위 함수를 래핑합니다. C 라이브러리에 대한 객체지향 래퍼는 본질적으로 이렇지는 않으며, 일반적으로 제한된 기능이 제공됩니다.

- 앞의 클래스는 템플릿 클래스입니다. 이는 여러 자료형에 대해 작업할 수 있음을 의미합니다. 보다 시피 다양한 형을 직렬화하거나 역직렬화하는 객체에 대해 두 가지 템플릿 함수인 CreateValue와 ExtractValue를 선언했습니다. 앞의 클래스는 이러한 함수를 사용해 각각 C++ 객체에서 바이트 배열을 생성하고(직렬화), 바이트 배열에서 C++ 객체를 생성합니다(역직렬화).

- 자료형 std::string에 대한 특수 템플릿 함수를 정의했습니다. 따라서 앞의 클래스를 사용해서 std::string 자료형의 값을 저장할 수 있습니다. 참고로 std::string은 C++에서 문자열 변수를 갖는 표준 자료형입니다.

- 스택 라이브러리에서 서로 다른 자료형인 여러 값을 하나의 스택 인스턴스에 푸시할 수 있습니다. 이 러한 값은 문자 배열에서 /로 변환될 수 있습니다. [코드 박스 21-1]의 value_t 구조체를 보세요. char 포인터만 필요하며, 그게 전부입니다. 스택 라이브러리와 달리 앞의 C++ 클래스는 형식이 안전하 며type-safe 이 클래스의 모든 인스턴스는 특정 자료형에서만 작동할 수 있습니다.

- C++에서 모든 클래스는 최소 하나의 생성자와 하나의 소멸자가 있습니다. 그러므로 생성자에서 기본 스택 객체를 초기화하고 그것을 소멸자에서 마무리하기는 쉬울 것입니다. 이는 바로 앞의 코드에서 확인 할 수 있는 사항입니다.

우리의 C++ 클래스를 문자열 변수에서도 작동하도록 만들려고 합니다. 따라서 클래스 내에서 사용할 수 있는 알맞은 직렬 변환기 및 역직렬 변환기 함수를 작성해야 합니다. 다음 [코드 박스 21-7]은 C 문자 배열을 std::string 객체로, 그리고 그 반대로도 변환하는 함수의 정의 를 담고 있습니다.

코드 박스 21-7 std::string형에 대한 직렬화/역직렬화용 특수 템플릿 함수(C++ 클래스에서 사용, c++/Stack.cpp)

```cpp
template<>
value_t CreateValue(const std::string& pValue) {
  value_t value;
  value.len = pValue.size() + 1;
  value.data = new char[value.len];
  strcpy(value.data, pValue.c_str());
  return value;
}

template<>
std::string ExtractValue(const value_t& value) {
  return std::string(value.data, value.len);
}
```

이 함수들은 클래스에서 사용 및 선언된 템플릿 함수에 대한 std::string **특수화**specialization 입니다. 보다시피 std::string 객체를 C 문자 배열로 변환하는 법과, 역으로 C 문자 배열을 std::string 객체로 변환하는 법을 정의합니다.

[코드 박스 21-8]은 C++ 클래스에서 사용하는 main 메서드를 담고 있습니다.

코드 박스 21-8 C++ 스택 클래스를 사용하는 main 함수(c++/Stack.cpp)

```
int main(int argc, char** argv) {
  Stack<std::string> stringStack(100);
  stringStack.Push("Hello");
  stringStack.Push("World");
  stringStack.Push("!");
  std::cout << "Stack size: " << stringStack.Size() << std::endl;
  while (stringStack.Size() > 0) {
    std::cout << "Popped > " << stringStack.Pop() << std::endl;
  }
  std::cout << "Stack size after pops: " << stringStack.Size() << std::endl;
  stringStack.Push("Bye");
  stringStack.Push("Bye");
  std::cout << "Stack size before clear: " << stringStack.Size() << std::endl;
  stringStack.Clear();
  std::cout << "Stack size after clear: " << stringStack.Size() << std::endl;
  return 0;
}
```

이 경우는 스택 라이브러리에서 제공하는 모든 함수를 다룹니다. 우리는 여러 작업을 실행해서 그 결과를 검사합니다. 참고로 앞의 코드는 기능 검사를 위해 Stack<std::string> 객체를 사용합니다. 따라서 스택에 std::string 값만 푸시/팝할 수 있습니다.

다음 [셸 박스 21-9]는 앞의 코드를 빌드하고 실행하는 법을 나타냅니다. 참고로 이번 절에서 봤던 모든 C++ 코드는 C++11로 작성되었으며, 따라서 이에 호환되는 컴파일러로 컴파일해야 합니다. 앞서 말했듯 이번 장의 루트 경로에서 다음 명령어를 실행합니다.

셸 박스 21-9 C++ 코드를 빌드하고 실행하기

```
$ cd c++
$ g++ -c -g -std=c++11 -I$PWD/.. Stack.cpp -o Stack.o
$ g++ -L$PWD/.. Stack.o -lcstack -o cstack_cpp.out
```

```
$ LD_LIBRARY_PATH=$PWD/.. ./cstack_cpp.out
Stack size: 3
Popped > !
Popped > World
Popped > Hello
Stack size after pops: 0
Stack size before clear: 2
Stack size after clear: 0
$
```

컴파일러로 -std=c++11 옵션을 전달해 표준 언어를 C+11로 지정했습니다. -I와 -L 옵션은 각각 사용자 정의 포함과 라이브러리 디렉터리를 지정하도록 사용합니다. -lcstack 옵션은 링커에 C++ 코드와 라이브러리 파일 libcstack.so를 링크하도록 요청합니다. macOS 시스템일 때 공유 라이브러리 파일의 확장자는 .dylib이니 유의하세요. 그러니 libcstack.so가 아니라 libcstack.dylib을 볼 수 있습니다.

cstack_cpp.out 실행 파일을 실행하려면 로더는 libcstack.so를 찾아야 합니다. 참고로 이는 실행 파일을 빌드하는 것과는 다릅니다. 여기서 우리는 이 파일을 실행하고 싶지만, 실행 파일이 실행되기 전에 먼저 라이브러리 파일을 찾아야 합니다. 그러므로 환경 변수 LD_LIBRARY_PATH를 수정해서 공유 객체를 찾을 수 있는 위치를 로더에 알립니다. 이에 관해서는 **2장**에서 자세히 다뤘습니다.

또한 메모리 누수에 대해서도 C++ 코드를 검사해야 합니다. valgrind를 사용하면 메모리 누수를 검사할 수 있으며, 결과로 나오는 실행 파일을 분석할 수 있습니다. 다음 [셀 박스 21-10]은 cstack_cpp.out 실행 파일을 실행하는 valgrind의 출력을 나타냅니다.

셀 박스 21-10 valgrind로 C++ 코드를 빌드하고 실행하기

```
$ cd c++
$ LD_LIBRARY_PATH=$PWD/.. valgrind --leak-check=full ./cstack_cpp.out
==15061== Memcheck, a memory error detector
==15061== Copyright (C) 2002-2017, and GNU GPL'd, by Julian Seward et al.
==15061== Using Valgrind-3.13.0 and LibVEX; rerun with -h for copyright info
==15061== Command: ./cstack_cpp.out
==15061==
Stack size: 3
Popped > !
```

```
Popped > World
Popped > Hello
Stack size after pops: 0
Stack size before clear: 2
Stack size after clear: 0
==15061==
==15061== HEAP SUMMARY:
==15061==     in use at exit: 0 bytes in 0 blocks
==15061==   total heap usage: 9 allocs, 9 frees, 75,374 bytes allocated
==15061==
==15061== All heap blocks were freed -- no leaks are possible
==15061==
==15061== For counts of detected and suppressed errors, rerun with: -v
==15061== ERROR SUMMARY: 0 errors from 0 contexts (suppressed: 0 from 0)
$
```

이 출력을 보면 확실히 코드에 전혀 누수가 없습니다. 참고로 **still reachable** 섹션에 1081바이트가 있다고 해서 코드에서 누수가 발생했다는 의미는 아닙니다. 자세한 내용은 **valgrind**의 매뉴얼에서 더 알아볼 수 있습니다.

이번 절에서는 C 스택 라이브러리에 대한 C++ 래퍼를 작성하는 법을 설명했습니다. C와 C++코드를 혼합하는 일은 쉬워 보이지만, C++의 네임 맹글링 규칙에 대해서는 더 신경 써야 합니다. 다음 절에서는 자바 프로그래밍 언어에 관해, 그리고 자바로 작성된 프로그램에서 C 라이브러리를 로드하는 방법에 관해 간략히 설명하겠습니다.

21.5 자바와 통합하기

자바 프로그램은 자바 컴파일러가 컴파일하면 자바 바이트코드가 됩니다. 자바 바이트코드는 **응용프로그램 이진 인터페이스**Application Binary Interface(**ABI**)에서 지정한 객체 파일 형식과 비슷합니다. 자바 바이트코드를 포함하는 파일은 일반적인 실행 파일처럼 실행될 수는 없으며, 실행하려면 특수한 환경이 필요합니다.

자바 바이트코드는 **자바 가상 머신**Java virtual machine(**JVM**)에서만 실행될 수 있습니다. JVM은 그 자체로 자바 바이트코드를 위한 작업 환경을 시뮬레이션하는 프로세스입니다. 일반적으로

C 또는 C++로 작성되며, C 표준 라이브러리와 해당 계층에서 제공하는 기능을 로드하고 사용할 수 있습니다.

> **NOTE_** 자바 프로그래밍 언어만이 유일하게 자바 바이트코드로 컴파일될 수 있는 것은 아닙니다. 스칼라^{Scala}, 코틀린^{Kotlin}, 그루비^{Groovy}도 자바 바이트코드로 컴파일될 수 있으므로 JVM에서 실행될 수 있습니다. 보통 이들을 **JVM 언어**라고 합니다.

이번 절에서는 기존에 빌드한 스택 라이브러리를 자바 프로그램으로 로드합니다. 자바에 대해 선수 지식이 없다면 이 단계들이 복잡해 보이고 이해하기 어려울 수 있습니다. 그러므로 자바 프로그래밍에 대한 기초적인 지식을 갖추고 이번 절을 읽어야 합니다.

21.5.1 자바 부분 작성하기

공유 라이브러리로 빌드된 C 프로젝트가 있다고 가정해봅시다. 이를 자바로 가져와서 해당 프로젝트의 함수를 사용하려 합니다. 다행히 C (혹은 네이티브) 코드 없이 자바 부분을 작성하고 컴파일할 수 있습니다. 이는 자바에서 **네이티브 메서드**$^{native\ method}$라는 개념으로 구분됩니다. 확실히, 공유 객체 라이브러리 파일을 로드하지 않고 자바 부분으로만 자바 프로그램을 실행하거나 C 함수를 호출할 수는 없습니다. 이때 필요한 단계 및 소스 코드를 설명할 것이며, 공유 라이브러리를 로드해 해당 함수를 성공적으로 호출하는 자바 프로그램을 실행합니다.

JVM은 **자바 네이티브 인터페이스**$^{Java\ Native\ Interface}$(**JNI**)를 사용해 공유 라이브러리를 로드합니다. 참고로 JNI는 자바 프로그래밍 언어에 속하지 않습니다. 그보다는 JVM 사양에 속하며, 따라서 불러온 공유 라이브러리는 스칼라와 같은 모든 JVM 언어에서 사용할 수 있습니다.

다음 단락에서는 JNI를 이용해 목표로 하는 공유 라이브러리 파일을 로드하는 법을 살펴보겠습니다.

이전에 말한 대로 JNI는 네이티브 메서드를 사용합니다. 네이티브 메서드는 자바에서 어떠한 정의를 갖지는 않습니다. 실제 정의는 C 또는 C++으로 작성되며 외부 공유 라이브러리에 탑재됩니다. 즉, 네이티브 메서드는 자바 프로그램이 JVM의 외부 세계와 통신하는 포트입니다. 다음 [코드 박스 21-9]는 여러 정적 네이티브 메서드를 담고 있는 클래스를 보여줍니다.

이 클래스는 우리의 스택 라이브러리에 있는 기능을 제공합니다.

코드 박스 21-9 NativeStack 클래스(java/src/com/packt/extreme_c/ch21/ex1/Main.java)

```java
package com.packt.extreme_c.ch21.ex1;

class NativeStack {

  static {
    System.loadLibrary("NativeStack");
  }

  public static native long newStack();
  public static native void deleteStack(long stackHandler);

  public static native void ctor(long stackHandler, int maxSize);
  public static native void dtor(long stackHandler);

  public static native int size(long stackHandler);

  public static native void push(long stackHandler, byte[] item);
  public static native byte[] pop(long stackHandler);

  public static native void clear(long stackHandler);
}
```

메서드 시그니처가 나타내듯, 이는 C 스택 라이브러리에 있는 함수에 해당합니다. 참고로 첫 번째 피연산자는 **long** 변수입니다. 이 변수는 네이티브 라이브러리에서 읽은 네이티브 주소를 포함하며, 스택 인스턴스를 가리키기 위해 다른 메서드에 전달되는 포인터 역할을 합니다. 앞의 클래스를 작성할 때 미리 완전히 작동하는 공유 목적 파일을 작성할 필요는 없습니다. 스택 API를 정의할 때 필요한 선언에 대한 목록만 필요합니다.

이 클래스에는 **정적 생성자**static constructor도 있습니다. 이 생성자는 파일 시스템에 있는 공유 라이브러리 파일을 로드하며, 네이티브 메서드를 이 공유 라이브러리에 있는 심벌과 일치시키려 합니다. 주의할 점은 앞의 공유 라이브러리가 **libcstack.so**가 아니라는 것입니다. 즉, 스택 라이브러리를 위해 만든 공유 목적 파일이 아닙니다. JNI는 네이티브 메서드와 일치하는 심벌을 찾는 매우 자세한 방법을 갖고 있습니다. 그러므로 **libcstack.so**에서 정의한 심벌을 사용할 수는 없습니다. 대신 JNI가 스택 라이브러리에서 찾는 심벌을 생성한 다음 거기에서 스택 라이브러리를 사용해야 합니다.

지금은 확실하게 이해되지 않을 수도 있습니다. 하지만 다음 절에서 이를 명확하게 설명하며 방법을 살펴볼 것입니다. 자바 부분을 계속해서 살펴봅시다. 아직 자바 코드를 더 추가해야 합니다.

다음은 Stack<T>라는 제네릭 자바 클래스로, JNI가 제공하는 네이티브 메서드를 래핑합니다. 제네릭 자바 클래스는 C++의 템플릿 클래스와 쌍둥이 개념이라고 볼 수 있습니다. 제네릭 자바 클래스는 다른 자료형에서 작동할 수 있는 제네릭 자료형을 지정하도록 사용할 수 있습니다.

Stack<T> 클래스에서 볼 수 있듯이 Marshaller<T> 형에는 marshaller 객체가 있습니다. 이는 T 자료형으로부터 메서드의 입력 인수를 직렬화 및 역직렬화할 때 사용되며 기본 C 스택에 인수를 두거나 가져오기 위한 객체입니다.

코드 박스 21-10 Stack<T> 클래스와 Marshaller<T> 인터페이스(java/src/com/packt/extreme_c/ch21/ex1/Main.java)

```java
interface Marshaller<T> {

  byte[] marshal(T obj);

  T unmarshal(byte[] data);
}

class Stack<T> implements AutoCloseable {
  private Marshaller<T> marshaller;
  private long stackHandler;

  public Stack(Marshaller<T> marshaller) {
    this.marshaller = marshaller;
    this.stackHandler = NativeStack.newStack();
    NativeStack.ctor(stackHandler, 100);
  }

  @Override
  public void close() {
    NativeStack.dtor(stackHandler);
    NativeStack.deleteStack(stackHandler);
  }
```

```
    public int size() {
      return NativeStack.size(stackHandler);
    }

    public void push(T item) {
      NativeStack.push(stackHandler, marshaller.marshal(item));
    }

    public T pop() {
      return marshaller.unmarshal(NativeStack.pop(stackHandler));
    }
    public void clear() {
      NativeStack.clear(stackHandler);
    }
  }
```

이 코드에 대해서 다음과 같은 사항에 주목해볼 수 있습니다.

- Stack<T> 클래스는 제네릭 클래스입니다. 이는 String, Integer, Point 등과 같은 다양한 클래스에서 작동할 수 있는 서로 다른 인스턴스를 의미합니다. 하지만 모든 인스턴스는 인스턴스화를 할 때 지정한 자료형에서만 작동할 수 있습니다.

- 기본 스택에 어떠한 자료형을 저장하려면, 객체에 대해 직렬화 및 역직렬화를 수행하는 외부 marshaller를 스택이 사용할 수 있어야 합니다. C 스택 라이브러리는 스택 데이터 구조에 바이트 배열을 저장할 수 있으며, C 스택 라이브러리의 기능을 사용하려는 고수준 언어는 입력 객체의 직렬화를 통해 그 바이트 배열을 제공할 수 있어야 합니다. String 클래스에 대한 Marshaller 인터페이스의 구현에 관해서는 곧 살펴보겠습니다.

- 생성자를 이용해 Marshaller 인스턴스를 주입합니다. 이는 클래스 T의 제네릭형과 호환되는 marshaller 인스턴스를 미리 생성해야 한다는 의미입니다.

- Stack<T> 클래스는 AutoCloseable 인터페이스를 구현합니다. 즉, 소멸 시 해제해야 하는 네이티브 리소스가 있다는 의미입니다. 실제 스택은 자바 코드가 아니라 네이티브 코드에서 생성된다는 점에 유의하세요. 그러므로 JVM의 **가비지 컬렉터**는 더 이상 필요하지 않을 때 스택을 해제할 수 없습니다. AutoCloseable 객체는 특정한 스코프를 갖는 리소스로 사용될 수 있으며, 더 이상 필요하지 않을 때 이 객체의 close 메서드가 자동으로 호출됩니다. 앞의 클래스를 사용하는 법은 검사 시나리오에서 곧 살펴봅니다.

- 보다시피 생성자 메서드가 있으며 네이티브 메서드를 사용해 기본 스택을 초기화했습니다. 클래스에서 스택의 핸들러는 long 필드로 두었습니다. 참고로 C++과는 달리 클래스에 소멸자는 없습니다. 따

라서 기본 스택이 해제되지 않을 수 있으므로 결국 메모리 누수가 될 수 있습니다. 그래서 이 클래스를 AutoCloseable이라고 표기했습니다. AutoCloseable 객체가 더 이상 필요하지 않을 때 이 객체의 close 메서드가 호출되며, 앞의 코드에서 본대로 C 스택 라이브러리에서 소멸자 함수를 호출해 C 스택에서 할당한 리소스를 해제합니다.

NOTE_ 일반적으로 자바 객체에서 finalizer 메서드를 호출하는 가비지 컬렉터 메커니즘을 신뢰할 수는 없습니다. 따라서 AutoCloseable을 사용해야 올바르게 리소스를 관리할 수 있습니다.

다음 [코드 박스 21-11]은 StringMarshaller에 대한 구현입니다. 바이트 배열로 작업하는 String 클래스를 잘 지원해주는 덕분에 아주 간단하게 구현할 수 있습니다.

코드 박스 21-11 StringMarshaller 클래스(java/src/com/packt/extreme_c/ch21/ex1/Main.java)

```java
class StringMarshaller implements Marshaller<String> {

  @Override
  public byte[] marshal(String obj) {
    return obj.getBytes();
  }

  @Override
  public String unmarshal(byte[] data) {
    return new String(data);
  }
}
```

다음 [코드 박스 21-12]는 자바 코드를 통해 C 스택 기능을 시연하는 검사 시나리오를 포함하는 Main 클래스입니다.

코드 박스 21-12 C 스택 라이브러리의 기능을 검사하는 시나리오를 포함하는 Main 클래스(java/src/com/packt/extreme_c/ch21/ex1/Main.java)

```java
public class Main {
  public static void main(String[] args) {
    try (Stack<String> stack = new Stack<>(new StringMarshaller())) {
      stack.push("Hello");
```

```
        stack.push("World");
        stack.push("!");
        System.out.println("Size after pushes: " + stack.size());
        while (stack.size() > 0) {
          System.out.println(stack.pop());
        }
        System.out.println("Size after pops: " + stack.size());
        stack.push("Ba");
        stack.push("Bye!");
        System.out.println("Size after before clear: " + stack.size());
        stack.clear();
        System.out.println("Size after clear: " + stack.size());
      }
    }
  }
```

보다시피, 참조 변수 stack은 try 블록 내에서 생성되고 사용되었습니다. 이 문법은 일반적으로 try-with-resources라고 하며 자바 7에서 도입되었습니다. try 블록이 종료되면 close 메서드가 리소스 객체에서 호출되어 기본 스택이 해제됩니다. 검사 시나리오는 이전 절에서 C++에 대해 작성한 것과 같지만, 이번엔 자바로 작성했습니다.

이번 절에서는 자바 부분 및 네이티브 부분을 불러오는 데 필요한 모든 자바 코드를 다뤘습니다. 앞의 소스 코드는 모두 컴파일할 수 있지만, 네이티브 부분도 필요하므로 실행할 수는 없습니다. 자바 및 네이티브 부분이 모두 함께 있어야 실행 가능한 프로그램이 될 수 있습니다. 다음 절에서 네이티브 부분을 작성하는 단계에 관해 설명하겠습니다.

21.5.2 네이티브 부분 작성하기

앞 절에서 소개한 가장 중요한 개념은 네이티브 메서드입니다. 네이티브 메서드는 자바 내에서 선언되지만 해당 정의는 공유 라이브러리에서 JVM 외부에 있습니다. 그런데 JVM은 로드된 공유 객체 파일에서 어떻게 네이티브 메서드를 찾을까요? 답은 간단합니다. 공유 객체 파일에서 특정 심벌 이름을 찾습니다. JVM은 패키지, 포함하는 클래스, 해당 이름과 같은 다양한 속성에 따른 모든 네이티브 메서드에 대한 심벌 이름을 추출합니다. 그런 다음 로드한 공유 라이브러리에서 그 심벌을 찾고, 찾을 수 없을 때는 오류가 발생합니다.

이전 절에서 설명한 내용을 토대로 JVM은 로드한 공유 파일에서 우리가 작성한 함수에 대한 특정 심벌 이름을 사용하도록 강제합니다. 하지만 스택 라이브러리를 생성하면서 특별한 컨벤션은 사용하지 않았습니다. 그래서 JVM은 스택 라이브러리에서 제공한 함수를 찾을 수 없으므로 다른 방식을 찾아야 합니다. 일반적으로 C 라이브러리는 JVM 환경에서 사용된다는 가정은 하지 않고 작성됩니다.

다음 [그림 21-1]은 자바와 네이티브 부분에서 중간 C 또는 C++ 라이브러리를 접착제 역할로 사용하는 방법을 나타냅니다. JVM이 원하는 심벌을 주고, 이러한 심벌을 나타내는 함수를 호출하도록 C 라이브러리 내에서 알맞은 함수에 호출을 위임합니다. 기본적으로 JNI는 이렇게 작동합니다.

가상의 예를 들어 설명하겠습니다. 자바에서 C 함수인 func로 호출을 하고, 이 함수에 대한 정의는 libfunc.so 공유 목적 파일에 있다고 가정해봅시다. 또한 자바 부분에서는 Clazz라는 클래스와 함께 doFunc라는 네이티브 함수가 있다고 합시다. JVM은 네이티브 함수 doFunc에 대한 정의를 찾으면서 심벌 Java_Clazz_doFunc도 찾고 있을 것입니다. 우리는 중간 공유 라이브러리인 libNativeLibrary.so를 생성하며, 이는 JVM이 찾는 것과 정확히 같은 심벌이 있는 함수를 포함합니다. 그다음 해당 함수 내부에서 func 함수를 호출합니다. Java_Clazz_doFunc 함수는 기본 C 라이브러리, 즉 func 함수에 대한 호출을 중계[relay] 및 위임[delegate]하는 역할을 한다고 할 수 있습니다.

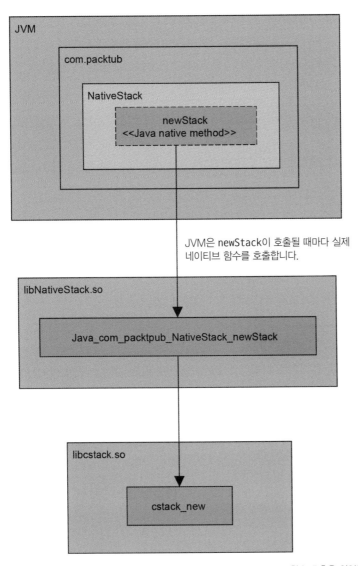

그림 21-1 자바에서 실제 기본 C 스택 라이브러리 libcstack.so로 함수 호출을 위임할 때 사용되는 중간 공유 객체 libNativeStack.so

JVM 심벌 이름에 일치시키기 위해, 자바 컴파일러는 일반적으로 자바 코드에 있는 네이티브 메서드에서 C 헤더 파일을 생성합니다. 이렇게 하면 헤더 파일에 있는 해당 함수에 대한 정의만 작성하면 됩니다. 이는 JVM이 결국 찾게 될 심벌 이름에 대해 실수를 저지르지 않도록 합니다.

다음 [셸 박스 21-11]의 명령어는 자바 소스 파일을 컴파일하는 법과 소스 코드의 네이티브 메서드에 대한 헤더 파일을 컴파일러가 생성하도록 하는 방법을 나타냅니다. 여기서는 `Main.java`만 컴파일하며, 이는 이전 코드 박스에서 소개한 자바 코드를 모두 포함합니다. 다음 명령어를 실행할 때는 이번 21장의 루트 디렉터리에 있어야 한다는 점을 명심하세요.

셸 박스 21-11 파일에 있는 네이티브 메서드에 대한 헤더를 생성하면서 `Main.java` 컴파일하기

```
$ cd java
$ mkdir -p build/headers
$ mkdir -p build/classes
$ javac -cp src -h build/headers -d build/classes \
src/com/packt/extreme_c/ch21/ex1/Main.java
$ tree build
build
├── classes
│   └── com
│       └── packt
│           └── extreme_c
│               └── ch21
│                   └── ex1
│                       ├── Main.class
│                       ├── Marshaller.class
│                       ├── NativeStack.class
│                       ├── Stack.class
│                       └── StringMarshaller.class
└── headers
    └── com_packt_extreme_c_ch21_ex1_NativeStack.h

7 directories, 6 files
$
```

이 셸 박스에 보이듯 자바 컴파일러인 javac에 옵션 -h를 전달했습니다. 모든 헤더가 가야 하는 디렉터리도 지정했습니다. tree 유틸리티는 트리 형식으로 build 디렉터리의 내용을 나타냅니다. .class 파일들을 주목하세요. 이 파일들은 JVM 인스턴스로 클래스들을 로드할 때 사용될 자바 바이트코드를 포함합니다.

클래스 파일 외에도, 헤더 파일인 com_packt_extreme_c_ch21_ex1_NativeStack.h를 보겠습니다. 이는 NativeStack 클래스에서 볼 수 있는 네이티브 메서드에 해당하는 C 함수 선언을 포함합니다.

헤더 파일을 열면 [코드 박스 21-13]과 같은 무언가를 볼 수 있습니다. 이들은 길고 이상한 이름으로 된 여러 함수 선언입니다. 각각은 패키지 이름, 클래스 이름, 해당 네이티브 메서드 이름으로 구성됩니다.

코드 박스 21-13 생성된 JNI 헤더 파일의 (불완전한) 내용(java/build/headers/com_packt_extreme_c_ch21_ex1_NativeStack.h)

```
/* DO NOT EDIT THIS FILE - it is machine generated */
#include <jni.h>
/* Header for class com_packt_extreme_c_ch21_ex1_NativeStack */

#ifndef _Included_com_packt_extreme_c_ch21_ex1_NativeStack
#define _Included_com_packt_extreme_c_ch21_ex1_NativeStack
#ifdef __cplusplus
extern "C" {
#endif
/*
 * Class: com_packt_extreme_c_ch21_ex1_NativeStack
 * Method: newStack
 * Signature: ()J
 */
JNIEXPORT jlong JNICALL Java_com_packt_extreme_1c_ch21_ex1_
NativeStack_newStack
  (JNIEnv *, jclass);

/*
 * Class: com_packt_extreme_c_ch21_ex1_NativeStack
 * Method: deleteStack
 * Signature: (J)V
 */
JNIEXPORT void JNICALL Java_com_packt_extreme_1c_ch21_ex1_
NativeStack_deleteStack
  (JNIEnv *, jclass, jlong);

...
...
...

#ifdef __cplusplus
}
#endif
#endif
```

이 헤더 파일에 선언된 함수들은 네이티브 메서드에 대해 해당 C 함수를 로드할 때 JVM이 찾게 될 심벌 이름을 전달합니다. 더 작은 영역에서 모든 함수를 선언하기 위해 이 헤더 파일을 수정하고 매크로를 사용해 간결하게 표현했습니다. 이는 [코드 박스 21-14]에서 볼 수 있습니다.

코드 박스 21-14 생성된 JNI 헤더 파일을 수정한 버전(java/native/NativeStack.h)

```
// Filename: NativeStack.h
// Description: Modified JNI generated header file

#include <jni.h>

#ifndef _Included_com_packt_extreme_c_ch21_ex1_NativeStack
#define _Included_com_packt_extreme_c_ch21_ex1_NativeStack

#define JNI_FUNC(n) Java_com_packt_extreme_1c_ch21_ex1_NativeStack_##n

#ifdef __cplusplus
extern "C" {
#endif

JNIEXPORT jlong JNICALL JNI_FUNC(newStack)(JNIEnv* , jclass);
JNIEXPORT void JNICALL JNI_FUNC(deleteStack)(JNIEnv* , jclass, jlong);

JNIEXPORT void JNICALL JNI_FUNC(ctor)(JNIEnv* , jclass, jlong, jint);
JNIEXPORT void JNICALL JNI_FUNC(dtor)(JNIEnv* , jclass, jlong);

JNIEXPORT jint JNICALL JNI_FUNC(size)(JNIEnv* , jclass, jlong);

JNIEXPORT void JNICALL JNI_FUNC(push)(JNIEnv* , jclass, jlong, jbyteArray);
JNIEXPORT jbyteArray JNICALL JNI_FUNC(pop)(JNIEnv* , jclass, jlong);

JNIEXPORT void JNICALL JNI_FUNC(clear)(JNIEnv* , jclass, jlong);

#ifdef __cplusplus
}
#endif
#endif
```

새로운 매크로 **JNI_FUNC**를 생성했고, 이 매크로는 모든 선언에서 공통인 함수명에서 크게 차지하는 부분을 뽑아냅니다. 또한 헤더 파일을 훨씬 더 간결하게 만들기 위해 주석도 제거했습니다.

헤더 파일과 [코드 박스 21-15]에 있는 다음 소스 파일에서 둘 다 매크로 **JNI_FUNC**를 사용합니다.

> **NOTE_** 생성한 헤더 파일에 대한 수정은 허용되지 않습니다. 하지만 학습을 위해 헤더를 수정했습니다. 실제 빌드 환경에서는 어떠한 수정을 하지 않고 생성된 파일을 직접 사용하는 것이 바람직합니다.

[코드 박스 21-15]에서는 이 함수에 대한 정의를 확인할 수 있습니다. 정의는 C 스택 라이브러리에 포함된 기본 C 함수에 대한 호출을 중계할 뿐입니다.

코드 박스 21-15 JNI 헤더 파일에서 선언한 함수에 대한 정의(java/native/NativeStack.cpp)

```
#include <stdlib.h>

#include "NativeStack.h"
#include "cstack.h"

void defaultDeleter(value_t* value) {
  free_value(value);
}

void extractFromJByteArray(JNIEnv* env,
                           jbyteArray byteArray,
                           value_t* value) {
  jboolean isCopy = false;
  jbyte* buffer = env->GetByteArrayElements(byteArray, &isCopy);
  value->len = env->GetArrayLength(byteArray);
  value->data = (char*)malloc(value->len * sizeof(char));
  for (size_t i = 0; i < value->len; i++) {
    value->data[i] = buffer[i];
  }
  env->ReleaseByteArrayElements(byteArray, buffer, 0);
}

JNIEXPORT jlong JNICALL JNI_FUNC(newStack)(JNIEnv* env, jclass clazz) {
  return (long)cstack_new();
}
```

```c
JNIEXPORT void JNICALL JNI_FUNC(deleteStack)(JNIEnv* env,
                                             jclass clazz,
                                             jlong stackPtr) {
  cstack_t* cstack = (cstack_t*)stackPtr;
  cstack_delete(cstack);
}

JNIEXPORT void JNICALL JNI_FUNC(ctor)(JNIEnv *env,
                                      jclass clazz,
                                      jlong stackPtr,
                                      jint maxSize) {
  cstack_t* cstack = (cstack_t*)stackPtr;
  cstack_ctor(cstack, maxSize);
}

JNIEXPORT void JNICALL JNI_FUNC(dtor)(JNIEnv* env,
                                      jclass clazz,
                                      jlong stackPtr) {
  cstack_t* cstack = (cstack_t*)stackPtr;
  cstack_dtor(cstack, defaultDeleter);
}

JNIEXPORT jint JNICALL JNI_FUNC(size)(JNIEnv* env,
                                      jclass clazz,
                                      jlong stackPtr) {
  cstack_t* cstack = (cstack_t*)stackPtr;
  return cstack_size(cstack);
}

JNIEXPORT void JNICALL JNI_FUNC(push)(JNIEnv* env,
                                      jclass clazz,
                                      jlong stackPtr,
                                      jbyteArray item) {
  value_t value;
  extractFromJByteArray(env, item, &value);

  cstack_t* cstack = (cstack_t*)stackPtr;
  bool_t pushed = cstack_push(cstack, value);
  if (!pushed) {
    jclass Exception = env->FindClass("java/lang/Exception");
    env->ThrowNew(Exception, "Stack is full!");
  }
}
```

```
JNIEXPORT jbyteArray JNICALL JNI_FUNC(pop)(JNIEnv* env,
                                           jclass clazz,
                                           jlong stackPtr) {
  value_t value;
  cstack_t* cstack = (cstack_t*)stackPtr;
  bool_t popped = cstack_pop(cstack, &value);
  if (!popped) {
    jclass Exception = env->FindClass("java/lang/Exception");
    env->ThrowNew(Exception, "Stack is empty!");
  }
  jbyteArray result = env->NewByteArray(value.len);
  env->SetByteArrayRegion(result, 0, value.len, (jbyte*)value.data);
  defaultDeleter(&value);
  return result;
}

JNIEXPORT void JNICALL JNI_FUNC(clear)(JNIEnv* env,
                                       jclass clazz,
                                       jlong stackPtr) {
  cstack_t* cstack = (cstack_t*)stackPtr;
  cstack_clear(cstack, defaultDeleter);
}
```

이 코드는 C++로 작성되었습니다. C로도 정의를 작성할 수 있습니다. 주의가 필요한 유일한 지점은 푸시와 팝 함수에서 C 바이트 배열이 자바 바이트 배열로 변환되는 부분입니다. **extractFromJByteArray** 함수는 자바 부분에서 받은 자바 바이트 배열에 따라 C 바이트 배열을 생성하도록 추가되었습니다.

다음 [셸 박스 21-12]의 명령어는 리눅스에서 중간 공유 객체 libNativeStack.so를 생성합니다. 이 객체는 JVM에 로드되어 사용됩니다. 참고로 환경 변수 JAVA_HOME은 명령어를 실행하기 전에 설정해야 합니다.

셸 박스 21-12 중간 공유 라이브러리 libNativeStack.so 빌드하기

```
$ cd java/native
$ g++ -c -fPIC -I$PWD/../.. -I$JAVA_HOME/include \
  -I$JAVA_HOME/include/linux NativeStack.cpp -o NativeStack.o
$ g++ -shared -L$PWD/../.. NativeStack.o -lcstack -o
```

```
libNativeStack.so
$
```

최종 공유 목적 파일은 C 스택 라이브러리에서 공유 목적 파일 libcstack.so에 링크되었습니다. 이는 쉽게 말해 libNativeStack.so가 작동하려면 libcstack.so를 로드해야 한다는 의미입니다. 그러므로 JVM은 libNativeStack.so 라이브러리를 로드한 다음 libcstack.so 라이브러리를 로드하며, 마지막으로 자바와 네이티브 부분이 함께 작동해서 자바 프로그램이 실행될 수 있도록 합니다.

다음 [셸 박스 21-13]의 명령어는 [코드 박스 21-12]의 검사 시나리오를 실행합니다.

셸 박스 21-13 자바 검사 시나리오 실행하기

```
$ cd java
$ LD_LIBRARY_PATH=$PWD/.. java -Djava.library.path=$PWD/native \
  -cp build/classes com.packt.extreme_c.ch21.ex1.Main
Size after pushes: 3
!
World
Hello
Size after pops: 0
Size after before clear: 2
Size after clear: 0
$
```

옵션 -Djava.library.path=...를 JVM에 전달했습니다. 이는 공유 라이브러리를 찾을 수 있는 위치를 지정합니다. 보다시피 libNativeStack.so 공유 라이브러리를 포함해야 하는 디렉터리를 지정해두었습니다.

이번 절에서는 네이티브 C 라이브러리를 JVM으로 로드해서 다른 자바 소스 코드와 함께 사용하는 법을 살펴봤습니다. 더 크고 여러 부분으로 구성된 네이티브 라이브러리를 로드할 때도 같은 메커니즘을 적용할 수 있습니다.

이제 파이썬과의 통합을 살펴보고, 파이썬 코드에서 C 스택 라이브러리를 어떻게 사용할 수 있는지 알아볼 차례입니다.

21.6 파이썬과 통합하기

파이썬은 **인터프리터**interpreter 프로그래밍 언어입니다. 인터프리터라는 중간 프로그램이 파이썬 코드를 읽고 실행한다는 뜻입니다. 외부 네이티브 공유 라이브러리를 사용할 때, 공유 라이브러리를 로드해서 파이썬 코드에서 사용할 수 있도록 하는 것이 바로 인터프리터입니다. 파이썬은 외부 공유 라이브러리를 로드하기 위한 특별한 프레임워크가 있습니다. 바로 **ctypes**이며 이번 절에서 사용해봅니다.

ctypes를 이용해 공유 라이브러리를 로드하는 작업은 아주 간단합니다. 라이브러리를 로드하고, 사용할 함수에 대해 입출력만 정의하면 됩니다. 다음 클래스들은 **ctypes**와 관련한 로직을 래핑하고 [코드 박스 21-17]의 메인 **Stack** 클래스에서 사용할 수 있도록 합니다.

코드 박스 21-16 스택 라이브러리의 C 함수를 파이썬의 나머지 부분에서 사용하도록 하는 ctypes 관련 코드(python/ stack.py)

```
from ctypes import *

class value_t(Structure):
    _fields_ = [("data", c_char_p), ("len", c_int)]

class _NativeStack:
    def __init__(self):
      self.stackLib = cdll.LoadLibrary(
              "libcstack.dylib" if platform.system() == 'Darwin'
              else "libcstack.so")

      # value_t make_value(char*, size_t)
      self._makevalue_ = self.stackLib.make_value
      self._makevalue_.argtypes = [c_char_p, c_int]
      self._makevalue_.restype = value_t

      # value_t copy_value(char*, size_t)
      self._copyvalue_ = self.stackLib.copy_value
      self._copyvalue_.argtypes = [c_char_p, c_int]
      self._copyvalue_.restype = value_t

      # void free_value(value_t*)
      self._freevalue_ = self.stackLib.free_value
      self._freevalue_.argtypes = [POINTER(value_t)]
```

```python
# cstack_t* cstack_new()
self._new_ = self.stackLib.cstack_new
self._new_.argtypes = []
self._new_.restype = c_void_p

# void cstack_delete(cstack_t*)
self._delete_ = self.stackLib.cstack_delete
self._delete_.argtypes = [c_void_p]

# void cstack_ctor(cstack_t*, int)
self._ctor_ = self.stackLib.cstack_ctor
self._ctor_.argtypes = [c_void_p, c_int]

# void cstack_dtor(cstack_t*, deleter_t)
self._dtor_ = self.stackLib.cstack_dtor
self._dtor_.argtypes = [c_void_p, c_void_p]

# size_t cstack_size(cstack_t*)
self._size_ = self.stackLib.cstack_size
self._size_.argtypes = [c_void_p]
self._size_.restype = c_int

# bool_t cstack_push(cstack_t*, value_t)
self._push_ = self.stackLib.cstack_push
self._push_.argtypes = [c_void_p, value_t]
self._push_.restype = c_int

# bool_t cstack_pop(cstack_t*, value_t*)
self._pop_ = self.stackLib.cstack_pop
self._pop_.argtypes = [c_void_p, POINTER(value_t)]
self._pop_.restype = c_int

# void cstack_clear(cstack_t*, deleter_t)
self._clear_ = self.stackLib.cstack_clear
self._clear_.argtypes = [c_void_p, c_void_p]
```

파이썬 코드에서 사용해야 하는 모든 함수는 클래스 정의 부분에 있습니다. C 함수에 대한 핸들은 클래스 인스턴스의 비공개 필드로 저장됩니다(비공개 필드는 양쪽에 _가 있습니다). 그리고 이들은 기본 C 함수를 호출하도록 사용할 수 있습니다. 참고로 앞의 코드에서는 우리가 macOS 시스템에 있으므로 libcstack.dylib을 로드했습니다. 리눅스 시스템에서는 libcstack.so를 로드해야 합니다.

다음 [코드 박스 21-17]의 Stack 클래스는 앞의 래퍼 클래스를 사용하는 메인 파이썬 컴포넌트입니다. 다른 모든 파이썬 코드는 스택 기능을 위해 이 클래스를 사용합니다.

코드 박스 21-17 스택 라이브러리에서 로드한 C 함수를 사용하는 파이썬의 Stack 클래스(python/stack.py)

```python
class Stack:
    def __enter__(self):
        self._nativeApi_ = _NativeStack()
        self._handler_ = self._nativeApi_._new_()
        self._nativeApi_._ctor_(self._handler_, 100)
        return self

    def __exit__(self, type, value, traceback):
        self._nativeApi_._dtor_(self._handler_, self._nativeApi_._freevalue_)
        self._nativeApi_._delete_(self._handler_)

    def size(self):
        return self._nativeApi_._size_(self._handler_)

    def push(self, item):
        result = self._nativeApi_._push_(self._handler_,
                self._nativeApi_._copyvalue_(item.encode('utf-8'),len(item)));

    if result != 1:
        raise Exception("Stack is full!")

    def pop(self):
        value = value_t()
        result = self._nativeApi_._pop_(self._handler_, byref(value))
        if result != 1:
            raise Exception("Stack is empty!")
        item = string_at(value.data, value.len)
        self._nativeApi_._freevalue_(value)
        return item

    def clear(self):
        self._nativeApi_._clear_(self._handler_, self._nativeApi_._freevalue_)
```

Stack 클래스는 기본 C 함수를 호출하기 위해 _NativeStack 클래스를 계속 참조합니다. 참고로 이 클래스는 __enter__와 __exit__ 함수를 오버라이딩합니다. 이는 클래스를 리소스 클래스로 사용할 수 있도록 하고 파이썬의 **with** 구문에서 사용합니다. 구문이 어떻게 생겼는지는 곧 보게 될 것입니다. Stack 클래스는 문자열 항목에서만 작동하니 주의하세요.

다음 [코드 박스 21-18]은 검사 시나리오로, 자바 및 C++ 검사 시나리오와 매우 유사합니다.

코드 박스 21-18 파이썬에서 작성되었으며 Stack 클래스를 사용하는 검사 시나리오(python/stack.py)

```python
if __name__ == "__main__":
    with Stack() as stack:
        stack.push("Hello")
        stack.push("World")
        stack.push("!")
        print("Size after pushes:" + str(stack.size()))
        while stack.size() > 0:
            print(stack.pop())
        print("Size after pops:" + str(stack.size()))
        stack.push("Ba");
        stack.push("Bye!");
        print("Size before clear:" + str(stack.size()))
        stack.clear()
        print("Size after clear:" + str(stack.size()))
```

이 코드에서 파이썬의 with 구문을 볼 수 있습니다.

with 블록에 들어가면 __enter__ 함수가 호출되며 Stack 클래스에 대한 인스턴스는 stack 변수에 의해 참조됩니다. with 블록을 떠나면 __exit__ 함수가 호출됩니다. 이는 지금은 C 스택 객체에 해당하는 기본 네이티브 리소스가 더 이상 필요하지 않을 때 해제할 수 있도록 합니다.

다음으로 앞의 코드를 실행하는 법을 살펴봅시다. 참고로 파이썬 코드 박스는 같은 stack.py 파일 안에 있습니다. 다음 [셀 박스 21-14]의 명령어를 실행하기에 앞서, 이번 21장의 루트 디렉터리에 있어야 합니다.

셀 박스 21-14 파이썬 검사 시나리오 실행하기

```
$ cd python
$ LD_LIBRARY_PATH=$PWD/.. python stack.py
Size after pushes:3
!
World
```

```
Hello
Size after pops:0
Size before clear:2
Size after clear:0
$
```

인터프리터는 C 스택 공유 라이브러리를 찾고 로드할 수 있어야 합니다. 따라서 실제 공유 라이브러리 파일을 포함하는 경로를 가리기도록 **LD_LIBRARY_PATH** 환경 변수를 설정했습니다.

다음 절에서는 고 언어에서 C 스택 라이브러리를 로드하고 사용하는 법을 살펴봅니다.

21.7 고와 통합하기

고^{Go} 프로그래밍 언어(혹은 간단히 고랭^{Golang})은 네이티브 공유 라이브러리와 쉽게 통합할 수 있습니다. 고는 차세대 C/C++ 프로그래밍 언어로 여겨지며, 그 자체로 시스템 프로그래밍 언어라고 합니다. 따라서 고를 사용하면 네이티브 라이브러리를 쉽게 로드하고 사용할 수 있으리라 예상합니다.

고에서는 **cgo**라는 내장 패키지를 사용해 C 코드를 호출하고 공유 목적 파일을 로드합니다. 다음 [코드 박스 21-19]의 고 코드에서는 cgo 패키지의 사용법과 C 스택 라이브러리 파일에서 로드된 C 함수를 호출하는 법을 살펴봅니다. 또한 새로운 클래스 **Stack**을 정의하는데, 이 클래스는 C 스택 기능을 사용하는 다른 고 코드에서 사용됩니다.

코드 박스 21-19 로드된 공유 목적 파일 libcstack.so를 사용하는 Stack 클래스(go/stack.go)

```go
package main

/*
#cgo CFLAGS: -I..
#cgo LDFLAGS: -L.. -lcstack
#include "cstack.h"
*/
import "C"
import (
  "fmt"
```

```go
    )

    type Stack struct {
        handler *C.cstack_t
    }

    func NewStack() *Stack {
        s := new(Stack)
        s.handler = C.cstack_new()
        C.cstack_ctor(s.handler, 100)
        return s
    }

    func (s *Stack) Destroy() {
        C.cstack_dtor(s.handler, C.deleter_t(C.free_value))
        C.cstack_delete(s.handler)
    }

    func (s *Stack) Size() int {
        return int(C.cstack_size(s.handler))
    }

    func (s *Stack) Push(item string) bool {
        value := C.make_value(C.CString(item), C.ulong(len(item) + 1))
        pushed := C.cstack_push(s.handler, value)
        return pushed == 1
    }

    func (s *Stack) Pop() (bool, string) {
        value := C.make_value(nil, 0)
        popped := C.cstack_pop(s.handler, &value)
        str := C.GoString(value.data)
        defer C.free_value(&value)
        return popped == 1, str
    }

    func (s *Stack) Clear() {
        C.cstack_clear(s.handler, C.deleter_t(C.free_value))
    }
```

cgo 패키지를 사용하려면 C 패키지를 불러와야 합니다. 이는 의사^{pseudo} 지시자 #cgo에서 지정한 공유 라이브러리를 로드합니다. 보다시피 지시자 #cgo LDFLAGS: -L.. -lcstack에서 `libcstack.so` 라이브러리를 로드하도록 지정했습니다. 참고로 **CFLAGS**와 **LDFLAGS**는 각각 C 컴파일러와 링커에 직접 전달되는 플래그를 포함합니다.

또한 공유 목적 파일을 찾기 위한 경로도 지정했습니다. 그런 다음 C 구조체를 사용해서 로드된 네이티브 함수를 호출할 수 있습니다. 예를 들면 **C.cstack_new()**를 사용해 스택 라이브러리에서 해당 함수를 호출했습니다. **cgo**로 하면 상당히 쉽습니다. 참고로 앞의 **Stack** 클래스는 문자열 항목에서만 작동하니 유의하세요.

다음 [코드 박스 21-20]은 고로 작성한 검사 시나리오입니다. **main** 함수를 종료할 때 **stack** 객체에서 **Destroy** 함수를 호출해야 한다는 점을 명심하세요.

코드 박스 21-20 고로 작성되었으며 Stack 클래스를 사용하는 검사 시나리오(go/stack.go)

```go
func main() {
  var stack = NewStack()
  stack.Push("Hello")
  stack.Push("World")
  stack.Push("!")
  fmt.Println("Stack size:", stack.Size())
  for stack.Size() > 0 {
    _, str := stack.Pop()
    fmt.Println("Popped >", str)
  }
  fmt.Println("Stack size after pops:", stack.Size())
  stack.Push("Bye")
  stack.Push("Bye")
  fmt.Println("Stack size before clear:", stack.Size())
  stack.Clear()
  fmt.Println("Stack size after clear:", stack.Size())
  stack.Destroy()
}
```

다음 [셸 박스 21-15]는 검사 시나리오를 빌드하고 실행하는 법을 나타냅니다.

셸 박스 21-15 고로 작성한 검사 시나리오 실행하기

```
$ cd go
$ go build -o stack.out stack.go
$ LD_LIBRARY_PATH=$PWD/.. ./stack.out
```

```
Stack size: 3
Popped > !
Popped > World
Popped > Hello
Stack size after pops: 0
Stack size before clear: 2
Stack size after clear: 0
$
```

고는 파이썬과 달리 프로그램을 먼저 컴파일한 뒤 실행해야 합니다. 게다가 실행 파일이 libcstack.so를 찾고 로드하도록 환경 변수 LD_LIBRARY_PATH도 설정해야 합니다.

이번 절에서는 고에서 공유 라이브러리를 로드하고 사용할 때 cgo 패키지를 사용하는 법을 살펴봤습니다. 고는 C 코드에 대한 얇은 래퍼처럼 작동하므로, 파이썬과 자바보다는 외부 공유 라이브러리를 로드하고 사용하기가 쉬웠습니다.

21.8 마무리

21장에서는 다른 프로그래밍 언어에서 C를 통합하는 법을 다음과 같이 살펴봤습니다.

- 푸시, 팝 등의 스택 기능을 제공하는 C 라이브러리를 설계했습니다. 라이브러리를 빌드해서 최종 출력으로 다른 언어에서 사용될 공유 라이브러리를 생성했습니다.

- C++의 네임 맹글링이라는 특징을 다뤘으며 C++ 컴파일러를 사용할 때 C에서 네임 맹글링을 피하는 법을 알아봤습니다.

- 스택 라이브러리에 대한 C++ 래퍼를 작성했습니다. 이 래퍼는 스택 라이브러리의 공유 파일을 로드하고, 로드된 C++에 있는 기능을 실행할 수 있습니다.

- 이어서 C 라이브러리에 대한 JNI 래퍼를 작성했습니다. 이를 위해 네이티브 메서드를 사용했습니다.

- JNI에서 네이티브 코드를 작성하는 법, 네이티브와 자바 부분을 함께 연결하는 법, C 스택 라이브러리를 사용하는 자바 프로그램을 실행하는 법을 살펴봤습니다.

- 라이브러리의 공유 목적 파일을 로드하고 사용할 때 ctypes 패키지를 쓰는 파이썬 코드를 작성했습니다.

• 고 언어로 프로그램을 작성했습니다. 해당 프로그램은 cgo 패키지의 도움을 받아 라이브러리의 공유 목적 파일을 로드할 수 있습니다.

다음 22장은 C의 유닛 검사와 디버깅에 관한 내용으로, 유닛 검사를 작성하는 C 라이브러리를 소개합니다. 그 외에 C에서 디버깅하는 것에 관해서도 설명하며, 프로그램을 디버깅하거나 모니터링할 때 사용할 수 있는 기존 도구도 설명합니다.

VII

테스트와 유지 보수

22장 유닛 테스트와 디버깅: 테스트와 디버깅을 설명합니다. 여러 수준의 테스트를 소개하며, 특히 C의 유닛 테스트 중심으로 설명합니다. C에서 테스트 스위트를 작성할 때 사용할 수 있는 라이브러리인 CMocka와 구글 테스트를 소개합니다. 디버깅의 개념과 다양한 버그를 디버깅할 때 사용할 수 있는 여러 도구도 살펴봅니다.

23장 빌드 시스템: 빌드 시스템 및 빌드 스크립트 생성기에 관해 설명합니다. 메이크, 닌자, 바젤 빌드 시스템과 빌드 스크립트 생성기인 CMake를 소개합니다.

Part VII

테스트와 유지 보수

## CHAPTER 22

유닛 테스트와 디버깅

프로그래밍 언어나 개발 중인 응용프로그램이 무엇인지는 중요하지 않습니다. 고객에게 프로그램을 전달하기 전에 항상 철저하게 테스트하는 일이 중요합니다.

테스트를 작성은 새로운 일이 아니며 오늘날에도 거의 모든 소프트웨어 프로젝트에서 테스트를 수백 건에서 수천 건까지 찾아볼 수 있습니다. 요즘에는 소프트웨어용 테스트를 작성하는 일이 필수적이며, 제대로 테스트를 거치지 않은 채 코드나 기능을 전달하면 안 됩니다. 바로 이러한 이유로 이번 22장에서는 C로 작성된 소프트웨어 테스트와 이를 위한 다양한 라이브러리에 관해 설명합니다.

하지만 테스트가 이번 장의 유일한 주제는 아닙니다. C 프로그램에서 문제 해결을 위해 사용할 수 있는 디버깅 도구 및 기술에 관해서도 설명합니다. 테스트와 디버깅은 처음부터 상호 보완적이었습니다. 테스트가 실패할 때마다 이어서 일련의 검사를 수행하고, 후속 조치로 대상 코드를 디버깅하는 것이 일반적입니다.

이번 22장에서는 테스트에 대한 철학을 모두 살펴보지는 않으며, 테스트를 하는 편이 좋을 것이라고 가정합니다. 대신 테스트 가능한 코드를 작성할 때 개발자가 따라야 하는 기본 용어 및 가이드라인을 간단히 소개하겠습니다.

이번 장은 크게 두 개의 주제로 구성됩니다. 첫 번째로는 테스트 및 최신 C 개발에서 사용할 수 있는 기존 라이브러리를 설명합니다. 두 번째로는 디버깅에 관해 설명하며, 여러 유형의 버그를 다루면서 시작합니다. 메모리 문제, 동시성 문제 및 성능 문제는 성공적인 조사를 위해 추가 디버깅이 필요한 가장 일반적인 경우에 해당합니다.

또한, C(그리고 C++)에서 사용할 수 있고 가장 많이 쓰이는 디버깅 도구도 다룹니다. 이번 장의 최종 목표는 C에서 사용할 수 있는 테스트 및 디버깅 유틸리티를 설명하고 기본적인 배경지식을 전하는 것입니다.

첫 번째 절에서는 소프트웨어 테스트에 대한 일반적인 기본 용어를 소개합니다. C에만 국한되지는 않으며, 이러한 개념은 다른 프로그래밍 언어와 기술에도 적용할 수 있습니다.

22.1 소프트웨어 테스트

소프트웨어 테스트는 컴퓨터 프로그래밍에서 중요한 큰 주제이며, 고유한 용어 및 여러 개념이 있습니다. 이번 절에서는 소프트웨어 테스트의 아주 기본적인 내용을 소개하겠습니다. 22장의 전반부에서 사용할 용어를 정의하는 것이 목적입니다. 다만, 이번 장에서 테스트를 상세히 다루지는 않는 만큼 추가적인 학습을 권장합니다.

소프트웨어 테스트와 관련해 첫 번째로 떠오르는 질문은 '무엇을 테스트하는가, 이 테스트는 무엇에 관한 것인가?'입니다. 일반적으로는 소프트웨어 시스템의 한 측면을 테스트합니다. 이러한 측면은 **기능적**functional이거나 **비기능적**non-functional일 수 있습니다. 즉, 이러한 측면은 시스템에 대한 특정 기능에 관련될 수도 있고, 또는 기능을 수행할 때 시스템의 특정 변수에 관련될 수도 있습니다. 이어서 몇 가지 예를 들겠습니다.

기능 테스트functional test는 **기능 요구 사항**functional requirement의 일환으로 정의된 기능을 테스트합니다. 이 테스트는 **함수, 모듈, 컴포넌트, 소프트웨어 시스템**과 같은 **소프트웨어 컴포넌트**에 대한 특정 입력값을 제공하며, 그에 따른 특정 출력을 기대합니다. 테스트에서 기대한 결과가 나와야만 테스트를 **통과**했다고 볼 수 있습니다.

비기능 테스트non-functional test는 함수, 모듈, 컴포넌트, 전체적인 소프트웨어 시스템과 같은 소프트웨어 컴포넌트가 특정 기능을 완수하는지에 대한 **품질 수준**을 테스트합니다. 이 테스트는 일반적으로 **메모리 사용량, 완료 시간, 잠금 경합**lock contention 및 **보안 수준**과 같은 다양한 **변수를 측정**하고, 이러한 컴포넌트가 얼마나 잘 수행되었는지 평가합니다. 그리고 이 테스트는 측정된 변수가 예상 범위 내에 있을 때만 통과됩니다. 이러한 변수에 대한 **기대치**는 시스템에 대해 정의한 **비기능 요구 사항**non-functional requirement에 있습니다.

기능 및 비기능 테스트와는 별도로, 테스트 **수준**level은 다를 수 있습니다. 이러한 수준은 독립적인orthogonal 측면을 포함하는 방식으로 설계됩니다. 이는 테스트되는 컴포넌트의 크기, 테스트 행위자, 테스트해야 하는 기능의 정도에 해당합니다.

예를 들면 컴포넌트의 크기에 관한 수준은 우리가 함수 또는 메서드로 알고 있는 기능성에 대한 가장 작은 부분부터 소프트웨어 시스템이 전체적으로 제공하는 가장 큰 부분까지 정의됩니다. 다음 절에서 이러한 수준에 대해 더 자세히 소개하겠습니다.

22.1.1 테스트 수준

모든 소프트웨어 시스템에서는 다음과 같은 테스트 수준을 고려하고 계획합니다. 기존의 테스트 수준은 이외에도 존재하며 다른 참고 문헌에서 더 찾아볼 수 있습니다.

- **유닛 테스트** unit test
- **통합 테스트** integration test
- **시스템 테스트** system test
- **인수 테스트** acceptance test
- **회귀 테스트** regression test

유닛 테스트에서는 한 **유닛(단위)**의 기능성을 테스트합니다. 이 유닛은 특정 작업을 수행하는 함수일 수도 있고, 요구를 충족시키려는 함수 그룹일 수 있으며, 최종 목표로 특정 기능을 수행해야 하는 클래스일 수도 있고, 특정 작업을 해야 하는 **컴포넌트**일 수도 있습니다. 컴포넌트는 잘 정의된 기능 집합이 있는 소프트웨어 시스템에 속하며, 다른 컴포넌트와 함께 결합해서 전체 소프트웨어 시스템이 됩니다.

컴포넌트가 유닛일 때 이러한 테스트 과정은 **컴포넌트 테스트**라고 합니다. 기능 및 비기능 테스트는 유닛 수준에서 모두 가능합니다. 유닛을 테스트할 때 해당 유닛은 주변 유닛에서 분리되어야 하며, 그러려면 주변 환경을 어떠한 방식으로 시뮬레이션해야 합니다. 이 장에서는 컴포넌트 테스트 수준만 다루며, C에서 유닛 테스트와 컴포넌트 테스트를 수행하는 방법을 실제 코드로 설명하겠습니다.

유닛들은 함께 결합해 컴포넌트를 형성합니다. 컴포넌트 테스트에서 컴포넌트는 분리되어 단독으로 테스트됩니다. 하지만 이러한 컴포넌트를 그룹으로 묶으면, 특정 컴포넌트 그룹에 대한 기능이나 변수를 검사하는 다른 수준의 테스트가 필요합니다. 이를 **통합 테스트**라고 합니다. 이름 그대로, 통합 테스트는 컴포넌트가 잘 통합되었는지, 함께 시스템에 대해 정의된 요구 사항을 충족하는지를 검사합니다.

다른 수준에서는 전체 시스템에 대한 기능을 테스트합니다. 여기에는 모든 컴포넌트가 완전히 통합된 전체 집합이 포함됩니다. 이러한 방법으로, 제공된 시스템 기능과 시스템 변수가 소프트웨어 시스템에 대해 정의된 요구 사항을 충족하는지 테스트합니다.

다른 수준에서는 **이해 관계자**stakeholder 혹은 **최종 사용자**의 관점에서 소프트웨어 시스템을 평가하고, 해당 시스템에 대해 정의된 비즈니스 요구 사항을 따르는지 검사합니다. 이 수준을 **인수 테스트**라고 합니다. 시스템 테스트와 인수 테스트는 모두 전체 소프트웨어 시스템에 관한 것이지만, 실제로는 꽤 다릅니다. 몇 가지 차이점을 정리하자면 다음과 같습니다.

- 시스템 테스트는 개발자나 테스터가 수행하지만, 인수 테스트는 일반적으로 최종 사용자나 이해 관계자가 수행합니다.
- 시스템 테스트는 기능 및 비기능 요구 사항을 모두 검사하지만 인수 테스트는 기능 요구 사항에 관한 것입니다.
- 시스템 테스트에서는 보통 미리 준비한 작은 데이터를 입력값으로 사용하지만, 인수 테스트에서는 실제 실시간 데이터를 시스템에 제공합니다.

다음 링크의 내용은 모든 차이점을 잘 설명합니다(`https://www.javatpoint.com/acceptance-testing`).

소프트웨어 시스템에 변화가 생기면 현재의 기능 및 비기능 테스트의 상태가 여전히 양호한지 검사해야 합니다. 이 검사는 **회귀 테스트**라는 다른 수준에서 수행합니다. 회귀 테스트의 목적은 변화가 생긴 이후에 **회귀**가 없는지 확인하는 것입니다. 회귀 테스트에서는 유닛 테스트, 통합 테스트, 종단 간(시스템)end-to-end 테스트에서 볼 수 있는 모든 기능 및 비기능 테스트를 다시 실행해서, 변경 사항 이후에 테스트가 실패하는지 검사합니다.

이번 절에서는 테스트의 다양한 수준을 소개했습니다. 22장의 나머지 부분에서는 유닛 테스트를 다룹니다. 다음 절에서는 C 예제를 살펴보고 예제에 대한 테스트 케이스를 작성하면서 설명을 시작합니다.

22.2 유닛 테스트

앞 절에서 설명한 대로 유닛 테스트에서는 분리된 유닛을 검사합니다. 유닛은 작게는 함수, 크게는 컴포넌트가 될 수 있습니다. C에서 유닛은 C로 작성된 함수 또는 전체 컴포넌트일 수 있습니다. C++에도 마찬가지로 적용되기는 하지만 C++에는 클래스 같은 다른 유닛이 있을 수 있습니다.

유닛 테스트에서 가장 중요한 사항은 유닛이 분리된 상태에서 테스트해야 한다는 점입니다. 예를 들어 만약 대상인 함수가 다른 함수의 출력에 의존한다면, 대상 함수가 분리된 상태에서 테스트할 방법을 찾아야 합니다. 이에 관해서는 실제 예제로 설명하겠습니다.

다음 [예제 22-1]은 10보다 작은 짝수에 대한 팩토리얼을 출력하지만, 일반적인 방식은 아닙니다. 이 예제는 헤더 파일 하나와 소스 파일 두 개로 구성됩니다. 예제에는 두 함수가 있습니다. 하나는 10보다 작은 짝수를 생성하며, 다른 함수는 함수 포인터를 받아서 정수를 읽는 소스로 사용하고, 마지막에 팩토리얼을 계산합니다.

다음 [코드 박스 22-1]에는 함수 선언을 포함하는 헤더 파일이 있습니다.

코드 박스 22-1 [예제 22-1]에 대한 헤더 파일(ExtremeC_examples_chapter22_1.h)

```
#ifndef _EXTREME_C_EXAMPLE_22_1_
#define _EXTREME_C_EXAMPLE_22_1_

#include <stdint.h>
#include <unistd.h>

typedef int64_t (*int64_feed_t)();

int64_t next_even_number();

int64_t calc_factorial(int64_feed_t feed);

#endif
```

`calc_factorial` 함수는 정수를 반환하는 함수 포인터를 받습니다. 이 함수는 정수를 읽고 그에 대한 팩토리얼을 계산하기 위해 함수 포인터를 사용합니다. 다음 [코드 박스 22-2]는 앞의 함수에 대한 정의입니다.

코드 박스 22-2 [예제 22-1]에서 사용한 함수에 대한 정의(ExtremeC_examples_chapter22_1.c)

```c
#include "ExtremeC_examples_chapter22_1.h"

int64_t next_even_number() {
  static int feed = -2;
  feed += 2;
  if (feed >= 10) {
    feed = 0;
  }
  return feed;
}

int64_t calc_factorial(int64_feed_t feed) {
  int64_t fact = 1;
  int64_t number = feed();
  for (int64_t i = 1; i <= number; i++) {
    fact *= i;
  }
  return fact;
}
```

next_even_number 함수는 호출자 함수에 대해 피드feed로 작용하는 내부 정적 변수가 있습니다. 참고로 이는 8을 절대 초과하지 않으며, 8을 넘어가면 0으로 돌아갑니다. 따라서 이 함수는 얼마든지 원하는 만큼 호출할 수 있고, 8보다 크거나 0보다 작은 수는 결코 얻을 수 없습니다. 다음 [코드 박스 22-3]은 main 함수를 포함하는 소스 파일에 대한 내용을 포함합니다.

코드 박스 22-3 [예제 22-1]에 대한 main 함수(ExtremeC_examples_chapter22_1_main.c)

```c
#include <stdio.h>

#include "ExtremeC_examples_chapter22_1.h"

int main(int argc, char** argv) {
  for (size_t i = 1; i <= 12; i++) {
    printf("%lu\n", calc_factorial(next_even_number));
  }
  return 0;
}
```

main 함수는 calc_function을 12회 호출하며 반환된 팩토리얼을 출력합니다. 앞의 예제를 실행하려면 두 개의 소스 파일을 먼저 컴파일해야 하며, 그런 다음 그에 해당하는 재배치 가능한 목적 파일을 함께 링크해야 합니다. 다음 [셸 박스 22-1]은 예제를 빌드하고 실행할 때 필요한 명령어를 보여줍니다.

셸 박스 22-1 [예제 22-1]을 빌드하고 실행하기

```
$ gcc -c ExtremeC_examples_chapter22_1.c -o impl.o
$ gcc -c ExtremeC_examples_chapter22_1_main.c -o main.o
$ gcc impl.o main.o -o ex22_1.out
$ ./ex22_1.out
1
2
24
720
40320
1
2
24
720
40320
1
2
$
```

이 함수에 대한 테스트를 작성하려면 먼저 설명이 조금 필요합니다. 예제에는 함수가 2개 있습니다(main 함수는 포함하지 않습니다). 즉, 서로 분리해서 테스트해야 하는 2개의 유닛인 next_even_number 함수와 calc_factorial 함수가 있습니다. 하지만 main 함수에서 분명히 알 수 있듯이 calc_factorial 함수는 next_even_number에 의존하며, 이러한 의존성 때문에 calc_factorial 함수는 예상보다 분리하기가 더 어려울 것으로 보입니다. 하지만 그렇지 않습니다.

사실 calc_factorial 함수는 next_even_number 함수에 전혀 의존하지 않습니다. calc_factorial 함수는 next_even_number의 시그니처에만 의존할 뿐, 정의에는 의존하지 않습니다. 따라서 next_even_number는 같은 시그니처를 따르지만, 항상 고정된 정수를 반환하는 함수로 대체할 수 있습니다. 즉, **테스트 케이스**에서만 사용되도록 의도된, 단순화된 버전의 next_even_number를 제공할 수 있습니다.

그렇다면 테스트 케이스란 무엇일까요? 알다시피 특정 유닛을 테스트하는 여러 시나리오가 있습니다. 가장 쉬운 예는 특정 유닛에 여러 입력을 제공해서 사전에 결정된 출력을 기대하는 것입니다. 앞의 예제에서는 calc_factorial 함수의 입력으로 0을 제공해 출력으로 1이 나오기를 기대할 수 있습니다. 또한 -1을 입력하고 1을 기대할 수도 있습니다.

이러한 시나리오는 모두 테스트 케이스가 될 수 있습니다. 그러므로 한 유닛에 대해 해당 유닛의 다른 모든 코너 케이스corner case를 다루는 테스트 케이스가 여러 개일 수 있습니다. 테스트 케이스의 모음을 **테스트 스위트**test suite라고 합니다. 테스트 스위트에 있는 모든 테스트 케이스는 반드시 같은 유닛에 연관되지는 않습니다.

next_even_number 함수의 테스트 스위트를 생성하는 것부터 시작해봅시다. next_even_number는 분리된 상태로 쉽게 테스트할 수 있으므로 추가 작업은 필요하지 않습니다. 다음 [코드 박스 22-4]는 next_even_number 함수에 대해 작성한 테스트 케이스입니다.

코드 박스 22-4 next_even_number 함수에 대해 작성한 테스트 케이스(ExtremeC_examples_chapter22_1__next_even_number__tests.c)

```c
#include <assert.h>

#include "ExtremeC_examples_chapter22_1.h"

void TESTCASE_next_even_number__even_numbers_should_be_returned()
{
  assert(next_even_number() == 0);
  assert(next_even_number() == 2);
  assert(next_even_number() == 4);
  assert(next_even_number() == 6);
  assert(next_even_number() == 8);
}

void TESTCASE_next_even_number__numbers_should_rotate() {
  int64_t number = next_even_number();
  next_even_number();
  next_even_number();
  next_even_number();
  next_even_number();
  int64_t number2 = next_even_number();
  assert(number == number2);
}
```

앞의 테스트 스위트에는 테스트 케이스 두 개가 정의되어 있습니다. 참고로 앞의 테스트 케이스의 이름에는 필자 나름의 규칙convention을 사용했지만, 명명법에 대한 표준은 없습니다. 테스트 케이스에 이름을 붙이는 목적은 이름을 통해 테스트 케이스가 어떤 역할을 하는지 알려는 것이고, 더 중요하게는 테스트 케이스가 실패하거나 수정이 필요했을 때 코드에서 쉽게 찾으려는 것입니다.

필자는 함수명의 접두어로 대문자 **TESTCASE**를 사용해 다른 일반적인 함수와 이들을 구별했습니다. 또한 함수명은 테스트 케이스 및 테스트 케이스에서 다루는 문제를 서술합니다.

두 테스트 케이스는 모두 끝에 `assert`가 있습니다. 모든 테스트 케이스가 예상한 결과를 평가할 때 `assert`를 수행합니다. `assert`의 괄호 안에 있는 조건이 참이 아닐 때, 테스트를 실행하는 프로그램인 **테스트 러너**test runner는 종료되며 오류 메시지가 출력됩니다. 이에 더해 테스트 러너는 0이 아닌 **종료 코드**exit code를 반환하는데, 이는 1개 이상의 테스트 케이스가 실패했음을 나타냅니다. 테스트 러너 프로그램은 모든 테스트가 성공했을 때 반드시 0을 반환해야 합니다.

테스트 케이스를 스스로 살펴보고, 앞의 두 경우에서 `next_even_number` 함수를 호출해 예상 결과를 어떻게 평가하는지 이해해보면 좋겠습니다.

이제 `calc_tactorial` 함수에 대한 테스트 케이스를 작성할 차례입니다. `calc_factorial` 함수에 대한 테스트 케이스를 작성하려면 테스트 입력값을 반환하는 피드로 **스텁 함수**stub function가 필요합니다. 스텁이 무엇인지는 곧 설명하겠습니다.

다음 [코드 박스 22-5]는 `calc_factorial` 유닛만 테스트하는 세 가지의 테스트 케이스입니다.

코드 박스 22-5 calc_factorial 함수에 대해 작성한 테스트 케이스(ExtremeC_examples_chapter22_1 __ calc_factorial__tests.c)

```
#include <assert.h>

#include "ExtremeC_examples_chapter22_1.h"

int64_t input_value = -1;

int64_t feed_stub() {
  return input_value;
```

```
  }

  void TESTCASE_calc_factorial__fact_of_zero_is_one() {
    input_value = 0;
    int64_t fact = calc_factorial(feed_stub);
    assert(fact == 1);
  }

  void TESTCASE_calc_factorial__fact_of_negative_is_one() {
    input_value = -10;
    int64_t fact = calc_factorial(feed_stub);
    assert(fact == 1);
  }

  void TESTCASE_calc_factorial__fact_of_5_is_120() {
    input_value = 5;
    int64_t fact = calc_factorial(feed_stub);
    assert(fact == 120);
  }
```

calc_factorial 함수에 대해 테스트 케이스 세 가지를 정의했습니다. feed_stub 함수를 주목하세요. 이는 [코드 박스 22-2]의 next_even_number가 따르는 것과 동일한 약속contract 을 따르지만, 정의는 매우 간단합니다. 이 함수는 정적 변수 input_value에 저장된 값만 반환합니다. 이 변수는 calc_factorial 함수를 호출하기 전에 테스트 케이스에서 설정할 수 있습니다.

앞의 스텁 함수를 사용하면 calc_factorial 함수를 분리해 개별적으로 테스트할 수 있습니다. C++나 자바 같은 객체지향 프로그래밍 언어에서도 같은 접근법이 유효하지만, 이때는 **스텁 클래스**stub class나 **스텁 객체**stub object를 정의합니다.

C에서 **스텁**은 대상 유닛이 그 로직의 일부를 사용한다는 함수 선언을 따르는 함수일 수 있으며, 더 중요하게는 스텁은 복잡한 로직이 없으며 테스트 케이스가 사용할 값을 반환할 따름입니다.

C++에서 스텁은 함수 선언을 따르는 함수 정의이거나 인터페이스를 구현하는 클래스일 수도 있습니다. 즉, 독립형standalone 함수를 가질 수 없는 자바 같은 다른 객체지향 언어에서 스텁은 인터페이스를 구현하는 클래스에만 해당할 수 있습니다. 그런 다음 스텁 객체는 이러한 스텁

클래스에 대한 객체가 됩니다. 참고로 스텁의 정의는 개발 과정이 아닌 테스트에서만 사용할 수 있도록 항상 단순해야 합니다.

마지막으로는 테스트 케이스를 실행할 수 있어야 합니다. 이전에 말했듯 테스트를 실행하려면 테스트 러너가 필요합니다. 그러므로 테스트 케이스를 하나씩 차례로 실행하는 **main** 함수가 있는 소스 파일이 필요합니다. 다음 [코드 박스 22-6]에 테스트 러너에 대한 코드가 있습니다.

코드 박스 22-6 [예제 22-1]에서 사용된 테스트 러너(ExtremeC_examples_chapter22_1_tests.c)

```c
#include <stdio.h>

void TESTCASE_next_even_number__even_numbers_should_be_returned();
void TESTCASE_next_even_number__numbers_should_rotate();

void TESTCASE_calc_factorial__fact_of_zero_is_one();
void TESTCASE_calc_factorial__fact_of_negative_is_one();
void TESTCASE_calc_factorial__fact_of_5_is_120();

int main(int argc, char** argv) {
  TESTCASE_next_even_number__even_numbers_should_be_returned();
  TESTCASE_next_even_number__numbers_should_rotate();
  TESTCASE_calc_factorial__fact_of_zero_is_one();
  TESTCASE_calc_factorial__fact_of_negative_is_one();
  TESTCASE_calc_factorial__fact_of_5_is_120();
  printf("All tests are run successfully.\n");
  return 0;
}
```

이 코드는 **main** 함수 내의 테스트 케이스가 모두 성공적으로 실행될 때만 0을 반환합니다. 테스트 러너를 빌드하려면 다음 [셸 박스 22-2]의 명령어를 실행해야 합니다. 참고로 셸 박스의 -g 옵션은 최종 테스트 러너 실행 파일에 디버깅 심벌을 추가합니다. **디버그 빌드** 수행은 테스트를 빌드하는 가장 일반적인 방법입니다. 테스트 케이스가 실패할 때 계속 조사하려면 즉시 정확한 **스택 추적**stack trace을 할 수 있어야 하며 추가 디버깅 정보가 필요합니다. 그뿐만 아니라 assert 문은 일반적으로 **배포 빌드**release build에서 제거되지만, 테스트 러너 실행 파일에서는 assert 문이 필요합니다.

셀 박스 22-2 [예제 22-1]에 대한 테스트 러너를 빌드하고 실행하기

```
$ gcc -g -c ExtremeC_examples_chapter22_1.c -o impl.o
$ gcc -g -c ExtremeC_examples_chapter22_1__next_even_number__
tests.c -o tests1.o
$ gcc -g -c ExtremeC_examples_chapter22_1__calc_factorial__tests.c
-o tests2.o
$ gcc -g -c ExtremeC_examples_chapter22_1_tests.c -o main.o
$ gcc impl.o tests1.o tests2.o main.o -o ex22_1_tests.out
$ ./ex22_1_tests.out
All tests are run successfully.
$ echo $?
0
$
```

이 셀 박스는 모든 테스트가 통과되었음을 나타냅니다. 또한 `echo $?` 명령어로 테스트 러너 프로세스에 대한 종료 코드를 검사한 후 0을 반환했는지 확인할 수 있습니다.

이제 함수 중 하나를 간단히 수정하면 테스트에 실패할 것입니다. 다음과 같이 `calc_factorial`을 수정하면 어떤 일이 일어나는지 봅시다.

코드 박스 22-7 테스트에 실패하도록 calc_factorial 함수를 수정하기(ExtremeC_examples_chapter22_1.c)

```
int64_t calc_factorial(int64_feed_t feed) {
  int64_t fact = 1;
  int64_t number = feed();
  for (int64_t i = 1; i <= (number + 1); i++) {
    fact *= i;
  }
  return fact;
}
```

굵은 폰트로 표시된 앞의 변경 사항으로 0 및 음수를 입력하는 테스트 케이스는 통과했지만, 마지막 테스트 케이스인 팩토리얼 5는 계산에 실패합니다. 테스트 러너를 다시 빌드할 것이며, 다음 [셀 박스 22-3]은 macOS 머신에서 실행한 결과입니다.

```
$ gcc -g -c ExtremeC_examples_chapter22_1.c -o impl.o
$ gcc -g -c ExtremeC_examples_chapter22_1_tests.c -o main.o
$ ./ex22_1_tests.out
Assertion failed: (fact == 120), function TESTCASE_calc_factorial__fact_of_5_
is_120, file .../22.1/ExtremeC_examples_chapter22_1__calc_factorial__tests.c,
line 29.
Abort trap: 6
$ echo $?
134
$
```

단언 실패(Assertion failed)가 출력 결과에 나타나며 종료 코드는 134입니다. 보통 **젠킨 스**Jenkins와 같이 테스트를 주기적으로 실행하는 시스템에서 테스트가 성공적으로 실행되었는지 검사할 때 이 종료 코드를 사용 및 보고합니다.

필자의 경험에 따르면, 분리된 상태로 테스트해야 하는 유닛이 있을 때마다 입력에 대한 의존 성을 제공하는 방법을 찾아야 합니다. 따라서 유닛 그 자체로 **테스트가 가능하도록** 작성해야 합 니다. 모든 코드가 테스트 가능하지는 않으며, 테스트 가능성은 유닛 테스트에만 국한되지 않 습니다. 이는 꼭 알아야 할 사항입니다. 다음 링크는 테스트 가능한 코드를 작성하는 법에 대해 양질의 정보를 제공합니다(https://blog.gurock.com/highly-testable-code).

앞의 설명을 명확히 하기 위해, 함수 포인터를 사용하는 대신 다음과 같이 next_even_number 함수를 직접 사용하도록 calc_factorial 함수를 작성했다고 가정해봅시다. 다음 [코드 박스 22-8]에서 함수는 함수 포인터 인수를 받지 않으며 next_even_number 함수를 직접 호출합 니다.

코드 박스 22-8 함수 포인터를 받지 않도록 calc_factorial의 시그니처를 수정하기(ExtremeC_examples_ chapter22_1.c)

```
int64_t calc_factorial() {
  int64_t fact = 1;
  int64_t number = next_even_number();
  for (int64_t i = 1; i <= number; i++) {
    fact *= i;
  }
  return fact;
}
```

이 코드는 테스트 가능성이 작습니다. next_even_number를 호출하지 않고는 calc_factorial을 테스트할 방법은 없습니다. 즉, [예제 22-2]에서 한 것처럼 최종 실행 파일에서 next_even_number 심벌 다음의 정의를 변경하지 않고서는 테스트하기 어렵습니다.

사실 두 가지 버전의 calc_factorial은 모두 같습니다. 하지만 분리된 상태에서 테스트할 수 있었던 만큼 [코드 박스 22-2]의 정의가 더 테스트하기 쉬웠습니다. 테스트 가능한 코드를 작성하기란 쉽지 않으며, 코드를 구현하고 테스트 가능하도록 만들려면 언제나 세심하게 고민해야 합니다.

테스트 가능한 코드를 작성하려면 보통 작업을 더 많이 해야 합니다. 테스트 가능한 코드를 작성하는 데 드는 오버헤드 비율에 관해서는 여러 의견이 있는데, 테스트를 작성하는 일이 시간과 노력 측면에서 약간의 추가 비용이 든다는 점은 확실합니다. 하지만 이 추가 비용에는 확실히 큰 이점이 있습니다. 유닛 테스트를 하지 않는다면, 시간이 지날수록 그리고 유닛에 수정 사항이 더 많이 도입될수록 이를 추적하지 못하게 됩니다.

22.2.1 테스트 더블

이전 예제에서 테스트 케이스를 작성하며 스텁 함수를 소개했습니다. 유닛의 의존성을 모방하려는 객체를 가리키는 몇 가지 용어가 있습니다. 이러한 객체는 **테스트 더블**test double이라고 합니다. 다음으로 **모의**mock 함수와 **가짜**fake 함수라는 다른 테스트 더블 두 가지를 소개하겠습니다. 먼저 스텁 함수가 무엇인지 다시 간단히 설명하겠습니다.

이번 짧은 절에서는 두 가지 사항에 유의해야 합니다. 첫 번째, 이러한 테스트 더블의 정의에 대한 토론은 끝나지 않고 계속되고 있으며, 이 책에서는 이번 장에서 사용하려는 것에 부합하는 적절한 정의를 제공하려 합니다. 두 번째, C에 관련된 논의만 할 것이므로 객체는 제외하고 함수만 다룹니다.

유닛이 다른 함수에 의존할 때는 단순히 해당 함수에 대한 시그니처에 의존하는 것이므로 해당 함수를 새로운 함수로 교체할 수 있습니다. 이러한 새 함수가 갖는 몇 가지 속성에 따라 스텁, 모의 또는 가짜 함수라고 합니다. 이들 함수는 테스트 요구 사항만을 만족하도록 작성되었으며 개발 과정에서는 사용할 수 없습니다.

스텁은 아주 간단하며 대개 상숫값만을 반환하는 함수라고 설명했습니다. [예제 22-1]에서 봤듯 실행 중인 테스트 케이스가 설정한 값을 간접적으로 반환했습니다. 다음 링크에서는 지금 이야기하는 테스트 더블을 비롯해 몇 가지를 더 읽을 수 있습니다(https://en.wikipedia.org/wiki/Test_double). 그에 따르면 스텁은 테스트 코드에 대해 간접적인 입력을 제공하도록 정의됩니다. 이 정의를 받아들인다면 [코드 박스 22-5]의 feed_stub 함수는 스텁 함수입니다.

모의 함수, 또는 객체지향 언어에서 모의 객체는 특정 입력에 대한 출력을 지정해 조작^{manipulate}할 수 있습니다. 이런 방식으로 테스트 로직을 실행하기 전이나 도중에 특정 입력에 대해 모의 함수에서 반환된 값이 무엇이든 간에, 사전에 설정한 대로 작동합니다. 모의 객체는 일반적으로 기댓값을 가지며 그에 따라 필요한 단언^{assertion}을 수행합니다. 이전 링크에서 서술한 대로 모의 객체는 테스트를 실행하기 전에 기댓값을 설정합니다. 컴포넌트 테스트 절에서 모의 함수에 대한 C 예제를 제공하겠습니다.

마지막으로 가짜 함수는 테스트를 실행할 때 실질적이고 복잡한 기능에 대해 아주 단순화된 기능을 제공하도록 사용할 수 있습니다. 예를 들면 실제 파일 시스템을 사용하는 대신, 단순화된 메모리 내 저장소를 사용할 수도 있습니다. 컴포넌트 테스트에서도 예를 들면 기능이 복잡한 다른 컴포넌트는 테스트 과정에서 가짜 구현으로 대체될 수 있습니다.

이번 절을 마치기 전에 **코드 커버리지**^{code coverage}에 관해 알아봅시다. 이론적으로 모든 유닛은 해당하는 테스트 스위트가 있어야 하며, 각 테스트 스위트는 코드에 대한 모든 분기^{branch}를 살펴보는 테스트 케이스를 포함해야 합니다. 이는 말 그대로 이론적인 내용으로, 실제로는 대개 일정 비율의 유닛에 대해서만 테스트 유닛이 있습니다. 코드에 대한 모든 분기를 다루는 테스트 케이스는 없을 때가 많습니다.

적절한 테스트 케이스가 있는 유닛의 비율은 코드 커버리지 또는 **테스트 커버리지**라고 합니다. 이 비율이 높을수록 원치 않는 수정에 대해 알림을 받을 가능성이 커집니다. 일반적으로 원치 않는 수정 사항은 나쁜 개발자가 만들어내는 것이 아닙니다. 사실 이런 중요한 변경 사항은 누군가가 버그를 수정하거나 새로운 기능을 구현하려고 코드 작업을 하는 도중에 발생합니다.

테스트 더블에 관해 다뤘으니 다음 절에서는 컴포넌트 테스트를 설명하겠습니다.

22.3 컴포넌트 테스트

앞 절에서 설명한 대로, 유닛은 단일 함수, 함수 모음 또는 전체 컴포넌트로 정의될 수 있습니다. 따라서 컴포넌트 테스트는 유닛 테스트의 특수한 유형입니다. 이번 절에서는 [예제 22-1]에 대해 가상의 hypothetical 컴포넌트를 정의해서 예제의 두 함수를 해당 컴포넌트에 두고자 합니다. 컴포넌트의 결과는 일반적으로 실행 파일 또는 라이브러리가 됩니다. 우리의 가상 컴포넌트는 함수 두 개를 포함하는 라이브러리라고 가정할 수 있습니다.

이전에 말한 대로 컴포넌트에 대한 기능을 테스트할 수 있어야 합니다. 이번 절에서는 테스트 케이스를 작성하려고 하지만, 이번 절과 이전 절에서 작성하는 테스트 간에는 분리되어야 하는 유닛에 차이가 있습니다. 앞 절에서는 분리되어야 하는 함수들이 있었지만, 여기서는 분리되어야 하는 두 함수가 함께 작업하는 컴포넌트가 있습니다. 그러므로 함수들이 함께 작업하는 동안 테스트해야 합니다.

다음 [코드 박스 22-9]는 [예제 22-1]에서 정의한 컴포넌트에 대해 작성한 테스트 케이스입니다.

코드 박스 22-9 [예제 22-1]에서 가상의 컴포넌트로 작성한 몇 가지 컴포넌트 테스트(ExtremeC_examples_chapter22_1_component_tests.c)

```c
#include <assert.h>

#include "ExtremeC_examples_chapter22_1.h"

void TESTCASE_component_test__factorials_from_0_to_8() {
  assert(calc_factorial(next_even_number) == 1);
  assert(calc_factorial(next_even_number) == 2);
  assert(calc_factorial(next_even_number) == 24);
  assert(calc_factorial(next_even_number) == 720);
  assert(calc_factorial(next_even_number) == 40320);
}

void TESTCASE_component_test__factorials_should_rotate() {
  int64_t number = calc_factorial(next_even_number);
  for (size_t i = 1; i <= 4; i++) {
    calc_factorial(next_even_number);
  }
  int64_t number2 = calc_factorial(next_even_number);
```

```
    assert(number == number2);
  }

  int main(int argc, char** argv) {
    TESTCASE_component_test__factorials_from_0_to_8();
    TESTCASE_component_test__factorials_should_rotate();
    return 0;
  }
```

테스트 케이스 두 개를 작성했습니다. 이전에 말한 것처럼 가상의 컴포넌트에서 `calc_factorial`과 `next_even_number`는 반드시 함께 작업해야 하며, `next_even_number`를 `calc_factorial`에 대한 피드로 전달했습니다. 앞의 테스트 케이스 및 다른 비슷한 테스트 케이스에서는 컴포넌트가 잘 작동하는지 확실히 확인해야 합니다.

테스트 케이스를 작성하는 기초를 준비하는 작업에는 노력이 많이 필요합니다. 따라서 테스트 라이브러리를 아주 흔하게 사용합니다. 이러한 라이브러리는 테스트 케이스에 대한 플레이그라운드를 준비합니다. 이들은 모든 테스트 케이스를 초기화하고 실행하며, 마지막으로 삭제합니다. 다음 절에서는 C에서 사용할 수 있는 테스트 라이브러리 두 가지를 설명하겠습니다.

22.4 C의 테스트 라이브러리

이 절에서는 C 프로그램에 대한 테스트를 작성할 때 사용하는 유명 라이브러리 두 가지를 설명하겠습니다. C에서 유닛 테스트를 하려면 C 또는 C++로 작성한 라이브러리를 사용합니다. C나 C++ 테스트 환경에서 이들을 쉽게 통합할 수 있으며 직접 유닛을 사용할 수 있기 때문입니다. 여기서는 C의 유닛 테스트 및 컴포넌트 테스트를 집중적으로 살펴봅니다.

통합 테스트일 때는 다른 프로그래밍 언어를 자유롭게 선택할 수 있습니다. 일반적으로 통합 테스트 및 시스템 테스트는 훨씬 더 복잡하므로, 테스트를 더 쉽게 작성하고 너무 번거롭지 않게 테스트를 실행하려면 테스트 자동화 프레임워크를 사용해야 합니다. **도메인 특화 언어**domain-specific language **(DSL)**는 이러한 자동화에 속합니다. 도메인 특화 언어는 테스트 시나리오를 더 쉽게 작성하고 테스트를 더 간단하게 수행합니다. 이를 위해 여러 언어를 사용할 수 있지만 유닉스 셸, 파이썬, 자바스크립트, 루비 같은 스크립팅 언어를 가장 많이 사용합니다. 자바 같은 다른 프로그래밍 언어도 테스트 자동화에 많이 사용합니다.

다음은 C 프로그램에 대한 유닛 테스트를 작성할 때 사용할 수 있는 몇 가지 유명한 유닛 테스트 라이브러리 목록입니다. 이 목록은 다음 링크에서도 확인할 수 있습니다(http://check.sourceforge.net/doc/check_html/check_2.html#SEC3).

- Check
- AceUnit
- GNU Autounit
- cUnit
- CUnit
- CppUnit
- CuTest
- embUnit
- MinUnit
- Google Test
- CMocka

다음 절에서는 인기 있는 테스트 프레임워크 두 가지를 소개하겠습니다. C로 작성된 **CMocka**와 C++로 작성된 **구글 테스트**입니다. 이 프레임워크들의 모든 기능을 살펴보지는 않겠지만, 유닛 테스트 프레임워크의 첫인상이 될 것입니다. 이 영역에 관해 꼭 더 깊게 알아보세요.

다음 절에서는 CMocka를 사용해 [예제 22-1]에 대한 유닛 테스트를 작성하겠습니다.

22.4.1 CMocka

CMocka의 첫 번째 장점은 순수하게 C로만 작성되었으며 다른 라이브러리가 아닌 C 표준 라이브러리에만 의존한다는 점입니다. 따라서 C 컴파일러를 사용해 테스트를 컴파일할 수 있으므로 테스트 환경이 실제 프로덕션 환경과 매우 근접하다고 확신할 수 있습니다. CMocka는 macOS, 리눅스, 마이크로소프트 윈도우와 같은 여러 플랫폼에서 사용할 수 있습니다.

CMocka는 C의 유닛 테스트를 위한 사실상의 프레임워크입니다. CMocka는 **테스트 픽스처**[test]

fixture를 지원합니다. 테스트 픽스처를 통해 **함수 모킹**function mocking도 지원합니다. 이는 C 함수를 모방mock하려고 할 때 아주 유용합니다. 앞 내용을 상기해보면 모의 함수는 특정 입력값을 제공했을 때 특정 값을 반환하도록 설정할 수 있습니다. rand 표준 함수를 모방하는 것에 관한 예제를 [예제 22-2]에서 살펴보겠습니다.

다음 [코드 박스 22-10]은 [예제 22-1]에서 봤던 것과 같은 테스트 케이스입니다. 하지만 이번에는 CMocka로 작성했습니다. 자체 `main` 함수가 있는 파일 하나에 모든 테스트 케이스를 두었습니다.

코드 박스 22-10 [예제 22-1]에 대한 CMocka 테스트 케이스(ExtremeC_examples_chapter22_1_cmocka_tests.c)

```
// CMocka에 필요한 헤더
#include <stdarg.h>
#include <stddef.h>
#include <setjmp.h>
#include <cmocka.h>

#include "ExtremeC_examples_chapter22_1.h"

int64_t input_value = -1;

int64_t feed_stub() {
  return input_value;
}

void calc_factorial__fact_of_zero_is_one(void** state) {
  input_value = 0;
  int64_t fact = calc_factorial(feed_stub);
  assert_int_equal(fact, 1);
}

void calc_factorial__fact_of_negative_is_one(void** state) {
  input_value = -10;
  int64_t fact = calc_factorial(feed_stub);
  assert_int_equal(fact, 1);
}

void calc_factorial__fact_of_5_is_120(void** state) {
  input_value = 5;
  int64_t fact = calc_factorial(feed_stub);
```

```
    assert_int_equal(fact, 120);
}
void next_even_number__even_numbers_should_be_returned(void** state) {
    assert_int_equal(next_even_number(), 0);
    assert_int_equal(next_even_number(), 2);
    assert_int_equal(next_even_number(), 4);
    assert_int_equal(next_even_number(), 6);
    assert_int_equal(next_even_number(), 8);
}

void next_even_number__numbers_should_rotate(void** state) {
    int64_t number = next_even_number();
    for (size_t i = 1; i <= 4; i++) {
        next_even_number();
    }
    int64_t number2 = next_even_number();
    assert_int_equal(number, number2);
}

int setup(void** state) {
    return 0;
}

int tear_down(void** state) {
    return 0;
}

int main(int argc, char** argv) {
    const struct CMUnitTest tests[] = {
        cmocka_unit_test(calc_factorial__fact_of_zero_is_one),
        cmocka_unit_test(calc_factorial__fact_of_negative_is_one),
        cmocka_unit_test(calc_factorial__fact_of_5_is_120),
        cmocka_unit_test(next_even_number__even_numbers_should_be_returned),
        cmocka_unit_test(next_even_number__numbers_should_rotate),
    };
    return cmocka_run_group_tests(tests, setup, tear_down);
}
```

CMocka에서 모든 테스트 케이스는 void를 반환하고 void** 인수를 받아야 합니다. 포인터 인수는 테스트 케이스에 명시된 정보인 state를 받기 위해 사용됩니다. main 함수에서는 테스트 케이스 목록을 만들고, 마지막으로 모든 유닛 테스트를 실행하는 cmocka_run_group_tests 함수를 호출합니다.

테스트 케이스 함수 외에도 함수 두 개가 보입니다. setup과 tear_down입니다. 앞서 말한 대로 이러한 함수는 테스트 픽스처라고 합니다. 테스트 픽스처는 모든 테스트 케이스 전후에 호출되며, 테스트 케이스를 준비하고 삭제^{tear down}하는 역할을 합니다. fixture setup은 모든 테스트 케이스 이전에 호출되며 fixture tear_down은 모든 테스트 케이스 이후에 호출됩니다. 이름은 선택할 수 있으며 어떤 이름도 붙일 수 있지만, 명확하게 나타내고자 setup과 tear_down을 사용합니다.

이전의 테스트 케이스와 CMocka를 사용해 작성한 테스트 케이스의 가장 중요한 차이점은 서로 다른 단언^{assertion} 함수를 사용한다는 것입니다. 이는 유닛 테스트 프레임워크를 사용하는 장점 중 하나입니다. 테스트 라이브러리에서 실패에 관한 더 많은 정보를 제공하는 assertion 함수의 종류는 매우 많습니다. 표준 assert 함수는 프로그램을 즉시 종료하며 추가 정보를 제공하지 않습니다. 앞의 코드에서는 assert_int_equal를 사용했으며 이 함수는 두 정수가 동등한지 검사합니다.

이 프로그램을 컴파일하려면 우선 CMocka를 설치해야 합니다. 데비안 기반 리눅스 시스템에서는 sudo apt-get install libmocka-dev를 실행하면 되고,[1] macOS 시스템에서는 brew install cmocka 명령어만 사용하면 설치할 수 있습니다. 온라인에는 설치 과정에 도움이 될 여러 자료가 있습니다.

CMocka를 설치한 뒤 다음 명령어로 앞의 코드를 빌드할 수 있습니다.

셸 박스 22-4 [예제 22-1]에 대해 작성한 CMocka 유닛 테스트

```
$ gcc -g -c ExtremeC_examples_chapter22_1.c -o impl.o
$ gcc -g -c ExtremeC_examples_chapter22_1_cmocka_tests.c -o
cmocka_tests.o
$ gcc impl.o cmocka_tests.o -lcmocka -o ex22_1_cmocka_tests.out
$ ./ex22_1_cmocka_tests.out
[==========] Running 5 test(s).
[ RUN      ] calc_factorial__fact_of_zero_is_one
[      OK  ] calc_factorial__fact_of_zero_is_one
[ RUN      ] calc_factorial__fact_of_negative_is_one
```

----

1 옮긴이_ 리눅스 우분투에서 이 명령어가 실행되지 않는 경우 다음 코드를 실행하세요.

```
sudo apt-get update -y
sudo apt-get install -y libmocka-dev
```

```
[       OK ] calc_factorial__fact_of_negative_is_one
[ RUN      ] calc_factorial__fact_of_5_is_120
[       OK ] calc_factorial__fact_of_5_is_120
[ RUN      ] next_even_number__even_numbers_should_be_returned
[       OK ] next_even_number__even_numbers_should_be_returned
[ RUN      ] next_even_number__numbers_should_rotate
[       OK ] next_even_number__numbers_should_rotate
[==========] 5 test(s) run.
[  PASSED  ] 5 test(s).
$
```

앞의 프로그램과 설치된 CMocka 라이브러리를 링크하려면 -lcmocka를 사용해야 했습니다. 출력에는 테스트 케이스의 이름과 통과한 테스트의 숫자가 나타납니다. 다음으로는 테스트가 실패하도록 테스트 케이스 중 하나를 변경합니다. next_even_number__even_numbers_ should_be_returned 테스트 케이스에서 첫 번째 단언만 수정합니다.

코드 박스 22-11 [예제 22-1]에서 CMocka 테스트 케이스 중 하나를 변경하기(ExtremeC_examples_chapter22_1_ cmocka_tests.c)

```
void next_even_number__even_numbers_should_be_returned(void**
state) {
  assert_int_equal(next_even_number(), 1);
  ...
}
```

이제 테스트를 다시 빌드하고 실행해보세요.

셸 박스 22-5 유닛 테스트 중 하나를 수정한 뒤 CMocka 유닛 테스트를 빌드하고 실행하기

```
$ gcc -g -c ExtremeC_examples_chapter22_1_cmocka_tests.c -o
cmocka_tests.o
$ gcc impl.o cmocka_tests.o -lcmocka -o ex22_1_cmocka_tests.out
$ ./ex22_1_cmocka_tests.out
[==========] Running 5 test(s).
[ RUN      ] calc_factorial__fact_of_zero_is_one
[       OK ] calc_factorial__fact_of_zero_is_one
[ RUN      ] calc_factorial__fact_of_negative_is_one
[       OK ] calc_factorial__fact_of_negative_is_one
[ RUN      ] calc_factorial__fact_of_5_is_120
```

```
[      OK ] calc_factorial__fact_of_5_is_120
[ RUN     ] next_even_number__even_numbers_should_be_returned
[   ERROR ] --- 0 != 0x1
[   LINE  ] --- .../ExtremeC_examples_chapter22_1_cmocka_tests.c:37: error: Failure!
[  FAILED ] next_even_number__even_numbers_should_be_returned
[ RUN     ] next_even_number__numbers_should_rotate
[      OK ] next_even_number__numbers_should_rotate
[=========] 5 test(s) run.
[  PASSED ] 4 test(s).
[  FAILED ] 1 test(s), listed below:
[  FAILED ] next_even_number__even_numbers_should_be_returned

 1 FAILED TEST(S)
 $
```

이 출력 결과에서 테스트 케이스 중 하나가 실패했습니다. 그 이유는 로그 가운데의 오류로 나타납니다. 이 오류는 정수 동등성 단언 실패integer equality assertion failure로 나옵니다. 이전에 설명한 대로 일반적인 assert 대신 assert_int_equal을 사용하면, 프로그램을 그대로 종료하지 않고 CMocka로 실행 로그에 유용한 메시지를 출력할 수 있습니다.

다음 예제는 CMocka의 모의 함수 기능에 관한 예제입니다. CMocka를 사용하면 이러한 방식으로 모의 함수를 만들 수 있으며, 특정한 입력이 주어지면 특정 결과를 반환할 수 있도록 함수를 설정할 수 있습니다.

다음의 [예제 22-2]에서는 모의 함수 기능을 사용하는 법을 예제로 살펴보겠습니다. 이 예제에서는 표준 함수 rand가 난수를 생성합니다. random_boolean이라는 함수는 rand 함수에서 반환된 숫자의 짝수 홀수 여부에 따라 불리언을 반환합니다. CMocka의 모의 함수 기능을 소개하기 전에 rand 함수에 대한 스텁을 만드는 법을 살펴보겠습니다. 이번 예제는 [예제 22-1]과는 다르다는 것을 알 수 있습니다. 다음 코드에서 random_boolean 함수에 대한 선언을 확인할 수 있습니다.

코드 박스 22-12 [예제 22-2]의 헤더 파일(ExtremeC_examples_chapter22_2.h)

```
#ifndef _EXTREME_C_EXAMPLE_22_2_
#define _EXTREME_C_EXAMPLE_22_2_

#define TRUE 1
```

```
#define FALSE 0

typedef int bool_t;

bool_t random_boolean();

#endif
```

그리고 다음 코드 박스는 정의를 담고 있습니다.

코드 박스 22-13 [예제 22-2]의 random_boolean 함수에 대한 정의(ExtremeC_chapter22_2.c)

```
#include <stdlib.h>
#include <stdio.h>

#include "ExtremeC_examples_chapter22_2.h"

bool_t random_boolean() {
  int number = rand();
  return (number % 2);
}
```

우선, 테스트에서 random_bool 함수가 실제 rand 정의를 사용하게 둘 수는 없습니다. 함수의 이름이 나타내는 대로, 이 함수는 난수를 생성하지만 테스트에서는 임의의 요소가 있어서는 안 됩니다. 테스트란 기댓값을 검사하는 것이며, 기댓값과 주어진 입력값은 반드시 예측할 수 있어야 합니다. 그뿐만 아니라 rand 함수의 정의는 리눅스를 예로 들면 glibc와 같은 C 표준 라이브러리에 속하며, 이에 대해 스텁 함수를 사용하기란 [예제 22-1]에서 했던 것처럼 그리 쉽지만은 않습니다.

이전 예제에서는 손쉽게 함수 포인터를 스텁의 정의로 전달할 수 있었습니다. 하지만 이 예제에서는 rand 함수를 직접 사용합니다. 우리는 random_boolean의 정의를 변경할 수 없으며, rand에 대한 스텁 함수를 사용할 수 있는 다른 트릭을 생각해내야 합니다.

C에서 rand 함수에 대해 다른 정의를 사용하는 가장 쉬운 방법은 최종 목적 파일에서 **심벌**을 사용하는 방식입니다. 결과물인 목적 파일의 심벌 테이블에는 C 표준 라이브러리에 있는 실제 정의를 참조하는 rand에 대한 엔트리가 있습니다. 만약 이 엔트리가 테스트 이진 파일에 있는

rand 함수에 대한 다른 정의를 참조하도록 변경한다면, rand의 정의를 스텁 함수의 정의로 쉽게 대체할 수 있습니다.

다음 [코드 박스 22-14]에서는 스텁 함수를 정의하고 함께 테스트하는 방법을 확인할 수 있습니다. 이는 [예제 22-1]에서 했던 방법과 매우 비슷합니다.

코드 박스 22-14 stub 함수로 CMocka 테스트 케이스 작성하기(ExtremeC_examples_chapter22_2_cmocka_tests_with_stub.c)

```c
#include <stdlib.h>

// CMocka에 필요한 헤더
#include <stdarg.h>
#include <stddef.h>
#include <setjmp.h>
#include <cmocka.h>

#include "ExtremeC_examples_chapter22_2.h"

int next_random_num = 0;

int __wrap_rand() {
  return next_random_num;
}

void test_even_random_number(void** state) {
  next_random_num = 10;
  assert_false(random_boolean());
}

void test_odd_random_number(void** state) {
  next_random_num = 13;
  assert_true(random_boolean());
}
int main(int argc, char** argv) {
  const struct CMUnitTest tests[] = {
    cmocka_unit_test(test_even_random_number),
    cmocka_unit_test(test_odd_random_number)
  };
  return cmocka_run_group_tests(tests, NULL, NULL);
}
```

앞의 코드는 [코드 박스 22-10]의 [예제 22-1]에 대해 작성한 CMocka 테스트에서 봤던 것과 같은 패턴을 대부분 따릅니다. 이 파일을 빌드하고 테스트를 실행해보면 모두 실패합니다. 스텁 함수를 어떻게 정의하더라도 random_boolean이 C 표준 라이브러리에서 rand를 선택하기 때문입니다.

셸 박스 22-6 [예제 22-2]에 대한 CMocka 유닛 테스트를 빌드하고 실행하기

```
$ gcc -g -c ExtremeC_examples_chapter22_2.c -o impl.o
$ gcc -g -c ExtremeC_examples_chapter22_2_cmocka_tests_with_stub.c
-o tests.o
$ gcc impl.o tests.o -lcmocka -o ex22_2_cmocka_tests_with_stub.out
$ ./ex22_2_cmocka_tests_with_stub.out
[==========] Running 2 test(s).
[ RUN      ] test_even_random_number
[  ERROR   ] --- random_boolean()
[   LINE   ] --- ExtremeC_examples_chapter22_2_cmocka_tests_with_stub.c:23: error:
Failure!
[  FAILED  ] test_even_random_number
[ RUN      ] test_odd_random_number
[  ERROR   ] --- random_boolean()
[   LINE   ] --- ExtremeC_examples_chapter22_2_cmocka_tests_with_stub.c:28: error:
Failure!
[  FAILED  ] test_odd_random_number
[==========] 2 test(s) run.
[  PASSED  ] 0 test(s).
[  FAILED  ] 2 test(s), listed below:
[  FAILED  ] test_even_random_number
[  FAILED  ] test_odd_random_number

 2 FAILED TEST(S)
 $
```

이제 트릭을 사용해 `ex22_2_cmocka_tests_with_stub.out` 실행 파일에서 정의된 `rand` 심벌 다음의 정의를 변경할 차례입니다. 참고로 다음 명령어는 리눅스 시스템에만 적용할 수 있습니다. 다음과 같이 해봅시다.

```
$ gcc impl.o tests.o -lcmocka -Wl,--wrap=rand -o ex22_2_cmocka_
tests_with_stub.out
$ ./ex22_2_cmocka_tests_with_stub.out
[==========] Running 2 test(s).
[ RUN      ] test_even_random_number
[      OK ] test_even_random_number
[ RUN      ] test_odd_random_number
[      OK ] test_odd_random_number
[==========] 2 test(s) run.
[  PASSED  ] 2 test(s).
$
```

출력에 나타나 있듯이 표준 rand 함수는 더 이상 호출되지 않으며, 반환되어야 하는 값은 대신 stub 함수가 반환합니다. 표준 rand 함수 대신 __wrap_rand 함수를 호출하는 메인 트릭은 gcc 링크 명령어에서 -Wl, --wrap=rand 옵션을 사용하는 데 있습니다.

이 옵션은 리눅스에서 ld 프로그램에서만 쓸 수 있으니 유의하세요. GNU 링커가 아닌 다른 링커를 사용하는 macOS나 다른 시스템에서는 다른 함수를 호출하려면 **인터 포지셔닝**inter-positioning과 같은 다른 트릭을 사용해야 합니다.

--wrap=rand 옵션은 링커가 최종 실행 파일의 심벌 테이블에 있는 rand 심벌에 대한 엔트리를 업데이트하도록 전달합니다. 이 심벌 테이블은 __wrap_rand 함수에 대한 정의를 참조합니다. 참고로 이 함수명은 사용자 지정 이름이 아니며 스텁 함수의 이름은 이렇게 지어야 합니다. __wrap_rand 함수는 **래퍼 함수**라고 합니다. 심벌 테이블을 업데이트한 다음 rand 함수를 호출하면 그 결과 __wrap_func 함수가 호출됩니다. 이는 최종 테스트 이진 파일의 심벌 테이블을 살펴보면 확인할 수 있습니다.

심벌 테이블에서 rand 심벌을 업데이트하는 것 외에도 링커는 다른 엔트리를 생성합니다. 새 엔트리에는 심벌 __real_rand가 있고 이는 표준 rand 함수의 실제 정의를 참조합니다. 따라서 표준 rand를 실행해야 할 때도 함수명으로 __real_rand를 사용할 수 있습니다. 어떤 사람들은 이러한 방식을 좋아하지 않으며 실제 rand 함수를 래핑하는 공유 객체를 사전에 로드하는 방식을 더 선호합니다. 그런데도 래퍼 함수를 호출하기 위해 심벌 테이블과 그 안의 심벌을 사용하는 것은 훌륭한 방식입니다. 어떤 방법을 사용하든 최종적으로는 rand 심벌에 대한 호출을 다른 스텁 함수로 리다이렉션해야 합니다.

앞의 메커니즘은 CMocka에서 모의 함수가 작동하는 방식을 설명하는 토대가 됩니다. [코드 박스 22-14]에서 전역 변수 next_random_num을 사용하는 대신 특정 값을 반환하는 모의 함수를 사용할 수 있습니다. 다음 [코드 박스 22-15]는 같은 CMocka 테스트지만, 테스트 입력 값을 읽고자 모의 함수를 사용합니다.

코드 박스 22-15 모의 함수로 CMocka 테스트 케이스 작성하기(ExtremeC_examples_chapter22_2_cmocka_tests_with_mock.c)

```
#include <stdlib.h>

// CMocka에 필요한 헤더
#include <stdarg.h>
#include <stddef.h>
#include <setjmp.h>
#include <cmocka.h>

#include "ExtremeC_examples_chapter22_2.h"

int __wrap_rand() {
  return mock_type(int);
}

void test_even_random_number(void** state) {
  will_return(__wrap_rand, 10);
  assert_false(random_boolean());
}

void test_odd_random_number(void** state) {
  will_return(__wrap_rand, 13);
  assert_true(random_boolean());
}

int main(int argc, char** argv) {
  const struct CMUnitTest tests[] = {
    cmocka_unit_test(test_even_random_number),
    cmocka_unit_test(test_odd_random_number)
  };
  return cmocka_run_group_tests(tests, NULL, NULL);
}
```

이제 래퍼 함수 __wrap_rand가 호출되었으니 모의 함수 부분을 설명할 수 있습니다. 모의 함수 기능은 will_return과 mock_type 함수 쌍으로 제공됩니다. 먼저 will_return이 호출되어야 하며, 이는 모의 함수가 반환해야 하는 값을 지정합니다. 그런 다음 모의 함수인 __wrap_rand가 호출되면 함수 mock_type이 지정된 값을 반환합니다.

예를 들면 will_return(__wrap_rand, 10)을 사용해 __wrap_rand에서 반환되는 값으로 10을 정의하고, __wrap_rand 내에서 함수 mock_type이 호출되면 10이 반환됩니다. 참고로 모든 will_return은 반드시 mock_type 호출과 쌍을 이루어야 합니다. 따라서 __wrap_rand가 어떠한 이유로 호출되지 않는다면 테스트는 실패합니다.

이 절의 마지막 참고 사항은, 앞의 코드 박스의 출력 결과가 [셸 박스 22-6]과 [셸 박스 22-7]에서 본 것과 같다는 점입니다. 또한 소스 파일 ExtremeC_examples_chapter22_2_cmocka_tests_with_mock.c에 대해 당연히 같은 명령어를 사용해서 코드를 빌드하고 테스트를 실행해야 합니다.

이번 절에서는 CMocka 라이브러리를 사용한 테스트 케이스 작성 방법, 단언 수행 방법 및 모의 함수를 작성하는 방법에 관해 설명했습니다. 다음 절에서는 구글 테스트를 설명합니다. 구글 테스트는 C 프로그램을 유닛 테스트할 때 사용하는 다른 소프트웨어 아키텍처입니다.

22.4.2 구글 테스트

구글 테스트는 C++ 테스트 프레임워크이며 C와 C++ 프로그램에서 모두 유닛 테스트용으로 사용할 수 있습니다. C++로 개발되었지만 C 코드를 테스트할 때도 사용할 수 있습니다. 어떤 사람들은 이를 나쁜 관행이라고 봅니다. 테스트 환경에서 프로덕션 환경을 설정할 때 사용하는 것과 같은 컴파일러나 링커로 설정하지 않았기 때문입니다.

[예제 22-1]을 구글 테스트로 테스트 케이스를 작성하려면 우선 [예제 22-1]의 헤더 파일을 다음과 같이 약간 수정해야 합니다.

코드 박스 22-16 [예제 22-1]의 수정된 헤더 파일(ExtremeC_examples_chapter22_1.h)

```
#ifndef _EXTREME_C_EXAMPLE_22_1_
#define _EXTREME_C_EXAMPLE_22_1_

#include <stdint.h>
```

```
#include <unistd.h>

#if __cplusplus
extern "C" {
#endif

typedef int64_t (*int64_feed_t)();

int64_t next_even_number();

int64_t calc_factorial(int64_feed_t feed);

#if __cplusplus
}
#endif

#endif
```

extern C {...} 블록 안에 선언이 있습니다. 매크로 _cplusplus가 정의되었을 때만 이렇게 합니다. 이 변경 사항은 쉽게 말해 컴파일러가 C++라면 결과물인 목적 파일에서 심벌이 **맹글링되지 않도록** 하려는 것입니다. 그렇지 않으면 링커가 **맹글링된 심벌**에 대한 정의를 찾으려고 하면서 오류가 발생합니다. C++의 네임 맹글링에 대해 잘 모른다면 **2장**의 마지막 절을 참고하세요.

이제 계속해서 구글 테스트로 테스트 케이스를 작성해봅시다.

코드 박스 22-17 [예제 22-1]을 구글 테스트로 작성한 테스트 케이스(ExtremeC_examples_chapter22_1_gtests.cpp)

```
// 구글 테스트에 필요한 헤더
#include <gtest/gtest.h>
#include "ExtremeC_examples_chapter22_1.h"

int64_t input_value = -1;

int64_t feed_stub() {
  return input_value;
}

TEST(calc_factorial, fact_of_zero_is_one) {
```

```
    input_value = 0;
    int64_t fact = calc_factorial(feed_stub);
    ASSERT_EQ(fact, 1);
}

TEST(calc_factorial, fact_of_negative_is_one) {
    input_value = -10;
    int64_t fact = calc_factorial(feed_stub);
    ASSERT_EQ(fact, 1);
}

TEST(calc_factorial, fact_of_5_is_120) {
    input_value = 5;
    int64_t fact = calc_factorial(feed_stub);
    ASSERT_EQ(fact, 120);
}

TEST(next_even_number, even_numbers_should_be_returned) {
    ASSERT_EQ(next_even_number(), 0);
    ASSERT_EQ(next_even_number(), 2);
    ASSERT_EQ(next_even_number(), 4);
    ASSERT_EQ(next_even_number(), 6);
    ASSERT_EQ(next_even_number(), 8);
}

TEST(next_even_number, numbers_should_rotate) {
    int64_t number = next_even_number();
    for (size_t i = 1; i <= 4; i++) {
        next_even_number();
    }
    int64_t number2 = next_even_number();
    ASSERT_EQ(number, number2);
}

int main(int argc, char** argv) {
    ::testing::InitGoogleTest(&argc, argv);
    return RUN_ALL_TESTS();
}
```

테스트 케이스는 TEST(...) 매크로를 사용해서 정의했습니다. 이는 DSL을 구성할 때 매크로를 잘 사용하는 방식을 보여주는 예시입니다. 여기에는 또한 C++에만 사용하는 TEST_F(...)와 TEST_P(...) 같은 다른 매크로가 있습니다. 매크로에 전달되는 첫 번째 인수는 테스트의 클래스 이름이며(구글 테스트는 객체지향 C++용으로 작성됩니다), 이는 여러 테스트 케이스를 포함하는 테스트 스위트라고 간주됩니다. 두 번째 인수는 테스트 케이스의 이름입니다.

ASSERT_EQ 매크로는 단순히 정수가 아니라 객체의 동등성equality을 단언assert할 때 사용합니다. 구글 테스트에는 수많은 기댓값 검사 매크로가 있어서 완전한 유닛 테스트 프레임워크라고 할 수 있습니다. 마지막 부분은 정의된 모든 테스트를 실행하는 main 함수입니다. 참고로 앞의 코드는 g++나 clang++ 같은 C++11 호환 컴파일러로 컴파일해야 합니다.

다음 [셸 박스 22-8]의 명령어로 앞의 코드를 빌드합니다. g++ 컴파일러를 사용하며, 이 컴파일러에 -std=c++11 옵션이 전달된다는 점에 유의하세요. 이 옵션은 C++을 사용해야 함을 나타냅니다.

셸 박스 22-8 [예제 22-1]에 대한 구글 테스트 유닛 테스트 빌드 및 실행하기

```
$ gcc -g -c ExtremeC_examples_chapter22_1.c -o impl.o
$ g++ -std=c++11 -g -c ExtremeC_examples_chapter22_1_gtests.cpp -o
gtests.o
$ g++ impl.o gtests.o -lgtest -lpthread -o ex22_1_gtests.out
$ ./ex22_1_gtests.out
[==========] Running 5 tests from 2 test suites.
[----------] Global test environment set-up.
[----------] 3 tests from calc_factorial
[ RUN      ] calc_factorial.fact_of_zero_is_one
[       OK ] calc_factorial.fact_of_zero_is_one (0 ms)
[ RUN      ] calc_factorial.fact_of_negative_is_one
[       OK ] calc_factorial.fact_of_negative_is_one (0 ms)
[ RUN      ] calc_factorial.fact_of_5_is_120
[       OK ] calc_factorial.fact_of_5_is_120 (0 ms)
[----------] 3 tests from calc_factorial (0 ms total)

[----------] 2 tests from next_even_number
[ RUN      ] next_even_number.even_numbers_should_be_returned
[       OK ] next_even_number.even_numbers_should_be_returned (0 ms)
[ RUN      ] next_even_number.numbers_should_rotate
[       OK ] next_even_number.numbers_should_rotate (0 ms)
[----------] 2 tests from next_even_number (0 ms total)

[----------] Global test environment tear-down
[==========] 5 tests from 2 test suites ran. (1 ms total)
```

```
[  PASSED  ] 5 tests.
$
```

이 출력 결과는 CMocka 출력 결과와 비슷하게 나타납니다. 다섯 개의 테스트 케이스가 통과되었다고 표시됩니다. 테스트 스위트를 중단^{break}하기 위해 CMocka에서 했던 것처럼 동일한 테스트 케이스를 변경해봅시다.

코드 박스 22-18 구글 테스트로 작성한 테스트 케이스 중 하나를 변경하기(ExtremeC_examples_chapter22_1_gtests.cpp)

```
TEST(next_even_number, even_numbers_should_be_returned) {
    ASSERT_EQ(next_even_number(), 1);
    ...
}
```

테스트를 다시 빌드하고 실행해봅시다.

셸 박스 22-9 테스트 케이스 중 하나를 수정한 뒤 [예제 22-1]에 대한 구글 테스트 유닛 테스트를 빌드하고 실행하기

```
$ g++ -std=c++11 -g -c ExtremeC_examples_chapter22_1_gtests.cpp -o
gtests.o
$ g++ impl.o gtests.o -lgtest -lpthread -o ex22_1_gtests.out
$ ./ex22_1_gtests.out
[==========] Running 5 tests from 2 test suites.
[----------] Global test environment set-up.
[----------] 3 tests from calc_factorial
[ RUN      ] calc_factorial.fact_of_zero_is_one
[       OK ] calc_factorial.fact_of_zero_is_one (0 ms)
[ RUN      ] calc_factorial.fact_of_negative_is_one
[       OK ] calc_factorial.fact_of_negative_is_one (0 ms)
[ RUN      ] calc_factorial.fact_of_5_is_120
[       OK ] calc_factorial.fact_of_5_is_120 (0 ms)
[----------] 3 tests from calc_factorial (0 ms total)


[----------] 2 tests from next_even_number
[ RUN      ] next_even_number.even_numbers_should_be_returned
.../ExtremeC_examples_chapter22_1_gtests.cpp:34: Failure
Expected equality of these values:
  next_even_number()
      Which is: 0
```

```
   1
[  FAILED  ] next_even_number.even_numbers_should_be_returned (0 ms)
[ RUN      ] next_even_number.numbers_should_rotate
[       OK ] next_even_number.numbers_should_rotate (0 ms)
[----------] 2 tests from next_even_number (0 ms total)

[----------] Global test environment tear-down
[==========] 5 tests from 2 test suites ran. (0 ms total)
[  PASSED  ] 4 tests.
[  FAILED  ] 1 test, listed below:
[  FAILED  ] next_even_number.even_numbers_should_be_returned

  1 FAILED TEST
$
```

CMocka와 마찬가지로 구글 테스트도 테스트가 중단된[broken] 지점을 출력하고 유용한 보고를 보여줍니다. 구글 테스트에 대해 마지막으로 알아야 할 사항은, 구글 테스트도 테스트 픽스처를 지원하지만 CMocka가 지원하는 것과는 같지 않다는 점입니다. 테스트 픽스처는 테스트 클래스에서 정의해야 합니다.

> **NOTE_** 모의 객체 및 모의 함수 기능을 위해서 Google Mock(gmock) 라이브러리를 사용할 수 있지만, 이 책에서는 다루지 않습니다.

이 절에서는 C에서 가장 유명한 유닛 테스트 라이브러리 두 가지를 살펴봤습니다. 다음 부분에서는 디버깅이라는 주제를 자세히 살펴봅니다. 디버깅은 당연히 모든 개발자에게 필수적인 기술입니다.

22.5 디버깅

테스트 하나 또는 그룹 테스트가 실패하는 상황이 있습니다. 또한 버그가 발견될 때도 있습니다. 두 경우 모두 버그가 있으며 그 원인을 찾아서 해결해야 합니다. 여기에는 수많은 디버깅 세션 및 소스 코드를 살펴보며 버그의 원인을 찾고 필요한 수정 사항을 계획하는 일이 포함됩니다. 그런데 소프트웨어를 **디버그**한다는 말은 무슨 의미일까요?

> **NOTE_** '디버그'라는 용어는 컴퓨터가 너무 커서 나방 같은 실제 벌레가 시스템의 기계에 들어가서 오작동을 일으켰던 시절에서 유래했다는 것이 통설입니다. 그러므로 공식적으로 **디버거**라고 불린 사람들은 하드웨어실로 들어가서 장비에서 벌레를 제거했습니다. 추가 정보는 다음 링크에서 확인하세요.
> - https://ko.wikipedia.org/wiki/디버그

디버깅은 프로그램의 안팎을 살펴보며 관찰된 버그의 근본 원인을 찾는 조사 작업입니다. 프로그램을 실행할 때는 일반적으로 블랙박스처럼 봅니다. 결과에서 무언가 잘못되었거나 실행이 중단되면 내부를 더 자세히 살펴보고 문제가 어떻게 발생했는지 확인해야 합니다. 이는 모든 것을 볼 수 있는 화이트박스처럼 프로그램을 관찰해야 한다는 의미입니다.

바로 이러한 이유로 프로그램에는 기본적으로 **배포**와 **디버그**라는 두 가지 다른 빌드가 있어야 합니다. 배포 빌드에서는 실행과 기능에 초점이 맞춰지며, 프로그램은 보통 블랙박스처럼 보입니다. 하지만 디버그 빌드에서는 발생하는 모든 이벤트를 추적할 수 있어야 하며 프로그램의 내부를 화이트박스처럼 볼 수 있어야 합니다. 디버그 빌드는 일반적으로 개발 및 테스트 환경에서 유용하지만, 배포 빌드의 대상은 배포 및 개발 환경입니다.

디버그 빌드를 만들려면 소프트웨어 프로젝트의 모든 프로덕트 또는 일부에 **디버깅** 심벌을 포함해야 합니다. 이 심벌은 개발자가 프로그램의 **스택 추적**stack trace과 실행 흐름을 추적하고 볼 수 있도록 합니다. 보통 배포 프로덕트(실행 파일 또는 라이브러리)는 디버깅 목적에 맞지 않습니다. 관찰자가 프로그램의 내부를 검사할 수 있을 정도로 투명하지 않기 때문입니다. 디버깅할 때 C 소스를 빌드하는 방법은 **4장**과 **5장**에서 설명했습니다.

프로그램을 디버깅하려면 주로 디버거를 사용합니다. 디버거는 대상 프로세스를 제어하거나 모니터링하기 위해 해당 프로세스에 연결된 독립 실행형 프로그램입니다. 디버거는 문제에 관한 작업을 할 때 조사를 위한 주요 도구입니다. 한편으로는 메모리, 동시 실행 흐름 또는 프로그램의 성능을 알아보고자 다른 디버깅 도구도 사용할 수 있습니다. 이에 관해서는 다음 절에서 이야기하겠습니다.

버그의 상당수는 **재현 가능**reproducible하지만, 디버깅 세션에서 재현하거나 관찰할 수 없는 버그가 있습니다. 이는 주로 **관찰자 효과**observer effect 때문입니다. 프로그램의 내부를 살펴보려고

할 때 프로그램의 작동 방식을 바꾸면 버그가 발생하지 않을 수 있다는 뜻입니다. 이런 종류의 문제는 치명적이며 대부분 고치기가 매우 어렵습니다. 문제의 근본 원인을 조사할 때 디버깅 도구를 사용할 수 없기 때문입니다. 고성능 환경의 일부 스레딩 버그가 이러한 분류에 속할 수 있습니다.

다음 절에서는 여러 종류의 버그에 관해 이야기하겠습니다. 그런 다음 최신 C/C++ 개발에서 버그를 조사할 때 사용하는 도구를 소개하겠습니다.

22.5.1 버그의 종류

고객이 소프트웨어를 사용하는 동안 수천 건의 버그가 보고될 수 있습니다. 하지만 이러한 버그의 유형을 살펴보면 그렇게 많지는 않습니다. 다음은 중요하다고 간주하는 버그 종류의 목록이며, 이 버그들을 다루려면 특별한 기술이 필요합니다. 다만 이 목록은 완전하지는 않으며 누락된 다른 유형의 버그가 있을 수 있습니다.

- **논리적 버그**: 이러한 버그를 조사하려면 코드 및 코드의 실행 흐름을 알아야 합니다. 프로그램의 실제 실행 흐름을 확인하려면 디버거를 실행 중인 프로세스에 연결해야 합니다. 그래야만 실행 흐름을 추적하고 분석할 수 있습니다. 특히 최종 이진 파일에서 디버깅 심벌을 사용할 수 없을 때나 디버거가 프로그램의 실제 실행 중인 인스턴스에 연결하지 못할 때는 프로그램을 디버깅할 때 **실행 로그**를 사용할 수 있습니다.

- **메모리 버그**: 메모리와 관련한 버그입니다. 일반적으로 허상 포인터, 버퍼 오버플로, 이중 해제 등으로 인해 발생합니다. 이러한 버그는 **메모리 프로파일러**로 검사해야 하며, 메모리 프로파일러는 메모리를 관찰하고 검사하는 디버깅 도구의 역할을 합니다.

- **동시성 버그**: 멀티프로세싱 및 멀티스레딩 프로그램은 소프트웨어 산업에서 가장 해결하기 어려운 버그가 발생하는 지점이었습니다. 경쟁 상태나 데이터 경쟁처럼 특히 어려운 문제를 탐지하려면 **스레드 새니타이저**thread sanitizer 같은 특수 도구가 필요합니다.

- **성능 버그**: 새로운 개발 때문에 **성능이 저하**되거나 성능 버그가 생길 수 있습니다. 이러한 버그는 더 집중적인 테스트와 디버깅을 통해 자세히 조사해야 합니다. 성능 저하가 발생한 정확한 변경 사항을 찾을 때는 이전 실행에 대해 주석이 달린 기록 데이터를 포함하는 실행 로그가 유용합니다.

다음 절에서는 이 목록에서 소개한 여러 도구를 설명하겠습니다.

22.5.2 디버거

디버거, 특히 **gdb**에 관해서는 **4장**에서 설명했으며 **gdb**는 프로세스 메모리의 내부를 살펴볼 때 사용했습니다. 이번 절에서는 디버거를 다시 살펴보고, 통상적인 소프트웨어 개발에서 디버거의 역할을 설명합니다. 다음은 대부분의 최신 디버거가 제공하는 공통 기능의 목록입니다.

- 디버거는 프로그램이며, 다른 모든 프로그램과 마찬가지로서 프로세스로서 실행됩니다. 디버거 프로세스는 대상 프로세스 ID가 지정되면 다른 프로세스에 연결될 수 있습니다.

- 디버거는 연결된 뒤에 대상 프로세스의 명령어 실행을 제어할 수 있습니다. 따라서 사용자는 대화형 디버깅 세션을 사용해 대상 프로세스에서 실행 흐름을 일시 정지하거나 계속할 수 있습니다.

- 디버거는 프로세스에서 보호되는 메모리의 내부를 살필 수 있습니다. 또한 내용도 수정할 수 있으므로, 개발자는 메모리 내용이 의도적으로 바뀌는 동안 똑같은 명령어 그룹을 실행할 수 있습니다.

- 소스를 재배치 가능한 목적 파일로 컴파일할 때 디버깅 심벌이 제공되면, 알려진 거의 모든 디버거는 소스 코드에 대한 명령어를 역추적할 수 있습니다. 즉, 명령어를 일시 정지하면 소스 파일에서 해당 코드 행으로 이동할 수 있습니다.

- 대상 목적 파일에서 디버깅 심벌이 제공되지 않으면, 디버거는 대상 명령어의 디스어셈블리 코드를 표시할 수 있으며 이 또한 유용합니다.

- 일부 디버거는 (언어에 따라 다르지만 대부분은) 언어를 가리지 않습니다. 자바, 스칼라, 그루비 같은 **자바 가상 머신(JVM)** 언어는 JVM 인스턴스의 내부를 확인하고 제어하기 위해 JVM 디버거를 사용해야 합니다.

- 파이썬 같은 인터프리터 언어도 자체 디버거가 있으며, 스크립트를 일시 정지하거나 제어할 때 사용할 수 있습니다. 한편 gdb 같은 저수준 디버거도 JVM 및 스크립팅 언어에서 유용합니다. 이러한 저수준 디버거는 자바 바이트코드나 파이썬 스크립트를 실행하지 않고 JVM 또는 인터프리터 프로세스를 디버깅합니다.

디버거의 목록은 다음 링크에서 위키백과에서 확인할 수 있습니다(https://en.wikipedia.org/wiki/List_of_debuggers). 이 목록에서는 다음과 같은 디버거가 눈에 띕니다.

1. **고급 디버거**advanced debugger **(adb)**: 기본 유닉스 디버거입니다. 유닉스 구현에 따라 실제 구현이 다릅니다. 솔라리스 유닉스의 기본 디버거입니다.

2. **GNU 디버거(gdb)**: 유닉스 디버거의 GNU 버전입니다. 리눅스를 포함한 여러 유닉스 계열 운영체제의 기본 디버거입니다.

3. **LLDB**: LLVM 컴파일러가 생성하는 목적 파일을 주로 디버깅하기 위해 설계된 디버거입니다.

4. **파이썬 디버거**: 파이썬 스크립트를 디버깅할 때 파이썬에서 사용합니다.

5. **자바 플랫폼 디버거 아키텍처** ^{Java Platform Debugger Architecture}（**JPDA**）: 디버거는 아닙니다. JVM 인스턴스 내부에서 실행되는 프로그램을 디버깅하도록 설계된 API입니다.

6. **OllyDbg**: GUI 응용프로그램을 디버깅할 때 윈도우에서 사용하는 디버거 및 디스어셈블러입니다.

7. **마이크로소프트 비주얼 스튜디오 디버거**: 마이크로소프트 비주얼 스튜디오에서 사용하는 메인 디버거입니다.

gdb뿐만 아니라 cgdb도 사용할 수 있습니다. cgdb 프로그램은 gdb 대화형 셸 옆에 터미널 코드 에디터를 표시해 코드 행 사이에서 더 쉽게 이동할 수 있도록 합니다.

이번 절에서는 문제를 조사하는 주요 도구로 디버거를 다뤘습니다. 다음 절에서는 메모리 관련 버그를 검사할 때 필수적인 메모리 프로파일러를 설명합니다.

22.5.3 메모리 검사기

종종 메모리 관련 버그나 충돌이 생기면 디버거만으로는 그다지 도움이 되지 않을 수 있습니다. 메모리 손상이나 메모리 셀에 대해 유효하지 않은 읽기 및 쓰기를 감지하려면 다른 도구가 필요합니다. 이러한 도구가 **메모리 검사기** 또는 **메모리 프로파일러**입니다. 디버거의 일종이지만 보통 별도의 프로그램으로 제공되며, 메모리의 오작동을 감지하는 방식이 디버거와는 다릅니다.

일반적으로 메모리 검사기에는 다음과 같은 기능을 기대할 수 있습니다.

- 할당된 메모리, 해제된 메모리, 사용한 정적 메모리, 힙 할당, 스택 할당 등에 대한 총 사용량을 보고합니다.
- 메모리 누수를 감지합니다. 메모리 검사기가 제공하는 가장 중요한 기능이라고 간주됩니다.
- 버퍼나 배열의 범위를 벗어난^{out-of-bound} 접근을 하거나 이미 해제된 메모리 영역에 쓰는 등의 유효하지 않은 메모리 읽기/쓰기 작업을 감지합니다.
- **이중 해제**^{double free} 문제를 감지합니다. 이미 해제된 메모리 영역을 프로그램이 해제하려고 할 때 발생합니다.

앞서 5장을 비롯한 몇몇 장에서 Valgrind의 도구 중 하나인 **Memcheck**과 같은 메모리 검사기를 살펴봤습니다. 5장에서는 또한 다른 유형의 메모리 검사기와 메모리 프로파일러도 다뤘습니다. 여기서 각각에 대해 더 상세하게 설명하겠습니다.

메모리 검사기는 모두 같은 작업을 하지만, 메모리 작업을 모니터링할 때 사용하는 기반 기술은 다를 수 있습니다. 그에 따라 메모리 검사기가 사용하는 기술 기준으로 그룹으로 묶어봤습니다.

1. **컴파일 시간 재정의**compile-time overriding : 이 기술을 사용하는 메모리 검사기를 쓰려면 메모리 검사기 라이브러리의 헤더 파일을 포함하는 등 여러분의 소스 코드를 약간 변경해야 합니다. 그런 다음 이진 파일을 다시 컴파일해야 합니다. 때로는 메모리 검사기가 제공하는 라이브러리에 이 이진 파일을 링크해야 합니다. 실행 이진 파일에 대한 성능 저하가 다른 기술보다 덜하다는 것이 장점이지만, 이진 파일을 다시 컴파일해야 한다는 단점이 있습니다. **LLVM AddressSanitizer(Asan)**, Memwatch, Dmalloc, Mtrace가 이러한 기술을 사용하는 메모리 프로파일러입니다.

2. **링크 시간 재정의**link-time overriding : 이 메모리 검사기는 앞의 검사기 유형과 비슷하지만, 소스 코드를 변경할 필요가 없다는 차이점이 있습니다. 그 대신, 결과로 나온 이진 파일과 메모리 검사기에서 제공한 라이브러리만 링크하면 되며 소스 코드를 변경할 필요는 없습니다. **gperftools**의 **heap checker** 유틸리티를 링크 시간 메모리 검사기로 사용할 수 있습니다.

3. **런타임 인터셉션**runtime interception : 이 기술을 사용하는 메모리 검사기는 프로그램과 운영체제 사이에서 모든 메모리 관련 작업을 인터셉트하고 추적하며, 오작동이나 유효하지 않은 접근이 발견될 때마다 보고합니다. 또한 총 할당이나 해제된 메모리 블록을 기반으로 누수에 대한 보고도 제공합니다. 메모리 검사기를 사용할 때 프로그램을 다시 컴파일하거나 다시 링크하지 않아도 된다는 것이 이 기술을 사용하는 주요 장점입니다. 가장 큰 단점은 프로그램을 실행할 때 상당한 오버헤드가 생긴다는 것입니다. 또한 메모리 검사기 없이 프로그램을 실행할 때보다 메모리 사용 공간footprint이 훨씬 더 클 수 있다는 단점이 있습니다. 이는 고성능 및 임베디드 프로그램을 디버깅하기에는 확실히 이상적인 환경은 아닙니다. Valgrind의 Memcheck 도구를 런타임 인터셉터 메모리 검사기로 사용할 수 있습니다. 이러한 메모리 프로파일러는 코드 베이스에 대한 디버그 빌드와 함께 사용해야 합니다.

4. **라이브러리 미리 로드하기**preloading library : 일부 메모리 검사기는 표준 메모리 함수를 래핑할 때 **인터 포지셔닝**inter-positioning을 사용합니다. 따라서 LD_PRELOAD 환경 변수를 사용해서 메모리 검사기의 공유 라이브러리를 미리 로드하여 프로그램은 래퍼 함수를 사용할 수 있고 메모리 검사기는 기본 표준 메모리 함수에 대한 호출을 인터셉트할 수 있습니다. **gperftools**의 **heap checker** 유틸리티를 이처럼 사용할 수 있습니다.

일반적으로, 모든 메모리 문제에 대해 특정한 도구를 사용하는 것만으로는 충분하지 않습니다. 각 도구는 고유의 장단점이 있으며 특정 맥락마다 맞는 도구가 있습니다.

이번 절에서는 사용할 수 있는 메모리 프로파일러를 살펴보고, 메모리 할당 및 해제를 기록할 때 사용하는 기술에 따라 이들을 분류했습니다. 다음 절에서는 스레드 새니타이저thread sanitizers를 설명하겠습니다.

22.5.4 스레드 디버거

스레드 새니타이저 또는 **스레드 디버거**란 멀티스레드 프로그램이 실행되는 동안 동시성 관련 문제를 찾기 위해 멀티스레딩 프로그램을 디버깅하려고 사용하는 프로그램입니다. 이 프로그램이 발견할 수 있는 문제로는 다음과 같은 것이 있습니다.

- 데이터 경쟁, 여러 스레드 가운데 데이터 경쟁을 야기하는 읽기/쓰기 작업이 이루어진 정확한 위치
- POSIX 호환 시스템에서 스레딩 API, 특히 POSIX 스레딩 API를 잘못 사용하는 경우
- 발생 가능한 교착 상태
- 락 순서 문제

스레드 디버거와 메모리 검사기는 둘 다 **거짓 양성**false positive과 같은 문제를 감지할 수 있습니다. 즉, 이들은 몇 가지 문제를 찾고 보고할 수는 있지만, 조사한 뒤에는 이들이 문제가 아니라는 것이 명확해집니다. 이는 실제로 이벤트를 추적하고 해당 이벤트에 최종 결정을 내릴 때 라이브러리가 사용하는 기술에 따라 다릅니다. 다음은 유명한 여러 스레드 디버거 목록입니다.

- **Helgrind**: Valgrind 내에 있는 또 다른 도구이며 스레드 디버깅을 위해 주로 사용합니다. DRD는 Valgrind 툴킷에 있는 또 다른 스레드 디버거입니다. 기능과 차이에 관한 목록은 다음 링크에서 볼 수 있습니다.
    - http://valgrind.org/docs/manual/hg-manual.html
    - http://valgrind.org/docs/manual/drd-manual.html

    Valgrind의 다른 모든 도구처럼 Helgrind를 사용하면 소스를 수정할 필요가 없습니다. 이 도구를 실행하려면 명령어 `valgrind --tool=helgrind [실행 파일 경로]`를 실행해야 합니다.
- **Intel Inspector**: 인텔 스레드 검사기의 후속 버전으로, 스레드 오류 및 메모리 문제를 분석합니다. 따라서 메모리 검사기인 동시에 스레드 디버거입니다. Valgrind처럼 무료는 아니며, 도구를 사용하려면 반드시 알맞은 라이선스를 구매해야 합니다.
- **LLVM ThreadSanitizer(TSan)**: LLVM 툴킷에 포함되며 이전 절에서 설명한 LLVM Address Sanitizer와 함께 제공됩니다. 디버거를 사용하려면 컴파일 시간을 약간 수정해야 하며 코드 베이스를 다시 컴파일해야 합니다.

이번 절에서는 스레드 디버거를 다뤘으며 스레드 문제를 디버깅할 때 사용할 수 있는 스레드 디버거 몇 가지를 소개했습니다. 다음 절에서는 프로그램의 성능을 조정할 때 사용하는 프로그램 및 툴킷을 설명합니다.

22.5.5 퍼포먼스 프로파일러

비기능 테스트 그룹의 결과로 종종 성능 저하가 나타납니다. 이러한 성능 저하의 원인을 조사하는 데 특화된 도구들이 있습니다. 이번 절에서는 성능을 분석하고 성능의 병목 현상을 찾을 때 사용할 수 있는 도구를 간단히 살펴보겠습니다.

이러한 성능 디버거는 보통 다음과 같은 기능에 대한 하위 집합을 제공합니다.

- 모든 함수 호출에 대한 통계를 수집합니다.
- 함수 호출을 추적하기 위해 **함수 호출 그래프**를 제공합니다.
- 각 함수 호출에 대한 메모리 관련 통계를 수집합니다.
- 잠금 경합lock contention 통계를 수집합니다.
- 메모리 할당 및 해제 통계를 수집합니다.
- 캐시를 분석합니다. 캐시 사용 통계를 제공하며 캐시 친화적이지 않은 코드 부분을 나타냅니다.
- 스레딩 및 동기화 이벤트 관련 통계를 수집합니다.

다음은 성능 프로파일링을 위해 사용할 수 있는 가장 유명한 프로그램과 툴킷 목록입니다.

- **구글 성능 도구(gperftools)**: 실제로는 성능이 뛰어난 `malloc` 구현이지만, 홈페이지에 기재된 대로 이전 절에서 메모리 프로파일러로 소개한 **힙 검사기**heap checker 같은 성능 분석 도구를 제공합니다. 구글 성능 도구를 사용하려면 최종 이진 파일과 링크해야 합니다.
- **Callgrind**: Valgrind에 속하며, 주로 함수 호출 및 두 함수 사이의 호출자/피호출자 관계에 대한 통계를 수집합니다. 소스 코드를 변경하거나 최종 실행 이진 파일을 링크할 필요가 없으며, 당연히 즉석에서 디버그 빌드와 함께 사용할 수 있습니다.
- **Intel VTune**: 인텔의 성능 프로파일링 제품군으로, 이 목록의 모든 기능을 제공합니다. 사용하려면 알맞은 라이선스를 구매해야 합니다.

22.6 마무리

22장은 C 프로그램의 유닛 테스트 및 디버깅에 관한 내용이었습니다. 이번 장을 요약하면 다음과 같습니다.

- 테스트에 관해 알아보고, 소프트웨어 엔지니어와 개발 팀으로서 테스트가 중요한 이유를 이야기했습니다.

- 유닛 테스트, 통합 테스트, 시스템 테스트와 같이 서로 다른 수준의 테스트에 관해 논의했습니다.

- 기능 테스트 및 비기능 테스트를 다루고 회귀 테스트를 설명했습니다.

- C의 유명한 라이브러리인 CMocka와 구글 테스트를 알아보고 몇 가지 관련 예제를 살펴봤습니다.

- 디버깅과 버그의 여러 유형에 관해 이야기했습니다.

- 디버거, 메모리 프로파일러, 스레드 디버거, 성능 디버거에 관해 설명했습니다. 이들은 버그 작업을 하는 동안 더 성공적으로 조사할 수 있도록 도울 수 있습니다.

다음 23장은 C 프로젝트에서 사용할 수 있는 **빌드 시스템**에 관한 내용입니다. 빌드 시스템은 무엇이고 빌드 시스템으로 도입할 수 있는 기능은 무엇인지 다룹니다. 궁극적으로는 거대한 C 프로젝트를 빌드하는 과정을 자동화하는 데 도움이 될 내용입니다.

## CHAPTER 23

빌드 시스템

개발자에게 있어 프로젝트를 빌드하고 여러 컴포넌트를 실행하는 일은 새로운 기능을 개발하거나 프로젝트에서 보고된 버그를 수정하는 첫 단계입니다. 사실 이는 C나 C++에 국한되지는 않습니다. C, C++, 자바 또는 고와 같은 컴파일된 프로그래밍 언어로 작성된 컴포넌트가 있는 거의 모든 프로젝트는 먼저 빌드부터 해야 합니다.

따라서 빠르고 쉽게 소프트웨어 프로젝트를 빌드하는 일은 소프트웨어 프로덕션 파이프라인에서 작업하는 개발자, 테스터, 통합자[integrator], DevOps 엔지니어, 고객 지원에 이르기까지 거의 모든 담당자에게 필요한 기본적인 요구 사항에 해당합니다.

그뿐만 아니라 신입으로 팀에 합류하면 가장 먼저 하는 일은 작업할 코드 베이스를 빌드하는 일입니다. 이 모든 사항을 고려하면, 소프트웨어 개발 과정에서 중요한 요소로 프로젝트를 빌드할 수 있는 능력을 꼽는 것이 당연합니다.

개발자들은 변경 사항의 결과를 확인하려면 코드 베이스를 자주 빌드해야 합니다. 소스 파일이 적은 프로젝트는 빌드하는 과정을 쉽고 빠르게 진행할 수 있지만, 소스 파일의 수가 많아지고 코드 베이스를 빌드하는 일이 빈번하게 발생할수록 개발 작업의 걸림돌이 됩니다. 따라서 소프트웨어 프로젝트를 빌드하기에 적합한 메커니즘이 중요합니다.

사람들은 엄청나게 많은 소스 파일을 빌드하기 위해 셸 스크립트를 작성하곤 했습니다. 효과는 있었지만 수고가 많이 들었고, 다양한 소프트웨어 프로젝트에서 사용하도록 스크립트를 일반화하려면 유지 보수가 필요했습니다. 그 뒤 1976년경 벨 연구소에서는 메이크[Make]라는 첫 번째(혹은 최소한 초기 빌드 시스템 중 하나에 해당하는) 빌드 시스템을 개발했으며, 이는 내부 프로젝트에서 사용되었습니다.

이후 메이크는 모든 C, C++ 프로젝트 및 C/C++가 주 언어가 아닌 다른 프로젝트에서도 대규모로 쓰였습니다.

이번 23장에서는 C와 C++ 프로젝트에서 널리 사용되는 **빌드 시스템**과 **빌드 스크립트 생성기**[build script generator]를 설명하겠습니다. 여기서는 다음과 같은 주제에 관해 이야기합니다.

- 빌드 시스템이 무엇이며 어떤 점이 좋은지 살펴봅니다.
- 메이크가 무엇인지, Makefile은 어떻게 사용해야 하는지를 다룹니다.
- 다음 주제는 CMake입니다. 빌드 스크립트 생성기에 관해 살펴보고 CMakeLists.txt 파일을 작성하는 법에 대해 학습합니다.
- 닌자[Ninja]란 무엇이며 메이크와 어떻게 다른지 살펴봅니다.
- 닌자 빌드 스크립트를 생성하려면 CMake를 어떻게 사용해야 하는지 알아봅니다.
- 바젤[Bazel]이 무엇이며 어떻게 사용해야 하는지 자세히 살펴봅니다. WORKSPACE와 BUILD 파일에 관해 학습하며 이 파일들을 간단한 유스 케이스에서 어떻게 작성하는지 알아봅니다.
- 기존의 다양한 빌드 시스템을 비교할 수 있는 링크를 제공합니다.

참고로 이번 장에서 사용하는 모든 빌드 도구는 먼저 여러분의 시스템에 설치해야 합니다. 이러한 빌드 도구는 많이 쓰이는 만큼 필요한 자료와 문서는 인터넷에서 쉽게 이용할 수 있습니다.

첫 번째 절에서는 빌드 시스템이 실제로 무엇인지에 관해 알아보겠습니다.

23.1 빌드 시스템 소개

간단히 말해, 빌드 시스템이란 소프트웨어 코드 베이스를 집합적으로 빌드하는 일련의 프로그램과 그에 수반되는 텍스트 파일입니다. 요즘에는 모든 프로그래밍 언어가 자체 빌드 시스템을 갖추고 있습니다. 예를 들면 자바에는 **Ant, Maven, Gradle** 등이 있습니다. 그런데 '코드 베이스를 빌드한다'는 것은 무슨 의미일까요?

코드 베이스를 빌드한다는 것은 소스 파일로부터 최종 결과물을 만든다는 의미입니다. 예를 들어 C 코드 베이스에 대한 최종 결과물은 실행 파일, 공유 목적 파일 또는 정적 라이브러리가 될 수 있으며, C 빌드 시스템의 목표는 코드 베이스에 있는 C 소스 파일로부터 이러한 결과물을 만드는 일입니다. 이때 필요한 작업의 세부 사항은 프로그래밍 언어 및 코드 베이스에 포함된 언어에 따라 크게 달라집니다.

프로젝트에서 현대의 여러 빌드 시스템은, 특히 자바나 스칼라와 같은 **JVM 언어**로 작성된 프로젝트에서는 추가 서비스를 제공합니다.

빌드 시스템은 **의존성 관리**dependency management도 합니다. 다시 말해, 빌드 시스템이 대상 코드 베이스의 의존성을 감지하고 이를 모두 내려받은 뒤 **빌드 과정**build process 동안 내려받은 것을 사용한다는 의미입니다. 특히 코드 베이스의 규모가 커서 프로젝트에 의존성이 매우 클 때 아주 간편합니다.

예를 들면 **메이븐**Maven은 자바 프로젝트에서 가장 유명한 빌드 시스템입니다. 메이븐은 XML 파일을 사용해 의존성 관리를 지원합니다. 하지만 아쉽게도 C/C++ 프로젝트에는 의존성 관리를 위한 좋은 도구가 없습니다. 여전히 C/C++ 프로젝트를 위한 메이븐 같은 빌드 시스템이 없는 이유는 토론할 만한 문제지만, 이러한 시스템이 아직도 개발되지 않았다는 것은 필요가 없다는 신호일 수도 있습니다.

빌드 시스템의 또 다른 측면은, 내부의 여러 모듈로 거대한 프로젝트를 빌드하는 능력입니다. 물론 셸 스크립트를 사용하고 여러 수준의 모듈을 살피는 재귀적인 **Makefile**을 작성할 수도 있지만, 우리는 이러한 요구에 대한 본질적인 지원에 관해 이야기하고 있습니다. 아쉽게도 메이크는 이를 본질적으로 제공하지는 않습니다. 하지만 CMake라는 다른 유명한 빌드 도구는 이를 제공합니다. 자세한 내용은 CMake에 관한 절에서 이야기하겠습니다.

그렇지만 오늘날 많은 프로젝트에서 여전히 기본 빌드 시스템으로 메이크를 사용합니다. 이러한 사실은 CMake가 아주 중요한 요인 중 하나이므로, C/C++ 프로젝트에 합류하기 전에 알고 있어야 합니다. CMake는 C와 C++에 국한되지 않으며 다양한 프로그래밍 언어를 사용하는 프로젝트에서도 사용할 수 있습니다.

다음 절에서는 메이크 빌드 시스템과 메이크로 프로젝트를 빌드하는 법에 관해 다룹니다. 다중 모듈 C 프로젝트의 예제를 제공하며, 이러한 프로젝트를 빌드하기 위해 다양한 빌드 시스템을 사용하는 방법을 이번 23장 전체에 걸쳐 설명하겠습니다.

23.2 메이크

메이크^{Make} 빌드 시스템은 Makefile을 사용합니다. Makefile은 소스 디렉터리에 있는 'Makefile'(정확히 이 이름이며 아무 확장자도 없습니다)이라는 이름의 텍스트 파일입니다. 이 파일은 **빌드 대상**^{build target}과, 메이크로 현재 코드 베이스를 빌드하는 방법을 전달하는 명령 어를 포함합니다.

간단한 다중 모듈 C 프로젝트로 시작하며 메이크도 같이 준비해봅시다. 다음 [셸 박스 23-1] 은 프로젝트에 있는 파일과 디렉터리를 나타냅니다. calc라는 이름의 모듈이 있으며 exec이 라는 다른 모듈이 이를 사용합니다.

calc 모듈의 출력은 정적 목적 라이브러리이며 exec 모듈의 출력은 실행 파일입니다.

셸 박스 23-1 대상 프로젝트의 파일과 디렉터리[1]

```
$ tree ex23_1
ex23_1/
├── calc
│   ├── add.c
│   ├── calc.h
│   ├── multiply.c
│   └── subtract.c
└── exec
    └── main.c

2 directories, 5 files
$
```

빌드 시스템을 사용하지 않고 이 프로젝트를 빌드하려면, 결과물을 빌드하기 위해 다음 [셸 박 스 23-2]의 명령어를 실행해야 합니다. 참고로 이 프로젝트에 대한 대상 플랫폼으로는 리눅스 를 사용했습니다.

셸 박스 23-2 대상 프로젝트 빌드하기

```
$ cd ex23_1
$ mkdir -p out
```

---

1 옮긴이_ 깃허브 저장소 내 파일이 추가되어 실제로는 파일이 더 많이 나타납니다.

```
$ gcc -c calc/add.c -o out/add.o
$ gcc -c calc/multiply.c -o out/multiply.o
$ gcc -c calc/subtract.c -o out/subtract.o
$ ar rcs out/libcalc.a out/add.o out/multiply.o out/subtract.o
$ gcc -c -Icalc exec/main.c -o out/main.o
$ gcc -Lout out/main.o -lcalc -o out/ex23_1.out
$
```

프로젝트에는 두 가지 개발 산출물^{artifact}이 있습니다. 정적 라이브러리인 libcalc.a와 실행 파일인 ex23_1.out입니다. C 프로젝트를 컴파일하는 방법을 모르거나 이러한 명령어가 낯설다면 **2장**과 **3장**을 읽어보세요.

[셸 박스 23-2]의 첫 번째 명령어는 out이라는 이름의 디렉터리를 생성합니다. 이 디렉터리는 모든 재배치 가능한 목적 파일과 최종 결과물을 포함합니다.

그다음 명령어 3개는 gcc를 사용해 calc 디렉터리에 있는 소스 파일을 컴파일하고, 그에 해당하는 재배치 가능한 목적 파일을 만듭니다. 그런 다음 이러한 목적 파일은 다섯 번째 명령어에서 정적 라이브러리 libcalc.a를 만들도록 사용됩니다.

마지막 두 명령어는 **exec** 디렉터리에서 main.c 파일을 컴파일하고 libcalc.a와 링크해 최종 실행 파일인 ex23_1.out을 만듭니다. 이 모든 파일들은 **out** 디렉터리에 있습니다.

소스 파일이 커지면 이러한 명령어도 많아질 수 있습니다. 이들 명령어는 **빌드 스크립트**라는 셸 스크립트 파일에서 관리할 수 있지만, 그 전에 고려할 몇 가지 측면이 있습니다.

- 모든 플랫폼에서 동일한 명령어를 실행하나요? 여러 컴파일러와 환경에는 서로 다른 세부 사항이 있으며, 따라서 명령어는 시스템에 따라 다를 수 있습니다. 가장 간단한 시나리오에서는 플랫폼마다 다른 셸 스크립트를 관리해야 합니다. 다시 말해, 우리의 스크립트가 사실상 **이식 불가능한**^{not portable}스크립트라는 의미입니다.

- 새로운 디렉터리나 모듈을 프로젝트에 추가하면 어떤 일이 발생할까요? 빌드 스크립트를 변경해야 할까요?

- 새 소스 파일을 추가하면 빌드 스크립트에는 어떤 일이 일어날까요?

- 새 라이브러리나 새 실행 파일처럼 새로운 결과물이 필요하면 어떤 일이 발생할까요?

좋은 빌드 시스템은 앞에서 다룬 모든 또는 대부분의 상황을 처리할 수 있어야 합니다. 첫 번째 Makefile을 봅시다. 이 파일은 앞의 프로젝트를 빌드해 결과물을 생성합니다. 이번 절과 다음 절에서 빌드 시스템에 대해 작성된 모든 파일은 이번 프로젝트를 빌드할 때만 사용할 수 있습니다.

다음 [코드 박스 23-1]은 앞의 프로젝트에 대해 우리가 작성할 수 있는 가장 간단한 Makefile의 내용을 나타냅니다.

코드 박스 23-1 대상 프로젝트에 대해 작성된 아주 간단한 Makefile(Makefile very-simple)[2]

```
build:
    mkdir -p out
    gcc -c calc/add.c -o out/add.o
    gcc -c calc/multiply.c -o out/multiply.o
    gcc -c calc/subtract.c -o out/subtract.o
    ar rcs out/libcalc.a out/add.o out/multiply.o out/subtract.o
    gcc -c -Icalc exec/main.c -o out/main.o
    gcc -Lout -lcalc out/main.o -o out/ex23_1.out
clean:
    rm -rfv out[3]
```

이 Makefile은 두 가지 대상인 **build** 및 **clean**을 포함합니다. 대상에는 명령어 집합이 있으며 대상이 호출될 때 실행되어야 합니다. 이러한 명령어 집합은 대상에 대해 **실행하는 명령어**[recipe]라고 합니다.

Makefile에서 명령어를 실행하려면 **make** 명령어를 사용합니다. **make** 명령어에는 어느 대상을 실행해야 하는지 전달해야 하지만, 이를 비워두면 **make**는 항상 첫 번째 대상을 실행합니다.

Makefile을 이용해서 앞의 프로젝트를 빌드하려면 [코드 박스 23-1]에 있는 행을 **Makefile**이라는 이름의 파일로 복사해서 프로젝트의 루트에 둡니다. 프로젝트 디렉터리의 내용은 다음 [셸 박스 23-3]에 나타난 것과 비슷해야 합니다.

---

2 옮긴이_ 깃허브 저장소에서 받은 파일 중 Makefile-very-simple 내용을 복사 및 붙여넣기하는 경우에 주의하세요. clean과 build 위치가 본문 코드와 다릅니다. [셸 박스 23-4] 코드 실행 전 본문 내용과 같이 순서를 맞춰주세요.

3 옮긴이_ -r, -f, -v 옵션에 대한 내용은 https://ko.wikipedia.org/wiki/Rm_(유닉스)를 참고하세요. 깃허브 저장소의 코드에는 rm -rf라고만 되어 있습니다. -v 옵션은 verbose 옵션으로 삭제되는 동안 삭제되는 내용을 보여줍니다.

Makefile을 추가한 뒤 대상 프로젝트에 있는 파일 및 디렉터리

```
$ tree ex23_1
ex23_1/
├── Makefile
├── calc
│   ├── add.c
│   ├── calc.h
│   ├── multiply.c
│   └── subtract.c
└── exec
    └── main.c

2 directories, 6 files
$
```

그런 다음 make 명령어를 실행합니다. make 프로그램은 현재 디렉터리에서 Makefile 파일을 자동으로 찾고, 첫 번째 대상을 실행합니다. clean 대상을 실행하고 싶다면 make clean 명령어를 실행해야 합니다. clean 대상은 빌드 과정에서 만들어진 파일을 제거하도록 사용할 수 있으며, 이러한 방식으로 처음부터 다시 새로운 빌드를 시작할 수 있습니다.

다음 [셸 박스 23-4]는 make 명령어를 실행한 결과를 나타냅니다.

셸 박스 23-4 아주 간단한 Makefile으로 대상 프로젝트 빌드하기

```
$ cd ex23_1
$ make
mkdir -p out
gcc -c -Icalc exec/main.c -o out/main.o
gcc -c calc/add.c -o out/add.o
gcc -c calc/multiply.c -o out/multiply.o
gcc -c calc/subtract.c -o out/subtract.o
ar rcs out/libcalc.a out/add.o out/multiply.o out/subtract.o
gcc -Lout -lcalc out/main.o -o out/ex23_1.out
$
```

어쩌면 '(셸 스크립트에 작성된) 빌드 스크립트와 이 Makefile 사이에 어떤 차이가 있나요?'라고 질문할 수도 있겠습니다. 이 질문이 나오는 건 당연합니다. 이 Makefile은 메이크를 사용해 프로젝트를 빌드하는 일반적인 방식을 나타내지는 않습니다.

사실 이 Makefile은 메이크 빌드 시스템을 고지식하게 사용하므로 메이크가 제공하는 기능의 이점을 누리지 못합니다.

즉, 지금까지 Makefile은 셸 스크립트와 상당히 비슷했으며 이를 셸 스크립트처럼 사용할 수 있었습니다(하지만 당연히 노력이 더 들어갑니다). 이제 Makefile이 흥미로워지고 실제로 달라지는 지점으로 넘어가 봅시다.

다음 Makefile 역시 간단하지만, 우리가 관심 갖는 메이크 빌드 시스템의 더 많은 측면을 소개합니다.

코드 박스 23-2 대상 프로젝트에 대해 작성된, 새롭지만 여전히 간단한 Makefile(Makefile-simple)

```
CC = gcc

build: prereq out/main.o out/libcalc.a
    ${CC} -Lout -lcalc out/main.o -o out/ex23_1.out

prereq:
    mkdir -p out

out/libcalc.a: out/add.o out/multiply.o out/subtract.o
    ar rcs out/libcalc.a out/add.o out/multiply.o out/subtract.o

out/main.o: exec/main.c calc/calc.h
    ${CC} -c -Icalc exec/main.c -o out/main.o

out/add.o: calc/add.c calc/calc.h
    ${CC} -c calc/add.c -o out/add.o

out/subtract.o: calc/subtract.c calc/calc.h
    ${CC} -c calc/subtract.c -o out/subtract.o

out/multiply.o: calc/multiply.c calc/calc.h
    ${CC} -c calc/multiply.c -o out/multiply.o

clean: out
    rm -rf out
```

Makefile에서 변수 하나를 선언했으며, 앞의 코드 박스에서 **CC**를 선언한 것처럼 여러 부분에서 이를 사용합니다. Makefile에서 조건문과 함께 변수는 동일한 유연성을 얻고자 셸 스크립트를 작성할 때보다 힘을 덜 들여서 유연한 빌드 명령어를 작성하도록 합니다.

Makefile의 또 다른 멋진 점은 다른 Makefile을 포함할 수 있는 능력입니다. 이러한 방식으로 이전 프로젝트에서 작성한 기존의 Makefile을 사용하는 이점을 누릴 수 있습니다.

앞의 Makefile에서 볼 수 있듯 각 Makefile에는 여러 대상이 있습니다. 대상은 행의 시작 부분에서 시작해 콜론(:)으로 끝납니다. make 프로그램이 알아볼 수 있도록, 대상^{target} (명령어^{recipe}) 내에서는 탭 문자를 사용해 **반드시** 모든 명령어를 들여쓰기해야 합니다. 이때 대상은 다른 대상에 의존할 수 있다는 점이 대상의 멋진 측면입니다.

예를 들어 앞의 Makefile에서 대상인 build는 다른 대상인 prereq, out/main.o, out/libcalc.a에 의존합니다. 이어서 build 대상이 호출될 때마다 먼저 그것이 의존하는 대상을 검사하고, 아직 의존 대상이 생성되지 않았다면 먼저 이러한 대상을 호출합니다. 이제 앞의 Makefile에 있는 대상에 더 집중해본다면 대상 간의 실행 흐름을 확인할 수 있을 것입니다.

이는 확실히 셸 스크립트에는 없습니다. 셸 스크립트가 이렇게 작동하려면 여러 제어 흐름 메커니즘(루프, 조건문 등)이 많이 필요합니다. Makefile은 덜 자세하고^{less verbose} 더 선언적^{more declarative}이므로 사용합니다. 우리는 빌드에 필요한 것만 선언하려 하며, 빌드하는 데 필요한 경로는 알 필요가 없습니다. 메이크로 이를 완전히 해낼 수는 없더라도, 모든 기능을 갖춘 빌드 시스템을 위한 시작점입니다.

Makefile에 있는 대상의 또 다른 특징은, out/multiply.o처럼 디스크에서 파일이나 디렉터리를 참조할 때 make 프로그램은 해당 파일이나 디렉터리의 최신 수정 사항을 확인하고 최종 빌드 이후 수정된 것이 없다면 그 대상을 건너뛴다는 점입니다. out/multiply.o가 의존하는 calc/multiply.c에 대해서도 마찬가지입니다. 소스 파일인 calc/multiply.c가 최근에 변경되지 않았고 이전에 컴파일된 적이 있다면, 다시 컴파일할 이유가 없습니다. 다시 말하지만 셸 스크립트를 작성해서는 얻을 수 없는 기능입니다.

이 기능을 사용하면 최종 빌드 이후 수정된 소스 파일만 컴파일하면 되므로, 마지막 빌드 이후 변경되지 않은 소스에 대해 컴파일할 분량이 상당히 줄어듭니다. 당연히 이 기능은 최소한 한 번 이상 전체 프로젝트를 컴파일했을 때만 작동합니다. 이후에는 수정된 파일만 컴파일 또는 링크됩니다.

앞의 Makefile에서 또 다른 중요한 지점은 calc/calc.h 대상입니다. 보다시피 여러 대상이 있고 이들은 대부분 소스 파일이며 헤더 파일 calc/calc.h에 의존합니다. 따라서 앞에서 설명한 기능에 따라, 헤더 파일을 간단하게 수정하더라도 해당 헤더 파일에 의존하는 소스 파일은 여러 번 컴파일해야 합니다.

바로 이러한 이유로 소스 파일에서는 필요한 헤더 파일만을 포함하며, 포함하기보다는 가능한 한 전방 선언을 하려고 합니다. 일반적으로 소스 파일에서 전방 선언을 하지는 않는데, 구조체 또는 함수의 실제 정의에 대한 접근에 의존하기 때문입니다. 하지만 헤더 파일에서는 전방 선언을 쉽게 할 수 있습니다.

헤더 파일 간 의존성이 높으면 보통 빌드할 때 큰 문제로 이어집니다. 헤더 파일 하나를 여러 헤더 파일이 포함하면 결국 소스 파일 여러 개가 포함하는 셈이므로, 헤더 파일 하나를 약간만 수정해도 전체 프로젝트 또는 그만한 규모를 빌드해야 합니다. 그러면 빌드하는 동안 개발자가 몇 분씩 기다려야 할 뿐만 아니라 사실상 개발의 품질이 떨어집니다.

앞의 Makefile은 여전히 너무 자세합니다. 새 소스 파일을 추가할 때마다 대상을 변경해야 합니다. 새 소스 파일을 추가할 때 Makefile도 변경될 것 같지만, 대상을 추가하거나 Makefile의 전반적인 구조를 변경하지는 않습니다. 그렇기에 현재의 프로젝트와 비슷한 다른 프로젝트에서 같은 Makefile을 사실상 사용하지 못합니다.

게다가 여러 대상이 같은 패턴을 따르므로, 메이크에서 사용할 수 있는 **패턴 매칭**pattern matching 기능을 통해 대상의 수를 줄이고 코드를 적게 작성하는 이점을 누릴 수 있습니다. 셸 스크립트를 작성해서는 쉽게 얻을 수 없는 효과로, 메이크의 또 다른 뛰어난 기능입니다.

다음 [코드 박스 23-3]은 이 프로젝트의 마지막 Makefile입니다. 하지만 메이크 전문가가 작성할 수 있는 최상의 Makefile은 아직 아닙니다.

코드 박스 23-3 패턴 매칭을 사용해 대상 프로젝트에 대해 작성한 새로운 Makefile(Makefile-by-pattern)

```
BUILD_DIR = out
OBJ = ${BUILD_DIR}/calc/add.o \
      ${BUILD_DIR}/calc/subtract.o \
      ${BUILD_DIR}/calc/multiply.o \
      ${BUILD_DIR}/exec/main.o
CC = gcc
HEADER_DIRS = -Icalc
LIBCALCNAME = calc
```

```
LIBCALC = ${BUILD_DIR}/lib${LIBCALCNAME}.a
EXEC = ${BUILD_DIR}/ex23_1.out

build: prereq ${BUILD_DIR}/exec/main.o ${LIBCALC}
    ${CC} -L${BUILD_DIR} -l${LIBCALCNAME} ${BUILD_DIR}/exec/main.o -o ${EXEC}

prereq:
    mkdir -p ${BUILD_DIR}
    mkdir -p ${BUILD_DIR}/calc
    mkdir -p ${BUILD_DIR}/exec

${LIBCALC}: ${OBJ}
    ar rcs ${LIBCALC} ${OBJ}

${BUILD_DIR}/calc/%.o: calc/%.c
    ${CC} -c ${HEADER_DIRS} $< -o $@

${BUILD_DIR}/exec/%.o: exec/%.c
    ${CC} -c ${HEADER_DIRS} $< -o $@

clean: ${BUILD_DIR}
    rm -rf ${BUILD_DIR}
```

이 Makefile은 대상에서 패턴 매칭을 사용합니다. 변수 **OBJ**에는 예상되는 재배치 가능한 목적 파일의 목록이 있으며, 목적 파일에 대한 목록이 필요하면 다른 모든 위치에서 이 변수가 사용됩니다.

이 책은 메이크의 패턴 매칭의 작동 방식을 다루지는 않지만, 패턴에서 사용된 **%**, **$<**, **$@**와 같은 여러 와일드카드 문자가 있다는 것을 알 수 있습니다.

이 Makefile을 실행하면 다른 Makefile과 같은 결과가 나오겠지만 메이크가 제공하는 여러 멋진 기능상의 이점을 얻을 수 있으며, 결국 재사용 및 유지 관리가 가능한 Makefile을 얻을 수 있습니다.

다음 [셸 박스 23-5]는 앞의 Makefile을 실행하는 법과 그 출력 결과를 나타냅니다.

셸 박스 23-5 최종 Makefile으로 대상 프로젝트 빌드하기

```
$ make
mkdir -p out
```

```
mkdir -p out/calc
mkdir -p out/exec
gcc -c -Icalc exec/main.c -o out/exec/main.o
gcc -c -Icalc calc/add.c -o out/calc/add.o
gcc -c -Icalc calc/subtract.c -o out/calc/subtract.o
gcc -c -Icalc calc/multiply.c -o out/calc/multiply.o
ar rcs out/libcalc.a out/calc/add.o out/calc/subtract.o out/calc/
multiply.o out/exec/main.o
gcc -Lout -lcalc out/exec/main.o -o out/ex23_1.out
$
```

다음 절에서는 진정한 Makefile을 생성하는 훌륭한 도구인 CMake에 관해 이야기합니다. 사실 메이크가 인기를 얻은 뒤, 새로운 세대의 빌드 도구인 **빌드 스크립트 생성기**가 등장했습니다. 빌드 스크립트 생성기는 주어진 설명^{description}에 따라 다른 빌드 시스템에서 Makefile이나 스크립트를 생성할 수 있습니다. CMake는 이 중 하나이며 가장 대중적인 빌드 스크립트 생성기입니다.

> **NOTE_** 다음 링크에서는 GNU 프로젝트에 대한 메이크의 구현인 GNU Make에 관해 더 읽어볼 수 있습니다.
>
> • https://www.gnu.org/software/make/manual/html_node/index.html

23.3 CMake: 빌드 시스템이 아닙니다

CMake는 빌드 스크립트 생성기이며 메이크나 닌자와 같은 다른 빌드 시스템에 대한 생성기 역할을 합니다. 효과적인 크로스 플랫폼 Makefile을 작성하는 일은 따분하고 복잡합니다. CMake나 **Autotools**와 같은 비슷한 도구는 Makefile이나 닌자 빌드 파일과 같이 섬세하게 조정된 크로스 플랫폼 빌드 스크립트를 제공합니다. 참고로 닌자는 또 다른 빌드 시스템이며 다음 절에서 소개하겠습니다.

Makefile이 제공하지 않는 기능인 의존성 관리도 중요합니다. 이러한 생성기 도구는 설치된 의존성을 확인하며, 시스템에서 필요한 의존성이 누락되면 빌드 스크립트를 생성하지 않습니다. 컴파일러 및 컴파일러의 버전을 검사하고 컴파일러의 위치 및 제공하는 기능을 찾는 것 등은 모두 빌드 스크립트를 생성하기 전 이러한 도구가 하는 일에 속합니다.

Makefile이라는 이름의 파일을 찾는 메이크처럼, CMake는 CMakeLists.txt라는 이름의 파일을 찾습니다. 프로젝트에서 이 파일이 보인다면 알맞은 Makefile을 생성하기 위해 CMake를 사용할 수 있다는 의미입니다. 다행히 메이크와는 달리 CMake는 중첩 모듈을 제공합니다. 즉, 프로젝트의 루트에서 CMake를 실행하는 것만으로 프로젝트에서 다른 디렉터리에 여러 개의 CMakeLists.txt를 만들 수 있고, 이 파일을 모두 찾은 뒤 알맞은 Makefile을 생성할 수 있습니다.

예제 프로젝트에 CMake 지원을 추가해서 이 절의 내용을 계속해봅시다. 그러려면 CMakeLists.txt 세 개를 추가합니다. 이러한 파일을 추가한 이후의 프로젝트의 계층은 다음 [셸 박스 23-6]에서 확인할 수 있습니다.

셸 박스 23-6 CMakeLsits.txt 파일 세 개를 추가한 이후의 프로젝트 계층

```
$ tree ex23_1
ex23_1/
├── CMakeLists.txt
├── calc
│   ├── CMakeLists.txt
│   ├── add.c
│   ├── calc.h
│   ├── multiply.c
│   └── subtract.c
└── exec
    ├── CMakeLists.txt
    └── main.c
```

```
2 directories, 8 files
$
```

세 개의 CMakeLists.txt가 있습니다. 하나는 루트 디렉터리에, 다른 하나는 calc 디렉터리에, 마지막 하나는 exec 디렉터리에 있습니다.

다음 [코드 박스 23-4]는 루트 디렉터리에 있는 CMakeLists.txt 파일의 내용을 나타냅니다. calc와 exec라는 하위 디렉터리를 추가합니다. 이러한 하위 경로에는 CMakeLists.txt 파일이 반드시 포함되어야 하며, 사실 우리가 한 설정에 따라 이 파일들은 그렇게 포함됩니다.

코드 박스 23-4 프로젝트의 루트 디렉터리에 있는 CMakeLists.txt 파일(CMakeLists.txt)

```
cmake_minimum_required(VERSION 3.8)

include_directories(calc)

add_subdirectory(calc)
add_subdirectory(exec)
```

이 CMake 파일은 소스 파일을 컴파일할 때 C 컴파일러가 사용할 include 디렉터리에 calc 디렉터리를 추가합니다. 이전에 말한 것처럼 calc 및 exec라는 하위 디렉터리 두 개도 추가합니다. 이 디렉터리에는 내용을 컴파일하는 법을 설명하는 각자의 CMakeLists.txt 파일이 있습니다. 다음 [코드 박스 23-5]는 calc 디렉터리에 있는 CMakeLists.txt 파일입니다.

코드 박스 23-5 calc 디렉터리에 있는 CMakeLists.txt 파일(calc/CMakeLists.txt)

```
add_library(calc STATIC
  add.c
  subtract.c
  multiply.c
)
```

calc 대상에 대한 간단한 **대상 선언**target declaration일 뿐입니다. 이는 소스 파일 add.c, subtract.c, multiply.c에 해당하는 재배치 가능한 목적 파일을 포함하는 calc라는 이름의 정적 라이브러리(빌드 이후에는 실제로 libcalc.a)가 있어야 한다는 의미입니다. 참고로 CMake 대상은 일반적으로 코드 베이스의 최종 결과물을 나타냅니다. 따라서 calc 모듈일 때 결과물은 정적 라이브러리 하나입니다.

calc 대상에 명시된 것은 아무것도 없습니다. 예를 들면, 정적 라이브러리의 확장자나 라이브러리의 파일명을 지정할 수 있는데도 하지 않았습니다. 이 모듈을 빌드하는 데 필요한 다른 모든 설정은 부모 파일인 CMakeLists.txt에서 상속받거나 CMake 자체의 기본 설정에서 가져옵니다.

예를 들면 우리는 공유 목적 파일의 확장자가 리눅스와 macOS에서 다르다는 것을 알고 있습니다. 따라서 대상이 공유 라이브러리라면 대상 선언에서 확장자를 지정할 필요가 없습니다. CMake는 플랫폼에 따른 차이를 다룰 수 있으며, 최종 공유 목적 파일은 빌드되는 플랫폼에 따라 올바른 확장자를 갖게 됩니다.

다음 CMakeLists.txt 파일은 exec 디렉터리에 있습니다.

코드 박스 23-6 exec 디렉터리에 있는 CMakeLists.txt 파일(exec/CMakeLists.txt)

```
add_executable(ex23_1.out
  main.c
)

target_link_libraries(ex23_1.out
  calc
)
```

앞의 CMakeLists.txt에서 선언된 대상은 실행 파일이며, 이 파일은 다른 CMakeLists.txt에서 이미 선언된 calc 대상에 링크되어야 합니다. 그러면 프로젝트의 한쪽에서 라이브러리를 생성하고 몇 가지 지시자를 작성하는 것만으로 다른 쪽에서 이를 사용할 수 있는 능력을 실질적으로 제공합니다.

이제 루트 디렉터리의 CMakeLists.txt 파일에 따라 Makefile을 생성하는 법을 살펴볼 차례입니다. 이 작업은 실제 소스로부터 결과로 나올 재배치 가능한 목적 파일 및 최종 목적 파일을 분리하기 위해 build라는 이름의 별도의 디렉터리에서 수행한다는 점에 유의하세요.

깃git과 같은 **소스 제어 관리**source control management **(SCM)** 시스템을 사용하면 build 디렉터리를 무시할 수 있습니다. 이 디렉터리는 각 플랫폼에서 별도로 생성해야 하기 때문입니다. 중요한 파일은 CMakeLists.txt뿐이며 항상 소스 제어 저장소에 있어야 합니다.

다음 [셸 박스 23-7]은 루트 디렉터리의 **CMakeLists.txt** 파일에 대한 빌드 스크립트(이 경우에는 Makefile에 해당)를 생성하는 방법을 나타냅니다.

셸 박스 23-7 루트 디렉터리의 CMakeLists.txt에 따라 Makefile 생성하기

```
$ cd ex23_1
$ mkdir -p build
$ cd build
$ rm -rfv *
...
$ cmake ..
-- The C compiler identification is GNU 7.4.0
-- The CXX compiler identification is GNU 7.4.0
-- Check for working C compiler: /usr/bin/cc
-- Check for working C compiler: /usr/bin/cc -- works
-- Detecting C compiler ABI info
-- Detecting C compiler ABI info - done
-- Detecting C compile features
-- Detecting C compile features - done
-- Check for working CXX compiler: /usr/bin/c++
-- Check for working CXX compiler: /usr/bin/c++ -- works
-- Detecting CXX compiler ABI info
-- Detecting CXX compiler ABI info - done
-- Detecting CXX compile features
-- Detecting CXX compile features - done
-- Configuring done
-- Generating done
-- Build files have been written to: .../extreme_c/ch23/ex23_1/
build
$
```

출력 결과에서 볼 수 있듯 CMake 명령어는 작동 중인 컴파일러와, 컴파일러의 ABI 정보(ABI에 대한 더 많은 내용은 **3장**을 참고), 기능 등을 감지할 수 있으며 마지막으로 **build** 디렉터리에서 Makefile을 생성합니다.

NOTE_ [셸 박스 23-7]에서는 **build** 디렉터리가 있을 수 있다고 가정했습니다. 따라서 먼저 모든 내용을 삭제했습니다.

build 디렉터리의 내용과 생성된 Makefile을 확인할 수 있습니다.

셀 박스 23-8 build 디렉터리에서 생성된 Makefile

```
$ ls
CMakeCache.txt CMakeFiles Makefile calc cmake_install.cmake    exec
$
```

이제 build 디렉터리에 Makefile이 생겼으니 **make** 명령어를 자유롭게 실행할 수 있습니다. 이 명령어는 컴파일을 처리하고 진행 상황을 멋지게 표시합니다.

make 명령어를 실행하기 전에 build 디렉터리에 있어야 한다는 점을 주의하세요.

셀 박스 23-9 생성된 Makefile 실행하기

```
$ make
Scanning dependencies of target calc
[ 16%] Building C object calc/CMakeFiles/calc.dir/add.c.o
[ 33%] Building C object calc/CMakeFiles/calc.dir/subtract.c.o
[ 50%] Building C object calc/CMakeFiles/calc.dir/multiply.c.o
[ 66%] Linking C static library libcalc.a
[ 66%] Built target calc
Scanning dependencies of target ex23_1.out
[ 83%] Building C object exec/CMakeFiles/ex23_1.out.dir/main.c.o
[100%] Linking C executable ex23_1.out
[100%] Built target ex23_1.out
$
```

현재 여러 큰 프로젝트는 CMake를 사용하며, [셀 박스 23-9]에 보이는 것과 거의 같은 명령어를 사용해 소스를 빌드할 수 있습니다. **Vim**이 바로 그러한 프로젝트입니다. CMake 그 자체도 Autotools로 최소한의 CMake 시스템을 빌드한 뒤 CMake를 빌드합니다. CMake는 이제 여러 버전과 기능이 있으며, 더 광범위한 세부 사항을 다루려면 책 한 권 분량이 통째로 필요합니다.

> **NOTE_** 다음 링크는 CMake의 최신 버전에 대한 문서입니다. CMake가 작동하는 방식과 어떤 기능이 있는지 이해하는 데 도움이 됩니다.
>
> • https://cmake.org/cmake/help/latest/index.html

이번 절의 마지막 참고 사항은 CMake가 마이크로소프트 비주얼 스튜디오, 애플의 Xcode 및 다른 개발 환경에 대한 빌드 스크립트 파일을 생성할 수 있다는 점입니다.

다음 절에서는 닌자 빌드 시스템에 관해 설명합니다. 닌자는 메이크보다 빠른 대안으로 최근 추진력을 얻고 있습니다. CMake를 사용해 Makefile 대신 닌자 빌드 스크립트 파일을 생성하는 방법에 관해서도 설명하겠습니다.

23.4 닌자

닌자는 메이크의 대안입니다. 대체재라고 하기까지는 망설여지지만, 속도가 더 빠른 대안에 해당합니다. 닌자는 메이크가 제공하는 문자열 조작, 루프, 패턴 매칭과 같은 일부 기능을 삭제해 성능을 더 향상했습니다.

닌자는 이러한 기능을 삭제해 오버헤드가 더 적으므로, 처음부터 닌자 빌드 스크립트를 작성하는 것은 현명하지 않습니다.

닌자 스크립트를 작성하는 작업은 셸 스크립트 작성에 비교할 수 있습니다. 셸 스크립트의 단점은 이전 절에서 설명했습니다. 이러한 이유로 CMake와 같은 빌드 스크립트 생성기를 함께 사용하기를 권장합니다.

이번 절에서는 CMake가 닌자 빌드 스크립트를 생성할 때 닌자를 사용하는 방법을 살펴봅니다. 따라서 이 절에서는 Makefile에서 했던 것처럼 닌자의 구문은 살펴보지 않습니다. 직접 작성하지 않을 것이기 때문입니다. 대신 CMake가 이를 생성하도록 합니다.

> **NOTE_** 닌자 구문에 대한 더 많은 정보는 다음 링크를 참고하세요.
> - https://ninja-build.org/manual.html#_writing_your_own_ninja_files

이전에 설명한 것처럼, 닌자 빌드 스크립트 파일을 만들려면 빌드 스크립트 생성기를 쓰는 편이 좋습니다. 다음 [셸 박스 23-10]에서는 CMake를 사용해서 대상 프로젝트에 대해 Makefile이 아니라 닌자 빌드 스크립트인 `build.ninja`를 생성하는 법을 확인할 수 있습니다.

셸 박스 23-10 루트 디렉터리의 CMakeLists.txt 파일에 따라 build.ninja 생성하기

```
$ cd ex23_1
$ mkdir -p build
$ cd build
$ rm -rfv *
...
$ cmake -GNinja ..
-- The C compiler identification is GNU 7.4.0
-- The CXX compiler identification is GNU 7.4.0
-- Check for working C compiler: /usr/bin/cc
-- Check for working C compiler: /usr/bin/cc -- works
-- Detecting C compiler ABI info
-- Detecting C compiler ABI info - done
-- Detecting C compile features
-- Detecting C compile features - done
-- Check for working CXX compiler: /usr/bin/c++
-- Check for working CXX compiler: /usr/bin/c++ -- works
-- Detecting CXX compiler ABI info
-- Detecting CXX compiler ABI info - done
-- Detecting CXX compile features
-- Detecting CXX compile features - done
-- Configuring done
-- Generating done
-- Build files have been written to: .../extreme_c/ch23/ex23_1/
build
$
```

Makefile이 아니라 닌자 빌드 스크립트 파일을 요청하고 있음을 알리는 옵션 -GNinja를 CMake에 전달했습니다. CMake는 build.ninja 파일을 생성하며, 이 파일은 다음과 같이 build 디렉터리에서 찾아볼 수 있습니다.

셸 박스 23-11 build 디렉터리에서 생성된 build.ninja

```
$ ls
CMakeCache.txt    CMakeFiles    build.ninja    calc    cmake_install.cmake
exec    rules.ninja
$
```

프로젝트를 컴파일하려면 다음과 같이 ninja 명령어를 실행합니다. 참고로 make 프로그램이 현재 디렉터리에서 Makefile을 찾는 것과 마찬가지로 ninja 프로그램도 현재 디렉터리에서

`build.ninja`를 찾습니다.

셸 박스 23-12 생성된 `build.ninja` 실행하기

```
$ ninja
[6/6] Linking C executable exec/ex23_1.out
$
```

다음 절에서는 바젤에 관해 설명합니다. 바젤은 C와 C++ 프로젝트를 빌드할 때 사용할 수 있는 또 다른 빌드 시스템입니다.

23.5 바젤

바젤Bazel은 프로그래밍 언어와는 상관없이 어떠한 프로젝트라도 빌드할 수 있고, 빠르고 확장 가능한 빌드 시스템에 대한 내부 요구를 처리하기 위해 구글이 개발한 빌드 시스템입니다. 바젤은 C, C++, 자바, 고, 오브젝티브-C 프로젝트 빌드를 지원합니다. 게다가 안드로이드 및 iOS 프로젝트를 빌드할 때 사용할 수도 있습니다.

바젤은 2015년경 오픈 소스가 되었습니다. 빌드 시스템인 만큼 메이크나 닌자와는 비교할 수 있지만, CMake와는 비교할 수 없습니다. 구글의 거의 모든 오픈 소스 프로젝트는 빌드할 때 바젤을 사용합니다. 예를 들면 **바젤** 자체, **gRPC**, **앵귤러**Angular, **쿠버네티스**Kubernetes, **텐서플로**TensorFlow가 있습니다.

바젤은 자바로 작성됩니다. 병렬 및 확장 가능한 빌드로 유명하며, 실제로 큰 프로젝트에서 차이를 나타냅니다. 병렬 빌드는 메이크와 닌자에서도 가능하며, 둘 다 `-j` 옵션을 전달합니다(한편 닌자는 기본적으로 병렬입니다).

NOTE_ 바젤의 공식 문서는 다음 링크에서 찾아볼 수 있습니다.

- https://docs.bazel.build/versions/main/bazel-overview.html

바젤을 사용하는 방법은 메이크나 닌자에서 했던 것과 비슷합니다. 바젤은 프로젝트를 나타낼

때 두 종류의 파일이 필요합니다. WORKSPACE와 BUILD 파일입니다. WORKSPACE 파일은 루트 디렉터리에 있어야 하고 BUILD 파일은 같은 작업공간(혹은 프로젝트)에서 빌드될 모듈에 있어야 합니다. 이는 프로젝트에서 세 개의 CMakeLists.txt 파일을 배포했던 CMake의 경우와 다소 비슷합니다. 하지만 여기에서 바젤은 그 자체로 빌드 시스템이므로, 다른 빌드 시스템에 대한 빌드 스크립트를 생성하지는 않는다는 점에 유의하세요.

우리 프로젝트에 바젤의 지원을 추가하려면 프로젝트의 계층은 다음과 같아야 합니다.

셸 박스 23-13 바젤 파일을 추가한 뒤의 프로젝트 계층

```
$ tree ex23_1
ex23_1/
├── WORKSPACE
├── calc
│   ├── BUILD
│   ├── add.c
│   ├── calc.h
│   ├── multiply.c
│   └── subtract.c
└── exec
    ├── BUILD
    └── main.c

2 directories, 8 files
$
```

WORKSPACE 파일의 내용은 우리 예제에서는 비어 있는데, 보통 코드 베이스의 루트를 표시할 때 사용합니다. 훨씬 더 중첩해서 깊어진 모듈일 때는 WORKSPACE와 BUILD 파일이 코드 베이스로 어떻게 전파되는지 살펴보려면 문서를 참조해야 합니다.

BUILD의 내용은 대상이 해당 디렉터리(혹은 모듈)에서 빌드되어야 함을 나타냅니다. 다음 [코드 박스 23-7]은 calc 모듈에 대한 BUILD 파일을 나타냅니다.

코드 박스 23-7 calc 디렉터리에 있는 BUILD 파일(calc/BUILD)

```
cc_library(
  name = "calc",
  srcs = ["add.c", "subtract.c", "multiply.c"],
```

```
    hdrs = ["calc.h"],
    linkstatic = True,
    visibility = ["//exec:__pkg__"]
)
```

새로운 대상인 **calc**가 선언되었습니다. **calc**는 정적 라이브러리이며 디렉터리에 있는 세 개의 소스 파일을 포함합니다. 이 라이브러리는 또한 **exec** 디렉터리에 있는 대상이 볼 수 있습니다.

exec 디렉터리에 있는 **BUILD** 파일을 살펴봅시다.

코드 박스 23-8 exec 디렉터리에 있는 BUILD 파일(exec/BUILD)

```
cc_binary(
    name = "ex23_1.out",
    srcs = ["main.c"],
    deps = ["//calc:calc"],
    copts = ["-Icalc"]
)
```

이 파일이 제자리에 있다면 이제 바젤을 실행해 프로젝트를 빌드할 수 있습니다. 프로젝트의 루트 디렉터리로 이동해야 합니다. CMake에서 했던 것처럼 **build** 디렉터리를 만들 필요는 없습니다.

셸 박스 23-14 바젤을 이용해 예제 프로젝트 빌드하기

```
$ cd ex23_1
$ bazel build //...
INFO: Analyzed 2 targets (14 packages loaded, 71 targets
configured).
INFO: Found 2 targets...
INFO: Elapsed time: 1.067s, Critical Path: 0.15s
INFO: 6 processes: 6 linux-sandbox.
INFO: Build completed successfully, 11 total actions
$
```

이제 루트 디렉터리에 있는 **bazel-bin** 디렉터리를 살펴보면 결과물을 찾을 수 있어야 합니다.

셀 박스 23-15 빌드를 실행한 이후 bazel-bin의 내용

```
$ tree bazel-bin
bazel-bin
├── calc
│   ├── _objs
│   │   └── calc
│   │       ├── add.pic.d
│   │       ├── add.pic.o
│   │       ├── multiply.pic.d
│   │       ├── multiply.pic.o
│   │       ├── subtract.pic.d
│   │       └── subtract.pic.o
│   ├── libcalc.a
│   └── libcalc.a-2.params
└── exec
    ├── _objs
    │   └── ex23_1.out
    │   ├── main.pic.d
    │   └── main.pic.o
    ├── ex23_1.out
    ├── ex23_1.out-2.params
    ├── ex23_1.out.runfiles
    │   ├── MANIFEST
    │   └── __main__
    │       └── exec
    │           └── ex23_1.out -> .../bin/exec/ex23_1.out
    └── ex23_1.out.runfiles_manifest

9 directories, 15 files
$
```

이 목록에서 볼 수 있듯 프로젝트가 성공적으로 빌드되었으며 결과물도 자리를 잡았습니다.

다음 절에서는 이번 23장의 논의를 마무리하고 C와 C++ 프로젝트를 위해 존재하는 다양한 빌드 시스템을 비교하겠습니다.

23.6 빌드 시스템 비교하기

이번 장에서는 가장 유명하고 널리 사용되는 빌드 시스템 세 가지를 소개했습니다. 또한 빌드 스크립트 생성기로 CMake를 소개했습니다. C와 C++ 프로젝트를 빌드할 때 사용할 수 있는 다른 빌드 시스템이 있다는 것도 알아두세요.

참고로 빌드 시스템이 장기적인 약속commitment임을 감안해 선택해야 합니다. 특정 빌드 시스템으로 프로젝트를 시작하면, 다른 빌드 시스템으로 변경하려면 상당한 노력이 필요합니다.

빌드 시스템은 여러 속성에 따라 비교할 수 있습니다. 의존성 관리, 중첩된 프로젝트에 대한 복잡한 계층을 다룰 수 있는 능력, 빌드 속도, 확장 가능성, 기존 서비스와의 통합, 새로운 로직 추가에 대한 유연성 등을 공정한 비교를 위해 고려할 수 있습니다. 하지만 이 책의 내용을 빌드 시스템에 대한 비교로 끝내지는 않을 것입니다. 따분한 작업일 뿐만 아니라 해당 주제를 다루는 좋은 글이 이미 온라인에 많기 때문입니다.

사용할 수 있는 빌드 시스템과 빌드 스크립트 생성기의 장단점을 비교한 멋진 위키 페이지는 다음 링크를 참고하세요(`https://github.com/SCons/scons/wiki/SconsVsOtherBuildTools`).

비교 결과는 사람에 따라 다를 수 있다는 점에 유의하세요. 여러분의 프로젝트의 요구 사항과 사용 가능한 리소스에 따라 빌드 시스템을 선택해야 합니다. 다음 링크는 추가 학습 및 비교를 위한 보충 자료입니다.

- `https://www.reddit.com/r/cpp/comments/8zm66h/an_overview_of_build_systems_mostly_for_c_projects`
- `https://github.com/LoopPerfect/buckaroo/wiki/Build-Systems-Comparison`
- `https://medium.com/@julienjorge/an-overview-of-build-systemsmostly-for-c-projects-ac9931494444`

23.7 마무리

23장에서는 C나 C++ 프로젝트를 빌드할 때 사용할 수 있는 일반적인 빌드 도구에 관해 논의했습니다. 구체적으로는 다음과 같은 내용을 다뤘습니다.

- 빌드 시스템이 필요한 이유를 설명했습니다.

- C와 C++ 프로젝트에서 사용할 수 있는, 가장 오래된 빌드 시스템의 하나인 메이크를 소개했습니다.

- 유명한 빌드 스크립트 생성기인 Autotools와 CMake를 소개했습니다.

- 필요한 Makefile을 생성하기 위해 CMake를 사용하는 방법을 살펴봤습니다.

- 닌자에 관해 설명했으며 CMake를 사용해 닌자 빌드 스크립트를 생성하는 법을 알아봤습니다.

- 바젤을 사용해 C 프로젝트를 빌드하는 법을 설명했습니다.

- 다양한 빌드 시스템을 비교하는 온라인상의 여러 논의에 대한 링크를 제공했습니다.

에필로그

이 에필로그를 읽는다는 건 우리의 긴 여정이 끝났다는 의미입니다. 이 책에서는 여러 주제와 개념을 살펴봤습니다. 이번 여정을 통해 여러분이 더 나은 C 개발자가 되기를 희망합니다. 물론 실제 경험을 제공할 수는 없었지만, 다양한 프로젝트로 작업해보면서 충분한 간접 경험을 얻었을 거라 생각합니다. 이 책에서 다룬 방법이나 팁은 여러분의 지식을 전문가 수준으로 끌어올렸고, 더 어려운 프로젝트에 도전할 수 있는 자신감을 갖도록 도왔습니다. 이제는 소프트웨어 시스템을 더 넓은 관점에서 알게 되었고, 내부 작동에 대해서도 최고 수준의 지식을 얻었습니다.

이 책은 일반적인 책보다 두껍고 내용이 많습니다. 그런데도 C와 C++, 시스템 프로그래밍에 관한 모든 주제를 다룰 수는 없었습니다. 그래서 필자는 여전히 어깨가 무겁습니다. 여정은 아직 끝나지 않았습니다. 더 극한의extreme 주제를 가지고 계속 작업할 예정이며 때가 된다면 비동기 I/O, 고급 데이터 구조, 소켓 프로그래밍, 분산 시스템, 커널 개발, 함수형 프로그래밍과 같은 특정 영역을 설명하고 있을 겁니다.

다음 여정에서 다시 만나기를 바라겠습니다.

INDEX

INDEX

INDEX

INDEX

INDEX

INDEX